力	勹	匕	匚	匸	十	卜	卩(㔾)	厂	厶	又
49	52	53	54	55	56	57	58	59	62	63

小	尢	尸	屮	山	巛(川)	工	己	巾	干	幺
120	121	122	125	126	135	136	137	137	142	143

·水	犭→犬	阝→邑(右)	阝→阜(左)
획	4획	7획	8획

曰	月	木	欠	止	歹	殳	毋	比	毛	氏
212	213	215	235	239	240	244	245	246	246	250

→玉	礻→示	罓→网	罒→网	耂→老	月→肉	艹→艸	辶→辵
5획	5획	6획	6획	6획	6획	6획	7획

皮	皿	目	矛	矢	石	示(礻)	禸	禾	穴	立
327	328	331	341	342	343	352	356	357	364	369

耳	聿	肉(月)	臣	自	至	臼	舌	舛	舟	艮
419	423	423	435	436	437	438	439	440	440	444

車	辛	辰	辵(辶)	邑(阝)	酉	釆	里	镸→長
557	565	566	567	576	583	588	589	8획

13획	黽 725	鼎 726	鼓 726	鼠 728
14획	鼻 730	齊 731		
15획	齒 732			
16획	龍 736	龜 736		
17획	龠 737			

❖ 이 책의 특징 ❖

휴대하기 쉽고, 사용하기 편리하면서도 내용면에서 만족스러운 옥편을 만들기 위해 다음 세 가지 원칙을 두었다.

첫째, 정확성(正確性)이다.
자형(字形)이나 음훈(音訓)의 정확성에 중점을 두었다.

둘째, 편리성(便利性)이다.
부수나 획수 또는 자음에 의해서 간편하고 편리하게 찾을 수 있도록 하였다.

셋째, 표제어(標題語)를 최대로 수록한다.
한문 교육용 기초 한자는 물론, 고서(古書)에 수록된 한자 등 4만 4천 788자를 수록하였다.

玉篇 옥편

4만 4천 700자

고려대학교 한문학과 교수 **김언종** 감수
한자연구원 **김형곤** 엮음

책머리에

우리나라에 한자가 들어온 것은 기원전 2세기 무렵이며, 본격적으로 사용된 것은 6~7세기 무렵이라고 한다. 또한 한자는 우리나라를 통해 일본으로 전해졌으며, 조선 초 훈민정음이 제정된 이후에도 한자가 우리의 문자생활을 지배해 왔다.

우리 사회에서 한자가 차지하는 비중이 이렇게 큰 것은 우리 역사와 흐름을 같이 해 오면서 생활과 문화 속에 깊숙이 자리 잡았기 때문이다. 따라서 늘 한자어를 사용하면서도 글자는 한글로 쓰는, 즉 언문일치(言文一致)가 되지 않아서 많은 혼돈과 불편을 겪기도 한다. 그나마 근래에 와서 한문에 대한 인식과 교육 열기가 높아져 가고 있는 점은 다행스러운 일이다.

시중 서점에 가면 유행하는 다양한 옥편들이 진열되어 있다. 그러나 마음에 꼭 맞는 옥편을 찾기란 그렇게 쉽지만은 않다. 생활 필수 한자들로만 구성된 옥편은 수록된 한자의 수가 한정되어 있어서 아쉽고, 반대로 덩치가 큰 옥편은 내용면에서는 만족스러울지 모르지만, 휴대하거나 사용하기 불편할 뿐만 아니라 가격도 만만치가 않다.

이 책은 이러한 불편을 해소하기 위하여 고민하던 끝에, 다음과 같은 세 가지 대원칙을 세우고, 그로부터 10여 년 동안 본 옥편을 만들기에 이르렀다.

- 첫째, 정확성(正確性)이다.

  자형(字形)이나 음훈(音訓)의 정확성에 중점을 둔다.

- 둘째, 편리성(便利性)이다.

  다루기 쉽고, 부수나 획수 또는 자음에 의해서도 간편하고 편리하게 찾을 수 있도록 한다.

- 셋째, 글자, 즉 표제어(標題語)를 최대한으로 수록한다.

  주로 중고등학교에서 다루는 「한문 교육용 기초 한자」는 물론, 고서(古書)에 수록된 한자 등을 최대한 포함시킨다.

이 책은 총 4만 4,788자를 발췌하여 수록함으로써 언제 어떤 한자가 나오더라도 쉽게 찾을 수 있도록 하였다. 나아가 총획 색인과 자음 색인, 간화자(簡化字)와 약자(略字), 한문 교육용 기초 한자, 대법원 인명용 한자, 동자이음 한자, 잘못 읽기 쉬운 한자와 잘못 쓰기 쉬운 한자 등을 별도의 부록으로 수록하였다.

특히 이 책에 실린 한문 교육용 기초 한자는 교육부가 2007년 8월에 조정하여 확정 공표한 자료이며, 인명용 한자는 대법원이 2015년 1월에 추가 조정한 자료이다.

끝으로, 사용자 여러분의 편의에 도움을 기대하며, 판이 거듭하면서 미진한 부분은 점진적으로 수정 보완해 나갈 것을 약속드린다.

엮은이 씀

일러두기

이 책에는 교육부가 선정한 한문 교육용 기초 한자(1800자), 즉 중학교 과정용 900자와 고등학교 과정용 900자를 비롯하여 고자(古字), 본자(本字), 속자(俗字), 약자(略字), 간화자(簡化字; 본문에는 簡字로 표기), 와자(訛字; 잘못 쓰이고 있는 한자) 등 고전에 쓰이는 한자를 포함, 총 4만 4,788자가 수록되어 있다.

1. 이 책(玉篇)의 구성

이 책(玉篇)은 크게 본문(本文)과 부록(附錄)으로 이루어져 있다.

① 본문

기초 한자는 물론 고전에 쓰이는 한자 4만 4,788자의 음훈(音訓)을 표기하였다.

예 旦; 아침 단, 새벽 단, 일찍 단

② 부록

부록에는 총획 색인, 자음 색인과 일상생활에서 많이 쓰이는 간화자(簡化字) 및 약자(略字), 한문 교육용 기초 한자, 대법원 인명용 한자, 동자이음(同字異音) 한자, 잘못 읽기 쉬운 한자와 잘못 쓰기 쉬운 한자로 구성하였다.

2. 표제자(標題字)의 해설

① 표제자의 배열

본문의 표제자(標題字)는 강희자전(康熙字典)에 따른 부수 순(部首順)으로 배열하였고, 부수의 배열은 획수 순(劃數順)으로 하였다.

② 표제자의 해설

* 별색으로 표시된 ①, ② 등은 총획에서 부수획을 뺀 획수를 가리킨다.

  예 ② 友(벗 우, 친구 우, 우애 우)의 경우: '又'부수를 뺀 나머지 'ナ'의 획수 ②이다.

* 한자의 음(音)은 고딕체로 표시하고, 훈(訓)은 명조체로 표시하였다.

  예 上; 위 상, 높을 상, 임금 상

* 음과 훈이 둘 이상인 한자는 쉼표(,)로 구분하였다.

  예 來; 올 래, 돌아올 래, 부를 래

* 음훈 다음의 별색[部]는 본래의 부수를 가리킨다.

  예 主; 주인 주, 임금 주, 거느릴 주[丶部]

＊한자의 부수(部首)나V수(部首)에서든지 찾을 수 있도록 하였다.
예를 들어 '天'자가 '一' 또는 '二'가 부수인지 아니면 '大'가 부수인지 모를 경우 '大' 또는 '一' '二'등 어느 부수에서도 '天'자를 찾을 수 있도록 하였다. 그리고 '一' 또는 '二'자의 항목에는 본래의 부수(部首)를 별색[大部]으로 표시하였다.

예 天; 하늘 천, 조물주 천, 날 천[大部]

＊음훈 다음의 별색 '常'은 교육부 지정 한문 교육용 기초 한자(상용한자) 1800자를 표기한 것이다.

예 具; 갖출 구, 함께 구, 설비할 구常

＊음훈 다음의 별색 '(水)'은 대법원 지정 인명용 한자의 자원 오행(木, 火, 土, 金, 水)을 나타낸 것이다.

예 淡; 묽을 담, 싱거울 담, 물 질펀할 담(水)

＊성씨(姓氏)로 쓰이는 한자는 원래의 음(音)대로 표기하면 성(姓)과 성(城)이 혼동되는 경우가 있으므로 '씨'자를 넣어 표기하였다.

예 金(성씨 김), 禹(성씨 우)

3. 부록 및 기타

① 총획 색인과 자음 색인은 페이지 순으로 배열하였다.

② 중국과 일본에서 많이 쓰이는 간화자(簡化字)와 약자(略字)는 별도의 구분 없이 획순으로 배열하였다. 간화자에서 같은 획수 안에서의 一, 丨, 丿, 丶, ㇇ 의 구분은 그 한자의 획순에 첫 번째로 쓰는 획의 모양에 따른 구별이다.

③ 앞표지 뒷면과 뒤표지의 앞면에 부수(部首) 색인을 실어 줌으로써 표제자(標題字)를 편리하게 찾도록 하였다.

④ 부수 색인 외 별도 페이지에 부수 훈(이름)을 실어 옥편을 활용하는데 도움이 되도록 하였다.

4. 옥편의 활용

① 한자의 음(音)을 알고 있을 때에는 자음 색인을 활용한다.

② 한자의 부수(部首)를 알고 있을 때에는 부수 색인을 활용한다. 만약, 부수를 정확히 모를 때에는 짐작되는 부수로 한자를 찾을 수 있으며, 이 경우 찾은 한자의 본래의 부수도 확인할 수 있도록 하였다.

③ 한자의 음도, 부수도 모를 때에는 총획 색인을 활용한다.

이 책을 보는 방법

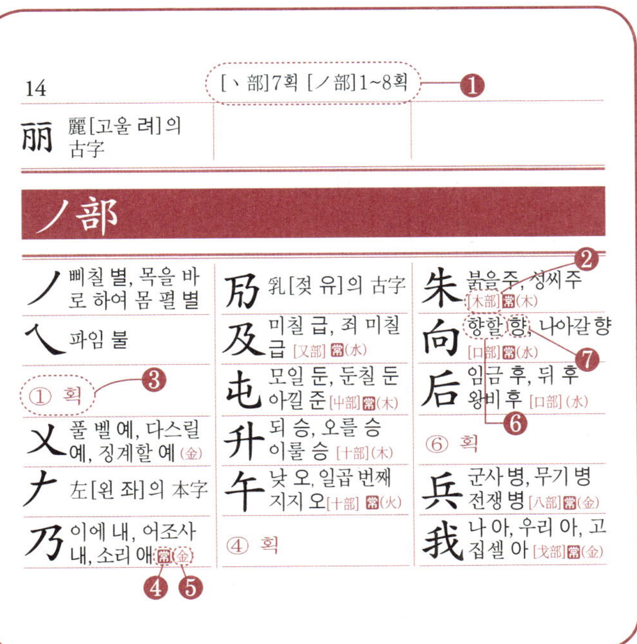

❶ 본 페이지 내에 수록한 한자 범위를 표시하여 원하는 한자를 쉽고 빠르게 찾도록 하였다.

❷ 본래의 부수(部首)를 별색으로 표시하였다.

❸ 한자의 총획에서 부수획을 뺀 나머지 획수를 별색으로 표시하였다.

❹ 교육부가 선정한 한문 교육용 기초 한자, 즉 상용한자(常用漢字)는 '常' 자를 따서 표기하였다.

❺ 대법원이 지정한 인명용 한자의 자원 오행 木, 火, 土, 金, 水를 괄호 안에 넣어 별색으로 표기하였다.

❻ 한자의 훈(訓)을 명조체로 표기하였다.

❼ 한자의 음(音)을 고딕체로 표기하였다.

부수 이름

1획

一 한일
丨 뚫을곤
丶 점주
丿 삐침별
乙(乚) 새을
亅 갈고리궐

2획

二 두이
亠 두돼지해밑두
人(亻) 사람인(사람인변)
儿 어진사람인
入 들입
八 여덟팔
冂 먼데경
冖 덮을멱(민갓머리)
冫 얼음빙(이수변)
几 안석궤
凵 입벌릴감
刀(刂) 칼도(선칼도방)
力 힘력
勹 쌀포
匕 비수비
匚 상자방
匸 감출혜
十 열십
卜 점복
卩(㔾) 병부절
厂 기슭엄
厶 사사사(마늘모)
又 또우

3획

口 입구
囗 나라국(큰입구몸)
土 흙토
士 선비사
夂 뒤져서올치
夊 천천히걸을쇠
夕 저녁석
大 큰대
女 계집녀
子 아들자
宀 집면(갓머리)
寸 마디촌
小 작을소
尢 절름발이왕
尸 주검시
屮 왼손좌
山 뫼산
巛(川) 개미허리(내천)
工 장인공
己 몸기
巾 수건건
干 방패간
幺 작을요
广 엄호밑
廴 길게걸을인
廾 두손으로받들공
弋 주살익
弓 활궁
彐(彑) 고슴도치머리계
彡 터럭삼
彳 조금걸을척(두인변)

4획

心(忄/㣺) 마음심(심방변)
戈 창과
戶 지게호
手(扌) 손수(재방변)
支 지탱할지
攴(攵) 칠복(등글월문방)
文 글월문
斗 말두
斤 도끼근
方 모방
无 없을무(이미기방)
日 날일
曰 가로왈
月 달월
木 나무목
欠 하품흠
止 그칠지
歹 죽을사
殳 창수
毋 말무
比 견줄비
毛 터럭모
氏 각시씨
气 기운기
水(氵/氺) 물수(삼수변, 아래물수)
火(灬) 불화(연화발)
爪(爫) 손톱조
父 아비부
爻 점괘효
爿 나무조각장
片 조각편
牙 어금니아
牛(牜) 소우
犬(犭) 개견(개사슴록변)

5획

玄 검을현
玉(王) 구슬옥(구슬옥변)
瓜 오이과
瓦 기와와
甘 달감
生 날생
用 쓸용
田 밭전
疋 짝필
疒 병들어기댈녁(병질)
癶 등질발
白 흰백
皮 가죽피
皿 그릇명
目 눈목
矛 창모
矢 화살시
石 돌석
示(礻) 보일시

内 짐승 발자국 유
禾 벼 화
穴 구멍 혈
立 설 립

6획

竹 대 죽
米 쌀 미
糸 실 사
缶(缶) 장군 부
网(罒/罓/冈) 그물 망
羊(⺶) 양 양
羽 깃 우
老(耂) 늙을 로
而 말이을 이
耒 쟁기 뢰
耳 귀 이
聿 붓 율
肉(月) 고기 육
臣 신하 신
自 스스로 자
至 이를 지
臼 절구 구
舌 혀 설
舛 어그러질 천
舟 배 주
艮 어긋날 간
色 빛 색
艸(艹) 풀 초(초두)
虍 호피 무늬 호
虫 벌레 충
血 피 혈
行 갈 행
衣(衤) 옷 의(옷의변)
襾(覀) 덮을 아

7획

見 볼 견
角 뿔 각
言 말씀 언
谷 골 곡
豆 콩 두
豕 돼지 시
豸 발 없는 벌레 치
貝 조개 패
赤 붉을 적
走 달릴 주
足(⻊) 발 족
身 몸 신
車 수레 거
辛 매울 신
辰 별 진
辵(⻌) 쉬엄쉬엄 갈 착
(책받침)
邑(阝) 고을 읍(우부방)
酉 닭 유
釆 분별할 변
里 마을 리

8획

金 쇠 금
長(镸) 길 장
門 문 문
阜(阝) 언덕 부(좌부방)
隶 미칠 이
隹 새 추
雨 비 우
靑 푸를 청
非 아닐 비

9획

面 낯 면
革 가죽 혁
韋 가죽 위
韭 부추 구
音 소리 음
頁 머리 혈
風 바람 풍
飛 날 비
食(飠) 밥 식
首 머리 수
香 향기 향

10획

馬 말 마
骨 뼈 골
高 높을 고
髟 머리털 드리워질 표
鬥 싸울 투
鬯 울창주 창
鬲 막을 격(솥 력)
鬼 귀신 귀

11획

魚 물고기 어
鳥 새 조
鹵 소금 로
鹿 사슴 록
麥 보리 맥
麻 삼 마

12획

黃 누를 황
黍 기장 서
黑 검을 흑
黹 바느질할 치

13획

黽 힘쓸 민
鼎 솥 정
鼓 북 고
鼠 쥐 서

14획

鼻 코 비
齊 가지런할 제

15획

齒 이 치

16획

龍 용 룡
龜 거북 귀

17획

龠 피리 약

一部

一 한 일, 하나 일 첫째 일 常(木)

① 획

丁 장정 정, 고무래정 넷째천간 정 常(火)

丂 巧[공교할 교]의 古字

七 일곱 칠, 문체 이름 칠 常(金)

㐂 七[일곱 칠]의 本字

丄 上[위 상]의 古字

丅 下[아래 하]의 古字

十 열 십, 열 번 십, 네거리 십 [十部] 常(水)

二 두 이, 둘 이 같을 이 [二部] 常(木)

② 획

万 일만 만 萬[일만 만]의 略字 (木)

丈 길 장, 열자 장 어른 장 常(木)

三 석 삼, 셋 삼 세 번 삼 常(火)

上 위 상, 높을 상 임금 상 常(木)

下 아래 하, 밑 하 낮을 하 常(水)

丌 책상 기, 성씨 기 其[그 기]와 같음

丒 且[또 차]의 古字

丫 衛[지킬 위]의 簡字

干 천간 간, 방패 간 범할 간 [干部] 常(木)

工 장인 공, 벼슬 공 만들 공 [工部] 常(火)

大 큰 대, 길 대 클 태 [大部] 常(木)

兀 우뚝할 올, 발 뒤꿈치 벨 올 [儿部](木)

于 갈(行) 우, 어조사 우 [二部] 常(水)

③ 획

不 아닐 불, 아니할 불 뜻정하지않을 부 常(木)

与 與[더불어 여]의 俗字 · 簡字

丏 보이지 않을 면 숨을 면, 가릴 면

丐 거렁뱅이 개 줄갈, 빌 개

丑 소 축, 지지 축 사람 이름 추 常(土)

丒 且[또 차]의 古字

丘 丘[언덕 구]의 古字

丈 丈[어른 장]의 俗字

丑 丑[소 축]의 古字

兮 兮[어조사 혜]의 俗字

反 돌이킬 반, 엎을 반 배반할 반 [又部] 常(水)

卅 서른 삽 [十部]

五 다섯 오, 다섯 번 오 [二部] 常(土)

友 벗 우, 친구 우 우애 우 [又部] 常(水)

元 으뜸 원, 두목 원 연호 원 [儿部] 常(木)

廿 卄[스물 입]과 같음 [廾部](木)

天 하늘 천, 조물주 천, 날 천 [大部] 常(火)

匹 짝 필, 둘 필, 집오리 목 常(水) [匸部]

互 서로 호, 어그러질 호 常(水) [二部]

④ 획

且 또 차, 바야흐로 차, 공손할 저 常(木)

丕 클 비, 으뜸 비 첫째 비 (水)

世 인간 세, 세상 세 일평생 세 常(火)

丗 앞 글자와 같음

丘 언덕 구, 클 구 높을 구 常(土)

丠 앞 글자와 같음

旦 아침 단, 밝을 단 새벽 단 [日部] 常(火)

丙 셋째 천간 병, 남녘 병, 밝을 병 常(火)

可 옳을 가, 허락할 가 가히 가 [口部] 常(水)

甘 달 감, 맛 감, 달게 여길 감 [甘部] 常(土)

巨 클 거, 많을 거 일억 거 [工部] 常(火)

末 끝 말, 이마 말 마칠 말 [木部] 常(木)

未 아닐 미, 여덟째 지지 미 [木部]常(木)

本 밑 본, 근본 본, 뿌리 본 [木部]常(木)

石 돌 석, 저울 석, 섬 석 [石部]常(金)

瓦 기와 와, 질그릇 와 [瓦部]常(土)

正 바를 정, 남쪽창 정 [止部]常(土)

册 冊[책 책]의 俗字 (木)

丑 丑[소 축]과 같음

平 평할 평, 바를 평 화할 평 [干部]常(木)

⑤ 획

丙 핥을 첨 혀 가늘 첨

丞 이을 승, 도울 승 벼슬 이름 승 (木)

丟 갈 주 잃어버릴 주 (水)

兲 天[하늘 천]의 古字

丽 麗[고울 려]의 古字

丕 不[아닐 불]의 古字

丠 丘[언덕 구]의 本字

両 兩[두 량]의 俗字

来 來[올 래]의 俗字

卋 世[인간 세]의 古字

亘 뻗칠 긍, 마침 긍 구할 선 [二部](火)

亙 뻗칠 긍, 통할 긍 극진할 긍 [二部](火)

吏 아전 리, 관리 리 [口部]常(水)

百 일백 백, 길잡이 맥 [白部]常(水)

死 죽을 사, 끊일 사 마칠 사 [歹部]常(水)

西 서녘 서, 나라 이름 서 [襾部]常(金)

而 말이을 이, 어조사 이 [而部]常(水)

夷 오랑캐 이, 상할 이 베풀 이 [大部]常(木)

再 두 재, 거듭 재, 두 개 재 [冂部]常(木)

⑥ 획

丣 酉[닭 유]의 古字

兲 天[하늘 천]의 古字

疵 정할 자

两 두 량, 쌍 량 짝 량, 끌 량

所 所[바 소]의 俗字

更 다시 갱, 고칠 경 [曰部]常(金)

巫 무당 무, 산이름 무 [工部](火)

丽 麗[고울 려]의 略字

⑦ 획

並 아우를 병, 견줄 병, 함께 병 (火)

並 앞 글자와 같음 竝과 並의 俗字

竝 앞 글자와 같음

東 동녘 동, 오른쪽 동 [木部]常(木)

來 올 래, 부를 래, 부터 래 [人部]常(火)

亞 버금 아, 칠하여 장식할 악 [二部]常(火)

奉 받들 봉, 드릴 봉 높일 봉 [大部]常(木)

事 일 사, 섬길 사, 일삼을 사 [亅部]常(木)

⑧ 획

厑 음역자 야

歪 비뚤어질 외, 왜 [止部](土)

⑨ 획

丠 丘[언덕 구]와 같음

夏 여름 하, 나라 하 [夊部]常(火)

⑩ 획

豆 큰 술잔 두

爽 상쾌할 상, 밝을 상 어길 상 [爻部](火)

惡 악할 악, 미워할 오 [心部]常(火)

⑫ 획

韮 韭[부추 구]와 같음 [艸部]

⑬ 획

爾 너 이, 가까울 이 어조사 이 [爻部](火)

⑮ 획

壼 壼[대궐 안길 곤]과 같음

畾 畾[밭갈피 뢰]와 같음

丨 部

丨 뚫을 곤, 위아래로 통할 곤

① 획

丩 넝쿨 구, 얽힐 구

𠁽 卜[점 복]의 古字

② 획

个 個[낱 개]와 같음 영당 곁방 가

丫 두갈래질 아, 가장귀 아, 가닥날 아 (火)

𠂛 걸음 과

③ 획

中 가운데 중, 안쪽 중 당할 중 常(土)

丮 잡을 극

丰 예쁠 봉, 풀 무성할 봉, 풍채 풍 (木)

④ 획

丱 쌍상투 관 (木)

丫 양(羊)뿔 개 (木)

⑥ 획

串 습관 관, 꿸 천 꼬챙이 곶 (金)

⑦ 획

丳 석쇠 찬, 꼬치 찬

𠁩 中[가운데 중]의 古字

𠁧 中[가운데 중]의 古字

𣶒 淵[못 연]의 古字

⑧ 획

𠆢 어긋날 기

乖 乖[어그러질 괴]의 古字

⑨ 획

丵 풀 무성할 착

𠂤 乖[어그러질 괴]의 古字

隶 事[일 사]와 같음

⑪ 획

𠁰 龜[거북 귀]의 古字

丶 部

丶 점 주, 귀점칠 주 불똥 주

① 획

⺀ 같은 글자를 거듭 쓸 때 씀, 거듭 첩

② 획

丅 下[아래 하]의 古字

厶 음역자 라 (토씨로 씀)

丸 둥글 환, 총알 환 구를 환 常(土)

丸 丸[둥글 환]의 本字

々 같은 글자 반복일 때 씀, 거듭 첩

之 갈 지, 이에 지, 어조사 지 [丿部] 常(土)

③ 획

丹 붉을 단, 마음 단 꽃이름 란 常(火)

④ 획

主 주인 주, 임금 주 거느릴 주 常(木)

丼 井[우물 정]의 本字

甘 丹[둥글 단]의 古字

永 길 영, 오랠 영 멀 영 [水部] 常(水)

以 써 이, 할 이, 쓸 이 까닭 이 [人部] 常(火)

⑤ 획

㝟 終[마칠 종]의 古字

⑦ 획

丽 麗[고울 려]의 古字

丿部

丿 삐칠 별, 목을 바로 하여 몸 펼 별

乀 파임 불

① 획

乂 풀 벨 예, 다스릴 예, 징계할 예 (金)

𠂇 左[왼 좌]의 本字

乃 이에 내, 어조사 내, 소리 애 常(金)

乄 五[다섯 오]의 古字

② 획

久 오랠 구, 기다릴 구 常(水)

夂 앞 글자와 같음

乇 부탁할 탁, 풀잎 적

么 幺[작을 요]의 俗字

义 義[옳을 의]의 略字·俗字

千 일천 천[十部]常(水)

丸 둥글 환, 총알 환 구를 환 [丶部]常(土)

③ 획

之 갈 지, 이를 지, 이에 지, 어조사 지 常(土)

乏 乏[궁핍할 핍]의 本字

乤 乳[젖 유]의 古字

及 미칠 급, 죄 미칠 급 [又部]常(水)

屯 모일 둔, 둔칠 둔 아낄 준[屮部]常(木)

升 되 승, 오를 승 이룰 승 [十部](木)

午 낮 오, 일곱 번째 지지 오[十部] 常(火)

④ 획

乍 잠깐 사, 별안간 사, 지을 작(金)

乎 어조사 호, 가 호 에 호 常(金)

乏 앞 글자의 本字

乏 없을 핍, 구차할 핍, 궁핍할 핍(金)

丘 언덕 구, 클 구 고을 구[一部]常(土)

失 잃을 실, 그릇될 실 [大部]常(木)

孕 아이 밸 잉 [子部](水)

⑤ 획

乑 나란히 설 임

𠂤 堆[싸일 퇴]의 古字

丢 丟[갈 주]의 俗字

先 먼저 선, 선조 선 [儿部]常(木)

朱 붉을 주, 성씨 주 [木部]常(木)

向 향할 향, 나아갈 향 [口部]常(水)

后 임금 후, 뒤 후 왕비 후 [口部](水)

⑥ 획

兵 군사 병, 무기 병 전쟁 병 [八部]常(金)

我 나 아, 우리 아, 고집셀 아 [戈部]常(金)

呑 삼킬 탄, 휩쌀 탄 감출 탄[口部](水)

兎 兔[토끼 토]의 俗字 [儿部](木)

⑦ 획

乖 어그러질 괴 배반할 괴(火)

乌 烏[까마귀 오]의 本字

秉 잡을 병, 벼 묶음 병 [禾部](木)

垂 드리울 수, 거의 수 [土部]常(土)

岳 嶽[큰산 악]의 古字 [山部]常(土)

忝 더럽힐 첨 [小部]

卑 낮을 비, 강 이름 반[十部] 常(水)

⑧ 획

幸 幸[다행 행]의 古字

乗 乘[탈 승]의 俗字

看 볼 간, 지킬 간 [目部] 常(木)

盈 찰 영, 넘칠 영 가득할 영[皿部](水)

禹 임금 우, 성씨 우 하우씨 우[内部](土)

重 무거울 중, 두터울 중 [里部] 常(土)

胤 맏아들 윤, 익힐 윤 [肉部](水)

臿 가래 삽, 삽 잡, 보리 때낄 삽 [臼部]

⑨ 획

乘 탈 승, 오를 승 곱할 승 常(火)

乑 垂[드리울 수]의 古字

烏 까마귀 오, 검을 오 [火部] 常(火)

⑩ 획

乑 手[손 수]의 古字

乙部

乙 새 을, 굽힐 을 둘째 천간 을 常(木)

乚 제비 을 생각이 어려울 을

① 획

乜 눈흘길 먀 무당 먀, 성씨 먀

九 아홉 구, 모을 규 常(水)

② 획

乬 음역자 굴 (뜻은 없음)

乞 빌 걸, 구걸할 걸 빌릴 기 常(金)

乭 음역자 둘 (뜻은 없음)

也 잇기 야, 라 야 어조사 야 常(水)

乫 음역자 절 (뜻은 없음)

③ 획

乣 糾[꼬을 규]의 訛字

乷 음역자 살 (뜻은 없음)

乤 땅 이름 할 음역자 할

孔 구멍 공, 매우 공 심히 공 [子部] 常(水)

乢 희미할 알

乮 음역자 울 (木)

乧 음역자 톨 (뜻은 없음)

④ 획

乶 남쪽 오랑캐 이름 이

乢 禮[예도 예]의 古字

乤 되창문 액, 좁을 액 곤할 액 [戶部]

乭 음역자 둘 (뜻은 없음)(木)

乯 음역자 뜰 (뜻은 없음)

⑤ 획

乨 始[비로소 시]의 古字

乩 무꾸리할 계 점칠 계

乬 擧[들 거]의 古字

乫 땅 이름 갈 [음역자] (土)

乬 까치 갈 [음역자]

乬 걸 걸(옷을 걸다) [음역자](木)

乭 이름 돌 [음역자](金)

乺 음역자 솔

乻 음역자 율 (뜻은 없음)

乶 봉호 뭘 [음역자]

乹 음역자 골

乲 구멍 알 [穴部]

乼 음역자 놀 (뜻은 없음)

⑥ 획

乻 음역자 놀 (뜻은 없음)

乽 음역자 쌀 (뜻은 없음)

乱 亂[어지러울 란]의 俗字

⑦ 획

乳 젖 유, 종유석 유 젖먹일 유 常(水)

乮 땅이름 볼 [음역자] (木)

乲 始[비로소 시]의 古字

乬 음역자 올 (뜻은 없음)

乭 음역자 울 (뜻은 없음)

乷 음역자 살 (뜻은 없음)(木)

乺 음역자 둘 (뜻은 없음)

乻 臾[잠깐 유]와 같음

⑧ 획

乼 음역자 굴 (뜻은 없음)

乹 乾[하늘 건]의 俗字

朹 원수 구, 바를 구 仇[짝 구]와 같음

乖 乖[어그러질 괴]의 古字

乺 솔질할 솔 땅 이름 솔 (水)

乻 땅 이름 얼 (土)

乼 줄 줄(빨랫줄) [음역자] (木)

釔 이트륨 을 [金部]

⑨ 획

乽 봉호 잘(음역자) 종실 군호 잘

⑩ 획

乿 음역자 골 (뜻은 없음)

亂 이치 치, 治[다스릴 치]와 같음

乾 하늘 건, 임금 건 마를 간 常(金)

亄 거스를 앙 돌아올 앙

亀 龜[거북 귀]의 俗字·略字

⑪ 획

乙 제비 을 [鳥部]

⑫ 획

亂 어지러울 란, 얽힐 란, 난리 란 常(木)

亃 근심할 린

亄 탐할 의, 희미할 의, 인색할 의

乷 음역자 설 (뜻은 없음)

亅 部

亅 갈고리 궐

亅 갈고리표지 궐 열쇠 궐, 창 궐

① 획

丩 움직이는 모양 갈

了 마칠 료, 깨달을 료, 똑똑할 료 常(金)

乚 매어 달 조 남성의 성기 조

乃 乃[이에 내]의 古字

② 획

丩 움직이는 모양 궐

亇 망치 마 [음역자]

③ 획

予 나 여, 줄 여 취할 여 常(金)

垂 垂[드리울 수]의 古字

州 州[고을 주]의 古字

幻 幻[변할 환]의 本字

⑤ 획

争 爭[다툴 쟁]의 俗字

乃 乃[이에 내]의 古字

⑥ 획

亍 칠 령

周 周[두를 주]의 古字

⑦ 획

事 일 사, 섬길 사 다스릴 사 常(木)

豫 물고기 이름 서

事 爭[다툴 쟁]의 古字

⑧ 획

⿰ 中[가운데 중]과 같음

⑩ 획

㸿 논할 정, 상의할 정

⑪ 획

𠄎 豫[미리 예]의 古字

⑮ 획

𠄏 豫[미리 예]와 같음

二部

二 둘 이, 두 이, 두 마음 이 常(木)

① 획

亍 겨우 디딜 촉, 땅 이름 마

于 갈(行) 우, 취할 우, 어조사 우 常(水)

亏 于[어조사 우]의 本字

② 획

云 이를 운, 이리저리 할 운 常(水)

互 서로 호, 맞대볼 호, 어그러질 호 常(水)

亓 其[그 기]의 古字

五 다섯 오, 다섯번 오 常(土)

井 우물 정, 단정할 정 常(水)

㐅 五[다섯 오]의 古字

夫 사내 부, 지아비 부, 선생 부 [大部] 常(木)

旡 목멜 기, 숨막힐 기 [无部]

元 으뜸 원, 두목 원, 임금 원 [儿部] 常(木)

天 하늘 천, 만물의 근본 천 [大部] 常(火)

③ 획

示 땅귀신 기, 보일 시 [示部] 常(木)

未 아닐 미, 여덟 번째 지지 미 [木部] 常(木)

𡴀 歲[해 세]의 古字

④ 획

亘 뻗칠 긍, 마침 긍, 구할 선 (火)

亙 亘[뻗칠 긍]의 本字

亙 亘[뻗칠 긍]의 本字 (火)

亙 亘[뻗칠 긍]의 本字 (火)

𠃟 純[순수할 순]의 古字

⑤ 획

亘 亘[뻗칠 긍]과 같음

況 況[하물며 황]의 譌字

些 적을 사, 어조사 사 (木)

亟 恒[항상 항]의 古字

亜 亞[버금 아, 동서 아]의 俗字 (火)

⑥ 획

亝 齊[가지런할 제]의 古字

亝 앞 글자와 같음

亙 亘[뻗칠 긍]과 같음

亟 어조사 마

亞 버금 아, 이어서 아, 동서 아 常(火)

枣 棗[대추 조]의 俗字 [木部] (木)

武 건장할 무, 날랠 무 [止部] 常(土)

⑦ 획

亟 빠를 극, 급할 극, 자주 기, 창졸 기 (火)

亟 亘[뻗칠 긍]의 古字

⑧ 획

亝 齊[가지런할 제]의 本字

亞 聖[성인 성]의 古字

⑨ 획

亟 齊[가지런할 제]의 本字

亠部

亠 뜻 없는 토 두

① 획

亡 망할 망, 도망 망 없을 무 常(水)

② 획

亣 大[큰 대]의 古字

亢 목 항, 별 이름 항 높을 항(水)

六 여섯 륙, 나라이름 륙 [八部] 常(土)

文 글월 문, 글자 문 문채 문[文部] 常(木)

方 모 방, 방위 방, 떳떳할 방 [方部] 常(土)

卞 법 변, 조급할 변 성씨 변 [卜部](土)

③ 획

市 저자 시, 집이 많은 동리 시 [巾部] 常(木)

立 설 립, 세울 립 이룰 립[立部] 常(金)

玄 검을 현, 검붉을 현 하늘 현[玄部] 常(火)

主 주인 주, 거느릴 주 임금 주 [丶部] 常(木)

④ 획

交 사귈 교, 벗할 교 바꿀 교 常(火)

亥 돼지 해, 끝지지 해 방위 해 常(水)

亦 또 역, 또한 역 모두 역 常(水)

亦 亦[또 역]의 古字

衣 옷 의, 입을 의 [衣部] 常(木)

充 가득할 충, 번거로울 충[儿部] 常(木)

妄 망녕될 망, 망할 망, 속일 망[女部](土)

⑤ 획

㐬 망할 황

亨 형통할 형 남을 형 常(土)

㐫 고요하지 않을 (不靜) 뇨

忘 잊을 망, 깜짝할 망 [心部] 常(火)

辛 매울 신, 여덟번째 천간 신[辛部] 常(金)

⑥ 획

享 누릴 향, 잔치 향 제사지낼 향 常(土)

京 서울 경, 클 경 수의 이름 경 常(土)

亩 稟[곳집 름]과 같음

亝 率[거느릴 솔]의 略字

氓 백성 맹, 어리석은 백성 맹 [氏部](火)

夜 밤 야, 어두울 야 [夕部] 常(水)

育 기를 육, 날 육 자랄 육 [肉部] 常(水)

卒 마칠 졸, 별안간 졸 [十部] 常(金)

亰 꽃이름 이

⑦ 획

亭 정자 정, 여관 정 평평할 정 常(火)

亮 밝을 량, 알 량 믿을 량 (火)

亰 京[서울 경]과 같음(土)

竒 奇[기이할 기]의 俗字

亲 親[어버이 친]의 俗字

郊 들(野) 교, 시외 교 [邑(阝)部] 常(土)

卣 逌[만족할 유], 直[곧을 직]과 같음

亯 克[이길 극]과 같음

哀 서러울 애, 슬플 애 [口部] 常(水)

亱 夜[밤 야]의 俗字

兗 고을 이름 연 믿을 연 [儿部](土)

帝 임금 제, 하느님 제 [巾部] 常(木)

奕 클 혁, 바둑 혁, 아름다울 혁[大部](木)

弈 바둑 둘 혁, 바둑 잘 둘 혁 [廾部]

⑧ 획

亳 땅 이름 박 (土) 은나라 서울 박

亯 享[누릴 향]의 本字

亭 亭[정자 정]의 俗字

亮 亮[밝을 량]의 俗字

畝 밭 이랑 무, 묘 [田部](土)

高 높을 고, 높일 고 성씨 고 [高部]常(火)

旁 넓을 방, 클 방, 두 갈래길 방 [方部](土)

衰 쇠할 쇠, 소모할 쇠 [衣部]常(木)

㝊 乘[탈 승]과 같음

亯 享[드릴 향]과 같음

畜 육축 축, 가축 축 쌓을 축 [田部]常(土)

衮 임금의 옷 곤 곤룡포 곤(袞)(木)

⑨ 획

亭 克[이길 극]의 古字

亳 亳[땅 이름 박]의 俗字 常(土)

牽 당길 견, 빠를 견 [牛部]

袞 곤룡포 곤, 임금의 옷 곤 [衣部](木)

㝊 乘[탈 승]과 같음

袤 뻗칠 무, 길이 무 [衣部]

商 장수 상, 쉿소리 상 [口部]常(水)

率 장수 수, 비율 률, 거느릴 솔 [玄部]常(火)

啇 나무 뿌리 적 과실 꼭지 적 [口部]

烹 삶을 팽, 요리 팽 [火部](火)

⑩ 획

㒭 勝[이길 승]의 古字

孰 孰[누구 숙]과 같음

亴 날 우 (새 따위가 날다)(火)

⑪ 획

亶 믿을 단, 진실로 단, 도타울 단(土)

襄 襄[도울 양]의 略字

裏 속 리, 옷 안 리 (內衣) [衣部]常(木)

雍 화할 옹, 학교 옹 가릴 옹 [隹部](火)

稟 줄 품, 받을 품 여쭐 품 [禾部](木)

⑫ 획

膏 살질 고, 기름 고 기름질 고 [肉部](水)

裹 쌀 과(包也) 얽을 과 [衣部](木)

齊 가지런할 제, 엄숙할 제 [齊部]常(土)

豪 호걸 호, 호협할 호 [豕部]常(水)

⑬ 획

稾 稿[볏짚 고]와 같음

褒 襃[기릴 포]의 俗字 [衣部](木)

蓏 풀의 열매 라

𠅤 衰[쇠할 쇠]의 古字

奧 奧[가운데 오]의 古字

⑭ 획

𠆄 庸[떳떳할 용]의 古字

褱 옷 포갠 모양 위

壅 막을 옹, 막힐 옹 북돋울 옹 [土部](土)

⑮ 획

襄 도울 양, 오를 양 멍에 양 [衣部](木)

齋 재계할 재, 상복 자 [齊部](土)

襃 기릴 포, 도포 포 옷자락 포 [衣部]

⑰ 획

羸 여윌 리 파리할 리 [羊部](土)

㐮 襄[밝을 양]과 같음

⑱ 획

贏 이익 남을 영, 자랄 영, 벨 영 [貝部]

⑲ 획

齎 가져올 재, 탄식할 재, 쌀 재(土)

⑳ 획

亹 힘쓸 미, 부지런할 미, 문채날 미(土)

㉑ 획

齏 양념할 제, 양념 다질 제 [亠部]

人部

人 사람 인 나랏사람 인 常(火)

亻 사람인변 人의 部首名

① 획

亇 丁[고무래 정]과 같음

个 낱개, 명당 곁방 가 [丨部]

亼 모일 집, 삼합 집

亽 寡[적을 과]와 같음

② 획

什 열 사람 십, 열 십 세간 집 (火)

仁 어질 인, 착할 인 常(火)

仂 나머지 륵, 십분의 일 륵, 힘쓸 력

仃 외로울 정

仄 기울 측, 우뚝 솟을 측 (火)

仅 줄 부, 付[부칠 부]와 같음

仆 엎드릴 부, 뒤집어 질 부, 죽을 부

仇 짝 구, 거만할 구 원수 구 (火)

仉 성씨 장 (孟子 어머니의 성(姓))

今 이제 금, 말머리에 쓰이는 말 금 常(火)

介 낄 개, 도울 개, 인할 개, 중매할 개 常(火)

仌 氷[얼음 빙]의 古字

亾 乍[잠깐 사]의 本字

仍 인할 잉, 그대로 잉 거듭할 잉 (火)

从 從[좇을 종]의 本字

仏 佛[부처 불]의 略字·古字

仐 傘[우산 산]의 俗字

内 內[안 내]의 俗字

夫 지아비 부, 사내 부 선생 부 [大部] 常(木)

化 될 화, 화할 화 [匕部] 常(火)

仈 성씨 팔

亻了 孑[외로울 혈]의 訛字

③ 획

仜 배 클 홍, 비대할 홍

仨 세 개 삼

仦 作[지을 작]과 같음

仩 올릴 상

仠 길 간, 막을 한

亻乜 高[높을 고]와 같음

㐱 鬒[수염 많을 진]과 같음

𠀋 長[긴 장]과 같음

仔 자세할 자, 견딜 자 맡길 자, 질 자 (火)

仕 벼슬 사, 벼슬할 사, 살필 사 常(火)

㐰 信[믿을 신]의 古字 個[낱 개]의 俗字

㑄 侮[업신여길 모]의 古字

他 다를 타, 남 타, 저 타, 누구 타 常(火)

仗 의장 장, 지팡이 장 짚을 장 (火)

付 부칠 부, 줄 부 부탁할 부 常(火)

仙 신선 선, 신선스러울 선 常(火)

仚 날 듯할 헌, 사람 산 위에 있을 헌

仝 同[한가지 동]과 같음, 성씨 동 (火)

仒 今[이제 금]의 俗字

仞 길(長) 인, 잴 인 찰(滿) 인, 깊을 인 (火)

仛 젊은 계집 차 부칠 탁, 다를 탁

仟 일천 천, 천 사람 어른 천 (火)

仡 날랠 흘, 높을 흘 (火) 배움직이는모양 올[홀]

亻凡 경홀이 여길 범 (가볍게 여기다)

仢 彴[외나무다리 작]과 같음

代 대신할 대, 번갈을 대, 세대 대 常(火)

以 할 이, 써 이, 까닭 이, 함께 이 常(火)

囚 가둘 수, 갇힐 수 묶일 수 [口部] 常(水)

失 잃을 실, 그릇될 실 [大部] 常(木)

央 가운데 앙, 절반 앙 다할 앙 [大部] 常(土)

令 하여금 령 시킬 령 常(火)

④ 획

伓 산 이름 배, 힘셀 배

仮 假[거짓 가]의 俗字

伒 서로 근, 도울 근

仯 난장이 묘, 작을 묘

仰 우러를 앙 쳐다볼 앙 常(火)

伶 악공 검, 풍류이름 검

仲 버금 중, 다음 중 중개 중 常(火)

仳 떠날 비, 추할 비 이별할 비 (火)

仵 짝 오, 거스를 오 (火)

件 물건 건, 조건 건 가지 건 常(火)

优 머무를 탐, 그칠 탐 내린 머리 탐

优 오곡 훨 우

价 착할 개, 클 개 사신 개 (火)

仸 약할 요, 구부릴 요 펴지 않을 요

任 맡길 임, 믿을 임 일(事) 임 常(火)

份 彬[빛날 빈]의 古字, 부분 분 (火)

伃 일부러 모른체하는 모양 예

伀 두려울 종 (火)

仒 施[베풀 시]의 古字

仺 倉[곳집 창]의 古字

企 바랄 기, 계획할 기 常(火)

合 합할 합, 같을 합 모일 합 [口部] 常(水)

众 衆[무리 중]의 簡字 여럿이 설 음 [人部]

伂 자빠질 패 엎드릴 패

伄 鬧[시끄러울 료]의 古字

伉 짝 항, 강직할 항 배필 항 (火)

仿 헤맬 방, 비슷할 방 흉내낼 방 (火)

伎 侮[업신여길 모]의 古字

伻 丰[예쁠 봉]과 같음

伕 사위 부, 인부 부

佅 클 태

伃 아름다울 여, 궁녀의 벼슬이름 여

伅 어두울 돈, 분명하지 않을 돈

伌 곤할 애

伆 떠날 문, 물 끊을 문, 물

伇 役[부릴 역]의 古字

伈 두려워할 심, 침

伊 저 이, 오직 이, 다만 이, 발어사 이 (火)

伋 속일 급 사람 이름 급 (火)

伍 다섯 오, 다섯사람 오, 항오 오 (火)

伄 팔 물건 없을 조

伢 아이 아

伭 低[낮을 저]의 俗字

伎 재주 기, 배우 기 천천한 모양 기 (火)

伀 衆[무리 중]의 本字

伏 엎드릴 복 공경할 복 常(火)

伐 칠 벌, 벨 벌, 공 벌 자랑할 벌 常(火)

休 쉴 휴, 아름다울 휴 기쁠 휴 常(火)

伔 과녁을 맞힐 침 칠 침 (擊也)

伙 세간 화 불목하니 화

伅 어리석을 월

伹 個[낱 개]의 略字

会 會[모일 회]의 俗字 (木)

伛 傴[할미 구]의 略字

伜 倅[백사람 졸]의 俗字

伝 傳[전할 전]의 俗字

仡 仡[날랠 흘]의 本字

佽 欠[하품 흠]과 같음

全 온전 전, 순전할 전 [入部] 常(土)

⑤ 획

伻 부릴 팽, 사람 부릴 팽, 좇을 팽

佦 사람 이름 석

伾 힘셀 비, 많을 비 (火)

佢 그 거

佀 似[같을 사]와 같음

伲 你[너 니]의 本字

伮 努[힘쓸 노]와 같음

伯 맏백, 길맥 우두머리 패 常(火)

佣 구전 용, 수수료 용

估 상인 고, 값 고(火)

佨 펼 포

伭 바르지 않을 과

伱 你[너 니]와 같음

你 너 니

佤 종족 이름 와

伴 짝 반, 동무 반 동반할 반 常(火)

㐌 施[베풀 시]의 古字

伶 영리할령, 악공령 광대령(火)

佡 어지러울 헌

伷 맏아들 주

伸 펼 신, 다스릴 신 기지개 켤 신 常(火)

伺 엿볼 사, 살필 사 안부 물을 사(火)

体 体[조잡할 분, 몸 체]의 古字

似 같을 사, 본말 사 이을 사 常(火)

伽 절 가(寺刹) (火)

伳 사치할 설

㑂 비슷할 방

伿 게으를 이

伹 둔할 저

佁 미련스러울 이

佂 황급할 정 바삐 갈 정 (火)

佃 밭갈 전, 머슴 전 소작인 전 (火)

佅 풍류이름 매

佅 풍류 이름 말

但 다만 단, 홀로 단 오직 단 常(火)

佇 우두커니 저 오래 설 저 (火)

佈 펼 포 (布와 통함) (火)

佉 나라 이름 거 사람 이름 가

佧 종족 이름 카

佊 간사할 피

佋 소목 소, 소개할 소, 사신 소 (火)

佌 작을 차, 작은 것들 나란히 설 차

位 자리 위, 벼슬 위 常(火)

低 낮을 저, 밑 저 값쌀 저 常(火)

住 살 주, 머무를 주 거처할 주 常(火)

佐 도울 좌, 버금 좌 보좌관 좌 常(火)

佑 도울 우 도움이 될 우 (火)

佒 새가슴 앙 몸 거북할 앙

体 休[쉴 휴]와 같음

体 體[몸 체]의 俗字, 용렬할 분 (火)

佔 엿볼 점, 숙일 점 까불점,속삭일점(火)

何 어찌 하, 무엇 하 누구 하 常(火)

佖 점잖을 필 점잔 피울 필(火)

佗 다를 타, 저 타(火) 마음 든든할 타

佘 산 이름 사 성씨 사

余 나 여, 남을 여 달 이름 여 常(火)

佚 편할 일, 숨을 일 방탕할 질 (火)

佛 부처 불, 도울 필 질 불 常(火)

作 지을 작, 만들 주 저주할 저 常(火)

佝 꼽추 구, 꼽추 후 거리낄 후 (火)

佞 아첨할 녕, 재주 녕 재주 있는 사람 녕 (火)

佟 성씨 동, 퉁, 풍 (火) 강 이름 퉁

仛 託[부탁할 탁]과 같음, 부칠 탁

来 來[올 래]의 略字 (木)

巫 무당 무 산이름 무 [工部](火)

攸 곳 유, 어조사 유 [攴部](金)

坐 앉을 좌, 무릎 꿇을 좌 [土部] 常(土)

夾 곁 협, 잡을 협 칼 이름 협 [大部](木)

伭 매우 현

含 머금을 함, 용납할 함 [口部] 常(水)

⿱亼甲 甲[갑옷 갑]의 古字

⿰亻皿 같을 사(似와 같음)

⑥ 획

⿰彳中 버금 중

保 保[보전할 보]의 本字

佩 패옥 패, 찰 패 마음먹을 패 (火)

⿰亻风 펴지 않을 숙 구부릴 숙

佬 점잖을 료, 로, 요 큰 모양 로

侤 생각할 고

佪 거닐 회, 서성거릴 회, 어두울 회 (火)

伇 役[부릴 역]의 古字

佭 뻣뻣할 항

俻 備[갖출 비]의 古字

佯 거짓 양, 겉치레 양 상양할 양 (火)

佰 백 사람의 어른 백 일백 백 (火)

侢 실을 재

侕 사람 많은 모양 이

⿰亻囟 작을 사

⿰亻自 보기 추할 회 모서리 회

佲 몹시 취할 명 좋을 명

佫 성씨 각

佳 아름다울 가, 기릴 가, 착할 개 常(火)

佴 버금 이 (火) (副也, 貳也)

併 倂[아우를 병]의 俗字 (火)

佶 바를 길, 헌걸찰 길 (火)

佷 고을 이름 한 어그러질 한

佸 힘쓸 괄, 모일 활 이르를 활 (火)

作 作[지을 작]과 같음

⿰亻曲 작고 추할 궁

佹 괴이할 궤, 속일 궤 의지할 궤 (火)

佺 신선 이름 전 (火)

佮 합하여 가질 합

佻 방정맞을 조 (火) 훔칠 조, 늦출 요

佼 예쁠 교, 좋을 교 굳셀 교, 사귈 교 (火)

侅 이상할 해

㑊 감질날 역 병 이름 역

佽 도울 차, 민첩할 차 편리할 차, 견줄 차 (火)

佾 줄춤 일, 춤추는 줄 수효 일 (火)

使 하여금 사, 부릴 사 가령 사 常(火)

⿰亻开 型[모양 형]과 같음

侀 이룰 형 (火)

侁 걷는 모양 신 떼 지어 갈 신 (火)

㑚 가죽 늘어날 나

侂 부탁할 탁 부칠 탁

侃 강직할 간 웃는 상 간 (火)

⿰亻⿱口从 앞 글자와 같음

侄 굳을 질 어리석을 질 (火)

來 올 래, 돌아올 래 부를 래 常(火)

侇 무리 이, 베풀 이

侈 사치할 치, 넓을 치 많을 치 (火)

⿰亻⿱口豆 앞 글자와 같음

⿰亻臣 宦[벼슬 환]과 같음

⿰亻匡 절름발이 왕 다리 병신 왕

侉 자랑할 과 (火)

侊 성한 모양 광, 클 광, 자랑할 광 (火)

例 전례 례, 법식 례 대강 례 常(火)

侌 陰[그늘 음]의 古字

侍 모실 시, 가까울 시 좇을 시 常(火)

侎 어루만질 미 사랑할 미 (火)

侏 난장이 주, 악생 주 동자기둥 주 (火)

㑍 버금 뢰

侐 고요할 혁 (火)

侑 도울 유, 권할 유 짝 유 (火)

侟 存[있을 존]과 같음 薦[올릴 천]과 같음

侒 편안할 안 (火) 늦을 안, 잔치 안

𠈜 佇[우두커니 저]의 訛字

侔 같을 모, 벌레 이름 모, 가지런할 모 (火)

𠇉 法[법 법]의 古字

侖 뭉치 륜 둥글 륜 (火)

𠈅 虞[나라 우]의 古字

侗 클 통, 정성 동 (火)

侘 실의할 차, 뽐낼 차 (火)

侙 조심할 칙

侚 빠를 순, 좇을 순 조리돌릴 순 (火)

供 이바지할 공, 베풀 공, 받들 공 常(火)

侜 속일 주 (火) 가리울 주

依 의지할 의, 기댈 의 비슷할 의 常(火)

㑯 뿔 셋 난 사람 융

侞 온순할 여

𠈓 伸[펼 신]의 訛字

𠈁 光[빛 광]의 古字

侠 俠[호협할 협]의 俗字

𠈇 儉[검소할 검]의 略字

価 價[값 가]의 俗字

侉 誇[자랑할 과]와 같음

金 쇠 금, 성씨 김 금 금 [金部] 常(金)

命 목숨 명, 명령할 명 시킬 명 [口部] 常(水)

臾 꾀일 용, 잠깐 유 삼태기 궤 [臼部](土)

舍 집 사, 놓을 사, 쉴 사, 둘 사 [舌部] 常(火)

⑦ 획

侮 업신여길 모 常(火)

㑗 아이밴 몸 신

𠈂 투박할 로

侯 제후 후, 벼슬 이름 후, 임금 후 常(火)

侲 어린아이 진 어릿광대 진 (火)

㑭 갈(行) 사, 춤 그치지 않을 사

侳 욕보일 좌, 가질 좌 부끄러울 좌

㑚 那[어찌 나]의 俗字

侵 범할 침, 흉작 침 침노할 침 常(火)

㑣 辟[임금 벽]의 古字

侶 짝 려, 벗할 려, 함께 려, 동행할 려 (火)

侱 지름길 정, 부릴 정

侷 죄어 칠 국 局[판 국]과 같음

侸 무척 피곤할 두 설 수

侹 긴 모양 정 꼿꼿할 정 (火)

侻 간사할 탈, 가벼울 탈, 간략할 탈 (火)

侼 강할 발, 원망할 발, 어길 발

侽 男[사내 남]의 俗字

㑭 俾[더할 비]의 俗字

㑥 使[부릴 사]의 本字

便 편할 편, 소식 편 오줌 변 常(火)

俁 얼굴 클 우 (火)

俛 힘쓸 면, 숙일 부 (火)

係 맬 계, 이을 계 맞이을 계 常(火)

俆 천천히 걸을 서 땅이름 서

𠈏 거짓 팽

㑥 伊[저 이]의 古字

促 재촉할 촉 악착할 착 常(火)

俠 성씨 유 攸[바 유]와 같음

俄 갑자기 아, 기울어질 아, 헌걸찰 아(火)

俷 아첨하지 않을 방

俅 공순(恭順)할 구(火)

俇 허둥지둥할 광

俈 嚳[급히 고할 곡]과 같음

俉 맞이할 오(火)

俊 준걸 준, 준수할 준, 높을 준 常(火)

俋 날쌜 읍 밭가는 모양 읍

㑺 사람무리 금

俕 머리 앞으로 향할 심

俌 도울 보(火)

俍 잘할 량, 헤맬 량(火)

俏 거문고 뒤치는 소리 소, 닮을 초(火)

俐 영리할 리 똑똑할 리(火)

俐 영리할 리 똑똑할 리

俑 허수아비 용(火)

俕 어리석을 삼

俒 완전할 혼 끝날 혼(火)

俜 우직할 롱

併 兵[군사 병]의 古字

俖 兵[군사 병]의 古字

俋 役[부릴 역]의 古字

俓 徑[곧을 경]과 같음(火)

俔 염탐할 현 비유할 견(火)

俙 어기적거릴 폐

倂 배웅할 잉 전송할 잉

俗 풍속 속, 익을 속 버릇 속 常(火)

俀 나약할 퇴

俘 가져올 부(火) 사로잡을 부

俙 비슷할 희 어슴프레할 희(火)

俚 속될 리, 상말 리 상노래 리(火)

俜 비틀거릴 빙 호협할 빙

保 보전할 보, 지닐 보, 도울 보 常(火)

兪 그럴 유, 대답할 유 [入部](火)

俞 앞 글자와 같음(火)

俟 기다릴 사, 성씨 기 기대할 사(火)

俠 의기 협, 아우를 겹, 곁 겹(火)

信 믿을 신, 참될 신 밝힐 신 常(火)

俣 갈래질 오(火)

俤 용모 제

㑔 順[순할 순]의 古字

俥 인력거 거

㑧 뜻 지

俗 몸집이 작고 추한 모습 속

弇 뚜껑 감, 덮을 엄 산 이름 엄 [廾部](土)

㑴 企[바랄 기]의 古字

㑹 宰[재상 재]의 古字

食 밥 식, 먹을 식 먹일 사 [食部] 常(水)

俎 적대(祭器) 조 도마 조(火)

⑧ 획

㑄 사람 이름 무

俯 구부릴 부, 머리 숙일 부, 굽을 부(火)

俰 화할 화(火) 누그러질 화

俱 함께 구, 다 구 갖출 구 常(火)

傚 본받을 효 닮을 효

俳 광대 배, 배우 배 어긋거릴 배(火)

俴 엷을 천, 얇을 천

俒 어두울 혼 노인 건망증 혼

俵 나누어줄 표 가마니 표(火)

傷 업신여길 이

俶 비롯할 숙(火) 뛰어날 척

婪 투미할 람

俷 등질 비

俸 녹 봉, 급료 봉 받을 봉 (火)

俹 기댈 아, 의지할 아, 거만할 아

㑕 夙[일찍 숙]의 古字

俺 나 엄, 클 엄 (火)

倷 너 니, 이

㑸 시어미 고

俻 備[갖출 비]의 略字

俽 고을 이름 흔 기쁠 흔

俾 하여금 비 (火) 좇을 비, 더할 비

俿 수레바퀴 치, 가지런하지 않을 치

倀 갈팡질팡할 창 미칠 창

倁 행할 지

倃 일 감당 못할 답

併 나란할 병 (火) 다툴 병, 합할 병

倒 例[견줄 례]와 같음

倃 훼방할 구

倄 찌를 효 끙끙 앓을 효

倅 버금 쉬, 원 쉬 백사람 졸 (火)

倆 재주 량, 둘 량 (火)

倠 재촉할 추 박두할 추

倈 徠[산 이름 래]와 같음

倉 곳집 창, 갑자기 창 슬퍼할 창 常(火)

㑶 喃[수다스러울 남]과 통용

偬 괴로워할 총 바쁠 총

倊 곤한 모양 종

個 낱 개, 치우칠 개 常(火)

倌 수레 부리는 사람 관

倥 분별 모를 공 바쁠 공 (火)

倇 즐거워할 원 권할 원 (火)

倧 한배 종, 신인 종 (火)

侒 侒[편안할 안]과 같음

倢 첩 첩

倍 갑절 배, 곱 배, 겸할 배, 어질 패 常(火)

倃 앞 글자의 古字

㑳 아이밸 추

倎 두터울 전 착할 전

修 닦을 수, 옳게 할 수, 정리할 수 常(火)

倏 잠깐 숙, 갑자기 숙, 홀연 숙 (火)

倐 앞 글자의 俗字

倞 성낼 려

㑇 움직일 독 소란할 독

們 무리 문 우리들 문 (火)

閄 갑자기 튀어나와서 놀라게하는소리혹 [門部]

倒 넘어질 도 넘어뜨릴 도 常(火)

倓 담연할 담 편안할 담 (火)

倔 굳셀 굴, 딱딱할 굴 (火)

倕 무거울 수, 장인(匠人)이름 수

倄 胤[이을 윤]의 古字

倖 요행 행, 친할 행 아담할 행 (火)

倗 부탁할 붕

㑘 억눌릴 협

倄 鬻[죽 죽]의 古字

倘 아마 당, 문득 당 갑자기 당 (火)

候 기후 후, 살필 후 철 후, 모실 후 常(火)

倚 기댈 의, 인할 의 의지할 의 (火)

倛 방상탈 기, 속일 기

倜 고상할 척 대범할 척 (火)

倝 해돋을 간

倞 밝을 량, 찾을 량 굳셀 경 (火)

借 빌릴 차, 빚 차 허락할 차 常(火)

倠 얼굴 추할 휴 천할 휴

倡 광대 창, 부를 창 미치광이 창 (水)

倢 빠를 첩 (火) 사냥질할 첩

倣 모방할 방 의지할 방 常 (火)

値 만날 치, 당할 치 값 치, 가치 치 常 (火)

倦 게으를 권 수고할 권 (火)

倦 앞 글자와 같음

倨 거만할 거, 걸터 앉을 거, 굽을 거 (火)

倩 예쁠 천, 사위 청

倪 어릴 예, 도울 예 끝 예, 한정 예 (火)

倽 무엇 사

倫 인륜 륜, 무리 륜 조리 륜 常 (火)

倹 儉[검소할 검]의 俗字

倬 클 탁, 환할 탁 (火)

倭 순한 모양 위, 나라이름(일본) 왜 (火)

倮 벌거벗을 라 좁을 라 (火)

倯 작고 못생길 송

倰 속일 릉, 길 릉 거문고소리 릉 (火)

倱 통하지 않을 혼 어리석을 혼

倲 어리석을 동

倳 꽂을 사, 찌를 사

㑣 우러러볼 암

㑒 盜[도적 도]의 古字

倴 둔한 사람 분 사람 이름 분

丧 喪[초상 상]의 俗字

倸 採[가릴 채]의 俗字

悖 悖[거스릴 패]의 譌字

御 御[모실 어]와 같음

俇 허둥지둥할 광

脊 등성마루 척, 쌓 쌓을 척 [肉部] (水)

⑨ 획

偔 어리석은 모양 가

偋 다 병

偁 稱[일컬을 칭]의 本字

保 保[보전할 보]의 古字

偂 나아갈 전

倰 몸종 잉, 둔할 잉

偃 자빠질 언 거만할 언 (火)

偄 연약할 난 공순할 연 (火)

偅 우울한 모양 동 아이 동, 종 동

偆 가멸할 춘 두터울 춘

假 거짓 가, 빌릴 가 꾸어줄 가 常 (火)

偈 힘 빼두를 걸 쉴 게, 게타 게 (火)

偉 클 위, 넉넉할 위 거룩할 위 常 (火)

偊 꾸부렁거릴 우 (火) 홀로 걷는 모양 우

偋 아우를 병

偓 악착할 악 신선 이름 악 (火)

㑲 출의지할 탁

偌 성씨 야, 너무 야

僎 僎[갖출 선]의 本字

偗 媌[눈매 고울 묘]와 같음

偞 가벼울 엽, 아름다울 엽, 천할 협

偍 멈칫거릴 제

偎 사랑할 외 친근할 외 (火)

偒 걷는 모양 과

偆 빠를 순

㑴 질 각, 게으를 극

偌 나라 이름 야 (火)

偏 치우칠 편, 불공평할 편 常 (火)

偡 마음 편안하지 않을 감

偐 위조물 안

偒 헌걸찰 탕

偔 많을 악

偲 닮을 사

偕 함께할 해, 굳셀 해, 화할 해 (火)

偣 樹[나무 수]와 같음

偖 撦[찢을 차]와 같음

偗 길 성, 바를 성 곧은 모양 성

偧 베풀 차, 벌릴 타

偘 侃[정성 간]과 같음 (火)

偩 아낄 부, 인색할 부

偙 곤할 체, 못생길 체 영특할 체, 제 (火)

偣 깨끗할 염

偫 모을 치

做 지을 주 (火)

偭 종족 이름 남

偠 宦[벼슬 환]과 같음

傁 늙은이 수 어른 수

傛 불손할 돌

偛 키 작을 삽 작을 삽

停 머무를 정, 정할 정, 늦어질 정 常 (火)

偯 울 의, 슬퍼할 의

偝 등질 배, 버릴 배

偀 빼어날 영, 英[꽃 뿌리 영]의 俗字

偟 어슷거릴 황 겨를 황

偠 허리 가늘 요 나긋나긋할 요 (火)

偢 근심할 초, 볼 초 돌아볼 초 (火)

偯 候[물을 후]의 本字

候 앞 글자와 같음

健 굳셀 건 병 없을 건 常 (火)

㑹 便[편할 편]과 같음

偦 재주 있을 서 (火)

偨 가지런하지 않을 치

偩 자랑할 부, 본뜰 부 (火)

偪 핍박할 핍, 다가 올 핍, 나라 이름 복

偫 기다릴 치 갖출 치

偬 傯[바쁠 총]의 俗字

偭 향할 면, 등질 면

偤 모실 유

偺 孱[욕할 잔]의 本字

偞 짐승 이름 유

偺 우리 찰

偑 성씨 풍, 땅이름 풍

偮 사람 많을 집

偳 성씨 수

偰 맑을 설, 성씨 설 (火)

偱 따를 순, 펼 순

偲 굳셀 시 똑똑할 시 (火)

偋 辟[임금 벽]의 古字

偳 적을 단, 작을 단

偧 성씨 다

側 곁 측, 기울일 측 저물 측 常 (火)

偵 정탐꾼 정, 엿볼 정, 정탐할 정 (火)

偶 짝셈 우, 짝지울 우 허수아비 우 常 (火)

偡 가지런히 나갈 담

偸 훔칠 투, 도적 투 가벼울 투 (火)

偷 앞 글자와 같음

偆 먹일 사

偹 備[갖출 비]의 略字

偻 僂[구부릴 루]의 略字

偧 儳[어긋날 참]의 略字

偽 僞[거짓 위]의 俗字

斜 비낄 사, 흩어질 사 [斗部] 常 (火)

脩 포 수, 실 수, 닦을 수 [肉部] 常 (水)

條 가지 조 조목 조 [木部] 常 (木)

貪 탐할 탐, 욕심낼 탐 [貝部] 常 (金)

傘 傘[우산 산]의 訛字

盒 소반 뚜껑 합 찬합 합 [皿部](金)

𠊱 命[목숨 명]과 같음

𠆶 陰[그늘 음]의 古字

袋 자루 대, 푸대 대 [衣部] (木)

𠍩 두리번거릴 계

⑩ 획

㑟 夏[여름 하]와 같음

傀 엄전할 괴, 클 괴 괴이할 괴 (火)

傁 叟[늙은이 수]와 같음

𠋝 거만할 소

㑳 고용살이할 추

傂 가지런하지 않을 치

㑰 偰[소곤거릴 설]의 俗字

㑴 侵[침노할 침]의 本字

傃 향할 소, 떳떳할 소 (火)

𠊎 壽[목숨 수]와 같음

𠋺 튼튼할 할 거리낌 없을 할

傄 미워할 색 모질 삭

𠐢 근심할 척

傅 스승 부, 붙일 부 성씨 부 (火)

㑼 성씨 녹

傊 나을 원, 넉넉할 원 넉넉할 운

㑇 작을 직

傋 아첨 아니할 강 지각 없을 구 (火)

傌 욕할 마

𠍂 倍[갑절 배]와 같음

傍 곁 방, 의지할 방 마지 못할 팽 常(火)

傡 竝[아우를 병]과 같음

𠊻 전할 질, 샘낼 질 시기할 질

㑭 寶[보배 보]의 古字

㑶 성낼 희, 발끈할 희

傎 엎어질 전 거꾸로 될 전

㑞 모양 태

傆 약을 원, 삼갈 원

傏 뻗을 당, 당돌할 당

傑 호걸 걸, 준걸 걸 뛰어날 걸 常(火)

𠌿 단술 명 비틀거릴 명

傢 세간살이 가 가구 가

傛 몸 굽힐 용, 용화 용, 혁혁할 용 (火)

𠐲 키 멀쑥할 천, 치

㑋 작고 못생길 공

𠎴 앞 글자와 같음

㑿 편안할 담, 돈 담

𠍋 保[보전할 보]의 古字

𠋩 물 많고 클 필

傒 이름 혜, 가물 혜 기다릴 혜 (火)

傓 매우 성할 선

傟 어그러질 앙

傔 겸종 겸, 따를 겸 시중들 겸 (火)

傕 이름 각, 성씨 각

傖 놈 창, 비루할 창 시골뜨기 창

傗 펴지 않을 축 구부릴 축

傘 우산 산, 양산 산 (火)

禽 새 금, 길짐승 금 [内部] 常(火)

𠎠 侖[산 이름 륜]의 古字

備 갖출 비, 이룰 비 족할 비 常(火)

傭 많을 용 무성한 모양 용

傚 본받을 효, 닮을 효, 배울 효 (火)

傜 부릴 요, 얼 요 느슨할 요

傝 답답할 탑, 나쁠 탑, 불안할 탑 (火)

傞 취하여 춤추는 모양 사 (火)

傠 배반할 벌 伐[칠 벌]과 같음

堡 방축 보, 뚝 보 작은 성 보 [土部](土)

舒 펼 서, 녹을 서 천천할 서 [舌部] (火)

⑪ 획

㑭 可[옳을 가]와 같음, 可의 本字

僧 僧[중 승]의 俗字

儀 서서 움직이는 모양 양

傪 아리따울 참

傛 건장한 모양 말

傱 치우칠 수

催 재촉할 최, 열 최 핍박할 최 常(火)

傭 품팔이꾼 용, 머슴 용, 고를 충(火)

傮 마칠 조 (火)

傯 바쁠 총 곤궁할 총

傰 무너질붕, 동무 붕 종종걸음칠 붕

傱 종종걸음칠 종

傶 건장하고 덕 없을 자

傲 거만할 오 업신여길 오 常(火)

傳 전할 전, 줄 전 옮길 전 常(火)

傴 구부릴 구, 꼽추 구 (火)

債 빚 채, 빚질 채 빌릴 채 常(火)

傜 기쁠 요 비교할 요

傂 나타날 이 빛날 이

傸 악할 상, 나쁠 상

傷 상할 상, 해할 상 근심할 상 常(火)

傹 競[겨룰 경]과 같음

傫 儷[짝 려]와 같음

傺 물끄럼할 제, 묵을 제, 머무를 제

㗻 華[화려할 화]의 本字

傻 몹쓸사, 미련할사 아는 체할 사

傽 시아주버니 장(火) 놀라고 두려워할 장

傾 기울 경 엎드러질 경 常(火)

傿 에누리할 언 고을 이름 언 (火)

僗 길 소, 작을 소

僀 어려움 없을 적 모질 적

傑 소곤거릴 설

僂 구부릴 루 곱사등이 루 (火)

傫 늘어뜨린 모양 뢰 지칠 뢰

僤 蹕[길 치울 필]의 古字

僄 진중치 못할 표 몸 가벼울 표 (火)

僙 성씨 한

僅 겨우 근, 적을 근 남을 근 常(火)

儻 당돌할 당

僃 備[갖출 비]와 같음

備 備[갖출 비]와 같음

傶 가까울 척, 사람 이름 척, 살결 척

僆 쌍둥이 련 병아리 련

傴 어릿어릿할 어 무례할 우, 클 우

僇 욕할 륙, 욕될 륙 죽일 륙

僈 늦을 만, 게으를 만 업신여길 만

僻 물리칠 병 궁벽할 병

僉 다 첨, 여럿 첨 도리깨 첨(火)

僊 춤출 선, 선인 선 (火)

僋 늘어날 탐 어리석을 탐

傲 執[잡을 집]의 俗字

億 億[억조 억]의 誤字

働 굼닐 동, 움직일 동

僜 늘어진 모양 두

僭 시립할 점

禽 새 금, 사로잡을 금 [内部] 常(火)

傘 傘[우산 산]의 俗字

條 땋은 실 조 (木) 노끈 조 [糸部]

翛 날개치는소리소(木) 모자라질 소 [羽部]

愈 나을 유, 어질 유 더욱 유 [心部] 常(火)

會 모을 회, 모둘 회 그릴 괴 [日部] 常(火)

⑫ 획

僫 惡[악할 악]과 같음

⿰亻衆 衆[무리 중]과 같음

儛 예쁠 무, 놀란 모양 무, 클 호

⿰亻絫 지칠 루

⿰亻敝 옷자락 날리는 모양 별

⿰亻敞 敞[너그러울 창]과 같음

僐 자태 꾸밀 선

⿰亻㤅 僾[어렴풋할 애]의 本字

⿰亻𠷎 儔[짝 주]와 같음

僎 정제할 선, 향음주인 돕는 사람 준

像 형상 상, 같을 상 닮을 상 常(火)

⿰亻貳 더할 이, 버금 이

僑 붙어 살 교 높을 교 (火)

⿰亻⿱卉非 나쁠 삽, 사나울 삽

僠 굳셀 파

僒 구부릴 군 얽매일 군

僔 모일 준, 모을 준 무리 준 (火)

僕 시중꾼 복 마부 복, 종 복 (火)

僗 勞[수고로울 로]와 같음

僙 위엄스러울 광

⿰亻然 황급할 연

僚 벗 료, 동관료 료 어여쁠 료 常(火)

僛 취하여 춤추는 모양 기 (火)

⿰亻厥 쓰러질 궐

僝 욕할 잔, 보일 잔 몹시 욕할 잔

⿱卄⿰亻夾 益[더할 익]의 古字

僞 거짓 위, 속일 위 常(火)

僟 삼갈 기

⿰亻恭 興[일 흥]과 같음

⿰亻感 戚[일가 척]과 같음

⿰亻⿴衣旣 옷깃을 헤칠 계 걸음걸이 계

僢 舛[어그러질 천]과 같음

僣 僭[참람할 참]의 俗字, 교활할 철

僤 도타울 탄 빠를 탄

僥 거짓 요, 요행 요 난장이 요 (火)

僖 기꺼울 희 성씨 희 (火)

⿰亻渠 그 거

僦 품삯 추, 고용할 추, 버릴 추 (火)

⿰亻⿰髙尤 앞 글자와 같음

僧 중 승, 스님 승 常(火)

僓 좇을 퇴, 순할 퇴

⿰亻需 儒[선비 유]와 같음

僡 惠[은혜 혜]와 같음

僨 넘어질 분, 엎어질 분, 움직일 분

⿰亻愆 愆[허물 건]과 같음

⿰亻敢 높고 험준한 모양 감

⿰亻待 偫[기다릴 치]와 같음

僩 굳셀 한 너그러울 한 (火)

僴 앞 글자와 같음

僪 햇무리 결

僬 난장이 초, 달음질할 초, 밝게 볼 초 (火)

⿰亻集 集[모을 집]과 같음

僭 참람할 참 (火) 어그러질 참

僮 아이 동, 아이종 동, 굽실거릴 동 (火)

僜 소리 등 혼매할 등

⿰亻答 장애물을 만나 저지당할 답

僯 부끄러울 린 부끄러워할 린

僰 건위오랑캐 북

⿰亻棘 앞 글자와 같음

僱 雇[품 살 고]의 俗字

⿰亻翕 歙[줄일 흡]과 같음

⿱余示 余[나 여]와 같음

傘 傘[우산 산]의 俗字

⑬ 획

僶 힘쓸 민 억지로할 민

㒑 값 회 길고 큰 모양 회

僵 엎어질 강 뻣뻣해질 강 (火)

傀 傀[클 괴]와 같음

儅 그칠 당 맞지 않을 당

㒊 嗇[아낄 색]과 같음

僚 僚[동무 료]의 本字

僸 우러를 금, 쳐다볼 금, 오랑캐 금

㒆 경솔할 삽

價 값 가, 가치 가 常(火)

僻 후미질 벽, 궁벽할 벽, 피할 피 (火)

㦖 몹시 욕할 추

僾 방불할 애, 돋보기 애, 흐느낄 애 (火)

㑩 약할 라

𠑃 化[될 화]의 古字

傂 가늘 사, 거짓 사 경박할 사 (火)

㒂 僊[교만할 건]과 같음

儀 거동 의, 모양 의 법도 의 常(火)

儁 영특할 준 훌륭할 준 (火)

儂 나 농, 그이 농 저이 농 (火)

儃 머뭇거릴 천, 다만 단, 찬찬할 탄

億 억 억, 인민 억 편안할 억 常(火)

㒓 살찔 달, 도피할 달, 배반할 달

㒇 아름다운 모양 과

㒒 遁[도망 둔]과 같음

儆 경계할 경 급한 일 경 (火)

㒓 키작을 독 추할 촉

儇 영리할 현 빠를 현 (火)

儈 거간 쾌

儉 검소할 검 흉년들 검 常(火)

㒗 뻣뻣할 앙

儸 기운차고 날쌜 해

儋 짐 담, 항아리 담 (火)

儌 갈 교, 바랄 교 거짓 교

僷 떠나지 않을 엽 얼굴 예쁠 엽

儲 베풀 착, 성씨 착 편안할 착

僕 僕[종 복]의 本字

㒃 지[땅 지]의 古字

㒙 蹙[대지를 축]과 같음

㑏 偵[정탐할 정]과 같음

䘲 어리석은 모양 아

㒫 零[떨어질 령]과 같음

儷 儷[짝 려]의 略字

㑹 작은 쪽지 간

⑭ 획

儞 爾[너 이]와 같음

儐 인도할 빈, 나아갈 빈, 찡그릴 빈 (火)

㒩 僊[교만할 건]과 같음

儜 고달플 녕 떠들썩할 녕 (火)

㦒 갖추어질 창

㒏 잔피할 압 용렬할 압

儓 힘 있는 모양 태

㒐 좁을 해, 빠를 해

儒 선비 유, 유도 유 난장이 유 常(火)

㥯 남에게 기댈 은 (火)

㒋 수다스러울 삽 미치지 못할 삽

㒚 여우소리 의

儓 하인 대 (火)

㒀 홀로 설 조

㒆 豪[호걸 호]와 같음 (火)

儕 무리 제, 짝 제 함께 제 (火)

儖 흉상스러울 람

儛 삼갈 여, 기댈 여 의지할 여

儔 짝 주, 누구 주 (火)

儝 기다릴 경

儗 의심할 의, 견줄 의, 참람할 의 (火)

儘 다할 진 (火)

儚 밝지 못할 몽 부끄러울 몽

儓 바꿀 대

儦 僄[가벼울 표]와 같음

儙 열 견(開;열다)

儝 모일 종

儩 낮은 모양 면

儚 傡[비틀거릴 빙]과 같음

儛 춤출 무 (木)

劒 劍[칼 검]과 같음 [刀部] 常(金)

黛 눈썹 그릴 대 새파랄 대 [黑部] (水)

⑮ 획

償 갚을 상, 갚 상 보답할 상 常(火)

儁 儁[준걸 준]과 같음

儠 풍신 좋을 렵 흉괴할 렵, 랍

儩 나라 이름 속

儩 몸 삐뚤어질 변

儚 간사할 멸

儚 滿[가득할 만]의 古字

儡 꼭두각시 뢰 피곤할 뢰 (火)

儢 더벅머리 수, 세울 수, 귀신 이름 수

儢 마음에 하기 싫을 려

儤 관리가 번들거릴 포 과도한 노역 포(火)

儥 팔 육, 길 육 (火)

儦 떼지어 걷는 모양 표

儣 울퉁불퉁할 광

儹 節[마디 절]과 같음

儩 놀 온, 장난할 온

儚 성할 교(盛也)

儧 모일 찬, 모아서 일을 꾸밀 찬 (火)

儨 바를 질, 막힐 질 머무를 질

儩 다할 사

優 넉넉할 우, 화할 우 부드러울 우 常(火)

儸 머무를 피

儷 儷[짝 려]의 略字

輩 輩[무리 배]와 같음

龠 피리 약, 흡사 약 [龠部]

⑯ 획

嬝 아름다울 뇨

儶 좋을 괴, 성할 괴 클 괴, 괴이할 괴

儴 傀[클 괴]와 같음

儮 사람 이름 력

儢 儢[마음에 하기 싫을 려]의 訛字 (火)

儬 좁을 해, 빠를 해

億 億[억 억]의 本字

儭 속옷 츤, 친

儯 긴 모양 등

儰 愆[허물 건]의 古字

儰 움직일 위 편안하지 않을 위

儱 건목칠 롱, 흐릿할 롱, 뒤떨어질 롱

儳 憨[어리석을 감]의 俗字

儲 쌓을 저, 버금 저 용납할 저 (火)

⑰ 획

應 應[응할 응]과 같음

儴 교만할 건, 업신여길 건

儳 빠를 참, 어긋날 참, 천히 여길 참

儴 고달플 양 고생할 상

儶 오만할 섭

儴 어두울 횡 원망할 횡

儽 머리 앞으로 향할 림

儵 사람 이름 유

儶 僛[비틀비틀 걷는 모양 기]와 같음

儵 잿빛 숙, 남해임금 숙, 갑자기 숙 (火)

⑱ 획

儷 심복할 섭 두려워할 섭

儶 빠를 혜 거느릴 휴

儽 고달플 뢰, 무너질 뢰, 피로할 뢰

儤 儤[과외일할 포, 번들 포]의 本字

儤 앞 글자와 같음

儻 신선 이름 풍

⑲ 획

儷 아우를 려, 짝 려 채단 려, 둘 려 (火)

儱 비낄 총

儸 건장하고 덕 없을 라 간사성 있을 라 (火)

儹 일 공론할 찬 (火)

邊 몸 바르지 않을 변 춤추는 모양 변

儽 엎드릴 뇌

顚 엎어질 전

儷 儷[짝 려]와 같음

儺 역귀 쫓을 나, 경 읽고 굿할 나 (火)

僊 僎[갖출 선]의 本字 仙[신선 선]의 古字

⑳ 획

儻 빼어날 당, 구차할 당, 문득 당 (火)

儼 공경할 엄 엄전할 엄 (火)

矍 矍[두리번거릴 확]과 같음

㉑ 획

囂 거만할 효

儽 게으를 래, 고달플 루, 벌거벗을 라

蠡 알몸 라

饍 僐[자태 꾸밀 선]과 같음

㉒ 획

囊 늘어질 낭

鑞 錫[주석 석]의 古字

㉔ 획

鹼 소금 탈 천

儿部

儿 어진 사람 인 (木)

① 획

兀 우뚝할 올, 발뒤꿈치 벨 올 (土)

② 획

允 진실로 윤 마땅할 윤 (土)

元 으뜸 원, 착하고 어질 원 常 (木)

先 簪[비녀 잠]의 本字

③ 획

尢 長[긴 장]의 古字

兄 맏 형, 어른 형 부를 황 常 (木)

充 가득할 충, 박을 충 찰 충, 당할 충

④ 획

充 가득할 충, 채울 충 찰 충, 당할 충 常 (木)

兆 가릴 고

兆 억조 조, 점괘 조 뫼 조, 조 조 常 (火)

兇 흉할 흉, 사나울 흉, 두려울 흉 (木)

先 먼저 선, 비로소 선 선조 선 常 (木)

兲 天[하늘 천]과 같음

光 빛 광, 빛날 광 영광 광 常(火)

兊 兌[기쁠 태]와 같음

⑤ 획

充 充[채울 충]의 俗字

克 이길 극, 마음 억누를 극 常(木)

兌 기쁠 태, 지름길 태 날카로울 예 (金)

免 면할 면, 벗을 면 해산할 문 常(木)

𠒁 死[죽을 사]의 古字

兂 비녀 잠

兏 長[긴 장]의 古字

𠒇 長[긴 장]과 같음

児 兒[아이 아]의 俗字 (水)

兎 兔[토끼 토]의 俗字 (木)

⑥ 획

𠒋 兕[외뿔소 시]의 古字

𠒌 앞 글자와 같음

兒 아이 아, 아기 아 어릴 예 常(水)

𠒆 兒[아이 아]의 古字

兓 날카로울 침 도울 찬

兔 토끼 토 (木)

兕 외뿔난 들소 시 (木)

𧈪 위태할 올

兖 兗[고을 이름 연]의 俗字 (土)

⑦ 획

兘 始[비로소 시]의 古字

兗 고을 이름 연 단정할 연 (木)

兙 瓧[데카그램 십]과 같음

羌 羌[오랑캐 강]의 本字

鳬 鳧[오리 부]의 俗字

鼋 黿[자라 원]의 略字

⑧ 획

党 오랑캐 당 黨[무리 당]의 略字

𠒣 昆[형 곤]과 같음

兛 瓩[킬로그램 극]과 같음

尭 堯[임금 요]의 略字

⑨ 획

兜 투구 도, 두, 아주 반할 도, 두 (木)

兝 瓰[데시그램 분]과 같음

兞 瓱[밀리그램 모]와 같음

⑩ 획

兟 나아갈 신 많은 모양 신

兠 兜[투구 두]의 俗字

㝹 새끼토끼 완

⑪ 획

兡 헥토그램 백

⑫ 획

兢 조심할 긍, 굳셀 긍 공경스러울 긍 (水)

𠓃 涼[서늘할 량]과 같음

𠓂 僰[오랑캐 북]과 같음

⑬ 획

𠓉 嬲[희롱할 뇨]와 같음

𠓊 僻[후미질 벽]과 같음

⑭ 획

𠓗 멀 요

兣 厘[센티그램 리]와 같음

⑯ 획

𠓛 兢[조심할 긍]의 本字

⑰ 획

𤑎 빛 혐(光也)

⑲ 획

爌 불 밝을 광, 황

㉒ 획

𠔂 빠를 부

入部

入 들 입, 넣을 입 드릴 입 常(木)

① 획

亾 잃을 망, 망할 망 도망할 망

② 획

内 안 내, 속 내, 받을 납, 여관 나 常(木)

从 나란히 들어갈 량

仐 취할 도 (木)

③ 획

仝 全[온전 전]의 本字

尒 너 이, 가까울 이 [小部]

㐌 乏[궁핍할 핍]의 古字

④ 획

全 온전 전, 상하지 않을 전 常(土)

㒹 矢[화살 시]의 古字

㒰 財[재물 재]의 古字

㒲 鞭[채찍 편]의 古字

⑤ 획

㒳 兩[두 량]의 古字

㒴 의당할 수, 시

㒵 날 홀

岔 산길 나뉠 차 [山部] (土)

㒶 鞭[채찍 편]의 古字

兌 기쁠 태, 지름길 태 날카로울 예 [儿部](金)

⑥ 획

兩 두 량, 쌍 량 짝 량 常(土)

⑦ 획

兪 성씨 유, 그럴 유 공손스러울 유 (土)

俞 앞 글자와 통용 (土) 대답할 유, 나라 이름 수

㒷 들쭉날쭉할 기

㒸 작을 편

⑧ 획

㒹 근심할 람 슬퍼할 람

㒺 불꽃 렴 불붙일 렴

⑨ 획

㒻 遇[만날 우]의 古字

⑪ 획

㒼 불 별, 빛날 성 밝을 성

㒽 반짝일 체, 빛날 체, 비칠 체

㒾 全[온전 전]의 古字

⑫ 획

㒿 乘[탈 승]의 古字

⑮ 획

㓀 수레에 탈 성

八部

八 여덟 팔 常(金)

② 획

公 공평할 공, 어른 공 벼슬 이름 공 常(金)

㒶 別[다를 별]의 古字

㒷 나는 불똥 표

六 여섯 륙, 나라 이름 육 常(土)

兮 말 멈출 혜 어조사 혜 常(金)

父 아버지 부 아비 부 [父部] 常(木)

分 나눌 분, 쪼갤 분 반쪽 분 [刀部] 常(金)

④ 획

共 한가지 공, 함께 공 향할 공 常(金)

关 笑[웃음 소]의 古字

兴 興[일 흥]의 略字

𠔀 中[가운데 중]과 같음

兲 天[하늘 천]의 古字

⑤ 획

兵 군사 병, 무기 병 재난 병 常(金)

皃 貌[얼굴 모]와 같음

㕣 公[공변될 공]의 古字

兴 興[일 흥]의 略字

𠔁 箕[키 기]의 古字

谷 입천장 각

谷 골 곡, 실 곡, 나라 이름 욕 [谷部] 常(水)

兌 기쁠 태, 날카로울 예 [儿部] (金)

𠔏 共[한가지 공]의 古字

⑥ 획

其 箕[키 기]의 古字

其 그 기, 그것 기 어조사 기 常(金)

具 具[갖출 구]의 古字

具 갖출 구, 함께 구 설비할 구 常(金)

典 법 전, 책 전, 맡을 전, 도덕 전 常(金)

卷 문서 권, 책 권 계약서 권 [卩部] 常(木)

𠚕 齒[이 치]의 古字

⑦ 획

𠚕 齒[이 치]의 古字

侖 생각할 륜

酋 괴수 추, 두목 추 술익을 추 [酉部](金)

叛 배반할 반, 달아날 반 [又部] 常(木)

盆 동이 분, 젖통 윗 부분뼈 분 [皿部](金)

𦥑 擧[들 거]와 같음

㒸 따를 수

𠔘 與[더불어 여]의 古字

㓃 典[법 전]과 같음

⑧ 획

真 眞[참 진]의 略字 [目部] 常(木)

兼 겸할 겸, 아우를 겸, 모을 겸 常(金)

𠔣 冬[겨울 동]의 古字

巽 巽[사양할 손]의 俗字

㒷 箕[키 기]의 古字

弃 弃[버릴 기]와 같음

⑨ 획

𡊨 坤[땅 곤]의 古字

與 與[더불어 여]의 略字

𠔤 箕[키 기]의 古字

⑩ 획

兼 兼[겸할 겸]의 俗字

𡋯 坤[땅 곤]과 같음

曾 일찍 증, 지난번 증 [日部] 常(火)

𡙇 奪[빼앗을 탈]과 같음

⑪ 획

冀 冀[하고자 할 기]와 같음

𠔭 끊을 렴 끊어질 렴

與 어조사 여, 더불 여 [臼部] 常(土)

⑫ 획

𦎧 천한 직업 반, 비

𠔯 異[다를 이]와 같음

𠔰 典[법 전]과 같음

⑭ 획

冀 바랄 기, 꾀할 기 고을 이름 기 (土)

興 일 흥, 일어날 흥 성할 흥 [臼部] 常(土)

⑰ 획

𦦙 晨[새벽 신]의 古字

𠅘 期[기약할 기]의 古字

⑱ 획

顚 이마 전 엎어질 전

顛 顚[메울 전]의 俗字, 앞 글자와 같음

冂部

冂 멀 경, 빌 경 (木)

① 획

冃 겹쳐 덮을 모, 무

巾 수건 건, 건 건 머리건 건 [巾部](木)

② 획

內 안 내, 들 내 드릴 납 [入部]常(木)

冄 終[마침 종]의 古字

冃 어린이 머리수건 모, 덮을 모

冄 가는 털 늘어질 염

円 圓[둥글 원]의 略字 일본화폐 엔 (土)

丹 붉을 단, 꽃 이름 란 [丶部]常(火)

冂 人[사람 인]의 古字

③ 획

冈 網[그물 망]의 古字

冈 앞 글자와 같음

冉 가는 털 늘어질 염 가는 모양 염 (土)

冊 책 책, 병부 책, 꾀 책, 문서 책 常(木)

册 冊[책 책]과 같음 (木)

冄 再[두 재]의 俗字

冋 낮게 드리울 녑

回 回[돌아올 회]의 古字

用 쓸 용, 쓰일 용 그릇 용 [用部]常(水)

凸 뾰족할 철 [凵部](水)

④ 획

再 再[두 재]와 같음

再 두 재, 두 번 재 거듭 재 常(木)

冊 冊[책 책]과 같음

冎 뼈 발라낼 과

官 官[벼슬관]의 古字

同 한가지 동, 가지런할 동 [口部]常(水)

⑤ 획

冏 빛날 경, 밝을 경 (火)

囧 앞 글자와 같음 [囗部]

冋 丹[붉을 단]의 古字

雨 雨[비 우]의 古字

冊 冊[책 책]과 같음

彤 붉을 동, 붉은칠할 동 [彡部](火)

⑥ 획

冒 冒[모자 모]의 俗字

岡 멧동 강, 산등성이 강 [山部](土)

罔 없을 망, 속일 망 그물 망 [网部]常(木)

雨 雨[비 우]의 古字

杲 과일나무 우거질 초, 조

典 법 전, 맡을 전 [八部]常(金)

周 두를 주, 주밀할 주 [口部]常(水)

⑦ 획

胄 투구 주 [肉部](水)

冑 앞 글자와 같음

冒 갈릴 모, 쓰개 모 시기할 모 常(水)

周 어찌 할

⑧ 획

冓 재목 어긋매어 쌓을 구, 침방 구 (木)

冓 앞 글자의 俗字 (木)

冡 곳집 나, 창고 나

冔 덮을 후 은나라 관 후

⑨ 획

冒 찌를 모

冕 면류관 면 (木)

㒼 평평할 면, 만 구멍뚫을 면, 만

㡴 밥통 성

彫 새길 조, 그릴 조 조잔할 조 [彡部] (火)

⑩ 획

冤 원굴할 원 구부릴 원

最 最[가장 최]의 本字

𠖥 어린이 모자 권

𠖮 덮개 도

⑪ 획

𠖲 얼굴가리개 시, 이, 너울 시, 이

𠖳 얼굴가리는 수건 유, 너울 유

𠖸 속일 교

⑬ 획

𠗀 冒[모자 모]의 古字

⑭ 획

𠗁 덮개 도

𠗂 冔[덮을 후]와 같음

⑯ 획

𠗃 곳간 나

⑳ 획

𠗄 흰 모자 리

𠗅 雨[비 우]의 古字

冖部

冖 덮을 멱

② 획

冗 쓸데없을 용 (木)

冘 머뭇거릴 유 갈 유 (木)

𠔀 들어갈 집

③ 획

写 寫[베낄 사]의 略字

央 가운데 앙, 반 앙 다할 앙 [大部] 常 (土)

冘 亢[목 항]과 같음

④ 획

宎 天[하늘 천]의 古字

㝐 容[얼굴 용]의 古字

宎 눈이 움푹할 요

⑤ 획

冝 宜[마땅 의]의 俗字

罕 그물 한, 필별 한 새그물 한 [网部] (木)

⑥ 획

同 둥근 뚜껑 동

采 두루 다닐 미 깊을 미 (土)

⑦ 획

冟 고를 석 설익은 밥 석

冠 갓 관, 물건의 장식 관 常 (木)

冦 寇[도적 구]의 俗字

軍 군사 군, 진칠 군 [車部] 常 (火)

𠗊 叚[빌릴 가, 성씨 하]의 古字

⑧ 획

冡 덮어쓸 몽, 속일 몽 어릴 몽

冢 클 총, 무덤 총 산꼭대기 총 (土)

冣 쌓을 취, 모을 취 (土)

冤 원통할 원, 억울할 원, 원한 원 (水)

冥 어두울 명, 밤 명 바다 명 常(木)

冦 冠[갓 관]과 같음

⑨ 획

冨 富[부재 부]의 俗字

⑩ 획

冖託 잔 드릴 타

冪 덮을 멱, 덮개 멱 수 멱

最 最[가장 최]의 古字

冡 家[집 가]의 古字

⑫ 획

冩 寫[베낄 사]의 俗字

冖垔 煙[연기 연]의 古字

⑬ 획

冖欽 삽 침, 검붉을 침

⑭ 획

冖幕土 덮을 멱, 덮개 멱 수 멱 (土)

冖缶舌 古[옛 고]의 古字

⑯ 획

冖垔欠 煙[연기 연]의 古字

⑱ 획

冖禋 禋[제사지낼 인]의 古字

冖蜜 蜜[빽빽할 밀]과 같음

⑲ 획

冖顚 멀 전 높고 아득할 전

冫部

冫 얼음 빙

② 획

冫丁 얼 정

③ 획

冬 겨울 동 겨울 지낼 동 常(水)

夳 泰[클 태]와 같음 지날 탈

④ 획

冰 얼음 빙 화살통 뚜껑 빙

冱 얼어붙을 호 차가울 호 (水)

冴 冫乐 앞 글자와 같음

冲 화할 충, 깊을 충 (水)

决 決[터질 결]의 俗字

冫心 찰 침, 찬기운 침

兆 조짐 조, 점괘 조 조 조 [儿部] 常(火)

次 버금 차, 차례 차 [欠部] 常(火)

⑤ 획

况 비유할 황 하물며 황

冶 불무 야, 녹일 야 잘 닦을 야 (水)

冷 찰 랭, 추울 랭 맑을 랭 常(水)

冸 얼음 녹을 반

冹 바람 찰 불

冫冋 찰 형, 멀 형 깊고 넓을 형

冺 泯[망할 민]의 俗字

冫仓 滄[찰 창]의 古字

冫甲 浹[낄 협]과 같음

⑥ 획

冫舌 얼음 활

冫同 서늘할 동 싸늘할 동

冫血 洫[보또랑 혁]의 訛字

冫各 얼 학, 락

洪 엉길 공

洌 매섭게 추울 렬 맑을 렬 (水)

洽 화할 협, 젖을 협 윤택할 협, 흡 (水)

冼 쌀쌀할 승

津 나아갈 점, 뜻 전

⑦ 획

浗 손발 얼어 곱을 구

浸 찰 침, 찬기운 침

浹 얼어붙을 협

涇 찰 경 (水)

涊 나쁜 술 녀

涓 눈물 비

泂 싸늘할 경, 찰 경

涑 싸늘할 수, 얼 수

涾 꾀할 자 원망할 자 [口部](水)

姿 맵시 자, 태도 자 성품 자 [女部]常(土)

涜 추운 모양 긍

洌 冽[찰 렬]과 같음

洤 莊[풀성할 장]의 古字

淟 나쁜 술 전

⑧ 획

凄 바람찰 처, 찰 처 심할 처 (水)

淕 찰 륙 진눈깨비 륙

淶 漆[칠할 칠]의 俗字

涸 얼어붙을 고 (水)

淛 冽[찰 렬]과 같음

淸 淸[맑을 청]의 古字

涬 쓸쓸할 행

准 평평할 준, 비준할 준 (水)

涵 찰 함

淞 산유화 송

凈 찰 정

涇 추운 모양 경

涼 서늘할 량 涼=같음 (水)

淬 淬[담금질할 쉬]와 같음

淁 차가울 접

凊 서늘할 정, 청 (水)

凋 시들 조, 느른할 조 (水)

凌 빙고 릉, 지날 릉 두꺼운 얼음 릉 (水)

凍 얼 동, 얼음 동 추울 동 常(水)

恣 방자할 자, 제멋대로 할 자 [心部]常(火)

⑨ 획

減 減[감할 감]의 俗字

湢 나는 소리 빙

湮 추운 모양 인

澌 澌[성엣장 시]의 訛字

湳 엷은 얼음 남

渫 얼어붙을 첩, 접

湊 湊[물 모일 주]의 俗字

瓷 사기그릇 자 [瓦部](土)

湌 밥 손, 먹을 찬 벼슬 이름 찬 [食部]

馮 馮[성씨 풍, 탈 빙]과 같음

⑩ 획

溟 언 모양 명

溰 눈 서리 쌓일 의, 애 (水)

滅 臧[착할 장]의 訛字

溮 시들 사, 이을 사

溧 찬 기운 률

滄 차가울 창

滕 쌓인 얼음 릉

溓 살얼음 렴

滂 얼어붙을 방

溏 얼어붙을 당

凾 차가울 함

凖 準[수준기 준]의 俗字 (水)

⑪ 획

凗 눈 서리 쌓일 최

㵖 손발 얼어 곱을 류

滭 바람 찰 필

資 재물 자, 취할 자 쓸 자 [貝部] 常(金)

㲴 冬[겨울 동]의 古字

滲 추운 모양 삼

㓔 차가운 모양 상

㓉 얼음창고의 문짝 이름 이

涀 차가울 현

⑫ 획

凘 성엣장 시

潔 潔[깨끗할 결]의 俗字 (水)

澿 차가울 금

澰 印[도장 인]의 古字

⑬ 획

𣼶 얼 강

澤 고드름 탁 얼음 탁

濃 추운 모양 농

凓 溧[차가울 률]의 本字

澿 쌀쌀하게 추울 금

凜 찰 름(寒也) (水)

凛 앞 글자와 같음 (水)

㵶 언 모양 정 (얼음 모양)

⑭ 획

凝 엉길 응, 이룰 응 열중할 응 常(水)

㵥 화할 희 (水)

㒑 冬[겨울 동]의 古字

瀞 차가울 친 [靑部]

⑮ 획

瀄 으슬으슬 추울 질 추워서 오돌오돌 떨 질

澳 감출 연

瀆 도랑 독

⑯ 획

瀨 추울 래

瀮 얼을 례

瀝 추울 력 추위가 심할 력

㶒 凜[찰 름]과 같음

⑰ 획

瀊 소금 구울 학

⑱ 획

灂 얼음 갈라질 조

⑲ 획

灐 冷[찰 랭]과 같음

⑳ 획

灜 찰 엄, 엉길 엄

几部

几 안석 궤, 책상 궤 제기 궤, 진중할 궤

八 깃 짧은 새 나는 모양 수, 몽둥이 수

① 획

凡 무릇 범, 범상할 범 속인 범 常(水)

凢 앞 글자와 같음

② 획

旡 無[없을 무]의 古字

凤 鳳[봉새 봉]의 略字

③ 획

- 𠘰 大[큰 대]의 古字
- 凥 居[살 거]의 本字
- 処 處[곳 처]의 略字
- 𠘳 깃 처음 나서 날 진
- 凨 바람 우
- 𠘸 연 궤

④ 획

- 𠘻 否[아닐 부]의 古字
- 凬 風[바람 풍]의 略字
- 𠙀 旡[목멜 기]의 古字
- 𠙁 夙[일찍 숙]과 같음[夕部]
- 𠙂 찬바람 목
- 𠙃 바람이 자고 파도 그칠 지
- 凤 이를 숙, 이미 숙 아침 일찍 숙(木)
- 𠙄 永[길 영]과 같음

⑤ 획

- 𠙆 바람 불 굴
- 𠙇 風[바람 풍]의 古字
- 𠙈 날카로울 대
- 𠙉 民[백성 민]의 古字
- 𠙊 商[장사 상]과 같음

⑥ 획

- 凭 기댈 빙 의지할 빙(木)
- 𠙌 게으를 극
- 𠙍 風[바람 풍]의 訛字
- 𠙎 風[바람 풍]의 古字
- 𠙏 風[바람 풍]의 古字
- 𠙐 幾[몇 기]의 古字
- 𠙑 以[어조사 이]와 같음
- 𠙒 夜[밤 야]의 古字

⑦ 획

- 風 바람 풍, 울릴 풍 풍속 풍 [風部]常(木)
- 𠙓 不[아니 불]의 古字
- 𠙔 夜[밤 야]의 古字
- 𠙕 게으를 극

⑧ 획

- 𠙖 風[바람 풍]과 같음

⑨ 획

- 凰 암봉황새 황(木)
- 處 處[곳 처]의 略字
- 𠙘 冠[갓 관]과 같음
- 𠙙 爵[벼슬 작]의 古字

⑩ 획

- 凱 싸움 이긴 풍류 개 착할 개(木)
- 𠙚 蘧[풀 이름 거]의 古字
- 𠙛 爽[상쾌할 상]의 古字
- 𠙜 勝[이길 승]의 古字

⑫ 획

- 凳 걸상 등, 평상 등(木)
- 凴 기댈 빙
- 鳳 새 봉, 봉황 봉 [鳥部]常(火)

⑭ 획

- 𠙝 子[아들 자]와 같음

凵部

- 凵 입벌릴 감, 위가 벌어진 그릇 감
- 𠙴 밥그릇 거

① 획

凵 口[입 구]의 古字

② 획

凶 흉할 흉, 재앙 흉 요사할 흉 常(水)

𠙴 囟[정수리 신]의 古字

𠙵 甘[달 감]의 古字

𠙶 산 이름 우

③ 획

凷 흙덩이 괴

𠙸 王[임금 왕]의 古字

𠙹 正[바를 정]과 같음

𠙺 대그릇 치, 장군 치

凸 뾰족할 철 도도록할 철 (火)

凹 오목할 요 (水)

出 날 출, 토할 출 도망할 출 常(土)

④ 획

𠙻 甘[달 감]의 古字

𠙼 顖[정수리 신]과 같음

𠙽 대그릇 치

𠙾 앞 글자와 같음

𠙿 凶[흉할 흉]의 俗字

𠚀 들을 혐(듣다)

⑤ 획

𠚁 畫[그림 화]의 略字

⑥ 획

𠚂 대그릇 치

函 휩쌀 함, 갑옷 함 함 함, 악기 함 (木)

画 畫[그림 화]의 略字, 그림 획 (木)

⑦ 획

𠚃 函[함 함]의 俗字

𠚄 보리 대낄 잡

𠚅 圖[그림 도]와 같음

幽 숨을 유, 그윽할 유 적을 유 [幺部] 常(火)

⑧ 획

𠚆 齒[이 치]의 古字

⑨ 획

𠚇 曲[굽을 곡]과 같음

𠚈 函[함 함]과 같음

⑩ 획

𠚉 고기(古器) 도

𠚊 齒[이 치]의 略字 [止部]

⑫ 획

𠚋 鉼[대이름 병]과 같음

⑮ 획

𠚌 乃[이에 내]의 古字

𠚍 나올 율(나오다)

𠚎 옛 그릇 이름 토

⑰ 획

𠚏 우거질 빈

刀部

刀 칼 도, 거루 도 돈 이름 도 常(金)

刂 칼 도(선칼 도) 刀[칼 도]와 같음

刁 바루 조, 조두 조 까딱거릴 조 (金)

① 획

刃 칼날 인, 미늘 인 병장기 인 (金)

刄 앞 글자와 같음

刅 刃[칼날 인]의 俗字 兩[두 량]의 略字

② 획

刅 상처 창

分 나눌 분, 쪼갤 분 분수 분, 푼 푼 常(金)

刅 끊을 조, 앗을 조 끊어 가질 조

刅 剝[벗길 박]의 古字

㐺 似[같을 사]의 古字

刉 깎을 이

刏 큰 칼 구

切 끊을 절, 저밀 절 온통 체 常(金)

刈 풀 벨 예, 죽일 예 (金)

刌 벗길 박, 찢을 박

③ 획

刌 낫질할 공

刉 벨 기, 찌를 기 칼 갈 기

刊 새길 간, 간행할 간 나무 쪼갤 간 常(金)

刋 끊을 천

刌 끊을 적, 꺾을 적

刓 가지칠 곤

刘 刻[새길 각]과 같음

刌 끊을 촌

刧 칼에 피묻힐 절

刹 幼[어릴 유]의 俗字

刄 功[공 공]의 譌字

切 切[끊을 절]의 譌字

召 부를 소, 청할 소 과부 소 [口部] 常(水)

④ 획

刎 목자를 문, 벨 문 (金)

刔 도려낼 결

刺 벨 치, 찢을 치

刉 찌를 기, 칼 갈 기

刋 베일 삼

分 나눌 빈

刏 찌를 사, 빼앗을 사 가늘게 썰 사

刐 벨 단, 찢을 단

刑 형벌 형, 옛 법 형 본받을 형 常(金)

刑 앞 글자와 같음

划 삿대 화

刓 깎을 완, 해질 완 모 없앨 완 (金)

刕 벨 리, 례 성씨 례

刈 刈[벨 예]와 같음

刖 발꿈치 자를 월, 왈 (金)

列 벌일 렬, 무리에 들어갈 렬 常(金)

刘 劉[성씨 류]의 略字

忍 참을 인, 강인할 인 [心部] 常(火)

⑤ 획

刨 낫 구

刟 끊을 조, 자를 조 쪼을 초

刮 가를 과(쪼개다)

刜 칠 불, 깎을 불

初 처음 초, 근본 초 비롯할 초 常(金)

刞 땅 갈아 일굴 저 보습 처

㓟 벗길 비, 칼로 쪼개 가를 피

删 깎을 산, 제할 산 정할 산 (金)

刪 앞 글자와 같음

令 칼로 물건 쪼갤 령, 영리할 령

创 割[나눌 할]의 古字

刓 깎을 완

別 다를 별, 나눌 별 분별할 별 常(金)

别 앞 글자와 같음

刔 끊을 괴(자르다)

㓒 문지를 위

刺 制[마름 제]의 本字

刦 겁탈할 겁 구속할 겁 (金)

刧 앞 글자와 같음 (金)

刼 앞 글자와 같음

判 판단할 판, 나눌 판 구별할 판 常(金)

𠛎 가를 류(쪼개다)

刣 깎을 종

𠛆 州[고을 주]의 古字

𢆶 스스로 자기 목을 자를 현

刨 깎을 포

𠜀 칼 이 빠질 점

利 이로울 리, 길할 리 날카로울 리 常(金)

𥝢 갈 리(가다)

𠛒 가늘게 깎을 민

𠛾 가를 솰(쪼개다)

𠛞 가죽 벗길 천

⑥ 획

𠛱 가를 긍(쪼개다)

刮 깎을 괄, 포갤 괄 긁을 괄(金)

㓉 물건 쪼개는 소리 출

𠛸 깎아 부술 조 끊을 조

㓅 옮길 다, 칠 다

到 이를 도 주밀할 도 常(金)

㓝 刑[형벌 형]의 本字

㓟 칼자루 부 활줌통 부

刱 처음 창, 상할 창 비롯할 창(金)

𠛹 아로새길 연 움푹 들어갈 연

𠛽 剝[찢을 박]의 俗字

刲 찌를 규, 베일 규(金)

刳 가를 고, 쪼갤 고 속팔 고(金)

刴 자를 타, 찍을 타 꺾을 타

𠜂 살 깎을 락

刵 귀 베일 이

制 법제 제, 지을 제 절제할 제 常(金)

刷 인쇄할 쇄, 고칠 쇄 문지를 쇄 常(金)

券 문서 권, 엄쪽 권 계약서 권 常(金)

刹 절 찰, 탑 찰(金)

刺 찌를 자, 찌를 척 수라 라 常(金)

刻 새길 각, 몹시 각 각색할 각 常(金)

𠛼 얼굴가죽 벗길 갈 끊을 갈

刦 劫[겁탈할 겁]과 같음

刽 끊을 회

𠜑 다스릴 백

⑦ 획

𠜎 制[마를 제]와 같음

剃 털 깎을 체(金)

剄 목벨 경(金)

剅 조금 뚫을 루 베어 쪼갤 두

剆 칠 라, 찍을 라(金)

㓪 흐리지 않을 랑 명랑할 랑

則 곧 즉, 어조사 즉 법칙 칙 常(金)

剈 아로새길 연 꺾어 가질 연

剉 꺾어질 좌 토막칠 좌(金)

削 깎을 삭, 저밀 삭 제할 삭 常(金)

𠜾 깎을 률, 끊을 률

𠝋 깎을 랄

𠜳 이길 침

剋 반드시극, 급할극 이길 극(金)

剌 어그러질 랄, 활 다리는 소리 랄(金)

前 앞 전, 일찍이 전 앞설 전 常(金)

𠝏 刺[찌를 자]의 俗字

剏 刱[비롯할 창]의 俗字

⑧ 획

𠜅 목벨 아

𠜉 깎을 비

𠝨 벗길 리, 찢을 리 쪼갤 리

𠝣 끊을 붕, 쪼갤 붕

⿰果刂 쪼갤 과

剕 발 베일 비, 발목 자르는 형벌 비(金)

剖 쪼갤 부, 빠갤 부 깨뜨릴 부(金)

剗 깎을 잔, 평할 잔 농기구 잔(金)

剘 이길 기, 벨 기 끊을 기, 진실할 기

⿰𡿺刂 腦[두뇌 뇌]와 같음

剔 뼈 발라낼 척 뺄 척(金)

剙 刱[비롯할 창]의 俗字

剚 칼 꽂을 사 찌를 사(金)

剛 굳셀 강, 굳을 강 바야흐로 강 常(金)

⿰券刂 쪼개어 나눌 고 끊어 쪼갤 고

剜 깎을 완

⿰戾刂 펠 렬

剝 찢을 박, 찢어질 박 떨어질 박(金)

剥 앞 글자의 略字

剎 刹[절 찰]의 訛字

剞 새김칼 기(金)

剟 깎을 철, 찌를 철 벨 철, 깎을 탈(金)

⿰屈刂 새김칼 궐 굽은 끌 궐

⿰制刂 끊을 제 바로잡을 제

剠 자자(刺字)할 경 노략질할 량

剡 날카로울 염 고을 이름 섬(金)

⿰周刂 彫[새길 조]와 같음

剣 劍[칼 검]의 略字

剤 劑[약지을 제]의 略字

⿰㴇刂 淵[못 연]의 古字

剒 베일 착 건목칠 착

剓 벨 리

⑨ 획

⿰枼刂 얇게 저밀 접

剨 깨지는 소리 괵

⿰俞刂 깎을 투

⿰英刂 찌를 영

⿰庣刂 鍬[가래 초]와 같음

⿰扁刂 깎을 편, 편도 편 같을 편

剪 가위 전, 깎을 전 죽일 전(金)

剫 새길 탁, 건목칠 탁

剬 잘게 가를 전 고르게 가를 단

剭 목벨 옥 형벌할 악

剮 살 바를 과

⿰咢刂 칼날 악, 창끝 악

⿰契刂 새길 결

副 버금 부, 다음 부 찢을 부 常(金)

剰 剩[남을 잉]의 略字

⑩ 획

剩 남을 잉, 다시 잉 거세할 잉(金)

割 벨 할, 가를 할, 나눌 할, 긁을 할 常(金)

⿰虒刂 깎을 체, 치

剳 낫 답, 갈구리 답 차자(箚子) 차

⿰⿱吅豆刂 쪼갤 탁, 벨 두 찍을 착

⿰虔刂 거세할 건, 벨 건 깎을 건

剴 큰 낫 개, 간절할 개, 가까울 개(金)

剶 전지(剪枝)할 천

⿰罡刂 剛[굳셀 강]의 俗字

⿰⿱囟比刂 벨 비, 쪼갤 비

⿰烏刂 장작 팰 오

⿰臬刂 劓[코 벨 의]와 같음

⿰栗刂 끊을 률, 깎을 률

創 비롯할 창, 부스럼 창, 아플 창 常(金)

⑪ 획

⿰區刂 깎을 구

剷 깎을 산, 찬(金)

⿰桼刂 벨 칠, 상할 칠

⿸麻分 나눌 미

剹 깎을 륙, 죽일 륙 빙글 도는 모양 구

𠞩 策[채찍 책]과 같음

剸 벨 단, 다스릴 단 오로지 전

剺 쪼갤 리, 깎을 리 (金)

𠟘 뚫을 루 잘게 쪼갤 루

剼 끊을 참, 삼 벨 참, 삼

剽 표독할 표 약탈할 표 (金)

𠟈 살갗 상할 창 껍질 상할 창

𠢕 건장할 호 굳셀 호

𠟀 쪼갤 살, 깎을 살

剿 끊을 초, 쪼갤 초, 죽일 초, 토벌할 초 (金)

勦 앞 글자와 같음

𠞊 고을 이름 부

𠞾 깎을 곤

⑫ 획

𠟃 칼로 벨 증

𠟍 취할 량 빼앗을 량

𠠁 잘게 끊을 속

𠟄 감할 준, 끊을 준

劀 궂은살 도려낼 괄

劁 끊을 초, 벨 초

𠟌 끊을 기

𠞯 剩[남을 잉]과 같음

𠟰 클 조

劂 새김칼 궐 새길 궐 (金)

𠟏 소 거세할 전 다스릴 찬

𠟧 찌를 잠

𠟂 앞 글자와 같음

𠠶 絶[끊을 절]과 같음

劃 그을 획, 새길 획 구획할 획 常(金)

𠟦 찌를 동

𠟑 물고기 잡아 가를 치

箚 차자 차, 전갈할 차 기록할 차 [竹部](木)

⑬ 획

劍 칼 검, 검술 검 칼 쓰는 법 검 常(金)

劒 앞 글자와 같음(金)

劅 거세할 탁

𠠊 사뿐 찌를 렴

劇 심할 극, 빠를 극 어려울 극 常(金)

𠟵 앞 글자의 俗字

𠠋 노끈 이을 첩, 업

劌 상처 입힐 귀, 궤 어리석을 귀

劉 성씨 류, 죽일 류 도끼 류 (金)

𠟩 끊는 소리 체 벨 찰, 끊을 찰

劈 쪼갤 벽, 빼갤 벽 팰 벽 (金)

𠟶 양념 넣어 다진고기 소

𠟱 則[곧 즉]의 古字

𠠆 斮[깎을 착]과 같음

𠞐 끊을 초 토벌할 초

劊 자를 회, 가를 회 끊을 회

⑭ 획

𠠐 날카로울 함 저밀 감, 다질 람

劔 칼검, 검술검, 劍[칼검]과 같음(金)

劎 앞 글자의 俗字

𠠝 가죽에 기름 먹여 부드럽게 할 유

劓 코 벨 의, 벨 의 (金)

劑 조절할 제, 벨 제 배합할 제 (金)

𠠎 끊을 확, 갈라질 확, 농기구 확

𠠞 장작 쪼갤 추 끊을 추, 썰 추

𠠑 자를 찰, 쪼개지는 소리 찰

𠠒 자를 첨

⑮ 획

𠠚 가를 곽

[illegible] 가를 력 가지칠 라

[illegible] 끊을 렵, 깎을 렵 덜 렵, 덮을 렵

[illegible] 쪼갤 리, 쪼갤 려

[illegible] 앞 글자와 같음

劕 어음 질, 문서 질 저당물 지

[illegible] 견딜 유, 참을 유

⑯ 획

[illegible] 끊을 설, 얼 쪼갤 설, 얼

[illegible] 가를 곽, 쪼갤 곽

[illegible] 나무 벨 영

[illegible] 자를 첨, 벨 첨

⑰ 획

[illegible] 벨 출, 쪼갤 출 벨 칠

[illegible] 벨 령, 쪼갤 령

劖 쪼갤 참, 벨 참 새길 참

[illegible] 剔[바를 척]의 古字

⑱ 획

疈 副[버금 부]의 古字

[illegible] 덜 휴, 깎을 휴

[illegible] 剽[빠를 표]의 本字

⑲ 획

劘 깎을 마, 갈 마 나눌 미 (金)

劗 깎을 찬, 모일 찬 나아가지 못할 찬

[illegible] 쪼갤 리, 려

[illegible] 깎을 완

㉑ 획

劙 쪼갤 리, 려

[illegible] 劗[깎을 잔]과 같음

劚 깎을 촉

㉒ 획

[illegible] 찌를 첩

㉔ 획

[illegible] 칼로 물건 쪼갤 령

力部

力 힘 력, 능력 력, 공력, 기능 력 常(土)

① 획

[illegible] 力[힘 력]의 古字

[illegible] 굳셀 알

② 획

劝 勸[권할 권]의 俗字(簡字)

[illegible] 큰 힘 구

办 辦[힘쓸 판]의 略字(簡字)

③ 획

加 더할 가, 올릴 가 미칠 가 常(土)

功 공로 공, 복 입을 공 공치사할 공 常(木)

[illegible] 어려울 건, 힘쓸 건 어눌할 건

[illegible] 고달플 굴 피로할 굴

另 홀로 령, 따로 령 외로울 령 [口部]

幼 어릴 유, 아름다울 요 [幺部] 常(火)

[illegible] 진실할 항 믿을 항

[illegible] 배 끌어당기는 소리 화

④ 획

劤 힘셀 근, 강할 근 (金)

[illegible] 음역자 덕 (뜻은 없음)

劣 용렬할 렬, 못날 렬 어릴 렬 常(土)

劦 힘 합할 협 급할 협

[illegible] 음역자 덩 (뜻은 없음)

劥 힘있을 갱 굳셀 갱

劜 뜻굳셀 글, 힘낼 글 힘쓸 글, 날랠 글(土)

𤆍 힘들일 침 힘쓸 침

𠡒 몹시 피곤할 기 지칠 기

𢩦 공이 굳을 지 굳건할 지(土)

𠡂 노하 하 옛 화폐 이름 하

⑤ 획

劫 위협할 겁, 겁 겁 으를 겁(水)

助 도울 조, 더할 조 자뢰할 조 常(土)

努 힘쓸 노, 뾰족 솟을 노 常(土)

劬 애쓸 구, 수고할 구 위로할 구(水)

劭 힘쓸 소, 권면할 소 아름다울 소(木)

劮 기쁠 일, 외람할 일, 편안할 일(土)

㔗 날랠 비, 굳셀 비 힘이 센 모양 불

𠡠 도울 좌, 버금 좌 다음 좌

男 사내 남, 남성 남 [田部] 常(土)

劲 勁[굳셀 경]의 약자

劲 앞 글자와 같음

励 勵[힘쓸 려]의 略字

労 勞[힘쓸 로]의 略字

劳 勞[힘쓸 로]의 簡字

𠡷 부지런할 막

𠡍 강할 저

𠡊 힘쓸 피

𠢆 弼[도울 필]의 古字

𠡃 劾[캐물을 핵]의 訛字

⑥ 획

𠡶 勁[굳셀 경]의 俗字

劼 삼갈 할, 갈 부지런할 할

乫 음역자 덜, 갈 (뜻은 없음)

劻 급할 광 갑자기 광

効 效[본받을 효]의 俗字(金)

劾 캐물을 핵, 힘쓸 해, 공(功) 해(水)

劵 倦[게으를 권]과 같음

劶 힘쓰는 모양 구 부지런할 구

劺 힘쓰도록 권할 무 스스로 힘쓸 무

𠡨 클 병 몹시 힘셀 병

势 勢[기세 세]의 略字, 俗字

協 화할 협, 맞을 협 도울 협 [十部] 常(火)

𠢇 힘 있을 렬

𠢏 권할 양

㔛 逸[편안할 일]과 같음

𠢐 건장할 작

𠡴 힘주어 끌 퇴

⑦ 획

勁 굳셀 경, 힘셀 경 단단할 경(金)

勀 이길 극, 힘쓸 극 극심할 극

勂 이를 고, 호 말미 받을 고, 호

勉 힘쓸 면, 북돋울 면, 권유할 면 常(金)

勃 우쩍 일어날 발 활발할 발(土)

勏 공부 부, 일꾼 부

勇 날랠 용, 기운차게 할 용 常(土)

勈 앞 글자와 같음

勅 조서 칙, 신칙할 칙 위임할 칙(土)

𠢕 赳[헌걸찰 규]와 같음

勆 힘있을 량

𠢅 勑[위로할 래]의 俗字

𠢑 부지런할 막

勄 敏[민첩할 민]의 古字

𠢚 勃[일어날 발]과 같음

⑧ 획

勍 굳셀 경, 다툴 경(水)

勑 위로할 래, 바를 칙 다스릴 칙

勐 猛[사나울 맹]의 俗字

𠢂 힘있는 모양 괴

𠡳 발 힘있을 굴

勌 고달플 권, 힘쓸 권, 게으를 권 (土)

𠢏 핍박할 량, 거스를 량, 급한 모양 량

勎 힘 합칠 륙 힘쓸 륙

𠢆 침범할 릉

㔗 힘쓸 부

𠝏 다투어 일할 자

𠡼 앞 글자와 같음

𠢄 殘[해칠 잔]과 같음

脅 갈비뼈 협, 겨드랑이 협 [肉部] 常(水)

势 勢[기세 세]의 俗字

⑨ 획

勘 교감할 감 심문할 감 (土)

勓 힘쓸 개

動 움직일 동, 느낄 동 감응 동 常(水)

勒 굴레 륵, 재갈륵, 억누를륵 (金)

勔 권면할 면 힘쓸 면

𠢎 勤[부지런할 근]의 俗字

勖 힘쓸 욱, 힘쓸 무 (土)

勗 앞 글자와 같음

務 힘쓸 무, 일 무 직분 무 常(土)

𠢒 兵[군사 병]의 古字

𠢓 권면할 총

𠡏 힘쓸 할 힘쓰는 소리 할

⑩ 획

勞 수고로울 노, 힘쓸 노, 노고 로 常(火)

𠢕 舅[외삼촌 구]의 俗字

勝 이길 승, 성할 승 지나칠 승 常(土)

勛 勳[공 훈]의 古字 (火)

劵 券[문서 권]의 本字

𠢗 클 별 힘센 모양 별 (土)

𠢙 앞 글자와 같음

𠢛 힘쓸 역

𠦜 부지런할 한

𠢡 힘쓸 할

⑪ 획

勥 핍박할 강

勧 勸[권할 권]의 俗字

募 모을 모, 부를 모 널리 부를 모 常(土)

勤 부지런할 근, 고생할 근, 힘쓸 근 常(土)

勠 힘쓸 륙, 류 (土) 힘 합할 륙, 류

勢 형세 세, 기세 세, 권세 세, 위엄 세 常(金)

勣 공적 적, 사업 적 (土)

𠢠 敵[원수 적]과 같음

勦 지칠 초, 부릴 초 지치게 할 초 (土)

勡 겁박할 표 겁탈할 표 (土)

𠢭 강건할 호

⑫ 획

𠢽 음역자 감(뜻은 없음)

勫 건장할 번

勩 수고로울 예 지칠 예, 용서할 예

勭 자랄 동, 지을 동 움직일 동 (土)

𠢵 힘쓸 답 부지런할 답

勨 느즈러질 양, 상 움직일 양, 상

勬 부지런할 권 강건할 권

𠢼 낄 비 왕성할 비

⑬ 획

勮 부지런히 힘쓸 거 두려워할 거

勯 힘 다할 단

勱 힘쓸 매

勰 뜻 맞을 협 생각할 협

𠣂 피곤할 개, 지칠 개 게으를 개

勳 勳[공 훈]의 俗字 (火)

勳 앞 글자와 같음

勷 힘쓸 양

⑭ 획

勳 공 훈, 거느릴 훈 (火)

勬 문지방 곤

⑮ 획

勵 힘쓸 려, 권할 려 다잡을 려 常(土)

勴 마음으로 도울 려

勸 힘쓸 심

勑 밀 래, 품을 래 힘쓸 뢰

勶 쏠 철, 치울 철

勸 지칠 패 짜증낼 패

⑯ 획

勥 핍박할 강

勴 도울 로, 려

⑰ 획

勷 달리는 모양 양 도울 양

勸 빼앗을 참

⑱ 획

勸 권할 권, 힘쓸 권 도울 권 常(土)

勡 勡[으를 표]와 같음

⑲ 획

勸 뒤떨어진 모양 련

㉑ 획

勸 攣[걸릴 련]과 같음

勸 성씨 만

㉓ 획

勴 도울 려 인도할 려

勹部

勹 쌀 포

① 획

勺 구기 작, 조금 작 작 작(10분의1홉) (金)

勺 앞 글자의 俗字

② 획

勼 모을 구, 풀 구

勾 句[글귀 구]와 같음 (金)

匀 적을 균, 나눌 윤 고를 윤 (金)

匀 앞 글자와 같음 (金)

勿 말 물, 없을 물 아니할 물 常(金)

匂 향내 내

匁 몸매 문(무게 단위)

匀 덮을 문, 포

勺 같을 작 가지런할 작

③ 획

匃 빌릴 개, 갈 줄 개, 갈 (金)

匄 匃[빌릴 개]와 같음

匃 구할 갈

句 귀절 귀, 글귀 구 [口部] 常(水)

匇 보쌈할 석

匆 悤[바쁠 총]과 같음

包 쌀 포, 꾸릴 포 용서할 포 常(金)

匃 幼[어릴 유]의 古字

匌 翰[날개 한]의 古字

④ 획

匈 가슴 흉, 오랑캐 흉 떠들썩할 흉 (金)

匋 옷 포

旬 열흘 순, 열 번 순 열살 순 [日部] 常 (火)

⑤ 획

匉 큰 소리 평

甸 경기 전, 교외 전 농산물 전 [田部] (火)

⑥ 획

匊 움킬 국 (木) 용량의 단위 국

匋 질그릇 도 기와가마 요

匌 답답할 갑, 합 (金) 중첩된 모양 합

舟 두루 주

忽 깜박할 홀, 가벼이 여길 홀 [心部] 常 (火)

⑦ 획

匍 엉금엉금 길 포 엎어질 포 (木)

軍 軍[군사 군]의 本字

夋 엎드려 물러갈 준 그칠 준

咼 한숨 괴 탄식할 괴

訇 물소리 울릴 굉 (金) 우레소리 굉 [言部]

悤 悤[바쁠 총]과 같음 [心部]

⑧ 획

匎 사치스럽지 않을 압, 검소할 압

匑 놀랄 순

芻 꼴 추, 꼴벨 추, 초식가축 추 [艸部] (木)

匒 거꾸로 거는 갈 고리 소

⑨ 획

匐 길 복, 북 (金)

匏 박 포, 바가지 포 통소 포 (木)

匋 기어다닐 도

匊 곱사등 국

匍 사람이름 배

⑩ 획

匑 굽신거릴 궁

匒 포갤 답 포개진 모양 답

匐 匐[길 복]과 같음

匎 여인네들 머리장 식할 압

⑪ 획

匓 싫을 어, 물릴 어

匔 앞 글자와 같음

匒 길 로(기어다님)

⑫ 획

匓 배부를 구

復 엎드릴 복, 거듭 부

⑭ 획

匔 곱사등 국

躬 삼가하고 공경하는 모양 궁

⑮ 획

匔 삼가하고 공경하는 모양 궁

鳳 鳳[봉새 봉]의 古字

匕部

匕 숟가락 비 비수 비 (金)

匕 化[될 화]의 古字 牝[암컷 빈]의 古字

② 획

毕 나란히 할 보 벌릴 보, 보증할 보

化 될 화, 화할 화 변화할 화 常 (火)

③ 획

北 북녘 북, 뒤 북, 패하여 달아날 배 常 (水)

兂 長[긴 장]과 같음

④ 획

老 늙을 로, 늙은이 로 [耂部] 常 (土)

旨 뜻 지, 뜻할 지, 아름다울 지 [日部] (火)

死 죽을 사, 끊일 사, 위태할 사 [歹部] 常 (水)

牝 암컷 빈, 암짐승 빈 [牛部] (土)

此 이 차, 그칠 차 [止部] 常 (土)

⑤ 획

矣 화창할 양

䰠 정하지 못할 의

⑥ 획

皂 卓[높을 탁]과 같음

⑦ 획

㲋 정하지 못할 의

㲊 음역자 뿐 (뜻은 없음)

⑧ 획

㲍 땅 이름 욋 (뜻은 없음)

眞 참 진, 진실할 진 정진할 진 [目部] 常 (木)

能 능할 능, 별이름 태 [肉部] 常 (水)

鬯 울창주 창, 활집 창, 통할 창 [鬯部]

⑨ 획

匙 숟가락 시 열쇠 시 (金)

㔭 앞 글자와 같음

㐲 살찐 모양 뇌 머릿골 뇌

頃 이랑 경, 요사이 경 [頁部] 常 (火)

⑫ 획

㔯 음역자 곳 (뜻은 없음)

䒗 늦을 늦 [艸部]

疑 의심 의, 바로 설 응 [疋部] 常 (火)

匚部

匚 네모난 그릇 방

② 획

巨 클 거, 많을 거, 억(億) 거 [工部] 常 (火)

③ 획

匜 주전자 이, 술잔 이 손대야 이

匝 두루 잡, 돌릴 잡 한 돌림 잡

匞 匠[장인 장]과 같음

匛 널 구, 관(棺) 구

④ 획

匡 바를 광, 모날 광 바로잡을 광 (土)

匟 평상 강, 걸상 강 구들 항, 강

匠 장인 장, 바치 장 목공 장 (土)

匢 옛날 그릇 홀

匤 그릇 함

⑤ 획

匣 궤 합, 갑 (木)

医 醫[의원 의]의 略字 [匚部]

㔵 조루 산, 선 채반 선

㔶 상자 변

匜 대야 이

⑥ 획

匋 북 요

匥 키 전(箕也)

匨 삼태기 조 밭가는 기구 조

⑦ 획

匧 옷상자 협 궤맬 협 (木)

㔽 배 침몰할 함

㔾 농기구 조 보습 조

匩 匡[바를 광]의 本字

匨 藏[감출 장]의 古字

匲 柩[널 구]와 같음

⑧ 획

匪 아닐 비, 없을 비 대상자 비 (木)

匫 대바구니 비 종다래끼 비

𠥻 옛날 그릇 홀

⑨ 획

匭 상자 궤, 묶을 궤 갈무리할 궤

匬 휘 유(계량 단위, 1휘 : 16말)

⑩ 획

𠥼 농기구 조 보습 조

𠥾 옛날 그릇 창

⑪ 획

匯 물 합할 회, 클 회 물 돌아나갈 회(水)

𠥿 칼집 대, 제

⑫ 획

匰 주독 단, 상자 단

匱 상자 궤 삼태기 궤 (木)

匲 화장품 그릇 렴 향그릇 렴

匴 그릇 이름 선

𠦀 농기구 익

⑬ 획

匳 화장대 렴 경대상자 렴

𠦁 외칠 알

⑭ 획

匴 관(冠)상자 산 갓집 산

𠦃 상자에 물건 담을 재

𠦄 칼집 무

⑮ 획

匵 궤 독 작은 관 독

𠦅 籩[제기이름 변]의 古字

⑱ 획

𠦆 수레붙이 각, 거

𠦇 柩[널 구]의 古字 (木)

㉔ 획

𠦉 작은 술잔 공 뚜껑 감, 상자 감

匸部

匸 감출 혜, 덮을 혜 (水)

② 획

区 區[구획 구]의 略字

匹 짝 필, 마리 필, 벗 필, 짝지을 필 常 (水)

④ 획

匧 옆으로 피할 루 키 루(箕也)

⑤ 획

𠤡 옆으로 피할 루 키 루(箕也)

医 醫[의원 의]의 略字

⑥ 획

匼 아첨할 암, 두를 갑 두건 이름 압

⑦ 획

匽 쉴 언, 엎드릴 언 도랑 언, 칙간 언(水)

⑨ 획

區 구분할 구, 지역 구, 작을 구 常 (土)

匿 숨길 닉, 숨을 닉 사특할 특 (水)

匾 모날 변, 편 (金) 얇은 그릇 변, 편

⑩ 획

𠥊 얇을 체

⑱ 획

𠥋 범이 누워 숨쉴 체

十部

十 열 십, 열 번 십 열 배 십 常(水)

① 획

卂 빠를 신 빨리 날 신

千 일천 천, 천번 천 길 천, 성씨 천 常(水)

卄 스물 입 (水)

② 획

仐 傘[우산 산]의 略字 [人部]

卅 서른 삽(30)(水)

升 되 승(계량 단위) 오를 승 (木)

午 낮 오, 남쪽 오, 일곱째 지지 오 常(火)

卆 卒[마칠 졸]의 略字

支 지지(地支) 지 버틸 지 [支部] 常(土)

③ 획

半 반 반, 가운데 반 불완전할 반 常(土)

卌 마흔(40) 십

卉 풀(草) 훼, 많을 훼 꽃피는 풀 훼 (木)

卡 保[도울 보]의 古字

右 오른쪽 우 강할 우 [口部] 常(水)

左 왼쪽 좌, 그를 좌 [工部] 常(火)

夲 그칠 지 머무를 지

夅 卒[마칠 졸]과 같음

朮 삽초 출, 차조 출 [木部]

平 화할 평, 평탄할 편 [干部] 常(木)

古 옛 고, 선조 고(水) 비롯할 고 [口部] 常

④ 획

卍 만자 만(佛書의 萬字)(土)

秊 年[해 년]과 같음

𠀑 丕[클 비]와 같음

卉 풀 훼, 많을 훼(木)

卋 世[인간 세]와 같음

𠀍 앞 글자의 古字

丗 앞 글자의 古字

卌 사십 십

𠦝 華[화려할 화]와 같음

𠦒 숨 내쉬는 소리 필

𠦑 亥[돼지 해]와 같음

⑤ 획

克 이길 극, 마음 억 누를 극 [儿部] 常(木)

𠦂 丕[클 비]와 같음

𠦃 叔[아재비 숙]의 俗字

畢 키(箕) 필(곡식 까부는 기구)

⑥ 획

𢀜 껴안을 공 안아 가질 공

卑 낮을 비, 천할 비 하여금 비 常(土)

𤰞 앞 글자와 같음

卒 군사 졸, 하인 졸 마칠 졸 常(金)

単 單[홑 단]의 略字

隶 支[지지 지]의 古字

卓 높을 탁, 멀 탁, 마침 탁, 홀로 탁 常(木)

協 화합할 협, 맞을 협 연합할 협 常(水)

恊 앞 글자의 俗字

⑦ 획

南 남녘 남, 남쪽 남 남쪽에 갈 남 常(火)

单 單[홑 단]의 略字

𤰞 卑[낮을 비]의 俗字

⑧ 획

索 찾을 색, 새끼줄 삭 [糸部] 常(木)

單 單[홑 단]의 略字

咠 모을 집

⑨ 획

戢 모을 집, 조화할 집

斟 모일 집
성(盛)한 모양 집

乖 등뼈 괴, 乖[어그러질 괴]의 本字

猝 빠를 홀

⑩ 획

辜 허물 고, 막을 고, 사지 찢을 고 [辛部](金)

博 넓을 박, 클 박
통달할 박 常(水)

喪 상사 상, 잃을 상, 복입을 상 [口部]常(水)

⑪ 획

率 師[스승 사]의 古字

斡 幹[관리할 알]의 訛字

輋 車[수레 차]의 古字

革 革[가죽 혁]과 같음

⑬ 획

獳 시골 이름 주

幹 幹[줄기 간]의 訛字

⑯ 획

敦 敦[도타울 돈]의 古字

⑰ 획

亂 亂[어지러울 란]의 古字

⑲ 획

䜌 앞 글자와 같음

率 率[거느릴 솔]의 古字

卜部

卜 점 복, 점칠 복
점괘 복 常(火)

卜 앞 글자의 古字

② 획

卝 쌍상투 관, 조광 광
금옥덩어리 횡

卞 법 변, 조급할 변
성씨 변 (土)

③ 획

卟 점칠 계
생각할 계

占 점칠 점, 점볼 점
점령할 점 常(火)

卡 관 잡, 지킬 잡
음역자 가 (金)

㔆 剝[벗길 박]과 같음

④ 획

虔 虔[조심할 건]과 같음

卡 弄[희롱할 롱]과 같음

歺 歺[부서진 뼈 알]의 訛字

⑤ 획

卣 술통 유

卲 무꾸리할 소

⑥ 획

卦 점괘 괘, 괘 괘 (木)

鹵 鹵[소금 로]의 俗字

咎 咎[허물 구]의 訛字

斤 近[가까울 근]과 같음

乃 乃[이에 내]의 古字

丽 麗[고울 려]의 古字

卧 臥[누울 와]의 俗字

卣 술통 유
기가 도는 모양 유

卣 기가 도는 모양 유

卤 갈 잉, 놀란 소리 잉

直 專[오로지 전]의 古字

兆 兆[억조 조]와 같음

卓 높을 탁, 멀 탁 홀로 탁 [十部] 常(木)

⑦ 획

卣 열매 주렁주렁 달릴 조

叓 눈부릅뜰 반

敂 움집 정

南 衡[저울대 형]과 같음

貞 곧을 정, 굳을 정 [貝部] 常(金)

⑧ 획

尅 剋[이길 극]과 같음

㐭 克[이길 극]의 古字

卤 기가 도는 모양 유

卣 앞 글자의 古字

⑨ 획

叓 虔[조심할 건]과 같음

㐭 克[이길 극]의 古字

卨 은나라 시조 이름 설, 성씨 설 (土)

卨 앞 글자와 같음 (土)

卥 粟[조 속]의 古字

㒪 衡[저울대 형]과 같음

⑩ 획

㦱 我[나 아]의 古字

鼑 貞[곧을 정]의 古字

⑪ 획

卤 놀란 소리 잉 갈 잉

⑫ 획

禼 단단한 돌 설

乘 乘[탈 승]과 같음

睿 슬기 예, 통할 예 밝을 예 [目部] (木)

睿 앞 글자의 古字

㉕ 획

卤 열매 주렁주렁 열릴 조

卩部

卩 병부 절, 몸기 절 서신 절

㔾 앞 글자와 같음

① 획

卪 卩[병부 절]의 本字

卂 부절 주, 아뢸 주

卪 앞 글자와 같음

② 획

卯 卿[벼슬 경]의 本字

巴 갖추어질 선

卬 나 앙, 모일 앙 (火) 오를 앙, 격려할 앙

卬 앞 글자와 같음

③ 획

卭 邛[언덕 공]의 訛字

卯 토끼 묘, 동쪽 묘 네째 지지 묘 常(木)

夘 앞 글자와 같음

卮 술잔 치 연지 치 (水)

④ 획

卲 갖추어질 선

卬 抑[누를 억]의 本字

危 위태할 위 두려워할 위 常(金)

印 도장 인, 흔적 인 찍을 인 常(木)

卪 보필할 필

⑤ 획

却 물리칠 각, 물러날 각, 막을 각 常(火)

卵 알 란, 고환 란 달걀모양 란 常(水)

卹 주관할 비 아름다운 모양 비

卲 높을 소, 성씨 소 (火)

即 卽[곧 즉]과 같음 (水)

⑥ 획

卷 책 권, 오금 권, 접을 권, 굽을 권 常(木)

卹 걱정할 술, 휼 가엾이 여길 솔

卸 풀 사, 벗을 사 떨어질 사 (木)

卶 기뻐할 시, 크게 경사스러울 시

卻 却[물리칠 각]의 俗字

卺 혼례 때 사용하는 술잔 근

卽 卽[곧 즉]과 같음 (水)

⑦ 획

卽 곧 즉, 이제 즉 가까울 즉 常(水)

卼 위태할 올 불안할 올

卻 却[물리칠 각]의 本字 (水)

卾 뼈마디사이 희

⑧ 획

卿 卿[벼슬 경]의 俗字

⑨ 획

卾 위턱 악

⑩ 획

卿 벼슬 경, 존칭 경 향할 경 常(木)

卿 앞 글자와 같음(木)

卷 卷[책 권]의 本字

卽 오랠 즉

⑪ 획

𠨬 땅 이름 산

𠨭 앞 글자와 같음

厀 膝[무릎 슬]의 本字

𠨯 위태로울 준

⑬ 획

節 마디 절, 단락 절 법도 절 [竹部]常(木)

⑯ 획

𠨷 높이 오를 천 옮길 천

厂部

厂 굴바위 엄 벼랑 한

② 획

厄 재앙 액, 해칠 액 고생할 액 常(水)

产 서까래 첨 위험할 위

厄 술잔 치

③ 획

压 壓[누를 압]의 略字

厉 厲[갈 려]의 略字

厈 가질 국

𠨬 女[계집 녀]의 古字

序 宇[집 우]와 같음

厄 辰[별 진]과 같음

厇 宅[집 택], 磔[양제 책]과 같음

厌 仄[기울 측]의 古字

厈 厂[벼랑 한]의 古字

屵 언덕 위에 높이 나타날 약

④ 획

厊 어긋날 아 집 아

介 이를 개

屏 땅에 넘어질 계 엎어질 계

厐 땅 이름 방

厎 물 비스듬히 흐를 비

厏 기울어질 책 더러울 책

厗 吟[읊을 음]의 古字

厎 고를 지, 이를 지

㡯 辰[별 진]의 古字

厈 좇을 척

厌 矦[제후 후]의 古字

⑤ 획

厣 클 갑

厺 언덕 겁

厨 가질 국

厏 끼일 차

厓 언덕 애 (土)

厐 깊숙한 집 동

厒 돌 무너지는 소리 랍

辰 별 진, 때 신, 다섯째 지지 진 [辰部] 常 (土)

厎 숫돌 지, 갈 지 이를 지 (土)

居 아름다운 돌 호

厌 矦[제후 후]의 古字

⑥ 획

厔 산굽이 질

厒 산 양쪽에 낭떠러지 있을 갑

厓 언덕 애, 물가 애 눈초리 애 (土)

㕇 동굴 갑

㕈 席[자리 석]의 古字

㕉 應[응할 응]과 같음

㕊 감출 의

㕋 旨[맛있을 지]의 古字

㕌 斥[내칠 척]과 같음

⑦ 획

厘 釐[자리 리], 廛[자리 전]의 古字 (土)

厖 클 방, 두터울 방 넉넉할 방 (水)

厙 성씨 사

厚 두터울 후, 클 후 무르녹을 후 常 (土)

㕍 席[자리 석]의 古字

㕎 峨[높을 아]와 같음

厡 原[근본 원]의 略字

厵 原[근본 원]과 같음

厗 당제석 제

厞 기울어질 협

㕏 厚[두터울 후]와 같음

⑧ 획

厞 후미진 곳 비 더러울 비

厜 산꼭대기 수

原 언덕 원, 근본 원 근원 원 常 (土)

厝 둘 조, 가매장할 조 숫돌 착 (金)

厪 단단한 땅 금

㕐 砮[돌살촉 노]와 같음

㕑 盾[방패 순]과 같음

㕒 淳[순박할 순]과 같음

厓 휘장칠 애 돌 이름 애

㕓 자갈땅 역

㕔 存[있을 존]의 古字

㕕 기울 측, 더러울 측

㕖 厚[두터울 후]와 같음

⑨ 획

厠 뒷간 측, 치 기울 칙 (木)

㕗 源[근원 원]과 같음

㕘 饋[먹일 궤]의 古字

㕙 쪼갤 리

㕚 段[구분 단]의 古字

㕛 盜[도적 도]의 古字

㕜 庶[뭇 서]의 古字

㕝 구석 수

⑩ 획

厥 그 궐, 그것 궐 나라 이름 굴 常 (土)

厤 曆[책력 력]의 古字

厦 큰 집 하, 곁방 하 / 행랑 하 (木)

厧 산무더기 전 / 무덤 전

雁 기러기 안 [隹部] 常(火)

㕧 무너질 갑, 압 / 산굴갑

廉 청렴 렴, 맑을 렴 / 서슬 렴, 값쌀 렴

𠩄 庶[뭇 서]의 古字

廋 모퉁이 수 / 늙은이 수

厨 廚[부엌 주]와 같음

𠪋 厚[두터울 후]의 本字

⑪ 획

厪 겨우 근 / 오막집 근

厫 곳집 오, 겨우 오 / 오막살이 오

𠪚 핍박할 계, 닥쳐올 계, 끼일 계

厩 외양간 구 / 헛간 구

𠪗 입 다무는 소리 구, 갑

𠪱 麗[고울 려]의 略字

𠪭 廚[부엌 주]의 譌字

⑫ 획

厬 물 마를 궤

厮 노예 시, 부릴 시 / 나눌 시 (水)

厭 싫을 염, 편할 염 / 만족할 염 (水)

𢊭 기울 사 / 어렴풋할 사

𠪺 庶[뭇 서]의 古字

𠪻 앞 글자와 같음

𠪿 날카로운 돌 모서리 시, 이

厡 原[언덕 원]의 古字

𠫃 험준할 음 / 땅 이름 음

𠫀 奠[드릴 전]과 같음

厝 둘 조 / 가매장할 조

𠪴 廚[부엌 주]와 같음

厰 廠[창고 창]의 俗字

歴 歷[지낼 력]의 略字 [止部]

厯 曆[책력 력]의 略字 [日部]

𠫄 문 닫는 소리 갑

⑬ 획

厲 갈 려, 엄할 려 / 지을 려

厱 동굴 감, 옥 다듬는 돌 람

𠫈 기울 벽 / 더러울 벽

𠫉 곳집 오 / 창고 오

𠫊 原[언덕 원]의 古字

𠫋 자리 요

𠫅 산꼭대기 험한 곳 의

鴈 雁[기러기 안]과 같음 [鳥部] 常(火)

⑭ 획

𠫌 雁[기러기 안]과 같음 (火)

𠫍 나눌 력

𠫎 작은 술잔 부

歷 겪을 력, 지날 력 / 전할 력 [止部] 常(土)

曆 세월 력, 책력 력 / 보로 력 [日部] 常(火)

⑮ 획

壓 누를 압, 깔 압 / 눌릴 압 [土部] 常(土)

厳 嚴[엄할 엄]의 略字

⑰ 획

厴 조개껍질 염

⑲ 획

𠫏 무덤 전 / 봉우리 전

㉒ 획

𠫐 初[처음 초]의 古字

㉗ 획

𠫑 原[언덕 원], 源[근원 원]과 같음

㉘ 획

𠫒 앞 글자와 같음

厶部

厶 사사 사, 나 사 (마늘모라고도 함)

① 획

乙 巨[클 거]의 古字

𠫓 肱[팔 굉]의 古字

𠫔 불쑥 나타날 돌

② 획

厷 둥글 굉, 팔뚝 굉

厹 세모창 구, 구유 구, 기승부릴 구 (金)

勾 굽을 구, 붙잡을 구 [勹部] (金)

内 짐승 발자국 뉴

厸 隣[이웃 린]의 古字

公 작위 공, 귀인 공 [八部] 常(金)

云 이를 운, 움직일 운 [二部] 常(水)

允 예쁠 윤, 진실로 윤 [儿部] (土)

𠫛 幻[변할 환]의 古字

③ 획

去 갈 거, 버릴 거 떨어질 거 常(水)

厺 앞 글자의 本字

弘 클 홍, 크게 할 홍 [弓部] 常(火)

台 별 태, 늙을 태 기쁠 이 [口部] (水)

弁 고깔 변, 손뼉칠 변 즐거울 반 [廾部] (木)

④ 획

厺 去[갈 거]와 같음

厾 앞 글자와 같음

㕘 불쑥 나타날 돌

厽 담 쌓을 루, 참

牟 클 모, 소 울 모 보리 모 [牛部] (土)

厼 吝[아낄 린]과 같음

兊 兌[바꿀 태]와 같음

⑤ 획

私 사사로울 사, 간사할 사 [禾部] 常(木)

矣 말 그칠 의, 어조사 의 [矢部] 常(金)

帝 帝[임금 제]의 古字

⑥ 획

奐 六[여섯 륙]과 같음

参 參[석 삼]의 略字

叁 參[석 삼]의 俗字

丝 幽[그윽할 유]와 같음

叏 爭[다툴 쟁]의 古字

叀 삼갈 전, 당길 전 굴복할 전

㕗 華[화할 화]와 같음

⑦ 획

厽 參[석 삼]의 古字

亝 齊[가지런할 제]와 같음

怠 게으를 태, 거만할 태 [心部] 常(火)

⑧ 획

能 능할 능, 곰 능, 세발 자라 내 [肉部] 常(水)

𠦒 年[해 년]의 古字

單 성씨 선

𠫳 素[흴 소]와 같음

⑨ 획

參 석 삼, 별이름 삼 참여할 참 常(火)

叄 앞 글자와 같음

𠫵 誘[꾀일 유]와 같음

⑩ 획

𠫸 參[참여할 참]의 俗字

𠫹 쓸 분

畚 수레 반

羑 誘[꾀일 유]의 訛字

⑪ 획

緣 북 간(베 짜는 도구)

埤 나그네 비 관련될 비

棄 棄[버릴 기]의 古字

㪟 호리병 준

⑫ 획

齎 齎[가져올 재]와 같음

⑬ 획

㚇 去[갈 거]와 같음

㕙 약은 토끼 준

埶 심을 예

⑭ 획

綅 가래 침

又部

又 또 우, 두 번 할 우 용서할 우 常(水)

① 획

叉 깍지 낄 차, 갈래 차 작살 차 (水)

② 획

及 미칠 급, 이를 급 및 급 常(水)

叉 손 발등 조, 爪[손톱 조]의 古字

収 손들 공

厹 팔뚝 굉

厷 난리 궤

叏 沒[빠질 몰]의 古字

友 벗 우, 친구 우, 우애 우, 합할 우 常(水)

叐 앞 글자의 古字

収 이끌 반

双 雙[쌍 쌍]의 俗字 (水)

反 돌이킬 반, 뒤칠 반 돌아올 반 常(水)

支 지지 지 버틸 지 [支部] 常(土)

叉 일할 복 다스릴 복

収 收[거둘 수]의 俗字

③ 획

叐 노사 노, 뇨

叏 미끄러울 도 끌어낼 도

叏 앞 글자와 같음

反 反[돌이킬 반]의 古字

叐 犮[달릴 발]의 訛字

夬 결단할 쾌 깍지 결

収 收[거둘 수]의 俗字

④ 획

叐 怪[괴이할 괴]와 같음

叚 일할 복 다스릴 복

叓 史[역사 사]의 古字

叏 다닐 십

叒 동방신목 약 비슷할 약

叉 떨어질 표

⑤ 획

叙 삼가 아뢸 고

叟 沒[빠질 몰]의 古字

叓 事[일 사]의 古字

叟 늙은이 수 쌀 씻는 소리 수

叟 앞 글자와 같음

叐 皮[가죽 피]와 같음

⑥ 획

变 變[변할 변]의 略字

受 받을 수, 이을 수 얻을 수 常(水)

取 거둘 취, 받을 취 빼앗을 취 常(水)

叏 奉[받들 봉]의 古字

叐 奔[달릴 분]의 古字

叔 청소할 쇄, 쓸 설 깨끗이할 솰

叔 삼촌 숙, 아재비 숙 어릴 숙 常(水)

叕 이을 철, 잇댈 철 철할 철

叒 友[벗 우]의 古字

叓 希[바랄 희]의 古字

⑦ 획

叙 敍[차례 서]의 俗字 (金)

叚 빌 가, 빌릴 가 성씨 하

叡 숨쉴 귀, 괴

㝵 得[얻을 득]의 本字

叛 배반할 반, 달아날 반, 배반자 반 常(水)

叐 兵[군사 병]의 古字

叜 叟[늙은이 수]와 같음

叒 若[같을 약]의 本字

⑧ 획

叚 叚[빌 가]와 같음

叓 更[다시 갱]과 같음

叓 事[일 사]의 古字

叒 桑[뽕나무 상]의 古字

叟 늙은이 수 (水) 쌀 씻는 소리 수

叞 尉[벼슬 위]의 古字

蚤 벼룩 조, 일찍 조 손톱 조 [虫部]

隻 외짝 척, 별날 척 외새 척 [隹部](火)

桑 뽕나무 상 동쪽 상 [木部]常(木)

⑨ 획

叡 敢[용감할 감]의 本字

叟 弁[고깔 변]의 本字

叟 申[펼 신]의 古字

叡 함정 정

叒 앞 글자와 같음

叡 奏[아뢸 주]의 古字

⑩ 획

叐 受[받을 수]의 古字

叡 점칠 체

叡 밝을 서 [火部](火)

叡 壽[목숨 수]의 古字

⑪ 획

叡 康[편안할 강]의 古字

叡 劉[성씨 류]와 같음

叡 끌 리

叡 揚[떨칠 양]의 古字

叡 취할 차 (물건을 잡음)

叠 疊[겹쳐질 첩]의 俗字

叕 짧은 모양 출

⑫ 획

叡 말비름 돈

叡 壑[고을 학]과 같음

⑬ 획

叡 본받을 벽

叕 짧은 모양 철

叡 催[재촉할 최]의 本字

⑭ 획

叡 밝을 예, 성인 예 임금 예 (火)

⑮ 획

叡 巫[무당 무]의 古字

叡 搜[찾을 수]의 古字

燮 불꽃 섭, 화할 섭 불에 익힐 섭 [火部](火)

⑯ 획

雙 쌍 쌍, 둘 쌍 한 쌍 쌍 [隹部]常(火)

叢 떨기 총, 모을 총 모일 총 (水)

- 𤈦 병아리 울음소리 철
- 矆 곱게 붉을 확, 왁 진사 확, 획 [艸部]

⑰ 획

- 𩌏 鞠[기를 국]의 古字

⑲ 획

- 䜌 變[변할 변]의 俗字

⑳ 획

- 𡖐 憂[근심 우]와 같음

㉑ 획

- 𤔔 더위 잡고 기어오를 련

㉒ 획

- 𤔔 亂[어지러울 란]의 古字
- 齌 齋[집 재]와 같음

口部

- 口 입 구, 말 구, 사람 구, 말할 구 常(水)

① 획

- 囗 口[입 구]의 古字
- 乙 새소리 알
- 吃 소리 을
- 中 가운데 중, 안쪽 중 응할 중 [丨部] 常(土)
- 旨 旨[맛있을 지]의 古字

② 획

- 可 옳을 가, 극한 극 대체로 좋을 가 常(水)
- 加 더할 가, 미칠 가 [力部] 常(土)
- 古 예 고, 옛글 고 예스러울 고 常(水)
- 叩 두드릴 고, 물을 고 조아릴 고 (水)
- 句 글귀 구, 귀, 나라 이름 구 常(水)
- 司 맡을 사, 엿볼 사 기다릴 사 常(水)
- 叴 세모창 구 기승할 구 (水)
- 叽 앞 글자와 같음
- 叫 부르짖을 규, 부를 규, 불 규 常(水)
- 叫 앞 글자와 같음
- 叫 앞 글자의 訛字
- 叨 탐낼 도 참람할 도 (水)
- 叻 싱가포르 력, 륵
- 另 홀로 령, 따로 령 헤어질 령 (水)
- 史 사기 사, 역사 사 벼슬 이름 사 常(水)
- 召 부를 소, 알릴 소 불러들일 소 常(水)
- 台 앞 글자의 俗字
- 右 오른쪽 우, 도울 우 강할 우 常(水)
- 各 앞 글자와 같음
- 叹 앞 글자와 같음
- 另 가를 과, 비뚤 와
- 只 다만 지 말을 그칠 지 常(水)
- 㕣 앞 글자와 같음
- 叭 입 벌릴 팔 나팔 팔 (水)
- 谷 산 사이의 늪 연
- 吾 吾[나 오]의 古字
- 叱 꾸짖을 질 소리칠 질 (水)
- 台 별 태, 늙을 태 기쁠 이 (水)
- 叵 불가할 파 드디어 파 (水)
- 叶 화합할 협 도울 협 (水)
- 号 號[이름 호]의 略字 (木)
- 占 점칠 점, 점령할 점 [卜部] 常(火)
- 叱 입 벌린 모양 화
- 叮 단단히 부탁할 정 (水)

叼 입에 물 조

③ 획

各 각각 각 따로따로 각 常(水)

吉 길할 길, 이할 길 좋을 길 常(水)

叿 꾸짖을 홍 시끄러울 홍

㔾 평평할 기 해석할 기

吘 풀 더부룩할 천 성씨 천

同 한가지 동, 같을 동, 무리 동 常(水)

吏 아전 리, 벼슬아치 리 다스릴 리 常(水)

名 이름 명, 공 명 이름 지을 명 常(水)

吁 탄식할 우 근심할 우 (水)

吂 앞 글자와 같음

吀 앞 글자의 本字

吂 모른체 할 망

吙 曝[역정낼 박]과 같음

叾 대답소리 앙

吃 마실 흘 말 더듬을 흘 (水)

吆 외칠 요 애통하는 소리 요

吆 앞 글자의 俗字

吋 작은 소리 우

吅 앞 글자와 같음

吅 응답하는 소리 응

吇 새소리 자

吊 弔[조상할 조, 적]의 俗字 (水)

吅 부르짖을 현

合 합할 합, 같을 합 부를 갑 常(水)

吔 음역자 야 (뜻은 없음)

吋 인치 촌 꾸짖을 두 (水)

吒 咤[꾸짖을 타]의 本字

吴 큰일 화 지껄일 화

吐 토할 토, 나올 토 게울 토 常(水)

向 향할 향, 앞설 향 나아갈 향, 성 상 常(水)

后 임금 후, 뒤 후 왕비 후 (水)

吐 물어도 대답 않을 망

吓 嚇[웃음소리 하, 성낼 혁]과 같음

杏 대구 화 (생선 이름) [大部]

吚 신음할 히

④ 획

呵 땅 이름 가

吤 큰소리 개 소리 개

呇 샛별 계 새벽별 계

启 啓[열 계]와 같음

告 고할 고, 알릴 고 물을 고 常(水)

吘 화할 우, 부를 우

吅 시끄럽게 떠들 공 소송할 송

串 꿸 관, 수표 천 땅이름 곶 [丨部](金)

昏 입막을 괄

呈 狂[미칠 광]의 古字 呈[드릴 정]의 俗字

吰 쇠북소리 횡

呴 숨 내쉴 구, 화열할 구, 울부짖을 후

局 방 국, 마을 국 판 국 [尸部] 常(木)

君 임금 군, 후비 군 존칭 군 常(水)

叫 부르짖을 규

吮 토할 균, 위문할 균

咠 재물 많을 극 넉넉할 곡

呐 말 더듬을 눌 함성지를 열 (水)

肏 앞 글자와 같음

吟 좋을 예, 옳을 예

吙 내쉬는 숨 화

吚 선웃음칠 이 신음할 희

呩 새소리 담 높은 소리 담

呂 음률 려, 풍류 려 성씨 려 (水)

吝 아낄 린, 한할 린 인색할 린 (水)

吜 소리 추

呑 삼킬 탄, 휩쌀 탄 감출 탄 (水)

吟 읊을 음, 울 음 말더듬을 음 常(水)

吠 짖을 폐, 욕할 폐 땅 이름 폐 (水)

㕫 들을 방 어렴풋할 방

吡 새소리 필 헐뜯을 비

否 아닐 부, 틀릴 부 막힐 비 常(水)

呅 입 오므릴 매 입술 문

呔 야 소리 태

呆 어리석을 매, 保[보전할 보]의 古字 (木)

吻 입술 문, 뾰족 나온 곳 문 (水)

吥 음역자 부 (뜻은 없음)

吩 뿜을 분 분부할 분 (水)

吣 개가 토할 심

吢 앞 글자와 같음

吵 지저귈 묘, 꿩 울 묘 떠들 초

㕭 굳셀 반 예의 없을 반

呏 갤런(gallon) 승 (석유 계량 단위)

吲 비웃을 신

呃 재채기할 애 닭소리 액

㕮 씹을 부

呋 趺[책상다리 할 부]와 같음

吮 빨 연, 핥을 연 순, 전 (水)

谷 다툴 어, 공

吾 나 오, 우리 오, 아들 오, 내 오 常(水)

吳 성씨 오, 오나라 오 큰 소리할 오 (水)

吴 앞 글자와 같음

吪 움직일 와 변화할 와

呥 씹을 염

吽 물어뜯을 우 (水) 소 울 후, 진언 훔

𠯆 음탕한 소리 요

听 웃을 은, 부끄러운 모양 은 (水)

呈 드릴 정, 보일 정 드러낼 정 (水)

吧 아이들 다툴 파

吱 가는소리 지, 헐떡이며 가는 모양 지 (水)

呎 피트 척(길이 단위)

𠯂 개짖을 우

邑 고을 읍, 흐느낄 읍 [邑部] 常(土)

吹 불 취, 숨쉴 취 악기 불 취 常(水)

呀 입 벌릴 하, 아, 경탄하는 소리 하 (水)

吷 작은 소리 혈 새소리 혈

含 머금을 함, 드러내지 않을 함 常(水)

吼 소 우는 소리 후, 사자 우는 소리 후 (水)

吸 마실 흡 숨 들이쉴 흡 常(水)

吭 목구멍 항 새 목구멍 항

𠯁 침뱉을 필

𠱂 化[될 화]의 古字

𠯀 막을 철

𠯖 응수 응

吺 말 많을 두 속삭일 두

𠯋 성내서 부를 학

𠯗 고기 물결 잡 빨 잡

呴 웃을 후 화열할 후

品 品[품수 품]의 俗字

𠰌 삼킬 함

𠰔 訩[송사할 흉]과 같음

㕧 귓속말로 말할 의 소곤거릴 의

足 발 족, 흡족할 족 그칠 족 [足部] 常(土)

巟 荒[거칠 황]의 古字

⑤ 획

呵 꾸짖을 가 웃음소리 가 (水)

咖 커피 가 음역자 가

咁 머금을 감, 함 입에 물 감, 함

呿 입벌릴 거, 겁 음역자 거, 겁 (水)
呱 울 고 아이가 울 고 (水)
咎 허물 구, 재앙 구 고요 고 (水)
咕 투덜거릴 고
呴 숨 내쉴 구 고함지를 후
呞 소리 구, 입 구
呶 지껄일 노 떠들썩할 노 (水)
呢 소곤거릴 니 (水) 제비 지저귈 니
呾 꾸짖을 달, 말 바르지 못할 달
呮 걸터앉을 기
呩 嗜[즐길 기]의 古字
咄 꾸짖을 돌 괴이쩍을 돌 (水)
咚 쿵 소리 동
哋 배 젓는 소리 립
咊 昧[대낮이 어둑어둑할 말]과 같음
呤 속삭일 령 (水)
呣 대답할 무 꾀할 모
命 목숨 명, 명할 명 명령 명 常(水)
呡 吻[입술 문]과 같음
呣 謀[꾀 모]의 古字
味 맛 미, 기분 미 맛볼 미, 뜻 미 常(水)

咙 방패 벌
呠 꾸짖을 본 뿜어낼 본
咐 불 부, 분부할 부 (水)
咈 어길 불, 아닐 불 발끈 화낼 불
呸 다투는 소리 비 경멸하는 소리 비
咋 갑자기 사 소리지를 책 (水)
乺 음역자 솟 (뜻 없음)
咏 述[지을 술]과 같음
呻 앓을 신 끙끙거릴 신 (水)
咶 음식 좋아할 시
呝 울 액, 딸국질 액 닭소리 액, 애 (水)
呥 씹을 염 편안할 염
咛 양 우는 소리 암
咉 막힐 앙
咻 喏[인사소리 야]와 같음
咏 詠[읊을 영]과 같음 (水)
呭 수다스러울 예
君 王[임금 왕]과 같음
咊 사람 부르는 소리 외
呦 짐승 울 유, 사슴 우는 소리 유 (水)
咽 咽[목구멍 인]의 俗字

呹 풀 뜯는 모양 일 빠른 모양 일
呰 꾸짖을 자 책망할 자
呰 헐뜯을 자 (水) 약할 자, 흠집 자
咂 빨 잡, 맛볼 잡 유방 잡
呧 꾸짖을 저
吻 앞 글자와 같음
咀 씹을 저, 먹을 저 깨닫을 저 (水)
黾 黽[힘쓸 민]의 略字
周 두루 주, 돌 주 나라 이름 주 常(水)
咒 呪[빌 주]와 같음
呪 빌 주, 저주할 주 주문 주 (水)
咮 부리 주 입 비뚤어질 주
知 알 지, 깨달을 지 [矢部] 常(金)
呫 소곤거릴 첨, 첩 맛볼 첩 (水)
㕹 목구멍 울 초
咄 사람 부르는 소리 출
呞 齝[새김질할 치]와 같음
叮 터지는 소리 타
咜 吒[꾸짖을 타]의 誤字
呑 침뱉을 투
咅 앞 글자와 같음

呞 소리 파

呯 애교 있는 음성 평

咘 사람 이름 포
음역자 포

咆 어르렁거릴 포
성난 모양 포 (水)

皯 皮[가죽 피]의 古字

咇 향기로울 필 (水)
소리나는 모양 필

咈 침 뱉는 소리 필

呷 마실 합, 큰소리 합, 옷 펄럭일 합

咍 비웃을 해
감탄사 해 (水)

呟 큰소리 현, 견 (水)

呼 부를 호, 청할 호
숨 내쉴 호 常 (水)

和 화할 화, 순할 화
사이 좋을 화 常 (水)

咊 앞 글자와 같음

呺 큰체 할 효
바람소리 호

咊 어린아이 울 화

哅 큰소리 흉
시끄럽게 외칠 흉

呬 쉴 희, 숨쉴 희

⑥ 획

咯 꿩소리 각 (水)
말다툼할 락

㖡 음역자 갯

哭 신문할 곡

咵 말이 사리에 어긋날 과

哐 부딪치는 소리 광

咼 입 비뚤어질 괘, 와 (水)

咣 말 잘할 광

咬 깨물 교
음란한소리 교 (水)

㖦 음역자 굿 (뜻 없음)

咶 허락할 궤
속일 궤

哏 우스울 근

咭 웃는 모양 길
기뻐할 길

㖠 우물거릴 납

哖 음역자 년

咷 울 도, 노래할 조

哃 크게 말할 동 (水)

咅 경솔히 말할 두

㖣 음역자 듯

咧 새소리 렬
차가운 모양 렬

㗊 새떼 령
많은 소리 령

咾 약한 소리 로

哢 새 울 롱
소곤거릴 롱

咧 말 가로막을 뢰

咯 吝[아낄 린]의 俗字

哞 소 우는 소리 모

咩 양 울 미
양 우는 소리 미

咪 앞 글자와 같음

㖊 뿐 뿐, 음역자 뿐

㖊 앞 글자와 같음

咲 笑[웃음 소]의 古字 (水)

咰 마실 순, 詢[물을 순]과 같음

咸 휘파람 불 술

咶 핥을 시, 숨쉴 할

哂 비웃을 신 (水)
빙그레 웃을 신

虽 雖[비록 수]와 같음

咢 놀라 소리지를 악 (水)
놀랄 악, 북칠 악

呝 새소리 액
닭소리 액

咹 말 더듬거릴 알

哊 비방할 알
소리 알

哀 슬플 애, 서러울 애
불쌍할 애 常 (水)

哎 탄식하는 소리 애

㖈 게울 역

咽 성낼 열

㖗 입 움직일 염

哇 음란한 소리 왜
토할 와 (水)

呭 수다스러울 예, 설

噳 웃으려고 할 우

唷 토할 육, 뱉을 육

咦 크게 부를 이 한숨 쉴 이

咿 선웃음 칠 이 (水) 소리의 형용 이

咡 입 이, 먹이 이 입가 이, 토사할 이

𠰻 앞 글자와 같음

咽 목구멍 인, 목멜 열, 막힐 열 (水)

咨 물을 자, 아 자 탄식할 자 (水)

哉 어조사 재 비롯할 재 常(水)

咮 부리 주, 별 이름 주, 말 많을 주

㖨 큰 입 존 입 넓을 존

㘴 坐[앉을 좌]와 같음

周 周[두루 주]의 古字

咫 길이 지, 곧 지 여덟치 지 (水)

咥 깨물 질 웃음소리 희 (水)

咠 귓속말 집 참소할 집 (水)

喌 닭 부르는 소리 주

咰 닭 부르는 소리 죽 고요할 적

𠷎 도롱이 사

咟 부르짖을 획

咤 뿜을 타, 꾸짖을 타 쩝쩝씹는소리 타(水)

咱 나 찰, 어조사 찰

哆 입 벌릴 치 방탕할 치 (水)

哧 웃을 치, 추할 치 어리석을 치

巼 땅 이름 팟 음역자 팟

品 성품 품, 품수 품 뭇 품 常(水)

咸 다 함, 화할 함 두루 미칠 함 常(水)

哈 물고기 많은 모양 합, 마실 합 (水)

咳 기침 해, 웃을 해 가로막을 해 (水)

哄 떠들썩할 홍, 소리 홍, 속일 홍 (水)

响 響[음향 향]의 俗字

咴 말 웃는 소리 회, 해, 소리 회, 해

咺 섧게 울 훤 드러날 훤

咻 떠들 휴 따뜻할 후 (水)

哅 떠들 흉 시끄럽게 외칠 흉

㖃 성난 소리 후 부끄러울 후

呸 숨찰 피

⑦ 획

哥 형 가, 아비 가 노래 가, 성 가(水)

哿 좋을 가, 가할 가 머리 장식할 가(水)

㖦 음역자 갓 (뜻은 없음)

㖎 음역자 것 (뜻은 없음)

唊 망녕되이 말할 겹 말 많을 겹

哽 목멜 경, 막힐 경 (水)

哠 말 많을 호

㖖 성낼 녈

員 인원 원, 수효 원 관원 운 常(水)

㖥 원숭이 울 경 원숭이소리 경

㖩 소리 겁

哭 울 곡, 노래할 곡 조문할 곡 常(水)

唃 새 울 곡 새 지저귈 곡

㖛 음역자 곳 (뜻은 없음)

哢 새 지저귈 롱

㗨 오리 부르는 소리 위

挌 목책 격, 옆으로 뻗은 나뭇가지 격

唘 启[열 계]와 같음

𠲞 꾸짖을 계 비난할 계

唂 새 울 곡 꿩 울 곡

𠽸 哭[울 곡]과 같음

𠷇 음역자 곳 (뜻은 없음)

𠹝 囷[토하려고 하는 모양 균]의 訛字

哤 난잡할 방 떠들썩할 방

哦 옳을 아
읊조릴 아 (水)

哪 역귀 쫓는 소리 나
굿하는 소리 나

唌 서둘러 참소할 연
탄식할 단

㖷 먹을 기

㖠 말 흐릴 남
새소리 남

唐 당나라 당
호탕할 당 常(水)

唋 토할 도

哣 화낼 두

哷 닭 우는 소리 렬

哰 말 알아듣지 못할 로

哩 어조사 리 (水)

哴 목쉴 량
울어 목쉴 량

㖫 靈[신령 령]과 같음

唎 가는소리 리 (水)

哶 양 울 미

唜 끝 말 (水)

哱 부르는 소리 발
어지러울 발 (水)

唆 부추길 사
가르칠 사 (水)

唦 어조사 사

唑 음역자 서

㖡 마실 쇠

㖁 吝[아낄 린]과 같음

哆 앞 글자와 같음

𠯷 앞 글자의 古字

𠰮 問[물을 문]의 古字

㖾 땅 이름 욋
음역자 밧

哹 부는 소리 부

咈 어길 불
거스를 불

㖊 齧[물 설]의 俗字

㖹 聲[소리 성]과 같음

㖧 빨 속, 삭
부리 취, 삭

哵 울 팔
새소리 팔

㖐 訊[물을 신]과 같음

𠰷 呻[앓을 신]과 같음

啐 거절할 알

唉 응답을 나타낼 애
놀라서 물을 애 (水)

唖 啞[벙어리 아]의 俗字

唁 위문할 언
조문할 언

哧 웃을 하, 으를 하
화낼 혁

哨 망볼 초, 초병 초
방수꾼 초 (水)

哫 아첨할 족

唔 글 읽는 소리 오 (水)

啾 조용히 이야기할 적

唈 한탄할 읍
슬퍼할 읍

哬 뭇소리 하

哮 으르렁거릴 효, 돼지 놀란 소리 효 (水)

唕 지저귈 조
떠들 조

唒 사람 이름 주

唇 놀랄 진, 입술 순 (水)

㖘 앞 글자와 같음

㕷 많은 소리 읍
웅성거릴 읍

㖦 부끄러울 의

唀 誘[꾀일 유]와 같음

唍 방긋 웃을 완

㕭 울 유

唫 높을 음
무성한 모양 음

𠵽 哉[어조사 재]의 本字

𠴍 재채기할 제

唓 동쪽 귀신 차

哳 새 우는 소리 찰
새소리 이어질 찰

哲 밝을 철, 철인 철
슬기로울 철 常(水)

唚 입맞출 침
토할 침

啄 쪼을 탁

唌 어리석을 탄 / 흩뿌릴 침

㖡 구역질 날 용

㖥 큰 입 운

唄 찬불 패, 범패 패 / 악기 이름 패 (水)

哺 먹일 포 / 씹어 먹을 포 (水)

呿 하품하는 소리 하 / 입 벌리는 소리 하

哻 코고는 소리 한

唅 머금을 함 / 의성어 함

咶 숨쉴 할

哯 아이 젖 토할 현 / 토할 현

哼 코고는 소리 형 / 겁낼 형

唝 우는 소리 홍

唤 喚[부를 환]과 같음

唏 웃을 희, 울 희 / 슬퍼할 희 (水)

⑧ 획

唴 어린아이 울 강 / 목쉴 강

𠶜 哿[좋을 가]와 같음

啌 양치질할 강 / 꾸짖을 항

啓 열 계, 가르칠 계 / 인도할 계 常(水)

啟 앞 글자와 같음

唘 앞 글자와 같음

啔 앞 글자와 같음

啋 움직일 교

㖾 크게 웃을 갹

啳 얼굴 모양 추할 권

𡁏 토하려고 하는 모양 균

唫 입다물 금 / 말더듬을 금 (水)

唭 듣지도 보지도 않을 기, 속일 기

㫷 箕[키 기]의 古字

㖠 어찌 나

䒙 늦을 늦 / 음역자 늦

啖 먹을 담, 탐할 담 / 담박할 담 (水)

啗 먹일 담, 지닐 담 / 찔 담, 먹을 담 (水)

啕 수다스러울 도

𠁝 음역자 똥 / (뜻은 없음)

嘞 앞 글자와 같음

啉 술순배 람, 탐할 람 / 술자리 끝낼 람

㖹 앞 글자와 같음

啦 어조사 랍, 납, 라

唻 노래하는 소리 래 / 부르는 소리 래

啢 온스 량

唳 울 려 / 학울음 려 (水)

㖨 잠깐 웃을 록 / 새소리 록

問 물을 문, 명령 문 / 문초할 문 常(水)

啪 부딪치는 소리 박

啡 침뱉는 소리 배 / 커피 비

唪 껄껄 웃을 봉 / 열매 많이 달릴 봉

啤 맥주 비

啚 鄙[더러울 비]의 俗字

啥 무엇 사

唼 쪼을 삽, 바를 삽 (水) / 참소할 첩, 마실 잡

㗖 말 많을 섭

商 장사 상, 헤아릴 상 / 상나라 상 常(水)

㗚 새 깃 다듬을 설 / 맛볼 쵈

啜 앞 글자와 같음

善 善[착할 선]의 俗字

售 팔 수, 합격할 수 / 행하여질 수 (水)

啃 입 다시는 소리 습 / 입놀리는 소리 습

啞 벙어리 아 / 까마귀소리 아 (水)

啊 사랑할 아, 아 아 / 어조사 아 (水)

唵 움켜 먹을 암 / 머금을 암 (水)

唲 응석부릴 애 / 선웃음 칠 아

啀 물어뜯을 애 / 마실 애 (水)

啽 음역자 암, 얌

唵 앞 글자와 같음 새가 밤에 울 야

唹 고요히 웃을 어 웃는 모양 어 (水)

啵 험담할 파

啽 음역자 엿

啎 거스를 오, 만날 오 깨달을 오

啘 어조사 완

唯 오직 유, 생각할 유 常(水)

啃 뱉을 육 소리낼 육

啙 약할 자, 부족할 자 꾸짖을 자

啑 쪼아먹을 삽

啇 밑둥 적

唸 신음할 전 소리내어 욀 념

啶 피리딘 정

啁 새소리 주 농담할 조

啨 탄식할 차 부르짖을 책

唱 노래 창, 부를 창 인도할 창 常(水)

啜 마실 철, 먹을 철 울먹이는 모양 철 (水)

啐 침뱉을 쵀, 맛볼 쵀 빠는 소리 줄

啾 청렴하지 못할 주 염치없을 주, 추

唾 침뱉을 타 침 타, 버릴 타 (水)

啄 쪼을 탁, 문두드리는소리 탁 (水)

啅 쪼을 탁 앞 글자와 같음

啍 느릿할 톤, 입김 톤 말 많을 순, 준

啣 銜[받들 함]과 같음 (水)

啈 화내는 소리 행 싸울 행

唬 범이 울 호, 효 웅얼거릴 효, 하

嘔 걱정할 홀

唿 근심할 홀

喗 새 서로 지저귈 관

嗖 입으로 가르칠 수

喔 어린아이 울 와

啾 고요할 적

嗞 물릴 자

嗔 토할 전

嗐 새소리 석

嘶 앞 글자와 같음

啯 소목 도리질할 고

嗕 젖먹일 누 (水)

嗒 잔말할 답

嗃 웃음소리 효

嗵 말 많을 동

啸 뭇새소리 소

唿 잔말할 혼 아득할 혼

啛 먼저 맛볼 채

啦 배젓는 소리 급

唻 순할 화 아이 울 화

嘓 소리 획, 역 목구멍소리 육

嗢 어린아이 서투른 말 왜

喡 앞 글자와 같음

婁 별 이름 루, 어리석을 루 [女部] (土)

喀 휘파람 불 락

嘍 좁을 루, 영리할 루 어지럽힐 루

啰 吝[아낄 린]의 古字

阜 師[스승 사]의 古字

𠷎 讎[짝 수]의 古字

喨 吮[빨 연]의 古字

啐 嚌[맛볼 제]의 古字

哲 哲[밝을 철]과 같음

唼 喋[재잘거릴 첩]의 古字

哧 赫[붉을 혁]과 같음

喜 喜[기쁠 희]의 俗字

⑨ 획

口迦 상스러운 말 가 / 거친 말 가

喝 꾸짖을 갈, 목쉴 애 / 성낸 소리 갈 (水)

喈 새소리 개 / 빠른 모양 개

喀 토할 객 / 기침할 객 (水)

噱 크게 웃을 갹

口㪅 哽[막힐 경]의 本字

口界 界[지경 계]와 같음

喎 咼[입 비뚤어질 와, 괘]와 같음

喬 높을 교, 교만할 교 / 창 갈고리 교 (水)

喹 귀놀린 규

喫 마실 끽, 먹을 끽 / 개후 개 (水)

喇 나팔 나, 라 / 급히 말할 랄 (水)

喃 재잘거릴 남 / 말 흐릴 남 (水)

單 홑 단, 모두 단, 약할 단, 다할 단 常 (水)

啿 넉넉할 담, 먹을 담 / 많은 모양 담 (水)

啺 唐[당나라 당]의 古字

喥 꾸짖을 도 / 말 함부로 할 탁

㓞各 칼 갈 략 / 날카로울 략

喨 소리 맑을 량 / 목쉴 량 (水)

喱 약 이름 리 / 무게의 단위 리

喕 말하지 않을 면

喵 고양이 우는 소리 묘

喯 쪼을 분, 噴[뿜을 분]과 같음

喳 예 하고 대답하는 소리 사, 떠들 사

喢 소인의 말 삽 / 말 많을 첩

喪 죽을 상, 잃을 상 / 장례 상 常 (水)

䘮 앞 글자의 本字

善 착할 선, 좋을 선 / 잘할 선 常 (水)

啻 뿐 시, 다만 제 (水)

口是 새 울 시

喒 나 잠

喰 먹을 식, 餐[먹을 찬]과 같음

喔 닭소리 악 / 선웃음칠 악

口咢 잇몸 악 / 입천장 악 (水)

喑 훌쩍거릴 암 / 벙어리 음 (水)

啽 잠꼬대 암 (水) / 말하지 않을 암

喏 예하고 대답할 야 / 응낙할 낙

喲 감탄하는 어조사 약, 아! 약

喭 상말 언 / 거칠 안

口垔 목구멍 인, 삼킬 연, 목멜 열

喦 땅이름 엽 / 다툴 엽

㖞 사람 부르는 소리 왜

喓 벌레소리 요 (水)

喁 화답할 우 (水) / 숨쉴 옹, 소리 옹

喂 부르는 소리 외 / 기를 외

喟 한숨쉴 위 (水) / 불쌍히 여길 괴

喡 놀라서 소리나지 않을 위

喴 음역자 위 / (뜻은 없음)

喩 깨우칠 유 / 비유할 유 (水)

啫 악기 이름 자

睿 슬기로울 예 (水)

喍 개 싸움할 재

啼 울 제, 눈물 제 (水)

喌 닭 부르는 소리 죽 / 주

口口王 음역자 주 / (뜻은 없음)

喞 두근거릴 즐 / 찍찍거릴 즉 (水)

口則 앞 글자와 같음

口室 씹을 질, 깨물 질

喘 헐떡거릴 천 / 숨찰 천, 숨 천 (水)

喆 哲[밝을 철]과 같음 (水)

喋 재잘거릴 첩 (水) / 밟을 첩, 마실 첩

啾 소리 추 / 읊조릴 추 (水)

虍口比 땅 이름 폿

喊 소리칠 함, 맛볼 함 / 입 다물 감 (水)

喚 부를 환, 울 환
부르짖을 환 (水)

喤 어린아이 울음 황
떠들썩할 황 (水)

喉 목구멍 후
요충지 후 (水)

㗋 앞 글자의 本字

㖃 불 후 (水)
아첨하여 웃을 후

喧 의젓할 훤, 울 훤
빛날 훤 (水)

喙 부리 훼, 숨찰 훼
물건 뾰족한 끝 회 (水)

㖪 앞 글자와 같음

喜 기쁠 희, 경사 희
좋아할 희 常 (水)

啬 유쾌할 억
쾌할 억

㖹 토할 분
물소리 분

㖺 불 춘(吹也)

㖻 어린아이소리 유

㖼 웅성웅성할 육

咠 참소할 집

哬 대답소리 하, 업신
여겨 대답할 하

喋 謀[꾀 모]와 같음

㖽 빨 연

喸 삶을 전, 웃을 전

㖾 거짓말 태

唆 새 쫓는 소리 수
웃는 모양 숙

呦 읊는 소리 유
사슴 울 유

㗂 말 시작할 시
닭 모는 소리 시

㗅 목구멍 호

喗 입 클 운
이빨 더러울 운

㗎 입다물 성

㖧 입 아귀 문, 昏[어
두울 혼]과 같음

㗇 성낼 환
근심할 환

㗆 교묘히 말할 변

㗈 謾[속일 만]의
俗字

㗉 목구멍 호
목젖 호

㗊 토할 후

喠 벙어리 종
구역질할 종

㗋 壽[목숨 수]의
古字

㗌 사방풍 혁

㗍 목구멍 하 (水)

㗎 뭇입 즙, 뢰

㗏 諺[상말 언]의
古字

㗐 營[경영할 영]의
略字

㗑 아이고 고
음역자 고

㗒 叫[부르짖을 규]
와 같음

㗓 닭 달, 음역자 달

㗔 울 률

㗕 속일 만

㗖 咋[깨물 사]와
같음

㗗 咢[놀랄 악]의
本字

㗘 소리 줄, 소리 돌

㗙 吹[불 취]와 같음

㗚 漂[뜰 표]와 같음

㗛 깨무는 소리 대

⑩ 획

㗜 어린 아이 울 강

嗝 딸국질할 격
새소리 격

嗛 겸손할 겸, 부족할
겸, 입에 물 함 (水)

嗊 음역자 꽃
(뜻은 없음)

嗜 즐길 기, 탐할 기
(水)

㗝 아양 떨 다

㗞 부딪치는 소리 랑

㗟 갤런 륜

嗎 어조사 마, 무엇 마
모르핀 마

嗙 웃을 방, 소리 방
노래소리 방

嗣 이을 사, 후사 사
이어받을 사 (水)

嗄 목쉴 사, 아! 아
넘어가게 할 하

嗍 빨 삭

嗓 목구멍 상
가축 병 이름 상

嗦 핥을 색
부들부들 떨 삭

嗇 아낄 색, 줄일 색
탐할 색 (水)

嗉 멀떠구니 소
별 이름 소 (水)

喿 울 소, 새가 무리
지어 울 조

嗩 호적 쇄
악기 이름 쇄

嗖 바람소리 수
웃는 모양 숙

㖔 땅이름 엇

嗚 슬플 오
목메어 울 오 常(水)

嗢 목멜 올, 웃을 올
숨 내쉴 올 (水)

嗡 기러기 짝지어 울
옹, 새소리 옹

嗡 소 울음소리 옹
벌레소리 옹

嗂 기꺼울 요
기쁠 요

嗕 오랑캐 이름 욕
종족 이름 욕

嗯 대답할 은

嗌 목구멍 익
아첨하는 소리 익

嗞 탄식할 자
아! 자

嗁 啼[울 제]의 本字

嗭 음역자 즛

嗔 성낼 진, 책망할 진
성한 모양 전 (水)

䪿 음역자 짓
땅이름 짓

嗏 놀라는 소리 차
어조사 차

嗟 탄식할 차, 찬탄할
차, 감탄할 차 (水)

嗆 새 먹을 창, 쫄 창
어리석은 모양 창

嗤 웃을 치, 냉소 치
어리석을 치 (水)

嗒 멍할 탑, 자기 자
신을 잊어버릴 탑

嗀 토할 학, 게울 혹

嗃 엄할 학, 피리소리
효, 크게 외칠 효 (水)

嗐 하품할 할, 크게
입벌릴 해

嗑 말 많을 합, 입다
물 합, 먹을 합 (水)

嗨 웃음소리 해

嗋 다물 협, 숨쉴 협
으를 협

嗥 嘷[짖을 호]의
本字

嗊 노래 홍, 나홍 홍

嗅 맡을 후, 냄새 맡
을 후 (水)

嗅 휘파람 불 휼

嗀 토하는 소리 혹

嗍 숨 내쉴 부
불 부

嗕 唇[놀랄 진]과
같음

嗺 입속 가득할 추
한입 가득할 추

嗛 기뻐할 건

謇 말더듬을 건, 어려
울 건, 교만할 건

嗘 소리 계

嗠 외칠 구, 꿩 울 구

嗖 물 뿜을 손

羣 群[무리 군]과
같음

嗂 갓난아이 울 아

嘂 높은 소리 규, 큰
소리로 외칠 규

嗶 꾸짖는 소리 비

嗹 굿할 나, 귀신 쫓
을 나

嗫 말 많을 녑
다툴 녑

嗵 수다떨 능

嘗 嘗[일찍 상]의
俗字

嗿 啗[먹일 담]의
訛字

嗻 큰소리칠 당
크게 말할 당

嘄 적적할 초
고요할 초

嗾 소리 질

嗠 酪[진한 유즙 락]
과 같음 (水)

嗂 시끄러울 소

嗠 부를 락

嘌 말 명료하지 않을
률

駡 罵[꾸짖을 매]의
俗字

謎 육자진언의 하나 미

嚩 씹는 모양 박

喪 喪[상사 상]의 本字

商 商[장사 상]의 古字

嘯 笑[웃음 소]의 俗字

嗌 게울 역, 토할 역

嘄 근심에 잠긴 소리 요

嗈 구역질할 용

嗢 토할 운

嘻 성난 소리 이

嗔 어리석은 모양 전

嗾 험담할 추

嗊 뭇소리 홍

嗗 마시는 소리 왈

嗶 나눌 피, 찢을 패 달리할 패

嗿 꾸짖는 소리 추 경박한 말투 납

嘆 한숨쉴 탄 한탄할 탄

嗒 입 움직이는 모양 탑

嘌 자랑할 표

嘶 새 울 잘

嗿 소리 탐

嘷 예쁜 입 모양 피

嗊 소리 홍, 속일 홍

嗅 개 부리는 소리 환

嗅 烋[경사로울 휴]의 俗字

嘁 눈살 찌푸릴 촉

戢 병기 모을 집, 거둘 집, 그칠 집 [戈部](金)

⑪ 획

嘉 아름다울 가 경사스러울 가(水)

嘅 탄식할 개

斛 부셸(bushel) 곡 (계량 단위)

嘓 귀찮을 괵, 음식 삼키는 소리 괵

嘂 크게 부르짖을 교, 규

嘐 닭 울 교, 소리 교 클 효(水)

嘔 노래할 구, 소리 구 화열한 모양 구(水)

嘄 叫[부르짖을 규]와 같음(水)

嘡 탕 소리날 당

嘚 지껄일 득

嗹 길게 말할 련 말 많을 련

嘍 시끄러울 루 어지럽힐 루(水)

嘞 어조사 륵

嘛 나마 마

嘜 음역자 마

嘆 고요할 막

嘧 피리미딘 밀

嘣 내뱉을 붕

嘗 맛볼 상, 시험할 상, 일찍 상 常(水)

嗽 기침할 수, 빨 삭 양치질할 수(水)

嗾 부추길 주, 수, 개 부리는 소리 주(水)

嘎 새소리 알 웃음소리 알(水)

嘊 啀[물어뜯을 애]와 같음

嘢 음역자 야

嫣 즐길 언 웃는 모양 언

嗷 시끄러울 오(水) 부르짖는 소리 오

嗸 슬픈 소리 오 슬피 우는 소리 오

噈 부끄러울 축

慼 앞 글자와 같음

䜻 음역자 잣 (뜻은 없음)

嘀 중얼거릴 적

嘈 지껄일 조 소리 조(水)

嗻 말 많을 차 말 가로막을 차

嘖 외칠 책, 참 책 말다툼할 책

嗺 재촉할 최 술 권할 최

嘆 탄식할 탄, 찬탄할 탄, 한숨쉴 탄 (水)

嗿 많을 탐 먹는 소리 탐 (水)

嘌 빠를 표, 창법 표 (水)

嗶 울 필, 소리나는 모양 필

嘏 클 하, 복 하 하사 하 (水)

嗬 놀랄 하

嘘 불 허 (水)

嘒 가냘플 혜 매미소리 혜 (水)

嘑 부르짖을 호 꾸짖을 호

曐 星[별 성]의 古字

[口+動] 크게 노래할 동 노래소리 홍

[口+豦] 噱[크게 웃을 갹]의 俗字

[口+郭] 두드리는 소리 곽 숨 불어 쉴 곽

[口+康] 기침소리 강

[口+帶] 재채기 할 제

[口+堇] 입술에 생긴 종기 근

[口+淡] 싱거울 담

[口+聆] 이명 령, 귀 울 령

[口+聊] 큰소리 로 시끄러울 로

[口+离] 말 그치지 않을 리

[口+率] 지저귈 률, 조금 마실 설, 소리 술

[口+桼] 꾸짖는 소리 칠

[口+虒] 음역자 명 (뜻은 없음)

鳴 울 명, 새울음 명 [鳥部] 常 (火)

[口+庸] 먹을 충 먹는 모양 충

[口+憤] 성난 소리 분

[口+參] 한 입 물 삼 머금을 삼

[口+雩] 웅얼거릴 호 고함칠 호

曑 參[석 삼]의 訛字

噭 싸울 효, 哮[어르렁거릴 효]와 같음

[口+窒] 꾸짖을 질 횡설수설할 절

[口+寅] 깔깔 웃을 연

[来+回] 嗇[아낄 색]의 古字

[口+山+囟] 齧[물 설]과 같음

[口+巢] 많은 소리 소 시끄러울 소

[殹+口] 웃는 모양 해

嗖 험담할 차

[口+習] 추위 참는 소리 습

[口+悉] 울릴 실 소리낼 실

[口+寤] 깨달을 오

[口+祭] 바른말할 절

[口+紫] 예쁜 입 피

[口+雀] 嚼[씹을 작]과 같음

[口+巢] 서로 꾀일 조

[口+造] 개 부리는 소리 주 부추길 주

[尚+多] 두터운 입술 모양 차

[串+串] 꼬치 찬

嘬 물 최, 탐할 최 한입에 다 먹을 최

嗥 울부짖을 호 울 호

[口+敗] 범패 패

⑫ 획

[广+鹿] 곳 곳 음역자 곳

嘺 입 비뚤어질 교 모를 교

噘 돌 뜰 궐, 욕할 궐

嘳 한숨쉴 귀, 탄식할 귀, 헐뜯을 괴

噙 입에 머금을 금

嘰 조금 먹을 기 한탄할 기

嘾 가득 삼킬 담 머금을 담

噉 씹을 담, 먹을 담 소리칠 함

嘡 먹을 당 먹는 모양 당

嘟 칭찬하는 말 도 중얼거릴 도

噔 부딪치는 소리 등 사람 이름 등

嘮 떠들썩할 로 시끄럽게 말할 로

嘹 울 료, 소리 료 (水) 소리 멀리 들릴 료

嚜 양 우는 소리 매 양 울 매

嘸 어리둥절할 무 (水) 명료하지 않을 무

嘿 고요할 묵 입다물 묵 (水)

噗 뿜는 소리 박 웃는 소리 복

噴 뿜을 분, 불 분 재채기할 분 (水)

噝 총알 나는 소리 사

嚽 가득 채울 새

噀 물 뿜을 손

嘶 울 시, 말 울 시, 목 쉴 시, 목멜 시 (水)

噚 패덤(fathom) 심 (심도, 깊이 단위)

嘫 대답할 연 응답하는 소리 연

噁 성낼 오, 성난 모양 오, 새소리 악 (水)

噅 거짓말 위, 추할 위 입 비뚤 위

噊 위태할 술, 율 속일 율

噎 목멜 열, 일, 역 (水)

噌 웅성거릴 쟁 떠들썩할 증

嘲 비웃을 조, 읊을 조, 지저귈 조 (水)

噂 수군거릴 준

噆 깨물 참, 물 참 머금을 참

噍 먹을 초, 씹을 초 소리 다급할 초 (水)

嘬 물 최, 탐할 최 (水) 한꺼번에 먹을 최

噈 입맞출 축 찡그릴 축

嘴 부리 취, 돌기 취 뾰족 나올 취 (水)

嘽 헐떡일 탄, 성할 탄 기뻐할 탄

噋 느릿한 모양 톤 (水) 수다스런 모양 순

嘭 팽팽 소리날 팽 소리 팽

嗨 받들 함

嘷 짖을 호, 울 호 울부짖을 호 (水)

嘩 떠들썩할 화 지껄일 화 (水)

嘵 두려워할 효 (水) 겁먹은 소리 효

噏 들이쉴 흡 (水) 옷이 날릴 모양 흡

嘻 웃을 희, 아 희

噍 입 우물거릴 집 씹을 집, 마실 집

嘱 囑[부탁할 촉]의 俗字

嚍 부르짖을 획 말 똑똑할 획

嗶 울 필

噾 싱거울 암

嘲 입벌린 모양 하 넓은 산골짜기 하

嗒 塔[탑 탑]과 같음

噎 소곤거릴 제 속삭일 제

嚵 말 더듬을 건 어려울 건

嗌 말로 사람 비난할 반

噃 소리 번

噉 개가 싸울 안 하소연할 안

嗢 목구멍 가르랑거릴 울

嚚 산짐승 휴 기를 휵

噧 씹을 췌 훌쩍 마실 철

噆 소곤거릴 찰 가늘게 말할 찰

嗥 呱[울 고]와 같음

壼 대궐 안길 곤

器 器[그릇 기]의 略字

器 器[그릇 기]의 俗字

嗭 呢[소곤거릴 니]와 같음

聆 귀 울 령

噴 噴[뿜을 분]과 같음

嗁 悲[슬플 비]와 같음

啇 商[장사 상]의 古字

譱 善[착할 선]의 古字

囈 잠꼬대 예

嘌 要[요긴할 요]의 古字

噰 游[놀 유]와 같음

嚚 어리석을 은 사특할 은

噖 吟[읊을 음]과 같음

噎 咽[목구멍 인]의 俗字

嘴 觜[털뿔 자]와 같음

噃 喘[헐떡거릴 천]과 같음

嚞 비웃을 철

嘬 말 바르지 못한 모양 철

嚲 唾[침 타]의 本字

嘒 嘒[가냘플 혜]와 같음

嚾 喚[부를 환]의 古字

嚻 들렐 효, 자랑할 효, 경박할 효

噊 숨 훌 분명하지 않을 훌

噅 성난 소리 함

嗇 嗇[아낄 색]과 같음

噕 거짓말 할 위

⑬ 획

噶 새가 울 갈 맹세할 갈 (水)

噧 꾸짖을 갈 목쉴 애

噱 크게 웃을 갹 입벌릴 갹

噭 부르짖을 교, 우렁찰 교, 먹을 격 (水)

噤 입다물 금, 닫을 금, 주걱턱 금 (水)

器 그릇 기, 도량 기 재능 기 常(水)

噥 소곤거릴 농 맛 짙을 농 (水)

噠 오랑캐 이름 달 종족 이름 달

噹 방울 당, 금속끼리 부딪는 소리 당

噵 이를 도, 말할 도

嘞 물레 도는 소리 릉

噼 터지는 소리 벽

噬 씹을 서, 미칠 서 (水)

嗽 기침할 수

噺 이야기 신

噩 놀랄 악, 순박할 악 엄숙한 모양 악 (水)

噯 딸꾹질 애, 트림 애 토할 애, 아! 애 (水)

噞 입 벌름거릴 엄 맛볼 엄

嚥 몹시 달 연 달 연

噢 슬퍼할 우, 욱 아픔 위로할 우

噰 화한 소리 옹 새 어울려 울 옹

噳 웃는 모양 우 떼지을 우

噟 대답할 응

嚫 시끄러울 전 입맞출 전 (水)

噪 떠들썩할 조, 소 새 떼지어 울 조 (水)

噣 부리 주, 말할 주 유수 주, 쪼을 탁

噡 말 많을 첨

噲 목구멍 쾌, 쾌할 쾌, 부리 쾌 (水)

噸 톤 톤

噦 딸꾹질 얼, 새소리 홰, 서행할 홰

噷 나무라는 소리 흠

噫 슬플 희, 탄식할 희 트림할 애 (水)

噉 새소리 감 벌름거릴 함

嗀 소리 격

嚡 역정낼 해

噈 아이 울 추 아이 울음소리 추

嚊 喫[먹을 끽]과 같음

嚆 기뻐할 요 즐거울 요

嚹 앓는 소리 할 전

嚩 謾[속일 만]의 俗字

嶪 입 움직일 업 입 놀리는 모양 업

噧 기운 높여 떠들 홰

嘺 높을 교 불안할 교

嚍 입소리 국

嚄 어린아이 서로 응하는 소리 과

噩 靈[신령 령]과 같음

嚧 돼지 부르는 소리 로

嚭 嚭[클 비]와 같음

嗇 추한 모양 삽

𡃁 羨[부러울 선]과 같음

嬗 보고 안색 변할 선

嘯 휘파람 불 소, 울 소, 읊조릴 소 (水)

嘥 꾸짖는 소리 실, 슬

噩 자랑하는 소리 악

嚌 꾸짖을 초

嘷 껄껄 웃을 하 골속 휑할 하 (水)

噪 쥐소리 작 소리 작

嚍 부끄러워하는 모양 자

嘰 깨우칠 집 비유할 집

噗 喋[재잘거릴 첩]의 俗字

嚮 울릴 향

嚽 협박할 협

噯 기를 토하는 소리 화

噦 지칠 훼

⑭ 획

嚀 간곡할 녕 (水) 정녕 녕, 부탁할 녕

嚂 먹을 남, 람 탐할 람, 함

嚜 그런가 마

嚊 헐떡거릴 비 헐떡이는 소리 비

嚐 맛볼 상

嚅 선웃음칠 유 말 머뭇거릴 유

嚚 크게 외칠 음

嚁 소리 적

嚌 맛볼 제, 물 제 제수 제

嚍 화낼 진

嚓 발자국소리 찰

嚐 새 부리 취 부리 취

嚃 훅 들이마실 탑 마실 탑

嚇 노할 혁, 화낼 혁 웃음소리 하 (水)

嚎 울부짖을 호 큰소리 호

嚄 아! 획, 외칠 획 말 많을 획 (水)

嚆 울릴 효, 울 효 (水)

嚑 음역자 훈 (뜻 없음)

嚉 對[대답할 대]와 같음

嚘 말 그치지 않을 대

嚉 咄[꾸짖을 돌]과 같음

嚛 말 재치 있고 빠를 락

嘍 개 부르는 소리 루

嚗 시끄러울 압 떠들 압

嚃 입이 어줍을 삽 말 더듬을 삽

嚂 銜[받들 함]과 같음

嚭 클 비

嚶 울 영

嚶 짐승소리 영

矇 말 분명하지 않을 몽

噧 목쉴 애 꾸짖을 갈

嚈 오랑캐나라 이름 엽

嚵 작은 입 온

嶷 어린아이 영리할 억, 속일 억

嚶 손뼉치며 노래할 영, 이영차 영

雖 비록 수, 벌레 이름 수 [隹部] 常(火)

嚋 누구 주, 속일 주

嚔 재채기할 체

⑮ 획

嚙 씹을 요, 교 침식할 교 (水)

嚍 음역자 돗 (뜻은 없음)

嚕 아까워할 로

嚠 瀏[맑을 류]와 같음

嚜 거짓 묵, 잠잠할 묵, 교활할 매

嚗 역정낼 박 소리 박

嚘 탄식할 우, 목멜 우, 말 어눌할 우

嚚 어리석을 은 (水)
벙어리 음성 은

嚚 앞 글자와 같음

嚔 재채기할 체, 발
걸려 넘어질 치

嚝 쇠북소리 횡
외치는 소리 횡

嗽 개 부리는 소리 수
들이마실 수

嚻 씹는 소리 렵

嚌 소리나는 모양 즐
퉁소 깁들일 질

嚔 천한 말 질
야인의 말 질

嚽 囋[기릴 조]의
俗字

嚠 적적할 로
고요할 로

嚂 뭇소리 읍

噱 웃음 그치지 않을
극

噴 읽을 두, 讀[읽을
독]과 같음

嚦 소리 뢰
바른 소리 뢰

嚶 개짖는 소리 앵

囓 입 비뚤 철
입 씰룩거릴 철

嚗 밭갈 포
가래질할 포

嚮 울 표, 짖을 포

嚚 어려울 현
소리 현

嚖 嘒[가냘플 혜]와
같음

嚛 매울 학, 먹을 학
시큼할 학

⑯ 획

嚪 啖[먹을 담]과
같음

嚦 소리 력
흉악한 모양 력

嚧 웃을 노, 멧돼지
부르는 소리 로 (水)

嚨 목구멍 롱

嚤 어조사 마

嚩 음역자 부
(뜻은 없음)

嚭 클 비

嚬 찡그릴 빈
웃는 모양 빈 (水)

嚫 음역자 씨
(뜻은 없음)

嚥 삼킬 연 (水)

嚟 저주할 예

嚫 베풀 츤, 친

嚯 놀라는 소리 학

嚮 향할 향, 향방 향
접때 향 (水)

嚼 歌[노래 가]와
같음

嚷 부를 괴

嚧 큰소리 표

嚱 울 허

嚽 바른 소리 뢰

嚻 새소리 린

馨 馨[향기 형]과
같음

嚽 느릿한 모양 톤
어리석은 모양 향

⑰ 획

嚳 급히 고할 곡
사람 이름 곡 (水)

嚶 새소리 앵 (水)

嚷 아우성칠 양
외칠 양

嚴 엄할 엄, 급할 엄
엄숙할 엄 常 (水)

嚵 부리 참, 맛볼 참
마실 참

嚲 휘늘어질 타
늘어진 모양 타

嚵 말 더듬을 건

嚶 길게 빼는 소리 경

嚣 器[그릇 기]의
古字

嚽 늙은이 도

囒 말 못알아들을 란
속일 란

嚵 청렴하지 않을 첨
탐낼 첨

嚱 소리낼 희
아이 희

⑱ 획

囉 호각소리 구

囈 자랑할 핵

囁 소곤거릴 섭 (水)
말 함부로 할 섭

嚼 씹을 작, 개먹을 작
술잔 비울 작 (水)

囃 장단 잡을 잡 시끄러울 잡 (水)

囀 지저귈 전, 울릴 전 소리 바뀔 전 (水)

囁 마실 철

囂 들낼 효, 경박할 효, 방자할 효 (水)

囃 앞 글자와 같음

囉 지껄일 환, 훤 부를 환, 훤

嚂 탐할 람, 고함지를 함, 웃을 함

囋 다루는 모양 안

嚨 새들이 울려는 소리 옹

囈 앓는 소리 의

囐 입 벌리고 웃을 의

嚌 재채기 할 제

嚽 噈[부끄러워할 축]과 같음

嚿 자랑하는 모양 획

⑲ 획

囊 주머니 낭, 덮을 낭, 물리칠 낭 (水)

囉 소리 얽힐 라 시끄러울 라 (水)

囈 잠꼬대 예 (水)

囋 기릴 찬, 나무랄 찬, 북소리 찰

囆 사람 이름 채

囅 웃는 모양 천

囍 쌍희 희 (水)

囒 새가 정답게 지저귀는 소리 관

嚂 嚂[먹을 람]과 같음

囓 깨무는 소리 렵

囋 새 울 운

嚴 범이 어르렁거릴 함, 감

⑳ 획

嚴 범이 어르렁거릴 함, 감

囌 군소리할 소

嚴 신음할 암

囏 艱[어려울 간]의 古字

囏 앞 글자와 같음

囐 謇[더듬거릴 건]과 같음

囎 嘈[지껄일 조]의 本字

囐 북소리 찰, 나라 이름 찰, 조문할 언

囂 부르짖을 환

㉑ 획

囒 말 못알아들을 란 속일 란

囕 입에 넣을 람

囓 齧[물 설]과 같음

囑 부탁할 촉, 당부할 촉, 맡길 촉 (水)

囍 쌍희 희

囃 여럿이 빠른 말로 떠드는 소리 습

囈 말하기 어려울 전

囂 부를 환 외칠 환

㉒ 획

囔 중얼거릴 낭

嚨 오랑캐 노래 감

囉 꾸짖을 라

囗部

囗 國[나라 국], 圍[둘레 위]의 古字

① 획

⑵ 起[일어날 기]의 古字

⑶ 日[날 일]의 古字

② 획

四 넉(넷) 사, 사방 사, 네 번 사 常(火)

囚 가둘 수, 갇힐 수 갇힌 사람 수 常(水)

囙 因[인할 인]의 俗字

⿴囗乂 사사로이 가질 닙 훔쳐가질 닙, 녑

⿴囗八 四[넷 사]와 같음

③ 획

囝 아이 건, 달 월

囡 아이 닙

团 團[둥글 단]의 略字

囟 정수리 신 숨구멍 신

因 인할 인, 말미암을 인, 원인 인 常(水)

回 돌 회, 어길 회 돌아올 회 常(水)

⿴囗乇 囤[곳집 돈]과 같음

⿴囗彐 良[어질 량]의 古字

⿴囗乚 目[눈 목]과 같음

⿴囗幺 귀신 요

⿴囗川 구멍 창

⿴囗儿 囪[창문 창]의 古字

囘 回[돌 회]의 俗字

④ 획

囥 숨을 강

囧 창 밝을 경 (火)

困 곤할 곤, 괴로울 곤 곤란하게 할 곤 常(火)

図 圖[그림 도]의 略字

囤 곳집 돈, 도울 돈 소쿠리 돈

囮 후림새 와, 화할 와 매개물 와 (土)

囲 圍[에워쌀 위]의 略字

囪 창문 창, 굴뚝 총

囫 온전할 홀 (土)

⿴囗分 囧[창밝을 경]과 같음

囯 國[나라 국]의 俗字

⿴囗玄 앞 글자와 같음

⿴囗氏 앞 글자와 같음

囦 淵[못 연]의 古字 (水)

⿴囗无 模[본뜰 모]와 같음

园 깎을 완

囩 돌 운, 돌릴 운

囨 침뱉는 소리 변

⿴囗巴 邑[고을 읍]과 같음

⿴囗曶 어둔 새벽 홀

⿴囗勿 앞 글자와 같음

⿴囗丏 日[날 일]의 古字

⿴囗去 日[날 일]과 같음

⿴囗且 回[돌 회]의 俗字

⿴囗丑 손 움직일 납

⑤ 획

固 굳을 고, 단단할 고, 편안할 고 常(水)

囷 둥근 곳집 균 (土) 서릴 균, 곳간 균

囹 옥 령 (金)

⿴囗必 닫을 벽

⿴囗王土 國[나라 국]의 古字

⿴囗玄 앞 글자와 같음

囻 앞 글자와 같음

⿴囗求 淵[못 연]의 古字

⿴囗正 日[날 일]의 古字

国 國[나라 국]의 俗字 (水)

⿴囗石 돌 깨는 소리 당

⿴囗布 채전 포, 남새밭 포

⿴囗甲 우리 합 향나무 합

⿴囗目 回[돌 회]와 같음

囼 胎[아이밸 태]와 같음

⿴囗曰乙 笏[홀 홀]과 같음

⿴囗巨 빛 진

⑥ 획

囿 동산 유, 모일 유, 구역 유, 땅 이름 유 (木)

𡇠 國[나라 국]의 古字

𡇢 앞 글자와 같음

𡇤 婁[별 이름 루]의 古字

𡇭 둥근 구멍 옹

𡇯 귀신 이름 요

𡇵 밑으로 들어갈 질

𡇶 直[곧을 직]의 古字

⑦ 획

圄 감옥 어, 가둘 어 (水)

圃 밭 포, 채마밭 포 무성할 포 (水)

圁 물 이름 은 강 이름 은 (水)

圅 函[함 함]의 本字

圂 뒷간 혼, 가축 환 가축우리 환 (木)

𡈁 古[예 고]의 古字

𡈀 땅광 교, 구덩이 교, 매장할 교

𡈅 面[낯 면]의 本字

𡈆 目[눈 목]의 古字

圓 걸음쇠 선 그림쇠 현

𡈇 단단할 책

⑧ 획

國 나라 국, 도읍 국 봉지 국 常(水)

圈 우리 권, 가둘 권 범위 권 (水)

圇 온전할 륜 (土)

圊 뒷간 청 (木)

𡈎 채찍소리 각

𡈏 곳집 균

𡈑 嬭[젖 내]의 古字

𡈒 圖[그림 도]의 古字

圉 말 기를 어 (水) 말 기르는 사람 어

𡈔 月[달 월]과 같음

𡈕 돌소리 탕

𡈖 사람 이름 태

𡈗 모일 합

𡈘 빌 홍

⑨ 획

𡈜 둥근 대그릇 천

圍 에울 위, 막을 위 구역 위 常(水)

𡈝 圖[그림 도]의 俗字

𡈞 煙[연기 연]의 古字

𡈟 冒[무릅쓸 모]의 古字

𡈠 초지 고

𡈡 낙타 우는 소리 알

𡈢 물길 굽이지는 모양 완

𡈣 圓[둥글 원]의 古字

⑩ 획

圕 도서관 서

𡈤 소리 점차 낮아지는 모양 압

圓 둥글 원, 원 원 원만할 원 常(水)

園 능 원, 동산 원, 사물 모이는 곳 원 常(水)

圃 동원 포, 채소밭 포

𡈥 國[나라 국]과 같음

𡈦 零[떨어질 령]의 古字

𡈧 冒[무릅쓸 모]와 같음

𡈨 日[날 일]의 古字

𡈩 맬 칩, 묶을 칩

⑪ 획

𡈪 看[볼 간]과 같음

𡈫 대궐 안길 곤 안길 곤

𡈬 圈[둘레 권]과 같음

團 둥글 단, 모일 단 빚을 단 常(水)

圖 그림 도, 꾀할 도 지도 도, 탑 도 常(水)

𡈭 앞 글자의 古字

圗 圖[그림 도]의 俗字

𡈓 앞 글자와 같음

圐 冒[무릅쓸 모]의 古字

𡈉 囮[후림새 와]와 같음

𡈛 罪[허물 죄]와 같음

⑫ 획

圚 바깥문 궤

圖 圖[그림 도]의 俗字

𡈚 둥근 얼굴 선

𡈸 물 소용돌이치는 모양 완

𡈁 園[동산 원]과 같음

⑬ 획

圛 빙 돌아갈 역 맴돌 역

圜 두를 환, 옥담 원 제단원, 둥글원 (水)

⑭ 획

𡈼 獄[옥 옥]의 古字

𡈺 囮[후림새 와]와 같음

⑯ 획

𡉃 묶을 군, 균

⑰ 획

𡉂 囮[후림새 와]와 같음

⑱ 획

𡉄 囮[후림새 와]와 같음

𡉅 囿[동산 유]의 古字

⑲ 획

圝 둥글 란

㉓ 획

圞 앞 글자의 俗字

土部

土 흙 토, 살 토, 뿌리 토, 나라 토 常(土)

① 획

圠 희미할 알, 끝없을 알, 산굽이 알

𡈼 밝힐 징, 잘할 정 빼어날 정

圡 土[흙 토]의 俗字

② 획

去 갈 거, 떨어질 거 빠질 거 [厶部] 常(水)

圣 힘써 밭갈 골 힘쓸 골, 성

𡉋 흙벽 근

圤 흙덩이 박, 복

圢 밭고랑 정 평탄한 모양 정

㘰 斟[술따를 짐, 두]와 같음

圥 균륙 록, 육축 록 버섯 록

圧 壓[누를 압]의 略字

圦 수문 입

③ 획

圭 홀 규, 깨끗할 규 일영표 규 (土)

圮 무너질 비, 부서질 비, 무너뜨릴 비 (土)

圸 산 이름 산

圳 도랑 천, 밭 둘레에 있는 도랑 수

圬 흙손 오 (土)

圩 오목할 우, 방죽 우 우묵할 우 (土)

圪 담장 높을 을 흙더미 높을 우 (土)

圯 흙다리 이 (土)

圴 흙자국 작

在 있을 재, 살필 재 겨우 재, 곳 재 常(土)

地 땅 지, 뭍 지, 처지 지, 곳 지 常(土)

圱 在[있을 재]의 本字

庄 농막 장, 전장 장 [广部] 常(木)

壮 壯[씩씩할 장]의 略字(木)

寺 절 사, 범찰 사 내관 시 [寸部] 常(木)

④ 획

圿 때 낄 갈, 먼지 갈

坎 구덩이 감, 무덤 감 (土)

坑 구덩이 갱, 뒷간 갱 광혈 갱, 갱도 갱(土)

圿 깊을 개, 고요할 개

均 고를 균, 같을 균 반듯할 균 常(土)

坅 구덩이 금

圾 위태할 급(土)

圻 경기 기, 언덕 기 땅끝 은(土)

坍 무너질 담, 단, 무 너뜨릴 담, 단(土)

坉 밭이랑 둔 물길이 막힐 둔

坆 梅[매화 매]의 古字 墳[무덤 분]의 俗字

坊 동네 방, 마을 방 막을 방 (土)

坏 산언덕 배, 뒷담 배 날기와 배 (土)

坌 함께 분, 모일 분 먼지 분(土)

坋 티끌 분, 뿌릴 분 쓸 분

坒 잇닿을 비 나란할 비

坒 앞 글자와 같음

坐 앉을 좌, 지킬 좌 꿇어앉을 좌 常(土)

址 터 지(土)

坻 머무를 지 (土)

坂 언덕 판, 비탈 판 (土)

坚 堅[굳을 견]의 略字

坖 基[터 기]의 古字

歾 묻을 몰, 죽을 몰

圫 耗[소모할 모]와 같음

㘸 封[봉할 봉]의 古字

坄 굴뚝 역

坙 經[날 경]의 古字

坔 地[땅 지]의 古字

斗 斟[짐작할 짐]과 같음

坃 壎[질나팔 훈]의 古字

㞷 封[봉할 봉]의 古字

劫 위협할 겁 겁탈할 겁 [力部](水)

赤 붉을 적, 빨갈 적 금치 적 [赤部] 常(火)

走 달릴 주, 종 주, 달 아날 주 [走部] 常(火)

⑤ 획

坷 평탄하지 않을 가 험할 가, 고생 가(土)

坩 도가니 감 (土)

坰 들 경(土)

岵 땅 이름 고

坤 땅 곤, 순할 곤 여자 곤 常(土)

坬 산비탈 과

坵 丘[언덕 구]의 俗字 (土)

坭 泥[진흙 니]와 같음

屋 앞 글자와 같음

垈 집터 대 (土)

坮 臺[집 대]와 같음 (土)

垃 더러운 것 모을 랄 폐물 랍

坽 가파른 언덕 령 험한 언덕 령

坴 언덕 륙

坶 기를 목, 살필 목 다스릴 목

㟩 땅 이름 민

坢 편편할 반, 땅 일 굴 반, 티끌 반

坯 坏[언덕 배]와 같음

坿 붙일 부, 더할 부 석영 부

坲 티끌 일어날 불 자욱히 일 불

垂 드리울 수, 변방 수, 거의 수 常(土)

央 먼지 앙, 티끌 앙 가득 찬 모양 앙(土)

坳 팬 곳 요 오목할 요 (土)

坫 대(臺) 점, 실내에 설치한 토대 점

坻 모래섬 지 (土) 마당 지, 언덕 지

坧 기지 척 (土)

坨 비탈질 타, 소금 노적장 타 (土)

坼 터질 탁, 찢을 탁 난산할 탁 (土)

坦 평탄할 탄 너그러울 탄 (土)

坡 고개 파, 언덕 파 제방 파 (土)

坪 평평할 평, 들 평 벌판 평 (土)

坙 앞 글자와 같음

垉 음역자 포

垀 낮은 담 호 번거로울 호

坑 坑[구덩이 갱]의 俗字

丠 丘[언덕 구]의 古字

垕 앞 글자와 같음

垧 垢[때 구]와 같음 (土)

垚 앞 글자와 같음

坥 지렁이 모인 땅 저

坣 堂[집 당]의 古字

坺 부드러운 흙 말

坋 쓸어버릴 분

坺 흙팔 발 터닦을 발

坹 비고 깊을 혈 구멍 혈, 막힐 혈

坾 티끌 쌓일 저

垁 담장 치

垹 封[봉할 봉]과 같음

垬 높을 술 (土)

垖 圯[흙다리 이]와 같음

垐 至[이를 지]의 古字

卦 점괘 괘 [卜部] (木)

幸 요행 행, 고일 행 다행할 행 [干部] 常 (木)

坐 坐[앉을 좌]와 같음

⑥ 획

垮 무너질 과, 나쁠 과

垙 길거리 광, 길 광

垢 때 구, 수치 구 어지럽힐 구 (土)

垝 무너진 담 궤 가장 높은 곳 궤

垌 항아리 동 동둑 동 (土)

垏 흙구덩이 률

垡 일굴 벌 땅 일굴 벌

垘 앞 글자와 같음

垘 보 막을 복

坰 坰[들 경]과 같음

垵 구덩이 안

垟 흙속 괴물 양

垚 사람 이름 요, 흙 높이 쌓인 모양 요

垣 담 원, 별 이름 원 보호하는 사람 원 (土)

城 재 성, 보루 성 서울 성 常 (土)

垠 끝 은, 자취 은 낭떠러지 은 (土)

垔 막을 인

垐 포장할 자 길에 흙 돋울 자

垒 땅이름 전

垗 제터 조, 장지 조

垤 개밋둑 질 언덕 질 (土)

垞 흙산 타, 택 성 이름 타 (土)

垜 살받이 터 타 글방 타

垛 앞 글자와 같음

垓 햇수 해, 계단 해 땅 가장자리 해 (土)

垥 방죽 물 협

型 거푸집 형, 본 형 모범 형 (土)

垕 厚[두터울 후]의 古字 (土)

垎 마를 각 흙 마를 각

垩 桀[홰 걸]의 古字

垍 굳은 흙 기 질그릇 기

垈 臺[집 대]와 같음

垺 밭두둑 렬

垒 쌓을 루

垡 艾[쑥 애]와 같음

垦 垠[끝 은]과 같음

垫 垠[끝 은]의 古字

垯 栽[심을 재]와 같음

垐 坐[앉을 좌]의 古字

垞 宅[집 택]과 같음

垖 堆[언덕 퇴]의 本字

垀 胡[오랑캐 호]와 같음

封 봉할 봉, 무덤 봉 지경 봉 [寸部]常(土)

哉 어조사 재, 답다 재 비로소 재 [口部]常(水)

⑦ 획

埆 메마를 각, 가파를 각, 다툴 각(土)

埂 구덩이 경, 둑 경

埛 땅 이름 경

埒 담 날, 경계 날 (土)

埓 앞 글자와 같음

埌 무덤 랑, 량

埋 묻을 매, 감출 매 常(土)

埅 막을 방, 둑 방 마을 방

埲 맑은 흙 방

埄 밭 경계 표지 봉 무너질 봉

垺 클 부, 거푸집 배

埍 벽 서

城 城[재 성]의 本字 (土)

埣 붉은 흙 성

埃 티끌 애 (土)

垼 도자기 역 굴뚝 역

埏 땅끝 연, 묘도 연 땅 가장자리 연(土)

垸 바를 완, 제방 완 구를 환, 환 환(土)

垷 앞 글자와 같음

埇 길 돋울 용 골목길 용 (土)

垽 앙금 은 찌꺼기 은 (土)

埁 흙 높을 잠 흙 잠

埕 술독 정

埈 陵[가파를 준]과 같음 (土)

埅 앞 글자와 같음

埐 땅 침, 땅 이름 침

埔 땅 이름 포

垾 작은 둑 한 언덕 한

埍 하인청 현, 여자 가두는 옥 현

埉 물가의 땅 협 물가 협 (土)

埕 막을 녈, 막힐 녈 내릴 녈

埪 땅 일굴 구

基 基[터 기]와 같음

垷 진흙 현, 바를 현

埖 墺[물가 오]의 古字

埲 구멍 롱 구멍 뚫을 롱

埻 티끌 발 먼지 이는 모양 발

垚 堯[요임금 요]의 古字

坶 티끌 매 땅 이름 목

垻 방죽 패, 평지를 흐르는 강 파

埇 무덤 구멍 병 무덤 입구 구멍 병

堡 保[지킬 보]와 같음

埿 沙[모래 사]와 같음

埊 地[땅 지]의 古字

埀 垂[드리울 수]의 俗字

坐 坐[앉을 좌]와 같음

畬 새 밭 여

埦 墺[물가 오]의 古字

埑 哲[밝을 철]과 같음 (土)

垠 垠[땅끝 은]의 本字

垔 垔[막을 인]의 訛字

垛 除[제할 제]와 같음

垍 堆[언덕 퇴]와 같음

垶 담 무너질 태

埅 陛[섬돌 폐]와 같음

袁 긴 옷 원, 옷 치렁 치렁할 원 [衣部] (木)

栽 심을 재, 토담 틀 재 [木部] 常 (木)

⑧ 획

埳 坎[구덩이 감]과 같음 (土)

堈 언덕 강 항아리 강 (土)

堅 굳을 견, 변하지 않을 견 常 (土)

堌 방죽 고, 제방 고 토성 고, 무덤 고

堃 坤[땅 곤]과 같음 (土)

堒 땅 이름 곤

堁 먼지 일어날 과 언덕 과

堀 방죽 구, 뚝 구

堀 굴 굴, 굴뚝 굴 팔 굴 (土)

埢 등걸 권, 굽을 권 굽은 담 권

堇 황토 근, 찰흙 근 정성 근

基 터 기, 근본 기, 업 기, 웅거할 기 常 (土)

埼 崎[산길 기]와 같음 (土)

埝 제방 념

埿 흙 바를 니 진흙 니

埮 평평한 땅 담, 평평하고 기다랄 담 (土)

堂 집 당, 번듯할 당 마루 당 常 (土)

埬 땅 이름 동

堎 땅 이름 릉

埅 땅이름 방

埻 과녁 준 (土)

培 북돋울 배, 다스릴 배, 양성할 배 常 (土)

埄 앞 글자의 本字

埲 티끌 일어날 봉 먼지 일 봉

埠 선창 부, 부두 부 (土)

堋 광중 붕, 벗 붕 하관할 붕 (土)

埤 더할 비, 성가퀴 비, 습기찬 땅 비 (土)

堺 앞 글자와 같음

埽 쓸 소, 없앨 소 모을 소 (土)

埣 푸석푸석한 흙 쇄

埱 땅에서 김 오를 숙

埰 땅 이름 심

堊 백토 악, 진흙 악 희게 칠할 악 (土)

埯 언덕 안

掩 구덩이 암, 양수 사 암, 흙 덮을 엄

堐 땅 이름 애

埜 野[들 야]의 古字 (土)

埸 밭두둑 역 변방 역

域 지경 역, 범위 역 나라 역 常 (土)

墍 앞 글자와 같음

埶 藝[재주 예], 勢[세력 세]와 같음 (土)

埶 성가퀴 예, 비예 예 (土)

堊 작은 방죽 오 작은 성 오

埦 작은 술잔 완 밥공기 완

堉 기름진 땅 육 (土) 비옥한 토양 육

埥 갈지 않는 밭 장 모래둔덕 장

堧 두터울 전

埩 밭갈 정 (土)

執 잡을 집, 지킬 집 막을 집 常 (土)

埴 찰흙 식, 찰진흙 식, 흙 이길 식 (土)

埴 앞 글자와 같음

埴 앞 글자와 같음

埴 앞 글자와 같음

埰 영지 채, 나라에서 준 땅 채 (土)

埵 언덕 타, 단단한 흙 타, 무더기 타

埭 보 태, 둑 태 (土)

堍 다리 끝 토

堆 언덕 퇴, 놓을 퇴 흙무더기 퇴 (土)

型 型[거푸집 형]의 本字

埳 물건 떨어지는 소리 탑

埿 泥[진흙 니]의 俗字

坮 臺[집 대]의 本字

臺 臺[집 대]와 같음

塚 마소 발자국 촉

埦 淤[진흙 어]와 같음

埜 진창 야

墺 墺[물가 오]의 古字

墬 地[땅 지]의 古字

埾 쌓인 흙 추

埣 坼[터질 탁]과 같음

裁 마름질할 재, 헤아릴 재 [衣部] 常(木)

彭 성씨 팽, 땅 이름 팽 방패 팽 [彡部] (火)

⑨ 획

埻 과녁 준

堪 견딜 감, 실을 감 감당할 감 (土)

堿 짤 감, 땅 이름 감 못 감

堽 岡[산등성이 강]과 같음

堺 界[지경 계]와 같음 (土)

堦 階[섬돌 계]와 같음 (土)

堝 도가니 과 (土)

堩 길 긍

堩 앞 글자의 本字

塅 평평한 땅 단

堵 담 도, 거처 도 막을 도, 성 도 (土)

堗 굴뚝 돌, 구들 돌 (土)

堜 언덕 련 땅 이름 련

堥 언덕 무, 와기 무 옹기가마 무

堳 담 미, 담장 미

堼 밭두둑 방

堛 흙덩이 벽 소리의 형용 벽

報 갚을 보, 고할 보 대답할 보 常(土)

堡 작은 성 보, 둑 보 언덕 보 (土)

埰 앞 글자와 같음

塇 땅 이름 선

堮 언덕 비탈 악 벼랑 악

堨 보 알, 방죽 알 품 애, 먼지 애

堷 흙에 묻을 암

堰 방죽 언 (土) 물 막을 언

堧 빈터 연, 빈땅 연 (土)

堯 임금 요, 성씨 요 높을 요 (土)

堣 땅 이름 우 (土)

堬 무덤 유

堙 막을 인, 흙메 인 (土)

場 마당 장, 과장 장 곳 장 常(土)

堤 둑 제, 방죽 제, 밑제, 둑쌓을 제 常(土)

堹 연못 둑 종 못둑 종

堲 벽돌 구울 즐, 미워할 즉, 포장 자

津 소택 진, 연못 진 윤택할 진

堞 성가퀴 첩 (土)

堶 돌팔매 타 돌 이름 타

堸 벌레집 풍

堭 당집 황, 전당 황 해자 황 (土)

堠 봉화대 후, 망대 후, 돈대 후 (土)

塍 塍[밭두둑 승]과 같음

㙗 울타리 채 柴[섶 시]와 같음

塗 묻을 도

墾 墾[밭갈 간]의 俗字

㙐 坼[터질 탁]과 같음

𡎟 토굴에서 살 복

𡎸 塊[덩어리 괴]와 같음

𡋟 무너질 녈

垒 壘[진 루]의 略字

𡍲 睦[화목할 목]의 古字

塀 담 병

壻 남편 서 사위삼을 서 [土部]

埀 垂[드리울 수]의 本字

𡎓 늘어질 타

堫 밭갈 종, 심을 종

𡒄 垔[막을 인]의 篆字

壄 野[들 야]와 같음

𡎐 담 옹

𡍞 흙솥 호

堙 막을 인, 흙메 인 망할 인

𡐦 重[무거울 중]의 古字

𡎈 가로막을 칙

𡍚 나뭇가지 겹친 모양 칩

⑩ 획

埳 坎[구덩이 감]과 같음

塙 단단할 각 돌 많을 교

塏 높고 건조한 땅 개 (土)

堦 섬돌 계

塛 막을 률

塨 사람 이름 공

塊 흙덩이 괴, 덩어리 괴, 편안할 괴 常 (土)

塘 못 당, 큰길 당 독 당, 망 당 (土)

塗 진흙 도, 바를 도 두터운 모양 도 常 (土)

塱 땅 이름 랑

塞 변방 새, 막힐 색 막을 색 常 (土)

塓 맥질할 멱 바를 멱

塝 땅두둑 방, 밭둑 방 밭 주변의 땅 방

塳 먼지 일 봉

塮 거름 사

塑 토우 소, 흙을 이겨 형상 만들 소 (土)

塍 밭두둑 승, 증 작은 둑 증 (土)

塒 홰 시, 담장 위의 둥지 시 (土)

塩 鹽[소금 염]의 俗字

塋 무덤 영 헤아릴 영 (土)

塢 둑 오, 성채 오 마을 오 (土)

塭 땅 이름 온

塕 티끌 옹 바람소리 옹

塎 불안한 모양 용

塬 높은 평지 원

塡 메울 전 진정할 진 (土)

塣 통할 정

塉 박토 척 메마른 땅 척

塚 冢[무덤 총]의 俗字 (土)

𡐵 막을 축, 쌓을 축 땅을 다질 축

塔 탑 탑, 절 탑, 탑처럼 생길 탑 常 (土)

塌 떨어질 탑, 무너질 탑, 초벌갈이 탑 (土)

塥 흙 덧붙일 혁

塤 壎[질나팔 훈]과 같음 (土)

𡐟 굽지 않은 토기 곡

𡑂 땅 이름 공

垑 多[많을 다]와 같음

𡎐 붉은 흙 성

𡎧 티끌 설, 먼지 설

塐 塑[토우 소]와 같음 (土)

𡍬 주사위 빛깔 지

𡏄 臺[대궐 대]의 古字

𡍮 작은 산 얼

𡋾 砦[성 채]의 俗字

垔 垔[막을 인]의 古字

塟 葬[장사 장]의 俗字

熁 둑 협, 제방 협

塠 떨어질 퇴

墜 地[땅 지]와 같음

墫 陣[줄 진]과 같음

墋 廛[가게 전]과 같음

墜 높을 준, 험할 준

墍 낮을 집 흙 쌓을 집

墝 㝷[지명 침]과 같음

㙐 앉은 모양 퇴 오래 앉을 퇴

報 報[갚을 보]와 같음

瀧 바를 롱

載 실을 재 [車部] 常(火)

㙛 무너뜨릴 괴

塯 뚝배기 류

⑪ 획

墈 언덕 감, 벼랑 감 구덩이 감

墘 땅 이름 건

境 지경 경, 경계 경 갈피 경, 곳 경 常(土)

墎 성곽 곽 郭[성 곽]의 俗字

墐 매흙질할 근, 묻을 근, 바를 근 (土)

墍 맥질할 기, 쉴 기 흙바를 기 (土)

墍 앞 글자와 같음

墚 구릉 량

塺 땅 이름 록, 塵[티끌 진]과 같음

塿 언덕 루 흙 루, 무덤 루

墁 티끌 막, 먼지 막

墁 흙손 만, 바를 만 벽 장식 만 (土)

塺 티끌 매, 마

墓 무덤 묘, 묘역 묘 常(土)

塀 담 병

塴 묻을 붕 장사지낼 붕

塽 밝고 높은 땅 상 (土)

墒 밭갈 상 새로 일군 땅 상

墅 농막 서, 별관 서 마을 서 (土)

塾 글방 숙, 과녁 숙 문옆방 숙 (土)

墉 담 용, 성벽 용 작은 성 용 (土)

墛 땅 이름 위

墇 막을 장

墏 터 장

墒 밭갈 적, 층계 적 표적 적

塼 밭갈 전, 벽돌 전 뭉칠 단 (土)

墊 빠질 점, 가라앉을 점, 현 이름 접 (土)

墀 섬돌 윗돌 지 (土) 꾸민 마루바닥 지

塵 티끌 진, 자취 진 때묻을 진 (土)

塹 구덩이 참, 팔 참 해자 참, 클 참 (土)

壍 앞 글자와 같음

墋 모래땅 참 흐릴 참, 흙 참

墆 으스름할 체, 저축할 절, 쌓아둘 체

墔 높은 언덕 최 흙모이는 모양 최

墂 흙을 쌓아 표할 표

塏 塏[높고 건조할 개]와 같음

壼 흙 모양 곤

塲 場[마당 장]과 같음

墐 堇[노란 진흙 근]과 같음

墪 臺[대궐 대]의 속字

塚 삼태기 라

墚 티끌 일어날 봉

墟 鹵[소금 로]와 같음

墁 흙으로 덮을 만 흙손 만

塜 땅버섯 종

墄 층계 척, 쌓을 척

増 增[더할 증]의 略字

墌 터 척, 땅 이름 척 (土)

墳 墳[무덤 분]의 古字

墕 堰[둑 언]과 같음

墖 塔[탑 탑]과 같음

[土+巛+卑] 埤[더할 비]와 같음

塴 堋[광중 붕]의 俗字

截 끊을 절 분명할 절 [戈部](金)

臺 대 대, 집 대 고관 대 [至部] 常(土)

[土+敝] 작은 언덕 패

[土+粪] 쓸 분

[殹/土] 티끌 예

塸 모래더미 우, 무덤 우, 질그릇 우

[土+虖] 罅[틈 하]와 같음

[土+梟] 땅에 엎드려 알 낳을 효

⑫ 획

墩 돈대 돈(土)

墪 앞 글자와 같음

墥 막히고 작은 산 동

墱 비탈길 등(土) 잔토 등, 비탈 등

塯 뚝배기 류 질그릇 류

墨 먹 묵, 검은색 묵 거무스레할 묵 常(土)

墣 흙덩이 복, 박(土)

墦 무덤 번

墳 무덤 분, 묘역 분 봉분 분, 클 분 常(土)

墠 제터 선, 청소할 선, 느릿할 선

墭 그릇 성

塔 탑 탑

墝 메마른 땅 요(土)

墫 罇[두루미 준]과 같음

增 불을 증, 더할 증 늘 정 常(土)

墬 地[땅 지]의 古字

墜 떨어질 추, 잃을 추 드리울 추(土)

墯 墮[떨어질 타]와 같음

墮 떨어질 타 무너뜨릴 휴 常(土)

[土+隋] 앞 글자와 같음

埶 藝[재주 예, 심을 예]와 같음(土)

墟 옛터 허, 언덕 허 황폐하게 할 허(土)

墷 샘솟는 곳 화

[土+奧] 隩[물가 오]와 같음

[土+絜] 지경 결

墤 塊[흙덩이 괴]와 같음

[凷 variant] 앞 글자와 같음

[土+窖] 땅집 교

[土+幾] 畿[경기 기]와 같음

墰 罎[술병 담]과 같음, 목긴술병담(土)

[土+尞] 에워싼 담 료

[土+壹] 티끌 예 흙비 올 예

墡 백토 선(土)

[土+粦] 䗲[남새밭 린]과 같음

墲 묘지를 재어 정할 모

墢 坺[일굴 벌]과 같음

[土+復] 움 복, 땅 속에 살 복

[illegible] 糞[똥 분]과 같음

[隼/土] 샘솟을 집, 땅에서 샘물이 솟을 집

[土+逮] 埭[보 태]의 俗字

壄 野[들 야]의 古字

[illegible] 흙 떨어지는 모양 삽

壖 빈 땅 연, 공지 연

[土+提] 堤[둑 제]와 같음

[illegible] 垠[끝 은]의 古字

[illegible] 子[아들 자]의 古字

[illegible] 塵[티끌 진]의 古字

墴 堭[당집 황]과 같음

⑬ 획

墾 밭갈 간, 상할 간 개간할 간 (土)

壏 평탄하지 않을 감

壃 疆[지경 강]과 같음 (土)

壉 땅 이름 거

墼 흙벽돌 격 굽지 않은 벽돌 격

墽 메마른 땅 교

壇 단 단, 뜰 단, 터 단 평탄할 탄 常(土)

墶 작은 언덕 달

壋 둑 당

壈 불우한 모양 람

壁 벽 벽, 진지 벽 낭떠러지 벽 常(土)

墿 수레바퀴 길 역 길 역

墺 물가 오, 거처 오 (土)

壅 막을 옹, 가릴 옹 장애물 옹 (土)

壄 앞 글자와 같음

墻 牆[담 장]과 같음 常(土)

壂 당집터 전, 큰집 전 섬돌 전, 궁전 전

壆 흙 굳을 학 그릇에 금갈 각

壄 野[들 야]와 같음

壊 壞[무너질 괴]의 略字

壀 굴팔 굴, 일어날 굴

臺 堂[집 당]의 古字

壔 臺[집 대]의 古字

墁 墁[흙손 만]과 같음

壀 埤[더할 비]와 같음

墜 길 수, 구멍 수 무덤길 수

㙷 埴[찰흙 식]과 같음

墘 가릴 첨

環 둘러친 담 환

壕 질솥 호

⑭ 획

壝 쌓은 흙 궤 아홉갈래 길 규

壔 성채 도 (土)

壓 누를 압, 막을 압 억누를 압 常(土)

壒 티끌 애 흙먼지 애

壖 공지 연, 빈땅 연

壑 골 학, 골짜기 학 도랑 학 (土)

壏 석비레 함 단단한 흙 함

壏 앞 글자와 같음

壕 해자 호 (土)

壎 질나팔 훈 (土)

壗 작은 언덕 견 흙더미 견

壗 途[길 도]와 같음

壏 흙모양 렵

壈 못 몽, 늪 몽

壙 殯[염할 빈]과 같음

璽 옥새 새

壥 塵[티끌 진]과 같음

壏 습지 집, 겹칠 집 곡식 익을 접

壍 塹[구덩이 참]과 같음

壕 김맬 몽

⑮ 획

壙 광중 광, 들 광, 오랠 광, 묵힐 광 (土)

壘 보루 루, 진 루 씩씩한 모양 뢰 (土)

壨 앞 글자와 같음

壏 성가퀴 적

壏 평평한 땅 면

壥 廛[가게 전]의 俗字

⑯ 획

壞 무너질 괴, 회 常(土)

壜 술병 담 (土)

壢 구덩이 력

壚 흑토 로
검은 석비레 로

壟 언덕 롱, 무덤 롱
밭두둑 롱 (土)

壠 앞 글자와 같음

壛 거리 염, 복도 염
긴 행랑 염

壝 제단 유, 토담 유
(土)

墾 墾[밭갈 간]과 같음

壣 堮[언덕비탈 악]과 같음

壡 叡[밝을 예]의 古字

壆 산에 돌 많을 각
산에 자갈 많을 각

⑰ 획

壣 남새밭 린

壤 흙덩이 양, 고운 흙 양, 분담할 양 常 (土)

壥 무덤 참

壦 헐 희, 무너질 희

⑱ 획

壅 壅[막을 옹]과 같음

壜 塌[떨어질 탑]과 같음

壧 술병 접, 동이 접
항아리 접

⑲ 획

壪 墩[돈대 돈]의 本字

賽 塞[변방 새]의 本字

壩 初[처음 초]와 같음

⑳ 획

壧 굴 암

壨 雷[우레 뢰]의 古字

壡 塾[글방 숙]의 本字

㉑ 획

壩 방죽 파, 평지 파

贛 땅 이름 공

墝 높을 교

壅 壅[막을 옹]과 같음

㉒ 획

壤 티끌 낭, 토굴 낭

㉝ 획

麤 거칠 추

㊱ 획

塵 塵[티끌 진]과 같음

士部

士 선비 사, 남자 사
벼슬 이름 사 常 (木)

① 획

壬 북방 임, 클 임, 아홉째 천간 임 常 (水)

③ 획

壮 壯[씩씩할 장]의 略字

吉 길할 길, 이할 길
좋을 길 [口部] 常 (水)

④ 획

壯 장할 장, 굳셀 장
씩씩할 장 常 (木)

声 聲[소리 성]의 略·俗字

売 賣[팔 매]의 略字

壱 壹[한 일]의 略字

志 뜻 지, 뜻할 지
맞출 지 [心部] 常 (火)

⑥ 획

壴 악기 이름 주

⑦ 획

㚅 머리 기울 결
높은 모양 결

⑧ 획

壷 壺[항아리 호]의 略字

⑨ 획

壹 갖은 한 일, 한 일, 정성 일, 같을 일 (木)

壻 사위 서 땅 이름 서 (土)

堶 앞 글자와 같음

壺 항아리 호, 흙으로 만든 악기 호 (木)

壼 답답할 운

喜 기쁠 희, 즐거울 희 즐길 희 [口部] 常(水)

壾 앞 글자와 같음

⑩ 획

壸 대궐안길 곤 거할 곤, 큰길 곤

壼 壺[항아리 호]와 같음

𡔷 夏[여름 하]의 古字

⑪ 획

壽 목숨 수, 생일 수 늙은이 수 常(土)

嘉 아름다울 가 착할 가 [口部] (水)

𡔶 사람 이름 망

臺 집 대, 대궐 대 돈대 대 [至部] 常(土)

⑫ 획

壿 너울너울 춤출 준 기쁠 준 (土)

夂部

夂 뒤져 올 치 뒤에 이를 치

午 큰 걸음으로 걸을 과

久 오랠 구, 기다릴 구 [丿部] 常(水)

① 획

夃 이문 얻을 고 팔 고

② 획

冬 겨울 동, 겨울 지낼 동 [冫部] 常(水)

夈 齊[가지런할 제]와 같음

③ 획

各 각각 각, 제각기 각 [口部] 常(水)

夆 夅[끌 봉]과 같음

斈 學[배울 학]과 같음

夅 降[항복할 항]의 古字

④ 획

夆 끌 봉, 클 봉 성씨 방 (水)

夅 막을 해, 가릴 해

麦 麥[보리 맥]의 略字

⑤ 획

咎 허물 구, 재앙 구 [口部] (水)

⑥ 획

变 變[변할 변]의 略字

粂 재계할 재 [米部]

⑦ 획

覔 覺[깨달을 각]과 같음

⑧ 획

䍃 屈[굽힐 굴]의 古字

夊部

夊 천천히 걸을 쇠 편안하게 걸을 쇠

④ 획

夋 천천히 걷는 모양 준, 갈 준

⑤ 획

夌 넘을 릉, 범할 릉

夎 두개골 맘 머리장식 맘

夎 長[긴 장]의 古字

⑥ 획

夏 갈 복, 돌아갈 복 돌아올 복

夎 다리 오므릴 종 새 죽지 낄 종

⑦ 획

夎 무릎 꿇지 않고 절할 좌

夏 여름 하, 중국 하 나라 이름 하 常(火)

⑧ 획

夎 뻣뻣할 항, 굳을 항, 단단할 항

⑪ 획

夐 멀 형, 길 형 구할 현 (金)

夎 勝[이길 승]의 古字

⑫ 획

夎 가죽바지 준 갖옷 준

⑮ 획

夒 원숭이 노 짐승 이름 노

夓 夏[여름 하]의 古字

⑯ 획

夓 夏[여름 하]의 本字

⑰ 획

夔 조심할 기 외발짐승 기(土)

夕部

夕 저녁 석, 서녁 석 밤석, 기울석 常(水)

② 획

外 바깥 외, 다를 외 겉모습 외 常(火)

外 앞 글자의 古字

夗 누워 뒹굴 원

夘 앞 글자와 같음

③ 획

多 많을 다, 넓을 다 아름다울 다 常(水)

夛 앞 글자와 같음

夛 앞 글자의 古字

夛 앞 글자의 俗字 (水)

夙 일찍 숙, 빠를 숙 공경할 숙 (木)

名 이름 명, 사람 명 [口部] 常(水)

④ 획

夙 夙[일찍 숙]과 같음

夾 亦[또 역]의 古字

⑤ 획

夜 밤 야, 해질 야 어두울 야 常(水)

夜 앞 글자의 古字

夝 晴[개일 청]과 같음

⑦ 획

夥 많을 나 (水)

夠 많을 담

夙 夙[일찍 숙]의 本字

夠 두루 윤

⑧ 획

夠 많을 구, 족할 구

够 앞 글자와 같음

夥 많을 나

夥 많을 첨

夥 많을 첨

梦 夢[꿈 몽]의 俗字

麥 보리 맥, 귀리 맥 메밀 맥 [麥部] 常(木)

⑨ 획

夡 많을 기

㚉 많을 신

夢 多[많을 다]와 같음

夥 생질 외

飧 저녁밥 손 [食部] (水)

⑩ 획

夣 夢[꿈 몽]의 略字

⑪ 획

夥 많을 과, 화 동무 과, 해 (水)

夥 앞 글자와 같음

夢 꿈 몽, 어두울 몽 희미할 몽 常 (木)

夣 앞 글자의 俗字

夤 공손할 인, 인연할 인, 조심할 인 (木)

夤 앞 글자와 같음

夠 많을 조, 클 조

⑫ 획

夥 夥[많을 과]의 俗字

⑬ 획

夓 舜[임금 순]의 古字

⑮ 획

夥 많을 괴

大部

大 큰 대, 중할 대 높이는 말 대 常 (木)

① 획

夳 立[설 립]의 本字

夫 지아비 부, 사나이 부, 장부 부 常 (木)

夭 어여쁠 요, 어릴 요, 화평할 요 (水)

天 하늘 천, 만물의 근본 천 常 (火)

夬 결단할 쾌, 괘이름 쾌, 깍지 결 (木)

夬 앞 글자의 俗字

太 클 태, 존칭 태 지나칠 태 常 (木)

犬 개 견 [犬部] 常 (土)

② 획

夳 泰[클 태]의 古字

夲 本[근본 본]의 俗字, 나아갈 토 (木)

夾 亦[또 역]의 本字

失 잃을 실, 허물 실 놓칠 실 常 (火)

央 가운데 앙, 중간 앙, 다할 앙 常 (土)

夯 멜 항, 달구질 항 (木)

夰 놓을 호

③ 획

夸 자랑할 과, 사치할 과, 큰 체 할 과 (木)

夷 오랑캐 이, 큰활 이, 기꺼울 이 常 (木)

夸 앞 글자와 같음 (火)

夼 땅 이름 천

夻 대구 화(생선 이름)

夶 內[안 내]의 古字

夶 比[견줄 비]의 古字

夵 위 크고 아래 작을 염, 나아갈 토

夵 介[끼일 개]와 같음

④ 획

奈 작은 배의 키 래

奀 여윌 망 파리할 망

奃 높을 운, 클 운 (木)

夾 끼일 협, 잡을 협 칼 이름 협 (木)

夾 물건 훔칠 섬, 숨길 섬, 석

奄 클 순

奞 클 파

奓 클 저

⑤ 획

奇 기이할 기, 묘할 기, 괴상할 기 常(土)

奈 어찌 내, 나, 견디어낼 내 常(火)

奉 받들 봉, 드릴 봉, 높을 봉 常(木)

奄 문득 엄, 가릴 엄, 그칠 엄 (水)

奅 돌쇠뇌 포, 비고 클 포

臯 광택 고, 아주 휠 고

奚 軍[군사 군]의 古字

奚 앞 글자와 같음

奆 매우 클 권

奔 놀라게 할 녑, 큰소리 녑

扶 함께 갈 반, 짝 반

奔 달릴 분, 좇을 분, 달아날 분 常(木)

奔 클 불

奔 앞 글자와 같음

奓 자랑할 사

奓 클 와

奔 吳[나라 오]의 古字

奔 앞 글자와 같음

奓 클 저

奓 큰 입 자, 크고 굵을 차

奓 빌릴 해, 눈을 부라리며 노려볼 해

奌 點[점 점]의 略字 (木)

⑥ 획

契 계약 계, 맺을 계, 부족이름 글, 설 常(木)

契 앞 글자와 같음

奎 별 이름 규, 다리 벌릴 귀(土)

奔 달릴 분, 좇을 분, 달아날 분

奏 아뢸 주, 바칠 주, 문체 이름 주 常(木)

奓 열 차, 사치할 사, 열릴 차

奕 클 혁, 바둑 혁, 아름다울 혁 (木)

奐 빛날 환, 성할 환, 한가할 환 (木)

奓 클 한, 과장할 한, 큰입 한, 원

美 아름다울 미, 좋을 미 [羊部] 常(土)

奓 공부 부

奓 클 개

⑦ 획

奘 클 장, 건장할 장 (木)

套 씌우개 투, 굽이 투, 모방할 투 (木)

奊 머리 비뚤어질 혈, 분수 없을 혈

奚 어찌 해, 무엇 해, 어디 해 常(水)

奓 삼태기 분, 가래 분

奓 앞 글자와 같음

奓 坤[땅 곤]과 같음

奓 크게 묶을 혼

奓 牢[우리 뢰]의 古字

⑧ 획

奓 클 비 (木)

奓 밝고 훤할 황

奓 작게 묶을 견

爽 밝을 상, 시원할 상 [爻部](火)

爽 앞 글자와 같음

奏 奏[아뢸 주]의 本字

奓 클 조, 많을 조

奞 날개칠 순

奓 강할 역

奓 套[씌우개 투]와 같음

奄 奄[가릴 엄]의 本字

執 執[잡을 집]과 같음

𡘜 瑟[비파 슬]의 古字

𡘛 크게 두려워할 심

匏 박 포, 바가지 포 통소 포 [勹部](木)

⑨ 획

奢 사치할 사, 자랑할 사, 지나칠 사(木)

奠 드릴 전, 제사 지낼 전, 멈출 정(木)

奡 오만할 오, 힘찰 오 사람 이름 오

𡙇 缺[이지러질 결]과 같음

𡘧 皎[달빛 교]와 같음

𡙈 眞[참 진]의 古字

奞 크게 볼 권 살찔 혁

𡙐 얼굴 클 반, 얼굴이 큰 모양 박

報 報[갚을 보]의 本字

𡙓 짐승 이름 착

奧 衡[저울대 형]의 古字

奥 奧[깊을 오]와 같음

⑩ 획

奧 깊숙한 곳 오, 욱 갉을오,가운데오(木)

𡙡 장대한 모양 효 매우 추할 효

𡙢 부정할 자

奖 獎[권면할 장]의 略字

奪 奪[빼앗을 탈]의 古字

⑪ 획

奩 화장품 상자 렴 혼수 렴, 상자 렴

奫 물 깊고 넓을 윤 물이 충충할 윤(水)

奪 빼앗을 탈, 떠나갈 탈,좁은길 태 常(木)

𡙸 傘[우산 산]과 같음

獎 장려할 장, 권면할 장, 도울 장 常(木)

𡚁 클 질, 절 성할 질, 절

⑫ 획

奭 성할석,클석,풀릴 석, 이름 석(火)

樊 새장 번, 울타리 [木部](木)

𡚃 奪[빼앗을 탈]의 古字

獘 弊[해질 폐]의 俗字

⑬ 획

奮 떨칠 분, 날개칠 분, 격분할 분 常(木)

𡚆 無[없을 무]와 같음

𡚇 結[맺을 결]과 같음

𡚉 模[본뜰 모]와 같음

𡚊 瑟[비파 슬]의 古字

𡚋 구멍이 클 활 눈 크게 뜰 활

⑭ 획

奯 비로소 환 바뀔 환

𡚎 喪[잃을 상]의 古字

𡚏 奭[클 석]의 古字

⑮ 획

𡚐 클 뢰

奰 장대할 비, 성낼 비, 핍박할 비

㉑ 획

𡚒 장대할 비, 성낼 비, 핍박할 비

𡚓 너그러울 차, 부유한 모양 다(木)

女部

女 계집 녀, 딸 녀 처녀 녀 常(土)

② 획

奶 젖 내, 어머니 내 젖먹일 내(土)

奴 종 노, 부릴 노 저 노, 놈 노 常(土)

㚢 앞 글자의 古字

奵 얼굴 넓적할 정 여자 이름 정

𡚧 조심성 없을 질, 계집 삼가지 않을 질

③ 획

奸 범할 간, 어지러울 간(土)

妀 여자 이름 기

奻 시끄럽게 송사할 난, 다툴 난

妄 망녕될 망, 허망할 망, 속일 망 常(土)

㚃 앞 글자와 같음

㚢 계집 영오할 번

𡛂 앞 글자와 같음

妃 왕비 비, 짝 비, 태자비 비 常(土)

㚬 여자 이름 선

如 같을 여, 가령 여, 비슷할 여 常(土)

妁 중매 작, 중매할 작

她 어머니 저, 맏딸 저, 그녀 타

奷 여자 이름 천

奼 자랑할 타, 젊은 계집 타

好 좋을 호, 친할 호, 아름다울 호 常(土)

妅 여자 이름 홍

㚡 수절할 구

𡛛 앞 글자와 같음

㚤 여자 벼슬 이름 익

𡛈 姬[계집 희]의 古字

㚧 맵시 단정할 엄

④ 획

妗 외숙모 금, 얌전하게 웃는 모양 혐(土)

妓 기생 기 (土)

妠 장가들 납, 어린아이의 살진 모양 날

妞 성씨 뉴, 계집아이 뉴

妙 묘할 묘, 예쁠 묘, 신비할 묘 常(土)

妏 낳을 문, 여자 이름 문

妨 해로울 방, 방해할 방, 해칠 방 常(土)

妦 예쁠 봉, 아름다울 봉

妢 나라 이름 분, 분호 분

妣 죽은 어미 비, 어머니 비 (土)

妤 여관 여, 첩녀 여, 아름다울 여(土)

妧 좋을 완, 고울 완(土)

妖 아리따울 요, 요물 요, 음사할 요(土)

妘 성씨 운, 여자의 자(字) 운

𡚷 앞 글자와 같음

妊 아이 밸 임(土)

妝 꾸밀 장, 단장할 장, 분장할 장 (土)

妌 계집 엄전할 정, 계집 지조있을 정(土)

妐 시아주버니 종, 시아버지 종

妥 온당할 타, 편안할 타, 마땅할 타 常(土)

妒 투기할 투, 시샘할 투 (土)

妎 시새울 해, 투기할 해

妡 아름다울 흔, 여자의 자(字) 흔

妔 미녀 갱, 성미 급할 항

妉 즐길 담

妋 원망할 부, 탐욕스러울 부

㚫 여자의 자(字) 삽, 얼굴 예쁠 삽

㚳 예쁠 와, 작은 모양 와

妍 姸[고울 연]의 俗字 (土)

妟 편안하게 할 안, 晏[늦을 안]과 같음

妜 눈짓 보낼 얼, 근심할 얼

姌 휘청거릴 염, 연약할 염

妑 새앙머리 파 (土)

妕 여자의 자(字) 중

㚵 성씨 호, 좋아할 호, 계집아이 애칭 호

𡛃 예쁠 제, 죽은 어머니 시, 경망할 치

𡛋 얼굴 고울 주

⑤ 획

姖 단정할 거, 오거 거

姑 시어미 고, 고모 고, 시누이 고 常(土)

娸 비역할 기, 여자가 남복할 기

妳 嬭[젖 내]의 俗字

奶 앞 글자와 같음

妮 계집종 니 여자 어린아이 니

妲 여자의 이름 달(土)

姏 할미 담

姈 계집 슬기로울 령 여자 이름 령(土)

妺 여자 이름 말 여자의 자 말

妹 손아래누이 매, 성이 다른 누이 매 常(土)

姆 여자 스승 모 유모 모(土)

姅 월경할 반 경도 반

娐 아름다울 부 기꺼울 부

姒 동서 사, 형수 사 맏며느리 사(土)

姗 예쁠 산, 고울 산 헐뜯을 산(土)

姓 성씨 성, 일가 성 아이낳을 성 常(土)

始 비로소 시, 처음 시, 시작할 시 常(土)

姉 여자 이름 신

妸 여자 이름 아 아름다울 아(土)

姎 나 앙, 저 앙 우리 앙

姌 가냘픈 모양 염

娟 순직할 원, 원호 원, 짐승 이름 원

委 맡길 위, 맘에 든 든할 위 常(土)

姊 맏누이 자 손위 누이 자(土)

姉 앞 글자와 같음

姉 앞 글자와 같음 常(土)

姐 누이 저, 아주머니 저, 교만할 저(土)

姃 단정할 정 여자 이름 정(土)

姝 사람 이름 주 예쁜 모양 주(土)

妷 姪[조카 질]과 같음

妻 아내 처 마누라 처 常(土)

妾 첩 첩, 작은집 첩 처녀 계집 첩 常(土)

妱 계집의 이름 초

妯 동서 축 슬퍼할 추(土)

妬 강새암 투, 자식 없는 계집 투(土)

妼 계집 엄전할 필 계집 단정할 필

妶 여자 이름 현(土)

姻 성씨 호

姡 단정할 화 계집 이름 화

姁 할미 후, 즐길 후 화목할 후(土)

姣 여자의 이름 교

妚 한 달 된 태 배 아이밸 배

妭 고운 아내 발 고운 계집 발

㚻 아름다울 요 드셀 요

妰 조용한 계집 작 얌전할 작

姘 첩 빈, 소실 빈

妃 姒[동서 사]의 古字

娑 술에 취해 춤추는 모양 사

姛 시집 시 여자의 이름 시

妿 여자 스승 아(土)

妸 앞 글자와 같음

姲 婩[고울 안]과 같음

娍 가벼울 월 어리석을 월

姙 孕[아이밸 잉]과 같음

姼 여자의 이름 저

姑 약할 점, 재주 많을 점, 경점할 점

妭 아름다울 찬

姤 이쁠 구, 여자의 이름 구

妼 예쁠 핍, 고울 핍 얌전할 핍

姘 급할 평

妵 庖[부엌 포]와 같음

姮 기뻐할 형

孥 아들 노, 노예 노 처자 노 [子部]

帑 금고 탕, 처자 노 새꼬리 노 [巾部](木)

⑥ 획

姦 간사할 간, 난리 간 간음할 간 常(土)

姧 앞 글자와 같음

姜 성씨 강, 강할 강 강 이름 강 (土)

姱 아름다울 과, 사치할 과, 뽐낼 과

姣 예쁠 교, 지혜 교 아양부릴 교 (土)

姤 만날 구, 나쁠 구 어여쁠 구 (土)

姽 자늑자늑 걸을 궤 좋을 궤

姞 성씨 길, 후작의 이름 길 (木)

姩 계집 예쁠 년 여자 이름 년

㛍 어릴 눈

姛 계집 성품 곧을 동 목이 꼿꼿할 동

姛 앞 글자와 같음

娶 아름다울 렬

姳 좋을 명, 아름다울 명

姥 할미 모 외조모 로 (土)

姺 나라이름선, 신(土) 옷 날리는 모양 선

姲 조용할 안 여자 이름 안 (土)

姶 아름다운 모양 압 예쁠 압

姸 고울 연, 총명할 연 사랑스러울 연 (土)

姽 예쁠 와, 작은 모양 와

娃 예쁠 왜, 미녀 와 어린이 와 (土)

姚 예쁠 요, 멀 요 높이 날릴 요 (土)

要 구할 요, 살필 요 모일 요 [襾部] 常(金)

姙 妊[아이밸 임]과 같음 (土)

姙 앞 글자와 같음

威 위엄 위, 세력 위 존엄할 위 常(土)

姷 짝 유, 짝할 유 (土)

娀 나라 이름 융 성씨 융

姨 이모 이 아내의 자매 이 (土)

姻 혼인 인, 인척 인 인연 인 常(土)

婣 앞 글자와 같음

姿 맵시 자, 모양 자 아름다울 자 常(土)

姾 계집 단정할 전 여자 이름 전

姼 예쁠 제, 미녀 치 (土)

姝 예쁠 주, 미녀 주 아름다울 주 (土)

姪 조카 질, 처질 질 조카딸 질 常(土)

姹 자랑할 차 아리따울 차 (土)

姵 여자 이름 패

姘 제거할 평

姮 항아 항, 달의 다른 이름 항 (土)

姠 여자 이름 향

㛤 예쁠 험 예쁜 모양 험

姡 교활할 활, 추할 활, 뻔뻔스러울 활

姬 아씨 희, 계집 희 성씨 희 (土)

契 깨끗할 결 (土)

姯 아름다울 광 여자 이름 광

姰 꼭 맞을 균 미칠 순 (土)

娄 婁[별 이름 루]의 俗字

娝 예쁜 모양 부

媟 버릇없이 굴 설 경솔하고 오만할 설

娍 백조 해(百兆)

㛖 여자의 자(字) 세 (土)

娟 娟[예쁠 연]의 俗字 (土)

娴 물고기 썩을 여

娪 탐할 오

娪 앞 글자와 같음

娭 여자 이름 의 (土)

姨 여자 이름 이 (土)

姫 삼갈 진, 姬[아씨 희] 略字 (土)

姞 嫉[시기할 질]과 같음

妛 妻[아내 처]의 古字

娱 헤아릴 타 아름다울 타

娙 아름다울 형

婎 얼굴 예쁠 휘

拏 잡을 나, 맞당길 나 연좌될 나 [手部] (木)

⑦ 획

娜 아리따울 나 휘청거릴 나 (土)

娚 말소리 남 처남 남

娞 고울 뇌 편안할 수

娘 계집 낭, 소녀 낭, 어미 낭 常 (土)

娳 여자 이름 리

娌 동서 리

娩 해산할 만, 유순할 만, 번식할 만 (土)

娏 여신 이름 망

娓 순종할 미, 힘쓸 미 아름다울 미 (土)

娉 장가들 빙 이름 물을 빙 (土)

娑 춤출 사, 어조사 사 춤추는 모양 사 (土)

娍 아름다울 성 훤칠한 모양 성 (土)

娠 아이 밸 신, 마부 신, 머금을 신 (土)

㛏 앞 글자와 같음

娮 앞 글자와 같음

娥 예쁠 아, 미인 아 항아 아 (土)

娭 계집종 애, 嬉[기쁠 희]와 같음 (土)

娫 여자의 이름 언

娫 빛날 연, 환할 연 (土)

娟 고울 연, 어여쁠 연, 아담할 연 (土)

娛 즐길 오 즐거울 오 常 (土)

娯 앞 글자와 같음

娪 예쁜 계집 오

娗 속일 전, 모양낼 정 여자 병 이름 정

娣 여동생 제, 손아래 동서 제, 아우 제 (土)

娖 삼갈 착, 정돈할 착, 가지런해질 착

娕 앞 글자와 같음

娧 더딜 태, 아름다울 태, 느릿한 모양 태 (土)

娊 허리 가늘 현 여자 이름 현 (土)

妬 질투할 도

娙 여관 이름 형, 키크고 아름다울 형 (土)

㛖 奸[범할 간]과 같음

㛍 얌전할 협

娒 여자의 자(字)구

娸 노할 기, 성낼 기

娾 婑[예쁠 와]의 俗字

娳 추한 모양 려

娒 姆[여스승 모], 侮[업신여길 모]와 같음 (土)

娐 여자 이름 부

娋 누이 초

婄 미련할 부

娵 표독한 계집 첩

娎 기쁠 혈

娎 앞 글자와 같음

娋 말 더듬거릴 두

娞 嫂[형수 수]와 같음

粲 아름다울 찬 계집 셋을 둔 찬

婷 유모의 자 불 여자 살진 모양 불

嫔 嬪[아내 빈]과 같음

娾 예쁠 압

娗 여자 이름 용 가지런한 모양 통

婑 추할 유 어려울 유

娷 편안할 좌 젊은 모양 좌

娨 오만할 만 업신여길 한

婠 추할 활, 교활할 활 뻔뻔스러울 활

⑧ 획

娶 화려할 간, 아름다울 간

婛 여자 이름 경

婟 연모할 고, 그리워 할 고, 새 이름 고

婘 아름다울 권 친족 권, 돌볼 권

娸 추할 기, 성씨 기

婍 예쁠 기

婒 여자 이름 담

婪 탐낼 람, 술 한 순배 돌 람 (土)

婁 별자리 이름 루 공허할 루, 맬 루(土)

婁 앞 글자와 같음

婈 여자 이름 릉

婂 여자 이름 면

娬 아름다울 무

婄 부인의 살진 모양 부, 둔할 부

婦 며느리 부, 지어미 부, 아내 부 常(土)

⿰女怒 고민할 노

婢 계집종 비, 저 비 년 비 常(土)

婓 오락가락하는 모양 비, 강비 비

婔 앞 글자와 같음

娷 일 서로 부탁할 수

婌 후궁의 벼슬 이름 숙 (土)

⿱亞女 머뭇거릴 아, 아름다운 모양 아 (土)

婀 앞 글자와 같음(土)

婭 동서 아, 예쁠 아 (土)

婩 고울 안, 깨닫지 못할 약, 학 (土)

娾 기뻐할 애 즐거울 애

⿰女奄 모함할 엄 계집종 엄

婗 갓난아이 예 아기 울음소리 예

婐 정숙할 와, 시녀 와, 연약할 와 (土)

婉 순할 완, 원, 친할 완, 순종할 완 (土)

婠 품성 좋을 완, 어린 아이살진모양완(土)

婑 아리따울 유 정숙할 와 (土)

婬 음탕할 음, 놀 음 간음할 음

婣 姻[혼인할 인]과 같음 (土)

婥 예쁠 작, 아름다울 작, 여자 질병 뇨

婝 여자 이름 전

婰 여자 이름 전

婧 날씬할 정, 조촐할 청, 가냘플 청 (土)

婙 앞 글자와 같음

婃 여자 이름 종

婤 여자 이름 주 예쁜 모양 주

娼 몸 파는 여자 창 창녀 창(土)

婇 여자 이름 채 (土)

婖 부끄러워할 첨 여자 이름 첨

婕 궁녀 첩, 예쁠 첩 궁녀 벼슬 이름 첩

娵 별 이름 추, 젊을 추, 예쁜 여자 추 (土)

娶 장가들 취, 중개인 취 (土)

婆 노파 파, 어머니 파 음역자 바 (土)

婊 창기 표, 화랑이 표

婞 강직할 행, 친할 행, 성미 급할 행

婱 지킬 현

⿱兹女 앞 글자와 같음

婚 혼인 혼 처가 혼 常(土)

敯 여자 이름 혼 덮개 혼

婫 앞 글자와 같음

⿱肥女 妃[왕비 비]와 같음

⿰女秊 姩[예쁜 계집 년]과 같음

⿰女沓 엎드릴 탑

⿰女幷 제거할 평, 계집종과 간통할 평

⿱弭女 어머니 미

⿱弥女 앞 글자와 같음

娺 빠를 달, 모질 달

嫝 어지러운 모양 강

⿰女乳 여자 살찐 모양 누

娻 나라 이름 동

婪 예쁜 모양 람(土)

婡 예쁜 모양 래 여자 이름 래

婯 麗[고울 려]와 같음

娽 따를 록 사람 이름 록

婖 媟[깔볼 설]과 같음

婑 妖[요염할 요]와 같음

婩 기뻐서 웃는 모양 점

㜉 흉할 혜

婋 계집 영리할 호, 호, 효(土)

婎 추할 휴 방종할 휴

娩 토끼 새끼 부 빠를 반

婲 예쁠 화

⑨ 획

媗 여자 이름 훤

婽 고울 가

婻 아름다운 모양 남 몽실몽실할 남

媏 여자 이름 단

媒 중매 매, 끌어들일 매, 어두울 매 常(土)

媔 눈매 예쁠 면, 시기할 면, 투기할 면

媢 강새암할 모, 투기할 모(土)

媌 눈매 고울 묘 노는 계집 묘

婺 별 이름 무, 주 이름 무, 순종 않을 무

媚 아첨할 미, 사랑할 미, 요괴 미(土)

媄 빛 고울 미(土)

媬 도울 보

婿 壻[사위 서]와 같음(土)

媟 깔볼 설, 버릇없이 굴 설, 더럽힐 설(土)

嫂 형수 수

媤 시집 시 여자 이름 시(土)

媕 머뭇거릴 암, 결정 못 내릴 암(土)

婼 거스를 야 악착스러울 착

媖 어린아이 영 여자의 미칭 영

媧 여와씨(女媧氏)와, 과, 별 이름 과, 왜(土)

媛 미인 원 아리따울 원(土)

媦 여동생 위, 손아래 누이 위

媁 탐스러울 위 추잡할 위

婾 박대할 유, 훔칠 투, 아름다울 유

媃 예쁜 체 할 유

媐 기쁘고 즐거워할 희, 이(土)

媊 별 이름 전

婷 아리따울 정 쌀쌀할 정(土)

媜 여자 이름 정

媞 안존할 제, 어머니 시, 사촌자 제(土)

媝 여자 이름 추

媋 여자 이름 춘, 아름다운 여자 춘

媠 게으를 타, 고울 타, 거만할 타

㜶 어수선할 탄, 예의 없을 탄

婸 음탕할 탕, 나 양

媥 가벼울 편, 간들간들 걸을 편

媩 여자 이름 호

媓 어머니 황, 순임금의 비 황(土)

媴 惸[근심할 경]과 같음, 외로울 경

嫢 여자의 모습 과

𢿲 계집 늙어 추할 축

婹 연약할 요

𡠥 천한 할멈 극 상스런 계집 극

㜛 괴로워할 뇌

媆 어릴 눈 예쁜 모양 연

媅 즐길 담

㛰 婚[혼인할 혼]과 같음

𡝻 아리따울 외

媀 투기할 우, 강샘할 우, 샘낼 우

媂 뒷간귀신 이름 제

媈 첩 휘, 작은집 휘

媘 축날 성, 감할 성

媍 婦[며느리 부]와 같음 (土)

⿱感女 키 크고 건장할 함

⿰女咸 행실이 깨끗하지 못할 함

⿰女臿 차례 없이 말할 삽 말 납신거릴 삽

媉 예쁠 옥 모양낼 악

媙 얌전할 위

⿰女便 아름다울 변

⿰女音 뜻 바르지 않을 암 마음 비뚤 암

⿰女⿱炏木 분명할 염 똑똑할 염

⿰女𡰪 탐내어 먹을 철

⿰女谷 欲[하고자할 욕]과 같음

媪 할미 온, 노파 온 어머니 온

⑩ 획

嫁 시집갈 가, 갈 가 떠넘길 가 (土)

媿 창피줄 괴, 부끄러워할 괴, 감사할 괴 (土)

媾 화친할 구, 겹혼인 구, 화친할 구 (土)

嫋 예쁠 뇨, 바람에 한들거릴 뇨 (土)

嫍 여자 이름 도

嫏 서고 랑, 천제의 서고 랑

媹 여자 이름 류

媽 어미 마, 암말 마 할멈 마 (土)

嫇 조심조심할 명 수줍어할 명

媺 아름다울 미, 착하고 아름다울 미 (土)

媻 절름거릴 반, 느릿느릿 걷는 모양 반 (土)

媲 평고대 비, 결혼할 비, 견줄 비

嫊 여자 이름 소

嫂 형수 수, 결혼한 여자 수 (土)

媳 며느리 식 (土)

嫈 예쁠 앵, 수줍어할 앵, 요영 영 (土)

媼 할미 온, 부인 온 어머니 온 (土)

媱 예쁠 요, 놀 요 춤추는 모양 요

嫑 아니할 요

媷 게으를 욕

嫆 여자 이름 용

⿰女茸 예쁜 모양 용 예쁠 용

嫄 사람 이름 원, 후직 모친 이름 원 (土)

⿰女袁 여자 이름 원

媵 보낼 잉, 부칠 잉 아내 잉, 잉첩 잉

嫀 여자 이름 진 나라 이름 진

嫉 투기할 질, 미워할 질 (土)

媰 아기 밸 추, 홀어미 추, 성씨 취

媸 추할 치, 더러울 치, 음란할 치

嫌 싫어할 혐, 원망할 혐, 의심할 혐 常 (土)

⿰女畜 아첨할 축

⿰女敫 희롱할 뇨

⿰女迷 어미 미

嫕 계집 태도 이 맵시 이

⿰⿳士冖女殳 젖 누, 젖짤 구

⿰女滅 비빌 멸, 끊을 멸 멸할 멸

⿱癸女 아름다울 목

嫎 방해할 방 여자 이름 방

⿰女師 무녀 사, 무당 사

⿰女屑 작은 모양 설 작을 설

⿰女翁 예쁠 옹 여자 모습 옹

⿰女羿 할미 예

⿰女員 妘[성씨 운]과 같음

⿰女冤 유순하고 아름다운 모양 원

⿰女宰 아첨할 재

⿰女展 고울 전, 묘할 전 아리따운 모양 전

⿰女害 妎[투기할 해]와 같음

⿰女座 앉은 모양 좌 젊은 모양 좌

嵯 허리 가늘 차 / 여자 이름 차

㜁 婆[할미 파]와 같음

嫪 하녀 혜 / 투기할 혜

㜂 추할 휴 / 보기싫을 휴

⑪ 획

嫝 예쁠 강, 여자 이름 강 (土)

嫗 할미 구, 여자 구 / 품어서 덥힐 구(土)

嫢 가는 허리 규 / 아름다울 규 (土)

嫩 어릴 눈, 엷을 눈 / 미숙할 눈 (土)

嫰 앞 글자의 俗字

嫟 친근할 닉

㜕 앞 글자와 같음

嫪 사모할 로 / 성씨 로

嫘 성씨 루

嫠 과부 리, 홀어미 리 / 남편 잃을 리 (土)

嫚 업신여길 만 / 게을리할 만 (土)

嫫 예쁠 모, 모모 모 (土)

嫫 앞 글자와 같음

嫬 여자 이름 서

嫙 고울 선 (土)

嫣 늘씬한 모양 언, 아름다운 모양 헌(土)

嫛 유순할 예 (土)

嫛 갓난아이 예 / 유순할 예 (土)

嫞 게으른 계집 용 / 게으를 용

嫜 시부모 장 / 시아주버니 장

嫡 정실 적, 세자 적 / 정통 적 (土)

嫥 전일할 전, 사랑스러울 전, 어울릴 단(土)

嫖 날랠 표, 기생 데리고 놀 표 (土)

嫨 할머니의 모습 한 / 성낼 한, 공경할 한

嫤 여자 이름 근, 아름다운 모양 근 (土)

嫦 항아 항 (土)

嫭 아름다울 호 / 질투할 호 (土)

嫮 아름다울 호 / 자랑할 호

嫐 奻[시끄럽게 송사할 난]과 같음

嫪 戮[죽일 륙]의 古字

嫧 아름다울 조

嫪 음란할 삼 / 탐할 삼

嫲 여자의 미칭 마 / 부처 이름 마

㜄 婿[사위 서]와 같음

嫯 거만할 오 (土)

嫰 앞 글자와 같음

嫬 노여움 품을 암 / 아름다울 엄

嫭 교만할 처 / 시기할 처

嫸 여자 이름 참 / 아름다운 모양 첨

嫧 가지런할 책 / 예쁠 책, 착할 책

嫳 어머니 필

⑫ 획

嫴 잠시 고, 맡길 고 / 독점할 고

嬌 아리따울 교 / 젊은 여자 교 (土)

嬇 여자 이름 회

嬀 성씨 규, 순임금 규, 강 이름 규(土)

嬆 맘 청백할 흡

嬁 계집 정조 있을 등 / 예쁜 계집 등

嫽 외조모 료 / 영리할 료 (土)

嫹 아름다울 묘

嫵 아리따울 무

嬏 여자 이름 번

嫳 발끈할 별 / 경박할 별

嬓 앞 글자와 같음

嬗 남의 말 어기기 좋아할 선

嬋 고울 선, 끌어당길 선, 이어질 선 (土)

嬈 아리따울 요 / 번거로울 뇨 (土)

嬂 여자 이름 직

嬃 누이 수, 여자의 이름 수

𡣍 앞 글자와 같음

嫶 수척할 초 / 야윌 초 (土)

嫷 게으를 타 / 새 이름 타

嫻 우아할 한, 단아할 한, 익숙할 한 (土)

嫺 앞 글자와 같음

嬅 여자 이름 화 / 예쁜 여자 화 (土)

嫿 정숙할 획, 달리는 모양 획

嬉 즐길 희, 놀 희 / 아름다울 희 (土)

嫸 늘씬한 여자 첨 / 여자 이름 담

孌 번거로울 란 / 순종할 련

𡣖 약을 매

嫼 성낼 흑, 질투 때문에 화낼 묵, 알

𡣬 媚[아첨할 미]의 古字

嬎 토끼새끼 부 / 집짐승 알낳을 반

𡤌 성씨 연, 여자의 자태 연 (土)

𡣨 아름다울 연

𡢻 살진 모양 월 / 부녀 모습 월

𡤎 앞 글자와 같음

嬄 부인의 모습 일 / 절개 굳게 지킬 일

𡤈 嫡[정실 적]과 같음

𡢽 탐할 참

𡣃 누이 초

𡤆 뽐낼 탕

⑬ 획

嬓 사람 이름 교

嬝 嬲[예쁠 뇨]의 俗字

嬞 여자 이름 동

嬚 맑고 고울 렴, 여자의 이름글자 렴

𡤋 음역자 루

嬔 토끼새끼 부 / 집짐승 알낳을 반

嬗 물려줄 선, 바꿀 선 / 이어질 선

嬐 빠를 섬, 민첩할 섬 / 우러를 음

𡤡 나라 이름 신

嬡 남의 딸을 높여 이르는 말 애

嬴 가득 찰 영, 질 영 / 남을 영, 두를 영 (土)

𡣾 앞 글자와 같음

𡤻 앞 글자와 같음

嬙 궁녀 장 / 여자 이름 장 (土)

嬠 탐할 참

嬖 사랑할 폐 / 총애 받을 폐 (土)

嬛 가벼울 현, 고독할 경, 낭환 환 (土)

𡣹 고달플 계

嬢 孃[계집 양]의 略字

𡤼 孌[아름다울 련]의 古字

㜵 질투할 오

𡢪 媧[신녀 와]와 같음

𡤠 要[요긴할 요]의 古字

𡣟 窈[그윽할 요]와 같음

嬟 여자 이름 의 / 아름다울 의

嫮 嫭[아름다울 호]와 같음

嬒 얼굴 검은 여자 회

𡣁 미워할 훼 / 사람의 모습 훼

𡤂 앞 글자와 같음

𡣥 사랑할 흠 / 탐할 암

𡣝 아이 밸 잉

⑭ 획

嬭 젖 내, 어머니 내 (土) / 낮잠 내, 젖먹일 내

嬣 여자 용렬할 녕, 여자 태도 침착할 녕

嬲 희롱할 뇨 / 치근할 뇨 (土)

嬯 미련할 대, 굼뜰 대

𡣯 탐할 람, 그르칠 람, 실례할 람

嬤 어미 마, 어머니 마

嬶 여인네 비

嬪 아내 빈, 죽은 아내 빈, 시집갈 빈 (土)

嬪 앞 글자의 古字

嬬 여자 이름 수

嬮 얌전할 염, 고요할 염, 아름다울 염

嬰 갓난아이 영, 매달 영, 어릴 영 (土)

嬬 아내 유, 약할 유

嬨 계집 성품 너그럽고 순할 자 (土)

嬥 날씬할 조, 좋을 조, 바꿀 조 (土)

嬧 여자 이름 진

嬲 惱[괴로와할 뇌]와 같음

嬤 嫵[아리따울 무]의 俗字

嬛 낮은 바람 외

嬠 여자 이름 참 아름다울 첨

嬷 婆[할미 파]와 같음

嬳 모양 낼 확 아낄 확

嬉 부인의 호칭 희 기쁠 희 (土)

⑮ 획

嬻 모독할 독, 얕볼 독, 욕보일 독

嬼 과부 류 요염할 류

嬸 숙모 심, 손아래 동서 심

嬺 친근할 닉

嬵 하기 싫을 려

嬫 예쁠 삭, 예쁠 약

嬙 嬙[궁녀 장]과 같음

嬀 시집갈 적

嬢 고울 절 아름다울 절

嬻 여자 이름 질

嬠 여자 이름 채

嬛 嬛[경편할 현]의 本字

⑯ 획

嬾 게으를 란 (土)

嬿 아름다울 연 여자의 이름 연 (土)

孁 앞 글자와 같음

嬲 아름다울 뇨

嬽 아리따울 연 눈매 고울 연

嬴 嬴[찰 영]의 俗字

孃 침착하고 온화할 회

嬹 기쁠 흥

孃 襄[도울 양]의 古字

嬪 嬪[아내 빈]의 古字

⑰ 획

孀 과부 상 (土)

孃 계집애 양 소녀 양 (土)

孅 가늘 섬, 약할 섬 (土)

孉 배필 반, 판

孋 어미 미 어머니 미

孏 嬾[게으를 란]과 같음

孂 곱송거릴 교, 겸 두려워할 교, 겸

孼 媟[깔볼 설]의 古字

孽 서자 얼, 요괴 얼 첩의 자식 얼

孎 여자 이름 소

孁 靈[신령 령]과 같음

⑱ 획

孇 여자 이름 쌍

孈 어리석고 몸짓 많을 휴

孆 嬭[젖 내]의 俗字

孉 오랑캐의 노래 구

孉 아름다울 권

孍 아름다울 녑

孆 嫖[날랠 표]의 本字

⑲ 획

孋 나라 이름 리, 성씨 리, 짝 려

孌 아름다울 련 사모할 련 (土)

孌 앞 글자와 같음

孉 예쁠 약, 잿빛 숙

孉 아름다울 권

孉 불공스러울 찬 아리따울 찬

孉 여자 이름 라

孉 여자 벼슬 이름 미

⑳ 획

孍 엄전할 엄 여자 이름 엄

孆 모양낼 확 아낄 확

孆 여자가 맵시 낼 가 여자 입술 가꿀 가

㉑ 획

孎 여자가 삼가고 따르는 모양 촉

孏 嬾[게으를 란]과 같음

㉓ 획

孌 孌[사모할 련]과 같음

孉 姪[조카 질]과 같음

子部

子 아들 자, 자식 자 사람 자 常(水)

孑 왼팔 없을 궐, 짧을 궐, 장구벌레 궐

孑 외로울 혈, 혼자 혈, 남을 혈 (水)

① 획

孔 구멍 공, 깊을 공 클 공, 심히 공 常(水)

② 획

孕 아이밸 잉 (水)

孔 孔[구멍 공]의 古字

孫 孫[손자 손]의 古字

孚 保[지킬 보]의 古字

③ 획

字 글자 자, 글씨 자 자자, 기를 자 常(水)

孖 쌍둥이 자, 쌍 자 (水)

存 있을 존, 보존할 존, 문후할 존 常(水)

存 存[있을 존]과 같음

孜 好[좋을 호]와 같음

好 좋을 호, 아름다울 호 [女部] 常(土)

孚 子[아들 자]의 古字

④ 획

孚 미쁠 부, 성신 부 알깔 부 (水)

孜 부지런할 자, 사물의 형용 자 (水)

孝 효도 효, 상복 효 효도할 효 常(水)

孛 혜성 패, 성한 모양 발, 접두사 발 (水)

孛 앞 글자의 本字

孝 인도할 교

孩 孩[아이 해]와 같음

好 好[좋을 호]의 古字

李 오얏 리, 별 이름 리 성씨 리 [木部] 常(木)

⑤ 획

季 계절 계, 끝 계 常(水) 막내 계, 작을 계

孤 외로울 고, 고아 고 고아로 만들 고 常(水)

孥 자식 노, 처자 노 자녀 노, 종 노 (水)

孟 맏 맹, 우두머리 맹 사나울 맹 常(水)

孧 어린이 유

孢 아이 밸 포

孛 勃[우쩍 일어날 발]의 訛字

孠 嗣[이을 사]의 古字

孝 使[부릴 사]의 古字

孕 孕[아이밸 잉]과 같음

孶 소장 자

孡 아이 밸 태 (水)

孛 悖[거스릴 패]와 같음

学 學[배울 학]의 略字 (水)

享 누릴 향, 흠향할 향 드릴 향 [亠部] 常(土)

孭 好[좋을 호]와 같음

⑥ 획

孩 어릴 해, 아이 웃을 해, 달랠 해 (水)

殊 殊[죽일 수]와 같음

孨 번성할 의, 모이는 모양 닙, 많을 읍

孳 字[글자 자]의 古字

孨 삼갈 전

孛 孛[혜성 패]와 같음

孮 홀로 현 색탐할 현

⑦ 획

孫 손자 손, 자손 손 겸손할 손 常(水)

孬 좋지 않을 왜, 외 추할 회

娣 어린아이 체

㸺 황충이새끼 제

娩 아이 낳을 면

孵 孵[알깔 부]와 같음

孫 信[믿을 신]과 같음

⑧ 획

孰 누구 숙, 어느 숙 익을 숙 常(水)

孲 어린아이 아

孮 자손 번성할 종

孯 단단할 간

⑨ 획

孱 잔약할 잔, 산높이 솟은 모양 잔 (水)

孺 외로울 거, 어릴 유

孰 이즈러질 결 빌 결

孰 純[생사 순]의 古字

孱 첫아이 밸 명

孳 새끼칠 자 번식할 자

孷 姪[조카 질]과 같음

⑩ 획

孳 새끼칠 자 번식할 자 (水)

孶 홀로 경

穀 젖 누, 어리석을 누

孵 많을 부

孴 성한 모양 의 많은 모양 읍, 닙

孴 앞 글자와 같음

孻 아이 밸 추

孷 숨 희, 숨쉴 희

⑪ 획

孷 쌍둥이 리

孵 알깔 부 (水)

孶 槻[물푸레나무 규] 와 같음

⑫ 획

孺 孺[아내 유]의 俗字

孺 앞 글자와 같음

嬉 기쁠 희

⑬ 획

學 배울 학, 학문 학 학설 학 常(水)

孶 季[끝 계]의 古字

穜 젖 종

⑭ 획

孺 젖먹이 유, 아내 유 어릴 유 (水)

豬 堵[담 도]와 같음

孻 노인 자제 내 막내 내

⑯ 획

孽 서자 얼, 재앙 얼 움 얼 (水)

⑰ 획

孽 서자 얼, 재앙 얼 움 얼, 양조할 얼

孆 어린아이 영

⑲ 획

孿 쌍둥이 련, 산

㉒ 획

孌 쌍둥이 련, 산

宀部

宀 깊숙한 집 면 갓머리(부수)

② 획

宄 도둑 궤, 귀 난 궤, 귀

宂 쓸데없을 용, 바를 용, 용렬할 용 (木)

宁 쌓을 저, 멈출 저 조회 받을 저

它 다를 타, 뱀 사 남 타, 어지러울 타

宆 守[지킬 수]와 같음

穴 구멍 혈, 움 혈 굴 혈 [穴部] 常(水)

③ 획

守 지킬 수, 서리 수 보살필 수 常(木)

宅 집 댁, 자리 택, 살 택, 정할 택 常(木)

安 편안 안, 고요할 안, 즐거울 안 常(木)

宇 집 우, 처마기슭 우 하늘 우, 끝 우 常(木)

宇 앞 글자와 같음

宇 앞 글자와 같음

宄 병들 구 가난할 구

宊 突[갑자기 돌]의 古字

宀 罔[그물 망]의 古字

写 寫[베낄 사]의 略字

字 글자 자, 글씨 자 자자 [子部] 常(木)

宍 終[마침 종]의 古字

④ 획

宏 클 굉, 두루 굉, 성씨 굉, 포용할 굉 (木)

宋 송나라 송, 성씨 송 왕조 이름 송 (木)

完 완전 완, 보전할 완, 견고할 완 常(木)

宊 홀로 개 홀로 살 개

宎 방구석 요, 구석 요 굴속 소리 요

宒 관 준

宄 宄[도둑 궤]의 古字

宊 突[갑자기 돌], 家[집 가]와 같음

牢 우리 뢰, 희생 뢰 에워쌀 뢰 [牛部] (土)

宀 罔[그물 망]의 古字

宀 부합할 면

宀 旁[두루 방]의 古字

宀 賓[손 빈]의 古字

宀 容[얼굴 용]의 古字

宍 肉[고기 육]의 訛字

宜 宜[마땅 의]의 本字

宑 집우물 정

定 定[정할 정]의 俗字

⑤ 획

官 벼슬 관, 관청 관 임소 관 常(木)

宝 寶[보배 보]의 略字 (金)

宓 성씨 복, 편안할 밀, 멈출 밀 (木)

宛 굽을 완, 언덕 완 억울할 원 (木)

宜 마땅 의, 일 의 참으로 의 常(木)

定 정할 정, 규정 정 머무를 정 常(木)

宗 일가 종, 마루 종 밑둥 종 常(木)

宙 집 주, 하늘 주 때 주, 동량 주 常(木)

宕 방탕할 탕, 떠돌 탕, 어두울 탕 (木)

宖 집 울릴 횡, 홍 편안할 횡 (木)

㝐 家[집 가]의 古字

宑 居[살 거]의 古字

实 實[열매 실]의 俗字

実 앞 글자와 같음 (木)

宍 肉[살 육]과 같음

宩 寂[고요할 적]과 같음

宭 앞 글자와 같음

宔 신주 주

宲 갈무리할 포, 보존하여 간직할 보

㝑 술기운으로 비슬거리며 일어설 포

㝋 宜[마땅할 의]와 같음

⑥ 획

客 손 객, 붙일 객 객경 객 常(木)

宣 베풀 선, 통할 선 드러날 선 常(火)

室 집 실, 집안 실 방실, 가족 실 常(木)

宥 용서할 유 너그러울 유 (木)

窕 방자할 조, 제멋대로 굴 조

宧 방의 동북쪽 구석 이, 기를 이

宦 벼슬 환, 벼슬살이할 환, 내시 환 (木)

官 官[벼슬 관]의 本字

宮 宮[집 궁]과 같음

宼 宄[도둑 궤]의 古字

㝘 무너질 궤

㝕 寧[편안할 녕]과 같음

宭 若[같을 약]과 같음

㝔 방의 동남쪽 구석 요, 지도리소리 요

㝖 앞 글자와 같음

㝒 宜[마땅할 의]와 같음

宗 寂[고요할 적]과 같음

㡆 빌 황, 넓을 황 살 황

宅 宅[집 택]의 古字

㝓 상당할 합 오목할 압

㝟 害[해할 해]와 같음

⑦ 획

家 집 가, 남편 가, 일족 가, 가산 가 常(木)

宭 무리지어 살 군 군색할 군

宮 집 궁, 마음 궁 궁 궁, 절 궁 常(木)

宬 받아들일 성 서고 성 (木)

宵 밤 소, 어두울 소 작을 소 (木)

宸 처마 신, 대궐 신 집 신 (木)

宷 審[살필 심]의 本字

宴 잔치 연, 즐길 연 편안할 연 常(木)

容 얼굴 용, 모양 용, 넓을 용, 꾸밀 용 常(木)

宰 재상 재, 벼슬아치 재, 주재자 재 常(木)

宲 감출 포

害 해할 해, 방해할 해 죽일 해 常(木)

㝬 앞 글자와 같음

宷 찾을 구

寇 寇[도적 구]의 俗字

㝑 펴지 못할 국

㝠 교태부리는 모양 다, 비틀어질 다

㝗 집이 텅 비어 있는 모양 랑

㝚 栗[밤 률]과 같음

㝥 密[빽빽할 밀]의 俗字

㝞 寤[깰 오]와 같음

㝟 앞 글자의 訛字

㝝 화할 옹, 성씨 옹

㝖 宜[마땅할 의]의 古字

寅 寅[범 인]의 古字

㝛 너그러울 자

宰 宰[재상 재]와 같음

宗 寂[고요할 적]의 訛字

宋 寂[고요할 적]의 俗字

𡨊 嚮[음향 향]의 古字

𡧳 찔 효, 기운 찔 효

𡧱 틈 하

㝲 寢[잠잘 침]의 古字

⑧ 획

寇 도둑 구, 원수 구 난리 구 (木)

冦 앞 글자와 같음

寄 부칠 기, 기댈 기 맡길 기 常(木)

密 빽빽할 밀, 은밀할 밀, 친근할 밀 常(木)

𡨦 밤 석

宿 잘 숙, 별자리 수, 묵을 숙, 묵힐 숙 常(木)

寃 冤[원통할 원]의 俗字 (木)

寅 동방 인, 범 인 공경할 인 常(木)

寁 빠를 잠, 첩

寂 고요 적, 움직이지 않을 적 常(木)

寀 녹봉 채, 벼슬 채 채지 채 (木)

㝡 가장 최

𡩢 있을 거, 쌓을 거 저축할 거

𡨋 寧[편안할 녕]의 俗字

𡧹 작은 젖모양 누

𡩡 방이 깊숙할 림

𡩀 冥[어두울 명]과 같음

𡨾 앞 글자와 같음

㝛 宿[잘 숙]의 本字

𡩇 맵시내는 모양 아 비뚤 아

𡨥 宰[재상 재]와 같음

𡨲 靑[푸를 청]의 古字

𡧷 寢[잠잘 침]의 古字

⑨ 획

寋 한갓 경쇠만 울릴 건, 어려울 건

寍 寧[편안할 녕]의 古字

甯 차라리 녕 [用部]

寐 잠잘 매 (木) 아무소리 없을 매

寎 잠자다가 놀랄 병 병월 병(음력3월)

富 부자 부, 가멸 부 풍부하게 할 부 常(木)

寔 이 식, 진실로 식 방치할 식 (木)

寓 머무를 우, 맡길 우 부칠 우 (木)

㝢 宇[집 우]의 古字

寊 사람 이름 정

寑 寢[잠잘 침]의 古字

寒 찰 한, 추위 한, 식을 한, 천할 한 常(水)

寏 둘러싼 담 환 담 환

𡧬 家[집 가]의 古字

家 家[집 가]와 같음

𡩊 빌 교(텅 비다)

𡩃 당길 만

𡨪 苗[싹 묘]의 古字

𡩑 관아 성

𡪞 煙[연기 연]의 古字

㝣 고요할 예 편안할 예

㝥 불씨 울

𡩋 親[어버이 친]의 古字

舵 자루 타, 짊어질 타

𡩆 嚮[향할 향]의 古字

𡩖 땅 이름 환

割 벨 할, 저밀 할 긁을 할 [刀部] 常(金)

⑩ 획

寗 甯[차라리 녕]의 俗字 (火)

寕 寧[편안할 녕]의 俗字

𡪟 집 원

寙 게으를 유, 나약하고 게으를 유

寘 놓을 치, 처치할 치 메울 전, 전안전 (木)

寖 적실 침, 점점 침 멈출 침, 젖을 침 (木)

⿱宀桀 덮을 걸

寛 寬[너그러울 관]과 같음 (木)

⿱宀冓 밤 구, 침실 구 방의 깊은 곳 구

⿱宀⿰爿吉 잠꼬대 망 잠잘 망

⿱宀⿰爿米 실컷 잘 미 악몽 꿀 미

寚 寶[보배 보]와 같음

塞 변방 새, 막을 색 막힐 색 [土部] 常(土)

⿳宀十糸 찾을 색, 구할 색 집에들어가찾을색

⿱宀借 ⿱宀昔[밤 석]의 俗字

⿱宀亶 宣[베풀 선]의 古字

⿱宀⿱夊口 審[살필 심]과 같음

⿱宀翁 방 안이 어두울 옹

⿱宀⿱申大 寅[범 인]의 本字

⿱宀東 寅[범 인]의 古字

⿱宀⿱㐭又 寑[잠잘 침]의 古字

寝 寢[잠잘 침]의 略字

⑪ 획

寡 적을 과, 홀아비 과 홀어미 과 常(木)

⿱宀⿱𦣻木 앞 글자와 같음

寠 가난할 구, 쇠미할 구, 좁고 비탈질 루

寥 쓸쓸할 료, 텅빌 료 성길 료, 하늘 료

寧 편안할 녕, 문안할 녕, 복 입을 녕 常(火)

寜 앞 글자와 같음

寞 쓸쓸할 막, 고요할 고요할 막 (木)

實 열매 실, 여물 실 씨앗 실 常(木)

寤 깰 오, 깨달을 오 거꾸로 오 (木)

察 살필 찰, 깊을 찰 밝게 분별할 찰 常(木)

寨 울타리 채, 마을 채, 성채 구축할 채 (木)

寢 잠잘 침, 누울 침 방 침, 능 침 常(木)

⿱宀⿰爿言 잠깰 홀, 어린아이 울음소리 홀

⿱宀康 집이 고요할 강 쓸쓸할 강

⿱宀⿱攵里 釐[다스릴 리]와 같음

⿱宀⿰爿尨 잠잘 망

⿱宀⿱必皿 密[빽빽할 밀]과 같음

蜜 꿀 밀 [虫部] 常(水)

賓 손 빈, 손님 빈, 인도할 빈 [貝部] 常(金)

⿱宀⿱圭貝 寶[보배 보]와 같음

⿱宀⿱㸚至 塞[막힐 색]과 같음

⿱宀亶 宣[베풀 선]의 古 古字

⿱宀⿰爿奄 잠꼬대 암

⿱宀⿱釆廾 奧[속 오]와 같음

⿱宀區 오랑캐집 우

⿱宀⿱⿰夕夕一 宜[마땅 의]의 古字

⿱宀⿰貝者 貯[쌓을 저]와 같음

⿱宀執 기울 점, 누를 점

⿱宀執 앞 글자와 같음

⿱宀⿱丆貝 賓[손 빈]의 俗字 [貝部]

賔 賓[손 빈]의 古字 [貝部]

⿱宀⿱丏貝 賓[손 빈]의 本字 [貝部]

⿱宀⿱丏貝 賓[손 빈]의 本字 [貝部]

⑫ 획

寬 너그러울 관[=寛] 느슨해질 관 常(木)

⿱宀惠 살필 혜, 밝힐 혜 깨달을 혜 (木)

寮 벼슬아치 료 창 료, 텅 빌 료 (木)

寫 베낄 사, 본뜰 사 묘사할 사 常(木)

審 살필 심, 물 굽어 흐를 반 常(木)

⿱宀爲 성씨 위, 집의 모양 위

⿱宀款 구멍 관, 빌 관 벌칙 관, 궁핍할 관

⿱宀喬 우거할 교, 손 교 붙어 있을 교

⿱宀隆 궁륭형 륭 하늘 륭

⿱宀惺 惺[영리할 성]과 같음

⿱宀⿰亻音 앞 글자와 같음

⿱宀⿰亻眞 宿[잘 숙]과 같음

䆟 宰[재상 재]의 古字

䆞 집 클 증

䆠 변경 최, 지경 최

寑 寢[잠잘 침]과 같음

寒 寒[찰 한]의 本字

䆣 響[음향 향]의 古字

䆤 앞 글자와 같음

⑬ 획

憲 법 헌, 표준될 헌 밝힐 헌 [心部] 常(火)

褰 걷을 건, 바지 건 발걷을 건 [衣部](木)

寯 모일 준 뛰어날 준(木)

寵 생쥐 서

寰 기내 환, 대궐담 환, 경기 고을 환(木)

䆥 치켜올리는 모양 격

䆦 그물 견

䆧 究[궁구할 구]의 古字

䆨 하늘 녕

䆩 奧[속 오]와 같음

䆪 겨레붙이 척

寓 寓[머무를 우]의 俗字

⑭ 획

寱 잠꼬대 예

䆬 살필 의

寢 寢[잠잘 침]의 古字

蹇 발 절 건, 험할 건 교만할 건 [足部]

賽 굿할 새, 굿 새 치성드릴 새 [貝部]

謇 말 떠듬거릴 건(金) 곧은 말 건 [言部]

⑮ 획

寋 塞[막을 색]과 같음

䆯 앞 글자와 같음

寡 보이지 않을 면 사람 없는 방 면

䆰 踰[넘을 유]와 같음

⑯ 획

寶 寶[보배 보]의 俗字

寵 굄 총, 은총 총, 높을 총, 높일 총(木)

䆳 다할 국

䆴 鞠[기를 국]과 같음

䆵 깊을 력 사람 없을 력

䆶 塞[막힐 색]의 本字

䆷 寒[찰 한]의 古字

䆸 親[어버이 친]의 古字

⑰ 획

寶 보배 보, 보배로울 보, 도장 보 常(木)

䆺 寶[보배 보]와 같음

騫 말 배앓을 건 이즈러질 건 [馬部]

⑱ 획

寢 夢[꿈 몽]과 같음

寤 잠잘 어 자는체할 여

䆻 큰집 풍

䆼 寒[찰 한]의 古字

⑲ 획

䆽 顚[엎어질 전]의 俗字

寣 코고는 소리 부

䆾 어리석을 맹, 몽

䆿 깊이 잠들 계

⑳ 획

䇀 어리석을 맹, 몽

㉑ 획

寐 싫컷 잘 미 악몽 꿀 미

㉓ 획

寢 寢[잠잘 침]과 같음

䇁 엎드릴 함 잠잘 함

寸部

寸 마디 촌, 조금 촌 치 촌 常(土)

① 획

忖 等[가지런할 등]의 俗字

② 획

对 對[대할 대]의 俗字

付 부칠 부, 맡길 부 줄 부 [人部] 常(火)

③ 획

寺 절 사, 마을 사, 관아 시, 내관 시 常(木)

守 지킬 수, 따를 수 기다릴 수 [宀部] 常(木)

忖 헤아릴 촌 짐작할 촌 [心部](火)

④ 획

寽 취할 률

对 對[대할 대]의 略字

寿 壽[목숨 수]의 略字 (土)

冠 깎을 완, 모없을 완, 해질 완

肘 팔꿈치 주 팔뚝 주 [肉部]

村 마을 촌, 시골 촌 밭집 촌 [木部] 常(木)

⑤ 획

努 종 노

导 막을 애

叵 못할 파 할 수 없을 파

尌 爵[벼슬 작]과 같음

⑥ 획

耐 견딜 내, 참을 내 [而部] 常(水)

封 봉할 봉, 영지 봉 흙쌓을 봉 常(土)

尗 叔[아재비 숙]과 같음

⑦ 획

尃 펼 부

射 쏠 사, 맞춰 취할 석, 벼슬 야 常(土)

尅 剋[이길 극]과 같음 (金)

将 將[장차 장]의 略字 (土)

辱 욕될 욕, 굽힐 욕 더럽힐 욕 [辰部] 常(土)

⑧ 획

尉 벼슬 위, 위문할 위

將 장수 장, 장차 장, 도울 장, 기를 장 常(土)

專 오로지 전, 전일할 전, 전공할 전 常(土)

⑨ 획

尋 찾을 심, 탐구할 심 거듭할 심 常(金)

尊 높을 존, 높일 존 높은사람 존 常(木)

尌 세울 주, 멈출 주 종 수, 주 (木)

尀 닦을 선, 따를 선 받을 수

尉 尉[벼슬 위]와 같음

守 守[지킬 수]의 古字

⑩ 획

對 剛[굳셀 강]의 俗字

尌 道[길 도]의 古字

尋 尋[찾을 심]의 古字

⑪ 획

對 대답할 대, 대할 대 마주 볼 대 常(木)

對 剽[빠를 표]의 俗字

壽 목숨 수, 목숨 이을 수 [士部] 常(土)

壽 앞 글자와 같음

奪 빼앗을 탈, 잃어버릴 탈 [大部] 常(木)

⑫ 획

對 劉[죽일 류]와 같음

尊 尊[높을 존]과 같음

⑬ 획

對 對[대할 대]와 같음

導 이끌 도, 인도할 도, 가르칠 도 常(木)

⑭ 획

導 導[이끌 도]의 古字

⑯ 획

衜 導[이끌 도]의 古字

小部

小 작을 소, 작게할 소 작게 여길 소 常(水)

① 획

少 적을 소, 젊을 소 멸시할 소 常(水)

㣺 적을 절, 작을 절 무늬 있는 매미 질

𠀚 示[보일 시]의 古字

② 획

尒 너 이

尓 앞 글자와 같음

尔 앞 글자와 같음(水)

尔 앞 글자와 같음(水)

尕 앞 글자와 같음

③ 획

尖 뾰족할 첨, 참신할 첨, 예민할 첨 常(金)

当 當[마땅 당]의 略字

肖 貴[귀할 귀]의 古字

尘 塵[티끌 진]의 古字

劣 용렬할 렬 못날 렬 [力部] 常(土)

尛 잘 마, 작을 마

尗 콩 숙, 아저씨 숙

光 빛 광, 빛날 광 색상 광 [儿部] 常(火)

④ 획

尖 날카로울 참

肖 작을 초, 본받을 초 [肉部] 常(水)

尚 當[마땅 당]과 같음

尖 些[적을 사]와 같음

⑤ 획

尚 오히려 상, 거의 상, 바랄 상 常(金)

尖 筆[붓 필]과 같음

⑥ 획

省 살필 성, 덜 생, 생략할 생 [目部] 常(木)

尛 麽[잘 마]의 古字

尜 앞 글자와 같음

⑦ 획

覍 弁[고깔 변]의 本字

尞 隙[틈 극]과 같음

⑧ 획

尞 隙[틈 극]과 같음

𡮣 젖 누, 작은 모양 누

㝹 성씨 만 토끼새끼 누

卑 卑[낮을 비]와 같음

𡮢 省[살필 성]의 古字

堂 달릴 창

雀 참새 작, 공작 작 귀리 작 [隹部] (火)

常 떳떳할 상, 항상 상 늘 상 [巾部] 常(木)

堂 마루 당, 집 당, 번듯할 당 [土部] 常(土)

⑨ 획

㝹 토끼새끼 누

𡮠 凉[서늘할 량]과 같음

尞 燎[화톳불 료]와 같음

𡮐 小[작을 소]와 같음

⑩ 획

尟 적을 선, 드물 선 (水)

尠 앞 글자와 같음

當 당할 당, 마땅 당, 적합할 당 [田部] 常(土)

⑪ 획

尞 적을 렴, 작을 렴, 모자랄 렴

尟 튼튼할 척

綅 북에 실 감을 관

嘗 일찍 상, 시험할 상 [口部] 常(水)

⑫ 획

賞 상줄 상, 구경할 상 [貝部] 常(金)

尠 적을 근, 대할 근

尠 거칠 조, 조잡할 조

⑬ 획

尠 隙[틈 극]과 같음

尠 적어서 뒤떨어질 력, 작고 못생길 력

⑮ 획

尠 적을 람

⑰ 획

黨 무리 당, 마을 당, 동네 당 [黑部] 常(水)

⑱ 획

尠 적을 참

尢部

尢 절름발이 왕

尣 앞 글자와 같음

尣 앞 글자와 같음

兀 앞 글자와 같음

尢 앞 글자와 같음

① 획

尤 더욱 우, 원망 우, 허물 우 常(土)

② 획

尥 다리 꼬일 력

尣 又[또 우]와 같음

尤 尤[더욱 우]와 같음

③ 획

尥 다리 힘줄 약할 료, 다리 꼬일 료

尥 앞 글자와 같음

尷 넓적다리 간

尪 넓적다리 굽을 우, 돌 우

④ 획

尬 비틀거릴 개

尨 삽살개 방, 무럭무럭 클 방 (土)

尪 절름발이 왕, 파리할 왕

尫 앞 글자와 같음

尪 앞 글자와 같음

尦 다리 아플 안

尣 짧은 모양 수

尣 끝날 우

尣 짧은 모양 유

尣 쇠퇴할 휴

尣 더욱 반

⑤ 획

尥 다리 절 파

尳 무릎병 골

尥 다리 절 좌

⑥ 획

尯 고달플 귀

尥 절뚝거릴 요, 좋기 요

尥 앞 글자와 같음

尵 절름발이 타

尳 걷는 모양 활

尯 서로 칠 회

⑦ 획

尲 痟[두통 소]와 같음

尮 비스듬히 걸을 면

尩 尢[절름발이 왕]의 本字

尘 앉은뱅이 좌

尦 각기병 퇴

⑧ 획

尳 寇[도적 구]와 같음

尨 지칠 극, 피로할 극

尬 절름발이 기 지칠 기

尮 바르지 않을 라

尴 절름발이 암

尵 절름발이 초

尵 풍질 퇴, 지칠 귀

尰 넘어질 파

⑨ 획

尰 수중다리 종 각기 종

尰 앞 글자와 같음

就 이룰 취 나아갈 취 常(土)

就 앞 글자와 같음

尯 발 클 발 걷는 모양 발

尵 풍병 앓을 외

⑩ 획

尲 비틀걸음 감

尳 무릎 병 골, 활 뼈 어긋날 골

尵 발 클 찰

⑪ 획

尵 높은 모양 루

尵 걸어가는 모양 휴

⑫ 획

就 就[나아갈 취]와 같음

尵 말 병들 퇴

⑬ 획

就 就[나아갈 취]의 古字

尵 부축받을 제

⑭ 획

尷 껄끄러울 감 바르지 못할 감

⑱ 획

尵 무릎병 관

⑲ 획

尵 허리와 무릎 병 라

㉒ 획

尵 이끌려 갈 휴, 절름거리며 걸을 휴

尸部

尸 주검 시, 시동 시 신주 시, 진칠 시(水)

尸 앞 글자와 같음

① 획

尹 다스릴 윤, 바를 윤 성씨 윤(水)

尺 자척, 적을척, 척맥 척, 법도 척 常(木)

② 획

尻 꽁무니 고, 밑 고 자리잡을 고(水)

尼 비구니 니, 화평할 니, 말릴 니(水)

尼 仁[어질 인], 夷[오랑캐 이]의 古字

尺 다스릴 직, 약할 년

尻 居[살 거]와 같음

③ 획

尼 무두질할 년 약할 년

尽 盡[다할 진]의 俗字 (金)

启 豚[돼지 돈]의 俗字

㞋 良[어질 량]의 古字

屍 豕[돼지 시]의 古字

㞌 身[몸 신]과 같음

④ 획

局 판 국, 부서 국, 관아 국, 좁을 국 常(木)

尿 오줌 뇨, 오줌 눌 뇨 (水)

尾 꼬리 미, 끝 미 흘레할 미 常(水)

屁 방귀 비 (水)

屃 屐[나막신 극]과 같음

⑤ 획

居 살 거, 머무를 거 앉을 거 常(木)

届 이를 계, 다할 계 행동이 불편할 계

屆 앞 글자와 같음 (木)

屈 굽힐 굴, 꺾을 굴 다스릴 굴 常(土)

屄 여자의 음부 비

屇 구멍 전 (水)

屉 언치 체(말 안장 밑에 까는 깔개)

㞐 居[살 거]의 古字

㞑 克[이길 극]의 古字

屍 엉덩이 둔

尾 尾[꼬리 미]의 本字

㞕 바삐 걷는 모양 복

属 屬[엮을 속]의 俗字

屎 훔쳐볼 자

屋 이을 집

屎 똥 시, 분비물 시 신음할 히

⑥ 획

屎 똥 시, 분비물 시 신음할 히 (水)

屍 주검 시, 신주 시(水)

屋 집 옥, 지붕 옥, 장막 옥, 집지을 옥 常(木)

屌 자지 초(男根)

屑 엉덩이 견 꽁무니 견

屑 肩[어깨 견]과 같음

㞞 克[이길 극]과 같음

屓 볼기 기, 몸을 비스듬히 앉을 기

屍 엉덩이 둔

屖 尾[꼬리 미]의 古字

屏 屛[병풍 병]의 俗字

屑 屑[가루 설]과 같음

屒 사람 이름 시, 이

展 걸터앉을 이

昼 晝[낮 주]의 俗字

屖 斥[물리칠 척]과 같음

屓 코 골 해, 장대한 모양 희

屜 신 화(신발)

㞡 자루 환(袋也) 부대 환

⑦ 획

屌 자지 구(男根)

屐 나막신 극 (木)

屔 웅덩이 니

屖 굳을 세, 더딜 세 쉴 서

屑 가루 설, 부술 설 달갑게 여길 설 (水)

屘 막내아들 자

展 펼 전, 구를 전 살필 전 常(水)

㞯 꼬리 촌

屓 힘들일 희 힘쓰는 모양 희

屎 尿[오줌 뇨]와 같음

- **豙** 豚[돼지 돈]과 같음, 볼기 독
- **屛** 弄[희롱할 롱]의 俗字
- **屎** 기다릴 사
- **屐** 신발 서
- **屒** 엎드리는 모양 진 두터운 입술 진
- **屜** 아래 첩
- **屡** 어린아이 자지 최

⑧ 획

- **屏** 병풍 병 常(水)
- **屝** 짚신 비
- **屙** 변소에 갈 아
- **屜** 안창 체, 서랍 체 언치 체
- **屖** 구멍 경
- **屎** 볼기 뼈 과
- **屐** 絇[신발 코 장식할 구]와 같음
- **屈** 屈[굽힐 굴]과 같음
- **豙** 볼기 독
- **屚** 비 샐 루
- **屖** 바꿀 역
- **尉** 위문할 위 벼슬 위 [寸部](土)
- **屐** 신발 저(履也)
- **屖** 작은 모양 저

⑨ 획

- **屠** 잡을 도, 죽일 도 멸할 도, 백정 도(水)
- **屖** 어긋날 강, 덜 강 내릴 강
- **屈** 동경이 굴
- **屐** 붉은신 기
- **屎** 尿[오줌 뇨]와 같음
- **屆** 밟을 칩
- **屜** 안창 체
- **屐** 履[밟을 리]의 古字
- **犀** 물소 서, 굳을 서 박씨 서 [牛部](土)
- **屢** 屢[창 루]의 俗字
- **屧** 안창 섭
- **属** 屬[엮을 속]의 俗字
- **屐** 여성의 음부 추
- **屐** 破[깨뜨릴 파]의 古字
- **扁** 홀로 편, 扁[넓적할 편]의 古字
- **孱** 잔약할 잔, 산 높이 솟은모양 잔 [子部](水)

⑩ 획

- **屐** 여성의 음부 저
- **殿** 궁궐 전, 큰집 전 전하 전 [殳部] 常(金)
- **屈** 屈[굽힐 굴]의 古字
- **屈** 屈[굽힐 굴]의 古字
- **屖** 群[무리 군]과 같음
- **屐** 溺[빠질 익]의 俗字
- **屖** 尾[꼬리 미]의 古字
- **屁** 구멍 비
- **屐** 신발 퇴(履也)
- **屐** 靴[가죽신 화]와 같음
- **辟** 임금 벽, 피할 피 법 벽 [辛部]

⑪ 획

- **屢** 여러 루, 늘 루 창 루 常(水)
- **屣** 신 사, 신 끌 사 짚신으로 여길 사
- **屐** 쉴 게
- **屖** 廫[자지 료]와 같음
- **屁** 구멍 비 엉덩이 비
- **屖** 엿볼 처 되돌아올 처
- **屐** 신발 퇴

⑫ 획

- **履** 밟을 리, 신발 리 겪을 리 常(木)
- **屧** 안창 섭, 깔창 섭 나막신 섭
- **層** 층층, 층질 층, 층집 층, 높을 층 常(木)

屩 屨[신 리]의 本字

屪 저축할 전, 정할 전 평 정, 포갤 정

劈 쪼갤 벽, 팰 벽 빼갤 벽 [刀部] (金)

⑬ 획

壁 바람벽 벽, 돌비탈 벽 [土部] 常(土)

嬖 사랑할 폐, 벼슬의 이름 폐 [女部]

⑭ 획

屨 신발 구, 신을 구 밟을 구, 맡을 구 (木)

⑮ 획

屩 신발 갹, 짚신 갹

屪 자지 료

⑯ 획

屫 屩[신발 갹]과 같음

廬 거처할 려

⑱ 획

屬 붙일 속, 무리 속 이을 촉 常(木)

⑲ 획

屭 신 바닥 력

㉑ 획

屭 힘 우쩍우쩍 쓸 희 으리으리할 희

屮部

屮 싹날 철, 풀 초

𡳾 왼손 좌

① 획

屯 모일 둔, 진칠 둔 병영 둔 常(木)

㞢 之[갈 지]의 古字

㞢 之[갈 지]의 本字 芝[지초 지]의 本字

② 획

𡳿 生[날 생]의 古字

③ 획

𡴀 擧[들 거]와 같음

𡴁 攀[더위잡을 반]의 古字

屰 逆[거스를 역]과 같음, 초승달 백

艸 풀 초, 새 초, 풀 파릇 파릇날 철 [艸部] 常(木)

④ 획

𡴂 버섯 륙, 풀잎 륙

岎 싹트면서 향기로울 분

𡴃 초목이 널리 퍼질 황

⑤ 획

𡴄 甲[갑옷 갑]의 古字

𡴅 每[매양 매]와 같음

⑥ 획

𡴆 높고 위태로울 얼

𡴇 靑[푸를 청]의 古字

𡴈 앞 글자와 같음

⑦ 획

𡴉 南[남녘 남]의 古字

𡴊 幸[다행 행]의 古字

芻 꼴 추, 짐승먹이 추, 중 추 [艸部]

蚩 벌레 치, 어리석을 치 [虫部] (水)

⑧ 획

𡴋 毒[독 독]과 같음

⑨ 획

𡴌 允[진실로 윤]과 같음

⑩ 획

𡴍 手[손 수]의 古字

⑪ 획

蘟 若[같을 약]과 같음

⑫ 획

䒀 熏[연기 낄 훈]의 本字

山部

山 메 산, 산무늬 산 산신, 산신 산 常(土)

② 획

屼 산 이름 기

屴 산 높은 모양 력 태도 장중할 력

屳 仙[신선 선]과 같음(土)

屲 嶽[큰산 악]의 古字

屵 산 높은 모양 알, 얼

屶 危[위태할 위]의 古字

屷 산속 깊이 들어갈 잠, 심

屸 가벼이 움직이는 모양 현

屹 모을 회

③ 획

屺 민둥산 기(土)

屻 앞 글자와 같음

屾 산 같이 선 모양 신

屼 민둥산 올, 산이 오뚝한 모양 올

岏 앞 글자와 같음

屼 앞 글자와 같음

岃 산 높은 모양 인

屹 우뚝할 흘, 의연한 모양 흘(土)

岇 산돌 망 고을 이름 망

屽 산 이름 한

出 날 출, 도망할 출 게울 출 [凵部] 常(土)

④ 획

岕 산 이름 개 두 산 사이 개

岕 앞 글자와 같음

岍 岍[산 이름 견]의 俗字(土)

岒 산 이름 겸, 돌소리 겸, 울퉁불퉁 음(土)

岌 높을 급, 높이 솟을 급, 위태로울 급(土)

岐 산 이름 기, 자라날 기, 갈라질 기(土)

岓 산 곁에 놓여있는 돌 기

岸 앞 글자와 같음

岉 높은 모양 물

岈 흔들리는 모양 압

岏 산 뾰족한 모양 완 산 높은 모양 완(土)

岆 땅 이름 요

岑 봉우리 잠, 높을 잠 언덕 잠(土)

岊 산 모롱이 절(土)

岔 갈림길 차, 어긋날 차, 산 높을 분

岈 산 깊을 하, 골짜기 깊고 텅빈 모양 하(土)

岗 산 이름 강

岏 산 이름 두

岐 岷[산 이름 민]과 같음

峯 峯[산봉우리 봉]과 같음

岎 산 험준한 모양 분 산 갈래질 분

岋 嶽[큰산 악]의 古字

岳 岳[큰산 악]과 같음

岇 산 이름 앙

岆 嶸[가파를 영]과 같음

岙 배 대는 곳 오 땅 이름 오

岜 저물 총

岅 坂[비탈 판]과 같음

岵 산 이름 허

岵 작은 산 모양 호

岺 섬 이름 부, 불

⑤ 획

岢 가람산 가, 산 이름 가, 고을 이름 가

岣 앞 글자와 같음

岬 산 허리 갑, 곶 갑 골짜기 갑 (土)

岡 멧등 강 산등성이 강 (土)

岠 큰산 거, 이를 거 떨어질 거

岣 산꼭대기 구 구루 구 (土)

岱 대산 대, 산 이름 대 (土)

岭 산 이름 령, 산 깊을 령, 돌소리 령 (土)

岺 앞 글자와 같음 (土)

岦 산 우뚝할 립 (土)

岦 앞 글자와 같음

峁 구릉 묘 흙 언덕 묘

岷 산 이름 민, 강 이름 민, 고을 이름 민 (土)

帕 조밀할 백, 빽빽한 모양 백

岪 산길 불, 산구비 불 돌출한 모양 불 (土)

岪 앞 글자와 같음

岯 산 이름 비, 포개진 산 비

岫 산굴 수, 산봉우리 수 (土)

峀 앞 글자와 같음 (土)

岳 嶽[큰 산 악]의 古字 常 (土)

岸 언덕 안, 층계 안 常 (土)

岩 巖[바위 암]의 俗字 (土)

岟 후미질 앙 산기슭 앙

岰 산의 구비진 모양 유

岝 산 높을 작 (土) 산 높은 모양 작

岞 앞 글자와 같음

岨 돌산 저, 어긋날 저 흙 덮인 돌산 저 (土)

岾 땅 이름 점, 고개 점 (土)

岧 산 높을 초, 산 높은 모양 초 (土)

岹 앞 글자와 같음

岮 비탈 타, 비탈질 타 무너진 모양 타

岥 비탈 파, 비탈질 파 (土)

岤 산굴 혈

岠 먼산 사

岵 산 호, 초목 우거진 산 호 (土)

岈 많은 산이 연이어져 있는 모양 가

岩 바위 굴 감

岵 산 감

峀 邦[나라 방]의 古字

罡 岡[산등성이 강]과 같음

岴 깊숙할 국

屔 산 이름 니

丞 도울 승 공경할 승 (土)

崖 험할 애, 곤할 애

峦 密[빽빽할 밀]과 같음

丞 도울 승, 공경할 승 (土)

峒 司[맡을 사]의 俗字

⑥ 획

岍 산 이름 견

峜 수 헤아릴 계 셈법 계

峧 땅 이름 교

峒 산 이름 동, 산굴 동 (土)

峝 앞 글자와 같음

峈 산 모양 락, 산세 고르지 못한 모양 락

峛 고개 리 비탈길 리

峔 산 이름 모

峊 阜[언덕 부]와 같음

峠 고개 상, 재 상 (土)

峋 후미질 순, 산이 중첩하여 깊을 순 (土)

峕 時[때 시]의 古字

峖 산 이름 안

峉 웅장할 액, 산이 높고 웅장할 액

峗 산 이름 외 산 뾰족할 위, 외

峟 산 이름 우

峗 산 이름 위, 높고 험준한 모양 위

峎 산 이름 안 산 모퉁이 안

峎 앞 글자와 같음

峓 산 이름 이

峏 산 이름 이

峌 산 높을 질

峙 우뚝 솟을 치, 언덕 치, 땅 이름 시 (土)

峆 겹산 합 산 모양 합

峇 앞 글자와 같음

峐 민둥산 해, 개 산 이름 해, 개

峘 작은 산이 큰 산보다 높을 환

罔 岡[산등성이 강]과 같음

峊 앞 글자와 같음

耑 끝 단, 구멍 전 오로지 전 [而部]

峍 부딪칠 률, 우뚝할 률, 호방할 률

峦 巒[메 만]의 略字

峚 산 이름 밀

屾 山[산 산]과 같음

峑 산꼭대기 전

峉 嶽[큰산 악]과 같음

峖 산 험준할 앙

峊 산 높고 위태로울 얼

峈 산 모양 타

峢 산 이름 형 산 높을 형

峡 峽[골짜기 협]의 略字

炭 숯 탄, 불똥 탄 볶을 탄 [火部] 常(火)

幽 그윽할 유, 숨을 유 적을 유 [幺部] 常(火)

⑦ 획

崁 땅 이름 감

峮 산이 연할 균

峮 앞 글자와 같음

峱 산 이름 노

島 섬 도 常(土)

峹 산 이름 도

峹 앞 글자와 같음

崀 산 이름 랑 산골짜기 텅빌 랑

峰 봉우리 봉, 봉우리 같은사물봉(土)

峯 앞 글자와 같음 常(土)

峫 산 모양 사

峸 산 이름 성

峩 높을아, 높은산 아 높이 솟을 아(土)

峨 앞 글자와 같음(土)

峷 전설상의 짐승 이름 신

峿 울퉁불퉁할 어 산 이름 오

峔 앞 글자와 같음

峪 골 욕 산골짜기 욕

峻 높을 준, 높일 준 엄격할 준(土)

峭 가파를 초, 높고 험준할 초(土)

峬 산 모양 예쁠 포 아름다운 모양 포

峴 재 현, 고개 현 산 이름 현(土)

峽 골짜기 협, 산골짜기 협, 삼협 협(土)

㟂 산 무너질 좌

峞 산 많을 완

峛 산 이름 별

哪 산 연접할 나

峜 산 우뚝할 기, 산이 높은 모양 기

峵 산 구멍 롱

峣 산 모양 태

峹 산 험준할 투

峳 짐승 이름 유

峬 산굽이 연

峵 산 높고 험할 횡

峻 산 높을 퇴 산 긴 모양 타

峈 메마를 각

罡 岡[등성이 강]과 같음

峺 산 험조한 곳 경

峲 산 이름 리

峼 산 이름 고 산 모양 고

峼 앞 글자와 같음

峭 산 모양 망

峷 산 발

峕 使[부릴 사]의 古字

峖 산 험할 산

峵 앞 글자와 같음

崠 崠[삼갈 송]과 같음

峾 소용돌이치는 모양 은

崷 崷[산 높을 추]와 같음

峸 산 이름 한

峆 큰 골짜기 함 산 깊을 함

峇 앞 글자와 같음

峌 골짜기 형 산골짜기 이름 경

峣 험준한 모양 효

豈 어찌 기, 개가 개 [豆部] (水)

⑧ 획

崗 岡[등성이 강]의 俗字 (土)

崗 앞 글자와 같음

崌 산 이름 거

崓 섬 고, 산 고

崮 앞 글자와 같음

崑 산 이름 곤, 우뚝할 곤, 현 이름 곤 (土)

崐 앞 글자와 같음 (土)

崆 산 모양 공 산 이름 공 (土)

崞 산 이름 곽 고을 이름 곽

崛 높이 솟을 굴, 높고 가파른 모양 굴 (土)

崫 앞 글자와 같음

崎 험할 기, 어려움 겪을 기 (土)

崠 산등성이 동 땅 이름 동

崍 산 이름 래 (土)

崙 곤륜산 륜, 높고 험한 모양 륜 (土)

崘 앞 글자와 같음 (土)

崚 험준할 릉 산 높고 중첩될 릉

崏 산 이름 민

崼 산 이름 민

崩 무너질 붕, 죽을 붕 달아날 붕 常 (土)

崩 앞 글자와 같음

崥 차츰 편해질 비 산기슭 비

崇 높을 숭, 높일 숭 다할 숭 常 (土)

崈 앞 글자와 같음

崧 우뚝 솟을 숭 산 이름 숭 (木)

崖 낭떠러지 애, 물가 애, 경계 애 (土)

崕 앞 글자와 같음 (土)

崦 산이름엄, 산엄 (土)

崦 앞 글자와 같음

崣 산 높은 모양 위, 구불구불한 모양 위

崣 앞 글자와 같음

崟 높을 음, 뾰족할 음, 무성할 음 (土)

崯 앞 글자와 같음

嵚 두 산이 마주볼 음

崢 높고 가파를 쟁 (土) 혹독하게 추울 쟁

崝 앞 글자와 같음

崝 앞 글자와 같음

崒 험할 졸, 무너질 졸 모일 췌

崪 앞 글자와 같음

崨 산 높을 첩, 높고 험준한 모양 첩

嵫 가지런하지 않은 모양 치

崰 앞 글자와 같음

崔 높을 최, 움직이는 모양최, 성씨 최(土)

崡 산 이름 함

崋 산 이름 화

崤 산 이름 효 강 이름 효(土)

㟐 구덩이 감

𡵒 羌[오랑캐 강]의 古字

㟥 산 모양 괴

𡻅 산 모양 궁 융기한 모양 궁

𡶿 앞 글자와 같음

㟗 웅크릴 귀

㟩 산이 연할 균

𡸀 산 기

𡵩 岐[갈림길 기]와 같음

𡻔 산이 중첩해 있는 모양 답

崊 산돌 림, 높이 우뚝솟은 모양 림

𡷐 앞 글자와 같음

𡴿 앞 글자와 같음

𡹈 培[북돋울 배]와 같음

㟲 산 형상 색, 산 이름 색

𡸻 많은 산이 연이어 솟아 있는 모양 알

㟮 산 험준할 앙

𡶅 산 높을 얼, 불안한 모양 얼

𡷘 앞 글자와 같음

𡷗 산 모양 잠

嶘 우뚝 높을 잔 산 험준한 모양 잔

𡽱 앞 글자와 같음

𡺀 산 모양 조

𡸼 높은 벼랑 추, 산 돌이 마주볼 추

𡶽 작은 산 모양 타 산 모양 타

𡸢 험준할 장

⑨ 획

嵑 산이 높고 험한 모양 갈, 비석 갈

嵄 산 미(土)

嵌 펼쳐진 모양 감 깨질 감(土)

嵅 산 이름 감

嵁 험준할 감, 바위너덜 감(土)

嵙 산 이름 과

𡺨 산 이름 돈

嵐 남기 람, 이내 람 큰바람 람(土)

嵂 산이 높고 험한 모양 률(土)

嵋 산 이름 미(土)

崶 산 이름 봉

崽 자식 재, 새끼 재 남 욕하며 부를재(土)

崼 가까운 산 시

𡸛 산 이름 운

嵒 바위 암, 험할 암 높이 솟을 암(土)

嵓 앞 글자와 같음

崵 먼 산 양 산 이름 양

嵃 가파를 언, 산이 험준한 모양 언

𡹌 산 이름 외, 산 이름 위, 위루 위(土)

嵔 앞 글자와 같음

崴 높을 외(土)

崾 산 이름 요

嵎 산굽이 우, 산모롱이 우, 땅 이름 우(土)

嵛 산 이름 유

崺 구릉 이름 이, 산세 길게 이어질 이

嵉 산 이름 정

𡹬 앞 글자와 같음

嵕 산 이름 종, 봉우리 쫑긋쫑긋할 종

嵏 앞 글자와 같음

𡺎 큰 산 주

崱 잇닿을 즉, 산맥이 연해 있을 즉

崹 평평할 체, 산세가 점점 편편해질 체

嶓 산 높을 추
산 높은 모양 추

嵤 앞 글자와 같음

嵇 산 이름 혜
성씨 혜

嵆 앞 글자와 같음

崲 늪 이름 황

嵏 羌[오랑캐 강]의
古字

嵡 구들 돌

嵍 산 이름 무, 앞이
높고 뒤 낮은산 모

嵋 岷[산 이름 민]과
같음

嵎 사람 이름 병

嵋 산 이름 서

嵗 歲[해 세]의 俗字

嵏 산 이름 수
강 이름 수

嵊 현 이름 승
산 이름 승

嵒 산 높고 험준할 악

嵓 앞 글자와 같음

嵃 두꺼울 안
불손할 안

嵑 웅장할 액

嵁 산 이름 운

嵡 산 이름 엄

嵫 가파를 자
산 이름 자

嵽 산 이름 질, 절

嵯 산 이름 차

嵲 泉[샘 천]과 같음

嵥 성가퀴 첩

峙 산 우뚝 솟을 치

嵑 절구처럼 생긴 산
타

嵷 巷[거리 항]과
같음

嵬 민둥산 회

嵰 산 이름 훤

凱 싸움 이긴 풍류 개
착할 개 [儿部](木)

剴 낫 개, 가까울 개
간절할 개 [刀部]

⑩ 획

嵪 岡[산등성이 강]
의 俗字

嵥 높을 걸, 우뚝 솟
을 걸

嵣 산 이름 당, 산돌
넓고 고른 모양 당

嵞 산 이름 도, 나라
이름 도

嵧 산 모양 류

嵩 산 높을 숭, 산 이
름 숭 (土)

嵊 땅이름 승, 산이름
승, 현(縣)이름 승

嵲 산 높을 얼, 위아
래로 흔들릴 얼

嵲 앞 글자와 같음

嵨 산 이름 오

嵵 산 이름 시

嵬 높을 외, 망녕될 외
산이 험준할 외 (土)

嵱 산 이름 용, 봉우리
쫑긋쫑긋할 용 (土)

嵫 산 이름 자
험준한 모양 자

嵯 우뚝 솟을 차, 산
높낮이 많을 차 (土)

嵳 앞 글자와 같음

嵢 산 형세 창, 산 이
름 창

嵴 산등성이 척

嵰 땅 이름 겸, 산 높
은 모양 겸

嵠 谿[시내 계]와 같
음

嵩 땅 이름 고, 산 험
할 고

嵪 산 이름 고
정자 이름 고

嵬 산 이름 괴, 산 모
양 괴

嵘 산 이름 률

嵨 산 높은 모양 명

嵍 산이름 무, 앞은 높
고 뒤 낮은 산 모

嵍 앞 글자와 같음

嵦 峨[높을 아]와
같음

嵦 험할 애, 곤할 애

嵡 산 모양 옹

嶢 산 모양 요

嵥 산 모양 요

嵃 산마루 원

嵮 막힐 전, 메울 전

嵕 峻[높을 준]과 같음

嵟 堆[언덕 퇴]와 같음

嵟 높을 퇴

嵅 函[함 함]과 같음

嵤 산 깊은 모양 형 산 높고 험할 형

嵹 산골짜기 깊을 홍

嵻 무너질 비

⑪ 획

嵹 산 이름 강

嵺 우뚝 솟을 교 높고 먼 모양 교

嵺 앞 글자와 같음

嶇 험할 구, 험난할 구 험준한 모양 구(土)

嶋 산 이름 도

嶁 앞 글자와 같음

嶋 島[섬 도]와 같음(土)

嶌 島[섬 도]의 本字

嶌 島[섬 도]의 俗字

嶁 봉우리 루, 구루 루, 산꼭대기 루(土)

嶁 앞 글자와 같음

嵼 산 굽이질 산

嶍 산 이름 습

嶎 산 이름 위

嶂 높고 험한 산 장(土)

嶈 산 높을 장 물소리 장

嶆 산 이름 정

嶆 깊을 조 산속 횡할 조(土)

嵸 산 우뚝할 종 높이 솟을 종

嵸 앞 글자와 같음

嶄 높을 참, 높은 모양 참, 빼어날 참

嶃 앞 글자와 같음

嶄 앞 글자와 같음

嵾 산이 울멍줄멍할 참

嵾 앞 글자와 같음

嵽 높을 체 높고 험준할 질

嶊 산 높고 험할 최

嶉 산굽이 취

嵻 산 이름 강

嵻 앞 글자와 같음

嵺 산 험할 료

嶁 산 모양 루, 높이 솟은 모양 루

嶁 앞 글자와 같음

嶐 崚[험준할 릉]과 같음

嵣 산 모양 망

嵮 빽빽한 모양 맥

敱 못생길 애 어리석을 애 [犬部]

嶅 잔돌 많은 산 오 산 이름 오

嶅 앞 글자와 같음

嶅 앞 글자와 같음

嶬 산 이름 이, 끊임 없이 이어진 산 이

嵢 산 이어질 창

嶕 높을 초, 산이 높은 모양 초

嶔 산꼭대기 표 산마루 표

嵲 낮고 큰산 호 산 넓은 모양 호

嶪 산 이름 화

⑫ 획

嶠 뾰족하게 높을 교 높은 산 교(土)

嶠 앞 글자와 같음

嶡 도마 이름 궐 우뚝 솟은 모양 궈

嶔 산 높고 험할 금 우뚝 솟은 산 금(土)

嶝 민둥산 동, 좁고 가파른 산골짜기 동

嶝 고갯길 등, 높이 솟은 모양 등 (土)

嶗 산 이름 로 산 험준할 로

嶚 높을 료, 마를 료

嶛 앞 글자와 같음

嶙 산 깊을 린, 산 험준한 모양 린 (土)

嶢 높은 모양 요, 메마를 요, 기괴할 요 (土)

嶤 앞 글자와 같음

嶟 가파를 준, 높이 솟은 모양 준

嶒 산 높고 험할 증 깊고 텅빌 증 (土)

嶪 산 이름 화

嶜 가파를 침, 높고 험한 모양 침

嶞 산 높을 타, 산 좁고 길 타

嶓 산 이름 파

嘘 산길 험할 허, 거 큰 산 허, 거

㵎 澗[산골 물 간]과 같음

嶱 산 이름 갈 소리의 형용 갈

嵼 구불구불한 모양 건

嶱 정자 이름 고 산 이름 고

嶅 높을 기 (土)

嶂 외딴 산 단

嶬 崎[험할 기]와 같음

嶬 앞 글자와 같음

嶔 앞 글자와 같음

嶁 路[길 로]와 같음

嶁 산 모양 루

嶐 높이 솟을 륭

嶓 岷[산 이름 민]과 같음

嶏 산 무너지는 소리 배

嶓 덮을 복 산 이름 복

嶭 崿[낭떠러지 악]과 같음

嶭 앞 글자와 같음

嶶 산 이름 위

嶟 땅 이름 윤

嶘 우뚝 높을 잔 험한 산 모양 잔

嶕 峻[높을 준]과 같음

嶕 산 이름 집 높고 큰 모양 집

嶕 산 모양 집

嶕 높을 초, 산꼭대기 초, 바위 초 (土)

嶣 앞 글자와 같음

嶖 산 이름 추

嶗 무너질 팽

嶲 새 이름 휴, 수 종족 이름 전

⑬ 획

嶱 산 험할 갈, 돌 우뚝할 갈

嶩 산 이름 농, 峱[산 이름 노]와 같음

嶶 산 이름 미

嶭 높을 알, 얼 산 높을 알, 얼

嶪 높고 험할 업, 높이 솟은 모양 업 (土)

嶫 앞 글자와 같음 (土)

嶧 산 이름 역 산 잇닿을 역 (土)

嶴 奧[속 오]와 같음

嶼 앞 글자와 같음

嶬 산 높을 의 높고 험할 의

嶬 앞 글자와 같음

嶵 험준할 죄 산 모양 죄

嶵 앞 글자와 같음

嶆 앞 글자의 本字

嶯 산 이름 집

嶨 돌산 학

嶰 골짜기 해 골짜기 이름 해 (土)

嶮 險[험할 험]과 같음 (土)

嶒 산 모양 회

𡾖 민둥산 굴

𡾬 산골짜기 배

𡾭 앞 글자와 같음

𡾴 산봉우리 모양 음

𡾫 높고 험준한 모양 외

𡿌 산 이름 종

墬 地[땅 지]의 古字

嶦 산봉우리 첨 산비탈 섬

𡿑 齒[이 치]와 같음

𡾎 기괴한 산 모양 탱

⑭ 획

嶺 고개 령, 재 령, 산령, 산맥 령 常(土)

嶼 섬 서, 작은산 서 (土)

𡽱 앞 글자와 같음 (土)

𡽞 앞 글자와 같음

嶽 큰산 악, 명산 악 우뚝 솟을 악 (土)

𡽹 앞 글자와 같음

嶸 높고 험할 영, 횡 가파를 영, 횡 (土)

嶿 산 이름 수

嶷 높을 억, 의젓할 억, 산 이름 의 (土)

嶾 산 높을 은 (土) 산 높은 모양 은

嶚 우뚝 솟을 교

嵺 앞 글자와 같음

𡾃 산 이름 람

𡿅 산 모양 대 큰산 모양 대

𡾆 앞 글자와 같음

㠓 산 이름 몽

𡾜 산 높을 안, 한 (土)

𡾔 산에 돌이 높은 모양 장

𡾝 산 이름 호

覬 넘겨다볼 기 바라볼 기 [見部]

嶻 산 높고 가파를 절 산 이름 찰

𡿖 앞 글자와 같음

⑮ 획

𡾦 산 이름 여

巀 산높고 가파를 절 산 이름 찰

𡾋 산 모양 뢰 울퉁불퉁할 뢰

𡿛 앞 글자와 같음

𡿗 앞 글자와 같음

巁 높을 려

𡿄 산에 돌 많을 뢰

𡿺 實[열매 실]의 古字

𡽫 산 높을 액

𡿹 깎아지른 듯한 산 모양 얼

巑 산 모양 찬 산 높이 솟을 찬

巂 새 이름 휴, 땅 이름 전, 오랑캐 쉬

⑯ 획

巃 가파를 롱 산 가파를 롱

𡿪 앞 글자와 같음

巄 앞 글자와 같음

𡾟 崿[낭떠러지 악]과 같음

𡿭 산 이름 려

𩴾 산이 험준한 모양 병

𡿃 嶭[높을 얼]과 같음

𡿶 산 이름 각, 곽

𡿷 나란히 쌓은 모양 회, 움츠린 모양 회

㠖 산 험준할 희

⑰ 획

巋 높고 험한 모양 규 험준할 규 (土)

巆 산골 으슥할 영 큰 소리 영

巉 가파를 참 높고 험할 참

巇 산 험준할 희

𡿮 구불구불할 건

巁 산 높고 뾰족할 미 / 산 모양 미

㠣 작은 산과 큰 산이 따로 설 선

嵓 巖[바위 암]의 略字

𡾟 嶭[높을 얼]과 같음

嶭 앞 글자와 같음

巊 산기운 어둡침침할 영

⑱ 획

巏 산 이름 권, 관

巍 높고 큰 모양 외, 궁궐 외, 높을 외 (土)

𡿃 앞 글자와 같음

𡿄 앞 글자와 같음

巋 산 높을 일

巀 산에 돌 많을 장 / 바위산 장

𡿂 산 높을 증

巄 산봉우리 우뚝할 송

巁 산모양 루, 큰돌 뢰 / 평탄하지 않을 률

⑲ 획

巎 산 이름 노

巒 뫼 만, 산봉우리 만 (土)

巓 산꼭대기 전, 떨어질 전, 머리 전 (土)

巊 산 이름 라 / 높은 모양 라

𡿞 앞 글자와 같음

巁 높을 려

𡿥 歷[지낼 력]과 같음

𡿦 산 이름 루

巕 산 험준할 미 / 산 이름 미

𡿩 앞 글자와 같음

巑 산 높을 찬 / 산 이름 찬 (土)

⑳ 획

巖 바위 암, 절벽 암 / 돌 쌓인 모양 암 常 (土)

巗 앞 글자와 같음

巙 사람 이름 기 / 산 이름 기, 노

巘 산 헌, 절벽 헌 / 험준할 헌

𡿪 앞 글자와 같음 (土)

㉑ 획

巕 산 모양 루 / 높이 솟은 모양 루

巚 산 깎아지른 듯한 모양 얼

巕 산 높은 모양 얼

㉒ 획

巎 산 모퉁이 낭

㉓ 획

巏 산 이름 린

㉔ 획

𡿬 산 깊을 령

㉖ 획

巑 산에 안개 자욱할 울 / 산에 연기낄 울

㉙ 획

𡿭 산에 안개 자욱할 울 / 산에 연기낄 울

巛部

巛 川[내 천]의 本字

巜 큰 도랑 괴 / 젖을 환

𡿨 봇도랑 견 / (一名 개미허리)

巛 坤[땅 곤]의 古字

川 내 천, 물의 신 천 / 사천성 천 常 (水)

③ 획

州 고을 주, 마을 주 / 모일 주, 살 주 常 (水)

巟 망할 황

巠 물흐를 렬

巡 앞 글자와 같음

巛巛 坤[땅 곤]의 古字

④ 획

巠 물줄기 경
땅 이름 경 (水)

巡 돌 순, 돌며 살필 순, 두루 순 常(水)

巡 앞 글자와 같음

巟 사람 이름 황

巜 물 흐를 일, 견

災 재앙 재, 천벌 재
횡액 재 [火部] 常(火)

⑥ 획

甾 箕[키 기]의 古字

巢 子[아들 자]의 古字

⑦ 획

凬 風[바람 풍]과 같음

𡿺 首[머리 수]의 本字 [首部]

⑧ 획

巢 새집 소, 거처 소
집 소, 소굴 소 (水)

巣 앞 글자의 略字

㞷 물 흐르는 모양 역
무성할 역

⑪ 획

巢 巢[집 소]의 本字

巤 鬣[갈기 렵]과 같음

⑫ 획

巤 갈기 렵, 근본 렵

⑭ 획

𡿩 子[아들 자]의 古字

工部

工 장인 공, 기교 공
공장 공 常(火)

① 획

五 巨[클 거]의 古字

② 획

巨 클 거, 많을 거
억거, 곱자 거 常(火)

左 왼 좌, 왼쪽 좌
어긋날 좌 常(火)

巧 공교 교, 교묘할 교
재능 교 常(火)

功 공 공, 공치사할 공 [力部] 常(木)

③ 획

巪 음역자 걱(뜻없이 음으로만 씀)

巪 음역자 걸(뜻없이 음으로만 씀)

邛 언덕 공, 병될 공
고달플 공 [邑部]

式 법 식, 제도 식
쓸 식 [弋部] 常(金)

④ 획

巫 무당 무, 산 이름 무, 성씨 무 (火)

巩 품을 공, 안을 공

攻 칠 공, 익힐 공, 다스릴 공 [攴部] 常(金)

汞 수은 홍 [水部] (水)

㐱 新[새로울 신]의 古字

⑥ 획

差 差[어긋날 차]와 같음

巭 일꾼 부, 공부 부

巭 앞 글자와 같음 [力部]

⑦ 획

巭 공부 부, 일꾼 부

巭 앞 글자와 같음

差 어긋날 차, 잘못 차
부릴 채 常(火)

貢 바칠 공, 천거할 공
세받칠 공 [貝部] 常(金)

⑧ 획

䷐ 巫[무당 무]의 古字

⑨ 획

項 목 항, 목덜미 항 조목 항 [頁部] 常(火)

𢀶 展[펼 전]의 古字

⑫ 획

𢀿 差[어긋날 차]의 古字

己部

己 몸 기, 자기 기, 여섯째 천간 기 常(土)

已 이미 이, 버릴 이 말 이, 따름 이 常(土)

巳 뱀 사, 여섯째 지지 사 常(火)

① 획

巴 땅 이름 파, 뱀 파 꼬리 파 (土)

㠱 땅 이름 기 사람 이름 기

② 획

厄 나무 마디 와, 쌀 와(보자기로 싸다)

㠯 以[어조사 이]의 本字

包 쌀 포, 꾸릴 포, 용납할 포 [勹部] 常(金)

异 그만둘 이, 말 이 탄식할 이 [廾部]

④ 획

改 고칠 개, 바꿀 개 거듭할 개 [攴部] 常(金)

巵 술잔 치, 그릇 치 주견 없을 치

忌 꺼릴 기, 미워할 기 질투할 기 [心部] 常(火)

⑤ 획

卺 받들 근, 술잔 근 (土)

祀 제사 사, 해 사 [示部] 常(木)

⑥ 획

巹 받들 근, 술잔 근 (土)

卷 책 권, 시권 권 곤룡포 곤, 말 권

巷 골목 항, 거리 항 마을 항 常(土)

㔶 땅 이름 팟 음역자 팟

𢀳 朕[나 짐]의 古字

巸 턱 넓을 이, 성장할 이, 기뻐할 희 (土)

⑦ 획

𢀺 巹[받들 근]과 같음

⑧ 획

𢀸 책상다리 하고 앉을 기, 나라 이름 기

𢀼 책상다리 하고 앉을 기, 미워할 기

⑨ 획

巽 괘 이름 손, 낮출 손 겸양할 손 (木)

巾部

巾 수건 건, 행주 건 두건 건 (木)

① 획

巿 슬갑 불(무릎 덮개 또는 앞치마)

帀 두를 잡, 이를 잡 한 돌림 잡

② 획

市 저자 시, 살 시 사고 팔 시 常(木)

帄 기울 정(옷 따위를 깁다)

布 베 포, 조세 포 돈 포, 펼 포 常(木)

帔 헝겊조각 비

匝 돌 잡, 두루 잡 두를 잡 [匚部]

帞 幕[장막 막]의 略字

③ 획

帆 돛 범, 돛달 범 (木)

㠶 앞 글자와 같음

㠮 자루 간(포대)

帇 손재주 날렵할 녑 손빠를 녑

㠲 굵은베 배, 베 배

师 師[스승 사]의 俗字

㠆 옷 해진 모양 삼 해진 적삼 삼

㠫 던질 오

㠴 베갯잇 인, 일

㠾 비단 띠 조

吊 弔[조상할 조]의 俗字, 이를 적 [口部] (水)

㠳 布[베 포]와 같음

㠵 수건 황, 버선 황

④ 획

㠻 갓이 앞으로 기울 탐, 갓 탐

帊 두 폭 비단 파 두건 파, 수건 파

帍 여자 목도리 호 행주치마 호

希 드물 희, 바랄 희 적을 희 常 (木)

㠾 앞 글자와 같음

㠸 부들자리 갑 수레깔개 갑

㠹 머리쓰개 개

㡊 비단 검 베 이름 검

帙 수건 결

帎 기 늘어질 내 늘어질 내

㠸 앞깃 부

帉 행주 분, 닦을 분 (木)

㠷 찢어질 비

帓 가는실 사, 구멍이 작은 그물 묘

㠺 수건 요

㡀 禹[임금 우]의 古字

㠼 머리쓰개 조

帋 紙[종이 지]와 같음

㠿 수건 침

㡉 虎[범 호]와 같음

⑤ 획

帑 금고 탕, 처자 노 새 꼬리 노 (木)

帒 주머니 대

帘 주막 깃발 렴 술집의 깃발 렴

帛 비단 백, 폐백 백 흰 백, 성씨 백 (木)

帗 모직 불, 슬갑 불 춤추는 도구 불

帙 책갑 질, 책 질 책 정리할 질 (木)

帖 표제 첩, 휘장 첩 장부 첩 (木)

帚 비 추, 쓸 추 (木)

帕 수건 파, 휘장 파 머리띠 말 (木)

帔 치마 피, 배자 피

帉 깍지 구, 골무 구

帓 띠 말, 머리띠 말 버선 말

㡂 비단 부

㡅 버선등 요

帵 행주 원, 두건 원

㠿 베 이름 자

帾 구의 저

帧 과녁 정

帩 가는 실 초

㡀 해진 옷 폐

怖 수건 포

㡁 장막 필, 휘장 필 막 필

㡆 머리 덮는 수건 불

⑥ 획

帢 모자 갑, 겁 겹옷 겹

帣 자루 권, 팔찌 권

帤 넓은 천 녀, 걸레 녀, 심 올릴 녀

帡 장막 병, 덮을 병

帥 장수 수, 우두머리 수, 거느릴 솔 常(木)

帟 장막 역

帠 법 예 (木)

帝 임금 제, 임금될 제, 하느님 제 常(木)

帣 도포 과

帤 곳간 나

帥 비단조각 례

帮 앞 글자와 같음

帞 두건 맥, 두건 파 머릿수건 말

帥 師[스승 사]의 古字

帕 옷깃 끝 순

帣 옷 모양 이

帓 옷깃 임, 앞섶 임 소매 임, 치마 임

帣 굽을 전

帣 수건 체

帣 익힐 치, 체

帛 卓[높을 탁]의 古字

帕 오랑캐옷 통

帣 속대 협, 띠 협

帣 기 홍, 깃발 홍

帣 장막 황 염색공 황

⑦ 획

帮 幫[도울 방]의 俗字

師 스승 사, 전문인 사, 본보기 사 常(木)

席 자리 석, 베풀 석 의지할 석 常(木)

帨 허리에 차는 수건 세, 손 닦을 세 (木)

帩 머리띠 초

帢 거친 갈포 격

帣 모자 겹, 겹옷 겹

帬 치마 군, 속옷 군 어깨걸이 군

帣 앞 글자와 같음

帰 歸[돌아갈 귀]의 俗字

帯 帶[띠 대]의 俗字

帽 머리 장식 모

帣 모모 모, 헌원씨의 황후 이름 모

帣 모직물 무 비려고 할 무

帣 굴건 문, 면류관 면

帣 마를 연 꺾여 마를 연

帣 자투리 예

帣 말 먹이 자루 진 주머니 진

帣 머리띠 천

帣 옷깃 끝 첩, 점, 접

帣 幟[기 치]와 같음

帢 폐슬 합, 폐슬 겹

帣 수건 형

⑧ 획

帶 띠 대, 지대 대, 두를 대, 꼭지 대 常(木)

常 항상 상, 범상할 상 떳떳할 상 常(木)

帳 휘장 장, 장막 장 장부 장 常(木)

帷 휘장 유 휘장칠 유 (木)

帣 포대기 전, 좁을 전 언치천, 배두렁 잔

帣 배띠 종, 책갑 종 잠방이 종

帣 창에 다는 기 견

帣 소매 공, 수건 공

帣 冠[갓 관]과 같음

帣 연두빛 비단 기 수건 기

帣 앞 글자와 같음

帣 방장 답 모기장 답

帽 帽[모자 모]와 같음

帡 장막 병, 덮을 병

帣 관 이름 비

帣 얼굴가리개 삽

帣 머리띠 업 말 먹이 자루 암

幓 자투리 완

幏 비단 종, 베 이름 종 오랑캐 공물 종

幨 수레 휘장 첨

幓 무늬비단 췌

幔 귀막이 함

幰 베 이름 현 고을 이름 현

幗 천이 펄럭이는 소리 혹

幗 앞 글자와 같음

幍 모자 흡, 깁건 흡

⑨ 획

帽 모자 모 모자 쓸 모 (木)

幇 幫[도울 방]과 같음 (木)

幄 장막 악, 군막 악 (木)

幀 책 꾸밀 정 그림 족자 탱 (木)

幅 폭 폭, 가 폭, 포백 폭, 도랑 폭 常(木)

帿 과녁 후 (木)

幁 기 도, 구의 도 (柩衣)

幀 머리쓰개 수 두건 수

幃 휘장 위, 향낭 위 휘장에 숨길 위 (木)

幆 갈장 개, 갈장할 개 곧은 옷깃 예

幆 모자 겹, 겹옷 겹

幝 속옷 곤

幓 바지 규

幐 향주머니 등

幓 닦을 랄

幎 장막 면

幙 보자기 무 앞치마 무

幏 수레 덮개 무, 옥

幈 屛[병풍 병]과 같음

幊 수건 시

幉 央[가운데 앙]과 같음

幓 꿰맬 액

幓 業[업 업]의 訛字

幓 자투리 유, 수 비단 빛깔 수

幓 깃발 전

幓 앞 글자와 같음

幓 머리쓰개 조 두건 조

幓 책갑 종 잠방이 종

幓 보자기 종

幓 쌀자루 준

幓 策[채찍 책]과 같음

幓 옷 구겨질 추 옷 주름잡힐 추

帊 손 뒤집어서 칠 파, 소

⑩ 획

幏 베 이름 가

幓 의관 공, 보자기 공 옷과 두건 공

幍 자루 도

幎 가리개 멱 덮을 멱 (木)

幋 옷보자기 반 머리 장식 반

幌 휘장 황, 술집 깃발 황, 흔들 황 (木)

幓 무늬 있는 비단 괴 색비단 괴

幓 홑옷 구

幐 향주머니 등

幓 휘장 렴 고운 비단 렴

冪 덮을 멱, 상보 멱 바를 멱, 멱 멱 [冖部]

幪 보자기 몽, 휘장 몽 얼굴 가리개 몽

幓 서첩 방

幓 포장 비 수레 휘장 비

幓 옷 해질 쇄

幓 덮을 영

幓 두건 오 손수건 오

幓 異[다를 이]의 古字

幓 붉은 종이 체 휘장 체

㿃 풀무 합 불 부는 불메 합

㡛 염색공 황 막을 황, 장막 황

⑪ 획

幕 천막 막, 덮을 막 화폐 뒷면 만 常(木)

幙 앞 글자와 같음

幔 장막 만, 주막기 만 장막 만, 가릴 만(木)

幓 수레 휘장 삼 깃발 섬

幛 장자 장, 가릴 장

幘 망건 책, 볏 책 이가 가지런할 책

幖 표지 표, 깃발 표 건 표, 높이 솟을 표

㡱 깍지 구, 고리 구

幗 여인 머리장식 괵 상중에 쓰는 관 괵

㡘 말먹이 자루 루

𢅏 비단조각 리

㡝 수건 봉, 낙관 봉

㡜 자투리 세, 조화 설 비단조각 설

㡞 예건(禮巾) 세, 지

㡟 세수수건 세

㡚 褶[주름 습]과 같음, 겹옷 첩

𢅽 포대기 조

㡡 비단 조

㫐 액자에 표구한 화폭 족

幒 책갑 종 잠방이 종

㡖 오랑캐옷 통

徽 깃발 휘 기 휘, 표지 휘

⑫ 획

幢 기 당, 수레드릴 당 (木)

幡 표기 번, 나부낄 번, 수건 번(木)

幟 깃대 치, 표기 치 깃발 치(木)

幣 폐백 폐, 비단 폐 떨어질 폐 常(木)

幜 비단 경, 겉옷 경

幠 덮을 무, 거만할 무, 클 호

幞 보자기 복 두건 복

䰆 머리띠 수 댕기 수, 두건 수

幝 찢어질 천 휘장 찢어질 천

𢅻 비단옷 과

𢅺 바지띠 교 허리띠 교

𢅼 수레 포장 뼈대 료

𥂗 盟[맹세할 맹]의 古字

幚 幫[도울 방]의 俗字

幩 재갈 장식 분

𢅫 해가리개 산 양산 산

㡧 幀[족자 정]과 같음

幬 휘장 주, 포장 주 덮을 도

㡡 장막 주

𢅵 닦을 초

𢆀 비단 찢는 소리 획

⑬ 획

幦 수레용 덮개 멱 수레 뚜껑 멱

幞 보자기 복, 두건 복(木)

幩 재갈 장식 분

幧 머리띠 조 망건 초

幨 휘장 첨, 옷깃 첨 수레 휘장 첨 (木)

𢅾 행전 교

㡘 휘장 렴, 고운 비단 렴

𢆁 綠[푸를 록]과 같음

𢅿 龍[용 룡]과 같음

𢆂 앞 글자와 같음

幔 장막 만, 주기 만 장식 없는 수레 만

幭 수레 덮개 멸 두건 멸

𢆃 짙은 붉은색 세

㡨 휘장 첨, 옷깃 첨 수레 휘장 첨

冪 덮을 멱, 덮개 멱 장막 멱 [冖部](土)

⑭ 획

幫 도울 방, 신의 양쪽면 방 (木)

幪 두건 몽, 덮을 몽 무성할 몽 (木)

幬 휘장 주, 포장 주 덮을 도 (木)

帰 歸[돌아갈 귀]와 같음

歸 歸[돌아갈 귀]의 俗字

幱 단 없는 옷 람 모직물 람

幘 어지러울 빈 옷 해진 모양 빈

幓 쌀 은(보자기로 물건을 싸다)

幞 수건 의

⑮ 획

幭 수레 덮개 멸 두건 멸

幯 걸레 절, 닦을 절

幮 장막 주

幧 삼베수건 세

幓 활집 축

幈 치마 피

⑯ 획

幰 수레 포장 헌 포장 헌 (木)

幱 옷 해질 뢰

幦 수레 덮개 멱, 멸 두건 멸

幩 자루 터질 분

幨 수건 섬, 덮을 섬

幬 휘장 주, 포장 주 덮을 도 (木)

⑰ 획

幱 내리닫이 옷 란 문지방 란 (木)

幟 표지 첨, 표할 첨

幯 천막집 약 포장을 친 집 약

幤 幀[족자 정]과 같음

幣 경렴 렴

⑱ 획

幪 칠할 뇌

幭 돛 쌍, 돛대 쌍

幖 깃발 표, 두건 표

⑲ 획

幱 찢어진 비단 라

幱 띠 란, 장막 란

幠 덮을 호, 클 호

干部

干 방패 간, 천간 간 물가 간, 범할 간 常 (木)

于 갈(行) 우, 어조사 우 [二部] 常 (水)

② 획

平 평평할 평, 바를 평 고를 평 常 (木)

干 찌를 임 약간 심할 임

③ 획

年 해 년, 시대 년, 나이 년, 풍년들 년 常 (木)

幵 평평할 견, 성 견 종족 이름 견

并 아우를 병, 합할 병 오로지할 병 (木)

刊 새길 간, 깎을 간 쪼갤 간 [刀部] 常 (金)

④ 획

幵 汀[물가 정]과 같음

乿 넓적다리 안

罕 드물 한, 그물 한 기 한, 포한 한 [网部]

旰 해질 간, 늦을 간 번화할 간 [日部]

⑤ 획

幷 아우를 병, 합할 병 오로지할 병 (木)

幸 다행 행, 행운 행, 포상 행, 요행 행 常 (木)

盰 눈 부릅뜰 간 [目部]

盂 소반 간 큰 바리 간 [皿部]

㚔 幸[다행할 행]과 같음

⑦ 획

𢆉 맞이할 오

羿 幷[아우를 병]의 本字

⑨ 획

𢆟 장대 세울 갈 장대 세워둘 갈

𢆠 幵[평평할 견]의 本字

⑩ 획

幹 줄기 간 몸뚱아리 간 常(木)

𢆡 작은 단 견 작은 묶음 견

𢆢 쌀소쿠리 병 광주리 병

⑫ 획

𢆣 쌀소쿠리 병 광주리 병

幺 部

幺 작을 요, 어릴 요 하나 요 (水)

① 획

幻 변할 환, 어지럽힐 환, 허깨비 환 (火)

𢆰 玄[검을 현], 糸[가는실 사]의 古字

② 획

幼 어릴 유, 어린애 유 사랑할 유 常(火)

③ 획

幺幺 작을 유 玆[이 자]의 古字

④ 획

𢆶 작은 모양 요, 妙[묘할 묘]와 같음

⑤ 획

𢆷 幾[몇 기]의 古字

𢆸 앞 글자와 같음

𢆹 갑자기 반발할 요 어그러질 요

⑥ 획

幽 그윽할 유, 깊을 유 가둘 유 常(火)

胤 맏아들 윤 익힐 윤 [肉部](水)

⑧ 획

𢆻 북에 실 꿸 관

⑨ 획

幾 몇 기, 얼마 기, 기미 기, 살필 기 常(火)

𢆼 㬈[어그러질 예]의 訛字

⑩ 획

鄉 고을 향, 시골 향 고향 향 [邑部] 常(土)

𢆾 어그러질 예 급히 돌아올 예

⑪ 획

𢆿 작을 사 작은 모양 사

𢇀 繼[이을 계]와 같음

⑫ 획

畿 경기 기, 문안 기 지경 기 [田部] 常(土)

𢇁 幽[깊을 유]와 같음

⑬ 획

𢇂 絶[끊을 절]의 古字

广 部

广 바윗집 엄 (木)

② 획

広 廣[넓을 광]의 略字 (木)

庀 다스릴 비, 갖출 비 덮을 비 (金)

仄 기울 측, 적측 측 뒤집을 측

庁 廳[관청 청]의 略字

③ 획

庆 뜸뜸 자리 구

庄 농막 장, 莊[풀성할 장]의 俗字(土)

庍 행랑채 사 천할 사

庈 같을 엄, 천할 엄

庈 식당 예, 추녀 예

序 宇[집 우]의 古字

庂 행낭 익 공경할 이

庅 底[밑 저]와 같음

庑 宅[집 택]의 古字 度[법도 도]와 같음

后 젖 함

④ 획

庇 덮을 비, 감쌀 비 도울 비(木)

床 상 상, 자리 상, 평상 상, 바닥 상 常(木)

序 차례 서, 서문 서 학교 서, 담 서 常(木)

庈 사람 이름 금

庋 선반 기, 갈무리할 기, 떠받들 기 (木)

庉 담 돈, 누각 담 돈 파도소리 돈

庌 큰집 아, 차양 아 저촉될 아

庍 딴 곳에 갈 흔

庎 시렁 개

庞 그늘 담, 음지 담

庐 廬[오두막집 려]의 俗字

庥 깊은 집 수 집 깊을 수

庨 잿간 수

应 應[응할 응]의 俗字

底 底[밑 저]의 訛字

庈 산 이름 지

庈 암키와 환 그물벼리 환

庈 아래 임

⑤ 획

庚 일곱째 천간 경 길 경, 별 경 常(金)

府 곳집 부, 도읍 부 마을 부 常(土)

底 밑 저, 아주 저, 초고 저, 멈출 저 常(木)

店 가게 점, 점방 점 여관 점 常(木)

庛 장기 술 자 따비가지 자

庖 부엌 포, 요리 포 요리할 포 (木)

庈 좁을 녑

庈 작은집 단 작은 술잔 단

庈 깊숙한 집 동

庈 집이 울리는 소리 랍

庙 廟[사당 묘]의 俗字

庈 기장 미

废 머무를 발

庈 같지 아니할 사

庘 집 기울어질 압 돼지우리 압

庈 시렁 예

庈 의지할 저

庈 평평할 전

庈 벌일 포

庈 펼 피

庈 知[알 지]의 古字

庈 扁[넓적할 편]의 古字

庈 집 더러울 지

⑥ 획

度 법도 도, 자 도 꾀할 탁, 살 택 常(木)

庠 학교 상, 침착할 상, 태학 상 (木)

庣 차지 않을 조, 오목한 그릇 조

庢 가로막아 말릴 질 물굽이 질

庤 쌓을 치, 갖출 치

庥 덮을 휴, 의지할 휴, 나무그늘 휴(木)

㢆 두를 갑 아래로 처질 압

㢀 무너질 궤

㢈 집 울릴 동

庰 가릴 병

㢅 집 기울 선

㢋 험할 엄

㢇 곳간 예, 결채 이

庡 배회할 의 칸막이 의

𢈔 말 상스러울 조

㡿 斥[물리칠 척]과 같음

㡹 낮은 집 치

㢊 옆에서 칠 치 넓을 치

𢈓 문지방 한

𢈿 구멍 현

⑦ 획

庫 곳집 고, 감옥 고 술집 고 常(木)

庬 두터울 방 어지러울 방

庪 산신제 기, 시렁 기 일으킬 기, 묻을 기

庮 석가래 유, 집나무 썩는 냄새 유

庭 뜰 정, 마루 정, 정원 정, 집안 정 常(木)

座 자리 좌, 지위 좌 깔개 좌 常(木)

庯 지붕이 평평할 포

席 자리 석, 깔 석 베풀 석 [巾部]常(木)

唐 당나라 당, 공허할 당 [口部]常(水)

庨 궁실 높은 모양 효 높은 집 효(木)

庩 집 도, 집 기울 도

㢌 부엌 두, 제소 두

㢃 높을 랑, 그릇 랑(木)

𢈹 많을 려 사람 이름 려

㢚 집 롱

𢈙 초가 루

𢈢 琒[옥돌 방]과 같음

𢇼 竢[잠깐 사]와 같음

㢞 씩씩하게 선 모양 장

𢇶 廛[가게 전]과 같음

𡩥 親[친할 친]의 古字

㢁 옆에 붙은 집 구

𢈏 쌀 곳간 곤

⑧ 획

康 편안 강, 풍성할 강 튼튼할 강 常(木)

庶 여러 서, 많을 서 무리 서, 뭇 서 常(木)

庵 암자 암, 초막 암 홀연히 엄 (木)

庸 떳떳할 용, 쓸 용 갚을 용 常(木)

𢈱 곳집 경

庲 집 래

𢉋 정자 이름 릉

𢉍 가릴 병, 감출 병 덮을 병

庳 집 낮을 비, 오두막 집 비, 낮을 비 (木)

𢈘 앞 글자와 같음

𢈴 담장 장, 옥 장 사모할 장

𢈟 고을 이름 적 움집 움

庹 팔로 잴 탁, 타 두 팔 벌릴 탁

𢈠 텅빈 골짜기 모양 강, 빈집 강

㢡 희롱할 관

㢔 집 총

𢈶 지붕 물매 퇴 흙무더기 퇴

𢉀 신탁자 애 선반 이

𢈲 사악할 야 비스듬할 야

𢈡 廩[곳집 름]의 古字

㢕 기울어질 취 엎어질 쉬

㢟 판자 잔, 산자 찬

㢋 넓을 치 옆에서 칠 치

廞 무너지는 소리 추 무너질 추

㡬 或[혹 혹]의 古字

崩 무너질 붕 집 무너질 붕

庈 집머리 사 작은 방 사

庈 돌이 많은 땅 금

庺 松[솔 송]의 古字

庩 두터울 염 뜨거울 염

庣 작은 젖통 뉴 작은 젖 뉴

鹿 사슴 록, 모진 곳 집 록 [鹿部] 常(土)

麻 삼 마, 윤금 마 [麻部] 常(木)

庻 사람 이름 첩

⑨ 획

廂 행랑 상, 곁채 상 지역 상 (木)

庿 廟[사당 묘]의 古字

庾 곳집 유, 노적 유 열여섯말 유 (木)

廄 이을 갱

廋 叟[숨길 수]와 같음

廁 뒷간 측, 섞일 측 돼지우리 측 (木)

廃 廢[폐할 폐]의 略字

廜 초가 도

廡 寓[머무를 우]와 같음 (木)

廆 으슥한 곳 외 숨은 곳 외

廦 뒷간 평, 남이 알지 못하는 곳 평

廮 월량 영

廓 평평할 호

廈 집지을 가 시렁 가

廑 쌓을 군

廅 감출 접 갈무리할 첩

廇 집 좁을 얼

廐 매화틀 투 말죽통 투

廍 초막 랄, 암자 랄 감옥방 랄

廕 땅 이름 음

廞 꽃 어지러울 함

⑩ 획

廒 가릴 람

廊 복도 랑, 행랑 낭 곁채 랑 常(木)

廉 청렴 렴, 가 렴 검소할 렴 常(木)

廈 처마 하, 큰집 하 행랑 하 (木)

廇 대마루 류 뜰의 중앙 류

廋 숨길 수, 찾을 수 벼슬 이름 수 (木)

廆 담 외, 산 이름 괴 사람 이름 외

廅 산 곁구멍 합

廌 법 치, 해태 치 드릴 천, 버틸 천

廌 앞 글자와 같음

厤 歷[지낼 력]과 같음

廌 집 마

庥 나무그늘 휴

廋 자태 휴

廇 집 무너질 추

廈 앞 글자와 같음

廜 끌 체, 끌릴 체 당길 철

⑪ 획

廓 둘레 곽, 클 확, 열 확, 테두리 곽 (木)

廎 작은 마루 경, 작은 당 경, 기울 경

廏 마구간 구, 가축우리 구 (木)

廐 앞 글자와 같음 (木)

廑 겨우 근, 받을 근 오두막집 근 (木)

廗 집 비뚤어질 대 자리석, 집기울대

廘 곳집 록 곡식 창고 록

廖 공허할 료, 성 류 사람 이름 료 (木)

廔 집 대마루 루 집 창문 루

廍 큰집 부

廒 곳집 오 곡식 창고 오

廕 덮을 음, 움집 음 (木)

㢣 빌 막, 정할 막

㢑 으슥한 곳 병 후미진 곳 병

㢝 병 다스릴 삭 병 치료할 삭

㢟 큰 집 심

廱 廱[학교 옹]과 같음

㢒 집 쓰러지려 할 사

腐 썩을 부, 무를 부 [肉部] 常(水)

塵 티끌 진, 먼지 진 때낄 진 [土部](土)

㢡 급할 의

廙 막사 익, 공경할 익, 공경할 이 (木)

㢓 障[가로막을 장]과 같음

㢗 많은 모양 종 많을 종

㢜 늘어진 모양 최 드리울 최

㢞 恢[넓을 회]와 같음

⑫ 획

慶 경사 경, 착할 경 하례할 경 [心部] 常(火)

廣 넓을 광, 넓힐 광 너그러울 광 常(木)

㢜 암자 도, 초가 도 술 이름 도

廟 사당 묘, 조정 묘 빈소 묘 常(木)

廡 집 무, 곁채 무 (木) 처마 무, 큰집 무

廝 하인 시, 부릴 시 마부 시, 천할 시 (木)

㢢 廙[막사 익]의 本字

廛 가게 전, 전방 전 누달 전 (木)

廚 부엌 주, 주방 주 (木)

廠 헛간 창, 공장 창 창고 창 (木)

廢 폐할 폐, 무너질 폐 쇠퇴할 폐 常(木)

廞 진열할 흠, 일으킬 흠, 험준할 감 (木)

㢠 높은 집 교

摩 갈 마, 닦을 마, 가까워질 마 [手部](木)

㢤 廇[중정 류]와 같음

㢥 우뚝 솟은 집 반 쌓을 반, 곳집 반

㢦 秩[차례 질]의 古字

㢧 아름다울 위

㢨 鼻[코 비]와 같음

㢩 덜 삼, 없앨 삼 제거할 삼

麾 대장기 휘 휘두를 휘 [麻部](木)

㢪 큰 집 선

㢫 곳 곳

⑬ 획

廥 여물 창고 괴 (木)

㢬 담 벽, 방 벽

廩 곳집 름, 줄 름 쌀광 름 (木)

廪 앞 글자와 같음

㢭 곳집 미

廧 담 장, 담칠 장 벼슬 이름 색 (木)

廨 관아 해, 관청 해 (木)

㢮 광대할 강

㢯 僅[겨우 근]과 같음

㢰 볕 가릴 로 차양 로

磨 갈 마, 만질 마 숫돌 마 [石部] 常(金)

㢱 큰집 서

㢲 작은 모양 엄

㢳 작고 못생길 력 [小部]

廱 壅[막을 옹]과 같음

㢴 앉을 요, 자리 요

㢵 놀릴 유

㢶 쏠릴 흠 모진 마음 흠

穈 기장 미 [禾部]

⑭ 획

縻 고삐 미 얽어맬 미 [糸部]

糜 죽 미, 싸라기 미 물크러질 미 [米部]

應 응할 응, 응당 응 꼭 응 [心部] 常(火)

膺 가슴 응, 북두 응 당할 응 [肉部](水)

廯 鼻[코 비]와 같음

廉 옷궤 겸 나무상자 겸

廑 廑[겨우 근]의 本字

廡 廡[곁채 무]와 같음

廓 확트이고 먼 모양 확, 빌 확, 멀 확

⑮ 획

廖 텅 빌 료

廖 땅 이름 우

廧 廧[담 장]과 같음

⑯ 획

廬 초막 려, 집 려 창 자루 로(木)

廯 집 린

廥 곳집 적

龐 높은집 방, 성 방 충실할 롱[龍部](土)

靡 없을 미, 사치할 미 어여쁠 미[非部](水)

蘇 술 이름 소 오두막집 소

廯 집 선

廙 冀[바랄 기]와 같음

廣 냄새날 부 썩을 부

鷵 빠를 착

⑰ 획

廯 곳간 선

廮 편안히 머물 영 현 이름 영

廞 큰 집 음, 집 음

廙 복도 익

巇 산 높을 희 험준할 희

廈 廈[처마 하]와 같음

廰 廳[관청 청]의 略字

⑱ 획

廱 화락할 옹(木) 학교 옹, 막힐 옹

魔 마귀 마, 귀신 마 마술 마 [鬼部](火)

廥 창고 구, 곳집 구

⑲ 획

䴡 깁창 려, 비단으로 바른 창 려

廲 큰 집 리

⑳ 획

䳺 삼갈 겸

㉑ 획

鷹 매 응, 새매 응 [鳥部](火)

㉒ 획

廳 관청 청, 대청 청 행정구역 청 常(木)

㉔ 획

靇 바위 구멍 령 (巖穴)

廲 더위 잡을 련

廴部

廴 길게 걸을 인, 당길 인, 민책받침

③ 획

廵 巡[돌 순]의 俗字

延 천천히 걸을 천

④ 획

延 늘일 연, 오래끌 연 맞이할 연 常(木)

廷 조정 정, 관아 정 공평할 정 常(木)

廷 갈 정

⑤ 획

廸 迪[나아갈 적]과 같음

廹 迫[닥칠 박]과 같음

迍 趁[좇을 진]과 같음

廻 廻[돌 회]와 같음

⑥ 획

建 세울 건, 건의할 건, 공포할 건 常(木)

廻 돌 회, 돌릴 회 선회할 회 (水)

廼 迺[이에 내]의 俗字

廸 廸[세울 건]의 이체(왕건의 이름자)

⑦ 획

廽 廻[돌 회]와 같음

⑧ 획

廷 다할 정

⑨ 획

𢌞 서로 돌아보며 걸을 연

⑩ 획

𢌟 서로 돌아보며 걸을 천

廾部

廾 두 손으로 받들 공

廿 스물(20) 입 [十部] (水)

① 획

廾 等[같을 등]과 같음

廿 스물(20) 입 (水)

② 획

弁 界[지경 계]와 같음

弁 고깔 변, 관쓸 변 급할 변 (木)

③ 획

异 그만둘 이, 그칠 이 다를 이

𢍏 箕[키 기]의 古字

④ 획

弄 희롱할 롱, 골목 롱 구경할 롱 常(金)

弃 棄[버릴 기]의 古字 (木)

戒 경계할 계, 타이를 계, 지킬 계 [戈部] 常(金)

𢍑 앞 글자와 같음

弅 높은 언덕 분

𢍒 줌통 귀 활잡이 귀

⑤ 획

弆 감출 거

𢍓 承[이을 승]과 같음

弈 받들 육

𢍔 弈[바둑 혁]과 같음

𢍕 열반(涅槃)의 합자(合字)

⑥ 획

弇 덮을 엄, 이을 엄 좁을 엄, 깊을 엄 (土)

弈 바둑혁, 장막 혁 클 혁, 여러 혁 (火)

𢍖 巽[괘 이름 손]의 本字

𢍗 契[맺을 계]의 訛字

𢍘 奔[달릴 분]의 本字

𢍙 思[생각 사]의 古字

𢍚 葬[장사지낼 장]의 訛字

⑦ 획

𢍛 誥[고할 고]의 古字

𢍜 주먹밥 권 웅큼 권

𢍝 終[마침 종]의 古字

⑨ 획

𢍞 초목이 무성할 위

𢍟 棄[버릴 기]의 古字

𢍠 尊[높을 존]과 같음

⑩ 획

𢍡 흰 비단 곡

弃 奧[속 오]의 本字

⑪ 획

弉 奘[권면할 장]과 같음

⑫ 획

弊 해질 폐, 곤할 폐 넘어질 폐 常(水)

弎 言[말씀 언]의 古字

⑬ 획

弿 擎[들 경]과 같음

舁 興[일 흥]의 本字

䢞 높은 데 오를 천

𢍰 擇[가릴 택]과 같음

⑮ 획

彝 떳떳할 이 평탄할 이 [彐部](火)

彛 앞 글자의 俗字 (火)

⑲ 획

彎 술국자 권, 풀 권

㉔ 획

𢍺 曆[책력 력]의 古字

弋部

弋 주살 익, 취할 익 주살질할 익 (金)

弌 앞 글자와 같음

① 획

戎 戎[오랑캐 융]과 같음

弌 一[한 일]의 古字

戈 창 과, 전쟁 과 [戈部] (金)

② 획

弍 二[둘 이]의 古字

代 대신 대, 댓수 대 번갈을대 [人部] 常(火)

③ 획

弎 三[석 삼]의 古字

式 법 식, 방식 식, 제도 식, 의식 식 常(金)

④ 획

武 武[굳셀 무]와 같음

弐 결분골 익, 뼈 익

弑 능할 익

忒 틀릴 특, 어길 특 번할 특 [心部](火)

戕 배말뚝 장 (金) 고을 이름 장

弍 哉[어조사 재]의 俗字

杙 과실 이름 익, 몽치 익, 말뚝 익 [木部]

⑤ 획

甙 달(甘) 대, 술 대

哥 배말뚝 가(배를 매는 말뚝)

武 강할 무, 건장할 무 [止部] 常(土)

⑥ 획

弎 배말뚝 동

𢍹 날카로울 절 나라 이름 절

⑧ 획

弑 弑[죽일 시]와 같음

雉 주살 익 [隹部]

⑨ 획

弒 죽일 시 (金)

弑 성씨 소

貳 二, 弍[둘 이]와 같음, 갖은 두 이 [貝部](金)

⑩ 획

歌 배말뚝 가

弒 弒[죽일 시]의 本字

貳 二[둘 이]와 같음

⑫ 획

𢏁 주살 증, 짧은 화살 증

⑬ 획

𢏣 弑[죽일 시]와 같음

弓部

弓 활 궁, 궁술 궁, 활 모양 궁 常(火)

𢎗 乃[이에 내]의 古字

𢎘 꽃봉오리 함

① 획

𢎙 及[미칠 급]의 古字

𢎚 卷[책 권]과 같음

引 끌 인, 당길 인, 늘일 인 常(火)

弔 조상 조, 조문할 조, 안부 물을 조 常(土)

𢎛 節[마디 절]과 같음

𢎜 彈[탄알 탄]과 같음

𢎝 앞 글자의 古字

② 획

𢎟 糾[꼴 규]와 같음

𢎠 乃[이에 내]와 같음

弗 아닐 불, 어길 불, 달러 불 (木)

弘 클 홍, 넓을 홍, 넓힐 홍, 너그러울 홍 常(火)

𢎥 弔[조문할 조]의 本字

𢎦 앞 글자와 같음

𢎪 射[쏠 사]의 本字

𢎫 引[당길 인]과 같음

𢎬 弘[클 홍]과 같음

③ 획

弜 강할 강, 기, 강두호자 강, 기

𢎸 활고자 건

弙 활 당길 오, 가질 오

𢏀 앞 글자의 本字

弛 풀어질 이, 느슨할 이, 게으를 이 (金)

𢏁 막을 한

𢏃 彈[탄환 탄]과 같음

𢎾 앞 글자와 같음

𢏉 과녁 적, 활 쏠 적

㢮 곤궁한 모양 퇴

④ 획

弟 아우 제, 제자 제, 누이동생 제 常(水)

𢏺 깍지 결

弞 미소지을 신, 신뉴신, 생긋 웃을 신

𢏏 활 여

弝 줌통 파, 칼자루 파

𢏗 弦[시위 현]과 같음

⑤ 획

㢭 작은 활 고

弡 강하고 용감할 굴, 날랠 굴, 베풀 장

穹 곤궁할 궁, 완전히 궁, 높을 궁 [穴部](水)

弩 쇠뇌 노, 힘쓸 노, 성하고 많을 노 (金)

弥 彌[두루 미]의 略字

弥 彌[두루 미]와 같음 (金)

弢 활집 도, 기집 도, 감출 도, 속박 도 (木)

弣 줌통 부

弤 활 이름 저

弨 활 뒤집힐 초, 시위가 느슨할 초

弦 활시위 현, 반달 현, 급할 현 (木)

弧 활 호, 깃대 호, 굽을 호, 여우 호 (木)

𢏚 弛[풀어질 이]와 같음

弫 활 힘셀 진

彼 실이나 가죽으로 활 장식할 피

弫 기 민, 옻칠한 활 돈

⑥ 획

弭 활고자 미, 각궁 미 그칠 미, 잊을 미 (土)

弮 쇠뇌 권, 현 이름 권

弰 활 굽을 양

弻 西[서녘 서]의 古字

弜 巽[괘 이름 손]과 같음

弬 사람 이름 예

弳 활 이름 이

弫 활 힘셀 진, 활 강할 진

弲 상아 활고자 통 활 꾸밀 동

弼 弼[도울 필]과 같음

弽 활 힘셀 협 깍지 협

艴 성 발끈 낼 불, 발 (土)

⑦ 획

弻 乃[이에 내]의 古字

弸 뜰 범(물에 뜨다)

弰 활고자 소 화살 메길 소

弱 약할 약, 쇠할 약 가날플 약 常(金)

弱 앞 글자와 같음

弳 호도 경

弴 활고자 순 활 오늬 순

弶 길 신(長也)

弼 弼[도울 필]의 古字

弦 각궁 현, 쇠뇌 현

弮 활 휠 훤 활 굽을 훤

⑧ 획

弶 창애 강

強 굳셀 강, 강할 강 힘 있는 자 강 常(金)

弴 그림 그린 활 돈, 조 (金)

弸 가득찰 붕, 활이 강한 모양 붕, 팽

張 베풀 장, 벌릴 장 활당길 장 常(金)

弲 활 배바닥 연

弧 용감한 모양 곡 날랠 곡

弭 각궁 미, 활고자 미

弻 고집셀 별

弸 통길 병, 활 당길 병

弱 쇠뇌 당길 위, 활 굽을 위

爲 爲[할 위]와 같음

弹 활 당길 쟁

弦 활 현, 성씨 현 (金)

號 베풀 시, 활 호

⑨ 획

强 굳셀 강, 강할 강 힘 있는 자 강 (金)

弽 깍지 섭, 협

弱 弱[약할 약]의 古字

弮 활전 연, 활실 연 (활에 감는 실)

彵 튀길 치, 통길 지 탄환 시, 탄알 치

弾 彈[탄환 탄]의 略字

發 필 발, 일어날 발 일으킬 발 [癶部] 常(火)

猵 활 뒤로 젖혀질 편

弼 도울 필, 어긋날 필, 보좌할 필 (金)

弻 앞 글자와 같음

弼 앞 글자와 같음

⑩ 획

彀 활 당길 구, 활쏠 구,쏘는 표준 구 (金)

騫 활 힘셀 건

彍 활 시위 팽팽할 방

彋 활 갈을 비 활 꾸밀 비

彋 활집 역, 격

彈 튀길 진

⑪ 획

彄 활고자 구, 가락지 구
彃 쏠 필, 활시위 필
弸 활 붕
彸 내 이름 총(川名)

⑫ 획

彆 활 뒤틀릴 별 고집셀 별 (金)
彈 탄알 탄, 쏠 탄, 탈 탄, 탄핵할 탄 常(金)
彉 베풀 확, 빠를 확 활 당길 확
彇 활 당길 교
彮 활 힘셀 잠 시위 당길 잠
彮 활 시위소리 쟁
弼 弼[도울 필]의 古字
彇 활고자머리 소

⑬ 획

彊 강할 강, 센 활 강 굳셀 강 (金)
彋 휘장 펄럭이는 모양 횡, 활소리 횡
彋 힘줄의 끝 강
警 檠[도지개 경]과 같음

⑭ 획

彌 활부릴 미, 널리 미, 가득찰 미 (金)

⑮ 획

彍 활시위 당길 확 빠를 확, 베풀 확
彍 기를 번

⑯ 획

疆 지경 강, 갈피 강 한끝 강 [田部] (土)
斃 死[죽을 사]와 같음

⑰ 획

彏 활이 굽은 곳 양
彇 활고자 소

⑱ 획

彏 활 힘셀 구
彏 활 굽을 권
彌 활 부릴 미
彏 활 쓰기 편할 요

⑲ 획

彎 활 굽을 만 (火)
鬻 죽 죽, 미음죽 죽 팔 육 [鬲部]

⑳ 획

彏 활 급히 당길 확

彐部

彐 돼지 머리 계
彑 고슴도치 머리 계
彑 彐[돼지 머리 계]와 같음

① 획

尹 성씨 윤, 다스릴 윤 벼슬 윤 [尸部] (水)

② 획

归 歸[돌아갈 귀]의 俗字·簡字

③ 획

彐 多[많을 다]와 같음
当 當[마땅 당]의 俗字·略字
孜 好[좋을 호]와 같음

④ 획

彖 돼지 하

⑤ 획

彔 근본 록, 나무를 새길 록 (金)
希 털 긴 짐승 이 너구리 새끼 이
帚 비 추, 털 추 [巾部]

⑥ 획

彖 단사 단, 점칠 단 토막 단 (火)

彔 录[근본 록]의 本字

𢑑 申[펼 신]의 古字

⑦ 획

書 글 서, 적을 서 문서 서 [曰部] 常(木)

⑧ 획

彗 비 혜, 쓸 혜, 살 별 혜, 말릴 혜 (火)

⑨ 획

彘 돼지 체, 성씨 체 땅 이름 체 (水)

㣇 돼지 홀

尋 찾을 심, 인할 심 이을 심 [寸部] 常(金)

⑩ 획

彙 무리 휘, 번성할 휘, 고슴도치 휘(火)

彚 앞 글자와 같음

⑬ 획

𢑻 손을 뒤집어서 칠 소, 칠 소

彛 彝[떳떳할 이]와 같음(火)

彜 앞 글자와 같음

𢑴 돼지 시, 돼지 소리 시, 쥐 이름 시

⑮ 획

彝 떳떳할 이, 제기 이, 평탄할 이(火)

𢑾 猪[돼지 저]와 같음

㉓ 획

彠 잴 확, 헤아릴 확

彡部

彡 터럭 삼, 무늬 삼 섬저 섬

② 획

㐱 새로 깃이 나서 날 진

③ 획

𢒀 工[장인 공]과 같음

④ 획

彤 붉을 동, 붉은 칠할 동 (火)

彣 문채 문, 채색 문 빨갛고 파랄 문

形 형상 형, 형세 형 몸 형, 모양 형 常(火)

𢒅 앞 글자와 같음

⑤ 획

𢒈 丹[붉을 단]의 古字

𢒟 彦[선비 언]의 俗字

𢒡 날카로울 삼 물건에 섞일 삼

⑥ 획

彦 선비 언, 아름다울 언(火)

彥 앞 글자와 같음 (火)

𢒆 形[형상 형]과 같음

⑦ 획

彧 문채 욱 무성한 모양 욱(火)

𢒎 補[도울 보]의 古字

𢒏 徒[무리 도]와 같음

𢒓 祥[상서로울 상]의 古字

𢒗 벨 좌(芟也)

⑧ 획

彬 문채 선명할 빈, 아름답고 성할 빈(火)

彫 새길 조, 꾸밀 조 아로새길 조 (火)

彩 광채 채, 무늬 채 채색 채 常(火)

𢒦 馬[말 마]의 古字

㣎 잔무늬 목

彪 범 표, 범무늬 표 클 표, 빛날 표(火)

𢒫 앞 글자와 같음

⑨ 획

彭 나라 이름 팽 땅 이름 팽 (火)

須 모름지기 수, 턱수염 수 [頁部] 常(火)

彰 문채 란, 문채 나는 모양 란

影 馬[말 마]의 古字

彭 變[변할 변]의 古字

彰 靜[고요 정]의 古字

⑩ 획

影 馬[말 마]의 古字

彰 띠를 늘어뜨려 장식한 모양 용

⑪ 획

彰 變[변할 변]의 古字

彰 나타날 창 가로막을 창 (火)

彯 띠 표, 날릴 표 빠를 표, 새길 표

縰 털 늘어진 모양 사

彰 포개진 그림자 용 모양 용

⑫ 획

影 그림자 영, 형상 영 초상 영 常(火)

景 앞 글자와 같음

彠 尋[찾을 심]과 같음

彰 터럭 길을 증

⑬ 획

彧 문채 날 욱 빠를 욱

彰 문채 화려할 찬 문채 성할 찬

⑲ 획

彲 이무기 리, 치

彬 彬[빛날 빈]의 古字

彳部

彳 자축거릴 척, 복 (통칭 두인변)

② 획

彳 걷는 모양 교 갈 교

犯 犯[범할 범]의 古字

行 홀로 걸을 정

③ 획

伏 大[큰 대]와 같음

彴 별똥별 박, 돌다리 작, 외나무다리 작

代 다닐 익(行), 갈 익

他 편안하게 걸을 타

执 길 잃을 환

④ 획

彸 갈 계(行也)

彶 급히 갈 급(急行)

彷 방황할 방, 거닐 방, 비슷할 방 (火)

彸 눈 휘둥그릴 송 황급히 갈 송, 종

役 부릴 역, 군사 역 싸움 역, 일 역 常(火)

汰 太[클 태]와 같음

彼 返[돌아올 반]과 같음

徇 徇[주창할 순]과 같음

仰 걸음걸이가 바르지 못할 앙

冉 천천히 걸을 염

元 길 잃을 완

往 급히 가는 모양 왕

从 從[좇을 종]과 같음, 略字

衲 退[물러갈 퇴]의 古字

⑤ 획

伶 홀로 걸을 령

徕 홀로 가는 모양 미

佛 비슷할 불 (火)

往 갈 왕, 이따금 왕 옛 왕, 보낼 왕 常(火)

征 칠 정, 세 받을 정 갈 정, 취할 정 常(火)

彼 저 피, 아닐 피 덮을 피 常(火)

徂 갈 조, 죽을 조(火) 시작할 조, 막을 조

彽 머뭇거릴 지, 저

径 徑[지름길 경]의 略字

𢓊 달리는 모양 비

𢓋 걷는 모양 삽

㣅 천천히 걸을 염

徃 往[갈 왕]과 같음

𢓡 평탄할 이

㣗 걷는 모양 임

㣌 作[지을 작]과 같음

㣙 걷는 모양 적

㣊 걷는 모양 치

役 부릴 역

㣋 성씨 퉁

𧗠 軌[길 궤]의 古字 [行部]

⑥ 획

待 기다릴 대, 대비할 대, 용서할 대 常(火)

律 법칙 률, 음률 률 율시 률 常(火)

徇 조리돌릴 순 재빠를 순(火)

徊 배회할 회, 돌 회 (火)

後 뒤 후, 장래 후, 후손 후, 늦을 후 常(火)

徆 갈 서(行也)

徉 어정거릴 양 가장할 양(火)

𢓱 평탄할 이, 쉴 제

㣡 천천히 걸을 중

很 어길 흔, 매우 흔 패려궂을 흔(火)

衍 성할 연, 넓을 연, 물이 넘칠 연 [行部](火)

㣊 이를 격, 오를 격

𢓜 갈 과(~가다) 걸어갈 과

𢔁 가는 모양 길

𢔀 오가는 모양 신

㣧 오연 연, 인(전설의 짐승 이름)

𢔇 비척거리며 걷는 모양 와

𢔈 갈 주(~가다)

㣜 비틀거릴 증

𢔂 갈 탈(~가다)

㣚 곧게 행할 통

㣢 걷는 모양 형

衎 즐길 간, 나갈 간 강직할 간 [行部](火)

⑦ 획

徑 지름길 경, 길 경 빠를 경 常(火)

徒 무리 도, 걸어다닐 도, 보병 도 常(火)

徐 천천히 서, 온화할 서, 완만할 서 常(火)

㣣 건들거리며 걷는 모양 섬

徔 갈 지(~가다)

𢔼 흔들거리며 갈 협

𢔔 부채질할 광

㣵 부릴 봉

㣤 걸어다니는 모양 소

㣥 걸어서 당도할 수

𢕊 御[모실 어]의 古字

䘬 吾[나 오]와 같음

𢔶 往[갈 왕]의 本字

徎 질러갈 정 지름길 정

𢓩 쉴 제(휴식)

㣸 물러날 준(火)

従 從[좇을 종]의 略字

㣶 걷는 모양 타

𢓸 退[물러갈 퇴]의 古字

㣯 송사할 해

徥 很[패려궂을 흔]의 本字

徥 침노할 침

徧 통할 통

徬 부릴 병

徬 다니는 모양 형

⑧ 획

得 얻을 득, 사로잡을 득, 만족할 득 常(火)

徠 올 래, 위로할 래 (火)

徘 방황할 배 천천히 갈 배 (火)

徙 옮길 사, 넘길 사 귀양보낼 사 (火)

御 모실 어, 어거할 어 시중들 어 常(火)

從 좇을 종, 따를 종 거느릴 종 常(火)

徍 시할머니 고

徛 징검다리 기

徚 어정거릴 림

徜 노닐 상, 문득 상 한가로이 놀 상(土)

徢 종종걸음 섭 달아날 섭

徿 胤[이을 윤]과 같음 (火)

徖 편안할 종

徟 가는 모양 주

徣 借[빌릴 차]와 같음 (火)

徣 떼지어갈 행

徑 徑[지름길 경]과 같음

徺 천천히 걸을 권

徲 사람이 많은 모양 급

徛 걷는 모양 도

徚 걷는 모양 동

俾 俾[더할 비]와 같음

徖 두려워 조금씩 나아가는 모양 송

修 修[닦을 수]와 같음

俺 숨길 엄

徃 往[갈 왕]과 같음

徣 佾[춤 일]의 古字

御 다닐 지

徢 자취 천

徝 베풀 치

徛 기다릴 치, 저축할 치

徟 멀리 달릴 탁, 착

徻 배에 물 들어올 함

後 後[뒤 후]의 古字

徫 비틀거릴 위

徇 바랄 순

御 지칠 각

徢 밟을 리

⑨ 획

徢 가는 모양 삽

假 이를 가, 올 가 다다를 가, 멀 하

徧 사뿐사뿐 걸을 남

徚 단련할 련

復 돌아올 복, 회복할 복, 다시 부 常(火)

循 좇을 순, 순시할 순, 위로할 순 常(火)

徥 함께 가는 모양 시 믿을 시

徫 가는 모양 위 (行貌)

徣 달이 돌 저(月行)

徧 두루 편, 모두 편 돌아다닐 편 (火)

徨 방황할 황, 마음 불안할 황 (火)

御 싫증날 각, 물리칠 각

徣 배회할 개

健 健[튼튼할 건]과 같음

徚 벌레 이름 랄

徬 곁 병(傍也)

徢 천천히 갈 완

徻 황급히 가는 모양 울

徯 되돌아올 유 익힐 뉴

徾 다니는 모양 유

徝 달릴 정

徲 왕래할 제, 오랠 제

徸 이을 종, 動[움직일 동]과 같음

從 갈 종(行) 헤아릴 종

徣 가는 모양 집(行貌)

復 조금씩 걷는 모양 척

㝵 得[얻을 득]의 古字

徲 오랠 지

徢 가는 모양 삽

術 術[지을 술]과 같음 [行部]

衖 巷[거리 항]과 같음 [行部]

銜 銜[함자 함]과 같음 [行部]

⑩ 획

微 가늘 미, 작을 미 적을 미 常(火)

徬 방황할 방, 곁에서 따라갈 방 (火)

御 시골 이름 어

徭 부역 요, 성씨 요 종족 이름 요 (火)

徯 지름길 혜, 기다릴 혜, 구금할 혜 (火)

㝵 得[얻을 득]의 本字

徻 가서 서로 기다릴 류

徲 옷자락 휘날릴 설

徲 천천히 갈 소

徲 왕래할 제, 오랠 제

徨 부채질할 광

徲 가는 모양 력

徼 희미한 모양 교

⑪ 획

徲 천천히 갈 제, 지 오랠 제, 지

徳 德[큰 덕]의 略字 (火)

得 물방울 적

徲 사람 이름 맹

微 微[가늘 미]의 俗字

復 復[돌아올 복]의 本字

復 復[돌아올 복]의 古字

徲 용모가 범상한 사람 색

徲 걷는 모양 선

徲 걸어갈 솔

徲 흔들릴 실

徲 오만할 오, 오연(전설의 짐승) 오

徲 비척거릴 장

徴 徵[부를 징]의 略字

徲 움직일 참

催 걸음 재촉할 최

徲 베풀 치

徛 징검다리 기

衜 발자취 천 [行部]

徲 부릴 봉

徲 가는 모양 기

御 御[모실 어]의 古字

⑫ 획

德 덕 덕, 도덕 덕 큰 덕, 은혜 덕 常(火)

徲 춤출 무 춤추듯 걸을 무

徶 옷 휘날릴 별

徵 부를 징, 거둘 징 구할 징 常(火)

徹 통할 철, 다할 철 꿰뚫을 철 常(火)

徲 방황할 황

徲 천천히 갈 관

徲 걸어가는 모양 교

徲 遠[멀 원]의 古字

徲 가다가 멈출 자

徲 가는 모양 점

徲 오랠 제
왔다갔다할 제

僮 걷는 모양 종

僔 遵[따를 준]의 古字

徶 위태로울 함

徭 걸어가며 기다릴 유

復 復[거듭 복]과 같음

𢕌 蛇[뱀 사]와 같음

僕 나 복

⑬ 획

徻 집 높고 밝을 외

徼 돌아다닐 요, 순라 요, 변방 요 (火)

𢔏 僕[나 복]과 같음

徾 갈 훼

儃 달릴 단

達 길 어긋날 달

儋 빨리 가는 모양 섬

徹 徹[통할 철]의 古字

𢖍 억센 모양 태

㣯 해태 해, 관 이름 해, 굳센 모양 개

𢕺 還[돌아올 환]과 같음

𢖉 집이 밝고 시원할 쇄

僻 避[피할 피]의 古字

⑭ 획

徽 서로 따르는 모양 미

徽 아름다울 휘, 줄 휘, 멋을 휘 (火)

𢖘 걸어가는 모양 녕

儕 부릴 병

𢖠 여럿이 가는 모양 삽, 시끄러울 삽

𢖟 가는 모양 조

徹 徹[통할 철]의 古字

𢖩 가는 모양 선

⑮ 획

𢖶 계속 걸을 속

優 優[넉넉할 우]의 古字

儧 길 잃고 헤매는 모양 찬

𢗁 떼지어 가는 모양 표

縱 공경할 종

⑯ 획

𢗄 비틀거릴 용

𢗃 사람 많이 모일 유

𢗂 달릴 헌

衝 衝[부딪힐 충]과 같음

𢗅 가는 모양 력

⑰ 획

儴 노닐 상

𢗌 웅성거릴 응

𢗍 넘을 포, 과외로 일할 포

𢗊 農[농사 농]과 같음

𢗐 가는 모양 섬

𢗑 갈 유

儳 가지런하지 않을 참

⑱ 획

𢗔 가는 모양 구

𢗖 머리 숙인 모양 태

𢗓 날쌜 표

⑲ 획

𢗘 갈 미

⑳ 획

𢗚 가는 모양 각
갈 각, 높을 각

㉑ 획

衢 네거리 구 (火)

㉒ 획

儾 가는 모양 낭

心部

心 마음 심, 염통 심 한가운데 심 常(火)

忄 心[마음 심]과 같음. 변으로만 쓰임.

⺗ 앞 글자와 같으나, 발(脚)로 쓰임.

① 획

必 반드시 필, 고집할 필, 만약 필 常(火)

② 획

忉 근심할 도, 수다스러울 도 (火)

忇 생각할 륵 공로가 클 륵

⿰忄匕 못생길 비

⿱乂心 징계할 애, 예

忊 원망할 정

忈 사랑할 인, 仁[어질 인]과 같음 (火)

忍 성낼 인

③ 획

忓 어지럽힐 간 (火) 아름다울 한

忙 바쁠 망, 마음이 급할 망 常(火)

忏 성낼 천

忖 헤아릴 촌, 성씨 촌 자를 촌 (火)

忕 사치할 태 익숙해질 세 (火)

忔 기뻐할 흘 싫어할 을

忌 꺼릴 기, 시기할 기 금할 기 常(火)

忘 잊을 망, 버릴 망 망녕될 망 常(火)

応 應[응할 응]의 略字

忍 참을 인, 용납할 인 잔인할 인 常(火)

⿰忄刃 앞 글자와 같음

志 뜻 지, 뜻 둘 지, 사심 지, 신의 뜻 지 常(火)

忐 허전할 탐, 지성스러울 경 (火)

忑 허전할 특, 두려워할 특, 지성스러울 도

忒 어그러질 특, 의심할 특, 사악할 특

忋 믿을 개

⿱工心 恐[두려워할 공]의 古字

⿰忄工 마음이 급할 공

⿰忄弓 근심할 궁

忛 帆[돛 범]과 같음

⿱女心 恕[용서할 서]와 같음 (火)

⿰忄女 헤아릴 여

⿰忄于 근심할 우, 후

⿰忄亏 앞 글자와 같음

⿰忄弋 마음이 움직일 익

⿰忄夕 몹시 앓을 작

忎 仁[어질 인]의 古字 (火)

忏 성낼 천

⿰忄勺 근심할 조 놀랄 작

⿰必丁 서로 등질 조

忚 속일 혜

⿰忄叉 어지러워질 차

④ 획

忼 분개할 강, 높을 강 (火)

忴 마음이 급할 검

忣 急[급할 급]과 같음

⿱及心 앞 글자와 같음

忮 해칠 기, 거스를 기 고집스러울 기 (火)

念 생각 념, 어여삐 여길 념 常(火)

忿 분할 분, 원망할 분 분발할 분 (火)

⿰忄分 뒤엉켜 어지러울 분

忸 익숙해질 뉴 (火) 부끄러워할 뉵

忳 근심할 돈 무지한 모양 돈

忟 힘쓸 민, 어두울 민 어지러워질 문(火)

忞 앞 글자와 같음 (火)

忭 기뻐하며 즐거워할 변 (火)

怀 성낼 부

忤 거스를 오, 섞일 오 (火)

忨 탐할 완, 노리개 완(火)

忪 당황할 종

忯 믿을 지 (火)

忡 근심할 충, 장식물 드리워질 충 (火)

忱 정성 침, 믿을 침 정의(情) 침 (火)

⿱冘心 앞 글자의 俗字

快 쾌할 쾌, 방자할 쾌 날카로울 쾌 常(火)

忕 사치할 태

⿰忄犬 앞 글자의 訛字

忺 바랄 험, 기뻐할 험

忷 두려워할 흉 떠들썩할 흉

忻 기뻐할 흔, 성씨 흔, 열릴 흔 (火)

忠 충성 충, 곧을 충 정성 다할 충 常(火)

忝 더럽힐 첨, 욕 첨(火) 겸사 첨, 욕보일 첨

⿱天㣺 앞 글자와 같음

忥 고요할 희, 어리석은 모양 희

⿰忄牙 두려워할 가 간사할 아

⿱牙心 앞 글자와 같음

⿱介心 근심 없을 개 깜짝할 개

忦 앞 글자와 같음

⿱亓心 惎[해칠 기]와 같음

⿱斤心 생각할 기, 미워할 기

⿰忄内 번민할 눌

⿰忄方 꺼릴 방, 방해할 방

⿰忄匀 근심할 순

㤅 忌[꺼릴 기]와 같음 愛[사랑 애]의 古字

忬 미리 여, 느슨할 서

⿰忄殳 마음 쓸 역

⿰忄夭 한탄할 오

怆 愴[슬퍼할 창]의 簡字

⿰忄王 부정할 왕

忱 정성 침, 믿을 침 정의(情意) 침

⿱㞢心 志[뜻 지]의 古字

忩 悤[바쁠 총]의 俗字

⿰忄卆 悴[파리할 췌]와 같음

⿰忄心 마음 아파할 침

⿰忄巴 怕[두려워할 파]와 같음

⿰忄反 성질 급할 판 뉘우칠 판

⿰忄巿 원망하며 화낼 패 기뻐하지 않을 발

忽 문득 홀, 잊을 홀 소홀히 할 홀 常(火)

⿰忄勿 앞 글자와 같음

⿰忄云 번민할 혼, 망설일 운

⿰忄孔 가위눌린 잠꼬대 홍

⿰忄爻 쾌할 효

⑤ 획

怇 태만할 거, 두려울 거

怯 두려워할 겁, 약할 겁, 심약할 겁 (火)

怪 괴이할 괴, 의심쩍어할 괴 常(火)

怐 어리석을 구 곱추 후

⿰忄只 기달 기(금강산의 다른 이름)

急 급할 급, 중요할 급 빠를 급 常(火)

怒 성낼 노, 세찰 노 노여움 노 常(火)

怓 어지러울 노, 심난할 노

怩 부끄러워할 니, 닐 (火)

⿱尼心 앞 글자와 같음

怛 슬퍼할 달, 놀랄 달 교만하고 방자할 단(火)

⿱旦心 앞 글자와 같음

怢 잊을 돌, 돌연히 돌 시원스러울 질

4획

怜 총명할 령, 불쌍히 여길 련 (火)

怋 어지러울 민, 번민할 문

怑 따르지 아니할 반

怲 근심할 병

怤 생각할 부, 기뻐할 부

怫 답답할 불, 맺힐 불 분노하는 모양 비

怌 두려워할 비, 업신여길 비

思 생각 사, 슬퍼할 사 사치 사 常(火)

性 성품 성, 바탕 성 목숨 성 常(火)

怏 불복할 앙, 애쓸 앙, 원망할 앙 (火)

怈 익힐 예, 밝을 예

戉 어리석을 월

怮 근심할 요, 유

怨 원망할 원, 고깝게 여길 원 常(火)

怡 기쁠 이, 기를 이 온화할 이 (火)

怍 부끄러워할 작 안색 변할 작 (火)

怚 교만할 저, 거칠 조

怔 당황할 정, 두려워할 정, 정충 정 (火)

怎 어찌 즘

怱 서두를 총 총명할 총

怸 흙 부드러울 출

怵 두려워할 출, 슬플 출, 달릴 출

怷 앞 글자와 같음

怹 남의 높임말 탄

怞 한탄할 추, 근심하는 모양 유

怗 조용할 첩, 복종할 첩, 막힐 점 (火)

怘 앞 글자와 같음

怊 슬퍼할 초, 한탄할 초, 먼 모양 초 (火)

怠 게으를 태 안락할 이 常(火)

怕 두려워할 파, 어찌 파, 아마도 파 (火)

怦 마음이 급할 평 (火)

怖 두려워할 포, 으를 포 (火)

怉 따를 포

怭 경박할 필

怙 의지할 호, 아비 호 (火)

怳 맥빠진 모양 황 (火) 놀랄 황, 갑자기 황

怬 쉴 히, 기뻐할 히

恕 법 가, 알 가 본보기 가

怞 따를 감

怘 알 고(知也)

恔 업드릴 교

怓 怒[성낼 노]의 古字

恫 근심할 동, 두려워할 동

怽 잊을 말

㤇 侮[업신여길 모]의 古字

㤈 謀[꾀 모]와 같음

体 어리석을 본

怤 따를 부 마음 붙을 부

怭 도울 필, 터럭 헝클어진 모양 비

怮 엄격할 수

伸 근심할 신

思 臣[신하 신]의 古字

怣 悉[다 실]의 俗字

怨 약한 모양 연

怾 미워할 외

怣 尤[더욱 우]의 古字

怨 怨[원망할 원]의 古字

恩 恩[은혜 은]과 같음

佇 지혜 저

怞 두려워할 졸 근심스러워할 줄

思 간사할 점

忒 어그러질 특

怶 근심할 피

㤴 즐길 합

恒 恒[항상 항]과 같음

怰 팔 현 (火)

㤸 뜻을 잃은 모양 횡, 실심할 횡

⑥ 획

恪 공경할 각, 정성 각, 장엄할 각 (火)

愙 앞 글자와 같음

恇 두려워할 광, 허약할 광 (火)

恐 두려울 공, 염려할 공, 겁줄 공 常(火)

𢘎 앞 글자와 같음

恭 공손할 공, 공경하여 섬길 공 常(火)

㳟 앞 글자와 같음

恝 근심 없을 괄, 무심할 괄 (火)

恔 쾌활할 교

恑 어그러질 규

恆 반달 긍, 恒[항상 항]과 같음 (火)

恅 심란할 로, 조용할 로

恡 吝[인색할 린]과 같음

恈 탐내고 아낄 무, 모 (火)

恲 번민할 병, 안색 병, 개탄할 병

恧 부끄러울 뉵, 부끄러이 여길 뉵

恦 생각할 상

恓 애쓸 서

恕 용서 서, 어질 서, 거의 서 常(火)

息 쉴 식, 숨쉴 식, 한 번 호흡할 식 常(火)

恂 믿을 순, 성심 순, 통달할 순 (火)

恃 믿을 시, 어질 시, 자부할 시 (火)

恙 근심할 양, 재앙 양, 벌레 이름 양 (火)

恚 성낼 에 (火)

𢘉 익힐 예, 밝을 예

恩 은혜 은, 감사하게 여길 은 常(火)

恞 기쁠 이

恁 생각할 임, 약할 임, 이같이 임 (火)

㤛 앞 글자와 같음

恣 방자할 자, 맡길 자, 멋대로 자 常(火)

㤵 앞 글자와 같음

恮 삼갈 전

恌 경박할 조, 근심할 요

恉 뜻 지

恬 편안할 념 (火)

恀 믿을 치

恥 부끄러울 치, 부끄럽게 여길 치 常(火)

恜 두려워서 불안할 칙, 삼갈 칙

㤞 헤아릴 탁, 바를 탁, 놀랄 차

恫 슬플 통, 끙끙거릴 통 (火), 움직일 동

恨 한할 한, 미워할 한, 뉘우칠 한 常(火)

𢘍 앞 글자와 같음

㤚 기뻐할 항

恒 항상 항, 변하지 않을 항 常(火)

恊 協[맞을 협]과 같음, 꺾을 협 (火)

恍 황홀할 황, 어슴프레할 황 (火)

恢 넓을 회, 넓힐 회, 갖출 회 (火)

恛 혼란스러울 회

恷 休[쉴 휴]와 같음

㤜 미칠 휼

恟 두려워할 흉, 떠들썩할 흉 (火)

恤 근심할 휼, 불쌍히 여길 휼 (火)

恰 흡사 흡, 마음쓸 흡, 융화할 흡 (火)

恄 두려워할 힐

恳 懇[간절할 간]의 俗字

㤬 한할 강(恨也)

𢘊 慶[경사 경]의 古字

㤟 恐[두려워할 공]과 같음

㤨 떨 공

恗	자랑할 과, 겁낼 호 근심할 호
恝	근심 없을 괄 무심할 괄
恇	狂[미칠 광]과 같음
恠	怪[괴이할 괴]와 같음
恑	변덕스러울 궤, 뉘우칠 궤, 홀로설 위
恧	惄[허출할 녁]과 같음
恼	惱[괴로워할 뇌]와 같음
恋	戀[사모할 련]의 略字
恞	근심할 렬 놀랄 례
恩	거침없이 행동할 론, 뚱뚱할 란
恖	앞 글자와 같음
恞	근심할 리
恈	미혹할 미
恲	번민할 병
恖	사초 사, 사목 사 도롱이 사, 사계 사
恖	思[생각할 사]의 古字
恮	간사할 선
恖	息[쉴 식]과 같음
恖	悉[다 실]과 같음
恙	앞 글자와 같음
恖	개 토할 심
悪	惡[악할 악]의 俗字
悁	悁[근심할 연]의 俗字
恱	悅[기쁠 열]과 같음
恧	마음 설레일 욱
怨	怨[원망할 원]과 같음
恞	슬퍼할 의
恎	패려궂을 질
恖	귀양보낼 찰
恓	悽[슬플 처]와 같음
恛	마음 설레일 충
恢	괴로울 해
恵	惠[은혜 혜]의 略字 (火)
恖	욕심낼 호 욕심부릴 호
恔	쾌할 효, 밝을 교
恄	화해할 후
恰	합쳐질 흡
恖	생각할 감
恖	탐할 오
恴	德[덕 덕]과 같음

⑦ 획

悈	겁낼 겁
悈	경계할 계, 급할 극
悃	정성 곤, 간곡할 곤 (火)
悢	돌볼 량, 슬퍼할 량 뜻 얻지 못할 량 (火)
悝	근심할 리, 슬플 리 사람 이름 회
悧	영리할 리 (火)
悋	인색할 린, 아낄 린 (火)
悋	앞 글자와 같음
悗	혹할 만, 번민할 만 잊을 문, 짝없을 문 (火)
悖	두려워할 망
悱	잘못할 비
您	너 님, 당신 님 너 니
悇	애태우며 근심할 도, 여
悚	두려워할 송 기뻐할 송 (火)
悉	다 알 실, 다들 실 다 실 (火)
悆	기뻐할 여, 편안할 여, 느슨해질 서 (火)
悁	분노할 연, 근심할 연, 간절할 연 (火)
悅	기쁠 열, 사랑할 열 손쉬울 열 常 (火)
悦	앞 글자와 같음
悟	깨달을 오, 깨우칠 오, 거스를 오 常 (火)
悞	속일 오, 잘못할 오 의심할 오
悀	성낼 용, 기뻐할 용, 가득할 용

恿 용감할 용, 권할 용

悠 오직 유, 아득할 유 생각할 유 常(火)

悒 근심할 읍, 영합할 읍, 마음 맺힐 읍(火)

悛 회개할 전, 고칠 전 공손한 모양 순(火)

悜 근심할 정, 미진할 정

悌 공경할 제, 온화할 제(火)

悐 두려워할 척

悊 공경할 철, 지혜로울 철, 꺾을 철(火)

悄 근심할 초, 고요할 초, 꾸밈없을 초(火)

悤 怱[바쁠 총]의 古字(火)

悖 어그러질 패, 어지러울 패(火)

悍 용감할 한, 사나울 한, 세찰 한(火)

悏 생각할 협, 겹(火)

⿱夾心 앞 글자와 같음

悎 두려워할 호 놀랄 고

患 근심 환, 재앙 환 질병 환 常(火)

悔 뉘우칠 회, 재앙 회 뉘우쳐 고칠 회 常(火)

⿱每心 앞 글자와 같음

悕 원할 희, 드물 희 슬퍼할 희(火)

⿱侖心 염치없을 론 뚱뚱할 란

⿱狂心 거짓말할 광 미혹할 광

⿰忄弄 고지식할 롱

⿰忄呂 업신여길 려

⿰忄壯 불쾌할 장

⿳爫冖夂 愛[사랑 애]의 古字 忌[꺼릴 기]와 같음

⿰忄冏 조금 밝을 경 불안할 경

⿱作心 부끄러워할 작

⿱旱心 姦[간사할 간]의 古字

⿱巩心 恐[두려워할 공]의 本字

⿰忄豆 조금 성낼 부

悎 두려워할 호, 놀랄 고

⿱⿰口旡心 僾[어렴풋할 애]의 古字

⿰忄志 잊을 지

⿰忄巠 어긋날 형

悓 비유할 견

⿰忄否 믿을 페

⿰忄更 원망할 경

悘 고요할 예 자세할 의

⿰忄匝 약은체 할 습 경망스러울 첩

⿰忄尨 어두울 망 어리석을 방

悙 굳센체 할 형 추솔할 행

⿰忄含 방자할 함, 거칠 함

⿰忄延 가련할 선

⿰忄忌 공순할 기

⿰忄坐 挫[꺾을 좌]와 같음

⿰忄求 허물 구, 구할 구

⿱扮心 움직일 분, 일할 분

⿰忄助 怚[교만할 저]와 같음

⿰忄侵 원망할 하

⿱泪心 날가죽 소

⿰忄舌 어리석을 탄

⿰忄⿱巛凶 惱[번민할 뇌]와 같음

悩 앞 글자와 같음

悪 惡[악할 악]의 俗字

⿰忄亦 마음 편치 않을 혁

悑 두려워할 포

⿱岑心 情[뜻 정]과 같음

⿰忄岑 심지 굳을 금

⑧ 획

惂 근심할 감, 한할 감

⿰忄劫 怯[겁낼 겁]과 같음

悸 가슴 두근거릴 계 두려워할 계(火)

惃 어지러울 곤

悾 정성스러울 공, 강 (火)

惈 과감할 과

悺 근심할 관, 의지할 데 없을 관

悹 앞 글자와 같음

惧 懼[두려워할 구]와 같음

惓 충근할 권, 간절할 권, 위급할 권 (火)

惍 날카로울 금

惎 해칠 기, 가르칠 기, 꺼릴 기

惎 앞 글자와 같음

惄 허출할 녁, 생각할 녁 (火)

惔 태울 담, 편안할 담

悳 德[덕 덕]과 같음 (火)

悳 德[덕 덕]과 같음

悼 슬퍼할 도, 두려워할 도 (火)

悳 앞 글자와 같음

惇 도타울 돈, 숭상할 돈, 힘쓸 돈, 준 (火)

悢 슬플 량

悰 즐길 종 (火)

悷 슬퍼할 려

惀 생각할 륜, 알려고 할 륜

惏 떨릴 림, 탐할 람 (火)

惘 뜻을 잃을 망 (火)

悶 번민할 민, 깨닫지 못할 민 (火)

惛 앞 글자와 같음

悶 앞 글자와 같음

悲 슬플 비, 불쌍히 여길 비 常 (火)

悱 표현하려고 애쓸 비 (火)

惜 애석할 석, 아낄 석, 탐할 석 常 (火)

惁 근심할 석

惡 악할 악, 나쁠 악, 미워할 오 常 (火)

悪 앞 글자와 같음

惢 의심할 쇄, 착할 쇄, 꽃술 우, 蘂와 같음

惌 원망할 원, 작은 구멍 완, 울적할 울

惋 답답할 완, 탄식할 완 (火)

惟 오직 유, 생각 유, 어조사 유 常 (火)

惧 부끄러워할 전

惦 생각할 점

情 뜻 정, 본성 정, 진리 정, 소망 정 常 (火)

惩 징계할 징

惉 소리가 어울리지 않을 첨 (火)

惉 앞 글자와 같음

悵 한스러워할 창, 멍하니 창

惝 멍할 창, 놀릴 창, 황홀할 창

悽 슬플 처, 바쁠 서, 자리 못잡을 서 (火)

惕 두려워할 척, 빠를 척, 근심할 척

惖 앞 글자와 같음

惙 근심할 철, 지칠 철, 그칠 철, 숨찰 체 (火)

惉 약할 첨

惣 揔[모두 총]의 訛字

惆 실망할 추, 슬퍼할 추 (火)

忠 충성할 충

悴 여윌 췌, 시들 췌, 근심할 췌 (火)

探 생각할 탐, 실망할 삼

悻 성낼 행, 강직할 행 (火)

惤 베 이름 견, 현(縣) 이름 견

惤 성급할 현

惠 은혜 혜, 순할 혜, 은혜 베풀 혜 常 (火)

惑 미혹할 혹, 미혹케 할 혹, 번뇌 혹 常 (火)

惛 흐릴 혼, 미혹할 혼, 어지러울 혼

惚 황홀할 홀, 아련할 홀 (火)

惓 의기 많은 체 할 염, 맘에 달게 여길 엄

植 오로지 식

㝵 得[얻을 득]과 같음

怛 놀라울 달, 수고로울 달, 슬플 달

𢝊 원망할 구

𢛨 한할 애

㤌 怙[믿을 호]와 같음

㥄 슬퍼할 릉, 놀랄 릉

㥣 방자할 태

㥇 해할 잔

怗 편안할 첩

㤓 약간 성낸듯 할 부

㥊 부루퉁할 붕, 짜증 잘 낼 붕

㤿 삼갈 국

𢜗 憁[바쁠 총]의 俗字

㥀 말 착할 치

㥏 慄[두려워할 첩]과 같음

㥘 두려울 송

㥩 어리석을 동

惐 마음 아플 욱 가슴 아플 역

惒 和[화합할 화]의 俗字

悡 한할 리, 태만할 리 기뻐할 리

㥢 싫증날 균 고달플 균

𢝗 마음 당돌할 항 흥분할 항

𢞃 辱[욕될 욕]과 같음

㥒 간악할 채

惗 사랑할 념, 녑 (火)

㥓 마음 험악할 기, 소홀할 기, 검소할 기

㤮 모질 황, 간교할 왕 교활할 왕

㤊 겁낼 효

㥔 마음 동할 육

惞 欣[기뻐할 흔]과 같음 (火)

㤩 속 답답할 아

𢟚 두려울 사

𢙭 슬퍼할 은, 불쌍할 은

𢞀 근심할 리

惁 삼갈 석

𢛭 갈 애, 사랑할 애

惨 慘[슬퍼할 참]의 略字

㥫 어리석을 독

𢜥 笨[거칠 분]과 같음

㥮 사람 이름 수

𢜉 원망할 요

恿 권할 용

㥋 비통해할 의

𢜮 智[지혜 지]와 같음

⑨ 획

㤲 恪[정성 각]과 같음

愙 앞 글자와 같음

愒 쉴 게, 갈, 탐할 개 아낄 개, 으를 할

感 느낄 감, 감동할 감 감사할 감 常(火)

㦓 마음이 불안할 감

愆 허물 건, 잘못할 건 어길 건 (火)

愅 변할 격, 꾸밀 격

惸 외톨이 경, 근심할 경 (火)

憌 앞 글자와 같음

㥛 급할 극

惱 괴로워할 뇌 괴로움 뇌 常(火)

愣 楞[모 릉]의 俗字

愐 힘쓸 면, 생각할면 부끄러워할 면

愍 근심할 민, 근심 민 불쌍히여길 민 (火)

想 생각 상, 닮을 상 생각할 상 常(火)

愓 빨리 갈 상 방탕할 탕

㥠 지혜로울 서 (火)

愃 잊을 선, 마음 너그러울 훤 (火)

惺 깨달을 성, 깨어날 성, 영리할 성 (火)

㥰 냄새 코찌를 수

愖 정성 심, 믿을 심 맘 머뭇거릴 심

愁 근심 수, 한할 수 슬퍼할 수 常(火)

愗 앞 글자와 같음

愕 놀랄 악, 직언할 악 (火)

惹 이끌 야, 가벼울 야 걸릴 야 (火)

愛 사랑 애, 사랑할 애 애호할 애 常(火)

愝 속 좁을 언

愞 여릴 연, 겁낼 나 약할 유, 난 (火)

愥 영악할 영

慜 오만할 오

愄 착할 외, 두려워할 외

愚 어리석을 우, 저 우 우직할 우 常(火)

惆 기뻐할 우 (火)

惲 중후할 운, 꾀할 운 성씨 운 (火)

愈 나을 유, 병나을 유 유쾌할 유 常(火)

愉 기뻐할 유 즐거울 유 (火)

愈 앞 글자와 같음

愔 그윽하고 고요할 음, 화열할 음 (火)

意 뜻 의, 의사 의, 사심 의, 정의 의 常(火)

慈 사랑 자, 어미 자, 자비 자, 지남석 자 常(火)

惿 겁먹을 제 바를 시

惷 어수선할 준, 어리석을 준 (火)

惵 두려워할 접, 첩 눈 휘둥그래질 첩

愀 삼갈 초, 근심 초 소조한 모양 추 (火)

惚 무지할 총, 바쁠 총 바빠 뜻 못이룰 총

惴 두려워할 췌, 벌레 꿈틀거릴 천 (火)

惻 슬퍼할 측, 동정할 측, 간절할 측 (火)

恖 앞 글자와 같음

惰 게으를 타, 불경할 타, 쇠할 타 (火)

愎 괴팍할 퍅, 어그러질 퍅 (火)

惼 편협할 편 (火)

愊 정성 핍, 픽, 답답할 핍, 픽

愜 쾌할 협, 마땅할 협 두려워할 협 (火)

愿 앞 글자와 같음

惛 惛[어리석을 혼]과 같음

惶 두려워할 황, 다급할 황, 미혹할 황 (火)

愋 한할 훤, 슬기로울 훤, 당길 원

惆 근심할 유, 두려워할 유

愲 걱정할 위, 한탄할 위

惹 허락 낙

惺 깨일 성, 깨달을 성

慶 헤아릴 탁

㤕 싫증날 극, 피로할 각, 그만둘 각

愖 사랑할 모, 무 불쌍해할 모, 무

㥓 그칠 미, 갈 미 힘쓸 미, 심할 면

㥔 말 끊지 못할 집

㥜 약간 성내고 말 체

㥟 맘 깊을 수

㥡 마음 편치 않을 휴

㥮 쾌할 소

㥥 근심할 녁

㥦 뒤떨어질 노, 못날 노, 용렬할 노

㥏 한탄할 위

㥖 어리석을 층

㥗 조급할 규, 두려워 떨 규, 두근거릴 계

㥠 불안할 치

㥢 나쁠 추, 교만할 추

㥣 거스를 환

㥤 늦을 종, 慟[통곡할 통]과 통함

㥧 맘 울렁거릴 획

㥨 근심할 충

㥩 겁낼 답

㥪 矜[자랑 긍]의 俗字

慐 근심할 우

慍 병 온, 노엽 품을 온 분낼 온, 한할 온

㥷 맘에 맞지 않을 새 겸손할 시 (火)

惷 밝을 혜

惰 게으를 다

愋 급박할 견, 마음 급할 견

悤 悉[다 실]의 古字

恐 恐[두려워할 공]과 같음

愞 약할 연, 겁낼 나

愃 쾌할 엄

憙 憙[기뻐할 희]와 같음

⑩ 획

愾 탄식할 개, 희, 분노할 개, 이를 흘 (火)

愷 편안할 개 승전 풍류 개 (火)

慊 쾌할 겸, 앙심품을 겸, 가난할 겸 (火)

愲 심란할 골

愩 마음 움직일 공 마음 황홀할 홍

愧 부끄러울 괴, 욕보일 괴 常(火)

愭 두려워할 기, 공경할 기 (火)

㥾 근심할 닉, 녁

愵 앞 글자와 같음

慆 기뻐할 도, 감출 도, 지나갈 도 (火)

慄 두려워할 률, 근심할 률, 삼갈 률 (火)

慏 생각이 다함 없을 명 맘 너그러울 명 (火)

㦉 그윽할 무

㥬 두려워할 방

愫 정성 소, 참뜻 소 정성스러울 소 (火)

愬 하소연할 소, 비방할 소, 향할 소 (火)

慅 소란스러울 소 근심스러울 조

愻 겸손할 손

㨸 두려워할 송

愼 삼갈 신, 진실로 신 부디 신 常(火)

慎 앞 글자와 같음

慎 앞 글자와 같음

慍 성낼 온, 원망할 온 마음에 맺힐 온 (火)

愮 놀라서 가슴 두근거릴 요, 혹할 요

慱 辱[욕될 욕]과 같음

㥶 辱[욕될 욕]의 古字

慂 권할 용 (火)

愪 근심할 운

愿 측량할 원

愿 정성 원, 삼갈 원 착할 원 (火)

慇 은근할 은, 근심하고 슬퍼할 은 (火)

愴 슬플 창, 창황할 창 실망한 모양 창 (火)

㥮 고집스러울 초

態 태도 태, 모양 태, 형편 태, 간사할 태 常(火)

傒 마음 불안할 혜 한할 혜

愶 위협할 협, 겁 많을 협

慌 황홀할 황, 어두울 황, 다급할 황 (火)

愰 마음 밝을 황, 들뜰 황, 요동할 황 (火)

慉 일어날 휵, 기를 휵 한할 축

慁 근심할 흔, 어지럽힐 흔, 혼잡할 흔

㤎 불안할 가

愨 삼갈 각, 정성 각 (火) 慤[성실할 각]의 略字

㦧 고달플 배, 비

㤨 우려할 궁

㥭 사치할 태, 마음 바빠질 태

㦟 마음 쾌할 해

嫉 미워할 질

㾐 앞 글자와 같음

惰 惰[게으를 타]의 古字

愳 懼[두려워할 구]의 古字

㥰 근심 소, 수심 소

⿱畱心 원망할 류

⿰忄笑 마음 편할 체

⿰忄鬼 악한 마음 비

愺 심란할 초

⿱耿心 근심할 경

⿰忄胥 약한 마음 설

⿰忄虒 일을 걱정하지 않을 이, 제

⿱𡨄心 막힐 색, 꽉 찰 색

⿰忄翁 어그러질 앙

⿰忄高 번거로울 고

⿸广⿱劦心 마음에 맞을 협

⿰忄𦐇 뜻 물러날 탑

⿰忄冓 어그러질 강

⿰民思 慜[총명할 민]의 古字

⿱倏心 빠를 숙, 총총할 숙

⿱⿱𠆢林心 슬퍼할 람, 근심할 람

⿰忄嗇 슬퍼할 색, 뉘우칠 색

⿰⿱工心凡 恐[두려워할 공]의 本字

⿰忄恐 앞 글자와 같음

⿱狸心 영리할 매

⿰忄尃 博[넓을 박]의 俗字

⿱夏心 憂[근심 우]와 같음

⑪ 획

慤 삼갈 각, 정성 각 (火)

慳 아낄 간, 굳을 간 많지 아니할 간 (火)

慷 강개할 강, 감탄할 강, 호방할 강 (火)

慨 슬플 개, 강개할 개 분개할 개 常(火)

慶 경사 경, 복 경, 상 경, 축하할 경 常(火)

慣 익숙할 관, 버릇 관 방임할 관 常(火)

慖 한할 궤 어그러질 괵

⿱救心 기쁠 구

慬 근심할 근, 날랠 근 겨우 근, 삼갈 근

慱 근심할 단, 둥글 단 (火)

慮 생각 려, 생각할 려 근심할 려 常(火)

憀 힘입을 료, 슬플 료 잠시 료, 맑을 료

⿰忄⿱羽尒 앞 글자의 俗字

慺 공경할 루, 친절하고 정중할 루 (火)

慢 게으를 만, 느릴 만 거만할 만 常(火)

慲 잊을 만

⿱㒼心 앞 글자와 같음

慕 사모할 모 우러러볼 모 常(火)

⿱莫心 앞 글자와 같음

慔 힘쓸 모 (火)

慜 총명할 민 (火)

⿰忄產 온전한 덕 산, 많을 찬 (火)

⿰忄爽 성격 시원시원할 상 (火)

慯 근심할 상 애통할 상

慴 두려워할 습 위협할 습 (火)

⿱埶心 상태 열, 모양 열

慠 거만할 오 오만할 오 (火)

⿱敖心 앞 글자와 같음

慾 욕심 욕, 하고자할 욕 常(火)

慵 게으를 용, 범상할 용 (火)

憂 근심 우, 질병 우 괴로워할 우 常(火)

慪 아낄 우, 놀릴 우 유혹할 우 (火)

慰 위로할 위, 물을 위 우울해질 위 常(火)

⿱⿸厂尉心 앞 글자와 같음

⿰忄尉 앞 글자와 같음

慞 두려워할 장

慥 독실할 조, 갑자기 조

慒 생각할 종, 어지러울 조 (火)

慫 권할 종, 놀랄 종 (火)

慹 두려워할 집, 위협할 집, 붙박이 집

慙 부끄러울 참 常(火)

慚 앞 글자와 같음 (火)

慘 슬플 참, 아플 참 잔인할 참 常(火)

慘 慘[슬플 참]의 俗字

惷 천치 창 (火)

慽 친척 척, 근심할 척 (火)

慼 앞 글자와 같음 (火)

慏 바쁠 총, 무지할 총 (火)

慛 근심할 최

慟 애통해할 통, 통곡할 통 (火)

慟 앞 글자와 같음

慝 사악할 특, 악행 특 숨길 닉 (火)

慝 부끄러울 닉, 닐

慓 날쌜 표, 빠를 표 용맹스러울 표 (火)

慧 지혜 혜, 총명할 혜 깨달음 혜 常(火)

憒 깨끗할 책, 절개 굳을 책

慇 의지할 은, 머무를 은, 생각할 언

慺 일 많을 리, 간절히 생각할 리

慃 한탄할 양

慈 근심할 리

慧 삼갈 세, 근신할 세

慁 惃[어지러울 곤]의 俗字

㤅 愛[사랑 애]의 古字

慃 기쁠 봉, 사랑할 봉

慩 눈물 흘릴 련 훌쩍거릴 련

慩 앞 글자와 같음

㦂 常[떳떳할 상]의 古字

慸 느른할 제 맘 괴란할 제

慸 마음 불안할 채, 절

慨 아낄 애, 인색할 애

慪 뜻없을 하 자랑할 호

惓 돌봐줄 권

凴 憑[기댈 빙]의 俗字

憎 憎[미워할 증]의 略字

憩 憩[쉴 게]와 같음

憆 瞠[볼 당]과 같음

慔 마음 빼앗길 모

憣 마음 변할 번, 변동할 번, 흔들릴 번

憊 憊[고달플 비]의 本字

懠 정해지지 않을 제 실의한 모양 제

憌 업신여길 환

⑫ 획

憨 어리석을 감, 질박할 감, 잔인할 감 (火)

憨 앞 글자와 같음

憬 깨달을 경, 멀리 갈 경, 동경할 경 (火)

憩 쉴 게 (火)

憩 앞 글자와 같음

憍 교만할 교, 까불 교 자랑할 교 (火)

憒 어지러울 궤 (火)

憛 근심할 담, 근심하며 슬퍼할 탐

憝 원망할 대, 간악할 대, 멸망시킬 대

憧 뜻 정하지 못할 동 어리석을 동 (火)

憐 불쌍히 여길 련 사랑할 련 常(火)

憐 앞 글자와 같음

憦 뉘우칠 로

憥 簩[지칠 로]의 俗字

憭 명백할 료, 슬퍼할 료

憮 예쁠 무, 실망할 무 놀랄 무, 클 호 (火)

憫 민망할 민, 불쌍히 여길 민, 번민할 민 常(火)

憋 악할 별, 조급할 별

憋 앞 글자와 같음

憊 고달플 비, 지칠 비 쇠약해질 비 (火)

憊 앞 글자와 같음

憤 분할 분, 분발할 분, 번민할 분 常(火)

憑 기댈 빙, 의지할 빙 근거할 빙 (火)

憟 아첨할 속, 아첨하여 영합할 속

憌 근심할 순

憳 마음 불안할 심

憖 원하건대 은, 물을 은, 웃는 모양 흔 (火)

憗 앞 글자와 같음

憎 미울 증 常(火)

憯 마음 아플 참, 근심할 첨, 일찍 참

憯 앞 글자와 같음

憯 앞 글자와 같음

憃 마음 어지러울 창 정신이 멍할 창

憡 조금 아플 책

憔 초췌할 초 (火)

憱 슬퍼할 추

憚 꺼릴 탄, 성할 탄, 으를 탄, 놀랄 달 (火)

憲 앞 글자와 같음

憉 굳센체 할 팽 눈물 흘릴 팽

憪 마음 고요할 한 불안할 한

憲 법 헌, 본받을 헌 포고할 헌 常(火)

憲 앞 글자와 같음

憓 사랑할 혜, 따를 혜 은혜 혜 (火)

憛 사치스러울 화

憢 두려워할 효, 용맹스러울 효

憰 속일 휼

懯 노할 부 (火)

憘 기쁠 희, 아! 하고 탄식하는 소리 희 (火)

憙 앞 글자와 같음 (火)

憈 허겁할 허

憝 赧[얼굴 붉힐 난]과 같음

憶 마음 좋을 이, 니 (火)

憃 잠들 흘, 잠깰 할

㦠 愕[놀랄 악]의 本字

憏 요량 없을 체

憴 어리석을 획, 어기어질 획, 완고할 획

憜 惰[게으를 타]와 같음

憞 마음 어두울 돈, 憝[원망할 대]와 같음

㦘 겁낼 시

僎 기쁠 선 못생기고 약할 순

憿 성미 일어날 발

憒 마음 불편할 매

憣 마음 변할 반

愓 마음 움직일 탕

憴 잔소리할 려, 속여 말할 려

憖 僯[황급할 연]과 같음

憇 점칠 체

懯 愆[허물 건]의 俗字

悳 悳[덕 덕]과 같음

懼 懼[두려울 구]의 古字

憪 患[근심 환]과 같음

蘂 드리울 예, 꽃술 예 [木部] (木)

窻 窗[창문 창]과 같음

憯 惜[아낄 석]과 같음

億 가득할 억, 십만 억

憴 化[될 화]와 같음

⑬ 획

懇 정성 간, 지성스러울 간, 힘쓸 간 常(火)

懇 앞 글자와 같음

懇 앞 글자와 같음

憾 한할 감, 섭섭할 감 유감 감 (火)

懅 두려워할 거, 부끄러워할 거

憼 공경할 경, 경계할 경 (火)

懃 은근할 근, 수고할 근, 부지런할 근 (火)

憹 기쁠 농, 심란할 노 원한 노

憺 편안할 담, 움직일 담, 고요할 담(火)

懂 심란할 동, 어리석을 동, 알 동

懍 두려워할 름, 추워서 떨 름

懔 앞 글자와 같음

懋 힘쓸 무, 권면할 무, 성대할 무(火)

戀 轡[고삐 비]와 같음

憵 초췌할 벽

憸 간사할 섬, 첨, 험(火)

憴 경계할 승

憶 생각 억, 기억할 억 회상할 억 常(火)

懌 기뻐할 역, 열복할 역(火)

懊 한할 오, 마음 산란할 오, 슬플 욱(火)

憿 요행 요, 빠를 격 느낌 세찰 격

應 응할 응, 받을 응 응당 응 常(火)

懆 근심할 조, 성급할 조, 가혹할 참(火)

憷 아플 초, 영리할 초 두려워할 초

懈 게으를 해, 피곤할 해 (火)

解心 앞 글자와 같음

懁 성급할 현, 견

㦟 慢[게으를 만]과 같음

忄獻 나쁠 추, 거만할 추

忄葛 두려울 계

憻 坦[평평할 탄]과 같음(火)

憽 똑똑할 숭(火)

忄稟 慄[전률할 률]과 같음

㦗 추워서 떨 금, 마음 단단할 금

忄業 두려워할 업

懄 慬[근심할 근]과 같음

忄遂 사려깊을 수

毄心 지칠 계

懏 민첩할 준(火)

雔心 讎[짝 수]와 같음

懐 懷[품을 회]의 略字

懓 僾[어렴풋할 애]와 같음

忄資 資[재물 자]와 같음

忄蜀 마음이 불안할 탁

忄則心 惻[슬플 측]과 같음

咼心 禍[재앙 화]와 같음

⑭ 획

舌舌心 영리한체 할 괄

懦 나약할 나, 유 부드러울 나, 유(火)

懧 懦[나약할 내]와 같음

懟 원망할 대, 사나울 대, 추(火)

懣 번민할 만, 문, 민 분개할 만, 문, 민(火)

懞 후할 몽 어리석을 몽(火)

懜 마음 헛갈릴 몽 부끄러울 몽

懕 편안할 염, 나른할 염, 싫어할 염(火)

懨 앞 글자와 같음

懠 의심할 제 성낼 제

懤 근심할 주, 도

壽心 앞 글자와 같음

懲 懲[미워할 징]의 略字

懘 불협화음 낼 체

懥 성낼 치

忄濕 아낄 습

忄賓 공경할 빈

辡心 근심할 변, 급할 변

辛心辛 앞 글자와 같음

忄赫 속일 하, 거짓말할 하(火)

與心 공경할 여, 천천히 걸을 여

懙 앞 글자와 같음

舉心 앞 글자와 같음

懚 남에게 의지할 은

懝 놀랄 애, 두려울 애

[illegible] 앞 글자와 같음

憜 惰[게으를 타]와 같음

懡 부끄러울 마

㦨 즐길 람, 탐할 람

[illegible] 아름다울 막

[illegible] 영리할 매

懛 어리석을 대 뜻을 잃을 대

[illegible] 濞[물 소리 비]와 같음

[illegible] 躇[머뭇거릴 저]의 俗字

⑮ 획

懭 한할 광, 뜻 못 이룰 광

懰 근심스러울 류, 좋아할 류, 원망 류

懱 업신여길 멸

懪 답답할 박

懩 바랄 양, 맘 가려울 양, 안달할 양

懮 느릿할 우 근심할 우

懫 성낼 치

[illegible] 지혜로울 혜

懲 징계할 징, 미워할 징 常(火)

[illegible] 근심할 려

[illegible] 밝힐 찰

[illegible] 근심할 처

懬 너그러울 광, 빌 광

懆 말 소활할 소

[illegible] 樂[즐거울 락]의 俗字

[illegible] 한할 리 게으를 리

[illegible] 똑똑할 숭, 영민할 숭

懯 급속할 부, 빠를 부

[illegible] 마음속으로 헤아릴 절, 타다 남을 절

[illegible] 患[근심 환]의 古字

[illegible] 悟[깨달을 오]와 같음

[illegible] 懺[뉘우칠 참]의 俗字

⑯ 획

[illegible] 澀[가락 맞지 않을 체]와 같음

懶 게으를 라, 혐오할 뢰 (火)

[illegible] 앞 글자와 같음

[illegible] 삼갈 거

懜 어리석을 몽, 속일 몽, 어두울 맹

[illegible] 惇[도타울 돈]의 本字

懂 심란할 동, 어리석을 동, 알 동

懶 嬾[게으를 란]의 俗字

[illegible] 꾀할 력, 생각할 력

[illegible] 사나울 롱 흉악할 롱

[illegible] 아름다울 막, 뛰어날 막, 그릴 막

懷 품을 회, 생각할 회, 쏠릴 회 常(火)

懸 매달 현, 멀 현, 달 현, 관계될 현 常(火)

[illegible] 憤[분할 분]과 같음

[illegible] 잠꼬대 위

[illegible] 懿[아름다울 의]와 같음

[illegible] 憯[슬퍼할 참]의 俗字

[illegible] 헤아릴 해

[illegible] 총명할 헌

[illegible] 부끄러워할 혁

[illegible] 惠[은혜 혜]의 古字

懻 강직할 기

⑰ 획

懹 꺼릴 양

懺 뉘우칠 참, 회개할 참 (火)

[illegible] 嬾[게으를 란]과 같음

[illegible] 勞[수고로울 로]의 古字

[illegible] 번민할 박

[illegible] 부끄러워할 선

懾 마음 편치 않을 섭

懙 호위할 영(火)

㦥 슬퍼할 은

㦪 懺[근심할 충]과 같음

⑱ 획

懼 두려울 구, 경계할 구, 위협할 구 常(火)

懾 두려워할 섭, 접, 위협할 섭, 슬퍼할 섭, 접(火)

雙 두려워할 송, 쌍 우뚝설 송, 쌍

㦬 忡[근심할 충]과 같음

懽 기뻐할 환, 기쁘게 할 환(火)

懿 아름다울 의, 클 의(火)

㩗 두 마음먹을 휴 배신할 휴

㦿 성미 급할 초

懹 猱[뒤떨어질 노]와 같음

㩧 懪[답답할 박]의 本字

⑲ 획

戁 두려워할 난, 공경할 난

戀 그리워할 련 사랑할 련 常(火)

攢 게으를 찰

懟 懟[원망할 대]의 略字

㦬 부끄러워할 라 드물 라

㦸 마음 괴로울 마

㦝 願[원할 원]과 같음

戅 戇[어리석을 당]과 같음

⑳ 획

戃 뜻잃을 당, 헤아리지 못할 당

戄 놀랄 확, 곽 황급할 곽, 확

懟 懟[원망할 대]의 本字

𢥞 주저할 주

㉑ 획

戆 戇[어리석을 당]의 略字

黗 밝지 못할 톤

㉔ 획

戇 어리석을 당, 홍 우직할 당, 홍(火)

㦭 영리할 령

戅 마음이 황홀할 홍, 당

㉕ 획

戅 空[빌 공]과 같음

㦝 두려워할 만

戈部

戈 창 과, 나라 이름 과, 싸움 과(金)

① 획

戊 천간 무, 별 무 常(土)

戉 큰 도끼 월, 도끼 월 별 이름 월

② 획

成 이룰 성, 이루어질 성, 익을 성 常(火)

戌 열한번째 지지 술 개 술, 마를 술 常(土)

戍 수자리 수, 병영 수 변방을 지킬 수(金)

戎 병장기 융, 군대 융 오랑캐 융(金)

戉 창 장식할 구

戒 我[나 아]의 古字

戋 錢[돈 전]의 略字

伐 칠 벌, 벨 벌, 공 벌 자랑할 벌 [人部] 常(火)

③ 획

戒 경계할 계, 재계할 계, 일러줄 계 常(金)

我 나 아, 외고집 아 굶주릴 아 常(金)

𢦏 앞 글자와 같음

戓 앞 글자의 古字

戓 或[혹 혹]과 같음

戓 앞 글자와 같음

戓 앞 글자의 俗字

𢦏 다칠 재, 손상할 재

④ 획

戕 죽일 장, 해칠 장 사나울 장 (金)

戔 나머지 잔, 깎을 찬 적을 전, 드러날 전

或 혹시 혹, 어조사 혹 미혹할 혹 常(金)

戡 죽일 감, 견딜 감 찌를 감

戒 戒[경계할 계]의 俗字

戚 感[느낄 감]과 같음

𢧐 끊을 섬, 점, 첨 찌를 섬, 점, 첨

戕 앞 글자와 같음

戋 哉[어조사 재]의 俗字

𢦑 弟[아우 제]의 古字

戉 발뒤꿈치 칠 화

戔 귀 벨 괵

𢦓 我[나 아]의 古字

⑤ 획

戒 戒[경계할 계]의 古字

戒 戒[경계할 계]의 俗字

𢦢 矛[창 모]의 古字

戚 成[이룰 성]의 古字

戚 勇[날랠 용]과 같음

威 위엄 위, 존엄할 위 세력 위 [女部]常(水)

戎 戎[오랑캐 융]의 本字

哉 어조사 재, 답다 재 비로소 재 [口部] 常(水)

战 戰[싸움 전]의 俗字

戚 戚[일가 척]과 같음

咸 다 함, 골고루 함 같을 함 [口部] 常(水)

哦 배말뚝 가

⑥ 획

栽 심을 재, 토담 틀 재 [木部] 常(木)

戙 널빤지 동 배 널빤지 동

𢧀 싸울 격, 잡을 격

𢧁 죽일 주, 창 이름 주

戔 많을 잔

𢧃 사나울 용 (金)

烕 滅[멸할 멸]의 古字

烕 앞 글자와 같음

𢧄 다할 점

𢧅 戣[창끝 오]와 같음

⑦ 획

戛 창알, 수레바퀴에 칠 알, 상고할 알, 갈

戚 겨레 척, 일가 척 빠를 촉 常(金)

戚 창 용

戟 방패 간, 한

𢧐 빠를 절, 날카로울 절

𢨋 歲[해 세]의 古字

戝 賊[도둑 적]과 같음

⑧ 획

戟 갈래진 창 극 찌를 극, 창 극 (金)

戞 戛[창 알]의 俗字

𢧢 칠 탁(擊也)

裁 마름질할 재, 헤아릴 재 [衣部] 常(木)

幾 얼마 기, 자못 기 [幺部] 常(火)

𢧦 國[나라 국]의 古字

𢧧 棨[창 계]와 같음

胾 고깃점 자 [肉部]

⑨ 획

戡 어길 감, 찌를 감 죽일 감 (金)

盞 전당잡힐 개 물건 저당할 개

戣 양지창 규

戥 작은 저울 등, 은을 다는 저울 등

戠 모일 직, 찰흙 치 진흙 시

戢 거둘 집, 그칠 집 병기 모을 집

戣 蠢[꿈틀거릴 준]과 같음

戤 창 양, 도끼 양

戭 방패 벌

戮 歲[해 세]의 俗字

戧 矛[창 모]의 古字

盞 술잔 잔 [皿部] (金)

歲 해 세, 곡식 익을 세, 대 세 [止部] 常(土)

載 실을 재, 운전할 재 비롯할 재 [車部] 常(火)

戦 戰[싸움 전]의 略字

⑩ 획

截 끊을 절, 분명할 절, 말 잘할 절(金)

戫 빠른 모양 역

戩 복 전, 다할 전 멸할 전 (金)

戧 創[비롯할 창]의 古字

臧 착할 장, 두터울 장 숨길 장 [臣部] (火)

戟 戟[창 극]과 같음

戱 창 욕

戨 말뚝 가

戴 클 질

戳 창 겸

戚 굳셀 함 건장할 함

戭 싹돋을 극

⑪ 획

戮 죽일 륙, 육시할 륙, 욕할 륙 (金)

戭 긴 창 인 사람 이름 연 (金)

戳 襲[인할 습]과 같음

戯 양가지 창 용

戲 창 끝 오

戵 배말뚝 상

截 截[끊을 절]의 本字

戲 呼[부를 호]와 같음

戴 蠢[꿈틀거릴 준]과 같음

戴 앞 글자와 같음

戲 戲[탄식할 희, 희롱할 희]의 略字

戫 摑[칠 괵]의 古字

⑫ 획

韱 韱[산부추 섬]과 같음 [韭部]

戰 싸움 전, 두려워할 전 常(金)

戲 戲[탄식할 희, 희롱할 희]의 俗字 常(金)

戴 戴[일 대]의 古字

戳 矰[주살 증]의 俗字

戫 域[지경 역]의 俗字

戭 誖[어지러울 발, 패]의 古字

⑬ 획

戲 희롱할 희, 힘 겨룰 희 기 휘, 서러울 호(金)

戮 弑[죽일 시]의 俗字

戫 문채날 욱, 윤기 있을 욱

戯 칼날 멈, 날 멈

馘 왼쪽귀 베어 받칠 괵, 목벨 괵 [首部]

戴 머리에 일 대 덤으로 받을 대(金)

⑭ 획

戳 창으로 찌를 착(金)

⑮ 획

戱 서로 웃을 희

戴 戴[머리에 일 대]의 本字

⑯ 획

戴 識[알 식]과 같음

戲 병장기 희

⑰ 획

蟻 거머리 아, 벌레 아 벌레 이름 아

戴 蠢[꿈틀거릴 준]과 같음

⑱ 획

戳 창 구(金)

戶部

戶 지게문 호, 백성의 집 호, 머무를 호 常(木)

① 획

戹 좁을 액, 재앙 액(水)

② 획

戺 厄[액 액]과 같음

③ 획

戺 당 모퉁이 사, 문지방 사, 섬돌 사

戹 앞 글자와 같음

戻 수레 옆문 태

戼 扅[문 빗장 이]와 같음

戼 卯[토끼 묘]의 本字

启 啓[열 계]와 같음 [口部]

④ 획

戾 어그러질 려, 허물 려, 휘어질 려(金)

房 방 방, 별 이름 방 살집 방 常(木)

所 바 소, 곳 소, 연고 소, 쯤 소 常(木)

扱 자물쇠 급

扈 손두레박 호

扂 戶[지게 호]의 古字, 창 감

扅 扅[문빗장 이]와 같음

肩 어깨 견, 이길 견 맡길 견 [肉部] 常(水)

戼 문 열 모

⑤ 획

扁 현판 편, 낮을 편, 두루 편, 분별할 편(木)

扃 빗장 경, 수레 앞 난간 경, 문 경(木)

扂 빗장 점, 문잠글 점

扆 닫을 갑, 거, 합 성씨 합

扆 所[바 소]의 古字

扇 땅이름 료

扆 바로 열 추

扃 局[판 국]과 같음

扇 釉[유약 유]와 같음

⑥ 획

扇 부채 선, 사리짝 선 부채질할 선(木)

扅 문빗장 이

扆 천자가 치는 병풍의, 성씨 의

扈 所[바 소]의 訛字

扆 문지방 한

⑦ 획

扈 뒤따를 호, 입을 호 나라 이름 호(木)

啓 열 계, 열어볼 계 가르칠 계 [口部] 常(水)

𢩢 辜[허물 고]의 古字

⑧ 획

扉 문짝 비, 닫을 비 사립문 비(木)

扊 문빗장 염(木)

雇 더부살이 고 뻐꾹새 호 [隹部](火)

棨 창틀 계, 표신 계 [木部](木)

扉 무너질 비

扊 사악할 례 바르지 않을 례

扊 가릴 아, 닫을 아

⑨ 획

扊 戾[허물 려]와 같음

扊 엷을 삽, 얇을 삽

⑩ 획

扂 문 닫을 갑

䧡 靈[신령 령]의 古字

肇 비로소 조 민첩할 조 [聿部](火)

⑬ 획

𢩷 문 닫을 산 문빗장 산

⑰ 획

𢩺 지붕 삼, 지붕 위 삼

手部

手 손 수, 잡을 수 칠 수 常(木)

扌 手[손 수]를 변으로 쓸 때 사용함

才 재주 재, 능할 재 현인 재 常(木)

① 획

扎 뺄 찰, 뽑을 찰

扌 失[잃을 실]의 本字

② 획

扐 손가락 사이 륵

扒 뽑을 배, 뺄 배, 깨뜨릴 팔, 나눌 별 (木)

扑 칠 복, 종아리채 복, 엎어질 복 (木)

扔 당길 잉, 나아갈 잉, 꺾을 잉

打 칠 타, 칠 정 常(木)

扖 부드럽게 쥘 구 묶을 규

扝 巧[공교할 교]의 古字

扟 뽑을 신, 뽑아낼 신

払 拂[떨칠 불]의 略字

扣 움켜쥘 검, 규 잇을 검, 규

扖 끼울 입

③ 획

扛 마주 들 강 (木)

扣 두드릴 고, 구 (木)

扲 덮을 근

扥 움직일 돈

扜 끌어당길 오

扤 움직일 올, 흔들릴 올, 불안할 올

扜 가질 우, 지휘할 우 (木)

扝 앞 글자와 같음

扨 그러하나 인, 그러나 인

扚 결매칠 작, 빨리칠 조, 손금 약

扙 상할 장, 상처낼 장

扠 집어낼 차, 지를 차

扦 꽂을 천, 擶[찌를 천]의 俗字

扡 끌 타, 쪼갤 치

托 밀칠 탁, 떡국 탁 차반 탁 常(木)

扞 막을 한, 호위할 한, 팔찌 한 (木)

扢 문지를 흘, 골, 흘 너울거릴 흘,글,걸

扗 拵[저밀 존]과 같음

扻 더듬어 찾을 해

扟 떨칠 신, 감할 신 골라서 취할 신

扚 引[당길 인]의 古字

执 執[잡을 집]의 俗字

扗 在[있을 재]의 本字 (木)

扸 拭[닦을 식]의 訛字

扪 가질 모

抻 떨칠 신

④ 획

扴 긁을 갈

扫 굴릴 홀, 파헤칠 홀 어지럽힐 골

抉 긁을 열, 도울 열 도발할 결 (木)

扃 잡을 경

抂 어지러운 모양 광

抣 손 마주잡을 균

拎 전업으로 삼을 겸 얼른 집을 금

扱 걷어가질 급, 거둘 삽, 당길 삽 (木)

技 재주 기, 공교할 기 능할 기 常(木)

抐 물에 담글 눌 때릴 납

扭 비틀 뉴, 누를 뉴 거스를 뉴, 수갑 추

扽 움직일 돈

抖 떨 두, 두스를 두 털 두, 털어낼 두 (木)

抆 닦을 문, 문지를 문 만질 문 (木)

敉 앞 글자와 같음

扳 당길 반, 이끌 반 (木)

抪 닦을 발, 밀칠 발 땅이름 발, 밀 발

抃 손뼉칠 변, 손장단 칠 변 (木)

扶 도울 부, 호위할 부 붙들 부 常(木)

抔 움킬 부, 줌 부 웅큼 부 (木)

扮 웅큼 분, 잡을 분 꾸밀 분, 반 (木)

扴 앞 글자의 訛字

批 비평할 비, 칠 비, 밀칠 비, 찔러 밀칠 별 常(木)

抒 당길 서, 물자아올릴 서, 북 저 (木)

拼 들어올릴 증, 들 승 구할 증

扼 움킬 액, 잡을 액 거머쥘 액 (木)

抑 누를 억, 억울할 억 핍박할 억 常(木)

抁 움직일 연

抏 무게 달 오, 잴 오

抏 꺾을 완, 모지라질 완, 가지고 놀 완 (木)

扰 움직일 우

抎 잃어버릴 운, 떨어질 운

抈 꺾을 월, 움직일 월

扻 머리빗을 자

折 꺾을 절, 알맞을 절 부러질 설 常(木)

找 채울 조, 상앗대 화 찾을 조, 배저을 화 (木)

抓 긁을 조, 움킬 조 할퀼 조

抵 곁매 칠 지, 헐 지 옆에서 칠 지 (木)

扯 찢어버릴 차

抄 뽑을 초, 베낄 초 번역할 초 常(木)

扰 때릴 침, 미칠 심

投 던질 투, 버릴 투 의탁할 투 常(木)

把 잡을 파, 줌 파 헤칠 파, 발 파 常(木)

抗 막을 항, 겨룰 항 항거할 항 常(木)

抰 펼 현

承 이을 승, 받들 승 받을 승 常(木)

氶 앞 글자와 같음

捽 捽[잡을 졸]의 俗字

扢 갈 개(磨也)

扵 於[어조사 어]의 俗字

牂 도울 장

抩 함께 가질 탐

抣 引[당길 인]과 같음

扑 칠 박, 복 지팡이 박

抺 가릴 모(擇也)

扲 忪[당황할 종]의 訛字

抅 拘[잡을 구]의 俗字

抗 서로 같을 방

抲 들쭉날쭉할 아 비뚜러질 아

抙 捊[거둘 부]와 같음

技 꺼릴 기

扑 撲[칠 박]의 俗字

抚 撫[어루만질 무]의 俗字

抛 拋[버릴 포]의 俗字 (木)

抝 拗[꺾을 요]의 俗字

択 擇[가릴 택]의 略字

抜 拔[뺄 발]의 略字

扸 나눌 석, 자를 절

抌 扰[때릴 침]과 같음

㧤 抵[막을 저]와 같음

⑤ 획

抦 秉[잡을 병]과 통함 (木)

抧 열 지, 칠 재, 두드릴 재

抨 탄핵할 평 (木)

抪 더듬을 포, 펼 포 흩을 포

披 헤칠 피, 흩어질 피 나눌 피 (木)

抬 칠 태, 들어올릴 대 (木)

抭 퍼낼 요, 유, 절구질할 요, 끌 유

𢫞 칠 혈, 던질 울

抮 휘어잡을 진, 되돌릴 진 (木)

抯 잡아당길 저, 건져낼 저

抰 칠 앙, 가운데 앙

抓 끌 과, 와 칠 과, 와

𢪱 쌓을 자

抱 안을 포, 품을 포 아람 포, 낄 포 常(木)

抱 앞 글자와 같음

抳 가리킬 니 그칠 니

抴 당길 예, 끌 열 맥짚을 설

抵 막을 저, 거스를 저, 칠 지 常(木)

抶 종아리 칠 질, 볼기 때릴 질

抹 없앨 말, 삭칠 말 지울 말 (木)

抺 더듬어 찾을 매

抻 늘일 신, 펼 신 휘어잡을 신

押 서명할 압, 이름 쓸 압, 찍을 압 常(木)

抽 뺄 추, 뽑을 추, 거둘 추, 당길 추 常(木)

抾 가져갈 거, 겁

抿 어루만질 민, 씻을 문, 만질 문

㧝 咖[커피 가]의 訛字

拂 떨칠 불, 도울 필 건드릴 불 常(木)

拃 쥐어짤 잔, 더듬어 찾을 잔

拄 버틸 주, 떠받칠 주 손가락질할 주 (木)

担 떨칠 단, 번쩍 들 걸, 짐 담, 멜 담 (木)

扼 잡을 액, 꺾을 액

拆 터질 탁, 열릴 탁 찢어질 탁 (木)

拇 엄지손가락 무 (木)

拈 집을 념, 딸 념, 무게 달 점 (木)

拉 꺾을 랍, 문지를 랍, 잡아갈 랍 (木)

拊 어루만질 부, 두드릴 부, 풍류 이름 부 (木)

抛 버릴 포, 던질 포 돌쇠뇌 포 (木)

𢪱 꺼두를 자, 제 쥐어박을 자, 제

抲 지휘할 하, 멜 하 (木)

拌 버릴 반, 나눌 반 (木)

拍 칠 박, 노래 곡절 박, 손뼉칠 박 常(木)

拎 찍어 올릴 령 매달 령

拏 잡을 나, 맞당길 나 연좌될 나 (木)

拐 유인할 괴, 꾀일 괴 지팡이 괴 (木)

拑 입다물 겸, 재갈 물릴 겸 (木)

拒 막을 거, 맞설 거 거절 거 常(木)

拓 개척할 척, 주울 척 넓을 탁, 밀 탁 常(木)

拔 뺄 발, 뽑을 발 휘어 꺾을 패 常(木)

拕 끌 타, 당길 타 (木)

拖 앞 글자와 같음 (木)

拗 꺾을 요, 어긋날 요 비틀 요, 누를 욱 (木)

拘 거리낄 구, 잡을 구 常(木)

㧙 휘어 꺾을 필 얼러 칠 비

拙 못날 졸, 졸할 졸 무딜 졸, 나 졸 常(木)

拚 날 번, 버릴 분 손뼉칠 변

拼 앞 글자의 本字

招 손짓할 초, 부를 초, 높이들 교 常(木)

拜 절 배, 굴복할 배 벼슬 줄 배 常(木)

拜 앞 글자의 略字

拏 捥[팔뚝 완]의 古字

拯 承[이을 승]과 같음

牂 將[장수 장]의 古字

抦 가지런할 장

摹 辜[허물 고]의 俗字

拟 擬[헤아릴 의]의 俗字

拠 據[의거할 거]의 俗字

挄 擴[넓힐 확]의 略字

看 볼 간 [目部] 常(木)

拵 함께 가질 염

挐 툭 튀어나올 노

拿 拉[잡을 랍]과 같음

抜 拔[뽑을 발]과 같음

⑥ 획

拪 遷[옮길 천]과 같음

拫 끌어당길 흔 물리칠 흔

括 묶을 괄, 맺을 괄, 쌀 괄, 속박할 괄 (木)

拭 닦을 식, 다듬을 식 지울 식 (木)

拮 열심히 일할 길 칠 알, 들 걸 (木)

拯 건질 증, 구원할 증 도울 증 (木)

拰 활 바로잡을 님 누를 님

挔 움직일 해, 희 감할 해, 멜 위

拱 두 손 맞잡을 공 팔짱낄 공 (木)

拲 수갑 공, 조막손이 낄 공, 국

拳 주먹 권, 근심할 권 부지런할 권 常(木)

拪 遷[옮길 천]의 古字

拍 拍[칠 박]과 같음

拴 가릴 전, 맬 산

拵 꽂을 존, 지을 존 (木)

挆 손으로 퉁길 추

扔 도울 용, 막을 용 인할 잉

拶 마주칠 찰 핍틀 찰

挆 쓸어버릴 호 김맬 호

拷 매 때릴 고 (木)

挶 捐[버릴 연]의 俗字

拸 쪼갤 치, 버릴 치 칠 치, 끌 치

拹 부러질 랍, 꺾을 협

拺 붙들 책, 착 고를 색, 추릴 색

挒 마주칠 회

拼 拼[부릴 평, 없앨 병]의 俗字

拽 당길 예, 끌 열 (木)

拾 주울 습, 거둘 습 열 십, 다시 겁 常(木)

拿 拏[붙잡을 나]의 俗字 (木)

捆 나아갈 인, 기댈 인

持 가질 지, 잡을 지 지킬 지 常(木)

挂 족자 괘, 걸 괘 달 괘, 살촉 괘 (木)

挃 찌를 질, 벼베는 소리 질

抗 될 충

挓 비빌 선, 손가락으로 비틀 선

拯 揯[당길 긍]과 같음

挅 헤아릴 타, 배 돛 내릴 타

挆 앞 글자와 같음

拂 두드릴 복

拘 칠 현 휘두를 횡

指 손가락 지, 뜻 지 가리킬 지 常(木)

挈 손에 들 설, 결, 끌 설, 이지러질 계

挒 당길 패, 비틀 패

按 누를 안, 말릴 알 어루만질 안(木)

筆 뺌 잴 책

挻 揃[펼 연]의 訛字

挵 弄[희롱할 롱]의 俗字

挔 무너진 담 궤 달 위

挋 닦을 진, 씻을 진

挌 칠 격, 굳을 각 (木)

拲 두 손으로 잡을 공

挍 알아볼 교, 검사할 교, 살펴볼 교

挎 구멍에 손가락 넣어 잡을 고, 가질 고

挏 밀었다 당겼다 할 동, 짓찧을 동

拏 붙잡을 나, 끌 녀 끌어당길 나 (木)

挑 휠 도, 끌어낼 도 긁을 조 常(木)

挒 내 걸 렬, 비틀 렬 (木)

拜 拜[절 배]의 本字

投 投[던질 투]의 古字

挖 우려낼 알, 팔 알

捛 指[가리킬 지]의 古字

拲 쌍돛 달 항

挘 뜯을 렬, 김맬 렬 쓸어버릴 렬

挙 擧[들 거]의 略字

拷 고리 로 어깨에 맬 로

挓 벌릴 차, 열 차

挔 나그네 려

㧕 찢어질 백

挕 攝[도울 섭]의 俗字

挖 딸 와

捥 腕[팔 완]과 같음

挄 擴[넓힐 확]과 같음

⑦ 획

挨 밀칠 애, 등칠 애 (木) 강하게 나아갈 애

捝 닦을 탈, 끼칠 탈 씻을 세

挫 꺾을 좌, 꺾일 좌 바로잡을 좌 (木)

挭 대개 경, 매우 칠 경, 요란할 경

捛 눈물 뿌릴 체 씻을 체

挰 가릴 정

挱 만질 사 여는 모양 사

挲 앞 글자와 같음

挲 앞 글자와 같음

挴 탐할 매, 계엄 낼 매, 부끄러워할 매

捓 부서뜨릴 아 비빌 아

挵 弄[희롱할 롱]과 같음

挶 들것 국, 가질 국 잡을 국

挷 搒[가릴 방]의 俗字

挹 뜰 읍 잡아당길 읍 (木)

挺 빼어날 정, 너그러울 정, 당길 정 (木)

挻 당길 연, 빼앗을 연, 길 연 (木)

捁 掊[파헤칠 부]의 訛字

挼 잡아 휠 뇌, 어루만질 쇠, 꺾을 나

挸 抾[잡을 거]와 와 같음

挽 당길 만, 상엿군 노래 만 (木)

捚 기지개 결 갱 거문고소리 갱

捇 지팡이로 찌를 독

捷 비빌 접

拚 버릴 반, 날 번

挾 낄 협, 가질 협, 좁을 협, 감을 협 (木)

捅 插[꽂을 삽]의 俗字

捀 나눌 봉, 갈라잡고 셀 봉, 받들 봉

捃 물고기 먹이 먹는 모양 남

捁 어지럽힐 교, 흔들 교, 깨우칠 교

捂 마주할 오 모순될 오 (木)

捑 앞 글자와 같음

捃 주울 군 (木)

捁 括[묶을 괄]과 같음

捄 담을 구, 흙 파올릴 구, 구제할 구 (木)

捅 나아갈 통 끌어당길 통

捆 두드릴 곤, 짚신삼을 곤, 취할 혼 (木)

捇 흙 팔 혁, 덜 적

捈 궁굴릴 도, 당길 도 펼 터

捉 잡을 착, 낄 착 사로잡을 착 常(木)

⿰扌尾 손바닥 미

捊 김맬 부, 움킬 부 칠 부, 당길 부

捋 쏙쏙 뽑을 랄 집어 달 랄

捠 물리칠 빈

捌 깨뜨릴 팔, 칠 팔 나눌 팔 (木)

⿰扌戒 가질 계

挪 옮길 나, 비빌 나 (木)

捍 호위할 한, 막을 한 팔찌 한, 몽둥이 간(木)

⿰扌⿱亠疋 旋[돌 선]과 같음

捎 없앨 소, 추릴 소 덜 소, 버릴 소(木)

捏 이길 날, 꼭 누를 날 주워모을 날, 녈(木)

挬 뽑을 발

捐 버릴 연, 놓을 연 병들어 죽을 연(木)

⿰扌豆 팔목뼈 두 짧을 단

捒 공경스러울 송, 묶을 속, 치장할 수

揶 희롱짓거리할 야 (木)

捔 뿔잡을 각, 받들 각 떠밀 각, 찌를 착

捕 잡을 포 常(木)

捖 꺾을 완, 긁을 완

捗 거둘 보, 칠 보, 척

捘 밀칠 준, 누를 준 손톱으로 찌를 준

⿰扌秀 당길 숙

⿰扌⿹勹囱 摠[모두 총]의 本字

揺 搖[흔들 요]와 같음

⿰扌里 손바닥에 받을 재 (木)

⿰扌肖 摋[뭅박할 찰]의 本字

捜 搜[찾을 수]의 略字

哲 밝을 철, 슬기로울 철 [口部] 常(水)

挸 닦을 견, 문지를 견

挳 종칠 경

捙 끌 예

振 떨칠 진, 움직일 진 무던할 진 常(土)

捑 기울어질 측

捞 撈[잡을 로]와 같음

⿱分手 늘어놓을 배

⿰扌𠬶 칠 침(때리다)

⿰扌亨 칠 팽(때리다)

⑧ 획

⿰扌㝵 밀칠 특 쥐어박을 특

捥 팔뚝 완, 비틀 완

⿱宛手 앞 글자와 같음

捦 움킬 금, 잡을 금

⿰扌沓 골무 답

⿰扌豖 칠 탁, 밀칠 탁 말뚝 탁(木)

捸 나누어줄 표 헤칠 표

捧 받들 봉, 움킬 봉 (木)

捨 버릴 사, 놓을 사 베풀 사, 줄 사 常(木)

捩 휘어 꺾을 렬, 비틀 렬, 되돌아올 렬(木)

⿰扌固 고을 이름 고

捪 씻을 문

⿰扌忽 먼지 털 홀

捫 어루만질 문, 잡을 문, 더듬을 문(木)

捬 拊[칠 부], 撫[어루만질 무]와 같음

捭 던질 패, 칠 패 열 벽, 꺾을 벽

⿰扌⿱田十 앞 글자와 같음

⿰扌從 摐[두드릴 창]과 같음

据 일할 거, 가질 거 손뼉 거 (木)

捯 擣[찧을 도]와 같음

捲 주먹 쥘 권, 힘 우쩍우쩍 쓸 권(木)

⿰扌劵 앞 글자와 같음

捱 막을 애, 늘어질 애, 의지할 애 (木)

掔 통길 악

捹 扮[꾸밀 분]과 같음

捴 揔[모두 총]과 같음

捵 늘일 전 짓밟을 년

捶 종아리 칠 추 헤아릴 타 (木)

捻 비틀 념, 손가락으로 찍을 념 (木)

捷 이길 첩, 빠를 첩 사냥할 첩 (木)

捺 손가락으로 누를 날, 도장찍을 날 (木)

捽 잡을 졸, 뽑을 졸 겨룰 졸

捼 비빌 뇌, 꺾을 나 문지를 나

捾 당길 알, 손톱 제낄 알, 깎을 할

捿 棲[깃들일 서]와 같음 (木)

掀 치켜들 흔, 번쩍 들 흔, 불쑥 내밀 흔 (木)

掁 가질 지, 꽂을 지 짚을 식

掁 닿을 쟁, 찔릴 쟁 찌를 쟁, 더듬을 쟁

掂 겨냥할 점 무게 달 점

掽 물리칠 병, 묶을 병 없앨 병, 부릴 평

掃 쓸 소, 상투 소 지나갈 소 常(木)

掄 가릴 륜, 손꼽을 론 고를 륜, 쌓일 륜 (木)

掅 잡을 청, 고용할 청

掆 들어올릴 강, 들 강 끌 경

掇 주울 철, 캘 철 말 채찍 철

授 줄 수, 부칠 수 가르칠 수 常(木)

掉 흔들 도, 두를 도 펼칠 도, 가질 낙 (木)

掊 헤칠 부, 덜 부 거둘 부, 칠 부 (木)

掋 끌 정, 이끌 쟁

掌 손바닥 장, 맡을 장 고달플 장 常(木)

掍 混[섞일 혼]과 같음

掎 끌 기, 통길 기 (木) 한쪽 다리 끌 기

掏 팔 도, 당길 도 (木)

掐 딸 겹, 꼬집을 겹

排 물리칠 배, 내밀 배 떠밀 배 常(木)

掉 찌를 조

掔 끌 견, 팔뚝 완

掖 겨드랑 액, 낄 액 큰 소매옷 액 (木)

掗 흔들 아, 억지로 줄 아, 강매할 아

掘 팔 굴, 다할 굴 우뚝할 굴 (木)

掙 찌를 쟁, 꺾을 쟁

掚 잘 꾸밀 량

掛 걸 괘, 달아둘 괘 걸릴 괘 常(木)

掜 비길 예, 붙일 예 이길 열, 당길 예 (木)

掝 어두울 혹, 흐릴 혹 버틸 강

掠 노략질할 략 빼앗을 량 常(木)

採 캘 채, 취할 채 딸 채 常(木)

掭 죽일 름, 칠 름

探 찾을 탐, 취할 탐 더듬을 탐 常(木)

掣 끌 체, 당길 철

掣 앞 글자와 같음

掤 무너질 붕 화살통 뚜껑 붕

接 접할 접, 사귈 접, 합할 접, 빠를 첩 常(木)

掚 搒[배 저을 방]과 같음

控 당길 공, 고할 공 던질 공, 뺄 공 (木)

推 뽑을 추, 가릴 추 옮길 추, 밀 추 常(木)

掩 가릴 엄, 막을 엄 거둘 엄 (木)

措 둘 조, 들 조, 베풀 조, 정돈할 조 (木)

掫 목탁 칠 추, 딱딱이 칠 추, 칠 추

掔 拏[잡을 나]의 俗字

搫 옮길 반, 치울 파

掸 먹줄 놓아 바로잡을 선, 뭉칠 단

掬 움킬 국, 움큼 국 (木)

掔 亂[어지러울 란]의 古字

掮 멜 견

掯 막힐 긍

掕 칠 경

掑 단단히 잡을 기, 강인하고 용감할 기

揀 칠 동

掞 펼 섬, 다할 섬, 빛낼 염

捰 딸 와, 다스릴 라, 걷어올릴 라

掟 둘러칠 정 (木), 영갑 정, 펼칠 정

掭 묻힐 첨

捸 미끄러질 태

掰 늘어놓을 배

掱 소매치기 수

掲 揭[들 게]의 略字

捆 捆[삼을 곤, 밀 혼]의 俗字

掕 붙잡을 릉

捭 畀[줄 비]와 같음

掻 때릴 소

掺 칠 어

掔 掔[팔뚝 완]과 같음

掹 拯[건질 증]과 같음

搊 搊[동길 추]와 같음

掮 고을 이름 현

⑨ 획

掽 부딪칠 팽

掾 도울 연, 분주하게 다닐 전 (木)

揀 가릴 간, 가를 간, 뺄 간, 분별할 련 (木)

揾 씻을 문, 어루만질 민

揪 모을 추

揃 자를 전, 가를 전, 가지런히 할 전 (木)

揄 당길 유, 끌 유, 칭찬할 유, 벗을 수 (水)

揬 터질 탁, 벌어질 탁

揓 채찍질할 단

揅 揅[연마할 연]의 俗字

揯 대개 경, 깨울 경

揆 헤아릴 규, 법도 규, 벼슬 규 (木)

揣 만질 타, 떨어질 타

揈 치는 소리 횡

揩 멜 등

揉 풀 유, 부드럽게 할 유, 바로잡을 유 (木)

揋 치우쳐 끌 외

揌 움직일 새, 가릴 새

揍 꽂을 주, 모을 주

揎 소매 걷을 선

描 그릴 묘, 본뜰 묘 (木)

㩻 가축 젖짤 구

搒 막을 방, 호위할 방

掠 거를 률, 짤 률

提 들 제, 끌 제, 당길 제, 고을 이름 시 常 (木)

捏 捏[이길 날]과 같음

插 꽂을 삽, 심을 삽, 끼울 삽 (木)

揷 앞 글자와 같음 (木)

揔 總[모두 총]과 같음

揕 찌를 침, 칠 침, 나무 베는 소리 침

揖 읍할 읍, 나아갈 읍, 모을 집 (木)

揗 만질 순, 쓰다듬을 순

揘 칠 황, 찌를 황

揚 날릴 양, 필 양, 나타낼 양 常 (木)

揂 비빌 연, 담글 유

揔 搜[찾을 수]와 같음

換 바꿀 환, 교역할 환, 방자할 환 常 (木)

揜 가릴 암, 가득히 덮을 암, 잡을 엄

揝 손 흔들 잠, 잡을 잠

揞 손으로 덮을 암, 감출 암, 멸할 암

揟 고기잡을 서, 고을 이름 서 (木)

揠 뽑을 알
발탁할 알 (木)

掔 팔 완, 줌 완
웅큼 완

握 잡을 악, 줌 악
악수 악 (木)

揢 움켜잡을 객

[illegible] 접할 교, 섞일 교
어그러질 교

[illegible] 눈 비빌 열

[illegible] 구를 탄

揣 잴 췌, 뭉칠 단 (木)
때릴 추, 흔들 타

[illegible] 앞 글자와 같음

揤 거머쥘 즉, 닦을 즐
씻을 즐

[illegible] 옷 위에 칠 부

[illegible] 찧을 질

[illegible] 손으로 칠 종
셀 종

[illegible] 찌를 규

揥 쪽집게 체, 버릴 체
머리핀 체

[illegible] 갈 랄, 연마할 랄

揩 문지를 개 (木)
악기 이름 갈

揪 묶을 추, 거둘 추
모을 추

揫 앞 글자와 같음 (木)

[illegible] 앞 글자와 같음

揬 당돌할 돌, 부딪칠
돌, 찌를 돌

揭 걸 게, 높을 걸
높이 쳐들 알 (木)

[illegible] 고칠 격

[illegible] 움직일 연

揮 뽐낼 휘, 휘두를
휘, 지휘할 휘 常 (木)

揯 바짝 당길 긍
걸칠 긍

[illegible] 펼 연

揱 팔 날씬할 삭
뾰족하게 깎을 삭

揲 맥짚을 설, 접을
접, 두드릴 엽 (木)

揳 닦을 설, 막을 설
쓰다듬을 설

援 구원할 원, 당길 원
증거잡을 원 常 (木)

[illegible] 노략질할 치, 찌를
치, 이를 치

[illegible] 꺾을 요, 비틀 요

[illegible] 앞 글자와 같음

[illegible] 撰[지을 찬]의 本
字

[illegible] 밀 애, 젊어질 애
칠 애

[illegible] 旅[나그네 여]의
俗字

揶 희롱할 야
놀릴 야 (木)

揺 搖[흔들 요]의 略
字

揵 멜 건, 들 건, 세울
건, 경계세울 건 (木)

掿 잡을 낙

揇 잡을 남

揦 손으로 헤칠 랄
깨뜨릴 랄

[illegible] 힘쓸 면

揹 질 배, 등질 배

揊 칠 벽

揸 잡을 사

揨 부딪칠 정

揁 당길 정

揙 칠 편, 납작할 편

[illegible] [illegible][동경 소 과]의
訛字

[illegible] 부딪칠 모

[illegible] 損[덜 손]의 俗字

㨗 捷[이길 첩]의 俗
字

揰 밀어칠 충

⑩ 획

[illegible] 낄 혜, 붙들 혜

搆 당길 구, 얽어맬 구
알아내지 못할 구 (木)

搇 누를 금

搉 칠 각, 두드릴 각 (木)
손 뒤집을 확

搊 손으로 퉁길 추
붙잡을 추, 딸 추

[illegible] 번쩍거릴 섬, 재빠
르게 움직일 섬

[illegible] 서로 도울 건
멜 건

搋 때릴 채, 주장할 채 쪼갤 치, 끝 치

搌 펼 전, 묶을 전 닦을 전, 다할 전

損 덜 손, 감할 손, 잃을 손, 삼갈 손 常(木)

𢶦 더듬을 삭, 구할 삭 취할 삭, 찾을 삭

搸 훔칠 소

搏 잡을 박, 어루만질 박, 두드릴 박

㨶 긁을 척, 벨 척 돋을 척

搐 당길 축, 경련할 축 쥐날 축

搒 배 저을 방, 가릴 방 볼기 칠 방(木)

㨡 밀 홀, 낄 홀

搓 비빌 차, 밀고 칠 차 휘두를 차

搔 긁을 소, 분주할 소 휘저을 소(木)

搕 칠 갑, 취할 갑

搖 흔들 요, 움직일 요 회오리바람불 요 常(木)

搗 찧을 도, 다듬을 도 방망이질할 도(木)

搘 버틸 지, 고일 지 나무주추 치(木)

搙 비틀 녹, 누를 낙 버틸 누

搚 꺾을 협, 부러지는 소리 랍

搛 낄 겸, 장구칠 렴

㨽 批[칠 비]와 같음

搜 찾을 수, 더듬을 수 常(木)

搝 들 구

搞 옆으로 칠 고 서로 다를 고

搟 손길 대볼 헌, 손들어 겨눌 헌, 칠 헌

搠 바를 삭, 찌를 삭(木)

搡 칠 상, 밀 상

搢 꽂을 진, 떨칠 진(木)

搣 비빌 멸, 만질 멸 손길 펴 때릴 멸

摉 칠 숙

搤 잡을 액, 가질 액 움킬 액(木)

搥 북칠 추, 던질 퇴 망치로 칠 퇴(木)

𢶡 撟[들 교]의 訛字

搦 누를 낙, 가질 낙 잡을 닉, 붙잡을 낙

搿 앞 글자와 같음

㨣 擁[안을 옹]과 같음

搧 부채로 칠 선 손으로 칠 선

搨 베낄 탑, 박을 탑 비문 박을 탑(木)

搩 뼘 잴 걸 높이 들 걸

搪 베풀 당, 막을 당 당돌할 당(木)

搫 덫 놔 잡을 반 활터 닦을 파(木)

搬 옮길 반, 덜 반 운반할 반(木)

搭 탈 탑, 본뜰 탑 붙을 답, 얹을 답

搮 가릴 률

搯 두드릴 도, 꺼낼 도 검도 배울 도(木)

搰 팔 골, 힘쓸 골 흐릴 골, 팔 홀(木)

掆 들 강

𢶒 씻을 회

𢷋 掬[움킬 국]과 같음

搲 긁을 와, 당길 와

搳 깎을 할, 갈 긁을 할, 갈

搻 칠 납

搴 빼낼 건, 가질 건 줄어들 건(木)

搵 잠길 온, 손가락으로 누를 온

擥 攬[잡을 람]의 俗字(木)

搶 닿을 창, 모을 창 찌를 창, 막을 창

搷 칠 전, 당길 전 날릴 전

搸 모을 진, 거문고 소리 진

搹 쥘 격, 줌 격

携 끌 휴, 가질 휴 떠날 휴 常(木)

搼 拚[칠 변]의 本字

𢱋 揮[지휘할 휘]의 古字

𢹌 扶[붙잡을 부]의 古字

搽 바를 차, 칠할 차

搾 짤 착, 압박할 착 (木)

搿 가질 격, 성씨 격

摂 攝[당길 섭]의 略字

撰 撰[지을 찬]의 略字

搵 손으로 더듬을 면

搊 바를 류, 당길 추

搞 펼 리, 진술할 리, 퍼뜨릴 리, 뻗을 리(木)

搬 扳[당길 반], 攀[더위잡을 반]과 통함

搬 擻[칠 살]과 같음

搜 搜[찾을 수]와 같음

搩 揲[두드릴 엽]과 같음

搗 捂[닿을 오]와 같음

搈 움직일 용

摁 누를 은

搎 뒤질 손, 더듬을 손

搌 칠 천, 소리의 형용 치

摐 책상 황

⑪ 획

摋 후려칠 살, 살칠 살, 뭉갤 살

摋 撚[비틀 년]과 같음

摮 손으로 펼 위 펼 위

摌 손으로 움직일 산 가릴 산

摍 뽑을 숙, 뺄 숙

摮 앞 글자와 같음

摎 맬 규, 잡아당길 규 찾을 규, 얽힐 료

摏 찌를 용, 두드릴 용 짓찧을 용

摐 칠 창, 흔들거릴 창 두드릴 창, 종칠 창

摷 휘두를 조

摩 연마할 연, 깨칠 연

摢 순하지 않을 호 거스릴 호, 펼 호

摴 갈아헤칠 두

摑 칠 괵, 뺨칠 괵

擲 擴[넓힐 확]과 같음

摞 구를 곤

摒 요량할 병, 제할 병

摓 꿰맬 봉, 받들 봉 홀 봉

摔 땅에 버릴 솔

摕 획 채갈 철 추릴 철, 움킬 체

摖 걸고 잡아당길 체 제사지낼 체

摗 취할 수

摘 딸 적, 움직일 적 들추어낼 적 常(木)

摇 搖[흔들 요]와 같음

摙 멜 련, 운반할 련

摛 펼 리, 진술할 리 퍼뜨릴 리, 뻗을 리

摝 굳셀 로, 움직일 로

摚 笞[볼기 칠 태]와 같음

摜 익숙해질 관 떠 멜 관

摡 일 귀, 집을 귀 시렁 기, 찬장 기

摝 흔들 록, 떨칠 록 움직일 록, 건질 록

摞 정돈할 라, 맬 라 다스릴 라 (木)

摟 끌 루, 끌어모을 루 품을 루

摠 모두 총, 거느릴 총 모을 총, 무리 총(木)

摡 씻을 개, 가질 희 닦을 희

撮 撮[움킬 촬]과 같음

摷 建[세울 건]과 같음

摢 막을 호, 버틸 호 노름 저, 속일 저

摣 거머쥘 사, 잡을 사 후려칠 차, 취할 사

摤 닦을 창, 찌를 창

摨 긁을 질, 던질 질

摀 擣[찧을 도]와 같음

摧 씻을 근, 어려울 간

摦 넓을 화, 가로로 퍼질 화, 너그러울 화

摧 꺾을 최, 꺾어질 최 (木)

摝 摕[가를 체]의 俗字

摩 비빌 마, 닦을 마 어루만질 마 (木)

摩 앞 글자와 같음

摲 앞 글자와 같음

擘 빌 배, 떨칠 배 일으킬 배

擦 가만히 때릴 말

摰 쓸어버릴 설 (木)

摝 손으로 돈굴 선

摫 자로 잴 규, 마를 규 마름질할 규

摭 주울 척, 딸 척

摮 칠 오, 가로칠 교

摗 재촉할 촉, 거둘 촉

摱 꾸밀 면

摯 잡을 지, 폐백 지 지극할 지 (木)

摰 끌어당길 체

摱 끌 만, 칠 만

摲 물막을 참, 꺾어 가질 참, 풀벨 삼

摲 던질 참, 풀벨 참 물막을 참, 벨 참

摳 끌 구, 치마 걷어 들 구, 더듬을 구 (木)

摴 노름 저, 펼 저, 저포 저, 땅 이름 치

摵 내던질 미, 던질 석 잎 떨어지는 소리 색

摔 拜[절 배]와 같음

摶 뭉칠 단, 후려칠 단 둥글 단, 잡을 단

摸 본뜰 모, 규모 모 더듬을 막 (木)

摹 베낄 모, 본뜰 모 규모 모, 닮을 모 (木)

摻 樣[모양 양]과 같음

摺 접을 접, 개킬 접 꺾을 랍, 패할 접 (木)

摻 섬섬할 섬, 잡을 삼 북장단 참, 가질 삼 (木)

摼 머리 두드릴 경 몹시 칠 경

摽 칠 표, 두를 표 (木) 칼끝 표, 떨어질 표

摾 꽂을 천

撡 掩[가릴 엄]의 本字

摒 종기 짰을 벽

撎 넘어질 음

撁 주사위 이름 건

撂 던질 략 약탈할 략, 밀 략

擎 앞 글자와 같음

撄 가운데 맞출 영

撨 칠 초, 가릴 초, 요 끊을 초, 인할 요

摥 배열할 탕, 밀칠 탕 물리칠 탕

摢 據[의거할 거]의 俗字

誓 맹서할 서, 약속 서 고할 서 [言部] 常 (金)

撝 쪼갤 은

摲 揃[자를 전]과 같음

摐 서법(書法) 조

摓 桶[통 통]과 같음

摒 칠 폐

⑫ 획

撋 문지를 내

撅 잡을 궤, 던질 궐 팔 궐, 주사위 궐

撇 칠 별, 오른쪽 삐칠 별, 당길 별

擎 앞 글자와 같음

撈 잡을 로, 끌게 로 건질 로 (木)

撒 똑같이 나눠가질 치

撊 불끈 성낼 한

撋 꺾을 연, 문지를 연 닦을 윤, 비빌 나

撁 牽[끌 견]과 같음

撌 씻을 분

撌 당길 귀, 털 궤

撍 모을 잠, 빠를 잠 일할 잠

撜 增[더할 증]과 같음

撎 뺴 가질 건

撎 읍할 의

⿰扌尋 가질 심, 더듬을 섬 뜯을 섬, 취할 섬

撐 버틸 탱, 취할 탱 헤칠 탱 (木)

撑 앞 글자와 같음

⿰扌棠 앞 글자와 같음

⿰扌崽 흩어져 없어질 새, 사

撒 뿌릴 살, 흩어질 살 흩뿌릴 살 (木)

撓 흔들 요, 어지럽힐 뇨, 구를 효 (木)

⿰扌留 당길 류, 손으로 고르게할 류

⿰扌畫 찢을 획, 나눌 획

⿰扌窘 묶을 군, 운

撕 훈계할 서, 쪼갤 시 끌 시, 일깨울 시 (木)

⿰扌畢 찌를 필

撖 걸 감, 위태로울 감

撗 채울 광, 가득할 광

撘 搭[탈 탑]과 같음

撙 꺾어질 준, 누를 준 헝클어질 준 (木)

撚 늘일 년, 연, 비틀 년, 연, 감을 년, 연 (木)

撛 구원할 린 (木)

撜 건질 증, 닿을 쟁

撝 찢을 휘, 두를 휘 도울 위 (木)

撞 칠 당, 두드릴 당, 부딪칠 당, 찔을 당 (木)

撟 들 교, 천단할 교 바로잡을 교 (木)

撠 가질 극, 칠 극

⿰扌⿱巛亂 擸[꺾을 랍]과 같음

⿰扌班 맬 반, 얽을 반 끌어당겨 칠 반

⿰扌⿱厽氺 摻[섬섬할 삼]과 같음

撢 더듬을 탐, 찾을 탐

撣 부딪칠 탄, 닥칠 탄 당길 선

撤 거둘 철, 치울 철 피울 철, 긁을 철 (木)

撥 다스릴 발, 제할 발 뒤집을 발 (木)

撦 찢을 차, 뜯을 차

⿱絶手 絶[끊을 절]과 같음

⿰扌絶 앞 글자와 같음

⿰扌⿱爫⿱冖寸 소매 걷을 선

撨 골라 가질 초, 밀칠 초, 닦을 초

⿰扌肅 칠 숙

⿰扌絜 두레박 결, 묶을 혈

⿰扌費 때려 넘어뜨릴 비

撩 다스릴 료, 움킬 료 붙들 료, 취할 료 (木)

撫 어루만질 무, 누를 무, 두드릴 무 (木)

⿰扌⿱艹朿 붙들어 도울 책

⿱湯手 손으로 막을 탕

撬 들 교, 비틀 교

播 뿌릴 파, 심을 파, 버릴 파, 헤칠 파 常 (木)

撮 움킬 촬, 비칠 촬 모을 촬 (木)

⿰扌猒 擪[누를 엽]과 같음

撰 지을 찬, 갖출 찬 책 지을 찬 (木)

撱 타원형 타 갸름할 타

撲 칠 박, 맞부딪칠 박 두드릴 복 (木)

⿰扌等 같을 등, 나란할 등

⿰扌華 붙잡아맬 화

⿰扌㪔 撒[헤칠 살]의 本字

⿰扌叜 搜[찾을 수]와 같음

⿰手堯 拜[절 배]의 古字

⿰扌⿱巛日 措[둘 조]의 本字

撳 누를 근

⿱欽手 앞 글자와 같음

⿱敦手 마구 놓을 돈

撉 앞 글자와 같음

擒 사로잡을 금 (木)

⿰扌惡 목 벨 아

⿰扌雋 攜[이지러질 휴]와 같음

⑬ 획

撻 매질할 달, 빠를 달 매맞을 달 (木)

撼 흔들 감, 깨뜨릴 감 움직일 감 (火)

撽 칠 교, 칠 격

擊 앞 글자와 같음

撾 칠 과, 두드릴 과 (木)

撿 잡을 검, 단속할 검 비교할 검 (木)

擒 捦[붙잡을 금]과 같음

擀 손으로 펼 간

擁 안을 옹, 품을 옹 낄 옹, 가질 옹 常 (木)

擥 앞 글자와 같음

擂 갈 뢰, 닦을 뢰 칠 뢰, 부러뜨릴 뢰

擃 찌를 낭, 칠 낭

擄 사로잡을 로 노략질할 로 (木)

擅 멋대로 천, 오로지 할 천 (木)

擶 비빌 번, 문댈 번

擆 둘 착, 두드릴 착

擇 가릴 택, 추릴 택 뽑을 택 常 (木)

擒 사로잡을 금, 움킬 금

擛 맥잡을 설, 접을 설 揲[셀 설]과 같음

擉 찌를 착, 꽂을 착 (木)

擊 칠 격, 두드릴 격 눈 마주칠 격 常 (木)

擋 처리할 당, 숨길 당 물리칠 당

擌 새 잡는 덫 색

操 잡을 조, 움켜쥘 조 지조 조 常 (木)

擣 擣[찧을 도]의 古字

擎 받들 경, 떠받들 경 (木)

擏 앞 글자와 같음

擐 입을 환, 관 꽂힐 환, 관 (木)

擑 接[대접할 접]과 같음

擒 섞을 잡, 가질 잡 똥빛 잡

擓 拎[찍어 올릴 령]과 같음

擔 칠 희

擕 딸 뇨

擖 긁을 회, 닦을 회 문지를 회

擗 거둘 괴

擔 멜 담, 맡을 담 짐 담, 빌릴 섬 常 (木)

擗 가슴 칠 벽 (木)

擕 攜[이지러질 휴]와 같음

擕 앞 글자와 같음

擙 기댈 빙

擶 揃[자를 전]과 같음

擖 긁을 갈, 종아리 칠 갈, 꺾을 갈

擘 엄지손가락 벽 나눌 벽 (木)

據 의지할 거, 웅거할 거, 짚을 거 常 (木)

擛 움직일 엽

擙 갈 오

擟 뽑을 건, 걷을 건 들 건, 성씨 건

擏 주사위 경

擆 화살 사물에 맞는 소리 박

擈 抃[칠 변, 분]과 같음

擞 愁[근심 수]와 같음

擨 揄[끌 유]와 같음

擨 檥[배 댈 의]의 訛字

擦 摽[칠 표]와 같음

⑭ 획

擟 밀 미, 산 이름 미

擠 밀 제, 물리칠 제 (木)

擡 拓[열 탁]과 같음

擡 들 대, 움직일 대 (木)

擢 뽑을 탁, 솟을 탁 뺄 탁, 밀칠 탁 (木)

擣 찧을 도, 두드릴 도 다질 도, 모을 주 (木)

擩 걷을 몽

擨 쪼갤 은, 똑같이 나눌 은

[illegible] 拜[절 배]의 古字

擤 코풀 형

擥 걷어잡을 람 총칼 찰 람(木)

[illegible] 앞 글자와 같음

擈 撲[칠 박]과 같음

擦 비빌 찰, 문지를 찰(木)

擧 들 거, 움직일 거 받들 거 常(木)

[illegible] 거리낄 치 엎드릴 치

擩 담글 유, 물들일 유 버릴 유

擫 손가락으로 누를 엽, 꽉 잡을 압

擪 앞 글자와 같음

擬 흡사할 의, 적용할 의, 추측할 의(木)

[illegible] 적고 많음을 비교할 호

[illegible] 捇[흙팔 혁]과 같음

擭 잡을 획, 덫 확, 화 널리 퍼질 호

[illegible] 가위질할 단 구를 단

擯 물리칠 빈, 버릴 빈 팽개칠 빈(木)

擰 어지러워질 녕 비틀 녕

擱 놓을 각, 멈출 각 견딜 각, 버릴 각(木)

[illegible] 竦[삼갈 송]과 같음

擨 가볍게 웃는 모양 야

[illegible] 據[의거할 거]와 같음

[illegible] 擌[찌를 책]과 같음

[illegible] 떨어질 표, 표지 표

[illegible] 어그러질 현, 머금을 현

[illegible] 궤매달 채

⑮ 획

擲 던질 척, 버릴 척 방기할 척(木)

擳 벼 베는 소리 즐 씻을 즐, 닦을 절

擴 넓힐 확, 채울 광 常(木)

[illegible] 벨 류, 죽일 류 뽑을 류, 찌를 류

[illegible] 摩[갈 마]와 같음

擷 딸 힐, 잡아뽑을 힐

擆 무찌를 오 잡을 부

擸 가질 렵, 가다듬을 렵, 꺾을 랍

[illegible] 흔들 라

擮 비뚤어질 멸 칠 멸, 닦을 메

[illegible] 옮길 휘, 떨칠 휘

擺 열릴 파, 제거할 파 칠 파, 손뼉칠 파(木)

擻 차릴 수, 수습할 수 떨칠 수

[illegible] 搓[비빌 차]의 本字

攕 손길 고울 섬, 삼

擽 칠 력, 략, 덜을 략 단단한 모양 락

擾 어지러울 요, 길들일 요, 순할 요(木)

擿 들출 적, 척, 긁을 척, 돋굴 적, 딸 적

擕 攜[이지러질 휴]와 같음

攀 더위잡을 반 휘어잡을 반(木)

[illegible] 앞 글자와 같음

攁 발동할 양

[illegible] 擂[갈 뢰]의 本字(木)

[illegible] 잠깐 칠 박, 회초리 칠 박

攄 펼 터, 흩을 터, 날칠 터, 비길 터(木)

攅 攢[모일 찬]의 俗字

[illegible] 찢을 제, 걸 제

[illegible] 摘[딸 적]과 같음

攆 쫓을 련, 잡을 련

擼 훑을 로, 움직일 로

攃 뿌릴 살, 문지를 찰

[illegible] 펼 부, 날릴 부

[illegible] 搣[털어낼 색]과 같음

[illegible] 揃[자를 전]과 같음

⑯ 획

攐 걷어올릴 건 걷을 건

攇 물건 맬 헌, 비길 헌 (木)

⿰扌褭 딸 뇨

攈 捃[주울 군]과 같음

攉 손 뒤집을 확, 핵 두를 확, 손뼉칠 확

⿰扌遺 버릴 유

⿰扌學 흔들 효, 어지러울 효

⿱燅手 딸 섬, 뜯을 섬

⿰扌燚 앞 글자와 같음

攊 칠 력 (木)

⿰扌穌 더듬어 찾을 소, 더듬을 소

攋 뒤적거릴 랄, 버릴 뢰, 찢어버릴 뢰

攌 울짱 환, 가둘 환, 나무로 울칠 환

攍 멜 영

攎 당길 로, 베풀 로, 거둘 로

攏 누를 롱, 빼앗을 롱, 가질 롱, 다스릴 롱

⿱龍手 칠 롱, 두드릴 롱

⿰扌褱 壞[덩어리 괴]와 같음

⿰扌橆 撫[어루만질 무]와 같음

⿰扌閻 이을 염

⿰扌隸 찢을 례

⿰扌興 꽂을 천

⿰扌橐 손으로 밀칠 탁

⑰ 획

攓 취할 건, 걷을 건, 태만할 건, 뽑을 건

攔 막을 란, 난간 란 (木)

⿰扌戲 칠 희

攕 손 길고 고울 섬, 삼, 깎을 섬, 삼

⿱輿手 들어올릴 여, 맞들 여, 가마 여

⿰扌繁 거둬들일 파, 덮어버릴 파

⿰扌⿱穴登 족자 걸 쟁, 족자 정

攖 다가설 영, 찌를 영, 어지러울 영

⿰扌糜 세모진 마름 미

攘 밀칠 양, 훔칠 양, 잡아당길 양, 덜 양 (木)

⿰扌營 지휘할 영

攙 찌를 참, 붙들 참, 날카로울 참

⿰扌糞 쓸어버릴 분

⿰扌擎 제할 경, 덜 경

⿰扌廩 쌀 두 번 찧을 람, 쌀 두 번 때낄 람

[illegible] 손으로 달아볼 섬, 손으로 무게 달 섬

攑 擧[들 거]의 俗字, 들 건

⑱ 획

攝 추스를 섭, 편안할 녑, 잡을 접 常 (木)

攟 주울 군

⿰扌瞿 쥘 국, 버릴 국, 퍼질 구

⿰扌暴 종아리 칠 박, 회초리 박

⿰扌雚 拳[주먹 권]의 古字

⿰扌壘 상가 풍류 류, 허수아비 류

⿰扌爵 가릴 작, 추릴 작

⿰扌雝 擁[안을 옹]과 같음

⿰扌雙 움츠릴 송, 잡을 송, 뽐낼 송, 밀칠 송

攛 던질 찬, 후릴 찬, 뛰어오를 찬

攜 이지러질 휴

⿰扌夒 擾[흔들 요]와 같음

⑲ 획

⿰扌麕 주울 군, 취할 군

攞 찢을 라

⿰扌關 손 맞잡을 관

⿰扌䜌 모을 란, 가릴 란

攢 모일 찬, 초빙할 찬, 토롱이 찬 (木)

⿰扌燮 밥주걱 첩

攡 배치할 리, 베풀 리, 펼 치

⿸麻手 麾[대장기 휘]의 本字

攣 걸릴 련, 사모할 련 (木)

攠 쇠북방망이받이 미, 갈 마

撻 칠 달, 달

攦 꺾을 려, 비틀 렬

攧 넘어질 전

攤 열 탄, 펼 탄 누를 난 (木)

⑳ 획

攥 잡을 촬

攩 망치로 칠 당, 막을 당, 무리 당, 칠 황

攪 어지러울 교 흔들릴 교 (木)

攧 칠 알, 움킬 알

攫 붙잡을 확, 움킬 확 후려칠 확 (木)

攝 손으로 누를 녑 손으로 비빌 녑

㉑ 획

攞 잡을 파, 자루 파

攢 꽂을 찬

攦 잡을 촉

攦 擂[갈 뢰]와 같음

攭 터럭 없을 라 갈라질 례

攬 잡을 람, 모을 람 잡아당길 람 (木)

㉒ 획

攮 밀 낭

攝 물리칠 첩, 걸 첩 거둘 첩

㉔ 획

攦 찍어낼 령, 걸 령 끌어들 령

㉙ 획

攦 비틀어 돌릴 울

支部

支 지탱할 지, 지지 지 고일 지, 버틸 지 常 (土)

② 획

攰 기울 기

③ 획

攱 支[지지 지]의 本字

④ 획

攲 금갈 비

⑤ 획

攳 실을 기, 시렁 기

攴 숨을 저

⑥ 획

攲 쏠릴 기, 기울 기

翅 날개 시, 뿐 시 깃털 시 [羽部] (水)

敊 절일 시, 양념할 시 메주 시

攳 많을 지

攼 辜[허물 고]의 古字

⑦ 획

攱 움틀 기, 곁가지 기

敎 教[가르칠 교]와 같음

豉 콩자반 시, 메주 시 [豆部]

⑧ 획

攲 기울 기, 기울어질 기, 기댈 기 (土)

散 散[흩을 산]의 訛字

攲 가지런하지 않을 추, 드리울 기

⑨ 획

鼓 북 고, 별 이름 고 휘 고 [鼓部] 常 (金)

⑩ 획

敼 활 강할 기

⑫ 획

攳 길 심(長也)

⿸厂⿰未支 바를 리(正也) (土)

⑯ 획

⿰器支 기울어질 기

攵部

攴 똑똑 두드릴 복 攵와 같은 부수임

攵 앞 글자와 같음 등글월 문

② 획

收 거둘 수, 모을 수 잡을 수, 떨칠 수 常(金)

攷 상고할 고, 이를 고 =考 (金)

③ 획

⿰也攴 베풀 시

攸 곳 유, 획 달아날 유 아득할 유 (金)

改 고칠 개, 거듭할 개 바꿀 개 常(金)

⿰亡攴 어루만질 무, 부

⿰乞攴 편치 않을 굴 껄끄러울 굴

攻 칠 공, 갈 공, 다스릴 공, 굽을 공 常(金)

⿰卩攴 다스릴 절

攼 구할 간, 얻을 간 나아갈 간, 그칠 한

斈 學[배울 학]의 俗字

攺 귀신 쫓는 패물 이, 시

④ 획

⿰夫攴 扶[붙들 부]의 古字

攽 나눌 반, 줄 반 (金)

⿰屯攴 끌 돈, 문지를 돈

⿰今攴 가질 금, 축날 금

⿱食攵 속할 변, 빠를 변

⿰巴攴 거둘 파, 거두어들일 파

⿰匀攴 밭 일굴 균 개간한 논밭 균

放 놓을 방, 쫓을 방 내칠 방, 넓힐 방 常(金)

⿰比攴 그릇 금갈 비

政 정사 정, 조세 정 바르게 알 정 常(金)

⿰⿰亻丨攵 攸[바 유]의 訛字

⿰户攴 啓[열 계]와 같음

⿰火攴 칠 담, 찌를 담

⿰乞攴 편치 않을 굴 껄끄러울 굴

⿰爻攴 敎[가르칠 교]의 古字

⑤ 획

⿰弗攴 다스릴 불, 깨뜨릴 불

⿰矢攴 쏠 제 (射也)

⿰可攴 칠 가

敀 핍박할 박, 때릴 박 歸[돌아갈 귀]略字

敁 손으로 달아볼 점 똑같이 나눌 점

敂 두드릴 구

⿰包攴 손으로 칠 포

⿱覀攵 更[고칠 경]과 같음

敃 힘쓸 민, 강인할 민 (金)

敄 힘쓸 무

故 연고 고, 옛 고, 사건 고, 변사 고 常(金)

⿰乍攴 作[지을 작]과 같음

⿰且攴 숨을 저

⿸穴攴 가는데 곤란 당할 가, 망설일 지

⿰巨攴 채마밭 언저리 광

⿰𣎴攴 施[베풀 시]의 古字

⑥ 획

⿰谷攴 손으로 빰때릴 곡

敆 모을 갑, 향할 갑

敇 채찍질할 책 밀어 때릴 책

⿰羊攴 養[기를 양]의 古字

⿸尸⿰巾攵 刷[문지를 쇄]와 같음

敾 흩을 선, 뿌릴 선

𢼛 방자할 계
침노할 계

𣪂 殺[죽일 살]과 같음

𢼸 칠 갈
두드릴 갈

敌 다할 활
허덕거릴 기

效 본받을 효, 효험 효
배울 효 常(金)

𢿊 弼[도울 필]의 古字

𢽋 칠 홍, 두드릴 홍

敐 움직일 진

敉 어루만질 미, 편안할 미, 사랑할 미

敊 몹시 아플 축
얻을 수

致 이를 치, 극진할 치
버릴 치 [至部] 常(土)

敏 빠를 민, 민첩할 민
총명할 민, 힘쓸 민

𢼼 敧[기울 기]와 같음

⑦ 획

𢾁 그칠 한

敍 베풀 서, 차례 서
지을 서 常(金)

敘 앞 글자와 같음(金)

𢿀 두드릴 통, 끌 통

𢾈 집 무너지려할 포

𢾅 비틀 설

𢽾 편안할 타

𢽳 勃[우쩍 일어날 발]과 같음

敎 가르칠 교, 알릴 교
본받을 교 常(金)

教 앞 글자와 같음(金)

𢾩 쉴 괴, 한숨 쉴 괴

敏 민첩할 민, 빠를 민
총명할 민 常(金)

𢽤 즐거워할 진
치는 소리 진

𢽺 정하지 않는 모양 섬, 손들 섬

𢽰 처버릴 소
두드릴 소

𢽏 敢[감히 감]의 古字

救 구원할 구, 건질 구
그칠 구 常(金)

敒 다스릴 진, 펼 신
돌이킬 신 (金)

敓 강제로 빼앗을 탈
빼앗을 탈

敔 막을 어, 금할 어
풍류 그칠 어 (金)

敕 삼갈 칙, 경계할 칙
칙서 칙, 기릴 칙(金)

敖 놀 오, 거만할 오
장대할 오 (金)

敗 패할 패, 무너질 패
엎어질 패 常(金)

𢾃 養[기를 양]의 古字

𢼧 이길 지, 치

𢾕 다할 정, 극진할 정

𢿎 殺[죽일 살]의 古字

𢿜 다할 답

赦 죄 사할 사, 용서할 사 [赤部] (火)

⑧ 획

敬 공경 경, 삼갈 경
엄숙할 경 常(金)

敧 기울어질 기
깁을 기

敤 다스릴 과, 칠 과

𢾎 앞 글자와 같음

𢿙 칠 착, 던질 착
두드리는 소리 독

𢾤 때리는 소리 비
헐 비

𢿦 깔깔할 률, 거칠 률
껄끄러울 률

敜 막을 녑, 닫을 녑

敝 무너질 폐, 해질 폐
버릴 폐, 실패할 폐 (金)

敞 높을 창, 드러날 창
열 창, 넓을 창 (金)

敟 떳떳할 전, 맡을 전
典[법 전]과 같음

敥 새 쪼아먹을 삼

𢿵 재앙 죄, 사악할 죄

敠 달 철, 무게를 달 철
더디 먹을 철

𢾷 敕[조서 칙]의 訛字

𢿋 붙을 업, 미칠 업

𢾥 徵[부를 징]의 古字

𢾦 앞 글자와 같음

敢 새 쪼아먹을 감
㪇 때리는 소리 예 헐 예
敢 감히 감, 구태어 감 용맹스러울 감 常(金)
㪕 敢[감히 감]의 古字
㪔 흩어질 산, 벗길 산
敨 奏[아뢸 주]의 古字
敡 업신여길 이 쉽게 말할 이
散 흩을 산, 펼 산 가루약 산 常(金)
敤 칠 공
敤 막을 주
敥 칠 홀
敮 칠 붕
敤 칠 과, 갈 과
敤 헐 괴
敥 손으로 흩을 염
敫 빼앗을 작, 두드릴 소
敦 똑똑 두드릴 록 노크할 록
敦 도타울 돈, 쪼을 퇴 모을 단 常(金)
敨 펼 투
敂 강하게 칠 구
敦 婦[며느리 부]의 古字

⑨ 획

敧 살펴볼 계, 엿볼 계
敯 싸울 민, 번민할 민
敬 공경 경, 엄숙할 경, 삼갈 경 常(金)
敬 앞 글자의 本字
敥 칠 소, 잡을 소 어지럽힐 소
敨 한 가지할 도 벗할 도, 짝할 도
敜 칠 짐, 세게 칠 침 돌로 찧을 짐
敠 헤아릴 취, 시험할 취, 달 타
敶 배반할 위 어그러질 위
敤 막을 도, 닫을 도, 두
敦 두드릴 쟁 다닥칠 쟁
敤 문채 없을 탄
毀 毁[헐 훼]의 俗字
敭 揚[날릴 양]의 古字 (金)
敶 나른하게 두드릴 련, 가릴(擇) 련
敦 어지러울 준 움직일 준
敫 칠 격
敄 부딪칠 모 부족할 모
敤 돈 쾌
数 數[헤아릴 수]의 略字

敫 햇발이 옮아가는 모양 교, 노래할 교
微 가늘 미, 작을 미 은미할 미 [彳部]常(火)
敦 敦[두터울 돈]과 같음
敤 해칠 잔

⑩ 획

敲 두드릴 고 (金)
敲 앞 글자와 같음
整 整[가지런할 정]의 略字
敤 肇[칠 조]와 같음
敤 損[덜 손]과 같음
敤 사람 이름 비
敤 센 활 기, 굳셀 기
敤 두드릴 갑
敤 활이 팽팽할 기
敤 탐할 감, 맞출 감
敤 찌를 지, 치
敤 편치 못할 률
敷 敷[펼 부]와 같음
敤 쿵쿵 울릴 동
敤 욕할 개, 칠 개
敤 집 쏠릴 비

㱾 손으로 누를 낙 잡을 낙, 가질 약

𢿫 헛치는 소리 보

𣁔 勝[이길 승]의 古字

敳 다스릴 애

⑪ 획

𢿳 얼룩무늬 있는 가죽 록

𢿸 불러 빨리 오라할 필, 다할 필 (水)

𢿟 좁을 삼

𢿺 穆[화할 목]의 古字

整 整[가지런할 정]의 譌字

𢿿 손가락으로 누를 자, 취할 자

敻 아득할 형, 현

𢿽 짓찧을 인

敵 대적할 적, 원수 적 짝 적, 막을 적 常(金)

𢾑 벌릴 진, 고할 진

敷 펼 부, 베풀 부 넓을 부 (金)

敷 앞 글자와 같음

𢿱 칠 표, 버릴 포

數 셈 수, 자주 삭 빠를 속 常(金)

数 앞 글자의 俗字

數 앞 글자와 같음

敹 휘두를 료, 가릴 료 꿰맬 료

敺 쫓을 구, 몰 구 종아리 칠 구

敺 앞 글자와 같음

𢿾 이를 해(至也) 겨우 이를 해

徹 통할 철, 꿰뚫을 철 다스릴 철 [彳部] 常(火)

徵 부를 징, 나타낼 징 증빙할 징 [彳部] 常(火)

⑫ 획

暾 수더분할 돈 해돋을 돈 [日部](火)

𣀔 가늘고 길 료

敼 희롱할 이, 희 까불 의

歙 칠 흡, 두드릴 흡

𢿵 번거로울 란, 게으를 란, 어지러울 란

敿 끈 맬 교

𢿴 글 잘 쓸 선, 다스릴 선, 기울 선 (金)

𣀓 때리는 소리 숙

整 정돈할 정 가지런할 정 常(金)

整 앞 글자와 같음

𣀒 칠 착, 탁

𢿼 散[흩을 산]의 本字

徼 돌아다닐 요, 변방 요, 순라 요 [彳部]

⑬ 획

徽 아름다울 휘 기러기발 휘 [彳部](火)

𣀖 嚴[엄할 엄]의 略字 (金)

斂 거둘 렴, 모을 렴 감출 렴 (金)

斁 패할 도, 헐 두 풀 역, 마칠 역 (金)

𣀜 불알 벨 탁, 독

𣀠 操[잡을 조]의 古字

𣀞 부스러뜨릴 뢰 꺾을 뢰

𣀚 슬퍼할 효

𣀝 손들 점

𣀟 원수 례

𣀡 북 처음 칠 렴

⑭ 획

斃 넘어질 폐, 실패할 폐, 넘어뜨릴 폐 (金)

𣀦 제발로 올 총

𣀤 줄 탁, 찌를 탁 아플 탁, 찢을 탁

𣀧 버릴 추, 칠 토

𣀥 찧을 찬

⑮ 획

𣀩 불안정한 모양 삭

𣀪 침노할 려

𣀫 밀 뢰

鶩 달릴 무, 빠를 무 힘쓸 무 [馬部]

斅 칠 박

䰽 털긴소리 땅 이름 태

⑯ 획

𢿨 주살질할 산 날아 흩어질 산

斆 다스릴 불

歷 어지러울 력

斆 거둘 로

敳 壞[덩어리 괴]의 古字

斆 가르칠 효, 학 (金)

⑰ 획

斆 攘[물리칠 양]의 古字

斆 싫어할 삼

斆 쓸 분

斆 칠 령

⑱ 획

斆 서로 미칠 녑(相及)

⑲ 획

變 변할 변, 고칠 변 재앙 변 [言部]常(金)

變 앞 글자와 같음

斆 헤아릴 려

㉑ 획

斆 屬[엮을 속]의 俗字

文部

文 글월 문, 글지을 문 책지을 문 常(木)

② 획

齐 齊[가지런할 제]의 略字

③ 획

斈 擧[들 거]의 俗字

斈 學[배울 학]의 略字

吝 아낄 린, 한할 린 인색할 린 [口部](水)

④ 획

斉 齊[가지런할 제]의 略字

斊 學[배울 학]의 略字

⑥ 획

斒 얼룩덜룩할 반

斒 微[가늘 미]와 통함

斎 齋[집 재]와 같음

紊 얽힐 문, 어지러울 문 [糸部](木)

⑦ 획

誉 譽[칭찬할 예]의 俗字

覚 覺[깨달을 각]의 略字

斎 齋[집 재]의 略字

⑧ 획

斑 아롱질 반 얼룩질 반 (金)

斐 문채날 비 아롱질 비 (木)

斌 아롱질 빈 빛날 빈 (木)

⑨ 획

斒 얼룩얼룩할 반

斔 문채날 환, 무늬 환

斖 문채 없을 탄

⑪ 획

斄 가늘게 그을 리

斆 문채 없을 만

⑭ 획

辬 斑[아롱질 반]의 本字

⑮ 획

斔 열여섯말들이 유

⑰ 획

斕 아롱질 란, 문채날 란

⑱~⑳ 획

斖 면려할 미

亹 부지런할 미

斗部

斗 말 두(1말=10되) 별 이름 두 常(火)

㪯 앞 글자의 本字

① 획

㪰 음역자 둑(뜻 없이 음으로만 씀)

㪱 음역자 둥(뜻 없이 음으로만 씀)

③ 획

㪲 오를 승

④ 획

㪳 두량할 할

⑤ 획

㪴 되어서 반분할 반

科 과정 과, 근본 과 조목 과 [禾部] 常(木)

㪵 斟[술따를 짐]과 같음

⑥ 획

料 헤아릴 료, 말질할 료, 될 료 常(火)

㪶 斛[열말들이 곡]과 같음

㪷 말로 되어담을 알(斗量)

斜 넣을 급, 들 갑

㪸 구기 두, 술잔 두 짐작할 두

㪹 斝[술잔 가]의 俗字

⑦ 획

斛 휘 곡, 헤아릴 곡 곡 곡, 성씨 곡(火)

斜 비낄 사, 기울 사 비뚤게 둘 사 常(火)

㪺 헤아릴 렬

㪻 斗[말 두]의 俗字

⑧ 획

斝 술잔 가(火)

㪼 넘칠 방, 넘게될 방

㪽 斟[술잔 짐]과 같음

⑨ 획

斞 용량의 단위 유 말 유

斟 술따를 짐, 풀 짐 요리할 짐, 본음 침(火)

㪾 열 말들이 조 가래 조

⑩ 획

斠 평미래질할 각, 교 바로잡을 각, 교

斡 주선할 알, 돌 알 수레바퀴 휠 관(火)

魁 으뜸 괴, 괴수 괴 클 괴 [鬼部] (火)

㪿 넘칠 방, 넘게될 방

㫀 斞[용량단위 유]와 같음

⑪ 획

㫁 약탈할 루, 겁탈할 루, 노략질할 루

㫂 말될 적, 말 적 헤아릴 적

㷉 다리미 위 다릴 울

⑫ 획

㫃 겁탈할 주, 황색 주

⑬ 획

斣 뜰 구(물을 뜨다) 국자 구

斣 맞바꿀 축 힘겨룰 투

⑮ 획

㫄 斣[뜰 구]의 訛字

⑲ 획

蠿 술국자 권, 풀 권 뜰 권, 가득히 될 권

斤部

斤 근 근, 도끼 근 밝게 살필 근 常(金)

① 획

斥 물리칠 척, 넓힐 척 개척할 척 常(金)

② 획

匠 장인 장,고안할 장 목공 장 [匚部] (土)

④ 획

斧 도끼 부, 도끼질할 부 (金)

斦 모탕 은, 질 두 날 도끼 은

斨 도끼 장, 괴찍을 장

所 바 소, 곳 소, 것 소 연고소 [戶部] 常(木)

斦 析[가를 석]의 古字

斯 斯[이 사]의 古字

欣 기쁠 흔, 좋아할 흔 [欠部] (火)

⑤ 획

斫 벨 작, 베어낼 작 쪼갤 작, 찍을 작(金)

斪 쪼갤 구, 호미 구 괭이 구

祈 빌 기, 천천히할 기 갚을 기 [示部] 常(木)

斥 열 책, 坼[터질 탁]의 訛字

⑥ 획

斘 싸울 격, 다툴 격 사로잡을 격

斤 近[가까울 근]의 本字

斯 折[꺾을 절]의 本字

⑦ 획

斬 벨 참, 목벨 참, 끊을 참, 죽일 참 (金)

斦 서로 칠 라

断 斷[끊을 단]의 略字

斱 折[꺾을 절]과 같음

斲 鬪[싸움 투]의 俗字

⑧ 획

斯 이 사,쪼갤 사, 말 그칠 사, 천할 사 常(金)

斮 벨 착, 쪼갤 작

斩 斲[깎을 착]과 같음

斯 끊을 붕

斱 剞[새길 기]와 같음

斩 剗[깎을 잔]과 같음

⑨ 획

斮 쪼갤 작 (金)

新 새 신, 새롭게할 신 새로울 신 常(金)

斣 삽 두, 보습 두 가래 두

斲 세 발 노구 정

斷 斷[끊을 단]와 같음

頎 헌걸찬 모양 기, 은히 여길 간 [頁部]

⑩ 획

斲 깎을 착, 쪼갤 착

斷 斷[끊을 단]의 俗字

新 新[새로울 신]의 本字

⑪ 획

斳 미나리 근

斪 깎을 구, 보습 우 아로새길 구

斲 벨 획

斯 칠 서, 끊을 서

⑫ 획

斴 돌 사이로 흐르는 물소리 린

斲 斲[깎을 착]과 같음

斸 斸[괭이 촉, 파낼 촉]의 俗字

⑬ 획

斶 사람 이름 촉

斮 괭이 착, 깨어질 착

斲 斲[깎을 착]과 같음 (金)

⑭ 획

斷 끊을 단, 결단할 단 조각낼 단 常(金)

斴 끊을 체 깨지는 소리 찰

斵 貸[빌릴 대]와 같음

⑯ 획

斷 斷[끊을 단]과 같음

⑰ 획

斸 斪[괭이 구]와 같음

㉑ 획

斸 괭이 촉, 찍을 촉 쪼갤 촉

方部

方 모 방, 방위 방, 이제 방, 견줄 방 常(土)

② 획

㫃 깃발 언, 쓰러질 언

③ 획

於 깃대 천

㫄 旁[두를 방]의 古字

④ 획

於 어조사 어, 아 오, 어미려 의 常(土)

斻 떼배 항, 건널 항

斺 맺을 개, 해

𣃟 旁[두를 방]의 本字

放 놓을 방, 내칠 방 쫓을 방 [攴部] 常(金)

房 방 방, 살 집 방 [戶部] 常(木)

⑤ 획

旀 음역자 며(뜻은 없음)

旃 앞 글자와 같음

旅 하며 며(음역자, 뜻은 없음)

施 베풀 시, 은혜 시, 벗을 이, 끌 이 常(土)

旕 음역자 억(뜻은 없음)

旕 음역자 엉(뜻은 없음)

斿 깃발 유, 깃술 유 면류관 술 유

旍 기 양

旌 旌[기 정]과 같음

旆 旆[기 패]와 같음

⑥ 획

旁 두루 방, 넓을 방 클 방 (土)

旆 기 패, 깃발날릴 패 (木)

旂 쌍룡 그린 기 기 방울 단 기 기 (土)

旗 旗[기 기]와 같음

旅 나그네 려, 군사 려 손님 려 常(土)

旅 앞 글자의 古字

旃 기 전, 말 그칠 전 (土)

旂 동리의 기 물 勿[말 물]과 같음

旄 깃대 장식 모, 쇠꼬리기 모, 별 이름 모

旃 깃 일산 엄 가릴 엄

⑦ 획

旎 성대할 니, 유순할 니 깃발 펄럭일 니

旊 옹기장 방, 도공 방 질그릇 만들 방 (木)

旋 돌 선, 동그라미 선 돌아올 선 常(土)

旌 기 정, 표창할 정 구별할 정 (木)

旍 앞 글자와 같음

旋 앞 글자와 같음

族 겨레 족, 친족 족, 무리 족, 나아갈 주 常(木)

旈 旒[기 술 류]와 같음

旒 앞 글자와 같음

旇 휘두를 피, 깃발 나부낄 피, 대장기 비

旉 敷[펼 부]의 古字

旖 깃발 날릴 의 기 아

旃 旃[기 전]과 같음

⑧ 획

旑 깃발 펄럭일 나 (木)

旌 旌[기 정]과 같음

旜 旃[기 전]과 같음

旖 旖[깃발 펄럭일 의]와 같음

旞 길이 견줄 엄, 염

旋 受[받을 수]와 같음

旐 기 조, 상여기 조

⑨ 획

旒 깃술 류, 면류관술 류, 깃발 류 (木)

旓 깃발 장식 소

旕 땅 이름 엇, 엇 엇 (음역자)

旝 가릴 엄

旔 이길 건, 빠를 건

⑩ 획

旗 기 기, 호령할 기, 표지 기, 별이름 기 常(木)

旖 깃발 펄럭일 의 성할 의, 유순할 의

旛 배뜸 분, 배지붕 분

旚 주막기 황 술집에 걸린 기 황

⑪ 획

旟 기 휘, 움직일 휘

旚 기 요, 기모양 요

⑫ 획

旞 어깨뼈 어

旛 旚[주막기 황]과 같음

旘 幟[기 치]와 같음

⑬ 획

旚 깃발 번득일 표

旝 증거 엄, 즐표 엄 증험할 엄

⑭ 획

旛 기 번

旘 幟[기 치]와 같음

旚 깃발 펄펄 날릴 표

旟 幢[기 당]과 같음

⑮ 획

旝 사명기 괴, 돌쇠뇌 괴

旞 수레에 꽂는 기 수 깃을 단 기 수

旜 자루 굽은 기 전

⑯ 획

旟 새매 그린 기 여 오를 여

⑱ 획

旞 깃으로 꾸민 기 수 기 유

旂 祈[빌 기]와 같음

⑲ 획

旗 얼굴 빛 변할 기

无部

无 無[없을 무]의 古字 (火)

旡 목멜 기, 숨막힐 기

③ 획

旡 입 작을 지

⑤ 획

既 旣[이미 기]의 訛字

⑥ 획

旣 구슬 계

旤 외발로 설 괴

⑦ 획

旣 이미 기, 다할 기 끝날 기 常(水)

旣 앞 글자의 俗字

⑧ 획

琼 슬플 량, 쓰라릴 량 엷을 량

⑨ 획

旤 禍[재앙 화]의 古字

旤 禍[재앙 화]의 古字

⑫ 획

暨 및 기, 미칠 기 성씨 글 [日部](火)

日部

日 날일,하루일,해 일, 날점칠 일 常(火)

① 획

旦 아침 단, 새벽 단 일찍 단 常(火)

旧 舊[예 구]의 略字

旫 물방울 떨어질 탁 듣는 물방울 탁

② 획

旬 열흘 순, 두루할 순 고를 순, 균 常(火)

旪 協[맞을 협]의 古字

旮 저물 조, 어두울 조

旭 빛날 욱, 아침해 욱 교만할 욱 (火)

旫 빌 정

旫 袋[자루 대]와 같음

旨 맛있을 지, 조서 지 아름다울 지 (火)

旫 앞 글자와 같음

早 새벽 조, 일찍 조 이를 조 常(火)

曳 끌 예, 당길 예, 천 천히할 예 [日部](火)

曵 앞 글자의 俗字 [日部]

旯 구석 라

旮 旭[빛날 욱]의 俗字, 구석 가

曲 굽을 곡, 구부릴 곡 잠박 곡 [日部] 常(土)

亘 뻗칠 긍, 다할 긍 이끌 긍 [二部] (火)

旮 暮[저물 모]의 俗字

旨 旨[뜻 지]와 같음

旦 昏[어두울 혼]의 古字

③ 획

旱 가물 한 사나울 한 常(火)

昍 햇살 비칠 참

的 밝을 적

旴 클 우, 해돋을 우 새벽 우 (火)

旲 햇빛 대, 날빛 대 (火)

旰 해 질 간, 늦을 간 번화할 간, 성할 간

昇 도울 공 팔짱 낄 공

旨 旨[뜻 지]의 古字

旿 따뜻할 계, 氣[기운 기]의 古字

时 時[때 시]의 俗字

盲 가뭄 더위 망

更 다시 갱, 도리어 갱 고칠 경 [日部] 常(火)

④ 획

東 동녘 동, 오른쪽 동 봄 동 [木部] 常(木)

杳 아득할 묘, 너그러울 묘 [木部] (木)

杲 하늘 고, 호, 높을 고, 호 [木部] (木)

旹 時[때 시]와 같음

旹 時[때 시]의 古字

旁 訪[찾을 방]과 같음

昅 햇볕에 말릴 겁 마를 겁

旺 성할 왕, 해무리 왕 고울 왕, 일 왕 (火)

旻 가을 하늘 민 어진 하늘 민 (火)

旼 화락할 민, 하늘 민 (火)

旽 밝을 돈, 아침해 돈 정성스러울 준 (火)

昀 땅거미질 무렵 눌 해저물 눌

昈 밝을 오, 대낮 오 한나절 오 (火)

昀 햇빛 윤 (火)

昁 흐릴 패, 어두울 패

昂 밝을 앙, 높을 앙, 말 성큼성큼 걸 앙 (火)

昃 해 기울 측 (火)

昊 앞 글자와 같음

昋 앞 글자와 같음

昗 앞 글자와 같음

昄 클 반, 판도 판

昆 형 곤, 언니 곤 맏 곤, 섞일 혼 (火)

昇 오를 승, 해돋을 승 풍년들 승 常 (火)

昈 문채날 호, 밝을 호 빛날 호

昉 마침 방, 비롯할 방 밝을 방 (火)

昊 여름 하늘 호 기운 넓을 호 (火)

昋 성씨 계, 밝을 계 나타날 경

昌 창성할 창, 착할 창 나타날 창 常 (火)

昍 밝을 훤 (火)

明 밝을 명, 분별할 명 총명할 명 常 (火)

昏 어두울 혼, 날저물 혼, 어지러울 혼 常 (火)

昙 저녁 경치 탐

昐 햇빛 분, 성씨 분 (火)

昑 밝을 금 (火)

昒 먼동 틀 물, 새벽 홀 새벽녘 홀

昒 앞 글자와 같음

易 바꿀 역, 다스릴 역 쉬울 이 常 (火)

昳 일식할 결

昔 옛 석, 오랠 석 이 석, 어제 석 常 (火)

昕 아침 흔, 해돋을 흔 (火)

晬 돌 쉬, 첫생일 쉬

昖 해 다닐 연

㝵 礙[거리낄 애], 得[얻을 득] 과 같음

旾 春[봄 춘]의 古字

⑤ 획

昚 愼[삼갈 신]의 古字

晄 밝을 광

昦 밝을 호

昜 장인 종

昛 해 기울 저

昹 별 이름 애

昛 밝을 거 (火)

昜 陽[볕 양]의 古字 (火)

昵 해 기울 예

朁 성씨 잠

昞 밝을 병, 사람 이름 병, 해돋을 방 (火)

昺 앞 글자와 같음 (火)

星 별 성, 희뜩희뜩할 성, 천문 성 常 (火)

映 비칠 영, 빛날 영 비출 영 常 (火)

昡 당혹할 현 햇빛 현 (火)

昢 이른 새벽 불 해돋을 불

昣 밝을 진, 빛날 진 (火)

昤 날빛 영롱할 령 (火)

春 봄 춘, 화창할 춘 술 춘, 화할 춘 常 (火)

昨 어제 작, 성씨 작 엊그제 작 常(火)

昧 어두울 매, 먼동틀 매, 무릅쓸 매(火)

昩 대낮 침침할 말 별 이름 말

昪 날빛 환할 변 좋아할 변

昦 앞 글자와 같음

昍 낮바람 형

旦 밝을 단 (火)

昫 해 돋아 따뜻할 구 (火)

昬 昏[어두울 혼]과 같음

昭 밝을 소, 소멸할 소 빛날 조 常(火)

昳 햇빛 도

昴 마를 유

是 이 시, 바를 시, 곧을 시, 읊을 시常(火)

昰 夏[여름 하]의 古字 是[이 시]의 本字(火)

昖 昖[해 다닐 연]과 같음

昱 빛날 욱, 햇빛 밝을 욱 (火)

昲 말릴 비, 별 모일 비 울적할 비

昳 해 기울어질 질 고운 모양 일

昵 가깝게 할 닐 친할 닐 (火)

昶 밝을 창, 해 길 창 통할 창, 펼 창(火)

昹 앞 글자와 같음

昷 어질 온 (火)

昂 밝을 앙, 높을 앙 들 앙, 말 걸 앙(火)

昴 별자리 이름 묘 (火)

昼 晝[낮 주]의 略字

音 소리 음, 말소리 음 편지 음[音部] 常(金)

香 향기 향, 향내 향 약이름향[香部] 常(木)

曷 어찌 갈, 언제 갈, 어찌 아니할갈 [日部](火)

者 이(놈) 자, 곳 자 어조사 자[老部] 常(土)

⑥ 획

書 글서,기록할서,글 지을 서 [日部]常(木)

显 顯[나타날 현]의 略字

晟 빛날 성, 찬미할 성 흥성할 성(火)

晠 앞 글자와 같음(火)

昵 昵[친할 닐]과 같음

旰 반쯤 마를 간

晘 이를 휼, 빠를 휼

晀 밝을 조

晁 아침 조, 바다거북 조, 성씨 조 (火)

晷 햇빛 쪼일 폭

時 때 시, 기약 시, 이 시, 가끔 시 常(火)

旹 앞 글자와 같음

晇 해뜰 과

晃 더위 황

晃 밝을 황, 날빛 황 환하게 빛날황(火)

晄 앞 글자와 같음(火)

晅 햇기 훤, 말릴 훤 날씨 훤

畦 나눌 괴

晈 밝을 교, 달밝을 교 분명할 교 (火)

晉 나아갈 진, 꽂을 진 나라 이름 진 (火)

晋 앞 글자의 俗字(火)

晊 클 질, 밝을 질

晭 빛 주

晌 한낮 상, 대낮 상 정오 향, 잠깐 향(火)

晑 밝을 향 (火)

眳 날 저물 명

晎 날 밝으려 할 홍 먼동틀 홍 (火)

晏 하늘 맑을 안, 늦을 안, 편안할 안 (火)

晐 갖출 해, 다 해 (火)

晒 曬[햇빛 쬘 쇄]와 같음

舂 舂[찧을 용]의 俗字

耆 늙은이 기, 스승 기 이를 지 [老部] (土)

曺 마을 조, 나라 이름 조, 성씨 조 [日部] (火)

⑦ 획

- 晔 哮[어르렁거릴 효]의 訛字
- 晘 旱[가물 한]과 같음
- 䏋 宵[밤 소]의 古字
- 匙 숟가락 시, 열쇠 시 숟대 시 [匕部] (金)
- 晍 해가 중천에 뜰 경
- 晨 눈부실 신
- 㬉 불그레할 난
- 晗 날샐 함, 새벽녘 함
- 朖 별쬘 랑, 밝을 랑
- 晙 밝을 준, 이를 준 (火)
- 晚 늦을 만, 저물 만 뒤질 만 常 (火)
- 晩 앞 글자와 같음
- 晛 햇살 현, 햇기운 현 밝을 현, 햇빛 년 (火)
- 晜 형 곤, 삼촌 곤 육대손 곤
- 晟 빛날 성, 찬미할 성 훙성할 성 (火)
- 㬪 疊[겹쳐질 첩]과 같음
- 晝 낮 주, 대낮 주 땅 이름 주 常 (火)
- 晞 마를 희, 말릴 희 햇살 치밀 희 (火)
- 晡 신시(申時) 포 해 질 포 (火)
- 晢 밝을 절, 비칠 절 별 반짝거릴 제 (火)
- 晣 앞 글자와 같음
- 晤 밝을 오, 밝을 오 깨우쳐줄 오 (火)
- 晥 환할 환, 깨끗할 환 (火)
- 㬈 어두울 패
- 晦 그믐 회, 어두울 회 늦을 회 (火)
- 晧 밝을 호, 빛 호, 햇살 환히 치밀 호 (火)
- 晨 새벽 신, 샛별 신 아침 아뢸 신 常 (火)
- 晨 앞 글자와 같음
- 曹 마을 조, 나라 이름 조 [日部] (火)
- 曼 멀 만, 끌 만, 아름다울 만 [日部] (土)

⑧ 획

- 晭 밝게 비칠 주 (火)
- 睢 밝을 추
- 晪 해돋 전, 밝을 전
- 晫 환할 탁, 밝을 탁 (火)
- 晬 돌 쉬, 첫돌 쉬 (火)
- 普 넓을 보, 두루 보 침침할 보 常 (火)
- 景 볕 경, 경치 경, 클 경, 형상할 경 常 (火)
- 晾 쪼일 량
- 晿 밝을 주 (火)
- 睒 번갯불 섬 번쩍일 섬
- 晲 해 기울 예
- 晫 맑게 갤 행
- 晳 밝을 석, 분석할 석 (火)
- 晰 앞 글자와 같음
- 晰 앞 글자와 같음 (火)
- 睫 해 떨어지려는 모양 첩
- 晴 갤 청 맑은 날씨 청 常 (火)
- 晴 앞 글자와 같음 (火)
- 晵 날빛 날 자
- 晵 비갤 계, 견 성씨 계
- 晶 맑을 정, 빛날 정 수정 정 (火)
- 晁 曜[비칠 요]의 古字
- 㬌 밝을 소, 서 따뜻할 소, 서
- 晷 그림자 귀, 시각 구, 귀 (火)
- 晸 햇발 불그레하게 치밀 정 (火)
- 㬍 볕에 말릴 궁
- 晹 해 반짝날 역 (火)
- 智 지혜 지 슬기로울 지 常 (火)
- 晣 별빛 찬란할 제
- 晻 햇빛 침침할 엄 어두울 암 (火)
- 暀 빛 고울 왕 덕 왕, 옳을 왕
- 睩 흐릴 록
- 晼 해 질 원, 해 넘어갈 원

晽 알고자 할 림 (火)

㬳 나라 이름 림

晿 어두울 혼

晓 曉[새벽 효]의 略字

暑 暑[더울 서]의 略字

晋 晉[나라 진]의 俗字

昝 昔[옛 석]의 本字

晶 달 밝을 명

量 헤아릴 량, 분별할 량 [里部] 常 (火)

晿 사람 이름 창

㬉 새벽 홀, 어두울 홀

替 대신할 체 바꿀 체 [日部] 常 (火)

曾 일찍 증, 지난번 증 이에 증 [日部] 常 (火)

最 가장 최, 극진할 최 나을 최 [日部] 常 (火)

⑨ 획

暊 밝을 부

瞀 침침할 무

暔 나라 이름 남

暙 사람 이름 춘

暏 사람 이름 우

暄 따뜻할 훤, 따스할 훤 (火)

暅 별쪼일 긍 말릴 훤

暆 해 기울 이, 땅 이름 이, 해 나다닐 이

暇 겨를 가, 여가 가 한가할 가 常 (火)

暉 햇빛 휘, 빛 휘 (火)

暈 무리 운, 훈, 어지러울 운, 훈 (火)

暋 굳셀 민, 괴로울 민 강할 민 (火)

暐 해그림자 도

暌 어길 규, 해질 규 (火)

暍 더위먹을 갈 빛날 갈

暎 映[비칠 영]과 같음 (火)

暐 햇빛 위 빛 환할 위 (火)

睹 새벽 도

㬎 해 돋을 대 (火)

暑 더울 서, 여름철 서 더위 서 常 (火)

暒 晴[갤 청]과 같음

暕 흐린아침에 날밝을 간, 그늘에 말릴 란

暍 돋는 별 따뜻할 온

暝 따뜻할 난

暖 따뜻할 난, 더울 난 부드러울 훤 常 (火)

暗 어두울 암, 침침할 암, 몰래 할 암 常 (火)

暘 해돋이 양, 밝을 양 햇빛 쪼일 양 (火)

暁 曉[새벽 효]의 俗字

煦 찔 후, 뜨거울 후 따스할 후 [火部] (火)

照 비칠 조, 비교할 조 빛날 조 [火部] 常 (火)

會 모을 회, 모둘 회 맞출 회 [日部] 常 (火)

㬅 曼[끌 만]의 俗字

暋 시호 민, 어두울 면 어지러울 혼

尟 적을 선 [小部]

曶 春[봄 춘]의 古字

㬇 밝을 환, 성씨 환

睺 나후 후, 별 이름 후 월식 일식을 일으키는 별 후

⑩ 획

曂 더위 황

暜 晉[나라 진]과 같음

㬊 밝을 살

暜 普[넓힐 보]의 本字

斡 마를 간

暡 날씨 어두울 옹

暞 밝을 교 (火)

焜 빛날 곤

暚 밝을 요, 햇빛 요 (火)

暤 잠깐 환할 확

㬥 해저물 차, 밝을 사 찡을 차

暡 바랠 급, 쬘 급

暝 어두울 명, 저물 명 캄캄할 명 (火)

暷 볕 쪼일 박

暴 돋는 볕 따뜻할 온

暟 아름다울 개 비출 개

暠 밝을 고, 깨끗할 고 흴 호 (木)

暭 앞 글자와 같음

暡 날 흐릴 앙

暜 날 흐릴 내

暢 화창할창, 길창, 통할 창, 찰 창 창 常(火)

暣 볕기운 기 (火)

暘 데울 양, 밝을 양

㬎 밝을 현, 미묘할 현 뚜렷할 현, 압

暤 밝을 호

暦 曆[책력 력]의 略字

嘗 맛볼 상, 시험할 상 [口部] 常(水)

⑪ 획

暩 빛날 계

㬚 智[슬기로울 지]의 古字

暞 얼굴 밝을 어

暷 물 이름 전 해 움직일 전

暰 번쩍일 종, 번개 종

曄 빛날 엽, 성할 엽 번쩍거릴 엽

曅 앞 글자와 같음

暯 희미할 망 날 흐릴 망

暪 앞 글자와 같음

暽 볕 쪼여 말릴 표

暪 어두울 만

暫 잠깐 잠, 얼른 잠 마칠 잠 常(火)

暂 앞 글자와 같음

暬 거만할 설, 모실 설 캄캄할 설 (火)

暭 暤[밝을 호]의 俗字

暱 날 따뜻할 구

暿 햇빛 조, 해질 조

暮 저물 모, 늦을 모 더딜 모 常(火)

暯 어두울 막

暸 더위 황

暱 친할 닐, 해 가깝게 뜰 닐 (火)

暲 해 돋아올 장 밝을 장 (火)

暳 별 반짝일 혜 (火)

暴 사나울 포, 폭 햇빛 쪼일 폭 常(火)

暵 마를 한, 말릴 한 가물 한, 쪼일 한 (火)

暶 밝을 선 아름다울 선

瞀 務[힘쓸 무]와 같음

魯 노둔할 노, 어리석을 노 [魚部]

影 그림자 영, 형상 영 말 이름 영 [彡部] 常(火)

⑫ 획

晉 晉[나라 진]의 本字

暚 햇빛 위

暺 旦[밝을 단, 탄]과 같음 (火)

𣊡 햇빛 년

曋 해 머무는 곳 심

曌 비칠 조 사람 이름 조

曊 말릴 비

曔 사람 이름 린

暸 밝을 료 (火)

暹 나아갈 섬 햇살 치밀 섬 (火)

曏 말릴 속, 볕쪼일 속

暻 밝을 경 (火)

暼 해 지려고 할 별 해질 무렵 별

曒 앞 글자와 같음

暾 밝을 철

曀 볕에 말릴 흡

暾 아침해 돈
수더분할 돈 (火)

瞰 해돋을 감

暿 몹시 더울 희 (火)

曀 흐릴 예, 구름낄 예
음산할 예, 에 (火)

暨 및 기, 다만 기
미칠 기, 성씨 글

曂 晃[밝을 황]과 같음

曃 희미할 태

曄 빛날 엽, 성할 엽
번쩍거릴 엽 (火)

曅 앞 글자와 같음(火)

曆 책력 력, 세월 력
보로 력, 셀 력 常(火)

曇 구름낄 담
부처 이름 담(火)

曈 먼동 틀 동(火)

曉 새벽 효, 밝을 효
날샐 효 常(火)

⑬ 획

曑 별 이름 삼

曎 빛날 역

曏 앞서 향, 잠시 향
지난번 향, 밝을 향

曒 밝을 교

曓 급할 포, 창졸 포

曔 밝을 경, 마를 경 (火)

曖 가릴 애, 희미할 애
침침할 애 (火)

曗 曄[빛날 엽]과 같음

曦 曦[햇빛 희]의 俗字

曬 煞[죽일 살]과 같음
曬[볕쬘 쇄]의 俗字

曮 햇빛 잉

燠 燠[따뜻할 욱]과 같음

署 著[분명할 저]와 같음

⑭ 획

曃 무성할 대 (火)

曝 마르려 할 급

曘 햇빛 유, 어두울 유 (火)

曙 새벽 서, 동틀 서
밝을 서, 샐 서 (火)

曖 햇빛 애

曚 어두울 몽
날샐녘 몽 (火)

曛 석양빛 훈, 땅거미
훈, 어둑어둑할 훈 (火)

曓 暴[사나울 폭, 포]의 本字 (火)

矆 용맹스러울 확

題 제목 제, 이마 제
글 제 [頁部] 常(火)

曜 해 비칠 요, 빛날
요, 요일 요 (火)

曞 해 볕들지 않을 람

鼂 아침 조, 언조 조
성씨 조 [黽部]

⑮ 획

麔 暴[사나울 폭]의 古字

曡 疊[겹쳐질 첩]과 같음

晨 晨[새벽 신]과 같음

曓 삼갈 궁

曞 해 떨어지려할 렵

曝 볕쬘 폭, 쏘일 포
볕에 말릴 포 (火)

曢 햇빛 밝을 료

曥 햇살 퍼질 려 (火)

曠 빛 광, 클 광, 넓을
광, 밝을 광 (火)

曤 앞 글자와 같음

⑯ 획

曨 햇빛 려, 해비칠 려

曣 청명할 연 (火)

曫 앞 글자와 같음

曤 밝을 확

曦 햇빛 희 (火)

曨 어스레할 롱, 먼동
틀 롱, 해돋을 롱

曧 밝을 옹

⑰ 획

曝 햇볕에 쬐일 박

曩 지난번 낭
이틀 전 낭 (火)

顥 허열 호, 클 호 [頁部] (火)

⑱ 획

曅 따뜻할 녑

曜 성씨 구

曤 횔 조, 맑을 작 사람 이름 조, 작

⑲ 획

曬 쬘 쇄 (火)

曫 땅거미 질 란 저물 란

曮 해질 렬 어두울 렬

曪 날 흐릴 라 (火)

曩 따뜻할 난

⑳ 획

曭 흐릿할 당 햇빛 희미할 당

曮 해가 돌 엄 엄전할 엄 (火)

曯 밝을 확

㉑ 획

曯 비칠 촉 (火)

曆 별 모양 력

㉔ 획

曥 햇빛 령

曰部

曰 가로 왈 가라사대 왈 常 (火)

① 획

甲 갑옷 갑, 첫째 천간 갑 [田部] 常 (木)

申 펼 신, 아홉째 지지 신 [田部] 常 (金)

由 말미암을 유, 쓸 유 행할 유 [田部] 常 (木)

② 획

曲 굽을 곡, 곡절 곡 누에발 곡 常 (土)

曳 끌 예, 당길 예 천천히 할 예 (金)

臾 臾[잠깐 유]의 俗字

③ 획

更 다시 갱, 고칠 경 대신할 경 常 (金)

昼 晝[낮 주]의 略字

曵 曳[끌 예]의 俗字

旱 厚[두터울 후]의 略字

④ 획

良 良[어질 량]의 本字

昂 오를 앙, 고개들 앙 높을 앙 [日部] (火)

曶 가볍게 여길 홀 사람 이름 홀

冒 冒[무릅쓸 모]의 俗字

皀 香[향기 향]의 本字

杲 밝을 고, 호 높을 고, 호 [木部]

卓 높을 탁, 우뚝할 탁 뛰어날 탁 [十部] 常 (木)

果 열매 과, 실과 과 과연 과 [木部] 常 (木)

⑤ 획

旱 厚[두터울 후]의 本字

昀 고를 순

冊 고할 책, 이를 책

曷 어찌 갈, 그칠 갈 벌레 이름 갈 (水)

⑥ 획

書 글 서, 적을 서 기록할 서 常 (木)

曺 성씨 조, 마을 조 나라 조 (火)

會 會[모을 회]의 古字

⑦ 획

曹 성씨 조, 마을 조 나라 조 (火)

曼 멀 만, 퍼질 만, 넓을 만, 당길 만 (土)

曽 曾[일찍 증]의 略字

⑧ 획

曾 일찍 증, 지난번 증 곧 증, 거듭 증 常(火)

替 갈아들일 체, 대신할 체, 바꿀 체 常(火)

最 가장 최, 극진할 최 우뚝할 최 常(火)

朁 일찍 참

朂 힘쓸 력

量 헤아릴 량, 분별할 량 [里部] 常(火)

冕 면류관 면 [冂部](木)

畢 마칠 필, 다할 필 [田部] 常(土)

景 볕 경, 경치 경 클 경 [日部] 常(火)

晷 그림자 귀, 시각 귀, 구 [日部] (火)

㑹 會[모일 회]의 俗字

⑨ 획

農 농사 농, 신농씨 농 [辰部] 常(土)

朖 환두 환 사람 이름 환

會 모일 회, 맹세할 회 조회할 회 常(火)

朄 북소리 멀리 들릴 통

⑩ 획

朅 갈 걸, 씩씩할 걸 헌걸찰 걸 (火)

朄 소고 칠 인, 풍류 끄는 소리 인 (火)

朄 앞 글자와 같음 (火)

朁 替[바꿀 체]와 같음

夥 많을 과, 해 동무 과, 해 [夕部]

⑪ 획

朁 고할 녕, 니

朅 타취 취

朁 豊[풍년 풍]의 古字

⑫ 획

朁 일찌기 아니할 물

朁 替[바꿀 체]와 같음

⑬ 획

朁 땅 이름 차, 타 타취 타

⑮ 획

朁 동녘에 해돋을 조

⑯ 획

朁 曹[마을 조]의 本字

⑰ 획

朁 더할 비

月部

月 달 월, 한 달 월 常(水)

① 획

月 舟[배 주]와 같음

② 획

肞 服[옷 복]의 古字

有 있을 유, 얻을 유 취할 유 常(水)

肎 肯[자랑 긍]과 같음 [肉部]

肌 살 기(살갗) [肉部] (水)

肋 갈빗대 륵 [肉部] (水)

刖 발꿈치 자를 월, 왈 [刀部]

③ 획

朢 望[바랄 망]과 같음

肙 토할 외

朞 期[기약할 기]와 같음

朋 期[기약할 기]와 같음

肚 배 두, 밥통 두 [肉部]

肝 간 간, 요긴할 간 마음 간 [肉部] 常(水)

肘 팔꿈치 주, 팔뚝 주 [肉部]

肛 항문 항, 분문 항 [肉部] (水)

肓 명치끝 황, 흉격 황 [肉部]

肖 작을 초, 본받을 초 닮을 초 [肉部] 常(水)

④ 획

朊 달빛 희미할 원 (水)

朋 벗 붕, 무리 붕, 패물 붕, 두단지 붕 常(水)

肸 달밝을 오

肦 부세 반, 나누어줄 반, 머리통 클 분(水)

肒 달이 지고도 훤히 밝을 전

服 옷 복, 복입을 복 먹을 복 常(水)

肯 즐길 긍, 뼈 사이 살 긍 [肉部] 常(水)

育 자랄 육, 기를 육 날 육 [肉部] 常(水)

⑤ 획

朎 달빛 영롱할 령

朏 초승달 비, 불 먼동 틀 비, 불

朐 수레 멍에 목 구 멍에 구

朌 船[배 선]과 같음

胄 투구 주, 이을 주 좇을 주 [冂部] (水)

胃 밥통 위, 양 위, 별이름 위 [肉部] 常(水)

前 앞 전, 일찍이 전 앞설 전 [刀部] 常(金)

胥 다 서, 서로 서, 나비 서, 게젓 서 [肉部]

⑥ 획

朋 어스름 달밤 홍 달빛 흐릴 홍

朒 초생달 뉵 쪼그라질 뉵

朓 그믐달 조, 찰 조 빠를 조

朘 皎[달빛 교]와 같음

朕 나 짐, 조짐 짐 빌미 짐 (水)

朗 朗[밝을 랑]의 略字

朔 초하루 삭, 처음 삭 북방 삭 常(水)

朔 앞 글자와 같음

朔 앞 글자의 俗字

宵 밤 소, 별 이름 소 작을 소 [宀部] (木)

能 능할 능, 별 이름 태 [肉部] 常(水)

⑦ 획

脧 줄어들 전 쪼그라들 전

朗 밝을 랑, 맑을 랑 (水)

朖 앞 글자와 같음

朙 明[밝을 명]의 古字

朚 이튿날 황, 급할 망

望 바랄 망, 보름 망 이름 망 常(水)

晧 浩[넓을 호]와 같음

豚 돼지 돈, 우리 안 돼지 돈 [豕部] 常(水)

⑧ 획

腤 달빛 돈

朝 아침 조, 조정 조 이를 조 常(水)

朞 돌 기, 두루할 기 (水)

期 기약 기, 모을 기 돌기, 백살 기 常(水)

腍 붉을 총, 붉은빛 총

勝 이길 승, 경치 좋을 승 [力部] 常(土)

⑨ 획

腂 환두 환 사람 이름 환

塑 흙을 이겨 형상 만들 소 [土部] (土)

朜 달 돋을 긍

朠 달빛 영 (水)

朡 배 걸려 나아가지 못할 종, 삼종 종

滕 滕[물 솟을 등]과 같음

媵 보낼 잉, 잉첩 잉 부칠 잉 [女部]

塍 밭두둑 승, 큰돌 승 [土部] (土)

⑩ 획

朝 朝[아침 조]의 本字

朚 달빛 으슴프레할 황

朡 凌[능가할 능]과 같음

朢 望[보름 망]과 같음 (水)

⑪ 획

膰 膡[밭두둑 증, 승]과 같음

膱 조그마할 선 짧을 선

䏿 달 돋을 년

滕 물 솟을 등 [水部]

⑫ 획

䑋 빠른 모양 욱 (火)

膯 달빛 돈

䐿 달빛 흐릴 홀 때 끼어 흐릴 홀

朣 달 뜰 동 달 훤히 뜰 동 (水)

⑬ 획

賸 붙을 잉, 싱, 남을 잉, 싱 [貝部]

曒 皎[달빛 교]와 같음

謄 베낄 등, 등사할 등 [言部] (金)

⑭ 획

曅 달이 움직일 엽

朦 달빛 어른거릴 몽 정신 희미할 몽 (水)

⑮ 획

蠃 달팽이 라 고동 라 [虫部]

羸 야윌 리, 약할 리 병 리 [羊部] (土)

鵬 큰 새 붕, 붕새 붕 [鳥部] (火)

⑯ 획

朧 달빛 훤히 치밀 롱 (水)

曦 달빛 희

騰 달릴 등, 뛰놀 등 날뛸 등 [馬部] 常(火)

⑰ 획

臝 과라 라, 벌거벗을 라, 수레 라 [肉部](水)

⑳ 획

曭 달빛 희미할 당 어스름할 당

木部

木 나무 목, 질박할 목 무명 목 常(木)

① 획

未 아닐 미, 못할 미 여덟째 지지 미 常(土)

末 끝 말, 이마 말, 다할 말, 마칠 말 常(木)

本 근본 본, 뿌리 본, 책본, 비롯할 본 常(木)

札 편지 찰 젊어 죽을 찰 (木)

朮 삽주뿌리 출, 차조 출, 찰기장 술 (木)

禾 벼 화, 곡식 화 [禾部] 常(木)

② 획

朳 고무래 팔, 곰배 팔 삼태기 팔 (木)

朴 소박할 박, 등걸 박 성씨 박 常(木)

朶 나뭇가지 휘늘어질 타, 떨기 타 (木)

朵 앞 글자와 같음

朷 나무고갱이 도 뽕나무 가지 칠 목

朸 나이테 력 나뭇결 력

朹 궤 궤 아가위나무 구

机 궤나무 괴, 책상 궤 (木)

朻 굽은 나무 규, 나무 아래로 굽을 규

朼 앞 글자와 같음

朼 주걱 비, 숟가락 비

朽 썩을 후, 냄새 후 망할 후 (木)

朾 칠 정, 갓대 정 땅 이름 정 (木)

朿 가시 자

杀 保[지킬 보]의 古字

朱 붉을 주, 성씨 주 常(木)

𥝱 稱[일컬을 칭]의 俗字

③ 획

杞 쟁기 사

杆 고욤나무 천
군천 천

杅 목욕통 우, 술잔 우
든든할 우, 그릇 우 (木)

杆 나무 이름 간, 박달
간, 몽둥이 간 (木)

杇 흙손 오, 칠할 오
바를 오

杈 두 가장귀나무 차
작살 차, 써레 차

杉 삼나무 삼
으루나무 삼 (木)

朼 나무가 서로 높을
초

杊 나무가 호미자루
될만할 순

杋 수부나무 범

杌 나무 그루터기 올
어수선할 올 (木)

杍 梓[목수 재]와 같음
李[오얏 리]의 古字

李 오얏 리, 별 이름
리, 성씨 리 常 (木)

杏 살구 행, 은행 행
(木)

呆 梅[매화 매]와 같
음

村 마을 촌, 밭집 촌
시골 촌 常 (木)

杓 자루 표, 구기 작
당길 작 (木)

杔 탁노나무 탁, 체다
리 척, 주두 척

杕 홀로 서있을 체
배의 작은 키 타

杖 지팡이 장, 가질 장
몽둥이 장 (木)

杗 망고 망

杗 대들보 망, 고등보
맹, 동자기둥 맹

杘 얼레자루 치
간교한 아이 치

杙 말뚝 익, 몽치 익
익실과 익

杚 평평할 골
문지를 골

杜 아가위 두, 막을 두
향초 이름 두 (木)

杝 피나무 이, 쪼갤 치
울타리 리 (木)

杞 성씨 기
나라 이름 기 (木)

束 묶을 속, 동일 속
약속할 속 常 (木)

杠 깃대 강, 올릴 강
외나무다리 강 (木)

𣏟 根[뿌리 근]과 같
음

条 條[가지 조]의 略
字

𣎳 목수 목

杢 목수 목

杣 나무꾼 산

朷 차례 료

来 來[올 래]의 略字

朵 나뭇가지 늘어질
말

材 재목 재, 재료 재
갖출 재 常 (木)

④ 획

罙 深[깊을 심]의 古
字

杹 벚나무 화

枣 대추 조 (木)

杼 북 저 (木)

杽 기구 수

枟 잃어버릴 운

枺 나무 베고 남은 밑
둥 말

枅 개말뚝 견

杪 회초리 초, 나무 끝
묘, 작을 초 (木)

枝 도마 지

朱 困[괴로울 곤]의
古字

杬 나무 이름 원, 몸
주무를 원, 완 (木)

杭 거루 항, 건널 항
고을 이름 항 (木)

杮 대패밥 폐

柿 앞 글자의 俗字

杯 잔 배, 국바루 배
常 (木)

東 동녘 동, 오른쪽 동
봄 동 常 (木)

杲 밝을 고, 호
높을 고, 호 (木)

杳 아득할 묘, 깊을 묘
너그러울 묘 (木)

杴 가래 험, 약 이름 험

杵 공이 저, 혜성 저
방망이 저 (木)

杶 참죽나무 춘

杷 비파나무 파, 써레
파, 갈자루 파 (木)

杸 창 수
나무 이름 퇴

桦 목부용 화

枩 심이 누런 나무 심 수레 걸쇠 심

杻 감탕나무 뉴 (木) 수갑 추, 싸리 추

松 소나무 송, 솔 송, 강 이름 송 常(木)

枀 앞 글자와 같음

板 널 판, 널빤지 판 뒤칠 판 常(木)

极 나귀 길마 겁, 나무 부러지는 소리 겁

芲 칼 이름 화 보습 화

枂 나무 껍질 벗길 월 안장기와 월

杺 바디 진, 사침대 진 (木)

枸 구부러질 구 닥나무 구

枅 저울대나무 계 장여(가로보) 계

枆 겨울에 익는 복숭아 모

枇 비파나무 비 주걱 비 (木)

枉 굽을 왕, 굽힐 왕 원통할 왕 (木)

枊 말뚝 앙

枋 박달 방, 고기살 방, 자루 병 (木)

柢 방아채 시

棻 흰 느릅나무 분 나무 이름 분 (木)

枍 궁 이름 예 감탕나무 예

枎 가지 퍼질 부 우거질 부

枏 녹나무 남, 염 매화나무 남, 염 (木)

析 쪼갤 석, 가를 석 뻐갤 석 常(木)

枬 앞 글자와 같음

枑 가로막이쇠 호 마름쇠 호

枒 종려나무 야, 야자나무 야, 바퀴테 야, 아 (木)

梛 앞 글자와 같음

枓 주두 두, 구기 주 세수통 주 (木)

柄 棉[목화 면]과 같음

枔 나무 잎사귀 심

枕 베개 침, 소말뚝 침 수레 뒷범퍼 침 常(木)

杌 앞 글자와 같음

枖 나무 번성할 요

林 수풀 림, 더북 더북 날 림 常(木)

枘 장부 예, 자루 예 (木)

枙 나무 마디 와 옹이 와, 액 (木)

枚 줄기 매, 낱 매, 셀 매, 낱채찍 매 (木)

枝 앞 글자와 같음

杪 나무 가시 초

果 실과 과, 열매 과 얼음 과 常(木)

枝 가지 지, 풀어질 지 손마디 지 常(木)

枋 나무 지팡이 방

采 채색 채, 캘 채 아름다울 채 [采部](木)

來 올 래, 돌아올 래 보리 래 [人部] 常(火)

牀 평상 상, 마루 상 [爿部](木)

杰 傑[호걸 걸]의 俗字 (木)

校 서까래 효

杴 귤 적

枡 되 승

枢 樞[지도리 추]의 略字

杚 평미래 개

枕 나무 이름 우

⑤ 획

柱 기둥 주, 버틸 주 고일 주 常(木)

枮 모탕 침

盉 소반 울, 답답할 울

柼 물건 끄는 기구 요

栐 나무 이름 영 (木)

枱 따빗자루 이 쟁기자루 이

柦 목기 단

柸 원망할 배

枯 마를 고, 마른 나무 고, 몸 여윌 고 常(木)

枰 바둑판 평, 장기판 평, 회양목 평 (木)

枲 모시풀 시, 수삼 시 도꼬마리 시 (木)

柺 노인 지팡이 짚을 괘

枵 나무 속 빌 효 주린배 효, 클 효

枳 탱자나무 지, 막을 지, 해할 기 (木)

架 시렁 가, 세울 가 사다리 가 常(木)

枷 칼 가, 도리깨채 가 도리깨 가 (木)

枸 호깨나무 구 구기자나무 구 (木)

枹 북채 부, 삽주 부 졸참나무 포

枺 기둥 말, 말장 말

枻 도지개 설, 노 예 돛대 예

枼 모진 나무 엽, 삽 엷을 엽, 삽

柹 감나무 시 (木)

柿 앞 글자의 俗字 (木)

柨 앞 글자의 俗字 (木)

枿 나무 움 알

柀 나무 이름 피 비자나무 피

柁 키 타 (木)

柂 피나무 이, 키 타 술 이름 이

柃 나무 이름 령 나무 혹 령

柄 자루 병, 권세 병 잡을 병, 근본 병 (木)

柅 팥배나무 니 더부룩할 니 (木)

柆 나무 꺾을 랍

栎 관 머리 화

柈 쟁반 반, 소반 반 널판 반

柉 나무껍질 범

柊 방망이 종 나무 이름 종 (木)

柋 누에 시렁 대 잠박 대

柌 낫자루 사

柍 매화나무 영 추녀 끝 앙

柎 뗏목 부, 꽃자리 부 느릅나무 부

柏 나무 이름 백 측백나무 백 (木)

某 아무 모 매화나무 매 常(木)

柑 감귤나무 감 감자나무 감 (木)

柒 漆[칠할 칠]과 같음, 일곱 칠 (木)

染 물들일 염 물젖을 염 常(木)

柔 부드러울 유, 순할 유, 편안할 유 常(木)

柖 나무 흔들릴 소, 목용상 소, 과녁 소 (木)

枀 松[솔 송]과 같음

柘 산뽕나무 자 (木)

枲 앞 글자와 같음

柙 우리 합, 나무 이름 갑, 염압(簾押) 압 (木)

柚 유자나무 유 북 축 (木)

柛 나무 저절로 죽을 신, 자고목 신

柜 떡깔나무 거 고리버들 거

柶 삽 시, 손수레 시 쟁기 사

柝 열 탁, 쪼갤 탁, 조두 탁, 목탁 탁 (木)

柈 주두 변

柞 나무 이름 작 갈참나무 작 (木)

柟 枏[녹나무 남]의 俗字. 매화나무 염 (木)

柠 楮[닥나무 저]와 같음

柢 뿌리 저, 대략 저 (木)

柣 문지방 질

柤 중방 사, 난간 사 아가위 사, 도마 조

查 살필 사, 조사할 사 캐물을 사 常(木)

査 앞 글자와 같음

柧 모날 고, 술잔 고 대마루 고

柩 널 구 (木)

柪 굽은 나무 요

柫 길마 거

柅 檷[실패 니]와 같음

柫 도리깨 불

柬 가릴 간, 가를 간 분별할 간 (木)

柭 나무 지엽 돋을 패 도리깨 발

柮 마들가리 돌, 등걸 돌, 가지 없는 나무 올

柯 가지 가 도끼자루 가 (木)

柰 능금나무 내 어찌 내, 나 (木)

柲 창자루 비, 필 도지개 비, 필

柳 버들 류, 성씨 류 별 이름 류 常(木)

柴 느릅나무 자

柴 섭 시, 불땔나무 시 막을 채 (木)

栅 울짱 책, 목책 책 사닥다리 책 (木)

柵 앞 글자와 같음 (木)

柶 수저 사, 뿔숟가락 사, 윷 사 (木)

柷 악기 이름 축 축풍류 축

柾 柩[널 구]의 俗字 나무 바를 정 (木)

栁 柳[버들 류]와 같음

桒 桑[뽕나무 상]의 俗字

柱 사슬 생, 찌 생 장승 생

栂 솔송나무 모 梅[매화 매]와 같음

栃 상수리나무 회

栄 榮[영화 영]의 略字 (木)

荣 榮[영화 영]의 略字 (木)

相 서로 상, 바탕 상 볼 상 [目部] 常(木)

桐 바둑판 형

⑥ 획

桓 푯말 환, 모감주나무 환 (木)

桪 시렁나무 택

栨 술그릇 절 인중방 차

栺 나무 이름 지

栬 박제에 사용하는 나무 제

栥 대접 받침 자

栍 나무 이름 승

栦 나무 이름 수

栜 나무 이름 석

栒 가름대나무 순 (木)

栓 나무못 전 말뚝 전 (木)

栔 끊을 설, 근심할 결 새길 계

栖 깃들일 서 싸다닐 서 (木)

栭 배에 물 푸는 두레박 이

栗 밤 률, 신주재목 률 찢을 렬 常(木)

栘 산앵두나무 이, 체 사시나무 이, 체

栙 펴지 않는 돛 항 뜸 항

栚 누에 시렁대 짐 나무 이름 짐

栛 지팡이 괘

栜 소나무 려 나무 이름 려

栃 나무껍질 패

栜 대추나무 색 가시나무 색

栝 전나무 괄, 노송나무 괄, 지팡이 첨 (木)

栞 나무 잘라 표시 간 (木)

栟 가로보 계, 견

栟 종려나무 병

栠 나무 연할 임

栣 앞 글자와 같음

校 학교 교, 보할 교 집 교, 이를 교 常(木)

栢 柏[측백나무 백]의 俗字, 잣 백 (木)

栤 나무 패는 소리 풍

栧 돛대 예, 노 예 도지개 설

栩 상수리나무 후 땅 이름 우

株 椒[산초나무 초]의 略字

株 뿌리 주, 그루 주 나무 주 常(木)

栫 울 천, 둘러 막을 천 거섭 천, 깃 천

栭 작은 도토리 이 두공 이, 주두 이

栮 목이 이, 버섯 이 느타리 이 (木)

栯 산 앵두 욱 유목 유 (木)

栰 떼 벌

栱 주두 공, 말장 공 (木)

栱 수갑 공, 수갑 채울 공

栲 북나무 고 (木)

栲 앞 글자와 같음

栈 棧[잔도 잔]의 略字

榯 잠박 시렁의 가로대 적

桩 椿[말뚝 장]의 古字

栳 고리짝 로

栴 단향목 전 / 향나무 전 (木)

栵 산밤나무 렬, 례 / 나무 줄지어 날 례

栖 바디 신 / 산 이름 세

核 씨 홀, 씨 핵, 실과 핵, 각색할 핵 常(木)

根 뿌리 근, 밑둥 근 / 시작할 근 常(木)

栞 문지방 한

栻 점판 식 / 점치는 기구 식 (木)

格 바로잡을 격, 막을 각, 그칠 핵 常(木)

栽 심을 재, 토담틀 재 常(木)

栾 欒[나무 이름 란]의 俗字

栿 들보 복 / 나무 덧붙일 복

桀 홰 걸, 준걸 걸, 빼어날 걸, 멜 걸 (木)

桁 차꼬 항, 배다리 항 / 시렁 형 (木)

桂 계수나무 계 常(木)

㭢 책상 형

桃 복숭아나무 도, 대나무 이름 도 常(木)

桄 광랑나무 광, 찰 광 / 베틀 광 (木)

桅 돛대 외 / 치자나무 궤

框 문테 광, 문골 광 / 광판 광 (木)

案 책상 안, 안석 안 / 지경 안 常(木)

桉 푸른 옥바리 안 / 앞 글자의 古字 (木)

桊 소코뚜레 권, 휘어 만든 나무바리 권

桋 가시목 이 / 암뽕나무 제

桌 탁상 탁, 탁자 탁 / 卓[높을 탁]과 같음

桍 마른 나무 고

桎 차꼬 질, 구멍 질 / 막힐 질 (木)

桏 떡갈나무 공 / 나무 이름 공

桐 오동나무 동 / 머귀 동 (木)

桑 뽕나무 상, 동쪽 상 常(木)

桒 앞 글자의 俗字

桔 도라지 길 / 두레박틀 길 (木)

桕 두레박 구 / 아구나무 구

桗 나무 이름 타 / 헤아릴 타, 기둥 타

桙 杅[잔 우]와 같음

㮇 잡을 타 (손으로 붙잡다)

柒 染[물들일 염]의 俗字

栜 물레 가락 상

桜 櫻[앵두나무 앵]의 略字

㭘 칼집 협 / 자귀나무 합

栦 나무 이름 회

⑦ 획

梮 나무신 국, 징 국

梯 사닥다리 제, 층 제 / 휘추리 제 (木)

械 기계 계, 틀 계, 형구 계, 무기 계 常(木)

梱 문지방 곤, 상자 곤 / 마무를 곤 (木)

㮕 탱자나무 각

梙 염주나무 환

梳 얼레빗 소 / 빗질할 소 (木)

㮋 나무 이름 혜

梋 차고리 현, 영휴 휴

梲 벗을 탈, 쪼꾸미 절 / 작대기 탈

梉 나무 이름 장

梎 나무 이름 요

桽 숨길 온 / 나무 이름 온

桬 사당나무 사

梡 도마 완, 적대 관, 문지를 환, 근심 환 (木)

梭 사라나무 사

桭 평고대 진, 대청 진 (木)

桮 술잔 배, 성씨 배

栚 나무 이름 진

桯 서안 정, 걸상 정 기둥 정 (木)

梛 야자나무 야

桱 노간주나무 경 얼레 경, 책상 경

桲 도리깨채 발 팥배나무 발

桻 배 뜰 분 수레덮개 본

桴 대마루 부, 북채 부 마룻대 부

梸 돛대 렬

桙 枹[떡갈나무 포]와 같음

梬 느릅나무 유 나무 떨기로 날 유

桶 엿되들이 통 통 휘 용, 말 용 (木)

桷 서까래 각, 바로 뻗은 가지 각 (木)

桸 나무 썩을 희 국자 희

桺 柳[버들 류]의 本字

桼 榛[개암나무 진]과 같음

梐 枉[굽을 왕]의 古字

桻 나뭇가지 끝 봉 막대기 봉

桼 옻칠할 칠, 옻나무 칠, 물 이름 칠

桽 밀오얏 좌 일찍된 복숭아 좌

桾 고욤나무 군 (木)

梀 말라죽은 나무 저

桿 줄기 간, 한, 박달나무 한, 간 (木)

梀 짧은 추녀 촉, 속 박달나무 속, 촉

梁 들보 량, 발담 량 나무다리 량 常(木)

梂 도토리 받침 구

梃 외줄기 정, 몽둥이 정, 꼿꼿할 정 (木)

梴 매의 발 묶어놓는 끈 선, 말뚝 선

梄 쌓을 유, 나무 유 불놓고 제사지낼 유

梅 매화 매 갈매나무 매 常(木)

槑 앞 글자와 같음

梆 목어 방, 목탁 방 대통칠 방 (木)

梇 나무 이름 롱 고을 이름 롱

梊 집어 가질 제

梌 쥐엄나무 도

梍 낫자루 요 쥐엄나무 조

梏 쇠고랑 곡, 뚫을 곡 어지러울 곡 (木)

梐 마름쇠 폐, 목책 폐 울짱 폐, 말장 폐

梑 용드레 적

梒 앵두 함

梓 가래나무 재 (木) 목수 재, 고향 재

梔 치자나무 치 (木)

梖 패엽나무 패 패다 패

梗 대개 경, 막힐 경 산느릅나무 경 (木)

梕 고무래 팔, 어음 폐 창자루 팔

梫 손가락 형벌 잠 전동 촬

梔 작은 잎 첩 대자리 첩

梘 홈통 견

梛 나무 이름 나 (木)

梜 젓가락 협, 궤 협

梊 감출 추, 부리 추 돌침 주

條 가지 조, 조목 조 가닥 조 常(木)

條 앞 글자와 같음

梟 올빼미 효, 영웅 효 머리 베어 달 효 (木)

梠 평고대 려, 현관 려 문얼굴 려 (木)

梡 네발도마 완 토막나무 완

梢 마들가리 소, 초 나무 끝 초 (木)

梣 물푸레 침

棻 향나무 분

梦 夢[꿈 몽]의 俗字

埜 野[들 야]의 古字 [土部]

梧 오동나무 오, 머귀나무 오, 허울찰 오 (木)

梨 배 리 벌레 이름 리 常(木)

梩 가래 리, 삼태기 리 구기자나무 기

梪 독두나무 두 대나무그릇 두

梫 계수나무 침, 참 침나무 침, 참

梬 고욤나무 영

梭 북 사 나무 이름 준 (木)

梴 길 천, 방아틀 천 나무 밋밋할 천

梵 범어 범, 중의 글 범 웅얼거릴 범 (木)

梶 나무 끝 미, 키 미 (木)

梹 檳[빈랑나무 빈]의 略字

梺 麓[산기슭 록]의 俗字

梻 향나무 불

婪 탐할 람, 함부로 할 람 [女部](土)

巢 새집 소, 깃들일 소 [巛部] (水)

彬 빛날 빈, 잘 갖추어 질 빈 [彡部](火)

紮 감을 찰, 머무를 찰 묶을 찰 [糸部] (木)

⑧ 획

梗 나무 이름 경

棆 나무 쪼갤 빈

棃 梨[배 리]와 같음

棄 버릴 기, 잊어버릴 기, 잃을 기 常(木)

梼 단풍나무 도 개오동나무 도

棅 柄[자루 병]과 같음 (木)

棆 느릅나무 륜 둔나무 둥치 륜

棉 목화나무 면 주라나무 면 (木)

棊 栞[도표 간]과 같음

棋 바둑 기, 뿌리 기 (木)

棋 앞 글자와 같음 (木)

棌 참나무 채 (木)

棍 나무 묶을 혼 곤장 곤 (木)

棎 팥배나무 섬

棐 도지개 비, 도울 비 비자나무 비 (木)

棑 방패 패, 뗏목 패

棒 몽둥이 봉, 칠 봉 (木)

棓 때릴 부, 별 이름 부 몽둥이 방

棔 자귀나무 혼 상나무 혼

棕 椶[종려나무 종]의 俗字 (木)

棙 초목에 열매 주렁 주렁 달릴 내

棖 문설주 정, 막대 정 (木)

棗 대추 조 (木)

棘 가시나무 극 멧대추나무 극 (木)

棙 비파고동 려 채 려, 비틀 렬

棚 시렁 붕, 사다리 붕 누각 붕, 전동 붕 (木)

棜 걋자 어, 책상반 어

棝 쥐덫 고

棞 梱[문지방 곤]과 같음

棟 송진 량

棟 동자기둥 동 용마루 동 (木)

棟 나무 결 일어날 삽 연접할 첩

棪 능금 엄

棠 아가위 당 사당나무 당 (木)

棡 강나무 강 목책 가룻대 강

棣 산앵두나무 체 산매자 체 (木)

棤 나무 껍질 거칠 착

棧 잔도 잔, 사다리 잔 작은 쇠북 잔 (木)

棬 두레박 구 아구나무 구

棨 창틀 계, 표신 계 (木)

棶 심을 재

棪 재염나무 염

棫 두릅나무 역 무리참나무 역

棬 휘어 만든 나무그릇 권, 코뚜레 권 (木)

棭 나무 이름 역

- 椊 기둥머리 답
- 森 수풀 삼, 나무 빽빽히 들어설 삼 (木)
- 棽 책상 금
- 棯 대추 맛들 념 과실나무 이름 임
- 棰 매 추, 몽둥이 추
- 棱 모 릉, 전각 추녀 릉, 위엄 릉
- 棲 쉴 서, 깃들일 서 서성거릴 서 (木)
- 棳 동자 기둥 절 고을 이름 절
- 棵 나무 이름 과, 나뭇단 과, 괠 괘
- 棷 풀 무성할 위 무리 위
- 椮 차양 삼
- 栔 새길 계
- 棭 땅 이름 현 (木)
- 棶 즉내나무 래
- 棷 푸서리 취, 섶 추 수풀 추
- 棸 추나무 추, 성씨 추
- 棨 저울대나무 계 장여 계, 가루보 견
- 棹 노 도, 책상 탁 (木)
- 棺 널 관, 염할 관 (木)
- 棼 마룻대 분, 겹들보 분, 어지러울 분 (木)
- 棻 향나무 분 무성한 모양 분 (木)
- 棽 나무 가지 무성할 림, 침 (木)
- 棿 불안할 예, 본뜰 예 위험할 얼
- 椀 주발 완, 사발 완 (木)
- 椇 토막나무 굴 풍당목 굴
- 椁 덧널 곽, 잴 곽 헤아릴 곽 (木)
- 椂 추녀 앙
- 椄 나무 접붙일 접 (木) 형틀 접, 문설주 접
- 椅 가래나무 의, 유자나무 의, 교의 의 (木)
- 栟 종려나무 병
- 椆 영수목 주 나무 이름 주 (木)
- 椇 호깨나무 구 탱자나무 구
- 椈 측백나무 국 노송나무 국
- 椃 치자나무 효
- 椉 乘[탈 승]의 本字
- 椈 밥상 곡, 남여 국 밥주걱 국
- 椊 도끼자루 졸 휘추리 촬
- 椋 박달나무 량 푸조나무 량, 양 (木)
- 椌 악기 이름 강, 축풍류 강, 질박할 공
- 楰 떡갈나무 유 보습 유, 굽정이 위
- 植 심을 식, 세울 식 방망이 치 常 (木)
- 椎 몽치 추, 쇠뭉치 추 나무방망이 추 (木)
- 椏 두 가장귀질 아 (木) 나무 쏠린 모양 아
- 椐 영수목 거, 인가목 거, 가마채나무 거
- 椑 술통 비, 떫은감 비 도끼자루 비, 널 벽 (木)
- 椖 나무조각 방 게시판 방, 방목 방
- 椒 산초나무 초, 후추 초, 산이마 초 (木)
- 椕 椒[산초나무 초]의 俗字
- 椓 칠 탁, 해칠 탁 궁형 탁
- 椔 서서 죽은 나무 치
- 椘 楚[나라 이름 초]의 俗字
- 検 檢[봉함 검]의 略字
- 榠 홈통 명, 절 이름 명 (木)
- 椙 삼나무 창
- 椚 상수리나무 륵
- 椛 단풍나무 화
- 晳 분석할 석 [日部] (火)
- 渠 개천 거, 도랑 거, 저거, 클 거 [水部] (水)
- 集 모을 집, 나아갈 집 편안할 집 [隹部] 常 (火)
- 椗 닻 정
- 椥 땅 이름 지
- 椫 나무 다발 쟁
- 椯 나무 이름 천
- 棇 두릅나무 총

栓	움 얼, 모질 얼 그루터기 얼

⑨ 획

㯈	檖[돌배나무 수]와 같음
棩	나무 굽을 연
桻	움 얼, 모질 얼 그루터기 얼
梭	배 소(선박)
㮐	바둑판 형
榘	옥고리 거
㮼	나무 이름 안
楋	나무 이름 랄, 날
楒	나무 이름 사 상사나무 사
椼	나무 이름 연
椲	나무 이름 위 말뚝 휘
椯	종아리채 타 나무 이름 천
椰	야자나무 야(木)
椱	베틀신 부, 신 복
椔	서서 죽은 나무 치
椳	문지도리 외, 돌쩌귀 외, 윗가지 외
椊	조두 탁, 목탁 탁 쪼갤 탁
椴	유자나무 단 자작나무 단(木)
椵	유자 가, 틀가락 가 말뚝 가, 형틀 가
椶	종려나무 종(木)
椷	함 감, 함 궤짝 감, 함
椸	횃대 이, 옷걸이 이 책상 이
椹	모탕 침, 도끼바탕 침 토막 침, 오디 심(木)
椺	들보 보, 술잔 격 매어단 종 혁
椻	나무로 방천할 언
㮌	棉[목화 면]과 같음
椽	서까래 연 (木)
椾	㭊[장계 전]과 같음
棧	棧[잔도 잔]과 같음, 앞 글자와 같음
椿	참죽나무 춘 대추나무 춘(木)
楀	나무 이름 우 성씨 우, 구
楁	횃대 격, 옷걸이 격 안장걸이 객
㮎	杯[잔 배]와 같음
楂	등걸 사, 아가위 사 떼 사, 까치소리 사(木)
楃	나무로 만든 장막 악, 방장 악
楄	칠성판 편, 각목 편 짧은 서까래 편
㮈	죽은 나무 니 능금나무 내
榼	榼[통 합]과 같음
㮟	도마 시 쳇다리 성
㮑	나무 부러지는 소리 잡, 무성할 잡
㮢	과실 이름 후 나무 이름 후
楅	뿔막이 복, 벽 살그릇 복, 벽
㮘	문설주 모
楆	허리 잘록한 대추 요
楇	기름통 화, 자새 과 칠 과
楈	나무 이름 서
楉	석류 약
楊	버들 양, 사시나무 양 常(木)
楎	옷걸이 휘, 문지방 휘, 쟁기술 혼
楏	호미자루 규 감탕나무 규(木)
楐	찬장 계, 찬탁자 계
楑	방망이 규
楓	단풍나무 풍 신나무 풍(木)
楰	버섯 이, 잇꽃 이 홍화 이
楬	북 할, 갈
㮬	세워 끼우는 문빗장 돌, 나무등걸 돌
㮗	창자루 근, 호미 근
楔	문설주 설, 기둥 설 노간주나무 설(木)
楕	둥글 길죽할 타, 橢[타원 타]와 같음(木)
楖	즐률나무 즐, 빗 즐 고을 이름 즐
楗	문빗장 건 문지방 건(木)

槊 나룻 장식 목 멍에 장식할 목

楙 모과나무 무 무성할 무 (木)

楝 갈 년(연마)

楚 초나라 초, 회초리 초, 가시나무 초 (木)

楀 허수아비 우 제웅 우

楛 거칠 고, 싸리나무 호, 추잡할 고

楄 사십근 포

楄 앞 글자와 같음

楟 사람 이름 후

楜 후추 호

楝 멀구슬나무 련 고련나무 련 (木)

楞 네모질 릉 모 릉 (木)

楞 앞 글자와 같음 (木)

楟 문배나무 정 아가위 정

楠 녹나무 남, 남나무 남 (木)

楡 느릅나무 유 별 이름 유 (木)

楢 졸참나무 유, 부드러운 나무 유 (木)

楣 인중방 미 문미 미 (木)

� 질 등

楞 함정 악

楤 엄나무 총, 송 두릅나무 총, 송

楥 느티나무 원, 신골 훤, 떡갈나무 원 (木)

楦 신골 훤

楔 나무 끝 뾰족하게 깎을 초

楨 단단한 나무 정 쥐똥나무 정 (木)

楩 나무 이름 편 편나무 편

桌 栗[밤 률]의 古字

楪 평상접, 접시접 (木) 바라지 엽, 쐐기 섭

楫 돛대 즙, 노 집 노 접 (木)

楬 푯말 갈 (木) 풍류 그침재비 갈

業 일 업, 위태할 업 업 업, 일할 업 常 (木)

楴 나무숟가락 시

楮 닥나무 저, 종이돈 저, 감매나무 저 (木)

楯 난간 순, 방패 순 수레 꾸밀 준 (木)

楰 산유자나무 유 쥐똥나무 유

楱 작은 귤 주 나무 이름 주

楺 부지깽이 첨 부짓대 첨

楲 요강 위, 수문통 위

楳 梅[매화 매]와 같음 (木)

楴 빗치게 체, 비녀 제 쪽집게 제

極 극진할 극, 다할 극 한마루 극 常 (木)

楶 공대 절, 쪼구미 절 동자기둥 절

楷 앞 글자와 같음

楔 문지방 설 밤 부스러기 설

楷 해나무 해, 본뜰 해 본보기 해, 법 해 (木)

楸 가래나무 추, 바둑판 추, 노나무 추 (木)

楜 槲[무 밑둥이 휠 혁]의 訛字

楹 기둥 영, 화관틀 영 (木)

楓 굽은 가지 구

楺 나무 휠 유 굽은 나무 유

楘 그늘 험

楻 깃대 황, 배 황, 형 (木)

㮣 梗[대개 경]의 本字

椑 사닥다리 비 비계 비

概 槪[평미레 개]의 略字

楼 樓[다락 루]의 略字

楽 樂[즐거울 락]의 略字

楾 홈통 천

楿 계수나무 향

榀 외가지 품

榁 두송나무 실, 질

榦 竿[장대 간]과 같음

楍 本[근본 본]의 古字

榓 뱃전 범, 배 범

椇 호깨나무 구, 구연 구, 구장 구

皙 살결 흴 석 얼굴 흴 석 [白部]

禁 금할 금, 이길 금 금지할 금 [示部] 常(木)

⑩ 획

椽 탁상 탁

榗 옥돌 진

榳 큰나무 정

榟 梓[가래나무 재]와 같음 (木)

榵 나무 이름 용

楯 참죽나무 순

槂 나물 이름 손

榍 楔[문설주 설]과 같음

搬 이을 반

榙 열매 이름 답, 탑

榎 싸리나무 가 가나무 가 (木)

榏 푸른 새 그린 배 익

榐 나무길 전

榑 부상나무 부 (木) 해돋이 뽕나무 부

榓 향나무 밀 문지방 필

榔 나무 이름 랑 빈랑나무 랑 (木)

榕 松[솔 송]의 古字

櫸 欅[느티나무 거]의 略字

榕 뱅골보리수 용 용나무 용 (木)

穀 곡식 곡, 닥나무 곡 성씨 곡 常(木)

槃 앞 글자와 같음

榘 곡척 구, 법 구 (木)

榚 나무 긴 모양 요

榛 개암나무 진, 덧거칠 진, 숲 진 (木)

榜 게시판 방, 방써붙일 방, 방목 방 (木)

榠 차 늦게 딸 명 모과나무 명

榡 나뭇가지 위로 날 석, 나무 이름 색

榥 푸른 감 오 나무 이름 오

榡 건목칠 소

榱 나무 마디 최

榣 큰나무 요 나무 흔들릴 요

榩 나무 이름 직

榤 홰 걸, 닭의 홰 걸 (木)

榥 책상 황 (木)

榦 담결 기둥 간 (木) 밑줄기 간, 담틀 간

榧 비자나무 비 (木)

榨 주자틀 자 기름틀 자

榩 모탕 건, 도끼 바탕 건, 곳집 건

榪 나무로 테 맬 마 주걱 마

榥 거룻배 공 가증스러울 공

榼 수레 안바퀴 할 도지개 할

榫 자루 박을 순, 준

榬 도투마리 원 얼레 원

榕 들보 적

榸 절구공이 제

榭 정자 사, 사당집 사 사정 사 (木)

榮 영화 영, 추녀 영 오동나무 영 常(木)

榯 나무 곧게 설 시 문설주 시

榰 나무 주추 지 주춧돌 지 (木)

榱 서까래 최 (木)

榲 기둥 온, 배나무 올 삼나무 올, 올발 올 (木)

榼 홈통 함, 잔 함

榴 석류나무 류 (木)

榶 산앵두나무 당 주발 당, 아가위 당

榷 외나무다리 교 (木) 도거리할 각, 세 각

榽 桔[도라지 길]과 같음

棞 통나무 혼

榸 마른나무 뿌리 채 말뚝 채

榹 산복숭아 사 소반 사

榌 부연 비, 평고대 비

榺 도투마리 승
바디 집 승 (木)

榻 평상 탑, 걸상 탑
모직 탑 (木)

[illegible] 소나무 려
여송나무 려

[illegible] 탑답 답

榢 架[시렁 가]와 같음

榒 나무 이름 닉

㭎 剛[굳셀 강]과 같음

[illegible] 쇠 코뚜레 추
널판 뒤틀릴 추

榼 물통 합, 술그릇 합
뚜껑 합, 통 합 (木)

榽 가막살나무 혜
묶을 혜

榾 등걸 골, 살대나무
골, 삭정이 골 (木)

榿 기나무 기
오리나무 기 (木)

槀 마를 고, 마른나무
고, 쌓일 고 (木)

槁 앞 글자와 같음 (木)

槃 소반 반, 즐거울 반
머뭇거릴 반 (木)

[illegible] 술통 해

[illegible] 배뜸 분

槄 개오동나무 도
노나무 도

槅 수레 멍에 격, 씨 핵
선반 격

槙 나무 끝 진, 전
넘어진 나무 전 (木)

[illegible] 나무 이름 비

槈 풀베는 기구 누
호미 누

[illegible] 말뚝 특

槉 쪼구미 질, 장여 질
기둥머리 질

槜 추리 추, 땅 이름 추

[illegible] 배(선박) 소

槊 창 삭, 쌍륙 삭
뇨소 소 (木)

[illegible] 앞 글자와 같음

榫 장부 준

[illegible] 큰 나무 순

[illegible] 椳[지도리 외]의
古字

構 얽을 구, 집 세울 구
글미리지을 구 常 (木)

槌 방망이 추, 칠 추
내던질 퇴 (木)

槍 나무창 창, 막을 창
낫을 창, 혜성 쟁 (木)

槎 떼 사, 엇찍을 사
나무 벨 차 (木)

槏 창설주 겸, 단속할 겸
문 겸, 생각 염 (木)

[illegible] 향나무 전

槐 회화나무 괴, 느티나
무 리, 홰나무 괴 (木)

槑 梅[매화 매]의 古字
某[아무 모]의 古字

尌 樹[나무 수]의 俗
字

槓 지렛대 공 (木)

[illegible] 나무 밑둥 휠 혁
상다리 혁

槔 槹[두레박 고]의
俗字

槖 橐[전대 탁]의 略
字 (木)

[illegible] 나무 이름 영

榊 신나무 신

様 樣[모양 양]의 略字

寨 나무 울타리 채
진 채 [宀部] (木)

⑪ 획

[illegible] 나무 이름 닐

樐 방패 로, 망루 로
노 로, 전차 로

[illegible] 榠[명사나무 명]의
俗字

[illegible] 椽[서까래 연]의
訛字

槷 槸[기둥 얼]과 같음

樤 나무 이름 조
작은 나뭇가지 조

樢 담쟁이덩굴 조
새 이름 목

樬 두릅나무 총

榷 외나무다리 각

[illegible] 빈파 파

[illegible] 나무 이름 필

[illegible] 馨[향기 형], 穀[곡
식 곡]과 같음

[illegible] 檴[피나무 확], 櫅[
가죽나무 제]와 같음

梟 梟[올빼미 효]의 本字

槙 달려 뒤쫓을 진

棖 버팀나무 팅 탱자나무 탱

槿 악기 다루는 기구 주

樥 마룻대 격자 봉, 초목 우거진 모양 봉

棊 장기 기

樌 나무 빽빽할 관

槔 橰[두레박 고]와 같음

樈 송곳자루 경

槩 널 개

篙 대나무 가지 부딪칠 가

樧 오수유 살, 후추 살, 문설주 설

槢 단단한 나무 습 쐐기 습 (木)

槣 젓가락으로 집을 기

槤 제기 련, 문빗장 련

槥 널 혜, 작은 널 혜 (木)

槦 병기 없는 시렁 용 살대나무 용 (木)

槨 덧널 곽, 널 곽 (木)

概 대개 개, 평미레 개 평두목 개 常(木)

槩 앞 글자와 같음 (木)

槪 앞 글자와 같음

槧 판 참, 건목칠 참

槫 둥글 단, 영구차 단 상여 단, 술그릇 선

樣 차나무 다, 차 다 가래나무 도 (木)

樺 종 납작하고 클 화 쇠북 가로 퍼질 화

槭 단풍나무 축 앙상할 색 (木)

槮 나무 밋밋할 삼

樶 나무 쌓을 최 지팡이나무 최

樥 초목 무성할 봉

槱 태울 유, 화롯불 유 쌓을 유, 나무 유

槲 떡갈나무 곡 (木)

槺 매 시렁 선 말뚝 선

樺 상 앞에 가로댄 나무 신

槳 상앗대 장, 노 장

槳 앞 글자와 같음

槴 통발 호, 어구 호

槵 무환자나무 환 염주나무 환

槶 광주리 바닥 궤 바닥 궤

槷 기둥 얼, 과녁 얼 쐐기 설

槸 나뭇가지 서로 개갤 예, 앞 글자와 같음

槰 지팡이 봉

槺 헛될 강

槻 물푸레나무 규 (木)

槼 規[법 규]와 같음

槽 구유 조, 주사틀 조 차 거르는 틀 조 (木)

槾 평고대 만, 흙손 만

槿 무궁화 근 (木)

樀 처마 적, 도투마리 적, 방망이 적 (木)

樉 옻나무 칠

樁 말뚝 장, 두드릴 용

樂 즐거울 락, 음악 악 즐길 요 常(木)

樃 광랑나무 랑 느릅나무 랑

樄 곧은 뿌리 두

樅 전나무 종, 칠 종 엄 종 (木)

樆 돌배나무 리

樇 고욤나무 천

樇 나무 밋밋할 수

橯 풀무자루 함 항아리 함

樉 염주나무 상 나무가 무성할 상

樌 자루 간

樊 울타리 번, 새장 번 어수선할 번 (木)

樋 어름나무 통 대홈통 통 (木)

椑 처진 가지 비 작은 나무 비

槓 물버들 적 수양버들 적

槒 구유통 축 말구유 축

槮 산나무 산 나무 이름 산

槸 초목 흔들리는 소리 살, 나무이름 찰

樏 썰매 류, 찬합 류

樑 대들보 량, 기둥 량 나무다리 량 (木)

樒 침향나무 밀 (木)

樓 다락 루, 봉우리 루 문 루, 어깨 루 常(木)

檕 오목 예

樔 풀막 소, 너스레 소 (木)

樕 떡갈나무 속 도토리참나무 속

樕 앞 글자와 같음

樗 가죽나무 저 벚나무 화 (木)

樘 기둥 탱, 버팀목 탱 당돌할 당

檃 나무 무성할 아 가지 휘청거릴 아

標 표할 표, 우듬지 표 적을 표, 들 표 常(木)

樚 두레박틀 록 고패 록, 함 독

樛 휠 규, 가지 늘어질 규 두루 떠다닐 규 (木)

樜 산뽕 자

樝 풀명자나무 사 아가위 사

樞 밑둥 추, 지두리 추 고동 추 (木)

樟 녹나무 장 예장나무 장 (木)

樠 송진 만, 관솔 문 송진 흐를 문

模 모범 모, 법 모 본뜰 모 常(木)

橋 되깎기나무 흔 평미레 흔

樣 모양 양, 도토리 상 常(木)

穎 송곳자루 영, 상자 경, 발 달린 궤 경

檿 땅 이름 자

権 權[권세 권]의 略字·俗字 (木)

樫 떡갈나무 견

⑫ 획

樏 樛[휠 규]와 같음

橮 柳[버들 류]와 같음

樵 雜[섞일 잡]과 같음

橥 櫫[말뚝 저]의 俗字

樀 樀[처마 적]과 같음

橱 廚[부엌 주]의 俗字

橘 굽은 자루 촉, 나뭇가지 휘어질 촉

樬 작은 바구니 총

檌 나무 이름 최 덧신 최

橋 추리 추, 과실나무 추, 찧을 취

樺 樺[자작나무 화]와 같음

橲 나무 이름 희 (木)

橌 큰 나무 한 (木)

橖 버팀목 탱, 기둥 당 굴대 빗장 당

楯 楯[문지방 순]과 같음

槮 밋밋할 삼, 참나무 긴 모양 삼

橉 나무 이름 진

橍 나무 이름 윤

橚 물 막을 소

樨 금계 서

橯 써레 로

橹 오동나무 로

橔 관 뚜껑 돈

橞 산 덕, 망치 적 땅 이름 덕

橝 탑라나무 답

橶 껴잡을 극

橭 나무 이름 곡

橩 나무 이름 경 주사위 경

樲 멧대추나무 이

橝 나무 이름 심

樴 소말뚝 직 문지방 직

樵 땔나무 초, 나무하는 이 초 (木)

橵 열매 열릴 추

樷 叢[떨기 총]의 古字

樸 통나무 박, 순박할 박, 떡갈나무 복 (木)

樹 나무 수, 심을 수 막을 수 常(木)

樺 벚나무 화 자작나무 화(木)

樻 가마테나무 궤 영수목 궤 (木)

樽 술통 준, 술단지 준 그칠 준 (木)

⿰木翕 榻[걸상 탑]과 같음

樾 두 나무그늘 월 가로수 월

樿 회양목 전, 나무 혹 전, 밋밋할 전

橀 나무 이름 혜

橁 참죽나무 춘

橂 나무 결 단단할 전

橃 떼 벌, 발, 큰 배 벌 유자 폐 (木)

橄 감람나무 감 (木)

橅 법 모, 어루만질 무 (木)

橆 우거질 무, 없을 무 번성할 무

檹 나무 마디 의 휘청거릴 의

⿱毳木 거듭 방아 찧을 취

橇 썰매 취, 덧신 교(木)

⿰木絜 용두레 결 도라지 길

⿰木斯 나무 밑둥 서로 얽힐 서, 발판 서

⿱斯木 섶 사

橈 꺾일 요, 노 요, 흔들릴 뇨, 굽을 뇨 (木)

橉 나무 껍질 린 나무 이름 린 (木)

橊 석류 류 짐승 이름 류 (木)

橋 다리 교, 줄 늘여서 잴 교 常(木)

橎 단단한 나무 번

橏 나무 혹 전

橐 전대 탁, 자루 탁 낙타 탁 (木)

橑 서까래 로, 평고대 료, 수레 앞장 로

橒 나무 무늬 운 (木)

⿰木⿰育攵 대추 철

橓 무궁화나무 순(木)

橕 버팀대 탱 기둥 탱

⿰木壺 굵고 끝 뾰족한 대추 호, 호두 호

⿰木萃 썩은 나무 취

⿰木萌 나무 고갱이 맹

橘 귤 귤, 귤나무 귤 (木)

橙 등자나무 등 걸상 등, 귤 증(木)

⿰木巽 엾망치 짐

橛 말뚝 궐, 문지방 궐 토막나무 궐

⿱麻木 앞 글자와 같음

橝 처마 첨, 평고대 점 누에 시렁 담

橞 나무 이름 혜

機 기틀 기, 기미 기 고동 기 常(木)

橠 나무 무성할 나 가지 약할 나

橡 상수리 상 도토리 상(木)

橢 둥글길죽할 타 타원형 타(木)

橣 영몽 녕 과일 이름 녕

橤 여의 예, 드릴 예 꽃술방울 예(木)

⿰木惢 앞 글자와 같음 나무 이름 예

⿰木⿱毛巴 아가위 파 돌배나무 파

⿰木舄 나막신 석

橦 나무 이름 동 토막나무 장 (木)

⿰木猒 잎이 너울거릴 엽 산뽕나무 염

⿱⿰氵疑木 팔준마 이름 의

⿰木幾 돌밤 전, 산매자 전

橧 너스레 증, 집 증 돼지 울 증, 깃들 증

橨 은행나무 분 나무 이름 분

橪 종대추나무 연 신대추나무 연

⿰木委 가지 늘어질 와

橫 비낄 횡, 난간목 횡 가로 횡 常(木)

橬 물고기 깃 잠, 심

槹 만연할 고, 고무나무 고, 펴질 고

樈 耕[갈 경]과 같음

橴 누에 나눌 치

槔 두레박 고, 용두레 고, 나무 이름 고

橵 산자 산(木)

橴 땅 이름 자

橻 땅 이름 추, 고을 이름 추

築 쌓을 축, 다질 축 [竹部] 常(木)

⑬ 획

樸 樸[통나무 박]과 같음

橚 나무 곧고 길 숙, 무성할 소, 추(木)

檤 나무 이름 도

檅 작은 관 세

樱 樱[종려나무 종]과 같음

檚 나무 이름 초

檌 줄일 죄, 쓰러질 죄

檉 땔나무 정, 나무 이름 정

橽 물통 달, 물샐 달, 박달나무 달

檴 울타리 거

橾 수레바퀴 통 수, 가래 수

橿 박달나무 강, 참죽나무 강(木)

檀 박달나무 단, 향나무 단 常(木)

檩 들보도리 름

檁 앞 글자와 같음

檃 檼[대마루 은]과 같음(木)

檻 나무 터질 함

檓 나무껍질 뒤틀릴 작, 거친 껍질 작

檄 격문 격, 격서 격, 과격할 격(木)

檆 杉[삼나무 삼]의 本字

櫓 櫓[방패 로]와 같음

檈 가리틀 선, 둥근 책상 선, 가리질할 선

檳 긴 나무 공, 작은 잔 공

檉 능수버들 정, 위석류 정(木)

檊 산뽕나무 간, 박달나무 간

檋 나막신 국, 썰매 국, 멍에 국, 덧신 국

檍 감탕나무 억, 참죽나무 억(木)

檎 능금 금(木)

檐 처마 첨, 추녀 첨, 견여 담, 멜 담(木)

檑 돌 굴릴 뢰, 뇌목 뢰, 무기 이름 뢰

檇 나무 이름 천, 휘추리 취

檒 風[바람 풍]의 古字

檓 산초나무 훼, 굵은 산초추 훼

檔 의자 당, 문서 당(木), 테 당, 널 발판 당

繫 두레박틀 계, 용두레채 계

檖 돌배나무 수, 팥배나무 수

橐 자루 아가리 벌릴 표, 자루 불룩할 포

檗 황벽나무 벽, 회양목 벽

檗 앞 글자와 같음(木)

檝 산자 널판 첩, 지붕에 까는 널빤지 첩

檎 문 막은 목책 금, 사립문 금, 울짱 금

檛 채찍 과, 종아리채 과, 칠 과, 대롱 과

檜 전나무 회, 노송나무 회(木)

檝 楫[노 집, 즙]과 같음(木)

檞 솔 고갱이 해, 나무 이름 해, 송진 해

檟 개오동나무 가, 가나무 가(木)

檠 도지개 경, 달린 도마 경, 광명두 경(木)

檠 앞 글자와 같음(木)

檡 개암 석, 고욤 석, 택극 택, 오도 도

檢 검사할 검, 봉할 검, 교정할 검 常(木)

檣 돛대 장, 범선 장(木)

檥 배 댈 의, 줄기 의, 푯대 의

檦 표할 표, 표지 표, 기둥 표

樬 작은 바구니 총, 송

櫁 마를 삽

樍 개버들 적 수양버들 적

櫺 난간 령

橆 힘쓸 무, 성대할 무 아름다울 무 [心部] (火)

樣 樣[모양 양]의 俗字, 망고 사

櫆 翦[자를 전]과 같음

⑭ 획

櫯 의사 사

檣 檣[돛대 장]과 같음

櫂 탑답 답, 탑돌이 답 나무 이름 답

檺 나무 이름 고

櫊 나무 이름 각

櫆 북두칠성 괴 숟가락 괴

櫇 과일 이름 파

檫 나무 이름 찰 가래나무 찰

檹 나무 마디 의

櫨 虛[빌 허]와 같음

檡 뗏목 패, 떼 패

檬 레몬 몽, 망고 몽 양귤 몽

檭 은행나무 은

檮 등걸 도, 토막나무 도, 흉악할 도

檯 등대 대, 상 대 탁자 대

櫐 고을 이름 삭 삭로 삭

櫃 차 난간 기둥 대 거상 대

櫋 두충나무 면

樸 대추 복, 굳을 복 떨기 복

櫜 나무 결 고울 긴

樹 檦[표지 표]의 訛字

欂 중깃 박, 두공 박

檳 빈랑나무 빈 (木)

檴 피나무 확 자작나무 화

櫜 활집 표

檵 구기자나무 계

檶 개수통 염, 경대 염

檷 실패 니 얼레자루 니

檸 레몬 녕, 장부 녕 레몬나무 녕

檻 메마른 땅 함

檻 죄인 타는 수레 함 난간 함, 우리 함 (木)

櫽 마룻대 은, 도지개 은, 겹들보 은 (木)

檽 목이버섯 연, 이 나무 이름 누

檾 모시풀 경

檿 산뽕나무 염 (木)

櫁 앞 글자와 같음

櫂 柝[열 탁]과 같음

櫁 樒[침향나무 밀]과 같음

櫏 향나무 전, 전향 전

櫂 노 도, 노저을 도 배 도 (木)

櫃 궤 궤, 함 궤, 상자 궤 (木)

櫄 참죽나무 춘 나무 이름 춘

櫅 나무 이름 제 흰 대추 제, 자

櫜 전대 고, 묶을 고 자루 고

櫊 核[씨 핵]의 古字

櫇 둔할 둔

櫈 탁자 등, 걸상 등

⑮ 획

櫔 나무 이름 려

櫉 궤짝 주

櫦 나무 이름 경

櫖 책상 사

櫋 차양 면 지붕 연접할 면

櫌 곰방메 우 호밋자루 우

櫍 모탕 질, 도끼 바탕 질, 기물의 다리 질

櫎 그릇 받침 황, 창 황 장지 황

櫤 槽[구유 조]와 같음

櫏 고욤나무 천

樚 감나무 이름 록 록심 록

櫐 덩굴풀 류, 칡 류 굵은 칡 류

櫑 술통 뢰, 술잔에 뇌문 새길 뢰

櫓 큰 방패 로, 망대 로 망보는 수레 로 (木)

櫕 欑[모일 찬]과 같음

𣡚 백랍나무 랍, 호두렵, 쥐똥나무 렵

櫖 굵은 칡 려 제려 려, 숲 려

櫗 나무 비비 틀릴 멸 가늘고 작은 모양 메

𣠲 나무 비뚜러질 가 나무 비스듬할 라

櫙 스무나무 우 죽은 나무 우

𣟴 나무 이름 류

櫚 종려나무 려 (木)

櫛 빗 즐, 빗질할 즐 즐비할 즐 (木)

櫜 칼집 고, 활을 넣어 두는 자루 고 (木)

𪔵 북테 상, 북통 상 북 만드는 나무 상

櫝 함 독, 궤 독, 널 독 담을 독, 목침 독 (木)

櫞 연나무 연 구연나무 연 (木)

櫟 가죽나무 력 상수리나무 력 (木)

櫠 큰 유자 폐

櫡 젓가락 저, 도끼 착

櫢 나무 무성할 수

縝 실갈피 진, 삼실 진

檏 朴[후박나무 박]과 같음

檈 둥근 탁자 선 갈이틀 선

麓 산기슭 록, 산지키는이 록 [鹿部] (土)

攀 휘어잡을 반 당길 반 [手部] (木)

欈 추리 추

檇 앞 글자와 같음

⑯ 획

㰗 구기 희

樼 榛[개암나무 진]과 같음

𣟂 檣[돛대 장]과 같음

𣠑 나무 이름 영

櫿 楹[기둥 영]과 같음

櫴 깨질 뢰

櫸 欅[느티나무 거]와 같음

櫵 나무 이름 초

櫶 나무 이름 헌 (木)

櫧 종가시나무 저 저나무 저

櫨 두공 로, 주두 로 과실 이름 로 (木)

櫩 섬돌 염, 처마 염 처마기슭 염

櫪 말구유 력, 가죽나무 력, 누에발 력 (木)

欜 조두 탁, 목탁 탁 柝[열 탁]과 같음

櫫 표목 저, 말뚝 저

橑 측백나무 료

櫬 널 츤, 오동나무 츤 무궁화 친 (木)

𣞻 나무 못 걸

櫮 꽃 활짝 필 악

櫼 잔 잎 섬 나무 이름 섬

㯩 나무 휘청거릴 료

櫯 단목 소

櫇 사과나무 빈, 빈파 빈 빈랑나무 빈

櫰 회화나무 회, 괴 나무 이름 회, 괴

櫱 그루터기 얼, 싹 알

櫲 여장나무 여 나무 이름 여

櫔 얼레 자루 례 나무 이름 례

檴 탱자나무 곽, 각

𣡘 우리 롱, 살창 롱 빗질할 롱, 난간 롱

櫳 앞 글자와 같음

𣠽 상앗대 고

𣟂 橢[길죽할 타]의 俗字

櫒 나무 열매 삼

櫜 길고 클 포

𣟶 欄[난간 란]의 略字

礬 백반 반, 꽃 이름 번 [石部](金)

櫷 느티나무 귀

欖 欖[감람나무 람]과 같음

⑰ 획

櫸 느티나무 거

櫹 나무 밋밋한 모양 소, 나무 무성할 소

檈 맛든 대추 선

櫺 난간 령, 격자창 령, 평고대 령

櫻 앵두 앵, 버찌 앵, 벚나무 앵 (木)

櫼 쐐기 첨, 문설주 첨, 스기목 삼 (木)

櫿 삿자리 섭, 첩섭 섭 (木)

𣝕 빗장 산

櫽 檼[도지개 은]과 같음

櫾 유자나무 유, 유자 유

㰥 구기 희

櫵 나무 초, 나무할 초

欀 굴거리나무 상, 길 위에 선 나무 상

𣠔 마름 미

欂 주공 박, 주두 박, 중깃 박 (木)

欃 살 벨 참, 박달나무 참, 혜성 참

欄 난간 란, 외양간 란 常(木)

㰈 엄렴 렴, 나무 이름 렴

𣛻 檍[감탕나무 억]과 같음

𪎊 날삼 초

𪎒 줄기가 큰 삼 로, 삼 로

⑱ 획

雧 물새 이름 잡

欝 鬱[답답 울]의 俗字

檦 標[우듬지 표]의 本字

櫭 槭[단풍나무 축]과 같음

𣡂 부류 류, 등나무 류

𣡉 타다 남은 나무 도

𣡊 나뭇가지 지

欆 쌍돛대 쌍, 키 쌍

欇 까치콩 섭, 자등 섭, 단풍나무 섭

𣡌 앞 글자와 같음

欈 땅 이름 추, 나무 이름 추

欉 떨기로 날 총, 총생할 총

權 권세 권, 평할 권, 저울질할 권 常(木)

欙 꼭두각시 뢰

欋 쇠스랑 구, 나무뿌리 서로 얽힐 구

欌 의장 장, 장롱 장 (木)

欍 절구통 구

⑲ 획

欒 란나무 란, 엄장부 란, 쇠북아귀 란 (木)

欛 欛[칼자루 파]의 訛字

欑 휘추리나무 찬, 모일 찬 (木)

欐 들보 려, 마룻대 려, 많은 모양 려

𣡠 울타리 리, 객잔 리

𣡐 주걱 첩

𣡡 나무 무성할 나

𣟺 나무송곳 찰

𣡧 말뚝 전

𣡨 말뚝 선, 손댈 관

𣡭 사다리 견, 시렁 견

欏 울타리 라, 돌배나무 라

⑳ 획

欓 월나라 산초 당, 나무 이름 당

𣡾 檷[얼레 니]의 訛字

欔 보습 곽, 가래 곽 나무 이름 곽

欕 엄나무 엄

欉 거칠 짐

欋 柩[널 구]와 같음

欜 櫜[풀무 비]와 같음

欌 蘖[그루터기 얼]과 같음

㉑ 획

欗 나무 이름 란 목란 란

欖 감람나무 람(木)

欐 근배 례, 덫 례 작은 배 례

欙 欙[찬합 류]와 같음

欘 도끼자루 촉 각도의 단위 촉

欛 칼자루 파

欚 나무가 빽빽히 선 모양 면

欃 檐[처마 첨]과 같음

欇 나무 이름 첩 풀 이름 첩

㉒ 획

欝 鬱[답답 울]과 같음

欜 나무함지박 낭 나무 이름 낭

欒 굽은 나무 만

㉓ 획

欒 欒[나무 이름 란]과 같음

㉔ 획

欞 櫺[격자창 령]과 같음(木)

欕 향나무 염 나무 이름 염

㉕ 획

欟 나무 이름 관 괭나무 관

鬱 답답 울, 울창할 울 [鬯部] (木)

欠部

欠 하품 흠, 부족할 흠 구부릴 흠 (火)

② 획

次 버금 차, 차례 차 군사 머물 차 常 (火)

㳄 앞 글자와 같음

欢 歡[기쁠 환]의 略字

③ 획

欥 휘파람 불 히 웅얼거릴 히

欦 탄식할 희 신음할 히

欧 기침할 이

欨 어리석을 감, 함

欪 嗤[웃을 치]와 같음

④ 획

欥 기뻐할 일 어조사 율

欣 기뻐할 흔, 받들 흔 감상할 흔 (火)

炊 歁[시름겨울 감]과 같음

欬 탐내는 모양 갱 기침 갱

欧 歐[때릴 구]의 略字

欣 재채기할 근

欫 바랄 기 말 더듬을 기

欪 숨 내쉬는 소리 비

欭 약할 와 약한 모양 와

欮 엄하게 성낼 훌 성낸 소리 훌

欤 歟[어조사 여]의 略字

欯 앓는 소리 혜 신음할 희

欰 탐낼 항 탐내는 모양 항

欱 화락한 소리 희 웃을 해

欲 빙그레 웃을 함 슬기가 많을 함

欶 개 부르는 소리 유
炊 불땔 취, 밥지을 취 땅이름 취 [火部] (火)

⑤ 획

㰸 하품할 거
欨 불 구, 하품할 구 벙글거릴 구
欱 코로 숨쉴 합
欭 呻[끙끙거릴 신]과 같음
欪 토할 자, 탄식할 자
欰 열 궐, 열릴 생 벌릴 궐
欱 불 필
欿 혹은 함 혹 그러할 함
欯 상기할 희 기침할 홰
欥 기뻐할 니 화락할 니
欪 부끄럼 없을 출 뻔뻔스러울 출
欹 웃음 머금을 형 웃을 형
欩 김오를 초 건장할 초
欸 웃을 해
欲 근심할 유, 욱
欳 웃을 혜 숨넘기는 소리 혜
欨 웃음소리 하 껄껄 웃을 가 (金)
欸 웃으며 말할 액

⑥ 획

欶 개 부르는 소리 유
欬 웃는 소리 해 웃음소리 해
欱 부는 소리 격
欳 고달플 궤 나른할 궤
欯 아첨할 왕
欰 숨쉴 하
欸 탄식하는 소리 왜, 애
欱 마시는 소리 골, 굴
欶 기쁠 참, 탐낼 참
欮 숨찰 궐, 숨가쁠 궐 헛디뎌 넘어질 궐
欶 근심할 축 불안한 모양 축
欨 믿을 순, 목멜 순 숨찰 순, 기쁠 순
欰 벌레울 술, 울 술
欨 즐거워할 후 (火)
欬 기침할 경, 기침 갱
欿 슬기로울 검
欨 歐[때릴 구]와 같음
欭 말 울 인, 울 이 탄식할 인
欱 들이마실 합 합할 합, 받을 합
欬 기침 해, 트림 애 웃으며 떠들 해 (金)
欯 웃을 힐, 기뻐할 힐

⑦ 획

欳 손가락질하며 웃을 신, 비웃을 신
欱 빙그레 웃을 함 지혜로울 함
欵 款[정성 관]과 같음
欴 거절할 두 침뱉는 소리 두
欶 목쉴 즉
欵 款[정성 관]과 같음
欶 숨 쉴 합, 가쁠 합
軟 연할 연, 부드러울 연 [車部] 常 (火)
欴 탐낼 랑, 탐내는 모양 랑
欶 빨아들일 삭 기침할 수
欸 한숨쉴 애, 탄식할 애, 응답소리 애
欲 하고자할 욕, 욕심 욕, 좋아할 욕 常 (木)
欷 흐느낄 희 탄식할 희 (金)
欳 크게 한숨 쉴 괴 한숨 괴

⑧ 획

欻 숨 내쉴 욱, 불 혁 욕지기 욱
欹 당나귀 울 아
欿 신음할 전, 점
欹 듣기 싫은 말 부
欯 눈물 씻을 혁 눈물 흘릴 혁

欶 빨 졸, 마실 졸

欪 염치없을 자

欺 능가할 릉 속일 릉, 능멸할 릉

欲 토할 구, 코풀 유 코 찡그릴 구

欳 까무러쳤다 깨어날 자

欴 歔[숨 길게 내쉴 호]와 같음

欵 놀랄 육, 악소리 육

欶 어두울 혼 알지 못할 혼

欷 欷[흐느낄 희]와 같음

欸 향기 좋을 사

欿 움직일 감 움직이는 모양 감

欻 欠[하품 흠]의 古字

款 정성 관, 느릿할 관 사랑할 관(金)

欵 앞 글자와 같음

欿 시름겨울 감(金) 만족하지 않을 감

欺 속일 기, 업신여길 기, 추한 모양 기 常(金)

欹 어조사 의, 기울 기 기댈 기(金)

欼 씹을 최, 깨물 치 한 입에 먹을 최

欻 문득 훌, 재빠를 훌 홀연 나타날 훌(金)

欽 공경할 흠, 삼갈 흠 흠모할 흠(金)

⑨ 획

歍 딸국질할 온 피기할 온, 숨찰 온

歁 빙그레 웃을 함, 탐낼 함, 부르짖을 함

歌 숨 내쉴 가

歇 목구멍병 하 마실 하, 숨쉴 하

歀 款[정성 관]과 같음

歅 당나귀 울 이

歋 歋[서로 웃을 이]와 같음

歙 바랄 섭, 탐낼 섭 숨쉴 협

歂 끙끙거릴 전

歄 가냘플 과, 예쁠 과 약할 괘

歇 크게 부르짖을 언 발끈 성낼 언

歅 알 수 없을 혼 어두울 혼

歃 欱[들이마실 합]과 같음

羨 부러울 선, 넉넉할 선, 넘칠 선 [羊部](土)

歁 음식 나쁠 감 서운할 감

歃 마실 삽, 피 마실 삽 입에 피 찍어바를 삽(金)

歈 노래 유, 투 기뻐할 유, 투

歅 의심할 인, 막힐 인 사람 이름 인

歂 성씨 천, 헐떡거릴 천, 들여마실 천

歇 쉴 헐, 흩어질 헐 그칠 헐(金)

歆 받을 흠, 흠향할 흠 먹일 흠(火)

⑩ 획

歉 흉년들 겸, 한 품을 겸, 겸연쩍을 겸, 감(金)

歌 노래 가, 노래할 가 노래 지을 가 常(金)

歍 토할 오, 흐느껴 울 앙

歋 서로 웃을 이 비웃을 이

歊 김이 오를 효, 혹 무더위 효, 혹(金)

歙 호흡 맞출 협 기운 들이마실 협

歊 기운 날 요 트림 요

歎 앞 글자와 같음

歃 소리 답

歖 탄식할 혜

歑 급한 기운 해

歗 비웃을 치 嗤[웃을 치]와 같음

歈 말할 유

歃 혹 들이마실 합 기침할 합

歀 물을 수 款[정성 관]과 같음

歋 목 쉴 사

歁 欿[시름 겨울 감]과 같음

歏 기쁠 대, 기뻐할 대

歜 숨 내쉴 촉

⑪ 획

歠 깨물 최, 삼킬 최 마실 철

歗 담소하는 소리 색

歚 불만스러운 모양 랍

歉 굶주릴 강, 흉년들 강

歒 어린애 기뻐서 웃는 모양 적

歏 하품할 근

歓 飮[마실 음]의 古字

歔 어린애 추악할 루 어린아이 나쁠 루

歕 말할 유 말하려 할 유

歌 歌[노래 가]와 같음

歙 飮[마실 음]과 같음

歓 歡[기쁠 환]의 略字

歐 때릴 구, 토할 구, 노래할 구, 성씨 구 (火)

歎 탄식할 탄, 읊을 탄 아름답다할 탄 常(金)

歑 숨 길게 내쉴 호 입으로 불 호

⑫ 획

歚 고울 선 (火)

歔 흐느낄 허 (金)

歙 들이쉴 흡, 움츠릴 협, 고을 이름 섭

歖 갑자기 기뻐할 희

歕 숨 내쉴 분 뿜을 분

歘 기침 흑 침 뱉는 소리 흑

歘 欻[문득 훌]과 같음

歊 기가 밖으로 나오는 모양 효

嘶 꾸짖는 소리 시

⑬ 획

歛 바랄 감, 렴 구걸할 검 (金)

歗 겁낼 색 두려워할 색

歜 김치 잠, 사람 이름 촉, 화낼 촉

歞 침 뱉는 소리 혁 조금 웃을 체

歖 서로 웃을 희 희롱할 희

歟 사슴 우는 소리 유

歝 싫어할 역

歗 휘파람 불 소

歕 歕[뿜을 분]과 같음

⑭ 획

歟 어조사 여 아름답다 할 여 (火)

歞 어리석을 압

歡 토하는 소리 획

歠 아플 적, 앓을 적 앓는 소리 적

⑮ 획

歠 훅 들이마실 철 (金) 마실 철, 먹일 철

歗 슬플 우, 개탄할 우 목쉴 우

⑰ 획

歡 色[빛 색]과 같음

歡 攘[물리칠 양]과 같음

歞 성낸 기운 영

歡 입맞출 축

歡 웃을 참

歙 吹[불 취]와 같음 [龠部]

⑱ 획

歡 기쁠 환, 좋아할 환 기뻐할 환 常(金)

歡 술을 다 마실 초

歡 기운 뜰 첩 취할 철

⑲ 획

歡 하품할 란 마음 현혹될 란

⑳ 획

歡 어리석을 곤 알기 어려울 곤

歡 앞 글자와 같음

㉒ 획

歡 歎[읊을 탄]과 같음

止部

止 그칠 지, 고요할 지 발지, 머무를 지 常(土)

① 획

正 바를 정, 정월 정 첫 정, 과녁 정 常(土)

𣥂 가는 모양 안

② 획

此 이 차, 그칠 차, 이에 차, 이같이 차 常(土)

𣥃 앞 글자와 같음

𤴓 正[바를 정]의 古字

𣥄 앞 글자와 같음

企 바랄 기, 계획할 기 [人部] 常(火)

③ 획

步 걸음 보, 다닐 보 두 발자취 보 常(土)

𣥌 기다릴 신

𣥐 삶을 부

𣥒 會[모을 회]의 古字

④ 획

歧 岐[갈림길 기]와 같음(土)

𣥖 앞 글자와 같음

武 호반 무, 굳셀 무 위엄스러울 무 常(土)

𣥘 近[가까울 근]의 古字

𣥙 戰[싸움 전]의 古字

𣥚 旅[나그네 여], 魯[노둔할 로]의 古字

歬 걷지 않고 나아갈 전, 前[앞 전] 本字

𣥛 步[걸음 보]와 같음

些 작을 사, 조금 사 어조사 사 [二部](木)

歩 步[걸음 보]의 俗字(土)

肯 뼈 사이 살 긍 즐길 긍 [肉部] 常(水)

𣥜 밟을 달

𤴕 正[바를 정]의 古字

⑤ 획

歫 막을 거, 그칠 거 어길 거, 이를 거

𣦀 그칠 령

歪 기울 왜, 외, 그를 외, 비뚤 왜, 외(土)

𣦁 訶[노래할 가]의 古字

𣦂 덮힐 피, 입을 피

⑥ 획

歭 머뭇거릴 치, 겨룰 치, 주저할 치

𣦄 跟[발꿈치 근]과 같음

𣦆 담을 저, 젓가락 저

𣦇 戰[싸움 전]의 古字

柴 섶 시, 불땔나무 시 [木部](木)

𣦈 前[앞 전]의 古字

耻 부끄러울 치 [耳部]

𣦊 모양이 추할 자

⑦ 획

𣦌 머무를 도, 멈출 도

砦 진칠 채, 진터 채 울 채 [石部](金)

𣦍 齒[이 치]의 古字

⑧ 획

紫 자줏빛 자, 붉을 자 [糸部] 常(木)

歮 웃을 색, 澁[떫을 삽]과 같음

𣦏 歸[돌아갈 귀]의 古字

𣦒 담을 저

𣦓 剪[화살 전]과 같음

𣦘 그칠 정

𣦛 이를 축

𣦝 기다릴 취

𣦫 여럿 저, 제

𣦬 齒[이 치]의 略字

𣦭 버틸 탱, 밟을 창

𣦮 발자국 포개질 답

⑨ 획

歲 해 세, 곡식 익을 세, 태 세 常(土)

歳 앞 글자와 같음

𣦵 그칠 갑

𣦷 踵[발꿈치 종]과 같음

𣦸 머무를 벽, 그칠 벽

𣦹 머뭇거릴 저

𣦺 턱 이, 사고 날 탈 탈 탈 [頁部]

⑩ 획

雌 암컷 자, 약할 자 약이름 자 [隹部](火)

歴 歷[겪을 력]의 略字

𣦿 쉴 후, 숨 후, 휴

𣧀 떫을 삽, 깔깔할 삽 돌담 무늬 삽

⑪ 획

齒 이 치, 나이 치 계단 치 [齒部]常(金)

𣧂 바를 적, 색 賾[깊을 색]과 같음

𣧃 整[가지런할 정]과 같음

𣧄 끊을 단

𣧅 마를 간

⑫ 획

歷 겪을 력, 지낼 력 전할 력 常(土)

𣧈 蹻[발돋움할 교]와 같음

𣧉 蹲[웅크릴 준]과 같음

⑬ 획

𣧊 躇[머뭇거릴 저]와 같음

𣧋 躄[앉은뱅이 벽]과 같음

⑭ 획

歸 돌아갈 귀, 던질 귀 돌려보낼 귀 常(土)

𣧍 앞 글자와 같음

𣧎 상할 귀

𣧏 잠꼬대할 염

⑱ 획

𣧐 쌓을 력

⑲ 획

𣧑 轡[고삐 비]와 같음

𣧒 눈살 찌푸릴 빈 흉내 낼 빈

⑳ 획

𣧓 叡[밝을 예]와 같음

歹部

歹 뼈 앙상할 알 몹쓸 대, 괴악할 대

歺 앞 글자와 같음

𣦼 앞 글자와 같음

𣦽 앞 글자와 같음

② 획

歽 저밀 후, 베일 후 쪼갤 후, 썩을 후

死 죽을 사, 끊일 사 마칠 사 常(水)

𣦿 앞 글자와 같음

𣧀 앞 글자와 같음

𣧁 殄[다할 진]의 古字

歺 후빌 잔

𣧂 앞 글자와 같음

列 나눌 렬, 반열 렬 벌릴 렬 [刀部]常(金)

③ 획

𣧃 물 흐르는 모양 얼

殀 노곤할 체

殏 殠[썩은 냄새 추]와 같음

殀 다할 혈

④ 획

歿 죽을 몰, 떨어질 몰 사라질 몰 (水)

殁 앞 글자와 같음

殇 앞 글자와 같음, 刎[목 벨 문]과 같음

殀 일찍 죽을 요 단명할 요 (水)

歽 일찍 죽을 절 단수할 절

殑 죽으려할 뉴

欨 까무러쳤다 깨어날 자

殂 짐승 먹던 찌꺼기 잔

殁 심란할 눌

殃 몹시 고달플 계 다할 계

殆 칠 고, 견줄 고 비교할 고

殊 모진 병 찰 염병 찰

殉 凶[흉할 흉]과 같음

殍 나머지 천 다할 천, 해할 천

殎 州[고을 주]의 古字

殏 일찍 죽을 찰 염병 찰

殑 尤[더욱 우]와 같음

殉 殉[따라 죽을 순] 같음

⑤ 획

殃 재앙 앙, 허물 앙 벌 내릴 앙 常(水)

殂 죽을 조 (水)

殀 앞 글자와 같음

殄 다할 진, 끊을 진 착할 진, 멸할 진 (水)

殌 앞 글자와 같음

殆 위태할 태, 자못 태 가까이할 태 常(水)

殏 살 찢어발릴 피 가지 꺾을 피

殈 남을 수, 해칠 수

殊 염병귀신 질, 치

殙 불쌍히 여길 면, 혼

殉 殉[따라 죽을 순]의 訛字

殌 죽어서 썩지 않을 굴

殆 마를 고, 재앙 고

殌 終[마칠 종]의 古字

殅 죽었다 살아날 생

殈 위태로울 읍

殏 다할 혈

⑥ 획

烈 매울 렬, 불 활활 탈 렬 [火部] 常(火)

殐 하관할 사

殊 다를 수, 죽을 수, 끊어질 수, 베일 수 常(水)

残 殘[해칠 잔]의 略字

殉 따라 죽을 순, 좇을 순, 구할 순 常(水)

殈 알 깨질 혁

殏 반쯤 썩은 쌀 미

殎 갑자기 죽을 락 죽을 락

殑 다할 설

殑 까무러칠 승

欯 까무러쳤다 깨어날 자

殑 짐승 먹던 찌꺼기 잔

殑 한할 노

殍 불쌍히 여길 면 불쌍할 면

殑 앓을 례, 병들 례

殑 까무러칠 란 혼미한 모양 란

殑 까무러쳤다 깨어날 자

⑦ 획

殍 주려 죽을 표 시체 표 (水)

殍 앞 글자와 같음

殑 까무러칠 긍 (水) 죽으려는 모양 긍

殑 마를 겹

殌 죽을 경
殏 마칠 구, 끝날 구
殍 약할 뇌, 퇴
殐 죽어 썩지 않을 속 죽음을 두려워할 속
殑 죽기를 겁낼 곡 죽음을 두려워할 곡
殔 찢을 택
殍 부을 형, 살찔 형
殎 남은 뼈 묘 살 바른 뼈 묘
殗 물릴 모
殍 앓을 리
殎 기울 좌

⑧ 획

殔 죽으려할 석 극할 석
殕 썩을 부, 쓰러질 북
殖 번식할 식, 날 식 심을 식, 성할 식 (水)
殗 앓을 업, 중첩될 엄 더럽혀 저촉될 엄
殔 묻을 이
殘 남을 잔, 쇠잔할 잔 나머지 잔 常 (水)
殙 어리석을 혼 어려서 죽을 혼
殟 쓰러져 죽을 굴
殂 죽을 조

殀 해할 요
殜 사람이 죽은 모양 완
殑 버릴 기, 죽을 기
殑 죽을 강, 시체 강
殗 갑자기 죽을 악
殍 초목 시들어 죽을 심
殍 죽을 봉
殏 말라죽을 어
殏 없을 마
殚 죽을 졸, 마칠 졸 갑자기 죽을 졸
殜 殜[병들 엽]과 같음
殍 말라죽을 위 시들 위, 병들 위
裂 찢어질 렬, 갈릴 렬 자투리 렬 [衣部] 常 (木)
殏 귀신 나올 릉, 괴로워하며 앓을 릉
殍 殮[염할 렴]과 같음

⑨ 획

殛 죽일 극 귀양가 죽을 극
殜 앓을 엽, 접 병들 엽, 접
殍 毈[알 곯을 단]과 같음
殍 깨뜨릴 란, 썩을 란
殙 殙[어리석을 혼]과 같음

殟 禍[재앙 화]와 같음
殬 패할 도
殍 피곤할 혜, 지칠 훼 다할 훼
殨 사람을 몰라볼 외 약할 외, 실신할 외
殍 염병 례
殍 唁[위문할 언]과 같음
槀 말라 죽을 고 마를 고

⑩ 획

殍 결혼 전에 죽을 차 가벼운 병 차
殟 죽을 애, 홀연히 갑
殍 腐[썩을 부]와 같음
殞 冥[어두울 명]과 같음
殪 시들어 죽을 의
殍 어리석을 회 험할 회
殦 빛바랠 고
殍 멸망할 재
殍 다할 진, 극진할 진
殍 첫아이 밸 개, 양 죽여 태 끄집어낼 개
殠 썩은 냄새 추
殞 죽을 운, 떨어질 운 (水)
殟 심란할 올, 낙태할 올, 극진할 온

⑪ 획

殣 굶어 죽을 근 묻을 근, 뵐 근
殤 일찍 죽을 상, 횡사할 상, 전사자 상(水)
殥 멀 인, 변두리 인
殦 새 이름 조, 조조 조(水)
殢 나른할 체, 지칠 체 머무를 체, 얽힐 체
殑 앓는 모양 경
殗 蔫[시들 언]과 같음
殧 戮[죽일 륙]과 같음
殦 사슴고기 록
殟 죽어 고요할 막 죽어 쓸쓸할 막
殦 앞 글자와 같음
殧 縮[쭈그러질 축]과 같음
殨 다할 관
殩 깨질 최, 헤치고 부술 체, 패할 최
殨 짐승 죽을 지 병들 지
殦 불에 데일 소 문드러질 소
殧 병들 뢰

⑫ 획

殪 쓰러질 에, 죽을 에 죽여 없앨 에
殫 다할 탄, 병들 탄 두려워할 탄(水)
殧 마칠 축, 죽을 추 끊어질 추
殩 곤하고 병든 모양 등
殨 종기 터질 궤 물크러질 궤
殨 살 썩고 남은 뼈 분 불에 데 살 터질 분
殩 죽을 시, 시 다할 시, 사
殧 파리한 병 최, 세 마르는 병 최
殩 패할 료
殩 상가에 음식 보낼 찬
殩 간질 한

⑬ 획

殭 굳어질 강(水) 말라죽은 누에 강
殮 염할 렴, 비소할 렴(水)
殩 죽으려고 까무러칠 몰
殗 앓을 업, 병들 업
殩 죽은 물건 예
殩 죽어가는 모양 벽 죽으려 할 벽
殩 앞 글자와 같음
殬 패할 두

⑭ 획

殯 염할 빈, 묻을 빈 초빈할 빈(水)
斃 죽을 폐, 엎어질 폐 [攴部](金)
殩 薤[염교 해]와 같음
殩 殗[죽을 엄]과 같음
殩 소나 양이 죽을 조
殩 죽을 애, 홀연히 갑 의지할 갑
殩 넘어질 강
殩 굶어죽을 근

⑮ 획

殰 낙태할 독
殩 문드러질 소 데어 터질 소

⑯ 획

殩 거의 죽어가는 모양 력, 다할 력
殩 배 불룩할 려 살갗 려
殩 구부러져 작아뵐 육
殩 무너뜨릴 괴

⑰ 획

殲 다 죽일 섬, 다할 섬, 멸할 섬(水)
殩 물러터질 란

⑱ 획

殩 병들 라 가축 전염병 라
殩 떨어질 전 죽어 넘어질 전

殳部

殳 날 없는 창 수 칠 수, 창 수 (金)

③ 획

沒 빠질 몰, 다할 몰 잠길 몰 [水部] 常 (水)

殳 부적 해

④ 획

股 다리 고, 굳을 고 나뉠 고 [肉部] (水)

炈 아래서 위로 칠 침 다스릴 금, 금할 금

殴 毆[때릴 구]의 略字

股 班[나눌 반]의 古字 斑[얼룩 반]과 같음

⑤ 획

段 구분 단, 조각 단 성씨 단 常 (金)

疫 전염병 역, 시환 역 [疒部] 常 (水)

殺 殺[죽일 살]과 같음

投 던질 주, 쏠 주

⑥ 획

殷 성할 은, 은나라 은 많을 은 (金)

殸 殼[껍질 각]의 本字 殼[토할 학]과 같음

殺 부적 개, 웃을 개

殺 앞 글자와 같음

殺 殺[죽일 살]의 俗字

般 일반 반, 돌이킬 반 셈할 반 [舟部] 常 (木)

⑦ 획

殺 죽일 살, 감할 쇄 수선할할 살 常 (金)

救 救[구원할 구]와 같음

殳 멀리 칠 두

殿 뛰며 기뻐할 진, 소스라쳐 기뻐할 진

殸 聲[소리 성]의 古字

殹 소리 마주칠 예

殼 殼[토할 학]의 訛字

散 敢[감히 감]의 古字

設 베풀 설, 만들 설 갖출 설 [言部] 常 (金)

毀 그릇 궤, 도자기 궤

⑧ 획

殼 껍질 각, 내리칠 각 본디 각 (金)

殽 섞일 효, 어지러울 효, 마른 안주 효 (金)

殼 칠 공

殼 밀 쟁, 정

殴 구부릴 구, 삼갈 구 굴복할 구, 칠 구

⑨ 획

殿 대궐 전, 전각 전 큰 집 전 常 (金)

毀 헐 훼, 무너질 훼 험담할 훼 常 (金)

毀 앞 글자와 같음(金)

毄 毄[부딪칠 격,계]와 같음

毅 毅[굳셀 의]와 같음

彀 당길 구, 할쏘는 표준 구, 넉넉할 구 [弓部]

穀 젖 누, 어리석을 누 [子部]

殼 토할 학, 혹 [口部]

⑩ 획

毃 두드릴 각 머리 칠 각

毄 두드릴 격, 충돌할 격, 먹여 기를 계 (金)

殺 죽일 재

毁 쿵쿵 울리는 소리 동

毄 해할 계, 맬 계 모욕줄 개, 칠 개

毅 뚫을 착, 축

瑴 쌍옥 각, 옥 이름 각 [玉部]

穀 닥나무 곡, 미곡 곡 [木部]

⑪ 획

毆 때릴 구, 쥐어박을 구, 몰 구 (金)

毅 굳셀 의, 용맹스러울 의 (金)

毿 칠 참

穀 곡식 곡, 낟알 곡, 삶 곡 [禾部] 常 (木)

瞉 어리석을 구 [目部]

⑫ 획

毈 알 곯을 단

毀 찧을 훼

鑿 뚫을 착, 팔 착

磬 순임금의 음악 소, 풍류 소

磬 많은 소리 령

毃 칠 쟁, 두드릴 쟁

毄 찌를 쟁, 다닥칠 쟁

穀 穀[곡식 곡]과 같음 [米部]

縠 비단 곡 [糸部] (木)

毊 끈 맬 교

⑬ 획

聲 소리 성, 명예 성, 풍류 성 [耳部] 常 (火)

轂 바퀴통 곡, 수레 곡, 수레바퀴 곡 [車部] (木)

殼 알 각, 단단한 껍질 각, 부화한 알 각

觳 휘 곡, 조라할 각, 견줄 각 [角部] (木)

赧 아침노을 혹 [赤部]

穀 젖 구

⑭ 획

穀 삶지 않은 삼 곡

穀 穀[곡식 곡]의 訛字

毊 칠 수

毇 조금 찧을 찬, 약간 용정할 찬

磬 가까이 못할 갱, 멀리 할 갱

叡 叡[밝을 예]의 訛字

毉 醫[의원 의]와 같음, 翳[일산 예]와 같음

⑮ 획

槷 아름다울 예 (木)

⑰ 획

䃔 북칠 감

⑲ 획

毊 큰 경쇠 효

鼕 북소리 롱

鼟 북소리 등

斂 경대 함 렴

⑳ 획

嚴 벨 력

毋部

毋 말 무, 없을 무, 땅 이름 무 (土)

毌 꿸 관, 땅 이름 관, 성씨 관, 구부릴 만

① 획

母 어미 모, 어머니 모, 암컷 모 常 (土)

② 획

毎 每[매양 매]의 略字

③ 획

每 매양 매, 늘 매, 일상 매 常 (土)

毎 앞 글자의 俗字

毎 每[매양 매]의 本字

毐 음란할 애, 노애 애

④ 획

毒 독할 독, 악독할 독, 해할 독 常 (土)

毑 어머니 자, 아가씨 저

毌 蹯[짐승의 발바닥 번]의 古字

⑤ 획

毑 毑[어머니 저]의 訛字

毒 毒[독할 독]의 本字

⑩ 획

毓 기를 육, 어릴 육 많을 육(土)

比部

比 견눌 비, 비교할 비, 버금 필 常(火)

④ 획

昆 형 곤, 성할 곤 뒤 곤 [日部](火)

毞 勞[수고로울 로]의 訛字

毜 比[견줄 비]의 古字

⑤ 획

毖 삼갈 비, 수고할 비 가르칠 비(水)

毗 도울 비, 아부할 비 상할 비(火)

毘 앞 글자와 같음(火)

皆 다 개, 두루 미칠 개 함께 개[白部]常(火)

毚 짐승 이름 착

⑥ 획

毙 毗[도울 비]와 같음

毚 앞 글자와 같음

毞 拜[절 배]의 古字

⑧ 획

琵 비파 비 [玉部](金)

⑨ 획

毚 담비 결

⑩ 획

毚 담비 시, 사 짐승 이름 사

⑬ 획

毚 약은 토끼 참 박달나무 참

㉓ 획

毚 빠를 박

毛部

毛 터럭 모, 털 모 반쯤 셀 모 常(火)

② 획

毜 개털 녕

毝 기파 기

③ 획

毞 麾[대장기 휘]와 같음

尾 꼬리 미, 흘레할 미 끝 미 [尸部]常(水)

毟 鬍[수염 호]와 같음

毠 터럭 삼

毡 솜털 소

④ 획

毣 뜯을 모

毞 털로 짠 베 비

毟 털 빠질 분

毤 가벼운 털 지 털로 짠 베 지

毥 털 많을 패

毦 짐승의 가는 털 개 솜털 개

毧 속눈썹 길 삽

毦 髯[구렛나룻 염]과 같음
毨 털 우수수하게 일어날 포, 가벼울 포

⑤ 획

毠 털옷 가, 모의 가
毣 새 꼬리 초 깃이 나쁠 초
毭 담자리 루, 담방석 루, 담요 루
毪 毠[개가 털 많은 모양 여]의 訛字
毢 담요 구, 담자리 구
毞 담요 비
毤 旄[깃털 장식 모]와 같음
毡 氈[담자리 전]과 같음
毛乇 갓난 털 택 솜털 택
毢 새가 알 품을 포
毟 앞 글자와 같음
毣 털 많이 날 무
披 털 피, 터럭 피
毤 털이 가지런할 진
毢 털 끝 일어설 생
毢 털 엉킬 령

⑥ 획

毢 양모 모

毣 생각할 목, 바랄 목 눈 흐릴 모
翻 앞 글자와 같음
毨 털 가지런할 선
毢 앞 글자와 같음
毢 날개 벌릴 시
毧 가는 털 융 솜털 융
毢 모모 모
毢 속눈썹 길 합
毢 털 나기 시작할 순 솜털 순
毢 털 많은 개 여
毢 담자리 전
毢 털 수
耄 늙은이 모
耗 감할 모, 덜릴 모 빌 모 [耒部] (木)
旄 깃털 장식할 모 [方部](土)
毦 깃털 장식 이 관 옆에 털 꽂을 이
毢 앞 글자와 같음
毢 毤[털갈이할 타]와 같음

⑦ 획

毬 공 구, 갖옷 구 국화 이름 구 (木)
毢 짧은 털 발

毫 터럭 호, 가는 털 호 붓 호, 가늘 호 常(火)
毢 털 갈 타
毢 氄[솜털 용]과 같음
毢 비단 연
毢 털 너덜너덜할 사 털 길 사, 털옷 사
毢 앞 글자와 같음
毢 어지러울 호 비빌 호
毢 담요 두 담자리 낙
毢 속눈썹 첩
毢 담요 수, 담자리 수
毢 앞 글자와 같음
毢 새 털 벗을 부 담 부
毢 새 꼬리 소
毢 앞 글자와 같음
毢 얼룩털 래, 뢰
毢 모직 선

⑧ 획

毯 담자리 담, 담요 담 (火)
毢 앞 글자와 같음
毰 날개 펼 배 봉이 춤출 배
毢 털 날 졸, 솔

毿 털 촘촘할 참

毳 솜털 취, 담장막 취 연하고 부드러울 취 (火)

毲 털로 짠 피륙 탈 모직 탈, 담요 탈

毭 털 많을 지

毱 담요 구

毰 많을 용, 털 반지르르할 모

毱 鞠[공 국]과 같음

毹 앞 글자와 같음

毸 털 적을 득

毶 센 털 리, 래 털 일어날 리, 래

毴 여자의 음부 비

毮 높이 튼 상투 종 갈기 종

毼 睫[속눈썹 첩]과 같음

毷 앞 글자와 같음

⑨ 획

毼 모직물 할, 담요 할 꾸밈 없을 갈

毾 앞 글자와 같음

毽 제기 건

毷 털 벗을 모 답답할 모

毹 앞 글자와 같음

毸 날개 벌릴 시 봉이 춤출 시 (火)

毹 담요 유, 털방석 유

毺 앞 글자와 같음

氄 어지러울 용 어리석을 용

毻 새와 짐승 털 갈 타

毱 鞠[기릴 국]과 같음

毱 털 엉킬 변 긴 털 편

毱 무늬 놓은 모직 수 담요 수

毱 앞 글자와 같음

毱 털 많을 내

毱 털옷 가

毱 가는 털 용

毱 털베 영, 모직물 영

毱 털로 짠 베 방

⑩ 획

毱 담요 수, 무늬 놓은 모직 수

毱 털자리 탑, 담요 탑

毱 앞 글자와 같음

毱 罽[물고기 잡는 그물 계]와 같음

毱 얼룩얼룩할 기 털무늬 기

毱 털베 할 털로 짠 천 할

毱 담요 당, 삭모 당 긴 꼬리 당, 긴 털 당

毱 짐승 털 한 긴 털 한

毱 털베 용 푸른 장식 용

毱 앞 글자와 같음

毱 모로 짠 요 욕 담요 욕

毱 털 너풀거릴 사

毱 털이 성할 용 털이 모일 윤

毱 가는 털 용

髦 다풀머리 모 순수할 모 [髟部]

氂 꼬리 모, 들소 모 긴털 모

毱 털이 긴 모양 쇠 짐승 어슬렁거릴 쇠

⑪ 획

氀 모직물 루 담요 루

氀 앞 글자와 같음

氂 꼬리 리, 호리 리 잡털 리

氁 모직물 모, 털조각 모, 털 비단 모

氁 앞 글자와 같음

毿 털 길 삼 털 너덜거릴 삼

毿 앞 글자와 같음

氀 흰 모자 리

氀 날개 벌릴 시 터럭 모양 최

氃 털로 짠 피륙 종

⿺毛㒼 붉은 담요 문

⿰莽毛 털베 망, 털로 짠 천 망

⿺毛埶 털 많을 내

麾 대장기 휘 지휘할 휘 [麻部](木)

⑫ 획

毾 모직물 탑 털담요 탑

⿰翕毛 앞 글자와 같음

氅 새털 창, 창옷 창 기 창

⿱敝毛 앞 글자의 俗字

⿰賁毛 모직물 분

氄 솜털 용

氆 모직물 방, 보로 보

⿰普毛 앞 글자와 같음

氃 털 흩어지는 모양 동

⿰登毛 모직물 등 담요 등

⿺毛登 앞 글자와 같음

⿰焱毛 毯[담요 담]과 같음

⿰渠毛 모직물 구

⿰焦毛 투구 삭모 초 깃이 부서질 초

⿰菐毛 털 엉킬 복

⑬ 획

氉 털 까칠할 소 답답할 소

氈 담자리 전 전방석 전 (木)

氊 앞 글자와 같음

⿰瞍毛 털요 구, 담요 구

⿰巤毛 수레의 휘장 렵 가리개 렵

⿺毛需 담요 수

⿰裘毛 裘[갖옷 구]와 같음

⿱⿰金攵毛 제기 견

⑭ 획

氋 털 흩어질 몽

⿺毛蒙 앞 글자와 같음

⿰算毛 끊을 체

⿰蓋毛 털 많을 애

⿺毛馮 개털 빙

⿰監毛 털 너덜거릴 람 털 길 람

⿺毛監 앞 글자와 같음

⿰寧毛 삽살개 녕

⿺毛翟 속눈썹 첩

⿰輿毛 털요 구, 담요 구

⿱㗊毛 잔털 거, 솜털 거

⿰賓毛 어지러이 얽힌 모양 빈

⑮ 획

氌 모직물 로, 우단 로 서양 융 로

⿰巤毛 말 갈기 렵

⿺毛巤 앞 글자와 같음

⿺毛賣 기 독

⑰ 획

⿰襄毛 모발이 흐트러질 양

⿺毛韱 터럭 섬

⑱ 획

⿺毛聶 털이 부드러울 엽 털이 약할 엽

氍 모직물 구

⿺毛瞿 앞 글자와 같음

⑲ 획

⿰麗毛 털 거슬릴 수 털 일어날 수

⿺毛羅 氌[모직물 로]와 같음

㉒ 획

氎 모직물 첩

㲲 앞 글자와 같음

氏部

氏 성씨 씨, 월씨 지 땅 이름 정 常(火)

① 획

氐 근본 저, 이를 저 별 이름 저 (火)

民 백성 민, 사람 민 직업인 민 常(火)

② 획

氒 나무 뿌리 궐 厥[그 궐]의 古字

④ 획

氓 어리석은 백성 맹 백성 맹 (火)

𣱕 앞 글자와 같음

昏 날저물 혼, 어지러울 혼 [日部] 常(火)

⑤ 획

𣱙 伺[엿볼 사]와 같음

𣱛 평평할 민

⑥ 획

𣱜 찌를 질, 뽑을 질

⑩ 획

𣱝 엎드릴 인 누울 인

⑭ 획

𣱡 그릇될 효 그르칠 효

气部

气 기운 기, 빌 걸 구할 걸, 가져갈 걸

① 획

氕 프로듐 피

② 획

氖 네온 내

氘 듀테륨 도

気 氣[기운 기]의 略字

𣱱 刉[벨 기]와 같음

𣱵 氣[기운 기]의 略字

③ 획

氙 크세논 섬

氚 트리튬 천

④ 획

氝 네온 내

氛 기운 분, 한기 분(水) 속기 분, 분위기 분

𣱷 氣[기운 기]의 古字

忥 고요할 희 [心部]

氜 헬륨 일 陽[볕 양]의 俗字

氞 陰[그늘 음]의 俗字

⑤ 획

氡 라돈 동

氟 불소 불

氠 원소 이름 신

𣱸 氤[기운 성할 인]의 譌字

⑥ 획

氣 기운 기, 날씨 기 기후 기 常(水)

氥 크세논 서

氨 암모니아 안

氧 산소 양

氦 헬륨 해

氤 기운 성할 인 (水)

氠 믿을 순, 목멜 순

⑦ 획

氫 수소 경

氪 크립톤 극

氱 霄[하늘 소]와 같음, 하늘 기운 소

⑧ 획

氮 질소 담

氯 염소 록

氬 아르곤 아

氧 산소 역, 양

氰 청산 청

⑨ 획

氣 원소 이름 간

⑩ 획

氱 消[사라질 소]와 같음

氳 기운 성할 온 기운 어릴 온 (水)

⑰ 획

氳 심기 중

水部

水 물 수, 물길을 수 고를 수 常(水)

氵 앞 글자와 같으며 변으로 사용됨

氺 앞 글자와 같음

① 획

氿 물이 마를 흡

氹 물 웅덩이 감, 저수지 감, 봇도랑 당

氷 얼음 빙, 식힐 빙 얼빙 常(水)

丞 承[받들 승]과 같음, 건질 증 (水)

永 길 영, 오랠 영 멀 영 常(水)

② 획

氿 샘 궤, 물가의 마른 흙 궤 (水)

氻 물소리 륵

氾 넘칠 범, 두루 범, 흔들리는 모양 범 (水)

汀 물가 정, 물맑을 정 고을 이름 정 (水)

汁 즙 즙, 진눈깨비 즙 화할 협 (水)

汃 물결치는 소리 팔 나라 이름 빈 (水)

氽 띄울 탄, 뜰 탄

求 구할 구, 탐할 구 빌 구, 취할 구 常(水)

汆 永[길 영]과 같음

汎 물가 기

休 溺[빠질 닉]의 古字

氼 앞 글자의 俗字

汊 汊[물 갈래질 차]와 같음

汇 물이 보이지 않게 흐를 칠, 물뿌릴 칠

③ 획

江 강 강, 가람 강 물 강, 큰내 강 常(水)

氿 九[아홉 구]의 俗字

尿 오줌 뇨 [尸部]

汏 씻길 대, 사태날 대 일 태 (水)

汒 바쁠 망, 큰물 망(水) 아득할 망, 넓을 망

汎 넓을 범, 뜰 범, 떠갈 범, 가는소리 핍(水)

汜 지류 사, 웅덩이 사 물가 사, 강이름 사(水)

汕 오구 산, 씻어낼 산 물고기 헤엄칠 산(水)

汐 조수 석 (水)

汛 물 뿌릴 신, 수자리 신, 불어나는 물 신(水)

汝 너 여, 강 이름 여 너라고 부를 여 常(水)

汙 수고로울 오, 때 오 욕될 오, 더러울 오(水)

污 앞 글자와 같음 常(水)

汚 앞 글자와 같음

汈 끈적거릴 인, 때 인 (水)

汋 물소리 작, 떠낼 작 샘솟을 작, 익힐 약(水)

池 못 지, 도랑 지, 철거할 철, 호타 타常(水)

汊 갈라져 흐를 차

汌 물 이름 천

汢 물 이름 토

汔 거의 흘, 물 마를 흘 다할 흘, 이를 흘(水)

汔 앞 글자와 같음

汞 수은 홍(水)

汗 땀 한, 땀낼 한, 땀칭할 한, 여간 간常(水)

汍 눈물 흐르는 모양 환

𣲗 물결 솟을 섬

汑 미끄러질 탁

沌 沌[어두울 돈]과 같음

汓 헤엄칠 수, 깃발 유 (水)

汖 삼 쩰 패

𣲀 북방 취

𣱳 雨[비 우]와 같음 (水)

④ 획

汱 물 떨어질 견

決 터질 결, 붕괴될 결 뚫을 결 常(水)

汩 빠질 골, 다스릴 골 물 이름 멱(水)

汩 물 흐를 율, 환할 율, 빨리 걸을 율(水)

汯 빨리 흐를 굉 소용돌이 칠 굉

汮 잔잔히 흐를 균

汲 물 길을 급, 당길 급 인도할 급(水)

汽 물 끓는 김 기, 물기운 기, 거의 흘(水)

沂 기수 기, 산 이름 기 변두리 은(水)

沌 어두울 돈, 뒤섞일 돈, 물 막힐 돈(水)

沔 물 흐를 면, 강 이름 면, 빠질 면(水)

沐 머리감을 목, 칠 목 다스릴 목(水)

沒 빠질 몰, 잠수할 몰 함락될 몰 常(水)

没 앞 글자와 같음

汶 내 이름 문, 더러울 문, 민강 민(水)

沕 깊고 희미할 물, 숨을 매, 황홀할 홀(水)

沜 물가 반, 강가 반 물 흐를 반

汸 세차게 흐를 방 물 많은 모양 방

汴 강 이름 변, 땅 이름 변, 내 이름 변

汳 앞 글자와 같음

汾 분하 분, 땅 이름 분 클 분(水)

沘 강 이름 비(水)

沙 모래 사, 모래땅 사 사막 사常(水)

沁 스며들 심, 길을 심 강 이름 심(水)

沇 고을 이름 연 땅 이름 연(水)

汭 합류할 예, 물가 예 강 이름 예(水)

汻 물 이름 오 滸[물가 호]와 같음

沃 물댈 옥, 주입할 옥 기름질 옥(水)

汪 깊고 넓을 왕, 못 왕 액체 고일 왕(水)

沋 물고기가 뛰는 모양 우

沄 물 돌아 흐를 운 소용돌이칠 운(水)

沅 강 이름 원 원수(沅水) 원(水)

沏 갈 절, 물결 부딪칠 절, 물결 빠를 절

汫 물모양 정, 함정 정

汬 앞 글자와 같음

沠 흐를 조

沚 모래톱 지, 물가 지 (水)

汦 붙을 지, 균일할 지 가지런한 모양 지(水)

汥 웅덩이 지 물 나뉘어 흐를 지

𣲡 攸[바 유]와 같음

沖 빌 충, 어릴 충, 깊을 충, 화할 충(水)

沈 잠길 침, 가라앉을 침, 성씨 심 常(水)

沉 앞 글자와 같음

汰 일 태, 씻을 태, 물결 태, 사치할 태(水)

沛 늪 패, 많은 모양 패 성할 패, 흐를 패 (水)

沝 앞 글자의 本字

沆 넓을 항, 큰 못 항 물 벌창할 항(水)

沍 막힐 호, 엉길 호 찰 호, 얼 호, 혁(水)

沗 앞 글자의 訛字

沎 물 이름 화

沓 유창할 답, 솟구칠 답, 중첩할 답(水)

炋 성씨 서

沝 두 갈래 강 추

沊 물 흐르는 소리 탐

沢 澤[못 택]의 略字

汵 배에 물 스밀 감 물 이름 감

汹 洶[물살 세찰 흉]과 같음

汖 물굽이 칙

沿 沿[따를 연]의 俗字

汿 개천 서, 도랑 서

汯 물이 질펀할 호

泐 물 얼어붙을 력 돌 부스러질 륵

沑 젖을 유, 윤택할 유 따뜻할 유, 물결 뉵

次 涎[침 연]과 같음

汓 流[흐를 류]의 古字

汏 泣[울 읍]과 같음

沞 겨우 적실 잡 끓는 모양 잡

沟 물소리 구

汼 泄[샐 설]과 같음

枓 땅 이름 투, 통

忝 添[더할 첨]과 같음

汌 洲[물 흐를 찰]과 같음

泙 淬[담금질할 쉬]의 略字

汧 물 이름 견, 산 이름 견, 물웅덩이 견

汐 汐[조수 석]과 같음

泭 뜰 부, 땅 이름 부

⑤ 획

泇 물 이름 가 강 이름 가

沫 거품 말, 물방울 말 땀흘릴 말 (水)

沬 땅 이름 매, 어둑할 매, 세수할 회 (水)

沭 물 이름 술 술수 술

沮 막을 저, 공갈할 저 무너질 저(水)

沰 붉을 탁, 돌던질 탁 떨어뜨릴 탁 (水)

沱 물 이름 타, 큰비 타 깨끗할 타, 못 지(水)

沲 앞 글자와 같음

河 물 하, 강물 하, 시내 하, 은하수 하 常(水)

沴 해칠 려, 물가 려 물맛 순치 않을 려

泳 앞 글자와 같음

泺 앞 글자와 같음

沶 둔치 지 고을 이름 시 (水)

泹 물 모양 파

泼 물댈 발, 찰 발 샐 발, 물꼬 발

沸 끓을 비, 물이 용솟음 칠 불(水)

隶 앞 글자와 같음

油 기름 유, 구름 피어 오를 유 常(水)

沺 수세 광대할 전 물결 퍼질 전

沖 습할 압, 축축할 압 낮고 습할 압

治 가릴 치, 다스릴 치 다듬을 치 常(水)

沼 못 소, 늪 소 (水)

沽 팔 고, 물 이름 고 등한할 고 (水)

沾 더할 첨, 젖을 점, 절일 첨, 기뻐할 접(水)

沿 물따라 갈 연 좇을 연 常(水)

㳂 앞 글자와 같음 (水)

況 비유할 황, 줄 황 하물며 황 常(水)

洞 멀 형, 찰 형 깊고 넓을 형(水)

泄 샐 설, 설사 설, 내칠 예, 발할 예(水)

泅 축축할 닙, 젖을 닙

泅 헤엄칠 수(水)

泆 넘칠 일, 끓을 일 물 출렁거릴 일(水)

泉 샘 천, 폭포수 천 돈 천 常(水)

泊 배댈 박, 머무를 박 그칠 박, 쉴 박 常(水)

沛 땅 이름 포 폭포 포

洴 물 대어 고르게 할 변

泌 샘물 졸졸 흐를 비 돌창물 필(水)

洐 물결무늬질 휘, 물 놀이칠 휘

泍 샘솟을 분 물이 빨리 흐를 분

泎 물 떨어지는 소리 색

泏 물 흘러나올 출 물 고요할 굴

泐 돌 갈라질 륵(水) 돌 결 일어날 륵

泑 잿물 유, 못 이름 유 물빛이 검을 유(水)

泓 깊을 홍, 물 맑을 홍 내 이름 홍(水)

泔 쌀뜨물 감 삶을 감(水)

法 법 법, 본받을 법 형벌 법 常(水)

泫 앞 글자와 같음

泗 물 이름 사, 콧물 사(水)

泙 물소리 평 물결 셀 평(水)

泚 물 맑을 체, 선명한 모양 체, 물 이름 자(水)

泛 뜰 범, 넓을 범, 덮을 봉, 물소리 핍(水)

泜 강 이름 지, 저, 치 물 이름 치, 이름 저(水)

泝 거슬러 올라갈 소 흘러갈 소(水)

泝 앞 글자와 같음

泞 맑을 저 물 출렁거릴 저

沝 물 흐를 찰

泟 붉을 청, 대추즙 청

泠 깨우칠 령, 서늘할 령, 샘소리 령(水)

泡 거품 포, 물 솟을 포 물 흐를 포(水)

波 물결 파, 물 젖을 파 움직일 파 常(水)

泣 울 읍, 눈물 흘릴 읍 常(水)

泥 진흙 니, 수렁 니, 물이 더러워질 니 常(水)

泦 물무늬 국 물가 바깥 국

泧 큰 물 월, 넘칠 월

注 부을 주, 물댈 주 물 쏟을 주 常(水)

泩 물 넘칠 생 물 깊고 넓을 생

泪 淚[눈물 루]와 같음

泫 빛날 현, 물 깊을 현 물 충충할 현(水)

泬 내뿜을 혈, 휑할 혈 간사할 혈

泭 작은 떼 부 물거품 부

泮 학교 반, 반수 반 얼음 풀릴 반(水)

泯 빠질 민, 잦을 민 꺼질 민, 섞을 면(水)

泰 클 태, 너그러울 태 심할 태 常(水)

泱 끝없을 앙 (水) 물이 깊고 넓을 앙

泲 물 이름 제 강 이름 제

泳 헤엄칠 영 자맥질할 영 常(水)

泾 물 이름 괴 물 형세 괴

盥 세숫대 관 손 씻는 그릇 관

泍 흙탕물 쏟아질 칠

没 沒[빠질 몰]의 略字

洰 물속에 물건 많을 거, 별 이름 거

泧 決[터질 결]의 本字

泒 옛 강 이름 고, 파

泃 물 이름 구 구수 구

泖 호수 이름 묘 못 묘

泛 하관할 범

泀 물 이름 사

泘 滸[강 이름 호]와 같음

泜 지수 지, 강 이름 지

泀 강 이름 우

泵 펌프 빙

砅 물 찰랑거릴 석

⑥ 획

泿 물가 은, 은수 은 (水)

洀 파문 주, 물보라 주 서릴 반, 돌 반

洁 맛 좋은 물 길

洃 반죽할 회

洄 물 거슬러 올라갈 회 (水)

洅 渡[건널 도]와 같음

洇 湮[잠길 인]과 같음, 강 이름 인 (水)

洆 빠질 승, 잠길 승

洈 물 맑을 의 물 이름 의

洉 적실 후

洊 거듭 올 천 이를 천

洋 큰 바다 양, 서양 양 물결 양 常(水)

洌 맑을 렬, 찰 렬 물 이름 렬 (水)

洓 물가 채, 나루 채

洍 강 이름 사 물 모여들 사

浺 산 밑 샘 충 물소리 충

洎 적실 계, 미칠 계 고기 즙낼 계, 게

洏 눈물 흘릴 이, 끓일 이, 끓인 물 이

涓 涓[시내 연]과 같음

洑 물 스며 흐를 복 보막이 보 (水)

浌 물 이름 벌

洒 씻을 세, 닦을 쇄 엄숙할 선 (水)

洓 가랑비 내릴 색 젖을 지

洔 섬 지, 물 벅찰 지 물가 지 (水)

洕 가는 파도 인 개천 인

洗 씻을 세, 세숫대 세 조촐할 선 常(水)

洘 물 마를 고

洙 물가 수, 물 이름 수 (水)

洚 큰 물 홍, 물 벅차게 흐를 홍, 물 이름 강

洛 낙수 락, 서울 락 강 이름 락 (水)

洜 앞 글자와 같음

洝 더운 물 안, 끓는 물 안, 젖을 알

洞 골 동, 구릉 동, 공손할 동, 뚫을 통 常(水)

洟 콧물 이, 못 이름 이 눈물 이 (水)

洠 물가 언덕 모

洡 물들 뢰

洢 물 이름 이 伊[저 이]와 같음

洣 강 이름 미 물결 미 (水)

洤 泉[샘 천]의 古字

津 진액 진, 나루 진 칠 진, 넘칠 진 (水)

洦 얕은 물 백

洧 강 이름 유 (水)

洨 강 이름 효 (水) 물 흘러 합할 효

汧 못 견, 강 이름 견

洩 샐 설, 발설할 설 덜 설, 퍼질 예 (水)

洪 넓을 홍, 클 홍, 큰 물 홍, 성씨 홍 常(水)

洫 봇도랑 혁, 빌 혁 넘칠 일 (水)

洬 비 올 속 (水)

洮 씻을 도, 조, 일 도 요호 요 (水)

洩 더러울 유, 검을 유

洯 潔[깨끗할 결]과 같음

洰 앞 글자와 같음

洂 물 들었다 빠질 휴

洱 강 이름 이 물 이름 이

洲 섬 주, 물가 주 뭍 주 常(水)

洳 물 이름 여, 번질 여 물에 젖을 여

洴 洴[솜 씻을 병]과 같음

洵 참으로 순, 웅덩이 물 순, 멀 현 (水)

洶 물살 세찰 흉 물소리 흉 (水)

洷 물 질, 젖을 치

洸 물 용솟음할 광 황홀할 황 (水)

洸 앞 글자와 같음

洹 강 이름 원, 흐를 원 물 많은 모양 환 (水)

洺 강 이름 명 고을 이름 명 (水)

活 살 활, 활발할 활 물소리 괄 常 (水)

洼 웅덩이 와, 왜 성씨 규

洽 화할 흡, 합할 흡 윤택할 흡 (水)

派 물 갈래 파, 보낼 파 물 가닥 파 常 (水)

派 앞 글자와 같음

洿 웅덩이 오, 더러울 호, 물들일 호

浀 물 이름 곡

流 흐를 류, 번져나갈 류, 내릴 류 常 (水)

流 앞 글자의 俗字

洦 治[다스릴 치]와 같음

洜 물 급히 흐를 분

洇 구멍 건

洪 물가 언덕 일

沖 물 아득히 뻗칠 충

浅 淺[얕을 천]의 略字

汏 물보라 크게 일 대

洛 물 이름 로

洈 물 이름 위, 위수 위

洐 도랑물 내려갈 행 도랑물 형

浃 浹[두루 미칠 협]의 略字

海 海[바다 해]의 俗字 (水)

洫 물 흐르는 모양 휼

净 淨[깨끗할 정]의 略字

渗 물 쏟아질 찰

洂 液[진 액]과 같음

洭 땅 이름 광

浓 法[법 법]의 俗字

⑦ 획

涆 물 빨리 흐를 간

洌 산 위에 물 있을 렬 경계 렬, 언덕 렬

浘 물 흐르는 모양 미 물 세차게 흐를 미

浙 절강 절, 강 이름 절, 땅 이름 절 (水)

湓 물 나오는 모양 분 물날 분

浚 깊을 준, 취할 준 모름지기 준 (水)

浛 잠길 함

浜 물가 빈, 선창 병 물가 이름 병 (水)

浝 큰물 방 물 이름 망

浞 젖을 착, 잠길 착 사람 이름 착

浟 물 흐르는 모양 유 물 철철 흐를 유

浡 일어날 발 바다 이름 발 (水)

浢 강 이름 두 옆 갯고랑 두

浼 큰 물 모양 모

浣 옷 빨 완, 빨 완, 씻을 완, 이름 완 (水)

浤 바닷물 용솟음칠 굉 (水)

淑 淑[맑을 숙, 착할 숙]과 같음

浥 젖을 읍, 웅덩이 업 아래로 흐를 압 (水)

浦 물가 포, 개 포 常 (水)

浧 잠길 영, 앙금 영 (水) 가득할 영, 통할 정

浩 넓을 호 물 질펀할 호 常 (水)

浪 물결 랑, 물 이름 랑 물결절 흐를랑 常 (水)

浫 물이 축축이 젖을 한

浬 해리 리 추장 이름 리 (水)

浭 흐를 경, 강 이름 경

浮 뜰 부, 떠내려갈 부 지날 부 常 (水)

浯 물 이름 오 (水)

浰 빠를 리, 련 빨리 흐를 련, 리

浆 쌀 찔 장

浲 물 이름 봉 (水)

浹 물 잦을 첩 축축할 첩

浴 목욕 욕, 물 이름 욕 깨끗이 할 욕 常(水)

𧮯 앞 글자와 같음

滲 물 쏟을 찰

浵 물 깊을 동

𣴎 높은 물결 담

浶 놀라고 두려워할 로

海 바다 해, 세계 해 넓을 해 常(水)

𣳚 앞 글자와 같음

浸 잠길 침, 불릴 침 젖을 침 常(水)

浹 사무칠 협, 둘릴 협 두루 미칠 협(水)

𣵀 물 충충할 충 깊을 충

㳺 물 모양 광

浻 소용돌이 칠 형

浼 더럽힐 매, 물 편편하게 흐를 매

浽 작은 비 수, 보슬비 수, 물 이름 수

浿 강 이름 패 물가 패 (水)

涀 물 이름 견 작은 도랑 견

涂 도랑 도, 개천 도(水) 길 도, 물 젖을 차

涅 개흙 날, 반석 날 흑색 날, 열반 녈

湼 앞 글자와 같음

涇 통할 경, 물 이름 경 (水)

消 다할 소, 꺼질 소, 풀릴 소, 헤어질 소 常(水)

𣳟 漆[옻 칠]의 古字

涉 건널 섭, 지나칠 섭 거칠 섭 常(水)

漩 도래섬 선 소용돌이 선

涊 때묻을 년, 빠질 년 골몰할 년, 땀날 년

涌 솟을 용, 湧[솟을 용]의 本字(水)

涍 성씨 효, 샘 이름 효 물가 효 (水)

涎 침 연, 연할 연, 물 졸졸 흐를 연 (水)

涏 곧을 정, 샘물 정 함치르르할 전 (水)

涑 헹굴 속, 양치할 수 빨래할 수, 빨 속 (水)

涒 클 군, 물 굽이쳐 흐를 군, 토할 군

涓 물방울 떨어질 연 벼슬 이름 연 (水)

涔 괸 물 잠, 적실 잠(水) 눈물 줄줄 흐를 잠

涕 눈물 체, 울 체 (水)

涖 다다를 리, 임할 리 여울물 소리 리(水)

涗 잿물 세, 맑을 세 미지근할 세 (水)

涘 물가 사

洄 검푸를 회

𣲼 말 시작할 사

娑 춤추는 모양 사, 걸어 다니는 모양 사 [女部](土)

茫 아득할 망, 까스레기 망 [艸部] 常(木)

酒 술 주, 냉수 주, 벼슬 이름 주 [酉部] 常(金)

涃 물 이름 곤

㴴 미끄러울 돌

𣶒 강 이름 계

𣹕 큰 물결 담

𣲮 濱[물가 빈]의 古字

𣶏 배에 물 담는 그릇 람

涙 淚[눈물 루]의 略字

𣵢 汜[지류 사]와 같음

涄 물 모양 빙

𣲶 물 샐 삼

涐 강 이름 아

𣶂 사람 이름 오

浾 대추물 적

涿 물방울 떨어질 탁

汰 산사태 날 태

涥 물 이름 형

浠 물 이름 희

𣳕 汪[넓을 왕]의 本字

𣵺 淀[얕은 물 정]과 같음

𣲽 活[살 활]의 古字

浱 漘[물가 순]과 같음

涭 深[깊을 심]과 같음

淢 洫[빨리 흐를 역]과 같음

涵 淵[못 연]과 같음

⑧ 획

涪 물거품 부 물 이름 부 (水)

涪 앞 글자와 같음

涫 끓을 관, 끓일 관 (水)

涬 기운 행, 끝 행 당길 행 (水)

涭 물 모양 수

涮 씻을 쇄, 닦을 산 물 이름 살

㴁 혹시 함, 한 혹은 함, 한

涯 물가 애, 물언덕 애 물가야,다할애 常 (水)

涰 눈물 흘릴 철

液 진 액, 즙 액, 물 액 헤칠 액, 불릴 액 (水)

涳 가랑비 공 곧게 흐를 공

沲 모래 밀릴 타 물결 출렁거릴 타

沱 앞 글자와 같음

涴 물 굽이쳐 흐를 완 더럽힐 와 (水)

涵 젖을 함, 잠길 함, 용납할 함, 넓을 함 (水)

涶 唾[침 타]와 같음

浟 술 진할 유

渋 沃[물댈 옥]의 本字

涷 소나기 동, 얼 동 이슬 함초롬할 동 (水)

涸 마를 후, 학 잦을 후, 학

涹 흐릴 와, 더러울 와 물에 불릴 와

淴 검푸를 홀, 극히 밝을 홀, 정결할 홀

涼 서늘할 량, 엷을 량 도울 량 常 (水)

涽 허리멍텅할 혼 흐린 물 혼

涾 흘러 넘칠 답 솟아 넘칠 답

涿 방울방울 떨어질 탁, 물 이름 탁 (水)

淀 얕은 물 전, 정 배 댈 정 (水)

淁 물 솟을 첩 물 이름 접

淂 물 모양 득

淃 물 돌아 흐를 권 (水)

淄 검은 빛 치 물 이름 치 (水)

淅 쌀 일 석 빗소리 석 (水)

淅 앞 글자와 같음

淆 어지러울 효, 흙탕칠 효, 뒤섞일 효 (水)

淇 물 이름 기 강 이름 기 (水)

淜 솜 씻을 병 빨래하는 소리 병

淈 흐릴 굴, 물 콸콸 흐를 굴, 다할 굴 (水)

淊 진흙탕물 함

淋 물댈 림, 지적지적할 림 (水)

淍 갈 왕

淔 큰 물 왕, 물이름 왕

淌 큰 물결 창

淍 물 돌릴 주 두루 주

淏 맑을 호 (水)

淑 맑을 숙, 화할 숙 착할 숙 常 (水)

淒 쓸쓸할 처, 구름 피어오를 처, 빠를 천

淔 풀 이름 칙 물 이름 칙

淖 진흙 뇨, 수렁 뇨 빠질 료 (水)

淖 潮[조수 조]의 本字

淗 물결 얼룩거릴 국

淙 물소리 종, 장 (水)

淙 빨리 흐를 궁

淞 강 이름 송 (水)

淓 游[놀 유]의 俗字

淟 때 낄 전, 빠질 전

淠 배 떠날 비 물 이름 비

淠 앞 글자와 같음 (水)

淴 큰물 망

㳻 방죽 책, 석

淗 자루 달린 두레박 호

淡 묽을 담, 싱거울 담 물 질펀할 담 常(水)

淢 빨리 흐를 역, 해자 역, 서러울 혁 (水)

㳼 샘솟을 필 (水)

淣 물가 예 (水)

淤 앙금 어, 진흙 어 (水) 찌꺼기 어, 해감 어

淥 밭을 록, 샐 록 (水) 스밀 록, 물이름 록

淦 배에 물 괼 감 (水) 배 틈으로 물샐 감

淧 물 넘칠 필, 밀

淨 조촐할 정, 맑을 정 깨끗할 정 常(水)

淩 달릴 릉, 지날 릉 떨 릉, 물 이름 릉

㳽 瀰[물 넓을 미]의 俗字

淪 빠질 륜, 물놀이할 륜, 거느릴 륜(水)

淁 물 축축할 접, 첩 물 자질자질할 첩

淫 음란할 음, 간음할 음, 음탕할 음 常(水)

淬 담금질할 쉬 (水) 범할 쉬, 칼담글 쉬

渫 샐 설, 우물 칠 설

淮 회수 회 물 이름 회 (水)

淯 강 이름 육, 물 불을 육, 물 이름 육

𣸉 담글 포, 적실 포 맑을 포

淰 흐릴 심, 물놀이 심 물고기가 물살질 념

済 濟[건널 제]의 略字(水)

𣵽 앞 글자의 古字

深 깊을 심, 으슥할 심 멀 심, 감출 심 常(水)

淳 맑을 순, 순박할 순 빙빙돌 순(水)

淴 물 내솟는 소리 올 빨리 흐를 올, 홀

淵 못 연, 깊을 연 모래톱 연(水)

渊 앞 글자의 俗字(水)

㴊 淵[못 연]과 같음

淶 강 이름 래 (水)

混 섞일 혼, 흐릴 혼 오랑캐 곤 常(水)

淸 맑을 청, 고요할 청 청렴할 청 常(水)

清 앞 글자와 같음(水)

淹 담글 엄, 적실 엄 오래 머물 엄 (水)

淺 얕을 천, 고루할 천 범의 가죽 천 常(水)

添 더할 첨 常(水)

淼 물 아득할 묘 (水) 물 찰랑거릴 묘

𣻪 涉[건널 섭]의 古字

㴒 침 역, 찰 역 더할 역

渀 빨리 갈 분

𣶂 젖을 저

𣹎 침 연

𣷲 험한 파도 담

𣶏 앞 글자와 같음

淚 눈물 루, 촛농 루 울 루 常(水)

𣶴 앞 글자의 俗字

𣶙 소용돌이칠 앵

𣴾 消[사라질 소]의 古字

𣷈 물 깨끗할 찬

𣹰 浸[담글 침]과 같음

𣴼 漙[이슬 많을 단]과 같음

㴈 찌끼 은

渇 渴[목마를 갈]의 略字

渉 涉[건널 섭]과 같음

渋 澁[떫을 삽]의 略字

婆 노파 파, 할머니 파 [女部] (土)

梁 대들보 량, 나무다리 량 [木部] 常(木)

淘 일 도(쌀을 일다) 내칠 도, 쳐낼 도 (水)

渏 물 이름 기

淭 물 이름 거

𣷷 물 이름 고

淉 물 이름 과

淕 엉긴 못 륙

淓 물 이름 방

淝 강 이름 비 (水)

淜 걸어서 물건널 빙 물소리 빙

涻 물 이름 사

[氵承] 물 이름 승 땅 이름 승

渆 물 이름 연

淛 강 이름 제, 浙[강 이름 절]과 같음

淲 물 이름 표 물 흐르는 모양 포

淽 물 이름 지

淐 물 이름 창

渂 汶[내 이름 문]의 古字 岷[산 이름 민]과 같음

[氵門] 물소리 문

淧 진흙 밀

[氵㫄] 滂[비 퍼부을 방]과 같음

渄 강 이름 비 물 이름 비

[氵和] 물 용솟음칠 와

涱 漲[불을 창]과 같음

[氵忩] 샘 이름 충

⑨ 획

湐 얕은 물 맥

渃 성 이름 약, 큰 물 약, 시내 이름 약

[氵叀] 漙[이슬 많을 단]과 같음

渙 물 출렁출렁할 환 찬란할 환 (水)

渚 물가 저, 작은 섬 저, 물 갈라질 저 (水)

減 덜 감, 무지러질 감 가벼울 감 常(水)

渜 목욕물 난, 씻을 연 더운물 난

渝 달라질 투, 더러워질 투, 고을 이름 투 (水)

湭 물 근원 추

渟 물 고일 정, 도랑 정 물가 정 (水)

渠 도랑 거, 개천 거 물 이름 거 (水)

渡 건널 도, 통할 도 나루터 도 常(水)

渢 물소리 풍, 풍류소리 범, 소리 뜰 범 (水)

渣 찌끼 사, 물 이름 사 (水)

渤 바다 이름 발 안개 자욱할 발 (水)

渥 젖을 악, 얼굴빛이 붉그레할 악 (水)

渦 웅덩이 와, 소용돌이 와 (水)

渧 물방울 제, 울 제 정액 제, 물방울 적

渨 잠길 외, 물결 용솟음칠 외, 빠질 외 (水)

温 溫[따뜻할 온]의 俗字

湎 물 넘칠 면 큰 물 면

渪 젖을 유, 지체할 유

渫 해칠 설, 쉴 설, 샐 설, 더러울 설 (水)

[氵侵] 浸[담글 침]과 같음

測 헤아릴 측, 잴 측 측량할 측 常(水)

渭 물 이름 위 속 끓일 위 (水)

渮 강 이름 가

港 항구 항, 땅 이름 물 갈라질 항 常(

渰 비구름 일 엄 훈증할 엄

渱 물 솟아날 홍 물 끓어 솟을 홍

渲 바림 선, 물적실 개칠할 선 (水)

渴 목마를 갈, 급할 물 잦을 걸 常(水)

渳 물의 형용 미 송장 목욕시킬

渶 물 이름 영 물 맑을 영 (水)

渷 물 이름 연 (水)

游 헤엄칠 유, 떠내 유, 깃발 유 (水)

渹 돌에 물 부딪는 리 굉, 물 소리 굉

渺 아득할 묘, 물이 편히 흐를 묘 (水)

渻 내 이름 성, 물 이 성, 물 줄 성

渼 물결무늬 미 물 이름 미 (水)

渽 맑을 재, 강 이름 (水)

渿 물 흐를 익, 역

湙 앞 글자와 같음

[氵軌] 목마를 궤, 옆구 에서 솟는 샘 궤

渾 흐릴 혼, 오랑캐 혼 섞일 혼 (水)

渻 쌀 씻어 건질 사

渿 물 쏟을 내

湀 샘이 솟아 흐를 규 샘날 규 (水)

湁 샘 솟을 립, 칩

湃 물결 이는 모양 배 물소리 배 (水)

湄 물가 미 (水)

湅 누일 련 실 삶을 련 (水)

湆 축축해질 읍

湇 국물 읍

湈 무너질 매

湉 물 고요히 흐를 첨

湊 물 모일 주, 모을 주, 나아갈 주 (水)

湋 물 돌아 흐를 위 물 이름 위

湌 먹을 찬, 밥 손, 飧[저녁밥 손]과 같음

湍 여울 단 (水)

湎 빠질 면 술에 젖을 면 (水)

湐 얕은 물 백

湑 거를 서, 성할 서 이슬방울 맺힐 서 (水)

湒 비 올 즙 물 끓어 솟을 즙

湓 용솟음칠 분 (水) 적실 분, 소낙비 분

湔 씻을 전, 빨 전 고을 이름 전 (水)

湕 소변 변, 오줌 변

湖 호수 호, 큰 못 호 물 호 常 (水)

湗 깊은 진흙 봉

溲 오줌 수, 적실 수 반죽할 수

渪 깊을 유, 濡[젖을 유]와 같음 (水)

湘 강 이름 상, 삶을 상, 물 이름 상 (水)

湚 물갈이할 견

湛 즐길 담, 빠질 침, 편안할 잠, 잠길 침 (水)

湜 물 맑을 식 엄숙할 식 (水)

湝 물 출렁출렁 흐를 개, 비바람칠 해

湞 물 이름 정 (水)

湟 찬물 황, 빠질 황 물 이름 황 (水)

湠 물 넓을 탄

湢 욕실 벽 물 용솟음칠 벽

湣 정해지지 않을 혼 딱할 혼, 시호 민

湥 흐를 돌

渮 배가 모래에 붙을 가, 배 얹힐 가

渮 앞 글자와 같음

溌 潑[물뿌릴 발]과 같음

渻 사람 이름 생

湒 물 불을 모 물 넘칠 모

湧 涌[샘솟을 용]과 같음 (水)

湨 물 이름 격 강 이름 격

湩 젖 동, 종, 북소리 동 종, 물이 흐를 종

湁 젖을 삽

湪 渜[목욕물 난]과 같음

湫 다할 추, 늪 추, 소 추, 찌프릴 추 (水)

湬 앞 글자와 같음

湭 앞 글자와 같음

湵 술 즙낼 추

湮 잠길 인, 막힐 인 떨어질 인 (水)

湮 앞 글자와 같음

湯 끓을 탕, 넘어질 탕 출렁거릴 상 常 (水)

湱 물결 부딪는 소리 획 파도소리 획

湲 물 졸졸 흐를 원 물소리 원, 환 (水)

湳 강 이름 남 (水)

湴 수렁 밤 진흙탕 밤

湷 젖을 나

湸 젖을 치 (水)

湵 물 이름 유 (水)

湶 쌀뜨물 제

湆 濟[건널 제]의 古字

涺 도랑 거
[illegible] 잔 물결 이
湶 泉[샘 천]과 같음
[illegible] 翂[나는 모양 분]과 같음
[illegible] 徧[두루 편]과 같음
[illegible] 큰 못 유
[illegible] 黎[검을 려]와 같음
[illegible] 앞 글자와 같음
湸 큰 물 량
滋 맛 자, 많을 자, 진액 자, 번성할 자 (水)
湾 灣[물굽이 만]의 略字
湿 濕[젖을 습]의 略字
[illegible] 滔[물 넘칠 도]의 略字
満 滿[찰 만]의 略字
盗 도적 도, 훔칠 도 달아날 도 [皿部] 常(金)
湼 涅[열반 열]의 俗字
溆 漵[개 서]와 같음
[illegible] 溯[거슬러올라갈 소]와 같음
[illegible] 潠[뿜을 선]의 本字
[illegible] 밭도랑 수
湤 물 이름 시 물 모양 시

湡 강 이름 우 땅 이름 우
渘 부드러울 유 강 이름 유
滛 淫[음탕할 음]과 같음
[illegible] 물살 빠를 읍
淄 緇[검은 빛 치]의 本字
[illegible] 물결이 서로 부딪치는 소리 회
湷 물 깊은 소리 춘
[illegible] 물 이름 중
[illegible] 물 이름 주
溋 물 이름 영
渵 큰 물 묘
湕 물 이름 건 (水)
溊 물 이름 가
湺 보 보(농사를 위해 도랑을 막은 시설)(水)
[illegible] 물 이름 이
湹 물 이름 전
[illegible] 물 이름 인
湏 須[모름지기 수]의 俗字

⑩ 획

滒 진창 가, 걸죽할 가 즙많을 가
溍 물 이름 진 강 이름 진

[illegible] 물 창일할 연 물 이름 계
[illegible] 높은 파도 초
[illegible] 앞 글자와 같음
[illegible] 앞 글자와 같음
溏 진수렁 당, 연못 당 흐물흐물할 당 (水)
源 근원 원, 계속할 원 常(水)
溒 물 흐를 원
溓 물 질척질척할 렴 젖을 렴, 붙을 점
溔 물 벌창할 요, 큰 물 요, 물빛 흴 요
溕 이슬비 몽 (水)
準 준할 준, 수준기 준 평평할 준 常(水)
溗 물 흐르지 않을 승
溘 갑자기 합, 문득 합 이를 합, 의지할 합 (水)
[illegible] 물 이름 공
溚 젖을 답, 축축할 답 물 이름 답, 탑
溛 웅덩이 와 울멍줄멍할 와
溜 처마물 류, 증류수 류, 낙수물 류 (水)
溝 개천 구, 도랑 구 성 밑 구덩이 구 (水)
溟 바다 명, 어두울 명 부슬비 명 (水)
溞 쌀 이는 소리 소
溠 강 이름 자, 사, 차 물 이름 자

溡 빗물 시

⿰氵圅 涵[적을 함]의 本字

溢 넘칠 일, 찰 일, 치렁치렁할 일 (水)

澁 澀[떫을 삽]과 같음

淪 배 끌 론, 륜, 물에서 배를 끌 론

溥 넓을 부, 두루할 부, 펼 부, 물 이름 박 (水)

⿰氵朕 물 졸졸 흐를 짐

溦 이슬비 미 (水)

溧 강 이름 률, 물가 률, 물 이름 률 (水)

⿰氵邕 강 이름 옹

溩 물 흐를 오

溪 谿[시내 계]와 같음, 시내 계 常 (水)

溫 따뜻할 온, 데울 온, 익힐 온 常 (水)

濅 浸[담글 침]과 같음

溭 물결 직, 잔물결 직, 물결 출렁일 직

⿰氵窄 젖을 착

⿰氵射 물 이름 사

⿰氵恩 물 이름 은 (水)

溯 거슬러 올라갈 소, 물 이름 삭 (水)

溰 흰 빛 반짝일 기, 흰 모양 의

溱 성할 진, 많을 진, 펼 진, 이를 진 (水)

溲 오줌 수, 반죽할 수, 적실 수 (水)

溳 물결 서로 부딪칠 운, 강 이름 운

溴 물기운 추, 취, 브롬(Brom) 취

溵 물소리 은, 강 이름 은 (水)

溶 질펀히 흐를 용, 녹일 용, 적적할 용 (水)

溷 어지러울 혼 (水), 흐릴 혼, 더러울 혼

溸 강 이름 소, 물 이름 삭

⿰氵⿱宀目 깊이 모를 묘

溹 비 내리는 모양 색, 물 이름 삭

溺 빠질 닉, 오줌 뇨, 헤어나지 못할 닉 (水)

溻 젖을 탑

溼 濕[젖을 습]의 本字

溽 무더울 욕, 젖을 욕, 기름질 욕 (水)

溾 더러울 외

⿰氵畔 물가 반, 호수가 반

滀 물 모일 축, 크게 성난 모양 축

滁 물 이름 저, 강 이름 저

滂 비 퍼부을 방, 기름질 방 (水)

滃 구름 일 옹, 큰물 옹, 안개 자욱할 옹 (水)

滄 찰 창, 물 이름 창, 바다 창 (水)

⿰氵⿱穴火 深[깊을 심]의 古字

⿰氵⿰木氺 流[흐를 류]와 같음

滅 멸할 멸, 빠뜨릴 멸, 끊을 멸 常 (水)

滆 호수 이름 격

滇 성할 전, 못 이름 전, 물 창일할 전

⿰氵虒 물가 사, 물 이름 사

⿰氵毘 물소리 비

⿰氵尨 진흙 몽, 어리석을 몽

滈 장마 호, 물 넘칠 호, 물 이름 호 (水)

滉 물 깊고 넓을 황 (水)

滊 짠물 헐, 강 이름 희, 김오를 기

⿰氵⿺乚甚 湛[즐길 담, 잠, 침]과 같음

滋 滋[불을 자]와 같음

⿰氵欱 여울 합, 흡

⿰氵隺 물댈 각, 적실 각

滍 강 이름 치, 물 이름 치

滎 실개천 형, 물 이름 영 (水)

滏 물 끓을 부, 강 이름 부

⿰氵耽 젖을 탐, 잠길 탐, 빠질 탐

滐 물 부딪치며 돌 걸

⿰氵屖 방아공이 저, 제, 쌀뜨물 저, 제

⿰氵閃 물결 출렁거릴 섬

滜 못 고, 새 울 호

滑 미끄러울 활, 어지러울 골 (水)

滔 물 넘칠 도, 물 질펀히 흐를 도 (水)

滕 물 솟을 등, 나라 이름 등

滓 찌끼 재, 앙금 재 (水)

滠 큰 물결 담

滜 물소리 공

溤 물 이름 마

漨 물 이름 봉

溮 물 이름 사

滫 물 이름 수, 가랑비 수

漘 입술 순

溙 물의 모양 태, 汰[일 태]와 같음

浹 물 이름 협

滙 匯[물 돌 회]와 같음

滚 滾[흐를 곤]과 같음

滝 瀧[비 올 롱]의 略字

漾 瀁[출렁거릴 양]과 같음

溷 맑을 모, 깨끗할 모

滵 潷[빨리 흐르는 모양 밀]과 같음

滟 잠길 여

溹 濟[건널 제]의 本字 淫[음탕할 음]訛字

滈 淳[순박할 순]과 같음

湿 濕[젖을 습]의 略字

滊 濟[건널 제]의 本字

溠 진흙 차

臯 泉[샘 천]과 같음

滅 망할 멸, 멸할 멸

滞 滯[막힐 체]의 略字

漢 漢[한수 한]의 略字

塗 바를 도, 더럽힐 도, 진흙 도 [土部] 常(土)

粱 기장 량 [米部] (木)

羨 부러울 선 [羊部]

滉 강 폭이 넓을 황

⑪ 획

漒 고집스러울 강, 물 이름 강

漮 빌 강, 물 없을 강, 물 이름 강

滌 씻을 척, 바싹바싹 마를 척 (水)

滫 앞 글자와 같음

滫 쌀뜨물 수, 오줌 수, 땅 마를 수

漑 물댈 개, 씻을 개, 이미 기 (水)

滬 강 이름 호 (水), 통발 호, 그물 호

滭 샘물 용솟음칠 필 (金)

滮 물 흐르는 모양 표, 물 이름 표

滯 막힐 체, 엉길 체, 쌓일 체, 머물 체 常(水)

滰 쌀 거를 강, 말라붙을 강

潦 물댈 료, 얇을 료, 澆[물댈 요]와 같음

滲 스밀 삼, 거를 삼, 물 스며 흐를 삼 (水)

漵 추울 살, 강 이름 살, 물살 빠를 쇄

滴 물 질펀할 상, 강 이름 상

滴 물방울 적, 스며내릴 적, 물댈 적 常(水)

潷 물 졸졸 흐를 밀, 물 빨리 흐를 밀 (水)

滀 젖을 숙

滷 쓸 로, 간수 로 (水), 소금밭 로, 척, 적

滸 물가 호, 강 이름 호 (水)

滹 강 이름 호, 물가 호, 호타 호

滺 물 흐르는 모양 유, 물 철철 흐를 유

潸 물 이름 산, 강 이름 산

滼 뜰 범, 뜰 반, 뜨는 모양 범 (水)

滾 물 꿈틀거릴 곤, 흐를 곤, 끓을 곤 (水)

滿 찰 만, 넘칠 만, 교만할 만 常(水)

满 앞 글자와 같음

漁 고기 잡을 어, 사냥할 어 常(水)

漀 술 따를 경, 옆에서 샘솟을 경

漂 뜰 표, 유랑할 표 떠돌 표 常(水)

漃 맑을 적, 물 맑고 정결할 적, 쓸쓸할 적

漄 涯[물가 애]와 같음 (水)

潚 호수 이름 소, 초

漆 칠할 칠, 옻 칠, 옻나무 칠, 검을 칠 常(木)

漊 물거품 누

漇 윤택할 사 물 질펀히 흐를 사

漈 물가 제

漉 거를 록, 샐 록 (水) 스밀 록, 다할 록

漊 비가 계속 내릴 루 돌창 루, 봇도랑 루

潡 渤[바다 발]과 같음

漌 맑을 근 (水)

漇 얼음 창고 이

潀 합류할 총, 빠를 송

漏 샐 루, 뚫을 루, 구멍 루, 물시계 루 常(水)

潲 물소리 삭

漐 땀날 칩 비 찔끔거릴 칩

澑 찰 림

漓 스며들 리, 가을비 지적거릴 리 (水)

演 펼 연, 긴 물줄기 연 통할 연 常(水)

漿 물 깊은 곳에 세운 푯말 장

漕 배로 실어나를 조 고을 이름 조 (水)

潨 물 깊을 총

漘 물가 순

漙 이슬 많을 단 (水) 이슬방울 맺힐 단

澍 洔[섬 지]와 같음

漚 담글 구, 물거품 구 축일 구, 불릴 구 (水)

滕 물결 등

潢 물 넓을 황

漝 그림자 습

漞 돌 이름 멱, 汨[강 이름 멱]과 같음

漟 공 당, 시내 당

漠 아득할 막, 모래벌 막, 사막 막 常(水)

漡 물 흐를 상

㓪 도랑 랑, 개천 랑

漢 한수 한, 나라 한 은하수 한 常(水)

漢 앞 글자의 古字

漣 물놀이칠 련, 눈물 줄줄 흘릴 련 (水)

漤 과실장아찌 람 즙낼 람 (水)

漥 웅덩이 와, 맑은 물 와, 깊은 못 와

漍 물소리 통

漦 물 평평히 흐를 시 침 시, 땅 이름 태 (水)

漧 乾[하늘 건]의 古字 (水)

漨 내 이름 봉 답답할 봉 (水)

漩 소용돌이 선 물 돌 선, 도래샘 선

漪 물놀이 의 물장구칠 의 (水)

漫 퍼질 만, 물러터질 만 常(水)

漬 담글 지, 물거품 지 적실 지 (水)

漯 물 모이는 모양 탑 물 이름 탑

漰 물결치는 소리 붕 땅 이름 붕 (水)

漱 양치질할 수 빨래할 수 (水)

潄 앞 글자의 俗字

漲 불을 창, 물 많을 창 넘칠 창 (水)

漳 강 이름 장 고을 이름 장 (水)

漴 물소리 충, 소나기 충, 비 쏟아질 창

漵 물가 서, 포구 서 개울 이름 서

漶 분간하지 못할 환 엉길 환, 섞일 환

漷 물 부딪쳐 흐를 확 물 이름 곽, 획

漸 점점 점, 번질 점 높을 참 常(水)

漹 강 이름 언 물 이름 언

漺 물 맑을 상, 찰 상 문지를 창

漻 깊을 료, 변할 력 물 맑을 류

漼 깊을 최, 고울 최 눈물 흘릴 최 (水)

漾 출렁거릴 양, 길 양, 물 이름 양 (水)

漿 미음 장, 초 장, 둔 장, 꽈리 장 (水)

潁 강이름 영, 성씨 영 물 이름 영 (水)

[illegible] 淰[흐릴 심]과 같음

潚 조촐할 숙

[illegible] 洪[넓을 홍]과 같음

[illegible] 물 이름 고

漍 물 이름 괵 땅 이름 괵

滱 땅 이름 구, 물 이름 구, 구수 구

淋 젖을 림

[illegible] 구부릴 왈

[illegible] 땀날 순

[illegible] 흑탕물 모양 야 잔창 야

[illegible] 淄[검은 빛 치]와 같음

滶 노닐 오, 오수 오

滽 물 이름 용

潨 물 모일 종

渽 물 이름 재 (水)

潅 灌[물댈 관]의 略字

[illegible] 강 이름 교

漭 넓을 망, 희미할 망 아스할 망 (水)

[illegible] 축축할 적 젖을 적

[illegible] 물 흐르는 모양 설

[illegible] 물 용솟음칠 정

⑫ 획

漭 넓을 망, 희미할 망 아스할 망

[illegible] 방아공이 저

潎 물 빨리 흐를 별 맑을 폐, 솜 빨 폐

潏 샘솟을 휼, 모래톱 술, 물 흐를 율 (水)

[illegible] 澹[담박할 담]의 俗字

潐 술 거를 초 잦을 초

潑 물뿌릴 발, 물샐 발 활발할 발 (水)

潒 세찰 상, 편할 탕 질펀히 흐를 탕 (水)

[illegible] 물 출렁거릴 닙 그림자 움직일 닙

潓 물결 혜 물 이름 혜

[illegible] 活[살 활]과 같음

潔 깨끗할 결, 정결할 결, 조촐할 결 常 (水)

潕 물 마를 무

潗 샘솟을 집, 용솟을 칠 집, 물 끓을 집 (水)

[illegible] 앞 글자의 本字 (水)

潘 뜨물 반, 물이름 반 성씨 반, 넘칠 번 (水)

[illegible] 筑[악기 이름 축]과 같음

潙 물 이름 규 강 이름 위 (水)

潛 잠길 잠, 감출 잠 자맥질할 잠 常 (水)

濳 앞 글자의 本字

潜 앞 글자의 略字 (水)

潝 빨리 흐르는 소리 흡, 용렬할 흡

潞 물 이름 로 강 이름 로 (水)

[illegible] 濡[젖을 유]와 같음

[illegible] 앞 글자와 같음 선비 유

潟 개펄 석, 염밭 석 (水)

潠 물 머금어 뿜을 손

潡 큰 물 돈 (水)

[illegible] 濬[칠 준]과 같음

潢 웅덩이 황, 별 이름 황, 물 충충할 황 (水)

潣 물 졸졸 흐를 민 (水)

澗 도랑물 간, 간 간 간수 간 (水)

[illegible] 앞 글자의 本字

[illegible] 물 가득한 모양 문

潤 불을 윤, 윤택할 윤 번지르르할 윤 常 (水)

潦 큰 비 로, 장마 로 강 이름 료 (水)

潀 물 모일 총, 종 물소리 총, 종

澉 흐릴 감, 탁할 감

滜 언덕 고, 못 고 새 울 호, 윤기 택

㴒 汙[더러울 오]와 같음

濢 漼[깊은 모양 최]와 같음

潫 빙 돌아 흐를 완 물 충충할 만

㵐 물 이름 궐 나라 이름 궐

潬 모래섬 단, 주 단 물길이 돌 선

潭 소 담, 연못 담, 깊을 담, 물가 담 (水)

𣾷 물댈 설

𣿠 물 찰랑찰랑할 비 샘솟을 비

潮 조수 조, 밀물 조 고을 이름 조 常(水)

𣽾 漻[맑을 류]와 같음

潯 물가 심, 땅이름 심 물 잠길 음 (水)

潰 무너질 궤, 어지러울 궤, 흩어질 궤 (水)

潱 흐를 열, 물 흐르는 모양 열 (水)

㵓 湜[물맑을 식]과 같음

𣿉 고기 깃 구(물고기를 잡기 위한 시설)

潲 물이 서로 부딪칠 소, 기를 소

𣿖 붇을 도, 도산 도

潴 瀦[웅덩이 저]와 같음 (水)

澉 씻을 감, 싱거울 감 감포 감 (水)

潵 물뿌릴 산, 물 흩어져 떨어질 산

潳 더러울 차, 사 흐릴 차, 사

潶 물 흐릴 흑 물 이름 흑

潸 눈물 흐를 산 (水) 비내리는 모양 산

𣿂 앞 글자와 같음

潜 앞 글자와 같음

潛 앞 글자와 같음 (水)

潺 물 흐르는 소리 잔 눈물 줄줄 흘릴 잔 (水)

㵎 앞 글자의 俗字

潼 강 이름 동 물결 솟아칠 동 (水)

𤀉 차질 직

潾 맑을 린, 석간수 린 돌샘 린 (水)

㵉 물바람 불 홍 강바람 홍

潿 땅 이름 위, 흐려서 흐르지 않을 위

澁 떫을 삽, 깔깔할 삽 조삽할 삽 (水)

澀 앞 글자와 같음

澄 맑을 징, 술 이름 징 (水)

澂 앞 글자와 같음 (水)

澅 물 끌어올릴 홰 화수 화

澆 물댈 요, 물뿌릴 요 걸찰 요, 엷을 요 (水)

澇 큰 물결 로, 물에 잠길 로, 논에 물댈 로

澈 물 맑을 철, 통할 철, 다할 철 (水)

𣾛 젖을 녀

澋 물이 빙빙 돌 형 물돌아나갈형, 횡 (水)

澌 다할 시, 물잦을 시 목 쉴 시 (水)

澍 단비 주, 때맞춰 내리는 비 주 (水)

澎 물소리 팽, 물결 부딪는 기세 팽 (水)

澐 큰 물결 일 운 큰 물결 운 (水)

澑 溜[방울져 떨어질 류]의 本字

澒 수은 홍, 덩어리질 홍, 잇닿을 홍 (水)

澓 물 스며 흐를 복 물 돌아 흐를 복

澔 浩[넓을 호]와 같음 (水)

𣾘 港[항구 항]과 같음

𣽱 빗방울 뚝뚝 떨어질 색, 가랑비 색

濅 젖을 침, 잠길 침

澕 물 깊을 화 (水)

澖 넓을 한, 끝없이 넓은 모양 한 (水)

𣿅 寒[찰 한]과 같음

𤃂 장마 임, 음

灘 좇을 연, 추종할 연

濆 뿜을 분, 물갈래 분 물가 분, 물솟을 분 (水)

湳 강 이름 남 물 이름 남

濘 물 솟을 녕

盥 씻을 관, 낯 씻을 관, 손 씻을 관 [皿部]

潽 끓을 보 강 이름 보 (水)

濮 물 이름 복 강 이름 복

潊 개펄 서

潽 물 이름 선

瀜 물 이름 융

潩 물 이름 이

潧 물 이름 증

潪 땅 젖을 지

滲 滲[스밀 삼]과 같음

潷 거를 필

濺 濺[물소리 천]과 같음

⑬ 획

澉 목마를 갈, 급히 서두를 갈, 버려둘 갈

湩 물에 풍덩 떨어지는 소리 동

澿 물 움직일 심

澞 언덕 사이 물 우

潏 물 굽이칠 예

澟 차고 맑을 름 쓸쓸할 름 (水)

澠 못 이름 민, 면 고을 이름 승

澡 씻을 조, 멱감을 조 (水)

濢 빠질 솔, 잠길 솔

澣 빨래할 한, 빨 한 열흘 한 (水)

澤 못 택, 윤택할 택 별 이름 탁 常(水)

澤 앞 글자와 같음

濍 근심할 수, 찌프릴 수, 뱃속 출렁거릴 수

澥 바다 이름 해 바다 해 (水)

澦 강 이름 여

澺 송진 예

澧 강 이름 예 단물 나는 샘 례 (水)

溦 물가 미, 가는비 미

澨 물가 서, 예 개펄 서, 예 (水)

澰 쇠붙이를 불릴 련

澹 물이 깊을 굴 물속 우중충할 굴

澩 여름에만 나는 샘 학, 마른샘 학

澩 앞 글자와 같음

澪 물 이름 령 떨어질 령 (水)

澬 장맛비 내려 물 고일 자, 물 이름 자

澭 내 이름 옹 땅 이름 옹

澮 밭고랑 회, 쾌 물 합쳐 흐를 활 (水)

澯 맑을 찬, 물 출렁거릴 찬 (水)

澰 물 벌창할 렴 물 철철 넘을 렴

澁 넘칠 삽

滵 물 철철 넘칠 밀 넘치는 모양 필, 밀

澱 앙금 전, 찌꺼기 전 막힐 전 (水)

澲 물 막는 나무 업

澳 깊을 오, 물 이름 오 벼랑 욱, 물가 욱 (水)

澚 앞 글자와 같음

澴 소용돌이 칠 환 강 이름 환

澶 멀 단, 고요할 전 물 이름 전 (水)

澷 漫[물 질펀할 만]과 같음

盝 거를 록, 다할 록

澹 담박할 담, 맑을 담 싱거울 담 (水)

澺 강 이름 억, 억수 억

瀡 瀡[미끄러울 수]와 같음

澻 밭도랑 수, 골수 수

澫 물결 갈, 맑을 갈

澼 빨래할 벽 창자 사잇물 피

澼 물 갈라져 흐를 벽 섬 비

澩 새로 난 물 최

澯 앞 글자와 같음 맑을 최

澽 마를 거, 말릴 구

澲 찐 파 예 삶은 파 예

澾 미끄러울 달 (水)

澾 앞 글자와 같음

激 격할 격, 물결부딪쳐 흐를 격, 찌를 격 常(水)

氵羨 침 흘릴 선 물 넘칠 연

濁 흐릴 탁, 더러울 탁 물 이름 탁 常(水)

濂 경박할 렴, 성씨 렴 시내 이름 렴 (水)

濃 짙을 농, 두터울 농 이슬 맺힐 농 (水)

濄 강 이름 과 물 돌아칠 와

濅 큰 못 침, 물 젖을 침, 점점 침

濆 濆[뿜을 분]의 本字 (水)

𤃫 漂[뜰 표]와 같음

濇 껄끄러울 색 부끄러워할 색 (水)

濋 큰 물 넘쳐 흐를 초

湆 물 끓는 소리 읍, 닙 물결 무늬 읍, 닙

濈 화목할 즙, 화할 즙 여울 삽

濉 睢[부릅떠 볼 휴]와 같음, 강 이름 수 (水)

濊 깊을 예, 막힐 활 물 많은 모양 회 (水)

䶀 두툼할 답, 방종할 답, 분간 못할 답

濍 물 소리 총

澿 쌀쌀하게 추울 금

漬 漬[담글 지]의 本字

濐 물가 저, 가릴 저

𤀢 진흙 봉

演 演[멀리 흐를 연]의 古字

燙 데울 탕, 씻을 탕 (水) 불에 데울 탕 [火部]

澫 漫[물 질펀할 만]과 같음

潚 비바람세찰 소, 쌀씻을 수, 빠를 숙, 축 (水)

濎 물이 적은 모양 정 물 맑을 정

𤀓 瀳[물 이름 천]과 같음

澸 물 이름 담

澢 물 이름 당

⑭ 획

㶀 섞을 효

濔 많을 니, 물넘칠 니 평평할 미 (水)

濕 젖을 습, 축축할 습 근심 습 常(水)

濖 도랑 서, 넘칠 서

𤀌 물 얕을 멱

濘 진창 녕, 진흙 녕 양이 적은 물 녕 (水)

濴 물 돌아나갈 형, 영 물 바자울 형, 영

濚 물 돌아나갈 영 (水)

瀯 앞 글자와 같음 (水)

濛 가랑비 올 몽 기운 덩어리 몽 (水)

濜 급히 흐를 진 물 쏟아져 흐를 진

𣿒 물 이름 서, 개 서

澴 물장난할 환

濞 물소리 비 (水)

濟 건널 제, 정할 제 구할 제 常(水)

𤀟 마실 취, 빨 취 말 씻을 산

濠 해자 호, 호수 호 고을 이름 호 (水)

濡 젖을 유, 난수 난 부드러울 연 (水)

濢 눅눅할 취

濣 물 길을 알

𤄌 여울 랄

濤 물결 도, 물결칠 도 파도 도, 조수 주 (水)

濥 물줄기 통한 인 수문 인 (水)

濦 강 이름 은 (水)

濧 담글 대, 젖을 대

漻 맑고 깊을 료

𤁸 잠길 장, 빠질 장

潨 물 급히 흐를 추 물소리 추

濩 퍼질 호, 지질 확, 끓을 확 (水)

濪 찰 정, 맑을 정

瀞 앞 글자의 俗字

濬 깊을 준, 팔 준 개천 칠 준 (水)

濫 넘칠 람, 담글 람 샘 용솟을 함 常(水)

[illegible] 물에 채울 함

濭 구름 낄 애 배 모래에 걸릴 갑

濮 강 이름 복 물 이름 복 (水)

[illegible] 물 가득할 설 찰 촬

[illegible] 물이 돌아 흐를 변 여울 변

[illegible] 물결 변

濯 씻을 탁, 빨래할 탁 적실 탁 常(水)

濰 물 이름 유 강 이름 유

[illegible] 漁[고기잡을 어]와 같음

濱 물가 빈, 가까울 빈 끝 빈 (水)

濵 앞 글자와 같음

[illegible] 파도 맥, 물결 환 빽빽한 모양 맥

[illegible] 깊을 연

濶 闊[트일 활]과 같음 (水)

盪 씻을 탕, 움직일 탕 진동할 탕 [皿部]

鴻 기러기 홍, 클 홍 [鳥部] 常(火)

濲 물 이름 곡 강 이름 곡

濝 쑥빛 비단 기

[illegible] 강 이름 성

澀 떫을 삽, 깔깔할 삽

[illegible] 물 용솟음치는 모양 학

凝 얼 응, 엉길 응

濨 물 이름 자

[illegible] 물 이름 창

[illegible] 넘칠 만

⑮ 획

瀔 물 이름 곡

[illegible] 강 이름 뢰 물결 솟구칠 루

濺 흩뿌릴 천 쏟아져 흐를 천

[illegible] 淨[깨끗할 정]의 古字

[illegible] 물이 빠르고 소용돌이칠 절, 뿌릴 절

[illegible] 물 멀리 뻗어 흐를 효 물 깊고 흴 효

濼 강 이름 락, 늪 박 방죽 박, 물 이름 록

濾 거를 려, 씻을 려 맑을 려 (水)

[illegible] 灘[여울 탄]의 俗字

濿 징검다리 건너갈 례 물 건널 려

瀀 어살 우, 비 많을 우

瀁 물 망망할 양 내 이름 양 (水)

[illegible] 물 갈라져 나갈 괵 물 흐르는 소리 획

[illegible] 얼굴에 난 땀 후

[illegible] 수문터 놓을 사 방축 사

[illegible] 맑지 못할 할

[illegible] 맑지 못할 찰, 흐릴 찰, 지저분할 찰

[illegible] 샘솟을 필

[illegible] 물마실 구, 우

瀄 물 흐를 즐 물살 빠를 즐

[illegible] 물소리 렵

[illegible] 흙이 물에 풀어질 적

[illegible] 물 벌창할 교

瀅 물 맑을 형, 물 돌아 흐를 형 (水)

[illegible] 澈[물 맑을 철]과 같음

瀆 도랑 독, 흐릴 독 탐할 독, 욕될 독 (水)

[illegible] 물결 잡, 물 이름 잡

瀇 물 깊고 넓을 왕 고여 썩은 물 왕 (水)

[illegible] 물 내엎지를 휘 잦을 휘

瀉 쏟을 사, 쏟아질 사 설사할 사 (水)

瀊 물 소용돌이칠 반 물 돌아 흐를 반

[illegible] 미려할 려 물 스밀 려

瀋 즙낼 심, 그릇에 물 담을 심 (水)

瀌 눈 퍼부을 표 진눈깨비 표

瀍 강 이름 전 물 이름 전

灌 灌[물댈 관]의 俗字

適 滴[물방울 적]과 같음

漻 물 맑을 료 작은 물 료

潶 흐를 핵

瀎 닦아 없앨 말, 걸레 말, 쏟아져 흐를 멸

瀏 물 맑을 류, 명랑할 류 (水)

瀑 소나기 포, 물거품 포, 폭포수 폭 (水)

濇 깔깔할 색, 돌담 무늬 색, 떫을 색 (水)

瀓 맑을 징 (水)

灑 灑[물뿌릴 쇄]의 略字

瀟 瀟[강 이름 소]의 俗字

滷 滷[소금밭 로]의 俗字

鴈 강 이름 안

潕 물 이름 무

瀆 물 이름 유

頤 물 이름 이

潢 물 이름 황

⑯ 획

瀍 마실 선, 체 빨 선, 체

瀫 강 이름 혹

瀕 물가 빈, 임박할 빈 (水)

滕 滕[물 솟을 등]과 같음

濩 물결 소리 곽, 확 채색이 눈부실 곽

潝 물 이름 알

瀸 더러울 염 물이 흘러갈 염

潭 파도칠 임 물이 흔들릴 임

瀘 강 이름 로 주 이름 로 (水)

潢 작은 나루 횡, 떼 횡 배로 건널 횡

豫 물 이름 여

瀚 넓고 큰 모양 한 북해 이름 한 (水)

瀛 바다 영, 신선이 사는 산 영 (水)

瀜 물 깊고 넓은 모양 융, 물깊을 융 (水)

瀝 거를 력, 샐 력, 물방울 떨어질 력 (水)

瀞 맑을 정, 정결할 정 (水)

瀟 비바람칠 소, 물 맑을 소, 강 이름 소 (水)

瀠 돌아 흐를 형 물소리 영

選 물 머금어 뿜을 선

瀮 물방울 떨어질 례 거를 례

瀡 미끄러울 수

瀢 물고기 떼지어 놀 유 물에 모래 밀릴 대

瀣 이슬 기운 해 찬 이슬 해 (水)

瀤 내 이름 회 물 이름 회

瀥 물결치는 소리 학 용솟음 칠 학, 호

瀦 웅덩이 저, 못 저 (水)

瀧 젖을 롱, 비올 롱, 물 이름 랑, 여울 상 (水)

瀨 여울 뢰, 물결 뢰 (水)

瀬 앞 글자와 같음

瀩 물에 모래 밀릴 대 떠돌 퇴

潘 큰 물결 번

潛 潛[잠길 잠]의 俗字

瀶 젖을 림

瀡 물 이름 유

潴 물 이름 저

瀙 강 이름 친, 츤

澩 澩[잦은샘 학]과 같음

瀗 물 이름 헌

瀿 물 이름 번, 瀿[샘물 반]의 訛字

⑰ 획

瀯 물 졸졸 흐를 영 도랑물 영 (水)

瀶 물에 뜨는 모양 람

澪 물굽이 령

瀽 내 이름 건 물꼬 건, 쏟을 건

瀰 물 넓을 미, 흐를 니 물 가득할 니 (水)

灟 우물물 계, 물 잦을 계, 우물 솟을 계

瀲 물 범창할 렴, 물결 조용히 움직일 렴(水)

瀴 물 질펀할 영 멀 영

瀵 물 스며들 분, 흩어질 분, 물 이름 분

瀶 골짜기 림, 추울 림 비내릴 림

灈 거를 조, 술 거를 조 일 조, 다할 조

瀷 스며 흐를 익 (水)

瀸 적실 첨, 마른 샘 첨 빠질 첨, 멸할 첨(水)

瀹 데칠 약, 씻을 약 지질 약, 적실 약

瀿 湄[물가 미]와 같음

瀺 앞 글자와 같음

瀺 물소리 참, 물고기 자맥질할 참

瀻 술 탁할 대 술 맑지 않을 대

瀼 이슬 함초롬할 양(水) 수렁 낭, 물 이름 낭

濦 濦[강 이름 은]과 같음

瀑 瀑[폭포 폭]의 俗字

瀓 물 모여들 등

瀾 큰 물결 란 눈물 흘린 란(水)

瀿 넘칠 번 물 급히 넘칠 번

灀 된서리칠 상

瀡 물 이름 수

灁 깊을 연

灐 물 이름 응

灂 물 이름 천 물 흐르는 모양 천

灙 물결소리 횡

⑱ 획

灂 옻칠할 조 물소리 착

灁 두려워할 혁

灅 물 빨리 흐를 심 물 뜰 탐, 날랠 삼

灃 물 이름 풍

灤 溜[방울져 떨어질 류]와 같음

灄 강 이름 섭, 떼 섭 함치르르할 섭(水)

灅 강 이름 류, 뢰

灆 물 맑을 람 오이김치 람(水)

灈 물 이름 구

灋 물결 배, 패

瀅 물 이름 형(水)

灌 물댈 관, 물 따를 관 적실 관, 물줄 관(水)

灊 땅이름 첨, 물 이름 심

灊 앞 글자와 같음

灉 물 이름 옹

灇 물소리 총

灡 쌀 씻을 간 물 뿌릴 간

灋 샘물 반, 번

灌 물 끓는 모양 잡

灍 물 이름 궐

瀘 濾[거를 려]와 같음

灩 큰 파도 번

灩 쌀뜨물 번

灋 法[법 법]의 古字

瀑 瀑[폭포 폭]의 本字

⑲ 획

灪 물결 전득거릴 숙

灑 뿌릴 쇄, 새, 사, 무늬 시, 끊임없을 리(水)

灒 땀 뿌릴 찬

灓 물 비껴 건널 란(水) 샐 란, 스며흐를 란

灔 물 그득할 염 물결 출렁거릴 염

灕 물 펄펄 끓을 약 더운 모양 삭

灕 물 이름 리 스며들 리

灑 땅이름 라, 멱라 라

灖 흐를 미 흐르는 모양 미

灗 강변의 부들 선

灘 여울 탄, 해이름 탄 물가 탄(水)

濰 물 이름 유

灅 가득할 례, 막힐 례

⿰氵邊 강 이름 변

⑳ 획

灚 물을 휘젓는 소리 교

灙 물 모양 당, 빈둥거릴 당, 내 이름 당

⿰氵應 물 이름 응

灛 내 이름 천

⿰氵輿 물 출렁거릴 여, 물 이름 여

⿰氵獻 죄 다스릴 얼, 살필 얼

⿰氵顢 물 만

⿰氵壤 진흙 양

⿰氵⿱雨叅 숨 끊어질 참, 찬

㉑ 획

⿰氵鷄 자원앙 계

灡 쌀뜨물 란, 물결 란

灠 濫[넘칠 람]과 같음, 담근 과일 람

灟 공손할 촉, 눈물 촉, 조심할 촉, 묶을 촉

灞 강 이름 파, 땅 이름 파 (水)

灝 넓을 호, 물줄기 멀 호, 아득할 호 (水)

⿰氵顥 클 호

⿰氵曩 물 철철 흐를 낭, 물 이름 낭

⿰氵⿱艹龠 瀹[데칠 약]과 같음

⿰氵亹 산골 물 막을 문

⿰氵纍 강 이름 루

㉒ 획

灢 물 흐릴 낭, 탁할 낭

灣 물 굽이 만, 완, 배 대는 곳 만, 완 (水)

⿰氵鷬 灘[여울 탄]의 本字

⿰氵⿱魚魚 漁[고기 잡을 어]와 같음

㉓ 획

灤 새어 흐를 란

灦 물 깊고 맑을 현 (水)

灥 많은 물줄기 천, 세 개의 샘 천

⿰氵籥 瀹[데칠 약]과 같음

⿰氵蠱 물벌레 고

⿰氵釋 물 흐를 역

⿰氵⿰豊盍 灩[물결 출렁거릴 염]과 같음

⿰氵篤 말 씻길 산

㉔ 획

灨 강 이름 감, 공

灧 灩[물결 출렁거릴 염]과 같음

⿰氵鹽 소금에 절일 염

⿰氵⿱罒⿰臭臭 물 모양 피

㉘ 획

灩 물 그득할 염 (水), 물결 출렁거릴 염

㉙ 획

灪 큰 물 울, 물 벌창할 울

㉚ 획

⿰氵驫 물소리 부

火部

火 불 화, 등불 화, 사를 화, 화날 화 常(火)

灬 火[불 화]가 받침으로 쓰일 때의 자형

① 획

⿱火一 蕢[삼태기 궤]의 古字

② 획

灮 光[빛 광]의 本字

灯 불꽃 정, 燈[등불 등]의 俗字 (火)

灸 赦[용서할 사]의 古字

灬 災[재앙 재]와 같음

灰 재 회, 석회 회 활기 없을 회 (火)

灰 앞 글자와 같음

烝 앞 글자와 같음

灱 더울 효, 태울 도 말릴 효

灲 앞 글자와 같음

灳 불 일어날 화 불타는 빛 화

灭 火[불 화]의 古字

③ 획

灴 횃불 홍

灵 靈[신령 령]의 俗字

灶 竈[부엌 조]의 古字

灵 조금 덥힐 점, 태울 점, 횃불 담

灸 뜸뜰 구, 지질 구 불사를 구 (火)

灹 앞 글자와 같음

灹 타는 소리 타

灺 불똥 사, 타 촛농 사

灻 赤[붉을 적]의 本字

灻 赤[붉을 적]과 같음

灼 사를 작, 지질 작 밝을 작, 구울 작 (火)

災 재앙 재, 천벌 재 횡액 재 常(火)

灾 앞 글자와 같음

灾 災[재앙 재]와 같음 (火)

炍 따뜻할 와

灿 탄 흙 추

炁 평평할 치

④ 획

炁 氣[기운 기]와 같음 (火)

炂 끓일 종, 녹일 종

炃 불사를 분 불 일어날 분

炋 불똥 신, 촛농 신

炄 반쯤 말릴 뉴 마를 뉴

炅 빛날 경 나타낼 경 (火)

炚 비칠 광, 밝을 광 햇볕 뜨거울 광 (火)

炆 따뜻할 문 연기날 문 (火)

炇 불이 심할 복

炈 옹기가마 굴뚝 역

炉 爐[화로 로]의 俗字

炒 불기운 성할 홀

炊 불땔 취, 밥지을 취 땅 이름 취 (火)

炍 더울 눈, 따뜻할 눈

炋 불 배

炌 밝은 불 개

炎 불길 세찰 염 불꽃 염 常(火)

炍 叛[배반할 반]과 같음

炌 불 성할 개

炐 불에 데워 부풀어 오를 방, 빛 환할 방

炑 불 활활 붙을 목

炒 볶을 초 (火)

炓 불빛 환할 료

炔 연기나는 모양 결 빛날 계, 불 피울 혈

炕 말릴 항, 구울 항 열릴 항, 끓을 항 (火)

炖 바람 불어 불길 성할 돈, 붉을 돈

炗 光[빛 광]의 古字

炘 화끈거릴 흔, 이글거릴 흔, 불탈 흔 (火)

炙 구을 자, 김쏘일 자 냄새피울 자, 적 (火)

炛 사르다가 멎을 사

炜 晄[빛 광]과 같음 (火)

炑 煮[삶을 자]와 같음

炍 暖[따뜻할 난]과 같음

⑤ 획

炟 불 일어날 달, 화약 터질 달, 다래 달

炠 불에 말릴 압, 합

炡 빛날 정, 데칠 정 불 번쩍거릴 정 (火)

炪 불빛 졸, 빛날 절 연기 낀 모양 출

炢 따뜻할 출 연기날 출

炷 불기운 저

炣 불 가

炤 밝을 소, 비칠 조 밝을 작 (火)

炥 기운 더울 불, 비 불탈 불, 비

炦 김오를 별 불기운 별, 발 (火)

炨 불빛 말

炩 불 령

炫 밝을 현, 불빛 현 (火)

炬 횃불 거, 불땔 거 (火)

炧 불씨 선

炰 시들 유, 마르기 시작할 유

炭 숯 탄, 불똥 탄 원소 이름 탄 常 (火)

炲 앞 글자와 같음

炮 통째로 구울 포 싸서 구울 포 (火)

炰 구울 포, 그을을 포 까불거릴 포 (火)

炯 빛날 형, 밝게 살필 형, 불 훤히 비칠 형 (火)

炱 그을음 태

炲 앞 글자와 같음

炳 불꽃 병, 빛날 병 나타날 병 (火)

炴 불빛 앙

炵 불 활활 붙을 동 불꽃 동

炶 불 번쩍거릴 점

炷 심지 주 (火)

炴 因[인할 인]의 古字

炁 蓋[덮을 개]의 古字

炦 불꽃 발

点 點[점 점]의 略字 (火)

秋 가을 추, 곡식 익을 추, 성씨 추 [禾部] 常 (木)

烁 앞 글자와 같음

烎 앞 글자와 같음

炸 불 터질 작, 사 기름에 지질 작 (火)

為 爲[할 위]의 略字

畑 화전 전, 밭 전 (土)

炧 灺[불똥 사]와 같음

烀 삶을 호

⑥ 획

烄 태울 교

烆 횃불 행

烇 고기 쪼일 은 구울 오

烈 매울 렬, 독할 렬 빛날 렬 常 (火)

烊 구울 양, 녹일 양 (火)

奐 煥[불꽃 환]의 俗字

烋 기운 건장할 휴 거들거릴 효 (火)

烌 재 휴

烍 들불 선

烖 불똥 신

烏 까마귀 오, 검을 오 탄식할 오 常 (火)

烐 불 반짝거릴 주

烑 빛날 요

烓 화덕 계, 밝을 계 (火)

烔 뜨거운 모양 동 불사를 동 (火)

烕 멸할 혈, 불꺼질 멸 없앨 혈

烖 災[재앙 재]의 古字

烘 횃불 홍, 불에 쬐어 말릴 홍 (火)

烙 지질 락, 사를 락 단근질할 락 (火)

烛 촛불 촉, 가물 충

烜 밝을 훤, 빛날 훤 벼슬 이름 훼

烟 煙[연기 연]과 같음 (火)

烤 불에 말릴 고 불에 쬘 고

烝 찔 증, 김오를 증, 임금 증, 두터울 증 (火)

羔 염소 고 [羊部] (土)

烞 터질 박, 타서 터지는 소리 박

烇 아궁이 관

烡 불빛 광

烠 빛 괴

炰 삶을 부 불에 구울 포

烒 불 모양 식

烥 불꽃 신

烎 밝을 임

烇 불꽃 전 타는 모양 전

烢 찢어질 택

烚 불타는 모양 합

烣 넓을 회

烅 불빛 휼

烕 害[해할 해]와 같음

⑦ 획

焇 불 보일 적

烯 불빛 희, 말릴 희 (火)

焜 불 활활 붙을 훼

烰 찔 부, 불김 부

烱 불김 경, 炯[빛날 형]의 俗字 (火)

烲 불 당길 철 불기운 철

焃 횃불 보

烴 누린내 경, 형 데울 경, 형

焐 불 성할 작 꽃빛 짙을 작

烸 말릴 회

烹 삶을 팽, 요리 팽 죽일 팽 (火)

焀 보리 볶을 혁

焁 불에 말릴 삽

烺 빛 밝을 랑, 불이 글이글할 랑 (火)

焂 구울 훌, 따뜻할 훌

烿 볕 쪼일 차 숯을 볶을 차

烽 봉화 봉 (火)

焋 앞 글자와 같음

焈 불기운 융, 불빛 융 불빛이 붉을 융

焕 빛날 애, 더울 애 불길 세찰 희 (火)

焆 인두 위

焌 낼름거릴 이 먹고 싶어할 이

焃 붉을 혁, 밝을 혁 빛날 혁 (火)

焄 불김 오를 훈, 향내 날 훈, 김쐴 훈 (火)

焅 가무는 기운 곡 뜨거운 김 곡

焞 찌는 듯 더울 발 연기 무럭무럭날 발

焆 불빛 견, 밝을 견 연기 모양 결 (火)

焇 녹일 소, 쬐일 소 말릴 소

焉 어찌 언, 어디 언 어조사 언 常 (火)

焊 불에 말릴 한

焋 김 오를 장 젯밥 찔 장

焌 불땔 준, 출, 태울 준, 검을 출 (火)

焍 거북 지지는 나무 제

庶 庶[뭇 서]의 古字

尞 燎[뜰에 세운 횃불 요]와 같음

焭 외로울 경 근심할 경 (火)

黒 黑[검을 흑]의 略字

魚 물고기 어, 생선 어 고기 어 [魚部] 常 (水)

焃 불꽃 계

焜 모닥불 곤

焗 찔 국

焒 불꽃 려

焂 잠깐 숙

焑 불빛 연, 반짝일 선

焎 화기 철, 혈

烶 불탈 정

焐 데울 오

烷 탄화수소 완

焇 불통 통

焓 엔탈피 함

烾 赤[붉을 적]과 같음

焀 음식 눋는 냄새 호

㷔 熙[빛날 희]의 古字

⑧ 획

焙 불에 쬘 배, 불에 쬐어 말릴 배 (火)

焚 불사를 분, 불땔 분 태울 분 (火)

焚 앞 글자와 같음

焜 빛날 혼, 밝을 혼 빛 환할 혼 (火)

焝 불 번쩍거릴 혼 불탈 혼

㷠 불 오래갈 추

㷡 앞 글자와 같음

焞 귀갑 지지는 불 돈 성할 퇴, 밝을 순(火)

焟 쬘 석

舃 象[코끼리 상]의 古字

焠 담금질 쉬, 태울 쉬 물들일 쉬 (火)

無 없을 무, 아닐 무 물 이름 무 常(火)

焥 연기 일어날 알 연기 애

焦 그을릴 초, 태울 초 볶을 초, 구울 초(火)

焧 따뜻할 총

焭 근심할 경, 발리 돌 경, 주사위 경 (火)

㷇 클 괴, 많을 괴, 회

焪 다할 궁, 말릴 궁 볕 쬘 궁, 불똥 궁

焰 불씨 묻을 압 불씨 덮을 압

焫 불사를 설, 열

焬 마를 석

尉 尉[벼슬 위]와 같음 [寸部]

焱 불꽃 염, 혁 회오리바람 표 (火)

焮 불사를 흔, 구울 흔 비칠 흔, 불김 흔

㷊 불 이글이글할 불 불길 세찰 불

焯 밝을 작, 사를 작 불김 작, 빛날 작(火)

㸚 烈[매울 렬]의 古字

焰 불빛 염, 불꽃 염 (火)

焴 빛날 욱, 육

焳 불이 성할 계

焵 칼날 벼를 강

然 그럴 연, 사를 연 그렇다할 연 常(火)

㷛 煠[데칠 잡]과 같음

煑 煮[찔 자]의 略字

兼 兼[겸할 겸]의 略字

焼 燒[태울 소]의 略字

労 일할 로, 수고로울 로 [力部] 常(火)

煦 불 후, 데울 후, 아첨하여 웃을 후 [口部]

黑 검을 흑, 잘못 흑 [黑部] 常(水)

爲 하 위, 할 위, 다스릴 위 [爪部] 常(金)

㷍 불에 말릴 초

㷎 불에 말릴 취

焿 불꽃 경

㷂 불빛 고 사람 이름 고

閃 불꽃 린

㷒 밝을 서(火)

焹 불꽃 망

焲 불기운 봉

焩 불 모양 붕

焇 태울 소

焺 풀무질하여 주조할 승

焲 밤 야

焻 기 창, 성행할 창

焢 화기 홍

⑨ 획

𤍠 더울 노

煁 화덕 심, 딴부엌 심

煄 탈 종

煅 鍛[쇠 불릴 단]과 같음

煇 빛날 휘, 해무리 운, 지질 훈, 빛날 혼 (火)

煈 불사를 풍, 태울 풍

㷎 더위먹을 알

㷗 빛날 옹, 사람 이름 옹

煉 쇠 불릴 련, 반죽할 련 (火)

煊 따뜻할 훤 (火)

煋 더울 성, 불 활활 탈 성

煌 빛날 황, 환히 밝을 황, 고을 이름 황 (火)

煎 달일 전, 불에 말릴 전, 볶을 전 (火)

煏 불에 말릴 픽, 핍

煐 빛날 영, 사람 이름 영 (火)

煮 삶을 자, 지질 자, 익을 자, 다릴 자 (火)

煑 앞 글자와 같음

煒 빨갈 위, 빛날 휘, 붉게 빛날 위 (火)

煓 불꽃 성할 단, 빛날 단 (火)

煔 빛이 성할 참, 불빛 첨, 태울 점

煕 빛날 희, 일어날 희, 넓을 희, 화할 희 (火)

煖 더울 난, 따뜻할 난, 불김 난, 날씨 난 (火)

煗 앞 글자와 같음

煢 외로울 경, 빛날 경, 이롭고 두려울 경

煚 빛날 경, 햇빛 경 (火)

㷸 爽[불길 세찰 불]의 訛字

煘 귀신불 불

煙 연기 연, 기운 인, 숯검정 인 常(火)

𤊲 앞 글자와 같음

煜 빛날 욱, 비칠 욱, 밝을 욱, 빛 환할 읍 (火)

煝 빛날 미, 가무는 기운 미 (火)

煞 죽일 살, 강할 쇄, 내릴 쇄 (火)

煟 불빛 위, 빛날 위

煠 데칠 잡, 끓일 잡, 데울 잡

熜 삼 찔 총, 더운 김 총

尞 천제 지낼 료, 불 밝힐 료

煣 휘어 바로잡을 유, 불에 구어 휠 유

煤 그을음 매, 먹 매, 석탄 매, 검댕 매 (火)

焔 焰[불당길 염]의 俗字

㷇 불 깜박거릴 멸

㷮 불 탄 끄트머리 삽

煥 불꽃 환, 불빛 환, 밝을 환 (火)

煦 따뜻하게 할 후, 찔 후, 뜨거울 후 (火)

照 비칠 조, 빛날 조, 비교할 조 常(火)

𤌨 앞 글자와 같음

煨 불에 묻어 구울 외 (火), 불씨 외, 그을릴 외

煩 번거로울 번, 괴로워할 번 常(火)

煪 태울 추, 불탈 추, 말릴 추

㷡 앞 글자와 같음

𤋱 앞 글자와 같음

歃 귀 울 추, 귀 먹먹할 추

煬 녹을 양, 불쬘 양, 불 활활 붙을 양 (火)

𤍽 앞 글자와 같음

㷍 어두울 말, 밝지 못할 말

熈 밝을 형, 사람 이름 형

㷼 烈[매울 렬]의 古字

㷻 無[없을 무]와 같음

煴 熅[숯불 온]의 俗字

𤋮 熏[연기낄 훈]의 略字 (火)

塋 무덤 영, 산소 영 [土部] (土)

煰 메마를 고

㷇 불꽃 규 (火)

煵 불밝힐 남

⿰火亮 불꽃 량

煲 깊은 솥 보, 삶을 보

煶 불꽃 식

煱 화로 와

煍 색 변할 초

煸 볶을 편

煆 불사를 하 (火)

⿰火革 불태울 혁

煳 탈 호

煡 남은 불꽃 흔

⿰火突 구들 돌

⿰火背 焙[불쬘 배]와 같음

熙 빛날 희, 복 희, 사람 이름 이 (火)

⑩ 획

煹 불쬘 구, 봉화 구

⿰火追 튀할 퇴, 끓는 물에 삶아 털 뽑을 퇴

煺 앞 글자와 같음

粦 도깨비불 린

煻 구울 당, 잿불 당

⿱芻灬 지질 초, 볶을 초

煽 성할 선, 부추길 선, 불 부칠 선 (火)

⿱⿰目長火 놀란 눈 모양 경

⿱差火 묶은 숯 차, 말릴 자, 바랠 자

⿰火𦍌 붉을 성

煿 불에 말릴 박

熇 마를 고, 불성할 학, 뜨거운 모양 효, 혹 (火)

⿱宰灬 살짝 데칠 재, 데울 재

⿰⿱士⿱冖火殳 해돋이 전 불그레할 혹

⿰火舀 불꽃 도

熀 불빛 이글거릴 엽, 황 (火)

⿰火脅 불로 지질 협

⿰火丞 더울 증, 겨울 제사 증

熂 쥐불 희, 풀 베어 불사를 희

熄 불담을 식, 불꺼질 식, 없어질 식 (火)

熅 숯불 온, 서린 연기 온, 내킬 온 (火)

熆 불을 불 합

熈 熙[밝을 희]의 俗字 (火)

熉 노란 모양 운, 누런 빛 운 (火)

熊 곰 웅, 빛날 웅 (火)

⿸厂閵 불 린, 촛농 린

熌 불빛 번쩍거릴 섬, 불똥 튈 섬

熏 불김 훈, 지질 훈, 연기 오를 훈 (火)

⿰火翁 연기 자욱히 낄 옹

熐 흉노의 부락이름 명, 멱

熑 수레바퀴 불로 구워 휠 렴

熒 등불 반짝거릴 형, 밝을 형, 빛날 형 (火)

熘 볶을 류

⿰火函 불에 델 함

熓 불 꺼질 오, 올, 삶을 오

⿱炏章 燒[태울 소]와 같음

熔 鎔[녹일 용]의 俗字 (火)

⿰火⿱日毋 煼[볶을 초]의 訛字, 불에 말릴 초

熕 대포 공, 포신 공

滎 실개천 형, 물 이름 형 [水部] (水)

榮 영화 영, 무성할 영 [木部] 常 (木)

犖 얼룩소 락, 뛰어날 락, 분명할 락 [牛部] (土)

煼 시끄러울 추, 볶을 초

熗 데칠 창

⿰火宅 불 타

⿰火隺 구울 혹, 지질 혹

⑪ 획

⿱推火 ⿰火追[튀할 퇴]와 같음

熚 불 활활 탈 필, 불타는 소리 필

熛 불똥 튈 표, 성낼 표, 붉을 표, 빛날 표 (火)

熜 삼 찔 총, 횃불 총 겨릅 태울 총

熝 단련할 록, 불릴 록

熞 쇠 달구어 물에 담글 견

熟 익을 숙, 익힐 숙 무르익을 숙 常(火)

熋 불에 말려낼 향, 경

熥 불사를 조

熠 빛날 습, 환할 습 반딧불 반짝일 습

熨 들불 서

熡 불꽃 루 (火)

熢 烽[봉화 봉]과 같음

熢 연기 자욱할 봉 불기운 봉 (火)

熷 불태울 조, 탈 조 불탄 나머지 조

熣 그을릴 최 그을음 최

熤 사람 이름 익 빛날 익 (火)

熥 불에 데울 통

熧 불 번질 종

熨 눌러 덥게 할 위 다리미질할 울 (火)

熩 빛날 호 (火)

熸 熸[꺼질 잠]의 俗字

熪 불 꺼지지 않을 이

熫 炙[구울 자]와 같음

熢 연기와 티끌이 자욱할 봉

熬 볶을 오, 팔진미 오 걱정할 오 (火)

熭 불에 급히 말릴 위 불쬐어 말릴 위

熲 빛날 경, 불빛 경 (火)

熮 무르익을 료, 사를 료, 틈 보일 료

熯 말릴 한, 공경할 연 불사를 선

熰 통째로 구울 구 몹시 뜨거울 구

熱 연기 뿌옇게 일어날 발

熵 장막속 불 리

熱 더울 열, 뜨거울 열 불길 열 常(火)

熳 燥[마를 조]의 俗字

燦 燦[빛날 찬]의 訛字

熶 爨[불땔 찬]과 같음

勳 공 훈, 거느릴 훈 [力部]

窯 옹기가마 요, 오지그릇 요 [穴部] (水)

瑩 귀막이옥 영, 옥빛 조촐할 형 [玉部] (金)

熵 열기 적

焜 산불 곤

熳 빛날 만

⑫ 획

熲 밝을 경 (火)

熴 불빛 안

熸 앞 글자와 같음

熷 앞 글자와 같음

熷 고기 대 속에 넣어 구울 증 (金)

爉 불소리 랍, 불모양 랍

熸 불꺼질 잠

熹 빛날 희, 성할 희 넓을 희, 밝을 희 (火)

熺 앞 글자와 같음 (火)

熻 더울 흡

熾 불 활활 붙을 치 불땔 치 (火)

戴 앞 글자와 같음

熿 빛날 황

燀 불 땔 천, 환할 천 성할 천, 빛날 천

燁 번쩍번쩍 빛날 엽 불 이글이글할 엽 (火)

燁 앞 글자와 같음

燂 불사를 첨, 담 삶을 섬, 데칠 심, 담

燃 불사를 연, 불탈 연 연등절 연 常(火)

燄 불 당길 염, 불꽃 염 불 번쩍거릴 염

燅 고기 데칠 첨, 잠 따스할 잠, 심

燆 불꽃 교, 무더울 교 불김 효

燈 등불 등, 촛불 등 등잔 등 常(火)

燉 불빛 돈, 땅이름 돈 불이글이글할 돈(火)

僃 불에 말릴 핍, 픽 볶을 핍, 익힐 북

㶶 앞 글자와 같음

燊 성할 신, 부릴 신 활활 탈 화

燋 횃불 초, 그을릴 초 거북등 지질 불 초(火)

燌 焚[태울 분]과 같음

燄 검푸른 비단 담 옷 펄렁거릴 첨

燎 화톳불 료, 뜰에 세운 횃불 료(火)

燍 불내 날 사, 단내 사, 타는 모양 서

燏 빛날 율(火)

燐 도깨비불 린 원소 이름 린(火)

㷭 鑄[쇳물 부어 만들 주]와 같음

燒 불사를 소, 불붙을 소, 불 땔 소 常(火)

燓 화전 일으킬 번, 焚[태울 분]과 같음

燧 燧[봉화 수]와 같음

燔 구울 번, 사를 번(火)

燊 光[빛 광]과 같음

燕 제비 연, 편안할 연 쉴 연, 잔치 연 常(火)

燖 삶을 심, 데칠 심 불에 익힐 심(火)

爛 술데울 란, 밝을 란

燣 불 범할 림, 불탈 림 활활붙을 임, 름

燙 데울 탕, 씻을 탕 불에 데울 탕

爇 熱[매울 열]의 本字

燚 불타는 모양 일

燾 급히 볶을 도 급히 탈 도

勳 공 훈, 거느릴 훈 [力部](火)

燥 燥[마를 조]의 俗字

煗 暖[따뜻할 난]과 같음

樵 땔나무 초 나무할 초 [木部](木)

燝 불꽃 경

燑 烔[뜨거운 모양 동]과 같음

燜 뜸들일 민

燗 뜨거울 민

燒 불꽃 선

燽 불탈 소

熼 불빛 익

燇 불 존

燞 태울 초

粼 밝고 맑을 린 [舛部]

⑬ 획

營 경영할 영, 다스릴 영 지을 영, 영문 영 常(火)

燠 따뜻할 욱, 오, 위로하는 소리 우(火)

燡 불 심할 역

燡 앞 글자와 같음

爊 재에 묻어 구울 오

燥 마를 조, 녹일 조 물기 없을 조 常(火)

燣 더울 람, 누를 람 노랗게 볶을 람

燦 빛날 찬, 밝을 찬 찬란할 찬(火)

燧 봉화 수, 성냥 수, 나무 문질러 불낼 수(火)

燧 앞 글자와 같음

燩 불에 말릴 각, 볕쪼일 각, 말릴 격

爁 불탈 험, 더울 험

燪 횃불 총

爈 불 꺼지지 않을 렴

燬 불 이글이글할 훼 불꺼질 훼, 불 훼(火)

燭 촛불 촉, 밝힐 촉 비칠 촉 常(火)

燮 불에 익힐 섭, 화할 섭, 불꽃 섭(火)

爈 불에 묻어 구울 흘

燳 照[비칠 조]와 같음

㸁 熯[말릴 한, 사를 연]과 같음

燵 자리속에 넣은 화로 달

點 점 점, 수효 점, 더러울 점 [黑部] 常(水)

爉 매우 살

燰 구울 애

燱 사람 이름 의

燤 연기나는 모양 태
불꺼질 렬

㶾 연할 표

燲 불기운 협

燴 모아 끓일 회
삶을 회

㸅 불 희

⑭ 획

𤐫 熾[성할 치]의 古字

㷷 불에 고기 말릴 픽, 핍

燸 따뜻할 유, 사를 유

燹 불 선, 봉화 선 (火)
난리에 불지를 선

㸋 앞 글자와 같음

𤐣 불 개

燺 말릴 고
불에 쬘 고

燻 연기낄 훈, 불길 치밀 훈, 불사를 훈 (火)

爂 가벼울 표, 연할 표
약할 표

燼 깜부기 불 신, 촛종 신, 나머지 신 (火)

𤐇 熛[불똥 표]와 같음

燽 밝을 주, 드러날 주 (火)

𤒦 앞 글자의 俗字

燾 덮일 도, 비칠 도
덮을 도, 감쌀 도 (火)

燿 빛날 요, 비칠 요
환할 요 (火)

爀 빛날 혁, 붉을 혁
불빛 혁 (火)

爁 불 번질 람 (火)

爃 사람 이름 영

㸌 더울 확, 획

爚 瀹[데칠 약]과 같음

㸆 구울 찬

⑮ 획

爄 불 물릴 례
불끌 렬

𤒯 불기운 약

爅 불타는 모양 묵

爆 불 터질 폭, 폭발할 폭, 불에 말릴 박 常 (火)

爇 불사를 설, 사를 열

𤒹 앞 글자와 같음

爈 불사를 려, 산불 려

爉 불소리 렵
불타는 모양 랍

爡 촛불 똥 절
구울 절

爊 통째로 구울 오
구울 오, 튀할 오

爌 불빛 환할 광 (火)
밝을 황, 불빛 황

爍 빛날 삭, 녹일 삭
떨어질 락, 불날 약 (火)

爎 뜰에 세운 횃불 요

爕 燮[불꽃 섭]의 俗字

㷄 煇[빛날 휘]와 같음

𤑐 구울 료, 불탈 조

羆 큰 곰 비 [网部]

爢 건락 멱(짐승 젖속 단백질을 뽑아 말린 식품)

⑯ 획

爑 불탈 소

爏 반짝거릴 력

爐 화로 로, 뙤약볕 로 常 (火)

𤑱 불사를 담

𤒆 爝[횃불 작]과 같음

𤓮 불 깜박거릴 업

爒 구울 료

燡 재앙 역

𤐮 焦[그을릴 초]와 같음

爔 불 희, 빛날 희 (火)

㸊 화독 뢰, 독할 랄

爗 불 이글이글할 엽
번쩍거릴 엽 (火)

𤓰 앞 글자와 같음

燔 제사에 쓰는 고기 번, 제육 번

爖 불 모양 롱, 불 지필 롱

爋 불에 말릴 훈

爘 불빛 찬

𤓰 燧[부싯돌 수]와 같음

𤒻 불태울 련

黨 무리 당, 편벽될 당, 견줄 당 [黑部] 常(水)

㸌 밝을 곽

⑰ 획

𤓴 불 렴

𤓺 앞 글자와 같음

爔 태울 희

爚 사를 약, 번개불 약, 불똥튈 약, 빛날 약

爛 촛불빛 란, 익을 란 (火)

爙 산소 양

⑱ 획

爟 봉화 관, 불켜들 관, 벼슬 이름 관 (火)

爝 횃불 작, 조

爞 더울 충, 가물어 뜨거울 충

爜 불탈 총

㸎 따뜻할 녑, 섭

𤓼 爆[불터질 폭]의 本字

爦 데어 터질 답, 떨어질 답

⑲ 획

爢 익을 미, 부서질 미

𤓰 앞 글자와 같음

𤒾 연기 날 철

𤏓 然[그러할 연]의 古字

𤍽 앞 글자와 같음

𤓕 빛날 광, 황

⑳ 획

爣 밝을 당, 환할 당

㉑ 획

爤 爛[빛날 란]과 같음

爦 불꽃 람

爥 燭[촛불 촉]과 같음 (火)

爚 여름제사 약, 爚[사를 약]과 같음

㉒ 획

爨 부글부글 끓으려할 촌

𤓷 앞 글자와 같음

㉓ 획

爡 아궁이 속의 연기 철

㉔ 획

爧 불빛 령

𤓻 燧[부싯돌 수]와 같음, 부엌 찬

𤓹 焦[그을릴 초]와 같음

𤓸 앞 글자와 같음

㉕ 획

爨 爨[불땔 찬]과 같음

㉖ 획

𤓽 爩[연기 울]과 같음

㉘ 획

𤓾 燧[부싯돌 수]의 本字

㉙ 획

爩 연기 울

爪部

爪 손톱 조, 긁을 조 돕고 지킬 조 (金)

爫 爪[손톱 조]를 부수로 쓸 때 쓰임

爪 掌[손바닥 장]과 같음

① 획

𤓰 糾[꼴 규]와 같음

② 획

瓜 참외 과, 모과 과 오이 과 [瓜部] (木)

③ 획

𤓱 卵[알 란]과 같음

孚 성신 부, 상응할 부 알깔 부 [子部] (水)

妥 편안할 타, 타협할 타 [女部] 常 (土)

④ 획

爭 다툴 쟁, 쟁탈할 쟁 싸울 쟁 常 (火)

爬 긁을 파, 기어다닐 파, 기어오를 파 (金)

𤓴 제할 나, 면제할 나

𤓵 앞 글자와 같음

𤓶 가까이할 임, 음

𤓷 爲[할 위]의 古字

受 받을 수, 응할 수 얻을 수 [又部] 常 (水)

采 캘 채, 채색 채 풍채 채 [釆部] (木)

乳 젖 유, 종유석 유 낳을 유 [乙部] 常 (水)

⑤ 획

爰 이끌 원, 어조사 원 바꿀 원 (木)

𤓻 깎을 표, 포

爯 들 승, 클 승

𤓼 긁을 나

𤓽 平[평평할 평]의 古字

𤓾 經[날 경]의 古字

𤓿 성씨 도

⑥ 획

𤔀 保[지킬 보]의 古字

奚 어찌 해, 종 해, 종족 이름 해 [大部] 常 (水)

⑦ 획

覓 찾을 멱, 구할 멱 [見部] (火)

𤔁 禮[예도 예]의 古字

⑧ 획

爲 하 위, 하여금 위 어조사 위 常 (金)

𤔂 經[날 경]의 古字

舜 순임금 순 무궁화 순 [舛部] (木)

⑨ 획

愛 사랑 애, 사모할 애 친할 애 [心部] 常 (火)

𤔃 앞 글자와 같음

𤔄 福[복 복]과 같음

⑩ 획

爲 음역자 한

𤔅 搔[긁을 소]의 古字

𤔆 愛[사랑 애]의 俗字

⑪ 획

𤔇 辭[말씀 사]의 古字

𤔈 손톱으로 가려낼 력

⑬ 획

𤔉 爵[벼슬 작]과 같음

谿 시내 계, 활이름 계 (水)

⑭ 획

爵 벼슬 작, 작위 작 봉할 작 常 (金)

父部

父 아버지 부, 아비 부 늙으신 분 부 常(木)

④ 획

爸 아비 파, 아버지 파 (木)

斧 도끼 부, 도끼질할 부 [斤部] (金)

⑥ 획

爹 아버지 다, 아비 다 (木)

爺 아비 동, 양아버지 동, 노인 존칭 동

釜 가마 부, 휘 부 [金部] (金)

⑦ 획

爺 爺[아비 야]의 古字

爸 爸[아비 파]와 같음

⑨ 획

爹 아비 자, 사위 차

爺 아비 야, 서방님 야 노인 존칭 야 (木)

爻部

爻 사귈 효, 변할 효, 본받을 효, 닮을 효 (火)

④ 획

爽 밝을 례, 리

校 서까래 효

⑤ 획

狞 나아갈 저 나아가는 모양 저

疑 통할 소, 멀 저, 소 인도할 저, 길 소

俎 俎[도마 조]의 訛字

⑦ 획

爽 상쾌할 상, 밝을 상 새벽 상 (火)

⑩ 획

爾 너 이, 가까울 이, 오직 이, 어조사 이 (火)

⑪ 획

爾 爾[너 이]의 本字

爿部

爿 조각널 장, 나무 조각 장, 양수(量數)판

② 획

収 將[장차 장]과 같음

③ 획

牠 櫂[횃대 이]와 같음

壯 씩씩할 장, 장할 장 왕성할 장 [士部] 常(木)

妝 단장할 장, 화장할 장, 꾸밀 장 [女部]

④ 획

狀 형상 장, 모양 장, 상 문서 장 [犬部] 常(土)

牀 평상 상, 마루 상 우물 난간 상 (木)

牀 漿[미음 장]의 古字

戕 죽일 장, 찌를 장 상할 장 [戈部] (金)

牁 卯[토끼 묘]의 古字

⑤ 획

牁 배 매는 말뚝 가 고을 이름 가

牊 목욕상 소

牐 俎[도마 조]와 같음

牠 櫂[횃대 이]와 같음

牊 마루 령

⑥ 획

牂 암양 장, 성할 장 (木) 태세 장, 고을명 장

牀 마루 조, 요

奘 클 장, 튼튼할 장

⑦ 획

牁 檣[돛대 장]과 같음

牀 끌머리 구

牆 醬[젓갈 장]과 같음 [酉部]

將 장차 장, 장래 장 장수 장 [寸部] 常(土)

牾 牾[거스를 오]의 訛字

⑧ 획

牼 담 뚫을 공

牋 漿[미음 장]과 같음

牋 양의 우리 잔

牌 棵[나무 이름 과]와 같음, 도마 과

⑨ 획

裝 꾸밀 장, 행장 장 동일 장 常(木)

牏 椸[횃대 이]와 같음

牒 마루 널빤지 첩

⑩ 획

牄 먹는 소리 장, 창

奬 권면할 장, 이룰 장 표창할 장 [大部] 常(木)

⑪ 획

牘 簀[살평상 책]과 같음

牗 담 용

臧 착할 장, 두터울 장 숨길 장 [臣部](火)

漿 미음 장, 조개 장 꽈리 장 [水部](水)

槳 상앗대 장 [木部]

⑫ 획

牚 평상 널빤지 분

牆 마루 밑 가롯대 광

牆 창 세울 습

⑬ 획

牆 담 장, 차면담 장 사모할 장 (土)

牆 추녀 염, 처마 첨

牆 창 우뚝 세울 즙, 집

⑭ 획

牆 창 세운 모양 삽

⑮ 획

牆 牆[담 장]의 本字

⑯ 획

牆 평상의 살 력

㉔ 획

牆 마루 령

片部

片 조각 편, 쪼갤 편 반쪽 편, 판 常(木)

③ 획

牀 妝[단장할 장]의 訛字

牠 국 이(羹也)

④ 획

版 널 판, 조각 판, 담틀 판, 호적 판 常(木)

牉 널 절

牊 조각 배

牉 조각 반

牏 닥칠 추

牍 가래 험(농기구)

⑤ 획

牉 나눌 반, 판 반쪽 반, 판

牊 목욕상 소, 초

牐 널 화, 널 머리 화

牉 나무 쪼개는 소리 팽

牊 터질 책, 탁

⑥ 획

牐 가게 지, 움막 지 지붕 일 지

牑 제사고기 조

牓 깨질 렬

牏 책상 시, 교

牎 나눌 백, 깨뜨릴 백

牕 북창 향, 向[향할 향]과 같음

牔 물막이 널빤지 수 통나무 다리 수

⑦ 획

牖 상앗대 라

牘 재촉할 촉, 촉박할 촉

牗 끝머리 구

⑧ 획

牓 방 방

牋 장계 전, 글 전 (木) 문서 전, 문체명 전

牌 찰 패, 방붙일 패 호패 패, 방패 패 (木)

牑 앞 글자와 같음

牎 담 뚫을 공

牒 작은 쪽 섭, 작은 쐐기 섭, 서판 섭

牕 창문 창, 사립문 창

牒 牒[편지판 첩]과 같음

牕 평고대 엄

牓 조각 패

⑨ 획

牐 빗장 삽 성문 빗장 삽

牒 엽서 첩, 공문서 첩 기록 첩 (木)

牏 담틀 투, 요강 투

牓 사방이 한 발 되는 벽 제

牎 나눌 탁, 쪼갤 탁

牕 窗[창문 창]과 같음

牑 나눌 벽, 쪼갤 벽

牓 나무 결 풀릴 련

牑 평상조각 편, 살평상 변, 삿자리 면

⑩ 획

牔 박공 박(가옥 지붕 구조의 한 부분) (木)

牓 패 방, 패 꽂을 방 방 붙일 방 (木)

牕 호패 체, 방 체 패 체

牌 마루 모양 피 평상 가로막대 피

⑪ 획

牖 창 유, 땅 이름 유 인도할 유 (木)

牕 窗[창문 창]과 같음

牖 다스릴 첩

牓 널빤지 술

牓 몹쓸나무 리 나무 쪼갤 리

牕 물막는 널빤지 루

牓 쪼갤 하, 열 하

牕 집 모양 허술할 최

⑫ 획

牕 집 모양 허술할 퇴

牕 평상 가로막대 광

牕 모질 린

牕 평상의 널빤지 분

⑬ 획

牕 처마끝에 댄 널빤지 첨, 차양 첨

牕 담틀 업, 쇠북 위에 가로 댄 널빤지 업

⑭ 획

辦 가죽 끊어질 편 절반 편

牕 나무 결 거슬러 깎을 대

牕 관(棺) 수, 널 수

⑮ 획

牘 편지 독, 서판 독, 공문 독, 악기명 독 (木)

⑯ 획

牖 나무 칸막이 력

⑰ 획

牕 널빤지 참, 물문 참

牙部

牙 어금니 아, 대장기 아, 상아 아 常(金)

牙 互[서로 호]의 俗字

③ 획

犽 어린아이 아

邪 부정할 사, 사악할 사 [邑部] 常(土)

⑥ 획

齦 씹을 간

𤘅 牙[어금니 아]의 古字

⑧ 획

猗 범의 어금니 기

牚 버팀목 탱, 버틸 탱 (木)

雅 맑을 아, 거동 아 [隹部] 常(火)

⑨ 획

禹 너리먹을 우 벌레먹은 이빨 우

⑩ 획

齮 어금니 애, 씹을 애 새김질할 애

牛部

牛 소 우, 별 이름 우 무릎쓸 우 常(土)

② 획

牝 암컷 빈, 암짐승 빈 (土)

犰 소 힘셀 구

牟 소 우는 소리 모, 클 모, 나라이름 모 (土)

牞 황소 구

③ 획

犉 소 걸음 느릴 순 황소걸음 순

牢 우리 뢰, 굳을 로 애오라지 로 (土)

牤 황소 망

牡 수컷 모, 모란 모 빗장 모 (土)

牣 찰 인, 가득할 인 더할 인 (土)

牠 뿔 없는 소 타 저 짐승 타

犴 소 머무를 간

④ 획

牦 소 모, 들소 모

牧 칠 목, 다스릴 목, 기를 목, 목단 목 常(土)

物 만물 물, 물건 물, 무리 물, 일 물 常(土)

牥 좋은 소 방

牪 물건 언 두 마리의 소 언

犹 고요할 유 꼼짝 않을 유

犻 두 살 된 송아지 패 다리 긴 소 패

犯 자빠뿔 파, 천지각 파

犇 뛰고 밟을 분

牥 숫소 분

牣 흰 꼬리 소 나

牪 앞 글자와 같음

牪 소 풀뜯을 천

牫 소 혀에 난 병 금

牪 큰 황소 과

犺 물소 강, 황소 강

犻 소 부리는 소리 비

牨 물소 침 오나라 소 이름 침

牬 길마 비 소 냄새 비

牝 牝[암컷 빈]과 같음

犗 네 살 된 소 개

牫 뭇뿔 가

犍 거세한 소 건 고을 이름 건

⑤ 획

牯 암소 고 (土)

牳 소 이름 무

牲 희생 생, 짐승 생 (土)

牰 눈 검은 소 유

牴 닿을 저, 찌를 저 대강 저, 씨름 저 (土)

牮 버팀목 천, 대들보 천, 보 막을 천

犻 소이름 패

牠 뿔 없는 소 타, 과

牠 앞 글자와 같음

牳 소 더디게 갈 도

牭 네 살 된 소 사

犃 메소 작, 산에 사는 소 작

犃 소 부리는 소리 비

犹 오나라 소 이름 용

抨 얼룩소 평

牱 소 매는 말뚝 가

⑥ 획

桊 소 코뚜레 권

牸 암컷 자, 새끼칠 자 품어 기를 자 (土)

牷 희생 전, 순색소 전 한빛털로 생긴 소 전

特 수컷 특, 우뚝할 특 특별 특 常 (土)

挌 駕[멍에 가]와 같음

犔 건장한 소 협

牯 소 우는 소리 귀

牺 소 꼬리에 달린 솔 연

犁 소 천지각 세 뿔 솟은 소 서

犝 犝[송아지 동]과 같음

牿 황소 후

㹋 소 이름 수

⑦ 획

牽 끌 견, 당길 견, 거리낄 견, 뱃줄 견 常 (土)

牼 정강이뼈 경, 간

牿 우리 곡, 소 뿔에 댄 나무 곡

犁 얼룩소 리, 늙은이 살결 리 (土)

犍 얼룩소 방

㸷 암소 사

牾 거스를 오 짐승 이름 오

犋 두룹소 패 두살박이 소 패

犊 칡소 도

犄 얼룩소 랄 등이 흰 소 렬

犊 한 살 송아지 사 한살박이 소 사

犎 들소 봉

犐 뿔 날카로울 소, 초

犆 얼룩소 량

犕 마소 다닐 페

犔 찰 인, 막힐 인

犓 쇠뿔 초

犰 뿔 모양 구

牸 붉은 소 성

牂 암양 장

犃 입술 검은 소 부

𤛉 犀[무소 서]와 같음

𤙖 束[묶을 속]과 같음

觕 간략할 추, 대략 추 [角部]

⑧ 획

犅 숫소 강, 붉은소 강

犋 겨리 구

犈 다리 검은 소 권

𤚩 얼룩소 량

犂 얼룩소 리, 보습 려 밭갈 려, 검을 려(土)

犇 달아날 분 소가 놀랄 분(土)

犀 무소 서, 굳을 서 박속 서, 박씨 서(土)

犉 누르고 입술 검은 소 순, 큰 소 순

犄 거세한 소 의, 길 의 기댈 의, 의지할 의

犆 가선 직, 선두를 직 소 직, 하나 특

𤚯 둔할 특, 特[특별할 특]과 같음

𤚲 암컷 사, 암말 사

𤛇 뿔 꼿꼿할 세

𤛅 소 이빨 드러낼 비

𤚼 뿔로 받을 뇨, 초

犃 수컷 부

𤛑 소 코 셀 견 소 끌리지 않을 견

犤 쌍겨리할 비 쌍소 밭갈 비

𤚓 牴[닿을 저]와 같음

犊 犢[송아지 독]의 略字

⑨ 획

犌 소 힘있을 가

犍 거세한 소 건, 짐승 이름 건(土)

犑 소 격

犐 동경소 과, 뿔 없는 소 과, 무각소 과

犎 들소 봉

犏 소 편

𤛬 젊은 소 유

𤛘 소 새끼 밸 중, 종

𤛍 꼬리 긴 소 묘

𤛌 總[모두 총]과 같음

犛 얼룩소 리 희미하게 그릴 리

𤛷 앞 글자와 같음

𤛴 얼룩소 머리 휘 소 이름 휘

𤛱 사릅송아지 수, 세 살박이 송아지 수

⑩ 획

犗 거세한 소 개, 건강한 짐승 개

犖 얼룩소 락, 뛰어날 락, 분명할 락

犕 소 이 갖출 비 순종할 비

犓 소먹일 추

犒 호궤할 호 군사먹이소 호(土)

𤛹 소 굼뜰 천 느린 소 천

𤛸 키 작은 소 직

𤜄 소 이름 진

𤛮 소 이름 창

𤛽 세 발 짐승 원

𤜃 흰소 악

犔 소 굶길 희, 소 병들 희, 소먹일 희

𤜁 곰 같은 짐승 이름 후

𤛯 등 흰 소 방

𤛾 소 골

𤜀 소 젖 짤 구

𤛵 앞 글자와 같음

𤛶 거세한 소 건

𤜅 동경소 수 꼬리 없는 소 수

𤜇 牡[수컷 모]와 같음

𤛺 수컷 보

𤛕 들소 당

⑪ 획

⿰牛累 수소 루
암내 낸 소 루

犛 검정소 리
야크 리, 모

犘 소 뿔 문지를 우

犚 귀 검은 소 위

⿰牛尌 앞 글자와 같음

⿰牛習 소가 받을 랍

⿰牛産 새끼 기를 산

⿰牛啇 수소 적, 황소 적

犙 사릅소 삼
세 살박이 소 삼

⿰牛堇 소 길들일 근, 부드러울 근, 착실할 근

⿰牛崔 흰소 최

⿱敏牛 메소 민

⿰牛虘 소 부릴 조, 초

⿱從牛 배 당길 종, 용
가죽 마를 송

⿰牛庸 들소 용

⿰牛鬲 새끼 없는 소 도

⿰牛脩 동경소 수
꼬리 없는 소 수

⑫ 획

犟 고집 셀 강

⿰牛喬 마른 고기 교, 육포 교, 종묘 제기 교

⿰牛敦 돈피 돈, 소이름 돈

犝 송아지 동
뿔 없는 소 동

⿰牛曾 소 이름 증

⿰牛翕 받을 탑

⿰牛黃 소 이름 황

⿰牛厥 소 궐

⿰牛菐 거세 안한 소 박
수송아지 박

⿰牛尋 소 이름 심

⿰牛堯 마소가 솟구쳐 뛸 요

⑬ 획

⿰牛畺 키 큰 소 강, 흰 소 강, 등이 흰 소 강

犠 犧[희생 희]와 같음

⿰牛蜀 犢[송아지 독]과 같음

⿱睘牛 용렬할 환, 못할 환

⿰牛豢 豢[기를 환]과 같음

犩 소 위, 소 이름 위

⿰牛萬 흰등 소 례, 려
등마루 흰소 례

⑭ 획

⿰牛壽 새끼 없는 소 도
들암소 채

⿰牛需 소 정강이 유

⿰牛翟 흰소 악

⑮ 획

犢 송아지 독 (土)

犣 소 이름 렵

犡 흰등 소 려
등마루 흰소 려

犦 들소 박

⿰牛黎 犁[얼룩소 리]와 같음

⿱黎牛 앞 글자와 같음

⿰牛藏 순한 소 장

犥 얼룩소 표
누르고 흰 소 표

犤 귀다래기 소 피
난쟁이 소 파, 피

⿰牛罃 소 부르는 소리 앵
소 우는 소리 앵

⿰牛夒 소 순할 요

⑯ 획

犨 소 헐떡거리는 소리 주, 내밀 주

犧 희생 희, 술통 사 (土)

⿱衛牛 소 발굽 위, 소가 밟을 위, 받을 궤

⿰牛褱 네뿔 가진 짐승 회

⿰牛霍 흰 소 옥

⿰牛亶 犉[누르고 입술 검은 소 순]과 같음

⑰ 획

⿰牛譽 犦[들소 박]과 같음

⿰牛罃 소 울 영, 앵
송아지 영, 앵

犪 소뿔 참

犪 소 영

⑱ 획

犪 소뿔 간 소뿔 굽을 관

犪 소 이름 위

犪 㹶[들소 박]과 같음

犪 소 순할 요, 좋을 요 편안할 요

⑳ 획

犪 큰 소 이름 규 소 길들 요

㉑ 획

犪 암내 내는 소 루

㉓ 획

犨 犨[소 헐떡거리는 소리 주]와 같음

㉔ 획

犪 큰 소 령 소 이름 령

犬部

犬 개 견, 큰 개 견 常(土)

犭 앞 글자와 같음 개사슴록변

① 획

犮 개 달릴 발 개 달아날 발

② 획

犯 범할 범, 침범할 범 참람할 범 常(土)

犰 짐승 이름 구

犳 개 으르렁거릴 력

犱 토끼 같은 짐승 기 짐승 이름 기

③ 획

犽 족제비 신

犲 승냥이 시

犲 앞 글자와 같음

犴 들개 안, 호박개 안 우리 안, 옥 안(土)

犳 아롱 짐승 작(土)

犿 짐승 이름 환

犵 오랑캐 이름 흘(土)

犵 이리 시, 뱀 사

状 狀[형상 장]의 略字

犮 종족 이름 차 차료 차

吠 짖을 폐, 욕할 폐 [口部](水)

④ 획

犺 고슴도치 강 사나운 짐승 강

狂 사람 이름 경

狂 미칠 광, 미친병 광 개 달릴 각 常(土)

狃 친압할 뉴, 탐낼 뉴 맡을 뉴, 익숙할 뉴

犻 돼지 새끼 돈

犿 서로 쫓는 모양 변 너구리 환

犽 오랑캐 아, 짐승 이름 아, 종족 이름 아

狁 종족 이름 윤 오랑캐 윤

狄 종족 이름 적 낮은 벼슬 적(土)

狆 종족 이름 중

犼 산개 후 짐승 이름 후

狀 모양 상, 나타낼 상 문서 장 常(土)

狭 짐승 이름 결 교활할 쾌

犲 개 먹을 잡

犹 짐승 이름 우, 유

犯 豝[암퇘지 파]와 같음

犻 개 성낼 패, 개 이빨 드러낼 패

犾 앞 글자와 같음

狮 獅[사자 사]의 俗字

犴 사나운 개 연 호박개 연, 안

狆 종족 이름 초, 로

狐 꼬리 긴 원숭이 호

狖 강아지 부를 유

狄 앞 글자와 같음

狀 개 서로 물 은, 개 마주보고 짖을 은

犾 앞 글자와 같음

狉 돼지 같은 짐승 비

犷 개짖는 소리 은 개짖을 은

狗 짐승 이름 현

狇 종족 이름 목 목로 목

狃 豽[발없는 벌레 놜]과 같음

狏 짐승 이름 극

戾 어그러질 려 [戶部](金)

⑤ 획

𤝎 오랑캐 이름 고 고종 고

狗 개 구, 별 이름 구 간괘 구 常(土)

狔 바람에 너풀거릴 니, 짐승 이름 니

狚 큰 이리 달, 단 짐승 이름 단

狑 좋은 개 령 종족 이름 령

狛 짐승 이름 박

㹴 앞 글자와 같음

狉 삵의 새끼 비 너구리 비(土)

狒 비비짐승 비 짐승 이름 비(土)

犻 개 모양 불

狌 성성이 성 족제비 성

狎 익숙할 압, 희롱할 압, 늘어설 압(土)

狘 놀라 달아날 월 짐승 이름 월

狖 짐승 이름 유 긴 꼬리 원숭이 유

狎 앞 글자와 같음

狋 으르렁거릴 의 뿔모양 시, 권정 권

狙 원숭이 저, 엿볼 저 교활할 저(土)

狍 짐승 이름 포 포효할 포

狐 여우 호, 성씨 호 소인의 비유 호(土)

狊 날개 펼 격 짐승 이름 격

狜 원숭이 가

狯 怯[겁낼 겁]의 本字

独 豽[발없는 벌레 놜]의 俗字

狫 풍모 모

犯 犯[범할 범]의 古字

狞 개 싸울 변 개 싸우는 모양 변

狛 짐승 이름 부

狆 미칠 신

狭 담비 앙

狕 짐승 이름 요

狏 짐승 이름 이, 타

狂 개 주, 머리는 검고 몸이 누런개 주

狖 얼룩무늬 지 표범무늬 지

㹨 핥을 첩

狣 동경개 초 꼬리 짧은 개 초

狘 출척 출, 머리가 둘 달린 짐승 출

狏 짐승 이름 타

狐 개짖는 소리 호

狜 개짖는 소리 호

畎 밭고랑 견 [田部](土)

狓 미쳐 날뛸 피 거들거릴 피

狖 성급할 현

⑥ 획

洸 미칠 광, 안절부절 못하는 모양 광

狡 교활할 교, 사나울 교, 강건할 교(土)

狤 짐승 이름 길, 길로 길, 길굴 길

狪 짐승 이름 동, 통 종족 이름 동, 통

狫 종족 이름 로 힐로 로

狦 호박개 산, 짐승 이름 산, 사람 이름 산

狩 사냥 수, 정벌할 수 순시할 수 (土)

狥 徇[주창할 순]과 같음

狨 원숭이 이름 융 고운 베 융 (土)

狣 개 힘셀 조 힘센 개 조

狢 오소리 학 (土) 종족 이름 맥

狠 개 싸우는 소리 한 짐승 안, 한 품을 항

狟 오소리 훤, 개 다닐 환, 사나울 환

⿰犭伏 허리 구부리고 갈 파

⿰犭合 개 먹을 답

⿰犭因 짐승 이름 열

⿰犭幵 범 쫓는 개 연, 견 앞 글자와 같음

⿰犭并 앞 글자의 俗字

⿰犭夆 개 길들지 않을 항

⿰犭曳 삵의 새끼 예 살쾡이 예

狧 핥을 시, 탐낼 탑

⿰犭⿱巛出 암담비 노

⿰犭休 표범 휴

⿰肙犬 성급할 견 고지식할 견

独 獨[홀로 독]의 略字

狭 狹[좁을 협]의 略字

⿰犭百 책맥 맥(수나귀와 암소 사이에서 난 잡종)

⿰犭羊 양황 양 종족 이름 양

⿰犭圭 猧[발바리 와]와 같음

⿰犭夷 짐승 이름 이 오랑캐 이

⿰犭多 전설상의 짐승 이 이즉 이

⿰犭朱 주유 주 전설상의 짐승 이

⑦ 획

狷 성급할 견, 고지식할 견, 고집스럴 견 (土)

狼 이리 랑, 사나울 랑 짐승 이름 랑 (土)

狸 貍[삵 리]와 같음 (土)

猁 시라소니 리

⿰犭沙 종족 이름 사

狻 사자 산, 토끼 준 (土)

狳 짐승 이름 여 구여 여

狿 짐승 이름 연 만연 연

狺 으르렁거릴 은 (土) 개짖는 소리 은

⿰犭折 미친 개 제

狽 이리 패 짐승 이름 패 (土)

狴 짐승 이름 폐 폐안 폐 (土)

猂 悍[사나울 한]과 같음

狹 좁을 협, 경시할 협 소심할 협 (土)

⿰犭孚 작은 개 호

狶 돼지 희 제왕 이름 시

⿰希犬 앞 글자와 같음

⿰犭足 송나라의 작은 개 작

⿰犭孝 개나 돼지가 놀랄 효, 개가 짖을 효

狵 삽살개 방 별 이름 탁

⿰犭吾 원숭이 오

⿰犭吳 앞 글자와 같음

⿰犭肖 미치광이 소

⿰犭否 너구리 새끼 배, 패

⿰犭更 짐승 이름 갱 개 갱

⿰犭谷 짐승 이름 욕

⿰犭豆 개 짖는 소리 두

⿰犭巠 사냥할 경, 영

⿰犭邪 짐승 이름 사

⿰犭⿱巛出 산 이름 노 (土)

⿰犭芉 개 양

⿰犭廷 원숭이 정

⿰犭皃 貌[모양 모]와 같음

⿰犭求 오랑캐 이름 구

⿰犭伏 犴[들개 안]과 같음

⑧ 획

猏 세살 된 돼지 견

猑 짐승 이름 곤
큰 개 곤, 곤제 곤

猓 긴 꼬리 원숭이 과(土)
과연 과, 코알라 과

猛 사나울 맹, 건장할
맹, 엄격할 맹 常(土)

猞 짐승 이름 사
사리손 사

猜 시기할 시, 혐오할
시, 두려워할 시(土)

猊 사자 예
부처 자리 예(土)

猗 아름다울 의, 부드러
울 아, 거세한 개 의(土)

猙 짐승 이름 쟁
사나울 쟁, 정(土)

猠 짐승 이름 전
염소 전

猘 미친 개 제
사나울 제(土)

猝 갑자기 졸, 갑자기
소리치며 화낼 졸(土)

猖 미쳐 날뛸 창, 멋대
로 날뛰는 사람 창(土)

猈 발바리 패
사람 이름 비

猽 악어 홀, 홀률 홀

猇 범이 울부짖을 효
고을 이름 효

猒 물릴 염, 싫어할 염
편안하게 여길 염

猌 개 성낼 은, 개 이빨
들래고 성낼 은

猋 내달리는 모양 표
회오리바람 표

猅 머리 짧은 개 배
머리 작은 개 배

猆 성씨 비
짐승 이름 비

猄 개 이름 갱, 경

猎 개 먹을 답

猚 어미돼지 삽

猝 腔[빈 속 강]과 같음

猉 강아지 기(土)

猥 猧[발바리 와]와
같음

猲 개 소리 함

猍 살쾡이 래
오랑캐 이름 래

猎 송나라의 작은 개
작, 짐승 이름 석

猘 개 물 찬

猗 狡[교활할 교]와
같음

猘 개를 부추길 장

猔 외동강아지 종

猕 獼[원숭이 미]의
略字

猖 개 성내어 귀가 벌
죽거릴 적

猔 짐승 이름 굴

猗 건장할 교
교활할 표

猝 사나운 개 탁, 개가
물 탁, 사냥할 조

猪 豬[돼지 저]의 略
字

猖 悵[슬퍼할 창]의
俗字

猟 獵[사냥할 렵]의
略字

猒 사람 이름 염

猘 석국 국
짐승 이름 국

猆 짐승 이름 려

⑨ 획

猳 수퇘지 가
짐승 이름 가

猲 개 갈, 큰 이리 갈
어름 갑

猱 원숭이 노, 뉴(土)
거문고 타는 법 노

猯 貒[오소리 단]과
같음, 멧돼지 단

猫 고양이 묘
닻 묘(土)

猸 봉구스 미
짐승 이름 미

猹 짐승 이름 사

猩 성성이 성
붉은 색 성(土)

猰 얼룩개 알, 미칠 갈
무자비할 결

猰 앞 글자와 같음

猪 개 짖을 암

猧 발바리 와
땅강아지 와(土)

猥 함부로 외
더러울 외(土)

猨 猿[원숭이 원]과
같음(土)

猶 앞 글자와 같음

猬 蝟[고슴도치 위]와
같음

猶 오히려 유, 같을 유
어미 원숭이 유 常(土)

猪 돼지 저(土)

猣 솥발이 종

猭 짐승 달아날 천

猵 수달 편

猦 짐승 이름 풍

猢 원숭이 호 (土)

猴 원숭이 후 (土)

猴 앞 글자와 같음

猷 꾀할 유, 그릴 유 옳을 유 (土)

㚟 달아날 착, 약할 착 짐승 이름 착

猱 짐승 이름 노

猤 용맹스러울 계

⿰肴犬 개 짖을 효

⿰犭胥 원숭이 서

⿰犭咸 개 이름 감

⿰盾犬 사냥개 돈, 길개 돈 안내견 돈

⿰犭盈 여우 같은 짐승 영

⿰犭軍 짐승 이름 휘 흉노 이름 훈

煇 앞 글자와 같음

⿰犭是 개 이름 제

献 獻[드릴 헌]의 俗字

⿰虘犬 앞 글자와 같음

⿰犭耎 개 성낼 누

獀 가을에 사냥할 수 개 이름 수

⿰犭苟 狗[개 구]와 같음

⿰豖犬 독서 독(전설상의 짐승)

⿰犭思 두려워할 시

⿰犭英 나영산 영 산 이름 영

⿰犭歪 바르지 않을 외 비뚤 왜, 외

⿰犭禺 우융왕 우(전설에 나오는 요괴 이름)

⿰犭兪 狳[짐승 이름 여]와 같음, 짐승 이름 유

⿰犭皇 사나울 황

⑩ 획

⿰犭羌 짐승 이름 강

⿰犭尃 짐승 이름 박 박저 박

獅 사자 사, 개가 두 마리 새끼 낳을 사 (土)

猻 원숭이 손

獀 사냥 수, 봄사냥 수 가릴 수

猺 오랑캐 이름 요 짐승 이름 요

猿 원숭이 원 (土)

⿰犭員 앞 글자와 같음

獂 돼지 원, 환 고을 이름 원, 환

⿰犭益 짐승 이름 익

獉 덤불 진 황폐할 진

獊 두려울 창 어지러운 모양 창

猾 교활할 활, 어지럽힐 활, 희롱할 활 (土)

獃 어리석을 애 머무를 애 (土)

⿰嵦犬 어리석을 애 못생길 애 (土)

獄 송사 옥, 옥 옥 우리 옥

⿰犭般 동경이 반 반호 반

⿰犭畟 개 새끼 셋 낳을 직 솥발이 직

⿰犭搨 짐승 달아날 답

⿰犭留 사냥개 류, 대나무 뿌리를 먹고 사는 쥐 류

⿰犭冥 작은 돼지 명

⿰犭奚 동북 오랑캐 혜

⿰犭能 熊[곰 웅]과 같음

⿰犭哥 큰 원숭이 가

⿰犭蚩 사냥할 치 삽살개 치

⿰犭廷 원숭이 정

⿰犭差 개가 미칠 차

⿱𣪊犬 원숭이 혹 개 이름 구

⿰犭恙 사자같은 짐승 양 병 양

⿰犭翁 돼지 옹

⿰犭荒 이리 황

⿰犭兼 개 연속 짖을 혐, 함 개 맞싸울 혐, 함

獆 개 짖을 호, 울 호 개 웅얼거릴 호

⿰犭栗 오랑캐 이름 률

獔 교활할 교, 개가 놀라 짖을 효

⿰犭唐 당예 당 짐승 이름 당

獁 짐승 이름 마

⿰犭毘 맹수 이름 비

⿰犭衰 개 이름 쇠

⿰犭畜 畜[기를 축]과 같음

⑪ 획

獍 맹수 이름 경

獌 이리의 한 가지 만 짐승 이름 만

獐 노루 장 (土)

獑 흰 원숭이 같은 짐승 참

獒 개 오, 사나운 개 오 (土)

獎 奬[권면할 장]의 本字 (土)

⿰犭帶 미친 개 체, 제

⿰犭庸 짐승 이름 용

⿰犭婁 돼지 발정낼 루

⿰犭巢 서남 오랑캐 조, 로, 천할 소

⿰犭從 개 새끼 한 마리만 낳을 종

獏 짐승 이름 모

獉 이을 진 잇닿은 모양 진

⿰犭叅 개 짖는 소리 삼

⿰犭參 미워할 삼, 와락 덤빌 삼, 괴물 이름 소

⿰犭翏 요란할 교 교활할 교

⿰犭虒 담비 호

⿰犭農 삽살개 농

献 獻[드릴 헌]의 略字

⿰犭欶 속주 속

獓 오열 오, 개 오

獄 옥 옥, 우리 옥 常(土)

⿰犭國 가욱 욱(원숭이의 일종)

⿰犭責 재빠를 적

⿰犭崔 추할 최, 외최 최

⿰犭區 추호 추(삵괭이 같이 생긴 짐승)

⿰犭票 재빠를 표

⿰犭梟 梟[올빼미 효]와 같음

⑫ 획

獟 미친개 요, 교 사나울 효

獗 널뛸 궐, 도적 형세 성할 궐 (土)

獤 돈피 돈, 개 돈 잘 돈

獞 오랑캐 이름 동 개 이름 동

獠 밤사냥 료, 요동개 료, 서남오랑캐 조 (土)

獜 튼튼할 린 짐승 이름 린 (土)

獛 남쪽 오랑캐 복

獖 양 이름 분 거세한 돼지 분

獡 개가 사람 따를 삭

⿰犭鳥 앞 글자와 같음

獙 짐승 이름 폐 여우 폐 (土)

獋 개 짖을 호, 울 호 사람 이름 호

獚 큰 개 황

獢 주둥이 짧은 개 효

獝 미칠 휼 어리둥절할 휼

獘 넘어질 폐, 폐단 폐 곤할 폐 (土)

獣 獸[짐승 수]의 略字

默 잠잠할 묵, 조용할 묵 [黑部] 常(水)

獳 삽살개 노

⿰犭思 암담비 시, 취

⿰犭爲 오랑캐 위, 휘 짐승 이름 해

⿰犭番 개 싸우는 소리 번

⿰犭喜 사람 이름 희

⿰犭敢 개소리 함

⿰犭彭 개 팽

獮 담비 연, 원숭이 같은 짐승 연

獮 개 물 선, 찬

獪 몽계짐승 계, 꼬리 째진 원숭이 계

獰 흉악할 녕 유약할 녕

獯 율속 속

獭 잇닿은 모양 진

⑬ 획

獦 큰 이리 갈, 주둥이 짧은 개 할

獥 이리 새끼 격, 교 암이리 격, 교

獧 성급할 견, 급할 환 빠를 현, 총명할 현

獺 獺[수달 달]과 같음

獨 홀로 독, 외로울 독 다만 독 常(土)

獸 앞 글자와 같음

獩 종족 이름 예 예맥 예 (土)

獬 짐승 이름 해, 해태 해, 굳셀 개 (土)

獫 오랑캐 이름 험 험윤 험 (土)

獪 교활할 회, 쾌 어지럽힐 활 (土)

獮 억센 짐승 치

獳 고을 이름 주

獶 삽살개 농, 노 오랑캐 이름 농, 노

獲 개 길들지 않을 앙 굳센 개 옹

獮 억셀 태

獸 패할 도, 깨뜨릴 두

獿 산(山)사람 소

獿 素[흴 소]와 같음 희생이 흴 소

獽 獽[오랑캐 이름 양]과 같음

獸 獸[짐승 수]의 俗字

獦 猲[개 갈]과 같음

獼 괴물 이름 뢰

⑭ 획

獰 흉악할 녕 유약할 녕 (土)

獳 으르렁거릴 누 개 성내는 모양 누

獮 가을 사냥 선 죽일 선, 미후 미

獲 얻을 획, 포로 획 맞힐 획 常(土)

獯 오랑캐 이름 훈 훈육 훈 (土)

獵 범 고리 함, 사나운 개 계속 짖을 함

獿 산(山) 나귀 은

獡 개 놀라는 모양 삭

獥 탄식하는 소리 여 아이 소리 여

獱 수달 빈

獵 獵[사냥 렵]의 略字

獴 몽계 몽 짐승 이름 몽

獾 짐승 이름 탁

獆 개가 새끼 한 마리만 낳을 호

⑮ 획

獷 사나울 광 (土) 거칠 광, 깨달을 경

獵 사냥 렵, 잡을 렵 찾아 구할 렵 常(土)

獶 개 이름 우, 원숭이 노, 미장이 노

獸 짐승 수, 포 수, 사냥할 수, 가축 수 常(土)

獳 짐승 이름 궁

獼 미칠 뢰

獼 하늘다람쥐 뢰

獿 놀랄 삭 짐승 이름 력

獮 검은 원숭이 유 유산 유

獼 미친 개 체, 치

獺 짐승 이름 혈

⑯ 획

獺 수달 달, 물개 달 (土)

獹 개 이름 로 좋은 개 로

獻 바칠 헌, 드릴 헌 어진이 헌 常(土)

獻 이를 학, 높을 학

獼 짐승 달릴 련 원숭이 나무 탈 련

獼 짐승 이름 력

獷 獷[사나울 광]과 같음

獵 좋은 개 령

⑰ 획

獼 원숭이 미 (土)

獽 오랑캐 이름 양 원숭이 양

⑱ 획

獿 개 짖을 뇨, 미장이 노, 원숭이 노

獾 오소리 환, 왕살기 환, 고을 이름 권

玃 玃[원숭이 확]과 같음

獮 獮[가을 사냥 선]과 같음

⑲ 획

玀 오랑캐 이름 라

獶 優[넉넉할 우]와 같음

⑳ 획

玁 개가 새끼 한 마리 낳을 기

玃 움킬 확, 곽 큰 원숭이 확

玁 獫[오랑캐 이름 험]과 같음 (土)

獻 개가 새끼 한 마리 낳을 기

㉑ 획

玁 오랑캐 람

獟 개 털빛 누를 효 황백색의 개 효

獵 앞 글자와 같음

㉒ 획

獢 개 털빛 누를 효 황백색의 개 효

㉔ 획

獵 羚[좋은 개 영]과 같음

玄部

玄 검을 현, 현묘할 현 하늘 현, 현손 현 常(火)

④ 획

玅 현묘할 묘, 妙[묘할 묘]와 같음

⑤ 획

玆 이 자, 흐릴 자 검을 현

茲 玆[이 자]와 같음

畜 기를 축, 휵, 가축 축, 성씨 휵 [田部] 常(土)

⑥ 획

玈 검을 로, 검은빛 노 (水)

率 거느릴 솔, 장수 수 비례 률 常(火)

⑨ 획

㼌 어그러질 의

玉部

玉 구슬 옥, 옥 옥, 사랑할 옥, 이룰 옥 常(金)

玊 옥 다듬는 장인 숙 옥집 숙, 성씨 숙

王 [玉]을 '변'으로 쓸 때는 이렇게 쓴다.

王 임금 왕, 천자 왕 할아버지 왕 常(金)

① 획

玍 까불 왕

主 주인 주, 임금 주 어른 주 [丶部] 常(木)

② 획

玎 옥소리 정, 쟁 (金)

玏 옥 비슷한 돌 륵 옥돌 륵

玐 옥 덩어리 박

玒 옥과 비슷한 돌 사

5획

玐 옥소리 팔, 옥이 부딪치는 소리 팔

全 온전할 전, 온통 전 순전히 전 [入部] 常 (土)

匡 바를 광, 바로잡을 광 [匚部] (土)

③ 획

玕 옥돌 간, 낭간 간 옥 이름 간 (金)

玒 옥 이름 강, 공 (金)

玐 구슬 공, 옥 공

玖 옥돌 구, 아홉 구 성씨 구 (金)

玘 패옥 기, 옥 이름 기 (金)

玗 옥돌 우, 옥 비슷한 돌 우 (金)

玙 앞 글자와 같음

玓 빛날 적, 구슬빛 적

玔 옥고리 천 옥가락지 천 (金)

玔 두루 신

玣 높을 을

玤 옥그릇 보 (金)

弄 희롱할 롱, 가지고 놀 롱 [廾部] 常 (金)

尪 절름발이 왕 곱사등이 왕 [大部]

④ 획

玠 큰 홀 개 (金)

玦 패옥 결, 깍지 결 (金)

玬 옥 이름 단

玧 옥 이름 두

玫 매괴 매, 아름다운 돌 이름 매 (金)

玥 瑁[서옥 모]의 古字

玥 신옥 월

玟 옥돌 민, 고운돌 민 옥의 무늬 문 (金)

玤 옥돌 방 땅 이름 방

环 구슬 배, 環[가락지 환]의 簡字

玞 옥돌 부, 무부 부 (金) (옥에 버금가는 돌)

玢 옥 무늬 분 옥 이름 빈

玭 구슬 이름 빈, 진주 빈, 조개 빈 (金)

玡 옥 같은 뼈 아

玝 사람 이름 오

玩 희롱할 완, 익힐 완 장난감 완 (金)

玧 붉은 구슬 문 귀걸이 윤 (金)

玜 구슬 이름 공

玺 옥 그릇 잉

玣 옥으로 꾸민 관 변 고깔 꾸미개옥 변

玟 옥 이름 몰

玐 鈕[인꼭지 뉴]의 古字

珏 玨[쌍옥 각]의 古字

玪 옥 이름 검 아름다운 옥 림 (金)

⑤ 획

珂 옥 이름 가, 흰 옥돌 가 (金)

珈 머리 꾸미개 가 (金)

珏 쌍옥 각, 곡 (金)

玵 아름다운 구슬 감

玾 옥 이름 갑

玽 옥돌 구 (金)

玳 대모 대 (金)

玲 옥소리 령 영롱할 령 (金)

珋 광채가 나는 돌 류

珉 옥돌 민 (金)

珀 호박 박 (金)

玸 옥의 무늬 부 옥 이름 부

珊 산호 산 패옥소리 산 (金)

珊 앞 글자와 같음

珊 앞 글자의 俗字

玿 아름다운 옥 소 (金)

珅 옥 이름 신

珃 옥 염

詠 옥구슬 영

玴 옥돌 예 (金)

玼 흉 자 (金) 옥빛 깨끗할 체

玷 더럽힐 점, 허물 점 옥의 티 점 (金)

珇 옥의 무늬 저 아름다울 조

珍 보배 진, 진귀할 진 소중히 여길 진 常 (金)

珎 珍[보배 진]의 古字

珎 앞 글자와 같음

珆 용무늬 있는 홀옥 태, 옥돌 이 (金)

玻 유리 파 (金)

玶 구슬 이름 평

珌 칼 장식 옥 필 (金)

玹 옥돌 현, 옥색 현 (金)

玦 玦[패옥 결]과 같음

玣 고깔 꾸미개 옥 변

珄 금빛 생

玒 옥고리 공, 궁

珐 琺[법랑 법]의 略字

玺 璽[옥새 새]의 略字

珍 옥소리 동

⑥ 획

珙 큰 옥 공 큰 구슬 공 (金)

珖 옥피리 광 옥 이름 광 (金)

珓 옥 산통 교 배교 교

珪 홀 규, 신표 규 서옥 규 (金)

珞 구슬 목걸이 락, 영락 락, 자갈 력 (金)

珯 구슬 로

班 나눌 반, 반포할 반 반렬 반 常 (木)

珤 寶[보배 보]의 古字 (金)

珱 寶[보배 보]와 같음 (金)

珗 옥돌 선 (金)

珣 옥 이름 순 순우기 순 (金)

珬 자개 술 옥 이름 술

珜 현 이름 양

珚 옥 이름 연

珧 강요주 요 자개 요, 조개 요

珢 옥돌 은 (金)

珆 화반석 이

珥 귀엣고리 이, 날밑 이, 토할 이 (金)

珛 구슬 주 옥 이름 주 (金)

珠 구슬 주, 방울 주 진주 주 常 (金)

珒 옥 이름 진 (金)

珘 옥 이름 천

珫 귀엣고리 충 구슬 이름 총 (金)

珮 佩[찰 패]와 같음 (金)

珨 문 여닫을 합

珦 옥 이름 향, 상 (金)

珩 노리개 형, 관 고정시키는 끈 형 (金)

珝 티 박힌 옥 후 질 낮은 옥 후

珝 옥 이름 후 (金)

珕 자개로 칼 장식할 려, 리

珙 옥띠 공

珺 옥을 갈 퇴

琡 하자 있는 옥 숙 옥공 숙

琙 앞 글자와 같음

珡 琴[거문고 금]의 本字

珛 옥 같은 돌 유

珛 덩어리 옥 괴

瑙 瑙[마노 노]와 같음

珪 蛣[장구벌레 길]과 같음

⑦ 획

琉 유리 류 (金)

琨 옥 이름 곤

球 공 구, 옥경 구, 아름다운 옥 구 常 (金)

珺 아름다운 옥 군

琅 옥 이름 랑, 낭랑할 랑 (金)

琌 陵[언덕 릉]과 같음

理 다스릴 리, 옥 다듬을 리, 이치 리 常(金)

琍 유리 리

珷 옥돌 무, 무부 무 (金)

琫 옥 이름 봉

琈 옥 문채 부, 저부 부, 옥빛깔 부

琁 옥 선, 별 이름 선, 붉은 옥 경 (金)

琓 앞 글자와 같음

珹 옥 이름 성 (金)

琑 옥 이름 소

琇 옥돌 수, 훌륭할 수 (金)

珴 홀 아

琊 땅 이름 야, 낭야 야

珸 옥돌 오, 곤오 오 (金)

琝 옥돌 오, 곤오 오

琓 옥 이름 완, 완하 완 (金)

珽 옥홀 정, 옥 이름 정 (金)

珵 옥 이름 정 (金)

琋 패옥 제, 제당 제

琔 비등할 착, 가지런할 축

琄 자개장식 패, 조개장식 패

琀 반함 옥 함, 반함구슬 함

現 나타날 현, 지금 현, 현재 현 常(金)

琄 패옥 늘어질 현, 옥 모양 현 (金)

琋 사람 이름 희

玟 옥 무늬 문

琒 珤[보배 보]와 같음

琝 옥 이름 준

琗 아름다운 옥 도

琉 보석 류, 금강석 류

琈 아름다운 옥 보

琂 옥 같은 돌 언

珢 琨[옥돌 은, 간]의 本字

望 바랄 망, 원망할 망, 보름 망 [月部] 常(水)

琝 옥 이름 매

琗 옥 이름 몰

琗 硨[조개 이름 차]와 같음

⑧ 획

琚 패옥 거

琼 옥구슬 경

琗 옥무늬 채 (金)

琨 옥돌 곤, 패옥 곤 (金)

琯 옥피리 관, 옥퉁소 관 (金)

琹 琴[거문고 금]의 俗字

琴 거문고 금, 거문고 소리 금 常(金)

琻 옥 이름 금

琪 옥 이름 기 (金)

琟 옥돌 유 (金)

琦 옥 이름 기, 뛰어날 기, 기이할 기 (金)

琭 옥 모양 록, 옥 이름 록

琳 아름다운 옥 림, 신선 처소 림 (金)

琝 옥돌 민 (金)

斑 아롱질 반 [文部](金)

琣 칼집 장식 배

琲 구슬 꿰미 배, 구슬 배 (金)

琺 법랑 법 (金)

琕 구슬 이름 변, 칼집 병

琫 칼집 장식 봉 (金)

琵 비파 비(金)

琡 옥 이름 숙, 서옥 숙 (金)

琰 옥 이름 역

琰 옥 갈 염, 완염 염, 염규 염 (金)

琬 홀 완, 완규 완 완염 완 (金)

琖 옥잔 잔, 양수사 잔 옥술잔 잔

琤 옥소리 쟁, 사물이 부딪치는 소리 쟁 (金)

琠 귀막이 전 옥 이름 전 (金)

琔 옥빛 정

琱 옥 다듬을 조 (金) 되고할 조, 그릴 조

琮 옥홀 종, 서옥 종 성씨 종 (金)

琩 귀막이 옥 창 귀걸이 창

琛 보배 침, 좋은 옥 침 진귀할 침 (金)

琢 쪼을 탁, 꺾을 탁 골라 뽑을 탁 (金)

琸 사람 이름 탁 (金)

琶 비파 파 (金)

琥 호박 호, 서옥 호 (金)

琨 가지런할 균 균옥 균

琡 옥 무늬 추 옥 이름 추

琮 璁[옥같은 돌 총]와 같음

琚 귀걸이 거

琰 옥 문채 역 아롱질 액

琘 珉[옥돌 민]과 같음 (金)

琙 사람 이름 역

琜 옥 래

堅 옥돌 한

琧 흰 옥 악

⑨ 획

堪 옥 이름 감

瑌 옥돌 연 (金)

瑊 옥돌 감, 짐, 옥과 비슷한 돌 감, 짐

瑙 마노 노(보석의 이름) (金)

瑇 대모 대(바다 거북의 일종)

瑁 서옥 이름 모 대모 모 (金)

瑂 옥돌 미 옥 비슷한 돌 미 (金)

瑉 珉[옥돌 민]과 같음 (金)

瑞 상서 서, 서옥 서 주 이름 서 (金)

瑄 도리옥 선, 선옥 선 (金)

瑆 옥빛 성 (金)

瑟 큰 거문고 슬 (金)

瑛 옥빛 영, 꽃 영 아름다운 옥 영 (金)

瑀 패옥 이름 우 옥돌 우 (金)

瑗 도리옥 원 옥 이름 원 (金)

瑋 옥 이름 위, 진귀할 위, 아름다울 위 (金)

瑜 아름다운 옥 유 근유 유 (金)

瑑 옥에 아로새길 전

瑔 옥 이름 천 조개 이름 천

瑐 옥 이름 전

瑅 제당 제 옥 이름 제 (金)

瑒 옥잔 창, 탕 황금 탕, 옥 이름 양

瑏 옥 천

瑃 옥 이름 춘 (金)

瑕 옥의 티 하, 허물 하 두꺼비 하 (金)

瑎 검은 옥돌 해 (金)

瑚 산호 호 제기 이름 호 (金)

瑍 아름다운 옥 훈, 혼 (金)

瑍 옥이름 환, 환옥 환 예쁜 옥무늬 환

瑝 옥 소리 황 (金)

瑎 玠[큰 홀 개]와 같음

瑓 옥 랄

瑁 삼갈 욱 (金)

瑈 옥 이름 유 구슬 유 (金)

瑸 옥 무늬 반 문채날 빈

瑓 옥 이름 련

瑖 옥돌 단

璖 옥고리 거, 오랑캐의 귀걸이 거

瑘 琊[땅 이름 야]와 같음

瑽 귀막이 옥 돌

瑦 和[화합할 화]의 古字

瑮 패옥 이름 설 흔들리는 모양 질

瑵 璪[수레 꼭지 조]와 같음

瓆 옥 이름 질

瑽 璁[옥 같은 돌 총]과 같음

⑩ 획

瑊 옥돌 겸

瑨 아름다운 돌 진 (金)

瑴 쌍옥 각, 옥 이름 곡

瑴 앞 글자와 같음

瑴 앞 글자와 같음

瑰 구슬 이름 괴, 클 괴, 진귀할 괴 (金)

瑭 당무옥 당 옥이름 당 (金)

瑯 고을 이름 랑 옥 이름 랑 (金)

瑠 琉[유리 류]와 같음 (金)

瑮 옥무늬 률 (金) 옥무늬 정연할 률

瑪 마노 마 (金)

瑣 옥소리 쇄, 자잘할 쇄, 하찮을 쇄

瑣 앞 글자와 같음 (金)

瑥 사람 이름 온 (金)

瑢 패옥 소리 용 (金)

瑤 아름다운 옥 요, 흔들릴 요, 요초 요 (金)

瑶 앞 글자의 俗字

璅 수레 꼭지 조 조개 조

瑧 옥 이름 진

瑱 귀걸이 옥 진, 옥이름 전, 메울 전 (金)

瑱 앞 글자의 俗字

瑨 옥에 버금가는 아름다운 돌 진 (金)

瑳 깨끗할 차, 갈 차 이빨 드러날 차 (金)

瑲 옥소리 창 악기소리 창

瑬 면류관 드리움 류 깃술 류

瑩 밝을 영, 맑게할 영 옥이 빛날 영, 형 (金)

琛 보배 침, 옥 이름 침

瑸 옥 광채낼 퇴 옥 다듬을 퇴

瑦 옥돌 오

瑫 아름다운 옥 도 칼꾸미개 옥 도

磅 옥 방 | 瑥 옥돌 은 (金)

碧 푸를 벽, 청강석 벽 [石部] 常 (金)

⑪ 획

璆 아름다운 옥 구, 규 패옥소리 구, 규 (金)

瑾 아름다운 옥 근 붉은 옥 근 (金)

璂 피변 꾸미개 기, 고깔 장식 옥 기 (金)

璉 호련 련 제기 이름 련 (金)

璃 유리 리 (金)

璊 붉은 옥 문 (金)

瑺 구슬 이름 상

瑹 홀 서 아름다운 옥 도

璇 아름다운 옥 선, 옥돌 선, 별 이름 선 (金)

璅 옥돌 조, 옥소리 쇄 자물쇠 쇄, 소 (金)

璄 옥 광채 날 영, 璟[옥 빛 경]과 같음 (金)

璈 악기 이름 오

璋 반쪽 홀 장, 밝을 장 서옥 이름 장 (金)

瑼 옥 이름 전

瑽 패옥소리 종, 패옥 흔들리는 모양 종 (金)

璁 옥 같은 돌 총 옥돌 총

璀 옥빛 찬란할 최 옥 이름 최 (金)

璢 珌[칼 장식 옥 필]과 같음

瑿 검은 옥 예 검은 빛깔 호박 예

璭 아름다운 옥 곤

璗 옥 도, 저

璥 옥돌 륵

璥 앞 글자와 같음

璸 斑[아롱질 반]과 같음

瑹 옥 이름 도

璖 璩[옥고리 거]와 같음

瑳 사람 이름 차

瑸 뜰 인, 마당 인 사람 이름 인 (金)

瑻 가을 제사 루

璓 옥돌 수, 옥 이름 유

瑟 瑟[비파 슬]의 本字

瑚 옥 호

璡 璡[옥돌 진]의 俗字

環 環[고리 환]의 俗字

璱 璱 푸른 구슬 슬 (金)

⑫ 획

璟 옥돌 경, 璄[옥빛 경]과 같음 (金)

璚 옥 이름 경 패옥 결

璣 구슬 기, 둥글지 않은 구슬 기 (金)

璒 옥돌 등, 옥과 비슷한 아름다운 돌 등

璐 아름다운 옥 로 (金)

璘 옥빛 린, 문채나는 모양 린 (金)

璞 성씨 박, 가공하지 않은 옥돌 박 (金)

璠 번여옥 번

璕 옥돌 심

璡 옥돌 진, 옥처럼 아름다운 돌 진 (金)

璤 옥 이름 혜

璍 옥 이름 화

璗 황금 탕

璜 서옥 황 패옥 이름 황 (金)

璏 옥으로 만든 칼집 고리 체, 예

璑 세 빛 옥돌 무

璔 옥 모양 증

璖 귀걸이 거

㻶 푸른 옥피리 필

璙 옥 이름 로

璙 옥 이름 료

璥 땅 이름 극 옥 이름 극

璛 옥 다듬는 장인 숙

璠 옥 같은 돌 잠

璝 瑰[구슬 이름 괴]와 같음 (金)

璢 유리 류

璦 여자 머리 꾸미개 압

璧 틈 현, 간격 현

璞 옥 이름 찬

璣 옥 력

璿 璿[아름다운 옥 선]과 같음

璲 옥 이름 수 (金) 아름다운 옥 선

⑬ 획

璩 성씨 거 옥 이름 거

璥 경옥 경 옥 이름 경 (金)

璭 금옥 광낼 곤

璫 귀엣고리 옥 당 구슬 귀걸이 당 (金)

璲 패옥 수 서옥 이름 수 (金)

璱 푸른 구슬 슬, 옥빛 깔 산뜻할 슬 (金)

璦 아름다운 옥 애

璪 면류관 장식 조, 꽃무늬옥장식 조 (金)

璨 빛날 찬 아름다운 옥 찬 (金)

璴 옥 이름 초

環 고리 환, 둥근옥 환 에두를 환 常 (金)

璯 성씨 괘 관솔기 옥장식 회

璧 둥근 옥 벽, 달 벽 서옥이름 벽 (金)

璾 옥 같은 돌 갈

璩 옥 같은 돌 호

璬 패옥 교

璬 옥 력

瓮 옥그릇 옹

璮 귀막이 옥 전

璹 옥 이름 촉

璻 瓔[옥무늬 률]의 本字

⑭ 획

璾 사람 이름 개

璸 구슬 이름 변
옥의 무늬 빈(金)

璿 아름다운 옥 선(金)

璹 옥그릇 숙
옥 이름 수(金)

璶 옥돌 신, 옥과 비슷한 돌 신(金)

璵 옥 여, 인품이 고결할 여(金)

瑌 옥돌 연(金)

璾 옥의 티 제
곡물 담는 제기 자

璻 옥빛 취

瓁 다듬지 않은 옥 확
물 콸콸 흐를 확

璺 금갈 문
그릇에 생긴 금 문

璽 도장 새, 옥새 새
성씨 새(金)

璂 고깔 꾸미개 기, 피변(皮弁)장식 옥 기

璼 흰 옥 람
옥 이름 람(金)

瓂 옥 같은 돌 할

璘 璘[옥빛 린]의 本字

⑮ 획

瓊 옥경, 옥빛 경
주사위 경(金)

瓈 유리 려
파려 려

瓅 옥빛 력

瓃 옥그릇 뢰, 루

璷 옥 이름 부

璹 옥의 티 적

瓆 사람 이름 질(金)

瓄 옥그릇 독, 옥홀 독
서옥 이름 독

瓉 瓚[제기 찬]과 같음

璣 璣[구슬 기]와 같음(金)

瓌 둥글지 않은 구슬 기

瓋 과실 전

瑑 옥에 새길 전
옥 이름 춘

⑯ 획

瓌 瑰[구슬 이름 괴]와 같음

瓖 앞 글자와 같음

瓏 옥소리 롱, 맑고 깨끗한 모양 롱(金)

瓍 구슬 수
구슬 이름 수(金)

瓎 옥 랄

瓐 비취옥 로
푸른 옥 로(金)

⑰ 획

瓓 옥 광채 란
옥돌 란(金)

瓖 뱃대끈 장식 양,상
옥돌 양, 상감 양

瓔 구슬 목걸이 영, 영락 영, 옥돌 영(金)

璽 활부릴 사
옥 이름 미

瓕 옥돌 섭

靈 무당 령

⑱ 획

瓘 옥 이름 관, 홀 관
사람 이름 관(金)

瓙 옥 도

瓗 붉은 옥 휴, 경, 유

瓇 옥 유, 요, 구슬 유
옥 이름 노

⑲ 획

瓚 제기 찬, 옥홀 찬
큰홀 찬(金)

⑳ 획

瓛 옥홀 환, 서옥 환(金)

瓛 옥시루 언

㉑ 획

瓕 옥그릇 루

瓃 옥그릇 뢰

㉒ 획

瓗 옥 같은 돌 심

㉔ 획

⿰王靈 玲[옥소리 령]과 같음

瓜部

瓜 오이 과, 참외 과, 모과 과, 달팽이 과 (木)

③ 획

瓝 외지 포, 북치 박 오이 박

弧 활 호 [弓部] (木)

狐 여우 호, 성씨 호 [犬部] (土)

孤 외로울 고, 고아 고 우뚝할 고 [子部] 常 (水)

④ 획

⿰瓜冘 껍질 푸른 오이 짐

⿰瓜丰 오이 주렁주렁 맺힐 봉

⿰分瓜 상서로운 오이 반 서과 반

⿰屯瓜 오이 둔, 온둔 둔

⑤ 획

瓟 오이 박, 북치 박 표주박 포

瓞 북치 질, 후손 질 작은 오이 질

⿰瓜弗 앞 글자와 같음

⿰句瓜 오이 구, 참외 구 왕과(王瓜) 구

⿰古瓜 말린 채소 여 큰 참외 고

⿰令瓜 남쪽에서 나는 작은 오이 령

⿰瓜由 밑둥 약할 유 덩굴 약할 유

⑥ 획

⿰吉瓜 굳셀 갈

瓠 표주박 호, 병 호 텅비고 넓을 확 (木)

⿰舌瓜 괄루 괄 채소 이름 괄

⿰瓜舌 앞 글자와 같음

⿰瓜交 북치 박

⿰耒瓜 오이 속 뢰, 뇌뇌 뢰 진무른 오이 뢰

⑦ 획

⿰蜀瓜 촛병 독

⿰豕瓜 너무 익어 무른 외 뇌, 상한 참외 뇌

⑧ 획

⿰咅瓜 오이 배

⿰果瓜 오이 화, 손톱 움직이는 모양 라

⿰咠瓜 나라 이름 집

⑨ 획

⿰侯瓜 큰 오이 후

⿰癸瓜 藈[쥐참외 규]와 같음

⿰連瓜 외씨 련, 박과 오이의 속 련

⿰瓜昜 큰 오이 탕

⿰扁瓜 오이 이름 편

⿰瓜扁 앞 글자와 같음

⑩ 획

⿰瓜兼 오이씨 렴

⿰昷瓜 온둔 온, 오이 온

⿰䍃瓜 오이 요 오이 이름 요

⿱𤇾瓜 북치 형 작은 오이 형

⑪ 획

瓢 표주박 표, 성씨 표 호리병 박 표 (木)

⿰婁瓜 구루 루, 땅외 루 오이 이름 루

⿰䌛瓜 오이 이름 요, 소

⑬ 획

⿰當瓜 오이씨 당

⿰虛瓜 표주박 희

⑭ 획

瓣 외씨 판, 과일 씨앗 판, 꽃잎 판 (木)

⑯ 획

𤬫 호리병 박 로 표주박 로

瓐 앞 글자와 같음

𤬬 표주박 언

⑰ 획

瓤 박 속 냥 과일 속 냥

⑱ 획

𤬰 오이 구를 권

⑲ 획

𤬯 표주박 례 표주박 자루 례

㉑ 획

𤬲 표주박 례 표주박 자루 례

瓦部

瓦 기와 와, 질그릇 와 방패 등 와 常(土)

② 획

瓧 데카그램 십

瓩 벽돌 정, 청

③ 획

瓨 질그릇 홍 목 긴 항아리 항

瓩 킬로그램 천 킬로와트 천

𭁾 산모양 와

瓮 굽지 않은 기와 익 날기와 익

𤬸 큰 동이 두 기와 제조용기 두

𤬺 甃[벽돌담 추]와 같음

④ 획

瓱 밀리그램 모

瓲 톤 돈

瓬 오지그릇 방 진흙 뭉칠 방

瓰 데시그램 분

瓫 동이 분

瓮 독 옹 (土)

瓪 암키와 판 기와조각 판

瓳 우물 벽돌 추 벽돌 깔 추

𤭁 굽지 않은 기와 배

瓨 큰 독 강

𤭂 기와 담, 항아리 담 장군 담

瓯 甌[사발 구]의 俗字

𤭃 풀무자루 함 귀달린 작은 병 검

𤭄 목이 긴 병 형

⑤ 획

瓴 동이 령, 암키와 령 귀달린 병 령

𤭅 앞 글자와 같음

𤭆 물장군 공, 단지 공

盎 큰 혹부리 앙 동이 앙

瓳 벽돌 호, 반호 호 (土)

瓭 벽돌 사, 시

𤭇 큰 독 용

瓺 암키와 날, 놜

瓶 독 팽, 병 팽 항아리 팽

瓸 우물벽돌 백, 기와 아귀 안맞을 백

瓵 질주발 타 사발 타

瓵 작은 독 이 뚝배기 이

⑥ 획

瓸 헥토그램 백

瓸 벽돌 깔 백 헥타그램 백

瓶 병 병, 동이 병 리루 병, 성씨 병

瓷 오지그릇 자 (土)

𤭏 목 긴 병 수, 양병 수, 물장군 수

瓵 벽돌 이, 물장군 이

瓾 사발 타
돌팔매질할 타

㼤 병 결, 동이 결

㼣 그릇 고

㼧 수키와 동

⑦ 획

瓻 술단지 치

𤭢 독 밑구멍 견
오지그릇 견

㼩 병 모양 범, 기와 범

㼿 수키와 동

㽁 귀 달린 병 함
작은 병 함

㽀 술병 척

㼽 그릇 성, 독 성

㼱 지붕 대마루 맹

瓺 질그릇 장
동이 장

㼸 그릇 이름 랑

𤭸 물장군 병
항아리 병

㼪 반쪽 기와 협
기와 서로 업힐 협

⑧ 획

瓽 큰 동이 당
우물 쌓는 벽돌 당

㽇 시루테 맹

瓿 단지 부

甀 항아리 추
단지 추

㼬 귀달린 병 행, 형

㼚 장독 강, 큰 독 강

㼦 아가리 큰 독 환
입 큰 독 환, 화

㼭 괴인 벽돌 점
물건 지탱할 점

㼴 작은 병 려

㼷 벽돌가루로 그릇
닦을 차

𤭛 장군 동, 항아리 동

㼰 목 긴 병 비
방화수독 비

甁 병 병, 물장군 병 (土)

𤭻 깰 쇄, 깨어질 쇄
부스러질 쇄

⑨ 획

甄 질그릇 견, 진
옹기장이 견, 진 (土)

甅 센티그램 리

甂 자배기 변

甃 벽돌담 추, 꾸밀 추
우물 수리할 추 (土)

㼼 기와 깨지는 소리
렵, 얇은 기와 렵

㼨 수키와 개

㼲 물동이 우

𤮌 돌팔매질 타

㼫 돌그릇 경

㼮 자배기 제

瓹 항아리 유, 병 유

㼶 동이 천, 벽돌 전

㼹 항아리 항

㼻 가죽 다룰 연, 준
가죽바지 연, 준

⑩ 획

甈 항아리 게, 계

甇 항아리 앵

㼺 항아리 용, 병 용
그릇 용

㼜 동이 앙

㼾 독 강, 그릇 황
깨어진 병 황

㽊 오지그릇 압

甉 기와 덮을 함

瓭 사기그릇 당, 귀 달
린 작은 병 당

𤮍 瓷[오지그릇 자]의
俗字

⑪ 획

甌 사발 구, 잔 구
악기 구 (土)

甍 용마루 맹

甋 벽돌 적

甎 벽돌 전 (土)

甓 굽지 않은 기와 결

甏 병 상, 종 항아리 상, 종

甐 벽돌 류, 뤼

甋 瓢[표주박 표]와 같음

甊 병 루 작은 단지 루

甗 굽지 않은 질그릇 상, 그릇 닦을 상

甗 질그릇 강

甗 벽돌 록

⑫ 획

甐 그릇 린, 해질 린 닳아서 얇아질 린

甑 바닥에 까는 벽돌 동, 독 종

甒 벽돌 류

甒 술단지 무

甑 시루 증, 고리 증 (土)

甏 질그릇 팽

甔 병 정

甓 기와그릇 력

甗 그릇 깨어질 삽

甎 술동이 준

甑 항아리 사 독 깨지는 소리 사

甗 장군 희, 그릇 희

甗 반호 반

甓 오지그릇 별

⑬ 획

甔 항아리 담 한섬들이 독 담

甓 벽돌 벽 (土)

甕 독 옹, 코막힐 옹 소리 변할 옹 (土)

甑 제기 등

甗 물장군 희

甗 용마루 기와 뢰

甗 질그릇 가장자리 선

甓 질그릇 혹 날벽돌 혹

甗 甗[시루 언]의 訛字

⑭ 획

甓 큰 동이 함

甖 술단지 앵 항아리 앵

甓 큰 병 의

⑮ 획

甗 독 무

⑯ 획

甗 시루 언, 시루 모양의 산 언, 땅이름언

甗 술독 담

甗 술그릇 로, 술병 로

甓 연자방아 롱 연자매 롱

甗 가죽바지 옹, 준, 윤

⑰ 획

甗 기와 깨지는 소리 섭

甗 큰 소래기 참 두멍 참, 뜨물독 참

⑱ 획

甗 시루구멍 규, 휴

甗 동이 접

甗 절름거리며 걸을 선

甗 罐[두레박 관]과 같음

⑲ 획

甓 질그릇 라, 굴뚝 라 연통 라

⑳ 획

甗 지붕 마루 류

㉒ 획

甗 지붕마루 뢰

㉔ 획

甗 동이 령, 암키와 령 장방형 벽돌 령

甘部

甘 달 감, 달게여길 감 맛있는음식감 常(土)

③ 획

甘干 감자 감

甘大 달 대, 단술 대 술을 살 대

邯 한단 한, 성씨 함 풍성할 함 [邑部]

④ 획

某 아무 모, 아무개 모 [木部]常(木)

甚 심할 심, 참으로 심 매우 심 常(土)

⑤ 획

甘瓦 술독 감

⑥ 획

甛 달 첨, 깊이 잠들 첨 즐거워할 첨 (土)

甜 앞 글자와 같음 (土)

⑧ 획

甘炎 달 염

甝 백호 함 사나울 함

甞 嘗[일찍 상]과 같음 (土)

甚欠 집이 깊숙할 담 불이 성할 흠

⑨ 획

甘者 蔗[사탕수수 자]와 같음

⑩ 획

甘兼 향기로울 혐

⑪ 획

甘麻 간맞출 감 온화할 감, 함

甘庶 蔗[사탕수수 자]와 같음

⑫ 획

甘覃 맛있을 담 맛이 깊을 담

⑯ 획

甘閻 달 염

生部

生 날 생, 낳을 생, 살 생, 살릴 생 常(木)

屮土 앞 글자의 古字

③ 획

生攵 姓[성씨 성]과 같음

④ 획

生日 晴[개일 청]과 같음

星 별 성, 세월 성 천문 성 [日部]常(火)

牲 희생할 생, 짐승 생 [牛部](土)

不生 사람 죽을 종

⑤ 획

甡 모이는 모양 신 많은 모양 신

毒生 毒[독할 독]의 訛字

眚 백태낄 생, 재앙 생 [目部](木)

⑥ 획

産 낳을 산, 해산할 산 산물 산 常(木)

產 앞 글자와 같음 (木)

生来 찌를 생

生月 姓[성씨 성]의 古字

生生 星[별 성]과 같음

因生 姻[혼인 인]의 古字

⑦ 획

甥 생질 생, 사위 생 외손자 생 (木)

甥 앞 글자와 같음

甦 쉴 소, 깨어날 소 (水)

甤 열매 많이 열릴 유 (水)

甧 嫩[어릴 눈]의 俗字

⑨ 획

甦 甦[깨어날 소]와 같음

⑪ 획

甤 초목에 열매 다닥다닥 열릴 유

⑫ 획

甤 꽃다울 황, 꽃술 황 꽃 활짝 필 황

用部

用 쓰일 용, 쓸 용, 그릇 용, 재물 용 常(水)

甩 던질 솔, 흔들 솔 내버릴 솔

① 획

甪 사람 이름 록 신선 이름 록

② 획

甫 겨우 보, 클 보, 아무개 보, 무리 보(水)

甬 골목길 용, 휘 용 물 솟아오를 용(水)

③ 획

甪 用[쓸 용]의 古字

甭 갖출 항, 갖을 항

④ 획

甭 쓰지 않을 용, 棄[버릴 기]와 같음

甮 말 용

⑤ 획

葡 갖출 비

⑥ 획

葡 갖출 비

⑦ 획

甯 차라리 녕, 고을 이름 녕, 편안할 녕

⑭ 획

鄘 墉[담 용]과 같음

田部

田 밭 전, 사냥할 전 북이름 전 常(土)

由 말미암을 유, 행할 유, 지날 유 常(木)

甲 갑옷 갑, 첫째 천간 갑, 첫째 갑 常(木)

申 납 신, 펼 신, 기지개 켤 신, 원숭이 신 常(金)

① 획

甶 귀신의 머리 불

甴 음역자 율(뜻이 없고 음으로만 쓰임)

② 획

男 사내 남, 아들 남 벼슬 이름 남 常(土)

甹 앞 글자의 古字

甹 말을 빨리 할 병 호탕할 병

甸 경기 전, 다스릴 승 수레 승(土)

甹 넘어진 나무에 싹 날 유, 움틀 유

甾 무더울 랄

甶 무더울 갈

甽 甽[밭도랑 견]과 같음

畄 留[머무를 류]의 俗字

町 밭두둑 정, 평지 정 지적 정 (土)

佃 농사 지을 전 사냥할 전 [人部]

③ 획

甽 畎[밭도랑 견]과 같음

畖 앞 글자와 같음

画 畫[그림 화]의 略字 (木)

畵 畫[그림 화]와 같음 (木)

畀 줄 비, 하여금 비 부탁할 비

甾 꿩 치, 내이름 치 재앙 재

畂 땅 일굴 구

甿 백성 맹, 농부 맹 (火)

亩 앞 글자와 같음

卑 卑[낮을 비]의 俗字

畇 명령 순, 착할 순 (土)

畁 농기구 척

畊 소금기 있는 땅 항

④ 획

畎 밭도랑 견, 통할 견 산골짝기 견 (土)

畊 耕[갈 경]의 古字 (土)

界 지경 계, 한계 계 이간할 계 常(土)

畍 앞 글자와 같음

畇 밭 일굴 균, 윤 개간할 균, 윤 (土)

甾 한해된 밭 치 재앙 재

畈 평밭 판 평평한 밭두둑 판

畆 언덕 강, 지경 강 갈피 강

畆 畝[이랑 무, 묘]의 俗字

畒 畝[이랑 무, 묘]와 같음

畝 앞 글자와 같음

畓 논 답 常(土)

畉 밭갈 부

畃 밭갈 초

畖 밭갈 지

畍 지름길 계 소로길 계

畋 사냥할 전, 평밭 전 (土)

畏 두려울 외, 겁날 외 꺼릴 외 常(土)

畏 앞 글자와 같음

畐 가득할 복, 벽

畑 화전 전, 밭 전 (土)

胃 밥통 위, 비위 위 별이름위 [肉部] 常(水)

毗 밝을 비, 두터울 비 도울 비 [比部] (火)

毘 앞 글자와 같음 (火)

⑤ 획

留 머무를 류, 더딜 류 보존할 류 常(土)

畝 밭이랑 무, 묘, 농지 묘, 근본 묘 (土)

畞 앞 글자의 古字

畔 밭두둑 반, 경계 반 어그러질 반 (土)

畚 삼태기 분, 가래 분 (土)

畠 밭 전

畛 밭갈피 진, 전지 진 경계 진, 고할 진 (土)

畝 앞 글자와 같음

畜 기를 축, 가축 축, 휵 집짐승 추 常(土)

畟 보습 날카로울 측 주사위 측, 나갈 측

由 밭 조

畇 밭두둑 구

畂 검은 흙 유

畗 答[대답 답]의 古字 福[복 복]의 古字

畘 밭 열 이랑 남

申 포갤 신, 펼 신 거듭 신

畹 畹[밭 면적의 단위 원]과 같음

⑥ 획

畣 答[대답 답]의 古字

略 간략할 략, 줄일 략 다스릴 략 常(土)

畧 앞 글자와 같음 (土)

畱 빠질 레, 논배미 렬

畤 재터 치, 쌓을 치(土) 경계 치, 모종낼 시

畢 마칠 필, 빠를 필 다필, 그물 필 常(土)

畦 밭두둑 휴, 심을 휴 지적의 단위 휴(土)

畡 垓[지경 해]와 같음

⿰田臣 畛[밭길 진]과 같음

⿰田光 갈랫길 광 밭두둑 광

⿰田朶 조금 도두룩할 타

⿰田共 부추밭 공

⿰田兆 垗[묏자리 조]와 같음, 밭 경계 조

⿰田旬 畇[밭 일굴 균]과 같음

畨 番[차례 번]과 같음

畄 留[머무를 류]의 略字

累 동일 루, 더할 루, 여러 겹 포갤 루[糸部]常(木)

⿺犬田 畎[밭도랑 견]과 같음

異 다를 리, 이 기이할 이 常(土)

⑦ 획

番 차례 번, 땅이름 반, 늙을 파 常(土)

畬 삼년된 밭 여 따비밭 사, 화전 사

畭 앞 글자와 같음

畲 앞 글자와 같음

異 異[다를 이]와 같음

畯 농부 준, 권농관 준(土)

⿱田夋 앞 글자와 같음

畫 그림 화, 그을 획 나눌 획 常(土)

⿰田寽 밭 갈아 흙 들출 렬 밭두둑 렬

畮 畝[이랑 무, 묘]의 本字

⿰甾夫 흙삼태 부

⿰甾夬 밥 담는 소쿠리 혜

畳 疊[겹쳐질 첩]의 略字

畱 留[머무를 류]의 本字

⑧ 획

畺 지경 강, 경계 강(土)

畸 뙈기밭 기, 자투리 밭 기, 기이할 기(土)

當 당할 당, 맡을 당 주관할 당 常(土)

畹 밭 면적 단위 원 밭 원, 동산 원

畷 밭두둑 길 철 이을 철, 밭두렁 철

⿰田卑 보 막아 물댈 비

⿰甾宁 쌀 담는 그릇 저 쌀자루 저

⿰田幷 쌀소쿠리 병 광주리 병

⿰田來 묵은 밭 래

⿰田侍 庤[쌓을 치]와 같음

畵 畫[그림 화]의 俗字(土)

⿰田奄 밭에 심을 암, 엽

⿰田侖 밭두둑 륜

⿰田忝 사슴 발자취 전

⿰田或 域[구역 역]의 古字

⿱臤田 높을 연

⿰田匊 부추밭 국

⿱奔田 畚[삼태기 분]과 같음

⿱⿱𠂊大田 앞 글자와 같음

⿱丣田 留[머무를 류]와 같음

⿰田夌 능 릉(1능:10분의 1畝)

⑨ 획

畽 염우 없을 톤 마당 탄

⿰田⿱龹土 논두둑 승

畼 곡식 나지 않는 밭 창, 땅이름 창

⿰田爰 疃[마당 탄]과 같음

⿰田柔 좋은 밭 유 걸찬 밭 유

⿰田耎 빈땅 연, 성밑밭 연

⿲田木田 그늘 담

⿰田𠃬 疇[밭 주]의 古字

⿰車柬 작은 북 인

⑩ 획

畿 경기 기, 문안 기 지경 기 常(土)

畾 밭갈피 뢰, 루

畇 밭 개간할 균

畦 길 혜

瘥 묵은 밭 차

畨 부추밭 공

⑪ 획

畻 삽 잡

畛 밭두렁 서로 이을 참

暘 場[마당 장]과 같음

暵 보리밭 한, 밭갈 한

畱 화전 일굴 류 도랑쳐 물댈 류

蔗 광주리 저 삼태기 저

⑫ 획

疄 밭두둑 린

疃 마당 탄 사슴 발자국 탄

畛 밭두둑 서로 연할 참

畿 나눌 례, 구별할 례

塍 논두둑 증

畨 무리 반, 떼 반

墦 앞 글자와 같음

噌 논 증

嶝 펴 늘일 등

⑬ 획

甕 밭 북돋울 용 연밥 용, 막을 옹

畺 지경 강

畐 버금 부, 많을 벽

谿 밥소쿠리 계

壘 보루 루, 쌓을 루, 별 자리이름 루[土部](土)

⑭ 획

疆 지경 강, 밭두둑 강 끝 강, 굳셀 강(土)

疇 밭두둑 주, 무리 주 밭 주, 북돋울 주(土)

疄 疄[밭두둑 린]의 本字

壖 빈땅 연 성 밑 밭 연

蔗 삼태기 저 광주리 저

⑮ 획

疈 쪼갤 벽 제수 이름 벽

靁 雷[우뢰 뢰]의 古字

⑯ 획

纍 갇힐 류, 죄 류 [糸部]

罍 뇌문 놓은 술잔 뇌 세숫그릇 뇌 [缶部]

⑰ 획

疊 거듭 첩, 포갤 첩 쌓을 첩, 굽힐 첩(土)

疉 앞 글자와 같음

曠 말라 죽은 벼 광

⑱ 획

疇 밭두둑 휴 밭 50이랑 휴

⑲ 획

罏 뇌문 놓은 술잔 노

㉑ 획

儡 儡[영락할 뢰]의 古字

㉗ 획

罍 櫑[술통 뢰]와 같음

疋部

疋 짝 필, 끝 필, 필 필 발 소, 바를 아(土)

疋 雅[바를 아], 正[바를 정]의 古字

③ 획

疌 베틀 디딜판 섭 捷[이길 첩]의 古字

④ 획

胥 다 서, 서로 서 나비 서 [肉部](水)

⑤ 획

疍 단호 단

疀 빠를 첩

⑥ 획

蛋 새알 단 [虫部](水)

⑦ 획

疏 성길 소, 트일 소, 뚫릴 소, 통할 소 常(土)

疎 앞 글자와 같음 (土)

䟽 창살 성긴 창문 소 영창 소

⑧ 획

䏈 투명할 소 성길 소, 비칠 소

⑨ 획

疑 의심할 의, 의문 의 엉길 응 常(火)

疐 꼭지 체, 발끝 채일 치, 넘어질 치

⑪ 획

疐 엎어질 치, 미끄러질 치, 꼭지발 치

疊 성씨 체

𤴯 달릴 장

疒 部

疒 병들어 기댈 녁 빠를 녁, 상

② 획

疝 배 심하게 아플 교 혹 구

疞 앞 글자와 같음 병 후

疕 머리 헐 비 두창 비

疔 정 정, 헌데 정 부스럼 정(水)

疓 앓을 내, 병 내

疒九 병 구

疒乂 병 예, 병들 예

疒仄 仄[기울 측]과 같음

③ 획

疘 탈항증 공 탈장할 공

疚 오랜 병 구(水)

疝 산증 산, 배앓이 산 (水)

疒乇 젖 종기 투 유종 투

疙 쥐부스럼 흘 머리 종기 흘(水)

疒后 병들 후, 앓을 후

疛 은결병 주 하복통 주

疒丸 긁어 난 부스럼 환 악창 환

疒丈 병 장, 병들 장

疒下 이질 하

疒壯 荘[풀 성할 장]의 俗字

疒寧 불쾌한 병 녁

④ 획

疥 옴 개, 하루걸이 개 더럽힐 개(水)

疪 다리병 비 다리 습냉병 피

疒水 부종 수, 병 수 습종 수

疫 염병 역, 역귀 역 시환 역 常(水)

疣 사마귀 우, 탓할 우 군더더기 우, 혹 우(水)

疧 앓을 기, 저

疢 열병 진, 재앙 진 병 진

疤 흉 파, 흉터 파

疒布 疵[흠 자]의 訛字 병 자, 병들 자

疲 헛구역질 할 반 어리석을 반

疒夫 병들 도, 앓을 도

疒欠 하품할 겁 산 이름 자

疲 병들어 여윌 합 파리할 합, 흡
疹 추울 금
疦 창구멍 빌 혈 입 비뚤어질 결
痁 피풍 첨 살갗 벗겨질 첨
疨 인후병 하 병 심할 아
疩 瘁[병들 췌]의 俗字
疧 斥[물리칠 척]과 같음
疢 뱃속 병 심, 잠
疣 앞 글자와 같음
疣 앞 글자와 같음
疷 疷[앓을 기, 저]와 같음
疰 병 나을 추
疥 疥[옴 개]와 같음
疒 아플 심
疙 疙[쥐부스럼 흘]과 같음

⑤ 획

痂 헌데 딱지 가 (水)
疳 감질 감, 감적 감 하감 감 (水)
痀 곱사등이 구 (水)
疸 황달 달, 부스럼 달 (水)
疼 아플 동 귀여워할 동 (水)

疺 파리할 법
病 병 병, 근심할 병 앓을 병 常(水)
疩 앞 글자와 같음
疿 땀띠 비
疶 이질 설, 예
疴 병 아, 오줌똥 눌 아 앓을 아, 경풍 가 (水)
疵 중할 자, 위독할 자 상처아물지않을자
疵 흠 자, 걱정할 자 병 자, 헐뜯을 자 (水)
疽 등창 저 묵은 종기 저 (水)
疷 앓을 지
痁 학질 점, 병 점 가까워질 점
疰 은결병 주, 유주 주 만성 전염병 주
症 증세 증 常(水)
疻 멍 지, 질병 지 맞아서 멍들 지
疹 홍역 진, 열꽃 진, 앓을 진, 진찰할 진 (水)
疾 병 질, 병 앓을 질 괴로울 질, 흠 질 常(水)
疱 천연두 포 여드름 포 (水)
疲 피곤할 피, 게으를 피, 여윌 피 常(水)
痃 힘줄 당기는 병 현 (水) 편독 현, 병이름 현
痃 앞 글자와 같음 (水)
痃 병약할 겁, 앓을 거

痁 어린아이 입병 고 고질 고
疝 앓을 올, 대하증 올
疝 헌데 과, 병 과
疱 속 결릴 포
疗 미쳐 달아날 술, 홀
痎 병들 해, 앓을 해
疪 병들 비
疰 파리할 생
痑 곱사등이 타 병들 타
疤 앞 글자와 같음
疿 흠 자, 앓을 자 병 자
痞 배 결릴 배
疹 疢[열병 진]과 같음
痁 살 벗겨질 첨
痗 앓을 무
痓 소 혓병 금
瘦 병 도, 앓을 도
府 몸 펴지 못하는 병 보, 곱사등이 부
痊 파리할 령
痻 병 민, 앓을 민
疕 부스럼 아플 날 가려울 닐

疭 疒[패 찰]의 俗字

痍 瘐[근심하여 앓을 유]와 같음

⑥ 획

痒 앓을 양, 가려울 양 종기 양 (水)

痏 멍들 유, 흉터 유 침구멍 유, 앓을 욱

痍 상처 입을 이 다칠 이 (水)

痊 병 나을 전 (水)

痋 병 충, 아플 동

痔 치질 치, 혹 치 (水)

痓 풍병 치, 악할 치 (水)

痑 말병 타, 지칠 탄 많은 모양 시

痌 마음 아파할 통

痎 학질 해 (水)

痐 거위 회, 회충 회

痕 흉터 흔, 자취 흔 (水)

痖 疝[배 심히 아플 교]와 같음

痓 오한 날 색, 속 파리할 척

痊 곰을 방, 느른할 룽

痏 부어오를 항

痌 근심할 상, 아플 상 병 내

痐 파리할 압

疫 역병 혜 전염병 해

痎 병 앓을 개 어리석을 애

痑 어리석을 차, 타

痢 癘[창질 려]와 같음, 염병 려

痐 瘺[부스럼 루]의 俗字

痞 살찔 답

痨 옴 로

痪 疾[병 질]의 古字

痴 병들 여

痻 癊[심장병 음]의 訛字

痟 癬[옴 선]과 같음

痠 瘦[야윌 수]와 같음

痳 이질 휴

⑦ 획

痙 힘줄 당길 경 경련 경 (水)

痘 천연두 두, 마마 두 (水)

痕 눈병 량

痢 설사 리, 이질 리 (水)

痝 술로 병들 망 앓을 망, 클 망

痗 앓을 매, 병들 매

痡 앓을 부, 괴롭힐 보 쇠약해질 부

痞 뱃속 결릴 비, 창증으로 배 부을 비 (水)

痧 쥐통 사, 홍역 사, 병 이름 사, 콜레라 사 (水)

痠 저릴 산, 돌이름 산 시큰거릴 산

痟 두통 소, 소갈병 소

痒 오한 신, 한기들 신

痪 어리석을 애

痦 사마귀 오, 점 오

痤 뾰루지 좌, 종기 좌 맥리 좌 (水)

痣 사마귀 지 (水)

痛 아플 통, 번민할 통 슬플 통 常 (水)

痚 천식 효, 인후병 효

痟 뼈마디 쑤실 연 답답할 연, 분할 연

痼 부스럼 려 고질병 려

痩 병 리

痻 먹기 좋아하는 병 탄

痡 불에 데일 부

痨 목병 독

痦 잠자는 병 홀, 흘

痮 신열날 흔, 아플 희 궂은살 나올 흔

痮 열병 장, 창

痧 가려울 사, 괴질 사 홍역 사

⿸疒侵 난장이 침, 몸 추악할 침

⿸疒夾 병자의 숨결 겹

⿸疒酉 앓을 유

⿸疒柰 부스럼 자국 차, 흉터 차

⿸疒尌 은결병 주, 하복통 주

痥 말부스럼 탈

⿸疒步 병 도질 보, 병 더할 보

⿸疒狂 열병 광, 미친병 광

⿸疒直 癡[어리석을 치]의 俗字

⿸疒役 疫[염병 역]과 같음

⿸疒唐 瘡[부스럼 창]과 같음

⿸疒⿱久木 疚[오랜 병 구]와 같음

⿸疒卸 부스럼 각

⿸疒車 샐 차

⿸疒串 역천 천

⑧ 획

痵 가슴 두근거릴 계

痼 고질 고, 오래될 고, 감금할 고 (水)

痯 병에 지칠 관, 우울증 관

⿸疒金 학질로 오한날 금, 학질 걸려 떨 금

痰 가래 담 (水)

痳 임질 임, 淋[물 뿌릴 림]의 本字 (水)

痲 저릴 마, 마비 마, 열꽃 마 (水)

痻 앓을 민, 병이름 민

⿸疒咅 병 이름 배, 흉터 배, 약할 배

痭 부인병 이름 붕

痱 중풍 비, 배, 땀띠 비, 배

⿸疒肥 앞 글자와 같음

痺 저릴 비, 마비될 비, 류머티즘 비 (水)

痹 마비될 비, 암 메추라기 비 (水)

瘂 벙어리 아, 목소리 맑지 않을 아

痾 숙병 아, 대변볼 아, 기형병 아

痷 넓을 암

瘀 병 어, 어혈 어, 엉길 어 (水)

痿 저릴 위, 쇠약할 위, 마비될 위, 시들 위 (水)

⿸疒夆 병 융

痶 다리절 전, 앓을 전

痸 어리석을 체, 백치 체

瘃 동상 촉, 얼 촉

⿸疒彖 앞 글자와 같음

瘁 병들 췌, 근심할 췌, 수고로울 췌 (水)

痴 癡[어리석을 치]와 같음 (水)

痽 병 많을 퇴

⿸疒空 인후병 강

⿸疒來 癩[문둥병 라]의 俗字, 염병 뢰

⿸疒易 병 서로 전염할 역

痮 복창증 장, 배 부어오를 창

⿸疒戔 가려울 전, 천

⿸疒卷 손 굽는 병 권

⿸疒兒 눈병 애, 한탄할 예

⿸疒祭 蛆[쏠 날], 疕[상처 날]과 같음

⿸疒亟 빠를 극, 숨이 급할 극

⿸疒犹 부스럼 우

⿸疒臤 순종 긴

⿸疒目 盲[소경 맹]의 俗字

⿸疒叔 배아플 축

⿸疒果 대머리 과, 나력 라

⿸疒侖 손가락 병 론, 륜

⿸疒夌 풍병 릉

⿸疒奇 약할 의, 종기 희, 작을 애

⿸疒乖 악종 괴, 옴 괴

⿸疒敄 瘀[병 어]의 訛字

⿸疒侌 멍들 음, 심병 음, 심질 음

瘈 종기 기

瘌 헐었던 자국 랍

瘑 부어오를 별

瘄 열꽃 조

瘧 瘧[학질 학]과 같음

⑨ 획

瘖 痎[학질 해]와 같음

瘍 더위먹을 갈, 알 속 갑갑할 갈, 알

瘛 미칠 계, 제 계종 계, 제 (水)

瘔 고달플 고 苦[쓸 고]와 같음

瘑 앓을 과, 병 과 종기 과

瘝 병들 관

瘙 종기 낭

瘏 앓을 도, 지칠 도 들피질 도

瘌 앓을 랄, 약독 랄

瘥 병 이름 사

瘍 종기 양, 두창 양 곪아터질 양(水)

瘇 병약할 위

瘐 근심하여 앓을 유 우울병 유(水)

瘉 병나을 유, 더욱 유 뛰어날 유, 앓을 유(水)

瘖 벙어리 음, 적막할 음, 말하지 못할 음

瘇 수중다리 종(水) 살갗이 부을 종

瘓 중풍 탄, 환

瘋 두풍 풍, 미칠 풍(水)

瘕 뱃병 가, 괴질 가(水) 덩어리 가, 목병 하

癀 황달병 황

瘊 무사마귀 후 사마귀 후

瘖 파리할 생

瘺 병 상, 앓을 상

瘸 부스럼 각

瘺 몸 반쪽 마를 편 중풍 편, 병들 편

瘚 하초병 돌

瘎 뱃속병 심, 잠

瘦 瘦[야윌 수]와 같음

瘦 앞 글자와 같음

瘙 癃[파리할 륭]과 같음

瘷 움츠릴 추

瘣 음병 퇴

瘖 가슴앓이 음

瘣 말병 회, 종기날 회 음병 외

瘑 목에 걸릴 호

瘦 피곤하여 재발한 병 부, 가쁠 부

瘍 혹 우

瘓 썩을 부

瘨 瘨[미칠 전]의 訛字

瘞 숨 가쁘게 쉴 압 몸살 압

瘤 廟[사당 묘]와 같음

瘄 痔[치질 치]와 같음

瘫 癈[폐할 폐]의 略字

瘟 어리석을 온 동상입을 온

瘟 瘟[염병 온]의 略字

瘧 학질 학, 약(水)

瘯 지칠 훼

⑩ 획

瘛 경풍 계, 체 경기 계, 체

瘪 옴 고

瘠 무릎병 골

瘚 상기 궐, 피가 머리로 올라오는 병 궐

瘤 혹 류 (水)

瘢 흉터 반, 자취 반 반점 반, 허물 반(水)

瘢 앞 글자와 같음

瘙 종기 소, 가려울 소 옴 소 (水)

瘦 파리할 수, 야윌 수 마를 수(水)

瘜 굳은살 식, 혹 식

瘞 묻을 예, 감출 예 무덤 예

瘟 염병 온, 돌림병 온 (水)

瘣 앓을 외, 병 외 자궁 처질 외

瘨 앓을 전, 괴롭힐 전 미칠 전

瘡 부스럼 창, 흉터 창 괴로울 창 (水)

瘥 앓을 차, 병 나을 채, 지칠 차

瘠 파리할 척, 앓을 척 돌림병 척 (水)

𤸎 덜 취, 이울 취 노쇠할 쇠

瘩 부스럼 탑

瘎 뱃병 침

𤸷 목병 혐

𤸺 말병 상

𤸳 몸에 악기 끼칠 마 눈병 마

𤺄 瘝[병들 관]과 같음, 앓을 환, 관

㿉 절름발이 압 숨가쁠 압

𤸰 뼈골 쑤실 증

𤸹 어리석은 병 애

𤹀 맥 들먹거릴 색

𤸫 다리 부증날 저 부스럼 자국 저, 처

𤺅 欬[기침 해]와 같음

𤸵 병 추, 다리종기 추 부스럼 퇴

瘱 고요할 예, 공손할 예, 빽빽할 예

𤺊 癠[병들 제]의 古字

𤸬 度[법도 도]와 같음

𤸘 廈[큰집 하]와 같음

𤸯 瘦[야윌 수]와 같음

𤸄 마비될 군

𤸇 숨넘어갈 때 목 끓는 소리 랑

𤸻 농기구 이름 리

𤸱 가슴이 답답한 병 보

𤸽 憊[고달플 비]와 같음

𤹁 어리석은 모양 솔

𤸿 어지럼병 운 현기증 날 운

瘛 끌어당길 체

𤸼 풍병 퇴

⑪ 획

瘑 팔 다리 병 가 절름발이 가

瘽 앓을 근, 괴롭힐 근

𤺋 대하증 대, 두창 체

瘰 연주창 라, 나력 라 (水)

瘻 부스럼 루, 곱추 루 나력 루 (水)

𤺌 앞 글자와 같음

瘼 병들 막, 앓을 막 폐해 막

𤺍 고요할 예, 살필 예 조용할 예 (水)

𤺎 앓는 소리 애 파리할 애

瘴 장기 장, 열병 장 (水)

瘯 피부병 이름 족 모일 족 (水)

瘲 경풍 종, 경기 종

瘮 놀라서 떨 심 한기 날 침

瘵 앓을 채, 폐결핵 제 재해 제, 접촉할 제

瘳 병 나을 추 죽일 륙 (水)

瘭 생인손 앓을 표 소리치기 표

𤺏 발 오그라질 피 쥐날 피

瘬 배부를 장

𤺐 癬[도장부스럼 선]과 같음

𤺑 파리할 적

𤺒 헌데 딱지 사

瘶 기침 수, 해수 수

𤺓 묘종 벌레먹어 병들 과, 충재 과

𤺔 저릴 습 조금 앓을 습

𤺕 미칠 조 어린아이 병 조

𤺖 癕[종양 옹]의 訛字

癊 마음병 음, 멍들 음 심질환 음
瘛 惱[괴로워할 뇌]와 같음
瘦 瘦[야윌 수]와 같음
瘕 瘕[뱃병 가]와 같음
瘪 뱃속 덩어리 비
瘷 몸이 차가워지는 병 색

⑫ 획

癇 간기 간, 간질 간 경기 간, 한 (水)
癎 앞 글자와 같음 (水)
癇 앞 글자와 같음
癉 앓을 단, 미워할 단 성할 단, 소아병 단 (水)
癆 중독될 로, 폐병 로 피로 쌓여 병들 로 (水)
療 병 고칠 료, 병 삭 면할 료 (水)
癃 나른할 륭, 지칠 륭 곱사등이 륭 (水)
癍 피부병 반 어루러기 반
癌 자궁병 반 병들어 죽을 반
癌 암 암 (水)
癀 음부의 병 퇴 대하증 퇴
癈 폐할 폐, 고질병 폐 버릴 폐 (木)
瘽 곪을 효
癄 다리 부을 종 종기 곪아터질 동

癀 황달병 황
瘵 혹 췌
癁 병 도질 복
癐 입 비뚤어질 위
癄 아플 참
廝 목멜 사 목쉰 소리 서
癓 疹[홍역 진]과 같음
癉 병 심할 등
癄 병들 초, 근심할 초 파리할 초, 초췌 초
瘡 가려울 사
瘤 瘤[혹 류]의 本字
癟 곪아터질 별
癄 병 앓을 사
癄 열 나서 답답할 비 부어오를 비
癄 머리에 털빠질 계 머리 헐 계
癄 학질 약
癄 膚[살갗 부]와 같음
癄 瘡[부스럼 창]과 같음
癄 瘩[부스럼 탑]과 같음
癄 어리석은 모양 얼
癄 몹시 가려울 전

⑬ 획

癐 위독할 괴 합성 위
癑 아플 농, 종기 곪아 터질 농, 고름 농
癄 어리석을 담 어리석은 모양 담
癘 창질 려, 문둥병 려 죽일 려, 권면할 려 (水)
癗 두드러기 뢰 작은 부스럼 뢰
癓 발에 난 부스럼 미
癖 적취 벽, 버릇 벽 (水)
癙 속 끓일 서, 연주창 서, 울화병 서
癔 심화병 억 히스테리 억
癒 병 나을 유 (水)
癜 어루러기 전 (水)
癏 병들 환
癉 병들 단
癰 癰[악창 옹]과 같음 (水)
癄 목구멍 아릴 첨, 험
癄 병 전염될 역
癄 더위먹을 서
癛 소름끼칠 름
癄 종기 화끈거릴 분 근심하는 모양 분
癄 雁[기러기 안]과 같음

瘍 瘍[가려울 양]과 같음

瘉 揄[끌 유]의 俗字

癉 손발 저릴 군

⑭ 획

瘰 연주창 라

癮 두드러기 은

癨 목에 걸릴 확

癯 병 약

癟 날지 못할 별 마르는 병 별

癠 앓을 제, 작을 제

癡 어리석을 치, 미칠 치, 순진할 치 (水)

癰 癰[악창 옹]과 같음

癉 손 시릴 비

癈 몹시 피곤할 패

癜 짐승 발병날 겹 부스럼 겹

癌 목병 개, 숨찰 압

癣 앓을 녕

癓 應[응할 응]의 本字

癧 癧[연주창 력]과 같음

癤 癤[부스럼 절]과 같음

疇 배앓이 주 가슴 두근거릴 주

癬 疹[홍역 진]과 같음

⑮ 획

癢 가려울 양 (水) 뽐내고 싶어할 양

癤 부스럼 절, 멍울 절 (水)

癥 적취 징, 어혈질 징 발의 종기 징 (水)

癘 속 결릴 로 헌데 로

瘵 병 나을 료

癃 疼[아플 동]과 같음

癥 癤[부스럼 절]의 俗字

癟 뼈 쑤시는 병 변

癍 다리병 반

癦 瘥[앓을 차]와 같음

癭 瘦[야윌 수]와 같음

癗 癗[두드러기 뢰]와 같음

⑯ 획

癨 곽란 곽 (水)

癩 약물중독 라, 옴 라, 문둥병 라 (水)

癧 연주창 력, 나력 력 (水)

癪 성낼 적

癲 산증 퇴, 음병 퇴

癮 다리 앓을 염 부스럼 염

癑 헌데 로, 종기 로

癬 병 소

癮 한증 헌 찬바람 맞을 헌

癰 앓을 롱 귀머거리 롱

癭 殺[죽일 살], 瘭[종기 표]의 古字

癮 병 기

⑰ 획

癬 마른옴 선, 버짐 선 (水)

癭 혹 영, 군더더기 영 (水)

癮 두드러기 은 인박힐 은 (水)

癱 앓을 참

癭 병날 영

癮 병 익, 앓을 익

癢 소리의 형용 향

⑱ 획

癯 여윌 구, 파리할 구 (水)

癰 악창 옹, 헌데 옹 (水)

癯 痯[병에 지칠 관]과 같음

癱 반신불수병 마

癒 상처자국 터질 유 어리석을 쾌

⑲ 획

癲 미칠 전(水)

癱 사지 틀릴 탄 중풍증 탄(水)

癰 병 라, 앓을 라

癳 병들어 피곤할 리

癯 파리하고 검을 려

癵 병들어 몸이 오그라질 련, 병 란

癘 모진병 려 염병 려, 문둥이 려

㉑ 획

癧 瘰[연주창 라]와 같음, 옴 라

㉒ 획

癱 앓을 환

㉓ 획

癵 병들어 몸이 오그라질 련

癴 앞 글자와 같음

㉕ 획

癵 병들어 몸이 오그라질 련

癶部

癶 등질 발 두 발이 어긋날 발

④ 획

癸 북방 계, 열째 천간 계, 헤아릴 계 常(水)

癹 짓밟을 발, 풀벨 발 빙 돌 발

癹 앞 글자의 俗字

発 發[필 발]의 略字

⑤ 획

癷 登[오를 등]의 古字

祭 祭[제사 제]의 俗字 [示部]

⑦ 획

登 오를 등, 등재할 등 높을 등 常(火)

登 癹[짓밟을 발]의 訛字

蔠 김 맘(전답의 잡초)

發 필 발, 일어날 발 일으킬 발 常(火)

⑩ 획

癹 登[오를 등]의 古字

⑪ 획

𤼿 세금 거둘 폐 부세 배

𤽀 앞 글자와 같음

⑮ 획

𤽄 虐[모질 학]과 같음

白部

白 흰 백, 분명할 백 성씨 백 常(金)

① 획

癿 성씨 가, 땅 이름 가

皀 앞 글자와 같음

百 일백 백, 온갖 백 힘쓸 맥 常(水)

皁 白[흴 백]의 古字

② 획

皀 고소할 흡, 향내 날 급, 낟알 핍, 벽(火)

皃 貌[모양 모]와 같음(金)

皁 하인 조, 신하 조(水) 마구간 조, 구유 조

皂 앞 글자의 俗字

皀 香[향기 향]의 古字

③ 획

的 밝을 적, 희 적, 과녁 적, 표준 적 常(火)

帛 옷감 가장자리 메

皃 泉[샘 천]과 같음

皁 흴 한

帛 비단 백, 폐백 백 죽백 백 [巾部](木)

④ 획

皆 다 개, 두루미칠 개 함께 개 常(火)

皈 歸[돌아갈 귀]와 같음

皇 임금 황, 클 황 하늘 황 常(金)

皅 어지러울 파

皀 氣[기운 기]의 古字

皀 豆[콩 두]의 古字

皏 耄[늙은이 모]와 같음

皌 엷은 흰색 발

皅 빛이 참답지 않을 파, 꽃이 흴 파

皉 명백할 비

泉 샘 천, 폭포수 천 돈 천 [水部] 常(水)

皂 陰[그늘 음]의 古字

⑤ 획

皊 날빛 영롱할 령 흰 빛 령

皉 흴 자, 체

皋 皐[언덕 고]와 같음(水)

皋 終[마침 종]의 古字

皅 白[흴 백]과 같음

皇 皇[임금 황]의 古字

皇 앞 글자와 같음

皌 연회색 말 희끄무레할 말

⑥ 획

皐 부를 호, 못 고 언덕 고, 판 고(水)

皎 달빛 교, 달 밝을 교 햇빛 교(金)

皏 엷은 빛 팽

皛 星[별 성]의 古字

皪 皪[흰 모양 력]과 같음

皓 흴 부

皇 皇[임금 황]의 古字

兜 투구 두, 아주 반할 두 [儿部](木)

皋 앞 글자와 같음

旣 이미 기, 다할 기 끝날 기 [旡部] 常(水)

習 익힐 습, 가까이할 습 [羽部] 常(火)

⑦ 획

皕 이백 핍, 벽

皒 흰빛 아, 흴 아(金)

皓 흴 호, 깨끗할 호 밝을 호, 빛 호(金)

皖 샛별 환, 땅 이름 환, 밝을 환(火)

皔 흴 한

皋 終[마침 종]의 古字

⑧ 획

晳 살결 흴 석 얼굴 흴 석

皠 흰 가죽 배

皗 밝을 주, 흰 비단 주(火)

皪 흰 짐승 록

皤 皤[머리 센 모양 파]와 같음

皘 흰빛 천

皠 큰 모양 락, 흴 락

皛 耀[빛날 요]와 같음

皊 배나무 념

⑨ 획

皞 흴 할

皣 흴 휘

皝 밝을 당, 흰빛 당

皢 흴 춘

⑩ 획

皚 흴 애, 눈서리 흴 애 (金)

皜 흴 호 (火)

皞 밝을 호, 흴 호 복희씨 호 (金)

皝 엄숙한 모양 황 사람 이름 황

皛 나타날 효, 밝을 효 칠 백 (金)

皠 새 살찌고 윤택할 학, 흴 학

䁺 한쪽으로 치우쳐 낮을 체

皚 艙[선창 창]과 같음

魄 혼백 백, 넋 잃을 박 넋 잃을 탁 [鬼部] (金)

樂 즐거울 락, 음악 악 좋아할 요 [木部] 常 (木)

⑪ 획

皟 길게 흴 책 맑을 책, 파리할 책

皫 흰빛 묘, 흴 묘

皠 흴 최, 높을 최

皬 삼이 흴 백

暬 智[지혜 지]와 같음

𦑤 고할 녕

⑫ 획

皤 머리 센 모양 파 귀밑머리 셀 파 (木)

皥 皞[밝을 호]와 같음

皢 햇빛 흴 효

皣 흰 꽃 엽, 빛날 엽 초목꽃 희게 필 엽

䳑 풀꽃 위

皨 흴 등

皦 김 하얗게 할 복 삶아 표백할 복

皧 매우 흴 송

⑬ 획

皦 서옥 흴 교

皣 흰 꽃 엽

皧 깨끗할 애, 흴 애

皪 흴 령

皨 星[별 성]의 古字

皩 앞 글자와 같음

⑭ 획

皝 皝[엄숙한 모양 황]의 訛字

皪 좌우 협문 롱

皫 말씀 주, 누구 주

皭 흰빛 요, 흴 요

皬 곰팡이 몽 진서리 앉을 몽

⑮ 획

皭 흴 찰

皣 흰꽃 엽, 빛날 엽 초목꽃 희게 필 엽

皪 흰 모양 역 희고 깨끗할 역

皫 흰빛 표, 흴 표 새털 까칠할 표

⑯ 획

皬 꽃 위

皬 새 흴 학, 흴 학 (金)

皪 皪[희고 깨끗할 력]과 같음

⑰ 획

皭 흴 령

皣 흰 꽃 엽, 빛날 엽

⑱ 획

皭 흴 작, 조 맑을 작

皪 皪[희고깨끗할 력]과 같음

⑲ 획

皭 흴 찰

皭 皭[흴 작]과 같음

⑳ 획

皭 밝을 당, 흰빛 당

㉔ 획

皭 흴 령

皮部

皮 가죽 피, 껍질 피 겉 피, 과녁 피 常 (金)

② 획

皯 살가죽 당길 정

皱 가지 꺾을 피 꺾을 피

③ 획

皲 혹 환, 전통 환 화살통 환

皯 얼굴에 기미 낄 간

皮 앞 글자와 같음

皰 살가죽 터질 박

皱 앞 글자와 같음

皱 주름살 작

④ 획

皱 삼 모시 갈라 꼭지 질 비, 쪼그라질 비

皱 그릇 금갈 비, 피

皱 주독오른 코 파 바랄 파, 부스럼 파

皱 가죽 다룰 남

皱 앞 글자와 같음

皱 입 딱 벌릴 피

⑤ 획

皰 여드름 포, 물집 포

皱 주름살 척, 성씨 력 살갗 틀 척

皱 살결에 주름살 질 민, 피부 고울 민

皱 가죽 말

皱 가죽신 말, 버선 말

皱 살갗 초

皱 얼굴 검푸를 영 얼굴 주름질 앙

皱 가죽 오그라질 자

皱 가죽 터질 추, 저

皱 辜[허물 고]와 같음

⑥ 획

皱 가죽 늘어질 답

皱 발 터질 순

皱 가죽 검을 길

皱 피곤할 기, 지칠 기

皱 가죽 단단할 오

⑦ 획

皴 주름 준 살갗 틀 준 (金)

皱 팔찌 한

皱 마를 설 가죽 벗길 설

皱 공 구, 제기 구

皱 칼집 초, 소

皱 살가죽 쪼그라질 잡

皱 가죽 벗길 탈

⑧ 획

皱 살결 마르고 억셀 록

皵 주름 작, 나무껍질 거칠고 터질 작

皱 가죽 자를 철

皱 가죽 부르틀 전

皱 가죽 편평하지 않을 감

皱 欹[아! 의]와 같음

皱 비릴 답, 가죽이 여위어 편할 답

⑨ 획

皸 발 터질 군, 살가죽 얼어 터질 군 (金)

皱 皻[여드름 사]와 같음 (金)

皱 뽕나무 껍질 두

皷 鼓[북 고]의 古字

皱 가죽신 방 미투리 봉

皵 살 검을 치

皶 주름질 잡

頗 자못 파, 조금 파 편파할 파 [頁部] 常(火)

皶 가죽이 느슨해지는 모양 답

⑩ 획

皺 주름 추, 밤송이 추 (金)

皻 羆[큰 곰 비]의 古字

㱿 알 속껍질 각

皰 신도리 방

皷 소름끼칠 추 안 찧은 쌀 조

皾 입 딱 벌릴 마

皸 홀떼기 한, 살 속의 얇은 가죽 한

⑪ 획

皻 여드름 사, 코에 열꽃 돋을 사

皾 가주무늬 록

皾 그림 그린 가죽 필 슬갑 필, 폐 필

皾 가죽 벗어질 만

皾 앞 글자와 같음

皾 가죽 오그라질 추

⑬ 획

皾 북 분

皾 가죽 마를 학

皾 가죽 벗겨질 만

皾 부르틀 달

皾 속꺼풀 조

⑭ 획

皾 다룬 가죽 련

皾 앞 글자와 같음

皾 헌데 딱지 염

⑮ 획

皾 매끄러울 독

皾 앞 글자와 같음

皾 부풀어오를 박 가죽 터질 박

皾 버선 말 가죽버선 말

皾 비릴 랍, 늘어질 랍

皾 크게 부풀 광

⑯ 획

皾 떨어질 로 뱃가죽 려

⑲ 획

皾 부르틀 견

皾 부드러울 섭

皿部

皿 그릇 명 그릇 덮개 명 (金)

② 획

盀 그릇 기 사람 이름 기

③ 획

盂 소반 간 큰 바리 간

盂 바리 우, 그릇 우 강아지풀 우 (金)

盃 앞 글자와 같음

盄 앞 글자와 같음

盆 그릇 복

盉 소반 과

盳 맹랑할 맹, 거칠 맹

盅 소반 혈

孟 맏 맹, 우두머리 맹 맹자 맹 [子部] 常(水)

④ 획

盃 杯[술잔 배]와 같음 (木)

盆 동이 분, 밥짓는 그릇 분, 적실 분 (金)

盈 찰 영, 채울 영, 성할 영, 불어날 영 (水)

盄 그릇 조, 탕관 조

盅 빌 충, 작은 잔 충 빈그릇 충

盉 바리 하, 밥그릇 하

盻 방구리 혜 작은 쟁반 혜

盇 盍[덮을 합]의 本字

盽 바리때 규

盋 그릇 발

盥 盥[대야 관]과 같음

盄 주발 연, 술잔 연

⑤ 획

盋 사발 발, 바리때 발

盎 동이 앙, 넘칠 앙 탁주 앙 (金)

盌 주발 완 (金)

益 더할 익, 도울 익 넘칠 일 常 (水)

益 앞 글자와 같음

盍 덮을 합, 합할 합 어찌 아니할 합 (金)

盉 조미할 화, 양념할 화, 그릇 이름 화

甬 큰 병 용

盒 술 담는 그릇 해

盕 그릇 밀

盆 그릇 저

盚 그릇 속 험할 요

盇 술잔 아

氾 술잔 범

昷 온화할 온 어질 온 (水)

盗 盄[그릇 조]와 같음

监 監[볼 감]의 略字

⑥ 획

盖 蓋[덮을 개]의 俗字 (水)

盓 물 소용돌이쳐 흐를 우 (水)

盓 앞 글자와 같음

盒 합 합, 그릇뚜껑 합 (金)

盔 바리 회, 투구 회 (金)

盁 물 긷는 그릇 유

盭 그릇 례

盛 성할 성, 담을 성 그릇 성 常 (火)

盡 盡[다할 진]의 俗字

盄 주발 연, 술잔 연

盉 나무 바리 권

盦 바리 안, 밥그릇 안

盂 孟[만 맹]과 같음

盗 盜[도적 도]와 같음

盞 盞[술잔 잔]의 略字

⑦ 획

盚 대야 구, 합 구 성씨 구

盜 훔칠 도, 찬탈할 도 도둑 도 常 (金)

盒 簋[제기 이름 궤]와 같음

盙 簠[제기 이름 보]와 같음 (金)

盝 그릇 이름 퇴

盗 삼태기 초 제초기 조

盛 바리 촉, 술잔 착

盎 담을 아, 술그릇 아 술잔 아

盟 盟[맹세할 맹]의 本字

盅 盅[빌 충]과 같음

盜 육즙 담

⑧ 획

盝 다할 록, 거를 록 작은 궤 록

盚 그릇에 가득 담은 모양 몽, 가득찰 몽

盗 김치 지

盞 棬[나무그릇 권]과 같음

監 육즙 담

盟 맹세 맹, 맹세할 맹 맹세한 모임 맹 常(土)

盞 잔 잔, 술잔 잔(金)

盝 그릇 사

盠 그릇 사, 제기 사

盕 잔 범

⑨ 획

監 볼 감, 거느릴 감 벼슬 감 常(金)

蠡 표주박 리 소쿠리 려

盡 다할 진, 다될 진, 마칠 진, 모두 진 常(金)

盡 앞 글자와 같음

盨 산 이름 혁(중국 운난성에 있는 산)

蓋 덮을 개, 문짝 합 성씨 갑 [艸部] 常(木)

⑩ 획

盙 餔[저녁밥 포]와 같음

盤 소반 반, 즐길 반 서릴 반 常(金)

⑪ 획

盬 그릇 고

盥 대야 관, 손씻을 관 제사 이름 관(水)

盧 밥그릇 로, 화로 로 성씨 로(水)

盦 뚜껑 암, 덮을 암 그릇 이름 암

盬 그릇 이름 기 짐승 이름 기

䀣 술잔 마

盝 盝[거를 록]과 같음

盨 고기젓 담

奮 떨칠 분, 빠를 분

盬 고기로 만든 장 해

盩 盩[칠 주], 盭[어그러질 려]와 같음

盟 盟[맹세할 맹]과 같음

⑫ 획

盫 바리 교, 밥그릇 교

盬 그릇 호

盩 칠 주, 고을 이름 주 뽑을 추

盪 씻을 탕, 움직일 탕 진동할 탕, 밀칠 탕(水)

盬 盬[그릇 고]와 같음

盬 酤[계명주 고]와 같음

盬 그릇 교

盨 그릇 수, 식기 수

盬 맹세할 때 피 마시는 그릇 퇴, 돈

⑬ 획

盬 소금밭 고, 무를 고 빨아마실 고(水)

盬 술잔 양, 창

盬 바리 잔, 밥그릇 잔

盦 盦[뚜껑 암]과 같음

盬 고기로 만든 장 해

盬 쥐 역, 액

盬 물건 없는 그릇 소 盨[식기 수]의 訛字

盬 양념 넣고 삶을 잡 간맞출 잡

簠 제기 이름 보 [竹部](木)

⑭ 획

盬 그릇 교, 휘청거릴 교, 작은 가마 교

盬 앞 글자와 같음

盬 盭[어그러질 려]의 訛字

廬 농막 려, 풀집 려 원집 려 [广部](木)

籃 큰 둥롱 람, 큰 불우리 람 [竹部](木)

⑮ 획

罍 술단지 뢰 술항아리 뢰

盬 鹽[소금밭 고]와 같음

盭 어그러질 려, 굽을 려, 푸른빛 려

盬 앞 글자와 같음

⑰ 획

盬 심을 구 나무 종자 구

盬 밭가는 농기구 우 쟁기 우

盬 榼[술통 합]과 같음

⑱ 획

盧皿 그릇 저

蠱 독 고, 기르는 독충 고 [虫部] (水)

⑲ 획

鹽 소금 염, 절일 염 [鹵部] 常 (水)

㉑ 획

鹽 간수 감, 소금기 감

㉔ 획

贛皿 그릇 감, 상자 감 그릇 뚜껑 감

目部

目 눈 목, 볼 목, 눈빛 목, 제목 목 常 (木)

① 획

肌 쌍꺼풀눈 교

② 획

卜目 눈퉁이 뼈 복

盯 똑바로 볼 정 노려볼 정

盿 眄[애꾸눈 면]의 俗字

㒵 目[눈 목]의 古字

䀢 눈병 척

𥄂 눈 찡그릴 추, 쌍꺼풀 눈썹 교, 움펑눈 요

旬 눈방울 굴릴 현 눈 아찔할 순

見 볼 견, 나타날 현 만나볼 견 [見部] 常 (火)

𥃩 艮[그칠 간]의 本字

③ 획

盰 눈 부릅뜰 간

盵 성씨 기

盳 쳐다볼 망 盲[소경 맹]과 같음

盲 눈멀 맹, 소경 맹 청맹과니 맹 常 (木)

盱 쳐다볼 우, 눈웃음 칠 우, 눈부릅뜰 우 (木)

盵 앞 글자와 같음

盵 앞 글자와 같음

直 곧을 직, 곧게 할 직, 값 치 常 (木)

直 앞 글자의 俗字

彡 쳐다볼 삼

䁔 䀹[눈 비빌 알]의 訛字

盰 아득히 쳐다볼 천

昇 具[갖출 구]의 本字

肍 눈동자 굴릴 환

䀀 물건의 무게 이

䀠 큰 눈 범

肌 앞 글자의 俗字

䀕 볼 인, 눈부실 인

𥃿 눈여겨 볼 천 늘 볼 천

晃 좋은 눈 요 오목눈 요

𦣻 首[머리 수]의 古字

䀜 融[화할 융]과 같음

䀍 음험하고 독살스러운 눈빛 앙

④ 획

看 볼 간, 바라볼 간 방문할 간 常 (木)

眄 애꾸눈 면, 돌볼 면 곁눈질할 면 (木)

明 밝게 볼 명, 볼 명 어질 명 (木)

眊 눈 흐릴 모, 늙은이 모, 흐트러질 모 (木)

看 앞 글자와 같음

眇 애꾸눈 묘, 작은 눈 묘, 자세히 볼 묘 (木)

眉 눈썹 미, 늙은이 미 결 미, 미녀 미 常 (木)

盼 돌아볼 변, 중시할 변 동틀 분, 눈예쁠 반 (木)

眦 눈 부릅뜰 비

相 서로 상, 바탕 상, 상볼 상, 도울 상 常 (木)

省 덜 생, 살필 성 기억할 성 常(木)
盹 졸 순, 둔한 눈 순 (木)
盾 방패 순, 별이름 순 사람 이름 돈 (木)
眃 시력 좋지 못할 운 빠른 모양 혼
盷 눈알 굴릴 전 눈알 굴리며 볼 전
眈 노려볼 탐, 즐길 탐 으슥한 모양 탐(木)
眅 눈 흰자위 많을 판
盻 흘겨볼 혜 부지런할 혜 (木)
盺 기쁠 흔, 흐릿하게 보일 흔
盶 볼 원
眕 눈 정기 진 눈 부릅뜰 진
眂 視[볼 시]와 같음 (木)
眩 앞 글자의 俗字
昬 앞 글자와 같음
眹 우러러볼 천
睦 화목할 목 공경할 목
眏 눈 앓을 결 휘둥그레 볼 혈
盽 엿볼 계
県 목 베어 거꾸로 매달 교
県 앞 글자와 같음
眲 볼 뉵
睟 睟[바로 볼 수]의 俗字
眵 볼 체, 흘겨볼 체
旻 눈짓할 혁
眵 眵[눈곱 치]의 俗字
敃 볼 민 (木)
旻 앞 글자와 같음
眹 바랄 부
眣 눈 깜박일 화
昂 쳐다볼 앙 (火)
眆 倣[본뜰 방]과 같음, 희미할 방
肺 눈 어두울 패 어두울 발
盻 볼 흘
眹 멀리 볼 매 눈 침침할 매
曶 앞 글자와 같음 급히 볼 흘
眍 눈 나쁠 애 눈 후벼팔 알
眂 視[보일 시]의 古字
眂 앞 글자와 같음
盃 앞 글자와 같음
否 볼 부
眒 향할 흘
盺 볼 글
眄 옆으로 흘겨볼 면
具 具[갖출 구]의 本字
県 縣[고을 현]의 略字
冒 가릴 모, 무릅쓸 모 쓰개 모 [冂部] 常(水)
首 눈 바르지 못할 말
眊 瞅[볼 추]와 같음

⑤ 획

眡 노려볼 고
昧 눈 어두울 매 어리석을 매 (木)
眠 잘 면, 거짓말 면 죽은 체 할 면 常(木)
眚 눈에 백태 낄 생 허물 생, 고통 생
眣 눈 깜작일 순 눈짓할 순
眒 눈 부릅뜰 신 빠른 모양 신
眢 소경 완, 마른우물 완, 눈동자 없을 완
眑 눈 깊을 유 그윽할 유
眙 땅 이름 이 눈여겨볼 치
眤 곁눈질할 이 친숙할 닐
眦 흘길 자, 눈초리 제 노려볼 재 (木)
眥 앞 글자와 같음 (木)
眨 눈 깜박일 잡 애꾸눈 잡 (木)
眝 바라볼 저 눈 부릅뜰 저

眐 혼자서 바라볼 정 혼자 가는 모양 정(木)

眞 참 진, 몸 진, 초상 진, 진서 진 常(木)

真 앞 글자와 같음

眞 앞 글자와 같음(木)

眕 진중할 진, 볼 진

眣 사팔눈 질 눈 불거진 모양 질

眕 앞 글자와 같음

昭 눈으로 사람 희롱할 초

眩 아찔할 현, 눈부실 현, 어두울 현(木)

眖 놀라서 볼 혈 눈 움푹한 모양 결

眓 볼 활, 쳐다볼 활

看 看[볼 간]의 俗字

费 눈 어두울 비 어렴풋이 볼 불

眯 앞 글자와 같음

眎 視[볼 시]의 古字

眏 눈 어두울 앙, 흘겨볼 앙, 볼 영

目目 좌우로 두리번거리며 볼 구

眖 볼 황

眗 휘휘 둘러볼 구 눈 움푹 들어갈 후

眘 愼[삼갈 신]의 고字

眓 오목눈 휼 눈 휘둥그래질 휼

眜 땅 이름 멸 무릅쓸 말

眮 覗[엿볼 사]와 같음

貼 볼 점, 엿볼 점 눈 내리깔 점

眑 힐끗거릴 묘

眡 視[볼 시]와 같음

貳 볼 니

眢 사람 질투할 무

眚 省[살필 성]의 本字

督 눈 부릅뜰 노

眫 眯[눈에 티 들 미]와 같음

眿 眽[흘겨볼 맥]과 같음

眗 볼 구, 놀라서 보는 모양 구

眔 눈으로 뒤따를 답

眪 볼 병, 눈 밝을 병 희미하게 보일 방

眎 노려볼 말, 밉게 볼 말, 부끄러워할 비

⑥ 획

眶 눈자위 광 눈 언저리 광

眷 돌아볼 권, 보살필 권, 사모할 권(木)

眽 훔쳐볼 맥, 뽐내며 속이는 모양 맥

眳 눈 어두울 명, 성난 모양 명, 눈두덩 명

眸 눈동자 모, 눈 모 자세히 볼 모(木)

眯 눈에 티 들 미 가위눌릴 미

眼 눈 안, 볼 안 감시할 안 常(木)

眲 업신여길 닉

眻 눈썹사이 양(木)

眱 말없이 물끄러미 바라볼 이, 볼 제

眤 앞 글자와 같음

着 붙을 착, 著[나타날 저]의 俗字

眺 멀리 바라볼 조 두리번거릴 조(木)

眹 눈동자 진, 조짐 진 자취 진(木)

眵 눈곱 치 눈 언저리 병들 치

眴 눈 깜작일 현, 순 선명한 모양 현(木)

眖 눈 희미할 황 눈 어두울 황, 망

眭 눈 어두울 홍

聒 볼 활, 눈 부릅뜰 활 눈 어두울 괄

略 볼 락, 큰 눈 락

眮 눈동자 동, 눈망울 굴릴 동, 흘겨볼 동

眀 사람 가리고 볼 계 엿볼 계

眘 앞 글자와 같음

眂 눈여겨볼 식 안표할 식

眰 眣[사팔눈 질]과 같음

眼 흘끔흘끔 볼 교

眭 움펑눈 휴
노려볼 휴, 성씨 수

眹 눈 흐릴 겹, 애꾸눈 겹, 몽롱할 돈

脠 한쪽눈 찡그릴 전
눈 어두울 전

眩 눈 부리부리할 해
여럿이 서로 볼 해

睊 睊[흘겨볼 견]과 같음

眑 용모 단정히 하고 볼 수

眾 衆[무리 중]의 本字
여럿 중, 민심 중

罽 앞 글자의 古字

眡 視[볼 시]의 古字

睂 眉[눈썹 미]의 古字

眚 省[살필 성]의 本字

眙 화할 이

睁 睜[싫어하는 눈빛 정]의 俗字

眬 瞋[부릅뜰 진]과 같음

脩 눈 찡그릴 추
눈 어두울 도

眆 새가 날아내릴 항
볼 항

䀏 보고 싫어하는 모양 혈

眗 노려보는 모양 후
훔쳐볼 후

⑦ 획

睊 흘겨볼 견

睏 졸릴 곤

晩 겁없이 볼 만

覒 앞 글자와 같음

睰 안질 목

睸 볼 보 (火)

着 붙을 착, 著[나타날 저]의 俗字 常(土)

睋 바라볼 아
갑자기 아

睇 흘끗 볼 제, 밝게 살필 체, 볼 체 (木)

睃 볼 준
사람 이름 전 (木)

脤 눈 부릅뜰 진
아찔할 인

睄 잠깐 볼 초, 어두울 소, 애꾸눈 소

睍 불거진 눈 현
힐끗 볼 현 (火)

睅 퉁방울 눈 환, 한

睆 가득 차 있는 모양 환, 아름다울 환 (木)

睂 眉[눈썹 미]의 本字

睔 눈뜰 곡, 큰 눈 곡
눈 껌벅일 곡

睈 똑바로 볼 영
눈 어두울 경 (火)

睄 눈 쌍꺼풀 질 교

睤 眒[눈 부릅뜰 신]과 같음

睄 눈 멀 효

脰 눈꼽 낄 두

睈 비쳐볼 정

睉 작은 눈 좌

睎 바라볼 희

睙 눈병 날 량
눈 밝을 랑

睵 바삐 볼 겁
황급히 볼 겁

奞 눈 크게 뜨고 볼 훤, 권

睊 눈 감을 괵

睚 눈물 그렁그렁할 왕

晢 눈 광채날 제
눈이 고울 제

督 볼 혁, 눈 혁

睿 곁눈으로 볼 사

眇 앞 글자와 같음

睒 눈 자주 깜박거릴 섬

睠 눈 언저리 권
눈시울 권

督 눈 비뚤 추
눈 어두울 도

睧 눈 어두울 활
볼 활

睥 볼 빙

睷 볼 연

睈 眼[눈 안]의 本字

睹 많을 도
사람 이름 도

䀠 目[눈 목]의 古字

睡 누워서 볼 류

買 살 매 [貝部] 常(金)

詈 꾸짖을 리 [言部]

䀹 睕[눈 우묵할 완]과 같음

䀶 눈 깜박일 곡

䀵 眣[눈 깜작일 순]과 같음

䁍 눈 불거질 정

䀿 眺[볼 조]와 같음

⑧ 획

睘 瞏[놀라서 볼 경]과 같음

睔 눈 둥글고 클 곤 눈모양 론

䁅 앞 글자와 같음

睠 眷[돌아볼 권]과 같음 (木)

睞 한눈 팔 래, 볼 래 눈동자 쏠릴 래

睙 눈 굴려볼 렬 눈길 돌려볼 렬

睩 삼가 볼 록 조심스럽게 볼 록

睖 똑바로 볼 릉 응시할 릉

睦 화목 목, 공손할 목 친근할 목 常 (木)

睥 흘겨볼 비, 엿볼 비 성가퀴 비 (木)

睤 앞 글자와 같음

睒 언뜻볼 섬, 엿볼 섬 번뜩일 섬, 빛날 섬 (木)

睡 졸음 수, 잠잘 수 누울 수 常 (木)

睟 볼 수, 번지르할 수 (木)

睚 눈 가장자리 애, 노려볼 애, 늦출 애 (木)

睪 엿볼 역, 성씨 역 고를 택, 불알 고

𥈡 앞 글자의 本字

䁀 앞 글자의 古字

睨 흘겨볼 예, 엿볼 예 돌아볼 예, 기울 예 (木)

睕 눈 우묵할 완 아양떨 완

睛 눈동자 정, 시력 정 눈 정 (木)

睜 싫어하는 눈빛 정 눈 부릅뜰 정

睬 주목할 채 참견할 채 (木)

睫 속눈썹 첩 눈 깜작일 첩 (木)

睭 깊을 주

睧 어두울 혼 어리석을 혼

睢 강 이름 수, 노려볼 휴 우러러볼 휴, 수 (木)

睓 부끄러울 전

䁁 눈병 량, 눈 밝을 량

䀮 앞 글자와 같음

䁒 큰 눈 한

䁃 눈에 대고 볼 표

䀄 盲[소경 맹]과 같음

䀴 눈 우묵할 감 눈자위 꺼질 겹

督 감독할6 독 동독할 독 常 (木)

䁄 눈 감을 행

睍 놀란 모양 혁

𥇦 眕[자중할 전]과 같음

睗 빨리 볼 석

䁅 덜 볼 맹

䁀 볼 정

䁆 눈 감을 암, 업

䁑 실심할 창 눈이 클 창

䁇 얼른 볼 밀, 자세히 볼 밀, 잠깐 볼 밀

䁈 돌아볼 계, 엿볼 계

䁉 앞 글자와 같음

䁋 앞 글자와 같음

睼 눈 밝을 제

䁌 잠자는 눈 혁, 혹

䁊 앞 글자와 같음

䁓 외눈 기

䁖 좌우로 볼 구

䁏 둔한 눈 준 눈 어두울 돈

䁐 우길 교, 비틀 교

䁔 아첨할 압

鼎 솥 정, 현귀할 정 대치할 정 [鼎部] (火)

䁅 眉[눈썹 미]의 本字

蜀 나라 이름 촉, 땅 이름 촉 [虫部] (水)

䁆 보는 모양 갈

瞇 사팔뜨기 미 애꾸눈 미

⑨ 획

睷 눈으로 셀 건 (木)

睾 고환 고 높은 모양 고 (木)

睽 사팔눈 규, 반목할 규, 어그러질 규 (木)

睹 볼 도, 살필 도, 알 도, 나타낼 도 (木)

瞄 노려볼 묘

瞀 눈 어두울 무, 어리석을 무, 어두울 무

瞂 방패 발

瞙 눈 우묵하게 들어갈 영, 볼 영

睿 깊고 밝을 예 슬기로울 예 (木)

瞈 아첨하는 모양 유 알랑거릴 유

睸 눈 나쁠 올 밉게 볼 올

醍 멀리 볼 제, 볼 천 마주볼 체

瞅 노려볼 추

睱 천천히 볼 하

瞁 놀라서 볼 혁

睧 번민할 혼

睺 애꾸눈 후 움푹한 눈 후

瞜 앞 글자와 같음

瞍 소경 수, 장님 수 봉사 수, 판수 수

瞀 눈 깊고 검을 알

䁯 한쪽 눈 멀 접 애꾸눈 협

瞎 볼 말

瞠 바로 볼 당, 창

瞣 앞 글자와 같음

瞐 눈 내리깔고 볼 모

煦 웃을 후

瞦 눈에 광채 날 성

睳 여윈 사람이 볼 휴, 어두울 휴

瞮 눈 깊을 겹 눈자위 꺼질 겹

瞘 놀라서 볼 구

瞗 뜻 잃고 볼 척

瞏 눈 광채 경

瞪 자세히 볼 정 눈꼽 낄 정

睴 큰 눈 툭 불거질 곤

瞟 멀리볼 요

瞰 볼 재, 반목할 재

瞢 큰 눈 춘, 왕눈 춘

暘 양미간 양 아름다운 눈 양

䁒 눈깜작일 즙, 집 눈물날 즙, 집

瞛 서로 엿볼 종

䁔 퉁방울눈 훤 왕눈 훤

暄 앞 글자와 같음

瞑 굽어볼 민

䁙 눈으로 희롱할 안

睾 眣[사팔눈 질]과 같음

瞓 눈알 비뚤 랄 눈 억뜨기 랄

䁓 尊[높을 존]과 같음

䁨 愕[놀랄 악]과 같음

䁉 瞑[잠잘 명], 靦[부끄러울 전]과 같음

䁐 眥[흘길 자, 눈초리 제]와 같음

䁕 흘겨볼 혁

⑩ 획

瞌 졸음 올 갑

瞏 놀라서 볼 경 외로울 경

瞉 어리석을 구, 말 흐릴 구, 무식할 구

瞑 눈 감을 명, 눈 어두울 명, 잠잘 면 (木)

䁚 애꾸눈 미 사팔뜨기 미

䁡 눈 깜박거릴 섬

瞍 소경 수, 늙은이 수 (木)

瞈 밝지 않을 옹

瞋 부릅뜰 진 성한 모양 진 (木)

瞕 음란할 진 음흉한 눈빛 진

瞎 애꾸눈 할, 눈멀 할 악할 할 (木)

瞂 눈 굴려 볼 반

瞌 밝을 개

瞝 실눈 뜨고 볼 요 눈매 고울 요

瞣 눈으로 희롱할 안

瞚 눈병 손

瞔 보이지 않을 식

瞿 두려워서 볼 구

瞣 晃[눈 희미할 황]과 같음

瞘 찾아볼 려, 구할 려 둘러볼 려

瞒 볼 마, 보는 모양 마

瞎 눈 내리깔 답

瞴 눈알 뺄 각 눈멀 학

瞜 낮 더러울 멸

瞙 아름다운 눈 막 움펑눈 막

瞢 눈 맑을 앵 미혹할 영

瞪 움펑눈 두

瞼 눈초리 처진 눈 렴

瞞 眇[애꾸눈 묘]와 같음

瞑 眠[잠잘 면]과 같음

瞖 볼 간

瞗 看[볼 간]의 古字

瞦 눈 움푹한 모양 결

瞓 보는 모양 경

瞖 눈 깜박거릴 계, 혜

瞜 볼 류

瞝 성난 눈 모양 이

瞠 어긋날 차

瞧 眵[눈꼽 치]와 같음

⑪ 획

瞘 움펑눈 구

瞡 훔쳐볼 규

瞠 볼 당, 놀라볼 당 눈여겨볼 징 (木)

瞜 주시할 루

瞝 볼 리

瞙 눈흐릴 막 (木) 눈에 백태 낄 막

瞞 속일 만, 눈 감을 만, 부끄러워할 문 (木)

瞢 어두울 몽, 부끄러워할 몽, 번민할 맹

璇 눈이 아름다울 선 (木)

瞚 눈 깜작일 순 현기증 날 순

瞣 두 눈이 물고기 눈처럼 흰 말 어

瞖 눈에 백태 낄 예 눈병 예 (木)

瞕 눈에 예막 생길 장 눈에 백내장 낄 장

瞗 익히 볼 조, 눈여겨 볼 조, 새 이름 두

瞛 눈에 광채 날 종 눈 빛날 종

瞥 눈 깜빡일 참

瞟 볼 표 잘보이지 않을 표

瞪 아름다운 눈 등

瞔 눈 부릅뜰 책

瞝 측량 못할 밀

瞜 눈 맑을 록

瞡 볼 척

瞠 눈 희미할 갱 아리아리할 갱

瞭 살펴볼 체 곁눈으로 볼 체

瞝 눈 곤두설 적 노려볼 휴

瞴 覰[엿볼 처]와 같음

瞿 놀라볼 확

瞞 뜻 잃고 볼 척

瞭 앞 글자와 같음

䁩 睚[눈초리 애]와 같음

𥋝 눈 깜작거릴 섬

䁻 눈 쌍꺼풀 질 리

䁍 졸린 눈 갑

𥋯 眇[애꾸눈 묘]와 같음

瞾 照[비칠 조]와 같음

𥌒 똑바로 볼 관

𥋁 眒[눈 부릅뜰 신]의 古字

䁚 볼 삼

𥋩 눈 모양 강

䁥 친근할 닐
작은 눈 닐

𥉞 속일 만, 눈 어지러울 만, 가늘고 길 만

䁳 애꾸눈 망

𥋶 곁눈질 멱

𥌃 눈길이 나쁜 모양 절

𥌄 睫[속눈썹 첩]과 같음

⑫ 획

瞷 엿볼 간, 눈 치켜뜰 한, 간질 한

𥍊 앞 글자와 같음

瞯 앞 글자와 같음

瞰 볼 감, 고기눈 감지 않을 감 (木)

瞶 눈에 정기 잃을 귀
눈동자 없을 귀

瞳 눈동자 동, 멍청히 바라볼 동 (木)

瞭 눈 밝을 료, 뚜렷할 료, 바라볼 료 (木)

瞵 볼 린, 눈여겨 볼 린, 문채날 련

瞴 아름다울 무

瞨 눈 어두울 박

瞥 언뜻 볼 별, 홀연히 별 (木)

瞤 쥐날 순, 당길 윤
눈꺼풀 떨릴 윤

瞬 눈깜짝일 순, 볼 순 잠깐 순 常 (木)

瞫 볼 심, 성씨 심

瞱 빛날 엽, 노려볼 엽

瞪 눈 부릅뜰 징, 노려볼 징, 볼 징, 등 (木)

瞮 눈 밝을 철 (木)

瞧 몰래볼 초, 엿볼 초
눈 어두울 초

瞲 눈 움푹할 휼
놀라서 볼 혈

𥌍 눈매 예쁠 위

䁒 눈물날 즙
눈 깜박일 집

𥌛 때낄 훈
눈 흐릴 몽

𥋯 눈알 붉을 존
붉은 눈 존

𥌉 눈 찡그리고 볼 증
눈 잘 안 보일 증

𥍂 눈병 핵, 획

𥋘 눈속 붉을 혈

𥌓 반갑지 않게 볼 표
노려볼 표

瞦 눈동자 맑을 희

䑃 아름다운 눈 잉
크게 볼 잉

𥋹 瞠[볼 당]과 같음

𥌗 눈 감고 생각할 잠

瞸 볼 흡
한 눈으로 볼 협

䁗 矚[볼 촉]의 俗字

𥌚 눈 똑바로 뜨고 볼 증

𥋿 䁥[밝지 않을 태]의 訛字

𥋤 눈 깊을 우
눈 움푹할 구

𥋷 어그러질 연

䁲 볼 매, 조금 볼 매

𥌣 물끄러미 바라볼 징

𥌊 眇[애꾸눈 묘]와 같음

𥍁 瞟[볼 표]와 같음

𥋺 瞠[볼 당]과 같음

𥌬 애꾸눈 망
눈 어두울 망

𥌋 계속해서 볼 전

𥌔 눈짓할 살

𥌡 졸음 오는 눈 특

⑬ 획

瞼 눈꺼풀 검, 거둘 검 고울 검 (木)

瞽 소경 고, 어리석을 고, 악관 고 (木)

瞿 볼 구, 두려워할 구 놀라서볼 구 (木)

瞹 흐릿할 애, 숨길 애 (木)

䁝 응시할 응

瞻 볼 첨, 살필 첨 (木)

瞺 눈과 눈썹 사이 외

矆 눈시울 엽

瞡 눈꼽 멸, 붉은 눈 멸

瞫 보고 낯빛 변할 전 보고 그칠 전

𥉻 눈살 찌푸릴 추

瞏 눈 감을 환 아이 눈병 편

矋 눈 똑바로 뜨고 볼 맹

睪 눈 밝을 역, 볼 석

曌 照[비칠 조]와 같음

𥌓 앞 글자와 같음

矂 瞟[볼 표]와 같음

矉 볼 당

䀹 볼 격

瞦 눈곱 많을 휴

矌 볼 가

瞇 엿볼 미

䁤 볼 상, 눈 상

矍 눈 밝을 각

曒 눈 깜작이지 않을 격, 밝을 교

瞙 눈빛 령

矙 睥[흘겨볼 비]와 같음

矂 뜻 잃을 소

瞮 매우 쇄

瞚 瞚[눈 깜작일 순]과 같음

瞅 노려볼 추

曦 눈 깜박일 희

⑭ 획

矊 검은 눈동자 면 사랑 고백할 면

矇 청맹과니 몽 (木) 악관 몽, 어두울 몽

矉 찡그릴 빈, 한스러워 눈부라릴 빈 (木)

矄 눈 침침할 훈 눈 어두울 훈

䁵 볼 감

矒 瞽[소경 고]와 같음

赫 눈 붉을 혁

䁻 자세히 볼 찰

矏 눈 속 마를 급 눈동자 마를 급

矈 볼 면, 은밀할 명 빽빽할 면

矊 눈 붉어질 굴

矚 눈 움직일 주

矃 瞴[잠깐 볼 무]의 訛字

矃 볼 녕, 부릅뜨고 볼 당

矐 잘 못 볼 요

矐 앞 글자와 같음

矆 눈 딱 부릅뜨고 볼 확, 번갯불 확

矔 아이 눈 뽀얄 판 볼 판

矇 瞢[어두울 몽]과 같음

矉 瞵[눈빛 린]과 같음

䁽 얼굴에 때 낄 휴

矎 瞤[당길 윤]과 같음

䁱 눈썹 넓을 명 미간 넓을 명

矊 복습할 류 결심할 류

䁹 陽[볕 양]과 같음

矖 사팔뜨기 미

⑮ 획

矏 외눈 어두울 면 볼 면, 빽빽할 면

矌 눈동자 없을 광

𥌒 곁눈질할 매, 눈부릅뜰 매, 눈가 매

矎 볼 현, 눈부실 현

矍 놀라 돌아볼 확, 두리번거릴 확 (木)

𥍀 아름다운 눈 삭, 잠깐 볼 력

𥌾 보이지 않을 묵

𥍊 병난 눈 렵

𥌸 볼 려

𥌣 눈 가장자리 진무를 멸

𥌽 아름다운 눈 반, 삭

𥍓 볼 의

矊 矏[검은 눈동자 면]과 같음

𥌻 顚[엎어질 전]과 같음

⑯ 획

矑 눈동자 로

矓 눈 흐릴 롱, 몽롱할 롱

矐 겹눈동자 학, 빠를 학, 눈 멀게 할 학

𥍌 검은 눈동자 현

𥌓 눈 맑을 력

𥌳 눈 희미할 맹, 눈 아리아리할 맹

𥌺 눈병 유

𥍉 졸음 올 묵, 놀랄 묵

𥍋 눈 깜작일 희

𥌴 잠꼬대할 몽

矒 瞢[어두울 몽]과 같음

𥍂 睶[졸 순]의 本字

𥌋 눈으로 노닥거릴 안

⑰ 획

𥍝 사팔뜨기 수

𥍆 성내어 볼 참, 움펑눈 참

𥍣 잘못 볼 요, 아찔할 요

𥍠 볼 란

𥎆 눈 광채 날 령

𥍫 눈에 광채 없을 앵

𥍬 정하고 볼 응 (木)

𥍵 자청하여 볼 려, 찾아볼 리

𥍮 웃을 섬

𥍰 눈 귀, 볼 귀

𥎀 눈 감을 섭

⑱ 획

矔 눈 부릅뜰 관, 두리번거릴 관

𥍲 눈 움직일 섭, 녑

𥍳 觀[볼 관]의 古字

𥍭 볼 주, 성내어 볼 휴

𥍺 눈 감을 작, 초, 눈 어두울 작

𥍹 瞟[볼 표]의 本字

⑲ 획

矕 볼 만, 입을 만

矗 우거질 촉, 우뚝 솟을 촉, 길 곧을 촉 (木)

𥎃 눈 감을 섭

矖 둘러볼 리, 찾아볼 리

⑳ 획

矙 엿볼 감 (木)

矘 멍하니 바라볼 당, 귀어두울 당

矡 크게 볼 확, 두려워할 확

𥎊 근엄한 모양 엄

㉑ 획

矚 볼 촉 (木)

𥎋 觀[볼 관]과 같음

𥎈 보는 모양 류

㉓ 획

𥎎 눈 감을 변

㉕ 획

𥎙 어리석은 사람의 눈빛 한

矛部

矛 창 모, 별 이름 모 벌레 이름 모 (金)

③ 획

矜 창 격, 혁

矠 날카로울 뉵

④ 획

矜 불쌍히 여길 긍, 홀아비 환 (金)

矝 찌를 뉴, 뉵

矟 창 혁, 작은 창 역

矞 긴 창 혁

⑤ 획

矜 矜[불쌍히 여길 긍]과 같음

矛 矛[창 모]와 같음

矠 앞 글자의 古字

矡 鍦[짧은 창 시]와 같음

矦 창 형, 호

⑥ 획

矤 짧은 창 궤

矧 찌를 동, 작살 동

務 힘쓸 무, 권면할 무 일 무 [力部] 常(土)

矟 창 혁

⑦ 획

矟 긴 창 삭

矞 송곳질할 율, 속일 휼, 채운 율 (金)

矠 짧은 창 랑

矡 양날 창 봉 두 갈래진 창 봉

矢 창 재

矣 창 제

矤 창 찬

矦 송곳 침

矧 창 격

⑧ 획

矨 창 색, 작살질할 색

矩 연할 뉴 부드러울 뉴

矪 부드러울 납

⑨ 획

矫 창 후

矬 앞 글자와 같음

短 짧은 창 총

矮 짧은 창 사, 시

矯 창 건

矰 송곳 종

矱 삼지창 언

矲 깃으로 꾸민 창 영

石 창 용

矴 盾[방패 순]과 같음

⑩ 획

矵 싸울 희, 쇠뇌 희

矶 두갈래 진 창 용

矷 槍[창 창]과 같음

矸 창 개, 갑

矹 적을 긍, 홀아비 긍

⑪ 획

矺 창자루 근, 호미 근

矻 짧은 창 총

矼 두 갈래 창 봉 양날 창 봉

矽 창 책, 척

⑫ 획

𥎰 矠[창 색]의 本字

𥎱 창 여

𥎲 짧은 창 충

𥎳 날 율, 나올 율

⑬ 획

𥎴 손창 례

𥎵 작은 창 리

𥎶 창 해

⑭ 획

𥎷 창자루 근

𥎸 창 미

𥎹 창 서

𥎺 연약할 연 가냘플 연

𥎻 짧은 창

⑮ 획

𥎼 지팡이 창 박

⑲ 획

𥎽 작은 창 찬

⑳ 획

矡 호미 확, 창 확 (金)

㉙ 획

𥎾 작은 창 찬

㉛ 획

𥎿 작은 창 찬

矢部

矢 화살 시, 시행할 시 곧을 시 常(金)

② 획

矣 어조사 의, 이 의 말 그칠 의 常(金)

矤 矧[하물며 신]과 같음

𥏃 矢[화살 시]의 古字

③ 획

矤 矧[하물며 신]과 같음

知 알 지, 깨달을 지 생각할 지 常(金)

④ 획

矧 하물며 신, 또 신 크게 웃을 신 (金)

𥏋 앞 글자와 같음

矨 작은 모양 영 짧고 작을 영

𥏌 族[겨레 족]의 古字

𥏍 鏃[살촉 족]과 같음

𥏎 侯[제후 후]의 古字

⑤ 획

矩 곱자 구, 네모 구 법 구, 새길 구 (金)

𥏐 살 모양 법

𥏑 짧을 조

𥏒 짧을 발, 난쟁이가 행동하는 모양 발

𥏓 짧을 절

𥏔 짧고 작을 지

𥏕 疑[의심할 의]의 古字

矪 短[짧을 단]과 같음

𥏖 知[알 지]와 같음 (金)

⑥ 획

𥏗 짧을 갈

𥏘 짧을 줄, 질

𥏙 화살 조

矦 활 고두리 주 새 쏘는 화살 주

𥏚 앞 글자와 같음

𥏛 族[겨레 족]의 古字

𥏜 게으를 귀, 궤 발돋움할 귀, 궤

𥎿 知[알 지]의 古字

𥏁 鏃[살촉 족]의 古字

𥏂 疾[병 질]의 古字

𥏃 款[정성 관]의 俗字 [欠部]

𥏄 검은색 질

⑦ 획

短 짧을 단, 짧게 할 단 적을 단 常(金)

矬 키 작을 좌, 떨어질 좌, 등 굽을 좌

䂓 規[법 규]의 本字

躲 射[쏠 사]의 本字

𥏋 작을 영

𥏌 矨[작을 행]의 訛字

智 슬기 지, 꾀 지, 지혜로울 지 [日部] 常(火)

⑧ 획

矮 키 작을 왜 오그라들 왜 (金)

𥏒 짧을 굴

𥏓 짧고 작을 계

矨 작을 행

𥏕 앞 글자와 같음

𥏖 짧을 의, 부스름 의

矲 짧을 아

𥏗 키 작을 철

𥏘 어그러질 별

𥏙 체형 작을 비

雉 꿩 치, 성 윗담 치 폐백 치 [隹部] (火)

𥏛 熾[성할 치]의 訛字

⑨ 획

𥏜 키 작을 개

𥏝 唐[당나라 당]의 古字

𥏞 상처 창, 다칠 상

⑩ 획

𥏟 鴙[상처 창]과 같음

𥏠 기다릴 시

𥏡 瘤[혹 류]의 古字

𥏢 雉[꿩 치]와 같음

𥏣 씩씩할 교

⑪ 획

𥏤 智[지혜 지]와 같음

𥏥 智[지혜 지]와 같음 (火)

𥏦 鴙[상처 창]과 같음

⑫ 획

矯 바로잡을 교, 속일 교, 거스를 교 常(金)

矰 주살 증 짧은 화살 증

𥏨 짧고 작은 모양 시

𥏩 난쟁이 복

⑬ 획

𥏪 생사 작, 주살 끈 작 얽힐 교, 섞을 교

⑭ 획

矱 법도 확, 자 확

⑮ 획

𥏬 작고 앙증맞을 패 짧을 패, 난장이 패

⑰ 획

𥏭 짧을 영

⑱ 획

𥏮 짧을 환

石部

石 돌 석, 악기 이름 석 비석 석 常(金)

① 획

乭 돌 돌, 땅 이름 돌 사람 이름 돌[乙部](金)

石 石[돌 석]과 같음

石 앞 글자와 같음

石 앞 글자와 같음

乱 돌 모양 알

② 획

矴 닻 정, 닻돌 정

砲 砭[돌침 폄]과 같음

后 石[돌 석]과 같음

矶 돌 깨지는 소리 팔

矷 약 이름 박

矻 마음 쓸 골

③ 획

矼 징검다리 강, 돌다리 강, 돌계단 강(金)

矻 돌 골, 수고로울 굴 느른할 굴

矽 석비레 석 유리흙 석(金)

矸 깨끗할 안(金) 산돌 간, 주사 간

矹 높이 솟을 올 돌 비탈 올

矷 잔돌 자, 돌 이름 자

矺 돌로 칠 탁, 칠 책 찢어 죽일 탁(金)

矵 돌무더기 적

砬 산돌 망 고을 이름 망

砚 잔돌 차

岩 巖[바위 암]의 俗字 [山部]

④ 획

砍 벨 감, 끊을 감

砎 단단할 개 조약돌 길

砛 돌 이름 금

研 흰 돌 단 붉은 돌 단

砇 玟[옥돌 민]과 같음(金)

砘 다질 돈, 둔자 둔

砅 징검다리 례, 돌 밟고 물 건널 려

砆 옥돌 부 무부옥돌 부

砏 우뢰소리 분(金) 큰 소리 빈

砒 비상 비 약석 이름 비(金)

砂 모래 사, 모래처럼 자잘한 물건 사(金)

砉 음역자 소

砑 윤낼 아, 갈 아 도장찍을 아(金)

砐 산 우뚝할 압

砓 돌산 설 험준한 모양 설

砌 섬돌 체, 문지방 체 쌓일 체, 출연할 체(金)

砉 뼈 발라내는 소리 획 빠를 혁, 탁 트일 혁

砄 돌 결

砿 돌소리 횡

砊 돌 무너지는 소리 항, 우레소리 강

硅 옥돌 봉

砋 다듬잇돌 지 숫돌 지

砕 碎[부술 쇄]의 略字

研 硏[갈 연]의 俗字

斫 도끼날 작, 벨 작 칠 작 [斤部](金)

砝 갈 골, 문지를 골

砜 硇[약석 이름 뇨]와 같음

砗 돌로 물 치는 소리 담

砑 돌이 고르지 아니할 효

⑤ 획

砝 단단할 겁, 굳을 겁 법마 법

砮 돌 살촉 노

砌 앞 글자와 같음

砼 콘크리트 동

砢 돌 쌓일 가, 라(金)

砺 돌 소리 력

砱 돌구멍 령

砬 돌소리 립, 암석 립 약돌 립 (金)

砪 운모 모

砵 땅 이름 발

砯 물이 바위에 부딪치는 소리 빙

砟 벨 작, 비석 사

砷 비소 신

砨 옥 이름 액

砈 앞 글자와 같음

砡 머리를 가지런히 할 옥

瓦 벽돌 와

砽 돌소리 용

玼 자황석 자

砸 칠 잡, 누를 잡

砠 돌산 저 흙산에 돌 박힐 저

砫 돌감실 주 돌궤 주, 신줏돌 주

砥 숫돌 지, 평평할 지 고를 지, 갈 지 (金)

砋 앞 글자의 俗字

砛 돌 울퉁불퉁할 진 힘들 진

砦 울타리 채 (金)

础 주춧돌 출

砧 다듬잇돌 침, 모탕 침, 형구 이름 침 (金)

砣 돌팔매질할 타 맷돌 타

砤 앞 글자와 같음

破 깨뜨릴 파, 넘을 파 패망할 파 常 (金)

砰 물결소리 팽 부딪칠 팽 (金)

砭 돌침 폄, 돌침 놓을 폄, 찌를 폄 (金)

砩 돌로 물막을 폐 돌 이름 불

砲 돌 쇠뇌 포 대포 포 (金)

砲 앞 글자와 같음

砲 앞 글자와 같음

砞 부서진 돌 말

砆 돌 쇠뇌 절

砇 돌 떨어지는 소리 시

砉 비석돌 청

砼 돌 떨어지는 소리 동

砄 흰 수정 부

砇 珉[옥돌 민]과 같음

碾 碾[맷돌 년]의 本字

砮 옥돌 괴

砵 큰돌 반

砷 산엷 갑

砂 돌 드리울 사 돌 매달 사

砛 돌 빽빽히 쌓일 진

砎 작은 돌 갈, 자갈 갈

砶 墠[제터 선]과 같음

砶 珀[호박 박]과 같음

砷 釉[윤날 유]와 같음

⑥ 획

硍 돌에 흔적 있을 간 은주 은, 돌소리 한

硿 물가 돌 공 호모양의 굴 동

硄 돌소리 광 돌빛 윤택할 광

硅 규소 규 (金)

硇 약돌 이름 뇨 노사 노, 약돌 뇨

硐 갈 동, 산골짜기 동

硌 산 위의 바위 락 소리의 형용 격

硉 돌 위태한 모양 률 돌 굴릴 률

硒 셀렌 서

研 갈 연, 궁구할 연 자세할 연 常 (金)

硊 돌 모양 위, 석귀 귀

硃 주사 주, 붉은 먹 주 붉은 색 돌 주 (金)

硈 견고할 할

硎 숫돌 형

硘 문지를 회

䂫 돌 융

䂶 돌소리 의

䂩 硯[벼루 연]과 같음 (金)

䃋 옥 같은 돌 유

䂟 돌 주

䂸 돌자갈밭 요

硦 반석 과 / 편편한 돌 과

䂴 옥돌 선, 손

䂼 버팀대 점

䂦 돌 모양 알

硋 礙[거리낄 애]와 같음

䂮 칼날 세울 략

䂒 돌망치 오 / 돌로 칠 오

䃉 벼락 벽, 번개 벽

碯 무늬진 돌 노

硣 교오 교, 물이 돌에 부딪치는 소리 교

䂹 礧[돌 뢰]와 같음

䃚 砯[물소리 빙]과 같음

䂳 우뚝 솟은 돌이 중첩해 있을 순

䃡 택액 액 / 짐승 이름 액

硂 銓[저울질할 전]과 같음

砎 砛[돌 울퉁불퉁할 진]의 俗字

䂬 銃[총 총]과 같음

硑 砰[부딪칠 팽], 瓶[병 병]과 같음

䂾 砭[돌침 폄]과 같음

䂲 돌 떨어지는 소리 홍

硔 구학 홍, 광석 홍

⑦ 획

硜 돌소리 갱, 알랑거릴 갱, 경쇠 경(金)

硬 굳을 경, 단단할 경 / 완강할 경 常(金)

硞 돌소리 각 / 돌 형상 곡

硱 돌 떨어질 곤 / 돌 모양 곤

硡 돌 떨어지는 소리 굉, 소리 클 굉

硠 돌 부딪는 소리 랑 / 굳을 랑(金)

硫 유황 류(金)

硥 蚌[방합 방]과 같음

硭 망초 망

䃀 앞 글자와 같음

䃊 앞 글자와 같음

䃒 땅 이름 사 / 사석 사

硪 바위 벼랑 아 / 산 높은 모양 아(金)

硢 돌 이름 여

硯 벼루 연, 성씨 연 / 벼루를 만들 연(金)

䃗 돌 섞일 잠

硳 땅 이름 적

硨 조개 이름 차 / 옥돌 차(金)

硩 던질 척, 팔매질 척 / 벼슬 이름 척

硝 초석 초, 망초 초(金)

确 자갈땅 학(金) / 굳세고 바를 학

硤 고을 이름 협 / 골짜기 협, 좁을 협

硵 돌그릇 로

䂤 돌 깨뜨리는 소리 부

硟 다듬잇돌 천 / 생치는 돌 천

硊 갈아없앨 예

䃌 돌갈 미

䃍 맷돌 보

硰 부스러진 돌 좌

硎 숫돌 경 / 산 이름 경

䃅 돌 떨어지는 소리 시

硧 숫돌 용(金) / 硐[갈 동]과 같음

䃎 생각할 언

硲 산골짜기 곡

硦 구멍 롱

硥 부딪치는 소리 방

䃗 들쭉날쭉할 어

𥑮 산은 깊고 골짜기는 텅 빈 모양 함

⑧ 획

碙 섬 이름 강, 암석 강, 강주 강, 노사 노

𥒀 돌 이름 강, 강력 강

硻 굳을 경, 돌 두드리는 소리 경, 굳셀 경

硿 약석 이름 공, 돌 떨어지는 소리 공

硱 돌 위태할 균

碕 굽은 물가 기, 산 길게 뻗을 기

碁 棋[바둑 기]와 같음 (金)

碯 옥이름 뇌

碓 방아 대, 망치 대, 산 이름 퇴 (金)

碡 돌고무래 독, 녹독 독

碌 돌 모양 록, 석록 록, 용렬할 록 (金)

碖 돌 떨어질 론

𥓂 硎[숫돌 형]과 같음

碄 깊을 림 (金)

𥓞 돌 망

碚 땅 이름 배

硼 붕산 붕, 돌 이름 평, 약 이름 붕 (金)

碑 돌기둥 비, 비석 비, 비 비 常 (金)

𥓉 앞 글자의 俗字

𥔆 앞 글자의 俗字

碎 부술 쇄, 부서질 쇄, 갈 쇄 (金)

硹 땅 이름 숭

碍 礙[거리낄 애]와 같음 (金)

碗 盌[주발 완]과 같음 (金)

碒 산 험할 음

碏 삼갈 작, 공경할 작, 사람 이름 작 (金)

碀 깨어지는 소리 쟁, 돌소리 정

碘 요오드 전

碇 닻돌 정, 배 멈출 정 (金)

碉 돌집 주, 조보 조

碃 푸른 돌 청

硾 찧을 추, 다질 추, 누를 추, 다듬을 추

碆 돌살촉 파

𥓠 돌 모양 괴, 부술 괴

𥓍 硏[갈 연]과 같음

𥓳 맷돌 학, 입술 두꺼울 학

硺 칠 탁

𥓏 갈 정, 막힐 정

𥔌 돌 높을 조

𥓁 갈 래

𥓟 방아 디딜 답, 쓿을 답

𥓲 매 취

𥓄 硉[돌 위태할 률]과 같음

𥓊 보뚝 대, 방축 대

𥔇 산이 연접할 첩

碈 珉[옥돌 민]과 같음

碊 언덕 천, 버틸 잔, 옮길 전, 잔도 잔

𥓓 지형 험할 아, 돌 이름 아, 자갈 땅 아

碐 돌 험할 릉

碮 깨진 종 울리는 소리 곤

碔 珷[옥돌 무]와 같음

𥓶 과립 과

𥓹 면사 면

𥓦 돌 박, 돌 쌓을 박

𥓧 높낮이가 고르지 아니할 외

碰 부딪칠 팽, 만날 팽, 뛰어들 팽

𥓨 사람이 질박하고 곧을 함, 돌 이름 함

⑨ 획

碣 비 갈, 돌세울 게 우뚝 솟을 갈(金)

碶 땅 이름 계 수갑 계

碾 맷돌 년

碫 숫돌 단, 쇠 칠 단 돌 모양 단, 갈 단

碧 푸를 벽 푸른 옥돌 벽 常(金)

碴 깨질 사 부스러기 사

碩 클 석, 굳을 석, 멀 석, 양수사 석(金)

碹 둥글게 싼 벽 선

碟 가죽 다룰 혈(金) 접시 접, 깔볼 설

碷 돌 이름 순

碞 험할 암, 바위 암 참람할 암

碤 물속 돌 영(金) 무늬 있는 돌 영

碨 돌 고르지 않은 모양 외, 돌로 밀 외(金)

䃁 앞 글자의 俗字

磁 磁[자석 자]의 俗字(金)

碠 돌정자 정, 닻돌 정

碲 텔루륨 제

碪 다듬잇돌 침

碢 砣[돌팔매 타]와 같음

碳 탄소 탄

碭 무늬 있는 돌 탕 광대할 탕(金)

碰 掽[부딪칠 팽]의 俗字

碥 디딤돌 편

碬 숫돌 하 높고 낮을 하(金)

𥓓 앞 높고 뒤 낮은 언덕 모, 무

碝 옥돌 연

䃈 검은 옥돌 개

䃔 돌 종

𥑳 백반 녈

䃏 磲[옥돌 거]와 같음

䃊 맷돌 저

䃕 돌팔매 타

碦 단단한 돌 각

碈 珉[옥돌 민]과 같음(金)

䃌 돌 진, 산 이름 인

𥕞 砎[단단할 개, 갈]의 俗字

䃅 떨어질 대

碮 다듬잇돌 제 방축 제

䃎 돌 매달아 놓을 차

𥖁 席[자리 석]의 古字

碯 무늬진 돌 노

䂡 숫돌 지

碱 鹼[소금기 감]의 俗字

碑 碑[비석 비]와 같음

䂢 물이 돌에 부딪치는 소리 강

𥓰 소리 굉, 돌소리 횡

䃶 높을 악

⑩ 획

磖 부딪칠 갑

磕 돌 부딪치는 소리 개 북소리 개(金), 갑

磎 谿[시내 계]와 같음(金)

碾 맷돌 년, 연자방아 년 갈 년, 쪼을 년(金)

碯 마노 뇌

磄 괴석 당, 팽당산 당 광대할 당

磏 거친 숫돌 렴, 붉은 숫돌 렴, 갈 렴(金)

磊 돌무더기 뢰, 휜칠할 뢰, 쌓을 뢰(金)

碼 옥돌 마, 야드 마 나룻터 마(金)

磐 너럭바위 반, 넓고 클 반(金)

䃑 돌무늬 반 돌을 깔 반

磅 돌 떨어지는 소리 방, 파운드 방(金)

磃 집 이름 사, 사씨 관사, 괴석 체

磉 주춧돌 상

磑 맷돌 애, 높을 애 갈 애, 단단할 애(金)

磈 높고 험한 모양 외 산 이름 외(金)

磘 옥돌 요

磌 돌 떨어지는 소리 전, 주춧돌 전, 진

磒 앞 글자와 같음

磋 갈 차, 가지런하지 않을 차, 닦을 차 (金)

磔 책형 책, 내던질 책 찢어죽일 책

磍 성 불끈 낼 할 벗길 할

確 굳을 확, 확실할 확 집착할 확 常 (金)

碻 앞 글자와 같음 (金)

磑 잔돌 쇄, 조약돌 쇄

磌 돌 치는 소리 공

磏 주춧돌 건

磆 돌자갈땅 핵

磚 디딤돌 구, 벽돌 우물 구, 돌무더기 구

磘 돌 떨어지는 소리 궁, 큰소리 홍

磍 갈 설, 돌 부술 설

磖 돌 서로 부딪치는 소리 락

磂 硫[유황 류]와 같음

磝 산 언덕 오 낮은 성 오

磆 활석 활, 구를 골

磈 비상 비

磗 언덕 박, 자갈 착 조약돌 착

磒 떨어질 운, 별똥 운

磓 누를 추 돌 떨어질 퇴

磤 우뢰소리 은

磿 靂[돌소리 력]과 같음

磜 숫돌 착

磁 소리의 형용 옹

磧 瘠[야윌 척]과 같음

⑪ 획

磡 낭떠러지 감, 둑 감 바위언덕 아래 감

磬 硜[돌소리 경]과 같음, 탄탄할 갱

磬 경쇠 경, 말 달릴 경 몸 구부릴 경 (金)

磙 땅 고를 곤

磠 硇[약석 이름 뇨]와 같음

磖 깨지는 소리 랍 절단할 랍

磥 갈 루, 磊[돌 쌓일 뢰]와 같음

磟 돌곰배 륙 옥돌 륙, 록

磮 땅 이름 륜

磨 갈 마, 돌 다듬을 마 문지를 마 常 (金)

磭 큰 입모양 순 큰 입술 작

磬 검은 돌 예

磽 잔돌이 많은 산 오 단단한 돌 교

磧 서덜 적, 사막 적 돌무더기 적 (金)

磚 벽돌 전, 기와 전 사람 이름 단 (金)

磣 모래 섞일 참, 혼탁해질 참, 추할 참

磛 산 험할 참 돌 모양 참

磛 앞 글자와 같음

磢 닦을 창, 부딪칠 창 단련할 창

磩 옥돌 척, 섬돌 척 주춧돌 축

磪 산 높고 험한 모양 최, 마음 아플 최 (金)

磞 돌 칠 팽, 부딪칠 팽 큰 소리 팽, 만날 팽

磟 돌 록

磢 돌자갈땅 족 돌살촉 족

磢 돌소리 앙

磭 물레방아 적 방아 적

磨 모래바닥 막

磬 약 이름 담

磍 돌 벌어질 하

磡 돌관 곽

磦 산봉우리 우뚝할 표

磫 돌 길 종

磬 돌소리 숙

磩 누괵 괵

礯 돌 떨어지는 소리 굉, 횡

𥗜 큰 소리 로

𥕲 돌집 소

䃌 砠[돌산 저]의 俗字

磜 砌[섬돌 체]와 같음

⑫ 획

磵 澗[도랑 간]과 같음 (水)

𥔲 땅 이름 강

磲 옥돌 거, 차거 거

磺 쇳돌 광, 유황 황, 굳셀 광 (金)

礄 땅 이름 교

磽 메마른 땅 교, 나쁠 교, 돌자갈땅 교 (金)

䃢 산 높고 험할 금

磯 물가 기, 여울돌 기, 물돌에 부딪칠 기 (金)

礅 걸터앉는 돌 돈

磴 돌비탈길 등 (金) 돌계단 등, 더할 등

磿 돌의 작은 소리 력, 명판 력, 줄잡이 력

磷 돌 틈으로 물흐를 린, 통할 린, 인 린 (金)

磻 강 이름 반, 번, 기계 반, 살촉 파 (金)

磼 깨지는 소리 섭 (金) 산 높은 모양 잡

磹 돌 쐐기 점, 번개 점, 대자리 점

磾 비단에 물들이는 검은 돌 제

磳 돌 모양 증, 산언덕 증, 산세 험할 증

礁 물에 잠긴 바위 초, 암초 초 (金)

䃰 가벼운 돌 허

䃪 돌문 잠, 자갈 잠

𥗾 돌뜰 궐

𥖭 앞 글자와 같음

磃 갈 시, 문지를 사

𥖗 패할 훼

礀 산골 시내 간, 돌 사이 흐르는 물 간

磶 주춧돌 석

𥗊 矴[닻 정]과 같음

𥗒 자갈 최

䃗 돌 깨질 취

𥕕 돌 소리 당

𥗂 돌 떨어지는 소리 륭

𥗃 깨질 소

磱 활석 로, 큰 돌 로, 돌 부딪는 소리 락

𥕜 磣[모래 섞일 참]의 俗字

䃍 碰[부딪칠 팽]과 같음

⑬ 획

礐 돌소리 각, 돌 많은 산 각, 돌 이름 혹

礓 자갈 강

礉 돌 올망졸망할 교, 모질 핵, 굳셀 교

礑 밑바닥 당, 밑 당 (金)

𥗽 磏[거친 숫돌 렴]과 같음

礌 돌 굴러내릴 뢰, 돌무더기 뢰 (金)

礔 벼락 벽, 천둥 벽

礕 앞 글자와 같음

礒 돌 모양 의, 바위 의 (金)

礎 주춧돌 초, 쌓을 초 常 (金)

礆 돌 험할 검, 險[험할 험]과 같음

礈 隊[떨어질 추]와 같음

礊 채찍 소리 혁, 굳을 격

䃷 돌로 칠 침

𥗿 돌 높을 즙, 돌 모양 집

𥖾 석담 담, 약 이름 담

礍 돌 모양 갈

礏 산 우뚝 솟을 급, 산 높은 모양 업 (金)

磈 돌 많을 외

𥗲 돌함 감

𥗁 響[음향 향]과 같음

礦 민둥산 굴

磹 壇[단 단]과 같음

礵 검은 숫돌 숙

礇 옥 비슷한 돌 욱

礋 택액 택, 역택 택
짐승 이름 택

⑭ 획

礛 숫돌 감, 날카로울 감, 옥 다듬는 돌 감

礞 청몽석 몽
약 이름 몽

礴 널리 덮힐 박

礗 돌 부수는 소리 빈

礙 거리낄 애, 막을 애
한정할 애, 장애 애 (金)

礖 돌 이름 여 (金)

礜 독이 있는 돌 여
비소 함유한 돌 여

礝 옥 다음 가는 돌 연
옥돌 연

礚 돌 부딪치는 소리 개, 수레 소리 개

礘 돌소리 급
돌 모양 압

礰 역택 력, 호미 력

礟 소리의 형용 은

礠 磁[자석 자]와 같음

礤 강찰 찰, 돌 이름 찰

礥 수야고 척
야경북 척

礮 돌쇠뇌 포, 화포 포

⑮ 획

礦 쇳돌 광, 광석 광
조광 광, 돌침 광 (金)

礪 거친 숫돌 려, 갈 려
깊이 연구할 려 (金)

礫 조약돌 력
뛰어날 락 (金)

礧 큰 돌 뢰, 칠 뢰
돌 굴러내릴 뢰 (金)

礨 작은 구멍 뢰

礣 자갈 말, 굳을 말
조약돌 말

礬 명반 반, 산반화 반
씻을 반, 번 (金)

礢 돌 양

礩 주춧돌 질, 지
막힐 질, 지

礤 문지를 찰
거친 돌 찰

礥 딱딱할 현, 굳을 흔
어려울 현

礷 碾[맷돌 년]과 같음

礨 蠹[좀 두]와 같음

礹 돌광석 랍, 산세 이어지는 모양 렵

礪 돌 이름 려

礨 磊[돌무더기 뢰]와 같음

礬 磐[반석 반]과 같음

礭 주춧돌 석

礮 돌 수

礸 번개 섬, 부싯돌 섬

礵 괭이 작, 돌 부술 작

礷 방아 적

礶 땅 이름 창

⑯ 획

礰 돌소리 력, 벽력 력
역택 력

礱 갈 롱, 마찰할 롱
연구 토론할 롱

礲 앞 글자와 같음

礯 돌 이름 영

礮 돌쇠뇌 포, 화포 포

礭 회초리 확, 칠 확
단단할 확 (金)

礐 嶨[돌소리 각]과 같음

礣 자갈 괴, 부술 괴
돌 험할 회

礹 산굽이 뇨

礯 익힐 영, 돌 이름 영
희롱할 영

礷 숫돌 저

礼 수석 친

⑰ 획

礴 뒤섞일 박, 가득할 박, 벌거벗은 몸 박

礵 땅 이름 상, 비상 상

礸 돌 떨어지는 소리 굉

礀 옥돌 모양 란
礴 돌소리 박
礣 질 나쁜 자황 양
礛 번개 섬

⑱ 획

礶 푸른 숫돌 관 그릇 이름 관
礭 종구 구, 숫돌 구
礧 磊[돌무더기 뢰]의 俗字
礸 잡돌 많을 잡
襍 앞 글자와 같음

礸 돌 궐

⑲ 획

礳 磨[갈 마]의 本字
礤 䃰[문지를 찰]과 같음, 결 거친 돌 찰
礶 砢[쌓일 라]와 같음

⑳ 획

礹 돌산 암

㉑ 획

礷 옥돌 란
礨 磊[돌무더기 뢰]와 같음

礵 방죽 파, 둑 파

㉒ 획

礵 산모롱이 낭 산굽이 낭
礶 산 모양 라

㉙ 획

礹 산돌 모양 울

示部

示 보일 시, 가르칠 시 바칠 시 常(木)
𥘅 앞 글자의 古字
礻 보일시 변

① 획

礼 禮[예도 례]의 古字
礼 앞 글자와 같음 (木)
礼 앞 글자와 같음

② 획

礼 제사 이름 비

礽 다행 잉, 이룰 잉 복 잉
祟 祟[빌미 수]와 같음

③ 획

祁 성할 기, 클 기, 조용할 기, 많을 기 (木)
社 모일 사, 토지의 신 사 常(木)
社 앞 글자와 같음
祀 제사 사, 해 사 常(木)
祂 흙탕물 야
礿 봄 제사 약 제사 이름 약

宗 사당 종, 조상 종 마루 종 [宀部] 常(木)

④ 획

祄 도울 개 (木) 하늘이 도울 해
祈 빌 기, 구할 기 제사 이름 기 常(木)
祈 앞 글자와 같음
祋 창 대, 돌, 양가죽 매단 장대 돌
祅 재앙 요, 괴이할 요 (木)
祉 복 지 (木)
祉 앞 글자와 같음

祇 토지의 신 기, 클 기 마침 지 (木)

祆 하늘 천, 종교명 현 귀신 천 (木)

祌 신의 이름 충 담박할 충

祊 제사 이름 팽 읍 이름 팽 (木)

𥘸 산제 지낼 궤 복 지

𥘯 제사 지낼 비 제사 이름 비

祈 祺[복 기]의 古字

𥘱 제사 이름 부

𧘇 頭[머리 두]의 古字

𥘓 祟[빌미 수]과 같음

祸 禍[재앙 화]의 俗字

⑤ 획

祛 보낼 거, 빌 거 튼튼하고 셀 거 (木)

祢 禰[아비사당 녜, 니]와 같음 (木)

祔 합사할 부 부제 부 (木)

祓 푸닥거리할 불, 없앨 불, 나라이름 폐 (木)

𥙊 앞 글자와 같음 (木)

祕 귀신 비, 몰래 감출 비, 비밀스러울 비 常 (木)

祠 사당 사, 제사 이름 사, 제사 지낼 사 (木)

祘 살필 성, 筭[산가지 산]의 古字 (木)

祏 위패 석, 돌감실 석

祡 시료 시, 섶을 태워 하늘에 제사 지낼 시

祟 빌미 수, 앙화 수 농간 부릴 수 (金)

𥘶 앞 글자와 같음

神 귀신 신, 신 신, 신기할 신, 정신 신 常 (木)

神 앞 글자와 같음

祐 도울 우, 진헌할 우 복 우 (金)

祐 앞 글자와 같음

祖 조상 조, 할아버지 조, 차려 차 常 (木)

祖 앞 글자와 같음

𥘼 앞 글자의 古字

祚 복 조, 복 내릴 조 갚을 조 (金)

祗 공경할 지, 다만 지 바로 지, 지신 지 (金)

祗 앞 글자와 같음

祑 제사 차례 질

祒 사람 이름 초

祝 빌 축, 축관 축, 박수 축, 축문 주 常 (金)

祝 앞 글자와 같음

祝 앞 글자의 古字

祜 복 호 (金)

𥙒 제사 예

𥙏 제사 가, 하

𥘺 禷[주술부릴 류]의 古字

𥙄 돌감실 주

祙 산 귀신 미

𥙉 殃[재앙 앙]과 같음

𥘰 祀[제사 사]와 같음

𥙑 해 사, 제사 사

𥛔 祭[제사 제]의 俗字

⑥ 획

祪 제천 사당 궤 먼 조상 궤

祣 여제 려 제사 이름 려

𥚃 앞 글자의 訛字 귀신 맥

祥 상서 상, 복 상 조짐 상 常 (金)

祥 앞 글자와 같음

𥙷 고을 이름 우 대우 우

祭 제사 제, 주문 욀 제 나라 이름 채 常 (木)

祧 조묘 조, 천묘할 조 이을 조, 넘을 조 (土)

祩 저주할 주 방자할 주

票 표 표, 불똥 튈 표 가볍게 오를 표 常 (木)

祫 합사할 협 제사 이름 협

𥙆 禋[제사 지낼 인]과 같음

𥙴 복 오

祮 제사 활, 신에게 보답하는 제사 환

祬 祗[공경할 지]의 古字

䄃 殃[재앙 앙]의 古字

䄎 祮[고유제 고]와 같음

䄌 禱[빌 도]와 같음

⑦ 획

祴 풍류 이름 개, 개하 개, 벽돌 깐 길 개

祰 고유제 고, 빌 고

祳 제사고기 신, 사직 제사 지낼 고기 신

祲 요기 침, 해무리 침 상서 침, 왕성할 침

禉 횃불 켜고 제사 지낼 유 櫾[태울 유]와 같음

䄠 복 초 祱 제사 세

䄑 바로잡을 보

䄉 성할 아, 제사 아 얼굴 예쁠 아

䄜 社[토지의 신 사]의 古字

䄝 앞 글자와 같음

䄍 禍[재앙 화]의 古字

䄆 祮[제사 활]의 本字

祶 禘[종묘 제사 이름 체]와 같음

𣂚 折[끊을 절]과 같음

䄖 禱[빌 도]의 略字

禄 祿[녹봉 록]의 俗字

視 볼 시, 살펴볼 시 대접할 시 [見部] 常 (火)

䄈 음복하는 음식 두

祦 복 오

䄇 성씨 정

⑧ 획

祼 강신제 관 잔 돌릴 관 (木)

祼 앞 글자와 같음

禁 금할 금, 꺼릴 금 삼가게 할 금 常 (木)

祺 복 기, 편안한 모양 기, 상서 기 (金)

祹 복 도, 귀신 도 상서 도 (木)

禂 빌 도 말 제사 지낼 도

祿 녹봉 록, 복 록, 착할 록, 죽을 록 常 (木)

禄 앞 글자와 같음

䄍 납향제 자

祽 삭제 쵀 제사 이름 쵀

禀 稟[줄 품]의 俗字

䄋 기도할 엄, 빌 엄 더러워질 엄

䄌 철제 철, 강신제 철 역제 철

祻 제사 고, 재앙 화

䄎 좋을 기, 婍[고울 기]와 같음

䄏 祅[재앙 요]와 같음

禌 편안할 치

䄐 제사 지낼 권, 복 권 제사 이름 권

䄧 볼 륙, 나타날 륙

禃 오로지 식

𥚃 禍[재앙 화]의 古字

䄒 稔[익을 임]과 같음

禅 禪[좌선할 선]의 俗字

祾 복 릉, 제사 릉

⑨ 획

禊 계제 계, 제사 이름 계, 목욕재계할 계 (木)

䄔 성씨 구

禙 제사 이름 배

福 복 복, 복 내릴 복 저장할 부 常 (木)

禗 귀신이 불안하여 가려할 사

禒 제사 나머지고기 선

禓 길 제사 양, 길 귀신 양, 귀신 쫓을 상

禑 복 오, 우 (木)

禐 노리개 원, 찰 원

禕 아름다울 의

禋 제사 지낼 인 제사 이름 인 (木)

禎 상서 정, 길조 정 복 정 (木)

禔 편안할 제, 복 지 다만 지, 복 시 (木)

禘 종묘 제사 이름 체 살필 체

禍 재앙 화, 해입을 화 재앙 내릴 화 常 (木)

禑 앞 글자와 같음

禕 제사 휘, 제복 휘

禅 禪[좌선할 선]의 略字

禤 제사 지낼 권, 복 권 제사 이름 권

禉 禉[제사 지낼 유]의 訛字

禓 제사 이름 황 팽황 황

禠 복 구할 후, 빌 후 복 구하는 제사 후

禟 祊[제사 이름 팽]과 같음

禌 柴[시료 시]와 같음

禌 쉴 자

禑 제기 서, 젯멥쌀 서

禖 제사 매 제사 이름 매

禜 齋[집 재]의 本字

禙 社[토지의 신 사]의 古字

禡 무꾸리할 쇄 점칠 쇄

禗 神[귀신 신]의 本字

禗 祲[요기 침]과 같음

⑩ 획

禡 마제 마

禣 제사 이름 부

禠 복 사

禢 제사 사

禱 禱[빌 도]의 略字

禑 앞 글자와 같음

禜 재앙 막는 제사 영 경영할 영, 영화 영

禚 땅 이름 작, 성씨 작

禝 사람 이름 직, 주나라 조상 이름 직 (木)

禛 복받을 진 (木)

禢 성씨 탑

禨 예방할 류, 주술 부릴 류, 방법할 류

禤 제사 지낼 방 팽황 팽

禖 복 명

禟 도울 당

禞 祲[요기 침]의 本字

福 福[복 복]의 俗字

福 福[복 복]의 古字

禞 祰[고유제 고]와 같음

禍 禍[재앙 화]와 같음

⑪ 획

禦 막을 어, 제사 지낼 어, 항거할 어 (木)

禤 성씨 훤

禪 조왕제 필 부뚜막 제사 필

禮 신명의 도움 조, 돼지로 제사 지낼 조

褸 음식제루

禘 복 적

禠 복 리, 이매 리

禣 제사에 불공할 창 제단 헐지 않을 창

禮 祖[조상 조], 詛[저주할 저]와 같음

禮 산신 이름 봉 산(山) 귀신 봉

禮 오래 바라볼 박

禮 神[귀신 신]의 古字

禮 禋[제사 지낼 인]의 古字

穎 穎[이삭 영]의 俗字

禓 禓[길 제사 양]과 같음

禩 祀[제사 사]와 같음

⑫ 획

禨 조짐 기, 빌 기, 목욕 후 술 마실 기 (木)

禨 재앙 결

禩 천제 지낼 료

禩 祀[제사 사]와 같음

禩 앞 글자와 같음

禫 담제 담 (木)

禪 선 선, 산천에 제사 지낼 선 常(木)

禧 복 희, 길할 희 (木)

禮 신령의 도움 조 돼지로 제사 지낼 조

禚 醮[초례제 초]의 本字

禜 제사 자주 지낼 취 사절할 체

禝 祊[제사 이름 팽]의 本字

禠 주린 귀신 허

禞 膰[제사고기 번]과 같음

⑬ 획

禮 예도 례, 예우할 례 절할 례, 단술 례 常(木)

禭 제사 이름 수 수신 수

禬 푸닥거리 회 재물 모을 회

禯 역제사 역

禫 천제 지낼 선 사양할 선

襛 후한 제사 농

禄 祿[복 녹]과 같음

禬 跪[꿇어앉을 궤]와 같음

⑭ 획

禰 아비사당 녜, 니 땅이름 녜, 니 (木)

禱 빌 도, 축사 도 청구할 도 (木)

禰 도액할 염 예방할 염

禲 齊[가지런할 제]와 같음

禳 祧[조묘 조]의 古字

⑮ 획

禲 여귀 려, 뜬 것 려

禳 복 우

⑯ 획

禴 祣[여제 려]와 같음

禷 무너질 뢰

⑰ 획

禴 종묘 제사 이름 약

禳 제사 이름 양 (木)

禵 獮[가을 사냥 선], 禰[사당 녜]와 같음

禶 신 이름 령

⑱ 획

禵 복 제

⑲ 획

禷 제사 이름 류

禸 공경할 견

禶 제사 이름 찬 귀신에게 빌 찬

⑳ 획

禷 제사 건

㉔ 획

禷 귀신 이름 령

内部

内 자귀 유, 발자국 유 짐승 발자국 유

④ 획

禺 긴 꼬리 원숭이 우 귀신 이름 우, 옹 (土)

禹 하우씨 우, 성씨 우 우 임금 우 (土)

禹 앞 글자의 古字

⑥ 획

离 산신 리, 밝을 리 고을 리 (火)

离 卨[사람 이름 설]과 같음 (火)

⑧ 획

禽 새 금, 사로잡을 금 길짐승 금 常(火)

禼 卨[사람 이름 설]의 古字

⑨ 획

萬 원숭이 이름 비 비비 비

䲣 동어 어 상여 장식고기 어

⑩ 획

萬 萬[일만 만]의 本字

⑫~⑬ 획

䴉 원숭이 비 비비 비

䴉 원숭이 비 비비 비

⑳ 획

䴉 원숭이 비 비비 비

禾部

禾 벼 화, 조 화, 말 이빨 헤아릴 수 常(木)

禾 더 자라지 못할 계

① 획

禿 玉[구슬 옥]과 같음

② 획

禿 대머리 독, 모자 쓰지 않을 독 (木)

私 사사 사, 사정 사 간사할 사 常(木)

秀 빼어날 수, 이삭 수 아름다울 수 常(木)

秉 秉[잡을 병]과 같음

秂 곡식 결실할 인

秄 빼어날 료

秅 秕[쭉정이 비]와 같음

利 이할 리, 날카로울 리, 탐할 리 [刀部] 常(金)

③ 획

秆 稈[짚 간]과 같음 (木)

秊 年[해 년]의 本字 (木)

秊 年[해 년]과 같음

秉 잡을 병, 양수사 병 볏단 병 (木)

秈 메벼 선, 올벼 선

秄 북돋울 자(木)

秅 벼 사백 묶음 차 오나 차

秆 벼묶을 결

秏 등겨 망, 왕겨 망

秆 이삭 패지 않을 우

秇 藝[재주 예]의 古字

秇 짚 익

杓 이삭 고개 숙일 초

秅 싸라기 흘 벼 싹날 흘

秄 육기벼 기

秇 移[옮길 이]와 같음

秎 利[이할 리]와 같음

秀 秀[빼어날 수]와 같음

季 끝 계, 사철 계 막내 계 [子部] 常(水)

委 맡을 위, 맡길 위, 벼이삭 숙일 위 [女部] 常(土)

和 화할 화, 순할 화 합할 화 [口部] 常(水)

④ 획

秔 메벼 갱

科 과목 과, 등급 과 조목 과 常(木)

秏 벼 모, 어두울 모 감소할 모, 성씨 모

秎 거둘 분 벼 묶음 분

秕 쭉정이 비 (木)

秖 마침 지

秒 초 초, 까끄라기 묘 미묘할 묘 常(木)

秋 가을 추, 곡식 익을 추, 추상같을 추 常(木)

秌 앞 글자의 本字

种 어릴 충, 성씨 충

秠 秠[검은 기장 비]와 같음

秩 벼 움날 부

秤 작은 단 견

秝 利[이할 리]의 古字

杻 모 뉴, 벼 연약할 뉴

秐 耘[김맬 운]과 같음

耙 파아 벼 파, 벼 이름 파

秓 볏줄기 지, 볏짚 지

秅 싹 아

秎 풀 어

采 벼이삭 수, 벼 익을 수

枘 들 여, 경박할 예, 박하게 말할 예

秖 穊[밸 기]와 같음

秆 밭 갈 려

秩 무성할 지, 빽빽할 자

奔 奔[달릴 분]과 같음

秎 볏가리 찬

殸 穀[곡식 곡]과 같음

香 향내 향, 향기 향, 약이름 향 [香部] 常 (木)

秓 이삭 팰 지, 움 돋을 지

秔 싸라기 흘, 벼 싹날 흘

⑤ 획

秬 찰기장 거, 검은 기장 거 (木)

秜 돌벼 리, 피 리

秝 나무 성길 력

秢 벼 처음 익을 령, 나이 령 (木)

秣 꼴 말, 말 먹이 말 (木), 기를 말, 꼴 먹을 말

秡 벼 상할 발

秘 숨길 비, 몰래 감출 비, 비밀스러울 비 (木)

秠 검은 기장 비, 껍질 비

䄷 섬 석, 백이십근 석 (木)

秧 모 앙, 모내기할 앙, 묘목 앙, 치어 앙 (木)

秞 벼와 기장 무성할 유, 사물 처음 날 유 (木)

秭 부피를 재는 단위 자, 천억 자

秥 벼 점, 찰벼 념

租 구실 조, 부세 조, 벼 조, 쌀 저 常 (木)

秪 벼 처음 익을 지 (木), 뿌리 지, 다만 지

秦 벼 이름 진, 나라 이름 진 (木)

秩 차례 질, 녹봉 질, 벼슬 질, 책갑 질 常 (木)

秫 차조 출, 찰곡식 출, 바늘 출

秼 앞 글자와 같음

秤 저울 칭, 열다섯근 칭, 저울질할 칭 (木)

称 稱[일컬을 칭]의 俗字

秚 稱[일컬을 칭]의 略字

秮 알찬 조 활, 벼 껍질 괄, 활

秵 벼 가, 도리깨 가

秙 벼 여물지 않을 고, 마를 고

秺 한의 후예 도, 나라 이름 투

秲 移[옮길 이]의 俗字

秚 섞일 반, 화합할 반

被 벼의 조세 비

秿 움벼 필

柎 稃[왕겨 부]의 俗字

秨 벼 흔들릴 작

秥 벼 익지 않을 박

秞 곡식 팔 치, 취

秕 벼 채

黍 黍[기장 서]와 같음

秒 이삭 고개 숙일 초

⑥ 획

秸 볏짚 갈, 길국 갈 (木)

秼 피 도, 움벼 조, 돌벼 도

秱 벼 무성할 동, 벼 마디 사이 동

移 옮길 이, 변할 이, 늦출 이 常(木)

秶 피 자, 기장 자, 곡식 자

秷 벼이삭 질, 벼 베는 소리 질

秺 볏단 투, 땅이름 투

栫 벼 쌓을 존

穉 어린 벼 치, 어릴 치

秳 악미 활, 벼 날 괄, 빻아지지 않을 활

秴 밭갈 합, 씨 뿌릴 합

秵 벼꽃 인 (木)

秾 두터울 육, 검은 기장 용

稀 흉년들 황, 빌 황

秵 썩은 냄새나는 풀 녀

秶 빽빽할 차, 조밀한 모양 차

秽 벼 거둘 예, 벼 이름 예

秼 기장 줄기 렬, 기장질 렬, 례

梨 앞 글자와 같음

案 벼갈 안

格 벼 학

築 늦사리 벼 공

秹 벼 약할 임

秎 긴 벼 례

稅 稷[새 종]과 같음

稓 막힐 계, 머무를 계

粟 粟[조 속]의 古字

稡 볏가리 졸, 벼 이삭 여물지 않을 졸

梨 배나무 리, 배 리, 겨자 리 [木部] 常(木)

槀 穀[곡식 곡]과 같음

黍 黍[기장 서]와 같음

犁 얼룩소 리, 검을 려, 보습 려 [牛部]

秲 곡식 이름 치

⑦ 획

稈 볏짚 간 (木)

稇 묶을 곤, 곡식 익을 곤

稌 찰벼 도, 벼 도 (木)

稂 강아지풀 랑, 벼 쭉정이 랑 (木)

稃 왕겨 부

稅 세금 세, 세낼 세, 구실 세, 풀 탈 常(木)

稅 앞 글자와 같음

程 길 정, 정 정, 단위 정, 저울질할 정 常(木)

程 앞 글자와 같음

稊 돌피 제, 싹 제, 강아지풀 제 (木)

稍 벼 줄기 끝 초, 점점 초, 작을 초 (木)

稄 벼 빽빽할 측

稀 드물 희, 적을 희, 묽을 희, 새 이름 희 常(木)

稨 볏가리 부, 벼 쌓을 부

稭 벼 포기 고루 서지 않을 별

稾 稿[볏짚 고]와 같음 (木)

稫 움벼 돋을 필

稭 벼 익을 곡

稍 보릿대 견, 보리짚 견

稑 상이삭 정

稏 나눌 우, 가를 우

稆 穭[돌벼 려]와 같음

稞 죽 미, 범벅 미

稉 秔[메벼 갱]과 같음

稛 작은 묶음 견

稴 곡식 거둘 겹

稖 秠[검은 기장 비]와 같음

稷 稷[피 직]의 古字

稖 杧[까끄러기 망]과 같음

稨 벼 향기 별

稶 굽은 나뭇가지 구, 뻗지 않을 구

黍 기장 서, 도량형 기본 단위 서 [黍部] (木)

嵇 산 이름 혜 [山部]

稓 움 착

⑧ 획

稒 고을 이름 고 고양 고

稞 보리 과, 청과 과 (木)

稇 끈으로 묶을 균 가득할 균

稘 1주년 기, 돌 기 콩대 기 (木)

稑 올벼 륙, 올곡식 륙 동륙 벼 륙

稐 볏단 륜, 다발 륜

稜 모질 릉, 모서리 릉 약 이름 릉 (木)

稤 掠[노략질할 략]의 訛字, 저울 칭, 숙궁 숙

稶 서직 무성할 욱 (木)

稔 곡식 익을 임, 념 쌓일 념, 알 념 (木)

稓 땅 이름 작, 성씨 작

稠 빽빽할 조, 많을 조 진할 조, 고를 조 (木)

稕 짚단 준, 주막기 준

稙 일찍 심은 벼 직 올벼 직, 심을 직 (木)

稚 어릴 치, 어린이 치 어린 벼 치 (木)

稗 피 패, 무너질 패 작을 패 (木)

粺 앞 글자와 같음

稟 줄 품, 아뢸 품 받을 품, 곳집 름 (木)

稏 파아벼 아 벼 이름 아

稗 벼 이삭 숙일 비

稱 삼 승

稺 밭갈 치, 벼 죽을 치

稦 벼 무성할 의

稜 벼 보리 잘 자라 우뚝한 모양 정

稶 기장 거

稖 벼 쭉정이 엄

稯 밀 래

稛 풀단 혼

稭 벼포기 서로 가까울 권

稖 보습 방

穄 벼 모양 제

稤 벼 병들 관

稓 겨 창

稙 작게 쌓을 타

稑 볏대 공, 짚 공

稧 볏단 책 볏다발 책

稴 벼 상할 험

稡 모을 최, 볏가리 졸

棃 검은 나무 례

稞 관의 머리 화

穆 穆[화할 목]의 古字

稗 볏단 창 벼 묶음 창

稷 稷[피 직]과 같음

栵 기장 줄기 렬 기장 짚 렬, 례

梨 앞 글자의 本字

黎 검을 려, 명아주 려 무리 려 [黍部] (木)

稆 짚 닉

稝 벼 촘촘히 날 팽

⑨ 획

稭 짚고갱이 개, 갈 멍석 개, 갈

稧 벤 벼 계, 볏짚 결 쐐기 설 (木)

稬 찰벼 나

稫 벼 배게 날 벽 보일 벽

稨 강낭콩 변

稰 가을거둘 서, 늦벼 서, 정결한 쌀 서 (木)

稦 猗[벼 무성할 의]의 本字

種 씨 종, 일가붙이 종 심을 종 常 (木)

稯 여든(80)올(실가닥) 종, 볏단 총

稱 일컬을 칭, 저울질할 칭, 부를 칭 常 (木)

𥟩 볏가락 옥

𥟖 稊[돌피 제]와 같음

䅎 풀 이름 수

䅗 많을 와, 위

稩 긴 벼이삭 기

𥠄 벼 여물 추

稳 穩[평온할 온]의 簡字 (木)

𥟛 稞[보리 과]와 같음

𥟧 穟[이삭 수]와 같음

䅣 메기장 황

𥠆 稵[벼 나올 자]와 같음

𥠉 심을 집

𥟍 드물 성

𥠇 벼 고개 숙일 타

䅾 향기날 렴

𥡂 고갱이 알

䅦 벼 익지 않을 묘

𥞹 穆[화할 목]의 俗字

稖 이삭 가지런할 염

𥟹 穧[벼 움돋을 즐]과 같음

鞂 볏짚 갈, 개 [革部]

𥡃 벼 빽빽할 책

稥 향기 향

䅬 빽빽할 즙

𥠟 머무를 지, 그칠 지 머리 둘 달린 뱀 기

稲 稻[벼 도]의 俗字

𥠑 稷[피 직]과 같음

𥞤 穀[곡식 곡]의 略字

稟 廩[곳집 름]과 같음

⑩ 획

稼 심을 가, 벼이삭 가 양식 가 (木)

稽 머무를 계, 막을 계 상고할 계 (木)

稿 원고 고, 볏짚 고 멍석 고 常 (木)

稾 앞 글자와 같음

穀 곡식 곡, 좋을 곡 젖먹일 루 常 (木)

稻 벼 도, 땅 이름 도 너비의 단위 도 常 (木)

穥 稶[서직 무성할 욱]의 本字 (木)

稷 메기장 직, 피 직 사직 직 (木)

稹 떨기로 날 진, 세밀할 진, 촘촘할 진 (木)

稸 쌓을 축

𥡉 벼의 작은 단 애 볍씨 애

𥡔 벼 벨 사

䅭 메기장 방

𥠻 볏가리 률 (木)

䅮 벼이삭 창

𥡥 벼 줄기 골

稴 메벼 렴, 혐 벼 여물지 않을 렴

𥢔 기장 당, 옥수수 당

𥢫 곡식 거둘 창

𥢁 배불리 먹을 온 보리 먹을 온

𥠺 보리씨 뿌릴 시, 기

䅳 벼 베어 쌓을 부

稵 벼 나오는 모양 자 더할 자, 벼 날 추

䄹 벼 무성할 류

𥡸 흉년들 황, 빌 황

䅥 벼팰 걸

䅲 벼 삭, 벼이삭 색

稺 어린벼 치, 어릴 치

䅷 벼 껍질 작, 곡

䅰 번성할 온 (木)

𥡆 秦[벼 이름 진]과 같음

𥡾 향기로울 용 벼 용

𥢐 벼 빽빽할 치

𥡢 갈 강, 북줄 강 거름줄 강

稬 耨[김맬 누]와 같음

𥢌 성급할 별

黎 黎[검을 려]와 같음

穂 穗[이삭 수]의 略字 (木)

⑪ 획

穅 겨 강 (木)

穊 벨 기, 땅 이름 기

穋 稑[올벼 륙]과 같음

穆 화할 목, 공경할 목 심원할 목 (木)

穌 앞 글자와 같음

穈 메기장 미, 죽 문 붉은 기장 문

穇 쭉정이 이삭 삼 피 삼

穌 긁어모을 소, 기뻐할 소, 예수 소 (木)

穎 이삭 영, 송곳 끝 영 빼어날 영 (木)

積 쌓을 적, 자, 넓이 적, 부피 적 常(木)

穑 앞 글자와 같음

穄 검은 기장 제, 피 제 메기장 제

穗 볏단 총, 종

穉 稚[어릴 치]와 같음 (木)

穕 兼[겸할 겸]의 古字

穫 무성한 풀 근

稻 벼 도, 벼이삭 도

穲 볏가리 라 곡식 쌓을 라

黎 黎[검을 려]와 같음

稽 稽[상고할 계]의 俗字

穃 곡식 이름 신, 초목 더부룩할 족

穤 벼 상

穳 볏가리 찬

穋 굳은 쌀 률

穛 축날 초

穪 모종낼 적

穞 붉은 벼 사

穦 벼 베어 쌓을 부

穓 藝[재주 예]와 같음

穖 挃[찌를 질]의 俗字

穗 밭두둑 루

穮 상이삭 표, 까락 묘

穬 벼이삭 고개 숙일 리

穫 벼 이름 만 거친 밭 만

穟 벼 벨 총

穜 種[씨 종]의 古字

馨 馨[향기 형]과 같음

穈 糜[기장 문]과 같음

穟 穟[이삭 수]와 같음

黎 黎[검을 려]와 같음

穏 穩[평온할 온]의 略字 (木)

穐 秋[가을 추]와 같음

⑫ 획

穴 볏짚 결

穚 벼 이삭 팰 교 풀 우거질 교

穖 밭갈 기 이삭 줄기 기

穜 만생종 동, 늦벼 동 심을 종, 종류 종

穗 이삭 수, 불똥 수, 광주시의 약칭 수 (木)

穛 올곡식 착

穔 들보리 황 들에 있는 곡식 황

穘 벼 상할 효, 풀 모양 효, 벼 모양 요

穓 갈 익, 밭갈 익

積 까불지 않은 곡식 분

穋 벼 무성할 류

穕 농사 연장 첩 토첩 첩

穇 벼 패려고 할 잠

穫 벼 무성할 화

穤 대모 앉을 매 비에 상할 매

𥡴 구부리고 머물 고, 그물 엮을 호, 짤 호

𥢚 돌콩 로

穙 벼 폭, 쌓을 복

𥢆 授[받을 수]와 같음

穛 우뚝 머무를 착, 탁자 초, 무릅쓸 초

𥣬 벼 이삭 속

𥢭 種[씨 종]의 古字

𥟚 秦[벼 이름 진]과 같음

𥣔 점삼 점, 곡식 이름 점

⑬ 획

穠 꽃나무 무성할 농 (木) 진할 농, 비대할 농

䆃 벼 가릴 도, 상서벼 도, 용정할 도

穡 거둘 색, 농사 색 이삭 색, 곡식 색 (木)

穑 앞 글자와 같음

穟 이삭 수, 벼 까끄라기 수, 이삭 드리울 수

穢 더러울 예, 거칠 예 더럽힐 예 (木)

𥢑 마른 벼 조

𥤀 풀줄기 성길 령

𥤂 곡식 쌓을 라

𥢽 엿 고

𥣱 겨 괴

𥤆 보리 온전할 혈

𥣺 풀에 열매 맺지 않을 렴

𥣦 볏단 선

𥢁 볏가리 자

𥣪 긴 벼 결

𥡵 積[쌓일 적]의 本字

穣 穰[볏대 양]의 略字

馥 향기 복 [香部](木)

魏 위나라 위, 대궐 위 우뚝할 위 [鬼部](火)

⑭ 획

穩 평온할 온, 참을 온 온당할 온 (木)

穧 볏단 제 곡식 거둘 제

穨 쇠퇴할 퇴, 무너질 퇴, 부드러울 퇴

穫 벼벨 확, 거둘 확 초호 호 常(木)

𥣀 서직 무성할 의

穤 稬[찰벼 나]의 俗字

穥 서속 번성할 여

穦 향기 빈 (木)

𥣁 벼 까끄라기 녕

穪 稱[일컬을 칭]의 俗字

𥣫 삼단 추, 볏가리 추

𥣉 볏가리 찬

𥢱 풀 무성하게 자랄 복

䆝 찹쌀 적

𥢏 부드러울 장

龝 秋[가을 추]와 같음

𥣌 穉[어릴 치]와 같음

𥣐 과실 이름 몽

𥣓 벼 여물지 않을 염

⑮ 획

穬 까끄라기 있는 곡식 광

穭 돌벼 려, 야생벼 려 벼 저절로 날 로

穮 김맬 표

𥤄 䆋[어저귀 경]과 같음

𥣷 벼 베어 쌓을 제

穳 볏가리 찬

𥤋 벼 멸

𥣪 벼 이름 뢰

𥣻 움벼 즐

穲 벼 파, 벼 흔들리는 모양 파

𥣃 穡[거둘 색]의 本字

𥤅 앞 글자와 같음

穮 웅큼 우

穯 擔[질 담]과 같음

黧 검을 리, 려 [黑部]

⑯ 획

穲 씨 뿌릴 미

穱 벤 벼 롱, 벼 병들 롱

穳 稕[짚단 준]의 古字

穰 저울대 오르지 않을 뇨

穤 誘[꾀일 유]와 같음

龝 秋[가을 추]의 古字

⑰ 획

穰 볏대 양, 풍성할 양, 옹골진 벼 낟알 양 (木)

穲 꼴 천, 말 먹이 천

穳 벼 쭉정이 섬

穇 穇[쭉정이 이삭 삼]과 같음

⑱ 획

穱 올벼 착, 올곡식 착, 고를 착

穫 벼 익어 누를 권

聶 벼가 바람에 흔들릴 섭

穳 거름 분, 상무벼 비, 벼 차지지 않을 분

穳 앞 글자의 本字

穮 벼 까끄라기 묘

⑲ 획

穲 곡식 포기 가지런할 리, 벼 묘종 리

穳 볏가리 찬

⑳ 획

穫 풀 이름 곽, 물감풀 곽

穮 누른 곡식 당

㉑ 획

穲 넝쿨풀 령

龝 秋[가을 추]의 古字 [龜部]

龝 앞 글자와 같음 [龜部]

㉔ 획

穲 줄기 성길 령

穮 벼 염

㉕ 획

秦秦秦 國[나라 국]의 古字

穴部

穴 구멍 혈, 굴 혈, 물길 혈, 혈거할 혈 常(水)

① 획

穵 구멍 알, 구멍 팔 알 (水)

② 획

究 연구할 구, 다할 구, 미워할 구 常(水)

穽 뚫을 정

穾 깊을 요

穸 깊을 진

③ 획

空 빌 공, 다할 공, 구멍 공, 모자랄 공 常(水)

穹 하늘 궁, 완전할 궁, 곤궁할 궁 (木)

穸 광중 석, 장사 지낼 석, 무덤 석, 저녁 석

穻 막을 노, 막힐 노

穼 구멍 망

宇 창 우, 집 우

窒 흙으로 구멍 막을 색

穻 字[글자 재]의 古字

窋 虐[사나울 학]과 같음

宍 肉[고기 육]과 같음

𥤮 突[갑자기 돌]과 같음

𥤢 究[궁구할 구]의 俗字

𥤠 窀[광중 둔]의 訛字

④ 획

突 갑자기 돌, 부딪칠 돌, 볼록할 돌 常(水)

窀 광중 둔, 무덤 둔 장사 지낼 둔 (水)

窂 우리 로, 牢[우리 뢰]와 같음 (水)

穾 깊을 요, 겹집 요 바람소리 요 (水)

窃 竊[도둑 절]의 俗字

穽 함정 정, 구덩이 정 우리 정, 법망 정 (水)

穿 뚫을 천, 개통할 천 팔 천, 통달할 천 (水)

𥦑 큰집 굉, 클 굉

穼 깊을 심, 굴뚝 심 그윽할 심

𥥈 부드러운 가죽 연

𥤻 뚫을 중

𥥍 닫을 암, 엄

𥥊 뚫을 열, 빌 결, 열 매우 열

𥤱 깊을 심

𥥉 방귀 비

𥥐 구멍 완

穵 뚫을 알, 뇔

𥤥 그릇 비

𥤭 깊을 수

𥤩 寂[고요할 적]과 같음

𥤧 窺[구멍 규]와 같음

𥤦 깊숙할 요 어두운 곳 요

⑤ 획

𥥵 우물 령

𥥶 突[갑자기 돌]과 같음

窌 팔 교, 깊고 허할 료 땅 이름 류, 표

窇 움 박, 토실 박 깎을 박, 굴 박

窉 삼월 병, 구멍 병

窊 우묵할 와, 낮을 와 구덩이 와 (水)

窈 그윽할 요, 깊을 요 요조할 요 (水)

窅 움펑눈 요, 멀리 바라볼 요, 그윽할 요(水)

窋 구멍 안에 있는 모양 줄, 굴 굴

窄 좁을 착, 곤궁할 착 술주자 착 (水)

窆 하관할 폄, 평석 폄 매장할 폄 (水)

𥦆 궁궐 안이 깊을 요 그윽할 교

𥦂 깊을 세

𥦗 아늑할 굉 집 울릴 굉

𥥡 맥 찌를 압

𥥩 岫[산굴 수]의 古字

𥦎 굴 명

𥥧 구멍 일

𥥫 깊을 심, 탐, 검을 심, 굴뚝 심

𥥲 岨[돌산 저]와 같음

𥦈 기를 로, 굳을 로

𥦄 寂[고요할 적]과 같음

𥥰 샐 피

𥦀 지날 탕

𥦃 기와 구울 요

𥥷 胈[정강이털 발]의 訛字

𥦕 기와로 지붕 일 와

⑥ 획

窐 시루구멍 규, 깊숙할 와, 우묵할 와

窏 낮을 오

窔 그윽할 요, 깊숙할 요, 어두운 곳 요

窕 정숙할 조 (水)

窒 막을 질, 장애물 질 막힐 질, 절황 절(水)

窓 창 창 常(水)

𥦋 통할 동

窐 구멍 귀
窋 뾰죽 내밀 타
窒 빌 공
窅 빌 우
窊 심방 혈, 빌 혈 굴에 살 줄
窔 어두울 요, 멀 요 숨을 요, 깊을 요
窑 窯[기와가마 요]의 俗字
窓 걸맞을 합 합당할 합
窐 穿[뚫을 천]과 같음
窗 垣[담 원]과 같음
窔 宦[벼슬 환]의 俗字
窊 窌[움 교]의 訛字
窒 구멍 시
窔 굴뚝 심
窬 구멍 두, 빌 두 물 구멍에 이를 두
窵 向[향할 향]과 같음
窚 宬[서고 성]과 같음

⑦ 획

窖 움 교, 매장할 교(水) 땅광 교, 구덩이 교
窘 막힐 군, 가난할 군 괴로워할 군(水)
窗 구멍 랑, 휑뎅그렁 한 모양 랑

窗 窓[창 창]의 本字
窙 높은 기운 효, 앞이 넓을 효(水)
窚 구멍 정
窞 함정 두
窣 깊을 타, 깊은 모양 다(水)
窫 구멍 열, 뚫을 열 빌 열
窌 땅 이름 류
窌 앞글 자와 같음
窒 빌 경
窗 爵[벼슬 작]의 古字
窛 깊을 구
窨 구멍 현
窔 굴뚝 심
窥 覓[찾을 멱]과 같음
窩 둥근 구멍 통
窺 窾[구멍 규]와 같음
窴 멀 겸, 사슴 이름 겸
窛 究[궁구할 구]와 같음
窚 노략질할 구 사나울 구
窧 窒[구멍 시]의 訛字
窐 자리 온, 앉을 온

窏 汾[클 분]의 訛字
窿 구멍 롱
窨 막힐 암, 막을 암 덮을 엄, 뚜껑 엄
窫 구멍 천, 통할 천
窚 賓[손 빈]과 같음
窗 賓[손 빈]의 古字
寇 노략질할 구 사나울 구
窫 하늘 녕
窣 窣[구멍에서 갑자기 나올 솔]과 같음
窌 굴 효, 땅광 교
窚 대궐 신
窗 寅[범 인]과 같음
窓 窓[창 창]과 같음

⑧ 획

窠 보금자리 과, 둥지 과, 둥지칠 과(水)
窟 토굴 굴, 동굴 굴 소굴 굴, 팔 굴(水)
窞 광바닥의 작은 구덩이 담, 동굴 담
寐 잘 매, 미
窣 구멍에서 갑자기 나올 솔, 스칠 솔(火)
窪 그릇흠 유, 窪[웅덩이 와]의 訛字
窧 구멍 탁

窢 역풍 부는 소리 획, 혁

⿱穴卦 장기판이나 바둑 눈 사이 괘

⿱穴朋 평토 칠 붕

⿱穴林 흙 긁어 모을 람

⿱穴炎 굴뚝 담, 깊을 담

⿱穴委 곳간 와, 굴 와

⿱穴典 산밑 구멍 전

窡 구멍으로 볼 촬

⿱穴最 最[가장 최]와 같음

⿱穴昆 깊은 구멍 관 땅 이름 관

⿱穴具 冥[어두울 명]의 古字

⿱穴昊 클 녕, 밝을 녕 하늘 녕

⿱穴叚 弇[덮을 엄, 감]의 古字

⿱穴俞 窬[판장문 유, 두]와 같음

⿱穴金 둘릴 갑

⿱穴奄 掩[가릴 엄]과 같 같음

⑨ 획

窫 큰 굴 알, 헤칠 알

窪 웅덩이 와, 깊을 와 낮을 와 (水)

窩 움집 와, 보금자리 와, 거처 와 (水)

窻 窗[창 창]의 俗字

窬 협문 유, 넘을 유 변기 두, 요강 두 (水)

⿱穴兪 앞 글자와 같음

窨 움집 음, 땅속에 간수할 음, 참을 음

⿰米空 빛 홍, 불 홍

⿱穴恖 窗[창 창]과 같음

⿱穴复 새 알 품을 부

⿱穴鼠 竄[숨을 찬]과 같음

⿱穴桌 柘[산뽕나무 자]와 같음

⿱穴是 寔[이 식]과 같음

⿱穴佸 움 교

⿱穴甫 爵[벼슬 작]의 古字

⿱穴屋 窟[굴 굴]과 같음

⿱穴怨 ⿱穴怨[작은 구멍 빤할 원]과 같음

⑩ 획

窮 궁할 궁, 다할 궁 극에 달할 궁 常 (水)

⿱穴料 집안 으슥할 료 깊고 그윽할 초

窯 기와 굽는 가마 요 질그릇 요 (水)

窰 앞 글자와 같음

窳 비뚤 유, 그릇 거칠 유, 약해질 유 (水)

窴 메울 전, 찰 전, 나라 이름 전, 막을 전

⿱穴真 앞글 자의 俗字

窱 아득할 조 깊고 먼 모양 조

⿱非兖 다룸가죽 연 가죽 바지 준

⿱穴冓 구멍 구

⿱穴氣 방귀 비

⿱穴敢 궁구할 구, 꾀할 구 깊을 구

⿱穴匊 궁구할 국

⿱穴亶 멀 요, 숨을 요

⿱穴員 구름 피어날 운 벼락 운, 번개 운 (水)

⿱穴𥁕 앉을 온

⿱穴軒 구멍 속 헌

⿱穴怨 원망하며 굽힐 원

⿱穴夏 새가 알 품을 부

⿱穴叙 막을 죄, 변방 죄

⿱穴羔 기와가마 요

⿱穴畱 구멍 류

⿱穴留 구멍 류

⿱穴⿰禾木 곤들매기 미(연어과의 민물고기)

⿱穴浸 더욱 침, 점점 침

⑪ 획

窶 가난할 구, 좁고 높은 곳 루, 천박할 구 (水)

窺 엿볼 규, 반걸음 내디딜 규 (水)

窷 뚫을 료

窸 소리 불안한 모양 실, 소리의 형용 실

窹 아궁이 오, 깰 오 부엌 오 (火)

窵 그윽할 조, 멀 조

⿱穴堅 움직이지 않을 견

⿱穴曼 구멍 검을 만

⿱穴區 메구멍 우 산구멍 우

⿱穴啇 토끼굴 적

⿱穴翏 고요할 료, 감출 료 아득할 료

⿱穴淡 엷고 넓을 담

⿱穴庸 그릇 테 갈 용 그릇 거칠 용

⿱穴⿰氵帚 점점 침, 땅 이름 침

窻 窓[창 창]과 같음

⿱穴⿰彳录 잠잘 미, 매

⿱穴⿱叕女 얼굴 짧을 촬

⿱穴康 빌 강, 집 조용할 강

⿱穴遂 궁구할 수, 다할 수

⿱穴⿰火吾 아궁이 오 부뚜막 오

⿱穴⿰亻禼 몰래 훔칠 절

窼 새집 초 새 보금자리 초

⿱穴⿰身台 窮[궁할 궁]과 같음

窱 깊고 멀 조, 아득할 조, 깊을 조

⿱穴欵 窾[빌 관]과 같음

⿱穴歀 앞 글자와 같음

⿱穴⿱羊灬 窯[가마 요]와 같음

⿱穴⿰彳言 잠깰 홀, 어린아이 울음소리 홀

⿱穴⿰谷瓜 헐렁할 화

⑫ 획

窾 빌 관 (水)

窿 활꼴 륭, 하늘 륭 (水)

竁 땅 팔 취, 금정 놓을 취, 광중 팔 천, 취

竀 똑바로 볼 탱 붉을 탱

⿱穴留 구멍 류

⿱穴復 움집 복

⿱穴焦 구멍에서 쥐소리 날 추

⿱穴覃 안으로 굽을 담

⿱穴矞 공허할 혈

⿱穴登 휑뎅그렁할 정 집 울릴 정, 그림 정

⿱穴童 빌 총, 일으킬 총 만들 총, 어두울 동

竂 뚫을 료, 집 료 빌 료

⿱穴夋 다룸가죽 준, 사냥할 때 입는 옷 준

⿱穴⿰貢刂 깎을 공, 구멍 공 礦[쇳돌 광]과 같음

⿱穴番 물 거스를 반, 소 반

⿱穴⿰彳条 깊은 모양 조

⿱穴敢 竅[구멍 규]와 같음

⿱穴毇 竄[숨을 찬]의 古字

⿱穴⿰金支 究[궁구할 구]와 같음

⿱穴⿰忄呈 크게 깨달을 성

⿱穴規 窺[엿볼 규]와 같음

⿱穴過 굴 과, 보금자리 과

⿱穴鼻 竄[숨길 찬]과 같음

⿱穴⿰禾果 囈[잠꼬대 예]와 같음

⿱穴⿰亻禼 竊[도둑 절]과같음

⿱穴曾 큰 집 정

⑬ 획

竅 구멍 규, 뚫을 규 통하게 할 규 (水)

竄 숨을 찬, 달아날 찬 숨길 찬 (水)

⿱穴豦 구멍 거

⿱穴盧 竈[부엌 조]와 같음

⿱穴毄 막을 취, 막힐 취

⑭ 획

⿱穴疑 작은 구멍 의

⿱穴躳 窮[궁할 궁]과 같음

䆾 얇고 클 람

䆿 잠꼬대 예, 놀랄 예

竆 궁나라 궁

竈 竈[부엌 조]와 같음

竄 竄[숨을 찬]과 같음

窯 오지그릇 구울 요

竊 寱[잠잘 어]의 訛字

⑮ 획

竇 구멍 두, 터뜨릴 두 움집 두 (水)

竊 竊[도둑 절]의 俗字

竨 털로 꾸밀 용 제할 용

竆 다할 국, 궁구할 국

竅 究[궁구할 구]와 같음

竊 竊[도둑 절]과 같음

⑯ 획

竈 부엌 조, 조왕 조 제사 이름 조 (水)

竊 竊[도둑 절]의 訛字

竉 뚫을 력

竉 구멍 롱 고을 이름 롱

竆 다할 국, 궁구할 국

竆 앞 글자와 같음

竂 구멍 료, 뚫을 료 빌 료

竅 좁은 목 격

竅 뚫을 탁

竅 구멍 막을 취

⑰ 획

竊 훔칠 절 常(水)

竊 물가 시, 구멍 사

⑱ 획

竊 늙어서 약할 형

⑲ 획

竇 바람소리 동

竊 구멍 시, 사

⑳ 획

竊 옷 입은 채 잘 담

㉑ 획

竊 竊[도둑 절]의 本字

㉔ 획

竊 구멍 령

立部

立 설 립, 세울 립, 즉위할 립, 자리 위 常(金)

① 획

辛 허물 건, 죄 건

② 획

竍 데카리터 십

竎 亦[또 역]과 같음

竏 바를 처

竐 기댈 원

辛 매울 신, 고생 신, 여덟째 천간 신 [辛部] 常(金)

位 지위 위, 자리 위 위계 위 [人部] 常(火)

③ 획

竢 기다릴 사

竏 킬로리터 천

竒 오를 부

竐 기댈 원

妾 첩 첩, 처 첩, 종 첩 [女部] 常(土)

④ 획

竣 娖[재계할 촉]과 같음

竒 奇[기이할 기]의 俗字

竓 밀리리터 모

竗 땅 이름 묘, 妙[묘할 묘]와 같음 (土)

竕 데시리터 분

竔 리터 승

竑 넓을 횡, 헤아릴 횡

竐 우두커니설 벌

竍 짧은 모양 파

彦 선비 언, 아름다울 언 [彡部] (火)

音 소리 음, 말소리 음 편지음 [音部] 常 (金)

⑤ 획

竘 다듬을 구, 꾸밀 구 건장할 구

竝 아우를 병, 짝할 반 연할 방 常 (金)

竚 우두커니 설 저

站 우두커니 설 참 역마을 참 (金)

竖 앞 글자와 같음

竜 龍[용 룡]의 古字 (金)

竓 氓[백성 맹]의 譌字

竛 비실거릴 령

竕 우두커니 설 월

竓 찬장 회

竚 겁낼 착, 두려울 착

竓 기다릴 주

竘 雉[꿩 치]와 같음

竓 진흙 녜

竓 우두커니 설 벌

⑥ 획

竟 마침내 경, 다할 경 마칠 경 常 (金)

竡 헥토리터 백

章 글월 장, 글 장 단락 장 常 (金)

竓 우두커니 설 벌

竢 待[기다릴 대]와 같음

竓 在[있을 재]와 같음

竮 竮[비틀거릴 병]과 같음

翊 도울 익, 공경할 익 날 익 [羽部] (火)

翌 다음날 익 밝는 날 익 [羽部] (火)

竓 수해 해 신의 이름 해

⑦ 획

竓 헤아릴 행

童 아이 동, 남종 동 부종 종 常 (金)

竢 기다릴 사 (金)

竦 삼갈 송, 발돋움할 송, 집중할 송 (金)

竣 마칠 준, 전 물러날 준 (土)

望 望[바라볼 망]과 같음

竓 물건 누르는 소리 발

竓 끝 포, 물건의 끝 포

竓 선 모양 초, 우뚝 설 초

竓 부릴 빙

竓 재계할 촉, 같을 촉 가지런할 촉

竓 기다릴 수

竓 몸 단정할 츤 사람 이름 정

竓 端[끝 단]의 譌字

竓 비틀거릴 렵

⑧ 획

竪 豎[더벅머리 수]의 俗字 (金)

竓 誼[마땅 의]의 古字

竫 편안할 정, 고요할 정, 꾸며댈 정

竓 놀랄 작, 겁낼 작

竓 홀로 설 외

竓 귀신 볼 록

竓 휘뚝휘뚝할 조 높고 험할 조

竓 공손할 첨

竓 포갤 대, 나무 열매 늘어질 대, 퇴

竦 임할 리, 좇을 리 뚫릴 리, 립

意 뜻 의, 뜻할 의 의리 의 [心部] 常(火)

踒 약하게 설 와

竮 우뚝 설 비 비틀거릴 비

䇑 앞 글자와 같음

竪 파리할 주

竜 龍[용 룡]의 古字

竜 앞 글자와 같음

新 새 신, 처음 신, 새로울 신 [斤部] 常(金)

靖 꾀할 정, 다스릴 정 화할 정 [青部] (木)

⑨ 획

竭 다할 갈, 짧어질 갈 마를갈, 걸 (土)

端 바를 단, 실마리 단 홀 전 常(金)

竰 센티리터 리

竮 비틀거릴 병

竬 설 구

竧 우두커니 설 침

竪 서서 기다릴 수

竩 사특할 복 간사할 복

竪 설 수

颯 바람소리 삽 [風部] (木)

⑩ 획

竲 서서 기다릴 수 기다릴 수

竵 기다릴 혜

竴 막을 전

⑪ 획

竟 競[겨룰 경]과 같음

竪 궁구할 계

竮 비틀거릴 병

竱 같을 전, 단 오로지할 전

竳 서서 기다릴 촉

親 친할 친, 어버이 친 몸소 친 [見部] 常(火)

⑫ 획

竪 서서 기다릴 수

竲 높을 증 지붕 없는 고루 증

竳 우뚝 설 등

竴 높아 위태할 요

竴 기뻐하는 모양 준 (金)

竉 비틀거릴 롱

⑬ 획

竵 바르지 않을 화, 歪[비뚤어질 왜]와 같음

竒 똑바로 설 기

童 童[아이 동]과 같음

竵 약하게 설 라

䇤 儀[거동 의]와 같음

⑭ 획

䇤 儀[거동 의]와 같음

竰 오래 기다릴 수

童 童[아이 동]의 古字

⑮ 획

竷 북칠 감, 악기 이름 감, 춤추고 노래할 감

競 다툴 경, 겨룰 경 나아갈 경 常(金)

龔 龍[용 룡]의 古字

⑯ 획

竩 포개져 쌓일 퇴

䇯 종소리 동

⑰ 획

競 競[다툴 경]과 같음 (金)

䇯 종소리 동

竷 商[장사 상]의 古字

竹部

竹 대 죽, 죽간 죽, 부절 죽, 마디풀 죽 常(木)

② 획

竺 대나무 축, 천축 축 도타울 독(木)

竻 대 뿌리 륵

𥫣 대나무함 정 대나무상자 정

笂 箕[키 기]의 古字

𥫮 대나무 꺾을 전

笅 대나무 이, 에

③ 획

竿 장대 간, 낚싯대 간 대쪽 간(木)

笀 까끄라기 망

竽 피리 우 악기이름 우(木)

𥫨 앞 글자와 같음

𥫪 앞 글자의 訛字

竾 피리 지 악기 이름 지

笁 나라 이름 축 천축 축, 두터울 독

𥫶 대자리 기

竼 뜸 봉

𥫱 대로 만든 맛줄 익

笉 퉁소 운

④ 획

笄 笄[비녀 계]의 俗字

笒 첨대 금, 대이름 함 대의 제비 금(木)

笈 책상자 급, 휴대할 급, 겁, 상자 급(木)

笑 웃을 소, 웃음 소 常(木)

笶 앞 글자와 같음

笋 筍[죽순 순]과 같음

𥬎 웃는 모양 신

笎 대 무늬 원 대 이름 원(木)

笊 조리 조, 조롱 조 새집 조(木)

笆 가시대 파 울타리 파(木)

笐 대 나란할 항, 강 대 늘어설 항, 강

𥬗 앞 글자의 訛字

笏 홀 홀, 양수사 홀 피리 연주할 문(木)

笅 筊[단소 효]와 같음

䇣 마디 긴 대 종

𥬞 줄 감는 기구 호 고기 거는 대살 호

䇢 대 륙

笇 셈대 산, 대그릇 산 셀 산

𥬡 앞 글자와 같음

𥬰 둥구미 둔

𥬛 고기 찾는 기구 항

笓 새우 잡는 기구 비 통발 비

𥬉 죽롱(竹籠) 방

笌 대순 아, 죽순 아(木)

笍 양차의 채찍 녈 대 이름 예

笫 큰 대 시

笔 筆[붓 필]과 같음

𥫽 箕[키 기]의 古字

䇲 작게 칠 복

𥬋 작은 대 검

䇤 통발 항

𥫳 匙[숟가락 시]와 같음

⑤ 획

笴 화살대 가, 화살 간 막대 간, 죽제품 가

笳 갈잎피리 가, 비녀 가, 악기 이름 가(木)

笚 대상진 갑

笟 테 고, 대테 맬 고

笻 대 이름 공
지팡이 공

笱 통발 구

笝 배 매는 닻줄 납
울타리 얽을 엽

笯 새장 노, 나 (木)

笪 뜸 달, 대자리 달
고리짝 단

笭 도꼬마리 령
작은 농 령 (木)

笠 우리 립, 삿갓 립
덮개 립, 빗장 립 (木)

笷 대그릇 묘

笢 대껍풀 민, 피리의
구멍을 누를 민

笵 법 범, 틀 범 (木)

笲 폐백상자 변, 번

符 병부 부, 부신 부, 증
표 부, 부적 부 常(木)

笨 거칠 분, 조잡할 분
대청 분, 농기구 분 (木)

笰 수레 가리개 불

笥 상자 사, 옷상자 사
밥소쿠리 사 (木)

笙 생황 생, 피리 생
악기 이름 생 (木)

笹 조릿대 세 (木)

笤 대비 소, 점대 소
점괘 소

笫 평상 자, 자리 자

笛 피리 적, 적죽 적
날카로울 적 (木)

笘 회초리 점, 분판 섬
서판 섬 (木)

第 차례 제, 품평할 제
등급 제 常(木)

笜 죽순 삐죽삐죽 날
줄

笮 좁을 책, 산자 책
대줄 작, 짤 차

笮 앞 글자와 같음

笮 앞 글자와 같음

笮 앞 글자와 같음

笞 볼기칠 태, 태형 태
매질할 태 (木)

笣 바구니 포

笣 그령풀 포

竾 篪[피리 지]와
같음

笖 죽순 이
죽순 날 제

笚 대 이름 감

筋 힘줄 뿌리 건
힘줄 클 건

竽 箶[전동 호]와
같음

筑 筑[악기 이름 축]
의 訛字

𥬨 통발 발

竽 杼[북 저]와 같음

笡 빗겨 거스를 차
버팀기둥 차

笏 마디 요, 대마디 요

𥬦 고죽 고
고기잡는 그릇 고

𥬘 대 밥그릇 허

𥬒 껍질 흰 대 녑
작은 상자 녑

𥫶 皮[가죽 피]의 古
字

笧 冊[책 책]과 같음

笩 까불 패, 키질하여
잡물을 날려보낼 패

𥬟 대 이름 자

笶 矢[화살 시]와 같
음

笸 횃불 거

𥬹 대 이름 앙
죽순 응

𥬦 웃을 음

𥫗 껍질이 흰 대 백

筅 筅[솔 선]과 같음

𥬰 대 약한 모양 염

笗 대 이름 동

𥬯 날카로울 예

笁 현악기의 음 고를
주

⑥ 획

筓 잎이 가늘고 줄기
가 긴 대 이름 계

筇 대 이름 공
지팡이 공

筈 살오늬 괄
그러할 괄 (木)

筐 광주리 광, 비녀 광
방정할 광 (木)

6획

筘 바디 구

筋 힘줄 근, 힘 근 기운 근(木)

答 대답할 답, 팥 답 응할 답 常(木)

等 무리 등, 같을 등 가지런할 등 常(木)

筙 울타리 뢰

筏 떼 벌, 뗏목 벌 큰 배 벌(木)

筅 솔 씻는 솔 선 낭선 선, 솔 선(木)

筍 죽순 순, 대가마 순 장부 순(木)

筎 대껍질 여, 뱃밥 여

筄 산자 요

筌 통발 전, 향초 전 굴레 전, 차례 전(木)

策 채찍 책, 지팡이 책 꾀 책 常(木)

筑 악기 이름 축, 주울 축, 고을 이름 축(木)

⿱竹航 앞 글자와 같음

筒 대통 통, 양수사 통 통발 통(木)

筆 붓 필, 쓸 필, 산문 필, 필적 필 常(木)

筊 단소 효, 대새끼 교 대끈 효, 점구 효

笿 묶을 락, 대그릇 락

⿱竹囟 대로 기울 체 키 기

筁 누에발 곡, 잠박 곡

⿱竹曳 널붙인 틈 예 길 예, 종다래끼 예

⿱竹舛 대꼬치 천 대꼬치로 꿸 천

⿱竹⿷匚巳 참빗 희, 기

⿱竹⿺乚目 앞 글자와 같음

⿱竹朱 돛 추, 돛달 주, 창

筃 차 방석 인 대 이름 인

⿱竹任 홑 돗자리 임

⿱竹江 뗏목 강

⿱竹考 대 고리 고

⿱竹充 대 끝이 뾰족할 충

⿱竹朵 대 이름 타, 채찍 과

筕 대자리 행

⿱竹耳 아롱진 대 용

⿱竹丞 대홰 승

⿱竹仲 크기 알맞은 피리 중 대 이름 중

⿱竹地 지붕 위의 발 요

⿱竹夹 筴[길 협]의 俗字

⿱竹刎 대를 자를 문

⿱竹臾 검은 대 유

⿱竹夅 젓가락통 공 용수 항, 돛 공

⿱竹多 어구 기 (그물의 일종)

⿱竹列 줄지어 선 대 렬

⿱竹老 고로 로

⿱竹并 대 이름 병

⿱竹隼 종대 순, 종 매다는 틀 순

⿱竹而 둥구미 천

⑦ 획

筸 땅 이름 간, 소간 간

筥 광주리 거, 성씨 거 밥통 려(木)

筧 대 홈통 견(木)

筶 대 이름 고

筦 피리 관, 다스릴 관 얼레 관, 주관할 관(木)

筠 대나무 균, 피리 균 주 이름 균(木)

⿱竹君 箘[균로 균]과 같음

筡 속빌 도, 광주리 서 속 빈 대 도, 저

筤 바구니 랑, 어린 대 랑, 일산 랑

筣 대 울타리 리 대 이름 리

筭 산가지 산, 셈할 산 꾀 산, 성씨 산

筮 점대 서, 점칠 서 점괘 서, 갈 서(木)

筬 바디 성(木)

筲 대그릇 소

筱 가는 대 소 작은 대 소(木)

筵 대자리 연, 좌석 연 자리 펼 연(木)

筽 버들고리 오
대나무 이름 오 (木)

筩 전동 용, 대통 통
낚시 통 (木)

筰 대 밧줄 작
다가올 작

筯 젓가락 저
부젓가락 저

筳 가는 대 정
댓가지 정 (木)

筷 젓가락 쾌

筢 갈퀴 파

筪 대나무 하

筨 속 찬 대나무 함

節 節[마디 절]과 같음

筴 길 협, 점대 책
젓가락 협, 계교 책

筕 큰 저 은, 의

筞 策[채찍 책]의 俗字

筟 대청 부, 바디 부 (木)

筣 새 쏘는 대총 률

筁 작은 종다래끼 구

筡 둥구미 둔

筨 대나무 서까래 각

筆 엄쪽 필, 어음 필
대 쪼갤 필

筘 깎아서 얇게 할 첨

筳 대자리 정, 대 이름 정, 대그릇 청

筋 손발 마디 소리날 박

筝 뜸 봉

籥 대밥통 산

筗 작은 잎사귀 첩

筒 적대 두, 제기 두
나무식기 두

筂 비 미, 대 이름 미

筐 통발 읍

筬 籟[용수 추]와 같음

筣 대 자리 저

筪 대 상자 갑
대 이름 갑

筫 대그릇 치, 등걸 질
공손할 지

筮 약 이름 묘

筵 북 사

筶 큰 퉁소 언

筷 단단한 대 지

筸 배 수레에 씌우는 거적 병

筱 가는 대 소

筹 종다래끼 차

筑 築[쌓을 축]과 같음

筷 젓가락 쾌

筭 算[헤아릴 산]의 略字

筻 강구 강, 땅 이름 강

筍 筍[죽순 순]과 같음

筡 대 이름 야

筽 대 이름 오

筹 籌[투호용 화살 주]의 略字

⑧ 획

箇 낱 개, 이 개
어조사 개 (木)

箝 재갈 먹일 겸, 끼울 겸, 항쇄 겸 (木)

箈 앞 글자의 古字

箍 테 고, 테두를 고 (木)

箁 대 잎사귀 부
댓잎 부

箘 배 밀대 륜
상앗대 륜

箃 누른 대 추(黃竹)

箳 대 사립문 병

箛 피리 고, 대 이름 고
호가 고

箜 공후 공(현악기) (木)

管 대롱 관, 피리 관
악기 이름 관 常 (木)

箘 이대 균, 균계 균
균로 균, 화살 균

箟 앞 글자의 古字

箕 키 기, 쓰레받기 기
다리 뻗고앉을 기 (木)

箂 대나무 이름 래

箖 대나무 림 임어 림

箔 발 박, 금속의 얇은 조각 박, 갑문 박 (木)

箙 전동 복 (木)

算 셈 산, 셈할 산, 지혜 산, 나이 산 常 (木)

箑 부채 삽

䈪 대그릇 애

箊 잎사귀 엷은 대 어 임어 어, 대 이름 어

箏 쟁 쟁(현악기) 풍경 쟁 (木)

箋 찌지 전, 주석 전 문체 이름 전 (木)

箐 작은 바구니 정, 대 대활 천, 대 이름 창

箤 수레 먼지막이 졸

箈 가는 대순 지 죽순 태

箚 차자 차, 찌를 차, 차기 차, 주둔할 차 (木)

箠 채찍 추, 태형 추 채찍질할 추, 수 (木)

箒 帚[비 추]와 같음

箄 종다래끼 비 시루 밑 폐

箅 시루 깔개 폐, 가릴 폐, 곽향 비

箎 긴 대 호, 대 이름 호

䈿 마디 짧은 대 망

篗 얼레 확, 자새 확

𥳑 典[법 전]의 古字 큰 상자 전

箆 篦[빗치개 비]의 俗字

𥮾 대 이름 조 대나무 가지 조

䈇 篙[상앗대 고]와 같음

䇺 얇고 긴 바구니 대

𥳓 솜발 전, 종이 뜨는 발 점

𥯤 가리 조

𥳉 앞 글자와 같음

䈈 대산자 파 대 이름 비

䈉 대아삽 삽

䈍 낚싯대 항

箓 높은 대상자 록

䈮 대 뿌리 국 (木)

䈒 배 끄는 줄 념

𥳍 箭[화살 전]과 같음

䈠 篘[구유 도]의 訛字

䈏 그릇 닦는 솔 굴

箢 대그릇 원 대 이름 원

䇲 策[채찍 책]과 같음

𥳌 匴[관상자 산]과 같음

䈋 대로 만든 덮개 탑 대 이름 탑

䈝 대 이름 처, 못 처

䈀 대쪽 만

䈕 대 수, 덮을 즙

𥳗 冊[책 책]과 같음

𥳘 앞 글자와 같음

䈐 그물 엄

𥳙 질조 조, 산 이름 조

𥳚 쌀 건져 담는 소쿠리 책, 계산기 책

𥳛 碆[돌살촉 파]와 같음

𥳜 笸[소쿠리 파, 바구니 포]와 같음

𥳝 함타 함, 속이 비지 않은 대나무 함

⑨ 획

篏 땅이름 감

𥳡 대나무울타리 군

篎 작은 피리 묘 악기 이름 묘

𥴭 큰 대 이름 박 북 복

範 모범 범, 법 범, 본 범 법도에 맞을 범 常 (木)

篈 대나무 봉

箱 상자 상, 곁채 상, 성에 가까운 땅 상 (木)

箲 筅[솔 선]과 같음

箵 종다래끼 성 대 이름 성

箾 음악 소, 칼집 소 (木) 상소 소, 춤가락 삭

篒 대밥통 식 땅 이름 식 (木)

箬 대껍질 약, 약죽 약

箹 대마디 요 악기 이름 약

箷 책상 이, 횃대 이

箴 바늘 잠, 경계할 잠 침잠, 문체 잠 (木)

⿱竹⿰禾匝 대그릇 잡

箸 젓가락 저, 붙을 착 드러낼 저 (木)

箭 화살 전, 대 이름 전 물시계 바늘 전(木)

篆 전자 전, 서체 이름 전, 꽃무늬 전 (木)

節 마디 절, 단락 절 절개 절 常(木)

篇 책 편, 편액 편, 시문 편,모양 편 常(木)

箯 가마 편, 밥 담는 대광주리 편

篋 상자 협 (木)

箶 전동 호

篊 홈통 홍, 어구 홍(木) (물고기 잡는 기구)

篁 대숲 황, 대 황, 황죽 황, 피리 황(木)

篌 공후 후, 후죽 후 (현악기 이름)(木)

⿱竹堇 껍질 흰 대 긴

⿱竹枼 대쪽 엽

⿱竹𢦏 栽[심을 재]와 같음

⿱竹甚 簪[비녀 잠]과 같음

箮 대꽃 훤

⿱竹⿰昜力 簜[왕대 탕]과 같음

⿱竹恢 광주리 개, 수레 휘장 괴, 포장살 괵

⿱竹度 비녀 도

⿱竹具 簨[악기 다는 틀 순]과 같음

⿱竹享 대고갱이 순

⿱竹耶 바닷가에 나는 대 야

⿱竹勁 대 이름 경

⿱竹屏 屛[병풍 병]의 俗字

⿱竹曷 대나무 갈

⿱竹叚 갈대 가 갈잎피리 가

⿱竹是 생황 시, 책상 이 대그릇 제

⿱竹恪 광주리 각, 술잔 각

⿱竹洛 울타리 락

⿱竹侳 돗자리 솨 고을 이름 솨

⿱竹屋 대 빽빽할 옥 대 총총할 옥

箽 대그릇 동 대뿌리 동

⿱竹拜 대쪽 패

⿱竹派 대쪽 패

⿱竹毗 대나무 소반 비 바구니 비

⿱竹亭 대 난간 정(竹欄)

⿱竹咠 대그릇 휘갑칠 삽

⿱竹茲 자대 자(竹名) 대나무 성할 자

箻 새 쏘는 대총 률

⿱竹臿 댓잎 섭

⿱竹怠 죽순 태

⿱竹建 대 이름 건, 행서 섭

⿱竹蒯 죽순 괘, 살대 괘

⿱竹星 수레 발 성

⿱竹侵 먹줄 침 붓에 먹 찍을 침

⿱竹斫 조리 작

⿱竹胥 대 이름 서, 키 서

⿱竹則 물건 끊는 소리 철

⿱竹臾 검은 대 유

⿱竹爰 대를 자를 원 대 서판 환, 대쪽 환

篍 역군의 통소 초 대통소 추

⿱竹盈 광주리 영 수저통 영

⿱竹思 옷상자 사, 갑옷 사 밥소쿠리 사

⿱竹叟 籔[휘 수, 조리 수]와 같음

[illegible] 蠡[벌레 이름 리]와 같음

⿱竹政 대 이름 정 사람 이름 정

⿱竹告 대 이름 고, 통발 고

篇 뼈마디에 소리날 박

箝 鉗[칼 겸]과 같음

箻 築[쌓을 축]과 같음

筋 筋[힘줄 근]과 같음

篓 자른 대채찍 종 작은 나뭇가지 종

篎 대로 만든 신 극

箸 주울 할

箁 대의 푸른 껍질 부

箕 대 이름 새

篡 앞 글자와 같음

箺 집에 심는 대 주

箉 대 이름 과

箣 어린 대 남, 罱[그물 람]과 같음

篃 대 이름 미

箵 대 이름 사

篿 대 이름 위

篘 대나무 말라죽을 주

箦 笮[좁을 책]과 같음

篵 대 이름 총 종다래끼 송

⑩ 획

篙 상앗대 고 배 저을 고(木)

篢 대삿갓 공, 상자 감 삿갓 이름 공

篝 배롱 구, 불덮개 구 대바구니 구(木)

篞 중피리 녈 악기 이름 녈

篤 도타울 독, 돈독할 독, 도탑게 할 독常(木)

篥 대 이름 률, 필률 률

篣 키 방, 대 이름 방 바구니 방

篦 대그릇 비, 참빗 비 의료기구 비(木)

篚 대광주리 비, 양수사 비, 수레 틈 비

簑 蓑[도롱이 사]의 俗字

篩 체 사, 대 이름 사, 풀 이름 사, 뿌릴 사(木)

篛 箬[대껍질 약]과 같음, 죽순 약

篔 왕대 운, 운당 운(木)

篨 대자리 저 새가슴 저

篠 조릿대 소, 조 둥구미 조(木)

篜 삼대 증, 찔 증

篪 저 이름 지, 대 이름 지, 악기 이름 지(木)

篪 앞 글자와 같음

篧 가리 착(물고기 잡는 대로 만든 기구)

篡 빼앗을 찬, 회음혈 찬, 쏘아 잡을 찬(木)

篹 앞 글자와 같음

篟 대가 우거질 천 대 이름 천

篘 용수 추, 술거를 추 대바구니 추, 술 추

篫 손으로 쌓을 축 다질 축

築 쌓을 축, 다질 축 세울 축常(木)

篕 대자리 합, 계

篌 공후 후, 조릿대 소

篃 黴[대 이름 미]의 古字

篎 작은 저 묘 가는 피리 묘

箳 자문죽 부 아롱죽 부

篚 댓가지 요

篖 대자리 당

篒 귀후비개 식

篗 자새 확, 얼레 확 물레 확

篗 용수 수

篔 얼레 원, 자새 원

篖 밥소쿠리 려

篍 칠 척

篇 부채 선

篛 배매는 큰 동아줄 납

篕 대로 만든 신 격 대나무신 극

篘 바디 구

箴 화살대 진, 그릇 진

𥳫 말 털 긁을 잠, 말 솔 담, 말 글겅이 담
箾 주걱 소
𥲤 입을 호
䈠 말 먹이 담는 그릇 도, 마소 구유 도
簭 筮[점대 서]의 古字
𥳇 심문할 국
𥳛 앞 글자와 같음
𥳑 통발 반, 반전대 반
䈉 퉁소치, 대바구니 차 숯 둥구미 차
𥳋 죽순 가
𥳌 앞 글자와 같음
𥳸 창짝 답
𥳅 대소리 소
𥳘 대나무농 겸 종다래끼 겸
𥳽 대가 무성할 옹
䈿 경그레 홍, 배롱 홍
𥳶 대 선
䈬 篰[대의 서관 부]와 같음
𥳵 筍[죽순 순]과 같음
𥳴 앞 글자와 같음
𥳪 죽순 효

篬 대 빛 푸를 창
篭 籠[대그릇 롱]과 같음
𥳭 築[쌓을 축]과 같음
䈶 자문죽 용
䈍 대상자 모
䉂 대 동아줄 삭
𥳎 북 녀, 베틀 녀 (북 : 베짜는 도구)
𥳂 울타리 락
𥳗 甚[심할 심]의 古字
𥳒 臺[삿갓 대]의 訛字
䈼 篾[대 껍질 멸]과 같음
𥳃 대 이름 자
𥳑 箭[화살 전]과 같음
䈯 옛 악기 이름 진
𥳆 대 그물 포
䈇 소쿠리 혁

⑪ 획

簆 바디 구
簂 머리 꾸미개 궤, 괵 상관 괵
簋 제기 이름 궤 (木) 그릇 궤, 도자기 궤
䈽 껍질 흰 대 근 대 이름 근

簊 대나무 기
𥳚 낚시 바늘 녠
篼 말구유 두, 가마 두
簗 땅 이름 량
簏 대상자 록, 아래로 드리워진 모양 록 (木)
簝 고요할 료
簍 대 채롱 루 대광주리 루
簕 가시대나무 륵
篱 대조리 리 울타리 리
篾 대껍질 멸, 얕볼 멸 도지죽 멸, 작을 멸 (木)
𥳟 앞 글자와 같음
篷 뜸 봉, 돛 봉 (木)
篰 대의 서판 부, 댓조각 부, 대광주리 부
簁 체 사, 체질할 사 거를 사
簅 큰 피리 산
簌 체 속, 떨어지는 모양 속, 흔들 속
篲 비 수, 혜성 세
篽 금원 어, 울타리 어 籞[금원 어]와 같음
簃 누각 곁채 이, 지
篸 비녀 잠, 바늘 잠
篴 笛[피리 적]의 古字

篿 점대 전, 둥구미 단, 점칠 전

簇 조릿대 족, 모일 족, 떨기 족, 살촉 촉(木)

簎 작살 착, 찌를 착, 대발 착

⿱竹⿰食巳 반찬 찬, 상차릴 찬, 지을 찬, 제기 이름 산

篡 빼앗을 찬, 찌를 찬, 회음혈 찬(木)

簀 살평상 책, 쌓을 책, 대자리 책(木)

簉 버금자리 추, 가지런히할 추, 섞을 추

篻 가는 대 표, 근죽 표, 죽순 표

篳 울타리 필, 필률 필(木)

簄 통발 호, 고기잡는 대그물 호

⿱竹斛 큰 상자 곡

⿱竹習 대비 수, 배 고치는 기구 습

⿱竹宿 열여섯말 수, 조리 수

⿱竹從 삭은 대 종

⿱竹爽 대 모양 상

篶 검은 대 언

⿱竹終 대 종, 해담 종

⿱竹脯 가리 포, 고기 잡는 기구 포

簰 큰 떼 패

⿱竹捭 뗏목 배, 비

⿱竹圈 대 권, 소쿠리 권

⿱竹稍 키 초, 키 꼬리 초, 부엌 솔 삭

⿱竹鹵 밥그릇 려

⿱竹冥 수레 덮개 멱, 맥

⿱竹巢 큰 생황 조

⿱竹庶 대광주리 서

⿱竹巤 엮은 대 렵

⿱竹洴 솜 담는 광주리 병

⿱竹聆 대 이름 령

⿱竹屏 수레 가림 병

⿱竹淡 단대 담(甘竹), 큰 대 담

⿱竹通 마디 없는 대 통

⿱竹㒼 대그릇 만, 대서판 만

⿱竹厚 광주리 호

簍 삼태기 루, 법 루

⿱竹衒 살대 현

⿱竹將 마디 두고 자른 대 장

⿱竹曼 대 이름 만

⿱竹⿱埶木 築[쌓을 축]의 本字

⿱竹敝 살대 괴, 대 이름 괴, 가는 대 괴

⿱竹⿰阝定 시렁 도

⿱竹⿱奴衣 조롱 나, 새장 나

⿱竹冓 篝[배롱 구]와 같음

⿱竹⿰缶付 대껍질 부

⿱竹⿰金皮 통발 추

⿱竹⿱巛回 甾[한해 된 밭 치]와 같음

⿱竹釣 낚싯대 조

⿱竹悤 울타리 창

⿱竹盒 북 렴

⿱竹剪 翦[자를 전]과 같음

⿱竹旅 밥그릇 려, 밥소쿠리 려

⿱竹副 毒[독할 독]의 古字

⿱竹逸 둘 일

⿱竹⿺辶坐 矬[난장이 좌]와 같음

⿱竹彫 대솔 조, 대솥솔 조

⿱竹虚 악기 틀 거

⿱竹處 쇠죽통 거, 광주리 거

⿱竹途 쪼갠 대 껍질 도

⿱竹聊 대 이름 료

⿱竹區 누에 치는 대그릇 우

⿱竹⿰彳更 箯[가마 편]의 本字

⑫ 획

⿱竹觚 대쪽 고

簡 대쪽 간, 편지 간 간략할 간 常(木)

𥳑 앞 글자와 같음

簥 큰 저 교, 가마 교 악기 이름 교

簣 삼태기 궤

簊 대그릇 기

簞 대광주리 단, 단죽 단, 작은 상자 단(木)

簦 우산 등, 그릇 이름 등

簩 대 이름 노, 노죽 노

簬 대 이름 로, 균로 로 (화살 만드는 대)

簝 제기 이름 료 대 이름 료

簚 수레 덮개 멱, 수레 난간의 덮개 멱

簢 대 속 빌 민 대 이름 민

簙 섶 박, 노름 박 주사위 박

簠 제기 이름 보

簭 점칠 서, 깨물 서

簫 퉁소 소 (木)

簨 악기 다는 틀 순 대그릇 찬

簛 체 시, 대 마디 시

簪 비녀 잠, 모을 잠 (木)

簮 앞 글자와 같음

簟 삿자리 점, 점죽 점 대자리 점 (木)

簜 왕대 탕, 대상자 탕 관악기 탕

簰 뗏목 패

簧 혀 황, 피리 황 교묘한 말 황(木)

𥷍 주사위 폐

𥶲 수레 뜸 반

𥶍 대열매 복(竹實)

䉜 찧을 췌, 치

𥳲 籞[대자리 폐]와 같음

𥴥 겨울에 나는 죽순 미

䉪 대숲 륭

𥶒 수레 덮는 대뜸 공 농 공

䉌 대자리 쉬 대발 오솔길 쉬

𥶄 簪[비녀 잠]과 같음

𥵿 대껍질 고

䉀 껍질 검은 대 무, 모

𥳽 큰기 번, 덮을 번 가릴 번

䉊 발 보, 대그릇 보

䉙 고기다래끼 수

䉐 대그릇 동

𥶯 둥근 대그릇 천

𥶷 대로 만든 점대 찬 작은 통 찬

𥶀 대자리 양

𥵥 어린 죽순 뉴 대 잎 늘어질 뉴

䉮 속이 찬 대 린 얇은 돌 린

䉕 삿갓 증

䉝 거문고 체

䉜 대비 쵀

䉖 수레 덮개 령 광주리 령

𥶚 저 적, 笛[피리 적]과 같음

𥶞 筍[죽순 순]과 같음

𥷀 칠 전, 도지개 돈

𥸑 대그릇 산

𥳿 箭[화살 전]과 같음

簍 법 루, 삼태기 루

䉙 篔[왕대 운]과 같음 (木)

𥷖 대자리 신 삿자리 신

䉋 죽순 효

䉆 실패 취

𥶓 築[쌓을 축]과 같음

𥷡 籌[투호살 주]와 같음

𥶉 있을 간

𥶌 명부 견, 호적 견

簤 대그릇 대

⿱竹散 도지죽 산

⿱竹稍 밥소쿠리 수

⿱竹尋 심죽 심

⿱竹爲 죽순 껍질 위

⿱竹猶 유오 유

⿱竹揖 국자 입

⿱竹揔 젓가락통 총

⿱竹隋 함타 타

⑬ 획

簳 조릿대 간, 화살대 간

簴 악기 다는 틀 거, 북틀 거

簻 채찍 과, 악기통 과

⿱竹構 篝[배롱 구]와 같음

簹 왕대 당, 운당 당

簾 발 렴, 염 렴 (木)

⿱竹輅 簬[대 이름 로]와 같음

⿱竹碑 대 이름 배

簿 장부 부, 거느릴 부, 홀 부, 살필 부 常(木)

簽 농 첨, 표시할 첨, 패 첨, 서명할 첨(木)

簷 처마 첨, 챙 첨 (木)

簸 쌀까불 파, 흔들 파, 키 파(木)

⿱竹豊 가늘고 연한 대 례

⿱竹奥 조리 욱

⿱竹稚 ⿱竹穉[어린 대 치]와 같음

⿱竹艂 篷[뜸 봉]과 같음

簶 살통 록, 전통 록

⿱竹腱 힘줄 울 건

⿱竹開 호적 견, 견선 견

⿱竹豦 소구유 거, 누에 치는 그릇 거

篗 통발 확, 호

簺 상륙 새, 박새 새

⿱竹微 대 이름 미

⿱竹隔 대 지팡이 격, 대로 만든 장지 격

⿱竹遘 대그릇 구

⿱竹殿 채찍 돈, 매 돈, 칠 전

⿱竹褐 갈 풍류 갈, 그칠 풍류 갈

⿱竹搏 바둑둘 박

⿱竹廆 대마디 괴

⿱竹亶 배 끄는 줄 단

⿱竹愍 대 속 빈 민

⿱竹嗇 체 색

⿱竹⿱臼虫 그릇 산

⿱竹粲 제비 찬, 대로 만든 점대 찬

簀 마루바닥 책

⿱竹塼 簙[섭 박, 노름 박]의 訛字

⿱竹⿰扌留 籀[주문 주]의 俗字

⿱竹数 籔[휘 수]의 略字

⿱竹解 대 이름 해

⿱竹愛 가릴 애

⿱竹搶 닿을 창, 대창 창

⿱竹遂 篴[피리 적]의 訛字

⑭ 획

⿱竹匱 삼태기 궤, 귀

簱 깃대 기

籉 삿갓 대

籃 바구니 람, 가마 람, 대광주리 람 (木)

籋 쪽집개 섭, 집을 섭, 밟을 섭

⿱竹飾 대 장식품 식

籅 대상자 여, 형담 여, 쇠죽통 여

籎 대그릇 의, 대 이름 의

籍 문서 적, 서적 적, 호적 적 常(木)

籊 길고 끝이 뾰족할 적, 긴 장대 적

籌 투호용 화살 주 산가지 주, 셀 주(木)

籈 파리채 진, 어채 진

籇 상앗대 호

⿱竹僕 대 이름 박

⿱竹領 밥 담는 광주리 령

籆 자새 확, 얼레 확 물레 확

⿱竹胥 성긴 체 서, 광주리 서, 얼거미 서

⿱竹悤 젓가락통 총

⿱竹構 옷 말리는 배롱 구 대소쿠리 구

⿱竹端 작은 대 단 대 이름 단

⿱竹滿 대쪽 만

⿱竹銷 긴 댓가지 초 대 가지가 길 초

⿱竹聚 고기잡는 대그릇 총

⿱竹⿱亘土 築[쌓을 축]의 古字

⿱竹⿺辶疌 댓조각 삽 (破竹片)

⿱竹槅 대나무 창살 격

⿱竹[illegible] 箑[부채 삽]과 같음

⿱竹幕 冪[덮을 멱]과 같음

纂 책 편찬할 찬 모을 찬 [糸部](木)

⿱竹巢 큰 저 조(피리의 일종)

⿱竹盡 가는 대 진

⑮ 획

籐 대나무 기구 등 등나무 등(木)

籓 가릴 번, 울 번

⿱竹橎 앞 글자와 같음

籔 휘 수(16말들이 용량), 조리 수(木)

籀 주문 주, 글 읽을 주 사람 이름 주(木)

⿱竹廢 대자리 폐

⿱竹遷 벼 훑개 천, 균천 천 대 이름 천

⿱竹溜 대 이름 류 대 소리 류

⿱竹劉 대 이름 류

⿱竹皺 고기잡는 기구 추

⿱竹毅 대 이름 의 대 마디 의

籑 지을 찬, 반찬 찬

⿱竹樞 아이 앉히는 대둥우리 구, 구자 구

⿱竹畾 쌀쓿는 맷돌 대 맷돌 뢰

⿱竹緩 발 환, 완

⿱竹隤 대붓 퇴(竹筆)

⿱竹劌 대 이름 계 대 열매 계

⿱竹舄 채찍 사

⿱竹慧 彗[비 혜]의 古字

⿱竹愍 篔[대 속 빌 민]과 같음

⿱竹閭 대 이름 려, 여서 려

⿱竹黎 대 이름 려

⿱竹魯 대 이름 로

⿱竹⿱莫方 대껍질 미

⿱竹槳 키 장, 노 장 짧은 노 장

⿱竹溢 葅[김치절임 저]와 같음

⿱竹墮 함타 타, 대나무 이름 타

⿱竹⿱𦰩貝 대나무가 마를 한

⑯ 획

籗 종다래끼 곽 가리 착(漁具)

籚 창자루 로, 밥광주리 로, 대이름 로

籙 책상자 록 부적 록, 비문 록

籠 대그릇 롱, 총괄할 롱, 대 이름 롱(木)

籟 세구멍 퉁소 뢰 관악기 이름 뢰(木)

籞 금원 어, 울타리 어 나라 동산 어

籯 광주리 영 젓가락통 영

⿱竹錢 성씨 전, 대 이름 전(木)

籜 대꺼풀 탁, 죽순 껍질 탁, 풀 이름 탁(木)

⿱竹毀 毁[무너질 훼]와 같음

⿱竹鞠 궁구할 국, 누룩 국

籘 籐[등나무 등]과 같음

簶 키로 까불 접, 엽

籄 채롱 수(籠也)

衞 가는 대 위

籙 대쪽 편지 례

籣 덜 린, 상할 린 심을 린

籡 대 병들 연 대 이름 연

籍 갈잎 피리 편

籋 상자 니

篧 대새끼 효, 죽순 효 작은 퉁소 효

籆 자새 혹, 얼레 혹

籞 籞[금원 어]와 같음

籏 蘄[풀 이름 기]와 같음

籑 대의 가장자리 선

籚 요람 우

籛 觱[필률 필]과 같음

⑰ 획

籧 대자리 거, 큰 광주리 거, 병 이름 거(木)

籣 동개 란(활과 화살을 넣는 배낭)

籢 奩[화장상자 렴]과 같음

籨 앞 글자와 같음

籞 대 이름 계 대 열매 계

籥 피리 약, 자물쇠 약 자물쇠 채울 약(木)

籦 대 이름 종, 종롱 종

籤 제비 첨, 꼬챙이 첨 점대 첨, 찌 첨(木)

籅 광주리 여 대 이름 여

籋 대껍질 미

籡 키로 까불 접

籼 호적 선

籙 대쪽 편지 리 채찍 리, 대쪽 례

籦 쌀 양(보자기에 싸다) 조리 양, 안을 양

籟 조사 받을 국 심문할 국

籟 앞 글자와 같음

籧 칠 전, 도지개 돈

籩 菹[채소 절임 저]와 같음

籪 筮[점대 서]와 같음

⑱ 획

籪 통발 단, 어살 단

籰 돛 쌍, 용수 쌍

籯 대자리 렵

籍 발 잡

籤 잘게 깎은 대 전

籉 검은 대 개

籗 대북 관, 북 관

籗 대 통발 착, 물고기 잡는 그물 조

籦 觀[볼 관]의 古字

⑲ 획

籮 키 라, 광주리 라

籬 울타리 리, 울 리(木)

籩 제기 이름 변, 대그릇 변, 종 변(木)

籫 수저통 찬 대그릇 찬

籞 籞[금원 어]와 같음

籋 대껍질 미

籭 체 사

籧 칠 전, 도지개 돈

籧 광주리 저

籯 방아찧을 휘

籯 앞 글자와 같음

⑳ 획

籯 바구니 영 수저통 영

籯 대 이름 당

籙 簬[대 이름 로]와 같음

籠 광주리 롱

籢 가리개 엄, 금원 엄

籗 얼레 확, 자새 확

㉑ 획

籩 대쪽 편지 편

籱 觀[볼 관]의 古字

籲 虆[덩굴 류]와 같음

㉒ 획

籭 거문고 쇄

籯 대 이름 감

㉓ 획

籰 통발 확
고기잡는 발 악

㉔ 획

籲 털 난 대 감
대 이름 감

籈 대이름 령

鑿 簪[비녀 잠]과 같음

籗 가리 착

㉖ 획

籲 부를 유 (木)
부드럽게 할 유

米部

米 쌀 미, 무늬 미, 소량 미, 미터 미 常(木)

① 획

籸 싸라기 파

粊 음역자 쌀(뜻이 없고 음으로만 쓰임)

② 획

籵 데카미터 십

籶 맛 없는 밥 정
쌀로 만든 음식 정

籷 蹯[짐승 발바닥 번]의 古字

籸 籸[녹말 신]의 訛字

籴 쌀 사들일 적
섞일 잡

籹 齒[이 치]의 略字

③ 획

粂 묵은 쌀 구 (水)
집 재, 공경할 재

籼 메벼 선, 벼 이름 선

籸 녹말 신, 깻묵 신
엉긴 죽 신

籹 중배끼 여, 녀

籾 벼 인, 등겨 인

籽 씨앗 자

粀 방공부 장

粁 킬로미터 천

粂 싸라기밥 척
차질 척

籿 데시미터 촌

籺 무거리 흘, 쌀가루 흘, 싸라기 흘

粠 묵은 쌀 홍

粟 粟[조 속]의 古字

籸 싸라기 신
쌀찌끼 신

类 類[무리 류]와같음

粦 掬[움킬 국]과 같음

④ 획

敉 어루만질 미, 편안할 미 [攴部](金)

类 類[무리 류]의 俗字

料 셀 료, 헤아릴 료, 자료 료, 비용 료 [斗部] 常(火)

氣 기운 기, 음식물 보낼 희 [气部] 常(水)

粈 잡밥 뉴, 섞을 뉴
무침 뉴

粍 밀리미터 모

粅 고운 가루 물
가루 모양 물

粉 가루 분, 휠 분
꾸밀 분 常(木)

粊 궂은 쌀 비
앵미 비

粃 쭉정이 비, 나쁠 비
틀릴 비 (木)

粌 헥토미터 인

粎 미터 척

粑 구운 음식 파
떡 파

粄 싸라기떡 판

粊 붉은 쌀 기

粋 앞 글자와 같음

粚 싸라기 멸

粆 사탕 사

粇 糠[겨 강]과 같음

粌 흰 떡 돈

粋 粹[순수할 수]와
같음

料 料[헤아릴 료]와
같음

粐 앞 글자와 같음

粏 겨로 만든 국 태

⑤ 획

粓 싸라기떡 반

粔 중배끼 거, 약과 거
전병 거

粒 쌀알 립, 낟알 립
양육할 립 (木)

粖 죽 말, 미음 말

粕 지게미 박, 깻묵 박
비지 박 (木)

粘 끈끈할 점, 붙일 점
차질 점, 끈기 점 (木)

粗 거칠 조, 조잡할 조
메조미쌀 조 (木)

粙 벼 알들 주
벼 여물 주

粐 죽 호, 풀 호

粣 전병 책, 떡 책
국에 쌀가루 탈 책

粣 앞 글자와 같음

粓 뜨물 감

粚 찌끼 사

粯 맷돌에 간 보리죽
배

粊 궂은 쌀 비

粰 겨 부

粟 깊을 미, 무릅쓸 미
둘 미 (木)

粎 미음 멸

粎 물 적신 쌀 명
고을 이름 미

粄 가루 반

粏 흰 떡 타

粞 찌끼 시

粭 엿 이

粠 쌀 가

粍 黐[끈끈이 리]와
같음

粔 쌀 담을 저

粉 싸라기떡 분

粜 糶[쌀 내다 팔 조]
와 같음

粝 糲[현미 려]의 俗
字

⑥ 획

粣 쌀 걸

粬 누룩 곡

粩 오래 묵은 쌀 노

粡 궂은 쌀 동
각서 동

粨 헥토미터 백

粞 싸라기 서

粟 조 속, 겉곡식 속, 과
립 속, 식량 속 常(木)

粤 어조사 월, 두터울
월, 종족이름 월 (木)

粥 죽 죽, 약할 죽, 팔
육, 시집보낼 육 (木)

粢 기장 자, 젯밥 자
피 자, 술 제 (木)

粲 粲[정미 찬]과 같
음

粧 단장할 장, 꾸밀 장
화장할 장 常(木)

粨 죽 엉길 신
무거리 신, 범벅 신

粠 묵은 쌀 홍

粣 상한 쌀 색
떡 덩어리질 색

粯 흰쌀 환

粺 쌀 갈아 국에 탈 패

粱 깨끗한 쌀 공

粡 餉[건량 향]과 같음
粠 볶은 쌀 구
粦 燐[도깨비불 린]과 같음 (木)
粟 粟[조 속]과 같음
粩 차질 담
粪 聞[들을 문]의 古字
粨 쌀떡 교
粧 담근 쌀 명
粊 籹[중배끼 여]와 같음

⑦ 획

粯 쌀가루 간, 한
粳 메벼 갱 (木)
粱 기장 량, 쓿은쌀 량 (木)
粮 糧[양식 량]과 같음 (木)
粴 킬로미터 리
粰 산자 부, 죽 부 왕겨 부
粵 말 내킬 월
粲 정미 찬, 또렷할 찬 깔끔할 찬 (木)
粸 가루 태
粽 가루 권 쌀가루떡 환
粭 꿀떡 포, 엿 포
梅 술 밑 매, 모주 매
粷 고운 가루 초
粶 정과 삼
粽 볶은 쌀 류
粰 싸라기 불
粻 죽 미
康 糠[겨 강]의 古字
粈 양식 쌀 서 제사 쌀 서
粪 閏[윤달 윤]의 古字
粣 狾[개 짖는소리 은]과 같음
粽 稌[찰벼 도]와 같음
粧 粧[꾸밀 장]과 같음

⑧ 획

粿 알곡식 과, 쌀밥 과
粸 떡 기, 떡 이름 기
粼 물 맑을 린 석간수 린 (木)
粹 순수할 수, 모을 수 아름다울 수 (木)
粻 양식 장, 엿 장
精 정할 정, 정세할 정 정밀할 정 常 (木)
精 앞 글자와 같음
粺 앞 글자와 같음
粽 주악 종, 종자 종
粶 볶은 쌀 록 튀밥 록
粷 가루 국
粪 죽 되직할 권 가루 반죽할 권
粺 정미 패, 피 패
粺 앞 글자와 같음
糀 누룩 화
粃 粊[궂은쌀 비]와 같음
黎 묽은 죽 리
粨 쌀 씻을 석
粡 도래떡 주, 경단 주
粡 떡 혼
粥 粥[죽 죽]과 같음
粪 眠[잠잘 면]의 古字
粽 쌀풀 치
粡 餉[건량 향]과 같음
粲 빛날 찬
糇 똥 시, 아파서 끙끙거릴 시, 히
糠 康[편안할 강]의 本字
糒 糒[건량 비]와 같음

⑨ 획

糎 센티미터 리

糆 麪[밀가루 면]과 같음

糂 糝[나물죽 삼]과 같음

糈 양식 서, 정미 서 산자 소

糅 섞을 유, 잡곡밥 뉴 (木)

糋 쌀전 부칠 전

糉 주악 종, 송편 종

粲 찬파 찬

糊 풀 호, 풀칠할 호 죽 호 (木)

糇 말린 밥 후 건량 후

糑 차질 지

糃 정미 당

糄 벼 볶아 쌀 만들번 찐 쌀 변

糀 정한 쌀 영

糐 죽 건

糏 잡곡죽 남

糗 제사쌀 황

糲 추한 밥 랄

糍 쌀 개

䊟 불에 고기 말릴 픽

稾 粟[조 속]의 本字

糈 낟알 주

糑 흰쌀 할, 갈

糓 종 리, 노복 리, 隸[붙을 례]와 같음

糦 粞[싸라기 서]와 같음

糜 똥오줌 시

糪 잔쌀 연, 익을 연 研[갈 연]과 같음

糜 사랑할 메, 미

糍 인절미 자

糞 糞[똥 분]과 같음

糞 앞 글자와 같음

糍 자고 자

糭 粳[메벼 갱]의 本字

糭 가루 권, 뭉칠 권

糙 경단 단

糷 차진 밥 란

⑩ 획

糊 녹말 추, 앙금 추

糙 가루떡 퇴

糏 싸라기 설

糕 떡 고 (木)

糗 볶은 쌀 구 미싯가루 구 (木)

糑 경단 닉

糖 사탕 당, 엿 당 설탕 탕 常(木)

糐 경단 부

糒 건량 비 마른 밥 배

糔 묵은 쌀뜨물 수 반죽할 수

糠 메벼 함

穀 穀[곡식 곡]의 本字

糴 糴[쌀 사들일 적]과 같음

番 蹯[짐승 발바닥번]의 古字

糠 경영할 척

糡 옥수수 방

粹 무거리 쉬

糧 양식 수

糗 싸라기 면

糞 다할 분

糗 餻[떡 고]와 같음

隸 隸[붙을 례]의 俗字

黎 쇠뇌 이름 리

⑪ 획

糨 풀 강(접착제) 미음 강

糡 앞 글자와 같음

糠 겨 강 (木)

粷 쇠뇌 이름 리

糢 模[법 모]의 俗字

糜 죽 미, 싸라기 미(木) 훼손할 미, 흩을 미

糞 똥 분, 거름 줄 분 썩을 분, 쓸 분(木)

糞 앞 글자와 같음

糞 앞 글자의 古字

糝 나물죽 삼, 국에 쌀 넣을 삼, 흩어질 삼(木)

糚 粧[단장할 장]과 같음(木)

糟 전국 조, 지게미 조 술맛 조(木)

糙 잡곡 조(木) 현미 조, 거칠 조

糳 헤칠 살, 흩을 살 내칠 살

糳 앞 글자와 같음

糵 쌀 볶아 만든 떡 축

糰 경단 단, 수단 단

糒 상한 쌀 책 뭉칠 적

糨 궂은 쌀 률

糛 糖[엿 당]과 같음

糴 깨끗한 쌀 최

糒 된 죽 문 가루 찌끼 문

糣 흰 쌀 적

糮 밥 윤택할 만 밥 진액 만

糒 건량 비, 말린 밥 배

糒 앞 글자와 같음

糲 쌀가루로 만들 리 붙을 리, 부서질 리

糐 비서 비(새나 벌레 잡는 접착제)

糏 내쫓을 설, 실

糦 양초 희(손님에게 보내는 식량, 사료)

⑫ 획

糧 양식 량, 구실 량 녹 량 常(木)

糲 궂은 쌀 추

糯 쌀뜨물 반

糤 산자 산(유밀과의 하나)

糠 튀밥 록 볶은 쌀 록

糧 누룩 곰팡 날 황

糕 곡식 일찍 거둘 착

糰 섞은 미음 담, 찌끼 담, 묽은 미음 담

糒 미음 소

糳 곡식 두 번 찧을 취

糯 찰벼 나

糟 송편 열

糨 궂은 쌀 복

糦 술과 밥 치 서직 치, 기장 치

糟 방귀 뀔 비 짐승 이름 비

糬 黐[끈끈이 리]와 같음

糰 차질 담

羸 쌀 쌓을 라

糒 粊[궂은쌀 비]와 같음

糗 糗[볶은쌀 구]와 같음

糨 糨[미음 강]과 같음

糒 비서 서

⑬ 획

糪 밥 벽 설익은 밥 벽

釋 쌀 일 석

糰 된 죽 전

糲 붉은 쌀 최 앵미 최

糫 약과 환

糬 쌀떡 령

糳 毇[쓿을 훼]와 같음

糍 가루떡 자

糖 糖[엿 당]과 같음

糝 궂은 쌀 삼 섞인 쌀 삼

糩 겨 괴

糲 糲[현미 려]와 같음

類 무리 류, 닮을 류 치우칠 뢰[頁部] 常(火)

糶 糶[쌀 내다 팔 조]와 같음(木)

⑭ 획

糯 찰벼 나, 술 나(木)

糰 경단 단

糬 곡식 이름 서

糮 범벅 함, 죽 함

糳 앞 글자와 같음

糦 차질 도, 덮을 도 범벅 주, 반죽할 도

糴 낟알 조, 적

糒 궂은 쌀 비

䊫 만두 마

⑮ 획

糲 현미 려, 랄, 뢰(木)

糷 까끄라기 광

糲 잡곡밥 력

䉼 쌀떡 령

糭 앞 글자와 같음

糵 가루 말, 죽 멸

䊭 경단 부

⑯ 획

糵 누룩 얼, 엿기름 얼(木)

䊫 만두 마

糴 쌀 사들일 적(木)

糬 볶은 서직 확 볶은 기장 확

糳 희게 쓿은 쌀 착 정미 착

糬 양식 저

⑰ 획

糵 누룩 얼, 엿기름 얼(木)

糵 섞을 냥

糷 糷[밥 질 란]과 같음

糤 콩경단 산 한벌 찧은 쌀 산

䉼 쌀떡 령

糜 부술 미

糤 경단 섬

⑱ 획

䊩 수 놓은 쌀알 무늬 미

䊭 粄[싸라기떡 판]과 같음

⑲ 획

糶 쌀 내다 팔 조

糷 거친 겨 핵

糜 왕겨 미, 쌀팔 미 쌀 찧을 미

糪 檗[설익은 밥 벽]과 같음

糙 糙[매조미쌀 조]와 같음, 쌀에 섞을 초

䜌 차질 련

糷 가루 겸

⑳ 획

糖 糖[엿 당]과 같음

糤 콩경단 산 초벌 찧은 쌀 산

糳 찧을 착

糷 밥 질 란

㉑ 획

糷 밥 질 란 차진 밥 란

糳 정한 쌀 착

㉔ 획

䉼 쌀떡 령

㉗ 획

粟 粟[조 속]의 古字

糸部

糸 가는실 사, 멱 양수사 멱 (木)

① 획

系 계통 계, 이을 계 맬 계, 글 계 常(木)

糺 糾[꼴 규]와 같음 (木)

② 획

糾 꼴 규, 어그러질 규 맺힐 교 常(木)

糾 앞 글자와 같음

糽 노끈 곧을 정 잡아당길 정

紌 급할 구, 어릴 구

糼 功[공 공]과 같음 길쌈할 공

糿 앞 글자와 같음

紃 하나 줄

紁 거꾸로 달 조

紀 실낱 궤

③ 획

紃 糾[꼴 규]와 같음

紃 끈 순, 좇을 순 법 순, 실띠 순 (木)

紃 앞 글자와 같음

紂 앞 글자와 같음

紀 벼리 기, 실마리 기 인륜 기, 법 기 常(木)

約 언약 약, 묶을 약 요점 요 常(木)

紆 굽을 우, 울적할 우 얽힐 우 (木)

紆 앞 글자와 같음

紉 새끼 인, 줄 인

紂 말고삐 주 주왕 주, 창 주 (木)

紁 속바지 차

紅 붉을 홍, 주홍색 홍 연지 홍, 일 공 常(木)

紈 흰 비단 환 어릴 환 (木)

紇 질 낮은 명주실 흘 나쁜 실 흘 (木)

紓 실 묶을 결

紆 옷 만져 펼 간

紂 순전할 순 검은 빛 치

紤 綦[비단 기]와 같음

紡 적을 멸, 가늘 멸

純 純[생사 순]과 같음

紒 풀 죽(解也)

紅 암단추 구

④ 획

級 등급 급, 층계 급 목급, 두름급 常(木)

紟 실 모양 감, 매듭 지

紅 자새 호, 얼레 호

紅 앞 글자의 俗字

紒 클 굉, 맬 결

紘 갓끈 굉, 벼리 굉 끈 굉, 매달 굉 (木)

紌 흰 비단실 구 비단 이름 구

紟 띠 금, 옷고름 금 홑이불 금

納 드릴 납, 바칠 납 마무리할 납 常(木)

紐 끈 뉴, 맺을 뉴 매듭 뉴, 틀 뉴 (木)

紞 귀막이끈 담, 끈 담 북소리 담, 칠 담

紏 고할 두 노란실 두

紋 무늬 문, 주름 문 문채 문 (木)

紊 어지러울 문 번성할 문 (木)

紡 자을 방, 길쌈 방 비단 방 (木)

紑 산뜻할 부 옷 깨끗할 부

紛 어지러울 분, 섞일 분, 많을 분 常(木)

紕 가선 비, 꾸밀 비 (木) 모포 비, 그르칠 비

紗 깁 사, 실 사 작을 묘 (木)

索 찾을 색, 동아줄 삭, 꼴 삭, 채소 소 常(木)

紓 느슨할 서, 풀 서, 너그러워질 서 (木)

素 본의 소, 흴 소, 질박할 소 常(木)

純 순수할 순, 생사 순, 선두를 준 常(木)

紆 가는 실 우

紜 어지러울 운 (木)

紝 짤 임, 실 임, 비단 임, 실 꿸 임

紙 종이 지, 편지 지, 명전 지 常(木)

紖 고삐 진, 상여 끄는 끈 진, 인

紩 이색진 깁 치, 비단 치

絚 綆[두레박줄 경]과 같음

紌 앞 글자의 訛字

綥 綦[연두빛 비단 기]와 같음

紒 앞 글자와 같음

紻 가는 실 결, 실오리 결

緫 總[거느릴 총]과 같음

𡇕 앞 글자의 古字

𥾛 紉[새끼 인]의 訛字

𥾵 줄 목, 노끈 목

約 絢[무늬 현]과 같음

𢊁 신 호, 화, 짚신 호, 화

𥿋 앞치마 염

𥾿 배 끄는 줄 지

絞 녹색 옷 효, 황색 옷 효

𦀀 앞 글자와 같음

紁 앞 글자와 같음

𦁆 비단 털 모

𦀏 紱[인끈 불]과 같음

𥾤 紇[질 낮은 실 흘]과 같음

紟 烏[까마귀 오]와 같음

𥿝 結[맺을 결]과 같음

䋄 網[그물 망]과 같음

䋏 끊을 절

䋓 끈으로 묶을 조

絟 綷[와삭거릴 채]의 略字·俗字

𥿂 거울 규

𥾴 紴[흩어진 실 파]의 訛字

𥾩 紲[고삐 설]과 같음

𦀐 수갑 수

紮 紮[감을 찰]과 같음

紥 앞 글자와 같음

絲 絲[실 사]와 같음

絔 緬[가는 실 면]과 같음

⑤ 획

𥿍 고루 풀 고, 풀 이름 고

紭 紘[갓끈 굉]과 같음, 벼리 횡

𦀎 絚[두레박줄 경]의 訛字

紺 감색 감 (木)

紶 실끈 거, 실마리 거, 굵은 갈포 거

絅 낚을 경, 급히 잡아 당길 경 (木)

経 經[날 경]의 俗字

絇 신 코 장식 구, 꼬은 실 구, 그물 구

累 포갤 루, 쌓을 루, 드러낼 라 常(木)

絆 줄 반, 묶을 반, 끈 반, 견제할 반 (木)

絊 신선하고 깨끗할 본

紨 베 이름 부

紼 얽힌 삼 불, 끈 불, 동아줄 불, 인끈 불

𥿽 앞 글자와 같음

紱 인끈 불, 제복 불, 얽을 불 (木)

𥿏 앞 글자의 俗字

紲 고삐 설, 오라줄 설, 도지개 설, 넘을 예 (木)

細 가늘 세, 작을 세, 고울 세, 번잡할 세 常(木)

紹 이을 소, 소개할 소, 묶을 소 (木)

絁 깁 시, 명주 시 (木)

紳 큰 띠 신, 묶을 신 신사 신 (木)

紻 갓끈 앙

紫 자주빛 자, 붉을 자 자주빛의 옷자 常(木)

紵 모시 저, 모시풀 저 (木)

組 끈 조, 짤 조, 빛날 조, 구성할 조 常(木)

終 마칠 종, 끝날 종 마침내 종 常(木)

紬 명주 주, 자을 주 모을 주 (木)

絑 댈 주, 붙일 주 이을 주 (木)

紾 비틀 진, 감길 진 돌 진, 구를 진

紲 앞 글자와 같음

紩 기울 질, 꿰맬 질 꿰맨 자리 질

紮 감을 찰, 묶을 찰 머무를 찰 (木)

絀 물리칠 출, 꿰맬 출 졸렬할 출, 굴할 굴

紽 타래 타, 다섯올 타 꿰맬 타, 실밥 타

紿 속일 태, 낡은 실 태 이을 태, 의심할 태

絃 줄 현, 현 현, 탈현 활시위 현 常(木)

絮 묵은 솜 녀, 막을 녀 서로 붙을 나

絜 실 한 올 결

紸 말 갈기 땋은 실 정 말 치장 정

紕 비단무늬 체

緡 낚싯줄 민

紓 疏[트일 서]와 같음

絊 맬 말, 버선 말

紴 비단무늬 파 실띠 피

絅 가는 비단 아 마전한 비단 아

紞 꿰맬 탄, 기울 탄

紷 솜 령, 마전한 가는 실 령

絾 가는 베 월, 반베 월 채색비단 월

絔 두건 맥

絉 끈 술, 줄 술 (木)

紭 緲[버선목 요]와 같음

絇 陶[질그릇 도]와 같음

絒 綸[낚싯줄 륜]의 俗字

絣 맺을 병, 결

紵 紓[느슨할 서]의 訛字

紀 紀[벼리 기]와 같음

縐 縐[주름질 추]와 같음

絆 말 갈기 치장할 반 번잡할 반

絻 갓끈 원

絘 끈으로 묶을 차

綞 면류관에 드리운 술 타, 술 드리울 타

⑥ 획

絳 진홍 강, 붉게 물들일 강, 비단 강 (木)

結 맺을 결, 매듭 결 상투 계 常(木)

絝 바지 고, 맬 고

絖 솜 광 (木)

絓 걸릴 괘, 범할 괘 얽을 괘, 맬 괘

絞 목맬 교, 급할 교 초록빛 효 (木)

絭 멜빵 권, 끈 권 쇠뇌의 시위 권

給 줄 급, 넉넉할 급 벼슬 이름 급 常(木)

緪 밧줄 긍, 마칠 긍

絧 베 이름 동, 이을 동 곧게 달릴 동

絡 이을 락, 연락할 락 두를 락 常(木)

絫 포갤 류, 累[묶을 루]의 本字

絔 보충할 백, 두건 맥 기울 백

絣 이을 병, 베이름 병 먹줄 튀길 병

絲 실 사, 악기 이름 사 자을 사 常(木)

絮 솜 서, 버들개지 서 간맞출 처 (木)

絏 紲[고삐 설], 袣[소매 예]와 같음

絿 흰 비단 수

絨 융 융, 가는 베 융 자수실 융 (木)

絪 기운 인, 수삼 인 안개 자욱할 인 (木)

絟 가는 베 전, 얽힐 전, 가는 실 전

絕 끊을 절, 끊어질 절 뛰어날 절 常(木)

絶 앞 글자와 같음

絩 비단실 수효 조 올 조 (木)

絰 질 질, 삼띠 질 질황 질 (木)

絘 삼삼을 차, 삼이을 차, 구실베 차

統 큰줄기 통, 계통 통 거느릴 통 常(木)

絯 묶을 해, 놀랄 해

絎 바느질할 행 꿰맬 행

絢 무늬 현, 문채 현 끈 순 (木)

絜 헤아릴 혈, 묶을 혈 깨끗할 결, 들 혜 (木)

絙 끈목 환, 인끈 환 밧줄 긍 (木)

絍 紝[짤 임]과 같음 (木)

絭 앞 글자와 같음

絑 솜 주

絑 붉을 주 (木)

絆 긴 모양 율

絗 솜 향

絸 줄 당겨 맬 견

綀 縋[매어달 추]와 같음

絗 실꾸리 골 실둘릴 골

絘 실 다듬을 자

絧 고삐 늘어질 이

絻 띠 신

絠 활줄 다릴 개, 끈을 풀 개, 관에감을 개

綈 繹[인끈 역]과 같음

綌 綌[칡베 격]의 俗字

翊 翼[날개 익]과 같음

絤 線[실 선]과 같음

絲 수놓은 무늬 미 쌀 무늬놓을 미

絺 織[짤 직]과 같음

絬 굳을 설, 사복 설 단단할 설

絺 흩어진 실 파

綏 면류관 앞 드리움 타

絮 앞 글자와 같음

絹 縐[주름질 추]의 俗字

絚 細[가늘 세]의 古字

綷 화목하지 않을 무

綯 縐[주름질 추]와 같음

綮 綮[발고운 비단 계]와 같음 (木)

絴 높을 상

絳 絳[진홍 강]과 같음

絶 실 얽힐 역 실로 얽을 역

綏 펼 구, 천천할 구

絳 纓[갓끈 영]의 略字

絵 繪[그림 회]의 略字 (木)

絻 緬[가는 실 면]의 訛字

絡 가는 실 명

絖 실 길게 늘일 황

⑦ 획

綌 칡베 격, 갈포 격

絹 비단 견, 그물 견 명주 견 常(木)

經 글 경, 날 경, 경맥 경, 경영할 경 常(木)

綆 두레박줄 경, 굴대의 돌출부분 경 (木)

継 繼[이을 계]의 俗字

綑 짤 곤, 두드릴 곤

絿 급박할 구, 어릴 구 (木)

綹 명주 려, 꿰맬 려

絻 상복 문, 상엿줄 문 닻줄 만, 면류관 면

綍 상엿줄 발 동아줄 발

綁 동여맬 방, 묶을 방

綒 굵은 그물 부 그물 부

綀 베 소, 거친 삼베 소 삼 삼을 소

綉 繡[수놓을 수]와 같음, 비단조각 투

綏 편안할 수, 기 장식 유, 내릴 타 (木)
綖 면류관 싸개 연 늦출 연, 실 선
絪 미백무늬 비단 인 물레가락 인
綎 띠 술 정, 끈 정 (木)
綎 앞 글자와 같음
綈 깁 제, 비단 제
絛 땋은 실 도 끈 도, 조
緂 고삐 진
綃 생사 초, 돛대 소 색비단 초 (木)
絺 칡베 치, 갈포 치 (木)
綅 실 침, 비단 섬 갑옷 침, 비단실 침
縘 인끈 호
綄 바람개비 환 풍향계 환
絸 繭[고치 견]의 古字
綅 바늘 기, 저울끈 기
綷 깁 증, 비단 증
絾 짤 성
絿 옷 기울 겁
綂 統[큰 줄기 통]의 俗字
絵 紓[느슨할 서] 俗字
綇 앞발 잡아맬 수

綊 면류관 싸개 협
綋 紘[갓끈 굉]의 俗字
綮 엮은 줄 벌 맺을 별
緫 總[거느릴 총]의 本字
綐 가는 명주 예
紗 紗[깁 사]와 같음
綤 앞 글자와 같음
綕 실 가릴 지
緐 말뱃대끈 번 말 갈기 치장할 번
緐 헝클어진 실 번 엉킨 실 번
約 마전한 비단 약 흰 비단 약
綟 문채 리
綄 絙[끈 목 환]의 本字
綹 깃발 류
綘 縫[꿰맬 봉]과 같음 (木)
綻 旋[잡아맬 선]과 같음
綶 묶을 국
綕 紙[종이 지]의 俗음
綥 緇[검은 비단 치]와 같음
絅 絅[끌어 죌 경]과 같음
続 續[이을 속]의 略字

綒 은나라 관 이름 호

⑧ 획

綱 벼리 강, 법도 강 바로잡을 강 常(木)
綮 발 고운 비단 계 (木) 창집 계, 힘줄 경
綮 앞 글자와 같음
緄 띠 곤, 다발 곤 끈 곤, 섞일 혼 (木)
綰 얽을 관, 통제할 관 맬 관, 걱정할 관 (木)
綣 정다울 권, 굽힐 권 생각할 권 (木)
綺 비단 기, 화려할 기 문채 기 (木)
綦 연두빛 비단 기 (木) 다할 기, 들메끈 기
綨 앞 글자와 같음
緊 요긴할 긴, 팽팽할 긴, 급박할 긴 常(木)
緂 옷 채색 선명할 담 자을 담, 연두빛 담
綯 새끼 꼬을 도 꼴 도, 새끼줄 도
綡 머리 싸는 수건 량 관싸개 량
緉 신 한 켤레 량 맬 량
綟 연두빛 려, 비틀 렬
綠 푸를 록, 초록빛 록 댑싸리 록 常(木)
緑 앞 글자와 같음
綹 끈목 류, 묶음 류 끈 류
綸 낚싯줄 륜, 노끈 륜 관건 관 (木)

綾 비단 릉 (木)

網 그물 망, 뒤덮을 망 그물질할 망(木)

䋄 앞 글자와 같음

綿 솜 면, 이어질 면 약할 면 常 (木)

綼 치장할 벽

緋 붉은빛 비 (木)

緆 고운 베 석, 선두를 석, 가는 베 석

綬 인끈 수, 실띠 수 풀 이름 수(水)

緎 솔기 역, 스무올 역 꿰맬 역

緂 고치에서 실 뽑을 염, 물레 자을 염

綩 갓끈 원, 그물 완

維 얽을 유, 바 유, 맬 유 생각할 유 常 (木)

緌 갓끈 유, 기 유 늘어질 유, 맬 유

綽 느슨할 작 아름다울 작(木)

綜 잉아 종, 다스릴 종 모을 종(木)

綢 얽힐 주, 묶을 주 비단 주, 쌀 도(木)

綵 비단 채, 채색 채, 무늬 있는 비단 채(木)

綧 피륙 넓이 준 표준 준(木)

緀 무늬 처, 옷꿰맬 처

綷 와삭거릴 최, 오색 채, 비단 소리 취

綪 붉은 비단 천 구부릴 쟁

綴 꿰맬 철, 묶을 철 정지할 철(木)

緁 꿰맬 첩, 차례 첩

緅 검붉을 추

緇 검은 비단 치, 검은 옷 치, 승복 치(木)

綝 말릴 침, 그칠 침 늘어진 모양 삼

綞 실뭉치 타, 비단 타

綻 옷 터질 탄, 필 탄, 꿰맬 탄, 가득할 탄(木)

緾 묶을 전

綨 絇[신 코 장식할 구]와 같음

䋨 묶은 솜 펼 부

䋩 동일 이, 얽을 새 비단 빛 고울 아

䋪 가는 비단 아 희게 마전할 아

䋼 긴 실 공(長絲)

䌁 실 이을 접

䋴 앞 글자와 같음

𦀖 紹[소개할 소]의 古字

𢧵 織[짤 직]의 古字

䋻 앞 글자와 같음

綥 쑥빛 비단 기 짚 북더기 기(木)

䋫 풍류 줄 켕길 쟁 붉은 끈 쟁

綸 紟[옷고름 금]의 訛字

綇 연옥 육 옥색 비단 육

綫 線[실 선]과 같음(木)

䋽 絣[이을 병]의 本字(木)

䋰 묶을 국, 이을 국 동여 얽을 국

綀 억센 털 래 털 일어설 래

綳 묶을 팽, 繃[묶을 붕]과 같음

綶 얽어 동여맬 과

緈 곧을 행

䋿 맺을 굴 황후의 옷 궐

緍 緡[낚싯줄 민]과 같음(木)

䋲 잘잘할 홀 작을 홀

䋕 베올 진

䋷 비단 섭 (木)

䌇 素[흴 소]와 같음

䋺 緝[길쌈 집]과 같음

緫 總[거느릴 총]과 같음(木)

継 繼[이을 계]와 같음

紲 緤[고삐 설]과 같음

緤 서쪽나라 비단 접 베 이름 접

綔 실끈 호, 끈 호

𦃃 橤[꽃술 예]와 같음

綀 續[이을 속]과 같음

練 練[익힐 련]의 略字

緒 緖[실마리 서]의 略字

総 배 끄는 줄 념

縚 縚[끈 도]와 같음

縱 회장 종

⑨ 획

緙 궤맬 격, 짤 격

緱 칼자루 감을 구 성씨 구

緱 앞 글자와 같음

緪 동아줄 긍, 마칠 긍 팽팽하게 할 긍

縆 앞 글자와 같음

緞 비단 단, 신발 뒤축에 붙이는 가죽 단(木)

練 익힐 련, 경험할 련 단련할 련 常(木)

緬 가는실 면, 멀 면 생각할 면 (木)

緡 낚싯줄 민, 성할 혼 새우는 소리 면(木)

緜 햇솜 면, 넝쿨 뻗을 면, 얽을 면, 길 면(木)

緲 아득할 묘, 적을 묘 미세할 묘

緮 얽을 박

緥 포대기 보

緮 비단 부

緋 눈광 비

緗 담황색 상, 나무 이름 상, 황색 비단 상(木)

緖 실마리 서, 차례 서 정서 서 常(木)

縃 胥[서로 서]와 같음 (木)

線 줄 선, 실 선, 가 선 바느질할 선 常(木)

縇 선 두를 선, 단 선 비단 선

緤 고삐 설, 맬 설

縄 繩[줄 승]의 俗字

緦 시마복 시, 가는 베 시, 소원해질 시(木)

緛 쪼그라들 연, 주름 연, 오그라들 연

緣 인연 연, 선두를 연 가선 연 常(木)

縁 앞 글자의 俗字

緩 느릴 완, 느슨할 완 너그러울 완 常(木)

緺 자청색 인끈 왜 트레머리 왜

緰 비단 요 찢어진 비단 유

緯 씨 위, 가로 위, 위성 위, 위서 위 常(木)

緭 갑옷 비늘다는 실 위

緮 잡색 비단 뉴

緸 움직일 인 흔들리는 모양 인

緹 붉은 비단 제, 체 주황색 제, 체 (木)

緟 더할 종, 포갤 중

緵 새 종(피륙 80날이 1새), 그물 종

緝 낳을 집, 길쌈할 집 모을 집, 꿰맬 집(木)

締 맺을 체, 얽을 체 마음에 맺힐 체(木)

緫 總[거느릴 총]의 俗字, 통견 총

緧 껑거리 끈 추(마소 꼬리 밑에 대는 막대)

緻 밸 치, 촘촘할 치 고운 비단 치 (木)

編 엮을 편, 배열할 편 얽을 편 常(木)

緶 꿰맬 편, 걷을 변 얽힐 편 (木)

緘 봉할 함, 묶을 함 끈 함 (木)

縘 띠 혈

緷 깃다발 혼, 곤

緋 속적삼 배

緂 비단 답

縎 얽아맬 수, 송 비단이름 술, 혈

楘 비단 무, 묶을 무

緣 繸[인끈 수]와 같음

緢 실반대 묘, 실 두를 묘, 깃술 묘

循 옷 등솔 순

緮 幅[폭 폭]과 같음

緒 紵[모시 저]의 古字

緰 가늘게 짤 님

緅 말고삐 추, 말 뒷걸이 추, 수레고삐 추

緐 앞 글자와 같음

緜 앞 글자와 같음

緼 綎[띠술 정]과 같음

緶 앞 글자의 俗字

緀 굵은 실 개

緁 삼베 승, 紿[실 엉킬 태]와 같음

緯 흰 비단 위
실마리 위

緧 일 주, 실마리 주
입을 주

緝 꿰맬 잡

緻 매듭 치
단단히 묶을 치

緥 미투리 봉
꺽뚜기 봉

緐 앞 글자와 같음

縒 서로 붙을 차

緭 구석 우

緺 비단의 문채 과
다스릴 과

縕 모시 온, 묵은 솜 온
불꾸러미 온

縷 褸[옷고름 요]와 같음

縓 베 한참 짤 전

緋 紼[엉킨 삼 불]과 같음

緽 붉은색 정

緩 묶을 우, 염할 우
송장 묶는 끈 우

緾 纏[얽힐 전]과 같음

縏 오색 비단 거

縢 滕[봉할 등]과 같음

緃 綃[생사 초]와 같음

緆 앞 글자와 같음

緦 명주 시, 가늘 시

緿 紿[속일 태]와 같음

緈 곧을 행

繇 繇[이을 계]의 訛字

縶 襞[덮치기 그물 벽]의 訛字

緄 관끈 경(冠紐)
갓끈 경

緓 線[줄 선]과 같음

緇 緇[검은 비단 치]와 같음

総 總[거느릴 총]의 俗字

緵 물건 자르는 소리 측

緵 縱[느슨할 종]의 俗字

緶 綆[두레박줄 경]과 같음

綺 綺[비단 기]와 같음

緊 緊[긴박할 긴]과 같음

緒 베 이름 낙, 얽을 낙

縈 봉할 삭

縕 오색실 장식 외

緞 신발 하

⑩ 획

縑 합사 비단 겸
필 겸 (木)

縠 주름 비단 곡 (木)

縎 맺힐 골

縚 끈 도, 칼집 도

縢 봉할 등, 묶을 등
끈 등, 행전 등

縛 묶을 박, 포승 박
매일 박 (木)

縏 주머니 반
작은 포대 반

縍 신 가 꿰맬 방
굿은 솜 방

縔 누에고치 상

縤 생사로 짠 비단 소
명주 소

縊 목맬 액, 의 (木)

繹 인끈 역, 띠 역

縈 얽힐 영, 두를 영
굽을 영, 매일 영(木)

縕 헌솜 온, 묵은솜 온
모시 온, 성할 온 (木)

繇 繇[따를 요]의 訛字

縟 화문 놓을 욕, 채색 욕, 번다할 욕 (木)

縜 가는 끈 운, 끈 운

縡 일 재, 載[실을 재]와 통용 (木)

縓 분홍빛 전 담홍색 전

縝 삼실 진, 자상할 진 검은 머리 진 (木)

縉 꽂을 진 옅은 붉은색 진 (木)

縉 앞 글자와 같음

縥 물 급하게 흐를 진

縒 실 엉킬 착, 가지런하지 않을 차

縗 상복 이름 최 (木)

縋 주름질 추, 매달 추 끈 추 (木)

緆 올무 던져 잡을 탑 올가미 씌울 탑

編 엮을 편

縖 묶을 할

縣 매달 현, 관련될 현 고을 현 常 (木)

縞 명주 호, 비출 호 가는 명주 호 (木)

縤 素[흴 소]의 本字

縈 素[흴 소]의 本字

縺 줄어들 건 오그라질 건

緋 대그릇 비, 상자 비 비단 이름 비

縖 솜 락

縐 주름질 추 (木)

縖 앞 글자와 같음

縤 索[찾을 색]의 俗字

縭 묶은 솜 려 헌 솜 려, 굿은 솜 리

縐 縐[껑거리 추]와 같음

縖 큰 줄 당

縗 검은 비단 귀

縖 綍[곧은 실 행]의 本字

縔 채색비단 률

縖 綅[실 침]과 같음

縖 緐[말갈기 치장 번]과 같음

縨 실 길게 늘일 황

縖 織[짤 직]의 俗字

縖 繫[맬 계]와 같음 (木)

縖 베의 씨실 수(緯絲)

縲 비단 이름 류

縖 생사 혁(生絲)

縖 유록빛 담

縖 바느질할 치

縖 綌[칡베 격]과 같음

縖 絢[무늬 현]과 같음

縖 띠 혜

縖 緦[시마복 시]의 古字

縖 系[이을 계]의 古字

縖 緇[검은 비단 치]와 같음

縖 묶을 군

縖 綱[벼리 강]의 俗字

縖 繑[바지끈 교]의 俗字

縖 鍪[비단 무]의 訛字

縖 綯[새끼 꼴 도]와 같음

縖 索[찾을 색]의 訛字

縖 碧[푸를 벽]과 같음

縖 繅[고치 켤 소]의 訛字

縖 繁[많을 번]의 略字

縱 縱[늘어질 종]의 略字

縫 縫[꿰맬 봉]의 略字

縖 韝[깍지 구]와 같음

縖 褡[옷 해질 답]과 같음

縖 絛[끈목 도]의 訛字

縖 앞 글자와 같음

縖 봉할 삭

縖 繅[고치 켤 소]와 같음

縖 謖[일어날 속]과 같음

縖 가는 베 피

縖 앞 글자와 같음

繺 옷이 해질 쇄

⑪ 획

繈 포대기 강, 끈 강 돈꿰미 강 (木)

繾 헌 솜 견, 고삐 견 동아줄 견

縝 홑옷 경 (火)

縺 실 얽힐 련 그물 련

縷 실 루, 자세할 루 가늘고 길 루 (木)

縲 포승 루, 류 실 루 (木)

繂 동아줄 률, 끈 률 관 매는 밧줄 률

縭 신 꾸미개 리, 수건 리, 띠 리, 맬 리

纚 향주머니 리

縸 그물 칠 막 그물친 모양 막

縵 무늬 없는 비단 만 잡악 만, 느슨할 만 (木)

繆 얽을 무, 바를 규, 어긋날 류, 차례 목 (木)

縻 고삐 미, 코뚜레 미 묶을 미, 부서질 미 (木)

繁 번식할 번, 많을 번 대끈 반 常 (木)

緐 앞 글자의 訛字

縫 꿰맬 봉, 기울 봉 솔기 봉, 틈 봉 (木)

繃 묶을 붕, 포대기 붕 팽팽하게 당길 붕 (木)

縿 기폭 삼, 드리울 삼 비단 초, 참

纀 잡아맬 선, 줄 선

繊 纖[가늘 섬]의 略字

繅 고치 켤 소 (木) 문채 조, 관 끈 조

縰 머리싸개 쇄 많은 모양 쇄

縒 토리 쇄, 감을 쇄 얼레 쇄

縯 길 연, 부연할 연 당길 인 (木)

繄 창 전대 예, 이 예 (木) 비단 예, 턱받이 예

繇 요역 요, 유유할 유 고요 요 (木)

績 길쌈 적, 이을 적 실낳을 적 常 (木)

縳 흴 전, 장목 전 (木) 올 견, 낳이실 견

縱 늘어질 종, 세로 종, 서두를 총 常 (木)

縦 앞 글자와 같음

縶 맬 집

縩 고운 옷 채, 실 채 비단 해질 채

總 거느릴 총, 모을 총 모두 총, 맬 총 常 (木)

縮 다스릴 축, 줄일 축 오그라들 축 常 (木)

縬 앞 글자와 같음

縹 옥색 표, 청백색 표 아득할 표, 술 표 (木)

縪 그칠 필, 묶을 필 관솔기 필, 폐슬 필

緷 꿰맬 혼 바느질할 혼

繌 맺을 혼

縶 고운 옷 첩

縬 쪼그라들 축, 구김 갈 축, 오그라질 축

縻 앞 글자와 같음

䌬 옷 꿰맬 략

綮 綮[고운 비단 계]와 같음

縸 노끈 멱, 줄 멱

縴 긴요할 견

縧 매달 조

縶 솜 흐트러질 내

繓 纃[맺을 촬]과 같음

綃 배 맬 소

縻 묶을 균, 나눌 미 糜[고삐 미]와 同

緑 순전할 록

縰 가는베 세

編 緶[꿰맬 편]과 같음

緶 緶[꿰맬 편]의 本字

緰 실로 짠 주머니 두

縶 맺을 절

終 終[마침 종]의 古字

繚 繚[감실 요]와 같음

縕 삼 불릴 우

縯 紖[고삐 진, 인]과 같음

⑫ 획

繑 바지끈 교, 띠 교

繢 수놓을 궤, 톱끝 괴 그림 괴, 희 (木)

繚 감길 료, 에울 료(木) 타래 료, 다스릴 료

繗 이을 린 (木)

繙 너그러울 반, 번역할 번, 교열할 번 (木)

繖 일산 산, 양산 산 우산 산 (木)

繕 기울 선, 다스릴 선 베낄 선 (木)

繐 가늘고 성긴 베 세 베 세, 혜 (木)

繡 수놓을 수, 자수 수 아름다울 수 (木)

繠 드리워질 예 꽃술 예

繞 두를 요, 감길 요 휠 요 (木)

繧 채색 운

繒 비단 증, 주살 증 맬 증, 그물 증 (木)

繘 두레박줄 율 두레박질할 귤

繜 모을 준, 부녀의 속옷 준, 잠방이 준

織 짤 직, 실 다듬을 직, 기 치 常(木)

繟 띠 늘어질 천 늘일 탄

繓 맺을 촬, 비단 촬 병 이름 촬(病名)

繣 줄로 동일 황 끈으로 묶을 황

繣 깨지는 소리 획 끈 화, 어긋날 화

緣 새빨갈 연 실 엉킬 연

繻 두 앞발 동일 수

繛 앞 글자의 本字

繤 앞 글자와 같음

纆 검은 실 묵

繆 실 무

繜 이을 심

繳 縒[서로 붙을 채]와 같음

繏 잠박 기둥끈 선 촉의 비단 이름 선

纀 머리 동여매는 수건 복

纃 합할 접, 집 오랑캐의 재물 접

繶 繶[궤맬 은]의 訛字

繰 생모시 초

繫 칼끈별, 굳은솜 제

繛 綽[너그러울 작]과 같음

繝 무늬 간

纕 누르스름할 상

繃 맺을 팽

繂 굵은 줄 삭

繾 오그라질 견 줄어들 견

縢 縢[봉할 등]과 같음

縷 포승 루

繻 繻[고운 명주 수]와 같음

繻 앞 글자와 같음

纂 纂[모을 찬]과 같음

繥 웃을 희, 즐길 희

繰 繅[고치 켤 소]와 같음

繛 너그러울 작 깨끗할 작

繁 번잡할 반 말 갈기 치장할 번

縈 素[흴 소]의 訛字

繪 繪[그림 회]의 俗字

繇 繇[역사 요]와 같음

纗 纂[모을 찬], 纗[끈 휴]와 같음

繖 옷 해질 철

⑬ 획

繮 고삐 강

繮 앞 글자와 같음

繳 주살의 줄 격 동일 교

繭 고치 견, 굳은살 견 솜옷 견, 실 견 (木)

繫 맬 계, 구속할 계 이어질 계 常(木)

繷 성하고 많을 농 나쁠 농

繵 묶을 단, 홑옷 전 노끈 단, 얽힐 전

繨 매듭 달

𦆽 비단 무늬 라

繴 덮치기 그물 벽 그물 벽

𦅸 띠 벽, 솜 벽 빨래할 벽

繸 인끈 수, 시체 덮는 이불 수, 끈 수

繩 줄 승, 노 승, 먹줄 승 법도 승, 이을 승(木)

繶 끈 억, 술잔 둘레에 박은 무늬 억(木)

繹 풀어낼 역, 실 뽑을 역, 풀릴 석(木)

𦆵 앞 글자와 같음

𦇀 옷 해질 오 옷 찢어질 쇄

繰 비단 조 고치켤 소(木)

繲 헌옷 해, 빨래할 해

繯 엷은 비단 환(木) 얽을 현, 돌아올 현

繪 그림 회, 채수 회 그림그릴 회(木)

繐 마전한 베 세

𦆭 엷은 비단 랍

繬 합쳐 꿰맬 색

𦆮 옷에 솜 놓을 저

𦇁 인끈 례

繷 얽을 업, 꿰맬 업

𦄸 緩[느릴 완]의 古字

𦆯 늘어질 담

䌝 실 금, 쪽물들일 금

繧 간색 물들일 운

𦅼 생실오리 작

𦇑 누에 발 다는 줄 렴

繺 얽을 연

𦇃 깃 끌어매는 끈 촉 띠 촉

𦅹 뜻 굳게 가질 겸 입 다물 겸, 아낄 감

𦇂 앞 글자와 같음

繸 문채 슬

𦆲 솜 령

𦆴 縵[무늬 없는 비단 만]과 같음

繕 繕[기울 선]과 같음

𦆶 縯[익힐 연]과 같음

𦆷 앞 글자와 같음

𦆸 韉[언청이 천]과 같음

𦆹 密[빽빽할 밀]과 같음

𦆺 흰 비단 곡

⑭ 획

𦇄 쌍올 금

繾 곡진할 견, 얽매일 견, 정 깊을 견(木)

繼 이을 계, 뒤이을 계 맬 계, 후사 계 常(木)

辮 땋을 변, 엮을 변 꿰미 변, 단추 변(木)

纀 옷의 폭을 자를 복 머리수건 복

繽 어지러울 빈, 성할 빈, 많을 빈(木)

𦇅 앞 글자와 같음

繻 고운 명주 수, 채색 비단 유, 젖을 유

𦇆 꿰맬 은, 비단 은

纂 모을 찬, 붉은띠 찬 이을 찬(木)

纁 분홍빛 훈, 노을 훈(木)

𦇇 칡베 추, 갈포 추

𦇈 縹[옥색 표]와 같음

𦇉 쌓을 잔

𦇊 봉할 시

𦇋 실 끝 얽힐 몽

𦇌 초록빛 도

繢 토굴 궤, 톱 끝 궤

𦇍 모직물 계

𦇎 앞 글자와 같음

𦇏 繰[고치 켤 소]의 本字

𦇐 紬[명주 주]의 俗字

繿 襤[누더기 람]과 같음

䌂 궤맬 지, 홀 지

䌰 띠 의

䌙 縒[실 엉길 착]의 本字

縦 縱[세로 종]과 같음

纃 무늬 놓은 비단 제

⑮ 획

纊 솜 광, 고치 광 (木) 넓을 광, 솜옷 광

纇 실 마디 뢰 (木) 매듭 뢰, 낟알 뢰

纍 갇힐 류, 맬 류 (木) 연루될 루, 쌓을 뢰

纆 노 묵, 노끈 묵 고삐 묵

續 이을 속, 이어질 속 후사 속 常(木)

纋 가운데 잘록한 비녀 우, 흰 댕기 우

纏 얽힐 전, 휘감을 전 받들 전, 번뇌 전(木)

纈 홀치기 염색 힐 (木) 비단 힐, 맺을 힐

纅 색실 약 실 다듬을 력

䌶 실 엉킬 랍

縩 깁 와삭거릴 채 옷 스치는 소리 채

纐 綄[바람개비 환]의 訛字

纉 纘[이을 찬]의 俗字

繂 흰 비단 률, 생비단 률, 배 끄는 밧줄 률

繂 배 끌어올리는 줄 률, 흰 비단 률

𦆨 襮[수놓은 깃 박]과 같음

繐 가는 베 세

𦇧 가늘 멸

䌪 儡[영락할 뢰]와 같음

𦆅 紨[베 이름 부]와 같음

纎 纖[가늘 섬]의 俗字

𦇇 紵[모시 저]와 같음

繱 푸른 비단 총

⑯ 획

纑 실 노, 베올 로 삼실 로, 모시 로

𦇔 수놓을 협

𦇦 줄 띄울 력, 줄친 경계 력, 줄칠 력

䌫 纜[닻줄 람]의 俗字

𦆹 繖[일산 산]과 같음

𦇷 곧을 종

𦇻 아름다울 빈 옷 다듬을 빈

纒 纏[얽힐 전]과 같음

𦇱 잠박기둥 끈 선 촉나라 비단 선

𦆽 묶을 균, 동일 균

𦇼 생삼 초, 베 초

𦇬 옷 해질 람

𦅻 綳[묶을 붕]의 訛字

蠒 繭[고치 견]과 같음

巒 산봉우리 만, 작고 뾰족한 산 만 [山部](土)

轡 고삐 비 [車部]

孿 쌍둥이 산 [子部](水)

⑰ 획

纖 가늘 섬, 섬유 섬 비단 섬 (木)

纕 팔 걷어붙일 양 띠 양, 뱃대끈 양

纓 갓끈 영, 멍에끈 영 오라 영, 띠 영 (木)

纔 겨우 재, 만일 재 감색 비단 삼 (木)

𦆜 모직물 계, 전 계 털로 짠 베 계

𦇤 纛[둑 독]과 같음

𦇀 韉[언청이 천]과 같음

𦇿 纗[가늘 멸]의 訛字

𦇘 線[실 선]과 같음

𦇯 실 약

攣 맬 련, 사모할 련 [手部](木)

𦇭 말 막힐 거

𦈌 궤맬 미

⑱ 획

𦇳 풍뎅이 권, 풍차 권

纗 끈 휴, 주, 묶을 휴 맬 수, 이을 수

纗 앞 글자와 같음

纙 실 이음매 녑 실 다섯올 녑

纚 오그라질 축 줄어들 축

纙 고르지 않을 라 가늘지 않을 라

纛 실 꼬아서 짤 총

纁 纁[분홍빛 훈]과 같음

纚 면주 시, 가늘 시

繘 繘[두레박줄 율]의 古字

纛 纛[큰 기 독]과 같음

纞 鼙[고삐 비]와 같음

⑲ 획

纛 큰 기 독, 둑 독, 임금 수레 장식 둑 (木)

纙 돈꾸러미 라 돈꿰미 라

纚 갓끈 리, 머리싸개 사, 흩날릴 쇄

纘 이을 찬, 모을 찬 (木)

纙 옷깃 안 학

纚 면주(綿紬) 시 가는 시

纚 가는 모양 마

纙 고르지 않을 라 가늘지 않을 라

緩 緩[느릴 완]의 本字

臠 저민 고기 련 [肉部]

⑳ 획

纚 면주 시, 가늘 시

㉑ 획

纜 닻줄 람 (木)

纗 닻줄 촉, 깃 걷어매는 끈 촉

纍 그물 줄 류

㉒ 획

纕 너그러울 낭 늘어질 낭

㉓ 획

戀 끊어지지 않을 련

㉕ 획

繘 繘[두레박줄 율]의 古字

缶部

缶 장군 부, 질장구 부 물병 부, 양병 부 (土)

缶 앞 글자의 俗字

② 획

缷 풀 사, 떨어질 사 무너질 사 [卩部]

卸 앞 글자의 俗字

凬 風[바람 풍]의 古字

③ 획

缸 항아리 항, 등 항 통 항 (土)

缻 두레박 우

缶 앞 글자와 같음

④ 획

缺 이지러질 결, 결할 결, 기항 기 常(土)

缼 앞 글자의 俗字

缹 불을 불 기

缾 종처럼 생긴 병 형 술그릇 형

窑 질그릇 요, 병 요 독 유

缻 그릇 이름 기

缶 桮[술잔 배]와 같음

⑤ 획

缽 鉢[바리때 발]의 俗字

缸 큰 독 공

缻 缶[장군 부]와 같음

䍄 이지러질 점

𦈢 罏[족자리 달린 질장군 령]과 같음

䍇 쌀주머니 저 쌀자루 저

𦈡 밑 납작한 자배기 답, 벽, 물장군 답

𦈣 이지러질 재

𦈤 越[넘을 월]의 古字

𦈫 물장군 추 단지 취

⑥ 획

𦈸 缾[두레박 병]과 같음

缿 벙어리 저금통 항 투서함 항(土)

𦈲 질장구 교, 풀무 교

𦈯 좋은 그릇 혜

𦈳 器[그릇 기]와 같음

𦈰 종처럼 생긴 병 형 술그릇 형

𦈱 瓷[오지그릇 자]와 같음

⑦ 획

䍈 장군 배, 술잔 배

𦈴 날기와 부

䍉 목 긴 그릇 형

⑧ 획

䍋 두레박 병(土)

𦈶 질그릇 역

𦈷 甞[큰 동이 당]과 같음

𦈹 옥술잔 잔

䍌 작은 장구 보, 부

𦈺 큰 독 강 항아리 항

𦈻 병 수

⑨ 획

𦈼 장군 제, 자배기 제

𦈽 말 이름 종(1말=10되, 계량단위)

𦈾 缾[두레박 병]과 같음

⑩ 획

罃 물독 앵, 병 앵 사람 이름 앵(土)

𦈿 굽지 않은 질그릇 부, 구, 곡

𦉀 병 수(瓶也) 물장군 쉬

䍍 시루 류

⑪ 획

罄 빌 경, 다할 경(土) 보일 경, 경쇠 경

𦉁 罐[두레박 관]과 같음

罅 틈 하, 터질 하(土) 금갈 하, 결함 하

罇 앞 글자와 같음

䍎 그릇 이름 최

𦉃 缾[두레박 병]과 같음

𦉂 쌀 담을 저

⑫ 획

罈 술단지 담

罇 술두루미 준(土) 술 담는 그릇 준

𦉄 질그릇 전 선

⑬ 획

𦉅 그릇 속 빌 계, 기 빌 계, 격

罋 독 옹, 두레박 옹 기와창 옹(土)

𦉆 질그릇 천

𦉇 甔[항아리 담]과 같음

𦉈 鬱[답답 울]의 古字

⑭ 획

罌 양병 앵, 단지 앵 병 앵(瓶也)(土)

𦉉 큰 동이 함, 질그릇 함, 큰 독 함

釁 그릇 터질 흔 그릇에 금 갈 흔

⑮ 획

𦉊 그릇 이빠질 알 이지러질 알

罍 뇌문 놓은 술잔 뢰 세숫그릇 뢰(土)

𦉋 鬱[답답 울]의 古字

⑯ 획

鐔 목 긴 항아리 담(土)

罏 술독 로, 하로 로 목로 로, 물장군 로

⑰ 획

䍣 족자리 달린 장군 령

䍢 앞 글자와 같음

鑯 질그릇 천, 북 천 물레 가락 천

⑱ 획

罐 두레박 관 그릇 이름 관(土)

罌 罌[양병 앵]과 같음

罋 두레박 옹

⑳ 획

䍪 이지러질 알

网部

网 그물 망

罓 앞 글자와 같음

𦉪 앞 글자와 같음

罒 앞 글자와 같음

罒 앞 글자와 같음

冈 앞 글자와 같음

兕 四[넷 사]의 古字

① 획

𦉫 网[그물 망]의 古字

② 획

𦉭 网[그물 망]의 古字

罕 작은 그물 정

罗 蜀[나라 이름 촉]과 같음

③ 획

罕 그물 한, 드물 한 포한 한, 기 한(木)

罕 앞 글자와 같음

罕 앞 글자와 같음

罕 앞 글자와 같음

罔 없을 망, 그물 망 속일 망 常(木)

罔 앞 글자의 本字

罖 罔[그물 망]의 古字

罜 작은 그물 독 고기 그물 독

罗 고기를 그물에 묶어둘 적

䍐 粤[어조사 월]과 같음

罘 軍[군사 군]의 古字

罗 羅[새그물 라]의 俗字

④ 획

罷 새우잡는 그물 비

罘 새그물 부, 그물 부(木)

罘 앞 글자와 같음

罛 토끼그물 아

罝 토끼그물 호

罟 그물 벼리 횡 끈 굉

罧 새그물 심

罙 무릅쓸 미

⑤ 획

罡 별 이름 강, 언덕 강 천강성 강, 강할 강(木)

罟 그물 고, 법망 고 그물질할 고(木)

罟 앞 글자의 本字

罟 罟[그물 고]의 古字

罛 물고기 그물 고, 큰 어망 고, 험준할 고

罛 앞 글자와 같음

罞 고라니 그물 모 순록잡는 그물 모

罠 낚싯줄 민, 그물 민 (木)

罠 앞 글자의 本字

罝 짐승 그물 저 (木) 토끼잡는 그물 저

罝 앞 글자의 本字

罝 罝[짐승 그물 저]와 같음

罜 물고기 그물 주 어망 주, 독

罞 그물칠 무

罞 그물 무

罢 그물 거

罶 罶[통발 류]와 같음

罝 고기그물 저 토끼그물 저

罦 笱[통발 구]와 같음

罖 작은 그물 령

罦 새그물 부

罦 앞 글자의 本字

罥 그물 견, 현

罟 그물 호

罢 罷[방면할 파]의 俗字

罔 어망 남

⑥ 획

罣 그물 괘, 걸릴 괘 연좌될 개 (木)

罨 새그물 압, 갑

罙 두루 다닐 미 후리그물 미

罙 앞 글자의 本字

罡 그물에 가득할 광

罛 衆[무리 중]의 本字 [目部](木)

罜 물고기 잡는 그물 략

⑦ 획

罥 얽을 견, 그물 견 휘감을 견, 걸릴 견

罝 그물 려

罞 덮어씌우는 그물 몽

罞 꿩그물 모, 매, 무

罦 토끼그물 부, 비

罤 토끼그물 제

罦 새그물 부 (木)

罠 질펀할 랑 그물 넓게 칠 랑

詈 꾸짖을 리 [言部]

買 살 매 [貝部] 常 (金)

罕 罕[그물 한]과 같음

⑧ 획

罫 줄 괘, 그물 눈 괘 정간 괘 (木)

罧 고기깃 삼(물고기를 잡는 도구)

罨 그물 엄, 압 덮어씌울 엄 (木)

罨 앞 글자의 本字

罭 어망 역 가는 그물 역

睪 엿볼 역 [目部]

罩 보쌈 조, 가리 조 덮을 조

罩 앞 글자와 같음

罪 허물 죄, 죄 줄 죄 탓할 죄 常 (木)

罪 앞 글자의 本字

罬 새그물 철 덮치기 철

罬 앞 글자와 같음

蜀 촉나라 촉, 땅 이름 촉 [虫部] (水)

置 둘 치, 버릴 치 용서할 치 常 (木)

置 앞 글자의 本字

罛 罛[물고기 그물 고]와 같음

罟 고기 잡는 그물 고

罩 새 덮치기 조

罩 앞 글자의 本字

罧 고기 잡는 그물 선 어망 선

罯 그물 답, 덮을 답

罽 담자리 계 모직물 계

署 署[관청 서]의 略字

𦋺 아래로 드리워진 모양 록

𦋅 성씨 휴

⑨ 획

罱 그물 남, 반두 남 반두로 건질 남

罰 벌줄 벌, 징계 벌, 죄 벌, 속죄할 벌 常(木)

罸 앞 글자의 本字

署 마을 서, 관청 서, 쓸 서, 그물 칠 서 常(木)

署 앞 글자의 本字

罳 면장 시 부시 시, 새

罯 덮을 암, 압 어망 암

䍐 앞 글자의 本字

𦋹 羅[새그물 라]와 같음

䍜 그물에 걸릴 삭

䍚 해진 그물 무

𦋿 䍁[얼굴 가리개 유]의 訛字

𦋶 약락 약(물고기를 잡는 그물)

𦋻 그물 선, 올무 선

𦋼 면류관 함

⑩ 획

罶 통발 류

罵 욕할 매, 더해질 매 꾸짖을 매(火)

䍗 앞 글자의 本字

罷 파할 파, 방면할 파 가를 벽 常(木)

𦌁 넓은 그물 여

䍑 그물 뜨는 실 겸

𦌃 그물 강

𦌅 가는 털 계

𦌆 罰[죄 벌]과 같음 (木)

⑪ 획

罹 근심 이, 앓을 리 걸릴 리, 만날 리(木)

𦌈 앞 글자의 本字

罻 그물 위, 어망 위 그물 울

𦌉 앞 글자의 本字

𦌊 산대 조, 반두 조

罼 족대 필, 그물 필 의장 필 (木)

𦌋 罧[고깃깃 삼]과 같음

𦌌 罶[통발 류]와 같음

罺 채어 잡는 그물 초

𦌍 잔 그물 록 주록 록

𦌎 앞 글자의 本字

𦌏 网[그물 망]의 古字

𦌐 드리워진 모양 삭

𦌑 앞 글자와 같음

𦌒 罝[짐승그물 저]와 같음

𦌓 접리 접

⑫ 획

罽 물고기그물 계 (木) 모직물 계, 어망

𦌔 앞 글자의 俗字

罿 새그물 동

𦌕 앞 글자의 本字

罾 어망 증 그물질할 증 (木)

𦌖 앞 글자의 本字

𦌗 물고기그물 료

䍡 꿩그물 무

䍝 올무 선

䍣 통발 로

羀 통발 류

𦌘 고기그물 계

⑬ 획

羂 올무 견 (木) 罥[얽을 견]과 같음

𦌙 黔[검을 검]의 古字

䍥 새그물 벽

罠 잘게 뜬 그물 민 촘촘한 그물 민

罍 잔고기 잡는 그물 뢰

罤 그물 줄 제

罧 어망 록

⑭ 획

羅 벌일 라, 새그물 라 지남철 라 常(木)

羃 덮을 멱, 밥보자기 멱, 족도리 멱

羆 큰곰 비 (火)

罶 그물 제, 술 짤 제 술 거를 제

罎 고기그물 담, 탐

罩 새 덮치기 그물 조 후려칠 조

罥 그물 권, 올무 선

羉 들창 안의 그물 무 꿩그물 무

羉 앞 글자의 本字

羈 말 굴레 기

羈 앞 글자의 本字

⑮ 획

罍 백코 그물 뢰

羂 羂[올무 견]의 俗字

罾 고기그물 독

罽 삼그물 곤, 그물 곤

⑯ 획

羅 연기자욱히 덮일 력, 밥보자기 력

羂 올무 선

羅 籠[대그릇 롱]과 같음

⑰ 획

羇 굴레 기, 나그네 기 (木)

⑲ 획

羈 굴레 기, 북상투 기 구속 받을 기 (火)

羉 산돼지그물 란

羅 흰 두건 리, 사모 리 접리관 리

羂 얽을 견, 맬 견 올무 견

羅 용수 소 술 거를 서

羅 앞 글자의 本字

羃 그물 벽

羊部

羊 양 양, 노닐 양 염소 양 常(土)

羊 앞 글자의 本字

① 획

羋 양 울 미, 성씨 미

② 획

羌 종족 이름 강 말 끝낼 강 (土)

羌 앞 글자와 같음

羍 羍[어린 양 달]과 같음

羒 하얀 양 분

③ 획

羍 어린 양 달 새끼양 달

羍 앞 글자의 俗字

美 아름다울 미, 예쁠 미, 좋을 미 常(土)

姜 성씨 강, 강이름 강 강할 강 [女部](土)

羑 착한 말 할 유 인도할 유, 성씨 유

羑 앞 글자와 같음

羕 착할 양 아름다울 양

庠 학교 상, 침착할 상 [广部]

④ 획

羗 羌[오랑캐 강]과 같음

羖 검은 암양 고 (土)

羔 새끼양 고, 염소 고 (土)

羙 앞 글자와 같음

美 앞 글자의 俗字

羒 암양 분

羓 말린 고기 파
말린 식품 파

羜 들양 서

羦 들양 완

牂 牂[암양 장]의 訛字

羕 물이 길 양, 길 양

羝 羝[숫양 저]와 같음

羠 앞 글자와 같음

羘 숫양 장, 양 양 (土)

羗 翔[날개 상]과 같음

羪 養[기를 양]과 같음

差 잘못 차, 어그러질 차
조금 차 [工部] 常 (火)

恙 근심 양 [心部] (火)

⑤ 획

羚 영양 령(산양과 비슷한 짐승) (土)

羞 바칠 수, 올릴 수
치욕 수, 음식 수 (土)

羛 땅 이름 의, 옳을 의, 희양 희

羜 새끼양 저

羝 숫양 저 (土)

羢 말갈족 말

羦 들양 타

羪 얼룩양 평

羫 양 이름 돌

羪 양 이름 치

羯 거세한 양 갈
땅 이름 갈

羖 羖[검은 암양 고]와 같음

辜 辜[허물 고]와 같음

羒 흰 숫양 분

羭 새끼토끼 유

羫 牂[암양 장]과 같음

盖 덮을 개, 뛰어날 개
뚜껑 개 [皿部] 常 (水)

羕 羕[물이 길 양]과 같음

羕 물이 길 양, 길 양
강이 길 양

祥 복 상, 상서 상
착할 상 [示部] 常 (金)

⑥ 획

羕 물이 길 양, 길 양
강이 길 양

羢 양털 융
양의 가는 털 융

羠 거세한 양 이
들 암양 이

羡 넓을 이, 羨[부러울 선]과 같음 (土)

羜 한 살 된 양 조

羴 많을 상, 양

羵 앞 글자와 같음

羷 양 뿔 가지런하지 않을 궤

羜 암양 자

羠 검은 양 인

羶 뿔 없는 양 동
애양 동

羦 들양 완

羯 숫양 결, 갈

羝 羝[숫양 저]와 같음

羺 羺[오랑캐양 누]와 같음

執 執[잡을 집]과 같음

翔 빙빙돌며 날 상
노닐 상 [羽部] (火)

善 착할 선, 길할 선
많을 선 [口部] 常 (水)

着 붙을 착, 나타날 저
놓아둘 착 [目部] 常 (土)

⑦ 획

羥 경기 간, 양 이름 경, 갱

群 무리 군, 벗 군, 많을 군, 모을 군 常 (土)

羣 앞 글자의 本字

羨 부러워할 선, 나머지 선, 넉넉할 선 (土)

義 옳을 의, 순응할 의
명분 의 常 (土)

羧 양의 병 최 모직물 최

羦 뿔 가는 산양 환(細角山羊)

羫 牂[암양 장]과 같음

詳 자세할 상, 다 상 거짓 양 常(金)

羬 꼬리 긴 양 천

羭 들양 여, 서

羵 獬[해태 해]와 같음

羯 앞 글자와 같음 豸[벌레 치]와 같음

羳 털 긴 양 반 양 같은 짐승 반

羴 한 살 된 양 조

譱 善[착할 선]의 古字

羷 거려 려(산양의 일종)

羵 길리 리(전설상의 양 이름)

⑧ 획

羿 오랑캐의 양 예

羫 뼈대 강, 양의 갈빗대 강, 양고기포 공 (土)

羰 앓을 결, 양의 병 결 양 뛰다가 죽을 철

羱 양 모일 위 양 질병 위

羲 양 우리 잔

羳 양가죽 옷 꿰맬 역

羴 새끼양 쟁, 영양 쟁

羵 외뿔 난 양 동

羑 誘[꾀일 유]와 같음

羶 끌어당길 치 끌 치

羷 睪[엿볼 역]의 古字

羹 羹[국 갱]과 같음

羺 거려 거(산양의 일종)

⑨ 획

羯 거세한 흑양 갈, 사나울 갈, 오랑캐 갈 (土)

羬 큰 양 겸, 겸양 겸

羭 검은 암양 유, 산신 유, 아름다울 유

羰 카르보닐 탄

羱 양 이름 극

羲 검은 양 예 양 모일 인

羳 부드러운 가죽 유 연약할 유

羴 양 서로 쫓을 위

羵 양 이름 간

羶 여섯 달 된 양 무

羷 익을 순, 팔 순

羹 羹[국 갱]의 俗字

羺 게세한 양 갈, 알

養 기를 양, 자랄 양 몸 위할 양 [食部] 常(水)

羻 숫양 가

羼 腥[비릴 성]과 같음

⑩ 획

羱 들양 완, 완양 완(큰 뿔의 야생양)

羲 숨 희, 복희 희, 성씨 희, 기운 희 (土)

羳 거세한 양 박 짐승 이름 부

羴 羶[누린내 전]과 같음

羵 양 젖 짜낼 구

羶 양 이름 골

羷 거세한 양 알

羹 북 이름 탑

羺 羔[염소 고]와 같음

⑪ 획

羲 羲[숨 희]의 俗字

羻 양 이름 진

羼 모을 지, 양질환 지

羽 뿔 넷 난 양 루

羾 입 없는 짐승 환

羿 羫[양 이름 간]의 訛字

翀 뿔은 가늘고 모양이 큰 양 완

翁 여섯 달 된 양 무

⑫ 획

羳 배가 누른 양 번

羵 땅속 괴물 분 분양 분

羴 누린내 전, 한 양의 냄새 전

羳 털 긴 양 궐

羼 한 살 된 양 선

羶 새끼양 동 뿔 없는 양 동

羷 羸[고력 력]과 같음

羶 검은 양 예 양 모일 인

羱 뿔이 가늘고 모양 큰 양 완, 환

羳 젓 담근 양고기 잠

羳 앞 글자와 같음

羺 羺[오랑캐양 누]와 같음

羶 羶[양 모일 인]의 本字

羴 가를 기

⑬ 획

羹 국 갱, 삶을 갱(土)

羷 뿔 세 번 굽은 양 렴

羸 여윌 리, 병 리, 약할 리, 연루 련(土)

羶 누린내 전, 냄새 전 양고기의 기름 전(土)

羷 여섯 자 되는 양 독

羱 입 없는 짐승 환

羳 獬[해태 해]와 같음

羵 모을 지, 양의 돌림병 지(羊疫也)

羳 臊[누릴 조]와 같음

⑭ 획

羺 오랑캐 양 누 호양 누

羸 嬴[찰 영]과 같음

羴 善[착할 선]과 같음

羴 羔[염소 고]와 같음

羳 살찐 양 여

⑮ 획

羳 사람 이름 양

羼 양이 뒤섞일 찬 섞을 산, 찬

羵 비게 낄 매 때 낄 매

羳 羬[큰 양 겸]과 같음

羳 熟[익을 숙]의 本字

羳 망(뜻은 未詳)

羳 고(뜻은 未詳)

⑯ 획

羳 고력 력(거칠고 사나운 양)

羳 앞 글자와 같음

羳 때 낄 회

⑰ 획

羳 새끼양 혹

羳 큰 양 령

羳 羶[누린내 전]과 같음

⑱ 획

羳 善[착할 선]과 같음

⑲ 획

羳 羶[누린내 전]의 訛字

⑳ 획

羳 권(뜻은 未詳)

㉑ 획

羳 善[착할 선]과 같음

羳 장(뜻은 未詳)

㉔ 획

羳 羚[영양 령]과 같음

羳 양(뜻은 未詳)

羽部

羽 깃 우, 날개 우, 새 우, 느릿할 호 常(火)

羽 앞 글자와 같음

③ 획

羾 날아오를 공 이를 공

𦐂 앞 글자와 같음

翝 나는 소리 홍 이를 공

𦐇 깃 소

羿 사람 이름 예 후예 예 (金)

𦐉 제비가 나는 모양 치

𦐊 翼[날개 익]의 古字

𦐄 舞[춤출 무]의 古字

𦐎 나는 모양 안

④ 획

翃 벌레 날 굉

𦐛 앞 글자와 같음

翂 천천히 날 분 나는 모양 분

𦐕 앞 글자와 같음

𦐩 생각할 목, 털 젖을 목, 함함할 목 [毛部]

翀 높이 날 충

翅 날개 시, 마칠 시, 뿐 시, 날개 펼 시 (火)

翄 앞 글자와 같음

𦐘 앞 글자와 같음

翁 늙은이 옹, 아비 옹 시아버지 옹 常(火)

𦐝 솜털 암

𦐙 翼[날개 익]의 古字

䎏 깃 남, 깃이 약할 남 가는 솜털 남

𦐥 오르락내리락 할 항

𦐤 나는 모양 연

𦐏 나는 모양 삽

𦐜 나는 모양 파

𦐠 성하게 나는 모양 탑

𦐖 깃 들고 춤출 황 봉새 황

𦐈 깃털 많을 시, 지 힘차게 날 시

翆 翠[푸를 취]의 略字

扇 부채 선, 부채질할 선 [戶部] (木)

𦐡 작은 새가 나는 모양 혈

𦐳 앞 글자와 같음

⑤ 획

翑 날개 굽을 구 뒷발 흰 말 구

𦑆 앞 글자와 같음

翋 날 랍

翎 깃 령, 곤충날개 령 살깃 령, 영자 령(火)

翏 높이 날 료, 류 바람소리 륙

𦑃 날아오를 분, 본

翇 깃춤 불, 고대의 춤 이름 불

𦐾 앞 글자와 같음

習 익힐 습, 배울 습 공부 습 常(火)

習 앞 글자와 같음

翌 다음 날 익, 도울 익 밝을 익 (火)

翌 앞 글자와 같음

翊 도울 익, 공경할 익 날 익 (火)

翋 앞 글자와 같음

翐 나는 모양 질

𦑊 앞 글자와 같음

翍 날개 펼 피 쪼갤 피, 날 파

翈 날갯죽지 위의 짧은 깃 압

翓 사람 이름 고, 호

䎀 날 예

𦐂 앞 글자와 같음

䎂 살깃 보

𦐼 앞 글자와 같음

𦑆 깃밑 솜털 염

𦑅 앞 글자와 같음

䎄 새꼬리 버틸 초

翆 翠[푸를 취]의 訛字

䎊 나는 모양 박

𦐹 날 힐

翨 䏡[길이 지]와 같음

翏 높이 날 료 / 나는 모양 료

𦑣 훨훨 나는 모양 휠

⑥ 획

翗 펄펄 날 거, 가 / 나는 모양 가

翔 빙빙 돌아 날 상 / 날다 쉴 상 (火)

䎗 훨훨 날아갈 휼 / 날아가는 모양 휼

翕 화합할 흡, 합할 흡 / 오므라들 흡 (火)

䎎 앞 글자와 같음

翖 앞 글자와 같음 (火)

𦑪 높이 날 주 / 나는 모양 주

䎟 높이 날 치 / 나는 모양 치

䎘 높이 날 해 / 나는 모양 해

䎇 부둥깃 주, 급할 주

䎆 翿[기(旗) 이름 도]와 같음

䎉 낮게 날 예

𦐓 앞 글자와 같음

翓 오르락내리락 할 혈, 날아오를 힐

䎅 날아갈 박

𦑟 앞 글자와 같음

𦐇 羿[사람 이름 예]의 本字

𦐅 飛[날 비]의 古字

𦑦 戮[죽일 륙]의 古字

𦐔 友[벗 우]의 古字

𦐕 앞 글자와 같음

𦐖 沒[빠질 몰]의 古字

翃 새가 날 횡, 굉

𦑱 날 부 / 가는 솜털 부

⑦ 획

翜 빨리 날 삽, 줄 삽 / 운삽 삽

𦒉 비스듬히 날 고

翛 날개 찢어질 소 / 앙상할 소, 빠를 숙

𦒍 앞 글자와 같음

䎂 날 보

𦒇 앞 글자와 같음

䎉 깃 많을 신

䎔 가는 털 부, 솜털 부

𦒋 깃털 소 / 날개 해진 모양 소

𦒌 급히 날 녑

𦒏 翾[파뜩파뜩 날 현]과 같음

𦒐 작은 새 나는 모양 함

𦒑 깃 치며 날 박

䎌 나는 모양 촉

詡 자랑할 후 [言部]

⑧ 획

𦒠 까치 걷는 모양 경 / 까치 나는 모양 경

翡 물총새 비, 비취색 비, 비취 비 (火)

翣 운삽 삽, 북틀장식 삽, 수레덮개 삽 (火)

翢 기 이름 도 / 새 이름 주

𦒡 날개치는 소리 횡

翟 꿩 적, 꿩깃 적, 악기 이름 적, 성씨 책 (火)

翠 물총새 취, 비취 취, 푸를 취 (火)

䎓 날 답

𦑣 털 많을 초

䎑 물 위로 날 록

𦑸 빨리 날 첩, 나는 모양 첩

𦑤 획 날 줄, 빨리 나는 모양 줄

𦑩 翾[파뜩파뜩 날 현]의 訛字

䎒 빨리 날 잔, 획 채갈 잔, 사납게 날 잔

䎀 쭉지 낄 엄, 날개 거둘 엄

䎔 깃소리 혁, 날개치는 소리 혁

𦒁 翅[날개 시]와 같음 (火)

𦒃 旌[기 정]과 같음

𦑦 앞 글자와 같음

𦑺 깃 끝 혜

⑨ 획

翨 떼지어 모일 시, 떼지어 날 시

𦒇 앞 글자와 같음

𦒆 칼깃 시, 翅[날개 시]와 같음

翫 가지고 놀 완, 깔볼 완, 희롱할 완 (火)

翥 날아오를 저, 높이 날 저

𦒎 앞 글자와 같음

翦 자를 전, 죽일 전, 멸할 전, 흔들 전 (金)

𦒔 앞 글자와 같음

翪 날개 움츠리고 날 종, 날개 칠 종

𦒍 앞 글자와 같음

翩 빨리 날 편, 사뿐할 편, 뒤틀어질 편 (火)

翭 깃촉 후, 깃촉 세울 후, 화살 이름 후

𦒈 앞 글자와 같음

𦒋 앞 글자와 같음

翬 훨훨 날 휘 (火)

𦒉 앞 글자와 같음

𦒦 느리게 날 환, 나는 모양 환

翧 날 훤, 돌며 날 선

𦒅 새가 날 횡, 굉

䎆 깃 치는 소리 굉, 횡

翿 纛[둑 독, 둑]과 같음

戮 죽일 륙, 육시할 륙, 욕할 륙 [戈部] (金)

𩌃 날개 격

⑩ 획

翯 함치르르할 학, 혹

翰 날개 한, 글솜씨 한, 붓 한, 금계 한 (火)

翮 깃촉 핵, 관악기 핵, 깃뿌리 핵, 솥 력 (火)

𦒘 솜털 부

𦒠 앞 글자와 같음

𦒊 날 답

𦑿 앞 글자와 같음

𦒙 뭇새가 날며 희롱할 굉, 나는 소리 횡

𦒵 나는 모양 박

䎋 새 훨훨 날 유

𦒢 나는 모양 부

𦒖 제비 날 치

𦒫 훨훨 날 답

𦒗 翿[깃 일산 도]와 같음

翺 翱[날 고]와 같음

⑪ 획

𦒴 날 굉, 횡, 벌레소리 훙

翴 날아서 서로 따를 련, 날 련

𦒳 翿[깃 일산 도]와 같음

翳 일산 예, 가릴 예, 수레덮개 예 (火)

翼 날개 익, 보호할 익, 도울 익 常 (火)

𦒻 앞 글자와 같음

翲 나는 모양 표, 가벼울 표

𦓁 높이 날 한, 나는 모양 한

𦒾 깃끝 혜, 죽지 밑 혜

𦒸 翭[깃촉 후]와 같음

⑫ 획

翺 날 고, 노닐 고(火)

翹 들 교, 빼어날 교, 꼬리 교, 꽁지깃 교(火)

𦒉 앞 글자와 같음

䎗 앞 글자와 같음

翷 날 린, 나는모양 린

翻 날 번, 움직일 번 뒤집을 번(火)

翸 날아오를 분

䎘 날 숙

䎖 높이 날 증, 들 증

𦑣 나는 모양 동

𦒗 칼깃 끝 혜

𦑪 날개 처드리고 날 교, 높이 날 교

𦒄 앞 글자와 같음

𦒘 나는 모양 율

𦑽 앞 글자와 같음

𦑶 翼[날개 익]의 本字

𦒓 앞 글자와 같음

𦑡 翦[자를 전]과 같음

𦒃 나는 모양 박

⑬ 획

翾 파뜨파뜨 날 현(火) 조금 날 현, 새 현

翽 날개 치는 소리 홰 날 홰, 빛날 홰

䎒 날 현, 멀리 날 전

𦒔 나는 모양 함

⑭ 획

翿 일산 도 깃이름 도

耀 빛날 요, 빛 요 영광스러울 요(火)

𦒿 나는 모양 빈

𦒸 濕[젖을 습]의 古字

翶 翺[날 고]의 俗字

⑮ 획

𦒻 나는 모양 랍

䎏 앞 글자와 같음

𦓁 깃끝 혜

𦓀 너그러울 로

䎓 翷[날 린]과 같음

𦒽 翳[일산 예]와 같음

⑯ 획

𦓇 빠르게 나는 모양 곽

𦓉 飛[날 비]와 같음

老部

老 늙은이 로, 늙을 로, 성씨 로 常(土)

耂 앞 글자와 같음 머리로 쓰임

② 획

考 사고할 고, 생각할 고 죽은 아비 고 常(土)

𦒱 앞 글자의 俗字

𦒳 늙은이 천천히 걸을 수

③ 획

孝 효도 효, 복입을 효 제사 효 [子部] 常(水)

𦒴 음역자 놈 (뜻은 없음)

④ 획

耆 늙은이 기, 스승 기 즐길 기, 이를 지(土)

耄 늙은이 모, 늙을 모 정신이 흐릴 모(土)

𦒷 앞 글자와 같음(土)

𦒵 노인이 천천히 걸을 수

𦒶 者[놈 자]의 俗字

⑤ 획

耆 놈 자, 어조사 자 것 자, 이 자 常(土)

耇 늙은이 구, 검버섯 구, 오래 살 구(土)

耈 앞 글자와 같음(土)

耉 앞 글자와 같음(土)

耂 검버섯 점

耊 앞 글자와 같음

耋 노인 도

⑥ 획

耋 늙은이 질

耊 앞 글자와 같음

耄 늙을 혼

耆 耆[늙은이 기]와 같음

⑱ 획

𦒾 壽[목숨 수]의 古字

而部

而 말이을 이, 어조사 이, 능할 능 常(水)

② 획

耏 耏[구렛나루 깎을 내, 이]와 같음

𦓔 𦓔[돌릴 이, 환]의 訛字

③ 획

耐 견딜 내, 감당할 내, 능할 능 常(水)

耏 수염깎는 형벌 내 구레나룻 이

耑 시초 단, 끝 단 오로지할 전(水)

耍 희롱할 사, 놀 사 쓸 사, 노름 사

耎 가냘플 연, 연약할 연, 부드러울 연

𦓐 아첨할 이

𦓔 돌릴 이, 환 뭉쳐 익힐 이

④ 획

耎 주눅들 연, 유약할 연, 쪼그라들 난

𦓖 삶아 익힐 이

恧 부끄러울 뉵 겸연쩍을 뉵 [心部]

⑤ 획

瓸 기와 이

⑥ 획

需 이을 이

⑦ 획

𦓝 근심하는 모양 녹, 뉵

⑧ 획

𦓡 敽[수 불]과 같음

需 기다릴 수, 필요로 할 수[雨部] 常(水)

⑨ 획

𦓦 耏[구레나룻 이]와 같음

𦓥 𦓥[작은 잔 전]의 訛字

⑩ 획

𦓧 작은 잔 전

𦓨 黼[수 보]와 같음

耒部

耒 쟁기 뢰(논이나 밭가는 농기구 이름) (木)

耓 곡식 될 렬(되(升)로 곡식 양을 됨)

② 획

耓 땅 이름 뢰, 뇌양 뢰

耒 耒[쟁기 뢰]의 本字

耵 쟁기 술 정

耹 고무래 팔

③ 획

耔 북돋울 자, 씨 자 (水)

耛 말질할 글 평미레질할 걸

耜 耜[보습 사]와 같음

④ 획

耕 밭갈 경, 힘쓸 경 힘써 노력할 경 常(土)

畊 앞 글자와 같음

耗 줄 모, 쓸 모, 빌 모 어두울 모 (木)

秏 앞 글자와 같음

耘 김맬 운, 없앨 운 북돋울 운 (木)

耖 밭 거듭 갈 초 (金)

耙 써레 파 (金)

⑤ 획

耞 도리깨 가 (金)

耟 쟁기 술 거 따비 거

耜 보습 사 쟁기로 땅 일굴 사

耝 밭 갈아 흙 들출 처, 도울 서

耛 김맬 치

秤 쟁기의 자루 칭 따비 자루 층

耚 밭갈 피

畊 耕[밭갈 경]의 本字

⑥ 획

桂 긴 쟁기 규, 갈 와 굽정이 규

耠 밭갈 합, 써레질할 합

絟 밭갈 전

挌 곧게 갈 객, 밭갈 객 (耕也)

⑦ 획

耡 구실 이름 서 (土) 호미 서, 조세 서

耥 밭갈 국

稍 심을 소

耞 耜[보습 사]와 같음

⑧ 획

耟 심을 곤, 밭갈 곤

耥 써레 상, 당파 당 (농기구)

耤 적전 적, 구실 적 빌릴 자, 깔개 자

耥 耥[밭갈 국]과 같음

稛 가득할 균, 볏단 륜

耘 耘[김맬 운]과 같음

稗 심을 배

棪 날카로운 보습 염

棶 잘 드는 보습 래 밭갈 래, 겨리질 래

棓 보습 방, 밭갈 부

耯 밭갈 역

耣 볏단 륜

耷 심을 엄, 암, 업

棍 심을 곤

耔 밭갈 치, 화전 치

耬 큰 따비 위

耨 도리깨 늑, 볏짚 늑 풀 나는 모양 늑

静 쟁기의 자루 정

⑨ 획

耦 짝 우, 겨리 우 (金) 쟁기 우, 쌍가래 우

耦 앞 글자와 같음

稷 갈지 않고 심을 창 대우칠 창, 심을 창

耧 풀 무성할 영

稰 보리 성

稦 밭갈 돌

福 벼 벽, 서직 담을 벽

種 種[심을 종]과 같음

⑩ 획

耩 김맬 강, 북줄 강 갈 강, 거름줄 강

耨 김맬 누, 신음할 누 꾸짖을 누, 호미 누 (金)

耪 밭갈 방, 흙을 부드럽게 부술 방

耭 풀 무성할 용

耆 보리 씨 뿌릴 기

䎧 쟁기 부

耠 耠[밭갈 합]의 本字

䎣 耘[김맬 운]의 本字

耪 耪[보습 방]의 訛字

䎭 畟[보습 날카로울 측]과 같음

⑪ 획

耬 씨 뿌리는 기구 루 흙 부드럽게 할 루 (土)

耱 씨 뿌릴 리

耨 耨[김맬 누]와 같음

䎮 갈지 않고 심을 체 대우칠 체, 심을 체

耯 겨울갈이 한

積 농기구 살, 심을 책 재 속에 씨 뿌릴 석

耰 묵은 밭 만

䎦 연가 련, 도리깨 련

⑫ 획

機 밭갈 기 (木)

耨 耨[김맬 누]와 같음

穜 씨 뿌릴 당, 동

耛 밭갈 익

耮 고무래 로 밭 고르는 기구 로

䎰 밭고랑 지을 작 땅 이름 작, 성씨 작

䎮 밭 갈지 않고 심을 체

䎱 심을 배, 씨 뿌릴 씨 뿌릴 배

⑬ 획

釋 밭 깊이 갈 석 갈 역

檜 쟁기 괴, 회

䎠 씨 뿌릴 리 심을 리

耰 씨 뿌릴 만 묵은 밭 만

⑭ 획

䎫 곡식 거둘 확 곡식 벨 확

⑮ 획

耰 씨를 덮을 우, 곰방메 우, 호미자루 우 (金)

耬 耬[씨 뿌리는 기구 루]의 古字

䎱 쟁기 파 긴 따비 피

穮 김맬 표

⑯ 획

䃺 넓게 갈 마 농기구 이름 마

䎻 회파 회 씨 뿌릴 회

⑱ 획

䎸 밭갈 칙

耀 보습 구

⑲ 획

䎳 밭갈 마

耳部

耳 귀 이, 들을 이, 어조사 이, 잉손 잉 常 (火)

① 획

耴 귀뿌리 첩, 성씨 첩 귓바퀴 처질 첩

耴 뭇소리 을

② 획

耵 귀지 정

耷 聞[들을 문]의 訛字

耸 胥[서로 서]와 같음, 기다릴 선

刵 귀 벨 이 [刀部]

取 취할 취, 손에 쥘 취 귀벨 취 [又部] 常(水)

③ 획

耶 어조사 야, 아비 야 사특할 사 常(火)

耴 귀 울 요

耵 귀신소리 들을 공

耷 큰 귀 탑

耻 恥[부끄러울 치]와 같음

④ 획

耿 빛날 경, 밝을 경 강직할 경 (火)

耾 귀먹을 굉, 귓속말 굉, 바람소리 횡

耹 소리 금 땅 이름 금

耼 귓바퀴 없을 담 노자 이름 담

耻 恥[부끄러울 치]의 俗字

耽 즐길 탐, 탐할 탐 노려볼 탐 (火)

聁 어조사 혜

刖 귀 베일 월 귓불 떨어질 월

耸 聳[솟을 용]의 本字

耳 부릴 섭, 엽, 용

耺 귀청 울릴 운

耓 聽[들을 청]의 古字

肤 희망할 부, 바랄 부

耹 瑱[귀막이옥 진]과 같음

聊 귀 밝을 체

聍 귀 밝을 망, 귓병 망

聘 聘[사신 보낼 빙]과 같음

职 職[벼슬 직]의 俗字

耻 부끄러울 치, 부끄러움 치 [心部] 常(火)

⑤ 획

聃 耼[귓바퀴 없을 담]과 같음 (火)

聄 앞 글자와 같음

聆 들을 령, 깨달을 령 햇수 령, 나이 령 (火)

聊 귀 울 료, 의지할 료 즐거울 료 (火)

聈 고요할 유 (火)

聃 희생을 바치고 빌 이

聇 홀로 가는 모양 정

聄 고할 진, 들을 진

聅 앞 글자와 같음

聁 부끄러울 비, 필

聅 화살로 귀 벨 철

聑 귀 조금 늘어질 점

聉 무지할 달, 왈 어리석을 퇴

聓 壻[사위 서]와 같음

聊 卯[토끼 묘]의 古字, 동쪽 묘

聎 聽[들을 청]과 같음

娶 장가들 취 [女部](土)

⑥ 획

聗 귀 울 홍, 귀속찡할 홍

聒 떠들석할 괄 어리석을 괄 (火)

聐 멍청이 알, 어리석어 못알아들을 알

聏 화할 이, 부끄러워할 뉵

聑 편안할 접

聙 힐 주, 근원 주 부를 주, 부

聎 귀 앓을 조, 귀 울 조

聖 聖[성인 성]의 古字

联 聯[잇닿을 련]과 같음

聜 귓불 타

聛 귀 늘어질 타

⑦ 획

聖 성인 성, 달인 성 제왕 성 常(火)

聖 앞 글자와 같음 (火)

聘 부를 빙, 찾아갈 빙 장가들 빙 常(火)

⿰耳吾 들을 오

⿰耳牢 聊[귀 울 료]와 같음

⿰耳夘 앞 글자와 같음

⿰耳告 들릴 호, 긴 귀 호 (火)

⿰耳斤 가까이 들을 제

⿰耳录 귓속 울 홍

⿰耳夾 귀뿌리 처질 렵 머리수건 렵

⿰耳宏 耾[귀먹을 굉, 횡]과 같음

⿱昏耳 聞[들을 문]의 古字

⿰耳囟 聰[귀밝을 총]과 같음

⿰耳申 빠를 신

⿰耳昏 聒[떠들석할 괄]의 本字

⿰耳乚 耴[귀뿌리 첩]과 같음

聎 귀앓을 조, 귀 울 조

⑧ 획

聝 귀 벨 괵 왼쪽 귀 괵

聞 들을 문, 알 문, 견문 문, 소문날 문 常(火)

⿰耳昏 앞 글자의 古字 형태 없이 울릴 성

⿰昏耳 앞 글자와 같음

聠 귀 닫을 병 귀 막힐 병

聣 귀먹을 예, 아

⿰耳空 귀지 않을 질 귀 어두울 질

聢 확실할 정

聙 잘 들을 정 귀 밝을 정

聚 모일 취, 모을 취 무리 취 (火)

⿰耳垂 귀 처질 타 귀 늘어질 타

⿰耳奇 귀 기울일 기

⿰耳彔 엿들을 록 귀 기울일 록

⿰耳罔 귓병 망 귀밝을 앙

⿰耳制 마음에 들 제 들을 제

⿰耳奄 귀 엄

⿰耳周 귀 주, 밝을 주 (火)

⿰耳典 㥦[부끄러워 할 전]의 訛字

聓 사위 서

⿱取从 聚[모을 취]와 같음

聡 聽[귀밝을 총]의 俗字 (火)

⿰耳卸 멀리 들을 사

⿱刺耳 잘못 들을 자

⑨ 획

⿱剌耳 잘못 들을 랄

⿰耳剌 앞 글자와 같음

聧 귀머거리 규

⿰耳施 귀 울릴 이

聤 귀에 진물 흐를 정

⿰耳音 소리는 듣지만 감히 말 못할 이

聥 놀랄 구, 우 귀 쫑긋거릴 구

⿰耳秋 귀 울 추

⿰耳酋 앞 글자와 같음

⿰耳星 귀 밝을 성

⿱殸耳 귀머거리 외

⿰耳頁 어리석을 퇴, 록

⿰耳匽 귀 흔들 안

聦 聰[귀밝을 총]의 俗字

⿰⿱歹大耳 귀뿌리 처질 렵

⿰耳夋 귀 밝을 수

⿰昏耳 聞[들을 문]의 古字

聨 聯[연이을 련]의 俗字

⿰耳怨 聯[연이을 련]과 같음

⿰耳思 諰[두려워할 시]의 訛字

⑩ 획

⿰耳叟 귀밝을 수 총명할 수

聬 귀에서 소리날 옹 귀에서 나는소리 옹

⿰耳骨 귓속이 찡할 홀

⿱𤇾耳 소리 영

⿰耳宰 멍청이 재
귀머거리 재

⿰耳冥 아뢸 명
새겨들을 면

⿰耳兼 귀 늘어질 렴

⿰耳荅 귀가 축 처질 탑

⿰耳眞 귀에 찡할 전

⿰眞耳 앞 글자와 같음

⿰耳悳 부끄러울 뉵

聮 聯[연이을 련]의 俗字

⿰耳舀 귀이개 도

聭 부끄러워할 괴

⑪ 획

聯 연이을 련, 연할 련
잇닿을 련 常(火)

聲 소리 성, 음악 성
읊을 성 常(火)

聱 말 듣지 아니할 오
뭇소리 유 (火)

聳 귀머거리 용, 솟을
용, 조용할 용 (火)

聰 귀밝을 총, 총명할
총, 통할 총 常(火)

⿰耳彖 귀머거리 애

⿰耳啇 귓속 깊을 적

⿰耳窒 잘못 들을 질
귓병 저

⿰耳郭 큰 귀 곽

⿰耳祭 귀밝을 체, 철, 찰

⿰耳巢 시끄러울 조
귀 울릴 조

⿰耳曹 귀 울 조

⿰耳翏 귓속 찡할 료

⿰耳票 겨우 들을 표 (火)
가면서 들을 표

⿰耳習 귀 접

聴 聽[들을 청]의
俗字

⿸麻耳 수레 장식 미

⿱埶耳 ⿰耳垂[귀 처질 타]와
같음

⑫ 획

聶 소곤거릴 섭 (火)
잡을 섭, 합할 접

聵 배냇귀머거리 외
흐리멍텅할 외 (火)

⿰耳焦 귀울 조, 초

⿰耳覃 시끄러울 담

⿰耳善 귓구멍 선

⿰耳黑 귀 검을 홀, 귀지
홀, 귀 울릴 홀

⿰龍耳 聾[귀머거리 농]
과 같음

⿱敝耳 얼른 들을 별
잠깐 들을 별

職 직분 직, 벼슬 직
맡을 직 常(火)

⿰耳答 귀 답

⿱⿰金氏耳 聒[떠들썩할 괄]과
같음

⿰耳縣 맨 련, 이을 련

⿰耳⿱覀火 ⿰耳票[겨우 들을 표]
의 訛字

⑬ 획

聸 귀처질 담
늘어진 귀 담

⿰耳農 귓속 찡할 농

⿰耳童 귀 처져 붙을 당

⿰耳喿 귀 울 조

⿱敖耳 聱[말 듣지 아니할
오]의 本字

⑭ 획

聹 귀지 녕

⿰耳㬎 소의 귀가 움직이
는 모양 습

⿱漸耳 귀신 적, 어조사 적
손가락질할 니

⿰耳察 귀 밝을 절

⿱蒯耳 聵[배냇귀머거리
외]와 같음

⿰耳惪 聽[들을 청]의 俗
字

⑮ 획

⿰耳廣 큰 귀 곽, 확
귀 넓을 확

⿰耳樂 聯[잇닿을 련]과
같음

⑯ 획

聽 들을 청, 들어줄 청
기다릴 청 常(火)

聾 귀머거리 농, 어리석을 롱 (火)

聵 앞 글자와 같음

聽 자세히 들을 력

⑰ 획

聻 귀머거리 월, 외

聿部

聿 붓 율, 어조사 율 따를 율 (火)

肀 손재주 있을 녑 대나무 녑

② 획

聿 적을 전, 뜻 전 나아갈 전

③ 획

肂 붓으로 꾸밀 진 글씨 좋아할 진

④ 획

肂 구덩이 사, 하관할 사, 가매장할 사

書 글 서, 글자 서, 쓸 서, 문서 서 [曰部] 常(木)

肇 비로소 조, 꾀할 조 열 조

⑤ 획

畫 畵[그림 화]의 俗字

晝 낮 주, 정오 주, 고을 이름 주 [日部] 常(火)

肂 구덩이 사, 가매장할 사, 하관할 사

⑥ 획

畫 畵[그림 화]와 같음 그을 획 [田部] 常(土)

晝 晝[낮 주]의 古字

肅 肅[엄숙할 숙]의 略字

⑦ 획

畵 畫[그림 화]와 같음

肅 엄숙할 숙, 공손할 숙, 공경할 숙

肅 앞 글자의 古字 (火)

肆 방자할 사, 베풀 사 저자 사, 힘쓸 사

肄 익힐 이, 수고할 이 곁가지 이 (火)

⑧ 획

肇 칠 조, 비롯할 조 신위 조, 경계 조 (火)

肈 앞 글자와 같음

肅 肅[엄숙할 숙]의 古字

⑨ 획

書 書[글 서]의 古字

⑭ 획

肆 肆[방자할 사]의 古字

肉部

肉 고기 육, 살 육 몸 육, 둘레 유 常(水)

月 앞 글자와 같으며 변으로 쓰임.

① 획

肊 臆[가슴 억]과 같음

② 획

肌 살 기, 살갗 기 껍질 속 기 (水)

肋 갈빗대 륵 힘줄 근 (水)

肏 씹힐 조, 성교할 초

肐 목살 필, 목젖 필

肔 살쪄서 매끈할 칠

肌 고기로 장담글 구 장조림 구

肐 떨릴 흘, 떨칠 흘

冐 肯[옳게 여길 긍]과 같음

肉 앞 글자의 本字

肴 肴[안주 효]와 같음

肙 작은 벌레 원, 빌 원 움직일 원

刖 벨 월, 발 자를 월 위태로울 월 [刀部]

肛 飣[쌓아둘 정]과 같음

③ 획

肝 간 간, 속마음 간 常(木)

肚 배 두, 밥통 두 마음 두 (水)

肙 장구벌레 연

肟 동네 이름 우

肜 융제사 융, 따뜻한 모양 융, 화락할 융

肔 찢을 이 창자 가를 이, 치

肕 질길 인

肘 팔꿈치 주, 만류할 주, 길이의 단위 주

肖 닮을 초, 본받을 초 작을 소 常(水)

肖 앞 글자와 같음

肛 항문 항, 부을 항 (水)

肒 긁어 부스름 날 환

肒 앞 글자와 같음

肓 명치끝 황 (水)

肕 양고깃국 훈

肐 몸 흔들릴 흘 가슴뼈 역, 격박 격

肒 젖 붕 긁어 부스름날 환

肑 배 아랫살 적 손가락 마디 울 박

冐 肯[옳게 여길 긍]의 古字

肔 큰 배 도

肌 발 자를 와

肗 생선 썩을 여 고기 썩을 여

肗 앞 글자와 같음

育 育[기를 육]의 本字

肱 소의 위 현 밥통 현

肞 포 차

肐 肐[몸 흔들릴 흘]과 같음

④ 획

肩 어깨 견, 책임질 견 야윌 현 常(水)

股 넓적다리 고 양수사 고 (水)

肒 脘[밥통 완]과 같음

肱 팔뚝 굉 (水)

肵 공경할 근, 기 (水)

肣 거둘 금, 혀 함 오그라들 금

肦 허구리 묘 옆구리 묘

肯 즐길 긍, 옳게 여길 긍, 살 긍 常(水)

肯 앞 글자와 같음

肯 앞 글자와 같음

肭 살찔 눌 (水) 살찐 모양 눌

肪 기름 방, 비계 방 (水)

肨 배부를 방, 부을 방

肧 胚[아이밸 배]와 같음

肦 머리 클 분, 부세 반 구실 반 (水)

肥 살찔 비, 기름질 비 비옥하게 할 비 常(水)

肶 멀떠구니 비 천엽 비

肫 광대뼈 순, 정성스러울 순, 자돈 돈 (水)

肰 개고기 연, 然[그러할 연]과 같음

肬 사마귀 우

育 기를 육, 자랄 육 자손 주 常(水)

肕 흠집 윤, 등심 인 부어오른 곳 진

肕 앞 글자와 같음

肛 곰국 임, 삶을 임

肢 사지 지, 허리 지 (水)

肬 고깃국 찌끼 탐 육장 탐

肺 허파 폐, 대패밥 폐 성할 패 常(水)

肮 목구멍 항, 목 항

肴 안주 효, 익힌 고기 효, 섞일 효 (水)

[illegible] 앞 글자와 같음

肸 소리 울릴 힐, 소리 퍼질 흘, 땅 이름 비

肹 앞 글자와 같음

[illegible] 炙[구울 자]와 같음, 고기 자

[illegible] 항문 결

肤 膚[살 부]와 같음

[illegible] 살찔 합

[illegible] 고기 반

[illegible] 팔꿈치 주, 고기 유 코피 날 육

[illegible] 胝[굳은살 지]와 같음

[illegible] 새 창자 치(鳥腸)

[illegible] 胥[서로 서]의 古字

[illegible] 匈[오랑캐 흉]과 같음

[illegible] 허리 아플 개, 궤

[illegible] 살 썩을 탐 살 터질 탐

肳 吻[입술 문]과 같음

肷 쇠고기 흠

[illegible] 胤[이을 윤]과 같음

[illegible] 臍[배꼽 제]와 같음

[illegible] 고기 기름 잔, 찬

[illegible] 肐[격박 격]과 같음

[illegible] 큰창자 도

[illegible] 지렁이 순

肼 유기화합물의 이름 정

⑤ 획

胛 어깨 갑, 어깨뼈 갑 (水)

胠 겨드랑 거, 겁, 협(水) 진군우익 겁, 열 거

[illegible] 앞 글자와 같음

胍 큰 배 고, 볼기 고 큰 몽둥이 고

朐 포 구, 굽을 구(木) 후연 후, 춘인 춘

胐 볼기 골 무릎병 잘

胆 어깨 벗을 단(水) 膽[쓸개 담]의 俗字

脉 脈[맥 맥]의 訛字

胟 拇[엄지 무]와 같음

胉 어깨뼈 박 양쪽 갈비뼈 박

胖 반쪽 고기 반, 갈비 살찔 반, 클 반(水)

[illegible] 앞 글자와 같음

胈 정강이털 발 흰 살 발, 조상 발

胚 아이 밸 배, 처음으로 배, 반제품 배(水)

背 등 배, 뒷채 배, 등질 배, 위반할 패 常(水)

胕 장부 부, 살갗 부(水) 종기 부, 팔꿈치 주

胥 서로 서, 기다릴 서 다서, 볼서 (水)

胜 비릴 성, 살이 빠질 성, 정우 정 (水)

[illegible] 저민 고기 세

胂 기지개 켤 신 등심 이, 신산 신

胦 배부를 앙, 배꼽 앙

胃 밥통 위, 말할 위 별자리이름위 常(水)

胤 이을 윤, 맏아들 윤 혈통 윤 (水)

胣 창자 가를 이, 치

胏 밥찌끼 자, 대궁 자 허파 폐

胙 제 지낸 고기 조(水) 섬돌 조, 일어날 작

胄 투구 주, 맏아들 주 이을 주(水)

胝 굳은살 지, 못박힐 지, 볼기 제

胑 肢[사지 지]와 같음

胗 입술 틀 진, 피부병 진, 진단할 진

[illegible] 앞 글자의 俗字

胅 뼈마디 퉁길 질 태아 질, 돌출할 질

胎 아이 밸 태, 처음 태 방주 태 (水)

胞 태보 포, 자궁 포, 한겨레 포 常(水)

[illegible] 앞 글자와 같음

胇 클 필, 큰 모양 필 허파 폐, 마를 비

胘 소의 천엽 현, 밥통 현, 소의 위 현

胡 오랑캐 호, 종족 이름 호, 오래살 호 常(水)

胬 군살 노

胔 썩은 고기 자, 송장 자, 죽은 짐승 자

胾 앞 글자와 같음

胅 배 말(腹也)

胻 전유어 정, 고기 지질 정

胇 살찐 고기 별 큰 모양 필

胋 살찔 점, 고깃국 점

胵 疼[아플 동]의 古字

胠 고깃국 급

胡 앞 글자와 같음

胏 새살 날 시

胐 기름 산

胔 딱지 가, 옴 가

胃 앞 글자와 같음

胒 난도질한 고기포 네, 살찔 네

胓 기름질 평 배 불룩할 평

胕 몸 곧을 주

胖 腕[팔 완]과 같음

胆 구더기 저, 쉬 저

胴 백회혈 사, 정수리 사, 정문 사, 신

胋 쬐일 고, 股[넓적다리 고]와 같음

胍 배 통통할 고 꽁무니 고

胂 살 썩을 탐

脈 등살 매

胏 胏[밥찌끼 재]와 같음

胔 앞 글자와 같음

肩 肩[어깨 견]과 같음

胙 배부른 모양 도, 탁

胸 胸[가슴 흉]과 같음

肺 허파 폐, 대패밥 폐 무성할 패

胹 성씨 귤

⑥ 획

胳 겨드랑이 각, 뒷다리 정강이뼈 격

骼 앞 글자와 같음

胯 사타구니 과, 고 혁대 고리 과(水)

胱 오줌통 광 (水)

能 능할 능, 별 이름 태, 견딜 내 常(水)

能 앞 글자의 俗字

胴 큰창자 동, 몸통 동 (水)

脄 등심 매

脈 줄기 맥, 맥박 맥 맥락 맥 常(水)

胼 더께질 변, 굳을 변 굳은살 변 (金)

脀 어리석을 승, 희생을 솥에 담을 증

胺 고기 썩을 알

䏲 앞 글자와 같음

胭 목구멍 연, 인, 咽[목구멍 인]과 같음

胰 제사 이름 예

胰 등심 이, 지라 이

胹 삶을 이

胣 제육 이 돼지 지라 이

朓 제사고기 조 제사 이름 조

脂 기름 지, 연지 지 기름 바를 지 (水)

脊 등성마루 척, 마루 척, 등골뼈 척 (水)

脆 무를 취, 허약할 취 연할 취 (水)

胵 멀떠구니 치, 지

胲 엄지발가락 해 군령 해, 빰 해

胻 배 행, 정강이 행

脅 옆구리 협, 갈비뼈 협, 으를 협 常(水)

脇 앞 글자와 같음(水)

胸 가슴 흉, 마음 흉 앞 흉, 속 흉 常(水)

胷 앞 글자와 같음(木)

胸 앞 글자와 같음

䏲 발뒤꿈치 흔

胾 고깃점 자, 살점 자 (水)

䏳 살질 첨, 점 기름 괄

胣 성길 나, 살찌고 연약할 치 (水)

胮 배 불룩할 방, 복창할 방, 부을 방

胶 다리뼈 효

䏩 뼈 흡, 어깻죽지 흡

脈 기름 설, 비계 설

䏶 등 무(背也)

脆 손발 구부러지는 병 와, 풍증 와

䏭 腴[아랫배 살질 유]의 俗字 (土)

胿 큰 배 규, 배 불룩할 규, 구멍 계

脀 익은 고기 증

脃 脆[연할 취]의 本字

脌 살찔 애

朐 고을 이름 순 지렁이 순

胹 힘줄 강할 이 (水)

脃 썰은 고기 세

脙 파리할 휴 배와 등 사이 휴

胯 胯[사타구니 과]와 같음

脥 큰 배 협

脃 胞[태보 포]의 訛字

䏣 구더기 저

脠 비계 산

脳 腦[두뇌 뇌]와 같음

脔 臠[저민 고기 련]과 같음

䐁 胃[밥통 위]와 같음

脒 혈구 주, 볼 주 뺨 주

脅 脅[옆구리 협]의 俗字

脇 脇[갈빗대 협]의 略字

朔 초하루 삭, 처음 삭 북방 삭 [月部] 常 (水)

朕 나 짐, 조짐 짐 빌미 짐 [月部] (水)

脚 곡추 곡(무릎관절)

脏 체강 광(장기를 싸고 있는 부분)

䑋 소의 밥통 양 양 양

脍 膾[회 회]의 略字

⑦ 획

脚 다리 각, 찌꺼기 각 짐꾼 각 常 (水)

䐑 앞 글자와 같음

脛 정강이 경, 새나 짐승의 종아리 경 (水)

脙 파리할 구, 여윌 구

脲 尿[오줌 뇨]와 같음, 요소 뇨

脰 목 두, 맹꽁이 두 (水)

脟 갈빗살 렬, 자른 고깃덩어리 련

脟 앞 글자와 같음

脕 흠치르르할 만 싹틀 문, 윤기날 만

脢 등심 매, 짧을 매 등성마루 매

脗 꼭 맞을 문, 민 (水)

脖 배꼽 발, 목 발 (水)

脩 포 수, 마를 수, 술잔 유, 그물눈 조 (水)

脣 입술 순, 둘레 순 가 순 常 (水)

脤 제육 신, 사직 제사 지낸 고기 신 (水)

脘 밥통 완, 관 (水)

脭 정한 고기 정 맛 좋은 고기 정

脡 곧은 포 정, 바를 정, 등 중간 정

脞 잘잘할 좌, 무릎 좌 연할 차, 좌

脧 갓난아이 음부 최 (水) 줄어들 선, 깎을 선

脫 벗을 탈, 벗어날 탈 기쁠 태 常 (水)

脱 앞 글자와 같음

脾 허벅다리 피 밥통 폐

脯 포 포, 익힐 포, 포뜰 포, 회식할 보 (水)

脬 오줌통 포 음식 이름 포

脥 뺨 협, 움츠릴 협

脝 배 불룩할 형 배부른 모양 형

脪 부을 흔, 새살 날 흔

脅 겨드랑이 밑 겁

脜 얼굴 부드러울 유

胑 사마귀 지

脉 고기 혁

脌 지렁이 인 고을 이름 인

脶 몸국, 살찔 국

脭 살찔 성

脡 생고기젓 전

睇 코 비뚤어질 체 뼈 어긋날 철

脯 소나 양의 비계 절 짐승 기름껍질 절

脪 끝 뾰족할 소 눈 어두울 소

脿 풍만할 몽, 몸 클 망

脘 창병에 쓰는 약 한

脨 구운 젓가락 촉 여윌 적

脸 턱 함

脃 절인 고기 읍

脥 炙[구울 적]과 같음

脴 瞴[고리눈말 어]와 같음

脮 살찔 퇴

脛 뼈가 목에 걸릴 갱

脭 정한 고기 녈 혈질 녈

脷 다리 굽을 객 오금 객

脺 팔목 완, 손목 완

脳 腦[두뇌 뇌]의 略字

豚 돼지 돈, 흙부대 돈 혼돈할 돈 [豕部] 常(水)

朗 밝을 랑 [月部] (水)

能 能[능할 능]의 俗字

脟 등뼈 려

脷 혀 리

脻 膀[쌍배 방]과 같음

脦 용모 단정하지 않을 특

⑧ 획

腔 빈 속 강, 곡조 강 머리 강(水)

腒 새 포(鳥脯) 거 (水)

脊 장딴지 계 종아리 계

膌 앞 글자와 같음

腘 창자속 기름 균

腃 힘줄 당길 귀, 몸 굽을 권, 입술 권

臡 앞 글자와 같음

腇 연약한 모양 뇌 살진 모양 뇌

腑 장부 부, 마음 부 친족 부, 썩을 부 (水)

腐 앞 글자와 같음

腐 썩을 부, 묵을 부 냄새날 부 常(水)

脾 지라 비, 소밥통 비 허벅지 비 (水)

脾 앞 글자와 같음

腓 장딴지 비, 종아리 비 병들 비, 짚신 비 (水)

腊 포 석, 말릴 석(水) 병들 석, 납향 랍

脽 꽁무니 수, 볼기 수 땅 이름 수

脺 얼굴 윤기 있을 수 (水)

腄 발꿈치 굳은살 수 고을 이름 추

腎 콩팥 신, 불알 신 (水)

腎 혹 신(기형으로 불거진 살)

腋 겨드랑이 액 도울 액 (水)

腌 절인고기 엄, 추할 엄, 곤궁할 엄, 업

腕 팔뚝 완, 솜씨 완 (水)

腍 맛좋을 임, 익힐 임

腦 살 통통할 자 뇌 뇌, 여윌 치

腆 두터울 전, 많을 전 낯 두꺼울 전 (水)

朁 앞 글자의 古字

腈 좋은 고기 정

腚 볼기 정, 엉덩이 정

腫 끈끈할 직, 창자 직

脹 배부를 창, 부풀 창 부을 창, 창자 장 (水)

腏 뼈 속 기름 철 제사지낼 체

腒 턱 함

腒 볼기뼈 골, 볼기 굴

腏 짐승 먹던 찌끼 잔

腱 어깻죽지뼈 첩

腤 돼지고기 장 부

腜 牒[편지 첩]과 같음

膝 앞 글자의 俗字

脼 맛있을 량, 포 량

腃 배 불룩할 방 배부를 방

脿 膘[살진 모양 표]와 같음

腁 굳은살 변, 못박힐 변, 더께질 변 (金)

腂 곪을 과 무릎뼈 과

腡 희생 나눌 기, 고기 나눌 기, 국(羹) 기

豚 볼기 착, 살찔 착

腅 고기 담, 살갗 담

腂 기름 록, 살찔 록

腝 절뚝발이 례

腕 腕[팔뚝 완], 脘[밥통 완]과 같음

腎 발뒤꿈치 힘줄 쟁

腍 고기 먹어서 싫지 않을 함

腍 앞 글자와 같음

腉 젖꼭지 개

脣 脣[입술 순], 吻[입술 문]과 같음

脲 상한 살 삐져나올 흔, 새살 돋을 흔

腃 跽[꿇어앉을 기]와 같음

腖 고기 붉을 동

腬 乳[젖 유]와 같음

腪 둥글고 길 혼

能 能[능할 능]과 같음

肴 肴[안주 효]와 같음

腑 여드름 포, 물집 포 눈꺼풀 포

腩 肭[살질 눌]과 같음

朝 아침 조, 조회받을 조 [月部] 常(水)

期 기약할 기, 모을 기 반드시 기 [月部] 常(水)

朞 돌 기, 두루할 기 [月部]

腜 배부를 채

腄 엉덩이 희

⑨ 획

腱 힘줄 밑둥 건 힘줄 건 (水)

腩 삶은 고기 남, 고기를 양념에 절일 남

腜 앞 글자와 같음

腦 뇌 뇌, 머리 뇌, 두개골 뇌, 정신 뇌 常(水)

腦 앞 글자와 같음

腶 약포 단, 포 단

腤 살찔 답 가죽 모양 탑

腯 살찔 돌, 둔

腍 앞 글자와 같음

腡 손금 라, 지문 라

腜 아이밸 매, 살질 매 아름다울 매

腼 낯가릴 면 부끄러워할 면

腹 배 복, 가운데 복 마음 복, 앞 복 常(水)

腺 샘 선, 선 선 (水)

腥 비릴 성, 날고기 성 기름 성 (水)

腧 경혈 이름 수, 수혈 수, 기름기 돌 유

腮 顋[뺨 시]의 俗字

腛 기름질 악, 옥

腤 고기 삶을 암 불결할 암 (水)

腌 앞 글자와 같음

腨 겨드랑이 밑 예 가슴 밑 예

腲 살찔 외, 느릴 외 살진 모양 외

腰 허리 요, 찰 요, 신장 요, 양수사 요 常(水)

䁥 앞 글자와 같음

腢 어깻죽지 우

腪 홑떼기 운, 태아 운

腴 아랫배 살질 유 창자 유, 고기 유

腸 창자 장, 마음 장 常(水)

腞 새길 전 아로새길 전

腫 부스럼 종, 부을 종 두통 종, 옹이 종(水)

腙 맬 종, 배 걸릴 종 삼종 종 [月部]

腠 살결 주, 살갗 주(水)

腟 살 돋을 질 새살 돋을 질

腨 장딴지 천 종아리 천

腒 오금 추

腷 답답할 픽 (水) 픽하고 소리날 픽

腲 가죽 위

腝 뼈 섞어 담은 젓 이 팔꿈치 노, 연할 눈

腣 반찬 추, 고울 추 주름살 추

腡 포 정

腖 살질 준

臝 짐승 이름 라 노새 라

腜 회칠 접 저민 고기 접

睽 추할 규 곱사등이 규

膠 성길 차, 치밀 하

腤 여윌 개

䐈 앞 글자와 같음

腡 胃[밥통 위]와 같음

腬 고기 기름질 유

腭 齶[잇몸 악]과 같음 (水)

腥 비계 집, 파종될 집 화할 집

膐 제사 지낸 고기 률, 류, 싸움 제사 수

腪 신음할 히 크게 웃을 히

腳 脚[다리 각]의 本字

腯 豬[돼지 저], 肚[배 두]와 같음

腳 소 혀 각, 크게 웃을 각

腵 창자병 가, 적병 가

腶 약포 단, 포 단

腎 입술 문, 모인 힘줄 문

膣 뼈 어긋날 질, 胅 [태아 질]의 古字

腺 볼 혁

胃 胃[밥통 위]와 같음

膟 戮[죽일 륙]과 같음

膾 가슴병 음

腜 喉[목구멍 후]와 같음

膝 膝[무릎 슬]과 같음

膃 살질 영

膃 膃[살질 올]과 같음

腹 얼굴색 부드러울 유

媵 보낼 잉, 잉첩 잉, 아내 잉, 부칠 잉[女部](土

腣 배 불룩할 제

塍 밭두둑 증 작은 둑 증 [土部]

膍 병 앓을 총

腡 희생의 고기 타

膷 喞[두근거릴 즐]과 같음

⑩ 획

膈 흉격 격, 횡격막 격 종틀 격 (水)

膁 허구리 겸

膏 기름 고, 살찔 고 기름질 고 (水)

膂 등골뼈 려, 힘 려 질 려 (水)

膐 앞 글자와 같음

膋 발기름 료 (水)

膊 포 박, 어깨뼈 박 경계 렬 (水)

膀 쌍배 방, 방광 방 부풀어오를 방 (水)

膍 처녑 비, 두터이할 비

膆 멀떠구니 소 (水)

膄 파리할 수, 여윌 수 (水)

膃 살질 올, 물개 올(水) 살져서 부드러울 올

膉 목덜미 살 익 목살 익, 살질 익

膑 부을 진

膌 파리할 척, 얇을 척 돌림병 척, 감할 척

膇 다리 부을 추

膈 포 추, 주름살 추 주름진 포 추

腿 넓적다리 퇴 (水)

膉 기름 홀떼기 솨

膒 살 속의 얇은 가죽 약, 연할 약, 살 약

膞 발 굽을 구

膌 臍[배꼽 제]와 같음

膅 다리 살찔 당

膗 살과 살 사이 황 오랑캐 땅 이름 황

膖 껍질 상할 창

膍 콧속 군살 식

膙 배 끊을 차 포 차

膎 적병 기

膁 아래턱 함 餼[보낼 희]와 같음

膇 살질 개

膉 냄새날 옹, 살찔 옹

膯 앞 글자와 같음

膉 졸릴 갑

膏 김오를 고, 음식을 내려군사위로할 고, 호

膆 臊[누릴 조]와 같음

膗 곰국 학

膕 瘤[혹 류]와 같음

膒 궁형 궁

胤 胤[이을 윤]의 古字

觳 발등 곡

賽 몸 떨 새

膣 腱[힘줄뿌리 건]과 같음

膎 포 해, 고기안주 해 살 해

膃 포 와, 살 와

膳 嗜[즐길 기]와 같음

膗 눈곱 치

膌 羞[차반 수]와 같음

膃 제육 이

膜 膜[막 막]의 略字

膜 국 손(羹也)

膟 숫구멍 신 육장(肉醬) 자

塍 賸[지집 전]과 같음

膌 탑박 탑(길고 헐렁한 허리띠)

膗 부어오른 모양 회

⑪ 획

膙 힘줄 셀 강 힘줄의 끝 강

膕 오금 괵

膠 아교 교, 붙을 교 굳을 교 (水)

膛 뚱뚱할 당, 속 당

膢 제사 이름 루

膟 제사 고기 률 희생의 피 률

膜 막 막, 사막 막 모배 모 (水)

膜 앞 글자와 같음

膖 종기날 방

膚 살갗 부, 고기 부 겉 부 (水)

膝 무릎 슬 (水)

膓 腸[창자 장]의 俗字

膞 저민 고기 전 (水) 넓적다리뼈 순

膣 새살 돋을 질 음문 질 (水)

膗 형용 추악할 최 흉할 최

膘 소 허구리 살 표 살진 고기 표

膒 가죽에 기름 먹일 구, 오래된 기름 구

膡 등심 인 (水)

䐎 배 끓을 록

膧 살찌는 병 종
살찔 종

䐬 연할 조, 배에서 소리날 조

膇 피부 부어오를 산

䐢 주독 오른 코 자

膢 형상 추할 루
포 루

膭 물고기 새끼 포 책

膐 脊[등마루 척]과 같음

膤 얇게 저민 고기 접
데칠 접

䐳 고리눈말 어

膯 크게볼 응, 등
예쁜 눈 잉

膌 허리 아플 개, 궤

䏰 脣[입술 순]과 같음

膄 음탕할 밤

膳 羞[바칠 수]와 같음

膇 遯[달아날 둔]과 같음

滕 물 솟아오를 등 (木)
말떠벌릴 등 [水部]

䏻 설사병 마

膶 傭[품팔이 용]과 같음

膪 살 발라낼 채

䐁 배 불룩할 체

䐁 꼬챙이 촉

䐁 윤 날 축

䐁 縮[쭈구러질 축]과 같음

⑫ 획

䐁 힘줄 셀 강
힘줄의 뿌리 강

膩 매끄러울 니, 살질 니, 불을 니 (水)

膧 달빛 훤히 치밀 동
볼기뼈 동

䐁 물릴 등, 배부를 등
멀떠구니 등

膦 힘 없을 련, 포스핀 (phosphin) 련

膋 살질 로

膫 발기름 료, 구울 료
지지미 료

膴 포 무, 고깃덩이 무
법 무, 두터울 무 (水)

膰 제사 지낸 고기 번
음복 번, 큰배 파 (水)

膳 반찬 선, 조리할 선
드릴 선, 먹을 선 (水)

䐁 살질 시, 차

膱 늘인 포 직
고기 썩을 직

膲 삼초(三焦) 초
살 빠질 초

膵 췌장 췌, 취 (水)

䐁 脆[연할 취]와 같음

膨 부풀 팽, 배 부어오를 팽 (水)

膮 돼지고깃국 효

䐁 종기 터지려할 효
부을 효

膞 빰살 기, 살갗 기

䐁 배꼽 제

䐁 뚱뚱할 괴

膳 고기 썰어 피에 섞을 손, 음식 찬

䐁 살찔 증

䐁 언청이 잠, 삶을 잠
입술병 침

膶 삶을 이

䏼 治[다스릴 치]의 古字

䐁 오금 획

膅 말린 고기 수
곰국 소

膘 종기 터지려 할 표
부을 표

䐁 부스럼 자국 차

膻 밥맛 있을 담, 맛이 구수할 담, 살찔 담

䐁 볼기뼈 궐

䏶 臂[어깨 비]와 같음

䐁 목의 맥 결

䐁 嫩[어릴 눈]의 俗字

䐁 臊[누릴 조]와 같음

䏶 脊[등마루 척]과 같음

䐻 포 고(大脯)

䐵 살찐 모양 굉, 몸 부을 황

𦢊 腦[뇌 뇌]와 같음

䐷 큰 배(大腹) 단

𦢌 질긴 비계 력

𦢍 앞 글자와 같음

縢 봉할 등, 끈 등, 묶을 등, 행전 등 [糸部](木)

螣 등사 등(전설의 뱀), 누리 특 [虫部](水)

𦢅 성씨 심

腭 齶[잇몸 악]과 같음

𦡽 밥 쉴 예

𦢜 몸이 부을 포

𦢕 눈 치켜뜰 한, 곁눈질할 한

嬴 찰 영 [女部](土)

⑬ 획

臄 순대 갹, 혀 갹, 저민 고기 갹

臉 뺨 검, 눈언저리 검, 얼굴 검, 고깃국 검

臌 부풀 고, 부을 고

𦢸 발 부르틀 과, 다리 과

膿 고름 농, 썩을 농, 살진 모양 농(水)

膽 쓸개 담, 담력 담, 마음 담, 닦을 담(水)

臀 볼기 둔, 바닥 둔(水)

臁 정강이 렴

膹 곰국 분, 고깃국 비, 고기 분, 분할 분(水)

𦡮 앞 글자와 같음

臂 팔 비, 앞발 비, 쇠뇌의 자루 비(水)

𦢀 앞 글자와 같음

膸 골수 수(水)

臆 가슴 억, 억측할 억, 단술 의(水)

臃 부스럼 옹, 혹 옹

𦡿 앞 글자와 같음

𦤀 앞 글자와 같음

膺 가슴 응, 마음 응, 몸소 응, 받을 응(水)

膻 어깨 벗을 단, 젓가슴 전, 노린내 전

臇 지짐이 전, 곰국 전(水)

臊 누릴 조, 비린내 조, 더러울 조, 비계 조

臅 이리 가슴 비계 촉, 비계 촉

膷 쇠고깃국 향

膾 회 회, 회칠 회(水)

𦢖 살 통통할 탁

䐡 孕[아이밸 잉]과 같음

𦢜 새 멀떠구니 욱

䐚 膝[무릎 슬]의 俗字

𦢁 膝[무릎 슬]과 같음

𦣆 귀밑 오목한 곳 당

𦡨 육장 나, 시끄러울 나, 장조림 나

䑀 배꼽 벽, 고질 벽, 콩씨 백

臈 臘[납향 랍]의 俗字

𦢽 볼기 굴, 골

𦣓 살질 동, 흐릿할 동

𦢺 배부를 등

謄 베낄 등 [言部](金)

𦢑 黐[끈끈이 리]와 같음

𦢈 體[몸 체], 膀[부을 방]과 같음

𦢜 고기 섞일 삽

𦤁 비계 많을 옥, 기름막 옥

𦢢 등심 인

𦣜 기름 흐를 집

𦡳 병 앓을 총

⑭ 획

臑 동물의 앞다리 노(木), 삶을 이, 따뜻할 난

𦣚 성할 비, 장대할 비

臏 종지뼈 빈, 형벌 이름 빈, 정강이뼈 빈(水)

臍 배꼽 제 (水)

臎 새 꽁무니살 취
꽁무니뼈 취

臒 좋은 고기 확

臐 양고깃국 훈

臔 굳은살 견, 못 견

䑏 꿩고기 보

臑 여윌 요, 뾰족할 소

臘 臘[납향 납]의
俗字

臎 귀지 녱

臑 엉덩이 주

臔 살찔 혼

臘 떡 속의 고기 함

臁 앞 글자와 같음

臑 무성할 대

臗 기름낄 니, 응
살찔 니

朦 뚱뚱할 몽
풍만할 몽

臐 포 급, 말릴 급

臖 癭[혹 영]과 같음

朦 朦[어두울 몽]과
같음

臏 부어서 퉁퉁할 빙

臓 臟[오장 장]의 略
字

臒 부황들 황

⑮ 획

臗 몸 관, 볼기 곤
꽁무니 곤

臘 납향 납, 섣달 랍
제사 이름 랍(水)

䐈 殰[낙태할 독]의
古字

臕 살 부어오를 박

臕 살진 모양 표, 포동
포동한 모양 표

臗 뺨의 살 기

臡 메스꺼울 양

舋 곪아 쑤실 흥

臗 금창약 질

臕 뒤섞일 박
제사고기 박

臐 臐[양고깃국 훈]과
같음

臘 국 섬

臗 膌[파리할 척]과
같음

臝 裸[벗을 라]의 本
字 [衣部]

臝 달팽이 라, 고동 라
다슬기 라 [虫部]

羸 야윌 리, 병 리, 얽
힐 리, 연루 련 [羊部]

臞 부을 뢰

臚 膚[살갗 부]와 같
음

臞 瘦[야윌 수]와 같
음

臇 臇[지짐이 전]과
같음

臗 윤기 날 축

臔 살질 현, 쥐날 현

⑯ 획

臚 살갗 려, 이마 려(水)
말할 려, 제사명 려

臗 膴[포 무]와 같음

舋 살찔 흥

臙 연지 연 (水)

臛 고깃국 학, 혹

臝 똥 영

臘 고기 삶을 염
데칠 섬

臗 살질 유
살이 아플 유

臗 髓[골수 수]와 같음
구멍 유

朧 살질 롱

騰 오를 등, 올릴 등
샘솟을 등 [馬部]

朦 어두울 몽

臕 몸이 부을 포

臗 술 소, 바삭바삭할
소, 매끄러울 소

⑰ 획

臝 벌거벗을 라, 과라
라, 털짧은 짐승 라

臞 살찔 양, 살질 양

臜 羹[국 갱]과 같음

臝 익을 란

䐹 고깃국 소

臡 목구멍 영, 목 영

臢 곰국 섬, 첨

臄 저민고기 박, 포 박

臆 膺[가슴 응]의 古字

臛 臛[고깃국 학]과 같음

臡 짐승 이름 나

臢 쑤기미 등(생선 이름) [魚部]

⑱ 획

臞 여윌 구, 줄어들 구

臟 오장 장 常(水)

臛 추할 권, 환소 환

臡 살 떨릴 녑 살 빠질 녑

臢 黛[눈썹그리는 먹 대]와 같음 [黑部]

臟 상처 유

臕 膘[소 허구리살 표]와 같음

⑲ 획

臢 언청이 잠, 비루할 참, 불결할 참

臡 뼈 섞인 젓 니, 나

臠 저민 고기 련 파리할 련 (水)

臡 당나귀 배 불룩할 련

臢 설사병 마

臝 배 아랫살 라

臝 노새 라 [馬部](火)

⑳ 획

臞 사람 이름 거

臢 단술 소

臢 脰[목 두]와 같음

㉓ 획

臠 나귀 창자 라

臣部

臣 신하 신, 두려울 신 저신, 포로 신 常(火)

𦣝 턱 이, 애

② 획

臥 누울 와, 잠잘 와 잠자리 와 常(土)

卧 앞 글자의 俗字

臤 賢[어질 현]의 古字, 굳을 간, 견

③ 획

宦 벼슬 환, 벼슬아치 환 [宀部](木)

𦣞 양기 이(陽氣也)

④ 획

臧 臧[착할 장]과 같음

望 望[바랄 망]의 古字

⑤ 획

臦 밝을 진, 명랑할 진 (火)

堅 굳을 견, 굳셀 견 갑옷견 [土部] 常(土)

⑥ 획

臤 밝을 서 [火部](火)

臦 어그러질 광 사람 이름 경

臦 앞글자와 같음 臦 어그러질 광

腎 콩팥 신, 불알 신 [肉部](水)

⑦ 획

竪 세울 수, 더벅머리 수 [立部](金)

⑧ 획

臧 착할 장, 두터울 장 숨길 장, 장부 장(火)

䨚 孤[외로울 고]와 같음

監 볼 감, 거느릴 감 살필 감 [皿部] 常(金)

緊 요긴할 긴, 착착 얽을 긴 [糸部] 常(木)

⑨ 획

豎 더벅머리 수, 내시 수, 세울 수 [豆部]

⑪ 획

臨 임할 림, 다다를 림 대할 림 常(火)

䍿 놀라 달아날 광 사람 이름 경

臧 臧[착할 장]의 古字

⑫ 획

臹 僕[종 복]의 古字

䣊 臨[임할 림]의 古字

⑮ 획

臩 단단할 환, 굳을 환

覽 볼 람, 두루 볼 람 [見部] 常(火)

㉓ 획

臨 臨[임할 림]의 古字

自部

自 스스로 자, 몸소 자 부터 자 常(木)

𦣹 앞 글자의 古字

① 획

𦣻 자중할 교

𦣺 自[스스로 자]의 古字

𦣽 白[흰 백]의 古字

百 首[머리 수]와 같음 百[일백 백]의 古字

② 획

直 惠[은혜 혜]의 古字

③ 획

臬 京[서울 경]과 같음

臭 臭[냄새 취]의 略字

④ 획

臬 법 얼, 문지방 얼(木) 기둥 얼, 계량기 얼

皈 歸[돌아갈 귀]의 略字

䶊 衄[코피 뉵]과 같음

臱 여덟모 지팡이 수

𦤎 雲[구름 운]과 같음

臭 냄새 취, 냄새날 취 냄새 맡을 후 常(水)

皇 皇[임금 황]의 本字

息 쉴 식, 그칠 식 [心部] 常(火)

⑤ 획

𦤏 皇[임금 황]의 古字

⑥ 획

臯 언덕 고, 부를 호

𦤐 終[마침 종]과 같음

臮 다뭇 기

𦤑 臭[냄새 취]의 俗字

⑦ 획

臱 보이지 아니할 면

⑧ 획

鼻 코 비, 처음 비 코뀀 비 [鼻部] 常(金)

臬 냄새날 열 썩는 모양 열

⑨ 획

臱 숨을 면 보이지 않을 면

𦤓 병기운 발

𦤔 불안할 알

𦤕 庸[쓸 용]의 古字

⑩ 획

鼿 불안할 얼
齈 앞 글자와 같음
𪖾 암내 신, 겨드랑이에서 나는 냄새 신

⑪ 획

𪖿 썩는 냄새 발
齃 썩은 모양 비

𪗀 냄새 업

⑬ 획

𪗁 냄새날 내
𪗂 누린내 할

⑭ 획

𪗃 무녀리 비

𪗄 냄새 올
𪗅 냄새날 해

⑳ 획

𪗆 佛[부처 불]과 같음

至部

至 이를 지, 지극할 지, 다할 지 常(土)
𦤳 至[이를 지]의 古字
𦤴 至[이를 지]의 古字

② 획

到 이를 도, 갈 도, 주밀할 도 [刀部] 常(金)
𦤵 至[이를 지]의 古字

③ 획

室 집 실, 집안 실, 아내 실, 방 실 [宀部] 常(木)
𦤶 致[이를 치]의 本字

④ 획

致 이를 치, 극진할 치, 연구할 치 常(土)
𦤷 앞 글자와 같음
𦤸 앞 글자의 俗字

⑤ 획

𦤹 거스를 질, 어그러질 출

⑥ 획

𦤺 이를 지, 진, 나아갈 진
𦤻 늙은이 질, 검붉은 말 질, 나라이름 질
𦤼 거듭 천
𦤽 가지 객, 각각 객, 이를 객, 격
𦤾 屋[집 옥]의 古字

⑦ 획

𦤿 臺[집 대]의 俗字
𦥀 익힐 수(習也), 나아갈 수

⑧ 획

臺 대 대, 집 대, 돈대 대, 고관 대, 관청 대 常(土)

⑨ 획

𦥁 수요질 질
𦥂 握[쥘 악]의 古字

⑩ 획

臻 이를 진, 모을 진, 많을 진 (土)
𦥃 분개할 치

⑪ 획

𦥄 수레 무거울 지, 낮을 지

⑫ 획

𦥅 막을 질, 막힐 질
𦥆 신 밑창 누빌 치, 찌를 치

臼部

- 臼 절구 구, 별 이름 구 나무 이름 구 (土)
- 𦥑 깍지낄 국, 받들 국
- [illegible] 齒[이 치]와 같음

① 획

- [illegible] 申[아홉째 지지 신]의 本字

② 획

- 兒 아이 아, 저 아, 어릴 예 [儿部] 常(水)
- 臾 잠깐 유, 약한활 유 권할 용 (土)
- [illegible] 曳[끌 예, 옷입을 예]의 本字
- 臽 함정 함, 감, 함정에 빠질 함, 감

③ 획

- 臿 가래 삽, 꽂을 삽 방아찧을 삽
- 𦥯 앞 글자의 訛字
- 舁 舁[마주 들 여]와 같음 (土)
- 𦥷 貶[떨어뜨릴 폄]과 같음

④ 획

- 舁 마주 들 여 실을 여, 가마 여
- 𦦁 앞 글자와 같음
- 𦦂 방아찧을 벌, 폐
- 舀 퍼낼 요, 유
- 𦦃 앞 글자와 같음
- 𦦄 앞 글자와 같음
- 𦦅 앞 글자와 같음
- 𦦆 貶[떨어뜨릴 폄]의 本字
- 𦦇 앞 글자와 같음

⑤ 획

- 舂 찧을 용, 찌를 용 종족 이름 창 (金)
- 𦦈 쌀 빻을 말 싸라기 말
- 𦦉 방아찧을 벌, 폐
- 𦦊 齒[이 치]의 訛字
- 𦦋 鼠[쥐 서]와 같음

⑥ 획

- 舃 신 석, 개펄 석, 주춧돌 석, 까치 작 (土)
- 𦦌 방아찧을 박
- 𦦍 爲[할 위]의 古字
- 與 줄 여, 더불어 여, 좇을 여, 어조사 여 常(土)

⑦ 획

- 舅 시아비 구, 외삼촌 구, 장인 구 (土)
- 𦦎 앞 글자와 같음
- 𦦏 작은 덩이 견
- 𦦐 舂[방아찧을 용]과 같음
- 𦦑 要[요긴할 요]의 本字
- 𦦒 興[일 흥]의 俗字
- [illegible] 쥐 서, 우물쭈물할 서 좀도둑 서 [鼠部] (木)

⑧ 획

- 𦦓 방아찧을 추
- 𦦔 申[아홉째 지지 신]의 古字
- 𦦕 要[요긴할 요]의 古字

⑨ 획

- 興 일 흥, 일어날 흥 피 바를 흔 常(土)
- 𦦗 엿쌀을 만들 탕 방아찧을 탕
- [illegible] 신끈 곡

⑩ 획

- 𦦙 擧[들 거]와 같음
- 𦦚 절구질할 차

⑪ 획

- 舉 擧[들 거]와 같음

𦦙 받침다리 공

𦦗 寅[밤 인]의 古字

𦦜 넉가래 첩(농기구)

⑫ 획

舊 예 구, 옛것 구, 오랠 구, 평소 구 常(土)

舋 틈 흔, 허물 흔 움직일 흔

𦦢 農[농사 농]의 古字

𦦡 喪[죽을 상]의 古字

𦦣 방아찧을 정

𦦥 작은 절구 최 조금 찧을 최

⑬ 획

𦦨 農[농사 농]의 古字

𦦩 씨뿌리는 농구 우 쟁기 우

𦦪 짧은 모양 울

釁 틈 흔, 허물 흔 움직일 흔

⑭ 획

𦦫 擣[방아찧을 도]와 같음

𦦬 臿[가래 삽]과 같음

𦦭 구를 우

⑱ 획

爨 불땔 찬

⑲ 획

𦦯 퍼낼 견 헤아릴 반, 권

舌部

舌 혀 설, 말 설, 과녁의 좌우부분 설 常(火)

① 획

乱 亂[어지러울 란]의 俗字

② 획

刮 깎을 괄, 비빌 괄 벗길 괄 [刀部](金)

舍 집 사, 창고 사, 관부 사, 별자리 사 常(火)

③ 획

舐 혀로 음식물을 취할 지

④ 획

𦧇 혀 빼물 담 혀 내문 모양 담

舐 핥을 지 (火)

舑 입 다물 금

舓 숨찰 기

舕 吮[빨 연]과 같음

敌 다할 활

𦧝 坩[도가니 감]과 같음

⑤ 획

𦧺 舑[혀 빼물 담]의 訛字

𦧸 舐[핥을 지]의 訛字

甛 달 첨, 아름다울 첨 [甘部](土)

甜 앞 글자와 같음 [甘部]

舓 혀로 음식물을 취할 지

⑥ 획

舒 펼 서, 한가할 서 열 서, 천천할 서 (火)

詹 詹[이를 첨]의 俗字

⑦ 획

辞 辭[말씀 사]의 俗字

𦧲 어눌할 천

⑧ 획

舔 舑[혀 빼물 담]과 같음

𦧵 앞 글자와 같음

舔 핥을 첨

辤 辭[말씀 사]와 같음

踏 삼킬 답

䑜 앞 글자와 같음

舓 혀로 음식물 섭취할 지

䑛 피 흐를 첩

䑝 가는 비단 활

⑨ 획

舖 鋪[펼 포, 진열할 포]의 俗字

舗 앞 글자의 俗字

䑜 크게 먹을 탑 홀짝홀짝할 탑

䑛 혀로 음식물 섭취할 지

䑜 앞 글자와 같음

⑩ 획

䑜 䑜[삼킬 답]의 俗字

舘 館[객사 관, 묵을 관]의 俗字 (水)

憩 쉴 게 [心部] (火)

䑛 혀 내민 모양 괄 혀 낼름거릴 괄

⑪ 획

䑜 크게 먹을 탑 홀짝홀짝할 탑

⑫ 획

䑜 어눌할 탄, 전 말 얼얼할 탄

䛡 話[말씀 화]의 古字

䑜 앞 글자와 같음

舘 舍[집 사]와 같음

⑬ 획

䑜 혀 내밀 첨 말 낼 첨

⑮ 획

䑜 혀 짧을 화

⑰ 획

䑜 어눌할 란 말 서툴 란

䑜 혀 내밀 첨 말 낼 첨

舛部

舛 어그러질 천 같지아니할 천 (木)

④ 획

桀 홰 걸, 준걸 걸, 빼어날 걸 [木部] (木)

⑥ 획

舝 舝[술잔 가]의 訛字

舜 무궁화 순, 순임금 순, 성씨 순 (木)

⑦ 획

舝 비녀장 할 별이름 할

⑧ 획

舝 斝[술잔 가]의 訛字

舞 춤출 무, 희롱할 무 춤출 무 常 (木)

⑩ 획

䑜 舜[순임금 순]의 本字

⑮ 획

䑜 꽃술 황, 꽃다울 황

㉑ 획

䑜 가죽바지 준

舟部

舟 배 주, 술그릇 주 잔대 주, 띠 주 常 (木)

① 획

舠 배 다닐 을 배 갈 을

② 획

舠 거룻배 도, 작은 배 도, 큰 술잔 도

舡 배 까불릴 올 배 올

舠 작고 긴 배 료 거룻배 료

舣 服[입을 복]의 古字

舣 앞 글자와 같음

舠 服[입을 복]과 같음

③ 획

舡 오나라 배 강 배 선, 성씨 선 (木)

舢 종선(從船) 산 거룻배 산

舣 艖[작은 배 차]와 같음

舡 舠[배 올]과 같음

彤 배 서로 잇대어 갈 침

舡 배 댈 탑

舡 舸[배 이름 가]의 訛字

舵 舭[배 다닐 을]과 같음

④ 획

般 일반 반, 돌 반, 배회할 반, 나를 반 常(木)

舣 앞 글자의 古字

舫 쌍배 방, 사공 방 (木)

舭 배 밑 비, 비답 비 배 이름 비

舯 배 가운데 중

舥 배다리 파, 선창 파

舨 배 판, 배 이름 판

航 배 항, 배다리 항, 배로 물건널 항 常(水)

舣 服[입을 복]의 本字

舣 배 위태할 초

舣 배 꾸밀 일

舦 배 갈 태

舲 새 배 금, 배 금

舣 배 움직일 압 배 모양 압

舩 船[배 선]과 같음

舣 작은 배 가 배 이름 가

舣 舭[싸움 배 제]의 訛字

舣 구록 구, 배 이름 구

⑤ 획

舸 큰 배 가 거룻배 가 (木)

舺 긴 배 갑, 배 합

舲 작은 배 령, 선창 령 창 있는 거룻배 령

舶 큰 배 박, 배 박 (木)

船 배 선, 배로 실어나를 선, 술잔 선 常(木)

舴 작은 배 책 책맹 책

舳 고물 축, 배 축 키 축, 이물 주 (木)

舵 키 타 (木)

舵 앞 글자와 같음

舷 뱃전 현 (木)

舣 큰 배 구, 구록 구

tiny 배 부

艴 큰 배 불

舣 초배 초, 오나라 배 초

舣 배 떠날 영

舣 艒[작은 배 목]과 같음

舣 배 원

舣 배 범, 뱃전 범

⑥ 획

舼 작은 배 공, 배 공 거룻배 홍

舣 앞 글자와 같음

舿 바지선 과

舣 배 도

舣 배 흐를 류

艕 배 방, 방쌍 방 (木)

舣 배 다닐 활

舣 배 동

舟聿 津[나루 진]과 같음

舟伐 筏[떼 벌]과 같음

舾 서장 서

舺 배 움직이는 모양 압

舟朕 朕[나 짐]과 같음

⑦ 획

艆 큰 배 랑

艉 고물 미 (배 뒷부분)

艂 배 이름 봉

艀 작은 배 부, 거룻배 부, 종선 부 (木)

艄 고물 소, 키 소 정탐하는 배 소

艅 배 이름 여, 여황 여 나룻배 여 (木)

艇 거룻배 정 (木)

艇 앞 글자와 같음

艁 선창 조, 造[지을 조]의 古字

艃 길고 작은 배 리

艄 작은 배 제 배 이름 제

舲 배 금

艀 짧고 속 깊은 배 부, 보

艼 소금배 형

舟兆 舠[배 도]와 같음

䑲 큰 배 아

⑧ 획

艍 거룻배 거, 배 거

艊 배 띄워놓을 도 櫂[노 도]와 같음

艋 작은 배 맹 책맹 맹

艐 배마루 종, 선단 종 싸움배 종

艌 배 수리할 념 배 념

艒 배 원

艊 舶[배 박]과 같음

艗 艗[익수 익, 배 익]과 같음

𦨉 키 배, 고물 배

䑳 배 밑창나무 륜

艓 배 빨리 갈 섭

艄 작은 배 조, 도

艍 가벼운 배 청 빠른 배 천

舟关 朕[나 짐]의 古字

舟隹 津[나루 진]의 古字

艒 艒[작은 배 모, 목]의 訛字

艇 배 정

⑨ 획

艒 작은 배 모, 목 거룻배 목

艏 뱃머리 수, 배 수

艓 배 이름 접 거룻배 접

艐 배 모래에 박힐 종 삼종 종, 이를 계

艑 거룻배 편 큰 배 편 (木)

艎 큰 배 황 나룻배 황

艒 조운선 위

艅 흠배 유, 배이름 유

艓 긴 배 계

艘 배 소, 척 소

舟突 뱃머리 돌

艐 帆[돛 범]과 같음

艕 배 뜰 유

艒 헐황 헐, 배 이름 헐

舟聿 津[나루 진]의 古字

舟咠 배 갈 읍(舟行)

艛 艛[배 루]의 略字

盤 소반 반, 받침대 반 [皿部] 常 (金)

磐 반석 반, 너럭바위 반 [石部] (金)

艘 服[입을 복]과 같음

艓 배 삽

⑩ 획

艕 넓은 배 방, 배 방 쌍배 방

艘 배 소, 척 소 (木)

艗 이물 익, 익수 익 배 익

艖 작은 배 차 배 이름 차

艙 선창 창 (木)

艓 큰 배 탑

艗 밑 넓은 배 애

艜 밑 깊은 배 겸

篝 구록 구, 배 이름 구

艄 대동선 추 뱃머리 추

艞 朝[아침 조]와 같음

艇 艇[거룻배 정]과 같음

艂 거룻배 공

艡 당선 당

艔 舠[배 도]와 같음

艏 艏[뱃머리 수]와 같음

⑪ 획

艜 길고 좁은 작은 배 대, 거룻배 대

艛 배 루, 누선 루

艚 거룻배 조 운송선 조 (木)

艒 작은 배 숙

艀 배 부

艫 구록배 록

艨 滕[물 솟을 등]과 같음

艡 배 차일 습, 십

艣 노 장

艁 造[지을 조]의 古字

艥 배가 위태할 체

艑 배 이름 부, 배에 많이 실을 부

艝 배 긴 모양 조 배 조

艖 배 저어 나아갈 수

鷔 이물의 나무 오 (뱃머리에 댄 나무)

⑫ 획

艟 배 동, 싸움배 충 (木)

艞 배 발판 요 강에 다니는 배 요

艠 떼 벌, 뗏목 발 다락 있는 큰 배 발

艢 운송선 위

艥 큰 배 돈

艟 작고 긴 배 료

艦 작은 배 숙

艎 뗏목 횡, 황

艛 배 매는 말뚝 궐 뱃머리 궐

艓 큰 배 탑

艜 배 밑구멍 준

艞 橈[꺾일 요]와 같음

艨 봉할 등, 행전 등

艕 艕[넓은 배 방]과 같음

艬 배의 양 옆 감

艡 배 꾸미개 번

艬 용골 참(전함 내부를 관통하는 대들보)

⑬ 획

艡 싸움배 당

艣 노 로, 이물 로 배 로, 고물 로

艢 돛대 장

艤 배 댈 의 (木)

艩 舲[작은 배 령]과 같음

艥 큰 배 헐

艠 싸움배 답

艥 楫[노 집]과 같음

艖 艖[작은 배 차]의 本字

艢 배 못 비

艨 배 뜸 봉(배를 덮는 거적)

⑭ 획

艨 싸움배 몽, 몽충 몽 (木)

艩 노걸이 제(노를 걸기 위한 나무 못)

艦 싸움배 함, 군함 함 배 함 (木)

艞 긴 배 무

艧 배 확, 안료 악

⑮ 획

艪 艣[노 로]와 같음

艬 거룻배 리

艒 艒[작은 배 목]과 같음

艬 艖[작은 배 차]의 俗字

⑯ 획

艫 배 잇댈 로, 뱃머리 로, 뱃고물 로 (木)

艭 갑판 롱, 뚜껑 덮을 롱

襲 배 수리하는 연장 이름 습

艦 왕래하는 배 력

艠 騰[오를 등]과 같음

⑰ 획

艬 큰 배 참

艩 창 있는 배 령

艫 앞 글자와 같음

⑱ 획

艭 배 이름 쌍 쌍배 쌍

⑲ 획

艬 거룻배 례

⑳ 획

艧 艧[좋은 고기 확]과 같음

㉑ 획

艬 강 가운데 있는 큰 배 례

㉔ 획

艫 창 있는 배 령

艮部

艮 어긋날 간, 괘 이름 간, 한정할 간 (土)

① 획

良 좋을 량, 어질 량, 착할 량, 남편 량 常 (土)

③ 획

艰 氓[백성 맹]의 訛字

⑪ 획

艱 어려울 간, 근심 간 (土)

⑭ 획

艱 艱[어려울 간]과 같음

色部

色 빛 색, 낯빛 색, 여색 색, 정욕 색 常 (土)

④ 획

䒜 황달병의 안색 혜

⑤ 획

艴 발끈할 불, 색칠할 불, 성낸 얼굴빛 발

艵 기운 뜰 앙 기 흐르는 모양 앙

艴 빛 없을 발 엷을 발

艳 색깔 없을 말 색깔 엳을 말

䒝 빛 바랠 파 빛 참되지 않을 파

艳 皰[여드름 포]와 같음

⑦ 획

艶 艴[발끈할 불]과 같음

䒊 皴[살갗 틀 준]과 같음

⑧ 획

䒋 무색 방, 빛 없을 방

䒌 옥색 병

䒍 탐스러울 염

⑨ 획

䒎 顔[얼굴 안]과 같음

䒏 皰[면종 포]의 訛字

䒐 황달병의 안색 혜

⑩ 획

䒑 검푸른 빛 명 눈감을 명

䒒 빛 벗을 와, 퇴색할 와, 빛 바랠 와

䒓 색이 깊고 나쁠 앙

䒔 무색 방, 빛 없을 방

䒕 무색 명 아청빛 명

䒖 황달병의 안색 혜

⑫ 획

䒗 색 없을 망

䒘 심란할 승 얼굴빛 흉할 증

⑬ 획

艶 고울 염 아름다울 염 (土)

⑭ 획

䒙 추한 모양 몽

䒚 皰[여드름 포]와 같음

䒛 그을린 빛깔 훈

⑯ 획

䒜 심란할 몽 얼굴빛 흉할 몽

⑱ 획

艷 艶[고울 염]의 本字 (土)

艸部

艸 풀 초, 새 초, 풀 파릇파릇 날 철 (木)

艹 앞 글자와 같음 머리로 쓰임

⺿ 앞 글자와 같음

䒑 앞 글자의 俗字

① 획

艺 양뿔 개, 절름거리며 걸을 개, 과

② 획

艽 나라 끝 규, 변방 규 진교 교

艽 앞 글자와 같음

艾 풀 벨 규

艻 향기풀 이름 륵 가시나무 극

艾 쑥 애, 창백색 애 벨 예 (木)

艾 앞 글자와 같음

艿 풀 이름 잉 잡초 잉, 우내 내

艼 구장 정, 정형 정 술취한 모양 정

艸 갈대 이삭 초

芀 앞 글자와 같음

芐 어그러질 개

芓 死[죽을 사]의 古字

艸 友[벗 우]의 古字

③ 획

芊 풀 이름 간, 짚 간 괴간 간

芎 궁궁이 궁 (木)

芒 까끄라기 망, 가시 망, 황홀할 황 (木)

芒 앞 글자와 같음

芃 풀 무성할 봉 풀 이름 봉 (木)

芑 풀 이름 사

芑 백량속 기, 시화 기 갯버들 기, 지황 기

芋 토란 우, 우내 후 우윤 우, 클 후(木)

芌 앞 글자와 같음(木)

䒓 앞 글자와 같음

芅 양도 익, 쐐기풀 익

芓 암삼 자, 북줄 자

芍 함박꽃 작, 작약 작 연밥 적(木)

芊 풀 무성할 천, 푸를 천, 초목 성할 천(木)

芏 개펄 왕굴 토 풀 이름 토

芐 지황 호, 부들자리 하, 성씨 하(木)

芄 왕골 환, 환란 환

芔 풀 훼, 일어날 훼 바람소리 훼(木)

𦬊 원지 소

𦬁 기령풀 재, 참억새 재, 기름새 재

𦬂 다북쑥 신

芇 내기할 면, 비길 면

𦬫 약풀 택 약초이름 택

𦬒 풀 이름 구, 풀 구

𦬏 芥[겨자 개]와 같음

𦬆 다스릴 지

𦬸 芞[향풀 걸]과 같음

芆 풀싹 차 도깨비바늘 채

④ 획

芥 겨자 개, 티끌 개 작을 개(木)

芞 향풀 글, 걸

芡 가시연 검 마름 검(木)

芵 초결명 결

芶 채소 이름 구

芤 파 규, 맥박이 허할 규

芹 미나리 근, 변변찮을 근, 근조 근(木)

芩 풀 이름 금, 황금 금(木)

芨 말오줌나무 급, 총나무 급, 대왐풀 급(木)

芪 단너삼 기, 황기 기

芰 세발 마름 기 마름 기(木)

芚 채소 이름 둔, 우장 둔, 어리석을 춘(木)

芼 풀 우거질 모 국거리 나물 모(木)

芠 범의 귀 문, 풀이름 문, 혼돈상태 문

芳 꽃다울 방, 향기 방 향초 방 常(木)

芙 부용 부, 연꽃 부(木)

芣 질경이 부 산이름 부(木)

芬 향기로울 분, 향기 분, 향료 분(木)

芾 우거질 불, 작은 모양 비, 성씨 비(木)

芘 풀 이름 비, 당아욱 비, 덮어 가릴 비(木)

芟 벨 삼, 베어버릴 삼 큰 낫 삼(木)

芧 상수리 서 매자기 저(木)

芛 죽순 순, 초목 성할 순, 처음 핀 꽃 유

芯 등심초 심, 심지 심 가운데 심(木)

芽 싹 아, 싹틀 아 常(木)

芮 풀 뾰족뾰족 날 예 작은 모양예, 열(木)

芺 엉겅퀴 요, 풀이름 요, 오, 삽주 요

䒽 풀 이름 우

芸 향초 이름 운, 藝[재주 예]의 訛字(木)

芫 팥꽃나무 원 원화 원, 원유 원

苂 빛 음

芿 새 풀싹 잉, 베지 아니한 풀 잉(木)

芢 씨 인, 풀 이름 인(木)

芝 지초 지, 향초 지 덮개 지(木)

芝 앞 글자와 같음

芷 구릿대 지, 향초뿌리 지, 백지 지(木)

𦬨 풀 이름 천

芭 파초 파, 향초 이름 파, 꽃 파(木)

苀 부들풀 항, 풀 이름 항

芦 芐[지황 호]와 같음(木)

芴 황홀할 홀, 순무 물 느닷없이 홀

花 꽃 화, 꽃필 화, 꽃다울 화, 면화 화 常(木)

花 앞 글자와 같음

芲 앞 글자와 같음

芻 꼴 추, 꼴 벨 추, 꼴 먹일 추, 성씨 추 (木)

莎 풀 소, 풀이름 소

芌 소 무릎 우 우슬 우

芜 沈[지모 침]과 같음

芣 풀 자랄 복 조금 두드릴 복

芸 藝[재주 예]의 略字

茚 창포 앙

苒 苒[풀 무성할 염]과 같음

芐 노끈 만드는 풀 호

苄 앞 글자와 같음

芾 작은 모양 발

苜 풀빛 일, 풀 이름 일

苹 萃[모일 췌]의 略字

𦬾 보리(菩提)의 略字

苁 從[좇을 종]의 古字

芇 맞겨룰 만 비긴 바둑 만

𦬁 疑[의심할 의]의 古字

𦬅 友[벗 우]의 古字

苅 刈[벨 예]의 俗字

艽 구릿대 구 대왐풀 구

𦬒 풀 이름 공

𦬋 풀덤불 망

苘 莔[봄보리 망]과 같음

芃 초목 우거질 봉

䒡 풀 이름 인

苐 나물로 국끓일 자 나물 이름 재

茽 풀 이름 충

⑤ 획

茄 연줄기 가, 연 가 나라 이름 가 (木)

苛 매울 가, 잔풀 가 모질 가 (木)

苷 감초 감

苣 상추 거, 횃불 거 (木)

苘 어저귀 경, 경마 경

苽 줄 고, 외 과 (木)

苦 쓸 고, 씀바귀 고 쓴맛 고 常(木)

苟 진실로 구, 혹은 구 다만 구 常(木)

苶 나른할 날, 녑

苶 앞 글자와 같음

苨 잔대 니, 제니 니 무성할 니

苳 겨울살이 동 풀이름 동 (木)

苓 도꼬마리 령, 향초 이름 령, 씀바귀 령 (木)

苙 구릿대 립, 길, 백지 립, 우리 립

茉 말리 말 (木)

苺 뱀딸기 매 (木)

茅 띠 모, 띠집 모, 기모, 나라이름 모 (木)

苜 거여목 목 (木)

茆 순채 묘, 류, 풀 더 부룩히 날 묘, 띠 모

苗 싹 묘, 곡식열매 묘 새끼 묘 常(木)

苗 앞 글자와 같음

茂 무성할 무, 넉넉할 무, 우거질 무 常(木)

苠 속대 민 많은 모양 민 (木)

茇 풀뿌리 발, 산에 오를 발, 노숙할 발

茇 앞 글자와 같음

苩 성씨 백, 꽃 파 (木)

范 풀 이름 범, 거푸집 범, 성씨 범 (木)

苪 나타날 병 풀 이름 병

苻 귀목풀 부, 속껍질 부, 환포 포 (木)

苯 풀 떨기로 날 분 풀 더부룩할 본

茀 풀 우거질 불, 향기 짙을 발, 살별 패 (木)

苤 초목에 꽃 무성할 비, 벽람 벽

苼 생황 생, 땅 이름 생 꽃 드리워질 유

苬 지초 수, 영지 수

若 같을 약, 만일 약 반야 야 常(木)

若 앞 글자와 같음

苒 풀 우거질 염, 유약할 염, 점점 염 (木)

英 꽃뿌리 영, 빼어날 영, 모 앙 常(木)

英 앞 글자와 같음

苭 풀 자라는 모양 요

苑 동산 원, 풀 우거질 울, 쌓일 운 (木)

苡 율무 이, 질경이 이 부이 이, 의이 이 (木)

苢 앞 글자의 本字

茈 지치 자, 자기 자 자색 자, 새호 새 (木)

苲 풀 이름 작, 자초 자

苧 모시 저, 매자기 저 (木)

苴 삼씨 저, 마른풀 차 오랑캐 저, 지명 사 (木)

茋 풀 이름 저

苖 참소리쟁이 적 소루쟁이 적

苫 이엉 점, 거적 점 뜸 점, 섬 섬 (木)

苐 제풀 제, 第[차례 제]의 俗字

茁 처음 나는 풀 줄, 동물 자랄 줄, 절 (木)

苵 돌피 절

苕 능소화 초, 완두 초 높을 초, 홍소 소 (木)

茐 파 총

茌 茬[풀 모양 치]와 같음

苔 이끼 태, 설태 태 (木)

茔 장사지낼 토

苹 개구리밥 평, 평거 평, 풀 우거질 평

苞 그령 포, 나무 밑둥 포, 포용 포 (木)

苾 향기로울 필 나물 이름 별 (木)

苰 피마자 홍, 검은깨 홍, 거식 손잡이 홍

𦬁 풀 베는 기구 거

菲 산부추 배, 패

苮 노양이 선 풀 이름 선

𦬐 怳[멍할 황]과 같음, 황홀할 황

䒨 쑥 시

𦬼 풀이 무성할 보

苿 菋[오미자나무 미]와 같음 (木)

茊 茲[무성할 자]의 古字

茾 菅[골풀 관]의 古字

苹 萍[부평 평]과 같음

荒 다할 사, 고달플 사 死[죽을 사]의 古字

苷 풀 모양 대

苍 蒼[푸를 창]의 古字

茦 施[베풀 시]의 古字

苶 莫[없을 막]의 古字

茎 莖[줄기 경]의 略字

䓁 等[같을 등]의 略字

茲 견명 견, 풀 이름 견

芝 풀이 물 위에 뜰 범 물 위에 뜬 풀 범

苄 작변 변

茋 지기 지

茪 삽주 출

苿 풀 이름 화

⑥ 획

茾 명협의 씨 공

茖 달래 각, 격 마을 락

茛 독초 이름 간, 모간 간, 초오두 간 (木)

茳 궁궁이 묘종 강 풀 이름 강 (木)

荂 꽃 과, 우거질 부

苦 하늘타리 괄 괄루 괄, 풀 이름 괄

茥 풀 이름 광

茪 초결명 광, 결광 광 (木)

蒯 기름새 괴, 땅 이름 괴

茭 꼴 교, 줄풀 교, 풀뿌리 효, 도지개 격

荍 당아욱 교, 금규 교, 메밀 교

茩 초결명 구, 해구 구

茥 딸기 규, 산딸기 나무 규 (木)

茈 약풀 기, 약초 이름 기

茶 차 다, 차나무 차, 다례 다 常(木)

茤 마름 다, 녹다 다 (木)

荅 좀콩 답, 팥 답, 대답할 답, 거답 답

茼 쑥갓 동, 동호 동(木)

荔 타래붓꽃 려, 리, 여지 려, 벽려 려

茘 앞 글자의 俗字

茢 갈대꽃 렬, 비 렬

茫 아득할 망, 흐릿할 망, 황홀할 망 常(木)

茗 차싹 명, 차 명, 높을 명, 술취할 명(木)

荖 구장 배, 풀 이름 노, 좋지 아니할 차

茯 복령 복 (木)

茱 수유 수, 수유나무 수 (木)

荀 풀 이름 순, 성씨 순, 나라 이름 순 (木)

荀 앞 글자와 같음

荗 아술 술, 봉아술 술

荌 풀 이름 안

茹 먹을 여, 채소 여, 품을 여 (木)

茸 무성할 용, 나무 이름 용, 버섯 이 (木)

茙 접시꽃 융, 융숙 융, 성씨 융

荋 풀 많을 이, 목이버섯 이

茚 풀 이름 인

茵 자리 인, 관깔개 인, 사철쑥 인 (木)

荏 들깨 임, 콩 임, 겹 많고 나약할 임(木)

茨 가시나무 자, 지붕 일 자, 이엉풀 자 (木)

茲 이 자, 무성할 자, 돗자리 자 常(木)

荃 겨자무침 전, 창포 전, 통발 전 (木)

荑 벨 이, 흰 비름 이, 삘기 제, 싹 제 (木)

茝 구릿대 채, 궁궁이 채, 백지 지

茦 풀 가시 자

荐 거듭 천, 짚자리 천, 목초 천

茜 꼭두서니 천, 뛰어나게 아름다울 천 (木)

荈 늦차 천, 늦게 딴 붉은 찻잎 천

草 풀 초, 풀벨 초, 황야 초, 초잡을 초 常(木)

草 앞 글자와 같음

茿 능수버들 축, 편축 축

茺 익모초 충, 충위 충

茧 풀 이름 충

荎 오미자 치

茬 풀 모양 치, 고을 이름 치, 나무 쪼갤 사

茷 무성할 패

荄 풀뿌리 해, 근원 해

荇 마름 행, 노랑어리연꽃 행, 성씨 행 (木)

荊 가시나무 형, 아내 형, 형산 형 (木)

荆 앞 글자와 같음

荁 풀 이름 환, 나물 이름 환

荒 거칠 황, 흉년 황, 버릴 황 常(木)

荒 앞 글자와 같음

荒 앞 글자와 같음

茴 회향풀 회, 회나무 회 (木)

茠 김맬 호, 덮을 휴

茻 풀 우거질 망

萃 풀 떨기로 날 족

蒸 순일할 증

茟 명아주 율, 꽃망울 외, 봉오리 외

朶 나뭇가지 늘어질 타

荘 莊[풀 성할 장]의 略字

䒎 굵은 보리 모

茱 수유씨 조 풀 자랄 뇨

茰 萸[수유 유]와 같음

𦬁 꼭두서니 혈, 잇 혈 풀 이름 혁

茽 풀이 무더기로 날 중

莱 과실이 주렁주렁 달릴 래

茇 殍[주려 죽을 표]와 같음

芖 天[하늘 천]의 古字

𦯊 堇[노란 진흙 근]과 같음

𦯀 누에발 곡

荓 萍[개구리밥 평]과 같음, 말비풀 평

荕 뼈 근

𦬾 莫[없을 막]의 古字

𦰩 蒯[황모 괴]와 같음

𦬔 次[버금 차]의 古字

𦭘 황정 택, 죽대 택 (黃精)

巷 거리 항, 골목 항 마을 항 [己部] 常 (土)

𦱤 바르지 아니할 과, 괴

𦯭 풀 뒤얽힌 모양 교

𦬕 귀구 구 풀 이름 구

𦬣 도라지 길

𦯉 茶[나른할 날]과 같음

蒌 쑥 루

𦬲 망초 망

莤 莔[패모 맹]과 같음

荓 말솔풀 병 끌어들일 병

𦯪 삼 아

𦭵 양천 양

𦯀 착잡할 여

𦯕 창자에 낀 지방 료

𦬰 풀로 기울 체

𦯓 타미 타 약초 이름 타

𦰂 莌[활탈초 탈]과 같음

𦬒 蕻[장다리 홍]과 같음

𦬉 회조 회

莾 풀 망, 풀 우거질 망 아득할 망 (木)

⑦ 획

莰 캄판 감

莒 감자 거, 땅 이름 거 나라 이름 려 (木)

莄 풀줄기 경, 풀 이름 경, 도라지 경

莖 줄기 경, 자루 경 우뚝할 경 (木)

莙 버들말즘 군, 말 군 막힐 군, 경외할 군

莮 풀 이름 남 의남초 남

莥 돌콩 뉴, 쥐눈이콩 뉴, 개 길들 유

荼 씀바귀 도, 띠꽃 도 잡풀 도, 느릿할 서

荰 족두리풀 두 두형 두

荳 콩 두, 두구 두 (木)

莨 수크령 랑, 낭탕 랑 서량 량 (木)

莉 말리 리(상록 관목) (木)

莅 다다를 리, 임할 리 참가할 리, 감시 리 (木)

莫 말 막, 없을 막, 저물 모, 고요할 맥 常 (木)

莣 참억새 망, 두영 망

𦭘 앞 글자와 같음

莓 나무딸기 매, 이끼 매, 풀 우거질 매 (木)

莔 패모 맹

莯 풀 이름 목

莈 풀 이름 몰

莁 풀 이름 무, 무이 무

莂 묘종낼 별, 불교의 문체 이름 별 (木)

荸 나물 발, 발제 발

莆 서초 보, 삽보 보 부들 포, 부

𦯿 널리 퍼질 부 무성할 부

莩 풀 이름 부 주려죽을 표 (木)

莎 향부자 사, 사초 사 도롱이 사 (木)

莏 문지를 사, 위사할 사

荿 풀 이름 성

莦 모진 풀 소, 어지러이 깔린 풀 소

荾 꽃술 수, 호수 수

莤 술거를 숙, 강신할 숙, 누린내풀 유

莘 긴 모양 신, 세신 신 무성할 신(木)

莪 지칭개 아, 아호 아(木)

⿱艹役 마름 역, 가시연 역

莚 풀 이름 연, 만연할 연, 덩굴 뻗을 연(木)

茣 풀 이름 오, 들깨 서 쑥 비슷한 풀 오(木)

⿱艹吾 앞 글자와 같음

莹 옥돌 옥, 瑩[밝을 영]의 簡字

莞 왕골 완, 빙그레 웃을 완, 땅 이름 관(木)

荽 향초 이름 수 호유 유

荾 앞 글자와 같음

莠 강아지풀 유(木) 구미초 유, 추할 유

荺 연뿌리 윤 풀뿌리 윤(木)

荶 물마늘 음 풀 이름 음

蒽 풀 이름 인 인동덩굴 인

莋 풀 먹을 작 오랑캐 작

莊 씩씩할 장, 풀 성할 장, 엄숙할 장 常(木)

荻 물억새 적, 적 적 성씨 적(木)

⿱艹折 풀자를 절, 풀벨 절

莛 줄기 정, 몽둥이 정

莜 김매는 연장 조 귀리 유

莇 구기자 조 조세제도 서

莝 여물 좌(木)(마소먹이용으로 잘게 썬 풀)

莭 구릿대 즉 풀 묶음 절

⿱艹泜 조염 지, 느릅나무 열매 꼬투리 지

莗 차전초 차(질경이과의 다년초)

茮 후추 초

莍 朮[삽주 출]과 같음, 과일껍질 구

莐 지모 침, 침번 침

莌 활탈 탈, 등칡 탈

荷 연꽃 하, 멜 하, 짐 하 자질구레할 가 常(木)

莟 꽃봉오리 함, 벼 이삭 패려고 할 함(木)

莕 마름풀 행

莧 비름 현, 패모 한 상륙 현, 웃을 완

莢 풀 열매 협, 콩꼬투리 협(木)

莃 희나물 희, 토규 희

荱 풀 늘어질 미

⿱艹吻 산칠나무 문

⿱艹⿰犭斤 풀 많을 은, 의

⿱艹沂 풀벨 절, 미나리 기

⿱艹⿰糸厶 띠 싹 사

荹 짚북더기 보

⿱艹忌 풀 이름 기 콩깍지 기

⿱艹⿱已心 앞 글자와 같음

⿱艹抐 풀 이름 닙 풀이 빽빽할 닙

⿱艹劬 蒟[풀 이름 구]와 같음

⿱艹坌 풀갈피 분

⿱艹秌 萩[사철쑥 추]와 같음

⿱艹丣 순나물 류 개버들 류

⿱艹⿰非卩 茆[순채 묘]와 같음

⿱艹赤 풀이 성할 혁, 성낼 혁, 두려워할 격

⿱艹兖 茺[익모초 충]과 같음

⿱艹⿱⺕又 덮을 침

⿱艹伯 쪽 백

⿱艹志 원지 지

⿱艹耴 작은 잎 첩

⿱艹囱 葱[파 총]의 本字

⿱艹否 꽃이 성할 부

莬 葂[사람 이름 면]과 같음

茀 초목이 처음 날 제

葡 備[갖출 비]의 古字

莧 莞[왕골 완]과 같음

荓 苹[개구리밥 평]과 같음

菜 葉[잎 엽]과 같음

菸 김치 차

蔵 伊[저 이]와 같음

華 華[화려할 화]와 같음

華 앞 글자의 俗字

荮 萱[원추리 훤]과 같음

莧 藐[아득할 막]과 같음

葅 菹[채소 절임 저]와 같음

萴 견명 견, 풀 이름 견

菸 芙[초결명 결]과 같음

莀 늣(음역자로 뜻은 없고 음으로만 쓰임)

菫 풀 이름 리, 양제 리

莽 莽[풀 망]의 俗字

莾 蓖[아주까리 비]의 訛字

莀 풀 많은 모양 신 農[농사 농]의 古字

莒 초목 시들 읍

莠 쑥 의

菂 芍[함박꽃 작]과 같음

草 皁[하인 조]와 같음

莄 茝[구릿대 채]의 訛字

莿 荈[늦차 천]과 같음

莇 茿[능수버들 축]의 本字

萍 돌에서 솟아나오는 물 팽

莗 한채 한, 풀 이름 한

⑧ 획

菃 따비술 거

萠 촉규화 견 접시꽃 견

菮 풀 이름 경

菰 향초 고, 줄풀 고 버섯 고 (木)

菇 쥐참외 고, 왕과 고 버섯 고

菎 향풀 곤, 곤로 곤 곤폐 곤

菌 풀 이름 강

菓 마른풀 고

菓 과일 과, 과자 과 (木)

菅 골풀 관, 땅 이름 관 사초 간, 난초 간 (木)

菊 국화 국, 국맥 국 常(木)

菤 풀 이름 권, 권이 권

菒 풀이 서로 얽힐 구

菌 버섯 균, 하루살이 균, 가릴 균 常(木)

菫 제비꽃 근, 오두 근 (木)

菳 풀 이름 금, 황금(黃芩) 금

萁 콩깍지 기, 야채 이름 기, 나무 이름 기

菣 개사철쑥 긴, 견청호 긴

萘 나프탈린 내

萏 연꽃봉오리 담, 화려할 담, 함담 담

菼 물억새 담 어린 물억새 담

菿 초목 꺼꾸러질 도 클 도

萄 포도 도, 풀 이름 도 (木)

菄 흰 산국화 동 동풍 동

菈 무 랍, 납답 랍 무너지는 소리 랍

萊 명아주 래, 잡초 우거질 래, 묵밭 래 (木)

菉 조개풀 록 기록할 록 (木)

菕 참죽나무 론

菻 쑥 름(木), 불림 림 다북쑥 림

菱 蔆[마름 릉]과 같음 (木)

菞 땅 이름 리

莽 풀 망, 우거질 망 아득할 망 (木)

莾 앞 글자의 俗字

菵 봄보리 망, 망초 망

萌 싹 맹, 어리석을 맹 조짐 맹, 김맬 맹(木)

莔 문동 문, 虋[차조 문]과 같음

菋 오미자 미 오미자나무 미

萡 풀 이름 박

菝 청미래 발, 밭갈 발 상서로운 풀 이름 발

荓 풀 이름 병, 말솔풀 병, 끌어들일 병

菩 보리 보, 향초 이름 배, 마발양 발(木)

菔 무 복, 나복 복(木)

菶 풀 무성할 봉(木) 풀 헝클어질 봉

菲 엷을 비, 채소 이름 비, 짚신 비(木)

萉 피할 비, 삼씨 비

萆 비해 비, 폐력 폐 덮을 폐, 비옷 벽(木)

蓖 아주까리 비

萐 상서풀 이름 삽 삽보 삽, 섭

萐 앞 글자의 本字

菥 굵은 냉이 석, 석명 석, 풀 이름 시

菙 모형 수, 나무이름 수, 매 추

菽 콩 숙, 사람 이름 초(木)

菘 배추 숭(木)

菴 풀 이름 암, 암자 암 풀집 암, 덮을 암(木)

菸 향초 어, 시들 어 언황 언(담배)

菸 풀 이름 연

菀 자완 완, 원, 굽힐 원, 무성할 운, 울(木)

萎 마를 위, 약할 위 초목 말라죽을 위(木)

萓 오수유 의 의남초 의

莿 풀가시 자, 가시 자(木)

萇 나무 이름 장, 장초 장, 성씨 장(木)

菹 채소 절임 저, 김치 저, 육장 저(木)

菧 게로기 저 맑은 대쑥 지

菂 연밥 적(木)

萎 개연꽃 접, 접여 접 운삽 삽

莛 풀 이름 정

菗 외나물 주, 추 추저 추

菖 창포 창(木)

菜 나물 채, 채식할 채 반찬 채, 캘 채 常(木)

菜 앞 글자와 같음

萋 풀무성할 처 알록달록할 처

菾 상추 첨, 첨채 첨

菁 무청 청, 우거질 청 수초 청(木)

萔 풀 이름 초

菆 겨릅대 추, 쌓을 찬 더부룩할 총, 풀 추

萑 풀많을 추, 익모초 추, 물억새 환

萃 모일 췌, 무리 췌 그칠 췌, 버금 채(木)

菑 묵정밭 치, 일굴 치 검을 치, 재앙 재(木)

菪 독초 이름 탕 낭탕 탕

菟 새삼 토, 토사 토 토끼 토, 범 동(木)

菠 시금치 파, 파릉 파(木)

萍 부평초 평, 개구리 밥 평, 떠돌 평(木)

菢 새가 알 품을 포 덮을 포

菏 무 하, 가 늪 이름 하

菡 연봉오리 함 함담 함(木)

華 화려할 화, 빛날 화 광채 화, 꽃필 화 常(木)

萑 풀 이름 환

萣 이슬 많을 니

萛 목화 백

菢 감자 구

葔 뱀도랏 후

菍 蔥[파 총]과 같음

菍 이삭 벌레먹어 죽을 심

菲 잘록할 괴, 바르지 않을 괴, 풀 이름 괴

菹 부추 서, 조

菸 菸[푸성귀 속]의 訛字

菰 풀 우거질 고 고미 고, 줄풀 고

䒘 龍[용 룡]의 古字

菳 줄기 속 빌 공

菷 오색 촉규화 주

菵 莔[패모 맹]과 같음

菷 帚[비 추]의 俗字

萕 蒔[모종낼 시]와 같음

萿 흉년들 황, 빌 황

葃 筰[풀 먹일 작]과 같음

菦 흰쑥 근

菭 이끼 태

萅 春[봄 춘]의 本字

萩 苜[거여목 목]과 같음

菭 연잎 물에 덮일 답

萉 아주까리 비 피마자 비

菏 풀 이름 가

菂 향부자 지

萿 芸[향초 이름 운]과 같음

䓃 若[같을 약]의 古字

䓃 앞 글자와 같음

䓃 앞 글자와 같음

菊 蒡[인동넝쿨 방]과 같음

莫 莫[없을 막]의 古字

萶 蒔[모종낼 시]와 같음

董 董[바로잡을 동]과 같음

葺 茸[지붕 일 집]과 같음

葬 葬[장사 장]과 같음

䓖 빠를 훌, 홀

著 著[나타날 저]의 略字

薺 薺[냉이 저]의 俗字

莀 밭갈 농

莽 莫[없을 막]의 古字

秉 잡을 병, 볏단 병 양수사 병, 따를 병

萆 꽃이 성할 비

荊 광대싸리 형 가시 형

莧 莞[왕골 완, 관]의 訛字

萸 典[법 전]과 같음

喪 喪[죽을 상]과 같음

菆 芻[꼴 추]와 같음

茲 玆[이 자]와 같음

茦 풀의 가시 자

蔴 麻[삼 마]와 같음

蔴 앞 글자와 같음

葬 葬[장사 장]의 古字

菍 가쁠 침, 지칠 침

菝 늣(음역자로 뜻은 없고 음으로만 씀)

菰 백고 고

菌 풀 이름 고

蒟 苟[진실로 구]와 같음

菌 쓸어버릴 굴

䓣 풀 서로 얽힐 규

䓧 亟[빠를 극]과 같음

菇 莥[돌콩 뉴]와 같음

毒 편죽 독(마디풀과의 일년초)

菕 벌레 이름 랄

菿 풀 이름 량

菮 강아지풀 려

菿 茢[갈대꽃 렬]과 같음

菈 莅[다다를 리]와 같음

莓 苺[딸기 매]와 같음

菖 강아지풀 맹

夢 瞢[어두울 몽]과 같음

菐 번거로울 복

莩 약초 이름 부

萁 호시 시

蒮 풀 더부룩히 날 역

䔢 서우 우

䓣 꽃 이름 원

𦱧 돌화살촉 포

⑨ 획

葭 갈대 가, 갈피리 가 성씨 가, 멀 하 (木)

葌 띠 간

𦰡 앞 글자와 같음

葛 칡 갈, 갈포 갈, 막베 갈, 덮을 갈 (木)

葝 산부추 경

𦸑 앞 글자와 같음

葜 청미래 계, 밭갈 갈

𦴒 앞 글자와 같음

萪 등나무 과, 과등 과 풀 이름 과

蒄 풀 이름 관

葀 풀 이름 괄, 발괄 괄

葋 풀 이름 구

葵 해바라기 규, 아욱 규, 규박 규 (木)

萳 풀이 길고 약할 남 풀 이름 남

葮 무궁화 단

𦶏 풀 이름 단

葖 무 돌

董 감독할 동, 바로잡을 동, 통솔할 동 (木)

落 떨어질 락, 빠져들 락, 뒤떨어질 락 常 (木)

萰 가위톱 련, 토해 련 푸르고 무성할 련

蓅 떠다니는 풀 류

葎 한삼덩굴 률, 율초 률, 너삼 률

萬 일만 만, 절대로 만 많을 만 常 (木)

葂 사람 이름 면

萺 풀 이름 모, 목습 목

葞 봄풀 미, 백미 미

葧 산희쑥 발, 발제 발 성한 모양 불

葆 풀 더부룩할 보 수레 덮개 보 (木)

葍 메꽃 복, 선복 복 나복 복

葑 순무 봉, 무청 봉, 풍, 줄뿌리 봉

萯 하눌타리 부 왕부 부, 배양 배

葐 기 성한 모양 분 결분 분

葸 눈 휘둥그레할 사 두려워할 시

葠 인삼 삼

葙 개맨드라미 상 청상 상

葥 우듬지 소, 우거질 소, 삭조 삭

葹 도꼬마리 시

葈 도꼬마리 시, 삼 시 시이 시

葚 오디 심 (土)

萼 꽃받침 악 (木)

萻 꽃풀 암, 들풀 암

葊 菴[풀집 암]의 古字 (木)

葯 구릿대 잎 약, 감길 약, 약 약 (木)

葉 잎 엽, 꽃잎 엽, 시대 엽, 땅 이름 섭 常 (木)

蒕 蘡[들꽃 영]과 같음

萵 상추 와, 와거 와 (木)

葨 풀 이름 외

葽 풀 이름 요, 수요 요 구미초 요, 새끼 요

萭 풀 이름 우, 성씨 구

葾 시들 원

葦 갈대 위, 거룻배 위 엮어짤 위 (木)

葳 초목이 무성할 위 깃장식할 위 (木)

萸 수유 유 (木)

萮 앞 글자의 俗字

莤 물풀 이름 유

葇 향유 유, 노야기 유 들깨 유

葬 장사 지낼 장 常 (木)

葅 菹[김치 저]와 같음
蒩 앞 글자와 같음
著 나타날 저, 분명할 저, 붙을 착 常(木)
葃 오우 적, 작
葥 질경이 전 산딸기 전
葶 두루미냉이 정
蓧 갈대 조, 깔 조 조고 조
葤 꾸러미 주 풀로 쌀 주
葰 클 준, 생강 유 고을 이름 사(木)
蒯 풀 즉, 약 이름 즉 오두 즉, 계즉 즉
葺 기울 즙, 집, 지붕 일 집, 보수할 집(木)
蒂 蔕[작은 가시 체]와 같음(木)
葱 蔥[파 총]과 같음 푸를 총, 창문 창(木)
萩 사철쑥 추, 다북쑥 추, 사람 이름 초(木)
萶 봄에 풀날 춘 풀 이름 춘
葴 쪽풀 침, 꽈리 침 산장 침, 마람 침
蕩 방탕할 탕, 상륙 탕
葩 피넨 파, 꽃 파
葩 꽃으로 장식할 파 희미할 파, 꽃 파(木)
萹 마디풀 편, 편축 편 옥매듭풀 변(木)
萍 부평초 평

葡 포도 포 나라 이름 포(木)
葟 나물국 향, 국 향
葫 마늘 호, 호로 호(木)
葒 개여뀌 홍
蕻 앞 글자와 같음 어구 이름 홍
葀 약초 이름 활 독활 활
葟 무성할 황, 꽃 황 초목 우거질 황
葔 대나무 이름 후 향부자 후
葷 매운 채소 훈(木) 육식 훈, 오랑캐 훈
萱 원추리 훤, 북당 훤 성씨 훤(木)
萲 앞 글자와 같음
蒿 풀거름할 호 절초할 호
蓩 잔풀이 떨기질 무
蓫 편죽 독(마디풀과의 일년초)
蕕 나무버섯 유
蒑 茵[자리 인]과 같음
蕵 洟[콧물 이]와 같음
蒩 띠의 이삭 사 쌓을 야
葁 薑[생강 강]의 古字, 산초 이름 강
蒟 꼭지 수, 쪽이삭 우 사초 우, 운
蔽 풀 이름 괴, 기령 괴

葘 미나리 자
蒔 돌미나리 시 시호 시, 자
葠 향풀 도
葠 藎[조개풀 신]과 같음
葍 부자 부
蓺 풀 돋아날 예
蒅 莚[넝쿨 뻗을 연]과 같음
蓌 부초 사
葜 나무버섯 연
葘 일굴 치, 묵밭 치 담장 치, 세울 치
蒈 苠[속대 민]과 같음
葬 푸른 명아주 배
葵 풀 뽑을 발
葪 베일 계, 삽주 계 엉겅퀴 계, 성씨 계
蔈 녹곽 표, 표초 표 김오를 표, 딸기 표
葝 가는 풀줄기 묘
葻 바람에 흔들리는 풀 람
葼 나뭇가지 종 풀 이름 종
葎 蓁[우거질 진]과 같음
葓 蓀[향풀 이름 손]과 같음
萷 草[풀 초]와 같음

蒀 성할 운, 만년청 온 향기로울 운

菝 풀뿌리 발

萸 뽕나무 껍질 유

萩 새집 주(鳥巢)

菲 菲[풀 이름 괴]의 訛字

篆 篆[전자 전]과 같음

萦 蓀[풀이름 삭]의 訛字

首 首[거여목 목]과 같음

菊 苟[진실로 구]와 같음

葰 菱[꽃술 수]와 같음

蒙 縈[풀 엉클어질 경]의 俗字

萻 若[같을 약]과 같음

菰 풀 많을 호

菁 享[누릴 향]과 같음

葬 葬[장사 지낼 장]과 같음

葿 어그러질 검, 겸

蘀 잎 떨어질 탁

薏 풀 성할 홀 사람 이름 홀

菓 彙[무리 휘]와 같음

觽 解[풀 해]의 古字

荔 荔[땅 이름 리]와 같음

蕆 茜[꼭두서니 천]과 같음

蔥 蔥[파 총]의 俗字

蓼 명아주 륙

瞢 눈 밝지 않을 멸

蒖 天[하늘 천]의 古字

美 蘼[장미 미]와 같음

蒟 蒟[구장 구]와 같음

葬 葬[장사 지낼 장]과 같음

葵 앞 글자의 俗字

葜 앞 글자와 같음

敬 공경할 경, 삼갈 경 엄숙할 경 [攴部] 常(金)

孳 흘레할 자 부지런 할 자 [子部]

韮 부추 구 [韭部]

募 모을 모, 부를 모, 경혈 이름 모 [力部] 常(土)

惹 끌 야, 생각케 할 야, 끌릴 야 [心部] (火)

葢 蓋[덮을 개]의 本字

莄 莄[풀줄기 경]과 같음

夢 夢[꿈 몽]과 같음

蓶 황금(黃芩) 미

蓖 비마 비

蒁 봉아술 술

葹 지모 시 병 밑바닥 시

菌 똥 시

葯 부들의 싹 악

蒳 불사를 열, 불붙일 열, 말릴 열

蕕 수초의 이름 유

蕺 태어날 재

薼 풀 우거질 전, 정

莭 풀마디 절

葲 양천 천

萜 약초 이름 첨

薏 삭조 칩(말오줌나무)

蓿 荇[마름 행]과 같음

適 葕[약초 이름 형]과 같음

⑩ 획

蓋 덮을 개, 뚜껑 개 숭상할 개 常(木)

蒛 뚜껑 덮을 결, 결분 결

蒹 갈대 겸, 어린 갈대 겸 (木)

蓇 풀 줄기 골, 골용 골 용수초 골

蒛 풀 이름 공

蕢 결실될 공, 초목의 열매 맺을 공

蒯 황모 괴, 기름새 괴 땅이름 괴, 성씨 괴 (木)

蒟 구장 구, 구약 구(木)

⿱艹冓 풀 쌓을 구

⿱艹眗 풀 이름 구

蒘 찰풀 나, 계녀 녀 계나풀 나

蒳 배 매는 동아줄 납 계나풀 납, 향풀 납

蓎 소나무 겨우살이 당, 당몽 당, 당의 당

蒤 호장 도, 잡초 도

蓏 열매 라 (木)

蒗 운하 이름 랑 낭탕거 랑

蒚 산마늘 력

蒞 莅[다다를 리]의 俗字

蓂 명협 명(전설의 풀) 석명 멱 (木)

蒙 어릴 몽, 덮을 몽 입을 몽 常(木)

蒪 양하 박, 저박 박

蒰 풀 이름 반

蒡 인동덩굴 방, 우방 방, 제니 방 (木)

蓓 꽃봉오리 배, 황배 풀 배, 꽃망울 배(木)

蒶 풀 쌓을 분 쌓일 분

蓖 아주까리 비 (木)

蓑 도롱이 사 무성한 모양 쇠(木)

蒒 싸락풀 사 갯보리 사

蒴 말오줌대 삭 (木) 삭탁 삭, 삭과 삭

⿱艹秝 마늘 산 초목 성길 력

蒜 마늘 산, 달래 산 (木)

蓆 자리 석, 클 석(木)

蓀 향풀 이름 손(木)

蒐 모을 수, 사냥 수 모수수, 숨길 수(木)

蓚 수산 수 (木)

蒓 순채 순

蓍 시초 시, 점대 시 (木)

蒔 모종낼 시, 심을 시 시라 시 (木)

蒠 나물 식, 식채 식

蒻 부들 약, 부들자리 약, 연뿌리 약 (木)

蒀 성할 온

蓊 동 옹, 장다리 옹(木) 모여들 옹, 옹풀 옹

⿱艹熏 피 요

蓐 요 욕, 풀자리 욕 두터울 욕 (木)

蓉 연꽃 용, 목부용 용 (木)

蒝 줄기와 잎이 퍼질 원, 무성할 원

⿱艹隺 산부추 육

蒑 풀빛 푸를 은 나물 이름 은 (木)

蒽 풀 이름 은, 안트라센 은(Anthracene)(木)

蒧 풀 이름 점 사람 이름 점

蒢 까마종이 제 황저 저(오이풀)

蒩 띠거적 조, 집채 조 풀 우거진 늪 저

蓗 풀 빽빽할 종

蓌 꾸벅할 좌, 반절할 좌, 꺾일 좌

蒸 찔 증, 김오를 증 더울 증 常(火)

⿱艹祖 집채 조, 풀 이름 조

蓁 우거질 진 (木)

⿱艹益 육장 증

蒺 납가새 질 풀 이름 질 (木)

蒫 냉이 씨 차

蒼 푸를 창, 갑자기 창 회백색 창 常(木)

蓛 말먹이 책

蒨 풀 더부룩할 천 선명할 천, 천초 천

蒭 芻[꼴 추]와 같음 (木)

⿱艹芻 앞 글자와 같음

蓄 쌓을 축, 기다릴 축 저축할 축 常(木)

蒲 부들 포, 창포 포 향포 포, 박고 박(木)

蒱 도박 포, 노름 포

蓒 물풀 이름 한 누린내 나는 풀 한

菡 꽃봉오리 함

蒿 쑥 호, 멀리 바라볼 호, 짚고(木)

营 궁궁이 궁

蘉 풀 이름 망, 狗[트기 구]와 같음

䓾 초목 우거질 사

蔲 蒄[풀이름 관]의 訛字

蔚 蔚[풀 성할 울]과 같음

蒖 순채 진, 명협의 열매 진

蔋 초목이 가뭄에 마를 적

蒗 오독도기 랑, 낭독 랑

蓶 薇[고사리 미]의 古字

蒏 주진 주, 전국 주, 술찌게미 조

蓃 葰[생강 유]와 같음

䔆 薛[뇌호 설, 치우칠 벽]과 같음

蒣 藷[사탕수수 저]와 같음, 풀 이름 서

蒥 향풀 류

葘 菑[밭 일굴 치]의 訛字

蔓 蔓[덮을 침]의 本字

蒦 잴 약, 자 약(尺度)

蓻 菊[국화 국]과 같음

蓮 마름 률

蓫 蓫[능수버들 축]과 같음

䔔 곤대 경, 토란 줄기 경

䓐 菼[물억새 담]과 같음

蓞 나물 이름 답

蒨 茜[꼭두서니 천]과 같음

蓕 콩 리, 콩 이름 리

蒵 풀 혜, 신들메끈 계

蒷 芸[향초 이름 운]과 같음

蒦 갈대 오, 오구 오

蓃 풀이 빽빽할 읍

蓍 물속에 나는 고사리 기, 마른나물 애

蓇 莥[들콩 뉴]와 같음

蓈 물이끼 원, 풀 어수선할 용

蒳 파 담(蔥也)

蓱 부평초 평

蓈 가라지 랑, 쪼그렁이 랑

蓏 동아 급

蓒 비뚤어질 홰

蒚 蒚[무 하]와 같음

蓃 葉[잎 엽]의 俗字

蓏 초목의 덩굴 류, 삼태기 라

蒶 蒶[풀 이름 권]의 古字

蓻 菊[국화 국]과 같음

蓦 莫[없을 막]의 本字

蒨 蕑[질경이 전]과 같음

蓒 莽[우거질 망]과 같음

蓑 莎[문지를 사]와 같음

蓾 蓾[그렁풀 로]와 같음

蒯 蒯[벗 붕, 파괴할 붕]과 같음

蒮 薑[생강 강]과 같음

蒸 證[증거 증]과 같음

幕 장막 막, 막부 막, 꺼풀 막[巾部] 常(木)

夢 꿈 몽, 꿈꿀 몽, 어두울 몽[夕部] 常(木)

墓 무덤 묘, 묘역 묘[土部] 常(土)

蓇 가모 가(나무 이름)

蓘 뿌리 북돋울 곤

蒄 육두구 구

蔒 영지 군

蒾 협미 미(낙엽 관목의 이름)

蓜 蕡[어지럽힐 분, 삼씨 비]의 古字

蒴 풀 이름 삭

蓡 삼(蔘) 삼

蒲 蓨[어지러이 깔린 풀 소]와 같음

蒐 구수 수, 찾을 수

䔄 요초 요, 토사 요

蒷 耘[김맬 운]과 같음

蒬 원지 원(애기풀)

蕕 蕕[누린내풀 유]와 같음

蕤 새앙 유

蓘 나물로 국끓일 자 나물 이름 재

蓨 조호 조

蕅 번잡할 탑

蓽 사립문 필, 콩 이름 필, 필발 필 (木)

蓫 야생차조기 할

蓺 풀 이름 혼

蕻 갓 홍, 장다리 홍

⑪ 획

蘏 苘[어저귀 경]과 같음

蓇 풀 이름 고 마를 고

蔛 석골풀 곡, 석곡 곡 곡초 곡

蔉 북돋울 곤

蓲 물억새 구, 꽃필 부 따뜻할 후

蔻 두구 구, 육두구 구

蔲 앞 글자와 같음

菌 여우콩 권, 버섯 균

蕨 잠 없는 치포관 궤

蓳 堇[제비꽃 근]의 本字

蔃 堇[제비꽃 근]의 古字

蓳 앞 글자와 같음

蓺 풀 많을 기, 미칠 기, 땅 이름 희

蔸 그루터기 두

蓮 연꽃 연, 연뿌리 련 연밥 련 常(木)

蕗 그렁풀 로 기름새 로

蔍 원추리 록

蓼 여뀌 료, 길고 클 륙, 당길 류 (木)

蔞 쑥 루, 누호 루, 널 장식 류, 성씨 루(木)

蔂 삼태기 류, 나막신 류, 덩굴풀 류

蔆 菱[마름 릉]과 같음 (木)

蔆 앞 글자와 같음

蔴 麻[삼 마]와 같음

蔓 넝쿨 만, 뻬어날 만 만청 만(木)

蔑 업신여길 멸 자질구레할 멸(木)

蔄 앞 글자와 같음

蓩 취어초 모, 우거질 모, 모향 모

蘪 닭의 밑씻개풀 미 별꽃 미

蓓 꽃봉오리 배 황배 배 (木)

蔤 연근 밀, 연뿌리 밀

蔤 앞 글자와 같음

蔔 무 복, 나복 복 (木)

蓬 쑥 봉, 흐트러질 봉 껍질 봉 (木)

蔀 방석 부, 차양 부(木) 덮을 부, 어두울 부

蓰 다섯곱(5배) 사 꼬리 흔들 사

蔱 수유 살, 수유나무 살, 실장 살

蔘 인삼 삼, 나무 높이 솟을 삼 (木)

蔏 명아주 상, 상루 상 상륙 상, 상조 상

蔙 희국 선, 선복화 선 (금잔화)

蔎 향풀 설, 차 설 향기로울 설 (木)

蔧 풀비 세

蔬 나물 소, 푸성귀 소, 쌀알 소 常(木)

蔌 푸성귀 속, 나물 속 물흐를 속

蔌 앞 글자와 같음

蓨 싹 조, 기쁠 수 수산 수, 양제초 조

蓿 거여목 숙, 목숙 숙

蓿 앞 글자와 같음

蓴 순채 순(수련과의 다년생 수초) (木)

菴 庵[암자 암]과 같음 (木)

蓹 땅 이름 어, 어아 어

蔫 시들 언, 붉을 언

蓺 심을 예, 농작물 예 재주 예 (木)

蔜 버들꽃 오, 별꽃 오

蒬 풀이름 원

蔚 땅 이름 울, 성할 위 모호 위 (木)

蓶 푸성귀 유, 나물 이름 유, 꽃망울 유

蔭 그늘 음, 해그림자 음, 덮어 가릴 음 (木)

蔩 쥐참외 인, 토과(菟瓜) 인

蔗 사탕수수 자 감자 자 (木)

蔣 줄 장, 빛이 강렬할 장, 장려할 장 (木)

蔋 가무는 기운 적 가물 적

蔪 벨 삼, 수염 긴 보리 점, 떨기 점 (木)

蔦 담쟁이넝쿨 조 (木)

蓧 삼태기 조, 소쿠리 조, 둥구미 적

蔟 누에섶 족, 모일 족 무리 족, 대주 주 (木)

蔠 머루넝쿨 종 종규 종

蔯 더위지기 진 인진 진 (木)

蓻 풀 나지 않을 집, 국화 국

蔖 풀 이름 차

蔡 거북 채, 들풀 채 내쫓을 살 (木)

蔕 가시 체, 꼭지 체 작은 가시 체 (木)

蔥 葱[파 총]의 古字 (木)

蓯 육종 종, 우거질 총 무청 종, 뒤섞일 송 (木)

蓫 참소리쟁이 축 양제초 축

蓪 으름넝쿨 통 통초 통

蓷 익모초 퇴, 추

蔈 능소화 표, 부평초 표, 표고버섯 표

蓖 피마자 피

蓽 콩 필, 사립문 필 필발 필

蔌 앞 글자의 古字

蔊 산갓 한, 한채 한 (속속이풀)

蔊 앞 글자와 같음

蔰 빛 호, 채색 호 (木)

蔒 葷[훈채 훈]과 같음

蓸 풀뿌리 얽힐 추, 풀이 서로 잇닿을 추

蓮 앞 글자와 같음

蓁 綦[고비 기]와 같음

菼 오이김치 담

蓱 개구리밥 평, 평예 평, 부평초 평 (木)

蔘 부들 심, 부들싹 심

蔻 종이에 물들일 전

蓰 띠싹 사, 쌓을 야 벼이삭 도

蔪 제비쑥 긴

蓵 풀 거적 첩, 떼 첩

蔁 산우엉 장 풀 이름 장

蓒 꼴 허, 호허 허

蔃 백합 강, 개나리 강 (百合), 강구 강

蔫 姸[고울 연]과 같음

蓪 말린 생선 포 가슴부위 고기 포

蔛 䒷[하늘타리 괄]과 같음

蔵 초목 흔들릴 천, 선

蔲 莞[왕골 완]의 俗字

蔐 莌[활탈초 탈]과 같음

蒔 蒔[모종낼 시]와 같음

蓶 꽃 늘어질 최, 쇠

蔐 荻[물억새 적]과 같음

蓩 벼 무성할 의

蔳 毒[독할 독]의 古字

蔚 파 담(蔥也) 여로 남

蔷 菑[밭일굴 치]와 같음

蔥 우슬 슬(비름과의 다년초)

蔢 박하 파, 초목 무성할 파, 사과 파

蓼 풀 아귀틀 률 처음 률, 싹틀 률

蔣 葬[장사 지낼 장]과 같음

蓩 둥굴레 이, 시들 이 (백합과의 다년초)

蔞 약초 이름 루 누로 루

蓽 가는 왕골 비

蕞 蕞[작을 최]의 俗字

蒴 가는 연뿌리 소 우듬지 삭

蔢 성할 발, 풍길 발

蔦 들깨 어

蔉 蓖[향풀 곤, 곤로 곤]과 같음

蔓 春[봄 춘]의 古字

蓁 莘[긴 모양 신]과 같음

蕅 藕[연뿌리 우]와 같음

蓐 蓐[풀자리 욕]과 같음

藏 꽈리 침

蔵 茓[돌피 절]과 같음

蘬 芁[변방 규]와 같음

蕐 華[화려할 화]의 古字

蔖 거름풀 거

蓩 耄[늙은이 모]와 같음

蔈 殍[주려 죽을 표]와 같음

蘐 葩[꽃 파]와 같음

蔆 證[증거 증]과 같음

蕆 蒨[풀 더부룩할 천]과 같음

蔪 앞 글자와 같음

蔵 藏[감출 장]의 略字

暮 저물 모, 늦을 모 더딜 모 [日部] 常 (火)

摹 규모 모, 본뜰 모 본받을 모 [手部] (木)

慕 사모할 모, 모뜰 모 사랑할 모 [心部] 常 (火)

蔛 薊[청미래 갈]과 같음

蔨 잔풀 계

蔰 벌레가 풀 속을 기어가는 모양 굴

蔮 簋[제기 이름 궤]와 같음

甍 용마루 맹, 싹 맹 (土) 처마 맹, 집 맹 [瓦部]

蔌 사과 사, 수세미 사

蔰 악기 이름 산

蓴 우순 순

蓸 수초 이름 습

蔪 지연 자 버섯 이름 자

蔦 줄 조

蓙 약할 좌, 바쁠 좌

蔵 색종이 천

蔟 까마귀둥지 추

蔳 삽주 출

蒯 성씨 괘

蔥 삼 이

⑫ 획

蒬 원지 원, 극 원

瞢 어두울 몽, 번민할 몽 어리석을 몽 [目部] (木)

蕑 난초 간, 연밥 간 너그럽게 할 간

蕳 앞 글자와 같음

蕖 연꽃 거, 부거 거 토란 거 (木)

蕅 향초 이름 게 나물 이름 알

蔊 시금초 관(머위) 관동 관

蕢 상할 괴, 삼태기 괴, 흙덩이 괴

蕎 메밀 교, 교맥 교 대극 교 (木)

蕨 고사리 궐 (木)

蕀 아기풀 극, 극원 극 천문동 극

蕁 지모 담, 심마 심 불길 치솟을 담 (木)

董 황모 동, 정동 동 (木) 동독할 동, 성씨 동

蕗 물감나무 로 곤로 로 (木)

蕯 아내 륭, 사람 이름 륭

蔾 납가새 리, 질리풀 리, 려

蕄 있을 맹, 萌[싹 맹]의 俗字

蕪 거칠 무, 잡초 더부룩할 무 (木)

蕃 우거질 번, 무성할 번, 고을이름 피 (木)

蕔 거칠 보, 풀 이름 보

蕧 검불초 복, 대나무 꽃 복, 선복화 복

蕡 들깨 분, 어지럽힐 분, 삼씨 비, 삼 비

蕬 물풀 이름 사 토사 사

蕮 질경이 석, 마석 석 택사 석

蕭 맑은 대쑥 소 (木)

蕦 순무 수, 산모 수

蕣 무궁화 순, 목근 순 (木)

蕂 참깨 승, 호마 승 흑임자 승

蕈 버섯 심, 풀 이름 담

蕥 쭉정이 아

蕠 꼭두서니 여 붙일 여

蕊 꽃술 예, 꽃 예, 초목 더부룩할 예 (木)

蕋 앞 글자의 俗字

蕘 풋나무 요, 섶나무 요, 땔나무할 요 (木)

蕅 연뿌리 우

蕓 평지 운, 운대 운 유채 운 (木)

蔿 애기풀 위, 땅 이름 위, 연밥줄기 위 (木)

蕍 쇠귀나물 유, 꽃 번성할 유, 택사 유

蕤 드리워질 유, 꽃 유 꽃술 유, 유빈 유 (木)

蕤 앞 글자와 같음

蕕 누린내풀 유 풀 이름 유 (木)

蕇 산겨자 전, 정력 전

蕝 띠 묶어 표할 절 표지 절, 덧신 교

蕛 돌피 제

蕆 경계할 천, 신칙할 천, 다 이룰 천

蕉 파초 초, 초췌할 초 초마 초 (木)

蕞 작을 최, 모일 최 표시할 절

蕩 쓸어버릴 탕, 흔들 탕, 방종할 탕 (木)

蔽 덮을 폐, 가릴 폐 떨 별 常 (木)

蕙 혜초 혜, 향기로울 혜, 혜란 혜 (木)

蕌 풀 성할 고

蓋 땅버들 독

蕵 蓀[향풀 이름 손]과 같음

蒪 꽃 부

薴 정녕 녕, 들깨 녕

薀 薴[흐트러질 녕]과 같음

蔙 莞[왕골 완]과 같음

蓝 김치 고, 부추 고

蓡 닭의 밑씻개 수, 소계장초 수

蔆 오줌버케 수 흰 뜨물 찌꺼기 수

蕑 蕳[띠 간]과 같음

蕌 잔 무 부 메꽃 부

蔀 김치 부

蕎 茭[꼴 교]의 古字

蕔 들콩 연

蕘 그렁이뿌리 효 띠뿌리 효

葵 홍초 규, 해바라기 규, 사람 이름 훼

蕎 들미나리 귤 나물 이름 귤

蕒 莔[패모 맹]과 같음

蕏 풍성할 려, 신려 려 나라 이름 려

蕗 들콩 로, 김맬 로 돌팥 로

蕁 매가기줄기 금 흑삼릉 금

蓏 菰[줄 고]와 같음

蕌 藟[등나무 등걸 류]의 古字, 나물 뢰

蕻 해바라기 항 풀 이름 항

蕕 蕠[향유 유]와 같음

蕐 華[화려할 화]와 같음

蕏 藷[지저 저]와 같음

蔊 꽈리 한, 산장 한

蕒 들상치 매, 거매 매

蕤 꼭지 수, 의, 떼 의 잔디 의

蕀 버들옷 극

蕏 藸[오미자 저]와 같음

蕍 풀이 성할 돈 풀 이름 돈

蕚 萼[꽃받침 악]의 俗字

蕺 풀소리 삽 향채 집

蕜 서글플 비 섭섭할 비

蕟 멍석 폐

蕄 萸[수유 유]와 같음

蕖 풀 이름 첩

藹 덮을 애, 희미할 애

蓨 蓧[삼태기 조]와 같음

蕺 물나물 지

蓄 薏[율무 의, 억]과 같음

蕇 풀 이름 전

蕺 풀 이름 집

蕐 菆[거릅대 추]와 같음

蕨 잔풀 게, 계

蔭 蔭[그늘 음]과 같음

蕁 무성할 준, 풀 모도록히 날 준, 모일 준

蕺 蘵[까마종이 직]과 같음

蕛 풀 이름 제

蕻 앞 글자와 같음

蕜 풀 이름 비, 갑자기 서로 볼 비

蕨 잇꽃 연, 홍람화 연

蕺 풀 이름 산

蕃 성할 암

蕺 萏[연꽃봉오리 담]과 같음

蓀 손무 손(마디풀과의 다년초)

蓕 물억새 환

蕆 풀 우거질 전

蕦 蘻[고비 기]와 같음

蕙 惠[은혜 혜]의 古字

蕬 薄[엷을 박]과 같음

蕧 菔[무 복]의 本字

蕨 莊[풀 성할 장]의 古字

蕫 菫[오랑캐꽃 근]의 本字

蕫 菫[오랑캐꽃 근]의 古字

蕳 簠[제기 이름 보]의 本字

蕬 도꼬마리 차, 지

蕺 풀 흔들리는 모양 렵

蕬 猋[개 달릴 표]와 같음

蕯 풀 이름 록

蕺 풀 이름 취

蕕 茜[꼭두서니 천]과 같음

蕪 풀 이름 오

蕰 薀[붕어마름 온]과 같음

蕊 蔘[인삼 삼]과 같음

蕕 蓿[거여목 숙]과 같음

蕉 舊[예 구]의 俗字

蘷 夔[조심할 기]의 略字

蕕 莠[강아지풀 유]와 같음

蕆 꽈리 감, 산장 감

蕺 蔻[두구 구]와 같음

蕺 금둥 등, 고둥 등 풀 이름 등

蕵 莨[강아지풀 랑]과 같음

蔾 질려 려, 리 납가새 려, 리

蕶 파릉 릉, 시금치 릉

蕣 燐[도깨비불 린]과 같음

蕧 꽃 부

蕬 풀 이름 사

蕺 풀 소리 삽

蘄 끊어지려할 설

蒮 薁[머루 욱]의 俗字

薁 薁[머루 욱]의 訛字

⿱艹異 연교 이, 개나리 이

⿱艹豩 달릴 전

⿱艹湔 질경이 전 산딸기 전

⿱艹㑴 상중의 거적자리 점

⿱艹朝 성씨 조

⿱艹雇 어릴 치

⑬ 획

薑 생강 강 (木)

薂 연밥 격

薊 삽주 계, 엉겅퀴 계 성씨 계 (木)

薧 초목이 마를 고 마른 음식 고

薣 요화 고, 말여뀌 고

薖 풀 이름 과, 너그러울 과, 아름다울 과

蕽 갈대꽃 농, 봉농 농

薘 질경이 달

⿱艹塘 들벚나무 당 전당 당

薕 물억새 렴

薟 가위톱 렴, 백렴 렴 매울 험

蕶 떨어질 령, 풀잎 말라 떨어질 령

蕾 꽃봉오리 뢰 (木)

薐 시금치 릉, 파릉 릉

薎 蠛[눈에놀이 멸]과 같음

薇 고사리 미, 고비 미 장미 미 (木)

⿱艹溦 앞 글자와 같음

薄 엷을 박, 싱거울 박 적을 박 常(木)

薠 풀 이름 번, 떼 번

薜 승검초 벽, 벽려 폐 터질 박, 치우칠 벽

蕼 풀 이름 사 너그러울 사

薛 맑은 대쑥 설, 뇌호 설, 우장 설 (木)

蕵 손무 손

薪 섶나무 신, 봉급 신 땔나무 신 (木)

薆 숨길 애, 초목 우거질 애, 향기로울 애 (木)

蕷 참마 여, 서여 여

薉 거친 풀 예, 잡초 우거질 예, 잡풀 예 (木)

薀 붕어마름 온 (木) 익힐 온, 쌓일 온

蕹 모을 옹, 옹채 옹 나팔꽃 옹

薍 물억새 완 달래뿌리 란

薁 까마귀머루 욱 머루 욱, 산앵두 욱

薗 園[동산 원]과 같음 (木)

薏 율무 의, 억 연밥심 의, 억 (木)

薋 풀 더부룩할 자 백급 자, 질려 자

薔 장미 장, 여뀌 색 성씨 색 (木)

⿱艹殿 피 무성할 전 전당 전, 흰 비름 전

薡 자오락 정, 정동 정 (물고랭이)

蕺 삼백초 즙, 집채 집 떼지어 모일 집 (木)

薦 천거할 천, 바칠 천 잡을 천, 쑥 천 常(木)

⿱艹蜀 촉규화 촉 (木)

薙 풀 깎을 치, 체 (木) 풀벨 체, 신치 치

⿱艹殤 자리공 탕, 축탕 탕

蕸 연잎 하 (木)

薤 염교 해, 해로 해 (木) (백합과의 다년초)

薢 마름 해, 초결명 해

薌 곡식 냄새 향 (木) 향초 향, 향기 향

薃 향부자 호, 호후 호

薅 김맬 호, 뽑을 호

⿱艹搞 앞 글자와 같음

蕻 장다리 홍, 갓 홍 사철나무 홍

薈 무성할 회, 가려질 회, 모일 회

薨 죽을 훙, 죽일 훙, 벌레 떼지어 날 횡 (木)

⿱艹㷗 萱[원추리 훤]과 같음

蕯 풀소리 삽

蘧 사라부루 거, 시화 거, 채소 이름 거

蕰 菹[김치절임 저]와 같음

䕅 벼 줄기 간 풀 줄기 간

䔲 검은깨 칭, 거승 승 흑임자 승, 칭

蕍 둥근 풀방석 투 둥근 짚방석 유

蓫 벼 까끄라기 수 벼이삭 고개숙일 수

藦 나쁜 감자 회 풀 이름 회

䕋 가는 무 선 열무 선

藒 갈거 갈 나무 이름 할

䕆 앞 글자와 같음

䕲 나막신 섭 껵두기 섭

𦿗 앞 글자와 같음

蘀 칡덩굴 택

𧁡 넝쿨 땅으로 퍼질 단

蘮 돌피 절

䕻 篽[금원 어]의 古字

蕤 생강 수

䕜 芰[세발 마름 기]의 古字

䔮 추저 추, 오이풀 추

蘏 외넝쿨 오

䕎 상륙 륙, 자리공 륙

蔘 인삼 삼, 삼 삼

䕐 稚[어릴 치]와 같음

蕑 박하 가

蘖 나무 끝 얼, 孼[서자 얼]과 같음

䕇 앞 글자와 같음

薝 첨극 첨, 첨복 첨 치자꽃 담(木)

蘱 오이 병들 건

蕕 蕕[누린내풀 유]와 같음

䕊 菼[물억새 담]의 俗字

䕔 驊[준마 화]의 古字

蕌 蔔[메꽃 복]의 訛字

蕌 앞 글자의 訛字

蔔 복저 복

䕒 鳧[오리 부]의 俗字

䕖 풀 이름 훼

蓴 짚단 순

䕟 풀 휘감길 경

䕡 땅버섯 균

蔽 茀[풀 우거질 불]과 같음

虀 김치 지

蓀 蓀[향풀 이름 손]과 같음

䕢 萏[연봉오리 담]과 같음

蘽 蓏[열매 라]와 같음

䕺 薍[물억새 완]과 같음

蕮 扁[마디풀 변, 편]과 같음

蔜 蔜[버들꽃 오]와 같음

䕯 耄[늙은이 모]와 같음

薙 蔕[가시 체]와 같음

䕣 款[머위 관]과 같음

蕸 풀 이름 협

蓁 榛[개암나무 진]과 같음

蘰 蔓[넝쿨 만]과 같음

薰 薰[향풀 훈]의 略字(木)

䕧 茭[꼴 교]와 같음

䕤 풀이 서로 엉켜 날 구

䕥 揉[주무를 유]와 같음

䕦 뚜껑 감, 창고 감 작은 술잔 공

䕨 풀 이름 함

蕵 莪[지칭개 아]와 같음

䕩 葬[장사 지낼 방]의 古字

蘯 蔤[연뿌리 밀]의 俗字

獲 얻을 획, 포로 획 맞힐 획 [犬部] 常(土)

薬 藥[약 약]의 略字

藥 藥[약 약]의 俗字

䕯 등나무 품

燕 제비 연, 편히 쉴 연 잔치 연 [火部] 常(火)

藆 풀 이름 격

蒟 엉겅퀴 구

𧃽 풀 이름 돈

蕪 풀 이름 무

蕧 복하 복, 박하 복

䕅 계장초(鷄腸草) 소, 수

薓 부들싹 심

蘙 풀 이름 예

薒 풀 이름 찬

𧂍 꽃이 나란히 피어 있는 모양 합

⑭ 획

藆 건초 건, 풀 이름 건

藒 芞[향풀 걸]과 같음, 걸거 걸

藑 메 경, 경모 경 영초 경

蘻 풀 이름 격

藁 稾[마를 고]와 같음, 볏짚 고 (木)

藈 쥐참외 규

藄 고비 기, 고사리 기

薴 흐트러질 녕

薹 유채 대, 장다리 대 운대 대

薱 우거질 대

藍 쪽 람, 남색 람 분수넘칠 람 (木)

䕲 뺑쑥 름, 菻[쑥 름]과 같음

藐 아득할 막, 자초 막 너를 막, 작을 묘 (木)

薶 메울 매, 묻을 매 더럽힐 와

藅 풀 시들시들할 벌

藌 蔤[연뿌리 밀]과 같음

藊 백변두 변

薩 보살 살, 성씨 살 (木)

藇 술 맛 좋을 서 서여 서 (木)

薯 참마 서, 서여 서 서랑 서 (木)

藎 조개풀 신, 신초 신 나머지 신 (木)

薳 애기풀 원, 원지 원 성씨 위

薷 목이버섯 유 향유 유

薿 우거질 의, 억

薾 번성할 이, 피곤할 이, 네, 쇠약할 이

藉 깔개 자, 의지할 자 깔 자, 짓밟을 적 (木)

藏 감출 장, 갈무리할 장, 숨을 장 常(木)

薺 납가새 자, 냉이 제 썬 나물무침 제 (木)

藋 파란 명아주 조

薵 파 주, 주료 주 주저 주

薽 여우 오줌풀 진 천명정 진, 견

藂 잔풀 총, 떨기 총 모일 총

薸 개구리밥 표

䕚 들개나리 형 약초 이름 형

藃 풀 모양 호 오그라들 호

薰 향풀 훈, 공 훈, 연기 훈, 따뜻할 훈 (木)

蘖 孼[서자 얼]과 같음

䕬 薄[얇을 박]과 같음, 박로 박

薲 蘋[네가래 빈]과 같음

𧀭 앞 글자와 같음

䒍 蒡[인동넝쿨 방]의 本字

藻 말 조, 화미할 조 문채 조, 꾸밀 조

藮 취할 초

𧂂 蔯[더위지기 진]과 같음

藞 풀 성기게 날 렵

䕶 북더기 찰 풀 이름 찰

蘩 백호 번, 다북쑥 번 (엉거시과 다년초)

縈 풀 얽힐 형 시호 형

蘰 蔓[인동넝쿨 만]의 訛字, 풀 이름 만

蔪 蕲[쌀 점]과 같음 보리 까끄라기 점

蘥 籥[귀리 약]의 俗字

蔫 연미 연, 붓꽃 연 범부채 뿌리 연

藐 양도 요, 쐐기풀 요

蓫 요초 요

䒌 葬[장사 지낼 장]의 古字

蕰 菹[채소 절임 저]와 같음

藷 파 저

蕺 가지런히 할 절

蘵 앞 글자와 같음

蕺 돌피 절

蔪 황정 정(죽대의 뿌리)

蕿 餕[대궁 준]과 같음

蓁 榛[개암나무 진]의 古字

蕩 풀 우거질 창

蕩 앞 글자와 같음

蕉 풀 자란 모양 초

蘀 낙엽 탁, 떨어질 탁 풀 이름 탁, 마를 탁

薚 낭탕 탕 미치광이풀 탕

藣 䕏[쇠꼬리 피]와 같음

蕨 풀 이름 협

蓼 蓼[여뀌 료]와 같음

薵 冓[짤 구]의 俗字

蘦 苓[도꼬마리 령]과 같음

蘆 盧[밥그릇 로]와 통함, 노회 로

藒 藒[걸거 걸, 향초 이름 걸]과 같음

蕿 꽃 떨어질 박

藙 김맬 찰, 풀 뽑을 찰

薨 비 만드는 풀 몽 싹날 몽

蔨 繭[누에고치 견]의 訛字

蒁 풀 이름 애

蘒 若[같을 약]의 古字

蕲 볏집 간

藹 수초 이름 갈

蕀 토란줄기 경

藁 표고버섯 고 표고 고

蘧 납답 답, 무 답

蕗 소쿠리 로

蘢 녹균 록 버섯 이름 록

蕗 菉[조개풀 록]과 같음

藨 풀 우거진 모양 빙

蕢 蕢[상할 궤]와 같음

蔽 蔽[덮을 폐]와 같음

蘖 요괴 얼, 해 끼칠 얼 근심할 얼

⑮ 획

藳 볏집 간

藭 궁궁이 궁(미나리과의 다년초)

藫 수면 담, 석의 담 (담수조 녹조류)

藤 칡 등, 등나무 등 덩굴 등(木)

藜 나라 이름 려 명아주 려(木)

藘 꼭두서니 려, 여여 려, 여려 려

藺 풀 이름 려, 여여 려

藔 풀 이름 료, 말린 매실 로

藰 산우엉 류, 바람에 흔들리는 소리 류

藟 덩굴풀 류, 얽힐 류 등나무 덩굴 류

藧 말린 매실 로

藦 새박 마, 나마 마 (새박덩굴)

藩 덮을 번, 바자울 번 에울번, 번들번(木)

葆 풀 이름 보

藚 택사 속(택사과의 다년초)

藗 띠 속, 풀 이름 속

藪 늪 수, 연수 수, 모을 수, 멍에 추(木)

藥 약 약, 뜨거울 삭 간맞출 략 常(木)

藞 물놀이 칠 약, 맞히지 못할 라, 거칠 라

藝 재주 예, 심을 예 경적 예 常(木)

藕 연뿌리 우 서로 맞을 우(木)

藯 익모초 위

藙 오수유 의, 식수유 의(머귀나무)

藡 荻[물억새 적]과 같음

藢 검붉은 토란 치 자우 치

藬 소루장이 퇴 참소리쟁이 퇴

藨 쥐눈이콩 표 녹곽 표, 초표 표

藣 쇠꼬리 피 풀 이름 피

藱 향초 회

藠 자총이 효, 효자 효

藮 樵[땔나무 초]와 같음

[illegible] 젖을 삼(濕也)

[illegible] 屧[안창 섭, 나막신 섭]과 같음

[illegible] 풀로 엮은 그릇 수

藖 여물찌끼 간 풀 이름 간

[illegible] 齒[이 치]와 통함 쇠비름 치

[illegible] 장다리 흥

[illegible] 蓾[기름새 로]와 같음

蘉 갓 깨어 일어날 맹, 명

[illegible] 풀 흔들릴 렵

[illegible] 조급할 별, 악할 별

[illegible] 蕩[자리공 탕]의 俗字

[illegible] 우슬 슬, 쇠무릎 슬

[illegible] 번풀 번, 풀 이름 번

[illegible] 꽃 부

[illegible] 소루장이 제

[illegible] 蔕[가시 체]와 같음

[illegible] 멍석 폐

藛 쇠귀나물 사, 택사 사(약초 이름)

[illegible] 蕼[풀이름 사]와 같음

[illegible] 대싸리 부, 지부 부

[illegible] 나무 벨 참, 삼

[illegible] 疐[꼭지 체, 넘어질 치]와 같음

[illegible] 蕁[지모 담, 심]과 같음

[illegible] 말여뀌 혈

[illegible] 辥[맑은 대쑥 설]과 같음

[illegible] 藻[말 조]와 같음

[illegible] 菹[채소 절임 저]와 같음

[illegible] 蘄[풀 이름 기, 산근 근]과 같음

[illegible] 蕛[돌피 제]와 같음

[illegible] 철죽 척, 적

蘘 양하풀 양, 녕 (木)

[illegible] 蓄[쌓을 축]과 같음

[illegible] 葥[질경이 전]과 같음

[illegible] 苨[잔대 니]와 같음

[illegible] 證[증거 증]과 같음

[illegible] 앞 글자와 같음

[illegible] 지붕 위의 기와 맹, 명

[illegible] 夢[꿈 몽]과 같음

[illegible] 僕[종 복]과 같음

[illegible] 蕮[질경이 석]과 같음

穫 거둘 확, 벼 벨 확 땅 이름 호 [禾部]常(木)

繭 고치 견, 발 부르틀 견, 목 쉴 견 [糸部] (木)

爇 불사를 설, 열 불붙일 열 [火部](火)

藁 볏짚 고, 초고 고 화살대 고

[illegible] 莨[수크렁 랑]과 같음

[illegible] 움 얼, 성씨 얼

[illegible] 蘊[쌓을 온]과 같음

[illegible] 蔗[사탕수수 자]와 같음

蕛 잔디씨 제

蘐 쥐눈이콩 환

藒 야채 이름 열

⑯ 획

藿 콩잎 곽, 곽향 곽 고깃국 곽 (木)

虁 夔[조심할 기]의 訛字

蘄 풀 이름 기, 마함 기 빌 기, 산근 근 (木)

藶 개냉이 력

藫 蕁[지모 담, 심]과 같음

蘑 앞 글자와 같음

蘆 갈대 로, 누려 려 (木)

蘢 개여뀌 롱, 새장 롱 수풀 롱, 모일 롱

藾 맑은 대쑥 뢰 비호할 뢰

藺 골풀 린, 밟을 린 동심초 린 (木)

蘑 마고 마 표고버섯 마

蘉 힘쓸 망, 멍할 망

蘋 네가래 빈, 빈과 빈 (木)

蘞 풀 이름 섬 나물 이름 섬

䕭 앞 글자와 같음

蘇 차조기 소, 되살아 날 소, 성씨 소 常 (木)

藹 열매 많이 달릴 애 (木) 많을 애, 우거질 애

蘌 가릴 어, 새를 잡는 방 어

蘡 국화꽃 영

蘊 쌓을 온, 축적할 온 더울 온, 모일 온 (木)

蘂 蕊[꽃술 예]의 俗字 (木)

蘃 앞 글자의 訛字

蘁 거스를 오, 놀랄 악 꽃받침 악

藷 사탕수수 저 서여 서 (木)

藸 오미자 저, 지저 저

藻 말 조, 화미할 조 문채 조, 글 조 (木)

蘀 낙엽 탁, 떨어질 탁 풀 이름 탁 (木)

藻 산냉이 조

藽 무궁화 친, 츤 목근 츤

蘀 택사 택

蘅 족두리풀 형 미형초 형, 곰치 형

蘐 망우초 훤

蕿 萱[원추리 훤]과 같음

藮 樵[땔나무 초]와 같음

蘕 蔆[마름 릉]과 같음

藃 그루 뿌리 효, 죽순 효, 연뿌리 효

蘈 땅두릅나물 독 독활 독(약초 이름)

籘 藤[등나무 등]과 같음

藐 藐[아득할 막]과 같음

蘫 菡[꽃봉오리 함]과 같음

藺 萏[연꽃봉오리 담]과 같음

藔 말린 매실 로 마른 매실 로

蘈 앞 글자와 같음

薑 薑[생강 강]과 같음

蘩 흰쑥 파

薤 薤[염교 해]와 같음

蘋 풀 무성할 빙

蕣 蕣[무궁화 순]과 같음

蓀 蓀[향풀 이름 손]과 같음

薧 薧[마를 고]와 같음

蘈 소루장이 퇴

蘜 菊[국화 국]과 같음

蘜 앞 글자와 같음

蔈 藨[개구리밥 표]와 같음

蘔 풀 이름 지, 풀 쌓을 지, 쌓일 적

薦 薦[천거할 천]과 같음

䮈 馳[달릴 치]의 古字

蘉 耄[늙은이 모]와 같음

蘘 蘘[양하 양]과 같음, 장낭 낭

蘁 菹[채소 절임 저]와 같음

蘷 蔞[쑥 루]와 같음 목이 구

䁾 눈동자 없을 멸

䕫 蕢[상할 괴]의 本字

蘍 薰[향풀 훈]과 같음 (木)

蘉 지붕 위의 기와 맹, 명

蘢 驥[천리마 기]의 古字

蘰 漫[질펀할 만]과 같음

蘔 얇은 비단 경

䕲 燐[도깨비불 린]과 같음

蘳 藎[조개풀 신]과 같음

蘦 廩[다북쑥 림]과 같음

蘌 앞 글자와 같음

䔩 蒘[풀 이름 누]의 訛字

蘸 부자 착

蘨 지모 번, 침번 번

䕆 풀 이름 두

蘭 蘭[난초 난]의 略字

蘶 歜[화낼 촉]과 같음

蘖 서자 얼, 재앙 얼 양조할얼 [子部]

蘻 흑삼릉 금

䔩 耨[김맬 누]와 같음

䕟 꽃 나란히 피어 있는 모양 답

薍 달래뿌리 란 어린 억새 완

蘛 초목의 줄기와 잎이 성길 료

䕥 풀 이름 맹

𧃕 벼 자란 모양 삼

䕈 蓨[꼭지 수]의 俗字

䕤 줄버섯 수, 거소 수

𦿐 葬[장사 지낼 장]의 古字

䕬 薔[장미 장]과 같음

⑰ 획

蘧 구맥 거, 구, 연꽃 거, 풀 이름 거 (木)

蘮 찰풀 계, 계녀 계

蘜 菊[국화 국]과 같음

䕮 앞 글자와 같음

蘬 털여뀌 규, 냉이씨 규, 사람 이름 훼

蘭 난초 란, 택란 란 목란 란 常(木)

虁 짐승 이름 기, 나라 이름 기 (土)

蘫 야채 절임 람 오이김치 함

蘦 감초 령, 떨어질 령

蘞 가위톱 렴 풀맛 얼얼할 험

蘝 앞 글자의 俗字

蘼 천궁 미, 미무 미 (木)

蘪 앞 글자와 같음

蘩 산 흰쑥 번 백호 번 (木)

蘗 황경나무 벽 승검초 벽 (木)

蘚 이끼 선, 태선 선 (木)

蘥 귀리 약, 요화 약

蘘 양하 양, 볏짚줄기 양, 풀 이름 낭

蘖 그루터기 얼 움 얼, 황벽 벽 (木)

櫱 앞 글자와 같음

蘗 檗[황벽나무 벽]과 같음

蘡 까마귀머루 영 영욱 영

蘙 무성한 모양 예 덮어 가릴 예

蘤 꽃 위, 화

䕺 무성할 육

蘟 은총 은, 은인 은 (木)

蘠 장미 장, 동장 장 치장 장, 담 장

蘣 벼 싹 펠 투

䕳 풀 이름 미

𧃂 양척촉 척 진달래 척

𧃳 소루 루 닭의 밑씻개풀 루

藋 삭탁 탁, 藋[파란 명아주 잭]과 같음

蘚 산부추 섬

蹇 搴[건초 건]과 같음

蘧 어장 조

藍 부추 고

蘸 부자 착

蘠 요화 혈, 말여뀌 혈 홍혈 혈

蘦 蓨[꼭지 수]의 俗字

蘳 쑥 구

蘨 풀 더북더북할 요

蘮 蘮[메 경, 경모 경]의 訛字

蘱 풀 이름 익

蘥 유자 유, 꽃모양 유 꽃필 유

蘤 藻[말 조]와 같음

藁 菎[향풀 곤]과 같음

蘙 풀 이름 예

薿 풀 무성할 의

蘯 蕩[쓸어버릴 탕]과 같음 (木)

蘛 藉[깔개 자]의 古字

蘶 驊[준마 화]와 같음

蘗 孼[서자 얼]의 訛字

蘒 藷[사탕수수 제]의 訛字

蘪 말 탈 맥, 넘을 맥 갑자기 맥 [馬部]

蘷 褻[속옷 설]과 같음

韓 백한 한, 풀 이름 한

⑱ 획

蘜 菊[국화 국]과 같음

蘟 겨릅대 개, 할 삼 줄기 개

蘲 蘽[삼태기 류]와 같음

蘶 풀 돋아날 위 움 위

蘵 까마종이 직 직초 직, 용규 직

蘵 앞 글자와 같음

叢 떨기 총, 풀 더부룩히 날 총

蘭 풀 이름 탑

蘴 순무 풍, 배추 숭 무싹 풍

蘳 노란꽃 휴, 꽃이나 잎의 모양 화

蘒 어리나무 교 개나리 교, 연교 교

蘕 문에 드리운 발 잡

蘬 蘈[소루장이 퇴]의 訛字, 풀 이름 궤

蘿 패랭이꽃 구 구맥 구

蘳 북 울릴 동 북소리 동

藷 藷[사탕수수 제]와 같음

蘺 향부자 리, 쑥 리 풀 이름 리

蘂 蕊[꽃술 예]와 같음

蘸 부자 착

虉 수초 역, 청포 역 다래난초 역

蘮 薦[천거할 천]과 같음

蘶 꽃필 첩

蘸 樵[땔나무 초]와 같음

蘮 蔘[삼 삼]의 訛字

蘳 蟯[탈 소]의 訛字

蘷 夔[조심할 기]의 訛字

蘨 풀 우거진 모양 요

蘹 통초 복, 으름덩굴 복

蘹 菹[채소 절임 저]와 같음

⑲ 획

蘻 풀 연접할 계 풀 이름 계

蘾 풀 이름 회

虁 나물 이름 기 (土)

蘿 나무 라, 여라 라 (木)

虆 풀 이름 류 땅 이름 류

蘺 천궁 리, 강리 리 우뭇가사리 리

蘼 장미 미, 맥문동 미 나물 이름 미 (木)

蘵 쓴 너삼 식, 고식 식, 고삼 식

蘸 물에 담글 잠, 역참 잠

虀 버무릴 제, 절인 김치 제, 잘게부술 제

蘹 풀 이름 회, 회양 회(미나리과 다년초)

虄 초목 땅에 붙어 자랄 려, 달라붙을 려

⿱艹䜌 순채 란(연꽃과의 다년생 수초)

⿱艹難 풀 이름 연, 데울 연, 불사를 연

⿱艹鶂 수초 역, 인끈풀 역

⿱艹亹 虋[차조 문]과 같음

蘽 머루덩굴 류

蘾 풀머리 전, 풀잎 끝 전

⿱艹躅 촉풀 촉, 철죽꽃 촉

⿱艹糴 藋[파란 명아주 조]와 같음

⿱艹登 잠에서 막 깨어 어릿할 등, 산 이름 등

蠥 요괴 얼, 해 끼칠 얼, 근심 얼

⿱艹贊 담쟁이덩굴 찬

⿱艹疆 薑[생강 강]과 같음

⿱艹羸 나물 이름 라, 뤼

⿱艹⿰貝鳥 華[화려할 화]와 같음

⿱艹⿰身色 藭[궁궁이 궁]과 같음

⿱艹躳 앞 글자의 本字

⿱艹嬴 국화꽃 영

⿱艹遴 菱[마름 릉]의 古字

⿱艹⿰言殳 蘘[양하 양]과 같음

⿱艹貐 꼭지 수, 사초 우, 쪽 이삭 우

⿱艹繭 풀 이름 견

⿱艹繭 앞 글자와 같음

⿱艹繰 藻[말 조]와 같음

⿱艹鏨 흰꽃 익모초 찬

⿱艹羆 풀 이름 피

⑳ 획

⿱艹⿰林木 꽃 갑자기 필 첩

⿱艹櫬 藽[무궁화 친, 츤]과 같음

⿱艹𣋳 曹[마을 조]의 古字

⿱艹叢 聚[모일 취]와 같음

⿱艹騰 등나무 등

⿱艹⿰虫產 화살 살

⿱艹瀸 지네풀 첨, 풀 이름 섬

虂 머루덩굴 로, 번로 로, 동규 로

⿱艹⿰具鳥 인끈풀 역, 타래난초 역

⿱艹嚴 莕[물마늘 음]과 같음, 풀 이름 엄

⿱艹顡 藙[오수유 의]와 같음

⿱艹糯 풀 이름 누

⿱艹糴 藋[파란 명아주 조]와 같음

⿱艹⿸厂彖 薦[천거할 천]과 같음

㉑ 획

虇 갈대순 권, 갈대싹 권

虆 덩굴 류, 삼태기 라, 타고 오를 류

虈 백지 효

⿱艹嚻 앞 글자와 같음

虉 역풀 역, 잔풀 역

⿱艹⿰离鳥 蘺[천궁 리]와 같음

⿱艹齏 虀[버무릴 제]와 같음

⿱艹蠡 붉은 풀 려

⿱艹⿰月禺 꽃 갓 필 유

⿱艹護 신호 호, 풀 이름 호

㉒ 획

⿱艹囊 풀 모양 낭

⿱艹穰 향유 양

⿱艹醢 육장 해, 젓 해, 고기 장조림 해

⿱艹⿰魚虘 어장 조, 생선 장조림 조, 초 초

⿱艹亹 虋[차조 문]과 같음

⿱艹⿰鬲意 億[억조 억]과 같음

[illegible] 불사를 연, 풀 연

[illegible] 藋[파란 명아주 조]와 같음

㉓ 획

[illegible] 보릿대 견 보리짚 견

[illegible] 藞[거칠 래]와 같음 물놀이 칠 약

虊 순채 란

[illegible] 虌[고사리 별]과 같음

[illegible] 藙[오수유 의]와 같음, 머귀나무 의

㉔ 획

[illegible] 향유 냥, 양

[illegible] 율무 공, 감

[illegible] 藿[콩잎 곽]과 같음

[illegible] 蘦[감초 령]과 같음

㉕ 획

虋 차조 문(찰기가 있는 조; 赤粱粟)

[illegible] 蘘[풀 모양 낭]과 같음

虌 고사리 별

㉖ 획

[illegible] 虀[버무릴 제]와 같음

㉗ 획

[illegible] 醢[젓갈 해]와 같음

㉝ 획

[illegible] 짚신 추

虍部

虍 호피무늬 호 범 호

② 획

虎 범 호, 용맹스러울 호, 성씨 호 常(木)

[illegible] 虐[사나울 학]과 같음

③ 획

虐 사나울 학, 깔볼 학 모질 학(木)

[illegible] 앞 글자와 같음

[illegible] 앞 글자와 같음

[illegible] 범이 울 후

[illegible] 앞 글자와 같음

④ 획

虔 정성 건, 경건할 건 죽일 건(木)

虒 뿔 범 사, 가지런하지않을 치, 지명 사

虓 울부짖을 효(木) 범 고함지를 효

[illegible] 사람 이름 효 앞 글자와 같음

虑 근심할 필, 애탈 필

[illegible] 범의 모양 예

[illegible] 虐[사나울 학]과 같음

[illegible] 범의 소리 역

⑤ 획

虙 위엄스러울 복, 범 모양 복, 숨을 복

[illegible] 柙[우리 합]과 같음

處 살 처, 곳 처, 머무를 처 常(土)

䖏 앞 글자의 俗字

虖 울부짖을 호, 감탄할 호, 어조사 호

[illegible] 앞 글자의 本字

[illegible] 범 합

[illegible] 범의 숨소리 의

[illegible] 범이 노려볼 을

[illegible] 앞 글자와 같음

虗 虛[빌 허]와 같음

虚 앞 글자의 俗字

[illegible] 밥그릇 로, 범의 무늬 로

𧆛 虐[사나울 학]과 같음

𧆞 앞 글자와 같음

彪 표범 표 [彡部](火)

虘 범 사나울 차 살아있는 범 차

𧆓 아가리 좁은 단지 로, 밥그릇 로

⑥ 획

𧆬 虎[범 호]의 古字

𧆻 범의 소리 은 범 울음소리 은

虚 빌 허, 비울 허, 틈 허, 허약할 허 常(木)

𧆸 虐[사나울 학]의 古字

𧆶 흰 범 멱, 맥

⑦ 획

𧇃 흰 범 멱, 맥

虜 포로 로, 종 로 사로잡을 로 (木)

虏 虜[포로 로]와 같음 (木)

虞 헤아릴 우, 대비할 우, 근심할 우 (木)

號 부르짖을 호 호령할 호 常(木)

䖒 옛날 그릇 희 옛 질그릇 희

𧇖 虡[종걸이 기둥 거]의 古字

𧆷 앞 글자의 俗字

𧇄 범 령

𧇊 범 걷는 모양 날 범 가는 모양 날

𧇟 범의 소리 함 범 함

𧆳 범이 숨쉴 고

𧆼 모질 차, 범 낳을 조

𧇍 검붉은 얼룩범 종

𧆿 익힐 협, 길들일 합

甝 백호 함, 사나울 함 [甘部]

⑧ 획

虡 종걸이 기둥 거

𧇑 보지 못할 호

𧇒 庸[떳떳할 용]의 訛字

𧇾 범의 소리 교

𧇚 虎[범 호]의 古字

𧇭 虨[범 무늬 반]과 같음

𧇗 盧[밥그릇 로]와 같음

𧇜 흰 범 맥, 멱

𧇮 클 조, 갈 조

⑨ 획

虢 범 발톱 자국 괵 나라 이름 괵

𧈆 凱[즐길 개]와 같음

𧇰 盧[밥그릇 로]와 같음

虣 사나울 포, 급할 포 벼슬이름 포

𧇎 앞 글자와 같음

𧇷 힘센 수펌 암

𧇺 호랑이가 졸 열

膚 살갗 부, 나무의 껍질 부 [肉部](水)

戯 戲[희롱할 희]의 略字 [戈部]

慮 생각 려, 근심할 려 [心部] 常(火)

⑩ 획

虥 범 잔, 털 짧은 범 잔

虦 앞 글자와 같음

𧈅 범 성낼 현, 안

𧇶 범 강

𧈁 짐승이 패려궂어 움직이지 않을 계

𧈂 범 도

𧈃 앞 글자와 같음

𧈄 범이 숲에 들 숙

𧇸 범 길들 주 범 친압해질 주

𧈇 뒤뚱거릴 요

𧈍 잠시 쉴 고

𧈈 갈 조

𧈉 處[곳 처]와 같음

虨 彪[범 무늬 반]과 같음

虒 쓸 치

盧 화로 로, 술청 로 성씨 로 [皿部] (水)

⑪ 획

虨 범 무늬 반 범 가죽의 무늬 반

虠 烘[횃불 홍]과 같음

戲 탄식할 희, 힘겨룰 희, 아 호 [戈部]

虧 이지러질 휴, 멎을 휴, 무너질 휴 (木)

⑫ 획

虩 두려워할 혁 승호 혁, 거미 혁

䖆 범 오

虪 覷[흰 범 멱, 맥]의 俗字

虝 흙가마 호

虪 범의 모양 삭

虧 虧[이지러질 휴]와 같음

䖑 粗[싸래기 조]와 같음, 또 갈 조

虚 靈[신령 령]과 같음

虦 범의 소리 함

虡 虡[종걸이 틀 기둥 거]의 本字

⑬ 획

虨 彪[범 무늬 반]과 같음

虪 검붉은 범 종

虪 霸[으뜸 패]와 같음

虩 虩[두려워할 혁]의 訛字

虪 범이 놀랄 색 범의 소리 혈

⑭ 획

虪 범 싸우는 소리 은

虩 두려워할 격

虪 범의 소리 객

獻 드릴 헌, 바칠 헌 음식 헌 [犬部] 常(土)

⑮ 획

虪 범의 소리 격, 혁

虪 앞 글자와 같음

⑯ 획

虪 저민 살코기 려

⑳ 획

虪 검은 표범 숙

㉑ 획

虪 검은 범 등

虫部

虫 벌레 충, 살무사 훼 (水)

① 획

虬 虯[규룡 규]와 같음

虦 벌레소리 알 벌레 울음소리 알

虫 匿[벌레먹는 병 닉]의 訛字

虫 蟲[벌레 충]과 같음

② 획

虯 규룡 규, 곱슬곱슬할 규 (水)

虮 밀기벌레 기

虭 벌레 이름 조 조로 조, 조설 조

䖝 벌레가 창자를 먹는 병 닉

虱 蝨[이 슬]과 같음 (水)

虴 벌레 이름 복

虰 잠자리 정, 개미 정 정령 정, 약정할 정

蚤 蚤[벼룩 조]와 같음

虲 팔사 팔(황충이의 딴 이름)

③ 획

虷 장구벌레 간, 한 범할 간

虳 쥐 굴, 적

虻 蝱[등에 맹]과 같음 (水)

䖟 앞 글자와 같음

虴 벼메뚜기 책, 택 책맹 책(여치)

虹 무지개 홍, 다리 홍 어지럽힐 홍 (水)

𧈡 앞 글자와 같음

𡊴 앞 글자와 같음

虺 살무사 훼, 작은뱀 훼, 지쳐서 앓을 회 (水)

虼 벼룩 걸, 흘 쇠똥구리 걸

虵 蛇[뱀 사]의 俗字

虶 그리마 우, 치자 우 부우 우

𧈢 앞 글자와 같음

虸 자방벌레 자 (水)

𧈧 황충 특, 누리 특

𧈦 바다벌레 주

𧈫 벌레 꿈틀거릴 천

𧈪 게 올

𧈬 蚖[영원 원, 살무사 완]의 訛字

𧈮 앞 글자와 같음

𧈭 虫[살무사 훼]와 같음

虽 雖[비록 수]의 簡化字, 俗字

独 獨[홀로 독]의 略字 [犬部]

風 바람 풍, 풍속 풍 절조 풍 [風部] 常 (木)

𧈲 蚤[벼룩 조]의 俗字

𧈰 螾[지렁이 인]과 같음

④ 획

蚧 바다조개 개, 옴 개 도마뱀 개

蚗 쓰르라미 결 씽씽매미 결

蚣 지네 공, 베짱이 송 종사 송 (水)

蚐 노래기 균

蚙 벌레 줄지어 갈 금 집게벌레 검

蚑 기어다닐 기, 동물 천천히 다닐 기

蚚 쌀바구미 기 버마재비 기

蚔 청개구리 기 전갈 기, 등에 기

蚎 지차리 뉵 그리마 뉵

蚪 올챙이 두 가파를 두 (水)

蚞 쓰르라미 목 매미 목

蚊 모기 문 (水)

螡 앞 글자와 같음

蚌 방합(조개) 방 벌 봉, 봉강 봉 (水)

蚄 며루 방, 멸구 방 이화명충 방

蚥 두꺼비 부, 버마재비 부, 왕매미 부

蚨 파랑강충이 부, 물나비 부, 그리마 부 (水)

蚅 콩망아지 액, 나방류의 애벌레 액

蚦 비단뱀 염, 이무기 염, 짐승 혀빼물 염

蚋 초파리 예, 모기 예 (水)

蚖 영원 원, 살무사 완

䖠 앞 글자와 같음

蚏 팽월 월, 물벌레 월

䖤 앞 글자와 같음

蚒 蛜[쥐며느리 이]와 같음

蚓 지렁이 인, 구인 인 (水)

蚝 쐐기 자

蚤 벼룩 조, 일찍 조 손톱 조, 장부 조 (水)

𧈩 앞 글자와 같음

蚛 벌레먹을 충

蚇 자벌레 척

蚕 지렁이 천, 蠶[누에 잠]의 俗字

蚩 어리석을 치, 추할 치, 업신여길 치 (水)

𧉈 앞 글자와 같음

蚆 자개 파, 조개 파

蚢 쑥누에 항, 큰 조개 항, 야생누에 항

蚘 회충 회, 치우 우

蚈 노래기 견, 마현 견

蚍 왕개미 비
당아욱 비 (水)

蚎 작은 벌레 원

蚗 벌레가 불에 뛰어
들 권

蚢 蛧[도깨비 망]의
俗字

蚔 벌레가 뻗어서 이
어갈 치, 기어갈 치

蚩 앞 글자와 같음

蚒 누에 윤
벌레 이름 윤

蚂 매미 면

蚜 작은 벌레 아
진딧물 아

虵 虺[살무사 훼]의
本字

蚟 귀뚜라미 왕

蚪 새끼누에 묘

蚠 사람 이름 분
두더지 분

蚡 두더지 분, 쌓일 분
어지러울 분

蚥 노랑 등에 보
노린재 부

蚹 물벌레 부
당아욱 부

蚩 毒[독할 독]의 古
字

蚕 蠶[누에 잠]과 같
음

蚒 붉게 칠할 동, 동관
의 붓 동, 붉을 동

蚪 蠹[좀 두]의 古字

蚸 도마뱀 석, 서룡 석

蚼 虹[무지개 홍]과
같음

⑤ 획

蚵 도마뱀 가
두꺼비 가

蚶 새꼬막조개 감

蚷 노래기 거
마륙 거

蛄 땅강아지 고, 가재
고, 바구미 고

蛌 벌레 이름 고

蚯 지렁이 구 (水)

蚼 개미 구, 구견 구
구저 구, 구양 구

蛋 새알 단
남방 오랑캐 단 (水)

蚸 방아깨비 력
자벌레 척

蛉 잠자리 령, 그리마
영, 청령 령 (水)

蛂 풍뎅이 별

蛃 반대좀 병, 좀 병

蚹 뱀의 배비늘 부
뱀허물 부

蚽 벌레 이름 비

蛇 뱀 사, 자벌레 타
느긋할 이 常 (水)

虵 앞 글자의 俗字

蚺 蚦[비단뱀 염]의
俗字

蛩 蜿[구불구불할 원]
의 俗字

蚴 용이 꿈틀거릴 유
나나니벌 유 (水)

蚰 그리마 유 (水)
노래기 축

蛆 구더기 저, 술에 뜨
는 거품 저 (水)

蛅 쐐기 점, 점채 점 (水)
(벌의 일종)

蛁 참매미 조, 초료 초

蛀 나무 좀벌레 주
좀먹을 주 (水)

蚳 개미알 지
짐승 이름 지

蚻 씽씽매미 찰
작은 매미 찰

蚱 벼메뚜기 책, 말매
미 책, 해파리 차

蛈 도르래 철
땅거미 철

蚾 두꺼비 파
쥐며느리 파

蚿 노래기 현

蚭 지차리 니
그리마 니

蚲 등에 평, 바구미 평

蛑 蟊[해충 모]와 같
음

蛓 蚝[쐐기 자]와 같
음

蚰 蝠[나무좀 굴]과
같음

蚴 작은 벌레 기어갈
용

蜜 蜜[꿀 밀]과 같음

蛆 蜇[쏠 철]과 같음

蛣 붉은 조개 겁

蛩 蛩[귀뚜라미 공]의 俗字
蚵 쌀바구미 가
蛞 버마재비 석
蚊 蚊[모기 문]과 같음
蚤 앞 글자와 같음
蛌 검은 벌 필 벌레 이름 비
蚤 蚤[메뚜기 서]의 訛字
蚩 蚩[어리석을 치]와 같음
蚌 蚌[방합 방]과 같음
蛍 螢[반딧불 형]의 略字
蛊 蠱[좀 고]와 같음
蚫 전복 보
蛎 개구리의 일종 괴
蚨 孵[알깔 부]의 俗字
蚩 자서 자(전설상의 쥐)
蚮 뱀이나 전갈의 독 적, 특, 벼메뚜기 대
蛤 검은 조개 태
蚧 팽혈 혈(게의 일종)

⑥ 획

蛪 파리 결, 무지개 열
蛐 지렁이 곡, 토룡 곡
蛬 메뚜기 공, 귀뚜라미 공, 근심할 공(水)
蛩 귀뚜라미 공 공공이 공(水)
蛩 앞 글자와 같음
蛟 교룡 교, 상어 교 뿔 없는 용 교(水)
蛫 곤충 이름 궤 괴수 이름 궤
蛣 장구벌레 길, 말똥구리 길, 나무좀 길(水)
蛯 벌레 이름 노
蛚 귀뚜라미 렬
蛪 앞 글자와 같음
蛮 蠻[오랑캐 만]의 略字
蛨 벌레 이름 맥 여치 맥
蛑 꽃게 모, 뿌리 갉아 먹는 벌레 모
蛢 풍뎅이 병
蛗 메뚜기 부
蛥 씽씽매미 설
蛘 근질근질할 양, 옴 벌레 양, 바구미 양
蛙 개구리 와, 음란할 와, 왜, 불여귀 결(水)
蛦 가을매미 이, 거북 이, 들꿩 이
蛜 쥐며느리 이 전갈 이, 잠자리 이
蛋 앞 글자와 같음
蛡 벌레 기어갈 익 벌집 익, 날 후
蛓 쐐기 자
蛛 거미 주(水)
蛭 거머리 질, 살무사 질, 개미집 질(水)
蛝 왕개미알 한 노래기 한
蛤 대합조개 합 도마뱀 합(水)
蛤 앞 글자와 같음
蛬 번데기 향, 향검 향(쥐의 일종)
蛞 괄태충 활, 여치 활 올챙이 활(水)
蛔 회충 회, 기생충 회(水)
蛸 앞 글자와 같음
蛒 거머리 격, 풍뎅이의 애벌레 격, 낙위 락
蛵 큰 새우 광
蛦 낚싯밥 이
蛔 벌레 동
蛿 왕개미 후
蛇 해파리 차
蛬 쏠 학, 쐐기 학
蛧 도깨비 망
蛪 강요 요, 살조개 요 자개 요
蛐 벌레 곤
蚻 蚻[씽씽매미 찰]의 訛字

蛠 도마뱀 척

蠚 독 쏠 학

䖯 별자리 이름 규 전갈 규, 벌 규

蝬 몽구 몽, 뱁새 몽

衍 그리마 연

蛜 거미 유

蛡 땅벌 인

蜈 합타 타, 땅 이름 타

蛝 벌레 이름 해

⑦ 획

蛷 집게벌레 구 부스름 구

𧊲 앞 글자와 같음

蜑 오랑캐 이름 단 짐승의 알 단(水)

蜋 사마귀 랑, 매미 랑 말똥구리 랑(水)

蛶 벌레 이름 렬

蜊 참조개 리, 조개 리(水)

𧋍 앞 글자와 같음

蛖 땅강아지 망 방합 방

蜅 작은 게 부, 게 포 대합조개 포

蜂 벌 봉, 꿀벌 봉 국화 이름 봉 常(水)

蜉 하루살이 부 왕개미 부(水)

蜍 두꺼비 여

蜁 소라 선, 대사리 선

蜤 해파리 설

蛸 갈거미 소, 사마귀 알 소(水)

蜙 벌레이름 소, 뱀의 독류, 하루살이 류

蜃 무명조개 신, 대합 신, 이무기 신(水)

蛾 나방 아, 누에나방 아, 개미 의(水)

䖸 앞 글자와 같음

蛘 蛘[근질근질할 양]과 같음

蜎 장구벌레 연, 굽을 연, 예쁠 연, 날 현

蜒 구불구불할 연 달팽이 연, 알 단

蜈 지네 오(水)

蜈 앞 글자와 같음

蛹 번데기 용(水) 누에 번데기 용

蜓 수궁 전, 매미 정 잠자리 정

蜄 움직일 진, 蜃[무명조개 신]과 같음

蜇 벌레가 쏠 철, 아프게할 철, 해파리 철

蜀 나라 이름 촉, 땅 이름 촉, 제기 촉(水)

蜕 허물 태, 세, 허물 벗을 세, 태(水)

蜌 홍합 폐, 맛조개 폐

蜆 가막조개 현, 나비의 애벌레 현(水)

蛺 나비 협, 겹

蛵 잠자리 형, 청령 형

蜦 바다독충 희 독충의 이름 희

蝝 돼지 땅뒤질 회 땅두더지 회

蜶 땅벌 곡

䖨 베짱이 사, 벌레 이름 사, 병 이름 사

蜈 鼯[날다람쥐 오]와 같음, 지네 오

蛼 차오 차, 대합 차

蛽 貝[조개 패]의 俗字

蛪 붉은 벌레 동

赨 앞 글자와 같음 [赤部]

蝍 굼벵이 각

蛪 벌레 기어가는 모양 엽

蜏 하루살이 유

䗝 개미 지

蜐 거북다리 겁 거북손 겁

𧊭 蝨[이 슬]과 같음

蜨 蝶[나비 접]과 같음

蛥 매미 제

蟸 蠡[좀먹을 리]와 같음

蜤 대사리 사

蜒 나전 전

鯈 조용 조(전설에 나오는 동물 이름)

鰷 앞 글자와 같음

蜴 豸[발 없는 벌레 치]와 같음

⑧ 획

蜴 도마뱀 척, 속일 척

蟯 쇠똥구리 강 말똥구리 강

蜛 벌레 이름 거 거저(물벌레) 거

蜸 누에 견, 지렁이 견

蜾 복사뻐 과 나나니벌 과

蜠 자개 균, 큰 조개 균

蝠 나무좀 굴

蜷 구부러질 권 지렁이 권 (水)

蜞 방게 기, 거머리 기

蟇 앞 글자와 같음 (水)

蜪 메뚜기 새끼 도 짝할 도, 도견 도

蝳 거미 독, 대모 대(거북의 일종)

蝀 무지개 동 (水)

蜽 도깨비벌레 량 두억시니 량

蜧 신령스러운 뱀 려 큰 두꺼비 려

蜦 꿈틀거리고 갈 륜 신령한 뱀 륜

蝄 도깨비벌레 망

蜢 벼메뚜기 맹

蜜 꿀 밀, 달콤할 밀 자세할 밀 常(水)

蜱 사마귀알 비 조개 비

蜰 바퀴벌레 비 빈대 비, 비유 비

蜚 앞 글자와 같음

蟁 앞 글자와 같음

蜚 바퀴벌레 비, 메뚜기 비, 날 비 (水)

蜡 여치 사

蜡 납향제 사(水) 구더기 저

蜥 도마뱀 석

蜥 앞 글자와 같음

蜤 앞 글자와 같음

蜙 베짱이 송 메뚜기 송

蜹 살모사 악 살모사(독사) 악

蜮 물여우 역, 해충 이름 역, 청개구리 국

蜮 앞 글자와 같음

蜵 웅숭깊을 연 (水) 깊고 넓은 대궐 연

蜹 파리매 예, 초파리 예, 모기 예

蜺 암무지개 예 쓰르라미 예 (水)

蜿 꿈틀거릴 완, 구불구불 서릴 원 (水)

蜲 쥐며느리 위, 꿈틀거릴 위, 위이 위

蜼 원숭이 유, 긴꼬리원숭이 유, 류

蜳 아찔할 윤, 설렐 돈 불안정할 돈

蜨 蝶[나비 접]과 같음 (水)

蜓 벌레 이름 정

蜩 매미 조 (水)

蜘 거미 지 (水)

蜘 앞 글자와 같음

蜻 귀뚜라미 청, 잠자리 청, 매미 청 (水)

蝃 무지개 체, 거미 철

蝂 벌레 이름 판 부판 판(작은 벌레)

蜬 작은 소라 함 재첩 함

蜭 쐐기 함

蜨 벌레가 많을 잡

蜶 매미 허물벗은 껍질 공

蝜 쥐며느리 부

蜟 허물 안 벗은 매미 육

蜯 강요주 륙 괴륙 륙(조개)

蜡 게젓 사

蝥 거미 우

蜊 질리 리, 합리 리(조개)

蜻 매미 기, 갈거미 기 긴다리 거미 기
蜣 거미 호, 영원 호 (도룡뇽과 비슷함)
蜫 벌레 곤
蜵 벌레 전
蝳 딱정벌레 답 작은 등에 답
蝬 노래기 잔
蝜 메뚜기 부
蝨 앞 글자와 같음
蝪 그리마 장, 치자리 장, 바퀴 장
蝱 등에 맹, 패모 맹 새 이름 맹
蛢 풍뎅이 병
螿 蠨[쓰르라미 장]과 같음
蝀 붉을 동
蜋 전갈 기
蚕 蠶[누에 잠]의 略字
蝅 앞 글자와 같음
蝇 蠅[파리 승]의 略字
蜘 두꺼비 국
蜱 짐승 혀 빼 문 모양 담
蝴 별이 별(개구리의 일종)
蝆 정병 병, 긴맛조개 병
蝨 蝨[이 슬]과 같음
蝿 겹접 압(나비의 일종)

⑨ 획

蝎 나무좀 갈, 전갈 갈 갈호 갈(木)
蝔 참개구리 개 벌레 이름 개
蝌 올챙이 과(水)
蝌 앞 글자와 같음
蝺 좋은 모양 구, 예쁠 구, 곱사등이 우
蝰 누에 번데기 규 살모사 규
蝻 곡식벌레 남
蝷 방아깨비 력
蝳 蝳[거미 독]과 같음
蝱 등에 맹, 패모 맹 새 이름 맹
蝒 말매미 면
蝐 대모 모(거북의 일종)
蝥 해충 무, 반모 모 무호 무, 거미 무(水)
蝛 앞 글자와 같음
蝞 새우 미, 거북 등에 기생하는 벌레 미
蝠 박쥐 복, 살모사 복(水)
蝮 살모사 복, 매미 허물 복, 누리새끼 복(水)
蝜 쥐며느리 부 부판 부
蝑 베짱이 서, 게젓 사
螋 집게벌레 수
蝨 이 슬, 폐해 슬 끼어들 슬(水)
蝕 좀먹을 식, 상할 식 골짜기 이름 륙(水)
蝘 수궁 언, 두더지 언 매미 이름 언
蝝 누리새끼 연 개미알 연
蝧 벌 영, 벌 이름 영
蝸 달팽이 와, 고동 라 나나니벌 과(水)
蝯 긴팔원숭이 원
蝛 쥐며느리 위
蝟 고슴도치 위 많을 위(水)
蝟 곤충 이름 위 베짱이 위
蝓 달팽이 유
蝣 하루살이 유
蝚 거머리 유, 나라 이름 유, 원숭이 노
蝡 굼실거릴 윤 뱀 이름 연
蝫 벌레 이름 저 두꺼비 저
蝶 나비 접 常 (水)
蝏 긴맛조개 정 잠자리 정
蝭 쓰르라미 제, 자규 제, 지모 시
蝬 조개 이름 종 삼종 종

蝩 여름누에 종

蝍 지네 즉, 절 자벌레 즉, 절

蝤 나무굼벵이 추, 꽃게 추, 하루살이 유(水)

蝵 거미 추

蝽 섞일 춘

蝪 땅거미 탕 철탕 탕

蝙 박쥐 편, 수달 편 편복 편(水)

蝦 새우 하, 하마 하, 달 속의 두꺼비 하(水)

蝢 여혈 혈

蝴 나비 호 (水)

蝗 누리 황(메뚜기과의 곤충)(水)

蝖 자조 훤 벌레가 날 훤

蝔 벌레 굼실거릴 천

蝭 잠자리 성

蝴 용 꿈틀거리는 모양 유

蝱 벌 범

蝨 蠡[좀먹을 려, 리]와 같음

蛹 蛹[누에번데기 용]과 같음

蝕 쌀바구미 시 바구미 시

蝆 긴맛조개 병 말씹조개 병

蝲 벌레 이름 랄 가재 랄

蝺 물나비 우 파란 강충이 우

蝡 자개 이름 천 여천 천

蝆 벌레구멍 풍 벌레집 풍

蝑 잠자리 총

蛚 蛚[귀뚜라미 렬]과 같음

螘 蟻[개미 의]와 같음

蝹 용 꿈틀거릴 운

蝬 蜓[수궁 전]과 같음

蝼 螻[땅강아지 루]의 略字

蝶 蚧[조개 이름 개]와 같음

蝥 꽃게 모

蟀 蟀[귀뚜라미 솔]과 같음

蝘 그리마 연

蝒 앞 글자와 같음

蝛 자이 자(거북의 일종)

蝭 매미 제

蝙 물여우 편

蝋 쏠 학, 독충 학 벌레의 독 학

蝛 긴 맛조개 함

蝬 도마뱀 후

⑩ 획

螜 땅강아지 곡 굼벵이 혹

螜 앞 글자와 같음

蟜 벌레 교

螚 작은 등에 내

螗 씽씽매미 당 버마재비 당

螣 등사 등(용 비슷한 뱀), 누리 특

螂 蜋[사마귀 랑]과 같음(水)

螞 말거머리 마, 황충 마, 잠자리 마(水)

螟 마디충 명, 명정 명 (전설속 귀신)(水)

螷 버마재비 알 박

螌 가뢰 반, 반모 반(水)

螁 앞 글자와 같음

螃 방게 방, 방해 방 두꺼비 방(水)

螕 진드기 비 왕개미 비

螄 다슬기 사 대사리 사

螦 좀 소, 식소 소

螋 螋[집게벌레 수]와 같음

螅 蟋[귀뚜라미 실], 蛓[쐐기 자]와 같음

螐 배추벌레 오 나방의 애벌레 오

螉 나나니벌 옹 진드기 옹

螾 꿈틀거릴 운, 윤 벌레 이름 오

螈 영원 원, 원잠 원

螤 양의 이름 유
64말(斗) 종

融 화할 융, 녹을 융, 성할 융, 따뜻할 융(水)

螎 앞 글자와 같음

蝹 벌레 이름 은

螘 개미 의 (水)

螠 도롱이벌레 의
애벌레 의, 의녀 의

螔 달팽이 이
산(山)개구리 이

螓 씽씽매미 진

螏 귀뚜라미 질
지네 질

𧏿 앞 글자와 같음

螒 글가리 한, 여치 한

螛 눈알 굴리며 혀 낼름거릴 할

螢 개똥벌레 형, 반딧불 형 常(水)

螇 씽씽매미 혜, 혜저 혜, 맹수이름 혜

螖 방게 활, 활택 활

螝 번데기 회
살모사 회

螝 앞 글자와 같음

螑 고개 들고 꿈틀거릴 후

𧎴 도마뱀 궁, 수궁 궁

蟘 특벌레 특, 황충 특

𧐐 귀뚜라미 손
왕손 손

𧎹 반딧불 계
노래기 견

𧐒 귀뚜라미 공

𧏖 거머리 지

𧐍 딱정벌레 합, 갑
바구미 갑

𧐗 벌레 이름 걸, 송장메뚜기 걸

𧐀 개미 알 지

𧓊 蚤[벼룩 조]와 같음

螽 앞 글자와 같음

蜤 蜥[도마뱀 석]의 俗字

𧑏 蠹[좀 두]의 古字

𧐈 蟣[서캐 기]와 같음

䘉 蠶[누에 잠]의 俗字

䗂 자개 요, 조개 요

𧏡 메뚜기 새끼 제

𧐂 올챙이 두

𧑔 蛬[귀뚜라미 공]과 같음

𧐌 蛢[긴맛조개 병]과 같음

𧑠 오이벌레 감

𧐅 蚔[개미 알 지]의 古字

𧐖 거미 추

𧒽 蠶[누에 잠]과 같음

𧐆 嗤[웃을 치]와 같음

蝡 벌레 움직일 연
나무 먹는 뱀 연

𧏔 蜣[쇠똥구리 강]과 같음

𧏛 하루살이 략

蠊 조개 렴

𧓉 蟊[해충 모]와 같음

𧒂 蚊[모기 문]과 같음

螋 벌레 이름 수

𧐞 짐승 이름 양

𧐙 지렁이 한

⑪ 획

螬 잠자리 강

𧑒 해충 감(농작물을 갉아먹는 해충)

𧒛 하루살이 거

蟈 청개구리 괵, 여치 국, 귀뚜라미 국

蟂 교달벌레 교, 영원 효, 수달 효

𧐎 앞 글자와 같음

螼 지렁이 근

螳 사마귀 당
사마귀 새끼 당(水)

螺 소라 라, 술잔 라, 눈썹먹 라, 지문 라(水)

蠦 털매미 록, 혜록 록

蟉 머리 흔들 료
꿈틀거릴 류, 규

螻 땅강아지 루, 악취 풍길 루, 좀먹을 루

螭 교룡 리, 이매 리
용 이름 리(水)

蟆 두꺼비 마, 개구리 마, 작은 모기 막

蟇 앞 글자와 같음(水)

蟵 황충 마

䗫 앞 글자와 같음

蟃 뽕나무벌레 만
진드기 만

蝥 蝥[해충 모]와 같음, 귀조 몽(水)

螷 긴 맛조개 비

螪 벌레 이름 상

螫 쏠 석, 해독 석
성낼 석

螆 앞 글자와 같음

蟀 귀뚜라미 솔(水)

蟋 귀뚜라미 실(水)

螯 차오 오, 집게발 오

螸 앞 글자와 같음

螱 흰 개미 위

蟵 앞 글자와 같음

螢 벌 밑구멍 유
배 불룩할 유

螾 지렁이 인

蟅 쥐며느리 자
자망 자

䗪 앞 글자와 같음

蟅 앞 글자와 같음

蟑 바퀴벌레 장
장랑 장

蟚 쓰르라미 장
기생매미 장

螹 벌레이름 점
점리 점, 참호 참

螬 굼벵이 조
풍뎅이의 유충 조

螽 누리 종, 메뚜기 종(水)

螴 설렐 진
불안정할 진(水)

螲 땅강아지 질, 누질 질, 하늘밥도둑 질

螮 무지개 체
작은 벌 대

蟌 잠자리 총

蟄 벌레 칩, 동면할 칩
숨어살 칩(水)

螵 오징어 표, 표소 표
버마재비 알 표

蝹 어린 누에 구, 번데기 후, 누에잠 우

蝤 노래기 축, 물고기 부레 축, 축이 축

蟓 蠰[연가시 상]과 같음

蝕 蝕[좀먹을 식]과 같음

蟅 蛆[구더기 저]와 같음

螬 蚤[벼룩 조]와 같음

蜘 蜘[거미 지]의 古字

蹤 작은 벌 종
응종 종

蠭 蜂[벌 봉]과 같음

蠭 앞 글자와 같음

蟟 하루살이 략

螺 앞 글자와 같음

螸 반대좀 어, 좀 어
백어 어

蚳 蚳[개미 알 지]의 古字

蟦 작은 자개 책

蟁 蚊[모기 문]과 같음

熠 반딧불 습, 읍

螬 물고기 이름 전, 단

蟩 벌레 서릴 련

蝮 蝮[살모사 복]과 같음

蟀 벌레 모일 족

蚪 蚪[올챙이 두]와 같음

蟱 잠자리 무

蟍 지네 리, 질리 리

蝤 자벌레 숙

蟨 등에 닐, 벌레먹을 닐

蟟 하루살이 략

蠎 이무기 망, 망포 망 메뚜기 맹, 황충 맹

⿱旋虫 물여우 선

⿰虫旋 앞 글자와 같음

⿱從虫 메뚜기 송, 송서 송

⿰虫戚 두꺼비 척

⿱族虫 새우 더듬이 족

⿱殼虫 螜[땅 강아지 곡, 혹]과 같음

⑫ 획

蟝 하루살이 거 노래기 거

蟜 독충 교, 야만인 교 씩씩할 교, 개미 교

蟨 쥐 궐, 장구벌레 궐

蟩 앞 글자와 같음

蟣 서캐 기, 술 거품 기 (水)

蟫 반대좀 담, 음 꿈틀거릴 심

蟧 쓰르라미 로 매미 료

蟟 참매미 료, 초료 료

蟒 이무기 망, 망포 망 메뚜기 맹

蟱 거미 무 파랑강충이 무

⿰虫黑 쐐기 묵, 점사 묵

蟠 서릴 반, 두루미칠 반, 쥐며느리 번 (水)

⿱番虫 앞 글자와 같음

蟞 개미 별, 별이 별

⿰虫敝 앞 글자와 같음

蟦 해파리 비 풍뎅이 애벌레 비

蟴 쐐기 사, 점사 사

蟖 앞 글자와 같음

蟓 누에 상, 구양(개미의 일종) 상

蟬 매미 선, 명주 이름 선, 선관 선 (水)

蟮 지렁이 선, 두렁허리 선, 선어 선

蠨 갈머리 소 발 긴 거미 소

蟳 꽃게 심

蟯 요충 요, 작은 벌레 요, 벌레 움직일 요 (水)

⿱堯虫 앞 글자와 같음

蟡 벌레 이름 위

⿰虫巽 꿈틀거릴 전 서린 모양 전

蟕 바다거북 자, 주

蟙 박쥐 직, 비서 직 게 이름 직

蟭 사마귀 알 초 작은 벌레 이름 초

蟗 거미 추

蟲 벌레 충, 동물 충 충재 충 常 (水)

蟘 황충 특, 곡식의 어린 잎 먹는 벌레 특

⿰虫粦 반딧불 린 (水)

蟛 방게 팽, 게 이름 팽 (水)

蟚 앞 글자와 같음 (水)

蟪 쓰르라미 혜 매미 혜

蟥 풍뎅이 황 거머리 황

蟢 갈거미 희

⿰虫衆 메뚜기 중, 종, 螽[누리 종]과 같음

⿰虫越 게 이름 월, 방게 월

⿰虫童 황충 종

⿱阜䖵 蛗[메뚜기 부]와 같음

⿱𠂤䖵 앞 글자와 같음

⿰虫貫 소라 관, 다슬기 관

⿰虫華 큰 뱀 화

⿰虫属 蠾[벼룩 촉]의 俗字

⿰虫敦 청부벌레 돈, 파랑강충이 돈, 나비 돈

⿰虫黍 메뚜기 서 쥐며느리 서

⿱黍虫 앞 글자와 같음

⿰虫惡 풍뎅이 오 딱정벌레 오

⿱虘䖵 전갈 차

⿰虫就 자벌레 축

⿱毚虫 토끼그물 천

⿰虫絛 옴 조

⿰虫登 하루살이 등

⿱龜虫 龜[거북 귀, 균, 구]와 같음

⿱羊䖵 蛘[근질근질할 양]과 같음

⿰虫甯 영모 녕(매미의 일종)

⿰虫⿱癶虫 螣[등사 등]과 같음

⿰虫菐 달팽이 복

蠕 蝡[굼실거릴 연, 윤]과 같음(水)

⿰虫矞 풍뎅이 율

⿱兟虫 蠶[누에 잠]과 같음

⿱絑䖵 거미 주, 산 이름 주

⿰虫進 긴맛조개 진

⿰虫喆 벌레 이름 철 蜇[쏠 철]과 통용

⿰虫寒 지렁이 한, 구인 한

⿰虫雋 蠵[바다거북 휴]와 같음

⑬ 획

蟼 두꺼비 경

蟿 딱다깨비 계, 방아깨비 계, 개구리 계

⿰虫毄 앞 글자와 같음

蟷 버마재비 당, 사마귀 당, 거미 당(水)

⿱當虫 앞 글자와 같음

蠃 나나니벌 라 달팽이 라, 고둥 라

蠊 바퀴 렴, 향낭자 렴

蟺 지렁이 선, 나나니벌 단, 악어 타

蟾 두꺼비 섬, 낙수받이 섬, 연적 섬(水)

蠂 메뚜기 섭, 황충 섭

蠅 파리 승, 거미 이름 승, 벌레 다닐 승(水)

蟻 개미 의, 검은 빛깔 의, 갓 깐 누에 의(水)

⿰虫資 뽕나무 벌레 자 거북 이름 자

蠈 마디충 적(벼의 마디를 갉아먹는 충)

蠘 앞 글자와 같음

蟶 긴맛 조개 정

蠆 전갈 채, 채개 채 독충의 이름 채

蠋 나비 애벌레 촉 뽕나무 벌레 촉

蠌 소라게 택, 활택 택 방게 책

蟹 게 해(水)

蠏 앞 글자와 같음

蠁 번데기 향, 울릴 향 초파리 향

蠍 전갈 헐, 갈(水)

蠉 장구벌레 현 곤충이 날고 길 현

⿱彖䖵 蠡[좀먹을 려]와 같음

⿰虫畺 배강잠 강 죽은 누에 강

⿰虫葛 蠟[밀 랍]의 俗字

⿰虫意 작은 벌 억

⿰虫瑟 蟋[귀뚜라미 실]과 같음

⿱夆䖵 蠭[벌 봉]의 古字

⿰虫過 불과벌레 과 버마재비 과

蠇 蠣[굴 려]와 같음

⿱雍虫 쌀바구미 옹 땅벌 옹

⿰虫雍 앞 글자와 같음

⿰虫慈 蛓[쐐기 자]와 같음

⿱延䖵 빈대모양 연 오랑캐 단

⿸尸䖵 ⿸屖䖵[벌레이름 전]의 訛字

⿰虫𦱳 蟒[이무기 망]과 같음

⿰虫⿱罒月 蝟[고슴도치 위]의 本字

⿱宊䖵 螽[누리 종]의 本字

⿱薛虫 蠥[근심 얼]과 같음

⿱葛虫 蝎[나무좀 갈, 할]과 같음

⿱敖䖵 螯[차오 오]와 같음

⿱埶䖵 蟄[벌레 칩]과 같음

⿱宓䖵 蜜[꿀 밀]과 같음

⿰虫⿱兆日 螗[씽씽매미 당]의 訛字

⿰虫⿴囗面 蝒[매미 면]과 같음

繭 고치 견, 굳은살 견 솜옷 견 [糸部] (木)

[illegible] 髁[복사뼈 과]와 같음

[illegible] 蛷[집게벌레 구]와 같음

蟽 날달 달, 벌레 이름 달, 더러울 달

[illegible] 벌레 이름 뢰

[illegible] 蝨[이 슬]과 같음

[illegible] 蜃[무명조개 신]과 같음

[illegible] 누에나방 아, 蛾[나방 아]와 같음

[illegible] 螾[지렁이 인]과 같음

[illegible] 척추 없는 동물 정

[illegible] 蚤[벼룩 조]와 같음

⑭ 획

[illegible] 새우 녕

蠓 눈에놀이 몽, 모기 몽, 깔볼 몽

蠙 진주조개 빈, 씹조개 빈, 변

[illegible] 앞 글자와 같음

蠕 꿈틀거릴 연, 유

蠑 영원 영, 도마뱀 영 (水)

蠘 게 절, 게 이름 절

蠐 굼벵이 제, 하늘소 애벌레 제

蠗 작은 조개 탁, 긴 꼬리 원숭이 탁

蠖 자벌레 확, 자벌레처럼 기어갈 확

蠔 굴 호, 석화 호, 굴조개 호

[illegible] 등에 유, 바구미 유

蠒 繭[고치 견]의 俗字

[illegible] 髁[복사뼈 과]와 같음

[illegible] 蜱[사마귀 알 비]와 같음

[illegible] 메뚜기 부

[illegible] 벌레 기어가는 모양 렵

[illegible] 蚳[개미알 지]와 같음

[illegible] 올챙이 동

[illegible] 자라 단

[illegible] 蜻[귀뚜라미 청]과 같음

⑮ 획

蠟 밀 랍, 밀로 칠할 랍, 담황색 랍 (水)

蠣 굴 려, 가오리 려 (水)

蠡 좀먹을 려, 소라 라, 표주박 리 (水)

蠝 날다람쥐 뢰, 류

蠛 눈에놀이 멸, 하루살이 멸, 깔볼 멸

蠠 힘쓸 민, 蝒[매미 면]과 같음

蠜 누리 번, 부종 번 (메뚜기의 일종)

蠢 꿈틀거릴 준, 공손하지 않을 준 (水)

蠚 쏠 학, 벌레의 독 학, 독충 학

[illegible] 벌레 척

[illegible] 누에 양, 벌레 이름 양

[illegible] 누에 두 잠 잘 정

[illegible] 蚊[모기 문]과 같음

[illegible] 박쥐 묵

[illegible] 독한 벌레 저

蠇 蠣[굴 려]와 같음, 독벌레 이름 래

[illegible] 蚍[왕개미 비]와 같음

[illegible] 쓰르라미 묘, 무

[illegible] 蠲[밝을 견]과 같음 (水)

蠉 蜎[장구벌레 현]과 같음

[illegible] 蜊[참조개 리]와 같음

[illegible] 蝘[수궁 언]과 같음

[illegible] 물벌레 이름 절

蠞 앞 글자와 같음

[illegible] 蠆[전갈 채]와 같음

[illegible] 蠵[바다거북 휴]와 같음

[illegible] 앞 글자와 같음

⑯ 획

蠪 불개미 롱, 농질 롱, 붉은무늬 왕개미 롱

蠬 개미 롱, 방합 방, 농봉 롱(벌의 일종)

蠦 떡풍뎅이 로 빈대 로

蠫 쪼갤 리

蠨 갈거미 소, 거미 소

蠥 근심 얼, 해끼칠 얼 요얼 얼, 요물 얼

蠩 두꺼비 여, 물벌레 저, 섬여 여

𧕅 들누에 력(야생누에)

𧖁 두벌누에 원 가을누에 원

𧖄 등에 내

𧕫 지렁이 흔, 헌

𧖅 벌레 이름 전

蠧 蠹[좀 두]와 같음

𧖃 매미 울 전

𧕳 노래기 잔

𧕱 뱀 유

蟁 蚊[모기 문]과 같음

𧖉 螘[개미 의]와 같음

𧕴 벌레가 먹을 전

𧖊 蠆[전갈 채]의 本字

蠭 성씨 방, 방몽 방 사람 이름 방

𧖌 螟[마디충 명]과 같음

𧕿 벌레 이름 등

𧖋 蠶[누에 잠]과 같음

⑰ 획

蠲 밝을 견, 깨끗할 견 노래기 견 (水)

蠱 독 고, 기생충 고 요염할 여 (水)

蠠 벌레 먹는 병 닉, 닐, 등에 닐

蠯 긴맛 비, 긴맛조개 비, 패

蠰 하늘소 상, 사마귀 낭, 메뚜기 양

蠮 나나니벌 열 땅 이름 열

蠳 거북 이름 영 소라 이름 영

𧕷 벌레 점

蠭 蜂[벌 봉]과 같음 날카로울 봉

𧖀 게 참, 게 이름 참

𧖇 쓰르라미 응

𧖈 명충 령, 뽕나무벌레 령, 배추벌레 령

𧖆 개미 희

𧖐 뱀 선, 뱀 이름 선

𧖍 나는 개미 위

𧖎 땅벌 계

𧖏 蜨[나비 접]과 같음

𧖒 반딧불 약 개똥벌레 약

蠤 螬[굼벵이 조]와 같음

𧖑 蜚[바퀴 비]와 같음

𧖓 蠛[눈에놀이 멸]과 같음

𧖔 蠥[근심 얼]과 같음

𧖕 뱃속의 기생충 영 영정 영, 회충 영

⑱ 획

蠷 집게벌레 구, 그리마 구, 원숭이 구

蠸 노린재 권, 넓적다리 잎벌레 권

蠹 좀 두, 좀먹을 두 좀먹을 두 (水)

蠶 누에 잠, 누에칠 잠 잠식할 잠 (水)

蠺 앞 글자와 같음

蠵 바다거북 휴, 큰 거북 휴, 거북 이름 휴

𧖖 땅강아지 녕

𧖗 두 번째 치는 누에 위

𧖘 螽[누리 종]과 같음

𧖙 벼메뚜기 복

𧖚 벌레먹는 창벽 전

𧖛 사마귀 막

𧖜 작은 모기 맥

𧖝 돌이 높고 험할 장

𧖞 𧓉[하루살이 거]와 같음

𧖟 蠝[날다람쥐 류]와 같음

⿱單䖵 타위 타(신화나 전설에 나오는 짐승)

⑲ 획

蠻 오랑캐 만 새소리 만 (水)

⿰虫離 뿔 없는 용 리

⿰虫麗 지차리 리 그리마 리

⿱玆䖵 땅강아지 할

⿰虫贏 蠃[나나니벌 라]의 訛字

⿱萅䖵 蠢[꿈틀거릴 준]과 같음, 흔들릴 춘

⿱黽䖵 蜜[꿀 밀]과 같음

⿱萬䖵 蠆[전갈 채]와 같음

⿱義䖵 螘[개미 의]와 같음

⑳ 획

蠼 큰 원숭이 구, 집게벌레 구, 원숭이 곽

蠺 蠶[누에 잠]의 俗字

⿱非䖵 메뚜기 비

⿱𢇍䖵 蠿[거미 절]과 같음

蠽 매미 절, 잠자리 절

㉑ 획

⿱厲䖵 蠣[굴 려]와 같음

⿱鼏䖵 蜜[꿀 밀]의 本字

⿸广⿱雝虫 누에 옹, 바구미 옹

蠾 벼룩 촉, 거미 촉

⿱毗䖵 蚍[왕개미 비]와 같음

⿰虫⿳亠回早 蟫[반대좀 담]과 같음

㉒ 획

蠿 거미 찰, 절

⿰虫囊 蠰[버마재비 낭]과 같음

⿵門䖵 모기 린, 민

⿰虫彎 벌레 몸을 구부려 숨을 완

㉓ 획

⿱顯虫 작은 조개 현

⿱櫜䖵 蜉[하루살이 부]와 같음

㉔ 획

[illegible] 蠽[쓰르라미 절]과 같음

⿱雔䖵 蟭[사마귀 알 초]와 같음

⿰虫靈 개똥벌레 령 반딧불이 령

血部

血 피 혈, 슬퍼 흘리는 눈물 혈 常(水)

② 획

⿰血力 衄[코피 뉵]과 같음

卹 근심할 휼, 돌볼 휼 먼지 떨 솔 [卩部](火)

⿱血丂 숨을 조절할 정 숨 고르게 쉴 정

⿱血亐 앞 글자의 訛字

③ 획

衁 피 황

⿰血阝 卹[근심할 휼]의 訛字

⿱血夕 보고 정할 경 생각이 정해질 경

衂 衄[코피 뉵]과 같음

⿰血叉 앞 글자와 같음

④ 획

衃 어혈 배, 응혈 배 비부 부(풀 이름)

衄 코피날 뉵, 기세 꺾일 뉵, 모욕 받을 뉵 (水)

⿰血刅 앞 글자의 俗字

⿰血夬 찢을 결, 이지러질 결

⿱止血 衁[피 황]과 같음

⿱去血 피 돌아올 황

⿱血日 어두울 암

⑤ 획

衇 脈[훔쳐볼 맥]과 같음

衅 釁[혼제사 흔, 피 바를 흔]과 같음

⑥ 획

衈 피 바를 이, 제례에 쓸 희생을 잡아 피 바를 이

衆 무리 중, 많을 중 민심 중 常(水)

衇 脈[맥 맥]과 같음

衇 앞 글자와 같음

衋 圖[그림 도]와 같음

衉 衉[피 토할 객]과 같음

⑦ 획

衂 근심할 녁

衊 피칠할 만

衊 어린아이 자지 최

衉 육젓 담, 고기식혜 담, 육장 담

衇 脈[맥 맥]의 訛字

盟 盟[맹세할 맹]의 本字

⑧ 획

衉 육젓 담, 고기식혜 담, 육장 담

衉 선짓국 감

衊 개피(犬血) 괵

衉 嘔[토할 구, 우]와 같음

盟 盟[맹세할 맹]과 같음

⑨ 획

衉 피 토할 객 구역질할 객

衋 침 진(氣液)

衂 惄[허출할 녁]과 같음

⑩ 획

衊 찔려 피날 기 피 칠하는 제사 기

衋 김치 증, 푸서리 증 겉절이 증

衊 더러울 뇩, 뉵 땀 뇩, 뉵

衋 餔[새참 포]의 古字

⑪ 획

衊 피로 더럽힐 호

⑫ 획

衉 선짓국 감

衊 衊[피 칠하는 제사 기]의 本字

衋 젓갈 저

衋 盩[칠 주]와 같음

衊 어린애 자지 최

衊 얼굴에 피 바를 회

⑬ 획

衋 고름 농

⑭ 획

衊 衄[코피 뉵]과 같음

衋 피 엽

⑮ 획

衊 모독할 멸 (水)

⑱ 획

衋 애통해할 혁 몹시 아플 혁

行部

行 갈 행, 다닐 행, 행할 행, 항렬 항 常(火)

② 획

衎 軌[길 궤]의 古字

衎 行[행할 행]과 같음

衎 行[행할 행]과 같음

③ 획

衎 즐길 간, 미쁠 간(火) 믿을 간, 강직할 간

衍 넘칠 연, 성할 연 넓을연, 흐를연(水)

④ 획

䘕 악공 항, 연주자 항 남을 즐겁게 할 항

衏 악공 원, 연주자 원 남을 즐겁게 할 원

䘖 걸음걸이 형 걷는 모양 형

𧗟 御[모실 어]의 俗字

𧗠 앉은뱅이 랍 발 못 들 랍

⑤ 획

𧗼 거리 거

術 재주 술, 꾀 술, 업 술, 방법 술 常(火)

衒 팔릴 현, 자랑할 현 드러낼 현 (火)

䘙 길 령

⑥ 획

街 거리 가 저자거리 가 常(火)

衕 거리 동, 설사 동

衖 巷[거리 항]과 같음

䘗 게으를 각, 느릴 각 고달플 각

衔 銜[받들 함]의 俗字

𧗿 인연 연 [虫部]

𧗳 微[가늘 미]와 같음

𧗱 術[꾀 술]과 같음

⑦ 획

衙 마을 아, 벌집 아 관청 아, 대궐 아(火)

𧗪 衒[팔릴 현]과 같음

䘛 항완 완, 기생집 완

⑧ 획

銜 받들 함, 재갈 함 머금을 함 [金部](金)

䘘 발자취 천

⑨ 획

衜 道[길 도]의 古字

衝 찌를 충, 부딪칠 충 향할 충 常(火)

衚 거리 호, 호동 호

𧘃 가만히 갈 흠, 몰래 다닐 흠, 열릴 함

衛 호위할 위, 지킬 위 위복 위 常(火)

徽 아름다울 휘 좋을 휘 (火)

⑩ 획

衞 衛[지킬 위]와 같음 (火)

衡 저울대 형, 저울질 할형, 평평할형 常(火)

衟 道[길 도]의 古字

衠 바를 순, 순전할 순 참될 준, 모두 준

䘜 정결할 소, 御[모실 어]와 같음 (火)

⑪ 획

𧘅 거느릴 솔 (火)

⑫ 획

𧘆 衝[찌를 충]의 本字

⑯ 획

𧘈 衢[네거리 구]와 같음

⑱ 획

衢 네거리 구, 길 구 갈림길 구 (火)

衣部

衣 옷 의, 옷 입을 의 덮을 의 常(木)

衤 衣가 변으로 쓰일 때의 자형

② 획

䘠 잠방이 료, 교료 료

𧘇 卒[마칠 졸]의 本字

𧘊 裔[후손 예]의 古字

表 겉 표, 거죽 표, 웃옷 표, 밝을 표 常(木)

𧘇 襻[옷끈 반]과 같음

初 처음 초, 첫째 초, 근본 초 [刀部] 常(金)

③ 획

衫 적삼 삼, 웃 삼, 한삼 삼(木)

衧 소매 큰 옷 우, 저우 우

𧘝 앞 글자와 같음

𧘛 앞 글자의 本字

衪 옷 선 이, 袘[길 이]와 같음

衩 옷섶 차, 옷깃 차, 잠방이 차

𧘌 巾[수건 건]과 같음

𧘈 옷의 띠 강

衦 옷 주름 펼 간

𧘑 옷 등걸 궁

𧘊 옷자락 헤칠 탁, 옷깃 벌릴 탁

𧘂 적삼 익

哀 슬플 애, 슬퍼할 애, 상(喪) 애 [口部] 常(水)

衩 적삼 적, 옷깃 표

衹 裞[보충할 체]의 俗字

𧘇 襻[옷끈 반]과 같음

④ 획

衸 행전 개, 옷 폭 개, 치마 앞 트인곳 개

衱 옷자락 겁, 옷깃 겁, 옷 뒷자락 겁

袀 군복 균, 순일할 균, 자줏빛 천 균

衿 옷깃 금, 오지랖 금, 바지춤 금(木)

衾 이불 금(木)

衹 가사 기, 다만 지

衲 기울 납, 꿰맬 납, 장삼 납, 승려 납(木)

衴 이불깃 담, 탐

袂 소매 몌(木)

衭 앞섶 부, 칼전대 부

衯 옷 치렁치렁할 분

袃 앞 글자와 같음

衵 속곳 일, 속옷 일

衽 옷깃 임, 앞섶 임, 소매 임, 요 임(木)

衶 바지 중, 말 재미없을 충

衼 가사 지, 기지 지

衺 사특할 사

衰 쇠할 쇠, 최복 최, 도롱이 사 常(木)

袁 옷 길 원, 옷 치렁치렁할 원 (木)

袃 옷 찢어질 체, 작은 가시 체

𧘟 表[겉 표]의 古字

𧘞 表[겉 표]와 같음

𧘠 앞 글자와 같음

衷 속마음 충, 착할 충, 가운데 충 (木)

𧘣 적삼 두

衮 임금의 옷 곤, 곤룡포 곤(木)

𧘥 옷소매 발

𧘨 수의 초

𧘩 앞 글자와 같음

袚 祓[오랑캐옷 발]의 訛字

衳 속바지 송

𧘭 褾[소맷부리 표]와 같음

𧘮 짧은 옷 호

𧘯 소매 비

𧘰 袾[붉은 옷 주]와 같음

𧘱 비뚤 사

袡 활옷 염(전통혼례 때 입는 신부 옷)

𧘳 이불 금

𧘴 袧[주름 구]의 俗字

衵 옷 부드러울 유, 뉴 (木)

𧘵 소매 기

𧘶 수의 조

裂 동일 력
급히 동여 쌀 력

衻 襻[옷끈 반]과 같음

袃 긴 옷 흉

袄 襖[웃옷 오]의 略字

衩 救[구원할 구]와 같음

衹 衸[행전 개]와 같음

扆 병풍 의, 등질 의
임금자리 의 [戶部]

⑤ 획

袪 소매 거, 걷어올릴 거, 억셀 거 (木)

袧 주름 구, 상복 주름 구

袒 웃통벗을 단, 좌단할 단, 터질 탄 (木)

袜 버선 말, 속옷 말
덮어버릴 말

袚 오랑캐옷 발
오색기 발, 굿 불

袱 앞 글자와 같음

袢 속옷 번, 무더위 번
옷고름 반

袑 바지 소

袖 소매 수, 소매 속에 숨길 수 (木)

袕 옷 구멍날 술
죽은이의 옷 혈

袡 활옷 염

袎 버선목 요

袘 길 이, 치맛단 이
소매 이

袛 속적삼 저, 땀받이로 입는 속적삼 저 (木)

袓 좋아할 저

袏 옷보따리 좌
홑옷 좌

袗 홑옷 진, 화미할 진
상하의 같은색 진 (木)

袟 칼전대 질, 칼집 질
책갑 질, 봉급 질

袠 앞 글자와 같음

袟 앞 글자와 같음

袉 옷자락 타

袙 휘장 파, 장막 파
머리띠 파, 맥

袍 두루마기 포, 군복 포, 내복 포 (木)

袌 앞 글자와 같음

袍 앞 글자와 같음

被 이불 피, 입을 피
겉 피, 덮을 피 常 (木)

袐 찌를 필

袨 나들이옷 현
검은 옷 현

袈 가사 가 (木)

衮 곤룡포 곤 (木)

袋 자루 대 (木)

袤 길이 무, 길 무

袽 해진 옷 나, 헌옷 나

袸 해진 옷 저
낡은 옷 저

袊 활옷 령, 옷깃 령

征 아이 옷 정

袣 옷 해질 랍

袰 옷 주름질 자

袦 홑옷 자, 솔기 자
옷 꿰맬 자

袾 드물게 홀 출, 술
칼집 출, 술

袲 옷 치렁치렁할 아
연약한 모양 아

袞 앞 글자와 같음

袔 소매 하

袷 적삼 갑, 옷깃 갑

袝 성한 옷 부 (木)

袯 긴 옷 용

袮 상례때의 머리치장 니, 옷이 좋을 니

袣 긴 옷 예, 소매 예

袥 옷자락 탁
옷 해질 탁

袦 짧은 옷 굴

袿 괴괴할 괴, 평활할 괴

袬 育[기를 육]과 같음

裝 裝[꾸밀 장]과 같음

⑥ 획

袼 소매 각
소매 혼솔 각

裉 솔기 간, 옷의 겨드랑이 궤맨자리 긍

袶 풀 이름 강

袷 수레 겁, 옷깃 겁 겹옷 겹, 포갤 겹

袺 옷깃 잡을 결, 오지랖에 물건 싸들 결

袴 바지 고, 샅 과 사타구니 과 (木)

袿 여자 웃옷 규, 뒷길 규, 여자 두루막 규

袽 해진 옷 녀 헌옷 솜 녀

𧚓 앞 글자와 같음

裂 찢을 렬, 쪼갤 렬 마름질할 렬 常(木)

𧚒 앞 글자와 같음

𧘺 앞 글자와 같음

𧚜 한 벌 옷 롱

裗 옷 치렁거릴 류

袹 머리띠 말, 말흉 맥

袱 보자기 복, 머리띠 복, 보 복

袲 땅 이름 이, 치, 길고 좋은 옷 나

袳 앞 글자와 같음

裀 요 인, 겹옷 인 (木)

袵 衽[옷깃 임]과 같음

𧚍 앞 글자와 같음

袸 돌띠 존, 작은 띠 천, 옷깃 존

裁 마를 재, 지을 재 줄일 재 常(木)

袾 붉은 옷 주, 속옷 주, 고울 주

裄 앞치마 행

𧘹 무릎받침 척 앞 트인 치마 적

𧘬 옷 입을 수

袣 소매 예

䘨 잠방이 교

𧙗 긴 옷 역

𧙟 꾸밀 식, 치장할 식

𧛓 옷 구김살 이

䘸 배띠 제

䘔 소매 타

𧙛 갓끈 순

𧘱 바지 동

𧙕 짧은 옷 충

𧘐 헌옷 견

𧙓 헌옷 간

𧚌 동여쌀 력

𧚅 품을 회

𧚄 앞 글자와 같음

𧙏 禍[재앙 화]와 같음

𧙮 버선 권

䘬 군복 융

装 裝[꾸밀 장]의 略字

䘭 옷의 주름 지

⑦ 획

裐 좁을 견, 옷이 몸에 낄 견

裌 좁을 겹, 겹옷 겹

裍 걷어올릴 곤 이룰 곤 (木)

裙 치마 군, 속옷 군, 자라 등 테두리 군(木)

裠 앞 글자와 같음

裏 속 리, 옷속 리 뱃속 리, 때 리 常(木)

裡 앞 글자와 같음 常(木)

補 기울 보, 수리할 보 도울 보 常(木)

裞 수의 세, 태

裋 해진 옷 수 거친 베옷 수

裕 넉넉할 유, 넉넉하게할 유 常(木)

裎 벌거숭이 정 앞섶 없는 홑옷 정

裖 홑옷 진, 겹겹이 포개질 진

裘 가죽옷 구, 구할 구 갓바치 구 (木)

𧚍 앞 글자와 같음

裊 간드러질 뇨, 얽힐 뇨, 낭창거릴 뇨

裒 모을 부, 모일 부 넓은 옷자락 포 (木)

裟 가사 사, 스님옷 사 (木)

裔 후손 예, 변방 예 옷자락 예 (木)

裛 향내밸 읍, 책갑 읍 젖을 읍, 업

裝 꾸밀 장, 치장할 장 쌀 장, 배치할 장 常 (木)

裝 앞 글자와 같음

裚 끊을 제, 결단할 제 자를 제

裬 혼솔 목, 솔기 목

裷 아이 침받기 한 아이 턱받이 환

裲 옷 한 벌 롱

褫 소매 혜, 해, 띠 혜

裓 옷 치장할 아 옷 모양낼 아

裑 옷 등결 신 옷통 신

裉 옷 해질 랑

裓 옷 뒷자락 극

裓 앞 글자의 訛字

裨 옷소매 비

裍 옷깃 초

裩 수건 기, 비단 기 맬 기

裬 바지통 준

裍 옷깃 끝 첩, 접

裢 수레 포장 선, 연 피륙 선, 수건 선

裷 상복 문

⑧ 획

裾 옷자락 거 거만할 거 (木)

裩 褌[잠방이 곤]과 같음

褂 마고자 괘, 웃옷 괘 적삼 괘

裷 버선 권, 복건 원, 권 곤룡포 곤

裯 솔기 긍, 저고리 소매 이음새 긍

褀 帺[맬 기, 비단 기]와 같음

裸 벌거벗을 라, 알몸 라, 나충 라 (木)

裲 배자 량, 결레 량 군복 량

裬 말북두 릉, 말뱃대끈 릉, 복두 릉

裶 옷 치렁치렁할 비 기 모양 비

裨 도울 비, 예복 비 비장 비, 작을 비 (木)

裼 웃통 벗을 석, 포대기 석, 어깨 보일 석

裺 여물주머니 암, 턱받이 엄, 옷가선 엄

裓 겨드랑이솔기 액 소매 액, 척

裷 소매 뚜리 연 소매 선 연

裯 홑이불 주, 속적삼 도, 땀받이 도 (木)

裮 창피할 창, 옷 풀어 헤치고 띠 안 맬 창

裬 깃의 단 처

裰 기울 철, 탈 옷 꿰맬 탈

裰 앞 글자와 같음

裧 휘장 첨, 상여 휘장 가장자리 첨

裱 목도리 표, 표구 표 배접할 표 (木)

裹 쌀 과, 포괄할 과 (木) 꾸러미 과, 씨방 과

裻 등솔기 독, 속

裴 옷 치렁치렁할 배 성씨 배 (木)

裵 앞 글자의 本字 (木)

裳 치마 상, 보통 상 산뜻할 상 常 (木)

製 지을 제, 만들 제 제재할 제 常 (木)

裚 앞 글자와 같음

裭 자루 척, 전대 척

裣 옷깃 금

裻 옷 헤칠 계

裬 작은 바지 총 무릎 가리개 총

裪 소매끝 도

裬 옷소리 록

裺 소매 함

裷 옷소매 별 해진 옷 별

裷 여벌옷 쉬, 홑옷 쉬

裷 깃의 단 칩, 옷 꿰맬 칩, 해질 삽

裕 모자 겹, 겹옷 겹

褄 옷깃 첩

裱 귀 길 선, 옷 주름 천, 고운 옷 천

控 옷소매 공

綻 綻[터질 탄]과 같음

裷 소매 끝 원, 배래기 완, 버선 원

裞 옷 해질 예 시침실 예

裿 속적삼 기

裸 바지통 관

裾 짧은 옷 굴 반배 굴

綳 繃[묶을 붕, 팽]과 같음

裺 어린 아이 기저기 잔, 포대기 잔

褈 襁[포대기 강]과 같음

褓 어린아이 옷 총

褢 때묻은 옷 외

褥 등솔기 독

褂 짧은 옷 조

褫 褫[빼앗을 치]와 같음

⑨ 획

褐 털옷 갈, 다갈색 갈 미투리 갈 (木)

褙 겹옷 첩, 옷깃 계

褌 잠방이 곤 (木)

褖 단옷 단 왕후의 평상복 단

褙 속적삼 배, 배접할 배, 짧은 옷 배 (木)

褓 포대기 보 (木)

複 겹칠 복, 솜옷 복, 겹옷 복, 이중 복 常(木)

福 옷 한 벌 부, 가득할 부, 부합할 부

褉 속옷 혈

褗 옷깃 언

褄 옷고름 요, 옷허리 요, 허리띠 요

褑 패옥띠 원, 옷 원 패물 차는 띠 원 (木)

褘 아름다울 위 황후의 제복 휘 (木)

褕 고울 유, 유적 유 (木) 소매 없는 적삼 두

褚 솜옷 저, 핫옷 저 자루 저, 병졸 자 (木)

褆 옷 두툼할 제 옷 단정한 모양 시

褅 고대 제왕이 지내던 제사 체

褊 좁을 편, 납작할 편 옷자락 날릴 편 (木)

褎 우거질 유, 소매 수 벼 자랄 유

褏 앞 글자와 같음

褏 앞 글자와 같음

褒 가릴 포, 넓고 클 포 포장 포, 모을 부 (木)

褒 앞 글자와 같음

褋 홑옷 접

褍 소매 없는 옷 타

褡 옷소매 자

褶 옷 겹선 십 다발로 묶을 잡

褔 장막 악

褈 거듭 종

褅 기울 체, 보충할 체

褈 裀[요 인]과 같음

褐 帽[모자 모]와 같음

褰 褰[추스릴 건]과 같음

褫 袘[길 이]와 같음

褍 옷 바른폭 단

褎 잠방이 돌

褒 미투리 봉

褘 옷깃 금

褢 때묻은 옷 외

褑 홑옷 종

褲 옷 겨드랑이 호

褏 앞 글자와 같음

褑 옷 뒤틀릴 규 옷자락 트일 계

褗 옷 구길 연, 거친 베옷 연, 옷 주름 연

褑 작은 적삼 후 속 적삼 후

循 옷 순

褠 構[소창옷 구]와 같음

褻 느슨할 낭

褫 깃발 잠

褭 옷이 길고 좋은 모양 나

褵 裔[후손 예]와 같음

褫 떨어진 옷 치, 해진 옷 치, 꿰맬 치

褣 저고리 할

褮 袈[가사 개]와 같음

褱 裔[후손 예]와 같음

褠 제복(祭服) 구 袧[주름 구]와 같음

褸 褸[남루할 루]의 略字

褣 𧝓[옷깃 극]과 같음

褻 裂[찢을 렬]의 訛字

褫 비빌 비

褞 褞[무명 핫옷 온]의 俗字

⑩ 획

褲 袴[바지 고]와 같음

褠 소창옷 구(속두루마기), 토시 구

褦 피서립 내, 내대 내 미욱할 내

褡 옷 해질 답, 작은 이불 답, 전대 답

褟 옷 답, 성씨 답

褬 옷 해질 상

褯 자리 석, 포대기 자 (木)

褞 무명 핫옷 온, 거친 옷 온, 핫옷 운

褥 요 욕 (木)

褣 동용 용(옷자락이 짧은 옷), 경용 용

褫 빼앗을 치, 잃을 치 옷을 벗길 치 (木)

褪 바랠 퇴, 옷 벗을 퇴 물리칠 퇴 (木)

褰 추스릴 건, 허물 건 옷 걷어올릴 건

褧 홑옷 경, 성씨 경 (木)

褭 낭창거릴 뇨 뱃때끈맬 뇨

褭 앞 글자와 같음

褩 옷거죽 반 옷의 겉면 반

褮 수의 영 치마 주름 영

褢 懷[품을 회]의 古字

褢 품을 회

𧜟 옷 구길 추, 옷 주름살 잡힐 추

褒 褒[기릴 포, 부]의 本字

褉 소매 해, 혜

褆 옷 지

襮 홑옷 박

褔 옷 안 격

褨 옷 버석버석할 삭 옷 스치는 소리 삭

谢 옷 사

褽 褽[깔 위]와 같음 (자리를 깔다)

褡 여자의 옷 합, 갑

褡 옷 해질 답, 작은 이불 답, 전대 답

褸 縗[상복 이름 최]와 같음

褵 급히 동일 력

褸 襪[버선 말]과 같음, 덮개 멱

褷 사폭 쇄(衣削幅)

褷 옷이 떨어질 사 옷 해질 사

褨 옷 길 차 옷 긴 모양 사

褯 저고리 할, 웃옷 개

褶 감출 축, 쌓을 축, 흑

褼 버선 옹

褟 옷 답, 성씨 답

褣 빽빽이 나있는 솜털 용

褤 褑[패옥 띠 원]과 같음

⑪ 획

襁 포대기 강, 업을 강 띠 강, 돈꿰미 강 (木)

⿰衤區 털받이 구, 머리쓰개 구, 삼베옷 구

褳 전대 련

褸 남루할 루, 옷깃 루 (木)

褵 향주머니 리

襔 옷 만

襂 늘어질 삼, 홑옷 삼 드리워진 모양 삼

褼 옷 펄렁거릴 선 옷자락 날릴 선

褶 주름 습, 엄습할 습 겹옷 첩, 덧옷 첩(木)

褷 깃털 처음 날 사 깃털 많을 사

襀 옷 주름 적

褾 소맷부리 표, 가선 표, 표구할 표

褻 더러울 설, 속옷 설 평상복 설(木)

襄 도울 양, 오를 양 쳐들 양, 밀칠 양(木)

褽 깔 의, 위 옷깃 의

襃 褒[기릴 포]의 本字

⿰衤從 홑옷 종

⿰衤曼 오랑캐옷 만

⿳亠冏衣 裔[후손 예]와 같음

⿰衤埶 겹저고리 예 옷소매 예

褺 겹옷 첩, 고을 이름 첩(木)

⿱埶衣 앞 글자와 같음

⿰衤崩 繃[묶을 붕]과 같음

褯 배내옷 체 포대기 체

⿰衤率 짧은 옷 솔 거친 옷 솔

⿰衤盍 여자의 옷 갑, 합 더그레 합, 배자 합

褿 옷깃 조, 포대기 조

⿰衤鳥 짧은 옷 조

⿱殹衣 어린애 침받이 예 턱받이 예

⿰衤戚 선명할 축, 고운 옷 축, 깨끗한 옷 축

⿰衤速 옷 소리 속

⿰衤舂 짧고 해진 옷 창

⿰衤庶 겨드랑이 솔기 척 소매 척

⿰衤逢 縫[꿰맬 봉]과 같음

⿰衤复 複[겹옷 복]의 本字

襅 옷끈 필, 무당의 옷 필, 의대 필

⿱鳥衣 褭[낭창거릴 뇨]와 같음

⿰衤旋 옷 이름 선

⿱䏧衣 빽빽히 나있는 솜털 용

⿰衤犀 옷 지

⑫ 획

襇 치마 주름 간 섞일 간

襉 앞 글자와 같음

⿰衤貴 끈 괴, 매듭 괴 혼란스러울 괴

襁 포대기 강, 업을 강 띠 강, 돈꿰미 강(木)

襌 홑옷 단

⿰衤棘 옷깃 극

襏 도롱이 발, 기장이 석자인 옷 발

襒 털 별, 떨어낼 별(木)

⿱敝衣 앞 글자와 같음

襆 幞[보자기 복, 두건 복]과 같음

襐 수식 상, 꾸밀 상

襈 옷단 천 옷의 가장자리 선

襑 옷 품 넉넉할 심 옷 품 넓을 탐

襓 칼전대 요 칼집 요

⿰衤賀 소매 하, 동진 하

⿰衤矞 소매 결

⿰衤登 모직 띠 등

襊 치포관 촬 옷주름 촬

⿰衤替 꿰맬 체

⿰衤費 두루마기 비

⿰衤焦 닦을 초

⿰衤圍 옷 포갤 위

⿱圍衣 앞 글자와 같음

⿴衣韋 앞 글자와 같음

襍 雜[섞일 잡]의 本字 (木)

襋 꾸밀 식

襒 관 덮개 퇴

襎 긴 소매 파

襏 옷 걷고 건널 궐

襐 소매 없는 옷 타

襑 급히 동여쌀 력

襒 포대기 체

襘 겹옷 증

襛 주름있는 붉은 비단옷 전, 전옷 전

襜 앞 글자와 같음

襝 처네 횡(작은 이불)

襞 褰[추스릴 건]과 같음

襛 옷고름 거, 맬 거

襛 앞깃 포

襜 옷 치장할 저

襛 傀[클 괴]와 같음

襢 禫[담제 담]의 本字

襊 예산 산(궁궐 내신들이 입던 옷 이름)

襛 저고리 유, 어린애 턱받이 유, 속옷 유

襣 겹칠 종, 거듭 종 옷 장

氅 氅[새털 창]과 같음

襡 襡[두루마기 촉]의 略字

⑬ 획

襘 띠매듭 괴, 옷깃 괴 (木)

襟 옷깃 금, 앞섶 금, 마음 금, 새가슴 금 (木)

襛 옷 두툼할 농 얼굴 예쁜 모양 농

襢 웃통 벗을 단, 기 전 옷모양 전, 전의 전

襠 잠방이 당, 배자 당 바짓가랑이 당 (木)

襚 수의 수, 수의 입힐 수, 패옥다는 띠 수

襖 윗옷 오 (木)

襙 옷 조

襜 행주치마 첨, 폐슬 첨 첨유 첨, 담람 담 (木)

襝 앞 글자와 같음

襡 긴 속옷 촉, 두루마기 촉, 활집 독

襗 속고의 탁 바지 탁

襞 옷 주름 벽, 옷 갤 벽, 가를 벽 (木)

襞 앞 글자와 같음

襛 褐[털옷 갈]과 같음

襛 옷 거

襋 깃받침 핵 깃심 혁

襡 옷 등솔기 독

襍 褋[홑옷 접]과 같음

襛 큰 옷 타

襛 옷의 광택 령

襛 양말 옹

襛 裸[알몸 라]의 本字

襛 褾[소맷부리 표]와 같음

襄 襄[도울 양]과 같음

襄 앞 글자의 古字

襁 襁[포대기 강]과 같음

襐 橡[수식 상]과 같음

襛 옷 꿰맬 치

⑭ 획

襶 의대 대(임금의 옷)

襤 누더기 람 남루할 람 (木)

襣 쇠코잠방이 비

襦 저고리 유, 어린애 턱받이 유, 그물 유

襛 사내종 옷 닐

襛 옷 단 홀 자 옷자락 자

襛 앞 글자와 같음

襛 쌀 은(물건을 싸다)

襛 옷 날릴 여

𧞤 옷 끌릴 탁

𧟀 앞 글자와 같음

𧞫 옷 입을 몽 어린애 옷 몽

𧝯 배자 몽

襆 두건 복, 두를 복

𧞈 연분홍빛 훈

𧞊 윗옷 개

𧞺 옷 서로 닿을 렵

𧞪 氄[솜털 용]과 같음

𧝧 𧝎[옷 새뜻한 모양 축]의 俗字

𧝬 어린아이 돌띠 자

𧞝 옷 쌀 과(옷을 보자기 따위로 싸다)

𧞭 강할 공, 굳셀 공, 웅

𧞠 襜[행주치마 첨]과 같음

𧟄 褌[잠방이 곤]과 같음

𧞯 답호 호(원〈元〉, 명〈明〉 때의 옷 이름)

𧞶 옷의 소리 혹

⑮ 획

襪 버선 말 (木)

襮 수놓은 깃 박 깃 박

襫 비옷 석, 도롱이 석

襩 긴 두루마기 촉

襬 치마 피, 겨드랑이 주름 있는 옷 패

襭 옷자락 꽂을 힐 옷깃 힐 (木)

𧝵 表[겉 표]의 古字 두루마기 포

𧞔 옷 앞깃 포 품을 포

𧞞 表[겉 표]와 같음

𧟌 褔[턱받이 구]와 같음

𧞅 작은 옷 절

𧞟 襻[옷끈 반]과 같음

𧟁 裋[해진 옷 수]와 같음

𧞾 옷 해질 랍

𧞹 襳[짧은 속옷 섬]과 같음

𧞿 칼 치장할 뢰

𧞻 옷 좋고 화사할 축

𧝦 䙬[옷펄렁거릴 선]과 같음

⑯ 획

襱 바짓가랑이 롱

襯 속옷 친, 츤, 몸에 달라붙을 츤 (木)

襲 엄습할 습, 염할 습 입을 습 常(木)

𧞡 襁[포대기 강]과 같음

𧝾 裻[등솔기 독]과 같음

𧞦 새옷 모양 독

襰 무너져 내릴 뢰 떨어져 깨질 뢰

𧟇 새옷 모양 속

𧟊 襚[수의 수]와 같음

𧞲 옷 지

𧞰 褱[품을 회]와 같음

⑰ 획

𧞼 옷 추어올릴 건 추스릴 건, 바지 건

襴 난삼 란, 난포 란(木) 원피스에 댄 단 란

襳 짧은 저고리 섬 삼시 삼, 깃발 삼

𧟃 더러워질 양 옷 이름 양

𧟈 주름잡을 영 색채 어울릴 영

⑱ 획

𧟋 멜빵 거

襶 어리석을 대 내대 대

𧟂 襇[치마 주름 간]과 같음

𧟅 襤[남루할 람]과 같음

𧞮 襮[수놓은 깃 박]과 같음

襵 주름 접, 접을 접 옷깃의 끝 첩

𧞸 褾[소맷부리 표]와 같음

𧞵 폭건 휴, 두건 휴 외폭 헝겊 계

襬 산뜻할 축, 빛날 촉 선명할 축, 좁을 촉

⑲ 획

襺 솜옷 견, 솜 견 안을 견, 핫옷 견

襻 옷끈 반, 혁대 반 도포띠 반, 맬 반

襹 옷 휘날릴 시 삼시 시, 깃옷 시

襼 소매 예

襸 고운 옷 찬

襹 褵[향주머니 리]와 같음

襬 襬[치마 피]와 같음

襽 衮[곤룡포 곤]과 같음

襬 여자 저고리 라

襩 襩[긴 두루마기 촉]과 같음

⑳ 획

襽 단정할 엄

襼 바지 건

襽 포대기 조

㉑ 획

襻 衮[곤룡포 곤]과 같음

襳 衫[적삼 삼]과 같음

襡 襡[긴 속옷 촉]과 같음

㉒ 획

襶 느슨할 낭 늘어질 낭

㉔ 획

襺 襺[솜옷 견]과 같음

襽 옷의 광택 령

襾部

襾 덮을 아, 가리어 숨길 아

西 서쪽 서, 서녘 서 서쪽으로 갈 서 常(金)

① 획

覀 같을 명

② 획

覀 덮을 고

③ 획

要 요긴할 요, 약속할 요, 허리 요 常(金)

覂 遷[옮길 천]과 같음 높은 데 오를 선

④ 획

覂 덮을 압

覃 사람 이름 현

栗 밤 률, 결실 좋을 률 엄숙할 률 [木部] 常(木)

⑤ 획

覂 엎을 봉, 모자랄 봉 다할 봉, 버릴 범

票 불이 튈 표, 나타낼 표 [示部] 常(火)

覀 遷[옮길 천]의 古字

⑥ 획

覃 미칠 담, 벋을 담, 펼 담, 날카로울 염(金)

覄 覆[덮을 복]의 俗字

覅 천할 휴, 더러울 휴 성씨 휴

粟 조 속, 겉곡식 속 과립 속 [米部] 常(木)

⑦ 획

覅 말 물, 필요하지 않을 표

⑧ 획

甄 벽돌 견, 성씨 견 떨릴 진 [瓦部](土)

覆 머슴 복, 시골뜨기 복, 농부를 욕할 복

覇 覇[으뜸 패]의 俗字

⑩ 획

覊 들고 다니는 화덕 계

羆 罷[방면할 파]와 같음

⑪ 획

瓢 표주박 표, 호리병박 표 [瓜部] (木)

㙑 聖[성인 성]과 같음

⑫ 획

覆 돌이킬 복, 엎칠 복 덮을 부, 쌀 부 常(金)

覆 앞 글자와 같음

⑬ 획

覈 곡소리 곡(哭聲)

覇 霸[으뜸 패]의 俗字 (水)

覈 핵실할 핵, 엄격할 핵, 겉보리 헐 (金)

⑰ 획

覊 羈[굴레 기]의 俗字

⑲ 획

覊 羈[굴레 기]의 俗字

見部

見 볼 견, 관싸개천 간 나타날 현 常(火)

① 획

覍 皃[아이 아]와 같음

皃 성씨 완

② 획

观 觀[볼 관]의 俗字, 略字

覔 위난(危難) 차

③ 획

㝵 得[얻을 득]과 같음

覒 범할 모, 무릅쓸 모

覗 살필 시, 베풀 시

覎 엄구 엄 땅 이름 엄

覌 觀[볼 관]의 略字

覍 볼 극

④ 획

規 법 규, 걸음쇠 규 간할 규 常(火)

覓 찾을 멱, 조가비 열 여섯 개 멱 (火)

覔 앞 글자의 俗字

覑 슬쩍 볼 편 사람 이름 편

覐 覺[깨달을 각]의 古字

覌 앞 글자와 같음

覒 볼 모, 가릴 모

覎 앞 글자와 같음

䙿 엿볼 시, 視[볼 시]와 같음

覞 입다물 이

覛 잘 놀랄 액

覝 살펴볼 렴

現 큰 판자 현 땅 이름 현

覓 구할 막, 찾을 막

現 나타날 현, 지금 현 실재 현 [玉部] 常(金)

視 視[보일 시]와 같음

⑤ 획

覕 언뜻 볼 별 가릴 멸

覗 엿볼 사 (火)

視 볼 시, 살펴볼 시 돌볼 시 常(火)

覘 엿볼 점, 살펴볼 점 (木)

覗 유인할 시

覜 볼 소, 부를 소 뵈올 교, 멀 교

覛 잘 놀랄 액

覗 병든 사람 볼 미

覛 앞 글자와 같음

覚 볼 절, 혈

𧠟 기다려볼 시 살필 시, 베풀 시

覙 볼 진

𧠔 볼 미

覚 覺[깨달을 각]의 略字

𧠖 覕[언뜻 볼 별]의 訛字

硯 벼루 연, 벼루를 만들 연 [石部](金)

𧡂 눈 어두울 비 어렴풋이 보일 비

𧠈 볼 진

⑥ 획

覛 몰래볼 맥, 흘겨볼 멱, 살펴볼 멱

𧡆 앞 글자와 같음

𧠪 앞 글자와 같음

覜 뵐 조, 방문할 조 바라볼 조

覐 覺[깨달을 각]의 古字

𧠨 窺[엿볼 규]와 같음

𧠬 엿볼 침

𧠭 앞 글자와 같음

𧠯 다소곳할 척

𧠫 볼 질

𧠱 볼 황

䂓 規[법도 규]와 같음

蜆 가막조개 현, 나비 애벌레 현 [虫部]

⑦ 획

覡 박수 격 남자무당 격(火)

覝 볼 렴, 살펴볼 렴

𧠹 앞 글자와 같음

覞 아울러 볼 요

覟 자세히 볼 지

𧡀 오래 볼 고

覠 크게 볼 균, 균 사람 이름 균(火)

𧠸 볼 부

𧡬 볼 혁, 땅 이름 혁

𧠺 뚫어지게 볼 요

𧠻 가만히 머리 내밀고 볼 침

𧠼 앞 글자의 訛字

𧠽 깊은 곳 내려다볼 유

⑧ 획

𧡝 언뜻 볼 섬, 번갯불 섬, 불쑥 나타날 섬

覣 좋게 볼 위

覤 놀랄 혁, 극

𧡟 웃고 볼 애

𧡠 같이 볼 록 웃으며 볼 록

𧡓 보는 모양 동

𧡡 睨[흘겨볼 예]와 같음

𧡢 안으로 볼 래 속속들이 볼 래

𧡣 앞 글자와 같음

覥 靦[부끄러워할 전]과 같음

𧡤 앞 글자와 같음

𧡥 부스러뜨릴 세

𧡦 눈 붉을 적

𧡧 여럿이 볼 구

𧡨 親[친할 친]과 같음

𧡩 覶[자세할 라]의 俗字

寬 너그러울 관, 느슨해질 관 [宀部] 常(木)

靚 검푸른 빛 정, 꾸밀 정, 고요할 정 [靑部]

𧡪 사납게 볼 간

⑨ 획

覩 볼 도, 훤히 알 도 들을 도(火)

覦 넘겨다볼 유 바랄 유

親 친할 친, 어버이 친 친척 친 常(火)

𧢃 볼 운

𧢄 볼 선

𧢅 민망히 볼 추 근심스레 볼 추

覑 비껴 볼 편 흘겨 볼 편

䙬 볼 영

覨 오래 볼 악 물끄러미 볼 악 (火)

䙿 음탕하게 볼 규

䚇 좋아리 드러낼 생 세치 성(三寸)

䚂 볼 견

覟 드러날 제

䚈 크게 볼 훤, 권

䚊 천천히 볼 담

𧡳 볼 계

䚌 문안할 계

𧡐 믿을 상

覣 볼 계, 바로볼 계

覧 覽[볼 람]의 略字

靦 부끄러울 전, 뻔뻔스럴 면 [面部]

䚍 䚎[눈 침침할 탕]과 같음

⑩ 획

𧢄 곁눈질할 방 보는 모양 방

𧡯 멀리 볼 견 바라볼 견

覯 만날 구, ~을 당할 구, 밝을 강 (火)

覬 바랄 기, 만나볼 기 (火)

覭 눈꺼풀 명, 볼 명 초목 떨기로 날 명

䚋 어질어질할 운, 어렷이 볼 운, 성씨 운

𧢃 覞[아울러 볼 요]와 같음

𧢅 앞 글자와 같음

𧢆 앞 글자와 같음

𧢈 눈꼽 낄 두

覦 내려다보며 더듬을 유

覥 靦[부끄러워할 전]과 같음

覬 볼 기

覼 頼[힘 입을 뢰]와 같음

覮 미옥할 영, 잘 볼 영, 눈빛 맑을 영

⑪ 획

覲 뵈올 근, 제후가 천자 뵈올 근 (火)

覷 볼 처, 엿볼 처

覰 앞 글자와 같음

䚘 흘깃거릴 예 보는 모양 예

観 觀[볼 관]의 略字

𧢇 자세히 볼 루 애꾸눈 루

𧢐 피할 참

䚧 둘러볼 표 살펴볼 표

䚓 밉게 볼 책, 적

䚎 䚍[눈 침침할 탕]과 같음

𧢌 앞 글자와 같음

⑫ 획

覶 자세할 라, 차례 라 곡진할 라 (火)

覵 엿볼 한, 섞일 간

䚐 앞 글자와 같음

𧢒 친할 린

𧢦 눈 붉을 적 멀리 바라다볼 적

覴 오래 볼 등 똑바로 볼 등

䚒 조금 볼 매

䚎 똑바로 볼 당

𧢓 볼 고, 사람 이름 고

覕 언뜻 볼 별 홀연히 별

𧢔 깊이 볼 심, 내려다볼 심, 굽어볼 심

覻 엿볼 처

⑬ 획

覺 깨달을 각, 깨우칠 각, 밝힐 각, 깰 교 常 (火)

覹 엿볼 미

𧢨 앞 글자와 같음, 몸 굽힐 미, 좇을 미

𧢩 覹[엿볼 미]와 같음

𧢪 覻[엿볼 처]와 같음

⑭ 획

覽 볼 람, 받아들일 람 경치 람 常(火)

覶 번거로울 라, 상술(詳述)할 라

覰 잠깐 볼 빈 얼른 볼 빈

覻 앞 글자와 같음

⑮ 획

覾 살펴볼 심

覵 사납게 노려볼 간

覼 볼 려, 밉게 볼 려 몹시 볼 려

覹 잠깐 볼 번, 얼른 볼 번, 흘낏 볼 번

覿 볼 적, 나타날 적 관찰할 적 (火)

⑰ 획

觀 응시할 귀

觀 앞 글자와 같음

覦 눈 어지러울 요

⑱ 획

觀 볼 관, 살펴볼 관 감상할 관 常(火)

覰 볼 유

⑲ 획

觀 찾아볼 리, 려

角部

角 뿔 각, 찌를 각, 다툴 각, 비교할 각 常(木)

① 획

𧢲 觓[뿔 굽을 구]의 俗字

𧢳 角[뿔 각]의 本字

② 획

觓 뿔 굽을 구

觔 筋[힘줄 근] (木) 斤[근 근]과 같음

觟 뿔 짧은 모양 타

觪 쇠뿔 길게 솟을 형

③ 획

觛 들어 올릴 강

觙 띠 장식할 차 비녀 차

觡 비녀 건 비녀 20개 건

④ 획

觖 서운해 할 결, 들추어낼 결, 바랄 기 (木)

觙 사람 이름 급

觗 만날 지, 합할 지 술잔 지 (木)

觕 거칠 추, 간략할 추 대략 추, 뿔 길 청

𧢴 觸[닿을 촉]의 古字

觰 뿔이 길 착

觘 뿔 들 강, 들 강

觤 뿔 와

觥 뿔 기

觩 앞 글자와 같음

觗 觶[잔 치]와 같음

觝 앞 글자와 같음

觛 비교할 탐

觚 앞 글자와 같음

觘 뿔숫가락 초

觰 뿔 뻗을 파

觝 觗[닿을 지]와 같음

斛 휘 곡, 헤아릴 곡 곡곡, 성씨 곡 [斗部]

斦 斤[근 근]과 같음

⑤ 획

觝 닿을 저, 찌를 저 받을 저, 칠 지

觗 앞 글자의 俗字

觚 술잔 고, 목간 고(木) 칼자루 고, 홀로 고

觘 앞 글자의 俗字

觛 작은 술잔 단

觜 털뿔 자, 별 이름 자 부리 취, 싹 취 (木)

𧢴 짐승 이름 거 며느리발톱 거

𧢲 부리 겸, 주둥이 겸

𧢻 뿔 수

𧢼 뿔 없는 소 타

𧢾 물고기 이름 곤

𧢺 활 바로잡을 냑 집뿌다귀 약

𧣀 뿔그릇 사, 뿔 사

𧣃 觷[뿔 학]의 俗字

觧 解[풀 해]와 같음

⑥ 획

觡 뿔 격

𧣈 뿔 굽을 파

觥 뿔잔 굉, 풍성할 굉 클 굉, 건장할 굉(木)

觠 뿔 권, 뿔이 굽은 양 권

觤 양 뿔 어긋날 궤 뿔 하나 길 궤

𧣊 쇠뿔 치솟을서, 두 뿔이 곧게 솟은 소 두

触 觸[찌를 촉]의 俗字

解 풀 해, 신에게 빌 해 흩어질 해 常(木)

觧 앞 글자의 俗字

觟 뿔 난 암양 홰, 딴 마음 해, 해태 해

𧣒 뿔 흔

衡 쇠뿔 길 형

𧣍 뿔숫가락 훤 천지각 훤

𧣑 뿔 선

⑦ 획

觩 뿔 굽을 구, 활 팽 팽히 당긴 모양 구

觫 곱송그릴 속, 죽음을 두려워할 속

觮 쇠뿔 위의 물 흔

𧣤 觶[잔 치]와 같음

𧣟 좋은 뿔 희

𧣞 쇠뿔 벌어질 소 뿔 끝 초, 뾰족할 초

觲 점화드릴 성, 각궁 성, 뿔활이 고를 성

觷 코끼리 혹 뿔 다듬을 혹

𧣵 짐승의 뿔 의

𧣣 뿔 뒤틀어질 치 해태 태

𧣷 觿[주살얼레 추]의 訛字

𧣶 觜[쇠뿔 치솟을 서]와 같음

⑧ 획

觭 천지각 기, 외짝 기 얻을 기, 치우칠 기

觬 뿔 굽을 예, 뿔 구부러진 모양 예

𧣾 뿔 삐딱할 패,비 뿔 가로 날 비

𧤏 琖[옥잔 잔]과 같음

𧤌 공(球)칠 론

𧤓 용뿔 주

𧤔 뿔에 받힐 결 닿을 결

𧤐 뿔 처음 날 졸

𧤍 뿔의 심 대

𧤎 앞 글자와 같음 사람 이름 대

𧤑 잡을 낙

𧤈 쇠뿔 혹

𧤣 앞 글자와 같음 觱[필률 필]과 같음

𧤗 뿔 둥그스럼할 혼 뿔 둥근 모양 혼

𧤕 짐승 이름 거 며느리발톱 거

觽 廌[해태 치]와 같음

⑨ 획

𧤬 뿔 휘두를 훤

𧤫 받을 제 뿔 삐딱할 제, 체

𧤵 뿔 철, 뿔 장식 철 대구 체, 비녀 체

𧤸 뿔 밑동 다, 짐승 이름 타, 뿔 치솟을 타(木)

䚡 뿔의 심 새 / 뿔 속의 뼈 새

觱 필률 필, 샘솟는 모양 필, 대평수 필(水)

⿰角咠 뿔 쫑긋쫑긋할 집 / 화할 집

⿰角咼 뿔 많을 과 / 쇠뿔 벌어질 과

⿱曲角 굽은 뿔 곡

⿰角隋 뿔 없는 소 과

⿰角酋 실패 추, 얼레 추

⿰角畏 뿔 가운데가 굽을 외

⿰角是 뿔비녀 제 / 뿔 삐딱할 제

⿺是角 앞 글자와 같음

⿰角耑 각단 단, 돼지 같은 짐승 단

⿰角昜 삶을 상

⑩ 획

觳 뿔잔 곡, 휘 곡, 초라할 각, 발등 각(木)

觲 뿔활 잘 쓸 성, 활이 잘 손질될 성

⿰角留 觓[굽울 구]의 俗字

⿰角弱 활이 틀어져 약할 냑

⿰角秦 뿔 나란할 진 / 뿔 가지런할 진

⿰角虒 뿔 기울어질 치

⿰角虎 앞 글자와 같음

⿰角叟 앞 글자와 같음

⿰角旁 술 따를 방

⿰角氣 좋은 뿔 기

⿰角桀 가죽 다룰 설

⿰角致 신 밑 찌를 치

⿰角睘 ⿰角睘[뿔 흰 모양 환]과 같음

⿰角焉 짐승 이름 단

⑪ 획

觴 잔 상, 술 권할 상 / 술 마실 상(木)

⿰角國 摑[칠 괵]과 같음

⿰角翏 뿔 굽을 류

觪 觲[활이 잘 손질될 성]과 같음

⿰角豚 부딪칠 저

⑫ 획

⿰角票 ⿰角翏[뿔 굽을 류]와 같음

觶 잔 치, 술잔 치

觵 觥[뿔잔 굉]의 本字

⿰角華 뿔 고르지 않을 헌, 훤, 천지각 훤

⿰角厥 뿔로 받을 궐

⿰角間 실패 간

⿰角矞 자물쇠 있는 고리 결

⿰角殺 殺[죽일 살]의 古字

⿱解冂 觿[뿔 송곳 휴]와 같음

觹 앞 글자와 같음

⿰角奢 觰[뿔 밑둥 타]와 같음

⿱必角 觱[필률 필]과 같음

蟹 게 해 [虫部]

⿰角喬 뿔 높을 교

⑬ 획

觸 닿을 촉, 뿔로 떠받을 촉 常(木)

觷 뿔 학, 뿔 다듬을 학

⿰角睘 뿔 흰 모양 환

⿰角戢 뿔 많은 모양 집

⿱革角 지팡이 손잡이를 뿔로 장식할 혁

觽 觿[뿔 송곳 휴]와 같음

觫 죽음을 두려워하는 모양 속

⑭ 획

觺 뿔 뾰족할 의, 억 / 뿔 날카로울 억

⿰角監 뿔 감

⿰角复 觼[쇠고리 결]과 같음

⿰角豪 觴[잔 상]의 訛字

⑮ 획

觼 쇠고리 결, 자물쇠 있는 고리 결

觻 뿔 끝 력
땅 이름 록

觿 뿔잔 양

觾 鑣[재갈 표]와 같음
뿔 이름 표

觵 뿔로 찌를 광

觹 觿[뿔 송곳 휴]와 같음

觽 觿[뿔 송곳 휴]와 같음

⑯ 획

觾 燕[제비 연]의 訛字

觱 觱[필률 필]의 本字

觱 앞 글자와 같음

⑰ 획

觼 뿔의 모양 참

⑱ 획

觿 뿔 송곳 휴
큰 거북 규

讙 뿔 휘두를 환

觽 큰 거북 주, 점박이 거북 주, 자휴 자

⑲ 획

觿 뿔 려, 나눌 시

㉑ 획

觿 뿔 려, 나눌 시

觸 觸[닿을 촉]과 같음

言部

言 말씀 언, 말할 언
위엄 있을 은 常(金)

① 획

訁 詞[말씀 사]의 古字

② 획

計 셀 계, 꾀 계, 합계할 계, 셈할 계 常(金)

訇 큰 소리 굉, 부딪칠 굉, 성씨 굉

訄 급할 구, 쾌칠 구
핍박할 구

訅 앞 글자와 같음

訃 부고 부, 부고할 부 (金)

訂 바로잡을 정, 고칠 정, 본받을 정 常(金)

訒 후할 잉

訆 討[칠 토]와 같음

訆 叫[부르짖을 규]와 같음

訛 갖추어질 비

③ 획

記 기록할 기, 전적 기
기억할 기 常(金)

訕 헐뜯을 산
부끄러워할 산 (金)

訊 물을 신, 알릴 신
증명할 신 (金)

訙 앞 글자의 俗字

訐 들추어낼 알, 긴 모양 알, 직언할 계 (金)

訏 클 우, 속일 우, 탄식할 우, 드넓을 우

訔 논쟁할 은, 화기애애하면서 삼갈 은 (金)

訑 으쓱거릴 이, 속일 타, 방자할 탄 (金)

訒 말더듬을 인, 말 참을 인, 느릿할 인

訍 딴말할 차
들추어낼 차

託 의지할 탁, 맡길 탁
부탁할 탁 (金)

討 칠 토, 다스릴 토
탐구할 토 常(金)

訌 무너질 홍
왁자지껄할 홍 (金)

訓 가르칠 훈, 훈계할 훈, 본보기 훈 常(金)

訔 앞 글자의 古字

訖 이를 흘, 마칠 흘
마침내 흘 (金)

訉 수다스러울 범 (金)

䛘 誕[탄생할 탄]의 古字

夸 誇[자랑할 과]의 古字

訋 소리 조, 쥘 조

訫 信[믿을 신]의 古字

𧥢 叩[두드릴 고]와 같음

𧥶 거절할 와, 끊을 와 대답 안 할 와

𧥣 소리지를 기, 희 웃음소리 희

訐 詽[말다툼할 현]의 略字

𧥲 앞 글자의 俗字

𧥸 訊[물을 신]의 古字

訲 詍[수다스러울 예]와 같음

𧦀 訰[어지러울 준]과 같음

訏 訮[다툴 안]과 같음

𧥬 訧[허물 우]와 같음

④ 획

訣 이별할 결, 비결 결 헤어질 결 (金)

訥 말 더듬을 눌, 말 서툴 눌, 우리 눌 (金)

訪 찾을 방, 살펴볼 방 물을 방 常(金)

設 베풀 설, 붙잡을 설 연회 설 常(金)

訢 기뻐할 흔, 삼가고 공경할 은 (金)

訟 송사 송, 쟁론할 송 신원할 송 常(金)

訛 그릇될 와, 譌[거짓말 와]와 같음 (金)

訝 맞이할 아, 의심할 아, 기릴 아 (金)

訞 요사할 요, 재앙 요 이상야릇할 요

訧 허물 우, 꾸짖을 우

訰 어지러울 준, 뒤숭숭할 준, 부지런할 준

𧦐 앞 글자와 같음

訬 재빠를 초, 약삭빠를 초, 가냘플 묘

許 허락할 허, 허여할 허, 맡길 허 常(金)

訩 송사할 흉, 다툴 흉 난리 흉, 두려울 흉

𧥾 앞 글자와 같음

𧦠 奊[머리 기울어질 결]의 訛字

𧦝 쾌할 지, 모를 치

䛓 기록할 호

𧦈 앞 글자와 같음

𧥥 후하게 할 잉

䛡 성낼 왈 꾸짖을 왈, 월

訜 말 정하지 못할 분

𧦃 꾈 두

𧥶 어조사 부

訠 하물며 신

䛈 말 잘 할 해 말이 착할 해

訡 吟[읊을 음]과 같음

䚹 갖출 비

訤 말 삼가지 않을 효

𧦁 謠[노래 요]와 같음

訦 믿을 심

訨 들춰낼 지, 발각할 지

𧥞 詩[글 시]의 古字

䛊 좇을 유

䚿 앞 글자와 같음

𧥼 말 더딜 과

𧥿 소식 호

𧥷 誑[속일 광]과 같음

𧦎 울음 그치지 않을 음

訫 信[믿을 신]과 같음

䛴 그칠 앙

䛢 부끄러워할 뉵

訯 지껄일 사

䛀 자랑할 반

䛁 수다스러울 남 고을 이름 염

䛐 속일 균

𧦚 횡설수설할 운

𧥴 朞[꺼릴 기]의 古字

𧥳 識[알 식]과 같음

䚾 생각할 임 (金)

𧦄 쾌할 억

訮 誃[헤어질 치]와 같음

䛀 말 시작할 완 사람 이름 완

訔 訓[가르칠 훈]과 같음

訯 말 바르지 아니할 나

訤 숨쉴 희, 쉴 희

誷 속일 망

詃 詆[꾸짖을 저]와 같음

訮 詽[다툴 안]의 略字

訳 譯[뜻 풀 역]의 略字

訇 訇[큰 소리 굉]과 같음

䛕 舒[펼 서]와 같음

䛈 氏[각씨 씨]와 같음

許 성내어 말할 음

訡 그러할 예 농담할 혜 (金)

訖 訖[이를 흘]과 같음

⑤ 획

訶 꾸짖을 가 노래할 가 (金)

詌 입 다물 감, 악할 감

詎 어찌 거, 일찍이 거 없을 거, 이를 거

詃 꾈 견, 유혹할 견

詁 주낼 고, 주석 달 고 글 뜻 고 (金)

訽 詬[꾸짖을 후]와 같음

詘 굽힐 굴, 막힐 굴 (金) 굽을 굴, 쫓아낼 출

詅 팔 령, 자랑할 령

詈 꾸짖을 리, 욕할 리

詊 말 잘할 반

詙 신농씨 부인 이름 발, 평론할 발

詞 말씀 사, 글 사, 핑계 사, 고별할 사 常 (金)

䛐 앞 글자와 같음

詐 속일 사, 거짓 사 常 (金)

訴 호소할 소, 알릴 소, 고소할 소 常 (金)

訴 앞 글자의 本字

訹 꾈 술, 홀릴 술, 수 두려워할 술, 수

詠 꽃뿌리 영, 읊을 영 시가 영 常 (金)

詍 수다스러울 예

詏 거스릴 요 말로 거스를 요

詑 자랑할 이 (金) 속일 타

詒 보낼 이, 줄 이 속일 태, 게으를 태

詎 앞 글자와 같음

訿 헐뜯을 자, 싫어할 자, 생각할 자

訾 앞 글자와 같음 (金)

詝 슬기로울 저

詆 꾸짖을 저, 헐뜯을 저, 닥뜨릴 저 (金)

詛 저주할 저, 빌 저 맹세할 저 (金)

詔 고할 조, 지도할 조 소개할 소 (金)

詋 呪[빌 주]와 같음 (金)

註 주낼 주, 기록할 주 물댈 주 (金)

証 증거 증, 증세 증 간할 정, 증명할 정 (金)

診 볼 진, 진찰할 진 증세 진 (金)

訬 앞 글자와 같음

訬 앞 글자와 같음

詄 잊을 질

詀 수다할 잠, 첩, 속을 잠, 망년된 말 첩

評 평론할 평, 평론 평 문체이름 평 常 (金)

詖 치우칠 피, 아첨할 피, 불공정할 피 (金)

詗 염탐할 형, 밀고할 형, 구할 형 (金)

訸 화평할 화

䛔 몰래 살펴서 알 치 살필 치

䛄 위로할 원, 좇을 원 원망할 원

詧 앞 글자와 같음

䛅 수다스러울 갑

䛆 빌 주, 사람 이름 주

訷 말할 신, 펼 신

詒 웃을 연, 말 잘할 연

詓 呼[부를 호]와 같음, 속일 호

詴 간할 포, 베풀 포

訉 빠르게 말할 범

詂 핑계댈 부
구실로 할 부

訞 뜻할 시, 맹세할 시
기록할 시

詍 울 액, 딸꾹질할 액
불평의 소리 애

詆 꾀는 말 면

詇 슬기로울 앙
미리 알아차릴 앙

訳 빙글빙글할 혜
빙글거릴 혜

詈 꾸짖을 리

詉 떠들썩할 노
다투며 욕할 나

諆 꾀 자, 사람 이름 자, 꾀할 기

詨 텅 비고 큰 모양 효
바람소리 호

詝 佞[아첨할 녕]과 같음

謩 謀[꾀할 모]의 古字

詑 訑[으쓱거릴 이]와 같음

訑 앞 글자와 같음

詉 謕[수다스러울 시]와 같음

詓 소리 거, 숨소리 거

詾 말 수선스러울 포

誀 말 급할 비
말 많을 비

詨 성낼 혈, 호통칠 혈

詉 사람 부를 니
말 통하지 않을 니

詧 監[볼 감]의 古字

詚 조용하지 않을 달

詑 말 절차 없을 도
조리없이 말할 도

詸 謐[고요할 밀]과 같음

詧 辯[말 잘할 변]의 本字

詧 앞 글자와 같음

詧 앞 글자와 같음

詉 말 알아듣지 못할 나

詍 訪[후하게 할 잉]과 같음

詍 말 다 못할 염

詍 許[허락할 허]와 같음

⑥ 획

誇 자랑 과
아름다울 과 常 (金)

誇 앞 글자와 같음

誆 속일 광 (金)

詿 그르칠 괘, 속일 괘 (金)

詭 속일 궤, 꾸짖을 궤
가장할 궤 (金)

詷 한가지 동, 말이 급할 동, 으를 동

誄 뇌사 뢰, 애도할 뢰
기도할 뢰 (金)

詺 이름 붙일 명
기록할 명, 새길 명

誁 도와 말할 병
말할 병

詳 자세할 상, 자상할 상, 거짓 양 常 (金)

詵 많을 선, 물을 선, 이러쿵저러쿵할 선 (金)

詶 대답할 수, 갚을 수
응답할 수, 셈할 수

詢 물을 순, 정찰할 순
꾀할 순 (金)

試 시험 시, 임용할 시
검증할 시 常 (金)

詩 글 시, 시경 시, 시 읊을 시 常 (金)

詻 다툴 액, 엄할 액
거리낌없이말할 액

詣 이를 예, 나아갈 예
조예 예 (金)

諣 사람 부를 외
부를 외

詮 설명할 전, 규율 전
문체 이름 전 (金)

誂 꾈 조, 희롱할 조
갑자기 조 (金)

誅 벨 주, 칠 주, 풀벨 주, 꾸짖을 주 (金)

詹 이를 첨, 말 많을 첨
넉넉할 담 (金)

誃 헤어질 치, 謻[문이름 이]와 같음

詫 자랑할 타, 속일 타
놀라워할 타 (金)

該 그 해, 갖출 해
포용할 해 常 (金)

話 말씀 화, 이야기 화
고할 화 常 (金)

詼 조롱할 회, 농담 회
농담할 회 (金)

詤 잠꼬대 황 조리 없을 황

𧨫 앞 글자와 같음

詨 부르짖을 효, 큰소리칠 효, 큰소리 효

詡 자랑할 후, 장담할 허 재치와 용기 허 (金)

詬 꾸짖을 후, 욕할 후 교묘히 꾸밀 구, 후 (金)

詾 송사할 흉, 수군거릴 흉, 으를 흉

詰 힐문할 힐, 금할 힐 굽을 힐 (金)

詥 화할 합

詉 끌어당길 나 붙잡을 나 (金)

詍 詍[수다스러울 예]와 같음

䛒 발악할 기, 폭로할 기, 들춰낼 기

誑 믿을 임, 생각할 임 (金)

𧧋 속일 망, 妄[허망할 망]과 같음

𧧒 잊을 사

𧦧 꾸짖을 퇴

詧 살필 찰, 바른말할 철, 절

詪 듣지 않을 간, 말다툴 현, 시끄러울 현

詑 말로 서로 자랑할 타

託 헐뜯을 탁 비방할 탁

𧧁 게으를 와

𧦝 訊[물을 신]의 古字

䛈 訕[헐뜯을 산]과 같음

誁 詽[수다스러울 염]의 本字

誷 속일 망

𧦼 誥[고할 고]의 古字

𠭵 앞 글자와 같음

諆 꾀할 기

誚 조롱할 초 노리개 하인 초

誙 誣[무고할 무]와 같음

谹 訟[송사할 송]의 古字

誌 錄[기록할 록]과 같음

詄 詄[잊을 질]의 本字

誁 詆[꾸짖을 저]와 같음

諱 訕[헐뜯을 산]과 같음

詈 詈[꾸짖을 리]와 같음

誄 誄[뇌사 뢰]의 訛字

詭 說[말씀 설]의 訛字

諛 諛[아첨할 유]의 俗字

哂 哂[비웃을 신]의 俗字

誠 試[꾀일 술]과 같음

誉 譽[칭찬할 예]의 略字

誠 정성 성, 진실로 성 참으로 성 常 (金)

詬 비방할 구

詻 기릴 략

誵 소곤거릴 롱

誗 말씨 아름다울 례

誄 謎[수수께끼 미]와 같음

詸 고요할 술

詽 다툴 안, 현

諾 喏[인사소리 야]와 같음

詹 彥[선비 언]의 古字

詛 꾈 이, 유혹할 이

誎 풍간할 자

詸 이름 지을 자

諔 寂[고요할 적]과 같음

譸 말 많을 주

詯 분발할 회

詗 앞 글자와 같음

訹 냄새 맡을 휵

詾 訩[송사할 흉]과 같음

訩 앞 글자와 같음

⑦ 획

誙 심하게 다툴 경

誡 경계할 계, 경고 계 교령 계 (金)

誥 고할 고, 훈계하는 글 고 (金)

誑 속일 광, 현혹할 광 거짓 광 (金)

誋 경계할 기, 꺼릴 기

誏 농담할 랑

誣 무고할 무, 속일 무 비방할 무 (金)

誓 맹세할 서, 벼슬 받을 서 常(金)

說 말씀 설, 달랠 세 기쁠 열 常(金)

説 앞 글자와 같음

誦 욀 송, 읊을 송, 말할 송, 풍간할 송 常(金)

諴 誠[정성 성]의 本字 (金)

語 말씀 어, 말 어, 고할 어, 깨우칠 어 常(金)

誤 그르칠 오, 잘못 오 방해할 오 常(金)

悞 앞 글자와 같음

誤 앞 글자와 같음

誘 달랠 유, 꾈 유 인도할 유 常(金)

認 알 인, 허락할 인 기억할 인 常(金)

誌 기록 지, 표지 지 기억할 지 常(金)

誫 움직일 진

誚 꾸짖을 초, 전부 초 비웃을 초, 근심 초 (金)

誕 태어날 탄, 속일 탄 생일 탄 常(金)

誖 어지러울 패 거스를 패, 발

誧 도울 포, 큰소리칠 포, 꾀할 포 (金)

誱 떠들어댈 협, 겹

誨 가르칠 회, 뉘우칠 회, 회개할 회 (金)

誒 탄식할 희, 의 어조사 희, 아! 희

諕 譹[부르짖을 함]의 俗字

誽 수수께끼 노 기쁠 노 (金)

諚 수다스러울 한 크게 말할 한

誎 독촉할 속 재촉할 속

誐 간사할 아, 좋을 아 교활할 아

諠 말 머뭇거릴 투 어둔할 두

誃 말 분명치 못할 도

誔 속일 정

誺 救[구원할 구]와 같음

誗 말 아름다울 짐 말 잘할 점

諯 말로 판단할 별 논변할 별

諙 話[말할 화]의 本字

僁 기다릴 혜

詧 앞 글자와 같음

誹 그릇될 비 잘못할 비

読 교사할 독, 속일 독 교활할 독

詐 부끄러운 말 사 속일 사

誼 誼[마땅 의, 옳을 의]와 같음

諶 속삭일 침 소곤거릴 침

諳 말 결단 못할 암

誜 준절한 말 사 훌륭한 말 사

誨 말 느릿느릿할 회 말 길게 끌 회

誟 敎[가르칠 교]의 古字

誟 詨[부르짖을 효]와 같음

諔 결단하지 못할 추 말할 빙

誢 간하는 말 현 말다툼할 현 (金)

誜 편잔 줄 좌 설복시킬 좌

詹 靈[신령 령]의 古字

誊 嗟[탄식할 차]와 같음

誽 말 급할 촉 마음이 급할 촉

諦 말소리 희

訶 꾸짖을 하 시끄러울 하

誸 속으로 업신여길 혁

誩 다투어 말할 경

諤 대답하지 않을 와

訟 訟[송사할 송]의 古字

善 善[착할 선]과 같음

詤 誣[무고할 무]와 같음

⿰言尿 誺[메아리 치]와 같음, 어리석을 치

⿰言𡈼 꾸짖을 망

⿰言厏 謯[저주할 조]와 같음

⿰言⿵冂舌 완고할 활

⿵内言 訥[어눌할 눌]의 古字

⿰言⿱日土 성낼 녈, 꾸짖을 녈

⿰言⿱日工 앞 글자의 訛字

⿰言⿱目乚 誢[시끄럽게 다툴 현]의 本字

⿰言兆 誂[꾈 조]와 같음

⿰言冏 詗[염탐할 형]과 같음

誒 謑[창피 줄 혜]와 같음

謏 작을 소, 험담할 수

⿺辶⿰言米 謎[수수께끼 미]의 訛字

⿰言夆 俸[받을 봉]과 같음

読 讀[읽을 독]의 略字

⿰言肙 狷[성급할 견], 涓[시내 연]과 通함

⿰言兹 譜[계보 보]의 俗字

⿰言凬 諷[욀 풍]과 같음

⑧ 획

⿱侃言 愆[허물 건]의 古字

課 매길 과, 시험해볼 과, 심사할 과 常(金)

⿰言咎 헐뜯을 구, 咎[허물 구]와 같음

諆 속일 기, 꾀할 기

諅 꺼릴 기

誽 떠볼 나, 엿볼 나

談 말씀 담, 말할 담, 언론 담 常(金)

誻 망녕되게 말할 답, 말 많을 답

⿰言東 말 많을 동

諒 믿을 량, 참될 량, 고집부릴 량 常(金)

論 논의할 론, 기록 론, 도리 륜 常(金)

誹 헐뜯을 비, 허물을 꾸짖을 비 (金)

諀 비방할 비, 헐뜯을 비

⿰言畀 앞 글자와 같음

⿰言⿱𠘧又 말 전할 수

誰 누구 수, 무엇 수, 어찌 수 常(金)

誶 욕할 수, 꾸짖을 수, 쇄, 줄, 물을 신

諔 속일 숙, 괴이할 숙, 고요할 적

諄 타이를 순, 도울 순, 정성스러울 순 (金)

⿰言⿱𠣘丂 詢[물을 순]과 같음

諗 고할 심, 생각할 심, 간할 심, 자세할 심

諉 번거롭게 할 위, 부탁할 위, 누끼칠 위 (金)

誾 온화할 은, 치우치지 않을 은 (金)

誼 옳을 의, 뜻 의, 정분 의, 의논할 의 (金)

諍 간할 쟁, 송사할 쟁, 다툴 쟁 (金)

諓 교묘히 말할 전, 기묘할 전, 비방할 전

調 고를 조, 짐승 길들일 조, 조정할 조, 주 常(金)

調 앞 글자와 같음

諑 헐뜯을 착, 참소할 착

諂 아첨할 첨, 아양떨 첨 (金)

請 청할 청, 뵐 청, 물을 청, 받을 정 常(金)

請 앞 글자와 같음 (金)

諈 번거롭게 할 추, 누끼칠 추, 부탁할 추

諏 꾀할 추, 가릴 추, 물을 추 (金)

⿱取言 앞 글자와 같음

誺 메아리 치, 모함할 치, 그르칠 래

諃 착한 말 침, 좋은 말 침

諘 칭찬할 표, 기릴 표

諕 속일 하, 부르짖을 효, 빠를 획

⿰言⿸虍人 앞 글자와 같음

誸 말 급할 현, 급박할 현

諙 그르칠 회, 話[말할 화]와 같음

⿰言亞 서로 훼방할 오

䛪 수다스럴 궁, 물을 궁, 말 많을 궁

䛫 속일 장

謚 謚[웃을 익]과 같음

誯 唱[부를 창]과 같음

譮 비방할 회, 헐뜯을 회

䛒 말 납신거릴 첩, 수다 떨 첩

誳 괴이할 굴, 굽힐 굴

䛇 횡설수설할 천, 일정하지 못할 전

䛌 왕래하는 말 도, 빌 도

誴 즐거울 종, 즐길 종

誵 말 불공손할 효, 말 삼가지 않을 효

譇 말 물리칠 타

誷 속일 망

䛭 성낼 행, 바를 행, 직언할 행

䛯 앞 글자와 같음

諊 말 법도 있을 거

䜃 꾸짖을 퇴

𧩯 監[볼 감]의 古字

諁 시끄러울 철, 수다 떨 철

諰 말 부지런히 할 자, 말 자꾸 할 자

𧩼 총명할 면, 속일 면

䛟 諜[편지 첩]과 같음

䛊 말 바르게 못할 제

𧩤 詆[꾸짖을 저]와 같음

䛳 헐뜯을 엄

𧩵 까마귀 우는 소리 오, 큰 부리 오

䜫 사람 이름 착

䛴 말들일 시

䛒 웃고 말할 갑

䛕 訞[요사스러울 요]와 같음

諿 말 많을 십, 습

諊 鞫[신문할 국]과 같음

䛬 희학질할 록, 놀 록, 희롱할 록

䛡 識[알 식]의 古字

諎 큰 소리 책, 응답할 착

𧧿 訊[물을 신]의 古字

𧩐 핑계댈 부

䛩 말로 농할 기, 농담할 기

諃 거짓말할 섬, 말 성실하지 않을 섬

謏 말 전할 수

誃 誃[문 이름 이]와 같음

𧩭 謗[헐뜯을 방]의 本字

誄 誄[뇌사 뢰]와 같음

䛷 위로할 완, 좇을 원

𧩉 탐할 총

誣 속일 무, 기망할

諟 꾸짖을 망, 책망할 망

諜 諜[편지 첩]과 같음

䛼 말 서투를 총

訿 訾[헐뜯을 재]와 같음

讘 謅[농담할 초]와 같음

諝 諝[슬기 서]와 같음 (金)

謐 謐[고요할 밀]의 訛字

諾 응답할 낙, 좇을, 허락할 낙

𧩈 僁[기다릴 혜]의 訛字

謁 謁[아뢸 알]의 略字

𧩓 詀[우두커니 설 의 訛字

諸 諸[모든 제]의 略字

諷 諷[욀 풍]의 俗字

諚 분부할 정, 명할

誇 誇[자랑할 과]의 俗字

𧩙 佞[아첨할 녕]과 같음

誁 譜[계보 보]의 略字

⿰言昆 꾀할 혼

⑨ 획

諫 간할 간, 바로잡을 간, 이간질할 간(金)

諾 대답할 낙, 허락할 낙, 좇을 낙 常(金)

諵 수다스러울 남 소곤거리는 소리 남

謀 꾀 모, 의논할 모 물을 모 常(金)

諨 갖출 복, 말이 갖추어질 복

諝 슬기 서, 꾀할 서 (金)

諟 이 시, 바로잡을 시 살필 체(金)

諰 두려워할 시 멈출 시(金)

諡 시호 시 (金)

諶 정성 심, 미더울 심 참으로 심 (金)

諤 곧은 말 할 악, 놀랄 악, 우뚝 설 악(金)

謁 아뢸 알, 요구할 알 뵐 알 常(金)

諳 욀 암, 익숙하게 알 암, 겪을 암(金)

諺 상말 언, 속될 언 이언 언(金)

諺 앞 글자와 같음

諢 농담할 원, 익살 원

謂 이를 위, 가르칠 위 생각할 위 常(金)

諭 고지할 유, 깨우칠 유, 나타낼 유 (金)

諭 앞 글자와 같음

⿰言酋 誘[꾀일 유]와 같음

諛 아첨할 유, 아첨하는 말 유(金)

諲 공경할 인 삼갈 인 (金)

諮 물을 자 (金)

諯 서로 사양할 전 나무랄 전

諪 조정할 정(金)

諸 모든 제, 그 제, 성씨 제, 어조사 저 常(金)

諿 화할 집, 지모 서

諜 염탐할 첩, 첩자 첩 편안할 첩 (金)

諦 살필 체, 자세할 체 깨달을 체 (金)

諞 말 교묘히 할 편(金) 속일 편, 뽐낼 변

諷 욀 풍, 암시할 풍 풍자할 풍 (金)

諴 화할 함, 정성 함 입 다물 함(金)

諧 화할 해, 흥정할 해 판별할 해 (金)

諻 큰 소리 황 말소리 황, 횡

諠 잊을 훤, 왁자지껄할 훤

諼 속일 훤, 잊을 훤 원추리 훤

諱 꺼릴 휘, 죽음 휘 숨기는 것 휘 (金)

⿰言匘 서로 욕할 노 업신여겨 말할 노

⿰言面 분발할 회

⿱敄言 詈[꾸짖을 리]의 俗字

⿰言亟 말 더듬거릴 극

⿰言度 속일 탁

⿰言侯 말할 후 말하는 모양 후

⿰言矦 앞 글자와 같음

⿰言差 말다툼할 사

⿰言頁 완고할 은 완악(頑惡)할 은

⿰言隋 민첩할 타

謏 적을 소, 꾀일 소 중얼거릴 수

諣 말 급할 화, 과 게으를 과

⿰言彖 서로 책망할 현 서로 나무랄 현

諥 말 서로 마주칠 종 말 서로 충돌할 종

⿰言斥 訴[하소연할 소]와 같음

⿰言戒 誡[경계할 계]와 같음

⿰言戒 앞 글자와 같음

誁 誁[도와 말할 병]과 같음

⿰言剌 말소리 랄

⿱启言 啓[열 계]와 같음

⿰言毁 비방할 훼 毁[헐 훼]와 같음

⿰言差 부끄러운 말 사

謕 誺[메아리 치]와 같음

⿰言扁 辯[말 잘할 변]과 같음

諆 記[기록할 기]와 같음, 이름 기

䜊 묘한 말 가, 교묘히 말할 가

䛄 위로할 원

諹 칭찬할 양

䛳 諳[욀 암]과 같음

諄 詢[물을 순]과 같음

䛐 수다스러울 시, 말 많을 시

諄 諄[타이를 순]의 俗字

諽 꾸밀 격, 고칠 격

諿 말 많을 잡, 횡설수설할 삽

䛸 앞 글자와 같음

𧫷 아뢸 주

𧩮 웃을 치

𧭈 監[볼 감]의 古字

𧬊 譔[갖출 선, 글 지을 선]의 本字

𧪚 譸[속일 주, 저주할 주]의 古字

𧫳 訑[자랑할 이]와 같음

𧩩 물을 방

𧩓 訶[꾸짖을 가]와 같음

䛓 많을 제

𧫎 辨[분별할 변]과 같음

𧪽 謑[부끄러울 혜]와 같음

詪 시끄럽게 다툴 현, 懇[정성 간]과같음

謡 謠[노래 요]의 略字

𧫚 욕할 노

𧪆 사람 이름 재

𧪐 譾[천박할 전, 얕을 전]과 같음

謔 농지거리할 학, 기쁠 학 (金)

⑩ 획

謌 歌[노래 가]와 같음 (金)

講 논할 강, 익힐 강, 얽을 구 常 (金)

講 앞 글자와 같음

謇 떠듬거릴 건, 어려울 건, 정직할 건

謙 겸손 겸, 줄일 겸, 겸양할 겸 常 (金)

謙 앞 글자와 같음

謟 의심할 도, 숨길 도, 분수넘을 도

謄 베낄 등, 등사할 등 (金)

謧 산신 리, 수다할 리

謎 수수께끼 미 (金)

謐 고요할 밀, 편안할 밀 (金)

謗 헐뜯을 방, 흉볼 방, 원망할 방 (金)

謝 사례 사, 안부 물을 사 常 (金)

謆 부추길 선, 말로 사람 꾈 선

謏 적을 소, 성내어 말할 수

謖 일어날 속, 우뚝솟을 속 (金)

謚 웃을 익, 시호 시, 시호내릴 시 (金)

謍 작은 소리 영, 우렁찬 소리 횡

謠 노래 요, 노래 요, 소문 요 常 (金)

謜 천천히 말할 원 (金)

謕 啼[울 제]와 같음

𧫃 앞 글자의 訛字

謘 말 느릴 지

謓 嗔[성낼 진]과 같음

謒 말 경망스러울 창, 나불거릴 창

謅 농담할 초, 함부로 지껄일 추

謈 하소연할 포, 몹시 아파 소리지를 박

謞 간특할 학, 성하고 세찰 학, 외칠 효

謑 창피줄 혜, 부끄러울 혜, 성난 말투 하 (金)

謊 謊[잠꼬대 황]과 같음

謋 재빠를 획, 뼈에 붙은 살 발라내는 소리 획

謢 성낼 획

䜉 몹시 애석해 할 차, 다른 말 차

𧬤 앞 글자와 같음

譩 삼갈 애

謄 말 재촉할 승

謝 訴[하소연할 소]와 같음

謵 앞 글자와 같음

譤 말 수다할 합 고요할 합

謉 부끄러울 귀 꾀꾈 귀, 속일 귀

謉 앞 글자와 같음

謏 諮[망녕되게 말할 답]과 같음

謓 말 급할 질, 독할 질, 괴로울 질

謘 성낼 치

譆 말 기운 희

謄 말 번거로울 증 말이 귀찮을 증

謇 말 더듬을 건

譶 말 많을 탑 수다 떨 탑

謓 말 많을 마 수다 떨 마

謥 息[쉴 식]의 古字

謏 외울 소, 욀 소

諀 꾸짖는 소리 비

繇 繇[역사 요]와 같음

謬 주술부릴 류

謞 말 서로 듣지 못할 격, 슬기로울 격

謣 대답할 우, 譁[시끄러울 화]와 같음

譴 잠깐 쉴 견

謏 詢[물을 순]과 같음

諰 諰[두려워할 시]의 本字

誑 誑[속일 광]의 本字

謈 말 어지러울 발

諝 선할 서

謑 속일 하

論 論[의논할 론]의 古字

諝 諝[슬기 서]와 같음

謁 서로 헐뜯을 오

謹 謹[삼갈 근]의 略字

譜 譜[계보 보]의 俗字

⑪ 획

謽 말 굽히지 않을 강 말 뻣뻣할 강

謦 기침 경, 기침소리 경 (金)

謳 노래할 구, 찬송할 구, 가수 구 (金)

謹 삼갈 근, 금할 근 엄격히 지킬 근 常 (金)

謰 말 얽힐 련

謱 곡진할 루 연루할 루

謬 그릇될 류, 잘못 류 속일 류 (金)

謧 말 수다할 리 수다 떨 리

謾 속일 만, 발뺌할 만 헐뜯을 만 (金)

謨 꾀 모, 꾀할 모 문체이름 모 (金)

謩 앞 글자와 같음

謪 商[장사 상]과 같음

謵 익힐 습, 말로 으를 습

謷 헐뜯을 오, 거짓 오 탄식하는 소리 오 (金)

謸 앞 글자와 같음

謣 망령되이 말할 우 어여차 후 (金)

謻 문 이름 이, 누대 이름 이, 헤어질 치

譃 바랄 서

謯 앞 글자와 같음

謫 귀양갈 적, 꾸짖을 적, 단점 적 (金)

謯 저주할 저 어둔할 자

讋 말 수다할 접 말 대꾸할 접

讀 꾸짖을 책, 큰소리로 외칠 책

謥 급히 말할 총 말 서두를 총

謤 말 경솔할 표

謼 소리쳐 부를 효 외칠 호, 놀랄 호 (金)

繇 繇[역사 요], 由[말미암을 유]와 같음

譁 謔[속일 하]와 같음

譢 황당하게 말할 로

諀 잘못할 비

譙 허물할 퇴, 최 떨어뜨릴 퇴

諁 바른말 철

謱 讄[뇌사 루]와 같음

謘 謘[말 느릴 지]와 같음

謑 詉[딴말할 채]와 같음

謦 말 다툴 경 옥신각신할 경

譩 앞 글자와 같음

謙 소리 변할 양

謭 譾[얕을 전]과 같음

謶 就[나아갈 취]와 같음, 꾸짖을 추

謦 말 두서없을 기 말 차례 없을 기

謏 억지로 말할 사 헛말할 사

謱 발끈 성낼 루 발끈할 루

謲 흉볼 침, 서로 성낼 참, 시끄러울 조

謑 謑[부끄러울 혜]와 같음

謴 말 또렷하지 못할 곤

謴 조롱할 곤

謀 諆[속일 기]와 같음

譟 대신 말할 초

謓 말 조리 없을 질

謧 謧[메아리 치]와 같음, 소곤거릴 칠

謨 서로 책망할 망 꾸짖을 망

謷 速[빠를 속]의 古字

謷 앞 글자와 같음

譜 嘈[시끄러울 조]와 같음

譁 공경할 필

譩 말 결단 못할 암

譻 대답할 예 응답의 소리 예

譄 諳[욀 암]과 같음

謙 謙[겸손할 겸]과 같음

謾 謾[속일 만]과 같음

譀 譀[허탈할 함]의 本字

謧 꾸짖을 리, 욕할 리

譜 譜[계보 보]의 本字

譬 도움말 병 조언할 병

譇 嗟[탄식할 차]와 같음

譝 諞[말 교묘히 할 편]과 같음

譈 詖[치우칠 피]와 같음

謚 謚[웃을 익, 시호 시]의 訛字

諦 살필 제, 자세히 살필 체, 진리 체

⑫ 획

譑 들추어낼 교

譏 나무랄 기, 비방할 기, 간할 기 (金)

譊 떠들 뇨, 소리칠 뇨

譚 이야기 담, 빛나고 커질 담 (金)

譈 원망할 대

譋 讕[헐뜯을 란]과 같음

譕 괴할 모, 꾀 모

譜 족보 보, 악보 보 常(金)

譅 더듬을 삽

譔 가르칠 선, 갖출 선 글지을 선 (金)

識 알 식, 알아줄 식 기록할 지 常(金)

譌 그릇될 와 유언비어 와 (金)

譗 말 종잡을 수 없을 잡, 말 조리없을 답

譐 수군거릴 준

證 증거 증, 증거할 증 법칙 증 常(金)

譄 더할 증, 말을 보탤 증

譇 말다툼할 자

譖 참소할 참 헐뜯을 참

譛 앞 글자와 같음

嘽 망녕된 말 천 두려워할 탄

譙 꾸짖을 초, 성루 초 상할 초, 땅이름 초 (金)

譒 펼 파, 널리 펼 파

譀 허탈할 함, 큰소리 칠 함, 부르짖을 함

譓 슬기로울 혜, 불쌍히 여길 혜 (金)

譁 시끄러울 화, 허풍 칠 화, 떠들 화 (金)

譓 멈출 회, 그칠 회

譃 망녕된 말 후 거짓말 회 (金)

譎 속일 휼, 웅변할 휼 넌지시 간할 휼 (金)

譆 감탄할 희, 아! 희 (金)

謿 嘲[비웃을 조]와 같음

譈 아첨할 추

譚 말 어긋날 탐, 말 일정하지 않을 탐

譺 讄[뇌사 루]와 같음

譹 속일 호 서로 속일 호

譺 대답할 하, 예 하 (金)

譤 謝[사례할 사]와 같음

䜌 어지러울 련 다스릴 련

譱 좋은 말 전, 남의 말 바로잡을 선

譲 말 잘 할 료, 말 분명하지 않을 료

譩 살필 예 훤히 알 예

譝 말 빨리 할 흡 빠른 말 흡

譽 囂[몹시 아파 소리 지를 박]과 같음

譬 슬픈 소리 서 선할 서, 좋을 서

譔 앞 글자와 같음

譗 소리 많을 로 소리 로

譒 말할 발

譖 희롱할 암, 화할 암

譛 벌할 척, 讁[귀양갈 적]과 같음

譇 총명할 타

譥 서로 훼방할 수

譕 미워할 오 험담하여 말할 오

譧 讈[교묘한 말 력]과 같음

譕 황당히 말할 모, 말 충분하지 못할 모

譨 말이 지둔할 누

譶 讋[말 수다할 집]의 本字

譤 謐[소곤소곤할 칠]과 같음

譚 訾[헐뜯을 재]와 같음

警 警[경계할 경]의 俗字

譺 辜[허물 고]와 같음

譽 嗟[탄식할 채]와 같음

譂 사람 이름 종

⑬ 획

警 경계할 경, 놀랄 경 깨우칠 경 常(金)

譈 앞 글자와 같음

譥 소리지를 교, 큰소리로 부르짖을 교

譨 말 많을 누

譬 비유할 비, 비유 비 깨우칠 비 (金)

譫 헛소리 섬 수다떨 섬 (金)

譢 남의 말 좇을 수

譝 칭찬할 승, 삼갈 승 기릴 승

譪 부지런할 애 힘 다할 애

譯 번역 역 통역할 역 常(金)

譯 앞 글자의 本字

譍 應[응할 응]과 같음

議 의논 의, 말할 의 모의할 의 常(金)

譩 噫[탄식할 희]와 같음

譧 속임당할 잠

譟 시끄러울 조, 환호할 조, 떠들썩할 조 (金)

譠 속일 탄

響 잠깐 향, 울릴 향 아름답지 않은 말 향

譣 간사할 험

譞 영리할 현 말 많을 현 (金)

譳 고할 오, 말할 오

譭 미울 훼, 毁[헐 훼]와 같음

譗 실언할 섭

譪 자랑할 매, 허풍 칠 매, 다투며 화낼 해

譡 讜[곧은 말 당]과 같음

譿 소리 홰

譢 간할 수, 고할 수

𧭜 譚[이야기 담]의 訛字

譤 거짓 격, 속일 격

譧 소리 잡

𧭼 희롱하고 놀릴 곤

䜃 말하며 웃을 업

𧭏 喎[빠르게 말할 화]와 같음

譮 말할 화

䜆 서로 그릇할 괘

譅 횡설수설할 삽

𧮂 謇[더듬거릴 건]의 本字

譱 善[착할 선]의 古字 (金)

䜉 성내어 말할 흠

誳 詘[굽힐 굴]의 本字

䜋 謂[이를 위]의 本字

䜑 諕[속일 하]와 같음

𧬪 謬[그릇될 류]와 같음

𧭩 謷[헐뜯을 오]와 같음

𧭹 논별할 별

譠 말 번거로울 전

譲 讓[사양할 양]의 略字

𧭥 성낼 하

𧭺 護[보호할 호]와 같음

𧬺 謾[속일 만]과 같음

𧭡 譜[계보 보]의 本字

𧬾 讞[평의할 언, 얼]의 略字

⑭ 획

譴 꾸짖을 견, 허물 건, 내쫓길 견 (金)

譻 소리 앵

譽 기릴 예, 동아리 예, 명예 예 常(金)

𧬴 앞 글자와 같음

譺 희롱할 의, 공경할 의, 말 지둔할 애

𧮈 앞 글자와 같음

譸 저주할 주, 속일 주, 두려울 주, 누구 주

譹 울 호

護 호위할 호, 감시할 호, 도울 호 常(金)

䜊 속삭거릴 철, 바른말 철

譳 말 지둔할 누, 말 머뭇거릴 누

䜄 웃고 말할 압, 미련할 암

譵 懟[원망할 대]와 같음

譶 재잘거릴 답, 말 유창할 답

𧬯 앞 글자와 같음

𧭰 譙[대신하여 말할 초]의 本字

𧭌 책망할 망, 속일 망

𧭆 영리할 면

𧬤 망령되게 말할 답, 말다툼할 답

𧭿 속삭거릴 녕, 아첨할 녕

𧭐 診[볼 진]과 같음

䜞 한탄할 예

𧭭 말 분명하지 못할 몽

𧮍 실언할 지, 말 헛나올 지

𧬷 욕할 추

𧭁 監[볼 감]의 古字

䜎 말로 방패막이할 복

𧭲 자세할 태, 바로잡을 대

𧮓 말 의혹날 단, 함축성 있는 말 단

𧭮 수다할 제

𧮉 소리낼 영

⿰舟⿱羽言 말이 많을 등

⿰言帝 말 많이 할 객

⿰言⿱艹義 議[의논할 의]의 本字

⿰言⿱亼⿰冊冊 ⿰言侖[그릇될 요]의 俗字

⿰言⿱⺈兔 讒[참소할 참]의 俗字

辯 말 잘할 변, 말에 조리있을 편 [辛部] 常(金)

譅 말 더듬을 삽

⑮ 획

讀 읽을 독, 구두 두, 이두 두 常(金)

讄 뇌사 루, 빌 루

讅 審[살필 심]과 같음

讁 謫[귀양갈 적]과 같음

譾 얕을 전, 천박할 전

譞 구할 현, 마음 현

譿 슬기로울 혜, 분별하여 살필 혜 (金)

⿰言⿱侖言 論[의논할 론]과 같음

⿰言⿱罒瓜 詿[그르칠 괘]와 같음

⿰言⿱罒幷 앞 글자와 같음

⿰言慮 거짓 려, 속일 려

⿰言蔡 허튼말 살 멋대로 말할 살

⿰言巤 지껄일 렵

⿰言遲 말 헛나갈 지 실언할 지

⿰言舄 말로 속 쉬원하게 할 사

⿰言質 상말 질

⿰言厲 허풍칠 매 다투며 화낼 해

⿰言賞 讜[곧은 말 당] 같음

⿰言虢 말 많을 괵

⿰言暴 謈[몹시 아파 소리 지를 박]과 같음

⿰言樂 미친 말 락

⿰言憂 냄새맡을 욱

⿰言遮 ⿰言庶[속일 작]과 같음

⿰言⿱艹衍 소리 액

⿰言⿺辶堇 謹[삼갈 근]과 같음

⿰言⿱享羊 諄[타이를 순]의 古字

⿸疒⿱隹言 譍[응할 응]의 本字

⿰言截 讖[참서 참]과 俗字

讃 讚[기릴 찬]과 같음(金)

⿰言⿱⺈者 諸[모두 제]와 같음

⿱䜌支 變[변할 변]의 俗字

⿱䜌夊 앞 글자와 같음

讏 讆[잠꼬대 위]와 같음

讗 장담할 획 자랑할 휴

彎 화살 시위에 매길 만 [弓部] (火)

⑯ 획

讈 교묘한 말 력, 말 분명하지 않을 력

變 변할 변, 고칠 변 옮길 변 常(金)

讋 두려워할 섭 위협할 섭, 꺼릴 섭

讎 짝 수, 원수 수, 대등할 수, 갚을 수(金)

讐 앞 글자와 같음(金)

讌 잔치 연, 잔치 벌일 연, 술자리 연 (金)

⿰言⿱艹燕 앞 글자와 같음

讆 잠꼬대 위, 악을 기릴 위, 거짓될 위

讇 諂[아첨할 첨]과 같음

⿰言憲 낭자할 헌 어그러질 헌

讉 성낼 유, 속일 퇴 욕설 통역할 유 (金)

⿰言雍 경계할 해

⿱頻言 짝 빈, 지껄일 빈

⿰言噩 諤[곧은 말 할 악]과 같음

⿰言⿱享羊 거듭 이를 순 사람 이름 순

⿱感言 사랑할 함

⿰言親 훈계할 친

⿰言⿱𦍌言 바를 선

⿰言𧶠 讀[묵을 회]의 本字

譻 辯[말 잘 할 변]과 같음
䜍 앞 글자와 같음

⑰ 획

讕 헐뜯을 란, 발뺌할 란
讓 사양할 양, 겸손할 양, 술담글 양 常(金)
讔 수수께끼 은, 숨겨 말할 은
讔 앞 글자와 같음
讒 참소할 참, 간사할 참, 헐뜯는 말 참(金)
讖 참서 참, 뉘우칠 참 (金)
䜓 그르칠 요, 그릇될 요
譻 성낼 앵
讗 허풍칠 매, 다투며 화낼 해
䜩 말 더듬을 건
䜊 譁[시끄러울 화]의 本字
䜔 謇[말 더듬을 건]과 같음
䜕 譠[망녕되게 말할 담]의 訛字

⑱ 획

讘 속삭일 섭, 말 많을 섭
讙 시끄러울 환, 훤, 기뻐할 환, 훤
讗 말 우람할 획, 자랑할 휴
䜚 수다할 탑, 말 많을 탑
䜝 嘻[웃을 희]와 같음
讉 떠들 퇴, 시끄러울 퇴
䜞 미워하고 성낼 표, 부르짖을 포
䜟 諢[농담할 원]과 같음

⑲ 획

讚 기릴 찬, 해석할 찬, 도울 찬 常(金)
䜠 囈[잠꼬대 예]와 같음
讛 허풍칠 매, 다투며 화낼 해
讈 謧[말 수다할 리]와 같음
䜡 짝 빈

⑳ 획

讜 곧은 말 당, 말이 조리에 맞을 당(金)
讞 평의할 얼, 심판할 언, 시비밝힐 언(金)
譱 善[착할 선]의 古字
讝 헛소리 섬
䜢 욕할 착
䜣 함부로 말할 확

㉑ 획

䜤 誩[말다툼할 경]의 古字
䜥 謱[뇌사 루]와 같음
讕 讕[헐뜯을 란]과 같음

㉒ 획

讟 원망할 독, 헐뜯을 독

㉜ 획

䜧 讋[두려워할 섭]과 같음

谷部

谷 골 곡, 깊은 굴 곡, 녹리왕 록 常(水)
㕡 웃을 갹, 입천장 갹

② 획

䜭 큰 골 구, 정자 이름 구
却 물리칠 각, 반대할 각, 사양할 각 [卩部]

③ 획

谾 골짜기 이름 강, 큰골 홍
郤 지칠 극
谸 퍼질 천, 산이름 천, 푸를 천, 길 천

容 얼굴 용, 모양 용 놓을 용 [宀部] 常(木)

谸 산 이름 천

谻 谻[절룩거릴 극, 갹]과 같음

④ 획

谹 깊을 횡, 산울림 횡 다리밑 물 깊을 횡

谺 앞 글자와 같음

谻 다리 절 갹, 극 절룩거릴 갹, 극

谺 골짜기 텅빈 모양 하 산골짜기 하

容 㟚[산 사이 늪 연]의 古字

谽 谽[골짜기 텅빈 모양 함]과 같음

欲 하고자할 욕, 좋아할 욕 [欠部] 常(木)

⑤ 획

谽 谽[골짜기 텅빈 모양 함]과 같음

睿 濬[칠 준], 睿[깊고 밝을 예]와 같음(木)

⑥ 획

谼 큰 골짜기 홍 다리밑 물길 홍

谻 谻[절룩거릴 갹, 극]과 같음

谽 두 산이 서로 닿을 합

⑦ 획

谽 골짜기 텅빈 모양 함

叡 壑[골짜기 학]의 本字

谾 깊은 골짜기 로

⑧ 획

谾 골짜기 텅빈 모양 홍 산 깊숙할 롱

谸 골짜기 클 교, 효

虢 범 성낼 감

豀 태병 태, 성씨 제

⑨ 획

谼 골짜기 이름 영

谽 속이 빈 모양 흡

⑩ 획

谿 시내 계, 산골짜기 계, 배반해 다툴 혜

谿 앞 글자와 같음

豁 뚫린 골 활, 열릴 활, 열릴 활(水)

谾 앞 글자의 本字

谾 깊은 골짜기 모양 호

⑪ 획

豂 텅빈 골짜기 료 깊을 료

谾 隙[틈 극]과 같음

谾 정자 이름 만

⑫ 획

谾 谾[골짜기 깊을 해]와 같음

谾 골짜기 텅빈 모양 로

谾 열릴 함 골짜기 깊을 함

谾 澗[산골 물 간]과 같음

谾 壑[골짜기 학]과 같음

谾 정자 이름 만

谾 깊은 골짜기 호

谾 소리의 형용 증

⑬ 획

谾 谾[골짜기 깊을 해]와 같음

⑭ 획

谾 깊은 골짜기 신, 준

⑮ 획

豄 도랑 독

谾 땅 이름 렵

⑯ 획

豅 크고 긴 골짜기 롱 산골 텅 빌 롱

⑳ 획

谾 谾[열릴 함]과 같음

㉔ 획

谾 바위굴 령

豆部

豆 콩 두, 나무제기 두 제수 두 常(木)

① 획

𧯞 음역자 둔(뜻이 없고 음으로만 씀)

② 획

𧯟 豆[콩 두]와 같음

③ 획

豇 광저기 강, 콩 이름 강, 동부콩 강(水)

豈 어찌 기, 그 기 즐거울 개 常(水)

𧯠 豆[콩 두], 俎[도마 조]와 같음

④ 획

豉 메주 시, 콩자반 시(水)

豛 날쌜 추

⑤ 획

𧯧 찢을 두, 찢어질 두

𧯨 콩엿 완, 광저기 완 동부 완, 완두 완

𧯩 豉[메주 시]와 같음

登 오를 등, 벼슬에 오를 등[癶部] 常(火)

壹 전일할 일, 고를 일 한 번 일 [士部](木)

短 짧을 단, 적을 단, 짧게할 단 [矢部]常(金)

⑥ 획

豋 제기 등

豊 풍년 풍, 풍성할 풍 예기 례(木)

𧯮 항쌍 항, 광저기 강

⑦ 획

𧯲 들콩 침, 콩자반 침 메주 침

𧯳 팥 촉

𧯴 豍[백편두 비]와 같음

𧯵 콩깍지 매

𧯶 酥[연유 소]와 같음

𧯷 천막 칠 정

⑧ 획

豍 비두 비, 백편두 비 콩 비

豎 더벅머리 수, 세울 수 환관 수, 천할 수(木)

豌 완두 완, 광저기 완 동부 완 (火)

𧯸 앞 글자와 같음

𧯹 비지 책, 간 콩 책

𧯺 豐[풍성할 풍]의 古字

𧯻 萁[콩깍지 기]와 같음

𧯼 된장 맛 깊을 감

𧯽 콩 욱

𧯾 豋[제기 이름 등]의 本字

⑨ 획

𧰀 콩깍지 곡

𧰁 앞 글자와 같음

𧰂 받들 근, 술잔 근

𧰃 豉[메주 시]와 같음

𧰄 빛깔 변한 콩 유

𧰅 메주 음

𧰆 앞 글자와 같음

頭 머리 두, 맨 먼저 두 끝 두[頁部] 常(火)

⑩ 획

豏 콩 반쯤 싹틀 함

𧰇 북소리 동

𧰈 완두 류, 콩 료

𧰉 䝁[새콩 로, 들콩 로]와 같음

𧰊 늘여 길게 할 등

豐 豊[풍성할 풍]의 本字

豍 기마병의 북 비

豎 豎[더벅머리 수]의 古字

⑪ 획

豐 풍년 풍, 풍성할 풍 살질 풍 常(木)

𧯺 흰 콩 루 콩 이름 루

𧰀 누른빛 탄, 단

豑 잔의 차례 질

𧯸 헤아릴 여

𧯷 懿[아름다울 의]와 같음

𧯼 필두 필(완두의 딴 이름)

𧰃 登[제기 등]의 古字

⑫ 획

𧰅 새콩 로, 들콩 로

𧰄 북소리 전

豏 북칠 렴

艶 고울 염 애틋할 염[色部](土)

𧰆 변두 변(콩과의 재배 식물)

⑬ 획

𧰈 삼갈 각, 정성 각 착할 각

𧰉 북소리 괵

𧰊 북소리 렵

豒 잔의 차례 질

𧰋 오지솥 호 흙솥 호

⑭ 획

𧰌 북소리 담

𧰍 누른 콩 접, 콩 접

⑮ 획

𧰎 악장 이름 기, 바랄 기, 거의 기

豔 豔[고울 염]의 俗字

⑯ 획

豓 艶[고울 염]과 같음

𧰏 북소리 렵

⑰ 획

𧰐 북소리 렵

艷 艶[고울 염]과 같음 [色部]

⑱ 획

𧰑 북소리 력

𧰒 항쌍 쌍, 콩 이름 쌍

⑳ 획

豔 艶[고울 염]의 本字

𧰓 북 울릴 훈

㉑ 획

𧰔 艶[고울 염]과 같음, 탐스러울 염

㉒ 획

𧰕 더할 등, 물불을 등

豕部

豕 돼지 시 (水)

① 획

豖 돼지가 발 묶인채 걷는 모양 축, 촉(水)

② 획

彖 단사 단, 점칠 단 토막 단 [彐部]

豘 돼지 모양 정

③ 획

豗 맞부딪칠 회, 돼지 흙뒤질 회, 떠들 회

豙 돼지 달아나는 모양 한

豛 돼지가 걸어갈 촉

𧰲 돼지 흙 뒤질 회

豚 豚[돼지 돈]과 같음

豙 豕[돼지 시]와 같음

豸 돼지 치

④ 획

豣 豜[돼지 견]의 俗字

豚 돼지 돈, 흙부대 돈 혼돈 돈 常(水)

豛 돼지 역

豝 앞 글자의 俗字

豝 암돼지 파, 두살 된 돼지 파, 큰돼지 파

豘 豚[돼지 돈]과 같음

豟 熊[곰 웅]과 같음

豠 큰 돼지 우 돼지 이름 우

豟 豟[큰 돼지 액]과 같음

豙 성낸 돼지 털 세울 의

豗 豗[맞부딪칠 회]의 本字

豛 돼지 몰

豖 돼지 걸음걸이 촉

⑤ 획

象 코끼리 상, 상아 상 모양 상 常(水)

象 앞 글자의 俗字

豟 큰 돼지 액

豞 돼지가 꿀꿀거릴 구, 후

豛 칠 탈, 뭉치로 칠 독

豣 저령 령, 약 이름 령

豠 작은 돼지 저

豝 암돼지 무

豥 마른 돼지 애

豦 兕[외뿔 들소 시]와 같음

象 象[돼지 치]의 訛字

豽 돼지 이름 날

⑥ 획

豤 돼지가 씹을 간 지성 간, 땅 갈 간

豦 원숭이 거 짐승 이름 거

豣 돼지 견, 세살된 돼지 견, 노루 연

豥 네 굽 흰 돼지 해

豢 돼지 기를 환, 가축 환, 탐낼 환 (水)

豥 늙은 수돼지 애

豣 암돼지 선

豣 멧돼지 통

豲 貆[멧돼지 환, 원]과 같음

豤 큰 돼지 간

豨 거세한 돼지 사, 시

豣 돼지 이름 산

豨 隸[짐승 몸에 털 많을 사]와 같음

豗 서로 부딪칠 회

⑦ 획

豩 두 마리 돼지 빈 완고할 환

豪 호걸 호, 호방할 호 두령 호 常(水)

豨 멧돼지 희 (水)

豱 돼지 율

豧 돼지 숨쉴 부 돼지 포

豙 성난 돼지 털 세울 의

豨 돼지 달아날 효

豟 큰(5척) 돼지 치

豬 돼지 저

豨 별 이름 투 용미성(龍尾星) 투

豚 豚[돼지 돈]의 古字

豛 豛[돼지 역]과 같음

豤 豤[돼지가 씹을 간]의 本字

豲 貆[멧돼지 원, 환]과 같음

豵 豵[수돼지 종]의 訛字

豛 돼지 몰

⑧ 획

豵 수돼지 종

𧱖 완악할 매

𧱎 豣[돼지 견]과 같음

𧱰 새끼돼지 추
암돼지 추

𧱼 암돼지 삽

䝟 돼지 흙 뒤질 결

𧲀 앞 글자와 같음

隊 돼지 이름 수, 타

𧱓 豤[돼지가 씹을 간]과 같음

𧱤 돼지고기 속 빌 강

𧱣 저령 령
약 이름 령

⑨ 획

豭 수돼지 가, 돼지 가

豫 미리 예, 기뻐할 예
편안할 예 常(水)

豬 猪[돼지 저]와 같음, 물이 괼 저

𧲗 豤[씹을 간]의 訛字

𧲑 큰 돼지 변
멧돼지 변

𧲝 껍질 두꺼운 돼지 주

𧲜 작은 멧돼지 군

𧲚 오소리 단, 돼지 단

𧳃 豚[돼지 돈]과 같음

𧳄 앞 글자와 같음

𧲌 멧돼지 유, 호저 유

𧲘 豥[네 발굽이 흰 돼지 해]와 같음

𧲙 갈 탁(다니다)

⑩ 획

豳 나라 이름 빈
얼룩얼룩할 반(水)

豱 돼지 이름 온

豲 멧돼지 원, 호저 환
고을 이름 환, 원

豯 돼지새끼 혜
석달난 돼지 혜

𧳊 돼지 숨쉴 희

豰 흰 여우새끼 혹

𧲸 완고하고 악할 쾌

𧳋 작은 돼지 명

𧲶 鳳[봉새 봉]의 古字

⑪ 획

豴 돼지 발굽 적

豵 돼지 새끼 종
돼지 종

𧳟 머리 검고 몸 흰 돼지 멱

𧳜 암돼지 루

𧳏 개 쫓을 괘

燹 들불 선, 희
태울 선 [火部]

𧳝 돼지 만
살찐 돼지 만

𧳐 䝻[들소 용]의 訛字

𧳗 豣[돼지 견]과 같음

⑫ 획

豷 돼지 숨쉴 희
사람 이름 희

𧳧 돼지새끼 수
돼지 이름 타

𧳮 땅돼지 충

𧳸 큰 돼지 린
짐승 이름 린

𧳷 돼지우리 증
우리 층

⑬ 획

豶 거세한 돼지 분

𧴀 돼지소리 혹

𧴃 암돼지 수

𧴄 돼지 이름 거

⑭ 획

𧴇 늙은 암돼지 삽

𧴌 멧돼지 몽, 돼지 비슷한 짐승 몽

𧴋 앞 글자와 같음

𧴊 작은 암돼지 추

𧴉 豩[돼지 빈]과 같음

⑮ 획

𧴎 작은 돼지 박

豵 돼지의 긴 털 렵

⑯ 획

豒 암퇘지 루

⑱ 획

豲 貛[오소리 환]과 같음

豵 품종 좋은 돼지 접

⑳ 획

豶 돼지 위

㉙ 획

蠡 昆[형 곤]과 같음 벌레 곤

豸部

豸 발 없는 벌레 치 (水) 제지할 치, 해태 태

② 획

豹 개 이름 력

③ 획

豺 승냥이 시, 늑대 시 (水)

豻 들개 간, 감옥 간 원숭이의 일종 간

豹 표범 표, 아롱범 표 (水)

豼 수탕나귀 탁 탁맥 탁, 매기 탁

④ 획

豽 짐승 이름 놜, 삵 놜

豼 비휴 비 맹수 이름 비

豝 짐승 추한 모양 파 어미돼지 파

豵 돼지 같은 짐승 옹

豲 오소리의 일종 완

貅 비휴짐승 휴 맹수 이름 휴

豣 큰 돼지 견

貈 貉[담비 학]과 같음

貋 앞 글자와 같음

貖 毅[굳셀 의]와 같음

⑤ 획

貀 앞발 없는 짐승 놜 짐승 이름 놜, 눌

貁 긴 꼬리 원숭이 유

貂 담비 초, 담비가죽 초, 담비 꼬리 초 (水)

貄 족제비 사

豾 삵의 새끼 비

豿 곰과 범의 트기 구

貏 짐승 이름 좌

貋 발 없는 벌레 잔

豰 발 없는 벌레 발

貏 담비 앙

貑 狐[여우 호]와 같음

貈 뿔난 짐승 동

貊 貊[짐승 이름 맥]과 같음 (水)

貗 사나울 거

貘 여우 복

貅 貅[맹수 이름 휴]의 訛字

貙 여치 거

貎 짐승 이름 니

⑥ 획

貊 북방 종족 이름 맥 짐승 이름 맥 (水)

豞 곰과 범의 트기 구

貉 오랑캐 맥, 오소리 락, 제이름 마

貐 앞 글자의 訛字

貄 짐승 몸에 털 많을 사, 살쾡이 새끼 사

貈 담비 학, 오소리 학

貆 담비 새끼 훤
호저 환

貅 비휴 휴, 맹수 이름 휴

貋 사나울 산
사나운 개 산

豣 豜[돼지 견]과 같음

貓 잠 잘 자는 양 표
짐승 이름 표

貤 머리 흰 들개 이

貑 여우 복

貒 豸[발 없는 벌레 치]와 같음

貇 豤[씹을 간]과 같음

貄 담비 사, 족제비 사
오소리 사

狪 큰 돼지 동, 통

貖 짐승 이름 신

⑦ 획

貍 살쾡이 리, 묻을 매
썩는 냄새 날 울(水)

貌 모양 모, 얼굴 모
본뜰 막 常(水)

貎 앞 글자와 같음

貟 앞 글자의 古字

貋 豻[들개 간, 안]과 같음

貏 獬[해태 해]와 같음

貌 사자 산

貖 메아리 소
짐승 이름 소

貔 살쾡이 비

貐 별 이름 투
용투별 투(尾星)

⑧ 획

猊 사자 예, 준예 예
사슴 새끼 예

貏 평평할 피, 차츰 평
평해질 비

貄 삵의 새끼 사

貚 발 없는 짐승 도, 조

猍 살쾡이 래
맹수 이름 래

貗 앞 글자의 訛字

猗 거세한 개 의

猇 웅호 호(전설상의
짐승)

貄 담비 사, 족제비 사
오소리 사

貈 짐승 이름 주

⑨ 획

猳 가비 가
큰 얼룩곰 가

貓 猫[고양이 묘]와
같음(土)

貐 설유 유(전설상의
짐승)

貀 암담비 노
암 오소리 노

猰 짐승 이름 설

貏 앞 글자와 같음

貗 짐승 이름 요

貒 오소리 단
수이리 단

貒 앞 글자와 같음

貓 앞 글자와 같음

猬 蝟[고슴도치 위]와 같음

猨 猿[원숭이 원]과
같음

貆 젖 종

豬 豬[돼지 저]와 같음

貌 貌[얼굴 모]와 같음

墾 밭갈 간, 개간할 간
상할 간 [土部](土)

猸 짐승 이름 미

貚 짐승 이름 휘
훈노의 딴 이름 훈

⑩ 획

貔 비휴 비(水)
맹수 이름 비

貔 앞 글자와 같음

貕 돼지 새끼 혜
늪 이름 혜

猿 猿[원숭이 원]과
같음

貆 貆[멧돼지 환, 원]과 같음

貘 쥐 같이 생긴 동물 액

貔 사나울 비

⑪ 획

貗 오소리 새끼 루, 구

貘 짐승 이름 맥, 흰 표범 맥, 종족 이름 맥 (水)

貙 맹수 이름 추 추호 추

獍 맹수 이름 경

貙 사나운 짐승 이름 치

貓 이리 만

貘 㹮[짐승 이름 만]과 같음

獑 흰 원숭이 참

貗 짐승 이름 용

貘 짐승 이름 상

⑫ 획

虛 귀신 허

貚 이리 단 짐승 이름 단

獠 오랑캐 이름 로,료

貋 울부짖을 호, 울 호

貜 짐승 이름 중

豶 豶[거세한 돼지 분]과 같음

貈 貈[담비 학]과 같음

貍 貍[삵 리]와 같음

貗 거수 거(맹수를 잡아먹는다는 짐승)

貘 짐승 이름 복

貊 예맥 예 종족 이름 예

豷 豷[돼지 숨쉴 희]와 같음

⑬ 획

貜 예맥 예, 위, 북방 종족 이름 예

貙 貙[맹수 이름 치]의 訛字

貈 貈[오소리 학], 貉[담비 학]과 같음

貛 큰 원숭이 옹

獪 짐승 이름 쾌

獬 짐승 이름 해

⑭ 획

貔 貉[담비 학]과 같음

貓 짐승 이름 만

貜 암 오소리 노

⑯ 획

獺 獺[수달 달]과 같음

貗 짐승 이름 력

⑱ 획

貛 수이리 환, 오소리 환, 너구리 환

⑳ 획

玃 몸집 큰 원숭이 확

貝部

貝 조개 패, 조가비 패 화폐 패 常(金)

② 획

負 질 부, 떠맡을 부 안을 부 常(金)

貟 앞 글자의 俗字

貞 곧을 정, 정조 지킬 정, 시집 안 갈 정 常(金)

貝 하신의 이름 배 물귀신 이름 배

貝 앞 글자와 같음

貞 재물 넉넉할 복 남는 재물 복

貟 員[인원 원]과 같음(水)

趴 조개 파

則 곧 즉, 그러나 즉 법칙 칙 [刀部] 常(金)

貨 貨[재화 화]의 本字

頁 머리 혈, 페이지 혈 [頁部] (火)

③ 획

貢 바칠 공, 공물 공 부세 공 常(金)

貤 거듭할 이, 겹칠 이 뻗칠 이, 옮길 이

財 재물 재, 마름질할 재, 재료 재 常(金)

貣 빌릴 특, 구걸할 특 용서할 특

貨 조개 소리 쇄 자잘 자잘할 쇄

貨 앞 글자의 俗字

財 得[얻을 득]의 古字

貤 굳을 인

貢 賵[보낼 봉]의 古字

屓 힘쓰는 모양 희 [尸部]

員 인원 원, 관원 원 더할 운 [口部]常(水)

④ 획

貫 꿸 관, 익힐 관, 돈꿰미 관, 당길 완 常(金)

貧 가난할 빈, 빈자 빈 구차할 빈 常(金)

責 꾸짖을 책, 빚 채 책임 책 常(金)

貪 탐할 탐, 바랄 탐 자초할 탐 常(金)

販 팔 판, 장사할 판 장사꾼 판 常(金)

貥 큰 조개 항

貨 재화 화, 재물 화 돈 화, 살 화 常(金)

貰 외상으로 살 사 외상으로 팔 사

貦 좋아할 완 장난할 완

貶 부세 민, 구실 민 근본 민

貿 貿[교역할 무]와 같음

貯 財[재물 재]와 같음

貶 貶[하관할 폄]과 같음

貪 耽[탐할 탐]과 같음

貰 貰[세낼 세]와 같음

貭 재산불어날 민

貭 質[바탕 질]의 略字

貾 貾[조개 지]와 같음

䝮 조개 파

貶 다스릴 구

贀 賢[어질 현]의 略字

敗 패할 패, 망가질 패 손상할 패 [攴部]常(金)

⑤ 획

貴 귀할 귀, 중요할 귀 공경할 귀 常(金)

貸 빌릴 대, 용서할 대 어긋날 특 常(金)

買 살 매, 고용할 매 자초할 매 常(金)

貿 무역할 무, 바꿀 무 꾀할 무 常(金)

貿 앞 글자의 俗字

賁 클 분, 꾸밀 비, 패할 분, 성씨 비 (金)

費 쓸 비, 비용 비 번거로울 비 常(金)

賍 재물 성 넉넉할 성 (金)

貰 세낼 세, 빌릴 세 외상으로 살 세 (金)

貳 두 이, 버금 이 울 이, 거듭 이 (金)

貽 끼칠 이, 줄 이, 이패 이, 성씨 이 (金)

貲 재물 자, 헤아릴 자 값 자, 벌금낼 자 (金)

貯 쌓을 저, 기다릴 저 담을 저 常(金)

實 앞 글자와 같음

貾 조개 지, 점 있는 누런 조개 지

貼 붙을 첩, 붙일 첩 가까이 할 첩 (金)

賆 재물 늘 편 재물 불어날 편

貶 떨어뜨릴 폄, 줄 폄 하관할 폄 (金)

賀 하례 하, 위로할 하 하례할 하 常(金)

賢 衒[다니며 팔 현]과 같음

貺 줄 황, 하사품 황 (金) 과장할 황, 견줄 황

貶 賑[구휼할 진]과 같음

賖 앞 글자와 같음

貾 복채 소

貱 전해줄 피, 더할 피

賗 재물 탐할 감

貶 재물 작

貯 재물 주 (金)

貶 다스릴 구

䝿 재물 보일 시

䞁 한량 없을 앙

䝖 貤[거듭할 이]와 같음

𧴪 賈[장사 고, 값 가]와 같음

䝢 앞 글자와 같음

䝱 頂[이마 정]과 같음

䝮 덮을 책

⑥ 획

賈 값 가, 장사할 고 장수 고, 팔 고(金)

賂 뇌물줄 뢰, 뇌물 뢰 선물 뢰(金)

賆 더할 변

𧵅 書[글 서]의 古字

賃 품삯 임, 품팔 임 빌릴 임 常(金)

資 재물 자, 쌓을 자 방자할 자 常(金)

䝫 앞 글자와 같음

賍 臟[장물 장]의 俗字

賊 도적 적, 역적 적 훔칠 적 常(金)

𧵳 앞 글자의 本字

賌 족할 해, 갖출 해 기이할 해

賅 앞 글자와 같음

䝞 갈비 협, 재물 협

賄 뇌물 회, 선물할 회 재물 회(金)

𧵢 寡[적을 과]와 같음

𧵊 賁[클 분]의 本字(木)

䝼 財[재물 재]와 같음

䝺 재물 형, 본전 민

䝐 보배 귀, 재물 귀

䞊 貺[줄 황]과 같음

䝔 앞 글자의 古字

䞃 재물 모을 치

䝛 음식 탐낼 린

䞅 쌓을 애, 모아둘 애

䞆 근심할 휼

𧵈 責[꾸짖을 책]의 古字

䝯 보내줄 이

䝾 皎[달빛 교]와 같음

䝑 전당 신, 바탕 신

𧵍 쌓을 래

𧴭 貨[재화 화]와 같음

𧵩 䘧[작은 참새 빈]의 古字

𧵙 번거로울 효

𧵘 貿[교역할 무]와 같음

𧴿 貰[세낼 세]와 같음

𧷓 買[살 매]의 本字

賎 賤[천할 천]의 略字

⑦ 획

賗 돈 끈 관 돈꿰미 천

賕 뇌물 구, 뇌물줄 구 받을 구, 취렴할 구

賚 줄 뢰

賦 부세 부, 거둘 부 구실 부 常(金)

𧶁 앞 글자와 같음

賓 손 빈, 귀복할 빈 물리칠 빈 常(金)

賔 앞 글자의 俗字

𧶔 賓[손 빈]의 本字

𧶘 앞 글자와 같음

𡪄 賓[손 빈]의 古字

賒 외상으로 살 사 외상으로 팔 사

賖 앞 글자와 같음

賏 조가비 목걸이 영, 앵

賷 집어 줄 재, 齎[가져올 재]와 같음

賑 구휼할 진 넉넉할 진(金)

䝨 賄[뇌물 회]와 같음

𧶠 깊고 굳을 개 단단할 개

𧶽 물건을 해치고 재물을 탐낼 찬

䞍 더할 순, 준, 늘 순

𧷍 탐낼 린

𧶰 재물 찰

䝬 갚을 포

䞓 紜[어지러울 운]과 같음

𧷓 責[꾸짖을 책]과 같음

賀 貿[교역할 무]와 같음

𧸁 貿[교역할 무]의 本字

實 열매 실, 재물 실 여물 실 [宀部] 常(木)

䞃 10분의 1 성

賕 재물 불어날 수 재산 늘어날 수

⑧ 획

賡 이을 갱, 갚을 갱 (金)

賚 줄 뢰, 하사품 뢰 보낼 뢰 (金)

賫 앞 글자와 같음

賣 팔 매, 배반하고 팔 아넘길 매 常(金)

賠 물어줄 배 소비할 배 (金)

賜 줄 사, 분부할 사 은혜 사 常(金)

賞 상줄 상, 온상할 상 기릴 상 常(金)

賥 재물 수, 쉬 (金)

賬 帳[휘장 장]과 같음

賫 집어줄 재, 齎[가져올 재]의 俗字

賟 넉넉할 전, 후할 전

賨 공물 종, 땅 이름 종, 종족 이름 종

賩 앞 글자와 같음

賙 진휼할 주 구제할 주 (金)

質 바탕 질, 몸뚱이 질 품성 질 常(金)

賤 천할 천, 얕볼 천 값이 쌀 천 常(金)

𧸓 앞 글자의 古字

賰 받을 청, 줄 청 하사품 받을 청

賝 보배 침

賧 속 바칠 담 재물로 속죄할 탐

賢 어질 현, 어진이 현 나을 현 常(金)

䞏 부세 량, 구실 량

賞 商[장사 상]의 古字

贄 전당 지, 저당할 지

𧷤 붉은 자개 기 조개 이름 기

䝹 재물 조금 있을 완

䝼 자개 균

𧶬 貫[꿸 관]과 같음

賉 팔 거(賣也)

賖 사귀지 않을 사

𧷢 넉넉할 애 사람 이름 애(金)

𧷽 宓[향기 복], 密[빽빽할 밀]과 같음

𧷪 부세 비, 구실 비

𧶿 賦[구실 부]와 같음

𧷎 貴[귀할 귀]와 같음

䞌 購[살 구]와 같음

賛 贊[기릴 찬]의 略字 (金)

䞋 돈벌 쟁

賣 팔 육, 자랑할 육

⑨ 획

賭 걸 도, 노름할 도 이득 취할 도 (金)

賴 힘입을 뢰, 이익 뢰 가질 뢰 常(金)

賵 부의 보낼 봉 부의 봉

賮 贐[보배 신, 전별할 신]과 같음

𧹔 앞 글자와 같음

賱 넉넉할 운, 부할 운 (金)

賳 재물 재 (金)

賰 넉넉할 춘 (金)

賲 재물 모을 치

䞕 재물 조금 있을 단

𧷔 점칠 소, 서

𧷞 賾[깊숙할 색]과 같음

𧷖 노름 잡

𧷟 앞 글자와 같음

𧶠 貴[귀할 귀]의 本字

䞀 재물 탐할 후

䞁 물건 알맞을 언

賲 가질 보 보유할 보

𧷚 작은 재물 연

𧶼 밀질 정, 못 팔 정

𧷓 진휼할 치

贆 봉죽 줄 표 폐백 나누어줄 표

𧷦 甖[술항아리 앵]과 같음

𧷛 賝[보배 침]의 本字

𧷡 청요 요 짐승 이름 요

𧷥 물건을 해치고 재물을 탐할 찬

䞇 벌레 이름 정

⑩ 획

購 살 구, 장려할 구 속전받을 구 (金)

賻 부의 부, 부의할 부 (金)

賽 굿할 새, 겨룰 새 나을 새 (金)

賾 깊숙할 색, 그윽할 색, 깊이 연구할 색

賸 남을 승, 불을 잉 그대로 잉, 남을 잉

賹 부쳐보낼 애, 적을 애, 무게의 단위 일

賺 속일 잠, 거듭팔릴 잠, 되먹이칠 잠

賶 재물 쌓을 창

𧸅 贅[혹 췌]와 같음

賫 齎[가져올 재]와 같음

𧸐 고생스러울 폐

䞎 줄 이, 내릴 이

𧸍 머리 클 분

𧸃 뼈 쇄

𧸈 보배 협, 재물 협

䞍 팔 정

𧸇 賣[팔 매]의 本字

𧸓 資[재물 자]와 같음

𧸂 賚[줄 뢰]와 같음

嬰 갓난아이 영, 매달 영, 두를 영 [女部]

䞌 饋[먹일 궤]와 같음

𧸒 贍[넉넉할 섬]과 같음

𧸋 팔 육

𧸌 앞 글자와 같음

⑪ 획

贇 사람 이름 빈 예쁠 윤 (金)

𧹔 앞 글자와 같음

贂 내기할 삼, 참

贀 더할 의, 보탤 유

贄 폐백 지, 폐백보낼 지, 안 움직일 집 (金)

贅 혹 췌, 쓸데없을 췌 덧붙일 췌 (水)

𧹈 돈 료

賯 商[장사 상]과 같음

𧹖 어지러이 날 빈

贁 敗[패할 패]의 古字

𧹗 贙[나눌 현]과 같음

𧸧 탐낼 루

𧹋 贓[장물 장]의 本字

𧹂 재물 지탱할 완 재물을 내놓을 완

𧹏 물 흐를 밀

𧹅 겨우 해

𧹇 賣[팔 매]의 古字

𧹙 蕢[흙덩이 궤, 삼태기 괴]와 같음

䞘 賦[구실 부]와 같음

𧹊 賾[깊을 색]과 같음

贈 贈[보낼 증]의 略字

賡 賡[이을 갱]과 같음

購 購[살 구]의 俗字

貨 貨[재화 화]와 같음

⑫ 획

贉 선금 담, 선불할 담 옥지(玉池) 담

䞘 조개 복

贋 贋[가짜 안]의 訛字

贈 보낼 증, 줄 증, 내몰 증, 더할 증 常(金)

贈 앞 글자와 같음

贊 도울 찬, 천거할 찬 기릴 찬 常(金)

賆 뭍에 사는 조개 표

賆 앞 글자의 訛字

賸 賸[남을 승, 인, 싱]의 本字

䞈 큰 자개 귤

贅 재물 귀

賭 내기하여 이길 도

贋 작은 재물 연

贅 幣[비단 폐]와 같음

贑 뇌물 함

賳 財[재물 재]와 같음

贅 贅[혹 췌]와 같음

顰 보이지 않을 빈

購 購[살 구]와 같음

贅 蕢[흙덩이 궤]의 古字

賰 전당잡힐 징

贖 遺[끼칠 유]의 俗字

⑬ 획

贍 넉넉할 섬, 만족스러울 섬 (金)

賺 되먹이칠 잠, 거듭 살 잠, 밑질 점

贎 재물 만 재물 많을 만

贓 쥐며느리 설

贏 이익 남을 영, 멜 영 자랄 영

賥 부의 수

贅 贅[혹 췌]와 같음

賂 賂[뇌물 뢰]의 訛字

寶 보배 보, 보배로 여길 보 [宀部] 常(木)

罌 양병 앵, 단지 앵 병 앵 [缶部](土)

贑 행정구역 이름 간

賸 賸[불을 잉]과 같음

⑭ 획

贔 힘쓸 비, 세찰 비 성낼 비, 비희 비(金)

贐 전별할 신, 공물 신 보낼 신, 예물 신 (金)

贓 장물 장 뇌물 받을 장(金)

贛 贛[줄 공]과 같음

贅 전당잡힌 돈 거

賰 둥글 곤

贕 재물 탐할 람

賓 엇비슷할 면

贀 賢[어질 현]의 古字

贆 남의 재물 꾀할 전

遺 遺[끼칠 유]와 같음

贅 더할 준

⑮ 획

贖, 讀 알 곯을 독

賞 상 줄 상

贖 속 바칠 속, 없앨 속, 바꿀 속 (金)

贗 옳지 않을 안 가짜 안

贎 많은 재물 례, 려 재물 려

贍 贍[넉넉할 섬]과 같음

贙 맹수 이름 견

贙 앞 글자와 같음

贐 기이한 물건 보낼 돈

⑯ 획

贕 돈 친, 시주할 친 내려줄 친

贙 나눌 현, 분별할 현 짐승 이름 현

贈 줄 유

贚 가난할 룡 용 모양 룡

賨 賨[공물 종]과 같음

⑰ 획

贛 줄 공, 어리석을 당 강 이름 감(金)

贑 앞 글자의 本字

贑 贛[줄 공]의 古字

贖 어리석을 잉 알지 못할 응

⑱ 획

贜 贓[장물 장]의 俗字

⑲ 획

贖 贖[속 바칠 속]의 俗字

赤部

赤 붉을 적, 빌 적, 발가벗을 적 常(火)

① 획

𤆍 赫[밝을 혁, 붉을 혁]과 같음

② 획

赤丁 붉은빛 정 붉을 정

丁赤 앞 글자와 같음

③ 획

赤工 살갗 벌겋게 곪을 홍

④ 획

赦 용서할 사 죄 사할 사 (火)

赤支 연지 지

赤欠 껄껄 웃을 혁, 웃음 소리 혁, 붉을 혁

赧 赧[얼굴 붉힐 난]과 같음

⑤ 획

赧 얼굴 붉힐 난 부끄러워할 난(火)

赤皮 얼굴 붉을 란 느린 피리소리 년

赤冬 赨[붉은색 동]과 같음

⑥ 획

赨 붉은색 동

蛷 앞 글자와 같음

赤同 붉을 동

赩 붉을 혁, 빨간색 혁 높이 솟을 혁

赤因 연지 연

⑦ 획

赤巠 붉을 정

赫 붉을 혁, 밝을 혁 쏠 석 (火)

赤尾 붉은색 미

赤含 붉은색 함

⑧ 획

赤尾 붉은색 미 붉은 꼬리 미

⑨ 획

赭 붉은 흙 자, 붉은 안료 자, 불태울 자(火)

赬 붉을 정

赬 앞 글자와 같음

赮 붉을 하 노을 하(火)

赤垔 연지 연

赤畐 적갈색 혁

赤柬 煉[불릴 련]과 같음

⑩ 획

赤唐 얼굴 검붉을 당 붉은색 당

赤殼 햇살 붉을 혹 아침 노을 혹

赤倝 몹시 붉을 간, 붉은색 환, 흐릴 환

赩 되리어 물들어 붉을 혹, 붉을 혹

⑪ 획

赫 아침노을 혹 햇살 붉을 혹

赯 붉은 모양 흡

⑫ 획

赮 불빛 유, 빛바랠 유

赨 熾[성할 치]의 古字

⑭ 획

赮 불빛 유, 빛바랠 유

赬 붉을 혁 진한 붉은빛 혁 (火)

⑮ 획

赨 燈[등불 등]과 같음

走部

走 달릴 주, 달아날 주 걸을 주, 갈 주 常(火)

赱 앞 글자의 略字

赱 走[달릴 주]의 本字

① 획

赳 赳[헌걸찰 규]와 같음

② 획

赳 헌걸찰 규, 목을 길게 늘일 규 (木)

赳 앞 글자의 訛字

赲 걸을 력 걷는 모양 력

赴 다다를 부, 나아갈 부, 뛰어들 부 常(火)

③ 획

赸 뛸 산, 떠나갈 산 비웃을 산

赶 달릴 간, 뒤쫓을 간 꼬리쳐들고 달릴 건 (火)

赹 달릴 치

赶 徒[무리 도]와 같음

起 일어날 기, 솟을 기 등용할 기 常(火)

赵 趨[홀로 갈 경]의 俗字

赳 사람 이름 속

赶 달리는 모양 굴

赶 일어날 재, 머뭇거리다 떠나갈 재

赵 곧장 갈 글 직행할 글

赶 부술 질, 뛰게 할 질

④ 획

赽 말 달려갈 결 빠를 결

赹 혼자 갈 경

赺 머리 숙이고 빨리 달릴 금

赻 鮮[고울 선]과 같음

赹 멀리 달릴 율 달릴 율, 달아날 율

赻 머뭇거릴 탐

赼 趑[머뭇거릴 자]의 俗字

赿 넘을 척

趀 달음박질할 잡

趉 떨어질 투 내려뛸 투

趂 빨리 갈 종

趄 발 꼬부라질 구

趃 원숭이 나무에 오를 기

趋 달릴 취

趏 동쪽오랑캐춤 오

赾 어려울 근 걷기 어려울 근

趆 달아날 제, 달릴 제

趉 넘을 체

趇 옮길 사

趈 넘어질 복

趆 얕은 나루 리

趈 가는 모양 발

赾 거스를 오

趄 빨리 달릴 저

⑤ 획

趉 별안간 달아날 굴 갑자기 굴

越 넘을 월, 드날릴 월 멀 월 常(火)

戉 앞 글자의 古字

趀 갑작스러울 자 갑자기 자

趄 뒤뚝거릴 저, 서성거릴 저, 기울 차

趁 좇을 진, 나아갈 진, 내쫓을 년 (火)

趂 앞 글자와 같음

超 뛰어넘을 초, 뛰어날 초, 뛸 초 常(火)

趉 달려나올 출 달릴 출

趃 달려갈 솔 달리는 모양 솔

趃 힘껏 달아날 절 힘껏 달릴 절

趏 절뚝발이 옥

趇 달아날 불, 비 뛸 불, 비

趜 급히 달아날 옹

趏 넘을 백, 급할 백 (火)

趄 걸음걸이 거 가는 모양 거

趃 바삐 갈 발 가는 모양 발

趃 멀리 달아날 현

趞 천천히 걸을 척 갈 척

趄 곧장 갈 단, 갈 단

趑 얕은 여울 건널 차 물이 얕은 나루 차

趆 달아날 제, 달릴 제 빨리 달릴 저

趆 앞 글자의 訛字

趃 달아날 반 달리는 모양 반

趇 달아날 십 달리는 모양 십

趁 바삐 달아날 작 달리는 모양 작

趃 넘을 체, 건널 체 뛰어날 체

趑 머물 차, 성낼 차 분열될 차

趑 앞 글자와 같음

趵 달아나며 돌아볼 구, 구부릴 부

趄 절뚝거릴 구

趄 趣[달릴 취]와 같음

趋 趨[빨리 걸을 추]의 俗字

趒 逃[달아날 도]와 같음

趆 달릴 제

趈 말이 빨리 가는 모양 참, 부동모양 참

⑥ 획

趌 성내어 달릴 길 뛰는 모양 결

趔 자빠지려고 할 렬 발 나가지 않을 렬

趑 머뭇거릴 자 서성거릴 자

趒 뛸 조, 도망칠 조 뛰어넘을 조

趎 사람 이름 주 (火) 뛰어가는 모양 주

趍 추창할 추, 느릴 치 달릴 추

趓 던질 타, 숨을 타 타루 타

趓 앞 글자와 같음

趐 나아갈 혈, 떼지어 날 혈, 날개 시 (火)

趏 부들자리 활 달리는 모양 괄

趙 급히 달아날 유 달아날 유

趌 자빠질 학 허겁지겁 달릴 격

趏 절면서 갈 후 절뚝발이 후

趃 멀리 달아날 희 달리는 모양 희

趝 달리는 모양 험

趙 달릴 병

趌 반걸음 규 가까울 규

趚 옆으로 걷는 발 적 발끝 세워 걸을 적

趎 멀거니 설 주 서성거릴 주

趃 달릴 휼

趌 뛸 결 뛰는 모양 결

趇 절름거릴 흡 달리는 모양 흡

趏 넘을 맥 달리는 모양 맥

⿺走亘 처소 바꿀 원, 논밭 바꿔서 경작할 원
⿺走危 跪[꿇어 앉을 궤]와 같음
⿺走匠 갈 장, 걷는 모양 장
⿺走支 달아날 휴, 달릴 휴
⿺走庄 성낼 차, 분열될 차 멈출 차
⿺走交 만날 교

⑦ 획

趕 赶[달릴 간]과 같음
趙 나라 이름 조, 긴 모양 조 (火)
趖 빨리 달릴 좌 달릴 좌, 기울 좌
⿺走夋 빨리 걸을 준
⿺走君 어지러울 운 달아날 운
⿺走告 넘을 혹, 달릴 혹
趗 국량이 좁을 촉 종종걸음칠 촉
⿱足走 앞 글자와 같음
⿺走秀 뛸 투, 지날 투
⿺走求 어긋날 구, 어길 구
⿺走里 달아나려다 멈출 해, 발 빗디딜 괴
⿺走否 엎드릴 부 갑자기 부
⿺走余 땅에 엎드릴 도
⿺走孚 빠를 부 때에 미칠 부

⿺走夾 빨리 갈 삽 걸음 빠를 삽
⿺走希 달아날 희
⿺走赤 급히 달아날 책
⿺走谷 넘어질 혹 꺼꾸러질 혹
⿺走甫 길 포, 엎드릴 포
⿺走析 넘을 세
⿺走屖 짐승 달아날 혁
⿺走甬 뛸 용, 동동구를 용
⿺走狂 두려워서 달아날 광, 황급히 갈 광
趚 달아나는 소리 속
⿺走呈 급히 갈 녈, 갈 녈
⿺走垂 趣[뜻 취, 행동 취]와 같음
⿺走步 앞 글자와 같음
⿺走瓜 앞 글자와 같음
⿺走豆 주저할 후
⿺走具 趄[뒤뚝거릴 저]의 訛字
⿺走良 물결 랑

⑧ 획

趜 궁구할 국, 곤궁할 국, 곱사등이 국
趡 움직일 유, 달릴 추 땅 이름 추
趛 머리 숙이고 빨리 달릴 음

趟 뛸 쟁, 번(次數) 당 물 건널 당
趠 멀 탁, 특출할 탁 (火) 빨리 걸을 탁, 뛸 초
趣 달릴 취, 행동 취 뜻 취, 빠를 취 常(火)
⿺走咅 넘어질 복, 북 갑자기 부
⿺走念 머리 숙이고 달아날 겸, 빨리 갈 겸
⿺走奄 급히 달아날 압 달림이 급할 압
⿺走兹 급히 달릴 현
⿺走囷 달릴 군 달아날 군
趞 옆으로 걸어갈 척 경건할 작
⿺走周 껑충 뛸 조, 뛸 조
⿺走叕 팔딱팔딱 뛸 결 뛸 철
⿺走或 몰래 달아날 혁
⿺走臤 갈 긴, 느릿느릿 갈 긴, 천천히 갈 긴
⿺走東 미쳐 날뛸 동 미친듯 달릴 동
⿺走夌 넘을 릉
⿺走易 미쳐 날뛸 척 미친듯 달릴 척
⿺走刺 종종걸음칠 척 발끝세우고 걸을 척
⿱林走 달아날 람 달리는 모양 람
⿺走弗 달아날 불
⿺走屈 달릴 굴
⿺走奇 큰 나무에 기어오를 기

⿺走豖 터덜터덜 걸을 촉 어린애가 다닐 총

⿺走卷 허리 굽혀 가는 모양 권

⿺走來 이를 래, 來[올 래]와 같음 (火)

趢 좁을 록, 종종걸음칠 록, 몸 굽힐 록

趍 趨[달릴 추]와 같음

⿺走⿱乑子 뛰어 일어날 궐 뛸 궐

趤 노닐 탕

⿺走卑 자박자박 걸을 비 잔걸음으로 걸을 비

⿺走肴 달아날 효 달리는 모양 희

⿺走叛 叛[배반할 반]과 같음

⿺走否 ⿺走否[엎드릴 부]의 訛字

⿺走幷 ⿺走幷[달릴 병]의 本字

⿺走虒 경박할 치

⑨ 획

趧 오랑캐 춤 제 무곡 이름 제

趥 터덜거릴 추, 찰 추 구박할 촉

趪 달아날 황 달리는 모양 황

⿺走盾 도망할 춘 달리는 모양 춘

⿺走曷 성내고 달아날 갈 궐, 넘을 갈

⿺走重 비스듬히 걸을 종

⿺走契 뛰어날 체 뛰어넘을 체

⿺走挈 앞 글자와 같음

⿺走胃 갑자기 갈 울 급히 가는 모양 울

⿺走叜 나아가는 모양 최

⿺走⿱宀叟 곱사등이 숙 머뭇거릴 수

⿺走勇 날쌔게 갈 용 갈 용

⿺走昜 달리는 모양 탕 나갈 탕

⿺走俞 넘을 유

⿺走臿 빨리 갈 삽

⿺走⿱覀甶 앞 글자와 같음

⿺走复 어린아이 길 복

⿺走屏 ⿺走幷[달릴 병]과 같음

⿺走剿 찌를 조

⿺走⿱乇女 반걸음 탁

⿺走耑 빠르게 달아날 불, 발

⿺走侯 절뚝거리고 갈 후

⿺走香 趏[부들자리 활, 괄]과 같음

趦 趑[머뭇거릴 자]의 俗字

⿺走⿱𠆢毎 趁[좇을 진]과 같음

⿺走彖 竄[숨을 찬]과 같음

⑩ 획

趨 달릴 추, 종종걸음 칠 추, 따를 추 (火)

⿺走⿱日安 연기 오를 언

⿺走索 자빠질 색 쓰러질 색

⿺走虒 경박할 치

⿺走豈 급히 달아날 해

⿺走烏 가볍게 달아날 오 달림이 경쾌할 오

⿺走骨 속히 달아날 활 달릴 활

⿺走眞 별안간 달아날 전 뛸 전, 자축거릴 전

⿺走䍃 멀리 갈 요

⿺走虔 절뚝거릴 건, 절름발이의 뒤꿈치 건, 간

⿱𡨄走 앞 글자와 같음

⿺走疾 빨리 달아날 질

⿺走臭 기운 없이 갈 흉 갈 흉

⿺走差 자빠질 치, 달릴 치 달아날 치

⿺走欮 달아날 글 달리는 모양 걸

⿺走秦 臻[이를 진]과 같음

⿺走畱 머물 해 마음에 들 해

⑪ 획

⿺走焉 천천히 걸을 언

⿺走萑 비스듬히 갈 저

⿺走崔 핍박할 최, 나귀 뒤에 매는 기구 최

⿺走巢 다투어 달아날 초

趚 摶[뭉칠 단]과 같음

蹡 날쌔게 걸을 장 달아날 장

趮 사뿐사뿐 걸을 표

趭 천천히 걸을 문

趻 달음질할 참 빠를 참

趢 달아나는 소리 록

趯 바로 걸을 적

趮 곧을 축

趞 갑자기 척, 황급할 책, 급히 달아날 책

趧 미친듯 달아날 멱

暫 빨리 오를 잠 잠깐 잠

趲 앞 글자와 같음

趩 길 치울 필 길 깨끗할 필

趮 짐승 달아나는 모양 연, 천, 선

蹡 蹡[비틀거릴 장]과 같음

⑫ 획

趬 사뿐사뿐 걸을 교 쳐들 교, 경첩할 교

趫 재빠를 교, 잘 달릴 교, 건장할 교 (火)

趭 달아날 초

趡 주저할 와 절뚝거릴 와

趪 굳셀 황, 위엄스러울 황, 힘낼 황

趩 걷는 소리 칙

趚 바로 달아날 숙

趭 헤치고 일어날 궐 뛸 궐, 넘어질 궤

趲 처음으로 달릴 선

趲 앞 글자의 訛字

趚 속히 갈 력

趭 멀리 달아날 기

趫 미쳐 뛰어나갈 귤

趯 몰아 달릴 담 달아나는 모양 담

趮 성큼성큼 걸을 료

趠 사뿐사뿐 걸을 동

趱 가볍게 갈 착 갈 착, 달릴 작

趲 빨리 달아날 잡

趭 달릴 집

趭 느리게 걸을 문

趻 달리는 모양 참 빠를 참

趲 움직임이 느릿한 모양 산

趣 趣[달릴 취]와 같음

⑬ 획

趣 종종걸음칠 거

趮 조급할 조 서두를 조

趲 다다를 전, 구를 전 옮아갈 전

趯 빨리 갈 훤

趭 달릴 질, 칠

趛 고개 숙이고 빨리 달아날 금

趯 자박자박 걸을 촉 다니는 모양 촉

趬 따를 교, 엎드릴 교

趲 빨리 달아날 점 나아갈 첨

趯 멀리 달아날 벽 달릴 벽

趯 뛰어오를 함 달리는 모양 함

趲 趲[빨리 달아날 잡]의 訛字

⑭ 획

趯 달아날 이

趯 뛸 적, 약 필법 이름 적

趲 앞 글자와 같음

趯 躋[오를 제, 가파를 제]와 같음

趯 편안히 걸을 여 천천히 걸을 여

趯 다리 길 곽 발 길 곽

趯 奔[달릴 분]과 같음

趯 달리는 모양 선, 순, 균

趯 비스듬히 갈 길 달리는 모양 길

⑮ 획

趲 옮길 전

趮 달아나다 넘어질 변, 달릴 변

趯 앞 글자의 本字

趰 비스듬히 걸을 길 달리는 모양 길

趱 움직일 력 달릴 력, 삭

趲 달아나려고 할 귤 달리는 모양 귤

趲 빨리 달아날 엄 달릴 엄

趲 혼자 갈 독 다닐 독

趲 趲[놀라 흩어질 찬]의 俗字

⑯ 획

趲 달아나려할 헌 달릴 헌

趲 가는 모양 력 몰래 갈 력

趲 달릴 선, 클 선

趲 奔[달릴 분]의 本字

⑰ 획

趲 갈 약, 뛸 약

趲 개가 쫓기어 달아날 령, 개 달릴 령

趲 달릴 결

⑱ 획

趲 구부리고 달아날 권 허리 굽히고 달릴 권

趲 손 벌리고 달릴 익 종종걸음으로 갈 익

趲 달리며 돌아볼 구

⑲ 획

趲 놀라 흩어질 찬 재촉할 찬, 모을 찬

⑳ 획

趲 뚜벅뚜벅 걸을 각, 곽

㉑ 획

趲 나아갈 추

足部

足 발 족, 흡족할 족 더할 주 常(土)

① 획

𧾷 正[바를 정]의 古字

𧾸 跬[비틀거릴 규]와 같음

② 획

趴 爬[긁을 파]와 같음, 엉금엉금 길 팔

𧿒 다리 가늘고 길 정 가는 모양 정

𧿓 企[바랄 기]의 訛字

赴 달아날 부

𧿠 비틀거릴 규

𧿡 앞 글자와 같음

𧿢 앞 글자와 같음

③ 획

趵 차는 소리 박 솟아오를 표

趶 걸터앉을 오, 우 사타구니 고

𧿿 앞 글자와 같음

趷 발소리 날 흘 소리의 형용 걸

趕 정강이뼈 간

趴 발 자를 월 발뒤꿈치 벨 월

𧾹 居[살 거]의 俗字

𧿰 踑[두 다리 벌려 뻗고 앉을 기]와 같음

𧿳 갈래진 길 차 밟을 차

趿 꿇어앉을 습, 심

𧿹 밟을 방

𧿵 趾[발 지]와 같음

𧿶 跂[육발이 기]와 같음

𧿷 弛[늦출 이]와 같음

④ 획

趼 개똥벌레 견, 굳은살 견, 짐승 발 연

趹 달릴 결, 빨리 갈 결, 뒷발질할 계

跂 육발 기, 발돋움할 기, 힘쓸 지, 신 극 (土)

趺 책상다리할 부, 발등 부, 다리 부 (土)

趿 발가락으로 집을 삽 신신을 삽, 달릴 칩

趾 발 지, 발가락 지 자취 지, 멈출 지 (土)

趻 앙감질할 침

䟢 앞 글자와 같음

跁 난장이 파, 기어갈 파, 웅크릴 파

䟗 주저할 시, 설 시

䟙 두 무릎 꿇을 호

䟫 앞 글자와 같음

䟲 갈 뉵

䟘 다리 뻗을 항

䟚 앞 글자와 같음

䟤 헛디딜 절

䟴 踑[기좌할 기]의 本字

䟶 절뚝발이 와

趽 바르지 않을 방 발목뼈 방

䟷 급히 갈 발, 비 밟고 걸을 패

䟜 발이 상할 눌 발 다칠 눌

䟟 跫[발자국 소리 공]과 같음

䟣 스스로 던질 투

䟠 오를 승

䟝 걸터앉을 완 웅크릴 완

跀 발 벨 월

䟞 머뭇거릴 주

䟑 실족할 분, 밟을 분 넘어질 분

䟒 蹤[자취 종]과 같음

䟡 躡[밟을 섭]과 같음

䟥 발자취 혜

䟦 뒤로 나설 자 물러설 자

䟨 굳은살 지, 못 지

䟩 앞 글자와 같음

䟪 奔[달아날 분]과 같음

䟬 蹲[웅크릴 준]과 같음

䟭 跅[물리칠 척, 해이할 탁]과 같음

⑤ 획

跏 책상다리할 가 (土)

距 떨어질 거, 며느리 발톱 거 常 (土)

跍 걸터앉을 고 웅크린 모양 고

跔 발 얼어 곱을 구 뛸 구, 빨리 갈 구

跜 꿈틀거릴 니

跘 비틀거릴 반, 돌 반 책상다리 할 반

跋 밟을 발, 넘어질 발 넘어갈 발, 발 발 (土)

䟮 앞 글자와 같음

跗 발등 부, 꽃받침 부 발 부, 껍질 부 (土)

跚 비틀거릴 산, 절뚝거릴 산, 밟을 산

䟯 앞 글자와 같음

跇 넘을 예

䟰 달릴 월, 가벼울 월

𤴓 재촉할 촉 핍박할 촉

跙 머뭇거릴 저 발 비스듬할 차

跈 밟을 전, 년

䟱 앞 글자와 같음

䟳 앞 글자와 같음

跕 밟을 접, 가까이할 접, 우두커니설 참 (土)

跐 밟을 자

𧿹 앞 글자와 같음

跖 발바닥 척, 다리 척 밟을 척, 뛸 척

跎 헛디딜 타, 때 놓칠 타, 등에 짐 실을 타 (土)

䟸 앞 글자와 같음 弛[늦출 이]와 같음

跌 넘어질 질, 미끄러질 질, 헛디딜 질 (土)

跓 멈출 주, 발 멈출 주

跅 해이할 탁, 물리칠 척, 방종할 탁

跆 밟을 태, 손에 손잡고 노래할 태 (土)

跛 절뚝발이 파, 한 발로 딛고 설 피 (土)

跑 후벼 팔 포, 달아날 포, 달릴 포

𧿹 밟을 제, 엎어질 지, 굳은살 지, 못 지

䟞 짐승의 발자국 출, 출척 출

跸 찰 별, 발길질할 별

𧿳 뛰어 달아날 불

跉 성큼성큼 걸을 령, 홀로 갈 령

𨀁 앞으로 구부릴 몽, 초목 무성할 몽

𧿶 밟을 매

䟢 땅 밟는 소리 전

䟸 다니는 소리 갑, 발자국소리 갑

𧿺 굽 민

䟚 비척거릴 옥, 비틀거릴 옥

䟩 가다가 설 라, 머뭇거릴 각

𧿬 뒤집을 봉, 반복할 봉, 기다릴 범

𧿞 躔[밟을 전]의 本字

跒 난장이 가, 가다가 설 가

踇 걸음 무, 엄지발가락 무

䟞 달아날 굴, 달릴 굴

跔 걸을 구, 가는 모양 구

𧾩 바를 쟁, 막을 쟁

跼 발 국

𧿠 발금 과, 발자국 과

𧿘 阼[동편 층계 조]와 같음

𨀆 절름발이 파

𧿴 跨[타넘을 과]와 같음

跊 지나갈 말

𧿁 기다릴 저

⑥ 획

跲 넘어질 겁, 막힐 겁, 발굽 겁

跫 발자국소리 공, 기뻐할 공, 상 (土)

跨 타넘을 과, 물 건널 과, 자리잡을 과 (土)

跭 앞 글자와 같음

跤 정강이 교, 발목 교, 우는 살 효

跪 꿇어앉을 궤, 게 발 궤 (土)

跬 반 걸음 규, 가까울 규 (土)

跟 발뒤꿈치 근, 뒤따를 근, 신발신을 근 (土)

跢 어린아이 걸음 다, 넘어질 태, 서성일 치

路 길 로, 나갈 로, 소… 망할 로 常(土)

跰 못 변, 똑바로 걷… 못할 변, 달아날 …

跣 맨발 선 (土)

跴 踩[밟을 채]와 같음

跇 넘을 세, 뛰어넘을 세

跠 웅크릴 이, 걸터앉을 이

跡 迹[자취 적]과 같음 常(土)

跧 굽을 전, 웅크릴 … 허리굽을 전

跳 뛸 도, 조, 뛰어넘… 도, 빨리 달릴 도 常(…

跦 머뭇거릴 주, 서성… 거릴 주, 새가 뛸 …

跱 머뭇거릴 치, 설 … 멈출 치, 쌓을 치 (…

跮 머뭇거릴 치, 나아… 가지 못할 지, 질

跥 가는 모양 타, 발 구를 타

跺 앞 글자와 같음

𧿒 旡[목벨 기]와 같음

䟫 급히 갈 광

䟕 급히 갈 해

䟮 꿇어 엎드릴 복, 무너질 복

䟴 달아날 상

䟯 밟을 괄, 찰 괄

𧿧 걸음 길, 갈 힐

跦 踧[삼갈 축, 평평할 척]과 같음

⿰足存 걸터앉을 존

⿰足同 달아날 동

⿰足癹 발금 약

⿰足聿 뒷걸음칠 률 절름발이 려

⿰足宅 맨발 탁, 잠깐 나아갔다물러갔다할 탁

⿰足厏 갈래진 길 차

⿰足夾 蹹[밟을 답]과 같음

⿰足冊 跚[비틀거릴 산]과 같음

跭 우뚝 설 강(土)

⿰足企 企[바랄 기]와 같음

趼 발 부르틀 견

⿰足次 趑[머뭇거릴 자]와 같음

⿰足㓞 뛸 결

⿰足丞 긴 발 증

⿰足㐱 가는 모양 찰

⿰足冎 가다가 머뭇거릴 과

⿰足在 걸음 더딜 재 발 재

⿰足行 걸음 함, 갈 함

⿰足肙 쓰러질 연

⿰足米 跘[비틀거릴 반]과 같음

⿰足曲 拜[절 배]의 俗字

践 踐[밟을 천]의 略字

⿰足庄 撞[칠 당]의 俗字

⿰足耒 헛디뎌 넘어질 뢰

⑦ 획

踁 종아리 경 외고집 부릴 경

跼 구부릴 국, 쳐들 국 한 발 들 국(土)

跽 꿇어앉을 기 무릎 기

跿 뛸 도, 맨발 도

踉 뛸 량, 급히 갈 량 비틀거릴 량(土)

䟼 걸을 무, 산 이름 무

踄 밟을 보, 걸을 박

⿰足旋 조용히 갈 선 천천히 갈 선

⿰足耴 두 다리 꼬일 섭 다리 뒤틀리는 병 섭

踃 움직일 소, 뛸 소 발의 힘줄 당길 초

踈 疎[트일 소]의 訛字

⿰足㐬 疎[트일 소]의 俗字

⿱攸足 빠를 숙

⿱折足 건너 지를 예 앙감질할 예

踊 뛸 용, 값 오를 용 오를 용, 신발 용(土)

踆 그칠 준, 물러날 준 운행할 준, 찰 준(土)

⿰足足 삼갈 촉, 전족할 촉

⿰足弟 밟을 제

⿰足旱 왼발로 설 한 한쪽 발로 설 한

⿰足辛 걸을 선, 갈 선 옆에 설 한

⿰足廷 흔들 정

⿰足吞 밟을 탄

⿰足辰 일할 진, 움직일 진

⿰足更 짐승의 발자취 항

⿰足求 밟을 구

⿰足坐 거짓으로 절할 좌

⿰足折 넘을 체, 뛸 체

⿰足奇 굽은 정강이 기 정강이살 기

⿰足困 ⿰足囷[살갗 얼어터질 곤]의 訛字

⿰足岑 짐승의 발자국에 괴인 물 심, 잠

⿰足寽 넘을 렬

⿰足豆 미끄러질 두

⿰足那 실족하여 꺼꾸러질 나

⿰足貝 밟을 패, 팔자걸음으로 걸을 패

⿰足余 맨발 도

⿰足武 발자국 무

⿰足見 비틀거릴 연

踁 행정(行程) 정

踊 말굽자국 포

踦 밟을 기

踆 가시 밟을 열

踀 발이 길 절, 질

跳 跳[뛸 도]와 같음

踄 뛸 조

踧 蹴[삼갈 축, 평평할 척]과 같음

踋 脚[다리 각]과 같음

跨 跨[타고 넘을 과]와 같음

趺 趺[책상다리할 부]와 같음

踍 骹[발회목 교]와 같음

踔 뛸 발

蹁 헛디뎌 넘어질 연

躊 躊[주저할 주, 태연할 주]의 俗字

趹 혈질 혈(복성(複姓)의 하나)

⑧ 획

踞 웅크릴 거, 앉을 거 기댈 거 (土)

踝 복사뼈 과, 발뒤꿈치 과, 무릎뼈 과 (土)

踘 밟을 국, 뛸 국 공 국, 제기찰 국

踡 굽신거릴 권, 구부릴 권, 망그러질 권

踑 기좌할 기, 두 다리 벌려 뻗고 앉을 기

踦 절뚝발이 기, 외발이 기, 치우칠 기

踗 사뿐사뿐 걸을 념 걸음걸이경쾌할 녑

踏 밟을 답, 살필 답 뒤밟을 답 常(土)

踛 뛸 륙

踚 날래게 걸을 륜 갈 륜

踜 머물 릉, 달릴 릉

踣 넘어질 복, 엎어질 북, 망할 북, 부

踙 躡[두 다리 꼬일 섭]의 訛字

踠 구부릴 원, 말 발목 원, 부러질 와

踒 헛디딜 위, 뼈 부러질 와, 밟을 유

踓 미쳐 내달릴 유 달리는 모양 유

踖 밟을 적, 타고 넘을 적, 부끄러워할 적

踮 밟을 점, 발끝으로 가볍게 걸을 점

踤 찰 졸, 부딪칠 졸 갑자기 졸, 모일 취

踪 蹤[자취 종]과 같음 (土)

踟 머뭇거릴 지 (土) 망설일 지, 거미 지

踩 뛸 채, 밟을 채

踢 찰 척, 한자의 획이름 척, 놀랄 척

踐 밟을 천, 이름 천 행할 천 常(土)

踥 오가는 모양 첩 종종걸음칠 첩

踕 발 잴 첩, 발이 빠를 첩, 넘어질 첩

踧 평평할 척, 삼갈 축 발질할 축, 놀랄 축

踔 뛰어날 탁, 달릴 초 절룩거릴 탁 (土)

踾 跗[발등 부]의 俗字

踂 갈림길 아

踒 뛸 철 팔딱팔딱 뛸 결

踛 갈 록, 공손할 록

踦 걸터앉을 창 번 당(次也)

踶 설 치

踖 躋[오를 제]의 古字

踶 절 례 절름발이 려

楚 楚[나라이름 초]와 같음

踆 빨리 걸을 염

踞 손발 곱을 구

踕 蹀[밟을 접]과 같음

踉 도사려 앉을 량 걸터앉을 량

踳 奔[달아날 분]과 같음

踶 자국 전, 갈 전

踶 빨리 갈 득 다니는 모양 득

踶 躧[천천히 걸을 사]와 같음

踶 달아날 촉, 뛸 탁

蹓 말의 발병 저
踃 얼어터진 발 곤 자취 곤
踚 절뚝발이 압
踞 꿇어앉을 장 무릎꿇을 장
踙 힘 굴
踫 跰[못 변, 달아날 병]과 같음
踺 걸어도 나아가지 않을 돌, 머뭇거릴 돌
踜 도망할 관 달아날 환
踸 팔꿈치 벨 비
蹀 蹠[밟을 척]의 俗字
踹 넓적다리 비, 형체의 하부가 클 비
蹦 달릴 붕
蹟 가기 어려울 치
蹤 蹤[자취 종]과 같음 (土)
蹩 뛸 별
蹈 蹈[발 구를 도]의 古字
蹏 갈 제, 저
蹘 脛[정강이 경]과 같음
蹠 짐승의 발 추
蹀 蹀[밟을 접]과 같음
蹋 躂[미끄러질 달]의 訛字
蹅 捱[막을 애]와 같음
踭 기어오를 정
踱 음악 이름 호

⑨ 획

踸 걸어서 건널 밤 부딪칠 팽
蹇 앞 글자와 같음
蹔 앞 글자와 같음
踹 발꿈치 단, 밟을 췌 장딴지 선
蹁 모을 복, 소리의 형용 벽, 소리급할 복
蹅 밟을 사
踴 踊[뛸 용]과 같음 (土)
踊 앞 글자의 俗字
踽 홀로 갈 우 (土) 느릿느릿 걸을 우
蹂 짓밟을 유, 침범할 유, 문지를 유 (土)
踰 넘을 유, 나을 유 멀 요 (土)
蹀 밟을 접, 발구를 접 뛸 접, 종종걸음 접 (土)
蹄 굽 제, 올무 제 뒷발질할 체 (土)
蹏 앞 글자와 같음
踶 찰 제, 밟을 제, 발굽 제, 달릴 치 (土)
踿 가까울 축, 급할 축 가까이 다가설 축
踵 발꿈치 종 행동 불편할 종 (土)
蹖 뒤섞일 준, 어길 준
踸 앙감질할 침, 얽매일 침, 변덕맞을 침
踱 맨발로 밟을 탁 천천히 걸을 탁
踼 헛디뎌 넘어질 탕
蹁 비틀거릴 편, 종지뼈 편, 춤사위 편
蹞 履[밟을 리]의 古字
蹊 발 밑 하 활보할 가
蹍 밟을 주
蹙 핍박할 즉, 닥칠 즉
踶 급할 악, 악착할 악
遁 遁[도망칠 둔, 숨을 둔]과 같음
蹩 꿇어앉을 무 무릎꿇을 무
蹝 밟을 치
踩 정강이살 규 발 계
踣 髂[허리뼈 가]와 같음
踶 비틀거릴 규 걸터앉을 격
踷 비스듬히 갈 다
蹮 단정하게 걸을 천
躂 꺼꾸러질 달
躂 앞 글자와 같음
踺 가는 모양 건 밟을 건 (土)

踻 발금 과, 발바닥에 진 잔금 과

⿰⻊奎 다리 벌리고 걸을 규, 발 벌릴 규

⿰⻊胡 무릎 굽힐 호 무릎꿇을 호

蹳 풀 짓밟을 발

⿰⻊彦 자취 안

⿰⻊虖 늘어질 탁

⿰⻊柴 급히 갈 채 밟을 채

⿰⻊酋 걷는 모양 추, 밟을 추, 핍박할 축

⿰⻊毒 삐딱하게 걸을 독 비틀거릴 독

⿱會足 夏[여름 하]의 古字

⿰⻊便 멀리 갈 변 걷는 모양 변

⿰⻊軍 걸을 혼

⿰⻊若 터덜터덜 걸을 야 홀로 갈 야

⿰⻊屏 급히 갈 병 외로울 병

⿰⻊巽 올무 선

⿰⻊悤 바쁘게 갈 총 걸음이 급할 총

⿰⻊臿 발 움직일 삽

⿰⻊厘 躔[궤도 전]과 같음

⿰⻊㒸 깊을 수

⿰⻊矦 건널 탁, 오락가락 탁, 맨발로 밟을 탁

⿰⻊姜 비계 강(건축할 때 사용되는 구조물)

⿰⻊拜 절뚝거릴 배

⿰⻊㼌 踂[두 다리 꼬일 섭]의 訛字

⿰⻊畏 앉아서 몸을 흔들 외

⿰⻊戚 ⿰⻊戉[달리는 모양 월]의 訛字

⿰⻊契 물 건널 체

⑩ 획

蹇 발 절 건, 절뚝발이 건, 괘 이름 건(土)

蹋 밟을 답, 낙하할 답 찰 답, 드리울 답

蹈 발 구를 도, 밟을 도 뛰어들 도(土)

蹎 헛디뎌 넘어질 전

蹍 밟을 전, 행할 전

躄 앞 글자와 같음

蹏 蹄[발굽 제]와 같음(土)

蹉 넘어질 차, 어긋날 차, 지나갈 차(土)

⿰⻊𢀩 앞 글자와 같음

蹌 추창할 창, 춤출 창 급히 달릴 창

蹐 살금살금 걸을 척

蹊 지름길 혜, 소로 혜 이상할 계(土)

⿰⻊夸 쭈그리고 앉을 과

⿰⻊桼 가다가 설 다

蹓 거닐 류

⿰⻊臭 기운 없이 갈 흉 비틀거릴 규

⿰⻊梟 앞 글자의 訛字

⿰⻊畜 살찐 발 축, 발 축

⿰⻊毘 절뚝발이 폐, 비

⿰⻊退 腿[넓적다리 퇴]와 같음

⿰⻊旁 달음박질할 방

⿰月⿱龹⻊ 걷는 모양 등 가는 모양 등

⿰⻊芻 짐승의 발 추

⿰⻊栗 밟을 률

⿰⻊荅 뛸 탑, 밟을 탑

⿰⻊窊 힘써 디딜 와 느릿느릿 걸을 와

⿰⻊䍃 뛸 요, 걷는 모양 요

⿰⻊殺 비스듬히 갈 살 비틀거릴 살

⿰⻊徒 跿[뛸 도]와 같음

⿱般足 굽은 발 반 다리 구부러질 반

⿰⻊般 절뚝거릴 반 앞 글자와 같음

⿰⻊唐 踼[넘어질 탕]의 俗字, 미끄러질 당

⿰⻊息 跽[꿇어앉을 기]의 訛字

⿱婕足 삼갈 착, 착할 착

⿰⻊蚤 뛸 소

⿰⻊桀 찢어발길 책

蹘 찢어발길 책

蹎 걷는 모양 용 걸을 용

蹐 奔[달아날 분]과 같음

蹞 설 훈, 훤

蹀 蹀[밟을 접]과 같음

蹑 躡[밟을 섭]의 略字

蹻 종아리 교, 갹

蹺 蹻[발돋움할 교]와 같음

蹵 蹵[걸어서 건널 밤]과 같음

蹥 공 차는 기술 엄

蹮 매우 급할 최

⑪ 획

蹞 반걸음 규

蹚 미끄러질 당

蹛 밟을 대, 대림 대 머무를 체

蹥 발 뒤축 련 어려움을 만날 련

蹗 빨리 달아날 록 달릴 록, 바랄 록

蹗 앞 글자와 같음

蹣 비틀거릴 반, 도는 모양 반, 뛰어들 만(土)

蹦 뛸 붕

蹝 천천히 걸을 사 짚신 사

蹖 밟을 용

蹔 暫[잠깐 잠]과 같음, 갈 참

蹡 비틀거릴 장, 갈 장 종종걸음칠 장

蹩 앞 글자와 같음

蹟 자취 적, 좇을 적(土)

蹧 잘못될 조 짓밟을 조

蹤 자취 종 뒤따를 종(土)

蹢 머뭇거릴 척, 던질 척, 짐승 발자국 적

蹠 밟을 척, 뛸 척, 발바닥 척, 원할 척(土)

蹙 줄일 축, 닥칠 축 가까이 갈 축(土)

蹴 앞 글자와 같음

蹜 종종걸음칠 축 오그라들 축(土)

蹜 앞 글자와 같음

蹕 길 치울 필(土)

蹤 跳[뛸 도, 조]와 같음

蹳 躅[머뭇거릴 촉]과 같음

踻 발 절 구 절뚝거릴 구

踼 踢[넘어질 탕]의 俗字

蹬 걷는 모양 등

蹽 달아날 량

蹘 멀리 달아날 료

蹛 빨리 갈 철

蹗 가볍게 밟을 루

蹀 종종걸음칠 첩

蹉 몹시 급할 최 몹시 심할 최

蹟 근본 기

蹼 사뿐사뿐 갈 표

蹯 엉금엉금 길 복

蹦 앞 글자와 같음

蹛 걷는 모양 최

蹝 걸음 빠를 소

蹵 앙감질할 제, 갈 제 밟을 대

蹛 땅 이름 대, 밟을 대

蹲 발뒷꿈치 전

蹢 발자국소리 자

蹴 발 구부러질 족 굽은 다리모양 족

蹼 踒[헛디딜 위]와 같음

蹵 다리 질질 끌 몽

蹵 게의 집게발 오

蹴 앞 글자와 같음

蹺 흩어져 달아날 강 뛰어 달아날 강

蹳 踛[뛸 륙]의 俗字

𨆌 跼[구부릴 국]과 같음

𨆷 빨리 걸을 려

蹏 蹄[발굽 제]와 같음

踰 蹂[짓밟을 유]와 같음

蹷 蹶[넘어질 궐]과 같음

𨆪 躁[성급할 조]와 같음

𨅝 촉루 루

𨅱 발 뒤꿈치 장

𨅔 종종걸음칠 첩, 섭 걷는 모양 섭

𨇗 종종걸음칠 첩

⑫ 획

蹺 발돋움할 교, 감할 교, 절뚝거릴 교

蹻 발돋움할 교, 교만할 교, 깊신 갹(土)

蹶 넘어질 궐, 달릴 궐 흔들 궤(土)

𨆯 蹋[밟을 답], 踏[밟을 답]과 같음

𨆨 앞 글자와 같음

蹹 앞 글자와 같음

蹾 마구 놓을 돈 쪼그리고 앉을 준

蹸 짓밟을 린

蹳 넘어질 발, 밟을 발

蹯 짐승 발바닥 번

蹩 절름발이 별, 밟을 별, 돌아갈 별

𨄽 앞 글자와 같음

蹼 물갈퀴 복 오리발 복

蹱 어린아이 걸을 종 상하로 흔들릴 충

蹲 웅크릴 준, 앉을 준 모을 준, 춤출 준(土)

蹴 찰 축, 쫓을 축, 밟을 축, 불안할 축(土)

蹵 앞 글자와 같음

蹭 비틀거릴 층, 헛디딜 층, 피곤할 층

蹪 넘어질 퇴

蹨 쫓을 연, 밟을 연

蹮 올무 선

𨇄 자취 철

𨆲 아장아장 걸을 타 자빠질 다

𨆸 단정히 갈 소

𨆏 咼[움직일 와]와 같음

𨆢 발 장단맞춰 노래할 담

𨇧 미쳐 달아날 귤

𨆹 바삐 갈 최

蹬 어정거릴 등, 오를 등, 밟을 등

𨇸 뼈 바를 람 급히 갈 람

𨈡 발자국 무

𨇔 달아날 수

𨇨 밟을 지, 꺾일 지

𨆳 설 수, 머뭇거릴 수

𨆧 걸터앉을 답, 걸어 넘어가는 모양 자

𨅶 머무를 잠, 그칠 잠

𨆝 앞 글자와 같음

𨇷 躚[춤출 선]과 같음

𨆖 짐승의 발바닥 번

𨇡 앞 글자와 같음

躇 머뭇거릴 저, 타

蹰 躕[머뭇거릴 주]의 俗字

𨆚 걷는 모양 산, 설

蹕 달아날 필

𨇂 蹢[머뭇거릴 적]의 古字

𨆡 걷는 소리 척, 칙

𨇊 踬[무릎 꿇을 장]의 俗字

𨆅 사뿐사뿐 갈 표

𨇱 跪[꿇어앉을 궤]와 같음

𨆵 躊[주저할 주]와 같음

𨆼 蹳[넘어질 발]과 같음

𨆘 걸을 교 발을 높이 들 교

𨇜 발 뒤꿈치 벨 비

𨇨 蹐[밟을 적]의 古字

𨇞 驔[말 빨리 달릴 점]과 같음

𨇗 蹚[미끄러질 당]과 같음

𨇮 들 륙, 발돋움할 륙

𨇺 삼갈 적

𨇒 걸을 각, 오

𨇅 躁[성급할 조]와 같음

𨇔 주눅들 연
쪼그라들 난

𨇢 踳[뒤섞일 준]의 本字

𨇷 躅[배회할 촉]의 略字

𨇝 몰아 달릴 담

蹽 달릴 료

⑬ 획

躆 발로 버틸 거, 움직일 거, 맞싸울 거

躈 말굽 교, 말 엉덩이뼈 규, 입 교

躂 미끄러질 달
헛디뎌 넘어질 달

躉 거룻배 돈, 정수 돈
모개로 팔 돈 (土)

躄 앉은뱅이 벽, 넘어질 벽, 절뚝거릴 벽

躃 앞 글자와 같음

躇 머뭇거릴 저, 밟을 저, 건너뛸 착 (土)

躁 성급할 조
성급하게 굴 조 (土)

躅 머뭇거릴 촉 (土)
밟을 촉, 자취 탁

𨇽 옮길 전
가는 모양 전

𨇹 홀로 갈 삽

𨇾 앉을 금

𨈇 말 절음병 저, 跙[머뭇거릴 저]와 같음

𨈁 맨발 탁

𨈊 발 들 기, 跬[반걸음 규]와 같음

𨈐 발돋움할 점, 참

𨈄 빨리 뛸 견

𨈍 발자국 소리 평

𨆬 말 달려갈 점, 첨

𨈖 巵[잔 치]와 같음

𨈗 蹯[짐승 발바닥 번]과 같음

𨈘 앞 글자와 같음

𨈌 躐[밟을 렵]과 같음

𨈓 조금 빠질 궤
게으를 궤, 지칠 궤

𨇻 깊을 수

𨈆 짓밟아 해할 적

𨇼 걷는 모양 등

䠦 躓[넘어질 지]와 같음

𨈈 遁[달아날 둔]과 같음

𨈋 蹹[밟을 답]과 같음

𨇥 縮[쭈구러질 축]과 같음

𨈜 蹁[비틀거릴 편]과 같음

⑭ 획

𨈧 밟을 녀, 말릴 녀

𨈡 발자국 단

躌 밟을 무

躍 뛸 약, 뛰게 할 약
값오를 약 常(土)

躍 앞 글자와 같음

躋 오를 제, 떨어질 제
높고 가파를 제(土)

躊 머뭇거릴 주, 주저할 주, 태연할 주(土)

𨈞 앙감질할 경(한 발로 뛰는 것)

𨈭 걸음 빠를 착
걸을 착

𨉇 걸음 바르지 못할 변

躤 밟을 적, 자

𨈲 취하여 넘어질 주
취해 비틀거릴 추

𨈰 蹼[물갈퀴 복]과 같음

𨈱 蹹[밟을 답]과 같음

𨈮 발자국 소리 빙

𨈪 편안할 온

⿰足薛 躠[둘러갈 설, 살]과 같음

⿰足⿱炎舛 蹸[짓밟을 린]의 本字

⿰足頗 跛[절뚝발이 파]와 같음

⑮ 획

躒 움직일 력 뛰어날 락

躐 밟을 렵, 뛰어넘어 갈 렵, 가질 렵 (土)

躔 궤도 전, 운행할 전 밟을 전, 쉴 전 (土)

躕 머뭇거릴 주

躓 넘어질 지, 거리낄 지, 껄끄러울 지 (土)

躑 머뭇거릴 척, 서성거릴 척, 뒷발질할 척

⿰足廣 길 넓고 멀 광

⿰足徹 수레바퀴자국 철

⿰足賛 躦[밟을 찬, 발모을 찬]과 같음

⿰足憂 발 움직일 요

⿰足暴 갈 포

⿰足鄧 누울 등, 다할 등

⿰足厲 절뚝거릴 뢰

⿰足㡭 躖[발자국 단]과 같음

⿰足賫 밟을 차

⿰足疐 거리낄 지, 치

⿰足⿱𠈌月 蹐[살금살금 걸을 척]의 本字

⿰足輦 攆[쫓을 련]과 같음

⿰足齒 삼갈 착

⑯ 획

躘 어린아이 걸음 용 거동 불편할 롱

⿱龍足 가는 모양 롱

⿰足閵 짓밟을 린 (土)

躚 춤출 선 돌아가는 모양 선

⿱衞足 거짓 위, 홰, 지킬 위, 거짓말할 위

⿰足頪 절뚝발이 뢰

⿰足盧 말 전할 려

⿰足衛 쓴 대추 궤, 뛸 궤 쓰러질 궤

⿰足歷 지날 력, 자취 력

⿰足騰 騰[베낄 등]과 같음

⿰足⿱臼貝 蹪[넘어질 퇴]의 本字

⿰足磨 서성거릴 마

躠 갈 살, 비틀거릴 살 돌아가는 모양 살

⿱辥足 앞 글자와 같음

⿰足閻 발돋움하여 바라볼 첨

⑰ 획

躝 넘을 란, 밟을 란 뛰어넘을 란

⿱薜足 앉은뱅이 벽, 절뚝발이 벽, 넘어질 벽

⿱薛足 둘러갈 설, 심력을 쓰는 모양 설

⿰足薛 앞 글자와 같음

躞 걸을 섭, 배회할 섭 갈 섭 (土)

躟 바삐 걸을 양 어지러울 양

⿰足鮮 비틀거릴 선, 비틀리며 걸을 선

⿰足蹇 蹇[발 절 건]과 같음

⿰足韱 걸음새 참 가는 모양 참

⿰足閻 넘겨다볼 첨

⿰足龠 오를 약, 뛸 약, 걸음 약, 신으로밟을 약

⿰足毚 빨리 걸을 삼, 참 달릴 참

⿰足顛 跬[반걸음 규]와 같음

⿰足䙴 躚[춤출 선]과 같음

⿸厥足 넘어질 궐

⿰足闕 蹶[넘어질 궐]과 같음

⿰足壥 躔[궤도 전]과 같음

⑱ 획

躣 가는 모양 구 꿈틀꿈틀할 구

躡 밟을 섭, 오를 섭 (土) 이를 섭, 뒤쫓을 섭

⿰足雚 등 구부리고 걸을 권

⿰足雙 곱송거리고 설 쌍 우뚝 설 쌍

⿰足藉 踖[밟을 적]과 같음

躥 솟을 찬, 달아날 찬 뛰어오를 찬

蹦 躖[발자국 단]과 같음

躢 踏[밟을 답]과 같음

躙 발돋움하여 바라볼 첨, 탐

蹴 蹙[줄일 축]의 俗字

⑲ 획

躧 짚신 사, 무용할 때 신는 신 사, 성길 새

躦 걸터 앉을 찬 밟을 차, 발모을 찬

躚 蹁[비틀거릴 편]과 같음

躡 걷는 모양 미 가는 모양 미

躝 발병 련(足病)

躍 길 잃을 라 비틀거릴 라

躞 躞[걸을 섭]과 같음

躔 발 구를 전 흔들릴 전

⑳ 획

躝 蹎[헛디뎌 넘어질 전]과 같음

躩 빨리 갈 확, 뛸 확 빠르게 갈 확, 각

躨 꿈틀거릴 기

躪 짓밟을 린 (土)

躤 蹐[밟을 적]과 같음

㉑ 획

躅 躅[머뭇거릴 촉]과 같음

躖 급할 죽

躍 뛸을 약

躝 躝[뛰어넘을 란]과 같음

㉒ 획

躨 躨[꿈틀거릴 기]와 같음

躦 몸을 구부릴 만

躞 달아나는 소리 첩

㉓ 획

躍 뛸을 약

躝 몸을 구부릴 련

身部

身 몸 신, 사물의 주된 부분 신 常(火)

身 厥[그 궐, 돌 궐]의 古字

𨈏 앞 글자와 같음

𨈐 牙[어금니 아]와 같음

③ 획

躬 몸 궁, 몸소 궁 몸에 지닐 궁 (水)

躰 야윌 릉, 몸 릉

射 쏠 사, 쏠 석, 싫어할 역 [寸部] 常(土)

躭 耽[탐할 탐]의 俗字

④ 획

躯 몸이 훤칠할 소 키 클 소

躲 부릴 설, 섭

躱 몸 부드러울 비 굽신거릴 비

躳 肢[사지 지]와 같음

躴 聃[즐길 담, 귀 클 담]과 같음

躵 爐[화로 로]의 俗字

躭 耽[탐할 탐]의 俗字

躮 앞 글자와 같음

躯 服[옷 복]과 같음

躰 我[나 아]와 같음

躲 膽[쓸개 담]과 같음

躱 射[쏠 사]와 같음

躴 키 클 강

躮 자식 분

⑤ 획

躮 달아나는 모양 친

躯 軀[몸 구]의 俗字

䠊 달아날 발

躯 胑[사지 지]와 같음

䠷 몸 꼿꼿할 주

䠲 몸 단정히 할 친 몸가짐 단정할 친

軨 聆[들을 령]과 같음

躰 體[몸 체]의 俗字

䠹 聃[귀 클 담]의 俗字

䠵 옷입을 부

躷 射[쏠 사]와 같음 [矢部]

䠳 몸 곧을 총

䠸 跛[절뚝발이 파]와 같음

躬 船[몸 궁]과 같음

躳 공경하고 삼가는 모양 궁

⑥ 획

躱 비킬 타, 피할 타 숨을 타, 몸 타(土)

躲 앞 글자와 같음

䠶 聒[떠들석할 괄]과 같음

䠺 몸 호리호리할 조

䠣 몸 단정하지 못할 동, 통

䠿 몸 부드러울 과 굽신거릴 과

䠼 앞 글자와 같음

䠰 自[스스로 재]와 같음

䠻 孕[아이 밸 잉]과 같음

䠾 娉[찾아갈 빙]과 같음, 장가들 빙

䠽 姙[아이밸 임]과 같음

軆 駭[놀랄 해]의 俗字

䠹 射[쏠 사]와 같음

䠦 아버지 야

䠲 晃[밝을 황]과 같음

⑦ 획

躳 躬[몸 궁]과 같음 (金)

䠷 몸 크고 꼿꼿할 정

躴 키 클 랑

䠹 굽실거릴 비

䠽 앞 글자와 같음

䠿 蹴[찰 축]과 같음

䠸 貊[오랑캐 맥], 貌[얼굴 모]와 같음

䠼 엿볼 인, 줄곧볼 인

䠺 聖[성인 성]과 같음

䠶 벗을 탈 땅 이름 탈

⑧ 획

䠱 몸 굽힐 국

躺 반듯이 누울 당 죽을 당

躶 발가벗을 라

䠴 기지개켤 장

躬 몸 구부릴 궁

䠷 훤칠할 도

䠹 矮[키 작을 왜]와 같음

躸 몸 기, 외짝 기

䠵 躅[보배 옥]과 같음

躷 射[쏠 사]와 같음

䠿 어린아이에게 예의를 가르칠 화

䠽 추악할 아

⑨ 획

䠻 예절 가르칠 미(水)

軀 몸 굽힐 언

䠳 아이 밸 종

䠰 옷 입을 수

躽 몸 굽힐 하

䠾 종소리 황

軀 面[낯 면]과 같음

躳 공경하고 삼가는 모양 궁

⑩ 획

躴 키 클 랑

軆 몸 훤칠할 해 앉아서 쉴 개

躿 굽실거릴 비 몸 부드러울 비

軂 聘[찾아갈 빙]의 俗字

軉 약할 탕

軆 體[몸 체]와 같음 [骨部]

軃 도망쳐 숨을 섬

⑪ 획

軀 몸 구, 아이 밸 구 구구 구, 좌 구(水)

躿 훤칠할 강

軁 맨몸 괵, 알몸 괵

躬 窮[다할 궁]과 같음

軁 곱사등이 루, 곱추 루, 절름발이 루

⑫ 획

軂 몸 길 로 훤칠할 로

軃 넓고 두터울 타, 숨을 타, 드리워질 타

軟 軟[연할 연]과 같음

軿 聘[찾아갈 빙]과 같음

軞 耋[노인 질]과 같음

軅 樂[즐거울 락]과 같음

軉 사람 이름 왜 귀머거리 외

軄 職[벼슬 직]의 俗字

⑬ 획

軆 體[몸 체]의 俗字

軇 더러운 때 녕

軀 獨[홀로 독]과 같음

軃 좋아할 담 탐할 담

軇 맨몸 전, 알몸 전

⑭ 획

軇 훤칠할 도 몸 길 도

軇 더러운 때 녕

軉 키가 큰 모양 람

軉 嬪[아내 빈]과 같음

軇 軃[좋아할 담]의 俗字

⑮ 획

軀 軀[몸 구]와 같음

軉 구를 뢰

⑯ 획

軉 벌거숭이 력

軉 몸 단정하지 못할 롱

⑰ 획

軉 잠시 응, 문득 응

⑱ 획

軉 키 클 참

⑳ 획

軉 보배 옥, 애칭 옥

車部

車 수레 거, 그물 거 탈 것 차 常(火)

① 획

軋 삐걱거릴 알 서로 다툴 알(火)

② 획

軍 군사 군, 에워쌀 군 군대 군 常(火)

軌 수레 뒤의 긴 가름대 구

軌 길 궤, 궤도 궤 바퀴자국 궤 常(火)

⿰車巳 차 앞턱나무 범

⿹勹車 軍[군사 군]의 本字

軎 굴대 끝 예

⿰車力 채색할 릴, 륵

⿰車丁 수레 멈출 정

③ 획

⿱車口 굴대 끝 예

軑 굿대 대, 수레바퀴 대, 땅 이름 대

軓 수레 바닥 둘레나무 범

軕 수레바퀴 산

軏 끌채 끝 월

軔 쐐기나무 인, 굳을 인, 게으름피울 인

軒 집 헌, 초헌 헌, 수레 헌, 추녀 헌 常(火)

⿰車卂 수레바퀴 자국 선

⿰車工 釭[굴대 공]의 俗字

⿰車川 화관 때 쓰는 수레 순, 춘, 상여 순

⿰車巛 앞 글자와 같음

⿰車乇 軘[싸움수레 돈]과 같음

⿰車与 輿[수레 여]와 같음

⿰車寸 밀 용, 밀칠 용 가벼운 수레 용

⿰車彡 軫[수레 뒤턱 나무 진]과 같음

④ 획

軡 새 수레 금 금중 금

軝 바퀴통 머리 기 바퀴통 장식 기

軜 고삐 납

軠 물레 님

軘 돈거 돈

軞 병거 모, 모거 모(火)

軗 수레 끝 수 수레의 장대 수

軛 軶[멍에 액]과 같음

軟 연할 연 常(火)

⿰車丑 수레바퀴 굴대 축 수레 뉴

⿰車公 수레가 가는 모양 용

軖 물레 광, 동자 광

⿰車心 수레 심대 심

軙 陳[늘어놓을 진]의 古字

⿰車攴 앞 글자와 같음

軚 軑[굿대 대]의 訛字

⿰車元 軏[끌채 끝 월]과 같음

較 수레 좌우 손잡이 가름대 각, 견줄 교

⿰車亢 수레 바탕 길 강 바퀴 홈 강

⿰車勾 軥[멍에 구]와 같음

⿰車冗 ⿰車甬[수레 용]과 같음

⿰車反 수레 휘장 반

⿰車勺 輭[연할 연]의 俗字

⿰車月 바퀴 통쇠 월

⿰車巴 군사수레 파

⿰車止 軩[수레 기울어질 태]와 같음

⿰車厷 수레 소리 굉

⿰車尹 수레 뚜껑살 현

⿰車父 輔[덧방나무 보]와 같음

⿰車夫 바퀴비녀장 부

⿰車玄 軧[수레 감속막대 저]와 같음

⿰車互 앞 글자와 같음

軣 轟[울릴 굉]의 略字

軤 轤[도르래 로]의 略字, 두레박틀 로

転 轉[구를 전]의 略字

斬 벨 참, 참형 참 정벌할 참 [斤部](金)

⿰車幵 차축의 두 끝 계

⿰車及 우물물 풀 급

⿰車𠬝 갈 년, 부드러울 연

⿱非車 輩[무리 배]와 같음

𨊻 轒[병거 분, 분운 분]과 같음

䡇 가마 앙

䡋 바퀴테 망 바퀴 휠커버 망

䡊 輣[병거 팽]과 같음

⑤ 획

軻 굴대 가, 도끼자루 가, 높이솟을가 (火)

軱 큰 뼈 고

軲 수레 고, 수레의 앞 받침대 고, 성씨 고

軥 멍에 구, 새소리 구 부지런히 노력할 거

軨 사냥수레 령, 수레 난간 령, 나이 령 (火)

軷 발제 발, 등산할 발 길제사 발

軬 수레뜸 반 수레 덮게 반

䡣 앞 글자와 같음

軶 軛[멍에 액]의 本字

軵 밀 용, 밀칠 용, 부 가벼운 수레 용, 부

軧 수레 감속막대 저 큰 수레 뒷부분 저

軴 수레 머무를 주 수레 멈출 주

軹 굴대 머리 지 굴대의 끝 지 (火)

軫 수레 뒤턱나무 진 수레 진 (火)

𨊠 앞 글자와 같음

𨊡 앞 글자와 같음

軼 앞지를 일, 번갈아 절, 바퀴홈 철 (火)

軺 수레 초 (火)

軸 굴대 축, 북 축, 말아올릴 축 (火)

軩 수레 기울어질 태

軯 수레 소리 팽, 벼락 치는 소리 팽

軦 벌레 이름 황 황황 황

𨋍 鞃[가죽 굉]과 같음

軪 수레소리 요

𨋢 수레 부서지는 소리 발, 팔

軮 소리의 형용 앙 넓고 클 앙

軰 輩[무리 배]의 俗字

𨊹 바퀴 둘레 공

軳 돌아올 포 어그러질 포

䡇 硨[조개 이름 차]와 같음

䡖 수레가 견고할 경

䡚 관 싣는 수레 류

䡐 차 빨리 달릴 타

䡅 바퀴 둘레 민

䡔 수레 앞턱나무 니

䡈 수레 벌어질 차 거열 차

䡉 차 소리 시끄러울 전

䡄 수레에 깔릴 년, 갈 년, 부드러울 연

䡓 돌을 날려보내는 수레 포

䡛 拂[떨 불]과 같음

䡗 수레바퀴 공

軽 輕[가벼울 경]의 俗字

𨊧 轂[바퀴통 곡]과 같음

䡍 성씨 호

⑥ 획

𨌈 돌 움직일 갱 움직이지 않을 갱

䡩 수레 흔들릴 견

輁 관 굄차 공, 관 실어 나르는 수레 공

較 비교 교, 검사할 교 대략 교 常 (火)

輂 마차 국, 들것 국 말이 끄는 수레 곡

輅 수레 로, 끌채 앞 가로장 핵 (火)

軿 가벼운 수레 병 수레 위 휘장 병

軾 수레 앞턱 가로나무 식, 절할 식 (火)

輀 상여차 이, 상여 이

載 실을 재, 일 재, 화물 재, 떠받들 대 常 (火)

輇 상여차 전 저울질할 권 (火)

輈 끌채 주, 수레 주 행패부릴 주 (火)

輊 수레 앞 기울 지 경시할 지, 낮을 지

輆 거리낄 개 개목 개

輥 차 앞치장 흔

軾 輹[복토 복]의 俗字

輇 칠 항

輍 엷을 조

鍪 초헌 뒤 발판 증 작은 수레 발판 증

輊 앞 글자와 같음

輍 비틀 색

輆 거리낄 계

輄 수레 밑에 댄 가름대 광

輷 수레소리 요란할 횡 하관 때 쓰는 수레 춘

輗 상여 예, 거마를 상가에 보낼 예

軟 수레에 칠할 차

輴 수레의 성대한 모양 퇴

輣 수레 소리 시끄러울 빙

斡 斡[관리할 알]과 같음

較 吃[말 더듬을 흘]과 같음

輡 看[볼 간]과 같음

暈 해무리 운, 눈 침침할 운 [日部] (火)

輇 수레바퀴 휠 광

翾 경쾌할 허

⑦ 획

輕 가벼울 경, 천할 경 빠를 경 常(火)

輑 굴대 군, 이어질 군

輓 끌 만, 끌어당길 만 만가 만, 늦을 만 (火)

輔 덧방나무 보, 도울 보, 보좌역 보 (火)

輎 군사수레 소 병거 소

輐 둥글 완

輍 수레 앞 괴일 욕

輒 문득 첩, 맬 첩 제멋대로 첩 (火)

輋 차 수리할 장 수레 꾸밀 장

輊 軖[물레 광]의 本字

輊 軖[물레 광]의 訛字

輴 수레 모는 소리 전

輏 輶[가벼운 수레 유]와 같음

輖 軸[축 축]의 俗字

輾 기뻐 움직일 전 기뻐할 전

輐 수레 포장의 받침살 현

輙 수레 역

輗 끌채 끝의 멍에 예

輬 군사수레 랑

輨 거리낄 계

輊 수레 연장 치

輗 수레 끌 묘 수레 끌어당길 묘

輊 긴 수레 성 수레 성

輊 수레에 다는 방울 서

輊 관을 신는 수레 류

輯 輯[모을 집]과 같음

塹 해자 참, 클 참 팔 참 [土部] (土)

輊 震[우뢰 진]과 같음

輋 물러날 차

⑧ 획

輡 가기 힘들 감, 불우할 감, 털털거릴 감

輥 빨리 구를 곤, 굴러갈 곤, 운행할 곤

輨 줏대 관, 바퀴통 끝을 감쌀 관 (火)

輛 수레 량, 양수사 량 수레 수효 량 (火)

輬 와거 량, 누울 수 있는 수레 량

輦 손수레 련, 연 련 운반할 련 (火)

輪 바퀴 륜, 수레 륜 채 륜, 얼레 륜 常(火)

輘 수레 소리 릉 짓밟을 릉

輞 바퀴테 망, 덧바퀴 망, 내 이름 망 (火)

輩 무리 배, 차례 배 견줄 배, 척 배 常(火)

輧 경수레 병, 휘장 두른 수레 병 (火)

輗 끌채 끝 멍에 예 장애될 예, 비예 예

輨 앞 글자와 같음

輚 와거 잔, 침대차 잔 영구차 잔

輖 낮을 주, 아침 주 수레가 무거울 주

輤 영구차 덮개 천 영구차 천

輟 그칠 철, 멈출 철, 없앨 철, 내버릴 철 (火)

𨌐 앞 글자의 古字

輜 짐수레 치, 포장수레 치, 수레 치 (火)

輣 병거 팽 망루 수레 팽

輝 빛날 휘, 비칠 휘 빛 휘 常(火)

輘 轆[도르래 록]과 같음

輒 輙[문득 첩]과 같음

輤 수레소리 정

輘 바퀴 심대 륙 굴대 륙

輐 차 뒤 낮을 원 분원 원, 운

輌 軜[고삐 납]의 訛字

輂 따르는 수레 승

琫 수레 상자 복

輂 끌채 곧은 수레 곡 멍에 곧은 수레 곡

輯 수레 연장 압 수레 도구 압

輗 韜[감출 도]와 같음

輖 쇠심대 당

輚 수레소리 총, 죄수의 호송수레 총

輠 수레 기름통 과 굴릴 화

輇 차 끌 권 수레 끄는 사람 권

輈 수레 덮개의 살대 초, 조

輠 바퀴통 속 쇠 답

輟 軝[수레 감속막대 저]와 같음

輢 수레에 병장기 꽂는 틀 의, 기댈 의

輍 輍[수레 앞 괴일 욕]과 같음

輚 수레바퀴의 자국 종

輂 작은 수레의 뒷발판 증

輗 복토끈 민

輘 수레 채찍 갱

輩 수레 상자 배

輗 수레 성할 퇴

輠 수레소리 경

輥 군사수레 운 병거 운

輂 輂[물러날 채]와 같음

輂 앞 글자와 같음

輊 輊[수레 앞 기울 지]와 같음

輝 揮[휘두를 휘]와 같음

暫 잠시 잠, 방금 잠 갑자기 잠 [日部]常(火)

槧 서판 참, 서적 참 편지 참, 목이 참 [木部]

輡 비예 비 수레의 이름 비

⑨ 획

輵 수레소리 갈

輻 바퀴살 복, 폭 모여들 복, 부 (火)

輹 복토 복, 바퀴살 폭 (火)

輸 보낼 수, 나를 수, 운송할 수, 다할 수 常(火)

輸 앞 글자와 같음

輴 상여 순, 영구차 순 썰매 순

輰 치장한 수레 양 양수 양 (火)

輭 軟[연할 연]의 本字 輀[상여 이]와 같음(火)

輮 바퀴테 유, 밟을 유 부드러울 유

輶 가벼울 유 가벼운 수레 유

輳 모일 주, 첨가할 주 다 가질 주 (火)

輯 모을 집, 모일 집, 거둘 집, 온화할 집 (火)

輯 앞 글자와 같음

輯 앞 글자와 같음

輲 통바퀴수레 천 영구차 천

輱 수레소리 함

輷 많은 수레소리 횡 굉음 횡

䡖 수레 튼튼할 경

𨍶 수레 채 앞 가름대 핵

𨍮 차에 오를 해

𨎢 수레 바퀴 종

䡯 앞 글자와 같음

䡓 바퀴살 추

䡝 기름통 과, 굴릴 화

𨍿 수레 바탕 밑가죽 민

𨎪 軿[수레소리 병]과 같음

䡢 작은 수레 변 / 나라 이름 변

𨎐 수레 서로 피할 혼 / 멍에 혼, 헌

𨏔 멍에 채 끝 목 / 수레의 끝채 목

𨎸 돌 탁, 구를 탁

䡞 수레 아래 서 / 어울려 모일 서

𨏖 轞[함거 함]과 같음

𨐃 輜[짐수레 치]의 本字

䡁 앞 글자와 같음

䡤 수레 저, 종가시나무 저, 수레 이름 저

𨎌 軒[추녀 헌]과 같음

𨍥 轂[수레통 곡]의 古字

𨍺 끌 황, 당길 황

䡮 펼 수, 수레의 장식 수

𨏅 䡊[돌을 날려보내는 수레 표]의 訛字

䡕 轗[가기 힘들 감]과 같음

𨎍 우물물을 풀 설

輼 轀[침대수레 온]의 俗字

𨍢 轄[비녀장 할]과 같음

⑩ 획

轂 바퀴통 곡, 수레 곡 / 수레바퀴 곡 (木)

輿 수레 여, 가마 여 / 영예 예 常 (火)

轀 침대수레 온, 상여차 온, 병사수레 운 (火)

轅 끌채 원, 수레 원 / 행궁 원

輾 구를 전, 빻을 년 / 연자방아 년 (火)

轃 이를 진, 다다를 진 / 수레바닥 깔개 진

轄 비녀장 할, 끼일 할 / 맡아볼 할 (火)

𨎾 앞 글자와 같음

𨎻 수레 가는 모양 용

䡫 수레의 소리 팽

𨏈 수레 다니는 소리 은

𨎮 바퀴 겉둘레 상 / 수레바퀴통 상

𨎴 輳[모일 주]의 俗字

䡪 수레 아래에 맨 줄 박

𨎶 轢[삐걱거릴 력]과 같음

𨎤 곧은 멍에 묶을 곡, 국

𨎱 수레소리 갑

䡚 수레의 뜸 분 / 수레 덮개 분

𨏞 乘[탈 승]과 같음

𨎼 수레 심대 홀

䡴 軺[작은 수레 초]와 같음

䡟 군사수레 당

䡧 튼튼한 수레 경 / 수레가 견고할 경

𨏊 외바퀴수레 경

𨎩 굴러갈 회, 돌 회 / 수레가 구를 회

𨍴 韜[감출 도]와 같음

𨎜 수레 심대 오 / 차머리 오

𨍵 물러날 차, 차 섬돌에 댈 재

𨏉 수레소리 경, 수레 뒤쪽의 가로장 진

𨏀 수레의 연자매 격 / 복토 극

𨎵 수레 선, 거선 선

𨍷 輦[손수레 련]의 古字

𨎬 작은 수레 치

𨍻 輬[침대수레 량]과 같음

𨎋 轎[가마 교]와 같음

擊 칠 격, 죽일 격 찌를 격 [手部]

𨏥 軲[수레 고]와 같음

𨍼 轟[울릴 굉]과 같음

䡼 상여의 장식 류

轑 수레 이름 률

䡵 轔[수레소리 린]과 같음

輯 수레를 밀 용

⑪ 획

轇 시끄러울 교, 규합할 교, 어지러울 교

轆 도르래 록, 녹로 록 물레 록 (火)

轊 차축의 끝 예 짓밟을 예

䡣 멍에 혼

轉 구를 전, 옮길 전 운반할 전 常(火)

轈 망보는 수레 초 누거 초, 병거 초

䡫 수레소리 봉

䡬 차 장막 만 수레의 덮개 만

𨎤 輥[빨리 구를 곤]과 같음

䡯 상여 수레 수 영구차 수

𨐁 수레바퀴 자국 종

𨏄 죄수 호송차 총 함거 총

轚 수레 튼튼할 경 수레 곡

䡶 죽은 사람을 싣고 가는 삼태기 강

𨏖 輜[짐수레 치]와 같음

𨍽 앞 글자와 같음

輱 轗[가기 힘들 감]과 같음

𨎍 輊[수레 앞 기울 지]와 같음

𨊩 앞 글자와 같음

𨍹 輹[복토 복]과 같음

輵 수레의 소리 곽

𨏗 굴대 끝 내

𨐃 당랑 당, 병거 당

𨏔 粱[들보 량]과 같음

𨏝 轓[수레의 포장 번]과 같음

𨏉 수레바퀴 총

⑫ 획

轎 가마 교 (金)

轑 불 놓을 료 불사를 료, 바퀴살 로

轔 수레소리 린, 수레바퀴 린, 짓밟을 린 (火)

轓 수레 바람막이 번 수레 번, 울 번

轐 복토 복

轒 병거 분, 분운 분 (火)

𨐉 앞 글자의 訛字

轏 수레 잔

轍 수레바퀴 자국 철 법도 철, 길 철 (火)

䡧 수레 치장 등

䡷 軎[굴대 끝 예]와 같음

𨏢 轇[시끄러울 교]의 俗字

𨏀 수레소리 팽

𨏒 바퀴 둘레 산 수레바퀴 테 산

𨏠 수레 밑 가로막대 광

轜 輀[상여 이]와 같음

𨎾 鐧[굴대 덧방쇠 간]과 같음

𨏚 수레 심대 끝 교

䡹 수레바퀴 시, 사

𨏪 수레 심대 끝 나

䡴 적진을 함락시키는 수레 총, 장

𨏴 수레 번화하게 꾸밀 조, 초

䡲 수레바퀴 받침 복

繫 멜 계, 구속할 계, 이어질 계 [糸部] 常(木)

𨐋 翰[붓 한, 글 한]과 같음

⑬ 획

𨐌 轕[수레소리 갈]과 같음

轗 가기 힘들 감 길 험할 감 (火)

轚 굴대 서로 부딪칠 격, 걸릴 격

轖 기 맺힐 색 기운 가로막힐 색

轙 수레의 고삐고리 의, 떠날 채비할 의

轘 환형 환, 거열 환 산 이름 환(土)

韸 수레 뜸 봉

轚 수레 바탕 당

轗 輯[모을 집]의 俗字

䡵 수레 치장 수 임금의 수레 수

轖 바퀴 둘레 거

轗 바퀴 둘레 렴

轞 수레 잘 안갈 람 수레 머뭇거릴 람

轗 앞 글자와 같음

轗 桊[수레채 장식 목]과 같음

轗 수레 중수할 선 상여 천

轗 가마 담

轠 轠[잇닿을 뢰]와 같음

轗 轉[비예 비]와 같음

轀 轀[침대수레 온]과 같음

轗 멍에 혼

⑭ 획

轟 울릴 굉, 수레소리 굉, 큰소리 굉(火)

轛 수레 앞창 대 수레 격자 취

轝 가마 여, 수레 여 마주 들 여(火)

轝 가마 여

轜 상여 이

轞 함거 함 수레소리 함(火)

轞 앞 글자와 같음

轗 수레 구르는 소리 은

轗 수레 중수할 선

轗 수레소리 개

轗 衡[저울대 형]과 같음

轗 輊[수레 앞 기울 지]와 같음

⑮ 획

轢 삐걱거릴 력, 누를 력, 업신여길 력(火)

轠 잇닿을 뢰, 칠 뢰 거마의 소리 뢰

轡 고삐 비, 끌 비 말 비, 범 비(火)

轗 輊[수레 앞 기울 지]의 俗字

轗 수레소리 락 나락거 락

轗 轊[차축 짧을 예]의 俗字

轗 수레의 소리 삼

轗 轆[도르래 록]과 같음

轗 수레의 소리 봉

轗 車[수레 거]의 古字

轗 수레의 끝채 찬

轗 櫓[방패 로]와 같음

轗 輊[수레 앞 기울 지]와 같음

⑯ 획

轣 갈 력, 물레 력(火) 거짓 력, 수레 력

轤 도르래 로, 녹로 로 끊이지 않을 로(火)

轗 수레 앞 휘장 헌

轗 수레 이름 빈

轗 수레 좌우의 가죽 주머니 복

轗 굴대의 끝 롱 구를 롱

轗 輊[수레 앞 기울 지]와 같음

轗 轙[수레의 고삐 고리 의]와 같음

轗 轍[수레바퀴자국 철]과 같음

轗 軫[수레 뒷턱나무 진]과 같음

轔 수레가 짓밟고 지나갈 린, 짓밟을 린

⑰ 획

轗 수레소리 삼

轗 軨[사냥수레 령]과 같음

轗 수레 치장 박

轗 輣[병거 팽]과 같음

轡 轡[고삐 비]와 같음

轢 수레 다니는 소리 락, 낙락거 락

轣 수레바퀴가 짓눌러 부술 력

贏 연루 련, 땅 이름 련

轥 轥[수레가 짓밟고 지나갈 린]과 같음

轝 輿[수레 여, 가마 여]와 같음

轞 수레 다니는 소리 은

⑱ 획

轞 바퀴 한 번 돌 휴

轚 겹칠 격

⑲ 획

轡 이을 련, 케맬 련 (火)

轥 수레의 끌채 찬

轞 길이 험해 수레가 나아가지 못할 람

⑳ 획

轥 수레가 짓밟고 지나갈 린, 짓밟을 린

轥 바퀴 테 각, 곽

轥 수레바퀴 당

轥 높을 얼, 우뚝할 얼 차에 높이 실을 알

轥 앞 글자와 같음

㉑ 획

轥 원형의 그릇 란

轥 輈[끌채 주]의 古字

轣 轣[갈 력]과 같음

㉒ 획

轥 수레소리 첩

㉓ 획

轥 輻[복토끈 민]과 같음

㉔ 획

轥 軨[사냥수레 령]과 같음

轥 한도를 뛰어넘을 하

辛部

辛 매울 신, 괴로울 신 여덟째 천간 신 常(金)

辛 허물 건

① 획

辛 辛[매울 신]의 訛字

③ 획

辛 莘[긴 모양 신]과 같음

宰 재상 재, 우두머리 재 [宀部] 常(木)

④ 획

辛 섞을 개

新 新[새로울 신]과 같음

辛 나아갈 윤

⑤ 획

辜 허물 고, 찢어발길 고, 반드시 고 (金)

辛 辭[말씀 사]의 古字

⑥ 획

辛 많을 신

辟 임금 벽, 법 벽, 죄 벽 그칠 미, 피할 피 (金)

辛 辭[말씀 사]의 俗字

辛 매운 맛 살

辠 罪[허물 죄]의 古字

辛 莘[긴 모양 신]과 같음

⑦ 획

辣 매울 랄, 흉악할 랄 맹렬할 랄 (金)

辣 앞 글자와 같음 (金)

辬 따질 변, 송사할 변 말솜씨가 있을 변

⑧ 획

辥 다스릴 예, 바를 예 (金)

辢 辣[매울 랄]의 俗字

辟 辟[임금 벽]과 같음

辜 맛이 매울 고

辭 辭[말씀 사]의 俗字

⑨ 획

辨 분별할 변, 다스릴 판, 편하 폄 常(金)

辥 허물 설, 나라 이름 설, 어지러울 설

辦 힘쓸 판, 다스릴 판 갖출 판 (金)

辧 앞 글자와 같음

辝 枲[모시풀 시]와 같음

辜 맵고 쓸 고 수유로 담근 장 고

辟 법 벽, 다스릴 벽

⑩ 획

辟 법 벽, 다스릴 벽

辡 어려울 겸 힘들 겸

辟 나눌 벽

⑪ 획

辩 얼룩얼룩할 반 두루 미칠 반

辬 얼룩얼룩할 빈 얽을 빈, 알롱이 빈

辦 허벅지 판, 살 판

辭 辭[말씀 사]의 俗字

辡 근심할 변, 닥칠 변 [心部]

辡 앞 글자와 같음

⑫ 획

辭 말씀 사, 진술할 사 말 사, 명제 사 常(金)

辡 辡[근심할 변, 닥칠 변]의 訛字

瓣 오이씨 판, 꽃잎 판 과일쪽 판 [瓜部](木)

辣 매울 획

⑬ 획

辣 枲[모시풀 시]와 같음

辭 競[다툴 경]과 같음

辮 엮을 변, 땋을 변 꿰미 변

⑭ 획

辯 말씀 변 깎아내릴 폄 常(金)

⑮ 획

辯 辯[말 잘할 변]과 같음

⑰ 획

辜 辜[허물 고]와 같음

㉑ 획

辭 興[일어날 흥]과 같음

㉓ 획

辭 譶[말 유창할 답]과 같음

辰部

辰 용 진, 별 진, 때 신 다섯째 지지 진 常(土)

辰 앞 글자와 같음

辰 앞 글자와 같음

辰 앞 글자와 같음

③ 획

辱 욕될 욕, 욕보일 욕 常(土)

唇 놀랄 진, 입술 순, 가장자리 순 [口部](水)

宸 집 신, 처마 신, 대궐 신, 땅끝 신 [宀部](木)

④ 획

脣 입술 순, 둘레 순 가 순 [肉部] 常(水)

晨 새벽 신, 새벽닭 울 신 [日部] 常(火)

晨 앞 글자와 같음 [日部]

⑥ 획

農 농사 농, 농사지을 농, 힘쓸 농 常(土)

䢉 앞 글자와 같음

辳 앞 글자의 古字

蜃 대합 신 이무기 신 [虫部](水)

⑦ 획

晨 일찍 신, 급할 신 새벽 신

賑 구휼할 진 넉넉할 진 [貝部](金)

⑧ 획

䢋 農[농사 농]의 古字

傭 못날 용, 번잡할 용 용렬할 용

⑫ 획

辴 빙그레 웃을 진 웃는 모양 진

穠 많을 농 많은 모양 농

⑬ 획

農 農[농사 농]의 本字

䢅 해와 달이 만날 신 해와 달이 합쳐질 회

⑭ 획

䢉 農[농사 농]의 古字

辵部(辶)

辵 쉬엄쉬엄 갈 착 내달릴 착, 책받침

辶 책받침(단독으로 쓰지 않고 받침으로만 쓰임)

辶 앞 글자의 俗字

辶 앞 글자의 俗字

⻌ 之[갈 지]와 같음

① 획

辷 미끄러질 일, 물러갈 일, 선위할 일

② 획

辺 邊[가 변]의 略字

边 邊[가 변]의 俗字

辻 네거리 십, 길가 십

込 담을 입

迄 迄[이를 흘]과 같음

迈 갈 잉

边 軌[길 궤]의 古字

③ 획

迁 구할 간(土)

迅 빠를 신, 뛰어넘을 신, 짐승이름 신(土)

迂 멀 우, 광대할 우 조금 오 (土)

迃 앞 글자와 같음(土)

迆 迤[비스듬할 이]와 같음

巡 천천히 걸을 천

迄 이를 흘, 마칠 흘(土) 마침내 흘, 거의 흘

过 過[지날 과]의 俗字

迉 어조사 기, 기인 기

迉 起[일어날 기]의 古字

起 앞 글자와 같음

迲 徒[무리 도]의 本字

赱 앞 글자의 本字

迍 迍[머뭇거릴 둔]과 같음

迈 邁[갈 매]의 略字

迖 어루만질 무 편안할 부

迟 棲[깃들 서]의 俗字

巡 순행할 순, 돌아볼 순, 따를 연 [巛部] 常(水)

迂 遊[놀 유]와 같음

迁 遷[옮길 천]의 俗字

达 매끄러울 체, 達[통달할 달]과 같음

④ 획

迋 속일 광, 갈 왕

近 가까울 근, 친하게 지낼 근 常(土)

迚 무지 두, 마투리 두 (한 말에 못미치는 양)

迍 머뭇거릴 둔, 준 곤궁할 둔 (土)

返 돌아올 반, 되돌려 줄 반 常(土)

迓 마중할 아, 맞받아 칠 아, 달아날 아(土)

迎 맞을 영, 마중나갈 영 常(土)

迕 만날 오, 거스를 오 섞일 오, 범할 오(火)

迗 하늘 뜻 어길 와

迊 帀[두를 잡, 두루미 칠 잡]과 같음

迚 도저히 중, 할지라도 중, 암만해도 중

迏 발 미끄러질 체

迖 앞 글자의 訛字

迒 발자국 항, 길 항 수레바퀴자국 항

辵从 從[좇을 종]과 같음

迊 급히 달아날 발 엎어질 발

迚 달아날 혈, 달릴 혈

迉 피할 기

迂 徐[천천히 서]와 같음

迺 退[물러갈 퇴]의 古字

迒 달아날 방 급히 갈 방

迟 가까울 질

迚 이를 적, 조 도달할 적, 조

迌 교활한 모양 돌 속일 돌

运 달아나는 모양 운

迖 옮길 종

迂 지날 우, 경과할 우

迣 泄[막을 렬]의 訛字

迚 옮길 사

迉 가까이할 기 어조사 기

迖 물러갈 제, 머무를 제, 나아가지 못할 제

迦 따를 종, 從[좇을 종]과 같음

迦 앞 글자와 같음

迖 앞 글자와 같음

迄 迄[이를 흘]의 俗字

迖 巡[순행할 순]의 訛字

这 這[이 저]의 俗字

还 還[돌아올 환]의 略字

迚 멀 물, 홀

迖 遂[이룰 수]의 古字 발 나가지 않을 추

延 延[끌 연]과 같음

迚 앞 글자와 같음

迋 廷[조정 정]의 訛字

⑤ 획

迦 막을 가, 음역자 가 우연히 만날 해 (土)

迲 갈 겁, 자래 거, 한 묶음 못 될 겁 (土)

迡 가까울 니, 더딜 지

迣 가로막을 렬, 세 뛰어넘을 체

迫 핍박할 박, 급박할 박, 닥칠 박 常(土)

述 지을 술, 말할 술 전술할 술 常(土)

迬 행동거지 주 (土) 往[갈 왕]의 古字

迤 비스듬할 이 (土) 향할 이, 이어질 이

迪 나아갈 적, 인도할 적, 밟아 행할 적 (土)

迭 갈마들 질, 설 질, 달아날 질, 범할 일 (土)

迮 닥칠 책, 갑자기 책 좁을 책, 막을 책

迠 갈 첩, 걸을 첩

迢 멀 초, 아득히 멀 초, 높은 모양 초 (土)

迨 미칠 태, 기회를 탈 태 거의 태, 같을 태 (土)

迥 逈[멀 형]과 같음 (土)

迵 앞 글자의 俗字

迖 갈 반, 떠날 반

𨒙 갈 연

𨒪 갈 조

𨒒 앞 글자의 訛字

迟 굽게 갈 격
굽을 격

𨒧 갈 용

迡 遲[더딜 지]와 같음

𨒥 가둘 수, 구류할 수

迧 陳[벌려놓을 진]과 같음

𨒫 越[넘을 월]과 같음

迩 邇[가까울 니]의 俗字

𨒭 놀랄 제

迣 놀며 걸을 세
산보할 세

迯 逃[달아날 도]의 俗字

迱 든든할 이, 에둘러 갈 이, 가는 모양 타

𨒰 遄[빠를 천]의 古字

𨑹 迹[자취 적]의 古字

𨒬 물이 얕은 나루 차

𨓆 이를 적, 조
도달할 적

𨓞 갈 유, 游[놀 유]와 같음

𨒮 驅[몰 구]와 같음

𨒯 佑[도울 우]와 같음

𨑲 託[부탁할 탁]과 같음

⑥ 획

𨓦 뛸 결 (土)

适 빠를 괄 (土)

迺 이에 내, 비로소 내
너 내, 도리어 내 (土)

逃 달아날 도, 떠날 도
피할 도 常(土)

𨒊 앞 글자의 古字

迵 지날 동, 통할 동
같을 동

迾 막을 렬, 행렬 렬
벌려놓을 렬

迷 미혹할 미, 길 잃을 미, 잃을 미 常(土)

逄 막을 방, 북소리 방
성씨 방, 만날 봉

迸 흩어져 달아날 병 (土)
솟아날 병, 튕길 병

送 보낼 송, 전송할 송
쫓을 송 常(土)

𨒺 땅 이름 수

𨒚 머뭇거릴 양, 逆[거스를 역]의 俗字

逆 거스를 역, 반대로 역, 받아들일 역 常(土)

逌 걸음 유, 갈 유

迻 옮길 이

迹 자취 적, 내왕할 적
명승 적 (土)

𨓭 앞 글자와 같음

迿 앞설 준, 앞다툴 순 (土)

追 쫓을 추, 따를 추
종끈 퇴 常(土)

退 물러갈 퇴, 겸양할 퇴, 줄어들 퇴 常(土)

迥 멀 형, 뛰어날 형, 외진 곳 형, 홀로 형 (土)

迴 廻[돌아올 회], 回[돌 회]와 같음 (土)

逅 만날 후 (土)

𨓍 後[뒤 후]의 古字

𨒱 달아날 인

𨓝 평상마루 우
창문 우

𨓂 넘을 세

𨒽 달아날 해

𨓌 걸음 더딜 연

𨓅 遷[옮길 천]과 같음

𨓐 달아날 치

𨒴 뒤따라 갈 합

𨒿 여럿이 달아날 휼

𨒸 나누어 펼 율, 建[세울 건]의 俗字 (土)

𨓈 恢[넓을 회]와 같음

𨓃 趑[머뭇거릴 자]와 같음

𨓇 庭[뜰 정]과 같음

𨒶 迾[막힐 렬]과 같음

𨓊 만날 교

迆 천하를 거역할 돈 구덩이 지

逕 遊[놀 유]와 같음

迣 卒[마칠 졸]과 같음

迧 風[바람 풍]의 俗字

迦 造[지을 조]의 古字

⑦ 획

逕 소로 경, 길 경 갈 경, 곧을 경(土)

逛 달아날 광, 달리는 모양 광, 노닐 광

逑 짝 구, 모을 구(土)

途 길 도, 벼슬길 도 常(土)

逗 머무를 두, 멈출 두 맞을 두, 이끌 두(土)

連 이을 련, 연할 련 연루될 련 常(土)

逞 굳셀 령, 쾌할 령 믿을 령(土)

逦 물 이름 리 굽이져 이어질 리

逢 만날 봉, 맞이할 봉 북소리 봉 常(土)

逤 오랑캐 땅 이름 사 나사 사

逝 갈 서, 달릴 서, 죽을 서, 이에 서 常(土)

逍 거닐 소, 편안하고 한가로울 소(土)

速 빠를 속, 독촉할 속 부를 속 常(土)

逜 깨우칠 오 부딪칠 오

逎 遒[다가설 주]의 古字(土)

逌 만족할 유, 곳 유 자득한 모양 유(土)

逎 앞 글자와 같음

逌 앞 글자의 訛字

這 이 저, 덧붙이는 글자 저, 맞이할 언(土)

逖 멀 적, 멀리할 적 근심 적, 탐할 적(土)

造 지을 조, 비롯할 조 세울 조 常(土)

逡 뒷걸음질 칠 준 머뭇거릴 준(土)

逐 쫓을 축, 내쫓을 축 달릴 축 常(土)

通 통할 통, 유통할 통 통달할 통 常(土)

逋 앞 글자와 같음

透 꿰뚫을 투, 통할 투 뛸 투, 놀랄 숙 常(土)

逋 달아날 포, 체납할 포, 지체할 포(土)

退 무너질 패 패하여 달아날 패

退 退[물러날 퇴]의 古字

逕 토끼 다니는 길 갱

递 遞[갈마들 체]의 古字

逓 앞 글자와 같음

逓 앞 글자의 俗字

逷 가서 맞이할 흔

适 适[빠를 괄]의 本字

逶 달아날 첩

邊 邊[가 변]의 俗字

逩 棄[버릴 기]의 古字

逞 庭[뜰 정]과 같음 풀속길 정

迥 멀 형

遊 遊[놀 유]의 古字

遙 遙[멀 요]와 같음

逃 逃[달아날 도]와 같음

邊 邊[가 변]과 같음

貌 貌[얼굴 모]의 古字

說 稅[부세 세]와 같음

逸 逸[편안할 일]의 俗字(土)

逘 나아갈 의

⑧ 획

逵 한길 규, 물속굴 규 큰길 규(土)

逯 삼갈 록, 많을 록 다닐 록

逶 구불구불 갈 위 흡족해할 위(土)

逸 편할 일, 달릴 일 달아날 일 常(土)

週 돌 주, 주위 주, 주기 주, 두루미칠 주(土)

進 나아갈 진, 향상할 진, 촉진할 진 常(土)

逮 미칠 체, 잡을 체 압송할 체 常(土)

逯 앞 글자의 古字

逭 꾀할 환, 달아날 환 바꿀 환

逴 멀 탁, 작, 뛸 탁(土) 원행할 탁, 놀랄 탁

逨 올 래, 이를 래 수고로울 뢰

逩 달아날 분

逪 섞일 착

逫 멀 결, 김뜰 줄 느릿하게 불 출

逬 흩어져 달아날 병

逰 遊[놀 유]의 俗字

遨 앞 글자와 같음

⿺辶㸒 지날 음, 임

⿺辶淵 걸을 연, 갈 연

⿺辶疌 빨리 달아날 첩

⿺辶兆 逃[달아날 도]의 俗字

⿺辶帚 歸[돌아갈 귀]와 같음

⿺辶佚 送[보낼 송]의 古字

⿺辶亞 줄 나란히 갈 아 버금 아

⿺辶育 구를 육, 갈 육

逷 狄[오랑캐 적]의 古字

⿺辶彔 避[피할 피]의 古字

⿺辶巠 輕[가벼울 경]의 古字

⿺辶甫 遂[이룰 수]의 古字

⿺辶㞷 往[갈 왕]의 古字

⿺辶咼 過[지날 과]의 俗字

⿺辶虒 遞[갈마들 체]와 같음

⿺辶虎 앞 글자와 같음

⿺辶𠩺 僁[허물 건]과 같음

⿺辶𠩵 앞 글자와 같음

⿺辶𣥚 徙[옮길 사]와 같음

⿺辶奇 隤[무너뜨릴 퇴]와 같음

⿺辶青 淸[맑을 청]과 같음

⿺辶氐 廸[나아갈 적]과 같음

⿺辶关 送[보낼 송]과 같음

⿺辶囟 迺[이에 내]와 같음

⿺辶沓 가는 모양 답

逺 遠[멀 원]의 俗字

⑨ 획

過 지날 과, 허물 과, 재앙 화 常(土)

逽 갈 낙, 달릴 낙 달아날 낙

達 통달할 달, 통할 달 대범할 달 常(土)

⿺辶羍 앞 글자와 같음

道 길 도, 다스릴 도 도덕 도 常(土)

⿺辶𦣻 앞 글자와 같음

遁 달아날 둔, 숨을 둔 피할 둔 (土)

遯 앞 글자와 같음

遂 드디어 수, 이룰 수 이루어질 수 常(土)

⿺辶𡕿 앞 글자의 古字

⿺辶𤔔 앞 글자와 같음

⿺辶壴 달릴 수

遏 막을 알, 억제할 알 끊을 알, 해칠 알(土)

⿺辶曷 앞 글자와 같음

遇 만날 우, 합치할 우 뜻을 얻을 우 常(土)

運 운전 운, 돌 운, 멀 운, 옮길 운 常(土)

⿺辶軍 앞 글자의 古字

違 어길 위, 떠날 위 피할 위 常(土)

⿺辶韋 앞 글자의 俗字

遊 놀 유, 사관할 유 유세할 유 常(土)

逾 넘을 유, 되는대로 살아갈 투 (土)

遒 다가설 추, 닥칠 추, 주 강건할 추, 모일 추 (土)

遄 빠를 천

⿺辶帝 성씨 체, 遞[갈마들 체]와 같음

逿 꺼꾸러질 탕, 흔들 탕, 넘어질 탕

遍 두루 변, 넓을 편, 번 편, 곡조이름 편 常(土)

逼 닥칠 핍, 급박할 핍 으를 핍, 좁을 벽 (土)

遐 멀 하, 멀리할 하, 구원할 하, 어찌 하 (土)

遑 허둥거릴 황, 어찌 황, 한가할 황 (土)

〓 제지할 가 발을 속박할 가

〓 動[움직일 동]의 古字

〓 달릴 섭, 앞으로 엎어질 엽, 부진할 치

遀 隨[따를 수]의 古字

〓 隨[따를 수]의 俗字

〓 逌[만족할 유]와 같음

遄 한가히 걸을 천

遃 갈 언, 노닐 안

遟 遲[더딜 지]와 같음

遈 흘러갈 식, 다닐 식 행해질 식

〓 다닐 식

〓 이를 전, 나루 진

遌 만날 악

遻 앞 글자와 같음

〓 迸[흩어져 달아날 병]과 같음

〓 빨리 걸을 삽 갈 삽

〓 걸음 종

〓 退[물러갈 퇴]의 古字

〓 迾[막을 렬]과 같음

〓 送[보낼 송]과 같음

〓 가다가 설 답

〓 遷[옮길 천]의 古字

〓 赴[나아갈 부]와 같음

〓 還[돌아올 환]과 같음

遖 갸륵할 남

〓 遼[멀 료]와 같음

〓 邊[가 변]의 俗字

〓 選[뽑을 선]의 俗字

〓 맞을 아 〓 높을 초

遉 염탐할 정, 엿볼 정 (土)

⑩ 획

遣 보낼 견, 내쫓을 견 常(土)

遘 만날 구, 얽을 구 (土)

遝 뒤섞일 답, 미칠 답 많이 모일 답 (土)

遛 머무를 류 (土)

遡 거슬러 올라갈 소 찾을 소 (土)

遜 겸손할 손, 달아날 손, 따를 손 (土)

遙 멀 요, 길 요 줄달음칠 요 常(土)

遠 멀 원, 심오할 원 조상 원 常(土)

遞 갈마들 체, 전할 체 압송할 체 常(土)

遢 갈 탑, 덤벙댈 탑

〓 말달릴 횡

〓 逋[달아날 포]와 같음

〓 遷[옮길 천]의 俗字

〓 지날 창

〓 멈출 수, 머무를 추 나아가지 않을 수

〓 廁[뒷간 측]의 古字

〓 迮[닥칠 책]의 俗字

〓 造[지을 조]의 俗字

〓 갈 축, 가는 모양 축

〓 遲[더딜 지]의 古字

〓 述[지을 술]의 古字

〓 及[미칠 급]의 古字

〓 道[길 도]의 古字

〓 걸음이 급할 팽

〓 〓[이를 전, 나루 진]과 같음

〓 送[보낼 송]의 古字

〓 앞 글자와 같음

〓 違[어길 위]와 같음

〓 가는 모양 삽 빨리 갈 삽

〓 만날 악, 거스를 오

𨘦 편안하게 걸을 전

⑪ 획

遯 달아날 둔, 숨을 둔 속일 둔(土)

遨 놀 오, 노닐 오(土)

遧 밝을 장

適 갈 적, 따를 적 맞을 적 常(土)

遭 만날 조, 당할 조, 두를 조, 양수사 조(土)

遳 바쁠 좌, 무릎 좌 왜소할 좌

遮 막을 차, 가릴 차, 많을 차, 스며들 차(土)

𨗈 앞 글자와 같음

遰 떠날 체, 갈마들 체 멀 체, 갈 서, 칼집 서

遫 펼 칙, 열 측 빠를 속

遬 공손할 속, 빠를 속 줄어들 속(土)

遦 다닐 관, 익힐 관

𨗿 공손히 갈 구

𨕖 達[통달할 달]과 같음

𨘁 遁[달아날 둔]과 같음

𨘋 갈 료(往也)

𨗼 遼[멀 료]와 같음

𨗛 앞 글자와 같음

遱 발걸음이 끊어지지 아니할 루

𨘢 報[갚을 보]와 같음

𨗨 遴[어려워할 린]과 같음

𨗊 徙[옮길 사]와 같음

𨕾 군사 거느릴 솔(木)

𨖸 달릴 양

𨗐 멀 아

𨘷 御[어거할 어]와 같음

𨘇 앞 글자와 같음 吾[나 오]와 같음

𨘂 遙[멀 요]와 같음

邀 邀[멀 요]와 같음

𨗝 용서할 우

𨖯 迹[자취 적]과 같음

𨘎 退[갈 조]의 古字

𨗬 蹤[자취 종]과 같음

遷 옮길 천, 달라질 천 바꿀 천 常(土)

𨘗 가까울 차, 치

𨗳 鑿[뚫을 착]과 같음

𨘚 멀 참 가는 모양 치

𨗦 스며나올 찹, 갈 찹 속 찹, 달릴 찹

𨘏 遍[두루 편]과 같음

𨗾 遄[빠를 천]의 俗字

𨘶 殼[껍질 각]과 같음

𨘪 還[돌아올 환]과 같음

⑫ 획

遼 멀 료, 넓을 료, 차이 질 료, 늦출 료(土)

遴 어려울 린, 인색할 린, 모일 린

選 가릴 선, 뽑을 선 셀 산 常(土)

遻 만날 오, 거스를 악

遶 두를 요(土)

遺 끼칠 유, 잃을 유 남을 유, 줄 유 常(土)

𨗻 앞 글자와 같음

𨘄 앞 글자의 古字

遵 좇을 준, 따를 준 뛰어날 준 常(土)

𨗺 앞 글자와 같음

遲 늦을 지, 더딜 지 머무를 지 常(土)

遟 앞 글자와 같음

𨘹 옮길 천, 달라질 천 바꿀 천, 물러날 천

𨘸 앞 글자와 같음

𨙀 앞 글자와 같음

𨗽 앞 글자와 같음

𨙁 앞 글자와 같음

遹 비뚤 휼, 편벽될 휼 이에 휼, 따를 휼

𨙂 앞 글자의 本字

𨗨 빨리 달아날 초 달리는 모양 초

𨗴 갈 상(行也)

𨗬 초서 삽 붓 놀릴 삽

𨗳 遠[멀 원]의 古字

𨘌 遄[빠를 천]과 같음

遛 머무를 류

𨘎 橇[썰매 취]의 俗字

𨘢 먹줄 칠 변

𨗾 逶[구불구불 이어질 위]와 같음

𨘋 어지러울 착 섞일 착

𨗭 適[갈 적]의 本字

𨘫 幾[몇 기]와 같음

𨘝 進[나아갈 진]의 古字

𨘐 遴[어려워할 린]과 같음

𨘙 霆[천둥소리 정]과 같음 [雨部]

𨘔 찰 초(充也)

𨘞 隨[따를 수]와 같음

𨘕 逋[달아날 포]와 같음

𨘑 逡[스며나올 참]과 같음

𨘧 德[덕 덕]과 같음

𨘖 遭[만날 조]와 같음

𨘂 遘[공손히 갈 구]의 本字

導 이끌 도, 가르칠 도 [寸部] 常(木)

暹 해돋을 섬, 나아갈 섬, 섬라 섬 [日部](火)

𨘗 避[등섬 등]과 같음

𨘬 隧[굴 수, 길 수]의 俗字

𨘜 귀신 이름 웅

𨘦 가까울 질

𨘶 자취 무

遾 가는 모양 선 가릴 연, 옮길 연

⑬ 획

𨗲 두를 회

𨗶 가까이할 첨

遽 갑자기 거, 황급할 거, 황당 거 (土)

邆 나라 이름 등 등섬 등

邂 우연히 만날 해, 우연 해, 기뻐할 해(土)

𨙄 앞 글자와 같음

邁 갈 매, 순행할 매, 지나갈 매, 넘을 매(土)

𨘴 미칠 서, 멀 서 (土)

邀 맞을 요, 가로막을 요, 부를 요 (土)

邅 머뭇거릴 전, 좇을 전, 나가지 못할 전(土)

避 피할 피, 면할 피 어길 피 常(土)

還 돌아올 환, 회복할 환, 돌 선 常(土)

𨘹 속히 갈 섬

𨘷 뚫을 착

𨘰 지날 탕

𨙍 비 적, 뢰, 독, 비올 적, 급히 갈 뢰

𨘺 憂[근심 우]의 古字

𨙀 徙[옮길 사]의 古字

𨙂 遺[끼칠 유]의 古字

𨙁 앞 글자와 같음

𨘻 遨[놀 오]와 같음

𨙃 귀한 구슬 유 보석 유

𨙅 遷[옮길 천]과 같음

𨘽 逮[미칠 체]와 같음

𨙆 帶[띠 대]와 같음

𨙇 遙[멀 요]와 같음

𨙈 邈[멀 막]과 같음

𨙉 성씨 위

⑭ 획

邈 멀 막, 업신여길 막 멀리떨어져있을 막(土)

邃 깊을 수 (土)

邇 가까울 이 가까이 할 이(土)

𨘻 遴[어려워할 린]의 本字

𨘷 틀림이 없을 회, 현 어그러질 해

𨘼 趯[뛸 약, 적]과 같음

𨗦 撻[매질할 달]과 같음

𨘥 빨리 갈 삽

𨘇 邊[가 변]의 訛字

𨗨 遵[따를 준]의 古字

𨘋 邊[제기 이름 변]과 같음

遰 滯[막힐 체]와 같음

遭 遭[만날 조]와 같음

𨗧 連[잇닿을 련]과 같음

遱 발걸음이 끊이지 아니할 루

𨘗 擷[딸 힐]과 같음

𨗽 退[물러날 퇴]와 같음

⑮ 획

邋 나부낄 납, 넘을 렵 갈 랍, 불결할 랍

邊 가 변, 성씨 변, 변경 변, 이자 변 常(土)

䢱 익을 독, 넘볼 독 설만할 독, 자주 독

邌 천천히 걸을 려 먼동틀 려 (土)

𨙤 原[근원 원]의 古字, 벌판 원

𨘢 還[돌아올 환]의 本字

𨘺 奩[화장상자 렴]과 같음

𨙅 遁[달아날 둔]과 같음

遰 遞[갈마들 체]와 같음

𨘛 逵[큰 길 규]와 같음

𨘸 輦[손수레 련]과 같음

⑯ 획

邍 原[근원 원]의 古字, 벌판 원 (土)

𨙊 邈[멀 막]과 같음

𨙋 앞 글자와 같음

𨙍 가까울 력

𨙕 遯[달아날 둔]의 古字

𨙁 隤[무너뜨릴 퇴]와 같음

𨙎 邊[가 변]과 같음

⑰ 획

邎 빨리 갈 요, 유

𨙓 앞 글자의 俗字

𨙝 멀 약

𨙣 邍[넓은 언덕 원]의 本字

𨙥 遁[달아날 둔]의 古字

𨙏 匱[함 궤]와 같음

𨙖 급히 달릴 익

⑱ 획

𨙠 빨리 갈 요, 유

𨙡 급히 달릴 익 급히 달아날 익

𨙢 갈 엽, 가는 모양 엽

𨙦 멈출 주, 충 나아가지 않을 주

𨙧 逭[꾀할 환]의 古字

𨙨 邁[갈 매]와 같음

⑲ 획

邏 순행할 라, 두를 라 순라군 라 (土)

邐 이어질 리, 가벼울 리 구불구불할 리 (土)

𨙩 遷[옮길 천]의 本字

𨙪 邁[갈 매]와 같음

⑳ 획

𨙫 돌 왁 쉬지 않고 갈 왁

𨙬 進[나아갈 진]의 古字

𨙭 遭[만날 조]의 本字

𨙮 빨리 갈 요, 유

㉑ 획

𨙯 靉[구름낄 애]와 같음

㉒ 획

𨙰 遷[멈출 주, 나아가지 않을 주]의 本字

㉓ 획

⿺辶鷸 鷸[도요새 휼]과 같음

邑部

邑 고을 읍, 마을 읍 / 나라 읍 常(土)

阝 우(右)부방

⿱口巴 邑[고을 읍]과 같음, 고을 원

② 획

⿰几阝 땅 이름 기

⿰十阝 십방 십 / 고을 이름 십

邒 정자 이름 정

③ 획

邛 언덕 공, 수고로울 공, 주 이름 공

邔 나라 이름 기 / 고을 이름 기

邙 산 이름 망, 고을 이름 망, 북망산 망(土)

夘 돌아누울 석, 卯[토끼 묘]와 같음

邘 땅 이름 우, 성씨 우 / 고을 이름 우 (土)

⿰弓阝 앞 글자의 本字

邗 땅 이름 한, 성 이름 한, 강 이름 한, 간(土)

邕 화할 옹, 막을 옹 / 사람 이름 옹(土)

⿰才阝 고을 이름 재

⿰乇阝 邨, 村[마을 촌]과 같음

⿰凡阝 땅 이름 범

邖 땅 이름 천

④ 획

那 어찌 나, 편안할 나 / 어조사 나 常(土)

⿰冄阝 앞 글자의 本字

邦 나라 방, 봉할 방 / 도성 방 常(土)

邫 앞 글자와 같음

⿺丰邑 앞 글자의 古字

邡 고을 이름 방 / 괴할 방

邞 고을 이름 부

邠 나라 이름 빈, 빛날 빈, 고을 이름 빈(土)

邪 간사할 사, 남을 여, 느릿할 서 常(土)

邥 땅 이름 심, 심수 심

邧 땅 이름 원 / 고을 이름 원

邨 村[마을 촌]과 같음 (土)

邟 고을 이름 항, 성 이름 강, 성씨 강

邢 나라 이름 형, 땅 이름 형, 성씨 형(土)

⿰丠阝 邱[언덕 구]의 本字

⿰巿阝 고을 이름 패

⿰丑阝 땅 이름 뉴

⿰支阝 땅 이름 기, 성씨 기

⿺支邑 앞 글자와 같음

邤 이웃 흔, 땅 이름 흔

⿰云阝 鄖[나라 이름 원]과 같음

邳 클 비, 땅 이름 비 / 고을 이름 비

⿰少阝 땅 이름 소

⿰𡈼阝 郢[땅 이름 영]과 같음

⿰氐阝 邸[객관 저]와 같음

⿰互阝 앞 글자와 같음

⿰井阝 땅 이름 정

⿰比阝 邶[땅 이름 패]와 같음

⑤ 획

邱 땅 이름 구, 언덕 구 / 무덤 구(土)

⿱丘邑 앞 글자와 같음

邭 땅 이름 구

⿰生阝 郤[고을 이름 극]과 같음

邴 고을 이름 병, 성씨 병, 기뻐할 병

邳 클 비, 고을 이름 비 땅이름 비, 성씨 비 (土)

邵 고을 이름 소, 땅 이름 소, 주 이름 소 (土)

邸 집 저, 객관 저, 왕후의 사저 저 (土)

邰 나라 이름 태, 땅 이름 태, 성씨 태 (土)

邶 나라 이름 패, 성씨 패, 패전 패

邲 땅 이름 필, 성씨 필

邯 땅 이름 감, 한단 한 풍성할 함 (土)

郒 앞 글자와 같음

祁 클 기, 많은 모양 기 조용할 기 [示部]

郍 那[어찌 나]의 訛字

郶 邦[나라 방]의 古字

邹 鄒[나라 이름 추]와 같음

郈 郈[고을 이름 후]와 같음

郝 땅 이름 미

郱 고을 이름 변

郥 費[쓸 비]와 같음

邷 땅 이름 와

邮 정자 이름 유

岀 땅 이름 출

郇 땅 이름 포

⑥ 획

郊 들 교, 성밖 교, 메마를 교, 교제 교 常 (土)

邽 땅이름 규, 고을이름 규, 보옥 이름 규 (土)

郌 앞 글자와 같음

郤 隙[틈 극]과 같음 (土)

郇 나라 이름 순 성씨 순

邿 나라 이름 시 산 이름 시, 성씨 시

郎 땅 이름 신

郁 성할 욱, 답답할 욱 따뜻할 욱 (土)

邾 나라 이름 주 고을 이름 주 (土)

郅 고을 이름 질, 클 질 욱질 질, 들 질 (土)

郃 고을 이름 합, 강 이름 합, 함양 합 (土)

郋 마을 이름 혜

郈 고을 이름 후 성씨 후

郂 거리 항, 골목 항

郂 마을 이름 안

郋 먼 마을 귀 산 이름 궤

郲 고을 이름 래, 뢰

郉 邢[나라 이름 형]의 本字

邶 邱[언덕 구]와 같음

郏 邦[나라 방]과 같음

郰 鄒[나라 이름 추]와 같음

郡 앞 글자와 같음

郉 刪[깎을 산]과 같음

郚 耆[늙은이 기]와 같음

郋 卸[풀 사]의 俗字

郎 郞[낭군 랑]의 略字 (土)

郂 땅 이름 개

郀 고수 고(중국의 지명)

郟 정자 이름 공

郎 땅 이름 광

郆 땅 이름 길

郍 那[어찌 나]와 같음

郊 앞 글자와 같음

郋 고을 이름 동

郱 고을 이름 병

郌 나라 이름 신

郊 땅 이름 여

郊 정자 이름 염

郊 정자 이름 우

郊 땅 이름 우

𢦏 나라 이름 재

郑 鄭[나라 정]의 俗字

郥 땅 이름 조

郶 존마 존, 현 이름 존

郇 근심할 휼, 돌볼 휼 신중할 휼 [血部]

郍 마을 이름 년

耶 어조사 야 [耳部] (火)

⑦ 획

郟 고을 이름 겹, 낄 겹, 땅 이름 겹

郠 고을 이름 경

郜 나라 이름 고 고을 이름 고 (土)

郡 고을 군, 군 군, 관청 군, 군수 군 常(土)

郡 앞 글자와 같음

郤 고을 이름 극, 틈 극 물러날 각

郖 나루터 이름 두

郎 사내 랑, 낭군 랑 남자 랑 常(土)

郘 정자 이름 려, 여정 려, 고을 이름 려

郣 땅 봉긋할 발 고을이름 발

郙 정자 이름 부 부각 부

郛 외성 부, 허망할 부

郕 땅 이름 성 나라 이름 성

郔 땅 이름 연

郢 땅 이름 영 (土)

郚 고을 이름 오, 어

郗 고을 이름 치 뼈마디 사이 희

郝 고을 이름 학 밭갈 석 (土)

𨛜 음역자 삽

郒 巷[거리 항]과 같음

郷 고을 이름 도

郒 작은 나라 신

郇 고을 소

郥 고을 이름 한

郚 성곽 부

郝 邳[클 비]와 같음

郑 邦[나라 방]과 같음

郂 고을 이름 개

郕 땅 이름 구

郢 정자 이름 리 비속할 리

郙 정자 이름 보

郡 땅 이름 준

郥 땅 이름 패

郉 땅 이름 형

郇 卹[가엾게 여길 휼]과 같음

𨛜 음역자 삽

郧 鄖[나라 이름 운]의 簡字

⑧ 획

郭 성 곽, 나라 이름 곽, 성씨 곽 常(土)

郯 나라 이름 담, 성 담, 고을 이름 담 (土)

郲 땅 이름 래 나라 이름 래

郱 땅 이름 병

部 거느릴 부, 안배할 부, 부서 부 常(土)

部 앞 글자와 같음

郫 고을 이름 비, 현 이름 비, 읍 이름 비 (土)

郳 나라 이름 예 성씨 예 (土)

郵 역참 우, 농막 우, 우편 우, 허물 우 常(土)

郪 고을 이름 처 땅 이름 처, 처강 처

郬 땅 이름 청

郰 고을 이름 추

郰 聚[모을 취]와 같음

郴 고을 이름 침 땅 이름 침 (土)

郩 땅 이름 효 산 이름 효

郪 땅 이름 년

郒 머무는 곳 당

郒 앞 글자와 같음

䣙 마을 배, 배향 배

䢿 邸[집 저]의 俗字

郾 엄나라 엄

郶 고을 이름 석

䣝 都[도읍 도]의 古字

䣞 鄠[땅 이름 호]와 같음

䣟 앞 글자와 같음

䣩 앞 글자와 같음

䣛 郜[나라 이름 고]와 같음

䣐 攲[기울 기]와 같음

䣠 都[도읍 도]와 같음

䣡 鄒[나라 이름 추]와 같음

都 都[도읍 도]의 略字

郷 鄕[고을 향]의 略字

䣢 앞 글자와 같음

郹 나라 이름 거

䣤 나라 이름 려

郐 땅 이름 서

郚 땅 이름 유

郼 땅 이름 의

郑 나라 이름 쟁

鄅 나라 이름 주

郲 땅 이름 채

鄑 땅 이름 치

⑨ 획

郹 고을 이름 격
땅 이름 격

䣣 앞 글자의 本字

鄄 땅 이름 견
고을 이름 견

鄡 땅 이름 교

鄈 땅 이름 규, 규성 규

都 도읍 도, 도읍할 도
성씨 도 常(土)

䣥 앞 글자와 같음

郿 땅 이름 미

鄂 땅 이름 악, 놀랄 악
땅끝 악 (土)

䣦 앞 글자와 같음

鄀 나라 이름 약

郾 고을 이름 언

鄅 나라 이름 우

鄆 고을 이름 운

鄃 고을 이름 유

郼 나라 이름 위, 의
모을 위

䣧 邶[나라 이름 패]와 같음

郈 땅 이름 후

䣨 성하게 많을 옹

䣪 계나라 계

䣫 앞 글자와 같음

䣬 巷[거리 항]과 같음

郵 郵[역참 우]와 같음

䣭 앞 글자와 같음

䣮 鄋[나라 이름 수]와 같음

䣯 卹[근심할 휼, 돌볼 휼]과 같음

䣰 郤[고을 이름 극]과 같음

䣱 酈[땅 이름 력]과 같음. 鬲과 같음.

䣲 廛[가게 전]과 같음

䣳 卿[벼슬 경]과 같음

鄉 鄕[고을 향]의 俗字

䣴 강 이름 강

䣵 땅 이름 개

䣶 郠[고을 이름 경]과 같음

䣷 사람 이름 사
나라 이름 사

䣸 성씨 영

䣹 땅 이름 영

䣺 땅 이름 유

⿰貞阝 땅 이름 정

⿰泉阝 중유천 천
샘물 이름 천

⿰盍阝 땅 이름 합

⿰皇阝 땅 이름 황

⑩ 획

鄍 고을 이름 명

鄋 나라 이름 수, 수만 수, 땅 이름 수

鄎 나라 이름 식
땅 이름 식

鄔 땅 이름 오, 성씨 오
성(城) 이름 오

鄏 땅 이름 욕, 협욕 욕

鄖 나라 이름 운 (土)
땅 이름 운, 성씨 운

鄑 땅 이름 자
고을 이름 자

鄒 나라 이름 추, 좁을 추, 추할 추 (土)

鄐 고을 이름 축
땅 이름 휵

鄉 고을 향, 시골 향, 경지 향, 고향 향 常(土)

鄕 앞 글자와 같음

鄗 땅 이름 호, 성밖 교
산 이름 교 (土)

⿰虔阝 땅 이름 건

鄓 郹[땅 이름 격]의 訛字

⿰益阝 땅 이름 익

⿰豆豆阝 郖[나루터 이름 두]와 같음

⿰鬼阝 평탄하지 아니할 외

⿰⿱旬亏阝 郇[나라 이름 순]과 같음

⿰⿱巛貝阝 정자 이름 쇄

⿰⿱山貝阝 앞 글자와 같음

鄌 나라 이름 당

⿰宮阝 나라 이름 궁, 동

⿰馬阝 존마 마, 땅 이름 마

⿰馬邑 앞 글자와 같음

⿰⿱出示阝 무너질 술

⿰盍阝 땅 이름 합

⿰原阝 나라 이름 원

⿰鬲阝 ⿰鬲阝과 같음

⑪ 획

鄡 땅 이름 교, 역참 이름 교, 고을 이름 교

⿰鳥阝 땅 이름 교
앞 글자와 같음

鄝 나라 이름 료

鄚 고을 이름 막
성씨 막

鄤 땅 이름 만

鄜 고을 이름 부
성씨 부

鄙 더러울 비, 질박할 비, 좁을 비 (土)

⿰啚邑 앞 글자와 같음

⿰⿱亠回阝 앞 글자의 俗字

鄛 고을 이름 소

鄢 고을 이름 언, 나라 이름 언, 강 이름 언 (土)

鄘 나라 이름 용
성씨 용

鄞 땅 이름 은
땅의 끝 운 (土)

鄣 땅 이름 장, 장독 장
막을 장 (土)

鄟 나라 이름 전, 성문 이름 전, 성씨 전

⿰虘阝 고을 이름 차

鄠 땅 이름 호
고을 이름 호

⿰乾阝 땅 이름 간
땅 마를 간

⿱乾邑 앞 글자와 같음

⿰崩阝 배나라 배
나라 이름 붕

⿰邑來 산이 험준할 래, 뢰

⿰啇阝 商[장사 상]과 같음

⿰⿱艮皀阝 郞[사내 랑]과 같음

⿱黎邑 黎[검을 려]와 같음

⿰康阝 땅 이름 강

⿰貫阝 나라 이름 관

⿰堂阝 땅 이름 당

⿰荼阝 땅 이름 도

⿰婁阝 마을 이름 루

⿰徵阝 나라 이름 징

鄒 고을 이름 채

鄟 땅 이름 천

鄐 땅 이름 칠, 나라 이름 칠, 무릎 슬

鄗 땅 이름 호

⑫ 획

鄲 조나라 서울 단 나라이름 단 (土)

鄿 앞 글자와 같음

鄱 고을 이름 파, 비 반오 반, 파양 파 (土)

鄧 나라 이름 등 땅 이름 등 (土)

鄰 이웃 린, 가까울 린 근신 린 (土)

䢯 앞 글자와 같음

鄮 고을 이름 무 성씨 무

鄮 앞 글자와 같음

鄪 고을 이름 비

鄯 나라 이름 선, 성씨 선, 고을 이름 선

鄩 고을 이름 심 나라 이름 심

鄩 앞 글자와 같음

鄬 땅 이름 위

鄭 나라 이름 정, 정중할 정, 성씨 정 (土)

鄫 나라 이름 증 땅 이름 증

鄫 앞 글자와 같음

鄨 물 이름 폐 현 이름 폐, 별

鄦 나라 이름 허 성씨 허

鄦 앞 글자와 같음

鄹 鄹[나라 이름 추]와 같음

鄡 나라 이름 교

鄂 鄂[땅 이름 악]과 같음

鄑 鄑[땅 이름 자]의 俗字

鄄 鄄[땅 이름 견]의 本字

黎 黎[검을 려]와 같음

鄹 酄[고을 이름 환]과 같음

郯 郯[나라 이름 담]의 訛字

鄏 땅 이름 고

鄿 나라 이름 담 성씨 담

鄌 땅 이름 도

鄞 땅 이름 동

鄝 나라 이름 료 땅 이름 료

鄝 앞 글자와 같음

鄙 郿[땅 이름 미]와 같음

酆 나라 이름 풍

鄺 나라 이름 황

⑬ 획

鄳 땅 이름 맹

鄳 앞 글자와 같음

鄴 땅 이름 업 성씨 업 (土)

鄵 땅 이름 조

鄶 나라 이름 회 성씨 회

鄶 앞 글자와 같음

䣝 썩은 냄새 날 옹

鄴 땅 이름 의

酆 풍성할 풍, 강 이름 풍, 땅 이름 풍

鄹 郇[뜰 구]의 訛字

鄸 땅 이름 갈

酃 酃[고을 이름 령]의 俗字

鄭 성씨 욱

䣛 땅 이름 촉

鄐 나라 이름 칠

鄉 巷[거리 항]과 같음

⑭ 획

鄸 땅 이름 몽

鄸 앞 글자와 같음

鄹 나라 이름 추 땅 이름 추

鄰 鄰[이웃 린]의 本字

鄯 물 이름 수

鄰 땅 이름 적

鄉 鄕[고을 향]의 本字

鄵 劓[코벨 의]의 俗字

鄭 鄛[고을 이름 소]의 本字

鄶 역참 이름 교

鄹 彪[범 가죽의 무늬 반]과 같음

鄼 정자 이름 잠

鄽 가게 전, 상점 전

鄾 땅 이름 합

⑮ 획

鄺 성씨 광

鄻 고을 이름 련

鄾 땅 이름 우, 성씨 우

鄜 鄜[고을 이름 부]와 같음

酇 酇[나라 이름 찬]과 같음

鄿 고을 이름 랑

酀 가게 전, 상점 전(土)

酁 鄸[땅 이름 몽]의 訛字

酂 郰[뜰 구]와 같음

酃 성씨 려

酄 郿[나라 이름 려]와 같음

酅 魯[노나라 로]와 같음

酆 땅 이름 만

酇 땅 이름 질

酈 마을 이름 번

酉 앞 글자와 같음

酊 나라 이름 징

酋 鄺[땅 이름 휴]와 같음

⑯ 획

酏 고을 이름 기 성씨 기

酐 땅 이름 연 사람 이름 연

酑 郚[땅 이름 재]의 本字

酒 郭[성곽 곽]의 古字

酓 霍[빠를 곽]과 같음

酔 나라 이름 마, 갈 마

酕 땅 이름 만

酖 땅 이름 흥

⑰ 획

酗 고을 이름 령, 호수 이름 령, 술 이름 령

酘 땅 이름 참, 성씨 참

酙 都[도읍 도]와 같음

酚 郰[뜰 구]와 같음

酛 땅 이름 양, 성씨 양

⑱ 획

酆 나라 이름 풍, 땅이름 풍, 풍성할 풍

酄 고을 이름 환

酅 땅 이름 휴

酇 마을 이름 각

⑲ 획

酈 땅 이름 리, 력

酇 나라 이름 찬

酈 鄜[고을 이름 부]와 같음

⑳ 획

酁 마을 당 머무는 곳 당

酂 마을 이름 각 땅 이름 각

酃 鄂[땅 이름 악]과 같음

㉑ 획

酈 酈[땅 이름 리, 력]과 같음(土)

㉔ 획

酃 酃[고을 이름 령]과 같음

酉部

酉 닭 유, 열번째 지지 유, 술 유 常(金)

② 획

酊 술취할 정 (金)

酋 추장 추, 모일 추, 이룰 추, 묵은술 추(金)

③ 획

配 짝 배, 배필 배 아내 배 常(金)

酏 기장술 이, 술 이 죽 이, 달 이

酌 술 따를 작, 술잔 작 취할 작 常(金)

酒 술 주, 술 마실 주 물 주 常(金)

酎 진한 술 주, 술 빚을 주, 드릴 주 (金)

酐 쓴 술 항

酑 마실 우

酞 술빛 익, 달 대

酕 醇[전술 순, 전내기 순]과 같음

郿 卹[가엾게 여길 휼]과 같음

④ 획

酘 두 번 빚은 술 두 해장술 먹을 두

酕 매우 취할 모

酜 수탉(장닭) 부

酚 페놀 분

酓 술맛이 쓸 염, 마실 음, 산뽕나무 염

酖 술에 빠질 탐, 짐새 짐, 독살할 짐 (金)

酛 앞 글자와 같음

酙 斟[술 따를 짐]과 같음

酟 앞 글자와 같음

酗 주정할 후 (金) 술에 빠질 후

酳 조금씩 마실 인 홀짝거릴 인

䤈 술의 빛깔 과

酨 앞 글자와 같음

酥 醅[거르지 않은 술 배]와 같음

醇 좋은 술 준 좋을 준

酪 술잔 문

酓 술 염, 음

酾 湎[빠질 면]과 같음

酱 醬[젓갈 장]의 古字

酨 젓 썩을 리

酯 썩은 젓 지

酼 염전 강

㸐 술의 빛깔 수

醗 술의 빛깔 발

酵 팔 효, 교

酸 앞 글자와 같음

酤 醐[제호 호]와 같음

酟 앞 글자와 같음

酒 酒[술 주]와 같음

酔 醉[술취할 취]의 俗字

酞 유기화합물 이름 태

⑤ 획

酠 쓴 술 가

酣 즐길 감, 흥겨울 감 맑을 감, 격렬할 감(金)

酤 계명주 고, 술 살 고 술을 팔 고 (金)

酥 연유 수, 바삭바삭할 소, 매끄러울 소 (金)

酟 섞을 첨, 간맞출 첨 적실 첨

酢 초 초, 맛이 실 초 제사 이름 작 (金)

酡 불그레해질 타 술 취할 타

酏 앞 글자와 같음

酦 醱[술의 빛깔 발]과 같음

酤 술잔 고

酘 술 썩을 동

䣞 좋은 장 초, 된장 추 맛있는 음료 추

䣯 醵[술추렴할 갹]과 같음

酃 醽[좋은 술 령]과 같음

䣴 醍[맑은 술 제]와 같음

酗 주정할 후

䣳 재강 자 술지게미 자

䣪 떡에 술빚어 넣을 반, 계명주 반

䣫 앞 글자와 같음

䣹 앞 글자와 같음

䣰 酺[술의 빛깔 발]의 訛字

䤄 술 다 마실 필 술 홀딱 마실 필

䣿 醟[주정할 영]과 같음

䣮 얼굴 불그레할 포

䣲 막걸리 앙

䣱 粕[지게미 박]과 같음

䣻 觛[작은 술잔 단]과 같음

䣼 醅[거르지 않은 술 배]와 같음

䣾 醒[술깰 성]과 같음

䣺 술잔 사

⑥ 획

酮 말젖 동, 식초 동

酪 진한 유즙 락, 치즈 락, 단술 로 (金)

酬 갚을 수, 술 권할 수 이룰 수, 상줄 수 (金)

醻 앞 글자와 같음

䤁 앞 글자의 俗字

䣶 두 번 빚은 술 이

䤅 앞 글자와 같음

䣺 쌀뜨물 재, 식초 재

酯 에스테르 지

䤎 전술 괄

䣷 잔질할 저 술따를 저

䤂 절인 김치 철

䣻 醉[술취할 취]의 俗字

䤃 술 한 번 빚을 벌

䤀 알칼리기 선 선기 선

䤈 송두 송

䤆 물건을 묻어 그 성질을 변하게 할 암

䤇 팔 효

䤊 酗[주정할 후]의 俗字

䤋 앞 글자와 같음

酩 술취할 명 (金)

䤍 觥[뿔잔 굉]과 같음

䤌 맛이 싱거울 염 먹기 싫을 남

䤐 술취한 모양 외

䤑 갚을 유, 육장 유

⑦ 획

酴 술밑 도, 도주 도 (金)

酹 부를 뢰 (金) 땅에 술 뿌릴 뢰

酶 술밑 매, 누룩 매 (金)

酸 실 산, 초 산 초라할 산 (金)

酺 연회 포, 잔치할 포 신 이름 포

酳 입가실 인 술 올릴 윤

䤒 앞 글자와 같음

酲 숙취 정, 물릴 정 정 정 (金)

酷 독할 혹, 술 독할 혹, 엄할 혹 (金)

酵 술밑 효, 효모 효 발효할 효 (金)

䤖 糟[전국 조]의 古字

䤓 술 거를 견 도기 밑구멍 견

䤔 술 깰 영

䤕 술밑 함

䤗 醯[초 혜]의 訛字

醚 醚[취할 미]의 訛字

䤁 남을 벌하고 술 마실 부, 술에 뜰 부

⑧ 획

醌 키논 곤

醄 술취할 도

醄 앞 글자와 같음

醁 맛 좋은 술 록

醂 복숭아절임 람 감 우릴 람

醅 거르지 않은 술 배

醇 진한 술 순, 전내기 순, 순박할 순 (金)

醃 절인 남새 엄, 젓 담글 엄, 더러울 엄 (金)

䣱 고기든 술 유

醆 술잔 잔 조금 맑은 탁주 잔

醊 제사 이름 철, 강신할 체, 제 지낼 체

醋 초 초, 술 권할 작 강새암할 초 (金)

醉 취할 취, 혹할 취 어리석을 취 常 (金)

醇 맑은 술 량 음료 량, 미음 량

醶 쓸 염, 짙을 염 쓴맛 염

醶 앞 글자와 같음

醎 전국술 전 술 진할 전

𨡂 술 지, 제

䣽 생선조림 제 어장 제

䣽 앞 글자와 같음

醬 醬[젓갈 장]의 本字

醈 술맛 새콤할 담 맛 싱거울 담

醬 嘗[맛볼 상, 시험할 상]의 俗字

醋 술지게미 멱 술소리 음, 암

醧 잔치 우 술 알맞게 마실 우

醶 飮[마실 음]과 같음

醑 醑[맛좋은 술 서]와 같음

醡 醡[주자틀 재]의 訛字, 술 빚을 자

醢 醢[젓갈 해]의 訛字

醞 醞[입가심할 윤]과 같음

䣾 느릅나무 열매로 담근 술 폐

⑨ 획

醓 누룩 심 탐하고 즐길 짐

醏 된장 도 나물 이름 도

醑 맛좋은 술 서 술거를 서

醒 술 깰 성, 깨달을 성 잠 깰 성 (金)

醍 맑은 술 제 제호 제 (金)

醓 육장 탐, 육즙 담

醎 鹹[짤 함]의 俗字

醐 제호 호 야주술 호 (金)

醐 앞 글자와 같음

䤈 초 매, 단 것 매 술밑 매

醅 취한 소리 음 띄울 음

醨 酏[기장술 이]와 같음

醰 술 따를 혼

醢 술잔 해

醧 술에 젖을 면

醟 느릅나무장 무 무두 무

醩 느릅나무장 두 무두 두

醜 탁주 총

醎 고기 지질 남 곰국 남

醆 맑은 술 규

醐 부추김치 호 부추 고

醩 술을 다스리는 벼슬 이름 추

醔 용수 추(술 뜰 때 쓰는 기구)

醬 醬[장 장]의 古字

醙 흰 술 수 기장술 수

醯 초 혜, 식혜 혜

䤃 飮[마실 음]의 古字

醕 醇[진한 술 순]과 같음

醋 醠[탁주 옹]과 같음

醒 고기 지질 정

醝 풋김치 절

醱 醱[술 괼 발]과 같음

醶 食[밥 식]과 같음

醞 醞[술 빚을 온]과 같음

醔 술 이름 유

⑩ 획

醣 탄수화물 당

醚 술 취할 미 에테르 미

醙 흰 술 수 맑은 술 수

醠 탁주 앙, 막걸리 앙

醟 주정할 영 음란할 영, 영패 영

醞 술 빚을 온, 너그러울 온, 술 온 (金)

醯 낯빛 누를 욱

醡 주자틀 자 술 거를 자

醛 앞 글자와 같음

醝 술 차, 백주 차 소금 차

醛 술 맛 변할 철 알데히드 전

醓 醯[초 혜]와 같음

醜 추할 추, 싫어할 추 더러울 추 常(金)

醢 젓갈 해, 육장 해(金) 장 해, 형벌 이름 해

醘 술그릇 갑

醠 젓술 상

醓 탁주 밀, 유장 밀 장 밀, 간장 밀

醰 맑은 술 한

醟 술 용, 진한 술 니 두 번 빚은 술 용

醴 취한 모양 애

醥 누룩 뜰 몽

醫 술 바구미 곡, 혹 막걸리 곡, 혹

醨 술 거를 력

醬 嗜[즐길 기]와 같음

醯 말린 젓 멱

醭 술 올릴 방

醶 鹼[소금기 감]과 같음

醸 술빛깔 비 무너질 비

醵 権[외나무다리 각]과 같음

醫 醫[의원 의]의 訛字

醋 술 이름 창

醉 사람 이름 최

⑪ 획

醪 막걸리 료 (金)

醨 삼삼한 술 리, 싱거운 술 리, 박할 리

醧 사사로이 잔치할 어, 술자리 어

醫 의원 의, 치료할 의 다스릴 의 常(金)

醬 젓갈 장, 장 장 간장 장 (金)

醥 맑은 술 표

醳 느릅나무장 폐

醭 좋은 장 모

醟 취하여 자빠질 홍

醫 醫[막걸리 곡, 혹]의 訛字

醩 골마지 만, 미

醰 앞 글자와 같음

醡 醡[주자틀 재]와 같음

醓 앞 글자와 같음

醜 醜[막걸리 총]의 本字

醦 초 참, 침, 몹시 취할 침, 실 첨

醻 觴[잔 상]과 같음

醮 취할 소

醩 糟[전국 조]의 古字

醻 醻[잔 돌릴 수]의 本字

醿 酴[술밑 도]와 같음

醶 酥[연유 소, 수]와 같음

⿱知酉 술 지, 치

⿱知⿰酉亏 앞 글자와 같음

⿱淰酉 꺼질 념, 사라질 념

⿰酉烹 烹[삶을 팽]과 같음

⿰酉祭 祭[제사 제]와 같음

⿰酉⿱⿱人二月 醑[좋은 술 서]와 같음

⿰酉宿 莤[강신할 숙]과 같음

⿰酉鹿 釃[술거를 시]와 같음

⑫ 획

醰 술맛 좋을 담
순수할 담

醱 술 괼 발, 발효할 발
술 재차 빚을 발(金)

醭 술 골마지 복

醮 초례 초, 다할 초
제사 지낼 초(金)

⿰焦酉 앞 글자와 같음

醯 식초 혜, 맛이 실 혜(金)

⿰酉華 술 이름 화

⿰酉⿱亠奉 酵[효모 효, 발효할 효]와 같음

⿰⿱罒酉夋 酸[실 산]과 같음

⿰酉⿱⿱丆冖而 醹[진한 술 유]의 俗字

⿰酉矞 장 귤

⿰酉⿱非丰 술빛 비, 덮을 비

⿰酉朁 술 조금씩 마실 잠

⿰酉黃 전국술 황, 술 왕

⿰酉單 막걸리 단

⿰酉尞 맑은 술 료

⿰酉善 쓴술 전

⿰酉幾 목욕하고 술 마실 기

⿰酉⿱共坴 소금에 절일 공

⿰酉勞 탁주 로, 막걸리 로

⿰酉最 장 최

⿰酉盍 초 혜, 단 것 혜

⿰酉奧 멀건 술 유

⿰酉間 짤 간

醰 단술 담

⿰酉監 鹽[소금 염]과 같음

⿰酉貴 맛없을 궤

⿰酉童 酮[말젖 동]과 같음

⑬ 획

醵 추렴할 갹, 거(金)

醲 진한 술 농, 짙을 농
후할 농, 감화할 농(金)

醴 단술 례, 맛 좋은
샘물 례, 진액 례(金)

醶 초 엄
소금물 감

醳 진한 술 역, 새술 역
석방할 석

⿰酉睾 앞 글자와 같음

醷 매장 의, 억, 초 의
단 것 의

⿰酉零 醽[좋은 술 령]과 같음

⿱殸酉 탁주 혹, 막걸리 혹

⿰酉冡 막걸리 몽

⿰酉雹 여드름 포

⿰酉亶 술맛 쓸 전

⿰酉嘗 맛볼 상

⿰酉責 醡[주자틀 사]와 같음

⿰酉感 짤 감

⿰⿱𠂉酉宿 莤[술 거를 숙]과 같음

⿰酉⿱厽大 醝[술 차]와 같음

醸 釀[술 빚을 양]의 略字

⑭ 획

醹 진한 술 유
술 맛 진할 유

醺 취할 훈

⿰酉與 좋은 술 서
아름다울 여

⿰酉蒙 누룩곰팡이 몽

⿰酉齊 짤 제, 장 제

⿱漸酉 싱거울 점

醶 술잔에 넘칠 람

醻 잔 돌릴 수
갚을 수

䤀 짤 차

䤁 酸[실 산]의 古字

醲 醲[막걸리 총]과 같음

⑮ 획

醳 식초 학, 쓴술 학

醸 계명주 포, 단술 포

醹 말린 젖 멱
분유 멱

醽 우유찌기 력, 례

醾 장 말, 멸
된장 말, 멸

醇 醇[진한 술 순]과 같음

醿 醡[주자틀 자, 체]와 같음

醸 醶[식초 참]의 俗字

⑯ 획

醼 잔치 연 (金)

醇 醇[진한 술 순]의 本字

醾 술거를 력

醶 실 람, 초 람

醩 糟[전국 조]의 古字

醹 酥[연유 소, 수]와 같음

醶 노여움을 품을 염

醲 막걸리 총, 탁주 총

⑰ 획

醽 좋은 술 령
술 이름 령

醾 거듭 빚은 술 미, 술 이름 미, 꽃 이름 미

醿 앞 글자와 같음

醾 앞 글자와 같음

釀 술 빚을 양, 술 양
뒤섞을 양 (金)

醾 누룩 미

醶 초 참, 첨, 실(酸) 참

醶 술맛 진할 감

⑱ 획

釂 다 들이킬 조

釁 피 바를 흔, 틈 흔
여가 흔, 조짐 흔

醎 짤 간

醶 저장할 장
깨끗하지 않을 자

醸 계명주 포

⑲ 획

釃 거를 시, 소, 따를 시, 싱거운 술 리 (金)

醾 醾[거듭 빚은 술 미]와 같음 (金)

釄 醯[초 혜]와 같음

釁 釁[피바를 흔]과 같음 (金)

⑳ 획

釅 초 엄, 진할 염

醶 酸[맑은 술 수]의 古字

㉑ 획

醶 실 람

醽 우유찌기 력, 례

㉔ 획

醽 醽[좋은 술 령]과 같음

釆部

釆 분별할 변, 나눌 변 (火)

采 캘 채, 일 채, 가려 취할 채, 얻을 채 (木)

③ 획

彩 광채 채, 무늬 채
색채 채 [彡部] 常 (火)

釆 播[뿌릴 파, 흩어질 파]의 古字

④ 획

宷 그물 미
깊이 들어갈 메

豢 주먹밥 만들 권
밥 뭉칠 권

釈 釋[풀 석, 풀릴 석]의 略字

釈 앞 글자와 같음

悉 다 실, 다 알 실
깨달을 실 [心部] (火)

⑤ 획

釉 유약 유
물건 빛날 유(木)

⑦ 획

舄 爲[할 위]의 古字

番 번갈아들 번, 번 번
양수사 번 [田部] 常(土)

睿 眷[돌아볼 권]과 같음

⑧ 획

稐 그림 압

卷 卷[책 권]의 本字

⑨ 획

糞 떨쳐버릴 분

⑩ 획

畨 무리 반, 양수사 반

糞 떨 분, 쓸어낼 분

豢 豢[가축 기를 환]과 같음

⑬ 획

釋 풀 석, 해석할 석
기쁠 역 常(木)

⑮ 획

穬 꾸민 빛깔 광

里部

里 마을 리, 근심할 리
머무를 리 常(土)

② 획

重 무거울 중, 무게 중
거듭 중 常(土)

③ 획

㚔 重[무거울 중]의 本字

④ 획

野 들 야, 변방 야, 민간 야, 질박할 야 常(土)

量 量[헤아릴 량]의 古字

㜇 적을 매

脭 李[오얏 리]와 같음

⑤ 획

童 아이 동, 남자종 동
[立部] 常(金)

量 헤아릴 량, 용량 량
어림할 량 常(火)

量 앞 글자의 古字

⑥ 획

裏 속 리, 안 리
옷 안 리 [衣部] 常(木)

裡 앞 글자와 같음
[衣部]

⑦ 획

墨 먹 묵, 검은색 묵
[土部] 常(土)

墅 농막 서, 별관 서, 野[들 야]와 같음 [土部](土)

⑧ 획

釐 釐[다스릴 리, 그칠 리]와 같음

⑩ 획

釐 釐[다스릴 리, 그칠 리]와 같음

鍉 벨 섭(斬也)

⑪ 획

釐 다스릴 리, 그칠 리
제육 희, 줄 래(土)

金部

金 쇠 금, 금 금, 귀중할 금, 성씨 김 常 (金)

① 획

釓 釚[쇠뇌고동 구]와 같음, 가돌리늄 가

釔 이트륨 을

② 획

釚 쇠뇌고동 구 돌쇠뇌 엄니 구

釒 앞 글자와 같음

釢 네오디뮴 내

釙 금광 박 폴로늄 박

釜 가마 부 용량의 단위 부 (金)

釡 앞 글자와 같음

釗 사람 이름 쇠, 힘쓸 소, 성씨 소 (金)

釘 못 정, 융기물 정 재촉할 정 (金)

釕 대구 료 루테늄 료

釵 비녀 차

針 바늘 침, 찌를 침 침 침 常 (金)

釛 쇠 핵

釖 刀[칼 도]와 같음

釠 亂[어지러울 란]과 같음

鈚 화살촉 이름 비

釞 철기 칩

釟 불릴 팔

③ 획

釭 등잔 강, 수레바퀴 통쇠 강, 공 (金)

釪 삼지창 걸

釦 금테 두를 구, 두드릴 구, 단추 구 (金)

釹 네오디뮴 녀

釩 떨칠 범, 털 범 바나듐 범 (金)

釤 낫 삼, 벨 삼, 성씨 삼, 사마륨 삼 (金)

釸 실리키움 석 규소 석

釫 악기 이름 우 바리때 우 (金)

釴 솥귀 익, 성씨 익

釰 둔할 일

釮 날카로울 재

釨 강할 자

釣 낚시 조, 얻을 조 꾈 조, 매달 조 (金)

釵 부녀자 차 비녀 채 (金)

釧 팔찌 천, 성씨 천 (金)

釺 정 천, 끌 천

釱 차꼬 체, 수레바퀴 비녀장 체

釷 토륨 토

釬 팔찌 한, 조급할 한 토시 한, 용접할 한

鈣 양날 가래 화 흙손 오

釳 방흘 흘(천자의 수레를 장식하는 도구)

鈔 좋은 쇠 초 아리따울 초 (金)

鋩 鋩[낫의 끝 망, 서슬 망]의 俗字

釶 쇳덩어리 시 오늬 시, 화금 사

鉈 짧은 창 시, 사

鈍 鈍[무딜 둔]과 같음

金 金[쇠 금]의 古字

釱 杖[지팡이 장]과 같음

④ 획

鈣 칼슘 개

鈐 비녀장 검, 자물쇠 검, 재갈 물릴 검 (金)

鈃 주기 형, 목 긴 병 형, 사람 이름 견

鈌 찌를 결, 마를 결 말(馬) 장식 결

鈞 서른 근 균, 녹로 균 높임말 균 (金)

鋆 앞 글자와 같음

釿 큰 자귀 근, 도끼 근, 오목한 곳 은 (金)

鈙 가질 금, 쥘 금

鈉 메 납, 나트륨 납 쇠 불릴 납

鈕 인끈 뉴, 단추 뉴 형구 추 (金)

鈄 성씨 두, 주기 두

鈍 둔할 둔, 미련하고 굼뜰 둔 常(金)

鈫 돈 단위 문

鈁 준 방, 그릇 이름 방 프랑슘 방

釽 깨뜨릴 벽, 나눌 벽 검신 문채 벽

鈇 도끼 부, 작두 부(金)

鈖 옥 이름 분

鈈 날 있는 창 피 플루토늄 부

鈚 화살 비, 비녀 비

鈒 짧은 창 삽, 농기구 이름 삽 (金)

鈊 날카로울 심

釾 칼 이름 야

鈋 모서리를 깎아 둥글게 할 와

鈠 작은 창 역

鈆 鉛[아연 연]과 같음

鈨 칼 마구리 원

鈅 칼 월, 병기 월

鈗 병기 윤, 시신(侍臣)이 지니는 병기 윤 (金)

鈂 앞 글자의 訛字

鈘 敼[가마솥 의]와 같음

鈏 주석 인

鈤 게르마늄 일 라듐 일

鈔 노략질할 초, 베낄 초, 화폐 이름 초(金)

鈂 쇠공이 침 쇠꼬챙이 침

𨥁 앞 글자와 같음

鈦 티타늄 태 (金)

鈀 병거 파, 쇠스랑 파 파초 파, 팔라듐 파

鈑 금박 판, 판금 판 (金)

鈧 스칸듐 항

鈥 홀뮴 화

鈜 쇳소리 횡 (金)

𨥋 釳[방흘 흘]의 本字

𨥖 杽[수갑 추, 기구 수]와 같음

𨥪 팔고리 공

鈎 鉤[갈고리 구]의 俗字

𨥊 鉹[시루 치]와 같음

鈓 銋[젖을 임]과 같음

鈛 鍋[노구솥 과]와 같음

鈟 釣[낚시 조]와 같음 (金)

𨦭 銎[도끼구멍 공]과 같음

𨥂 앞 글자와 같음

𨥞 鏦[창 총]과 같음

𨤼 釜[가마 부]의 本字

𨥀 釚[돌쇠뇌엄니 구]와 같음

𨥃 礦[쇳돌 광]과 같음

鈢 鉨[니오븀 녜]와 같음

欽 삼갈 흠, 존경할 흠 경칭 흠 [欠部]

𨥏 釱[차꼬 체]와 같음

⑤ 획

鉫 갈륨 가

鉀 갑옷 갑, 술병 갑 칼륨 갑 (金)

鉅 클 거, 갈고리 거 강철 거, 톱 거(金)

鉣 띠 매는 쇠끈 겁 대구(帶鉤) 겁

鉗 칼 겸, 항쇄 겸, 집을 겸, 질나쁠 겸(金)

鈲 철고 고, 새끼를 매는 기구 고

鈷 다리미 고, 코발트 고, 종묘 제기 호(金)

鉱 鑛[쇳돌 광]의 略字

鉤 갈고리 구, 낫 구 병기 이름 구(金)

鈮 니오브 니, 실패 녜 니오븀 녜

鉨 앞 글자와 같음

鉩 앞 글자와 같음 바를 녑

鉭 탄탈룸 탄

鉖 낚시바늘 동 낚시 동

鈴 방울 령, 풍경소리 령, 작은 소리 령(金)

鉚 질 좋은 쇠 류 / 땜질할 묘

鉬 몰리브덴 목

鉧 다리미 모, 고모 모

鈱 철판 민 / 세금 계산할 민 (金)

鉑 금박 박 / 플래티나 박 (金)

鉡 삽 판, 가래 판

鈸 방울 발, 동발 발 / 악기 이름 발 (金)

鉢 바리때 발, 그릇 발 / 의발 발 (金)

鉍 쇠부치 벽

鈵 굳을 병, 단단할 병 (金)

鉈 짧은 창 시, 이 / 저울 추 타

鍦 앞 글자의 俗字

鉰 스칸듐 사

鈶 창 사, 보습 사 / 탈륨 태

鉎 녹 생 (金)

鉏 호미 서, 김 맬 서 (金) / 죽일 서, 삐죽할 차

鉐 놋쇠 석, 유석 석 (金)

鉥 돗바늘 술, 찌를 술 / 이끌 술 (金)

鈰 세륨 시, 검 이름 시

鈳 작은 도끼 아, 니오븀 가, 노구솥 아

鉠 방울소리 앙

鉛 납 연, 연분 연, 노둔할 연, 따를 연 常 (金)

鈺 보배 옥 (金)

鉞 도끼 월, 가를 월 / 별 이름 월 (金)

鈾 우라늄 유

鉯 일리늄 이

鈭 도끼 자, 자비 자

鉔 향로 잡, 향그릇 잡

鈿 비녀 전, 상감할 전 / 머리꾸미개 전 (金)

鉦 징 정, 종의 위쪽 / 정면부분 정 (金)

鉒 쇳돌 주, 광석 주 / 노름돈 댈 주 (金)

鉁 珍[보배 진]과 같음 (金)

鉆 족집개 첩, 붙일 첩 / 형구(刑具) 이름 겸

鉊 낫 초

鉓 꾸밀 칙, 장식 칙

鈽 장판 포, 철판 포 / 판금 포

鉋 대패 포 (金)

铇 앞 글자와 같음

鈹 베릴륨 피, 대침 피 / 양칼날 피

鉟 앞 글자와 같음

鉍 창자루 필, 비스무트 필, 거문고 슬 (金)

鉉 솥귀 현, 재상 현 / 활시위 현 (金)

鉶 쇳돌 형, 경

鉌 방울 화

鈯 무딜 돌, 찬 칼 돌 / 작은 칼 돌

𨥖 鑛[쇳돌 광]의 古字

鉓 날카로울 자

𨥛 앞 글자의 本字

𨥔 쇳덩이 시

鈼 가마 작, 시루 작

鉂 鋄[말머리 장식 맘], 砭[돌침 폄]과 같음

鉂 쇠고리 사

鉃 살끝 시

鉄 鐵[쇠 철]의 俗字 (金)

鉾 矛[창 모]의 古字

鉕 구리그릇 파 / 프로메튬 파

䥇 무쇠 염

鉘 꾸밀 불

鉜 큰 못 부

鉝 밥그릇 립

鉢 쇠붙이 발

銏 쇠그릇 산

鉪 釱[차꼬 체]와 같음

釻 鎭[진압할 진]의 古字

鉲 카드뮴 가

鋘 호미 호

鉮 砷[비소 신]과 같음

鉙 금 재, 황금 재

⑥ 획

銒 鈃[목 긴 병 형]의 本字

銈 금규 계

銬 쇠고랑 고, 수갑 고

銎 도끼구멍 공, 창날 하부의 구멍 공

銙 대구(帶鉤) 과, 과다 과, 차 세는 말 과 (金)

銧 라듐 광

鉸 가위 교, 자를 교 (金) 쇠붙이의 장식 교

銡 삐걱거릴 길

銅 구리 동, 동전 동 구리도장 동 常(金)

鉻 깎을 락, 무기 이름 각, 크로뮴 각

銠 로듐 로 철전 이름 로

銇 송곳 뢰, 대패 뢰

銘 새길 명, 명정 명, 명문 명, 문체명 명 常(金)

鉾 칼끝 모, 검봉 모 矛[창 모]와 같음

𨦖 앞 글자와 같음

銤 오스뮴 미

銆 병기 이름 맥 맥도 맥

鉼 금은덩이 병, 판금 병, 땅 이름 병 (金)

銫 세슘 색

銑 끌 선, 빛나는 금속 선, 종 양쪽 귀 선 (金)

銛 가래 섬, 날카로울 섬 취할 첨, 끊을 괄 (金)

銖 무게 단위 수, 무딜 수, 미세할 수 (金)

銊 배목 술 방울소리 홰

鉽 솥 식

銨 암모늄 안 안티모니 안

銣 루비듐 여

銚 쟁개비 요, 가래 조 다리미 초 (金)

銪 유로퓸 유, 납 유

銀 은 은, 도장 은, 지경 은, 성씨 은 常(金)

銥 이리듐 의

鉺 갈고리 이, 미끼 이 에르븀 이

銦 인듐 인

銋 젖을 임, 굽을 임 (金) 소리 잘 안나올 임

銓 저울질할 전, 가려 뽑을 전 (金)

銌 송곳 존

銂 금칼 주, 금도 주

銩 툴륨 주

銍 짧은 낫 질, 이삭 질 벨 질, 고을 이름 질

銕 쇠 철 (金)

銐 풀베는 낫 체

𨦟 앞 글자와 같음

銃 총 총, 총 쏠 총 常(金)

鉹 시루 치, 이

銔 기 이름 피 영고피 피

銜 재갈 함, 머금을 함 받을 함 (金)

鉿 하프늄 합, 두를 겁 떨어지는 소리 겹

鉶 국그릇 형, 국솥 형 고기넣은 장국 형

銾 돌쇠뇌 홍 쇠뇌고동 홍 (金)

銗 향통 후, 후루 후 투서함 항

銝 긴 바늘 휴

𨥶 낚을 래, 주낙 래

鉵 쇳덩이 동, 가래 동

𨦈 이지러질 타 골타 타

𨦊 앞 글자와 같음

銁 鈞[고를 균]의 古字

𨥺 앞 글자와 같음

𨦗 삽 궤, 귀 두견새 궤, 귀

銉 바늘 율

鋨 鉞[도끼 월]의 訛字

銏 쇠그릇 찬, 책

銁 쇠 연장 회

銙 끌 겸

銢 鈲[갈이박 벽]과 같음

鎃 앞 글자와 같음

錗 鏦[창 쇄]와 같음

銀 말 치장할 은

銽 띠 술

鋗 鋗[노구솥 현]과 같음

銾 鋒[칼 끝 봉]의 俗字

銭 錢[돈 전]의 俗字

銮 鑾[방울 란]의 略字

銯 꺾쇠 사

𨦵 타악기 이름 복

鋮 사람 이름 성

銱 탕관 조

銈 음역자 줄(뜻이 없고 음으로만 쓰임)

銄 餉[건량 향]의 訛字

⑦ 획

銵 칠 갱, 찌를 갱

鋯 지르코늄 고

鉱 鑛[쇳돌 광]의 俗字

銶 끌 구(金)

鋦 쇠로 동일 국 퀴륨 국, 꺾쇠 국

𨦸 앞 글자의 古字

𨦹 테크네튬 극

鋵 원소 이름 독

鋀 술그릇 두, 토륨 두

鋃 쇠사슬 랑 종소리 랑

鋁 줄 려, 알루미늄 려 줄칼 려

鋝 여섯냥쭝 렬 열 렬

鋰 리튬 리

銐 검은쇠 리, 무쇠 리

鋄 말머리 장식할 맘

鋩 서슬 망, 날의 끝 망 붓끝 망, 빛발 망

𨧶 앞 글자와 같음

鋂 쇠사슬 고리 매

鋍 베릴륨 발, 솥에 물이 끓어넘칠 발

鋲 넓은 못 병

鋒 칼 끝 봉, 날 봉, 예리할 봉, 가래 봉(金)

鋖 동라 사 구리그릇 사

鋤 호미 서, 김맬 서 제거할 서(金)

鋮 사람 이름 성

銴 구리 녹슬 세(金)

𨦿 앞 글자와 같음

銷 녹일 소, 다할 소 녹을 소(金)

鋉 쇠 속, 고리 속

銹 녹슬 수(金)

鋠 둥근 무쇠 신 둥근 쇠 신

鋙 어긋날 어, 곤오 오

鋋 작은 창 연, 선 찌를 연, 선

銳 날카로울 예, 사발 열, 창 태 常(金)

鋭 앞 글자의 俗字

鋘 칼 이름 오 가래 화

鋈 도금할 옥 흰색 금속 옥

鋊 구리가루 욕, 갈 욕

鋆 금 윤, 쇠붙이 윤

鋅 굳을 자, 강할 자 아연 신

鏘 여섯냥쭝 장

鋟 새길 전, 송곳 첨 칼 찬(金)

鋌 쇳덩이 정, 주조한 금속판 정(金)

鋥 칼 갈 정, 갈 정 (金)

銻 안티모니 제, 당제 제, 말뚝 제

銼 가마 좌, 솥 좌 꺾을 좌, 줄 좌

銡 새길 지, 기록할 지 (金)

鋜 족쇄 채울 착

鋨 鐵[쇠 철]의 訛字 오스뮴 아

銸 날카로울 첨

鋟 새길 침 (金)

鋱 테르븀 특

鋇 쇠뭉치 패, 바륨 패 광석 패

鋪 펼 포, 진열할 포 두루 포, 가게 포 (金)

銲 땜납 한, 땜질할 한

鋡 받을 함 받아들일 함

鋗 노구솥 현, 옥소리 현, 청소할 현 (金)

鋧 작은 끌 현 선현 현

鋏 집게 협, 검 이름 협 가위 협 (金)

鋞 냄비 형

銾 종소리 홍

鋎 칼 환, 칼날 환

鋐 그릇 횡 소리의 형용 횡

鋑 鑱[보습 참]과 같음

銸 쪽집게 섭

鋆 방울소리 장

銽 끊을 괄

銿 鐘[종 종], 鏞[종 용]과 같음

鋍 놋그릇 로 화살촉 로

鋳 飾[꾸밀 식]과 같음

鋖 무쇠 섭

鋈 호미 급

鋔 끌 만(引也) 끌어당길 만

鋋 작은 창 역

鋖 대패 사, 鈢[네오디뮴 녀]와 같음

鋚 고삐 끈 쇠 조

鋚 곳잔등 치장 쇠 유 쇠 유

鋶 鏐[금 류]와 같음

鋾 鏦[창 총]과 같음

鋤 鉣[띠매는 쇠끈 겁]과 같음

鋝 鋝[여섯냥쭝 렬]의 訛字

鋣 鋣[칼 이름 야]와 같음

鋡 은을 두들기는 기구 남

鋈 쇠를 불릴 형

鋬 誓[맹세할 서]의 古字

鋳 鑄[주조할 주]의 略字

鋜 銀[은 은]과 같음

鋬 손잡이의 끈 판

鋓 鉡[삽 판]과 같음

鋞 鉶[국그릇 형]과 같음

⑧ 획

鋼 강철 강, 단단할 강 常(金)

鋸 톱 거, 톱질할 거 형구 이름 거 (金)

鋻 강철 견, 칼 담금질할 견, 낫 견

鋻 틈 견

錠 타악기 이름 량

錮 땜질할 고, 가둘 고 고질병 고 (金)

錕 붉은 쇠 곤, 수레바퀴통쇠 곤 (金)

錁 띠치장 과, 칼륨 과 금은덩이 과

錧 비녀장 관 (金)

錓 쇠그릇 굉

錤 말완장 구

錈 쇠 굽을 권 날이 굽을 권

錦 비단 금, 아름다울 금, 편지투 금 常(金)

鐱 金[쇠 금]과 같음

錆 스칸듐 긍

錤 호미 기, 자기 기 (金)

鍃 파임 날
넵투늄 날

錟 긴 창 담, 날카로울 섬, 예리한 날 염 (金)

錭 쇳덩이 도, 무딜 도 주조할 도 (金)

錖 고삐의 고리 독

錬 보습날 동, 鍊[불릴 련]의 訛字

鍀 테크네튬 득

錸 레늄 래

錄 기록 록, 베낄 록 거느릴 록 常 (金)

録 앞 글자의 略字

錴 로듐 록

錀 금 륜, 쇠 륜 (金)

錂 강한 쇠 릉
금속의 이름 릉

錳 망간 맹

鋄 錽[말머리장식 맘]의 訛字

鍆 멘델레븀 문

錉 돈꿰미 민
본전 민

鎊 장식 방

鉼 鉼[판금 병]의 本字 (金)

錇 대못 부, 부우 부 버클륨 부, 장구 부

錛 자귀 분, 대패 분

錍 도끼 비, 비녀 비 화살촉 이름 비

鋿 바퀴테 상, 갈 상

錫 주석 석, 줄 석 하사한 재물 석 (金)

錞 악기 이름 순, 물미 대, 관 덮개 타 (金)

錒 가마솥 아
악티늄 아

錏 투구 목가림 아 (金) 암모늄 아, 아하 아

錌 연한 쇠 안
물렁쇠 안

錽 저울 바탕 원, 주발 완, 호미목 원 (金)

錥 옹솥 육, 냄비 육

錡 솥 기, 움푹 패일 기 쇠뇌걸이 의 (金)

錚 쇳소리 쟁, 징 쟁 댕그랑 소리 쟁 (金)

錢 돈 전, 무게 단위 전 성씨 전 常 (金)

錪 쇠 전, 솥 전 무거울 돈 (金)

錠 제기 이름 정, 냄비 정, 은전 정 (金)

錭 새길 조, 팔 조

錞 불리지 않은 쇠 조 번철 조, 조광 조 (金)

錝 쇠털 종, 금빛털 종

錯 섞일 착, 어그러질 착, 세름 석 常 (金)

錩 날카로울 창

錩 그릇 창

錆 녹 청, 자세할 청

錣 송곳 취

錣 물미 철, 산가지 철 (金)

錣 앞 글자와 같음

錘 저울추 추, 철퇴 추, 쇠망치 추 (金)

錗 앞 글자와 같음
매달 위

錐 송곳 추, 예리할 추 찌를 추 (金)

錙 저울눈 치, 작을 치 무게 단위 치 (金)

錔 휘감아 쌀 탑

錃 호미 피

錃 앞 글자와 같음

錋 병기 팽, 동전 팽

錶 시계 표
회중시계 표

錎 쇠사슬 함, 빠져들 함, 상감할 감

錿 장식할 호

錵 칼날 번쩍거릴 화

鍁 삽 흠, 흙파는 기구 이름 흠

錼 거울 야

鋫 錅[검은 쇠 리]와 같음

錖 칠 탁

錺 변탕 탕(목수들이 사용하는 연장)

錊 단련할 채, 불릴 채 성씨 족

錉 쇳가루 소

錎 갑옷 함

錑 대패 뢰

錖 날카로울 자

鍐 證[증거할 증]의 古字

鑋 낫 미

𨨳 釵[차미 채]의 俗字

錜 작은 비녀 념

𨧧 배목 굴 작은 도끼 굴

錍 침 비, 비침 비

錌 마치 업, 농기구 업 냄비 암

銍 벨 질

𨦱 珍[보배 진]의 古字

𨧫 鉣[띠매는 쇠끈 겁]과 같음

錰 鉥[돗바늘 술]의 訛字

𨩨 鋦[쇠로 동일 국]과 같음

䤞 鋃[쇠사슬 랑]과 같음

𨦭 鍱[쇳조각 섭]과 같음

𨧆 가돌리늄 알

⑨ 획

鍻 금으로 장식한 북 이름 갈

鍇 쇠 개

鍞 鏗[금속소리 갱]과 같음

鍵 열쇠 건, 빗장 건 비녀장 건 (金)

鍥 낫 결, 칼로 새길 결, 자를 결, 계 (金)

鍋 노구솥 과 (金)

鍠 종소리 굉, 황 (金) 병기 이름 굉, 황

鍧 종소리 굉

鍕 군지 군(천수관음 보살 손에 쥔 병)

鍷 깎을 규, 대패 규

鍨 무기 규

鍛 쇠 불릴 단, 벼릴 단 글 다듬을 단 (金)

鍜 앞 글자와 같음

鍴 송곳 단, 옛날 술그릇 이름 단

鍍 도금할 도 (金)

鍎 창 돌

鋵 앞 글자와 같음

鍊 단련할 련, 불릴 련 죄에 빠뜨릴 련 常 (金)

錨 닻 묘 (金)

鍪 투구 무, 솥 무 투구형의 모자 무

鎂 마그네슘 미

鍲 돈꿰미 민, 본전 민

鍑 가마솥 복, 부 (金)

鍢 앞 글자와 같음

鍦 짧은 창 시, 사

鍤 가래 삽, 비녀 삽 (金)

鍌 쇠줄 선

鍹 가래 선, 냄비 선

鐥 사람 이름 선

鍱 얇은 쇳조각 섭 광석 협, 접시 접

鍟 녹 생

鍶 무쇠그릇 송 세륨 시

鎀 쇳덩이 수, 조광 수

鍉 열쇠 시, 피그릇 제 툴륨 시, 화살촉 적 (金)

鍔 칼날 악, 높은 모양 악, 땅끝 악 (金)

鎁 鋣[칼 이름 야]와 같음

鍚 말 장식물 양 방패 뒷면 장식 양

鍈 방울소리 영 (金)

鍡 평평하지 않을 외 울퉁불퉁할 외

鍝 귀고리 우 (金)

鍏 보습 위, 가래 위

鍒 시우쇠 유

鍮 놋쇠 유, 유석 유 성씨 유 (金)

鍓 살촉 전

鍗 큰 가마 체 (金) 쇠 이름 제

鍾 종 종, 술병 종, 모일 종, 쇠북 종(金)

鍐 말굴레 종 말의 머리장식 종

鍘 작두 찰 작두로 벨 찰

鍩 취할 첨, 노벨륨 낙

鍬 가래 초, 묘리 초(金)

鍫 앞 글자와 같음 (金)

鍣 송곳 초

鍼 침 침, 바늘 침, 찌를 침, 땅이름 검(金)

鍖 모탕 침, 만족하지 않을 침, 목쉴 침

鍺 바퀴통쇠 타, 도 도 게르마늄 게

鎃 프로트악티늄 파

鍜 목투구 하, 아하 하(金)

鍙 은 혹

鍰 무게 단위 환 고리 환, 돈 환(金)

鍭 화살촉 후, 후시 후 창의 한 가지 후

鍭 앞 글자와 같음

鍎 북 주, 노주 주 창 주

鍈 연한 은 연

鍽 삼지창 언

鍦 鏦[창 총]과 같음

鎪 새길 수

鏶 판철 집

銛 무지한 모양 괄

鍁 도끼 근, 자귀 근 가지런할 은

鍯 끌 총

鍿 錙[저울 눈 치]의 本字

鍹 수레 굴통쇠 타 보습 타, 저울추 타

鍳 鑑[볼 감]과 같음

鍸 쇠접시 호 서직제기 호

鐈 창 교

鈃 鈃[술그릇 형]과 같음

鋂 표창 맹(던지는 창으로 무기의 일종)

鎉 갈고리 탑

鎙 쇠고리 삭

鏺 鏺[낫 발]과 같음

鐙 證[증거할 증]과 같음

鍌 앞 글자의 古字

鎩 鎩[창 살, 쇄]와 같음

銎 銎[도끼 구멍 공]과 같음

鍐 鍐[말 머리 장식할 맘]과 같음

鍵 격구 견

鍋 扃[빗장 경]과 같음

鍪 兜[투구 도]와 같음

鍪 犁[얼룩소 리]와 같음

鉬 몰리브덴 모

鎇 아메리슘 미

鎄 아인시타이늄 애

鎡 鎡[호미 자, 이롭게 할 재]와 같음

鍷 음역자 줄(뜻이 없고 음으로만 쓰임)

鞭 무기 이름 편

鍭 사람 이름 후

⑩ 획

鎵 갈륨 가

鎧 갑옷 개, 갑옷으로 무장할 개 (金)

鎎 성내 싸울 개, 희 분개할 개, 희

鍥 새길 결

鎌 낫 겸, 모서리 겸(金)

鎒 괭이 누, 호미 누 김맬 호

鎉 갈고리 답, 열쇠 탑

鎕 붉은 구슬 당 당제 당

鎲 鎲[삼지창 당]과 같음

鎯 갈고리 라, 낚시 라

鎘 다리 굽은 솥 력 / 카드뮴 격

鎏 금속 류, 그릇에 금물 올릴 류

鎦 죽일 류, 성씨 류 / 시루 류, 칠할 류

鎷 마슈름 마

鎛 종 박, 호미 박 / 꾸밀 박 (金)

鎊 깎을 방, 파운드 방 (金)

鎽 쇠막대 봉

鎞 비녀 비 / 눈 수술도구 비

鎙 긴 창 삭

鎝 아로새길 삽 / 쟁기 답

鎟 방울소리 상 (金)

鎍 철삭 삭

鎹 꺾쇠 송

鎖 자물쇠 쇄, 잠글 쇄 / 쇠사슬 쇄 常(金)

鎻 앞 글자의 俗字 (金)

鎪 아로새길 수 / 갉아먹을 수

鎴 숨 식, 숨쉴 식

鎳 니켈 얼

鎢 작은 가마솥 오 / 오육 오

鎾 데우는 그릇 온

鎔 녹일 용, 거푸집 용 / 도야할 용 (金)

鎱 사람 이름 원

鎰 중량 일 (金)

鎡 호미 자, 괭이 자 / 이롭게 할 자 (金)

⿰金宰 강철 재

鎗 종소리 쟁, 세발 달린 솥 쟁, 병기 창 (金)

鎨 쇠 돋아날 준

鎭 진압할 진, 누를 진 / 억제할 진 常(金)

鎮 앞 글자의 俗字

鎈 금빛 차, 줄 차

鎚 쇠망치 추, 철퇴 추 / 옥 다듬을 퇴 (金)

鎑 철기 엽

鎋 비녀장 할

鎣 줄 형, 목 긴 병 형 / 철 캘 영 (金)

鎬 호경 호, 땅이름 호 / 강 이름 호 (金)

鎤 종소리 황

⿰金冓 鍛[불릴 단]과 같음

⿰金冓 갈고리 구, 풀무 구

鎐 쇠술잔 요, 성씨 촉

鎓 가래 옹

⿰金鬼 쇳덩이 외

⿰金⿱罒糸 보습날 관

⿰金舀 쇠함 도

⿰金虒 가마솥 체 / 그릇 체

⿰金蚩 늘여 길게 할 천

⿰金蚤 놋그릇 소 / 구리그릇 소

⿰金耆 쇠굴대 기 / 굴대 덧쇠 기

⿰金函 갑옷 함

鎜 盤[소반 반]의 古字

⿰金冡 보습날 몽

⿰金娑 구리동이 사

鎠 鋼[강철 강]과 같음 (金)

⿰金疾 쇠뭉치 질, 질려 질 (쇠채찍)

⿰金隺 큰 방망이 악 / 큰 쇠뭉치 악

鏪 도금할 조

⿰金叜 鍐[말머리 장식할 맘]과 같음

⿰金㚇 앞 글자와 같음

⿰金豋 술그릇 두

⿰金剗 鏟[대패 산]과 같음

⿰金⿱罒方 술그릇 항, 술잔 항

⿰金⿱⺮内 굽은 칼 제

⿰金茗 銘[새길 명]의 訛字

𨮴 證[증거할 증]과 같음

𨯂 琴[거문고 금]의 古字

𨯃 앞 글자와 같음

𨷈 앞 글자와 같음

鎸 鐫[새길 전]의 俗字

鎺 鋺[칼마구리 원]과 같음

𨫼 골타 골 무기 이름 골

鎿 넵투늄 나

𨨲 鎩[창 살, 쇄]와 같음

𨪒 釤[낫 삼]과 같음

⑪ 획

鏮 스칸디움 강

鏹 돈 강, 돈꿰미 강(金)

鏗 금옥소리 갱, 칠 갱 견실할 갱(金)

鏲 멍에 견

鏡 거울 경, 비출 경 비추어볼 경 常(金)

鏄 쇳덩이 단

鏜 종고소리 당 당라 당

鏍 작은 가마솥 라

鏈 쇠사슬 련, 연 련(金)

鑥 가마솥 로

鏧 북소리 롱

鏤 새길 루, 강철 루 구멍 루, 촉루 루(金)

鏐 금 류, 순금 류 정순할 류

鏌 칼 이름 막, 막야 막(金)

鏋 금 만, 순금 만(金)

鏝 흙손 만, 흙손질할 만, 돈의 뒷면 만(金)

𨭐 鍪[투구 무]의 訛字

鏰 동전 붕, 팽 무기 팽

鏟 대패 산, 깎을 산 없앨 산, 알몸 산(金)

鏒 무쇠그릇 삼, 금을 칠할 삼, 꿰맬 조

鏛 鋿[바퀴테 상]과 같음

𨬍 쇠창살 상

鏣 그릇 이름 서

鏇 술 그릇 선, 깎을 선 회전축 선(金)

鎩 창살, 쇄, 날이 긴 창 살, 사마륨 살

鏁 鎖[쇠사슬 쇄]와 같음

鏏 세 발 달린 구리그릇 예, 솥 예

鏖 무찌를 오, 닳일 오 왁자지껄할 오(金)

鏕 앞 글자와 같음 거록 록

鏊 번철 오(金)

𨭲 앞 글자와 같음

鏞 큰 종 용(金)

鏂 깎을 우, 우후 우 용량의 단위 우

鏔 날 없는 창 인

鏘 금옥 소리 장(金) 성할 장, 높을 장

鏱 빗장 장

鏑 화살촉 적(金) 디스프로슘 적

鎥 고삐 끈 쇠 조

鏪 뚫을 조

鏨 끌 참, 작은 정 참 칼날 세울 참

鏩 앞 글자와 같음 재빠르게 나아갈 점

鏚 도끼 척

鏃 화살촉 족, 촉, 새길 촉, 작은 가래 착(金)

鏦 짧은 창 총, 창(金) 창으로 찌를 총, 창

鏓 큰 끌 총, 종소리 총

𨮍 앞 글자와 같음

鏙 섞을 최, 금속제품이 깨져 흩어질 최

鏢 칼끝 표, 표창 표 칼집 장식 표(金)

鏎 쪽 필, 간찰 필 죽간 필

鏬 罅[틈 하]의 訛字

鏆 팔찌 관

𨭆 다리미 무, 망

鋺 호미목 원

鏅 鎀[쇳덩이 수]와 같음

鏲 鋝[여섯냥쭝 렬]의 古字

鏉 날카로울 수, 팔 수 아로새길 수

鏉 앞 글자와 같음

鏊 銍[낫 질]과 같음

鏼 錆[녹 청]과 같음

鏸 鐶[고리 환]의 俗字

鏰 쇠 불릴 팽

鏤 녹 루

鐙 證[증거할 증]의 古字

鐡 鐵[쇠 철]과 같음

鏠 병장기 끝 봉

鏊 농기구 지, 설 채찍 지, 설

鏊 앞 글자의 訛字

鏂 아로새길 구

鐭 백철 어 서로 맞지 않을 어

鏥 銹[녹슬 수]와 같음

鏫 鑗[쇠붙이 려]와 같음

鐚 鍔[칼날 악]과 같음

鍑 鍑[솥 복]과 같음

錞 낮을 순

鏵 鋘[가래 화]와 같음

鏵 앞 글자와 같음

鍐 鋄[말 머리 장식할 맘]과 같음

鏤 앞 글자의 訛字

鍚 鐋[대패 탕]의 訛字

鏶 錤[호미 기]와 같음

鏙 錘[저울 추 추]와 같음

鎤 盔[비루 회]와 같음

⑫ 획

鐧 굴대 덧방쇠 간 금속 채찍 간

鐗 앞 글자와 같음

鐗 환 한

鐦 수레굴대 개 칼리포르늄 개

鐑 낫 결

鐀 궤 궤

鐢 쇳덩이 금

鐖 낫 기, 용수철 기 미늘 기, 큰 낫 기

鐃 작은 징 뇨, 흔들 뇨 악기 이름 뇨 (金)

鐓 창고달 대, 달구 퇴 거세할 돈 (金)

鐜 앞 글자와 같음

鐙 등자 등, 등잔 등 식기 등

鐒 로렌슘 로 화살촉 로

鏴 금길 로, 황금으로 꾸민 수레 로

鐐 아름다운 은 료 (金) 구멍 있는 화로 료

鏻 굳셀 린 (金)

鏷 무쇠 박, 조광 복 프로트악티늄 복

鏺 쌍날낫 발, 벨 발 평정할 발

鐇 도끼 번, 자귀 번 바나듐 번

鐠 모포 보 프라세오디뮴 보

鐨 페르뮴 비

鏾 쇠뇌 산, 거세한 수탉 산, 사마륨 산

鐌 그릇꼭지 상 손잡이 상

鐥 낫 선, 술그릇 선 (金)

鏽 녹슬 수

鐆 화경 수 볼록렌즈 수

鐩 앞 글자와 같음

鐔 칼 콧등 심, 담, 병기 이름 심, 요해처 심 (金)

鐊 말 머리치장할 양

鐛 鐛[물릴 영]의 訛字

鐕 못 잠, 꿰맬 잠 용가마 잠

鐟 앞 글자와 같음

鐣 철판 장

鏳 옥소리 쟁 증자 증

鏿 鎗[종소리 쟁]과 같음

鐉 문 돌쩌귀 전 뚫을 전

鐘 쇠북종, 시계 종, 용량의 단위 종 常(金)

鐏 창고달 준, 술통 준 농기구 준, 권병 준(金)

鏶 판금 집, 쇳조각 집 (金)

鏼 쇠창 책, 철창 책

鐎 초두 초, 쟁개비 초

鐊 대패 탕, 동라 탕 악기 이름 탕

鏸 날카로울 혜, 세모창 세, 큰솥 세 (金)

鏵 가래 화

鐄 종소리 횡, 자물쇠 스프링 횡 (金)

鐍 자물쇠 휼, 잠글 휼 해무리 휼, 장식 휼

鐯 보습 타, 금타 타 수레바퀴테 타

𨯔 鑇[굽은 칼 제]의 訛字

鏫 鑗[쇠붙이 려]의 俗字

𨯗 금 속, 쇠 속

𨭆 갈 궐, 문지를 궐

鐝 앞 글자의 俗字 괭이 궐

𨯓 鬲[막을 격, 력]과 같음

鐁 대패 사, 사라 사 세숫대야 사

𨯟 鏑[화살촉 적]과 같음

鐂 劉[성씨 류]의 古字

鐅 보습날 별

𨮯 앞 글자와 같음

𨯕 남참 람 말 재갈물릴 람

鐈 발 긴 솥 교

𨮍 鉞[도끼 월]의 俗字

𨯅 은 연

𨯬 화살 이름 고 복고 고

𨮽 鈿[비녀 전]의 俗字

𨯹 담금질할 관 봉인할 관

𨭵 작은 끌 잔

鑐 자물쇠 속 수

𨭿 鍱[쇳조각 섭]의 俗字

𨮩 錯[섞일 착]의 古字, 줄 초

𨯃 뚫을 지

𨮅 쇠로써 들어올릴 얼

𨯏 校[학교 교]의 古字

鐚 錏[투구 목가림 아]의 古字

𨮊 初[처음 초]의 古字

𨯊 끝에 쇠 붙은 채찍 지, 보습 지, 설

鐞 鎒[호미 누]와 같음

𨯧 飴[엿 이]와 같음

𨮶 鏹[돈 강]의 俗字

𨯘 농기구 이름 결

𨯮 징자 징(曾子의 다른 이름)

𨭼 갈 파, 쟁기 파

⑬ 획

鐻 악기걸이 거, 톱 거 귀금속 장신구 거

鐹 낫 과

鐽 탄달 달

鐺 쇠사슬 당, 낭당 당 탕관 쟁(金)

鐮 鎌[낫 겸]과 같음

鐪 부레그릇 로, 아교 도가니 로, 칼자루 로(金)

鐳 병 뢰, 라듐 뢰 항아리 뢰

鐴 보습의 귀 벽

鐾 앞 글자와 같음 칼갈 폐

鐼 자귀 분, 바릿대 훈

鐩 화경 수(볼록렌즈)

鑀 이오늄 애

鐭 냄비 욱 오스뮴 욱

鐷 쇳조각 엽, 섭

鍱 앞 글자와 같음

鐿 이테르븀 의(ytterbium 화학원소)

鐯 괭이 착

鐫 새길 전, 타이를 전 돌쫄 전, 내릴 전 (金)

鐤 솥 정

鐰 가래 초

鐵 쇠 철, 쇠로 만든 기물 철, 검을 철 常(金)

鐱 가래 첨

鐸 방울 탁, 방울춤 탁 탁도 탁, 성씨 탁 (金)

鐲 징 탁, 악기이름 탁 팔찌 탁, 탁루 탁

鐶 고리 환, 동전 환 (金)

鐬 수레 방울소리 회 성할 회

鏕 솥 오, 탕관 오 고전할 오

鐙 鐙[등자 등]과 같음 (金)

⿰金亶 채찍질할 전, 칠 전

⿰金會 쇠그릇 괵, 철기 괵

⿰金黽 繩[노 승]과 같음

⿰金敫 그릇 손잡이 교

⿰金卷 鍵[자물쇠 건]의 俗字

⿰金剽 칼날 표, 칼 끝 표

⿰金葛 鑞[주석 랍]과 같음

⿰金葴 鍼[궤맬 침]의 俗字

⿰金舄 鏝[흙손 만]과 같음

⿰金𤋎 鎩[창 살, 쇄]과 같음

⿱鼓金 鏧[북소리 롱, 룽]과 같음

⿱毁金 鑿[뚫을 착]과 같음

⿳亡口⿲月金凡 옹솥 라

⿰金雹 절굿공이의 목 박

⿰金慼 鏚[도끼 척]의 俗字

鑖 갈고리 미

⿰金雋 鎚[쇠망치 추]와 같음

鐮 鑣[재갈 표]와 같음

⿰金豎 술그릇 두

⿰金解 톱 해

⿰金禁 살촉 금, 금구 금

⑭ 획

鑑 거울 감, 비출 감 살필 감 常(金)

鑒 앞 글자와 같음 (金)

⿱輕金 쇳소리 경 앙감질할 경

鑏 칼자루 녕 칼씀베 녕

鑈 굳세고 바를 녑 족집게 녑

鑌 정련한 쇠 빈, 벼린 쇠 빈, 많을 빈 (金)

鑐 쇠 녹을 유, 열쇠 수 평상옷 유

⿰金齊 끓을 제

鑄 쇳물 부어 만들 주 주조 주 常(金)

鑔 동발 찰 작은 동발 찰

鑆 녹기 시작한 구리 주

⿰金蓋 살촉 탑, 합로 합

鑊 가마 확 (金)

鑅 종소리 횡

鑂 금빛 투색할 훈 칙칙해질 훈 (金)

鑁 쇠고리 몽 겹고리 몽

⿰金睿 璿[아름다운 옥 선]과 같음

鑃 물건 굽는 그릇 조

⿰金業 鏷[무쇠 박, 복]과 같음

⿰金與 비녀 여

⿱與金 앞 글자와 같음

⿰金縣 깎을 현

⿱賏金 가마솥 영 네모진 병 영

⿰金匱 궤 궤, 궤짝 궤

⿰金斷 斲[깎을 착]과 같음

⿰金戴 鐵[쇠 철]의 古字

鐵 鐵[쇠 철]의 本字

鑮 鎛[종 박]과 같음

鐻 虡[소북걸이 기둥 틀 거]와 같음

鐙 證[증거할 증]과 같음

鑓 창 견

鐙 鐙[등자 등]과 같음

鐁 대패 사, 사라 사 세숫대야 사

鑈 금도장 새

⑮ 획

鑵 팔찌 관

鑛 쇳돌 광, 무덤 광 常(金)

鑥 루테튬 로

鑞 땜납 랍, 주석 랍(金)

鑢 줄 려, 문지를 려 수양할 려(金)

鑗 쇠붙이 려, 무쇠 리

鑝 투구 봉, 투구 쓸 봉

鑠 녹일 삭, 스며들 삭 물로 지질 약(金)

鑕 모루 질, 별 이름 질 베어 죽일 질(金)

鑡 돈 착, 금덩이 착

鑤 쇠로 칠 포 대패 포

鑣 재갈 표, 말탈 표 표창 표, 성할 표(金)

鑦 거울 현

鑢 줄 려, 창씀배 려

鑼 보습 파, 밭갈 파

鑿 강철 착, 무쇠 착

鑖 쇳덩이 멸 작은 가마 메

鑸 칼머리 치장할 뢰 술단지 뢰

鑸 앞 글자와 같음

鑙 굳을 계

鑚 鑽[끌 찬]의 俗字

鑳 팔고리 전, 팔찌 전

鑜 鋿[바퀴테 상]과 같음

鑯 鍼[침 침]과 같음

鑟 도장궤 독

鑢 표창 맹

鑥 거푸집 사 쇳물 부을 사

鑁 鏊[번철 오]의 俗字

鑄 鑄[쇳물 부을 주]의 俗字

鑐 櫡[젓가락 저]와 같음

鑵 銙[쇠고랑 고]와 같음

鑷 쇠사슬 적

⑯ 획

鑪 화로 로, 향로 로(金) 주막 술단지자리 로

鑨 쇠그릇 롱, 갈 롱

鑩 다는 갈고리 악 갈고리 악

鑫 기쁠 흠 돈 많을 흠(金)

鑬 시우쇠문채 효 쇠의 무늬 효

鑥 겯고리 몽

鑯 금타 타 수레바퀴 테 퇴

鑠 솥 력

鑲 납붙이 강, 납 강

鑵 鑊[가마 확]의 俗字

鑷 鑷[굳세고 바를 녑 족집게 녑]과 같음

鑸 錞[악기 이름 순]의 俗字, 악기 이름 돈

鑹 풀베는 칼 찰

鑺 서로 맞지 않을 어

鑑 鑑[볼 감]과 같음

鑹 작은 솥 라

鑼 鏓[말굴레 종]과 같음

鑿 鑿[뚫을 착]의 俗字

鑳 사람 이름 헌

⑰ 획

鑰 열쇠 건, 자물쇠 건

鑭 금채색 란 란타늄 란

鑮 종 박, 큰 종 박 금으로 꾸밀 박

鑰 자물쇠 약, 열쇠 약 지킬 약, 관건 약 (金)

鑲 거푸집 속 양, 병기 이름 양, 메울 상 (金)

鑱 보습 참, 돌침 참 날카로울 참

鑯 날카로울 첨 뾰족할 첨

鑣 鏢[칼끝 표]의 訛字

鑋 낫 미

鑐 鑐[귀 달린 독 령]의 訛字

鏖 탕관 오, 고전할 오

鑮 簴[악기 다는 틀 거]와 같음

⑱ 획

鑵 罐[두레박 관]과 같음 (金)

鑸 편편하지 않을 뢰 한쪽으로 기울 뢰

鑷 쪽집게 섭, 뽑을 섭 방울 섭, 장식 섭 (金)

鑶 방울소리 장

鑴 솥 휴, 송곳 휴 햇무리 휴

鑹 작두 찰

鑾 鍧[종고소리 굉]과 같음

鑪 가래 동

鑽 鈿[비녀 전]과 같음

鑼 물건 떨어지는 소리 탑

鑹 작은 창 찬

鑺 창 구, 양지창 구

鑵 銚[쟁개비 요, 조]와 같음

鑿 鑿[뚫을 착]의 古字

鑣 鏢[칼끝 표]의 本字

鑭 병기 간

⑲ 획

鑼 징 라, 동라 라 (金) 사라 라, 세숫대 라

鑾 방울 란 (金) 임금의 수레 란

鑽 끌 찬, 형구 이름 찬 부싯돌 찬 (金)

鑹 황금 마 쇠붙이 마

鑻 襻[옷고름 반]과 같음

鑼 鑼[보습 파]와 같음

鑹 작은 솥 라

鑠 鑠[녹일 삭]과 같음

⑳ 획

钁 괭이 곽, 팔 곽

钂 창 당, 병기 이름 당

钃 鐓[창고달 대]와 같음

钀 앞 글자와 같음

钀 재갈 알, 얼

鑿 뚫을 착, 끌 착, 새길 촉, 구멍 조 (金)

㉑ 획

钄 식도(食刀) 설

钃 호미 촉, 쪼갤 촉

钄 鑑[볼 감]과 같음

钃 빛날 차, 혁혁할 차

長部

長 긴 장, 길이 장, 어른 장, 멀 장 常(木)

镸 앞 글자의 古字

② 획

镹 지저분한 소 곤 추악한 모양 곤

③ 획

镺 길 구(長也) 오랠 구

[illegible] 髻[상투 계, 조왕신 결]과 같음

套 씌우개 투, 굽이 투, 음모 투, 호릴 투 [大部]

④ 획

镺 길 오, 자랄 오

[illegible] 던질 단

[illegible] 들 양(擧也)

[illegible] 髦[다팔머리 모]와 같음

[illegible] 앞 글자와 같음

[illegible] 矮[키 작을 왜]의 俗字

[illegible] 鬆[머리 헝클어질 송]의 俗字

⑤ 획

镻 독사 이름 절

[illegible] 긴 모양 도

[illegible] 髳[더벅머리 무]의 訛字

[illegible] 镺[길 오]의 訛字

[illegible] 길고 약할 요

⑥ 획

[illegible] 자라는 모양 노

[illegible] 앞 글자와 같음

[illegible] 髮[털 발]과 같음

[illegible] 路[길 로]와 같음

[illegible] 가죽신 뇨, 휘청거릴 뇨

[illegible] 镻[독사 절]과 같음

肆 넉(넷) 사, 베풀 사 [聿部]

⑦ 획

[illegible] 䮦[가죽신 뇨]의 訛字

[illegible] 길 얼

[illegible] 鬉[말갈기 종]의 俗字

[illegible] 칠그릇 차, 그릇에 옻칠할 차

髣 비슷할 방, 방불할 방, 머리털 방 [髟部]

⑧ 획

镼 털반배 굴, 배자 굴, 깃옷 굴

[illegible] 관의 장식 비, 갓 치장할 비

[illegible] 鬃[높이 튼 상투 종]의 俗字

[illegible] 비슷할 출, 방불할 출

[illegible] 머리 고울 타

[illegible] 길고 클 안

[illegible] 鬇[머리털 흐트러질 쟁]의 俗字

髮 터럭 발, 머리털 발, 초목 발 [髟部] 常(火)

髴 비슷할 불, 방불할 불 [髟部](火)

⑨ 획

[illegible] 길 성

[illegible] 흩어진 머리털 종

[illegible] 다할 타

[illegible] 머리털이 아름다울 만, 장식할 만

[illegible] 聖[성인 성]과 같음

[illegible] 앞 글자와 같음

[illegible] 코 밑 수염 자

髻 상투 계, 산봉우리 계, 조왕신 결 [髟部](火)

⑩ 획

[illegible] 근심할 척

[illegible] 꾸밀 용

[illegible] 嗟[탄식할 차]와 같음, 산 이름 차

[illegible] 髻[상투 계]와 같음

[illegible] 聖[성인 성]과 같음

[illegible] 앞 글자와 같음

[illegible] 관 장식할 비, 갓 장식할 비

[illegible] 코 밑 수염 자

[illegible] 鰭[지느러미 기]와 같음

⑪ 획

[illegible] 길고 클 오

[illegible] 머리 흩어질 종

[illegible] 鏟[대패 산]과 같음

鬘 머리털이 아름다울 만, 장식 만

⑫ 획

鬜 길 료

鬠 길 교

鬡 긴 모양 로

鬝 머리털 땋는 끈 증

⑬ 획

鬞 많을 농

鬛 길고 클 오

⑭ 획

鬡 鬤[머리털 흐트러질 녕]의 俗字

鬗 彌[두루 미]와 같음

鬢 살쩍 빈(귀밑 털)

⑮ 획

鬘 머리털이 아름다울 만, 장식 만

鬗 彌[두루 미]와 같음

鬕 髊[탄식할 차]의 本字

鬚 수염 수(수염의 통칭) [髟部]

⑯ 획

鬤 부드럽고 길 뇨

鬞 곧을 총

㉑ 획

鬞 곧을 총

門部

門 문 문, 집안 문, 집문, 무리 문 常(木)

丣 성씨 통

① 획

閂 빗장 산, 잠글 산

閃 흘겨볼 할

閅 흘겨볼 말

② 획

閃 번쩍할 섬, 피할 섬 언뜻 볼 섬 (木)

閄 갑자기 나와 놀라게 할 혹, 섬

閁 송사할 구 문(門) 기

閅 오를 진

閅 門[문 문]과 같음

閌 하소연할 구

③ 획

問 물을 문, 문초할 문 방문할 문 [口部] 常(水)

閊 비색할 산, 운 나쁠 산, 걸릴 산

閉 닫을 폐, 마칠 폐, 덮을 폐, 막을 별 常(木)

閇 앞 글자의 俗字

閆 이문(里門) 염 성씨 염, 골목 염

閈 이문(里門) 한 담 한, 마을 한 (土)

閏 곧 열 추

閔 闖[엿볼 틈]의 俗字

閎 묶을올, 성품이 패려궂을 흘

閌 문빗장 정

閍 閦[무리 축]과 같음

閑 아녀자 열

④ 획

間 사이 간, 양수사 간 검열할 간 常(木)

閒 앞 글자의 古字

閖 앞 글자와 같음

閑 閑[막을 한, 한가할 한]과 같음 (土)

開 열 개, 움직일 개, 펼 개, 꽃 필 개 常(木)

閎 마을문 굉, 문 굉 클 굉, 넓을 굉 (木)

閗 鬪[싸울투]의 俗字

閔 우려할 민, 가엾게 여길 민, 성씨 민(木)

悶 번민할 민, 혼미할 민, 밀폐할 민[心部](火)

⿵門心 앞 글자와 같음

⿵門毛 삿갓 삼, 덮개 삼

閏 윤달 윤, 정통이 아닌 자리 윤 常(火)

閍 대궐문 팽, 문 팽 사당문 방

閑 막을 한, 한가 한 마굿간 한 常(木)

閌 높은 문 항, 문지방 항, 높을 항

⿵門元 사슬통 관, 대롱 관

⿵門公 문짝 밖으로 열 종

⿵門屯 문에 찰 돈, 둔

⿵門內 안으로 들어갈 유

⿵門分 헝클어질 분

⿵門及 시끄러울 흡 지껄일 흡

⿵門介 문짝 해

⿵門斤 앞 글자의 訛字

⿵門𡈼 문 위 빗장 정

⿵門王 앞 글자와 같음

⿵門丑 빗장 뉴

⿵門夬 문 없을 혈

⿵門牙 閜[활짝 열릴 하]와 같음

⿵門辰 闢[열 벽]의 古字

⿵門从 앞 글자와 같음

⿵門分 불기운 분

閇 閉[닫을 폐]의 俗字

⑤ 획

閘 수문 갑, 조사할 갑 막을 갑 (木)

閞 문기둥 소루 변, 關[빗장 관]과 같음

閟 문 닫을 비, 숨길 비 그칠 비, 그윽할 비(木)

⿵門玉 閏[윤달 윤]과 같음(火)

閛 문소리 평 문 닫는 소리 평

閜 크게 열릴 하, 큰 잔 하, 서로 도울 아(木)

⿵門主 곧바로 열 주

⿵門石 문 열리지 않을 탕

閙 鬧[시끄러울 뇨]의 訛字

⿵門立 서서 기다릴 참

⿵門尔 어리석을 녜 못날 녜

⿵門丙 문 여닫는 소리 병

⿵門也 문 빗장 이

⿵門占 엿볼 점

⿵門旦 문 빗장 단

⿵門丱 關[빗장 관]과 같음

⿵門兒 문 둔테 구멍 계

⿵門甘 문 감

閝 문 위 창 령

⿵門兮 문짝 혜

⿵門冋 扃[빗장 경]과 같음

⿵門申 闡[열 천]의 俗字

⿵門幵 開[열 개]의 古字

⿵門夬 혈절 절, 도성문 이름 절

⑥ 획

閣 집 각, 대궐 각 문설주 각 常(木)

閨 도장방 규, 협문 규 부인 규 (木)

閩 종족 이름 민, 나라 이름 민, 모기 문(木)

閥 공훈 벌, 문벌 벌, 대문 안쪽 기둥 벌(木)

⿵門寺 관청 시, 환관 시 내시 시

閡 밖에서 문 잠글 애 닫힐 해, 막힐 핵

⿵門多 앞 글자와 같음

閦 무리 축, 많을 축

⿵門豕 앞 글자와 같음

⿵門网 앞 글자와 같음

⿵門舟 앞 글자와 같음

閪 잃을 서

閛 문 닫는 소리 평

⿵門吉 문 여닫는 소리 할 혈절 혈

閤 쪽문 합, 규방 합 궁전 합, 곁방 합(木)

⿵門牟 열 모

⿵門而 문 막힐 욱 문지방 혁

⿵門同 문 둔테구멍 송, 문동개 송, 돌쩌귀 송

⿵門先 끈끈할 신 문 지킬 신

⿵門匡 문 도리나무 광

関 關[빗장 관]의 俗字

閞 開[열 개]의 本字

⿵門血 고요할 혁 쓸쓸할 혁

⿵門劫 문 없을 결

⿵門危 문 위태할 위

⿵門冊 대나무를 엮어 만든 울타리 책

⿵門艮 문지방 한

閧 鬨[싸울 홍], 巷[마을 항]과 같음

⿵門𠬞 闢[열 벽]의 古字

⿵門舌 문 열 괄

⿵門至 닫힐 절

⿵門单 闡[열 천]과 같음

⿵門男 문지기 남

⿱文門 불의 모양 린

聞 들을 문, 알 문, 소문날 문 [耳部] 常(火)

⿵門也 문동개 이

⿵門争 버틸 쟁 애써 취득할 쟁

⑦ 획

閫 문지방 곤, 성문 곤 장수 곤, 군사 곤(木)

⿵門局 막을 국

閬 망량 량, 텅 빌 량 문이 높을 량(木)

閭 이문 려, 마을 려, 군대 편제 단위 려(木)

閱 검열할 열, 겪을 열, 둘러볼 열 常(金)

閲 앞 글자와 같음

⿵門廷 마당 정, 뜰 정

誾 온화하고 삼갈 은 향기 짙을 은 [言部]

⿵門束 무리 축, 많을 축

⿵門甫 문 포, 출입문 보

⿵門告 문소리 곡 문 여닫는 소리 혹

⿵門甬 문으로 들어갈 용 문지기 용

⿵門豖 문 열 획, 문소리 획

⿵門沙 열 사

⿵門串 患[근심 환]의 古字

⿵門豕 문 시

⿵門肖 부처 이름 축

⿵門夬 문이 없을 결

⿵門屰 闕[대궐 궐]과 같음

⿵門亘 閻[이문 염]과 같음

⿵門臽 앞 글자와 같음

⿵門刂 앞 글자와 같음

⿵門昏 闊[트일 활]과 같음

⿵門𠁣 闡[열 천]의 訛字

⿵門汪 閏[윤달 윤]과 같음(火)

⿵門坐 穩[따뜻할 온]과 같음, 버틸 좌

⿵門众 閦[무리 축]과 같음

⿵門貝 闃[문지방 격]의 俗字

⿵門心 悶[번민할 민]과 같음

⿵門何 문이 기울 아

⿵門吾 郚[고을이름 오]의 本字

⿵門臾 뚫고 들어갈 찬

⑧ 획

閵 새 이름 린 밟을 린, 금린 린

⿵門受 闅[문향 문]의 俗字

⿵門旻 闅[문향 문]의 訛字

閼 막을 알, 그칠 알 어여어, 왕비 연 (木)

閹 내시 엄, 영합할 엄 제어할 엄 (木)

閾 문지방 역, 난간 역 출입문 역 (木)

閻 이문 염, 거리 염, 아름답고 예쁠 염 (木)

閶 천문 창, 창도할 창 궁전 창, 북소리 탕

閧 골목 항, 홍 마을 항, 싸울 홍

䦧 鬩[다툴 혁]과 같음

閽 문지기 혼, 지킬 혼 문 혼, 성씨 혼 (木)

𨶖 문짝 비

𨵿 강 이름 독, 시 문 시

𨶒 전각 문 환 깊숙한 곳 전각 환

𨵢 넓을 괄, 멀 괄, 闊[트일 활]과 같음

𨶀 작은 문 어

閫 궁문 곤 궁궐 안길 곤

𨶚 성문 널쪽 설 성문에 단 문짝 설

䦱 문 높을 위 (木)

閜 문 기울어질 아

𨵰 문 열 부

𨶟 얻을 점, 거둘 첨

閪 벽 틈 희

𨶝 閡[밖에서 문 잠글 애]의 俗字

𨵩 褒[기릴 포]와 같음

𨶂 鬨[다툴 홍]의 俗字

𨶅 외짝문 고 지게문 고

𨵤 익힐 한(習也) (木)

𨳨 開[열 개]의 古字

𨳩 闢[열 벽]의 古字

𨶈 琴[거문고 금]과 같음

𨶉 闕[대궐 궐]과 같음

𨶁 문 닫는 소리 병, 평

𨶊 鸜[제비 구]와 같음

𨶑 鬩[다툴 혁]의 俗字

𨶃 闌[가로막을 란]의 訛字

𨶋 곡식의 이름 쵀

𨶌 閦[무리 축]과 같음

𨶎 闒[다락문 탑, 평상 탑]과 같음

⑨ 획

闃 문지방 격, 끊길 격 고요할 격 (木)

闋 문 닫을 결, 연주가 끝날 결, 삼봉창 규 (木)

闍 망루 도, 도성의 거리 도, 사리 사 (木)

闌 가로막을 란 (木) 난간 란, 다할 란

闅 내려깔고 볼 문 문향 문

闆 문 안에서 볼 반 노판 판

閷 죽일 살, 감할 쇄 아귀 쇄, 흉신 쇄

闇 닫힌 문 암, 어두울 암, 문닫을 암 [音部]

闈 대궐 작은 문 위 안방 위, 과장 위

𨷈 앞 글자와 같음

闉 성곽문 인, 막을 인 흙메 인, 성(城) 인

𨶵 집 안에 있는 샘 천

𨶳 조용할 취

𨶻 문바람 팽

闊 트일 활, 관대할 활 넓고 클 활 (木)

𨶹 문 여닫는 소리 할

𨶺 문 가운데 영

𨶶 관서 성

𨶼 문짝 없을 결

𨶾 막혀 있을 요 가로막을 요

𨶿 열 향, 향기로울 향

闟 엿볼 유

𨷀 문이 바르게 열리지 않을 과

𨷁 閾[문지방 역]과 같음

𨷂 중문 춘

𨷃 막을 벽 막혀 가득찰 벽

⿵門頁 문소리 혈

⿵門若 끌 낙, 끌어당길 낙

⿵門致 틈이 없을 치

⿵門限 문지방 한

⿵門建 문빗장 건

⿵門董 작은 문 훌

[illegible] 자물쇠 배
문을 잠글 폐

⿵門昷 閶[천문 창]과 같음

⿵門畀 開[열 개]와 같음

⿵門盇 闔[문짝 합]과 같음

⿵門盡 앞 글자의 俗字

闗 關[빗장 관]의 俗字

⿵門臽 閻[이문 염]의 俗字

⿵門爭 버틸 쟁
애써 취득할 쟁

⿵門便 모일 편

⿵門昬 閽[문지기 혼]의 俗字

⑩ 획

闕 대궐 궐, 빌 궐, 허물 궐, 석주 궐 (木)

⿵門欮 앞 글자의 俗字

⿵門欮 앞 글자와 같음

⿵門厥 앞 글자와 같음

闓 열 개, 열릴 개 (木)
즐길 개, 훤할 개

闑 문에 세운 말뚝 얼
말뚝 얼, 성문 얼

闐 성할 전, 가득찰 전
큰소리 전, 우전 전

闒 다락문 탑, 평상 탑
드리울 탑

闖 말이 문에서 나오는 모양 틈 (木)

闔 문짝 합, 닫을 합
모두 합 (木)

⿵門沓 종소리 탑

⿵門晏 늦을 연, 안

⿵門益 시끄러울 애
지껄일 애

⿵門託 술잔 드릴 타

⿱亠閵 閵[새 이름 린]의 古字

[illegible] 문 활짝 열 효
제사상 치울 요

⿵門倉 문 여는 소리 순할 창

⿵門烏 문 오, 성씨 왁

⿵門唐 높은 문 당

[illegible] 문 시원하게 여닫아질 전, 열쇠 전

儁 빼어날 준
뛰어날 준 (木)

闋 마칠 결, 그칠 결

[illegible] 開[열 개]와 같음

⿵門絲 關[빗장 관]의 俗字

⿵門臭 闃[문지방 격]과 같음

⿵門浪 閬[솟을대문 랑]과 같음

⿵門臽 閻[이문 염]의 俗字

闘 鬪[싸울 투]의 俗字

⿵門适 闊[트일 활]과 같음

⑪ 획

關 빗장 관, 관문 관,
당길 만 常 (木)

闚 엿볼 규, 살펴볼 규
슬쩍 볼 규, 꾈 규 (木)

闛 성한 모양 당, 종고 소리 당, 하늘문 창

闙 문 열 계

⿵門⿰豆斗 鬪[싸울 투]의 俗字

⿵門孰 塾[서당 숙]과 같음

闞 바라볼 감, 엿볼 감
闞[볼 감]의 本字

⿵門翏 등급을 내릴 교
깎아내릴 교

⿵門翏 앞 글자와 같음

⿵門焉 문지방 열, 얼
성씨 왈

⿵門意 誾[온화할 은]과 같음 (木)

[illegible] 기생에게 빠질 표

⿵門蓋 闔[문짝 합]의 俗字

⑫ 획

闠 저자의 문 궤 (木)
수놓은 가죽 궤

⿵門厥 闕[대궐 궐]의 俗字

闞 바라볼 감, 다다를 감, 입크게벌릴함(木)

闡 열 천, 드러낼 천 확충할 천 (木)

闟 창 흡, 안정될 흡 모일 흡, 걸상 탑

⿵門畫 깨뜨릴 획, 열 획

⿵門壹 막을 열, 몸을 피하는 모양 열

⿵門爲 문 열 위, 문이 반만 열려 있을 왜

⿵門黑 닫을 억

⿵門黃 빗장 광

⿵門華 문 열 화

⿵門焦 오목 초

⿵門親 闚[엿볼 규]의 訛字

⿵門垔 闉[이중문 인]의 訛字

⿵門奢 闍[망루 도]와 같음

⿵門無 고을 이름 문

⿵門鄄 闉[성곽문 인]과 같음

⑬ 획

闥 문 달, 빠를 달, 침실 달, 문 안쪽 달 (木)

闛 북소리 당

闢 열 벽, 물리칠 벽, 개간할 벽, 넓힐 벽(木)

⿵門違 문 어긋날 위

闤 거리 환, 저자 환 시가를 에운 담 환

闧 문 가장자리 쉬 문가 쉬

⿵門睹 똑바로 볼 항

⿵門廛 저자 문 전

⿵門臿 닫을 삽

⿵門詹 사당집 문 염

⿵門鄉 문 머리 향, 창문 향 양쪽 계단 사이 향

⿵門溫 문짝 온

⿵門廌 문 옆의 대기소 천

⿵門睪 문 열 역

⿵門毀 문 열 위, 문이 반만 열려 있을 왜

⿵門雷 들창 령

⑭ 획

⿵門遠 바깥대문 원

⿵門爾 좁을 미, 녜 약할 미

⿵門熏 작은 문 훈

⿵門塾 塾[서당 숙]과 같음

⑮ 획

闘 싸울 투, 싸움 투

⑯ 획

⿵門歷 열 력

⿵門廛 저자의 문 전 시장의 문 전

⿱⿰金隹門 鐫[새길 전]과 같음

⑰ 획

⿵門霝 들창 령

⿵門龠 수직으로 꽂는 빗장 약, 관문 약

⿵門縣 열쇠 전

⿵門薦 문 옆의 대기소 천

⿵門斷 鬭[싸움 투]의 俗字

⑱ 획

⿵門蟲 閩[종족 이름 민]과 같음

⑲ 획

⿵門䜌 함부로 대궐에 들어갈 란

阜部

阜 언덕 부, 클 부, 성할 부, 두터울 부 (土)

阝 阜[언덕 부]의 변 좌부방

𨸏 阜[언덕 부]의 本字

② 획

阞 지맥 륵, 나머지 륵 갈라질 륵, 흙켜 륵

阡 고을 이름 십 십방 십

阢 耆[늙은이 기]와 같음, 나라 이름 기

阠 앞 글자와 같음

阣 산굴 조, 땅굴 조 산 구멍 조

③ 획

阣 우뚝 솟을 흘

阠 언덕 이름 신

阢 흙이 있는 돌산 올 기울어 위태로울 올

阡 두렁 천, 밭둑길 천 길 천, 들판 천 (土)

阤 무너질 타, 벼랑 치 경사질 이, 비탈 치 (木)

阮 阮[관 이름 완]과 같음

④ 획

阬 문 높은 모양 갱 큰 언덕 강, 막을 항

阧 치솟을 두, 수문 두 가파를 두 (土)

防 막을 방, 둑 방, 방비할 방, 요새 방 常 (土)

阰 산 이름 비

阨 좁을 애, 험준할 애 고생할 액, 막힐 액 (土)

阮 관 이름 완, 나라이름 원, 고을 이름 완 (土)

阭 높을 윤 (土)

阱 함정 정, 땅굴 정

䢍 앞 글자와 같음

阯 터 지, 산기슭 지 주 지, 발 지 (木)

阪 비탈 판, 언덕 판 못둑 판, 등질 판 (土)

阪 앞 글자와 같음

阣 사다리 층계 급

队 陰[그늘 음]의 俗字

阦 陽[볕 양]의 俗字

阳 앞 글자와 같음

阩 陞[오를 승]과 같음 (土)

阸 웃는 소리 해 웃음소리 해

阫 담장 배

阦 무너질 결

阡 序[차례 서]와 같음

阺 산 무너지려할 시 氏[각씨 씨]와같음

阴 陰[그늘 음]과 같음

阬 岍[산 이름 견]과 같음

⑤ 획

阹 우리 거, 그물칠 거 외양간 거

陃 사람 이름 병

附 붙일 부, 의지할 부 붙을 부 常 (土)

阿 언덕 아, 고개 아, 기슭 아, 마룻대 아 (土)

阺 비탈 저, 절벽 저

阽 위태로울 점, 위험한 고비에 이를 점

阷 언덕 정 언덕 이름 정

阻 험할 조, 가로막힐 조, 거절할 조 (土)

阼 동편 층계 조 섬돌 조, 국운 조

陀 비탈질 타 허물어질 타 (土)

陁 험할 타, 짐 실을 타 무너질 치, 이을 이

陂 비탈 피, 둑 피, 땅 울퉁불퉁할 파 (土)

陏 떠날 후 고을 이름 후

陆 陸[뭍 륙]의 古字

陔 구덩이 현

陊 삽으로 갈 조, 묵은 밭갈 조, 방죽둑 조

陣 陳[늘어놓을 진]의 古字

陒 좁을 애, 협착할 애 막힐 액, 곤액할 액

阸 厄[액 액]의 古字

阾 嶺[고개 령]의 古字

陑 물가 언덕 국 강가 언덕 국

陎 師[스승 사]와 같음

陓 埭[살받이터 타]와 같음

阰 岯[산 이름 비]와 같음

⿰阝叵 울퉁불퉁할 파

⑥ 획

降 내릴 강, 항복할 항 기뻐할 항 常(土)

⿰阝⿱夂巾 앞 글자의 俗字

陋 좁을 루, 천할 루, 작을 루, 궁벽할 루(土)

陌 두렁 맥, 밭두둑길 맥, 성씨 맥 (土)

⿰阝朱 고을 이름 수 성씨 수

陓 숲 이름 우, 양우 우 못 이름 우

陑 땅 이름 이 산 이름 이

陊 사태날 치, 떨어질 타, 부서질 타

陏 오이 타, 열매 타 나라 이름 수

限 한정 한, 지경 한 경계 한 常(土)

陔 층계 해, 둔덕 해 해하 해, 사다리 해

⿰阝各 사람 이름 각

⿰阝虫 산 이름 홍

⿰阝光 밭사이길 광

⿰阝夷 험준할 이

⿰阝朵 화살받이 타 화살받이 터 타

⿰阝朶 앞 글자와 같음

⿰阝自 높을 퇴

陒 험할 희 무너질 궤

⿰阝衣 언덕 의 고개 이름 의

⿰阝肙 구덩이 현

⿰皀戈 盜[도적 도]의 古字

⿰阝昜 陽[볕 양]과 같음

⿰阝侌 陰[그늘 음]과 같음

⿰阝众 陝[고을 이름 섬]의 訛字

⿰阝匋 陶[질그릇 도]와 같음

陁 陀[비탈질 타]와 같음

⿰阝夹 陜[좁을 협], 陝[땅 이름 섬]의 古字

⿰阝冉 정자 이름 염 (亭子名)

⿰阝共 구덩이 홍

⑦ 획

⿰阝呈 위태할 날

陡 험할 두, 떨릴 두 우뚝 솟을 두 (土)

陝 고을 이름 섬, 땅 이름 섬, 섬서성 섬, 합(土)

陞 오를 승 (土)

院 집 원, 담 원, 관아 원, 절 원 常(土)

除 제할 제, 계단 제 뜰 제, 사월 여 常(土)

陖 가파를 준, 엄할 준 우뚝할 준 (土)

陣 줄 진, 진칠 진, 행군의 대열 진 常(土)

陟 오를 척, 승하할 척 얻을 득 (土)

陛 섬돌 폐, 계급 폐, 섬돌 곁에 시립할 폐(土)

陜 땅 이름 합, 좁을 협 산골짜기 협 (土)

陘 지렛목 형, 산비탈 형, 지름길 경 (土)

⿰阝序 序[차례 서]와 같음

陗 급할 초, 산비탈 초 험준할 초, 엄할 초

陙 작은 언덕 신 언덕 순, 물가 순

⿰阝空 防[막을 방]과 같음

⿰阝武 작은 언덕 부 평원 무

⿰阝告 큰 언덕 곡 언덕 이름 곡

⿰阝見 한정할 현 (土)

陠 기울어질 포 지붕 평평할 포

⿰阝豆 험준할 두 산 높을 투

⿰阝谷 隙[틈 극]과 같음

⿰阝邑 좁을 읍, 험할 엽

⿰阝産 産[날 산]과 같음

⿰阝⿷匚西 陋[좁을 루]의 本字

⿰阝⿱夂厶 隆[클 륭]과 같음

⿰阝⿱夂土 잘 갈 접(能行)

陵 陵[큰 언덕 릉]과 같음

陥 陷[빠질 함]의 略字

⑧ 획

陫 가득찰 국, 기를 국

陭 고개 이름 기, 의 길 울퉁불퉁할 의

陰 언덕 위에서 만날 념

陶 질그릇 도, 도공 도 달릴 도 常(土)

陶 앞 글자와 같음

陸 뭍 륙, 큰 언덕 륙 화목할 륙 常(土)

陯 淪[물놀이 륜]과 같음, 언덕 꺼질 륜

陵 언덕 릉, 무덤 릉 벌벌 떨 릉 常(土)

陪 쌓아올릴 배, 더할 배, 물어줄 배(土)

陫 더러울 비 근심할 비

陴 성가퀴 비, 성벽 비 성 지킬 비(土)

陲 위태할 수, 변방 수 가장자리 수(土)

陰 그늘 음, 응달 음 입다물 암 常(土)

陳 늘어놓을 진, 베풀 진, 나라이름 진 常(土)

陬 모퉁이 추, 물가 추 산기슭 추, 벽지 추

陷 빠질 함, 빠뜨릴 함 함정 함 常(土)

陮 산 이름 곽 고을 이름 곽

陡 隄[둑 제]의 古字

陰 隮[오를 제]와 같음

隉 삽으로 밭갈 조 묵은밭 갈 조

陮 높을 퇴 높고 험할 퇴

倈 섬돌 래

陾 崩[무너질 붕]과 같음

陫 성할 부 두 언덕 사이 부

陼 앞 글자와 같음

陓 큰 언덕 주

陛 陛[섬돌 폐]와 같음

陚 域[지경 역]의 古字

陖 물가운데 있는 언덕 전

陾 岡[산등성이 강]의 俗字

陳 깨진 돌이 떨어지는 소리 색

隆 隆[클 륭]과 같음

隆 앞 글자의 略字

隆 隆[클 륭]의 俗字

隋 砰[물결소리 팽]과 같음

陳 隅[모퉁이 우]와 같음

陷 陷[빠질 함]과 같음

陘 陘[지렛목 형]과 같음

陞 해돋을 승(土)

隁 隁[둑 언, 땅 이름 언]과 같음

隊 마을 이름 권

歸 歸[돌아갈 귀]와 같음

陡 陡[험준할 두]와 같음

陗 倪[어린이 예]와 같음

陓 隖[숲 이름 우]와 같음

陵 隮[오를 제]와 같음

険 險[험할 험]의 略字

⑨ 획

階 섬돌 계, 사닥다리 계, 벼슬 등급 계 常(土)

隊 떼 대, 편제단위 대 떨어질 추 常(土)

隆 높을 륭, 클 륭, 푸짐할 륭, 성할 륭 常(土)

隋 수나라 수, 제사고기 나머지 타(土)

陽 볕 양, 양지 양, 양 양 따뜻할 양 常(土)

隉 위태로울 얼

隉 앞 글자와 같음

隈 굽이 외, 한오금 외 물가 외, 모퉁이 외

隈 앞 글자와 같음

隅 모퉁이 우, 변방 우 곁 우, 방정할 우(土)

隇 험준할 위

隃 넘을 유, 유미 유, 멀 요, 큰 언덕 이름 수

陻 막을 인

隀 담 쌓는 소리 잉 많은 모양 응

陼 삼각주 저, 작은 섬 저 물가 저, 도장 도(土)

隄 둑 제, 둑 쌓을 제 막을 제, 제봉 제 (土)

陲 땅 이름 중

陿 陜[좁을 협]과 같음

隍 해자 황 (土)

䲨 섬돌 순

隁 둑 언, 땅 이름 언

隄 무너진 산 벽

隇 험준할 단

隔 땅 갈라질 벽

隃 높은 모양 연 높을 연

䧘 구덩이 수

隊 길가의 낮은 담 전 집 둘레의 담장 전

隑 언덕 악

隒 乾[하늘 건, 마를 간]과 같음

隌 어두울 암

隓 陲[위태할 수]의 俗字

隊 陵[큰 언덕 릉]의 古字

隋 작은 흙덩어리 견

隑 堺[지경 계]와 같음

隘 낭떠러지가 좁고 험할 삽

陵 陖[가파를 준]과 같음

隊 墜[떨어질 추]와 같음

隂 陰[응달 음, 그늘 음]과 같음

湫 湫[다할 추]와 같음

⑩ 획

隨 隨[따를 수]의 訛字

隔 사이 뜰 격, 멀 격 가로막을 격 常(土)

隙 틈 극, 묵을 극, 원한 극, 갈라질 극 (土)

隑 사닥다리 개, 기회할 개, 굽은 언덕 기 (土)

隘 좁을 애, 막을 애 막힐 액 (土)

隒 낭떠러지 엄 층진 산 언덕 엄

隖 작은 성채 오, 塢[밭두둑 오]의 本字

鳴 앞 글자의 古字

隗 험할 외, 무너질 외 비틀거릴 외 (土)

隕 떨어질 운, 무너질 운, 잃어버릴 운 (土)

隔 읍 이름 호 땅 이름 호

隓 폐할 휴, 무너질 휴

隉 阰[산 이름 비]와 같음

隓 가까울 방, 곁 방

隚 塘[못 당]과 같음

隝 陫[숨을 비]와 같음

隉 隉[위태로울 얼]과 같음

隆 陖[가파를 준]과 같음

隊 낮을 탑

隖 더할 마, 교묘할 마

隝 산 높을 투

隆 瘞[묻을 예]와 같음

隆 앞 글자의 古字

隰 隉[섬돌 폐]와 같음, 진펄 습

隊 뭇 돌 뢰 돌무더기 뢰

隙 무너질 술

陵 陵[큰 언덕 릉]의 古字

墜 地[땅 지]와 같음

隋 陪[쌓아올릴 배]와 같음

陰 陰[그늘 음]과 같음

陷 陷[빠질 함]의 訛字

隤 땅 이름 쇄

隐 땅 이름 식

⑪ 획

隞 땅 이름 오

障 막힐 장, 가로막을 장, 둑 장 常(土)

際 사이 제, 이음새 제 즈음 제 常(土)

隬 崩[무너질 붕]과 같음

隭 罅[틈 하]와 같음

隱 둑 언, 도읍 이름 언
땅 이름 언

隮 함정 참

隯 무너질 최
울퉁불퉁할 퇴

隙 隙[틈 극]의 俗字

隱 빌 강

隰 隰[진펄 습]과 같음

隰 앞 글자의 古字

隘 隘[좁을 애]의 訛字

隚 주춧돌 당
堂[집 당]과 같음

隢 위태할 경, 기울 경

隻 꼴이름 루, 연루 루

隝 섬 도

隔 편치 못할 구
길 울퉁불퉁할 구

陛 옥 폐

隙 隙[틈 극]의 古字

隰 隰[진펄 습]과 같음

陻 陻[막을 인]과 같음

隭 뭇 돌 뢰
돌무더기 뢰

陳 陳[늘어놓을 진]의 本字

墉 墉[담장 용]과 같음

隱 隱[숨을 은]의 俗字

隱 앞 글자와 같음

⑫ 획

隣 鄰[이웃 린]의 俗字(土)

隢 땅 이름 오

隞 땅 이름 진

隤 무너뜨릴 퇴, 무너질 퇴, 넘어갈 퇴(土)

隝 고개 이름 위
고개 휘

隟 나라 이름 복
팽복 복

隍 성 밑 길 호

隢 막힐 절

隭 험할 이

隮 빠질 잠

隯 작은 언덕 심

隥 비탈 등, 사다리 등, 계단 등

隨 隨[따를 수]의 古字

陰 陰[그늘 음, 응달 음]과 같음

陽 陽[볕 양]과 같음

隲 앞 글자의 古字

隳 무너질 결

隟 위태로울 업

墮 떨어질 타, 소홀해질 휴 [土部] 常(土)

墜 떨어질 추, 잃을 추
드리울 추 [土部]

隮 酈[땅 이름 력]과 같음

隴 隴[고개 이름 롱]과 같음

隵 땅 이름 무

墳 墳[무덤 분]과 같음

隸 땅 이름 천

隮 빠질 첨

陬 陬[모퉁이 추]와 같음

墟 땅 이름 허

隱 변방 혜

⑬ 획

隨 따를 수, 좇을 수
게으를 타 常(土)

隧 길 수, 굴 수, 깊이 수, 떨어질 추(土)

隩 굽이 오, 은미할 오
물굽이 욱, 감출 욱(土)

險 험할 험, 요해처 험
낭떠러지 암 常(土)

隮 언덕 초, 비탈 초

隱 섬돌 거, 계단 거

隱 渠[도랑 거]와 같음

隱 巇[높고 험할 희]와 같음

隟 험준할 업
위태할 업

𨼬 작은 계곡 해

𨽁 담장 피

𨼮 거만할 건

𨽈 빠질 첨

𨽊 늦을 간, 느릴 간

𨽉 여자의 맵시 첩 재빨리 피할 첩

隊 墜[떨어질 추]와 같음

⑭ 획

𨽍 땅이름 니

隰 진펄 습, 개간지 습 사람 이름 섭 (土)

隱 숨을 은, 은미할 은 숨길 은 常(土)

隮 오를 제, 무지개 제 구름 제, 떨어질 제

𨽐 騭[수말 즐]과 같음

𨽎 陑[땅 이름 이]와 같음

𨽏 험준할 엽

𨽑 陬[모퉁이 추]와 같음

隯 島[섬 도]와 같음

𨽓 성 밑 길 호

𨽒 땅 이름 복

𨽔 隣[이웃 린]의 本字

⑮ 획

隳 무너뜨릴 휴 (土)

𨽖 瀆[도랑 독]과 같음

𨽗 墜[떨어질 추]와 같음

⑯ 획

隴 고개 이름 롱

𨽛 낮을 뇨 엎드린 모양 뇨

𨽝 濱[물가 빈]의 古字

𨽙 隮[오를 제]와 같음

𨽞 陰[그늘 음]의 古字

𨽟 隘[막힐 애]와 같음

𨽠 隤[무너뜨릴 퇴]와 같음

𨽡 앞 글자의 本字

⑰ 획

𨽢 험준할 희

𨽤 땅 이름 참

𨽣 隧[따를 수]의 古字

𨽥 수말 즐, 안정시킬 즐, 평론할 즐 [鳥部]

⑱ 획

𨽦 좁은 모양 닙 좁힐 닙

𨽧 隘[막힐 애]와 같음

𨽨 흙산 혼, 둔덕 혼 큰 언덕 혼

𨽩 陸[뭍 륙]의 古字

𨽪 酄[고을 이름 환]과 같음

㉑ 획

𨽫 陸[뭍 륙]의 古字

㉔ 획

𨽬 틈 령

㉕ 획

𨽭 隘[막힐 애]의 古字

隶部

隶 미칠 이, 隸[붙일 례]의 略字 (水)

⑤ 획

𣽂 畫[그림 화]의 古字

⑦ 획

隷 隸[붙일 례]와 같음

肆 肆[넉 사]와 같음 벌릴 시, 연고 시

𨽻 肄[익힐 이], 隸[붙일 례]와 같음

⑧ 획

隷 종 례, 붙일 례, 검열할 례, 팔분 례 常(水)

隸 앞 글자와 같음

𨽸 肄[익힐 이]와 같음

⑨ 획

𨽼 隸[붙일 례]의 古字(水)

𨽽 미칠 태

⑩ 획

𨾀 隸[붙일 례]와 같음

𨽿 隸[붙일 례]와 같음

⑪ 획

𨾂 짐승 이름 위

⑫ 획

𨾃 미칠 태

隹部

隹 새 추, 오디 추, 높고 클 최, 오직 유(火)

② 획

隺 뜻 고상할 각, 오를 혹, 두루미 학

隼 새매 준, 코 준 사나운 새 준(火)

隻 새 한 마리 척, 홑 척, 외새 척(火)

𨾊 鳩[비둘기 구]와 같음

𨾅 새 이름 차 새소리 칠

𨾈 꾀꼬리 초

隽 雋[영특할 준]과 같음

准 허락할 준, 의거할 준, 준칙 준 [冫部](水)

③ 획

隿 주살 익

𨾎 앞 글자와 같음

𨾑 새 살찔 홍

𨾙 뻐꾹새 시

𨾫 앞 글자와 같음

𨾞 雌[암컷 자]의 古字

雀 참새 작, 귀리 작 공작 작(火)

𨾠 능에 보, 오총이 보 노기 보

𨾢 까치 간

𨾣 隻[외새 척, 척 척]의 俗字

唯 오직 유, 때문에 유 [口部] 常(水)

售 팔 수, 합격할 수 행하여질 수 [口部]

帷 휘장 유, 휘장칠 유 [巾部]

惟 오직 유, 생각할 유 어조사 유 [心部] 常(火)

推 밀 추, 옮을 추 밀 퇴 [手部] 常(木)

堆 쌓일 퇴, 언덕 퇴 놓을 퇴 [土部](土)

④ 획

雃 할미새 견 새 이름 견

雇 품 살 고, 품 팔 고 새 이름 호(火)

雂 도요새 금

雅 메까마귀 아 아름다울 아 常(火)

雁 기러기 안, 편지 안 안행 안 常(火)

雄 수컷 웅, 뛰어날 웅 이길 웅 常(火)

雋 영특할 준, 새 살질 전, 추리 추(火)

集 모을 집, 성취할 집 모일 집 常(火)

𨾴 오르락내리락 하며 날아갈 항

𨾵 지작관 지, 셈할 지 지작새 지

𨾶 鴂[뱁새 결]과 같음, 백로 격, 자규 계

𨾼 돌아볼 귀, 지조없을 혈, 머리 기울 렬

𨿂 능에 보, 오총이 보 노기 보

𨾷 접동새 규 자규 규

⿰火隹 鴆[짐새 짐]과 같음

⿰氐隹 암새 지

⿱隹云 售[팔 수]와 같음

⿱⿰冫隹又 雙[쌍 쌍]의 俗字

焦 델 초, 탈 초
횃불 초 [火部](火)

⿱隹共 돌아보는 모양 구

⿱夊隹 성씨 구

⿰方隹 새이름 방

雈 부엉이 환

⑤ 획

雊 장끼 울 구
꿩 울 구

雍 누그러질 옹, 화할 옹, 도울 옹 (火)

雌 암컷 자, 질 자, 유약할 자 (火)

雎 물수리 저, 악창 저 징경이 저 (火)

⿰廷隹 새매 정, 조롱대 정

⿰巾隹 벌레 이름 수

⿱羽隹 뱁새 교

雉 꿩 치, 폐백 치, 성윗담 치, 목벨 치 (火)

⿰古隹 자고 고, 고습 고 (전설상의 새 이름)

⿰主隹 물새 이름 두

⿰犮隹 올빼미같은 새 발

⿸广隹 매 응

⿰丙隹 離[떠날 리]와 같음

⿰右隹 雄[수컷 웅]과 같음

雏 雛[병아리 추]의 俗字

碓 방아 대, 망치 대
이퇴 퇴 [石部]

稚 어릴 치, 어린이 치
작을 치 [禾部](木)

⿰豕隹 鶩[집오리 목]의 俗字

⿰母隹 鵡[앵무새 무]와 같음

⿱如隹 鴽[집비둘기 여]와 같음

⿰失隹 鴃[새 이름 일]과 같음

⿰氐隹 鴟[소리개 치]와 같음

⑥ 획

雒 수리부엉이 락, 올빼미 락, 낙인찍을 락

⿰合隹 鴿[집 비둘기 합]과 같음

⿰虫隹 鵒[구관조 욕]과 같음

⿱如隹 메추라기 여

雃 鳽[할미새 견]의 本字

⿰安隹 鴳[안작 안]과 같음

⿰先隹 毨[털 갈 선]과 같음

⿱列隹 鴷[딱다구리 렬]과 같음

⿰敖隹 鷔[사다새 오]와 같음

⿰杂隹 雜[섞일 잡]의 俗字

⿰亻⿰隹勿 작은 새 추
작을 추

⿸危隹 자규 궤

⿰至隹 鴟[소리개 치]와 같음

⿰兆隹 머리 숙이고 들을 조

⿰而隹 鴯[제비 이]와 같음

⿰弱隹 바둑 치중 점 약
천(天)원점 약

⿰任隹 오디새 임

⿰⺕隹 雛[병아리 추]와 같음

⿱隹云 售[팔 수]와 같음

奪 빼앗을 탈, 좁은 길 태 [大部] 常(木)

截 끊을 절, 정제할 절 말잘할절 [戈部](金)

維 밧줄 유, 맬 유, 오직 유 [糸部] 常(木)

⿸走隹 골짜기 이름 규

⿰文隹 鴱[암뱁새 애]와 같음

⑦ 획

⿰余隹 병아리 여

⿰巠隹 鵛[새 이름 경]과 같음

⿰我隹 鵝[거위 아]와 같음

⿰告隹 鵠[고니 곡]과 같음

⿰夋隹 駿[준마 준]과 같음

雓 가는 목 추

䨀 앞 글자의 訛字

䧼 鵑[두견새 견]과 같음

䨅 鵗[꿩 희]와 같음

𨿽 鵚[무수리 독]과 같음

䨍 鵟[수리부엉이 광]과 같음

䨌 雉[꿩 치]의 古字

𨿒 售[팔 수]와 같음

痽 䧹[매 응]의 本字

䨊 수솔개미 망

⑧ 획

䨂 가죽나무 고치 수, 멧누에 수, 상당할 수

雕 독수리 조, 새길 조, 쇠할 조 (火)

䨔 솔개 수, 자규 수

𩀉 鶉[메추라기 순]과 같음

𩀔 鵙[수리 부엉이 기]와 같음

𩀧 鵺[새 이름 야]와 같음

𩀦 鵴[뻐꾸기 국]과 같음

𩀅 鶾[흰 꿩 한]과 같음

𩀃 오리 비슷한 새 서

𩀐 鵾[댓닭 곤]의 俗字

𨿯 백한 조

䧿 鵲[까치 작]과 같음, 개 이름 작

嶲 도요새 규, 휴

䨝 鶄[해오라기 청]과 같음

𨿞 나는 모양 유

𩀍 鵵[부엉이 토]와 같음

䨆 꾀꼬리 례

䧽 鵳[새매 견]과 같음

𨿼 鵱[들 거위 륙]과 같음

𢊁 䧹[매 응]의 本字

䨋 鶅[꿩 치]와 같음

䨖 鶊[꾀꼬리 경]과 같음

䧶 雖[비록 수]와 같음

⑨ 획

雖 비록 수, 짐승 이름 유 常(火)

𩀞 참새 종, 작은 새가 날 종

𩀟 鶠[봉새 언]과 같음

𩀠 비둘기새끼 규

𨿸 메추리 암

䨁 병아리 무, 참새새끼 무

𩁂 새 이름 요

𩀯 鶨[새 이름 단]과 같음

𩀪 鶟[꿩 같은 새 돌]과 같음

𩀮 鶚[물수리 악]과 같음

𩀳 鶦[꿩 같은 새 호]와 같음

䨐 병아리 추

䨓 닭 연, 병아리 연

䨑 離[떠날 리]와 같음

䨗 鶪[때까치 격]과 같음

𩀤 難[어려울 난]의 古字

𩁆 순선 선, 뱁새 선

𩀽 讎[짝 수]와 같음

𩀾 鶞[새 이름 춘]과 같음

⑩ 획

雞 鷄[닭 계]와 같음 (火)

雚 황새 관, 새박덩굴 관, 물억새 환 (火)

𩁑 難[어려울 난]의 古字

雙 쌍 쌍, 짝수 쌍, 서로 따를 쌍 常(火)

䨇 앞 글자의 俗字

雝 할미새 옹, 화할 옹, 덮어가릴 옹, 못 옹 (火)

雜 섞일 잡, 섞을 잡, 모일 잡 常(火)

雛 병아리 추, 새새끼 추, 어린아이 추 (火)

雗 흰 꿩 한, 백한 한 메까치 한

雘 진사 확 곱게 붉을 확

雟 제비 휴, 자규 휴 땅 이름 전

虒隹 벽체 체

䍃隹 鷂[새매 요, 요치 요]와 같음

𨿽 難[어려울 난]의 古字

罒隹 새 이름 답

唐隹 鶶[당도 당]과 같음

雕 징경이 조 성씨 조

倉隹 鶬[왜가리 창]과 같음

雋 새길 전

難 難[어려울 난]의 略字

⑪ 획

難 어려울 난, 꺼릴 난 우거질 나 常(火)

難 앞 글자와 같음

雡 큰 병아리 류 병아리 류

離 떠날 리, 교룡 치 산 이름 곡 常(火)

差隹 악착 착

立隹 鴗[작고 검은 새 급]과 같음

區隹 새소리 우

雓 메추리 암

從隹 닭 종

从隹 앞 글자와 같음

雙 雙[쌍 쌍]의 俗字

婁隹 鷜[남루 루, 들거위 루]와 같음

麻隹 닭 이름 마

晨隹 鷐[신풍 신]과 같음

庸隹 鷛[오리 비슷하며 닭 같은 새 용]과 같음

斬隹 독수리 참

⑫ 획

尞隹 鷯[굴뚝새 료]와 같음

番隹 鷭[새 이름 번]과 같음

皐隹 낭고 고(비둘기의 딴 이름)

就隹 鷲[수리 취]와 같음

散隹 주살 산

覃隹 鷣[새매 임]과 같음

厥隹 鷢[물수리 궐]과 같음

替隹 닭 침

朁隹 앞 글자와 같음

敝隹 鷩[붉은 꿩 별]과 같음

路隹 鷺[해오라기 로]와 같음

雙 雙[쌍 쌍]의 俗字

堯隹 초뇨 뇨, 꾀꼬리 뇨

買隹 鷶[접동새 매]와 같음

華隹 鷨[뻐꾸기 화]와 같음

隓隹 새가 나는 모양 휴

⑬ 획

亶隹 鸇[새매 전]과 같음

豦隹 용거 거 물새 이름 거

嶨隹 산까치 학, 악 산비둘기 학, 악

隋隹 날 수, 규, 유

蜀隹 鸀[산까마귀 촉]과 같음

霝隹 鸰[학 령]과 같음

羕隹 鸉[매 같고 꼬리 흰 새 양]과 같음

意隹 鷾[제비 의]와 같음

⑭ 획

獄隹 鸑[신조 이름 악]과 같음

寧隹 鸋[부엉이 녕]과 같음

賓隹 작은 참새 빈

與隹 鸒[갈가마귀 여]와 같음

爾隹 鸍[짐새 시]와 같음

享隹 鶉[메추라기 순]과 같음

⑮ 획

䜌 꾀꼬리 려, 리
䴎 鸓[날다람쥐 류]와 같음
䴏 뱁새 멸
䴐 鸔[물새 복]과 같음
䶩 難[어려울 난]의 古字
䶪 앞 글자와 같음
讎 짝 수, 원수 수, 대답할 수, 갚을 수 [言部]
讐 앞 글자와 같음 (金)
䴑 새 이름 채

⑯ 획

雥 새 떼지어 모일 잡, 무리 지을 잡
䴒 讙[꾀할 환]과 같음
䴓 鸕[가마우지 로]와 같음

⑰ 획

䴔 難[어려울 난]의 古字
䴕 鸚[앵무새 앵]과 같음

⑳ 획

䴖 難[어려울 난]의 古字
雧 集[모을 집]과 같음

㉕ 획

䴗 새 떼 연

㉘ 획

䴘 새 떼 연

雨部

雨 비 우, 비 올 우, 많은 모양 우 常(水)

② 획

雩 비 정

③ 획

雫 雩[기우제 우]와 같음
雪 눈 설, 눈 내릴 설, 씻을 설 常(水)
雩 기우제 우, 땅 이름 우 (水)
雫 앞 글자와 같음
雬 여자의 자(字) 령
雭 가랑비 삼
雨 雨[비 우]의 古字
雹 虐[모질 학]과 같음

④ 획

雯 구름무늬 문 (水)
雱 눈 올 방, 눈 내리는 모양 방
雰 안개 분, 서리 분, 요기 분, 서기 분 (水)
雲 구름 운, 습기 운, 많을 운, 높을 운 常(水)
雴 우뢰 홀
雵 소나기 쇄
雭 빗소리 삽
雸 큰 비 둔
雼 부슬비 섬
雹 새 깃 윤택할 목
雬 안개 부
雺 黔[날 흐릴 음]과 같음
雵 깊은 못 영
零 구름 퍼질 침
雷 需[구할 수]와 같음
雺 높은 구름 부
雴 비 올 천
雹 우박 박

⑤ 획

零 떨어질 령, 나머지 령, 영(0) 령 常(水)

雷 우레 뢰, 빠를 뢰 퍼질 뢰, 칠 뢰 常(水)

雴 큰 비 립, 칩

雺 안개 몽, 무 어두울 몽 (水)

雹 누리 박, 우박 박 두들길 박 (水)

雸 서리 암

雵 흰구름 피어날 앙 눈송이 앙

電 번개 전, 빠를 전, 살필 전, 빛날 전 常(水)

雽 성씨 호 사람 이름 호

雼 霐[속 깊을 홍]과 같음

雳 안개 애

雺 비 뚝뚝 떨어질 동

雬 비 올 불

霈 구름 모양 불

雿 비올 책

雷 구름 일 발

雷 陝[좁을 협]의 古字

雹 빈 골 탕, 굴 탕

⑥ 획

需 쓰일수, 유, 구할수, 유 연할연, 약할난 常(水)

霏 어두울 조 고요할 조

霫 관 이름 흡

霸 물소리 우, 깃 우 (水)

霂 빗소리 애

霁 큰비 자, 빗소리 자

零 비 떨어질 락

霏 바닷배 화

霋 비 그칠 제 구름 걷힐 제

霒 기운 퍼질 인

霦 우렛소리 병

靁 雷[우레 뢰]의 古字

霝 앞 글자와 같음

雩 소나기 우

雽 앞 글자와 같음

霈 싸라기눈 색

霄 눈 설

霆 電[번개 전]과 같음

霅 앞 글자와 같음

處 處[곳 처]와 같음

霄 霽[갤 제]와 같음

霊 靈[신령 령]의 俗字

⑦ 획

霉 매우 매 (水)

霂 가랑비 목 부슬비 목

霅 비올 삽, 잠깐 삽 (水) 번개칠 잡, 빛날 합

霄 하늘 소, 싸락 눈 소 구름 소, 땅이름 소 (水)

霆 천둥소리 정, 벽력 정, 진동할 정 (水)

震 벼락 진, 천둥 진 애 밸 신 常(水)

霈 비 쏟아질 패 (水)

雽 눈올 부

霃 음산할 침 오래 흐릴 침

霂 앞 글자의 俗字

霂 앞 글자의 訛字

霙 큰 비 역

霎 가랑비 올 색

霰 싸라기눈 선

霓 가랑비 첩

霙 뭉게구름 피어오를 갱

霳 빗소리 롱

霋 비 올 병

霑 비 윤

霆 구름 일 연

霎 비 내릴 몰

霰 霰[싸라기 눈 선]과 같음

𩃎 부슬비 수

霕 구름 큰 모양 둔

霊 靈[신령 령]의 略字

霶 눈비가 세차게 내릴 방

𩃏 霪[장마 음]의 訛字

⑧ 획

霍 빠를 곽, 에워쌀 곽 눈멀 곽, 사인 사(水)

霖 장마 림, 단비 림 은택 림 (水)

霏 눈 펄펄 내릴 비, 흩날릴 비, 자욱할 비(水)

霎 가랑비 삽, 빗소리 삽 순간 삽, 수문 삽(水)

霓 무지개 예, 채운 예 햇무리 역(水)

霒 흐릴 음, 구름 낄 음

霠 앞 글자와 같음

𩃠 앞 글자와 같음

霑 젖을 점, 은택 입을 점, 담글 점 (水)

霔 장마 주, 물댈 주 시우 주 (水)

霋 갤 처, 구름 뭉게뭉게 떠 갈 처

霐 속 깊을 홍, 깊숙하고 그윽할 홍

𩃀 구름 벗어질 타 구름 흩어질 타

𩃚 電[번개 전]의 本字

𩃃 가랑비 삼, 비모양 삼, 적실 첨, 담글 첨

𩃬 비 올 홀

𩃰 소나기 상

𩃩 가랑비 석, 싸라기 눈 석, 이슬비 석

䨲 구름 성할 엄

霌 장마 주 (水)

霻 이슬이 많을 단, 탄

𩃗 큰비 붕

靘 여신 이름 청

𩃑 이슬 성할 현

𩂷 빗소리 랍

𩃭 霰[싸라기 눈 선]과 같음

𩃢 零[떨어질 령]과 같음

𩃟 霽[갤 제]와 같음

𩄎 구름의 형상 대

𩃛 電[번개 전]과 같음

𩃋 장마 함

𩃙 사람 이름 굉

𩅉 큰 구름 둔

𩃶 몽송하 송(내몽고에 있는 강 이름)

𩃍 큰 비 타

𩃝 앞 글자와 같음

𩃄 눈 내리는 모양 첩

⑨ 획

霘 물살 급할 동 물결 빠를 동

霝 비 올 령, 비 내릴 령 떨어질 령, 좋을 령

霜 서리 상, 가루 상, 흴 상, 고결할 상 常(水)

霙 진눈깨비 영, 눈 영 싸라기눈 영 (水)

𩄇 흐릴 음 날씨 흐릴 음

霞 노을 하, 붉을 하 안개 하, 술 하(水)

霟 물살 급할 홍 물결 빠를 홍

䨞 빗소리 우

𩃵 젖을 염

𩄓 괸 물 와, 소발자국에 괸 물 와

𩅰 구름 모양 발

𩄊 구름낄 대 구름 모양 대

霚 霧[안개 무]의 本字

𩄣 靈[신령 령]의 古字

𩄤 靄[아지랑이 애]와 같음

𩅆 구름 성할 비, 배

𩃨 큰비 삽

䨉 장마 후

𩃸 구름 필 담 먹구름 담

霚 霾[흙비 올 매]의 古字

霍 비에 젖은 가죽 박

雰 안개 분, 눈 내릴 분

霤 비 올 적
비 모양 독

䨮 電[번개 전]의 古字

䨩 靈[신령 령]의 古字

䨝 雹[누리 박]과 같음

䨳 霽[갤 제]와 같음

䨫 霙[진눈깨비 영]과 같음

䨢 구름의 모양 담

霢 霢[가랑비 맥]과 같음

䨥 霏[눈 펄펄 내릴 비]의 古字

需 젖을 유

䨺 짐승이름 유

䨦 霠[흐릴 음]과 같음

⑩ 획

霤 낙숫물 류, 물방울 류, 물받이 류

霢 가랑비 맥
땀 흐를 맥

霡 앞 글자와 같음

霿 우렛소리 몽

雱 滂[비 퍼부을 방]과 같음

霣 떨어질 운, 쇠할 운
드리울 운, 죽을 운(水)

霘 구름 뻗힐 옹

䨞 장마 함

䨯 빗소리 자

䨰 구름 일 진

䨮 가랑비 석

霍 소낙비 확, 쌍 척

䨲 빗소리 차

䨴 눈 하얄 애

䨵 霠[흐릴 음]의 訛字

䨶 숨을 추, 우레 추

䨷 비 심하게 올 전

霝 부슬비 내릴 렴
장마 렴

䨸 큰비 구

䨹 雷[우레 뢰]의 古字

䨺 앞 글자와 같음

䨻 覇[으뜸 패]와 같음

䨼 靈[신령 령]과 같음

䨽 霾[흙비 올 매]와 같음

䨾 빗소리 봉

䨿 霰[싸라기눈 선]과 같음

靆 霴[구름 낄 대]와 같음

䩀 霆[천둥소리 정]과 같음

䩁 竈[부엌 오]와 같음

䩂 霙[진눈깨비 영]과 같음

霖 霖[비 그치지 않을 렴]과 같음

䩃 우렛소리 륭

䩄 霧[안개 무]와 같음

䩅 구름 모양 표

䩆 구름 흩어질 학

䩇 무지개 후

⑪ 획

霧 안개 무, 날 무
어두울 몽 常(水)

霦 옥 광채 빈 (水)

霫 비 올 습
종족 이름 습

霨 구름 일 위

霪 장마 음, 눈물이 계속 흐를 음(水)

䨤 사람 이름 익

霩 갤 확, 광활할 확

霡 비 올 막

䨧 霢[가랑비 맥]과 같음

䨨 電[번개 전]과 같음

霏 구름 비

䨕 비 올 루

霋 비 올 책

霰 구름 일 발

霸 무서리 점 이른 서리 점

霄 霄[하늘 소]와 같음 (水)

䨮 雪[눈 설]의 本字

霿 구름 빛 망

䨚 이슬 성할 전 이슬 많은 모양 단

䨩 비 올 상

䨦 소나기 록

霶 큰비 방

䨴 䨴[구름 짙을 대]와 같음

䨱 蔀[차양 부, 덮을 부]와 같음

䨲 電[번개 전]과 같음

䨫 구름 진

䨭 雹[우박 박]과 같음

䨥 覈[핵실할 핵]과 같음

䨤 霤[낙숫물 류]와 같음

霘 비 지적거릴 중 가랑비 중

䨵 寖[잠길 침]과 같음

⑫ 획

䨻 구름 많이 낀 모양 담, 이슬 많을 담

䨼 앞 글자와 같음

䨺 큰비 등

露 이슬 로, 적실 로 드러낼 로 常(水)

覆 물 흘릴 복 물 엎지를 복

霰 싸라기눈 선, 산 (水)

䨘 앞 글자의 本字

䨶 상서로운 구름 휼 서운(瑞雲) 휼

䨷 黤[검푸를 암]과 같음

䨸 기운이 왕래할 중

䨹 雹[우박 박]의 古字

䨽 진흙 남

䨾 비 올 타

䨿 못 박, 비 박

䩀 구름 일 대

䩁 䨴[구름 짙을 대]와 같음

䩂 사람 이름 완

䩃 霶[가랑비 중]의 訛字

䨄 구름 맡은 귀신 륭 우렛소리 륭

䨢 가랑비 사

䨧 빗소리 심, 장마 잠

䨨 앞 글자와 같음

䨩 靆[구름 낄 체]와 같음 (水)

䨪 零[떨어질 령]과 같음

䨫 靆[구름 낄 체]와 같음

䨬 䨴[구름 짙을 대]의 俗字

䨭 靂[벼락 력]과 같음

䨮 霤[낙숫물 류]와 같음

䨯 霜[서리 상]과 같음

䨰 渥[두터울 악]과 같음

⑬ 획

䨱 가랑비 미

霹 벼락 벽, 천둥번개 별 이름 벽 (水)

䨲 비 올 집 뭇소리가 빠를 집

霸 으뜸 패, 우두머리 패, 초승달 백 (水)

䨳 覈[핵실할 핵]과 같음

䨴 가랑비 첨

䨵 이슬 함초롬 할 농 이슬많이내린모양농

䨶 䨻[구름 많이 낀 모양 담]과 같음

䨷 큰비 박

䨸 소낙비 확 큰 비 확, 역확 확

𩅦 실구름 회, 비 회

𩅧 빗소리 자

𩅨 앞 글자와 같음

䨴 구름기운 옹

霶 滂[비 퍼부을 방]과 같음

𩅸 비 올 삽

𩅬 음력 시월(十月) 양

𩆝 龗[용 령]의 古字

𩆞 앞 글자와 같음

𩅤 震[우레 진]의 古字

𩅏 靈[신령 령]과 같음

䨬 장마 렴

𩅹 霤[낙수물 류]와 같음

𩆉 霪[장마 음]과 같음

𩆍 우렛소리 정

⑭ 획

霾 흙비 올 매, 가릴 매 숨을 매, 묻힐 매

霿 하늘에 안개 자욱할 무, 어두울 몽

霽 갤 제, 밝고 맑을 제, 노여움 풀 제 (水)

𩆷 구름낄 희, 흐릴 희

𩆶 가랑비 산 이슬비 산

𩆄 사람의 정수리뼈 령

䨲 토끼새끼 누 성씨 안

霼 비 갤 희

霴 검은 구름 낄 대 먹구름 대

𩆅 함초롬할 만, 비·이슬 많이 내릴 만

靀 가는 비 몽 보슬비 몽

𩆇 零[떨어질 령]과 같음

𩆊 雹[우박 박]과 같음

𩆋 눈 내리는 모양 보

霛 하늘 령, 공중 령

𩆌 霤[낙수물 류]와 같음

⑮ 획

𩆓 장마 담

𩆘 비 올 산

靁 雷[우레 뢰]와 같음

𩆜 霰[싸라기눈 선]과 같음

𩆡 䨮[가랑비 섬]의 俗字

𩆢 澍[단비 주]와 같음

⑯ 획

靂 벼락 력, 벽력 력 (水)

靈 신령 령, 귀신 령, 무당 령, 하늘 령 常 (水)

靇 우렛소리 롱

靄 아지랑이 애, 노을 애, 운무 애, 알 (水)

靆 구름 낄 체, 돋보기 체, 가볍게 날릴 체

靃 빠르게 나는 새 깃 소리 확, 연약할 수

霵 비 올 집

靅 구름 성할 비 구름낄 비

䨺 𩇕[구름 짙을 대]의 俗字

𩆩 霾[흙비 올 매]와 같음

𩅾 霰[싸라기눈 선]의 本字

𩆵 가랑비 첨

⑰ 획

靉 구름 낄 애, 어둑어둑할 애, 안경 애 (水)

𩇎 가랑비 사, 빗방울이 처음 떨어질 사

䨮 부슬비 내릴 섬 가랑비 섬

𩇋 구름 모양 은

𩇈 큰 비 착, 탁

𩇊 羇[나그네 기]와 같음

𩇘 靈[신령 령]과 같음

𩇉 이슬 많을 양

⑱ 획

𩇝 비 오는 모양 쌍 쌍 쌍

䨻 구름 맡은 귀신 풍 풍륭 풍

霣 實[떨어질 운]의 古字

䨶 이슬 함초롬할 농

霿 霾[흙비 올 매]와 같음

⑲ 획

靂 비 그치지 않을 력

霱 빠른 모양 숙

靌 寶[보배 보]와 같음 (金)

㉑ 획

靃 霩[갤 확]과 같음

靇 비 올 집

靐 雹[우박 박]과 같음

㉓ 획

靆 보슬비 섬

㉘ 획

靉 구름의 모양 퇴 구름 성할 퇴

㉚ 획

靊 震[우레 진]의 古字

㉛ 획

靐 우렛소리 빙

㉜ 획

靋 雷[우레 뢰]의 古字

靑部

靑 푸를 청, 대껍질 청 젊을 청 常(木)

青 앞 글자와 같음 (木)

③ 획

靕 뜻 정, 속삭일 정 마음 정, 욕망 정

彭 청정할 정, 정담 정 조출하게 꾸밀 정 (木)

④ 획

靔 天[하늘 천]과 같음

⑤ 획

靖 꾀할 정, 다스릴 정 편할 정 (木)

靖 앞 글자와 같음

靕 품행 바를 진 (木)

⑥ 획

靘 검푸른빛 정 단장할 정 (木)

静 靜[고요할 정]의 略字 (木)

靗 엿볼 정, 번역할 정 깊을 정, 바로 볼 정

靗 바로 볼 정

⑦ 획

靚 단장할 정, 꾸밀 정 고요할 정 (木)

⑧ 획

靛 쪽빛 전, 청대 전 (木)

靜 고요 정, 안정할 정, 적정할 정 常(木)

瀞 찰 청, 차가울 청

靝 天[하늘 천]과 같음

⑨ 획

瀙 찰 친, 추울 친

⑩ 획

靝 天[하늘 천]과 같음

靐 채색할 압

⑬ 획

靝 적청색 슬 (木) 푸르고 붉을 슬

⑭ 획

雘 푸른빛의 안료 호 곱게 푸를 호

非部

非 아닐 비, 어긋날 비 그를 비 常(水)

⿲非 卯[토끼 묘]의 古字

① 획

韭 부추 구 [韭部]

② 획

⿲非 卯[토끼 묘]의 古字

⿱非一 앞 글자와 같음

剕 발 벨 비 발 자를 비 [刀部]

厞 더러울 비 후미진 곳 비 [厂部]

③ 획

奜 클 비 [大部]

婓 계집종 비 [女部]

屝 짚신 비 [尸部]

⿱大非 클 배

⿱非己 나눌 비

⿱非巾 숨을 비

⿸广非 숨을 비

⿱非子 가벼울 비

④ 획

靟 가는 털 비 솜털 비

悲 슬플 비, 자비심 비 [心部] 常(火)

棐 도지개 비, 도울 비 얇을 비 [木部] (木)

⿱非巴 나눌 비, 탁비 비 살찔 비

⿱非火 티끌 비

⿱非手 손 없을 비

⿱木非 나쁠 잡, 몹쓸 잡

⿱非大 瑟[비파 슬]의 古字

⿱非帀 師[스승 사]의 古字

斐 문채 비, 가벼울 비 경쾌할 비 [文部] (木)

⑤ 획

⿱非古 하남성에 있는 산 이름 고

⿱我非 我[나 아]와 같음

⑥ 획

蜚 비렴 비, 초종 비, 날 비, 바퀴 비 [虫部](水)

裵 성씨 배, 옷 치렁치렁할 배 [衣部] (木)

裴 앞 글자와 같음(木)

翡 비취 비, 옥 이름 비 [羽部] (火)

⑦ 획

⿱集非 나쁠 잡, 몹쓸 잡

輩 무리 배, 차례 배 견줄 배 [車部] 常(火)

霏 눈 펄펄 내릴 비 [雨部]

靠 기댈 고, 어길 고(水) 붙일 고, 등질 고

⿱非告 앞 글자와 같음

⿱非棐 棐[도지개 비]의 訛字

⿱非貝 장할 비, 성할 피

⑧ 획

⿱非番 䪤[달래 번]의 訛字

⑨ 획

⿱非食 보리밥 먹을 비 [食部]

⑪ 획

靡 없을 미, 쓰러질 미 따를 미, 뻗을 미(水)

⑫ 획

⿰番非 䪤[달래 번]의 訛字

⿱非毳 가는 털 비 털 헝클어질 비

⿱非共 共[한가지 공]의 古字

面部

面 낯 면, 앞 면, 면전 면, 방면 면 常(火)

𠚑 앞 글자의 本字

靣 앞 글자의 俗字

② 획

勔 힘쓸 면, 권할 면 [力部]

③ 획

⿰面干 皯[기미 낄 간]과 같음

⿰面寸 耐[견딜 내]의 訛字

⿰面刃 부끄러운 얼굴 뉵

④ 획

⿰面巴 얼굴이 누를 파

⿰面今 머리 내릴 함, 머리 나온 모양 함

⿰面丑 부끄러울 뉵

⿰面丰 면종날 방, 얼굴이 부을 방

⿰面冘 둔할 담, 완고하고 옹졸할 담

⿰面尤 앞 글자와 같음

⿰面冗 앞 글자와 같음

⿰面比 얼굴 시

⑤ 획

靤 면종 포(面腫), 수포 포

⿰面未 얼굴 모양 매, 얼굴 매

⿰面旦 靦[부끄러워 할 전]과 같음

⿰面巧 낯 추할 초, 낯 비뚤 초

⿰面幼 얼굴 추할 유

⿰面皮 너그러울 전

⿰面反 부끄러워할 란

⿰面乍 얼굴의 주름살 잔, 늙을 잔

⿰面占 얼굴 더러울 점

⿰面令 불그레한 얼굴 함

⑥ 획

⿰面舌 얼굴 작을 활

⿰面并 얼굴빛 누를 병

⿰面自 낯 더러울 퇴

⿰面叚 부끄러워할 난

⿰面刍 皺[주름 추]와 같음

⿱勔灬 醮[초례 초]와 같음

⿰面辰 혈색 좋은 얼굴 육

⑦ 획

⿰面甫 빰 보, 간지뼈 보

⿰甫面 앞 글자와 같음

⿰面每 얼굴 통통할 회

靦 뻔뻔스럴 전 (火), 부끄러워할 면

⿰面巠 완고할 형

⿰面忽 수심 띤 낯빛 닉, 근심스러울 녹

⿰面含 얼굴 붉을 함

⿰面足 같을 촉, 가지런할 촉

⿰面夋 얼굴 못날 사, 얼굴 추할 사

⿰面免 얼굴 더럽힐 만

⑧ 획

⿰面官 얼굴 비뚤 완

⿰面宛 눈뜰 원, 눈매 예쁜 모양 원

⿰面宜 단정한 낯 의, 얼굴 모양 의

⿰面周 익힐 조, 익숙해질 조

⿰面奄 얼굴의 사마귀 암

⑨ 획

⿱山面 얼굴 넓을 산

⿰面面 완악한 모양 면

䩒 슬퍼할 암

𩈴 얼굴 길 람

𩈿 얼굴 빨개질 난, 무안할 난

⑩ 획

𩉁 얼굴 추할 구

𩈾 피 묻을 면, 피땀 면, 진땀 면

⑪ 획

𩉃 얼굴 길 잠

𩉄 얼굴 푸를 마, 부끄러울 마

𩉅 슬플 참

𩉆 낯 짧을 출

𩉇 부종 람

⑫ 획

靧 세수할 회

𩉈 낯빛 누를 전

𩉂 靨[보조개 엽, 사마귀 염]과 같음

𩉉 앞 글자와 같음

𩉊 파리할 초

𩉋 앞 글자와 같음

𩉌 얼굴 흴 료

𩉍 둥근 얼굴 선

𩉎 젊은 얼굴 빛 년, 앳된 얼굴 년

𩉏 帢[모자 갑]과 같음

⑬ 획

𩉐 靦[부끄러워할 전]과 같음

𩉑 慈[사랑할 자]와 같음

⑭ 획

𩉒 부끄러워할 마, 성길 마

𩉓 빛 약할 점

靨 보조개 엽, 점찍을 엽, 사마귀 염 (火)

⑮ 획

𩉔 겉이 푸를 마, 얼굴 푸를 마, 모욕 마

𩉕 얼굴 작을 멸

⑰ 획

𩉖 짧은 얼굴 점, 얼굴 모양 점

⑲ 획

𩉗 마라 라, 겉이 푸른 모양 라

𩉘 겉이 푸를 마, 모욕 마, 마라 마

革部

革 가죽 혁, 고칠 혁, 갑주 혁 常(金)

② 획

靪 신 창받이 할 정, 말 안장 발걸이 정

勒 굴레 륵, 억누를 륵, 재갈 륵 [力部](金)

③ 획

靬 전동 간, 토시 한, 유마 부속품 건

靰 가죽신 올, 올랍 올

靭 질길 인 (金)

靮 고삐 적

靫 전동 채, 차

𩊁 졸라맬 흘, 옹이 걸

𩊂 앞 글자와 같음

𩊃 가죽 규

靯 수레 안의 깔개 두

𩊄 鞃[거식의 손잡이 굉]과 같음

𩊅 큰 띠 우

𩊆 앞 글자와 같음

④ 획

靳 가슴걸이 근, 인색할 근, 조롱할 근 (金)

靲 신들메 금, 신끈 금 대 껍질 금

靸 신 삽, 신발 질질끌 삽, 저급품 삽

靷 안전띠 인, 가슴걸이 인 (金)

靶 고삐 파, 자루 파 과녁 파, 줌통 파

靴 신 화, 목화 화 가죽신 화 (金)

靺 안갑 갈, 언치 갈

靿 안장 격

靦 말 굴레 면

靹 바퀴통 치장 기 신발 기

靫 주머니 교

靵 紐[끈 뉴]와 같음

靬 멍에 얽는 가죽 현 수레의 덮개 살 현

靲 들메 타 신 뒤축 타

靱 鞃[가죽 굉]과 같음

靽 안장 치장할 봉 봉용 봉

鞁 鼓[북 고]의 古字

鞀 앞 글자와 같음

鞂 털 장식 용

鞃 수레 묶는 가죽 필

鞅 나막신 앙 단단할 경

鞄 바퀴통 장식 기 늘어진 껑거리 지

鞅 鞮[가죽신 제]와 같음

鞆 앞 글자와 같음

鞇 鞦[사포 새]와 같음

鞈 부드러울 납

鞉 軛[멍에 액]과 같음

鞊 신 옹

鞋 鞦[신발통 요]와 같음

鞌 覇[으뜸 패]와 같음

⑤ 획

鞍 볏짚 갈

鞎 수레 앞턱 가로 나무 감은 가죽 굉

鞏 부드러운 가죽 단 무두질할 달 (金)

鞐 노도 도, 소고 도 (金)

鞑 버선 말, 적황색 말 종족 이름 말 (金)

鞒 밀치끈 반

鞓 가슴걸이 앙 원망할 앙 (金)

鞔 조위 안장 예 고삐 예

鞕 앞 글자와 같음

鞖 가죽신 요 신발통 요

鞗 말 굴레 조

鞘 안장 장식 첩 첩섭 첩, 장니 첩

鞙 혁공 포, 북채 포 (金) 무두질하는 장인 박

鞚 앞 글자의 俗字

鞛 가슴걸이 피, 마구 비, 껍질 필 (金)

鞜 칼집 현, 수레 멍에 동이는 끈 현

鞝 가죽신 제

鞞 안갑 거, 안장 거

鞟 고삐 늘어질 니 연할 니

鞠 밀치끈 타

鞡 앞 글자와 같음

鞢 큰 띠 신

鞣 수레 묶는 가죽 필 고삐 비

鞤 투구 주

鞥 수레 뒷가죽 불

鞦 꽃잎 많은 모양 합

鞧 가죽 다루는 장인 포

鞨 말 안장 구

鞩 고요할 벽

鞪 신 원

鞫 양의 새끼 령

鞬 가죽신 말

鞏 투구 주
鞊 鼓[북 고]의 俗字
鞆 활 팔찌 병
鞁 방패 발
鞊 득봉자 봉(악곡의 이름)
鞄 돋은 부스럼 보 돋을 보

⑥ 획

鞏 묶을 공, 단단할 공 도리 공 (金)
鞊 가슴걸이 길
鞉 노도 도, 소고 도
鞍 안장 안 땅 이름 안(金)
鞌 앞 글자와 같음
鞈 굳을 갑, 화살막이 갑, 북소리 탑
鞋 가죽신 혜, 신 혜 (金)
鞎 수레 가리개 흔
鞃 鞯[털장식 용]의 俗字
鞐 가죽 다룰 양
鞕 鞢[조위 안장 예]와 같음
鞍 가죽주머니 교
鞇 나막신 인
鞐 띠 치장할 과, 대구 과, 차 이름 과

鞼 뿔 고르지 않을 궤 외뿔 귀
鞞 가죽띠 병
鞇 수레에 까는 겹요 인, 깔개 인
鞦 다룸가죽 이 무두질한 가죽 이
鞟 전동 치장할 동
鞖 鞴[말 굴레 면]의 訛字
鞛 거식(車軾)의 덮개 복
鞜 가죽끈 락 가죽 올 락
鞢 신 뒤축 타 신들메 타
鞋 볕양산 끈 지 일산 끈 지
鞐 앞 글자와 같음
鞚 鞅[가슴걸이 앙]의 俗字
鞪 皺[주름 추]와 같음
鞡 狩[사냥할 수]와 같음
鞊 딱지 하

⑦ 획

鞔 신 만, 가죽 펼 만 덮을 만, 괴로울 만
鞓 가죽띠 정
鞭 앞 글자와 같음
鞗 고삐 조
鞗 앞 글자와 같음

鞘 칼집 초, 나무통 초 말채찍 초, 소(金)
鞙 멍에끈 현, 매달 현 패옥의 모양 현
鞛 봉용 봉 안장의 장식 봉
鞈 가죽신 겹, 겹사 겹
鞀 수레에 까는 자리 두
鞢 짚신 도 신바닥 깔개 도
鞕 硬[굳을 경]과 같음, 채찍 편
鞨 단단히 맬 혈 쇠다리 묶을 혈
鞮 말 배띠 탄, 띠 탄 가죽신 전
鞴 가죽신 보
鞔 기울 태, 덮어 쓸 태
鞘 말 꼬리 사(馬尾) 사포 사
鞖 말 안장 술 쇠
鞡 굳을 색
鞞 장화 폐(長靴)
鞊 단단히 맬 혈
鞉 鞉[노도 도]와 같음
鞄 韜[감출 도]와 같음
鞢 무두질한 가죽 철

⑧ 획

鞚 재갈 공, 굴레 공 말몰 공, 말 공

鞠 공 국, 기를 국, 어릴 국, 궁궁이 궁 (金)

鞡 가죽신 랍, 올랍 랍

鞛 칼 아랫장식 봉

⿰革咅 앞 글자와 같음

鞞 마상북 비, 칼집 병

鞝 말다래 창

鞜 가죽신 탑 북소리 탑

⿰革昔 헌 신 석

⿰革長 활집 창

⿰革宛 우물 치는 두레박 원

⿰革非 풀무 패

⿰革匋 북통 도

⿰革取 묶을 추

⿰革兩 緉[신 한 켤레 량]과 같음

⿱臤革 굳을 간, 단단한 물체 깨지는 소리 간

⿰革敝 칼집 치장할 별

⿰革𡿺 부드러운 가죽 노

⿰革或 갖옷의 솔기 역

⿰革奄 아이 신 압, 수레에 딸린 제구 압

⿰革戔 韀[언치 천]과 같음

⿰革易 흰 신 역

⿰革居 居[살 거]와 같음

⿰革奇 굴레 기

鞉 날개로 덮을 소

⿰革屈 딱딱할 굴, 굳셀 굴

⿰革彔 화살통 록

⿰革念 대발 녑, 대바자 녑

⿰革參 밀치끈 늘어질 삼

⿰革朋 가슴걸이 붕

⿰革隹 鞋[가죽신 혜]와 같음

⿰革黍 撻[칠 달]의 俗字

⿰革桼 韘[언치 섭]의 俗字

鞟 鞹[무두질한 가죽 곽]의 略字

⿰革官 말에 쓰는 기물의 총칭 관

⿰革周 깃대의 싸개 조

⑨ 획

鞨 말갈 갈, 말건 말 (金)

鞬 동개 건, 간직할 건 묶을 건, 제기 건 (金)

鞫 국문할 국, 곤궁할 국, 물가 언덕 국 (金)

鞪 투구 무

鞤 幇[도울 방]과 같음

鞢 언치 섭, 말고삐 섭 꽃잎 많은 모양 잡

⿰革弇 가죽고삐 압

⿰革軍 가죽 다룰 운 북 매는 장인 운

鞣 무두질한 가죽 유 짓밟을 유 (金)

鞮 가죽신 제, 제루 제 통역할 제

鞦 그네 추, 밀치 끈 추 동물의 사타구니 추 (金)

鞭 채찍 편, 매질할 편 대뿌리 편 (金)

⿰革复 가죽띠 복

⿰革畐 앞 글자와 같음

⿰革面 굴레 면

⿰革亟 급할 극

⿰革咠 鞙[매달 현]의 訛字

⿰革室 칼집 실

⿰革封 수레 가에 대는 가죽 봉

⿰革亘 가죽신 훤, 골 훤

⿰革帝 항상 제

⿰革胃 가죽그릇 율

⿰革叚 신 뒤축 하

⿰革段 신들메 끈 단

⿰革皆 북 이름 개

⿰革致 신바닥 치

鞧 緧[껑거리 추]와 같음

䩮 부드러운 가죽 니

鞧 남을 유

鞱 소로 배 끌 도

鞨 굴레 양
말머리 장식 양

鞔 신 만, 괴로울 만
덮을 만

鞖 가죽 다룰 수
부드러운 가죽 수

鞥 전동 호

鞻 말고삐 주

鞥 軒[추녀 헌, 초헌 헌]과 같음

鞭 딱딱할 경

鞘 鞘[칼집 초]와 같음

鞄 鞄[혁공 포]와 같음

鞿 鞿[굴레 복, 조복 복]의 訛字

鞽 鞹[무두질한 가죽 곽]과 같음

韡 밝고 성한 모양 위

鞻 급하게 말 부릴 종

⑩ 획

韝 韝[깍지 구]와 같음

韜 韜[감출 도]와 같음(金)

鞶 큰 띠 반, 주머니 반, 뱃대끈 반

鞴 말 채비할 비(金)
전동 보, 풀무 배

鞴 앞 글자와 같음

鞹 鞹[무두질한 가죽 곽]과 같음

鞾 앞 글자와 같음

韞 쌓을 온, 은혜 온
여자의 신 이름 온

鞳 종고소리 탑

鞻 앞 글자와 같음

鞵 생 가죽신 혜, 鞋[신 혜]와 같음

鞓 鞓[참마의 기구 정]의 訛字

鞼 말고삐 귀

鞦 묶을 추

鞻 연한 가죽 수

鞘 가죽 자물쇠 쇄

鞳 병장기 탑
褟[옷 답]과 같음

鞻 가죽신 삭, 앞이 터진 가죽신 삭

鞤 幇[도울 방]과 같음

鞾 안장 치장 용
털 많을 용

鞹 꽁꽁 묶을 학
졸라맬 학

鞼 장화나 버선의 몸통 옹

鞾 앞 글자와 같음

鞼 날가죽 공

鞈 가죽신 갑

鞾 가죽주머니 박
끈 박

鞔 두레박 원

鞠 鞫[소경 고]와 같음

鞞 鞞[칼집 병]과 같음

鞛 韃[매칠 달]의 俗字

鞽 鞽[장대 교]의 俗字

鞷 악기 이름 격

鞸 鞸[껍질 필, 마구 비]와 같음

⑪ 획

鞹 무두질한 가죽 곽(金)

鞽 앞 글자와 같음

鞺 종고 소리 당

鞻 주나라 악관 이름 루, 제루 루

鞿 석차 차(약초 이름)

韠 슬갑 필, 칼집 병(金)

韃 가죽신 사

韃 앞 글자의 本字

鞼 신 막, 가죽 막

鞼 마른 가죽 용

鞼 안장 가죽 쇠

鞼 미세할 책, 가늘 책

鞺 북소리 봉, 꿰맬 봉

䩻 簏[책상자 록]과 같음

鞺 말다래 장

鞻 가죽이 질길 락

鞻 오랑캐창 우 동개 우

鞻 가죽신 속, 삭

鞻 깃발 삼

鞻 무용신 루 악관 이름 루

鞻 무두질한 가죽 수

鞻 鞄[혁공 포]와 같음

鞻 鞉[소고 도]와 같음

鞻 韅[말 뱃대끈 현]과 같음

鞻 覲[뵐 근]의 俗字

鞬 鞬[동개 건]의 訛字

鞻 鞠[기를 국]과 같음

鞻 韉[언치 천]의 俗字

鞻 鞭[채찍 편]과 같음

⑫ 획

鞻 고삐 격, 굴레 격

鞽 장대 교, 말 안장 튀어나온 부분 교

鞿 재갈 기, 속박할 기

鞼 북 분

鞼 방패끈 궤, 꺾을 궤 무늬있는 가죽 궤

鞼 짚신 매

鞼 수레 안갑 관

鞼 쇠굴레 끈 복 머리 돌려 맬 복

鞼 鞼[오랑캐양 누]의 俗字

鞼 전동 장식 동 수레 장식 동

鞼 신 석

韡 수놓은 여자 신 화 신 위

鞼 앞 글자와 같음

鞼 앞 글자와 같음

鞼 오랑캐의 술그릇 돈, 길돈 돈

鞼 밀치끈 늘어진 모양 삼

鞼 煌[빛날 황]의 古字

鞼 鐙[등자 등]과 같음

鞼 鞳[종고 소리 탑]과 같음

⑬ 획

韁 고삐 강 (金)

韃 종족 이름 달 매질할 달 (金)

韀 韉[언치 천]과 같음

韂 말다래 첨

韅 연할 체 부드러울 체

鞼 장화나 버선의 몸통 옹

鞼 누룩 국

鞼 가죽 달 무두질할 달, 단

鞼 신발 머리 장식 억 신발 장식하는 실 억

鞼 짚신 방

鞼 鞴[풀무 비]와 같음

鞼 韣[활집 독, 촉]과 같음

鞼 轖[기 맺힐 색]과 같음

鞼 綫[인끈 수]와 같음

韚 가죽신 탁, 삭탁 탁

韰 수레 멍에 동이는 끈 해

鞼 倔[고집 셀 굴]과 같음

鞼 靷[가슴걸이 인]과 같음

鞼 鞨[말갈 갈]의 俗字

韄 고리 환, 동전 환

⑭ 획

韅 말 뱃대끈 현

韄 칼끈 획, 칼장식 호, 획, 속박할 호, 획

鞼 가죽신 유, 신 유

鞼 고삐 늘어질 니, 녜

韝 언치 추 가슴걸이 추
韛 두박 박
韥 무늬 있는 가죽 궤 꿰음 궤
韆 허리띠 견 가죽띠 견
韤 소 목걸이끈 복
鞹 단단한 가죽 락 가죽이 질길 락
韅 靷[가슴걸이 인]과 같음
韇 앞 글자와 같음
韉 털장식 용

⑮ 획

韣 전동 독, 시초통 독 동개 독
韆 그네 천 (金)
韊 언치 지
韘 말굴레 렵
韈 버선 말 버선 신을 말
韉 끌채 묶는 끈 찬
韊 말 안장 술 수
韉 鑣[재갈 표]와 같음

⑯ 획

鞠 鞠[기를 국]과 같음
韞 韗[가죽 다룰 운]과 같음
韛 말 언치 롱 굴레 롱
韡 줄 위, 노끈 위
韣 韇[무늬 있는 가죽 궤]의 本字
韊 녹로 로

⑰ 획

韉 언치 천, 말 천
韝 수레 안에 까는 자리 박, 두박 박
韆 鞬[동개 건]과 같음
韆 앞 글자와 같음
韂 언치 참, 안갑 참
韊 전통(箭筒) 란 화살통 란
韉 氈[모전 전]과 같음
韘 鞢[언치 섭]과 같음, 섭섭 섭

⑱ 획

韉 늘어질 쇠 선후걸이 쇠, 수

韉 가죽신 속

⑲ 획

韉 끌채 묶는 끈 찬
韆 躧[신 사]와 같음

㉑ 획

韊 전통(箭筒) 란 화살통 란
韆 靷[가슴걸이 인]과 같음

㉓ 획

韅 韅[말 뱃대끈 현]과 같음
韆 앞 글자와 같음

㉔ 획

韉 韇[고삐 격]과 같음
韊 鞹[무두질한 가죽 곽]의 本字

㉙ 획

韉 수레 멍에 동이는 끈 찬

韋部

韋 다룸가죽 위, 아름 위, 어긋날 위 (金)

③ 획

韌 질길 인 (金)

韌 韌[질길 인]과 같음

④ 획

韍 주머니 교

韍 거식 비(車軾)

韐 靲[신들메 금]과 같음

韶 연할 납, 약할 납

韍 꺽두기 삽, 신 삽 저급품 삽

韍 주머니 군

⑤ 획

韎 가죽 매, 꼭두서니 매, 버선 말

韎 앞 글자와 같음

韍 폐슬 불, 인끈 불 (金)

韍 활집 도, 정낭 도 감출 도, 속박 도

韍 활도지개끈 비

韍 鞄[혁공 포]와 같음

韍 도끼집 월

韍 자루막 가죽 척, 칼 자루 감는 가죽 척

韍 가죽신 타

韍 관 매는 줄 불

韍 坯[산 이름 배]와 같음

韍 슬갑 주 가죽바지 주

韍 첩섭 첩(허리띠 금속 장식)

韍 우물 치는 두레박 원

⑥ 획

韐 슬갑 겹, 합 폐슬 겹, 합

韏 가죽 분파할 권 가죽 주름 권

韍 묶을 근

韍 어기어질 혜 수놓을 혜

韍 주머니 교

韍 수레 앞턱나무 복

韍 북 만드는 장인 훤

韍 韝[팔찌 구]와 같음

韍 신 뒤축 타

韍 鞇[깔개 인]과 같음

韍 바르지 아니할 위

⑦ 획

韍 鍛[근피 단]의 訛字

韍 잠방이 부

韍 鞘[칼집 초]와 같음

韍 韐[슬갑 겹, 합]과 같음

韍 묶을 위

韍 주머니끈 혜

⑧ 획

韔 활집 창

韓 나라 한, 한나라 한 한국 한 常 (金)

韍 굽을 권

韍 꿰맬 역, 갖옷 역

韍 우물 치는 두레박 원

韍 풀무 배

韍 가죽신 타

韍 쌀 국

韍 골무 답

韍 부드러울 포

韍 깍지 섭, 준설할 섭

韍 韙[바르지 아니할 위]의 訛字

韍 둥글게 도는 모양 돈

韍 鞞[칼집 병]과 같음

⑨ 획

韍 멍에싸개 박

韘 깍지 섭, 준설할 섭

韗 가죽장인 운, 훤

韍 앞 글자와 같음

韍 앞 글자와 같음

韝 韝[깍지 구]와 같음

韙 바를 위, 옳을 위 아름다울 위(金)

䪌 앞 글자와 같음

韖 질길 유

𩏂 신 뒤축 실 하

𩏄 신 뒤축 끈 단

𩏧 다룸가죽 연

𩏤 급할 극

𩏡 韜[감출 도]와 같음

𩏪 韞[감출 온]의 俗字

𩏟 밝고 성한 모양 위

⑩ 획

韝 깍지 구, 팔찌 구 가죽풀무 구(金)

韜 감출 도, 포용할 도 활집 도, 팔찌 도(金)

韞 감출 온, 갈무리할 온, 적황색 온(金)

𩏿 멍에 가죽싸개 박

𩐁 묶을 위

䪋 무늬가 있는 다룬 가죽 위

𩏫 韓[한나라 한]의 本字

𩐀 갖옷 답, 탑

䪚 골무 답, 탑

𩏾 굴대 빗장 할 비녀장 할

𩐇 장화나 버선의 몸통 옹

韟 자루 고

⑪ 획

韠 슬갑 필, 폐슬 필(金)

𩐃 안장 쇠

𩐆 묶을 소

韛 풀무 배, 전동(箭筒) 복

𩐄 앞 글자와 같음

䪢 자루의 끈 수

䪮 제루 루, 발레신 루 악관 이름 루

𩐌 꽁꽁 묶을 학 졸라 맬 학

⑫ 획

韡 꽃 활짝 필 위 밝고 성할 화(金)

䪴 가죽 펼 청

䪜 길쌈할 귀, 수놓은 가죽주머니 귀

𩐐 거두어 묶을 추

𩐑 가죽 반듯할 번

𩐗 가죽 다룰 귀 줄 귀

𩐒 활집 고, 자루 고

韢 주머니끈 혜 자루 체

⑬ 획

韣 활주머니 독 함 독, 촉

𩐓 신 옹

𩐕 입을 험

𩐖 슬갑 첨, 말다래 첨

𩐔 칼 치장하는 가죽 택

𩐘 轖[기 맺힐 색]과 같음

𩐙 韡[꽃 활짝 필 화, 위]의 本字

⑭ 획

韄 칼 치장하는 가죽 호, 속박할 호, 획

𩐚 잠방이 부

𩐛 수레 아래끈 박 두박 박

𩐜 鞙[말 뱃대끈 현]과 같음

𩐝 무늬있는 가죽 궤 꺾을 궤, 방패끈 궤

⑮ 획

韥 활집 독

韤 버선 말

𩐞 주머니의 끈 수

⑯ 획

𩐪 울금향 울

⑰ 획

韡 수레 아래끈 부 / 복토(伏兎) 보

⑱ 획

韝 거두어 묶을 추

韣 앞 글자와 같음

⑲ 획

韏 다룸가죽 권

⑳ 획

韄 칼 장식가죽 곽

韭部

韭 부추 구 (木)

④ 획

韮 부추 구

韯 악할 잡, 성씨 잡

韰 염교 해, 성씨 해

韱 韲[좁을 해, 빠를 해]의 訛字

⑥ 획

韯 韱[산부추 섬]과 같음

⑦ 획

韲 과감할 해, 좁을 해 / 염교 해, 빠를 해

韲 季[끝 계]의 古字

⑧ 획

韱 산부추 섬, 가늘 섬 (木)

韰 일어날 삽

韲 채 친 나물 제, 뒤섞을 제, 공격할 제

韲 앞 글자와 같음

⑩ 획

齏 무침 제, 양념 제 (木)

韲 앞 글자와 같음

韲 채 친 나물 제, 뒤섞을 제, 공격할 제

韲 앞 글자와 같음

韲 상엿소리 해

⑪ 획

韲 齏[무침 제, 양념 제]와 같음

韲 앞 글자와 같음

韲 앞 글자와 같음

韲 韲[채친나물 제]와 같음

韲 앞 글자와 같음

韲 自[스스로 자]와 같음

⑫ 획

韲 썰은 풋김치 대

韲 달래 번

韲 앞 글자와 같음

⑭ 획

韲 채 친 나물 대 / 썰은 풋김치 대

韲 염교 해

韲 好[좋을 호]의 古字

⑮ 획

韲 季[끝 계]의 古字

音部

音 소리 음, 소식 음 / 음악 음 常 (金)

② 획

竟 마침 경, 마침내 경 / 도리어 경 [立部] 常 (金)

章 글 장, 단락 장 도장 장 [立部] 常 (金)

③ 획

韷 함지 지(황제의 음악 이름)

韸 크게 소리지를 홍 큰 소리 홍

④ 획

韴 외마디 소리 잡

韽 吟[읊을 음]과 같음

韵 韻[운 운]과 같음 (金)

歆 흠향할 흠, 대접할 흠 [欠部] (火)

⑤ 획

韶 풍류 이름 소, 아름다울 소 (金)

韍 풍류 소리 잠시 그칠 불

瓿 집 울리는 소리 봉

韷 소리 시끄러울 력

⑥ 획

韹 소리 고르지 못할 음

韵 손발 마디 울 박

韸 큰소리 홍

韺 악기 매단 끈이 끊어질 축

韸 북소리 방

響 響[소리 울릴 향]과 같음

⑦ 획

韸 북소리 봉, 성씨 봉 북 이름 봉

韽 가는 소리 암 소리 작을 암

韺 풍류 이름 경

韸 물건을 만지는 소리 발

⑧ 획

韽 소리 그칠 녑

闇 문 닫을 암, 어두울 암,새벽 암 [門部] (木)

⑨ 획

韺 풍류 이름 영 음악 이름 영 (金)

韹 음악 소리 황, 횡 놋그릇 소리 앵

⑩ 획

韻 운 운, 소리 울림 운 常 (金)

韷 떠들 추

韸 음악소리 동 종소리 동, 통

韺 작은 소리 영

⑪ 획

韽 작은 소리 암 소리가 작을 암

韾 소리 화할 음, 소리 부드러울 음 (金)

韸 북소리 봉

韸 종소리 동, 통

韺 풍류 이름 경

響 響[울릴 향]의 俗字

⑫ 획

黯 어두울 암 아득할 암 [黑部]

韾 響[울릴 향]과 같음

⑬ 획

響 울릴 향, 소리 마주칠 향 常 (金)

韣 귀머거리 탁

韘 풍류 업

韽 앓는 소리 의

韸 贛[줄 공]의 訛字

⑭ 획

護 구할 호, 대호 호 탕의 음악 호 (金)

韾 칠 향

⑮ 획

韹 소리 광

⑰ 획

霝 소리 령

㉔ 획

韷 소리 령

頁部

頁 머리 혈, 페이지 엽 (火)

頁 頁[머리 혈]의 本字

② 획

頂 이마 정, 꼭대기 정 정수리정, 일정 常(火)

頃 이랑 경, 잠깐 경 요사이 경 常(火)

頄 광대뼈 구, 귀, 규 얼굴 구, 귀

頊 떨 우

頫 쳐다볼 요 우러러 볼 요, 오

③ 획

須 모름지기 수, 수염 수, 기다릴 수 常(火)

順 순할 순, 복종할 순 따를 순 常(火)

頇 대머리 안 얼굴 클 한

頎 머리 깎는 형벌 올

項 목 항, 관의 뒷부분 항, 조목 항 常(火)

頝 털 곁 차, 채

頥 머리통 작을 요

頦 앞 글자의 訛字

頧 빰 밑 개, 볼 개

頓 머리뼈 독, 탁

頏 낯 공, 얼굴 공

頑 광대뼈 굴, 곤 대머리 걸, 곤

頒 머리 움직일 후

頓 머리 환

頤 턱 이, 기를 이 탈날 탈

④ 획

頍 머리 들 규, 고깔비녀 규, 머리 장식 규 (火)

頎 헌걸찰 기, 간절할 간 측은히 여길 간 (火)

頓 조아릴 돈, 깨질 돈 넘어질 돈 (火)

頒 나눌 반, 상줄 반 머리 클 분 (火)

頌 기릴 송, 문체 이름 송, 용모 용 常(火)

預 미리 예, 즐거울 예 맡길 예 (火)

頑 완고할 완, 무딜 완 탐할 완 (火)

頊 삼갈 욱, 굽신거릴 욱 [玉部] (金)

頤 기를 이, 탈날 탈

頙 바를 책, 척

頏 새 날아내릴 항 삼킬 항, 목 항 (火)

頛 귀뿌리 봉 머리 기울 뢰

頠 고요할 와

頾 髮[머리털 발]의 古字

頕 머리털 담

頖 머리 들 앙

頗 髯[구렛나루 염]과 같음

頷 추할 감

頜 광대뼈 굴, 곤 대머리 굴

頡 앞 글자와 같음

頚 굽은 털 배

頞 낯 비뚤 윤

頝 머리 흔들 우

頔 머리 숙일 침

頡 큰 머리 오

頣 顧[가을 하늘 민]과 같음

頪 머리를 물속에 넣을 올, 몰

頟 공자의 머리 우

頮 頪[빠를 뢰, 래]와 같음

頣 頤[턱 이]와 같음

傾 기울 경, 무너질 경 다할 경 [人部] 常(火)

煩 두통 번, 답답할 번 번잡할 번 [火部] 常(火)

頋 顧[돌아볼 고]의 俗字

⑤ 획

領 거느릴 령, 옷깃 령 받을 령 常(火)

䪢 강할 민(火)

頖 학교 이름 반, 나눌 반, 흩어질 반(火)

頔 아름다울 적, 좋을 적, 사람 이름 적

䪼 광대뼈 절 콧마루 졸

頙 바를 책, 정

頗 자못 파, 조금 파 저 피 常(火)

䪴 턱 저

頱 髮[머리털 발]의 古字

䪷 힘쓸 구, 후

䪹 주걱턱 배

頕 쳐진 빰 담 머리 숙일 점

䪽 머리 떠는 병 우

䪾 편편하지 않을 검

䪻 머리가 자유롭지 않을 요

䫀 머리 숙일 미 면점 미, 눈앞 미

頶 소의 쳐진 턱살 호 턱뼈 고

䫂 튼튼할 말 납작한 얼굴 말

䪯 머리 기울이고 볼 가, 하

䪥 뒷빰 현, 뒷볼 현

䪨 턱뼈 갑

頾 구레나룻 염

䪱 머리털 흴 벽

䪺 머리 기울 파

頿 頾[코밑수염 자]와 같음

䪻 고깔 변

頧 머리 숙일 제

䪽 흰 머리 호

𩑺 일 삼갈 진, 머리털 적을 진, 부끄러울 진

頒 앞 글자와 같음

䪿 앞 글자와 같음

頒 앞 글자와 같음

䫃 빰 밑 개

䪰 施[베풀 시]와 같음

䫄 빰병 감

䫅 頮[세수할 회]와 같음

䫆 頂[이마 정]과 같음

頚 頸[목 경]의 俗字

䫇 얼굴 넓적할 단

䫈 사람 이름 책

⑥ 획

頝 아침 안할 교 머리 오목할 교

頛 머리 기울 뢰

頩 옥색 병, 화가 나서 안색이 창백할 병

頫 머리 숙일 부 볼 조(火)

頫 앞 글자와 같음

頣 눈 크게 뜨고 볼 신 눈 치뜨고 볼 신(火)

頞 콧마루 알, 이마 알 사람 이름 안(火)

額 이마 액, 문책할 액 쉬지 않는 모양 액

頠 조용할 외, 위 익숙해질 외

頤 턱 이, 기를 이, 턱짓으로 가리킬 이(火)

䫊 찰 태

頧 갓 이름 퇴, 무퇴 퇴 높은 언덕 퇴

頨 머리 고울 편

頜 아래턱 합, 턱 함 빰 함, 성씨 함

頦 턱 해(火)

頡 곧은 목 힐 빼앗을 갈(火)

頪 엇비슷할 뢰, 미

䫉 큰 머리 해, 회

顖 숫구멍 신, 정수리 신, 쥐구멍 신

䪿 앞 글자와 같음

⿰至頁 얼굴 검을 치

⿰艮頁 빰 높을 곤, 간 / 머리 숙일 간

⿰⿱日艮頁 앞 글자와 같음

⿰匡頁 눈가 광

頋 顧[돌아볼 고]와 같음

⿰共頁 머리 아뜩할 홍

⿰自頁 머리 비 / 개의 첫배새끼 비

⿰多頁 추한 모양 다

⿰⿱彐凵頁 얼굴 비뚤어질 누

⿰屰頁 추할 열, 얼굴 클 박 / 턱뼈 악, 근엄할 악

頢 짧은 얼굴 괄

⿰幵頁 얼굴 예쁠 연

⿰同頁 곧은 목 동

⿰充頁 찰 총

⿰尗頁 戚[겨레 척]과 같음

⿰且頁 턱 저

⿰⿱𠂉糸頁 繻[두건 수]와 같음

⿰米頁 얼굴 추할 침, 얼굴 반반하지 못할 검

⿰火頁 빛날 경, 불빛 경 / 경침 경 [火部] (火)

⿰至頁 頸[목 경]의 略字

⿰旨頁 稽[머무를 계]의 訛字

⿰光頁 귓뒤 뼈 광

⑦ 획

頸 목 경, 목을 늘일 경 / 별 이름 경 (火)

頵 머리 클 균, 윤 / 사람 이름 균

頯 광대뼈 규, 관골 규 / 우뚝 드러날 규

⿰⿱勹夰頁 앞 글자와 같음

⿰⿱亠夰頁 頍[머리장식 규]의 俗字

頭 머리 두, 맨 먼저 두 / 양수사 두 常 (火)

頻 자주 빈, 위급할 빈 / 물가 빈 常 (火)

頲 곧을 정 / 머리 곧을 정 (火)

頳 붉을 정 [赤部]

頹 무너질 퇴, 기울 퇴 / 쇠퇴할 퇴 (火)

頽 앞 글자와 같음

頷 턱 함, 흔들 함 / 머리 끄덕일 암 (火)

頰 빰 협, 쾌할 협 / 곁방 협, 곁 협 (火)

頮 세수할 회 / 낯 씻을 회 (火)

⿸辰頁 머리 움직일 진

⿰求頁 일 구

頱 작은 머리 탈

⿸彦頁 얼굴 추할 잠, 얼굴 반반하지 않을 검

⿰我頁 고를 아, 요즈음 아

⿰困頁 귓문 곤

⿰宋頁 머리 움직일 삼

⿰昏頁 짧은 얼굴 알, 괄

⿰⿱日乡頁 어두울 매, 회

⿰汞頁 머리 곧을 홍

⿰⿱匕田頁 頃[밭 넓이단위 경]과 같음

⿰成頁 목 성, 목덜미 성

⿰車頁 잇몸 차, 턱뼈 차

⿰⿱⿱土口又頁 더러울 침, 추할 침

⿰寽頁 낯 추할 랄

⿰⿱𠂉冉頁 구레나룻 염

⿰⿱𠂉冉⿱頁寸 앞 글자와 같음

⿰岑頁 추할 침 / 머리 구부릴 심, 잠

⿰甫頁 광대뼈 보, 부

⿰吟頁 머리 흔들 음

⿰甬頁 머리 아플 홍

⿰希頁 머리 움직일 희

⿰吾頁 큰 머리 오

⿸尨頁 머리 클 망

⿰告頁 코 우뚝할 곡, 혹

⿰⿱⺌夊頁 추할 사

䪲 머리 비뚤 제

䫉 貌[얼굴 모]와 같음 [豸部]

𩒖 굽은 머리 배

𩒹 수염 짧고 흴 부, 짧은 수염 비

𩒐 頤[턱 이]와 같음

䫂 谹[골짜기 휑할 홍]과 같음

䫁 개의 첫배 새끼 비

頼 賴[힘입을 뢰]의 俗字 (火)

𩓐 賴[힘입을 뢰]의 古字

䫀 𩕄[높고 클 오]와 같음

頴 벼이삭 영, 새싹 영, 뛰어날 영 [禾部]

𥛚 앞 글자와 같음 [示部]

𩒨 脖[배꼽 발]과 같음

⑧ 획

顅 털 적을 간, 긴 목의 모양 간

顆 낟알 과, 알 과, 흙덩이 과 (火)

顉 주걱턱 금, 끄덕일 암, 머리 숙일 암

顃 낯 길 담, 얼굴 길 담

顂 賴[힘입을 뢰]의 訛字

顊 턱 이

顀 이마 툭 불거질 추, 등뼈 추

頾 코밑 수염 자 (火)

頿 앞 글자와 같음

𩓌 아름다울 정, 광대 정 (火)

頲 이마 정

顇 파리할 췌, 야윌 췌, 병들 췌, 고단할 췌 (火)

顄 턱 함

䫋 따를 위, 좇을 위, 떨어질 퇴

䫅 목 기울 패

頫 머리 숙일 부, 볼 조

𩓷 짧을 별

䫎 머리 짧을 철

𩔁 쪼을 감, 얼굴이 오목할 감, 긴 얼굴 감

䫏 추한 모양 기

𩕐 작은 머리 규, 기, 그림쇠 규

𩕕 앞 글자와 같음

𩕖 앞 글자와 같음

𩔢 머리 고

䫐 머리 숙일 림

𩔿 이마 안

𩓯 좋을 의, 아름다울 의

䫒 낮 짧을 굴

𩔗 미목(尾目) 의, 용모 의

䫆 큰 머리 청, 정, 머리 비뚤 청, 정

𩓖 낯 비뚤 두, 두건 오

䫔 목 록, 누

𩔇 머리를 동이고 괴로워할 문

頩 성나 파랗게 질릴 병, 천연할 병

䫞 굽은 뿔 권

𩔐 머리뼈가 통길 퇴, 머리 부을 퇴

𩕆 짧은 수염 비

𩓱 추악한 모양 지, 나쁠 지

䫜 큰 머리 오

𩔖 頻[자주 빈]과 같음

𥪘 서서 기다릴 수, 기다릴 수 [立部]

𩓜 코가 오똑할 악

䫇 髥[구레나룻 염]과 같음

𩓳 앞 글자와 같음

⑨ 획

顋 빰 시 (火)

顎 얼굴 높을 악, 턱 악 (火)

顔 얼굴 안, 용모 안, 벼랑 애 常(火)

顏 앞 글자와 같음

額 이마 액, 한도 액 편액 액 常(火)

顒 공경할 옹, 응시할 옹, 새 이름 여(火)

⿰禹頁 앞 글자와 같음

顐 희롱거릴 혼, 농담할 혼, 연예인 혼

顓 전단할 전, 오로지할 전, 착할 전(火)

題 제목 제, 이마 제 끝 제, 쓸 제 常(火)

顑 주릴 함, 부황들 함 뺨 함, 턱 함

⿰旻頁 가을 하늘 민(火)

⿰面頁 얼굴 살찔 회

⿰契頁 찾을 혜, 두려울 혜 짧을 결

⿰豚頁 대머리 돈

⿰爰頁 얼굴 비뚤 원

⿰帝頁 작은 머리 절

⿰叚頁 헛소리 할 가, 하 헛말 가, 하

⿰曷頁 건장할 할

⿰敝頁 머리 기울어질 폐

⿰奚頁 큰 입 기

⿰真頁 갖출 찬, 선, 볼 찬

⿰齒頁 머리 오목할 요

⿰爯頁 날아 오르락내리락할 항

⿰复頁 馥[향기 복]과 같음

⿰类頁 類[무리 류]와 같음

⿰娄頁 앞 글자와 같음

顄 頷[턱 함]의 訛字

⿰桒頁 顙[이마 상]의 俗字

⿰显頁 顯[나타날 현]의 略字(火)

⿰革頁 얼굴 크고 추할 박

⿰甚頁 용렬할 침, 약할 심 머리 모양 심

⿰侯頁 말이 바르지 아니할 후

⑩ 획

顜 밝을 강, 바를 강 화협할 강(火)

顝 혼자 골, 홀로 골 닥칠 골, 괴

類 무리 류, 비교할 류 치우칠 뢰 常(火)

⿰⿱米分頁 앞 글자와 같음

⿰家頁 앞 글자의 訛字

顙 이마 상, 꼭대기 상 빰 상, 조아릴 상(火)

⿰恖頁 囟[정수리 신]과 같음

⿰息頁 앞 글자의 訛字

願 원할 원, 생각할 원 사모할 원 常(火)

顗 근엄할 의 고요할 의

顛 정수리 전, 이마 전 엎어질 전(火)

顚 앞 글자의 俗字

⿰羔頁 큰 머리 효

⿰員頁 머리와 얼굴이 둥그스름할 운, 혼(火)

⿰⿱彡否頁 짧은 수염 비

⿰翁頁 목털 옹

⿰旃頁 이마 전

⿰栞頁 앞 글자와 같음

⿰兼頁 빰 길 암, 머리 좁고 얼굴 길 암

⿰虒頁 머리가 바르지 않을 시, 좋을 시

⿰容頁 頌[기릴 송]의 古字

⿰衾頁 머리 움직일 금

⿰圅頁 頷[턱 함]과 같음

⿰奚頁 머리 비뚤 혜

⿰⿸厂金頁 추할 금

⿰冥頁 이마 명, 눈썹과 눈 사이 명

⿰眜頁 오르락내리락할 멸, 곧은 목 멸

⿰鬼頁 머리가 바르지 않을 외, 기, 클 외

⿰盍頁 빰뼈 갑, 턱뼈 갑 머리뼈 모양 개

⿰豉頁 핀잔 줄 두

⿰迷頁 머리가 드리워질 미

⿰歨頁 頻[자주 빈]과 같음

⿰素頁 頃[밭의 넓이 단위 경]과 같음(火)

[illegible] 기를 이, 광대뼈 이

[illegible] 頰[빰 협]의 古字

[illegible] 頍[작을 규]의 訛字

顕 顯[나타날 현]의 俗字

[illegible] 제거할 견

[illegible] 초류 류(전설상의 짐승 이름)

⑪ 획

顟 머리 길 료, 코 높고 눈 깊을 료

顢 얼굴 클 만, 어리석을 만

[illegible] 높고 클 오, 높을 오 (火)

[illegible] 앞 글자의 本字

顣 찡그릴 축, 콧날 오똑할 축

顠 머리 샐 표, 털 엉킬 표

[illegible] 머리 비뚤 책

[illegible] 머리숙일 람

[illegible] 머리 흔들 참, 삼

[illegible] 말 더듬을 마

[illegible] 앞 글자와 같음

[illegible] 추할 상

顡 어리석을 외, 멍청이 의, 외

[illegible] 핀잔 줄 구, 얼굴 비뚤 우

[illegible] 털 반백발 될 비

[illegible] 새길 루

[illegible] 顱[머리뼈 로]와 같음

[illegible] 복 혹

[illegible] 아름다운 머리 부

[illegible] 憂[근심 우]와 같음

顖 囟[정수리 신]과 같음

[illegible] 顯[나타날 현]과 같음

[illegible] 해골 혹

⑫ 획

顧 돌아볼 고, 돌볼 고, 생각할 고 常(火)

顨 巽[괘 이름 손]과 같음

顦 파리할 초, 여윌 초, 근심할 초, 초류 초(火)

顥 클 호, 흰 빛깔 호, 서쪽 하늘 호 (火)

顤 높고 긴 머리 효, 머리 길고 좁을 요

[illegible] 살쩍 홍

[illegible] 사람 거만히 볼 선

[illegible] 꼭대기 녕

[illegible] 나약할 심

[illegible] 넓고 클 고, 큰 얼굴 호

[illegible] 履[밟을 리]의 古字

[illegible] 흴 파, 용맹스럽게 춤출 파, 흰 부리 번

[illegible] 머리숙일 침, 머리 길 침

[illegible] 대머리 회

[illegible] 머리 숙일 삼

[illegible] 顟[머리 길 료]와 같음

[illegible] 顡[멍청이 의, 외]의 訛字

[illegible] 추할 번

[illegible] 預[미리 예]의 俗字

[illegible] 둥근 얼굴 선, 전

[illegible] 아름다운 눈매 의, 아름다운 얼굴 의

[illegible] 털 성길 린

[illegible] 앞 글자와 같음

[illegible] 顬[관자놀이 움직일 유]와 같음

[illegible] 머리 흔들 참

[illegible] 顏[얼굴 안]의 古字

纇 실의 매듭 뢰, 어긋날 뢰 [糸部]

[illegible] 사람 이름 외

⑬ 획

顩 주걱턱 엄, 침, 얼굴 험할 검

[illegible] 머리 움직일 압

顑 얼굴 반반하지 않을 함

顑 불 쪼일 함

𩕋 머리뼈 독, 촉

𩕟 나약하고 못날 금, 경, 성낼 금, 음

顪 빰 훼, 볼 훼 아랫수염 훼

顫 놀랄 전, 떨릴 전 냄새맡을 선 (金)

𩕐 빰 색

𩕖 頂[이마 정]과 같음

𩕲 높을 오

𩕧 머리 모양 담

𩕄 어두울 몽

𩕔 엄숙하고 공경할 악

⑭ 획

顬 관자놀이 움직일 유 귀밑 뼈 유

顯 나타날 현, 드러날 현, 높임말 현 常 (火)

𩕔 엄숙하고 공경할 악

𩕗 머리뼈 개

𩕬 願[원할 원]과 같음

𩕭 큰 낯 도

𩕯 어두울 몽, 횡

𩕳 쌍둥이 면 아름다운 면

顭 머리 혼미할 몽 머리 아득할 몽

𩕷 아름다운 눈매 의 아름다운 얼굴 의

𩕸 이마 녕

𩖌 성낼 빈

𩕹 말 많을 평

𩕺 顟[털 성길 린]과 같음

𩕻 앞 글자와 같음

𩕼 顚[사람 거만히 볼 전]의 本字

𩕽 顲[부황들 람]과 같음

𩕾 頞[콧마루 알]과 같음

⑮ 획

顰 찡그릴 빈, 시름 빈 (火)

𩖃 정수리 원, 願[원할 원]의 古字

𩖄 반반하지 않을 엄 얼굴 비뚤어질 엄

𩖏 크게 추할 번, 분

𩖐 깨물 얼, 가지런하지 않을 애

顩 추할 겸, 금, 얼굴이 반반하지 않을 엄

𩖑 쌍둥이 면

⑯ 획

顲 부황들 람 얼굴 여윈 모양 람

𩖒 顩[추할 검]과 같음

顱 머리뼈 로, 해골 로 천연개 로, 머리 로 (火)

𩖓 얼굴 바르지 못할 교

𩖔 顎[턱 악]과 같음

𩖕 정수리 원, 願[원할 원]과 같음

⑰ 획

𩖖 얼굴이 야위어 뼈가 앙상할 령

𩖗 어두울 횡, 홍

𩖘 顲[부황들 람]의 訛字

𩖙 머리 길 삼 머리통 길쭉할 참

𩖚 목에 혹날 영

龥 부를 유, 부드럽게 할 유 [龠部]

⑱ 획

顴 광대뼈 관

顳 관자놀이 섭 뇌공 섭 (土)

𩖛 贔[힘쓸 비]의 俗字 (火)

𩖜 首[머리 수]와 같음

㉑ 획

𩖝 顰[찡그릴 빈]의 本字

㉓ 획

籲 부를 유, 부드럽게 할 유 [竹部]

風部

風 바람 풍, 가르침 풍 풍속 풍 常(木)

凬 風[바람 풍]의 古字

② 획

颩 바람 부는 모양 도

颭 앞 글자의 俗字

③ 획

嵐 이내 람, 큰 바람 람 [山部] (土)

颿 바람 부는 모양 봉

䫹 바람소리 홍 큰 바람 홍

颮 바람소리 료

颫 飆[폭풍 표]와 같음

颰 앞 글자와 같음

颪 내리지르는 바람 풍

颬 비바람소리 패

颷 선명할 표, 던질 추 후려칠 추

④ 획

颬 숨 내쉴 하 바람소리 하

颰 큰 바람 횡

颱 앞 글자와 같음

颶 큰 바람 율 (木)

颫 바람 내리불 부

䫺 앞 글자와 같음

飩 바람 돈

颵 바람 일어날 초

颫 바람 불 혈, 구멍에서 나오는 바람 혈

颾 찬바람 감

颮 가벼울 포 가벼운 바람 포

颴 회오리바람 표

䫻 내리부는 바람 망 괴물 이름 망

夓 夏[여름 하]와 같음

䬈 소리가 끊어질 녑

颵 바람소리 급

颯 성씨 심

颰 颰[빠른 바람 발]의 俗字

⑤ 획

颯 바람소리 삽, 시들 삽, 큰 바람 립 (木)

颯 앞 글자와 같음

颰 앞 글자와 같음

颮 폭풍 표, 바람이 세찰 포, 많은 모양 박

颭 흔들 점, 바람이 불어 물결 일 점

颱 태풍 태, 몹시 세차게 부는 바람 태 (木)

颴 산들바람 별 바람이 찰 필

飀 바람소리 류 유류 류

䬆 찬바람 령

颾 맑은 바람 초

飀 바람소리 유

颭 솔솔부는 바람 술, 혈

颭 앞 글자와 같음

颸 작은 회오리바람 이

颮 바람 굴

颵 바람소리 호

颭 바람소리 월 산들바람 월, 혈

颸 큰 바람 이

颸 앞 글자와 같음

颰 바람소리 함

颰 颫[바람 부는 모양 홍]의 俗字

颰 휘휘 부는 바람 불 바람 세찰 불

颰 빠른 바람 발 / 바람이 빠를 발

𩖿 앞 글자의 俗字

𩗀 여름철에 부는 동남풍 백, 백작 백

⑥ 획

颳 모진 바람 괄 / 바람 매섭게 불 괄

颲 사나운 바람 렬 / 거센 바람 렬 (木)

𩗓 바람소리 홍

𩗛 휙휙 부는 바람 려 / 급한 바람 려

𩗜 앞 글자와 같음

𩗗 작은 바람 휼

𩗚 바람소리 휴

颩 飄[폭풍 표]의 俗字

𩗼 바람 불 살

𩗴 바람 불 길

𩖻 帆[돛 범]의 古字

𩙲 바람소리 식

䬅 飄[회오리바람 표]와 같음

⑦ 획

颴 회오리바람 선

𩗾 바람 불 불, 발

𩗿 폭풍 률, 리

𩘀 바람 움직일 뇌

𩗈 솔솔 부는 작은 바람 태

𩘂 키로 벼 까불 연 / 작은 바람 연

𩘃 작은 바람 구

𩘄 뜨거운 바람 혁

𩘅 바람 빠를 삽

𩘆 북풍 량 / 하늬바람 량

𩘇 颶[회오리바람 구]의 訛字

𩘈 불어서 자빠뜨릴 미

𩘉 바람 철

𩘊 바람소리 유

𩘋 휙휙 부는 바람 홀

𩘌 바람소리 소

𩘍 颲[살모사 훼]와 같음

𩘎 바람 불 살

𩘏 바람 불 홍

𩘐 飗[유류 류]의 本字

⑧ 획

颶 폭풍 구, 구풍 구 (木)

𩘑 飆[폭풍 표]의 俗字

𩘒 앞 글자와 같음

𩘓 큰 바람 릉

𩘔 바람 셀 푸 / 바람에 흔들릴 부

𩘕 앞 글자와 같음

𩘖 바람 지나가는 소리 류

𩘗 휙휙 부는 바람 홀 홀

𩘘 바람 불 주, 조

𩘙 바람 불 비, 배

𩘚 북풍 량 / 하늬바람 량

𩘛 앞 글자와 같음

𩘜 바람소리 려

𩘝 뜨거운 바람 괵

𩘞 颸[선선한 바람 치]와 같음

𩘟 낮은 바람 외

𩘠 바람이 완만할 위

𩘡 바람에 쓰러질 수

𩘢 바람소리 석

𩘣 풍쟁 쟁 / 筝[쟁 쟁]과 같음

𩘤 바람 몹시 불 섭, 첩

𩘥 바람 일어날 봉

𩘦 바람소리 쟁, 정

𩘧 파할 세, 깨질 세 / 부술 쇄

䬌 바람 잔잔할 부

䬗 잠깐 언, 갑자기 언 얼른 언

䬆 颲[사나운 바람 렬]의 本字

𩙣 風[바람 풍]의 古字

䬒 망량 량, 도깨비 량

䬕 백작 작(여름철에 부는 동남풍)

⑨ 획

颸 선선한 바람 시 빠른 바람 시

颺 날릴 양, 드날릴 양 날아오를 양 (木)

𩙪 앞 글자와 같음

𩙫 산들바람 연

𩙬 휙휙 부는 바람 개

䬖 앞 글자와 같음

䬛 산들바람 벽

䬞 바람소리 횡

䬀 바람 소리 유

颹 큰 바람 위

𩙭 앞 글자와 같음

䬘 바람 불 랄

䬜 바람 불 후

𩗗 바람소리 수 산들바람 수

𩗓 앞 글자와 같음

䬁 큰 바람 위 바람소리 울, 율

䬟 바람 움직일 엽 흔들리는 모양 엽

颵 휙휙 부는 바람 홀

䬓 회오리바람 안

䬠 회오리바람 유

䬡 높은 바람 영

𩙮 앞 글자와 같음

𩙯 어지러운 바람 강, 항

䬢 사나운 바람 횡 폭풍 횡

𩙰 바람 움직일 전 흔들리는 모양 전

䬣 바람 불 유

䬤 바람 불 비

䬝 북풍 소 하늬바람 소

⑩ 획

颽 맞파람 개, 돛 범 남풍 개

䬥 앞 글자와 같음

颿 말 달릴 범, 돛 범 빠를 범 (木)

䬦 앞 글자와 같음

颾 바람소리 소, 수 바람 찬 모양 소

颼 바람소리 수 산들바람 수 (木)

颻 높이 부는 바람 모양 요, 나부낄 요

䬙 앞 글자와 같음

䬧 바람소리 삭, 색

䬨 빠른 바람 표

䬩 왜풍 률 사나운 바람 률

䬪 뜨거운 바람 호 바람부는 모양 효

䬫 휙휙 부는 바람 려

䬬 바람 모양 당

飀 바람소리 류, 바람이 부는 모양 류

⑪ 획

飂 높이 부는 바람 료 빠를 료, 서풍 류 (木)

𩙲 앞 글자와 같음

飁 바람 습

飄 회오리바람 표, 훌 날릴 표, 빠를 표(木)

飃 앞 글자와 같음

䬭 바람소리 오

䬮 찬바람 필

䬯 찬바람 숙 바람소리 숙

䬰 바람소리 솔

䬱 魑[도깨비 리]와 같음

䬲 바람 효

飂 바람소리 울

颫 돌개바람 단

飉 颾[회오리바람 선]과 같음

䬝 바람 수

鳳 풍향기기 풍

⑫ 획

飉 바람소리 료 산들바람 료 (木)

飊 앞 글자와 같음

飅 飂[바람소리 류]의 本字

飆 폭풍 표, 빠를 표 바람 표 (木)

飇 앞 글자와 같음(木)

飈 앞 글자와 같음

飊 앞 글자와 같음

飉 飂[높이 부는 바람 료, 서풍 류]의 俗字

飃 바람소리 숙

颻 질풍 율

飆 앞 글자와 같음

䫿 폭풍 내리불 퇴

颹 바람소리 정

䬞 앞 글자와 같음

䬟 폭풍 횡 사나운 바람 횡

䬠 앞 글자와 같음

䬡 미친 바람 당 광풍 쟁

䬢 앞 글자와 같음

飍 颾[큰 바람 도]와 같음

⑬ 획

颾 가을바람 슬 바람소리 슬

颵 바람소리 소

⑭ 획

颽 儺[역귀 쫓을 나]와 같음

颾 큰 바람 도

⑮ 획

飅 바람소리 류 바람소리 낼 류

飀 앞 글자와 같음

䬣 바람소리 렵

䬤 큰 바람 횡

飃 바람이 부는 모양 표

⑯ 획

飈 바람소리 력

䬥 飂[바람소리 류]의 訛字

⑰ 획

飌 북풍 소 하늬바람 소

䬦 큰 바람 횡

䬧 바람소리 섭

⑱ 획

飌 風[바람 풍]의 古字

䬨 바람 불 섭

飍 큰 바람 휴, 태풍 휴 놀라 달아날 휴, 퓨

飄 飄[회오리바람 표]와 같음

㉟ 획

䬩 颮[휙휙 부는 바람 홀]의 古字

飛部

飛 날 비, 휘두를 비 흩어질 비 常(火)

① 획

飛 飛[날 비]의 古字

⑥ 획

䬩 翰[날개 한]의 訛字

⑧ 획

䬠 霏[흩날릴 비]의 古字

⑨ 획

䬡 높이 날 저

⑩ 획

䬢 날 우

䬣 翰[날개 한]과 같음

⑫ 획

飜 뒤칠 번, 뒤집을 번 도리어 번 常(火)

䬥 翼[날개 익]의 古字

⑬ 획

䬦 날 현

䬧 새가 빙 돌며 날 환

⑱ 획

䬨 飛[날 비]와 같음

食部

食 밥 식, 먹을 식, 먹일 사 常(水)

𩚀 앞 글자의 古字

𩚁 앞 글자의 俗字

𩚂 앞 글자의 本字

𩚃 앞 글자의 本字

① 획

𩚄 饐[밥쉴 의]와 같음

② 획

飢 주릴 기, 굶주리게 할 기, 기근 기 常(水)

飢 앞 글자와 같음

飤 먹일 사

飣 앞 글자와 같음

飡 저녁밥 손, 먹을 손, 찬, 밥 찬 (水)

飣 쌓아둘 정, 괼 정 음식 괼 정

飦 饕[탐할 도]와 같음

飫 전별할 어

飧 食[밥 식]과 같음

飢 餩[굶을 액]과 같음

飧 饋[먹일 궤]와 같음

③ 획

飧 저녁밥 손, 익힌 음식 손, 먹을 손 (水)

飧 앞 글자의 本字

飦 말린 밥 간, 죽 전 미음 전, 된죽 전 (水)

飥 수제비 탁, 떡 탁

飩 배부를 흘, 씹을 흘 걸달 걸

飩 앞 글자와 같음

飬 죽 이

飭 음식 조절할 약 적게 먹을 약

飮 饘[죽 전], 饡[국밥 찬]과같음

飴 엿 지

飵 饐[밥 쉴 의]의 古字

飩 飩[찐만두 돈]과 같음

飪 잡밥 뉴, 비빔밥 뉴

飬 飢[주릴 기]의 俗字

飭 飾[꾸밀 식]과 같음

飱 饕[탐할 도]의 俗字

④ 획

飩 찐만두 돈, 혼돈 돈

飯 밥 반, 밥 먹을 반 엄지손가락 뿌리 반 常(水)

飯 앞 글자와 같음

飰 앞 글자와 같음

飱 飧[저녁밥 손]의 俗字

飫 물릴 어, 잔치 어 (水) 포식할 어, 살찔 어

飭 신칙할 칙, 삼갈 칙 다스릴 칙 (水)

飮 마실 음, 음식 음 음료 음 常(水)

飲 앞 글자와 같음

飮 앞 글자의 古字

㱃 앞 글자의 古字

飪 익힐 임 (水)

飰 먹을 용

餖 만두 두, 진설 두 음식 차려놓을 두

飯 떡 원

飴 물릴 구, 포식할 구

飼 餉[배부를 구]와 같음

餋 제사 권

飻 麨[보릿가루 초]와 같음

餀 餲[굶을 액]과 같음

飐 먹을 납

飱 齋[집 재]와 같음

飾 餺[수제비 박]과 같음

飳 餡[미끼 감]과 같음

飷 비빔밥 뉴

飽 粑[익힌 음식 파]와 같음

⑤ 획

餂 서로 만나 밥 먹을 념, 보리밥 먹을 념

餾 미끼 류, 낚싯밥 류

餗 꼴 말, 말 먹이 말

餘 앞 글자와 같음

飼 먹일 사, 양식 사 (水)

飤 앞 글자와 같음

飾 꾸밀 식, 가선 두를 식 문채날 식 常(水)

餝 앞 글자와 같음

餩 굶을 액, 주릴 액

飴 엿 이, 맛좋은 음식 이, 먹일 사 (水)

飤 앞 글자와 같음

餈 물릴 자, 먹기 싫어할 자, 싫어할 자

飽 물릴 포, 배부를 포 常(水)

餉 앞 글자와 같음

餮 앞 글자와 같음

飶 음식 냄새 필 음식 향기 필

餬 餬[기식할 호]와 같음

飳 부투 투, 미끼 주

餋 배부를 앙 가득할 앙

饕 饕[탐할 도]의 俗字

飣 떡 정

飵 보리미음 조, 작

餔 먹을 부

餶 곁두리 초

餑 거친 밥 본

餼 饑[주릴 기]와 같음

餛 미끼 니

餇 배부를 경

飷 음식 맛없을 자

餉 배부를 구

餌 떡 겹

餅 飯[밥 반]과 같음

餋 콩엿 울

餮 饕[탐할 도]와 같음

餡 미끼 감, 먹을 감

餅 싸라기떡 반

飺 粒[알 립]의 古字

餮 餮[탐할 철]과 같음 (水)

餮 앞 글자와 같음

餘 앞 글자의 俗字

鈴 가루떡 령

餥 꾸밀 취, 치장할 취

飳 언어먹을 제
제호 제

飽 앞 글자와 같음

飷 앞 글자와 같음

飯 飫[물릴 어]와 같음

飿 골돌 돌(밀가루로 만든 음식)

飥 餺[수제비 박]과 같음

餔 떡 백

飴 죽 이

⑥ 획

餃 경단 교, 교이 교 (水)

餇 음식 동, 밥 동

餅 떡 병, 떡 만들 병
양수사 병

養 기를 양, 치료할 양
도울 양 常(水)

餌 먹이 이, 떡 이, 꾈 이, 먹을 이, 부를 이

餈 인절미 자
찹쌀떡 자

餂 낚을 첨, 취할 첨
핥을 첨, 달 첨

餀 더러운 냄새 해
구릴 해, 구린내 해

餉 건량 향, 보낼 향
먹을 향 (水)

餄 떡 겹, 협락 협

饎 饎[익힐 치, 주식 치]와 같음

餖 飽[배부를 포]와 같음

饂 익힌 밥 노

餁 飪[익힐 임]과 같음

餲 엿 개, 쉰 밥 예
딸국질할 애

餐 餐[먹을 찬]의 俗字

餆 가루떡 요

餖 주릴 안

餡 떡 퇴

餕 싫을 사, 포식할 사

餘 벼 베는 사람 질
땅 이름 질

飴 어린이에게 밥 씹어 먹일 맘

餁 떡 양

餋 제사 권
제사 이름 권

餂 치장할 시

餖 떡 니

餟 기식할 제
붙어먹을 제

鎗 飽[배부를 포]와 같음

飷 굳은 쌀밥 신

餴 선밥 분, 찐 밥 분

餈 飴[엿 이]와 같음

餞 餞[전별할 전]의 俗字

蝕 좀먹을 식
상할 식 [虫部] (水)

餎 협락 락, 각담 각
음식 이름 락

餘 화폐 계산의 단위의

餝 飭[신칙할 칙]과 같음

⑦ 획

餒 주릴 뇌, 굶주리게 할 뇌, 맥빠질 뇌 (水)

餖 늘어놓을 두, 괼 두
점철할 두

餖 포만할 모
배부를 모

餑 떡 발, 차의 거품 발
보리떡 불, 발

餗 죽 속
솥 안의 음식 속

餓 주릴 아, 굶주리게 할 아 常(水)

餓 앞 글자와 같음

餘 남을 여, 넉넉할 여
말단 여 常(水)

餕 대궁 준, 대궁을 먹을 준, 떡소 산 (水)

餐 먹을 찬, 찬미할 찬
밥 찬, 들을 찬 (水)

餔 새참 포, 저녁밥 포
먹을 포, 꽈배기 포 (水)

餙 飾[꾸밀 식]과 같음

餇 물릴 연
먹기 싫을 연

餟 酹[부를 뢰]와 같음

餢 飽[배부를 포]의 古字

餟 먹을 세, 제사 세

餅 떡 제

餕 게걸스럽게 먹을 원

餛 대궁 미, 떡찌끼 미

䬵 검은밥 신, 약밥 신 음식 신

䬾 국 랑

餈 맛 변할 체 쉰 냄새 체

餿 찐밥 수

餖 음식 이

餔 먹을 용

餗 밥 쉴 읍

䬽 처음 재, 곧 재 음식 차릴 재

餟 먹일 정

餗 飴[떡 협]과 같음

餙 주릴 역, 배고플 역

餱 餱[건량 후]의 本字

餋 養[기를 양]의 本字

餕 飴[엿 이]와 같음

餇 배부를 경

餥 飽[배부를 포]의 古字

餛 밥 망, 죄가 있는 귀신에게 주는 밥 망

餘 냄비 좌, 좌과 좌

⑧ 획

餜 떡 과, 과자 과

館 집 관, 묵을 관 객사 관 常(水)

舘 앞 글자와 같음

餤 권할 담, 떡 담 먹을 담, 꿜 담

餠 떡 병, 떡 만들 병 양수사 병 (水)

餥 보리밥 먹을 비, 보리죽으로 접대할 비

餩 목이 메일 억 딸꾹질소리 억

餲 밥 체할 열 답답할 열

餧 먹일 위, 주릴 뇌 생선 썩을 뇌 (水)

餦 산자 장, 엿 장 양식 장 (水)

餞 전별할 전, 보낼 전 전송할 전 (水)

餟 군신제 체, 제사지낼 체, 철

餡 소 함(송편 속에 넣는 재료)

餛 떡 혼, 혼돈 혼

餚 반찬 효 익힌 요리 효 (水)

餰 죽 국, 범벅 국

餍 饘[죽 전], 饡[국밥 찬]과 같음

餗 음식 록

餡 도음 도 땅 이름 도

餯 餯[구린내 훼]와 같음

餳 餳[엿 당]의 訛字

餘 배부를 임, 떡 녑

餪 음식 즐길 사

餓 허출할 추, 주릴 추

餕 말 땀흘릴 릉

餬 떡 호

餝 飾[꾸밀 식]과 같음

餜 떡 구

餲 餲[굶을 액]과 같음

餷 서로 만나서 먹을 조

餼 饑[주릴 기]의 古字

餋 반찬 권

餘 飫[물릴 어]와 같음

餐 구운 떡 녁, 어린 아이 게으를 녁

餢 포식할 사

餾 죽 치

餉 양식 향, 餉[건량 향]과 같음

餢 밀 증편 부, 떡 부

餣 떡 업, 가루떡 업

餟 콩강정 울

餳 飣[고기 지질 정]과 같음

䬻 싫을 어

饟 가까울 낭, 얼른 낭 가까이 볼 낭

䭁 飾[꾸밀 식]과 같음

𩜦 飽[배부를 포]의 古字

䬸 탐내어 먹을 총

䭋 糒[건량 비]와 같음

䭈 飴[엿 이]와 같음

𩝅 정승 정(식품 이름)

𩜹 饎[서속찔 치]와 같음

𩞪 떡 파, 만두 파

䬯 앞 글자와 같음

⑨ 획

餪 풀보기 잔치 난 음식 보낼 난(水)

餳 엿 당 (水) 눈빛 몽롱할 성

餲 밥 쉴 애, 알 산자 할, 도넛 할

餫 보낼 운, 나를 운 운수 운, 혼돈 혼

餵 餧[먹일 위]와 같음

餰 죽 전 (水)

𩞀 앞 글자와 같음

餮 탐할 철, 탐식할 철 (水)

𩝐 떡 편

餬 기식할 호, 죽 호(水) 풀칠할 호, 바를 호

𩜵 앞 글자와 같음

餭 산자 황, 엿 황 도넛 황

餱 건량 후 말린 양식 후(水)

餯 더러운 냄새 훼 상한 음식냄새 훼

餜 고물떡 과

𩜇 饎[서속찔 치]와 같음

餿 밥 뭉개질 수 쉰 밥 수

𩜷 죽 건, 전

䭅 물릴 벽

𩝨 콩가루 묻힌 엿 수

𩜻 떡 투

𩝏 주릴 감

𩞧 먹을 복

𩝈 먹을 용

𩝚 餈[인절미 재]와 같음

𩝜 앞 글자와 같음

𩝦 찐밥 유

䭊 가루떡 영, 흰떡 영 물릴 영, 가득찰 양

𩞕 饌[반찬 찬]의 本字

餠 앞 글자와 같음

餋 엿 요

𩛺 餲[밥 체할 열]의 訛字

𩟗 饕[탐할 도]와 같음

䭉 飽[배부를 포]와 같음

餴 선밥 분

𩝳 앞 글자와 같음

𩝴 앞 글자와 같음

䭓 물 림(飽也)

䭇 엿 언

𩝠 飽[배부를 포]의 古字

𩜳 밥 분

䭌 미음 호, 기식할 호

𩞂 餕[대궁 준]과 같음

𩞄 饂[음식 이름 온]과 같음

䭛 경단 단

𩝰 糈[양식 서]와 같음

䭔 먹을 선

䭙 요구르트 제, 우유로 만든 음료 제

𩝑 饞[탐할 참]의 略字

𩝕 추잔자 추(음식 이름)

𩞋 飽[배부를 포]와 같음

餷 휘저으며 끓일 사

⑩ 획

餻 떡 고

餶 고기만두 골
골돌 골

餽 보낼 궤, 제사 지낼 궤, 양식 궤 (水)

餹 엿 당 (水)

餡 떡 소 도, 먹일 도
소 함

餾 밥 뜸들 류, 찔 류
열 가해 거를 류

餺 수제비 박, 박탁 박

餿 밥 쉉개질 수

饁 들밥 엽, 사냥물로 제사 지낼 엽

饂 음식 이름 온

餼 보낼 희, 살아 있는 희생 희, 날고기 희(水)

饍 嗜[즐길 기]의 俗字

饘 좋은 맛 전, 천

饚 배불리 먹을 할

饀 가루떡 양, 흰떡 양

饆 간식 렴, 곁두리 렴

饒 탐할 원

饎 호궤할 호(군사들에게 베푸는 음식)

饋 음식 창

餷 떡 삽

餱 볶은 쌀 후
음식 상할 구

餽 숨 식, 먹을 식

饘 차질 견, 뭉칠 견
마른 떡 견

饠 물릴 라

饊 먹는 모양 탑

饐 물릴 연

饌 소찬식단 소
나물반찬 소

饚 배불리 먹을 안, 온 (水)

饋 증편 퇴, 찐 떡 퇴
떡 퇴

饙 齋[집 재]와 같음

饖 음식물 삭일 화

饗 飽[배부를 포]와 같음

饛 饛[수북이 담을 몽]과 같음

饞 떡 재

饕 饕[탐할 도]와 같음

饏 飽[배부를 포]와 같음

鰞 까마귀밥 오

餸 반찬 송

饈 찐밥 수

⑪ 획

饉 흉년들 근, 굶어죽을 근, 모자랄 근 (水)

饉 앞 글자와 같음

饃 찐빵 막, 떡 마
만두 마

饅 만두 만 (水)

饊 국밥 삼

饈 드릴 수 (水)
맛좋은 음식 수

饇 배부를 어, 우
배부르게 먹을 어

饄 굳은 밥 강
된 밥 강

饄 餹[엿 당]과 같음

饟 饟[건량 양, 향]과 같음

饝 일·월식할 적

饝 어린아이 먹일 마
된죽 미

饞 앞 글자와 같음

饕 饕[탐할 도]의 古字

饕 앞 글자와 같음

饟 餉[건량 향]과 같음

饆 두텁떡 필, 필라 필 (떡의 한 가지)

饖 떡 소 조(떡 만들 때 속에 넣는 재료)

饛 밥 쇠

饟 게걸스럽게 먹을 장
음식 탐할 장

饜 앞 글자와 같음

餓 돼지밥 저

饕 맛없을 잠

饊 앞 글자와 같음

饋 게걸스러울 숭 탐식할 숭

餼 먹일 기 날음식 보낼 기

饜 饜[물릴 염]과 같음

饁 많이 먹을 송, 청렴하지 아니할 용

餗 餗[죽 속]과 같음

餗 앞 글자와 같음

饕 漿[젓갈 장]과 같음

餅 앞 글자와 같음

饙 찔 분, 찐밥 분

饎 죽 이름 치

⑫ 획

饁 굳은 밥 강 된 밥 강

饋 먹일 궤, 보낼 궤, 올릴 궤, 운반할 궤(水)

饑 주릴 기, 흉년들 기 성씨 기(水)

饒 요기할 료

饍 膳[반찬 선]과 같음(水)

饒 넉넉할 요, 남을 요 후사할 요(水)

饐 밥 쉴 의, 애(水) 목이 막힐 열

饓 배부를 탱

饛 앞 글자와 같음

饎 주식 치, 익힐 치

饊 앞 글자와 같음

饌 반찬 찬, 음식 찬 여섯냥 선(水)

饚 콩엿 수 콩가루 묻힌 엿 수

饊 산자 산 밥풀과자 산

饕 饕[탐할 도]와 같음

饖 배부를 영

饕 탐할 돈

饊 饟[건량 양, 향]과 같음

饎 달콤할 침

饐 점심 상

饌 饌[반찬 찬]의 訛字

饜 젓가락으로 먹을 력

饋 죽 황

饕 맛 없을 담

饊 앞 글자와 같음

饄 탐하여 먹을 당

饎 餪[풀보기잔치 난]과 같음

饌 飴[엿 이]와 같음

饓 제삿밥 등 배불리 먹을 등

餺 餺[수제비 박]과 같음

饇 臛[고깃국 학, 혹]과 같음

饐 餬[기식할 호]와 같음

饊 糝[국밥 삼]과 같음

饠 餾[밥 뜸들 류]의 本字

饚 각답 답(음식물의 이름)

饟 糧[양식 량]과 같음

饙 찔 분, 찐밥 분

饌 餗[죽 속]과 같음

饜 饜[물릴 염]과 같음

⑬ 획

饕 탐할 도, 사나울 도 좋아할 도(水)

饙 饙[찔 분]의 本字 설익은 밥 분

饖 밥 쉴 예

饔 아침밥 옹, 익힌 음식 옹, 조리할 옹(水)

饞 앞 글자와 같음

饘 죽 전, 죽 쑬 전 밥 지을 전, 범벅 전

饗 잔치할 향, 대접할 향, 술 마실 향(水)

餹 膾[회 회]와 같음

饠 죽 독, 좀먹을 독 이지러질 독

饑 음식이 부족할 함 배부르지 않을 함

𩞯 먹을 과

䬻 밥 물릴 령 배불리 먹을 령

𩟂 饎[서속찔 치]와 같음

𩟃 밥 쉴 역, 밥 썩을 역, 떡 역

𩟅 맛없을 렴 고깃국 렴

䭂 콩엿 수 콩가루 묻힌 엿 수

𩟆 식탐할 오

饄 밥 줄 당

𩟉 떡 엽

𩟍 물리지 않을 겸, 빌 겸, 조금씩 먹을 겸

𩟎 억지로 먹을 농

𩟏 贍[넉넉할 섬]과 같음

𩟐 곰국에 밥 말 찬

𩟑 덜 익은 밥 한 설익은 밥 한

𩟒 수제비 걸, 걸달 걸 수제비 달

𩟓 떡 환, 도넛 환

⑭ 획

𩟔 수북이 담을 몽 그릇 가득 담을 몽

饜 물릴 염, 싫을 염 배불리 먹을 렴 (水)

𩟕 보리밥으로 대접할 안

𩟖 맛없을 왁

𩟗 餀[구린내 해]와 같음

𩟘 더 먹을 찰

𩟙 물릴 불, 배부를 불

𩟚 饞[탐할 참]과 같음

𩟛 억지로 먹을 녕

𩟜 맛없을 잠

𩟝 마른 과자 견 차질 견

𩟞 蒸[찔 증]과 같음

𩟟 먹을 절

𩟠 饌[반찬 찬]과 같음

𩟡 餺[수제비 박]과 같음

𩟢 먹고 토할 외

𩟣 만두 마

𩟤 賮[전별할 신]과 같음

𩟥 餈[인절미 자]와 같음

⑮ 획

𩟦 養[기를 양]과 같음

𩟧 먹을 절

𩟨 녹일 삭

𩟩 곰국 학

𩟪 먹고 토할 외

𩟫 饡[국밥 찬]과 같음

𩟬 啜[마실 철]과 같음

⑯ 획

𩟭 떡 마

𩟮 떡 롱

𩟯 밥 쉴 회

𩟰 곰국 학

𩟱 飥[수제비 탁]과 같음

𩟲 饋[먹일 궤]의 本字

饊 산자 산 밥풀과자 산

⑰ 획

𩟳 餉[건량 향]과 같음

𩟴 餺[수제비 박]과 같음

𩟵 탐할 참

𩟶 어린아이에게 젖먹일 미

饞 탐할 참

⑱ 획

𩟷 먹을 수, 제지낼 세 제사 예, 먹일 휴

𩟸 饔[아침밥 옹]과 같음

𩟹 곰국 학

饗 귀신이 음식 구할 구

⑲ 획

饡 국밥 찬
국에 밥 말 찬

饠 두텁떡 라, 라필 라
떡 이름 라

饝 먹을 마
어린아이 먹일 마

㉒ 획

饢 처먹을 낭
마구 먹을 낭

㉔ 획

饠 귀신이 음식을 구할 령

首部

首 머리 수, 목 수
우두머리 수 常(水)

𩠐 앞 글자의 本字

② 획

馗 광대뼈 규, 중구 구
한길 규 (水)

𩠑 頂[이마 정]과 같음

⑤ 획

𩠚 髮[머리털 발]과 같음

𩠛 앞 글자의 古字

𩠜 앞 글자와 같음

𩠝 頰[뺨 협]과 같음

⑥ 획

𩠠 머리 해

𩠡 頤[턱 이]와 같음

𩠢 앞 글자와 같음

𩠣 조아릴 계

𩠤 앞 글자와 같음

⑦ 획

𩠥 頰[뺨 협]과 같음

𩠦 黼[무늬 보]와 같음

𩠧 稽[조아릴 계]와 같음

𩠨 앞 글자와 같음

⑧ 획

馘 벨 괵, 귀 자를 괵
포로 괵, 뺨 혁 (水)

𩠩 稽[조아릴 계]와 같음

⑨ 획

𩠪 첫아이 수

𩠫 顏[얼굴 안]의 古字

𩠬 頓[조아릴 돈]과 같음

𩠭 首[머리 수]와 같음

⑩ 획

𩠮 머리 장식 불
이마 드림 불

⑪ 획

𩠯 馘[머리 벨 괵]과 같음

⑱ 획

𩠰 자를 단, 전

香部

香 향기 향, 향기로울 향 常(木)

④ 획

馚 갑자기 향기날 별, 함 (木)

馚 馩[향내 분]과 같음

⑤ 획

馛 香[향기 향]과 같음

馜 진한 향기 니, 향기 짙을 니 (木)

馝 향기로울 필, 진한 향기 필 (木)

馠 숨병 향

馡 馧[짙지 않은 향기 별]과 같음

馣 앞 글자와 같음

馛 향기날 발

⑦ 획

馞 향내 짙게 풍길 발, 향기로울 발

馟 향기로울 도 (木)

馠 馧[짙지 않은 향기 별]의 俗字

馠 향기로울 함

⑧ 획

馢 짙지 않은 향기 별 (水)

馣 향기 성할 봉, 향기 짙을 봉

馡 향기로울 비 (水)

馣 향기로울 암 (水)

馥 馥[향기 복]과 같음

馤 향기로울 의

馢 전향 전, 향기 전, 향나무 전

⑨ 획

馤 향기 애

馥 향기 복 (木)

馦 앞 글자와 같음

馞 馞[향기로울 발]과 같음

馫 향기 짙을 향

馦 앞 글자와 같음

馛 향기로울 부

馨 향기 휴

馧 향기 온

馥 향기 짙을 욱

⑩ 획

馧 향기로울 온 (水)

馦 향긋할 혐, 향기 가득할 혐

馥 馥[향기 복]과 같음

馪 향내날 옹

馣 향내날 할

馪 크게 향기로울 팽, 향기 팽

⑪ 획

馨 사람 이름 향, 향기 논 [麻部]

馨 향내 멀리 날 형, 향기 형, 덕화 형 (木)

馤 향기 애

⑫ 획

馩 향내 분, 향기로울 분

馾 향기 담

馣 馧[짙지 않은 향기 별]과 같음

⑭ 획

馪 향기 물큰 풍길 빈, 향기 성할 빈 (水)

馤 향내날 애

⑱ 획

馫 향기 흥, 형

馫 악풀 위, 아위 위 (미나리과 다년초)

馬部

馬 말 마, 기병 마, 무사 마, 성씨 마 常 (火)

② 획

馮 성씨 풍, 업신여길 빙, 의지할 빙 (火)

馯 여덟 살 된 말 팔

馭 말 부릴 어, 마부 어, 수레 어 (火)

馬 馬[말 마]의 古字

10획

馮 한 살 된 말 환

𩡧 앞 글자와 같음

③ 획

馯 청흑색말 간, 성씨 간, 사나운 말 한

馴 길들 순, 길들일 순 가르칠 훈(火)

馰 별박이 적(火) 이마가 흰 말 적

馵 발 흰 말 주 왼쪽 뒷발 흰 말 주

𩡫 앞 글자의 俗字

馳 달릴 치, 경과할 치 퍼질 치, 베풀 치(火)

馱 짐 실을 타, 낙타 태, 바리 태(火)

馲 약대 탁, 트기 책 낙타 탁, 락, 책맥 책

馬土 적토마 토

馬凡 총이말 보

𩡪 앞 글자와 같음

𩡬 말이 빨리 달리는 모양 분

馺 말 저벅저벅 걸을 범

馶 騏[털총이 기]의 古字

馹 馹[역말 일]과 같음

𩡯 馽[맬 칩]의 俗字

④ 획

馻 말달릴 견

駃 준마 결, 잡종말 결 빨리 달릴 쾌

駇 붉은 갈기 황금빛 눈을 가진 말 문

𩢀 앞 글자와 같음

駁 얼룩말 박, 논박할 박, 어긋날 박(火)

駂 오총이 보

馺 달릴 삽, 연이어 끊이지 아니할 삽

䮌 월따말 월

䮂 말 갈기 세울 윤

馹 역말 일, 역참 일(火)

馽 맬 칩, 발묶을 칩 묶을 칩

𩡲 앞 글자의 俗字

駄 馱[짐실을 태]와 같음

馶 말 굳셀 기, 지 말병 시(火)

𩢍 말 달릴 비 뛰어갈 비

駍 말 달랠 패

䮑 獅[사자 사]와 같음

馻 말의 무게 흔 수레 안의 말 근

駃 駃[말 빨리 달아날 일]과 같음

馻 말 꼬리 잡아맬 개 말 꼬리 묶을 개

駃 騕[양마 요]와 같음

駈 말총 길 모 수레의 덮개 렵

䭾 말이 좋 점, 담

駢 騈[나란히 할변, 병]과 같음

馻 앞 글자의 俗字

駙 수말 부

驢 驢[당나귀 려]의 略字

𩢃 앞 글자와 같음

駚 천리마 앙 말 성낼 앙

𩢔 壯[씩씩할 장]의 古字

駺 말 머리 높이 들 앙 말 놀랄 앙

馻 말 빨리 달릴 분

駛 말이 가는 모양 사

馻 騏[털총이 기]의 古字

駖 羣[무리 군]과 같음

駅 驛[역참 역]의 略字

駆 驅[말 몰 구]의 略字

⑤ 획

駕 멍에 가, 탈 가, 멍에 메울 가(火)

駱 앞 글자의 古字

駏 버새 거, 노새 거(火)

駉 목장 경, 준마 경, 말 살지고 튼튼할 경(火)

駒 망아지 구, 구려 구 어린 짐승 구(火)

駈 驅[몰 구]의 俗字

駑 둔할 노, 지둔할 노 뒤떨어질 노 (火)

駖 수레 타는 소리 령 수레소리 령

駙 곁마 부 가까울 부 (火)

駓 황부루 비 달리는 모양 비

駟 사마 사, 말 사 멍에 메울 사 (火)

駛 달릴 사, 빠를 사 몰 사, 사자 사 (火)

駚 말 성낼 앙, 짐승이 날뛰다 자기 밟을 앙

駌 얼굴 더러워진 말 원

馹 빨리 달아날 일 빨리 달릴 일

駔 준마 장, 힘 센말 장 말거간꾼 장, 끈 조

駋 새로 길들인 말 조 말 이름 소

駐 머무를 주, 막을 주 (火)

駗 말이 짐 무거워 걷기 어려워할 진

駼 앞 글자의 俗字

駎 말이 다투어 달릴 주, 경마 주

駝 낙타 타, 곱사등 타 타조 타, 달릴 치 (火)

駞 앞 글자와 같음

駘 둔마 태, 둔한 말 태 재갈을 벗을 태 (火)

䮍 앞 글자와 같음

駍 수레소리 평 거마의 소리 평

駜 말 살질 필, 말 살지고 튼튼한 말 필 (火)

騧 䯄[공골 말 과, 왜]와 같음

駊 말 머리 내두를 파 말 제멋대로 달릴 파

駏 앞 글자와 같음

駐 짐승 이름 돌 골돌 돌

馽 馽[맬 칩]의 譌字

駞 馲[낙타 탁, 트기 책]과 같음

駠 따르는 말 요

駜 발마 발

駻 말 걸을 반

駢 駢[나란히 할 병]의 俗字

駯 말 달릴 말 말 달리는 모양 말

駑 말이 달려갈 분

駊 오랑캐 땅의 말 발

駒 말 다리가 빠를 갈

駏 驅[말 몰 구]의 俗字

䮁 앞 글자와 같음

駭 한 살 된 말 현 망아지 현

駵 배가 흰 말 류

駠 騮[월따말 류]와 같음

駖 騁[달릴 빙]의 譌字

罵 꾸짖을 매, 욕할 매 더해질 매 [网部]

駐 나라 이름 염 땅 이름 염

駅 전설상의 짐승 이름 지

⑥ 획

駒 망아지 과

駧 말 빨리 달릴 동 움직일 동

駦 騰[오를 등]의 俗字

駱 낙타 락, 가리온 락 이어질 락 (火)

駮 짐승 이름 박 (火) 얼룩말 박, 섞일 박

駨 말 달려갈 순 돗총이 현 (火)

駪 말 많을 선 (火) 떼지어 달릴 신

䮝 앞 글자와 같음

駥 준마 융, 키가 여덟 자인 말 융

駬 말 이름 이 녹이 이

駰 오총이 인(흰 털이 섞인 검정 말)

駣 말 조 새로 길들인 말 조

駤 말 뒷걸음질칠 치 패려궂을 치

駝 약대 탁, 낙타 탁

駡 罵[꾸짖을 매]의 譌字

駯 준마 휴

傌 앞 글자와 같음

駩 입술 검은 백마 전

駭 놀랄 해 (火)

駢 두 말 한 멍에에 맬 변, 나란히 할 병(火)

𩣏 말 달려갈 황

𩥉 앞 글자와 같음

𩢓 말 이름 회

駛 빠를 시, 駛[달릴 새]와 같음

𩦺 뒷발 흰 말 구

䮗 말 빛깔 길

𩢸 빠를 유

𩢮 트기 맥

𩢱 駓[황부루 비]와 같음

𩢔 驈[가랑이만 흰 검은말 율]과 같음

䮢 馳[달릴 치]와 같음

駲 큰 말 주

駫 駉[목장 경]과 같음

𩢪 여덟 살 된 말 구

𩡧 앞 글자의 俗字

𩣬 駽[철총이 현]의 俗字

駯 입 검은 말 주

𩣫 붉은 말 주
붉은 빛 주

䮥 역마 려, 전마 려

𩢏 말 귀가 굽을 광

䮋 나란히 달아날 렬
길들 례

𩢺 앞 글자와 같음

駧 騁[달릴 빙]과 같음

𩢑 요노 노(말 이름)

駮 駁[얼룩말 박]과 같음

𩣑 騮[월따말 류]와 같음

𩥮 흉포할 걸

𩢨 驅[몰 구]와 같음

𩡫 鴇[오총이 보]의 訛字

𩢡 말 이름 복

𩢠 말이 살찌고 클 부

䮝 鞍[안장 안]과 같음

䮔 많은 말이 달리는 모양 훌

⑦ 획

駶 말이 서서 몸부림칠 국, 날뛸 국

駼 짐승 이름 도
도도 도

駺 꼬리 흰 말 랑(火)
전설 속 말 이름 랑

駵 월따말 류
적토마 류

駹 찬간자 방, 얼룩말 방, 종족 이름 방

騁 달릴 빙, 방임할 빙 가득할 빙(火)

騂 붉은 말 성, 붉을 성, 누런 말 성(火)

駷 재갈 채쳐 달릴 송
말 몰 송

騃 어리석을 애(火)
급히 달릴 사

駿 준마 준, 빠를 준, 클 준, 길게 할 준(火)

駸 말 달릴 침, 빠를 침 점점 침, 성대할 침(火)

駾 달릴 태, 말이 빠르게 달려올 태

駻 사나운 말 한(火)
사나울 한, 한마 한

駴 놀랄 해
북 꽝꽝 울릴 해

駽 철총이 현(火)

䮼 암말 린

𩣺 끄는 말 단

𩣼 망아지가 푸들거릴 구

䮎 말 달려갈 희

䮛 말 빨리 걸을 녑, 섭

𩣠 말 걸어가는 모양 삽

駓 말이 휙휙 달릴 비
짐승 달릴 비

𩣐 駉[목장 경]의 訛字

𩢾 얼룩말 뢰
곡식 이름 라, 랄

𩢴 駣[말 조]의 俗字

駂 말 걸음 익힐 보

駿 말 달려갈 읍
騗 말이 가는 모양 사
䮧 앞 글자와 같음
騁 뿔이 있고 소 같은 꼬리의 말 발, 박
䮡 말 머리 내두를 아
䮟 앞 글자와 같음
䮣 말 이름 오
駠 驄[총이말 총]의 本字
駺 관이 앞으로 기울 담

⑧ 획

騉 준마 이름 곤 말 이름 곤
騍 암말 과 (火)
騎 말탈 기, 걸터앉을 기, 기마병 기 常(火)
騏 털총이 기, 얼룩무늬 기, 준마 기 (火)
騊 말 이름 도, 도도 도 양마 이름 도
騋 큰 말 래 (火) 키가 칠척인 말 래
騄 말 이름 록
騈 駢[나란히 할 병]의 本字 (火)
騑 곁마 비, 말 비 (火) 멋지 않고 달릴 비
騇 암말 사
騆 신마 주

騒 별박이 철
騅 오추마 추, 항우가 탔던 말 이름 추 (火)
騘 驄[총이말 총]의 俗字
駼 좋은 말 토
騲 말이 나아가지 않을 탁
騇 말 빨리 걸을 답
騶 마부 추, 마졸 추
騄 사나운 말 륙 건장한 말 륙
騝 말 나아갈 연 말 걷는 모양 연
騀 말이 나아가지 않을 겁, 멈출 겁
騍 涴[물 구비쳐 흐를 완, 와]와 같음
䮭 한마 명
騶 말이 나아가지 않을 주, 작은 말 모양 추
騅 말이 작은 모양 추 중기 추
騞 말 성할 부(馬盛)
騆 좋은 말 굴
䮩 앞 글자와 같음
騴 이마에서 입술까지 흰 말 안, 말 머리 안
騡 말 걸음 걸을 강
騌 騣[말 갈기 종]의 俗字
騀 작은 말 예

駴 말이 달려가는 모양 역, 혁
騐 驗[증험할 험]의 俗字
騄 말병(馬病) 릉
騚 駙[곁마 부]와 같음
騝 駝[낙타 타]와 같음
騶 騶[말 먹이는 사람 추]와 같음
騃 駈[말 몰 구]의 俗字
騨 말 걸어서 나아갈 탐
験 驗[증험할 험]의 略字
騛 奔[달아날 분]과 같음
騒 騷[떠들 소]의 略字
騝 가릴 엄
騇 달릴 점
騚 천할 천
騟 마부 취
騯 騯[말 성할 팽]과 같음

⑨ 획

騔 말 다리 빠를 갈
騝 등마루 누런 구렁말 건, 건장할 건
騤 말 굳셀 규 빠르게 달릴 규
騑 빠른 말 비 (火)

騖 달릴 무, 빠를 무, 힘쓸 무, 오리 무

𩦺 앞 글자와 같음

騧 공골말 왜, 와, 과, 달팽이 와, 성씨 와

騕 양마 요, 요뇨 요, 천리마 요

騥 검은 말 유, 갈기가 검푸른 말 유

騟 검붉은 말 유, 구렁말 유, 와유 유

騚 네 발굽이 흰 말 전, 답설마 전

騠 양마 이름 제, 버새 제

䮩 앞 글자의 俗字

騣 말 갈기 종, 말 머리 종(馬頭)

騙 속일 편, 올라탈 편, 말에 뛰어오를 편(火)

騗 앞 글자와 같음

騢 적부루마 하(털이 적백색 혼합인 말)

騜 황부루마 황(흰털이 섞인 누렁말)

騞 줄곧 달릴 획, 칼 소리 획, 갑자기 획

𩥭 좋은 말 노, 말 이름 노

䮔 말 우뚝 설 쟁, 말 멈춰설 정

䮜 말이 갈 삽, 섭, 말이 휙 지나갈 엽

䮵 顒[공경할 옹]과 같음

䮝 길들지 않은 말 혼, 짐승 이름 혼

騘 驄[총이말 총]과 같음

䮞 걸음 느린 말 준, 얼룩말 준

䮟 말이 길들 해, 순한 말 해

䮄 말 이름 선, 선액 선

䮓 오랑캐땅 큰 말 수, 재갈 흔들며 달릴 수

騡 駩[입술 검은 백마 전]과 같음

䮗 더디게 걷는 말 단

𩦿 말 배부를 필, 돗총이 말 필

䮠 말 몰아갈 삽, 말이 가는 모양 삽

𩧀 앞 글자와 같음

𩈟 거짓말 사, 말 맞지 않을 사

𩦴 騂[별박이 안]의 訛字

䮧 말 걸음 익힐 한

䮏 駸[말 달릴 침]과 같음

𩧄 禂[빌 도]와 같음

𩦵 駥[준마 융]과 같음

騈 駢[나란히 할 병]과 같음

𩦸 騱[야생말 혜]와 같음

䮭 말 이름 랄

𩦅 버새 맥

𩦹 사람 이름 묘

䮒 벽타 벽

𩦦 선액 액, 말 이름 액

䮹 나귀 위

䮠 말 이름 자

⑩ 획

騫 이지러질 건, 말 배 앓을 건, 노마 건(火)

騩 산 이름 귀, 담가라말 괴

𩧆 앞 글자와 같음

騰 오를 등, 샘솟을 등, 올릴 등 常(火)

騮 駵[월따말 류]와 같음

𩧉 앞 글자와 같음

騸 거세한 말 선, 접붙일 선(火)

騷 시끄러울 소, 떠들 소, 수컷 소 常(火)

騪 큰 말 수, 찾을 수

騬 거세한 말 승

騴 꼬리 밑동 흰 말 안

䮮 병든 말 약

騵 배 흰 월따말 원, 배 흰 말 원(火)

騭 수말 즐, 안정시킬 즐, 음덕 즐(火)

騲 암 말(암컷) 초, 암 짐승 초

騶 말 먹이는 사람 추, 기사 추(火)

騯 말 성할 팽, 말이 걸어가는 모양 팽

騱 야생말 혜
騻 꼬리 희고 누런 말 상, 말 모양 상
驋 駸[말 달릴 침]의 本字
驨 말이 달려갈 희
驄 말의 빛깔 당
騎 말 앞이마 갈기털 기
驁 앞 글자와 같음
騅 이마 흰 말 학, 악 동산 이름 학
騡 버새 몽, 트기 몽
驙 별박이 전
驕 말의 털빛 력
駋 말 천천히 갈 도, 토
駋 앞 글자와 같음
驢 역말 려, 전마 려
驏 말이 땅에 구를 전
驝 좋은 말 온
騠 驥[천리마 기]와 같음
驕 키가 여섯 자 되는 말 교
驁 말 달리는 모양 오
騖 말이 달려갈 독 어지러이 달릴 우
駡 앞 글자와 같음

騔 얼룩말 갈
騂 騂[붉은 말 성]과 같음
驓 털이 긴 말 한, 오랑캐 땅의 큰 말 한
騖 말을 달릴 무(火) 말을 몰아갈 무
鶩 앞 글자와 같음(火)
騺 적토마 첩 검붉은 말 첩
騧 짐승 이름 골
騟 길들지 않은 말 사
騴 말 나가지 않을 탑
騜 말 달릴 황
騬 거세한 말 승
騅 驩[기뻐할 환]의 訛字
騋 驪[노새 라]와 같음
駷 馭[말 부릴 어]와 같음
騷 소요 요, 말 이름 요
驨 驈[줄곧 달릴 획]과 같음
騂 말 이름 재
驀 蹉[넘어질 채]와 같음

⑪ 획

驅 몰 구, 나아갈 구 달릴 구 常(火)
騾 노새 라(火)

驢 가리말 려, 騏[털총이 기]와 같음
驕 큰 노새 루
驀 말 탈 맥, 넘을 맥 갑자기 맥(火)
驦 좋은 말 상, 숙상 상 말 이름 상
驓 등이 누런 월따말 습, 검은 말 습
驁 준마 오, 오만할 오 말이 날뛸 오
驐 앞 글자와 같음
驔 말 이름 장
鷙 말 짐 무거울 지 나아가지 않을 지
騺 앞 글자와 같음
驂 곁마 참, 말 참, 탈 참, 모시고 탈 참
驄 총이말 총 어사마 총(火)
驃 날랠 표, 날랠 표 말이 빨리 갈 표(火)
驆 말 이름 필
驈 용렬한 말 용
驪 나귀새끼 리
驘 고리눈말 어
騼 야생마 록, 들말 록 녹독 록
驚 검은 말 예 가라말 예
驀 말 사나울 멱
驀 노새 맥, 전맥 맥

騰 騰[오를 등]의 俗字

驕 트기 적, 적몽 적, 노새 비슷한 짐승 적

驌 뭇 말이 서로 쫓을 축

驖 驖[구렁말 철]과 같음

驪 검은색 말 려, 리 돗총이말 례

驌 驌[숙상 숙]의 略字

驙 말이 흙 속에 뒹굴 전

騣 鬃[상투 종]과 같음

驂 말 빨리 달릴 칙

⑫ 획

驕 교만할 교, 말이 굳셀 교, 속일 교 (火)

驔 정강이 흰 말 담, 점

驐 짐승 거세할 돈

驎 얼룩말 린 (火) 기린 린, 준마 린

驌 말 이름 숙, 말의 걸음이 빠를 숙 (火)

驈 가랑이만 흰 검은 말 율

驏 안장 얹지 않은 말 잔 (火)

驓 발목 다 흰 말 증

驒 헐떡일 탄, 얼룩말 타, 야생마 이름 전 (火)

驉 짐승 이름 허 거허 허, 트기 거

驊 준마 화, 화류 화 (火)

驍 날랠 효, 좋은 말 효 건장한 말 교 (火)

䮶 한쪽 눈만 흰 말 한 외고리눈말 한

䮶 앞 글자와 같음

驋 말 달릴 발, 말 성낼 발, 말 머리 흔들 발

驜 騜[황부루 황]과 같음

驛 돗총이말 례 검정말 려

驝 앞 글자와 같음

驝 騬[거세한 말 승]의 本字

驓 짐승 번성할 번

驑 검은 절따말 류

驓 넘어지려할 등 말병(馬病) 등

驚 말이 달려갈 혁 마달릴 혁

驃 驃[날랠 표]와 같음

驔 말(馬)이 많을 한

驡 말 이름 동, 작은 말 동, 새끼말 동

䮷 앞 글자와 같음

驥 말 기

驦 절따말 상, 누런말 상, 꼬리 흰 말 상

驫 驫[말이 몰려 달아날 표]와 같음

驨 말 나아가지 않을 랍

驩 騞[줄곧 달릴 획]의 訛字

騊 裯[빌 도]와 같음

驚 驚[놀랄 경]의 略字

䮶 䮶[한쪽 눈만 흰말 한]과 같음

驙 蹶[넘어질 궐]과 같음

驞 奔[달아날 분]과 같음

驔 말 이름 비

驂 驂[곁마 참]과 같음

驨 驨[천리마 휴]와 같음

⑬ 획

驕 말이 빨리 달릴 갈

驚 놀랄 경, 두려울 경 말 놀랄 경 常 (火)

驙 말 힘 부족할 단, 전

驛 역 역, 역말 역 이어질 역 常 (火)

驖 구렁말 철 검붉은 말 철

驗 증험할 험, 증거 험 시험 험 常 (火)

驟 騤[말 굳셀 규]와 같음

驨 들말 독, 야생마 독

鶚 말 배끓을 악, 말 걸음 조용하고 빠를 악

驉 虞[나라 우]의 俗字

驕 騧[공골말 왜, 와, 괘]와 같음

羸 騾[노새 라]와 같음

驖 말 성낼 예

驜 말 가는 모양 집

驜 장할 업

驞 奔[달아날 분]과 같음

驛 髒[몸 뚱뚱할 장]과 같음

驋 鬘[머리 장식 만]과 같음

鷩 鷩[새 이름 격]과 같음

鷹 영양 령

驡 驡[농량 롱, 봉]과 같음

騕 褭[낭창거릴 뇨]와 같음

驃 성씨 방

驤 驤[머리 들 양]의 略字

騣 騣[말 갈기 종]과 같음

驓 儈[거간 쾌]와 같음

驝 한 살 된 말 환

⑭ 획

驞 떠들썩할 빈

驞 앞 글자와 같음

驟 달릴 취, 빠를 취, 자주 취, 갑자기 취(火)

驝 약대 탁, 낙타 탁

騭 禱[빌 도]와 같음

驣 검은 범 등

驖 驖[구렁말 철]의 訛字

驖 驖[구렁말 철]의 本字

驥 驥[천리마 기]와 같음

驂 말 천천히 가면서도 빠를 여

驗 말 달아날 함

驝 트기 몽

驎 驎[얼룩말 린]의 本字

羸 羸[노새 라]의 本字

騅 駱[낙타 락]과 같음

驝 駘[둔마 태]와 같음

驃 驃[날랠 표]와 같음

驚 말이 성낼 경

驚 말이 정연하게 달리는 모양 제

⑮ 획

驝 말의 털빛 력

驪 말이 줄지어 달릴 렬

驜 말이 뒷걸음질치며 나아가지 않을 번

驝 말 가지 않을 랍 말 나아갈 렵

驝 말 걸어가는 모양 독, 녹독 독

驝 말등 도래틀 광

驃 鑣[재갈 표]와 같음

驪 말 례, 려, 리 검은색 려

⑯ 획

驢 나귀 려, 성씨 려(火)

驠 엉덩이 흰 말 연

驡 농량 롱, 봉

驡 들말 룡, 야생마 룡 말 생김새 장

驩 이마가 흰 말 각

騰 말 뛸 등

驝 馲[약대 탁]과 같음

驨 驨[천리마 휴]의 俗字

⑰ 획

驧 말 뛸 국 등 굽은 말 국

驥 천리마 기, 준재 기(火)

驦 騻[좋은 말 상]과 같음

驤 머리 들 양, 달릴 양 벼슬 이름 양(火)

驝 輷[수레소리 횡]과 같음

驣 騰[오를 등]과 같음

驣 뛸 등, 빌 등, 건널 등

騫 騫[발 절 건]의 俗字

驌 소요 소, 말 이름 소

⑱ 획

驩 기뻐할 환, 말 이름 환, 친한 사람 환(土)

驨 천리마 휴 짐승 이름 휴

驪 말 걸음 빠를 녑, 섭

驧 말이 걸어갈 구

䮶 앞 글자와 같음

驫 驃[날랠 표]의 本字

⑲ 획

驪 가라말 려, 여룡 려 리, 지간 지(火)

驪 驪[말 례, 려, 리]와 같음

驘 贏[노새 라]와 같음

䮴 躞[걸을 섭]과 같음

⑳ 획

驫 말 몰려 달아날 표 표표수 표

驫 騁[달릴 빙]의 古字

㉑ 획

驘 贏[노새 라]와 같음

㉔ 획

驫 많고 성할 신

㉖ 획

驢 驢[나귀 려]와 같음

骨部

骨 뼈 골, 품격 골, 힘찬 필력 골 常(金)

① 획

骪 잔뼈 익

② 획

骫 힘쓸 골

骪 肌[살 기]와 같음

骩 骫[굽을 위]와 같음

骭 정강이뼈 청

③ 획

骬 울대뼈 우, 어깨뼈 우, 할우 우

骻 앞 글자와 같음

骪 骫[굽을 위]의 本字(金)

骫 굽을 위, 쌓을 위 맡길 위, 시들 위

骪 앞 글자의 訛字

骭 정강이뼈 한, 간 갈빗대 간, 한

䯏 뼈 긁는 소리 활

骲 骱[허리뼈 아]의 俗字

骮 어깨뼈 익, 잔뼈 익

骯 격박 격(겨드랑이에서 가슴까지)

④ 획

骱 뼈마디 개

骱 앞 글자와 같음

骻 앞 글자와 같음

骪 앞 글자와 같음

骰 주사위 투(金)

骯 살찔 항, 강직할 항 서릴 강, 불결할 앙

骱 허리뼈 아

骲 칼자루 파 숟가락자루 파

骹 跂[육발 기]와 같음

骳 머리 흔들 삽

骹 骹[발회목 교]와 같음

骯 숨쉬기 거북할 알

骱 적을 선, 뼈 가벼울 삼, 잔뼈 삼

骯 肪[기름 방]과 같음

骳 앞 글자의 俗字

骶 骶[궁둥이 저]와 같음

骯 허리뼈 완

⑤ 획

骬 무릎뼈 가 허리뼈 가

骷 해골 고, 고루 고

骲 뼈살촉 박, 포

骳 어깨뼈 발

骴 삭은 뼈 자 조수의 잔뼈 자

髊 앞 글자와 같음

骶 궁둥이 저 엉덩이뼈 저

骸 굽을 피 정강이가 굽을 피

骸 가는 뼈 곤

骻 손발 구부러지는 병 과

骴 앞 글자와 같음

嵑 뼈 높을 알

骱 맥 궁

骹 뼈 튕길 질, 삘 질

骶 꽁무니뼈 고

骻 허리뼈 령

骵 體[몸 체]의 俗字

蝟 달 뜨는 곳 골 굴 골

骴 앞 글자와 같음 골돌 돌

骻 어깨뼈 요

骭 몸 간

骮 肢[사지 지]와 같음

骯 骯[살찔 항]과 같음

骻 견갑 갑, 어깨뼈 갑

⑥ 획

骼 뼈 격 (金) 넓적다리뼈 격

髁 엉덩이뼈 과, 살 과 다리 가랑이 과

髺 뼈끝 괄, 쇄골 괄

骹 발회목 교, 발목 교 우는 살 효 (金)

骸 뼈 해, 몸 해 (金)

骫 앞 글자의 俗字

骯 소 등마루 뒤 뼈 행 정강이뼈 행

骺 뼈끝 후, 골후 후

骭 骭[정강이뼈 간, 한]과 같음

骯 허리뼈 광 넓적다리뼈 광

骴 뼈 일어날 퇴

骫 허리뼈 와

骻 어깨뼈 규 짐승의 머리뼈 규

骸 등살 매

骴 腦[두뇌 뇌]와 같음

骺 頷[턱 함]과 같음

骯 퇴골 동

骿 변협 변, 굳은살 변 (火)

骻 갈비뼈 요 허구리 요

骴 기울일 택

⑦ 획

骾 뼈가 목에 걸릴 경 뼈대 경, 강직할 경

骾 脛[정강이 경]과 같음

骴 넓적다리뼈 정 긴 뼈 정

骹 우는 살촉 효

骯 무릎뼈 랑

骴 넓적다리 폐, 비 볼기짝 폐

骺 頷[턱 함]과 같음

骸 腿[넓적다리 퇴]의 俗字

骯 무릎뼈 환 골 회칠할 환

骯 앞 글자의 訛字

骴 鯀[물고기 이름 곤] 과 같음

骿 갈비뼈 병

骴 무릎뼈 박

骻 어깨뼈 요 갈비뼈 요

髺 뼈끝 괄

骬 骸[뼈 해]의 訛字

骴 손발이 병든 모양 과

⑧ 획

髁 넓적다리뼈 과 미골 과, 관골 과

骿 통갈비 변

髀 넓적다리 비, 폐(金) 넓적다리뼈 비, 폐

髃 앞 글자와 같음

髆 앞 글자의 俗字

髂 뼈 이름 사

髄 틈새 메울 수

髈 어깨뼈 어

髋 앞 글자와 같음

髋 뼈 모양 예

骑 잔뼈 기

髋 무릎뼈 완

髓 髓[골수 수]와 같음

腔 꽁무니뼈 강

髎 뼈 사이 누런물 척 골수 척

髍 뼈 이을 철

髍 잔뼈 졸

髅 뼈가 높은 모양 릉 뼈 불거진 모양 릉

髂 髂[갈비뼈 요]의 訛字

⑨ 획

骼 허리뼈 가, 허리 가 붙잡을 가, 뼈 격

骹 앞 글자와 같음

髃 동정뼈 갈

髃 어깨 앞쪽 우

髓 髓[골수 수]와 같음

髂 파리할 생

髋 머리뼈 도

骗 뼈 기울게 날 편

髂 여윌 개, 파리할 개 뼈 해

髁 정수리뼈 과 허리뼈 과

髂 어리석을 대

髃 다리 부을 종

髃 뼈 높을 암, 뼈 불거진 모양 암

髌 骺[뼈끝 후]와 같음

髌 앞 글자와 같음

髋 饜[물릴 염]과 같음

髋 미골 고

髃 勒[굴레 륵]과 같음

髓 髓[골수 수]의 略字

髋 骾[뼈 목에 걸릴 경]과 같음

⑩ 획

髆 어깻죽지뼈 박(火) 허리뼈 박, 상박 박

髈 넓적다리 방 겨드랑이 방

髋 뼈를 감출 오 허리뼈 오

髊 骴[삭은 뼈 자]와 같음

髊 목등뼈 추

髇 우는 화살 효 울리는 소리 효

髃 목뒤뼈 퇴

髋 어리석을 괴

髋 머리가 길 애

髂 가는 뼈 해

髓 髓[골수 수]와 같음

髋 髀[넓적다리 비, 폐]와 같음

髏 목마를 겸 여윈 모양 겸

髋 뼈끝 박, 뼈 단단하고 흴 박

髃 體[몸 체]의 古字

⑪ 획

髎 엉덩이뼈 료 뼈의 구멍난 곳 료

髃 膕[오금 괵]과 같음

髏 해골 루, 촉루 루

⿰骨麻 작을 마 반신불수 마

⿸麻骨 앞 글자와 같음

⿰骨鹿 머리뼈 혹 해골 혹

⿰骨票 몸이 굳셀 표

⿱敖骨 게 엄지발 오 집게발 오

⿰骨敖 앞 글자와 같음

⿰骨逢 귀갑을 태워서 생긴 금 봉

⿰骨區 몸 구

⿰骨喬 髓[골수 수]의 古字

⿰骨差 骴[삭은 뼈 자]와 같음

⿰骨畢 髀[넓적다리 비, 폐]와 같음

⑫ 획

⿰骨貴 무릎뼈 귀 종지뼈 귀

髐 해골 효, 우는살 효 백골 드러날 효

⿰骨莽 몸에 살찔 망

⿰骨厥 볼기뼈 궐, 미골 궐

⿱厥骨 앞 글자와 같음

⿰骨堂 꽁무니뼈 당 미골 당

⿰骨尞 髎[엉덩이뼈 료]와 같음

⿰骨菐 뼈로 만든 화살 박

⿰骨壯 髒[몸 뚱뚱할 장]과 같음

⑬ 획

髓 골수 수, 정수 수 죽일 수 (金)

⿰骨⿺辶差 앞 글자와 같음

髒 몸 뚱뚱할 장, 더러울 장, 강직할 장

體 몸 체, 사지 체, 주체 체, 부분 체 常 (金)

髑 해골 촉, 촉루 촉 (金)

⿸𤸰骨 膺[가슴 응]과 같음

⿱殿骨 넓적다리뼈 둔

⿰骨業 머리 움직이는 모양 업

⿰骨會 동곳 괴(상투틀 때 쓰는 물건) 머리 묶을 괴

⿰骨零 가는 뼈 령

⿰骨意 가슴뼈 억

⿰骨啻 앞 글자의 訛字

⿰骨熏 ⿰骨重[다리 부을 종]과 같음

⿰骨敢 뼈 불거진 모양 감

⿰骨廉 臁[정강이뼈 렴]과 같음

⿱敖骨 ⿱敖骨[집게발 오]의 本字

⿰骨辟 활고자 피

⑭ 획

髕 종지뼈 빈 발 자르는 형벌 빈

⿰骨麼 치루 마(치질) 중풍 마

⿰骨㬎 머리뼈 높은 모양 암

⿰骨需 顬[관자놀이 움직일 유]와 같음

⿰骨蒦 뼛소리 확

⑮ 획

髖 엉덩이뼈 관 볼기 둔 (金)

⿰骨齒 뼈 씹는 소리 활

⿰骨蔑 뼈 단단할 말 잔뼈 말

⿰骨麗 髊[삭은 뼈 자]의 本字

⑯ 획

髗 顱[머리뼈 로]와 같음 (金)

⿰骨隨 髓[골수 수]와 같음

⿰骨歷 뼈에 생긴 병 력

⿰骨賫 ⿰骨貴[무릎뼈 귀]와 같음

⑰ 획

⿰骨薎 ⿰骨蔑[뼈 단단할 말]의 訛字

⑱ 획

⿰骨雚 광대뼈 관

⑲ 획

⿱䜌骨 몸 굽는 병 련

高部

高 높을 고, 고상할 고 멀 고, 높일 고 常(火)

髙 앞 글자의 俗字

② 획

亯 원두막 경

③ 획

亮 클 각, 끈맬 교, 敲[두드릴 고]의 古字

鄗 땅 이름 호 [邑部]

④ 획

亱 음역자 곱(뜻은 없고 음으로만 쓰임)

毷 뻣뻣한 털 모

髚 높을 고

㪣 지껄일 효, 들렐 효 시끄러울 효

亭 墉[담 용]의 古字

翯 鶴[함치르르할 학]의 訛字

嵩 矮[키 작을 왜]와 같음

敲 敲[두드릴 고]와 같음

膏 살찔 고, 기름 고 기름질 고 [肉部](水)

⑤ 획

髛 밝을 고

臺 塔[탑 탑]과 같음

⑥ 획

豪 豪[호걸 호]와 같음

䯧 郭[성곽 곽]의 本字

章 앞 글자와 같음

亮 槁[마른 나무 고]와 같음

⑦ 획

豪 豪[호걸 호]의 本字, 산돼지 호

亭 헤아릴 각, 외성 각

⑧ 획

髜 높을 교

⑨ 획

顥 큰 머리 고

豪 豪[호걸 호]와 같음

⑩ 획

䯨 이지러질 결, 열

⑪ 획

鶮 발 높을 초 높은 모양 초

䯬 서두를 소

⑫ 획

髝 크게 급할 로 높을 로

亘 垣[담 원]의 古字

䯫 顥[클 호]와 같음

⑬ 획

䯭 城[재 성]과 같음

䯩 높을 조, 급할 조 서두를 소

䯪 郭[성곽 곽]의 古字

䯫 陴[성가퀴 비]의 古字

⑭ 획

䯫 陴[성가퀴 비]의 古字

⑮ 획

䯬 堵[담 도]와 같음

⑯ 획

䯯 博[넓을 박]과 같음

⑰ 획

䯰 樓[다락 루]의 古字

⑱ 획

䯱 墉[담 용]의 古字

鼉 넓을 타

㉑ 획

鷽 떠들 효

髟部

髟 머리털 희끗할 표 머리 늘일 표 (水)

② 획

髠 헝클어진 머리털 국

髮 좋은 머리카락 섬

髳 털 흐트러질 내

髡 머리 깎을 곤 (火) 머리깎는 형벌 곤

髦 단발머리 모, 긴 털 모, 말 갈기 모

③ 획

髡 머리 깎을 곤 (火) 자를 곤, 가지 칠 곤

髧 더벙머리 범

髢 다리 체, 가지 체 땋은 머리 체

髯 두건 쟁

髽 聖[성인 성]과 같음

髻 아귀 아, 아계 아 갈래머리 아

④ 획

髧 늘어질 담, 머리털 드리운 모양 담

髧 앞 글자와 같음

髦 단발머리 모, 긴 털 모, 말갈기 모 (火)

髣 비슷할 방, 머리털 방, 방불할 방 (火)

髥 구레나룻 염, 수염 많은 사람 염 (火)

髿 머리털 흐트러질 사 드리워진 머리털 사

髻 쪽질 개, 땋은 머리 개, 쪽 개

髮 앞 글자와 같음

鬇 머리털 엉킬 쟁

髳 머리털 엉클어질 내

髤 髹[옻칠할 휴]와 같음

髬 머리털 곤두설 비 수염 많을 비

髬 앞 글자와 같음

髩 鬠[머리 묶을 괄]과 같음

髮 묶은 머리털 적을 절

髱 상투 파, 헝클어진 머리털 파

髿 鬆[더벅머리 송]과 같음

髮 髮[머리털 발]과 같음

髡 髡[머리 깎을 곤]과 같음

髮 상투 장

髾 단발머리가 눈을 가릴 소

髩 鬢[살쩍 빈]과 같음

髩 앞 글자와 같음

髪 髮[머리털 발]의 略字

髮 髮[머리털 발]과 같음

髲 髲[다리 피]와 같음

⑤ 획

髳 단발머리 무 무성할 몽

髮 머리털 발, 줄기 발 초목 발 常(火)

髮 앞 글자와 같음

髮 앞 글자의 訛字

髴 비슷할 불, 방불할 불 머리장식 불

髬 짐승 갈기 일어설 비 머리카락 곤두설 비

髭 코밑 수염 자 (火) 동물의 수염 자

髫 다박머리 초 (火) 단발머리 초

髱 수염 많을 포

髲 다리 피, 가발 피 높고 큰 모양 피

髶 털 듬성듬성 날 점 상투 점

鬇 鬇[머리털 엉킬 쟁]과 같음

⿱髟令 성긴 머리털 령

⿱髟㐱 긴 흰 머리 진

⿱髟幼 길고 부드러운 머리털 요

⿱髟尔 머리털의 모양 니

⿱髟弁 깎다남은머리털알 어린아이머리털알

⿱髟寽 묶은 머리 부

⿱髟甘 죄인 머리 깎고 가발할 감, 검푸른머리 감

髸 터럭 엉킬 궁, 머리털 흐트러질 공

髥 髯[수염 염]의 俗字

⿱髟尻 엉긴 머리털 국

⿱髟丙 털이 거칠 병

⿱髟目 젊은 여인 머리털 치장할 만, 묘

⿱髟且 앞 글자의 訛字

⿱髟乍 터럭 많을 자

⿱髟世 다리 체, 머리깎을 체, 가를 척 (火)

⿱髟台 부인의 다리를 넣어 다듬은 머리 태

⿱髟丘 ⿱髟差[탄식할 차]의 訛字

⿱髟出 ⿱髟𡿺[두발 노]의 訛字

⑥ 획

髻 상투 계, 조왕신 결, 산봉우리 계

髷 고수머리 곡 곱슬머리 곡

髺 머리 묶을 괄, 기물이 비뚤어질 월 (火)

⿱髟耳 엉킨 터럭 이 흐트러진 머리 용

髹 옻칠할 휴, 검붉은 칠 휴, 난발 휴 (火)

髵 갈기 일어설 이

⿱髟巩 머리 헝클어질 공

髶 가는 터럭 숭

⿱髟兆 터럭 길 도

⿱髟龟 鬄[다리 체]와 같음

⿱髟肉 가상투 퇴

⿱髟共 머리 엉킬 공

髬 수염이 많은 모양 비

⿱髟聿 肆[진열할 사]와 같음

⿱髟次 빗질할 차

⿱髟𡿺 머리 모양 노

⿱髟发 여인의 큰 쪽찐 머리 발

⿱髟匡 헝클어진 머리 광

⿱髟旨 갈기 지

⿱髟朵 머리털 드리워질 타 깎다 남은 머리 타

⿱髟囟 갈기 종

⿱髟呆 상투 보 길지 않은 머리 보

⿱髟⿱亠虫 북상투 좌 쪽진 머리 좌

⑦ 획

⿱髟告 상투 고

鬁 독창 리, 머리털 빠지는 병 리

髼 더벅머리 봉, 머리털 헝클어질 봉

鬂 鬢[살쩍 빈]의 俗字

髾 상투 소 연미형 장식 소

髽 북상투 좌, 머리 양쪽에 찐 쪽 좌 (火)

⿱髟里 관자놀이 리 머리털 굽을 리

⿱髟首 鬘[머리 장식 만]과 같음

⿱髟希 髼[더벅머리 봉]의 訛字

⿱髟局 곱슬머리 국

⿱髟困 머리 깎을 곤

⿱髟夾 머리털 성길 렵

⿱髟否 머리모양 부

⿱髟男 털 엉킬 종

⿱髟⿱彐⿱冖又 머리털 섬 드리워질 섬

⿱髟妥 작은 상투 와

⿱髟豕 상투 시

⿱髟尨 흰 머리털 망 털 헝클어질 망

⿱髟柔 머리 길 뇨

髿 머리털 흐트러질 사 머리 풀어헤칠 사

鬀 땋은 머리 체, 머리 깎을 체

⿱髟酋 머리털 추

⿱髟昏 髺[머리 묶을 괄]의 本字

⿱髟我 높고 큰 모양 아

⿱髟呆 상투 보

⿱髟材 髹[검붉은 칠 휴]와 같음

⿱髟角 쪽 각

⿱髟巠 莖[줄기 경]과 같음

⿱髟彷 髣[방불할 방]과 같음

⿱髟狄 가발의 쪽 적

⑧ 획

鬈 아름다울 권, 곱슬머리 권

⿱髟長 앞 글자와 같음

鬅 머리 흐트러질 붕, 사물 어지러울 붕 (火)

鬆 더벅머리 송 (火), 푸석푸석할 송

鬃 상투 종, 갈기 종

鬄 다리(가발) 체, 갈래 체, 가를 척

⿱髟隶 肆[진열할 사]와 같음

⿱髟咅 터럭 짧을 부

⿱髟周 털 많을 조, 어린아이 깎고 남은 머리 조

⿱髟卒 상투 졸, 터럭 많을 졸

⿱髟委 머리털 와

⿱髟卓 터럭 길 탁, 도

⿱髟彔 헝클어진 머리 비, 갑자기 보일 비

鬜 성긴 터럭 간, 머리숱 적을 견

⿱髟采 상투 채

⿱髟昔 터럭 석

⿱髟岸 머리털 길 안

⿱髟沓 머리털 답

⿱髟忩 갈기 종, 머리털 묶을 종, 말갈기 종

⿱髟臽 머리 짧을 함

⿱髟垂 더벅머리 추, 털 빠질 추

鬇 터럭 더부룩할 쟁

⿱髟卑 관(冠)의 치장 비

⿱髟東 머리털 모양 동

⿱髟屈 털배자 굴, 털 반배 굴

⿱髟兩 머리털 장

⿱髟否 ⿱髟咅[터럭 짧을 부]의 本字

⿱髟空 두발이 흐트러진 모양 공

⿱髟亞 여자 종 아, 아환 아

⿱髟忽 꼬리가 흔들릴 활

⿱髟彿 髴[방불할 불]과 같음

⿱髟的 가발의 쪽 적

⑨ 획

鬎 독창 랄, 머리카락 빠지는 병 랄

鬊 헝클어질 순 (火), 빠진 머리카락 순

鬐 갈기 기, 등지느러미 기

鬋 살쩍 늘어질 전, 수염 깎을 전, 풀벨 전 (火)

鬉 머리 헝클어질 종, 말 갈기 종

⿱髟悤 갈기 종, 상투 종, 머리털 흐트러질 송

鬌 머리털 빠질 추, 머리털 고울 타

鬍 수염 호 (火)

⿱髟畐 딴 상투 부, 가발로 찐 쪽 부

⿱髟並 머리털 엉킬 병

⿱髟思 텁석부리 새, 수염 많은 모양 새, 시

⿱髟昏 머리장식 불

⿱髟保 상투 보

⿱髟客 머리털 몹시 길 객

⿱髟敄 앞머리 쳐질 모, 단발머리 모, 무

⿱髟肯 솜털 알

⿱髟契 머리 밀 갈, 대머리 갈, 알

⿱髟曷 머리 밀 알, 머리 벗겨질 알

⿱髟叟 머리 헝클어질 수, 머리 센 사람 수

鬒 鬚[수염 수]와 같음

髹 용가의 장식 휴 수레 장식 휴

鬏 말 갈기털 유 머리카락 누를 유

鬖 머리 헝클어질 나

鬓 䰉[눈썹먹 면]의 訛字

鬚 다리 추(가발의 일종)

鬘 鬘[머리 장식 만]과 같음

鬛 鬣[갈기 렵]과 같음

鬖 머리카락 흐트러진 모양 사

鬐 머리모양 와

鬏 쪽 추

⑩ 획

鬐 갈기 기 ㊋ 등지느러미 기

鬑 머리 드리워질 렴 살쩍 늘어질 렴

鬒 숱 많을 진, 머리 검고 윤기 있을 진 ㊋

鬒 앞 글자와 같음

鬒 머리털이 긴 모양 애

鬔 머리카락 흐트러진 모양 병

鬒 머리털 모양 호

鬞 헝클어진 모양 용

鬙 머리털 모양 소

鬗 머리털이 서는 모양 색

鬄 머리 깎을 척, 제거할 척, 다리 척

鬠 대머리 알 벗겨진 머리 할

鬁 머리를 땋아 틀 리

鬓 털의 모양 병

鬞 터럭 길 용

鬐 터럭 아름다울 차 터럭 많을 차

鬆 상투 반

鬗 다리 박, 머리털 박

鬕 髽[북상투 좌]의 本字

鬋 鬋[살쩍 늘어질 전]의 本字

鬘 鬘[머리 장식 만]과 같음

⑪ 획

鬕 관자놀이 마 머리띠 마

鬗 머리 길 만, 머리 치렁치렁할 만

鬘 머리 장식 만, 머리털 아름다울 만 ㊋

鬘 앞 글자와 같음

鬖 헝클어질 삼 ㊋ 머리털 모양 삼

鬉 머리털 모양 오

鬔 鬔[더벅머리 봉]과 같음

鬆 머리털 흐트러질 총, 총망할 총

鬉 鬃[갈기 종]과 같음

髤 髹[옻칠할 휴]와 같음

鬤 헝클어진 머리 장

鬊 鏟[대패 산]과 같음

鬚 터럭 엉킬 표

鬒 터럭 엉켜 늘어질 최

鬗 검은 머리 예

鬆 머리가 센사람 수 머리 헝클어질 수

鬆 앞 글자와 같음

鬌 머리가 센사람 두 머리 헝클어질 두

鬞 머리 숱 많을 라

鬟 수염 복

⑫ 획

鬜 대머리 간, 갈

鬝 앞 글자와 같음

鬢 상투 귀

鬚 수염 수, 술 수 ㊋

鬙 머리 헝클어질 승 ㊋

鬢 수염 많을 비

鬒 대머리 준

鬠 가발로 찐 쪽 부

⿱髟堯 수염 많은 모양 뇨

⿱髟登 털 엉킬 등

⿱髟戠 머리털이 드리워질 직

⿱髟最 상투 촬

⿱髟尞 가늘고 긴 머리 료

⿱髟戟 수염 극

⿱髟鼠 鬣[갈기 렵]과 같음

⿱髟菆 머리털 더부룩하게 날 총

⿱髟盛 머리털 흐트러질 쟁 가증스러울 쟁

⿱髟菐 구레나룻의 모양 복, 수염 복

⿱髟普 鬊[헝클어질 순]의 本字

⿱髟叅 鬖[헝클어질 삼]과 같음

⿱髟黑 黳[주근깨 예]와 같음

⿱髟隋 鬌[털빠질 추, 머리 고울 타]와 같음

⑬ 획

鬠 결발할 괄 머리털 묶을 괄

鬞 헝클어진 머리 농 털 많을 농

鬟 쪽진 머리 환, 두를 환, 여자종 환 (火)

⿱髟敫 상투가 높은 모양 요

⿱髟虜 갈기 로, 머리털 로

⿱髟葛 鬣[갈기 렵]과 같음

⿱髟粲 머리카락 윤기 날 찬

⿱髟喿 鬖[헝클어질 삼]과 같음

⿱髟臱 머리털의 모양 면 눈썹대 면

⿱髟亶 氈[모전 전]과 같음

⿱髟夓 ⿱髟㚇[머리 헝클어질 종]과 같음

⑭ 획

鬢 살쩍 빈 (火)

⿱髟賔 앞 글자와 같음

⿱髟截 작은 상투를 묶을 제, 상투 제

⿱髟壽 머리털이 많을 주

⿱髟監 머리 치렁치렁할 람

⿱髟需 鬚[수염 수]의 俗字

⿱髟蒙 드리워진 말갈기 몽, 말갈기 몽

鬡 터럭 더부룩할 녕

⿱髟爾 머리털 모양 니

⿱髟尉 머리털 흐트러진 모양 표

⿱髟臧 머리털 흐트러질 쟁 흉악가증스러울 쟁

⿱髟貍 鬁[독창 리]와 같음

⑮ 획

鬣 말갈기 렵, 수염 렵 지느러미 렵 (火)

⿱髟贊 머리털의 윤택 찬 쪽 찬

⿱髟截 상투 드러낼 제 작은 상투 묶을 제

⿱髟⿹𢦏直 앞 글자와 같음

⿱髟⿱自穷 눈썹털의 모양 면 눈썹대 면

⿱髟暴 털이 엉킬 폭

⿱髟憃 머리 헝클어질 장

⿱髟盤 상투 반, 머리털 희끗희끗할 반

⑯ 획

⿱髟盧 말 갈기 로, 털 로 갈기털 일어설 로

⿱髟歷 터럭 성길 력

⿱髟聶 鬣[갈기 렵]과 같음

⿱髟⿱臾貝 ⿱髟貴[상투 귀]의 本字

⿱髟賴 鬎[독창 랄]과 같음

⿱髟瞢 늘어진 말갈기 몽 더부룩할 몽

⿱髟龍 머리털 흐트러질 총

⑰ 획

鬤 머리털 엉킬 양, 머리털 흐트러질 양

⿱髟韱 상투를 드러낼 제

⿱髟霝 터럭 성길 령

⿱髟毚 머리털 참

⑱ 획

⿱髟聑 鬣[갈기 렵]의 訛字

鬡 머리털 흐트러질 쟁 가증스런 쟁

⑲ 획

鬢 鬢[머리털의 윤택 찬]과 같음

鬥部

鬥 싸울 투, 경쟁할 투 유인할 투

鬦 乇[가질 극]과 같음

鬥 丮[잡을 극]과 같음

④ 획

鬦 칠 변

鬦 鬭[싸울 투]의 俗字

鬩 힘 시험하는 추 현 추 영

鬨 鬩[싸울 분]과 같음

⑤ 획

鬧 시끄러울 뇨, 다툴 뇨, 일어날 뇨 (金)

鬨 鬮[못날 녜, 미]와 같음

⑥ 획

鬨 싸움소리 홍 (金) 번성할 홍, 마을 항

鬧 鬭[싸울 투]와 같음

⑦ 획

鬪 鬭[싸울 투]와 같음

⑧ 획

鬩 다툴 혁, 송사할 혁 (金)

鬨 鬨[싸울 홍]의 俗字

鬩 琴[거문고 금]의 古字

⑩ 획

鬪 싸움 투, 겨룰 투 만날 투 常 (金)

鬩 鬩[다툴 혁]과 같음

鬮 鬮[제비 구]의 俗字

⑪ 획

鬭 鬭[싸움 투]의 俗字

鬸 목매달아 죽일 류

鬩 싸울 빈, 다툴 빈 뒤엉켜 어지러울 빈

⑫ 획

鬫 범 우는 소리 함

鬩 鬩[창 흡]의 本字

⑭ 획

鬩 鬩[싸울 분]의 訛字

鬩 싸울 빈, 다툴 빈 뒤엉켜 어지러울 빈

鬭 鬭[싸울 투]의 本字

鬮 편협할 미 못날 녜, 미

⑯ 획

鬮 제비 구, 추첨할 구 제비뽑을 규 (金)

⑱ 획

鬩 싸울 분, 다툴 분 뒤엉킬 분

鬯部

鬯 울창술 창, 활집 창 왕성할 창, 울초 창

⑤ 획

鬯 糈[양식 서]와 같음

鬯 좋은 향기 사

⑥ 획

鬯 향기 맹렬할 시 술 향기 짙을 시

⑧ 획

鬰 爵[벼슬 작]의 古字

⑩ 획

鬱 검은 기장 거

⑪ 획

鬱 爵[벼슬 작]의 本字

⑫ 획

鬱 爵[벼슬 작]의 古字

⑬ 획

鬱 爵[벼슬 작]과 같음

⑱ 획

鬱 울금초 울

⑲ 획

鬱 답답할 울, 빽빽할 울 원망할 울 (木)

鬲部

鬲 막을 격, 횡격막 격 솥 력, 잡을 액 (土)

③ 획

鬴 흙가마 과, 라

鬲 앞 글자와 같음

④ 획

鬲 가마 의(釜也)

鬲 鍋[노구솥 과]와 같음

鬲 만질 문

鬲 鬴[흙가마 과, 라]와 같음

⑤ 획

鬲 다리 굽은 솥 력

鬲 糊[풀칠할 호]와 같음

⑥ 획

鬺 삶을 상, 익힐 상

鬳 솥 권, 원 솥의 일종 원, 권

鬲 鬲[막을 격, 솥 력]의 古字

鬲 앞 글자와 같음

鬲 시루 구멍 휴

鬲 삶아 익힐 이

鬲 새알심 해

鬲 垣[담 원]의 訛字

鬲 鬷[가마솥 종]의 訛字

融 화할 융, 성할 융 즐거울 융 [虫部] (水)

翮 깃촉 핵, 새의 날갯죽지 핵, 솥 력 [羽部]

⑦ 획

鬴 가마솥 부, 강 이름 부, 성씨 부

鬲 가로막을 경

鬷 鬷[가마솥 종]과 같음

⑧ 획

鬵 옹가마 심, 고리 심 큰 가마 심

鬻 끓을 비

鬻 羹[국 갱]과 같음

鬺 鬺[삶을 상]의 訛字

⑨ 획

鬷 가마솥 종, 많을 종

鬷 앞 글자와 같음

鬲 뼈 섞어 담은 것 이, 내

鬲 죽 건

⑩ 획

鬲 鬲[솥 력]의 俗字

鬲 炒[볶을 초]와 같음

鬲 釜[가마솥 부]와 같음

⿰鬲⿱而火 ⿰鬲耎[뼈 섞어 담은 젓 이]의 訛字

鬸 시루 류

⿱⿲弓丰弓鬲 鬻[죽 죽]의 訛字

⑪ 획

鬹 세 발 달린 가마솥 규

鬺 삶을 상 (水)

⿰鬲商 ⿱羊鬲[익힐 상]과 같음

⿱⿲弓古弓鬲 죽 호

⿱⿲弓弗弓鬲 ⿱⿲弓沸弓鬲[끓을 비]의 訛字

⿱敖鬲 볶을 오

⑫ 획

鬻 죽 죽, 소리 부드럽고 가늘 죽, 팔 육

⿱⿲弓耳弓鬲 가루떡 이

⿸厤鬲 솥 력

⿰鬲曾 甑[시루 증]과 같음

⑬ 획

⿱⿲弓束弓鬲 餗[죽 속]과 같음

⿱⿲弓酉弓鬲 醯[초 혜]와 같음

⿰鬲裘 갓옷 속 객
가죽옷 속 객

⿱⿲弓孛弓鬲 가마솥에 끓인 물 발

⿰鬲⿱兇夊 鬷[가마솥 종]과 같음

⿱⿲弓谷弓鬲 큰 가마솥 욕

⿱⿲弓每弓鬲 粥[죽 죽]과 같음

⑭ 획

⿱⿲弓侃弓鬲 죽 건, 전

⿱兓⿲弓鬲弓 鬵[용가마 심]과 같음

⿱兓⿲弓鬲弓 앞 글자와 같음

⿱⿲弓沸弓鬲 ⿱⿲弓沸弓鬲[끓을 비]와 같음

⑮ 획

⿱⿲弓建弓鬲 죽 건, 전

⿱⿲弓者弓鬲 삶을 자

⑯ 획

⿱⿲弓芻弓鬲 볶을 초

⿱⿲弓羔弓鬲 곰국 갱

⿱⿲弓浴弓鬲 큰 가마솥 욕

⿱朁鬲 鬵[용가마 심]의 訛字

⑰ 획

⿱⿲弓淋弓鬲 淋[물 뿌릴 림]과 같음

⿱⿲弓速弓鬲 餗[죽 속]과 같음

⑱ 획

⿱⿲弓曾弓鬲 甑[시루 증]의 古字

⑲ 획

⿱⿲弓⿰火者弓鬲 삶을 자

⑳ 획

⿱⿲弓翟弓鬲 데칠 약

⿱⿲弓毓弓鬲 鬻[죽 죽]과 같음

㉑ 획

⿱囂鬲 김 효, 찔 효
김으로 찔 효

㉗ 획

⿱⿲弓⿰米蔑弓鬲 죽 멸

鬼部

鬼 귀신 귀, 뜬 것 귀
도깨비 귀 常(火)

② 획

魀 魑[도깨비 리]와 같음

③ 획

⿰鬼巳 메마른 땅 외

⿰鬼寸 魁[으뜸 괴]의 訛字

䰡 열병 외

𡯌 앞 글자와 같음

鬽 도깨비 매

𡨽 앞 글자와 같음

𡸖 앞 글자와 같음

𩲃 魅[도깨비 매]와 같음

嵬 망녕될 외, 높고 험준할 외 [山部](土)

塊 흙덩이 괴, 홀로 괴 덩이 괴 [土部] 常(土)

愧 부끄러울 괴, 욕보일 괴 [心部] 常(火)

媿 창피줄 괴, 부끄럽게 할 괴 [女部]

魡 별이름 작

𩲡 영락할 탁

④ 획

魁 으뜸 괴, 클 괴 덩이뿌리 괴 (火)

𩲸 앞 글자와 같음

𩳁 앞 글자의 古字

魌 아이귀신 기, 죽은 사람 입히는 옷 기

鬿 별이름 기

魂 넋 혼, 마음 혼, 정령 혼, 성할 혼 常(火)

䰟 앞 글자와 같음

魹 역신 호

魤 둔갑할 화

𩲊 앞 글자와 같음

䰠 鬼[귀신 귀]의 古字

魩 鬽[도깨비 매]의 俗字

𩲅 鬽[도깨비 매]와 같음

𩴂 魍[도깨비 망]과 같음

𩲚 魅[도깨비 매]와 같음

䰨 魁[으뜸 괴]와 같음

𩴄 耄[늙은이 모]와 같음

槐 홰나무 괴, 삼공 괴 풀이름 괴 [木部](木)

瑰 구슬 이름 괴, 아름다운 옥 괴 [玉部]

蒐 모을 수, 모수 수 사냥 수 [艸部](木)

魪 비틀거릴 개

𩲗 별 이름 방

𩲷 妖[아리따울 요]와 같음

𩲣 귀신 우

𩲋 귀신 이름 우

𩲺 귀신 항, 정령 항

⑤ 획

魅 도깨비 매, 잡귀 매 미혹할 매 (火)

魃 가뭄 귀신 발, 한귀 발, 가뭄 발 (火)

䰧 귀신 이름 조 조귀 조 (火)

魄 넋 백, 사람형체 백 얇을 박, 영락할 탁

𩳐 앞 글자와 같음

魆 갑자기 훌, 매우 훌 남모르게 훌

䰠 鬼[귀신 귀]와 같음

𩲾 귀신 신

𩳀 숨은 귀신 갑

𩳅 앞 글자와 같음

𩳃 苕[능소화 초]와 같음

𩳆 역신 치, 도깨비 치

𩳈 앞 글자와 같음

䰯 앞 글자와 같음

𩳎 죽일 률

𩳇 귀신 이름 령

𩳉 魑[도깨비 리, 치]와 같음

𩳋 귀신의 머리 죽

⑥ 획

𩳥 크게 볼 귀

𩴆 귀신의 모양 옥

𩳡 앞 글자와 같음

𩳗 魅[도깨비 매]와 같음

⿺鬼至 도깨비 리

⿰光鬼 ⿺鬼去[역신 치]와 같음

⿺鬼毛 앞 글자와 같음

⿺鬼舟 鬼[귀신 귀]와 같음

⿺鬼交 귀신 이름 요

⿺鬼杀 나찰 찰 악귀 이름 찰

⿺鬼行 별 이름 행

⿺鬼虍 창귀(倀鬼) 호

⑦ 획

魈 이매 소, 도깨비 소 (火)

⿺鬼巠 무당 점칠 영 방자할 영

⿰豸鬼 추할 전

⿺鬼甫 별 이름 보

⿺鬼里 악한 귀신 리

⿰孝鬼 추할 요

⿺鬼妥 열병 퇴

⿺鬼具 고요할 격

⿺鬼丞 魅[도깨비 매]와 같음

⿱或鬼 魊[어린아이귀신 역]과 같음

醜 추할 추, 싫어할 추 나쁠 추 [酉部] 常 (金)

⿺鬼杀 나찰 찰 악귀 이름 찰

⿺鬼吾 치오 오 귀신 이름 오

⑧ 획

魌 추할 기

魎 도깨비 량 망량 량 (火)

⿱兩鬼 앞 글자와 같음

魍 도깨비 망, 망량 망 (火)

魊 어린아이 귀신 역 귀신 이름 역

⿱或鬼 앞 글자와 같음

魏 나라이름 위, 성씨 위 높고 큰 모양 외 (火)

魋 사람이름 퇴, 북상투 추, 뭉치 머리 추 (火)

⿰東鬼 추한 모양 동, 귀신이 사람 죽일 동

⿺鬼奄 더럽힐 엄

⿺鬼奇 아이귀신 기

⿺鬼長 추한 물귀신 량

⿰豖鬼 추한 머리 독

魓 추할 비 귀신 이름 비

⿺鬼虎 귀신 호, 창귀 호

⿺鬼知 ⿺鬼去[역신 치]의 訛字

⿱雨鬼 비를 맡은 귀신 개, 격

⿺鬼⿰勺勿 魑[도깨비 리]의 古字

⿺鬼昆 魅[도깨비 매]와 같음

⿺鬼票 魁[으뜸 괴]와 같음

䰠 귀신 신

⿺鬼桑 나찰 찰 악귀 이름 찰

⑨ 획

⿺鬼昊 고요할 격

⿰業鬼 추할 삽

⿺鬼韋 ⿰韋鬼[무늬 있는 다룬 가죽 귀]와 같음

⿺鬼眉 魅[도깨비 매]와 같음

⿰者鬼 추악할 차

⿺鬼酉 鬼[귀신 귀]와 같음

⿰昌鬼 魗[추악할 수, 미워할 추]와 같음

⿺鬼咸 곤경에 빠져 일처리가 쉽지 아니할 감

⿺鬼畀 비틀거릴 개

⿺鬼重 올빼미 홍, 홍혼 홍

⑩ 획

⿱幾鬼 남방귀신 기

⿰脊鬼 魅[도깨비 매]의 訛字

⿺鬼脊 魅[도깨비 매]와 같음

⿰睢鬼 앞 글자의 訛字

⿺鬼兼 尲[절뚝거릴 감]과 같음

⿺鬼⿱𠂉申 䰠[귀신 신]의 本字

魌 귀신 이름 쇄

魍 귀신 이름 운

⑪ 획

魑 도깨비 리, 치 (火)

魔 마귀 마, 어떤 일에 미친 사람 마 (火)

魔 앞 글자와 같음

魒 북두칠성 표 두성의 이름 표

魓 역신 쫓아낼 나 귀신 보고 놀랄 나

魖 魈[두성의 이름 보]의 訛字

魖 虛[빌 허]와 같음

魓 두성의 이름 필

鮇 귀두어 위 [魚部]

⑫ 획

魕 남방귀신 기, 귀신 섬기는 풍속 기

鬾 앞 글자와 같음

魖 역귀 허 헛도깨비 허

魖 앞 글자와 같음

魙 공중의 귀신 등

魈 상투 초, 귀신 초

魆 머리 없는 귀신 귤

魗 앞 글자와 같음

魗 추할 차

魐 놀랄 료

䰯 귀신의 우는 소리 유

魈 상투 초

魙 귀신 이름 린 도깨비불 린

⑬ 획

魕 귀신 의

魓 사자귀신 역

⑭ 획

魗 추악할 수, 추 미워할 추, 수

魘 가위눌릴 염, 모호할 염, 미혹할 엽 (火)

魕 겁낼 의 두려워할 의

魙 귀신 죽을 참, 부적 참, 귀신 이름 참

魙 귀신의 모양 빈

魙 앞 글자와 같음

䰯 귀신의 우는 소리 유

魙 나라 이름 찰 나찰 찰

魓 비명 나, 구나 나 귀신보고 놀랄 나

魙 尷[걸끄러울 감]과 같음

魓 귀신 구

魙 귀신 몽

⑮ 획

魙 천둥귀신 뢰

魙 추할 적

⑯ 획

魙 鬼[귀신 귀]와 같음

⑰ 획

魙 귀신 령, 신 이름 령

魙 앞 글자와 같음

魙 앞 글자와 같음

⑱ 획

魓 버금 구, 귀신 구

魓 두성의 이름 환

⑲ 획

魙 깨끗하지 아니할 참 비루할 참

㉑ 획

魙 귀신 구

㉔ 획

魙 귀신 령, 신 이름 령

魙 앞 글자와 같음

魚部

魚 물고기 어, 패물 어 성씨 어 常(水)

𩵋 앞 글자와 같음

𩵌 앞 글자의 俗字

① 획

魟 자가사리 알 앙알 알

② 획

魛 웅어 도, 갈치 도 위어 도

魝 물고기 이름 정 가물치 정

魜 생선 요리할 결 물고기 회칠 결

魡 피라미 조

魢 물고기우리 어 양어장 어

魞 통발 입, 쑥이 입

魜 인어 인

魟 鯄[물고기 이름 구]와 같음

魛 물고기 이름 륵

魝 물고기 이름 칠

③ 획

魢 물고기 이름 기

魣 벵에돔(물고기 이름) 기

魦 물고기 이름 사

魭 물고기 이름 망

魡 물고기 낚을 조 물고기 걸릴 적

魠 자가사리 탁 황협어 탁

魣 물고기 이름 한

魟 물고기 살찔 홍 가오리 홍, 공어 공

魥 물고기 이름 걸

魺 鮀[모래무지 태]와 같음

魦 잔 물고기 소

漁 물고기 잡을 어 고기 어[水部] 常(水)

魣 치어의 딴이름 자

④ 획

魶 도롱뇽 납 홍어 납

魨 복어 돈

魯 노둔할 로, 여행 려 성씨 로 (水)

魰 문어 문, 문요어 문 가물치 문

魬 가자미 반, 넙치 반 비목어 반

魴 방어 방 (水)

魵 물고기 이름 분 분어 분, 새우 분

魳 물고기 이름 사

魦 鯊[문절망둑 사]와 같음 (水)

鯊 앞 글자와 같음

魷 오징어 우

魧 큰 조개 항, 물고기 이름 항, 치구어 강

魭 앞 글자의 訛字

魱 준치 호, 당호 호

魣 앞 글자와 같음

魤 물고기 이름 와

魤 앞 글자와 같음

魸 물고기 이름 우

魣 鱮[연어 서]와 같음

魥 마른 물고기 겁 말린 물고기 겁

魺 물고기 이름 합

魶 큰 조개 방

魪 새우 공, 자라 같은 물고기 공, 공설 공

魳 鰂[오징어 즉]과 같음

魾 물고기 이름 배

魰 물고기 이름 역 예어 역

魛 물고기의 꼬리 말

魳 가자미 목 물고기 이름 목

魱 鮔[방어 기]와 같음

魪 가자미 개, 넙치 개

魲 앞 글자의 訛字

魰 물고기 잡을 어

魫 물고기 새끼 심

魧 앞 글자와 같음

魫 고기 머리뼈 침 물고기 새끼 심

魼 물고기 이름 부

魭 큰 자라 원, 모나지 않는 모양 완

䰲 앞 글자와 같음

魮 나는 물고기 비 문비 비, 방비 비

魿 절인고기 침 물고기 이름 심

魺 두어 혹 버들붕어 혹

魟 큰 물고기 왕 다랑어 왕

魲 鱸[농어 로]의 俗字

魰 鯤[자가사리 치]와 같음

魳 복어 패

魰 농어 오

魶 메기 편

魺 鮈[물고기 이름 구]와 같음

魫 鰭[상어 기]와 같음

鮁 상어 박

魵 선정어 부 고기 이름 부

鮊 비늘 어름치 파

魬 물고기 이름 폐

⑤ 획

鮋 복어 가

鮕 물고기 이름 고

鮌 鯀[물고기 이름 곤]과 같음

鮈 물고기 이름 구 사람 이름 구

鮘 물고기 이름 대

鮗 전어 동

鮇 곤들매기 미, 뱅어 미, 산천어 미

鮁 물고기 헤엄칠 발 물고기 이름 발

鮒 붕어 부(水) 두꺼비 부

鮍 방어 비 큰 메기 비

鮔 鱔[두렁허리 선]과 같음

鮂 버들치 수, 피라미 수, 오징어 수

鮓 젓갈 자, 해철 자(水)

鮎 메기 점, 점어 점 (水)

鮆 갈치 제, 자 짧을 제, 자

鮆 앞 글자와 같음

鮀 모래무지 타(水) 악어 타, 점어 타

鮀 앞 글자와 같음

鮐 복태, 이, 고등어 태, 이, 늙은이 태, 이(水)

鮃 넙치 평, 가자미 평 (水)

鮑 절인 어물 포, 전복 포, 갖바치 포(水)

鮅 송어 필

鮒 조개 함, 새꼬막 함

鮚 비늘이 많을 합 물고기 이름 합

鮭 가자미 거, 비목어 거

鮩 뱅어 병, 방합 병 편어 병

鮗 물고기 이름 령, 비늘 린, 지느러미 린

鮟 자가사리 앙

鮄 방어 불

鮨 자가사리 치

鮫 뱅어 교

鮍 꺽저기 요, 유 황유어 요, 유

鮢 큰 물고기 심

鮎 비목어 개

鮋 물고기 이름 립

鮉 鯛[도미 조]와 같음
鮊 우럭 백, 뱅어 백 백어 백, 마교 파
鯼 鰀[환어 환]의 古字
鮋 버들치 유, 피라미 유, 물고기 이름 주
鮏 鱦[물고기새끼 승]과 같음
鮏 비릴 성
鮓 鮨[젓갈 지]의 古字
鮇 황화어 무 황석어 무
鮂 齣[씹을 출]의 訛字
鮈 뱀장어 저
鮏 鰐[악어 악]의 訛字
鮒 물고기 이름 염
鮔 발 긴 문어 거
鮰 回[돌아올 회]와 같음
鮢 모래무지 니
鮣 물고기 이름 가
鮤 물고기 이름 례
鮇 물고기 이름 말
鮞 물고기 이름 영
鮖 물고기 이름 저
鮗 물고기 이름 질

鮕 물고기 이름 출
鮭 물고기 이름 투
鮄 鯆[비단고래 포]와 같음
鮍 어편 피, 방피 피 물고기이름 피
鮜 물고기 이름 호

⑥ 획

鮏 魟[사오리 홍, 공사 공]과 같음
鮫 상어 교, 교인 교 인어 교, 교룡 교 (水)
鮔 상어 긍
鮰 앞 글자와 같음
鮚 대합 길
鮦 가물치 동 땅 이름 주
鮥 작은 다랑어 락
鮤 웅어 렬, 갈치 렬
鮤 앞 글자와 같음
鮮 고울 선, 드물 선, 신선할 선, 좋을 선 常 (水)
鮏 물고기 이름 선
鮛 작은 참치 숙 작은 다랑어 숙
鮟 아귀 안 (水)
鮠 작은 메기 외 민어 외
鮪 다랑어 유 강이름 유 (水)

鮧 복어 이, 후이 이 축이 이, 메기 제 (水)
鮞 곤이 이 물고기 이름 이
鮡 물고기 이름 조
鮢 물고기 이름 주
鮨 젓갈 기, 시, 지 (水) 물고기 이름 예
鮯 물고기 이름 갑
鮭 복 규, 어채 해 (水) 와룡 와, 화관 화
鮰 민어 회, 회어 회
鮜 메기 후, 가물치 후 갯장어 후
鰨 鰨[가자미 탑]의 俗字
鮣 물고기 이름 주
鯗 鯗[건어 상]의 俗字
鮠 자라 위, 숫뱅어 위
鮍 魾[방어 비]와 같음
鮷 자가사리 치
鮇 고기알 미 고기새끼 미
鮞 鮞[곤이 이]의 訛字
鮣 얼룩고기 인 인어(印魚) 인
鮬 鰣[준치 시]와 같음
鮩 뱅어 병
鮣 복어 이

⿰魚吳 물고기 이름 우

鮬 쏘가리 고, 알젓 고

⿰魚夲 앞 글자의 俗字

⿱如魚 나는 물고기 여

⿰魚宅 해파리 차, 타

⿰魚忩 전설상의 물고기 이름 소

鮱 큰 숭어 로

鮲 가리맛 복

鮳 잔 물고기로 만든 말린 식품 고

⿰魚在 물고기 이름 괴

⿰魚牟 물고기 이름 모

⿰魚巟 다랑어 몽

⿰魚肉 물고기 이름 묵

⿰魚臾 미꾸라지 오 물고기 이름 우

⿰魚多 이숙 이(복어의 딴 이름)

⿱任魚 물고기 이름 임

⿱次魚 鮆[갈치 제]와 같음

⿰魚池 물고기 이름 지

⑦ 획

鯁 생선뼈 경, 재앙 경 목에 가시 걸릴 경(水)

鯀 물고기 이름 곤 사람 이름 곤

鯄 물고기 이름 구

鮶 우럭바리 군, 군어 군, 벌레 이름 군

鮾 썩은 생선 뇌 물고기 썩을 뇌

鯉 잉어 리, 편지 리 능리 리(水)

鮸 참조기 면, 면어 면 석수어 면

鮻 모래무지 사 물고기 이름 사

鯊 상어사, 모래무지 사(水)

⿰魚沙 앞 글자와 같음

鮹 물고기 이름 소(水)

⿰魚酉 되살아날 소

鯓 물고기 이름 신

⿰魚余 물고기 이름 여

鯃 물고기 이름 오

⿰魚吳 앞 글자와 같음

⿰魚邑 물고기 이름 읍

鯈 피라미 조, 물고기 새끼 주, 땅 이름 주

⿱𠫭魚 鰺[피라미 찬]의 略字

⿰魚攸 鰷[피라미 조]와 같음

鮿 건어 첩, 비첩어 첩 말린 물고기 첩

鮵 작은 가물치 탈

鯒 바다 메기 용 물고기 이름 용

鯆 비단돌고래 포 가오리 포(水)

鯇 잉어 환, 산천어 환

⿰魚役 예어 역, 네 발 달린 물고기 역

⿰魚巠 방어 경

鮷 메기 제

鮺 생선젓 차

⿰魚岑 물고기 이름 심 절인 고기 침

⿰魚辛 물고기의 꼬리가 길 신

⿰魚孚 물아지 부

⿰魚折 물고기 이름 설 공설 설

⿰魚豆 물고기 이름 두

⿰魚良 수케 랑, 낭혜 랑

⿰魚廷 온 고기젓 정

⿰魚延 어장(魚醬) 선

⿰魚每 황석어 무 황화어 무

⿰魚狂 큰 물고기 광

⿱狂魚 앞 글자와 같음

⿰魚岌 물고기 많이 모일 읍

⿱利魚 鯬[준치 리]와 같음

⿰魚成 황어 성

鯏 모시조개 리 물고기 이름 리

鯐 모장이 주 / 숭어새끼 주

鯑 청어 알 희

鯕 어강산 강 / 산 이름 강

鯌 고자 고 / 물고기 이름 고

鯢 鱖[복어 규]와 같음

鯤 鱀[상어 기]와 같음

鯚 물고기 이름 발

鯥 대합 방 / 물고기 이름 방

鯆 물고기 이름 보

鯙 물고기 이름 신

鯳 물고기 이름 신

鯍 鰐[악어 악]과 같음

鰋 鰋[메기 언]과 같음

鯬 물고기 이름 옥

鮧 물고기 이름 이

鯽 청송어 적, 적어 적 / 물고기 이름 적

鯽 鯽[붕어 즉]의 俗字

鯯 물고기 이름 지

鰻 물고기 이름 침

⑧ 획

鯨 고래 경, 클 경 / 들 경(水)

鯚 쏘가리 계 / 날카로운 고기 계

鯝 참마자 고, 물고기 창자 고, 황고어 고

鯤 곤이 곤, 대어 곤 / 환어 곤(水)

鯦 준치 구

鯯 물고기 이름 국 / 알락돌고래 국

鯕 방어 기, 편어 기 / 기추 기

鯟 물고기 이름 동

鯠 물고기 이름 래 / 준치의 딴 이름 래

鯥 우럭 록 / 물고기 이름 록

鯥 물고기 이름 륙

鯪 천산갑 릉, 전설상의 괴어 이름 릉

鯬 방어 리, 준치 리

鯏 앞 글자와 같음

鯭 물고기 이름 망

鯡 곤이 비 / 물고기 이름 비

鯵 물고기 이름 삼

鯗 건어 상 / 말린 물고기 상

鯙 물고기 이름 순

鯰 메기 점

鯢 도롱뇽 예, 암코래 예 / 작은 물고기 예(水)

鯺 상어 착

鯛 도미 조(水)

鯧 병어 창, 창어 창

鯜 가재미 첩 / 납자루 첩

鯖 청어 청, 모듬회 정(水)

鯞 쏘가리 추, 궐추 추

鯫 뱅어 추, 송사리 추 / 어리석을 추

鯔 숭어 치, 치어 치(水)

鯱 물 호랑이 호

鯊 鮐[물고기 이름 태]의 古字

鯒 魴[방어 방]과 같음

鯙 물고기 이름 탁

鯆 鮒[붕어 부]와 같음

鯈 작은 상어 숙

鯣 鮨[예어 역]과 같음

鯶 검은 잉어 패

鯠 전어 내

鯷 鮨[젓갈 기]와 같음

鯩 鮀[모래무지 태]의 俗字

鯊 앞 글자와 같음

鯛 복 같은 물고기 붕

鯩 벌레 이름 거 / 암민어 거

⿰魚㡀 고기 헤엄칠 별

⿰魚忿 가오리 분

⿰魚果 메기 화, 민어 화, 회어 화

鯣 뱀장어 역

⿰魚爭 물고기 이름 쟁

⿰魚卒 피라미 줄, 상어 졸, 다랑어 졸

⿰魚臽 물고기 이름 함, 겸

⿰魚帛 백어 백

鯩 물고기 이름 륜

⿱制魚 제어 제, 물고기 이름 제

鯯 앞 글자와 같음

⿰魚刺 앞 글자와 같음

鯭 蜢[벼메뚜기 맹]과 같음

⿰咢魚 뱀 같은 고기 악

⿰魚亞 자가사리 아, 쏘가리 아, 아피 아

⿱亞魚 앞 글자와 같음

鯮 鯼[조기 종]과 같음

⿰魚沙 魦[문절망둑 사]와 같음

⿰魚某 鰈[가자미 접, 탑]의 訛字

⿰魚卷 鱔[두렁허리 선]과 같음

⿰魚毛 鮡[물고기 이름 조]와 같음

⿰魚於 미꾸라지 어

⿰魚岡 물고기 이름 강

⿱佶魚 장어(章魚) 길 (낙지의 딴이름)

鯘 鮾[썩은 생선 뇌]와 같음

⿰魚泥 미꾸라지 니

⿰魚命 물고기 이름 명

⿱松魚 송어 송

⿰魚奄 복어 업, 소금에 절인 물고기 업

⿰魚券 鱦[작은 물고기 응, 승]과 같음

⿰魚戔 물고기 이름 잔

⿰魚定 물고기 이름 정

⿰魚隹 추저 추, 북어 추

⿰魚兔 물고기 이름 토

⿱波魚 물고기 이름 파

⿱宛魚 鯇[잉어 환]과 같음

⿰魚宛 앞 글자와 같음

⑨ 획

鰎 소금에 절인 고기 건, 물고기 이름 건

鯻 전어 랄, 물고기 이름 랄

鰊 물고기 이름 련 (水)

鰒 전복 복, 상어 복 (水)

鰓 아가미 새, 두려워할 시 (水)

鰐 악어 악 (水)

鰋 메기 언

鰅 반어 우, 노어 우, 우용 우, 옹

鰄 물고기 이름 위

鰇 오징어 유(낙지), 물고기 이름 유

鰈 가자미 접, 탑, 비늘 포개진 고기 삽 (水)

⿰魚帝 큰 잉어 제, 예어 제, 메기 제

⿰魚第 앞 글자와 같음

鯷 메기 제 (水), 종족 이름 제

鯼 조기 종, 물고기 이름 종

鰂 오징어 즉

鯽 붕어 즉

⿰魚泉 중고기 천, 물고기 이름 천

鰌 미꾸라지 추, 참고래 추, 짓밟을 추 (水)

鰍 앞 글자와 같음 (水)

鰆 물고기 이름 춘, 삼치 춘

鯿 방어 편

鯾 앞 글자와 같음

鰕 새우 하, 도롱뇽 하, 암고래 하 (水)

鰔 물고기 이름 감

鰗 복어 호, 호이 호

鰉 용상어 황, 철갑상어 황

鯸 복어 후

鯶 잉어 혼, 산천어 환

⿰魚耶 뱀같은 고기 이름 야, 물고기 이름 야

鯹 비릴 성

⿰魚癹 鱍[헤엄칠 발]과 같음

⿰魚奏 조개 이름 주, 추

鯺 鱭[두꺼비 제]와 같음

⿰魚胃 고기 이름 위

⿰魚恆 ⿰魚亙[상어 긍]과 같음

⿰魚亘 앞 글자와 같음

⿰魚契 고기 이름 액

⿰魚客 앞 글자와 같음

⿰魚曷 물고기 이름 해

⿰魚亭 자가사리 정

⿰魚飛 물고기 이름 비, 날치 비

⿰魚重 가물치 종

⿰魚眔 鰥[환어 환]의 訛字

⿰魚昜 가물치 양

⿰魚巴 뱅어 파

鰖 물고기새끼 타

⿰魚㪅 鯁[생선뼈 경]의 本字

⿰魚含 조개 한, 주한 한

⿱劉魚 鮤[웅어 렬]과 같음

⿰魚厘 鱣[전어 전]과 같음

鰙 뱅어 약

鰚 숭어 선, 민어 선

⿰魚毘 자가사리 비

鮥 물고기 이름 격

⿰魚癸 물고기 이름 규

⿰魚南 남어 남

⿱敄魚 물고기 이름 무

鰏 물고기 이름 벽

⿰魚胥 물고기 이름 서

⿰魚叜 성씨 수, 밀치끈 추

⿰魚音 물고기 이름 암

⿰魚彖 물고기 이름 연

鰛 정어리 온

鰃 물고기 이름 외

⿰魚斿 물고기 이름 유

⿰魚致 물고기 이름 치

⿰魚菑 鯔[숭어 치]와 같음

鰀 鯇[잉어 환]과 같음

⑩ 획

鰬 두렁허리 건, 물고기 이름 건

鰜 넙치 겸, 바목어, 청어 겸

鰭 지느러미 기 (水)

鰡 머무를 류, 물고기 이름 류

鰤 전설상의 물고기 이름 사, 조사 사

鰣 준치 시, 시어 시

鰯 멸치 약

鰮 정어리 온

鰩 날치 요, 문어 요, 얼룩낙지 요

鰫 물고기 이름 용, 검은 연어 용

鰨 가자미 탑, 넙치, 도롱뇽 탑

⿰魚骨 뱀같은 네 발 달 물고기 이름 활

鰝 왕새우 호, 대하

鰥 환어 환, 홀아비, 감어 환, 병들 환

⿰魚尃 돌고래 포

⿰魚翁 물고기 이름 옹

鰞 오징어 오

⿰魚郎 낭해 랑, 수컷 게 랑

鰧 자가사리 당

鮠 귀두어 위
가시복 위

鰟 魴[방어 방]과 같음

鰠 전설상의 물고기 이름 소

鰬 鱯[메기 화, 호]의 訛字

鬲 물고기 이름 격
자가사리 력

鰢 수마 마, 해마 마

鯢 문비 비, 방비 비
물고기 이름 비

鱁 漁[고기잡을 어]와 같음

鰦 버들치 자
피라미 자

鰥 물고기 이름 한

鰒 사람이름 수, 성씨 수, 밀치끈 추

鰋 鰋[메기 언]과 같음

騰 쐐기 등

鰊 물고기 이름 납
홍어 납

鰯 앞 글자와 같음

鰺 젓담글 차

鰲 앞 글자와 같음

鎧 수케(게의 수컷) 해
낭해 해

鰪 병어 압, 갑

鰿 붕어 즉

鰻 물고기 이름 전

鯿 방어 편

鱀 초로 고기 삶을 정

鱐 鯔[숭어 치]와 같음

鰶 제내 내, 전어 내

鰝 鱎[뱅어 교]와 같음

鱈 鯧[병어 창]과 같음

鰖 鮓[젓갈 재]의 俗字

鰰 은어 신

鰔 鱤[자가사리 감]의 俗字

鰫 물고기 이름 격

鰾 물고기 이름 축

鰨 비목어 탑, 자답 답

⑪ 획

鱇 아귀 강, 안강 강
물고기 이름 강(水)

鰹 큰 가물치 견
견어 견(水)

鱖 복어 규, 하돈 규

鰭 상어 기, 돌고래 기

鰿 앞 글자와 같음

鰱 연어 련(水)

鰳 준치 륵
물고기 이름 륵

鱖 작은 모기 마
삼치 마

鰻 뱀장어 만, 만리 만(水)

鰵 대구 민, 바가물고기의 이름 민(水)

鰵 앞 글자와 같음

鱈 대구(大口) 설

鱅 준치같은 고기 수
갈치 수, 준치 수

鰼 미꾸라지 습
습습 습

鰲 鼇[자라 오]의 俗字(水)

鱅 전어 용, 흑련 용
전설의 물고기 용

鱆 꼴뚜기 장, 낙지 장

鱂 붕어 같은 잔고기 장, 큰 창어 장

鰿 붕어 적, 조개 적

鱄 물고기 이름 전, 전설상의 물고기 단

鰶 전어 제, 제내 제

鰷 鰷[피라미 조]와 같음

鰌 잉어 추, 용어 추
미꾸라지 추

鱁 창란젓 축, 부레 축

鰾 부레 표, 표교 표(水)

徽 힘센 고기 휘

鱱 잉어 루, 청어 루

鰧 쐐기 등, 쑤기미 등

鱺 鱳[우어 력, 록]과 같음
䲉 숭어같은 고기 닉 물고기 이름 닉
鯊 魦[문절망둑 사]와 같음
鷙 물고기 이름 지
鰻 鰻[뱀장어 만]과 같음
鰸 물고기 이름 구, 우
鱓 꼬리 긴 생선 신
鱹 鱹[물고기 이름 관]의 俗字
鳚 뱀같은 물고기 위
鬱 앞 글자와 같음
鰺 鱢[비릴 소]의 訛字
鰏 鮅[상피리 필]과 같음
鰲 鰲[준치 리, 방어 리]와 같음
鯆 붕어 부
鰪 병어 압
鱢 잉어 같고 닭발 같은 것이 있는 고기 초
鱐 鯆[돌고래 포]와 같음
鰒 鰒[전복 복]과 같음
鰥 鯤[곤이 곤]과 같음
鰤 날치 이
鱌 경어 경

鯬 장어 리
鰺 상어 산
鏇 물고기 이름 선
鰋 鰋[메기 언]과 같음
鰫 물고기 이름 족
鏨 물고기 이름 참
鯔 鯔[숭어 치]와 같음
鰲 물고기 이름 칠

⑫ 획

鱎 뱅어 교, 백어 교
鱖 쏘가리 궤 궐추 궐
鱗 비늘 린, 성씨 린 (水)
鱙 苗[싹 묘]와 같음
鱍 헤엄칠 발, 물고기 꼬리치는 소리 발
鱕 도끼모양의 물고기 번, 번착 번
鱉 금계 별, 鼈[자라 별]과 같음(水)
鱌 물고기 이름 상
鱓 두렁허리 선 악어 타 (水)
鱔 앞 글자의 俗字
鱐 말린 고기 수 어포 수
鱘 칼 철갑상어 심, 심어 심, 큰 다랑어 심

鱏 칼 철갑상어 심, 심어 심, 큰 다랑어 심(水)
鱊 실뱅어 율, 작은 물고기 이름 율
鱒 송어 준, 독 넣을 준 (水)
鱋 魼[가자미 거]와 같음
鱑 물고기 이름 황
鱚 서두어 희 물고기 이름 희
鱭 한수(漢水)에서 나는 잉어 같은 잔고기 제
鱷 鱷[악어 악]의 俗字
鱜 물고기 이름 사 상어 사, 다랑어 사
鰖 물고기새끼 타 주머니벌레 유
鱵 자반 침 물고기 이름 침
鰭 앞 글자의 俗字
鱔 뼈 없는 고기 찬 물고기 이름 전
鱬 鰾[인어 유]의 俗字
鰞 큰 물고기 위, 휘 물고기 이름 위, 휘
鱦 鮦[가물치 동]과 같음
鱹 물고기 이름 관, 고기 그물에 걸릴 관
鰧 䲢[쐐기 등]의 本字
鱃 羞[생선젓 채]의 本字
鱄 멸치 잔 물고기 이름 잔
鱜 패할 뇌, 鮾[썩은 생선 뇌]의 訛字

鰎 얼간한 생선 건, 소금에 절인 생선 건

鰖 鱢[비릴 소]의 訛字

鱇 물고기 이름 과

鱃 鯔[숭어 치]와 같음

鱂 물고기 이름 로

鰽 鰿[상어 착]의 本字

鱞 鰥[환어 환]과 같음

鱢 앞 글자의 俗字

鰺 고등어 혜

鱛 공미리 증, 꽁치 증

鱛 물고기 이름 간

鱗 물고기 이름 린 비늘 린

鱗 앞 글자와 같음

鱗 물고기 이름 무

鱦 鱦[물고기새끼 승, 잉]과 같음

鱩 물고기 이름 체

鱯 물고기 이름 화

⑬ 획

鱤 자가사리 감 황협어 감

鱷 鯨[고래 경]과 같음

鱧 가물치 례, 예어 례 (水)

鱸 물고기 이름 로

鱝 가오리 분

鱢 비릴 소, 비린내 소

鱦 물고기새끼 승 작은 물고기 응, 승

鱶 물고기새끼 의

鱣 철갑상어 전, 전어 전, 두렁허리 선 (水)

鱞 鰥[홀아비 환]과 같음

鱠 회 회, 괴어 회 (水)

鱟 참게 후, 무지개 후

鰻 鰻[뱀장어 만]과 같음

鱰 蟹[게 해]와 같음 가물치 해

鱰 앞 글자와 같음

鱅 복어 용, 명태 용

鱡 鰂[오징어 즉]과 같음

鱺 鯉[잉어 리]의 俗字

鱥 鱖[쏘가리 궤, 궐]과 같음

鱳 鰲[피라미 찬]의 俗字

鱮 미꾸라지 오, 우

鱤 물고기 입 빼끔거릴 엄, 엄우 엄

鱳 물고기 이름 라

鱳 물고기 성할 업 물고기 이름 업

鰖 鰖[물고기새끼 타]와 같음

鱶 앞 글자와 같음

鮑 복어 보 알락돌고래 포

鱭 鱭[피라미 재]의 訛字

鱂 물고기 이름 장

鱵 鱵[공미리 침]과 같음

鱧 鯉[잉어 리]와 같음

鰲 鰲[자라 오]와 같음

鱨 鱨[황상어 상]과 같음

鱩 도루묵 은어 뢰

鱮 바닷고기 이름 서

鱫 해묵은 은어 애

鱌 앞 글자와 같음

鱪 葛[칡 갈]과 통함

鰜 鰜[넙치 겸]과 같음

鱜 鯨[고래 경]의 俗字

鱹 鱹[긴 솔치 관]과 같음

鱨 준치 당 물고기 이름 당

鱴 물고기 이름 미

鯼 鯼[조기 종]과 같음

鱭 鯔[숭어 치]와 같음

鱓 물고기 이름 피

⑭ 획

鱞 긴 솔치 관 물고기 이름 관

鱨 자가사리 상, 황상어 상, 모상어 상

鱮 연어 서

鱭 제어 제(갈치의 일종)

鱯 메기 화, 호

鱊 鰍[물고기 이름 국]과 같음

鰡 뱅어 추

鱬 인어 유

鯿 방어 변, 鯿[방어 편]과 같음

鱪 큰 고기 주

瀿 漁[고기 잡을 어]와 같음

鮓 생선 젓 차

鱄 물고기 이름 박

鮺 鮓[젓갈 재]의 古字

鱄 단어 단(자라의 일종)

鱫 물고기 이름 의

鱨 鯧[병어 창]과 같음

鱭 물고기 이름 함

⑮ 획

鱱 물고기 이름 려 가물치 려, 예어 려

鱳 자가사리 력, 우어 력, 녹득 력

鱲 물고기 이름 렵 전어 렵, 도화어 렵

鱴 웅어 멸, 갈치 멸 도어 멸

鱵 납자루 절, 연어 절

鱵 공미리 침, 침어 침

鱹 생선 젓 차

鱣 鱣[철갑상어 전]과 같음

鱺 鯬[방어 리]와 같음

鱶 鯗[건어 상]과 같음

鰿 鯽[붕어 즉]의 本字

鰾 고기 새끼 조금 큰 것 표

鱰 피라미 배

鱐 물고기 이름 속

鱮 물고기 이름 우

鱹 큰 거북 휴

⑯ 획

鱸 농어 로, 노어 로(水)

鱷 악어 악

鱡 물고기 이름 몽

鱝 민어 뢰

鱧 앞 글자와 같음

鱝 물고기 이름 유

鱶 물고기 이름 찬

鱳 자가사리 력

鱊 鰍[물고기 이름 국]과 같음

鱕 물고기 이름 해

⑰ 획

鱻 물고기 이름 건

鱴 멸도 멸, 갈치 멸 도어 멸

鱄 물고기 이름 박

鱲 徽[힘센 물고기 휘]와 같음

鱸 鮓[젓갈 재]와 같음

鱡 鯽[붕어 즉]의 訛字

⑱ 획

鱹 사람이름 관

鱨 물고기이름 쌍

鱹 점박이 큰 거북 휴

鮺 생선 젓 차

⑲ 획

鱺 뱀장어 리, 만리 리 가물치 려

鱣 鱣[철갑상어 전]의 古字

⑳ 획

鱨 물고기 이름 당

㉑ 획

鱶 鱧[가물치 례]와 같음

鱏 鱘[철갑상어 심]의 本字

㉒ 획

鱻 신선할 선, 드물 선 (水)

鳥部

鳥 새 조, 나라 이름 조 섬 도, 난작 작 常(火)

① 획

鳦 焉[어조사 언]과 같음

鳦 제비 을 (火)

鳥 鳥[새 조]와 같음

② 획

鳩 비둘기 구, 모을 구 해결할 치 (火)

鳩 앞 글자와 같음

鳩 앞 글자와 같음

鳭 개개비 초 초료 초, 꾀꼬리 조

鳪 꿩 복

鳧 오리 부, 야압 부 산 이름 부 (火)

鳬 앞 글자의 俗字

鳧 앞 글자와 같음

鳨 작은 오리 력

鳧 앞 글자와 같음

鳰 쥐오리 입 되강오리 입

鳯 鳳[봉새 봉]의 俗字

鳥 올빼미 효

鳥 앞 글자와 같음

鳥 새 이름 차 새소리 차

鳭 꾀꼬리 조, 초료 초 뱁새 초

鳮 鴱[암 뱁새 애]와 같음

鳮 鷄[닭 계]의 俗字

鳫 雁[기러기 안]과 같음

鳭 되강오리 정

③ 획

鳱 까치 간, 기러기 안 한단 한

鳱 앞 글자와 같음

鳴 울 명, 소리낼 명, 부를 명, 밝을 명 常(火)

鳵 너새 보, 능에 보

鳳 새 봉, 봉차 봉 성씨 봉 常(火)

鳲 뻐꾸기 시, 시구 시

鳲 앞 글자와 같음

鳶 솔개 연, 연 연 (火)

鴃 새 이름 태

鳥 접동새 토 두견새 두

鳥 환도 환, 새 이름 환

雀 雀[참새 작]과 같음

鳿 큰 기러기 홍

鳥 너새 표, 너화 표 능에 표

鳶 鷊[주살 익]과 같음, 솔개 영

鳥 鶻[송골매 홀]과 같음

鳥 앞 글자와 같음

鳫 雁[기러기 안]의 古字

鳩 鳩[비둘기 구]의 訛字

鳥 鷂[오리 요]와 같음

④ 획

鴃 때까치 격, 백로 결 뱁새 결, 자규 계 (火)

鴂 앞 글자와 같음

鳽 할미새 견, 연 교정 견

鴌 꿩 궉, 봉새 봉 (火)

鳹 입부리가 구부정한 새금,겸,새 이름 금

鳼 메추라기 새끼 문 전설의 새 이름 문

鴍 앞 글자와 같음

鳻 큰 비둘기 반, 뻐꾸기 반, 파랑새 분

䳂 새 모여들 분 큰 비둘기 반

䳁 앞 글자와 같음 나는 모양 분

鴇 능에 보, 노기 보 오총이 보 (火)

鴀 오디새 부, 부부 부

鳺 오디새 부, 자규 규

䲭 鴟[솔개 치]와 같음

鵄 앞 글자와 같음

殦 앞 글자와 같음

䳏 꿩 시, 기, 닭 기 기러기 기

鴉 갈가마귀 아 큰부리까마귀 아 (火)

鵶 앞 글자와 같음

鴈 雁[기러기 안]과 같음 (火)

鳿 독수리 옥, 촉옥 옥

䲰 까마귀 같은 새 운 짐새 운

鳷 새매 지, 지작 지 날개 시

䳊 鶻[송골매 홀]의 俗字

鴆 짐새 짐, 짐주 짐 해독 짐 (火)

䲴 앞 글자와 같음

鴄 집오리 필

𪀁 앞 글자의 訛字

鳸 파랑새 호, 철새 호

𩿫 앞 글자의 古字

鴅 새 이름 환, 환두 환 사람 이름 환

䳄 鵩[상모솔개 복]의 訛字

鴔 작은 새 급

䳴 이상한 새 후, 鵂[부엉이 휴]의 訛字

鴪 매 홀

䲹 물새 석

䲾 검은 빛깔의 새 심 새 검을 심

鴋 늪을 다스리는 해오라기 방

䲱 앞 글자와 같음

䳅 鵁[해오라기 교]와 같음

䲲 매 비슷한 작은 새 공, 새매 송

鴁 새이름 요, 요부 요 (전설의 새 이름)

䳕 공작새 부

鴤 날다람쥐 중 유중 중

䲳 내려앉는 모양 항

䳓 䲦[새 이름 태]의 訛字

𪀉 솜털 모, 새털 모

鳵 작은 새 흰 흰전 흰(새 이름)

𪀗 鶴[학 학]의 俗字

𩿧 날짐승이 먹이 구하는 소리 창

䲨 수새 흉

鳦 鶻[송골매 홀]과 같음

鴭 올빼미 교

𪀚 雀[참새 작]과 같음

䳌 鴜[물새 이름 자]와 같음

䲷 憍[교만할 교]와 같음

䲸 鴟[솔개 치]와 같음

鴧 새 이름 개

鴯 동고비 사

䳘 화순한 모양 환

⑤ 획

鴐 거위 가, 가아 가 (기러기의 일종)

鴚 앞 글자와 같음

鴣 자고 고, 고습 고(火) (전설상의 새 이름)

鴝 구관조 구, 구욕 구 부엉이 구, 꿩울 구

䳢 앞 글자와 같음

鴠 산박쥐 단, 한단 단

鴒 할미새 령, 척령 령 (火)

鴗 천구 립, 물총새 립 어구 립

鴘 매 변, 2년된 매 깃 색 변, 성씨 변 (火)

鴨 오리 압, 중매인 압 오리모양 향로 압 (火)

𩿧 앞 글자와 같음

𩿨 앞 글자와 같음

鴦 원앙 앙 (火)

䳉 앞 글자와 같음

鴢 오리 요, 왜가리 요

鴛 원앙 원, 원추 원 (봉황의 일종) (火)

𩿤 사람 이름 원

鴥 새 빨리 날 율 (火)

鴪 앞 글자와 같음

鴡 물수리 저, 왕저 저 징경이 저

鴫 도요새 전

鴙 雉[꿩 치]와 같음(火)

鴟 솔개 치, 올빼미 치 가볍게 여길 치 (火)

鵄 앞 글자와 같음

鴕 타조 타 (火)

䳊 앞 글자와 같음

鴔 복핍 복 상모솔개 복

鴞 부엉이 효 올빼미 효

鴊 새매 정

鴀 징경이 비

䲹 앞 글자와 같음

䳺 새소리 감 새 이름 감

鳻 새 이름 분

䲨 제비 현, 솔개 연 올빼미 치

𪀤 오리 득

𪀚 집오리 척

𪀄 鼪[족제비 생]과 같음

𪀏 물새 이름 두 검은 오리 투

鴓 동박새 멸, 밀 새 이름 필

鴖 새 이름 민, 문

䳝 할미새 석

鴌 뱁새 교

䳼 앞 글자와 같음

䲾 鷀[가마우지 자]와 같음

䳮 집오리 말, 말필 말

鴩 멧비둘기 일

𩿳 앞 글자와 같음 솔개 홀

𩿪 새 잡털빛 찰 되강오리 찰

鳾 鳲[짐새 시]와 같음

𩿱 꿩 같은 새 발 물오리 같은 새 발

𩿭 앞 글자와 같음

鴏 뱁새 초, 초료 초

鴚 거위 가, 가아 가 (기러기의 일종)

䳈 앞 글자와 같음

𪀕 鵷[원추새 원]과 같음

鴜 물총새 같고 검푸른 물새 자

𩿶 雌[암컷 자]와 같음, 앞 글자와 같음

𪀑 지도 지(전설상의 새 이름), 새소리 지

𪀍 앞 글자와 같음

𩿾 새이름 백

鳺 새이름 부

䳇 앵무새 무

鳵 鴇[능에 보]와 같음

𩿈 앞 글자와 같음

鴤 오리같은 작은 물새 종, 쥐오리 동

𪀚 참새 새끼 척 (메추라기 일종)

鴈 雁[기러기 안]과 같음

鴧 날다람쥐 유

𪀗 물새 이름 형 창형 형

𩿬 鶵[원추새 추]와 같음

𪀀 새 이름 거

𪀕 鴰[재두루미 괄]과 같음

𪀯 鵬[붕새 붕]과 같음

鴥 자고새 술

鳿 瑦[독수리 옥]과 같음

𩿼 새 이름 와

𪀌 새 빨리 나는 모양 용

䳒 새 이름 월

𪀃 앞 글자와 같음

⑥ 획

鴼 물새 이름 락 부엉이 격, 구격 격

鴰 재두루미 괄 (火)

鵁 해오라기 교 (火) 교정 교, 어효 효

𪁇 앞 글자의 本字

鴷 딱다구리 렬

鴾 종달새 무, 무모 무

鴏 새매 숭, 작숭 숭

鴳 안작 안, 유알 알 (전설의 새 이름)

鴶 뻐꾹새 길, 새 나는 모양 길 (火)

鴱 암뱁새 애

鴽 집비둘기 여 무모 여

鴮 사다새 오, 오택 오

鴯 제비 이 이묘 이 (火)

鵀 오디새 임, 대임 임

𪀔 앞 글자와 같음

鴸 불상서로운 새 주 새 이름 주

鵃 멧비둘기 주 조료 조

鵄 鴟[솔개 치]와 같음 (火)

鴭 참새 이름 퇴 참새 같은 새 퇴

鴿 집비둘기 합

鴴 참새 행, 새떼 행 많은 새떼 행

鵆 앞 글자와 같음

鴻 기러기 홍, 클 홍 고니 홍 常 (火)

鵂 수리부엉이 휴 후류 휴 (火)

𪀘 앞 글자와 같음

𪁘 부등깃 날 후 왼발이 흰 새 구

𪀦 새들의 총칭 이

鴤 산새 비슷한 새 이름 동, 충

𪀝 하늘 다람쥐 예

𪀠 접동새 위

𪀲 접동새 장, 뱁새 장

𪀪 鵒[구관조 욕]과 같음

𪀁 鵑[두견새 견]의 俗字

鴲 참새소리 지

𪁆 물새 이름 공

𪀶 앞 글자와 같음

𪀵 鳶[솔개 연]과 같음

鴵 올빼미 교, 梟[올빼미 효]와 같음

𪀧 참새 황

𪀤 새 이름 회

䳍 꿩 같은 새 이름 공

𪀭 비둘기 같고 벼슬 있는 새 구

𪀾 鳽[척령 견]의 本字

鴹 상양새 양 날 상

䳏 접동새 규

鴺 사다새 제 날다람쥐 이

鵴 뻐꾸기 국

𪁈 올빼미 차 전설의 새 차

鳿 털에 오색 무늬가 있는 새 이름 택

鴏 물새 칙

䳁 앞 글자와 같음

䳑 흰 꿩 유 새 이름 육

鴼 새 이름 로

䳒 鳶[솔개 연]과 같음, 고을 이름 원

䳐 두루미 로

䳓 앞 글자와 같음

鴢 鴉[갈가마귀 아]와 같음

鶵 雛[병아리 추]와 같음

䳩 鶬[새 이름 장]과 같음

鵇 따오기 년

䳸 굳강할 걸

䳋 새 이름 동

鵧 때까치 병, 병급 병

鵩 새 이름 복

䳵 순선 순, 뱁새 순

䳳 鷲[무수리 추]와 같음

䳄 새 이름 회

⑦ 획

鵖 복핍 핍 (상모솔개)

鵙 때까치 격

鵑 두견새 견 두견화 견 (火)

鵊 접동새 겹, 비겹 겹 두견새 겹

鵛 새 이름 경, 여경 경 목 경

鵠 고니 곡, 과녁 곡 야윈 모양 곡 (火)

鵟 수리부엉이 광, 새 이름 광, 모치 광

鵘 꼬리 없는 닭 군

鵋 부엉이 기, 기기 기 휴류 기

鵌 쥐와 함께 사는 새 도, 새 이름 도

鵨 앞 글자와 같음

鵚 무수리 독, 독추 독

鵡 앵무새 무 (火)

鵐 참새 무, 세가락 메 추라기 무

鵓 집비둘기 발 발합 발 (火)

鵝 거위 아, 진 이름 아 성씨 아 (火)

鵞 앞 글자와 같음 (火)

䳘 앞 글자와 같음

䳗 앞 글자의 古字

鵒 구관조 욕, 구욕 욕

鵮 작은 새 잠

鵜 사다새 제 두견새 제

䳜 雉[꿩 치]의 古字

鵔 금계 준, 관 이름 준 전설의 새 이름 준 (火)

鵕 앞 글자와 같음

鵏 거위 포, 두견 포 자규 포, 거위 부

䳕 앞 글자와 같음

鵗 꿩 희

鵥 새가 날개 칠 절

舄 새 이름 곡 때까치 구

䳑 앞 글자와 같음

鵍 환단 환, 황새 관

䳖 앞 글자의 訛字

䳺 鶂[새 이름 역]과 같음

鵹 鸝[꾀꼬리 리]와 같음

鴷 물새 열

䳮 매 비슷하고 흰 새 망, 새 이름 몽

䳇 앞 글자와 같음

𪀿 鴀[오디새 부]와 같음

䳓 깃에 무늬있는 새 이름 로, 택로 로

䳉 물새 옥, 악

䳶 鴝[구관조 구]와 같음

䲸 鴨[오리 압]의 古字

䳮 앞 글자와 같음

䳺 꿩 왕

䳱 날다람쥐 오 박쥐 오

鷾 까마귀 울 의

䳣 새가 날 녑 새 나는 모양 녑

𪃃 비둘기새끼 역

䳖 비둘기새끼 랑

䳑 鴰[재두루미 괄]의 本字

䳚 鳱[까치 간]과 같음

鵮 새 이름 암, 뇌정이 치는 모양 함

𪃆 鴂[뱁새 결]과 같음

䳛 기러기 안

䳝 鴋[쇠물닭 방]과 같음

鴳 鷃[세가락 메추라기 안]과 같음

䳈 큰 새 보

䳗 매 제

䳲 해오라기 떼지어 날 진

䳳 鶺[척령 척]과 같음

鵗 雉[꿩 치]와 같음

䳘 산비둘기 각

䳪 새매 판

䳵 물새 이름 형 창형 형

⑧ 획

鶋 갈가마귀 거 굴거 거, 원거 거

鵳 새매 견, 제견 견

鶁 새 이름 경 강경 경

鶊 꾀꼬리 경, 창경 경 (火)

鵾 댓닭 곤, 곤계 곤 악곡 이름 곤 (火)

鵴 뻐꾸기 국, 길국 국

鶌 비둘기 굴, 굴거 굴 산비둘기 굴

䳢 수리부엉이 기 작은 기러기 기

鶀 앞 글자와 같음

鵸 새 이름 기, 기도 기 전설의 새 이름 기

鶇 콩새 동, 티티새 동

𪃹 앞 글자와 같음

鶆 매 래, 내구 래 계칙 칙

鵹 꾀꼬리 려, 리 호리 리, 려

鵱 들거위 륙, 육루 륙 기러기 륙

䳟 초명새 명 (火)

𪄂 앞 글자와 같음

𪃨 鵧[병급 병]의 本字

鵩 새이름 복 산올빼미 복 (火)

鵬 대붕새 붕, 붕새 붕 (전설상의 새) (火)

鵨 오리 비슷한 새 서

鶉 메추라기 순 (火) 독수리 단

䳓 앞 글자와 같음

䳙 오를 승

鵪 암순 암, 오리 압

鵺 새 이름 야

鶂 물새 이름 역, 거위의 우는 소리 예

鶃 앞 글자와 같음

䳼 비둘기새끼 의

鵷 원추새 원, 원앙 원 (火)

鵲 까치 작, 새 이름 작 성씨 작 (火)

鵰 독수리 조, 새길 조 (火)

鶈 꾀꼬리 처, 처앵 처

鶄 해오라기 청 (火) 청학 청, 교정 정

鵻 산비둘기 추 익모초 추 (火)

𪄈 앞 글자와 같음

鶅 꿩 치, 동방의 들꿩 치

鵫 흰 꿩 착, 백한 조

鵽 사막새 탈, 탈구 탈 청탈 탈

鵵 부엉이 토 새 이름 토

鵯 직박구리 필, 비겹 비, 갈가마귀 비 (火)

⿰鳥卑 앞 글자와 같음

鵦 새 이름 록 (火) 새의 깃털 빛깔 록

⿰鳥尚 전설의 새 이름 창 창부 창

⿱折鳥 사나운 새 지

⿰帛鳥 꾀꼬리 울 면

⿰卒鳥 집비둘기 솔

⿱松鳥 조롱태 숭, 새매 숭

⿰奉鳥 새가 어지러이 날 봉

鵫 鶾[붉은 닭 한]과 같음

鵭 황새 금 부리 굽은 새 금

鵮 새가 먹이 쪼을 감

⿱芰鳥 외발새 지

⿰昏鳥 전설상의 새 이름 민

⿰昌鳥 봉황새 창

鵶 鴉[갈가마귀 아]와 같음

⿰炎鳥 괴상한 새 염

⿰或鳥 뻐꾸기 역 대승 역(오디새)

⿰垂鳥 솔개 수 새 날지 않을 추 (火)

⿱隹鳥 鷕[울 요]의 訛字

鵼 새 이름 공

⿰鳥它 鴕[타조 타]와 같음

⿰鳥帚 뱁새 부

⿰帚鳥 앞 글자와 같음

⿱𢦏鳥 솔개 연, 날 연 돌아날 연, 연 연

⿰㡀鳥 부엉이 별, 별부 별

⿱㡀鳥 앞 글자와 같음

⿰幵鳥 물오리 계

⿰巠鳥 鵐[참새 무]와 같음

⿰岨鳥 징경이 저, 돌산 저 저구 저

⿰⿰氵冃鳥 새 모여드는 모양 분, 새 나는 모양 분

鶍 때까치 이

鶎 오디새 종

鶏 鷄[닭 계]의 略字

⿰雨鳥 새 이름 어

⿱鳥夗 전설상의 사람 이름 원

⿰虎鳥 鷈[농병아리 체]와 같음

⑨ 획

鶡 할단 할, 할계 할 산박쥐 할, 개작 개

鶛 수컷 메추라기 개

鶪 때까치 격

鶤 댓닭 곤, 큰닭 곤 큰 새 이름 운 (火)

鶨 새 이름 단 뻐꾸기 천

鶟 꿩 같은 푸른 새 돌 돌호 돌

鶜 비둘기 모, 모치 모 수리부엉이 모

鶩 집오리 목, 무 헤엄칠 목 (火)

鶥 왜가리 미, 미괄 미

鶝 오디새 복, 복유 복

鶐 새 깃털 술 물총새 술

鶚 물수리 악 (火)

鶠 봉새 언, 작은 새 언

鶧 목걸이 영, 계영 영 새 이름 영

鶢 바닷새 이름 원 원거 원

鶔 까치 같고 꼬리 짧은 새 유, 복유 유

⿰即鳥 鶺[척령 척]과 같음

鶙 벽체 체 농병아리 체

鶗 접동새 제, 자규 제 새매 제, 두견새 제

⿰鳥是 앞 글자와 같음

⿱秋鳥 무수리 추 (火)

鶖 앞 글자와 같음

鶞 새이름 춘, 분춘 춘

⿰勅鳥 뜸부기 칙, 자원앙 칙, 비오리 칙

鶣 가벼운 모양 편

鶘 사다새 호, 제호 호

鶦 돌호 호, 백두조 호 꿩같은 푸른 새 호

鶣 작은 새의 이름 선 뱁새 선

鰚 앞 글자와 같음

鯸 독수리 후

鍭 앞 글자와 같음

鯸 앞 글자와 같음

鶓 새이름 묘, 이묘 묘 (타조 모양)

鶓 앞 글자와 같음

鶔 凰[봉황 황]과 같음

鵿 앞 글자와 같음

鶕 메추라기 암

鶝 앞 글자와 같음

鶟 산비둘기 분

鷂 새 이름 요, 영요 요 (전설상의 새 이름)

鶝 오디새 복

鶟 비둘기새끼 규

鴂 물오리 결

鶔 물오리 결, 길

鶔 앞 글자와 같음

鶉 늦배깐 닭 순

鶐 새 발 오그릴 종

鶗 산 이름 천, 鸇[새매 전]과 같음

鶍 꼬리 흰 매 양, 영

鶚 새 이름 우

鶥 새 후려잡을 매 후림새 매

鶓 뱁새 묘

鶓 앞 글자와 같음

鶩 앞 글자와 같음

鶗 올빼미 모 수알치새 모

鶩 새가 놀라서 보는 모양 맥

鶝 새매 부

鶐 새 이름 종, 새새끼 날 종, 참새 종

鶖 부엉이 격 물새 이름 락

鶓 鴖[전설상의 새 이름 민]과 같음

鶓 앞 글자와 같음

鷰 鳶[솔개 연]과 같음

鶡 鸐[과라 과]의 訛字

鶝 새 이름 부

鴇 鴇[능에 보]와 같음

鶵 앞 글자의 俗字

鶵 새 이름 상

鷃 앞 글자와 같음

鶐 鷫[신조 숙]과 같음

鶂 鶂[칠면조 역]과 같음

鷂 머리는 크고 눈은 오목한 모양 요

鷀 가마우지 자

鶅 鶅[꿩 치]와 같음

鶙 물새 이름 탁

⑩ 획

騫 훨훨 날 헌

鶼 비익조 겸

鷄 닭 계, 눈에놀이 계 성씨 계 常(火)

鷄 앞 글자와 같음

鶻 작은 비둘기 고

鶻 송골매 홀 (火) 골주 골, 홀돌할 홀

鷮 올빼미 교, 효

鷇 새새끼 구, 먹일 구 막 부화한 새끼 각

鶶 새 이름 당, 당도 당 (火)

鶹 올빼미 류, 부엉이 류, 휴류 류 (火)

鷅 올빼미 률, 율류 률 꾀꼬리 률

鷌 새 이름 마, 황작 마

鷎 사다새 방 쇠물닭 방

鰤 새 이름 사
鷃 세가락 메추라기 안, 종달새 안
鶯 꾀꼬리 앵
깃 아름다울 앵 (火)
鸎 앞 글자와 같음
鶸 댓닭 약, 새 이름 약
당닭 약 (火)
鷁 칠면조 역
칠면초 역
鶲 새이름 옹
새 목털 옹
鷂 새매 요, 요치 요 (火)
鷂 익더귀 요, 요치 요
鷁 새 이름 익, 익조 익
배 익 (火)
鶿 가마우지 자
노자 자 (火)
鷀 앞 글자와 같음
鷏 바람개비 전, 쏙독새 전, 새매 전
鶽 隼[새매 준]과 같음
鶬 왜가리 창, 창괄 창
쇳소리 창, 창경 창
鶺 할미새 척, 척령 척
鷈 농병아리 체
鷉 앞 글자와 같음
鶵 원추새 추 (火)
鶵 앞 글자와 같음
鶴 학 학, 별 이름 학
흴 학, 성씨 학 (常)(火)

鶾 붉은 닭 한
천계 한
鶷 백설조 할, 할갈 할
티티새 할
鶩 鶩[따오기 목]의 本字
鶹 물새 이름 류
鶮 고을 이름 혹
학 학
鷶 새가 놀라서 보는 모양 맥
鷑 새가 쪼아먹을 식
鶑 앞 글자와 같음
鷏 백로 진, 진로 진
떼로 날 진
鶲 산까마귀 용
鴐 기러기 가
鵢 전설상의 새 이름 반
鶎 푸르륵 날 답
새 이름 답
鵰 鵰[수리 조]의 俗字
鶖 새 빨리 날 살
鵧 새 이름 비, 비겹 비
뵈명조 비
鶝 공작새 부
鶲 할미새 옹
鷄 鷄[계칙 칙]과 같음
鶩 앞 글자와 같음
鷅 앞 글자와 같음

鶼 새 모이 사양할 공
鶬 집오리 천, 오리 천
鶱 鸇[새매 전]과 같음
鷮 鷮[꿩 교]와 같음
鶴 새가 먹이 쫄 감
鵁 반구 반
산비둘기 반
鶭 부구 부, 오디새 부
鵌 새 이름 여
鶢 새 이름 원
鶰 새 이름 원
鶨 鸇[새매 전]과 같음

⑪ 획

鷗 갈매기 구 (火)
鴝 앞 글자와 같음
鷑 작고 검은 새 급
급구 급
鷒 까치 같고 꼬리 짧은 새 단, 환단 단
鷋 비둘기 도
새 이름 도
鷜 들거위 루, 남루 루
뻐꾸기 루
鷚 종달새 류
천류 류, 병아리 류
鷚 앞 글자와 같음
鷞 새 이름 상
숙상 상, 상구 상

鷐 익더귀 신, 신풍 신

鷖 갈매기 예 (火) 검푸른 비단 예

鷔 흉조 이름 오 (火) 황오 오, 흉포할 오

鷕 울 요, 새 우는 소리 요, 꿩 효

𪄕 앞 글자와 같음

鷛 오리 비슷하며 발은 닭 같은 새 용

𪅋 앞 글자와 같음

鷓 자고 자 곡조 이름 자 (火)

鷟 자색 봉황 착 악착 착

𪄰 새 이름 조

鷙 맹금 지, 사나울 지 탁출 출, 새 공격 절 (火)

鷘 鶒[뜸부기 칙]과 같음

鶒 앞 글자와 같음

𪆟 앞 글자와 같음

鷝 새 이름 필, 필방 필

𪅦 닭 종

𪇗 앞 글자와 같음

鷍 접동새 규, 자규 규

鷌 기러기 마

𪅄 외발새 상 꾀꼬리 상

𪆷 징경이 민 올빼미 민

鳛 새 이름 습

鷼 학 비슷하고 푸른 빛깔의 새 선

𪇆 참새 구

𪆨 뻐꾹새 장, 청장 장 새 이름 장

𪆩 앞 글자와 같음

鷇 새알 구

鵪 메추라기 암

鷬 어려울 난, 애쓸 난

𪆂 앞 글자의 訛字

𪅮 물닭 장 (흰 눈썹 뜸부기)

𪆐 새털 빛 변할 표

𪅍 집비둘기 솔

𪆁 독수리 참

𪆃 새가 가지 않을 충

𪄺 雉[꿩 치]의 俗字

鵹 鸝[꾀꼬리 리]와 같음

𪆶 䳟[초명새 명]과 같음

鸖 鶴[학 학]과 같음

𪆸 새가 놀라서 보는 모양 맥

𪆊 물오리 계, 결역 결

䴄 황리 리, 꾀꼬리 리

鸏 몽구 몽, 비둘기 몽

鸐 적경 적, 꾀꼬리 적

𪄽 새 이름 칠

𪄈 새 이름 호 돌아볼 고

⑫ 획

鷮 꿩 교

鷢 물수리 궐, 조고리 궐, 백요자 궐

𪆥 앞 글자와 같음

鷤 꿩새끼 단, 접동새 제, 제계 제

鷻 독수리 단

𪆮 앞 글자와 같음

鷵 새이름 도 당도 도

𪆰 뜸부기 등, 등계 등

鷺 해오라기 로 백로 로 (火)

𪄿 앞 글자와 같음

鷯 뱁새 료, 초료 료 메추라기 료

鷶 접동새 매, 매위 매 자규 매

鷡 종달새 무, 모무 무

鷭 새 이름 번

鷩 붉은 꿩 별, 금계 별 예복이름 별, 날 별 (火)

鷥 해오라기 사 노사 사, 백로 사

鷞 몽동의 별칭 상, 상조 상

鷫 신조 숙, 물새 이름 숙, 말 이름 숙(火)

鸘 앞 글자와 같음

鷰 燕[제비 연]의 俗字

鷣 새매 임

鷷 꿩 준, 준치 준

鷦 뱁새 초, 초료 초, 초명 초(火)

䳪 앞 글자와 같음

鷮 앞 글자와 같음

鷲 수리 취, 산 이름 취(火)

鷀 앞 글자와 같음

鷴 솔개 한, 백한 한(火)

鷳 앞 글자와 같음

鷨 뻐꾸기 화

鷬 꾀꼬리 황, 이황 황

鳿 鴻[기러기 홍]의 俗字

鵨 거위 서

鸀 鸀[산까마귀 촉]과 같음

鷧 가마우지 의

鶹 鶹[올빼미 류]의 本字

鶇 아직 털 나지 않은 물새새끼 동

鶚 물새 이름 악

鸆 새 이름 우

鷩 氅[새털 창]과 같음

鸎 鶯[꾀꼬리 앵]의 訛字

鷱 鵟[새 모이 사양할 공]의 訛字

鷞 물오리 결, 길

鶙 멧비둘기 같은 새 후

鷹 뻐꾸기 승

鷅 매 같은 큰 새 력

鷸 큰 닭 침

鶀 부엉이 기

鷯 두견새 뇨, 접동새 뇨

鵅 작은 비둘기 고(火)

鶉 새 이름 순

鷸 새가 날 유

鷟 아롱비둘기 죽

鷥 갈가마귀 사

鷲 앞 글자와 같음

鷸 도요새 휼, 황새 휼, 훌쩍 날 휼(火)

鷭 새 이름 분

鷘 점치는 새 복, 새 이름 복, 폭

鵵 올빼미 토, 수알치 토

鸀 鸀[꿩 주]의 古字

鷇 새새끼 구, 새알 구

鷗 鳳[봉새 봉]의 古字

鷇 새알 구, 새 새끼 구

鷼 顧[돌아볼 고]의 訛字

鶋 상오리 거, 용거 거, 물새 이름 거

鶋 앞 글자와 같음

鷢 자규 규

鸋 鸋[부엉이 녕]과 같음

鷐 翷[날 린]과 같음

鷘 鷘[뜸부기 칙]과 같음

⑬ 획

鸄 새 이름 격, 당도 격

鸂 뜸부기 계, 계칙 계, 자원앙 계

鷿 농병아리 벽, 벽체 벽, 되강오리 벽(火)

鸊 앞 글자와 같음

䴈 앞 글자와 같음

鸁 되강오리 라, 농병아리 라

鸉 매 같고 꼬리 흰 새 양, 물수리 양

鸆 사다새 우, 택우 우, 창우 우

鷹 매 응, 새매 응 (火)

鷾 제비 의, 의이 의

鸃 금계 의

鸃 앞 글자와 같음

鸇 새매 전 (火)

鸀 산까마귀 촉, 촉옥 촉, 새 이름 탁

鸀 앞 글자와 같음

鸅 사다새 택, 택우 택 (물수리 비슷한 새)

鷽 산까치 학, 학구 학 산비둘기 학 (火)

鹮 선회하여 날 환 환목 환, 선

鹮 앞 글자와 같음

鸋 鸋[부엉이 녕]의 訛字

鸗 큰 기러기 농

鶡 백설조 갈, 알 할갈 갈, 티티새 갈

鴒 학의 별명 령 할미새 령

鷚 하늘다람쥐 류 사다새 류

鸐 매 가

鸃 비둘기새끼 규

鷘 鷘[뜸부기 칙]과 같음

鼠鳥 백로 서

鶻 鶻[송골매 홀]과 같음

鶌 뱁새 과, 공작 과

鸆 용거 거, 상오리 거

鸓 鸓[날다람쥐 루]와 같음

鸈 점치는 새 업

鶉 鶉[메추라기 순]과 같음

鷜 들오리 후

鷇 새알 구, 알깔 곡

鸏 전설상의 새 이름 담

鷔 내오 오, 새 이름 오

鷦 침자 침 가마우지 침

⑭ 획

鸋 부엉이 녕, 영결 녕 뱁새 녕

鸏 비둘기 몽 새 이름 몽 (火)

鸏 앞 글자와 같음

鸍 침부 미 물오리 미, 시

鸑 신조 이름 악 악착 악 (봉황의 일종)

鸎 꾀꼬리 앵

鸌 솜새 확, 새 이름 호 꿩 적

鸒 떼까마귀 여, 여사 여, 갈가마귀 여

鸒 앞 글자와 같음

鸌 물새 이름 호

鸏 앞 글자와 같음

鶄 할미새 정

鷀 鷀[가마우지 자]와 같음

鷴 나는 모양 빈

鸏 새 이름 몽

鸕 뻐꾹새 람

鷇 뻐꾹새 곡

鸋 꿩 주, 사다새 주

鸉 鸉[매 같고 꼬리 흰 새 양]과 같음

鶲 할미새 옹

鸇 鸇[새매 전]과 같음

鸀 물새 이름 주

⑮ 획

鸓 날다람쥐 루, 누서 루, 새 이름 루

鸓 앞 글자와 같음

鸔 물새 이름 폭

鸔 앞 글자와 같음

鸏 산비둘기 채

鸇 鸇[새매 전]의 古字

鸐 집오리의 알 류

鸙 머리가 붉은 매 락

⿰截鳥 당닭 절

⿰鳥箴 물총새 침
가마우지 침

⿰箴鳥 앞 글자와 같음

⿰蔑鳥 뱁새 멸

⿸廣鳥 봉황새 광

⿰潐鳥 鷦[초료 초]의 訛字

⿰鳥辥 물오리 얼, 열

⿸虜鳥 鷺[해오라기 로]와 같음

⿰巤鳥 파뜩파뜩 날 랍
나는 모양 랍

⿱黎鳥 鵹[이황 리]와 같음

⿰蓳鳥 難[어려울 난]과 같음

⿰蓳鳥 앞 글자와 같음

⿰鹿鳥 鸝[꾀꼬리 리]의 略字

⑯ 획

鸕 가마우지 로
더펄새 로(火)

⿰鳥盧 앞 글자와 같음

⿱龍鳥 오리 롱, 농새 롱
들새 롱, 성씨 롱

⿰𩫏鳥 뻐꾸기 곽, 곽공 곽

鸖 鶴[학 학]과 같음

⿰遹鳥 鷸[도요새 휼]과 같음

⿰鞠鳥 뻐꾸기 국
길국 국

⿰瞢鳥 수알치새 맹

⿰鬲⿱羽鳥 새 이름 핵

⿰酓鳥 메추라기 암

鷰 燕[제비 연]과 같음

⿱燕鳥 앞 글자와 같음

⿰學鳥 鷽[떼까치 학]과 같음

⑰ 획

鸚 앵무새 앵, 앵라 앵(火)

⿰鳥嬰 앞 글자와 같음

鸙 종달새 약, 천약 약

⿰薨鳥 물새 홍, 강 이름 횡

鸘 鷞[새 이름 상]과 같음

⿰鳥薛 鸊[물오리 얼,열]의 訛字

⿰薛鳥 앞 글자와 같음

⿰蔑鳥 뱁새 멸

⿰霝鳥 ⿰霝鳥[척령 령]과 같음

⿱鼓鳥 鷇[새새끼 구]의 俗字

⿰縷鳥 남루조 루
뻐꾸기 루

⑱ 획

鸛 황새 관, 권욕 권(火)
환단 환(전설의 새)

⿰鳥雚 앞글자와 같음

鸜 구관조 구(火)

⿰暴鳥 鸔[물새 폭]의 本字

⿰巂鳥 접동새 휴
두견새 휴

⿰壘鳥 鸓[날다람쥐 루]와 같음

⿰薰鳥 괴상한 새 훈
새 이름 훈

⿰鳥鳥 물오리 의

⑲ 획

鸞 난새 란, 방울 란
난경 란(火)

⿰絲鳥 비익조 만

鸝 꾀꼬리 리, 려
황리 리, 려

⿰灌鳥 鶴[학 학]과 같음

⑳ 획

⿰𠕁鳥 鳳[봉새 봉]의 古字

㉑ 획

⿸屬鳥 鸀[산까마귀 촉]과 같음

㉒ 획

⿰權鳥 권욕 권, 구관조 권

⿱鳥⿰鳥鳥 새 이름 뇨

㉓ 획

⿰疊鳥 새 이름 첩

㉔ 획

鸝 鴒[할미새 령]과 같음

㉕ 획

鸞 비익조 만(짝을 지어야 난다는 상상의 새)

鸓 鸓[날다람쥐 루]의 古字

鸜 앞 글와와 같음

鹵部

鹵 소금 로, 함지 로, 거칠 로, 아궁이 로 (水)

③ 획

㚸 鹵[소금 로]와 같음

墫 앞 글자와 같음

④ 획

䴚 염전 강

䴛 앞 글자와 같음

鹶 짜고 쓸 긍 슬플 긍

鹵 覃[미칠 담]의 古字

鹹 接[사귈 접]과 같음

⑤ 획

鹹 짤 참, 탐

鹹 鹶[짜고 쓸 긍]의 訛字

鹹 覃[미칠 담]의 古字

鹷 소금 령 (水)

鹽 鹽[소금 염]과 같음

䴚 염전 강

⑦ 획

鹶 소금 구울 소 소금 소 (水)

⑧ 획

鹶 짠맛 감 맛 없을 함

鹶 싱거울 담

鹶 김치 창 소금에 절일 창

塩 鹽[소금 염]과 같음

⑨ 획

鹹 짤 함, 땅 이름 함 소금땅 감 (水)

鹹 앞 글자와 같음

鹹 소금 외

鹹 소금 주

鹹 짤 감

鹹 소금 편

鹹 覃[미칠 담]의 古字

⑩ 획

鹻 소금기 감, 간수 감 (水)

鹾 소금 차, 짤 차 (水)

鹾 앞 글자와 같음

鹹 소금 회

鹽 소금 고

鹹 覃[미칠 담]의 古字

鹹 소금 온

塩 鹽[소금 염]과 같음

⑪ 획

鹹 대길 산(애벌 찧은 곡식을 다시 찧음)

鹹 鹹[소금 최]의 訛字

⑫ 획

鹹 아주 짤 감

鹹 소금 최

鹹 장 귤

鹹 鹾[소금 차]와 같음

⑬ 획

鹼 소금기 감, 간수 감 잿물 검, 비누 첨

鹽 소금 염, 절일 염 곡조 이름 염 常(水)

鹹 짤 감, 맛 없을 감

鹺 오랑캐소금 회

⑭ 획

鹻 짤 제, 짠맛 제

鹼 짤 감, 맛 없을 담

鹾 맛이 짤 적 감담 적

⑮ 획

鹺 鹾[소금 차]의 本字

⑯ 획

鹹 오랑캐소금 회 온회 회

⑰ 획

鹺 앞 글자의 訛字

鹿部

鹿 사슴 록, 모진 곳집 록, 작은수레 록 常(土)

鹿 앞 글자와 같음

② 획

麂 큰 노루 궤 큰 고라니 궤 (土)

麂 앞 글자와 같음

麀 암사슴 우 (土)

麁 麤[거칠 추]의 俗字

③ 획

麃 두 살 된 사슴 사

麃 한 살 된 사슴 환

麃 앞 글자와 같음

塵 티끌 진, 때묻을 진 자취 진 [土部] (土)

④ 획

麃 큰 사슴 포, 성할 표 산딸기 표, 김맬 표

麇 고라니새끼 오

麇 앞 글자와 같음

麉 麉[힘센 사슴 견] 과 같음

麐 麟[암기린 린]과 같음

麒 麒[기린 기]와 같음

麋 작은 사슴 비

麆 虎[범 호]의 古字

麇 사슴 찰

麃 表[겉 표]와 같음

麄 麤[거칠 추]의 俗字

麗 麗[고울 려]의 俗字

麋 麋[큰 사슴 미]와 같음

麅 麅[큰 사슴 포]의 訛字

⑤ 획

麇 노루 균, 묶을 균 떼지을 균, 무리 군

麆 노루새끼 조 클 조

麈 큰 사슴 주, 주미 주 사불상 주, 사슴 주

麅 큰 사슴 포 고라니 포

麚 麚[수사슴 가]와 같음

麇 암사슴 본 암사불상 본

麀 麀[암사슴 우]와 같음

麈 사슴 비슷한 짐승 생, 짐승 이름 생

⑥ 획

麉 힘센 사슴 견

麉 앞 글자와 같음

麂 麂[큰 노루 궤]와 같음

麂 앞 글자의 訛字

麈 사슴 비슷한 짐승 환, 짐승 이름 환

麋 암사슴 미, 풀 이름 미 (土)

麊 미령 미

⿸鹿因 麕[노루 균]의 訛字

⿸鹿圭 사슴 규

⿸鹿衣 表[겉 표]의 古字

⿸鹿云 기린 린

⿰鹿幺 앞 글자와 같음 (土)

⿸鹿牝 牝[암컷 빈]과 같음

⑦ 획

麏 노루 균, 고라니 균 (土)

麍 사슴 류, 짐승 이름 류

麐 암기린 린, 기린 린

⿰鹿各 앞 글자와 같음

麎 큰 사슴 신, 암사불상 신, 암고라니 신

麌 큰 사슴 우, 수사슴 우, 사슴의 무리 우 (土)

⿰鹿余 駼[양마 이름 도]와 같음

⿸鹿夋 사자 산

⿸鹿呈 사슴 영

⿰鹿廷 사슴 달아나는 모양 정

⿰鹿孝 상스러운 짐승 효

⿸鹿助 클 조

⿸鹿舁 산(山)당나귀 여

⿸鹿言 전설상의 짐승 이름 언

⑧ 획

麖 큰 사슴 경, 고라니 경

麔 수사슴 구, 수사불상 구

麕 노루 균

麒 기린 기, 수기린 기 (土)

麗 고울 려, 빛날 려, 걸릴 리 常 (土)

麓 산기슭 록, 산감 록, 숲 록, 기록할 록 (土)

麑 사자 예, 사슴새끼 예

⿸鹿取 작은 사슴 추

⿸鹿昆 사슴 종류 곤

⿸鹿弥 麛[사슴새끼 미]의 俗字

⿰鹿委 저장한 사슴고기 위, 아름다운 사슴 위

⿸鹿而 짐승 이름 예 (土)

⿸鹿隹 한 살 된 사슴 추

鏖 달릴 오, 격렬하게 싸울 오 [金部]

⑨ 획

麚 수사슴 가

麛 사슴새끼 미, 어린 사슴 미

麙 큰 양 함

麘 사향사슴 향, 사향노루 향 (土)

⿸鹿幽 麀[암사슴 우]와 같음

⿸鹿者 사슴 종류 저

⿰鹿者 앞 글자와 같음

⿸鹿耎 사슴새끼 난

⿸鹿虎 虎[범 호]와 같음

⿸鹿亰 麖[큰 사슴 경]과 같음

⑩ 획

⿸鹿栗 암고라니 률, 암노루 률

麝 사향노루 사, 사향 사 (土)

⿸鹿迷 사슴 발자국 미, 녹매 미

⿱丽鹿 麗[고울 려]의 古字

⿸鹿⿰比比 麤[거칠 추]와 같음

⿸鹿令 사슴 령

⑪ 획

⿰鹿鳥 새 이름 록

麞 노루 장 (土)

⿸鹿畢 사슴새끼 필

⿸鹿速 사슴 발자국 속

⿸鹿票 사슴 종류 표, 짐승 이름 표

⿸鹿量 麖[큰 사슴 경]의 訛字

⑫ 획

麟 기린 린, 큰 수사슴 린 (土)

麢 사슴 서로 따를 복

麛 사슴 미

麜 사슴새끼 유

麝 麝[사향 사]의 本字

⑬ 획

麠 고라니 경

麢 영양 령

麡 앞 글자와 같음

麌 麌[큰 사슴 우]와 같음

麓 짐승 이름 록 천록 록

⑭ 획

麡 뿔이 앞으로 숙인 사슴 제

麠 사슴 같은 짐승 여 짐승 이름 여, 서

麜 새끼사슴 유

⑮ 획

麢 영양 령

⑰ 획

麢 영양 령

麟 麟[기린 린]과 같음

⑱ 획

麛 麛[새끼사슴 미]와 같음

⑳ 획

麙 산양 암

㉒ 획

麤 거칠 추, 굵을 추 현미 추, 신발 추 (土)

㉕ 획

塵 塵[티끌 진]과 같음 (土)

麥部

麥 보리 맥, 성씨 맥 메밀 맥 常 (木)

麦 앞 글자의 俗字

② 획

麯 鞠[누룩 국]과 같음

麪 麵[밀가루 면]의 俗字

③ 획

麰 芒[까끄라기 망]의 俗字

麷 보릿겨 익

麧 보리 싸라기 흘

麳 누룩 재

麵 飥[수제비 탁]과 같음

麱 누룩 산, 보릿겨 산

④ 획

麵 밀가루 면, 국수 면 가루 면 (木)

麪 앞 글자의 俗字

麩 밀기울 부 부스러기 부 (木)

麨 보릿가루 초 미숫가루 초

麫 가지런히 끊을 납

麮 익지 않은 보리 거 보리 쭉정이 거

麴 보리떡 홀

麮 볶은 보릿가루 비 미숫가루 비

麰 보릿겨 두

麬 누룩 얼

麲 경단 돈, 도래떡 돈

麧 麧[보리 싸라기 흘]의 本字

麳 熱[더울 열]과 같음

麶 보리떡 계

麩 麩[밀기울 부]의 俗字

麦 夌[언덕 릉]과 같음

麳 麳[누룩 재]의 訛字

⑤ 획

䴴 떡 첩, 지절초 념

䴱 떡 타

麷 麷[쌀가루 설]의 訛字

麨 미숫가루 초

麸 밀가루 말

麭 경단 포, 면보 포, 떡 포

麮 과자 거

麴 麴[누룩 국]과 같음

䴶 가루떡 투, 경단 투

麧 누룩 활

麰 麰[보리 모]의 訛字

麐 鄰[이웃 린]의 古字

麮 보리죽 거, 보리뜨물죽 거, 보리밥 거

⑥ 획

麯 鞠[누룩 국]과 같음, 성씨 국 (木)

麰 보리 모

麱 餅[떡 병]과 같음

麫 떡 동

䵁 보리싸라기 격

䴳 떡 퇴

麯 鞠[누룩 국]과 같음

䴸 崚[험준할 릉]의 訛字

麴 麩[보리죽 거]의 訛字

⑦ 획

麲 보리누룩 혼, 누런 찐떡 환

䴿 보릿짚 견

麷 찐 누룩 봉, 볶은 보리 봉

麨 빻은 보리 사

麹 麷[쌀가루 설]과 같음

麳 보릿가루 발

麬 麩[밀기울 부]와 같음

麱 앞 글자와 같음

麲 앞 글자의 訛字

䵄 보리술 리

麲 보릿가루 한

䴹 조 죽 라, 보리죽 라

麰 麰[보리 모]의 俗字

⑧ 획

麴 누룩 국, 술 국, 꽃이름 국 (木)

䴺 보리 잔

麳 가루떡 과, 경단 과, 누룩 화, 쌀보리 과

麳 보리떡 도, 떡 도

䵃 쌀보리 혼, 누룩 혼

䵅 糒[건량 비]와 같음

䵆 보리떡 념

麒 떡 기

䴴 경단떡 권, 떡 균

麳 밀 래(小麥)

䵇 보리 혹

䵈 밀가루떡 부

麶 볶은 보리 리, 미숫가루 리

䴼 앞 글자와 같음

䴿 보리떡 홀

䵊 찐 보리떡 록

䴸 밀기울 야

䵋 누룩 비

麨 麨[보릿가루 초]와 같음

䵌 앞 글자의 俗字

䵍 䵍[보릿겨 익]의 俗字

麩 밀떡 병

麬 밀 표

⑨ 획

麪 麫[밀가루 면]과 같음(木)

麨 떡 과

麯 麴[누룩 국]의 俗字

麰 좁쌀죽 사 보리죽 사

麱 麰[보리 모]와 같음

麲 앞 글자와 같음

麳 가루떡 투, 경단 투

麴 이모작 보리 보 보리의 움 부

麵 麧[쌀가루 설]과 같음

麶 볶은 보릿가루 초 미숫가루 초

麷 말린 떡 삭

麸 죽 호, 보리죽 호

⑩ 획

麹 무거리 설 보릿가루 솔

麺 보리를 갈 차 보리 찧을 차

麻 미숫가루 비

麼 누룩 몽 싸라기 몽

麽 누룩 온

麾 둥근 떡 삭

麿 누룩 곡

黀 떡 박

黁 糒[건량 비]의 俗字

黂 밀가루에 섞여있는 싸라기 쇄

⑪ 획

黃 둥근 떡 루

黄 밀기울 막

黅 麯[누룩 곡]과 같음

黆 햇보리떡 련

黇 보리 선

黈 밀가루 썩을 장

黉 만두 만

黊 밀가루 적

黋 볶을 오 쬐어 말릴 오

黌 앞 글자와 같음

黍 떡 필, 필라 필

黎 麰[보리 모]와 같음

黏 莎[향부자 사]와 같음

黐 보리싸라기 몽 누룩 몽

黑 麷[가루떡 과]의 訛字

麩 䴭[보리 찧을 차]와 같음

⑫ 획

麪 빨고 씻은 보릿가루 체

麫 엿 수, 가루떡 수

麬 둥근 떡 련 유밀과 련

麭 맛있을 담

麮 햇보리떡 선

麯 보리 굉, 밀기울 굉

麰 䴱[밀가루 적]의 本字

麱 蕎[메밀 교]와 같음

⑬ 획

麲 볶은 보리 풍

麳 잔보리 거 작은 보리 거

麴 구운 떡 독

麵 떡 환, 중배기 환 약과 환, 시루떡 환

麶 말린 보릿가루 소

麷 앞 글자와 같음

麸 볶을 오 쬐어 말릴 오

⑭ 획

麹 麷[누룩 몽]의 俗字

⑮ 획

⿰麥廣 광맥 광(보리의 일종)

⿱薛麥 보리의 움 얼, 엿기름 얼

⿰麥羅 가루떡 라

⑯ 획

⿱龍麥 떡 롱

麳 밀 래(小麥)

⑰ 획

⑱ 획

麷 볶은 보리 풍, 부들 풍

⿰麥豐 앞 글자와 같음

⑲ 획

⑳ 획

⿱鑿麥 보릿가루를 찐 떡 착

麻部

麻 삼 마, 깨 마, 임금의 말씀 마 常(木)

⿸广林 앞 글자와 같음

② 획

⿸麻力 靡[쓰러질 미]와 같음

③ 획

麼 잘 마, 어조사 마, 무엇 마, 어찌 마(木)

麽 앞 글자와 같음

⿸麻凡 병 고칠 삭

④ 획

麾 대장기 휘, 쾌할 휘, 지휘할 휘(木)

⿸麻分 靡[쓰러질 미]와 같음

⿸麻火 糜[죽 미]와 같음

⿸麻日 달력 력, 햇빛 미

⿰麻攵 싫어할 삼, 둘 삼, 버릴 삼, 집 선

摩 비빌 마, 시미신 미 [手部](木)

⿰麻并 앞 글자의 古字

⑤ 획

磨 갈 마, 문지를 마, 돌 다듬을 마 [石部] 常(金)

穈 붉은 기장 문, 메기장 문 [禾部]

⿸麻宛 삼이 무성할 원

⿸麻本 겨릅대 본

⿸麻具 삼 구

⿸麻奄 기 휘

⑥ 획

⿸麻多 버릴 마

⿰麻朱 삼씨 주

縻 고삐 미, 코뚜레 미, 묶을 미 [糸部]

糜 죽 미, 싸라기 미, 흩을 미 [米部]

⑦ 획

⿸麻流 삼 류

⿱谷麻 아직 마전하지 않은 삼실 옥

麿 그대 마, 자네 마

⿸麻呂 앞 글자와 같음

⑧ 획

⿸麻取 겨릅대 추

⿰麻易 가는 베 석

⿸麻鳥 앞 글자와 같음

⿸麻林 깊을 미

靡 쓰러질 미, 없을 미, 사치할 미 [非部](水)

⑨ 획

⿸麻香 사람 이름 난, 향기 논

⿱殼麻 누이지 않은 삼실 곡

䵅 어저귀 투

䵆 앞 글자와 같음

⑩ 획

䵇 삼 모

䵈 䵀[겨릅대 추]와 같음

魔 마귀 마, 마라 마 미혹될 마 [鬼部](火)

䵉 잘 마, 작을 마 반신불수 마 [骨部]

⑪ 획

䵊 䵋[삼씨 분]과 같음

⑫ 획

䵌 䵋[삼씨 분]의 訛字

䵍 피 미, 메기장 미

⑬ 획

䵋 삼씨 분 엉킨 삼 분

䵎 앞 글자와 같음

⑳ 획

䵏 삼기름 착

黃部

黃 누를 황, 급히 서두를황, 늙은이황 常(土)

黄 앞 글자의 俗字

④ 획

䵐 씩씩할 광 용감한 모양 광

黅 누른 빛 금 (土)

䵑 누른 빛 강

䵒 누른 빛 돈

䵓 앞 글자와 같음

⑤ 획

黈 누를 주, 막을 주 늘일 주

黇 백황색 첨 누르스름할 첨

䵔 누른 빛 탁

⑥ 획

䵕 청황색 유

䵖 누른 빛 증

黊 곱게 누를 규

䵗 귀 막을 충 누른 빛 충

䵘 누르고 흰 빛 천 담황색 천

䵙 환할 광, 밝을 광

⑦ 획

䵚 주황색 험

䵛 누른 빛 점

⑧ 획

䵜 누른 빛 돈

䵝 앞 글자와 같음

䵞 황달병 의

䵟 껍질 누르스름할 착

䵠 누른 빛 점

䵡 백황색 첨

黬 누른 빛 점

䵢 曜[비칠 요]와 같음

䵣 붇기 붓는 병 황

䵤 등나무 덩굴 황

⑨ 획

䵥 금향빛 단, 밝을 단 흑황색 단

䵦 앞 글자의 訛字

䵧 등나무 덩굴 황

䵨 얼굴이 누럴 운

䵩 輝[빛날 휘]와 같음

黈 黈[누른빛 주]와 같음

⑩ 획

黌 알의 노른자위 황

䵇 누른 빛 운

䵈 熊[곰 웅]의 古字

黈 黈[누른 빛 주]의 訛字

黬 청황색 유

鷬 黗[금향빛 단]과 같음

⑪ 획

黸 누른 빛 로 풀 빛 로

黈 黈[겁탈할 주]와 같음

⑫ 획

䵍 앓는 모양 궤

黱 누른 빛 천

黊 빛날 황

⑬ 획

黷 가죽빛이 연누를 착

黸 黸[누른 빛 로]의 俗字

黌 글방 횡, 서당 횡 학교 횡 (土)

黍部

黍 기장 서, 술그릇 서 찰쌀서, 단위 서 (水)

③ 획

黎 검을 려, 무리 려, 늙을 려, 명아주 려 (木)

黎 앞 글자와 같음

䵒 䵒[차질 닐]과 같음

黏 차질 여, 붙일 여

④ 획

香 香[향기 향]의 本字

䵒 붙일 일, 닐 차질 일, 닐

黔 검을 려

䵑 차질 뉴

䵓 풀 호, 죽 호

䵖 차질 근

黏 보습 려, 밭갈 려 얼룩소 리, 떨 루

⑤ 획

黏 차질 점, 붙일 점 풀 점

䴸 기장 된장 웃거덕 포

䵎 착 달라붙을 라

䵒 차질 녜

䵑 향내날 필

黏 미음 호, 풀 호 죽 호

黏 앞 글자와 같음

黎 어두울 리

⑥ 획

黐 차질 주

黎 달라붙을 나

⑧ 획

黐 차진 모양 동 오르지 않을 동

黐 넓을 권, 차질 권

黐 보리 까부를 봉

黐 기장 거

黐 메기장 견 찰기장 견

黐 피 비

⑨ 획

黏 마음붙일 점 (木)

黐 겹잎 제칠 복

黐 차질 동 오르지 못할 동
䵅 찰기가 없는 모양 쇄
黎 차진 모양 차 차질 차
黏 미음 호, 풀 호 죽 호

⑩ 획

稻 옥수수 도, 수수 도
䵘 벼나 기장이 성길 렴, 기장 성길 렴

⑪ 획

黐 끈끈이 리, 치 새 잡는 풀 리 (木)
䵑 차질 닉
䵒 도리깨 련 벼를 갈 련
䵖 찰기장 마
䵕 풀 적, 차질 적 찰밥 적
䵚 䵛[메기장 견]의 俗字

⑬ 획

䵜 농사지을 농

⑭ 획

䵝 黐[끈끈이 리]와 같음
䵞 가지 가(짙은 보라색 열매 채소)

⑯ 획

䵟 차질 유
䵠 차질 롱

黑部

黑 검을 흑, 밤 흑 사악할 흑 常(水)
𪐗 앞 글자의 本字
黒 黑[검을 흑]의 俗字

① 획

乿 시커멀 알, 의 어두울 알, 의
黓 앞 글자와 같음

② 획

黔 색이 어두울 복
䵵 黥[묵형할 경]과 같음

③ 획

䵶 기미 낄 간, 얼굴 어두울 간, 검은빛 간
黓 검을 익, 해 이름 익 현익 익
䵷 黬[검을 안]과 같음
黛 검을 대, 흔적 대
黹 黶[검은 주름살 견]의 訛字
䵹 새까말(흑색) 도
黔 연지 찍을 작
䵺 굵어서 부스럼 날 환
黗 검푸른 빛 돈
墨 먹 묵, 거무스름할 묵 [土部] 常(土)

④ 획

黔 검을 검, 물들일 검 형벌 이름 금 (水)
黖 물건 생겨날 기 검을 희, 어두울 희
黕 때 담, 때낄 담 검은 모양 담
䵻 앞 글자와 같음
默 잠잠 묵, 묵묵할 묵 조용할 묵 常(水)
默 앞 글자와 같음
䵼 肬[사마귀 우]와 같음
黶 가죽이 검을 견 검은 주름살 견
黗 흐릴 돈, 검을 돈
黙 몹시 검을 태
䵽 어두울 항
野 검을 서

𪐁 黕[회색 달]과 같음

𪐃 黑[검을 흑]과 같음

𪐅 형벌 멱

⑤ 획

黚 얕은 금향빛 검 강 이름 검 (水)

黛 눈썹 그리는 먹 대 눈썹 대 (水)

黝 검푸를 유, 칠할 유 고을 이름 이 (水)

點 점 점, 더러울 점 시들 다 常(水)

黜 물리칠 출, 내쫓길 출, 버릴 출 (水)

黕 회색 달, 땅이름 달

䵋 거무스름할 매 시커멀 매

黰 검을 진

黍 앞 글자의 俗字

黈 점 주, 점 찍을 주

𪐿 빛바랠 산

𪑄 거무스름할 회

䶌 皰[면종 포]와 같음

⑥ 획

黟 검을 이, 산 이름 이 고을 이름 이

𪑒 앞 글자와 같음

黠 약을 힐, 교활할 힐 슬기로울 힐 (水)

黰 검은 주름살 견

䵒 검을 방

䵯 깊을 울, 검을 울

𪑔 검을 찰

𪑖 더럽힐 사

䵴 검은물 재 물들일 재

䵷 검게 칠한 활 로

䵱 엷은 흑색 회

⑦ 획

黣 그을 매, 검을 매

䵳 검을 출

𪑆 먹 갈 연

䵨 어두울 망, 나 망 사사로울 망

𪑌 캄캄할 맘 어둠속을 갈 맘

䵲 주근깨 초

𪑏 검을 랄

䵫 검은 모양 욕

𪑾 얼룩질 리, 려

𪑙 黰[찌꺼기 전]의 訛字

𪑚 𪑱[초목 우거질 멱]의 訛字

儵 儵[빠를 숙]의 訛字

⑧ 획

黥 묵형할 경, 문신 경 자문할 경 (水)

䵥 검을 답, 방종할 답

黨 무리 당, 떼 당, 편들 당, 성씨 장 常(水)

黧 검을 려, 검누를 리

黤 검푸를 암

黦 검을 울, 무늬 울 빛 바랠 얼

䵭 일 간섭 아니할 돈 간여하지 않을 돈

䵪 새까말(흑색) 곤 검을 곤

䵘 검은 구름 담

䵩 때가 묻어 검을 록

黬 검을 혼

𪑻 엷게 검을 분

䵞 실 썩을 첩

𪑼 검은 머리 접

䵗 앞 글자와 같음

黅 누럴 금, 황흑색 금

黫 분홍빛 훈 검누를 울

䵣 검붉을 래 시커멀 래

黴 黴[곰팡이 미]와 같음

𪑽 초서 쓸 지

黬 양가죽옷을 꿰맨 검은 실 역

黮 黰[찌꺼기 전]의 本字

黱 시커멀 대, 어두울 대

黵 뒤질 자

⑨ 획

黮 검을 담, 어두울 탐, 더러울 담, 오디 심(水)

黯 점념 념, 염주 념, 초서의 필세 남

黫 검을 안

黭 앞 글자와 같음

黯 어두울 암, 검을 암, 슬플 암(水)

黔 검을 암, 어두울 암, 흐릴 암, 돌연 암

黸 검을 자

黲 黯[검을 묵]의 訛字

黬 퇴색할 알, 얼

黱 백성 접, 검은 머리 접

黲 검을 찰

黰 앙금 전

黳 수레바퀴에 그릴 만

黲 黱[시커멀 대]와 같음

黮 구름빛 정

黶 솥 밑에 붙은 검정 암, 검은점 염

黝 때묻을 유, 더러워질 유

黸 검은 빛 루

黲 검붉을 양

黰 畽[마당 탄]과 같음

黱 검은 색의 치장 병

黳 자자형 옥, 묵형 옥

黰 곰팡이 진

黲 범 외

黳 黸[검붉은 빛 리]의 訛字

黝 상(商) 때 나라 이름 유

黴 毁[헐 훼]와 같음

⑩ 획

黰 검은 머리 진, 고운 머리카락 진

黯 黦[검을 울]의 本字

黷 때묻을 욕

黲 새까말 자, 검게 물들일 자

黲 빛 바랠 반

黲 앞 글자와 같음

黧 黎[검을 려]의 俗字

黲 검을 묵

黲 黬[꿰맬 역]과 같음

黲 초목 우거질 멱

黛 눈썹 그릴 대, 새파랄 대

黲 검붉은 빛 리

黧 黧[검누를 리,려]의 訛字

黲 黔[검을 암]과 같음

黲 黷[검을 낭]의 訛字

黲 地[땅 지]와 같음

⑪ 획

黴 곰팡이 미, 때묻을 미(水)

黳 주근깨 예, 검을 예, 검은 옥돌 예

黲 검푸르죽죽할 참, 어두운 색 참

黲 검게 때묻을 록

黲 黲[초목 떨기 멱]과 같음

黲 썩어서 빛이 검어질 척, 검어질 척

黲 어두운 구멍 종

黸 검은 활 로

黲 검을 상, 검붉을 상, 밤색 상

黲 감빛 이, 흰누른 빛 이

黲 때묻을 유, 더러워질 유

黲 검누른 빛 울

⑫ 획

黵 얼굴에 기미 낄 증

黴 쌀 썩어 검을 징

黸 검을 촬

黧 黧[검을 려]와 같음

黱 구름 뜰 대

黰 엷게 검을 말

黭 구름낄 암

黯 검붉을 혁

黶 黶[검정사마귀 염]과 같음

黬 잊을 암, 염

黮 검을 대
어두울 대

黸 엷게 검을 복
색이 어두울 복

黔 누른 빛 금
검누른 빛 금

黕 黕[문신할 담]과 같음

黮 어두울 담

黦 어두울 월

⑬ 획

黵 문신할 담, 자자할 담, 먹칠할 담(水)

黻 검은빛 활, 흑색 활

黴 검은 모양 매

黶 검을 검

黷 시커멀 농

黲 장마에 삼 주저앉을 조

黰 찌꺼기 전
남색 염료 전

黳 엷게 검을 회

黽 검은 사마귀 잉
주근깨 잉

黴 검고 누른빛 금

黺 검을 분

黵 曖[가릴 애]와 같음

⑭ 획

黱 검을 대

黳 검을 촬
짧은 모양 촬

黶 검정사마귀 염
검은 자국 암(水)

黷 먹구름 깔릴 대, 구름 빨리 움직일 대

⑮ 획

黷 더럽힐 독, 욕볼 독
남용할 독(水)

黷 얼굴 검을 감

黧 검누를 리, 려, 흑백이 섞인 잡색 례

黯 검푸른 빛 암

⑯ 획

黱 엷게 검을 등

黳 검은 빛 력

黸 새까말 로

黷 黷[시커멀 대]와 같음

⑰ 획

黷 검을 낭

黲 틀린 글자 지울 참

㉕ 획

黷 黷[검은 모양 울]과 같음

㉙ 획

黷 검은 모양 울

黹部

黹 바느질할 치

④ 획

黺 옷에 오색 수놓을 분(木)

⑤ 획

黻 수 불, 폐슬 불, 인끈 불, 대부예복 불(木)

⑥ 획

⿰黹米 ⿰糸米[수놓은 쌀알무늬 미]의 古字

⑦ 획

黼 수 보, 무늬 보 수놓은 옷 보(木)

⑧ 획

⿰黹卒 오색 비단 췌

⑨ 획

⿰黹扁 신바닥 편

⿱民黹 바느질할 변

⑪ 획

⿰黹虘 오색이 선명할 초(木)

黽部

黽 힘쓸 민, 맹꽁이 맹 맹새 맹, 면지 면(土)

黾 앞 글자의 俗字

① 획

⿱丶黽 黽[힘쓸 민]의 本字

② 획

⿱九黽 黿[큰 자라 원]의 俗字

④ 획

黿 큰 자라 원

⿱艹黽 虯[규룡 규]와 같음

⿱⿱冂儿黽 黽[힘쓸 민]의 古字

⿱穴黽 黽[힘쓸 민]과 같음

⑤ 획

鼁 두꺼비 거, 거축 거

⿰舟黽 거북 껍질 가장자리 암

⿱句黽 개구리 구, 거북 구

⿰句黽 앞 글자와 같음

⿰黽句 앞 글자와 같음

鼀 두꺼비 축(土)

⿱央黽 거북 앙

⿱皮黽 두꺼비 파

鼂 언조 조, 아침 조 조채옥 조(土)

⑥ 획

䵷 개구리 와, 음란한 소리 와

鼃 앞 글자와 같음

⿱圭黾 앞 글자와 같음

鼄 蛛[거미 주]와 같음(水)

⿱米黽 거북 미

⿱聿黽 앞 글자와 같음

⿱奋黽 鼀[두꺼비 축]과 같음

⿱袁黽 黿[큰 자라 원]과 같음(土)

⑦ 획

⿸辰黽 큰 조개 신

⿱皀黽 鼂[언조 조]의 古字

⿱局黽 ⿱句黽[개구리 구]와 같음

⑧ 획

鼅 蜘[거미 지]와 같음

⿱智黽 앞 글자와 같음

⿱昆黽 거북 미

⿱叕黽 蜡[거미 절]과 같음

⑨ 획

⿰曷黽 개구리소리 갈

⿱秋黽 두꺼비 추

13획

䵶 거북 미

鼀 두꺼비 추

鼁 앞 글자와 같음

䵸 주근깨 잉

鼂 鼂[언조 조]의 古字

鼇 鰲[자라 오]의 俗字

鼇 鰲[자라 오]의 俗字

鼅 鼅[거미 지]의 訛字

⑩ 획

鼆 고을 이름 맹, 밤 맹 구맹 맹(地名)

䵷 청개구리 혜

鼉 鼉[악어 타]와 같음

⑪ 획

鼇 자라 오, 큰 거북 오 한림원 오(水)

䵻 거북 마, 미마 마

鼅 鼅[거미 지]와 같음

⑫ 획

鼈 자라 별, 고사리 별 별 이름 별(土)

鼉 악어 타, 타룡 타(土)

⑬ 획

鼊 거북 벽, 구벽 벽(土)

鼋 개구리 전, 전혜 전(개구리 일종)

鼍 鼉[악어 타]와 같음

鼇 鼇[자라 오]와 같음

⑭ 획

䵹 두꺼비 시, 추시 시

鼈 鼈[자라 별]의 俗字

⑮ 획

龝 秋[가을 추]의 古字

鼎部

鼎 솥 정, 삼공 정 바야흐로 정(火)

鼎 앞 글자의 俗字

② 획

鼏 솥 뚜껑 멱 보자기 멱

鼐 가마솥 내(火)

鼎 鼎[솥 정]의 古字

③ 획

鼒 옹달솥 자, 재, 아가리 작은 솥 자, 재

鼒 앞 글자와 같음

鼎 개미무덤 정

鼾 솥 간

鼎 員[인원 원]의 古字

⑥ 획

鼎 妘[성씨 운]의 古字

⑪ 획

鼎 작은 솥 세

鬺 익힐 상, 삶을 상

⑮ 획

鼎 작은 솥 세

鼓部

鼓 북 고, 북소리 고, 당좌 고, 별 이름 고 常 (金)

鼔 두드릴 고, 울릴 고, 어루만질 고

② 획

𪔂 鼓[북 고]의 本字

③ 획

𪔃 북소리 격

④ 획

𪔄 鼖[큰북 고]와 같음

𪔅 북소리 봉

𪔆 鼓[북 고]와 같음

⑤ 획

𪔇 북 변죽칠 잡

𪔈 鼓[북 고]의 古字

𪔉 돌소리 팽

鼕 북소리 동

𪔊 鼖[큰 북 분]의 訛字

𪔋 떠들썩할 부, 군악 소리 부, 손뼉칠 부

𪔌 북소리 나지 않을 첩, 너그러울 첩

⑥ 획

鼗 땡땡이 도, 북 이름 도 (金)

𪔍 앞 글자와 같음

𪔎 북소리 방

𪔏 북소리 탑

𪔐 북소리 답

𪔑 북소리 동

𪔒 북소리 연

𪔓 鼖[큰 북 분]의 訛字

𪔔 북 고

瞽 소경 고, 악공 고, 북치는 사람 고 [目部]

⑦ 획

𪔕 북소리 동

𪔖 앞 글자와 같음

⑧ 획

鼛 큰 북 고

鼙 마상북 비, 군고 비, 작은 북 비 (金)

鼘 북소리 연

𪔗 앞 글자와 같음

𪔘 북소리 장, 움직이는 모양 장

𪔙 북소리 시끄러울 답

𪔚 튼튼하지 못할 공, 북소리 공

𪔛 북소리 나지 않을 집

⑨ 획

𪔜 북소리 룽, 북소리 나지 않을 룽, 롱

𪔝 북소리 동

𪔞 鼓[북 고]와 같음

𪔟 북소리 함

𪔠 북소리 아니날 집

𪔡 앞 글자와 같음

鼖 큰 북 분

𪔢 북집 상, 북 바로잡을 상

⑩ 획

鼜 순찰북 척, 순라 때 북쳐서 경계할 조

𪔣 鼛[북소리 답]의 俗字

⑪ 획

鼞 북소리 당

鼝 북소리 연

𪔤 鼜[순찰북 척]의 俗字

𪔥 북소리 음

𪔦 소리의 형용 봉

⑫ 획

鼟 북소리 등

𪔧 북소리 룽, 롱

⑬ 획

鼘 북소리 롱, 륭

鼖 鼖[큰 북 분]과 같음

⑭ 획

鼞 길쭉할 등 길 등, 긴 모양 등

⑯ 획

鼟 북소리 롱 소리가 느른할 롱

鼜 鼜[순찰북 척]의 俗字

鼠部

鼠 쥐 서, 쥐띠 서 우물쭈물할 서(木)

② 획

鼢 貂[담비 초]와 같음

鼣 앞 글자와 같음

③ 획

鼤 쥐 인

鼥 표쥐 표, 표견 표 석서 작

鼦 鼨[얼룩쥐 종]과 같음

鼧 鼩[석서 준]의 訛字

④ 획

鼨 꼬리 알록진 쥐 문

鼢 두더지 분(水)

鼣 쥐 이름 폐

鼤 쥐의 일종 함

鼥 물쥐 이름 용

鼦 두더지 방

鼧 鼨[얼룩쥐 종]과 같음

鼨 쥐 이름 미

鼩 쥐 병

鼪 쥐 이름 복

鼫 앞 글자의 訛字

鼬 쥐 이름 원

鼭 쥐 이름 임

鼮 鼧[쥐 타]와 같음

⑤ 획

鼯 자서 자, 쥐 이름 자

鼰 앞 글자와 같음

鼱 생쥐 구, 정구 구

鼲 살찐 쥐 발 타발 발

鼳 족제비 생, 유서 생

鼴 석서 석, 누고 석 석쥐 석(木)

鼵 쥐 타, 타발 타

鼶 족제비 유, 유서 유(水)

鼷 앞 글자와 같음

鼸 얼룩쥐 종 다람쥐 종

鼹 쥐새끼 평 얼룩쥐 평

鼺 원숭이 호, 참호 호

鼻 貂[담비 초]와 같음

鼼 대나무쥐 류

鼽 얼룩쥐 령

鼾 얼룩쥐 경

鼿 쥐 이름 용

⑥ 획

齀 쥐 이름 시

齁 생쥐 병

齂 변방에 있는 쥐 학 락

齃 앞 글자와 같음

齄 쥐 이

鼣 鼣[쥐 이름 폐]와 같음

鼨 鼨[얼룩쥐 경]의 訛字

鼪 작은 쥐 충

⑦ 획

鼰 鼰[쥐 이름 혁]의 訛字

鼯 날다람쥐 오 박쥐 오 (水)

鼳 앞 글자와 같음

鼮 얼룩쥐 정 정서 정

鼬 鼬[대나무쥐 류]의 本字

鼶 쥐의 일종 함

鼵 쥐새끼 촉

鼴 청설모 준, 석서 준

鼹 鼴[두더지 언]과 같음

鼶 鼶[두더지 시, 제]와 같음

鼷 鼷[얼룩쥐 경]와 같음

⑧ 획

鼱 생쥐 정

鼵 쥐 추

鼶 앞 글자와 같음

鼷 쥐 아

⑨ 획

鼰 쥐 이름 격, 혁 두더지 격

鼵 새와 함께 사는 쥐 돌, 쥐 이름 돌

鼴 두더지 언, 언서 언 (水)

鼲 다람쥐 혼

鼬 鼬[족제비 유]의 訛字

鼶 족제비 제

鼷 서로 꼬리를 물고 다니는 쥐 애

鶘 원숭이 호

鼳 앞 글자와 같음

鼳 흰 다람쥐 혁 흰 쥐 혈

鼹 쥐 양

⑩ 획

鼸 두더지 겸, 향서 혐 (水)

鼶 두더지 시, 제

鼷 앞 글자와 같음

鼷 생쥐 혜

鼭 鼭[쥐 이름 시]와 같음

鼳 쥐 이름 역

鼳 족제비 곡

鼳 앞 글자와 같음

鼳 쥐 당

鼳 쥐 박

鼳 鼳[대나무쥐 류]와 같음

鼳 鼳[석서 작]와 같음

鼳 鼴[두더지 언]과 같음 (水)

鼳 앞 글자와 같음

⑪ 획

鼳 서로 꼬리를 물고 다니는 쥐 리

鼳 다람쥐 작

鼳 쥐 종

鼳 鼳[족제비 곡]과 같음

⑫ 획

鼳 쥐 복

鼳 鼢[두더지 분]과 같음

鼳 살찐 쥐 발

鼳 쥐며느리 번

⑭ 획

鼳 원숭이 절 거미원숭이 절

⑮ 획

鼳 날다람쥐 루 오서 루, 칭서 루

⑯ 획

鼳 쥐 이름 로

⑰ 획

鼸 원숭이 참

⑱ 획

鼹 鼩[생쥐 구]와 같음

鼻部

鼻 코 비, 비롯할 비, 처음 비 常(金)

鼻 앞 글자와 같음

鼻 앞 글자와 같음

① 획

鼼 들창코 요

② 획

鼽 코막힐 구, 관골 구, 콧물이 나올 구

鼾 갈구리코 규, 요, 매부리코 규, 요

鼿 들창코 교

劓 코 벨 의 [刀部]

③ 획

鼾 코고는 소리 한, 코골 한(金)

齀 들창코 올

齁 衄[코피 뉵]의 訛字

嬶 여자 비, 여편네 비 [女部]

齂 鼽[코막힐 구]와 같음

④ 획

齅 코고는 소리 흡

齆 돼지 먹이 먹을 회

齇 鼽[코막힐 구]의 訛字

齈 衄[코피 뉵]과 같음

齉 齃[콧숨 합]과 같음

齂 劓[코 벨 의]의 訛字

齁 코고는 소리 후

⑤ 획

齀 齀[짐승이 코로 물건 움직일 올]의 訛字

齙 여드름 포

齁 코고는 소리 후, 코골 후

䶎 매부리코 점, 코끝 드리워질 점

齆 들창코 구

齃 鼾[코골 한]과 같음

⑥ 획

齃 콧숨 합, 코골 합

齂 콧숨소리 괴

齂 재채기할 체, 콧병 체

齂 앞 글자의 本字

齀 齀[짐승이 코로 물건 움직일 올]와 같음

齂 앞 글자와 같음

⑦ 획

齂 코 골 희, 코 풀 희

齂 앞 글자와 같음

齂 콧물 체, 코 풀 체

齂 오똑한 코 침

齂 齃[콧숨 합]과 같음

齂 衄[코피 뉵]과 같음, 코 찡그릴 휵

⑧ 획

齂 누워 숨쉴 희, 숨소리 해

齂 嚏[재채기 체]와 같음

⑨ 획

齄 齇[주부코 사]와 같음

齃 콧대 알, 콧마루 알

鶣 엷은 모양 변
鷈 嚏[재채기 체]와 같음
齆 齆[코 막힐 옹]과 같음

⑩ 획

齆 코 막힐 옹
齈 앞 글자와 같음
齅 냄새맡을 후
鼸 매부리코 렴 코끝 드리워질 렴

⑪ 획

齇 주부코 사
齄 앞 글자와 같음

鼵 콧숨 소리 솔
鼼 들창코 료
齅 코 골 루

⑫ 획

齅 齅[냄새맡을 후]와 같음
齃 높은 코 침
齆 앞 글자의 俗字

⑬ 획

齈 콧물 농, 콧병 농 콧물 흐를 농
齃 가래가 끓어 나는 소리 왜, 그르렁거릴 왜
齆 齆[코막힐 옹]과 같음

⑯ 획

齉 嚏[재채기 체]와 같음
齅 냄새맡을 력

⑰ 획

齂 코가 높은 모양 참 코 오똑할 참

⑱ 획

齆 齆[코 막힐 옹]과 같음

㉒ 획

齉 코 막힐 낭

齊部

齊 가지런할 제, 옷자락 자, 재계할 재 常 (土)

② 획

齌 병 제(疾病)

③ 획

嶭 산 이름 제
𪗉 아름다운 모양 제
齋 집 재, 상복 재, 재계할 재 (土)
懠 실 결 제 길쌈할 제

𪗋 좋을 제, 아름다울 제, 공손할 재

④ 획

𪗌 몸시 노할 제 세찰 제
𪗍 臍[배꼽 제]와 같음

⑤ 획

齍 제기 자, 곡식 자 재물 자
𪗎 곡식 자
蠐 씹을 제

⑥ 획

𪗏 작은 띠집 재 집 재
齎 옷자락 자 [衣部]
𪗐 臍[배꼽 제]와 같음

⑦ 획

齎 가져올 재, 탄식할 재, 품을 제 (土)

⑧ 획

霽 갤 제 [雨部] (水)

齏 같을 처

齎 앞 글자와 같음

⑨ 획

齏 회 제, 무침 제 부술 제, 양념할 제

⑪ 획

齌 잉어 같은 작은 고기 제

齍 서직 담는 그릇 자

齎 資[재물 자]와 같음

⑭ 획

齋 齋[집 재]와 같음

齒部

齒 이 치, 언급할 치, 상아 치, 나이 치 常 (金)

① 획

齓 齔[이 갈 츤]과 같음

② 획

齔 이 갈 츤 어릴 츤

齕 앞 글자의 訛字

齖 이 가는 소리 팔 이빨소리 팔

③ 획

齕 깨물 흘, 씹을 흘 해칠 흘, 침탈할 흘

齕 앞 글자와 같음

齛 齧[깨물 설]의 俗字

齝 잇몸 치, 씹을 치 잇몸 드러날 치

齗 이 드러날 안

④ 획

齕 齕[깨물 흘]의 本字 (金)

齘 이 갈 해, 성낼 해

齘 앞 글자와 같음

齘 앞 글자의 本字

齖 이빨 고르지 못할 아, 언청이 아

齗 잇몸 은, 말다툼할 은, 미워할 은 (金)

齙 뻐드렁니 파

齞 이빨 드러날 언

齗 씹을 항

齒 씹을 납, 깨물 납, 이 움직이는 모양 납

齡 혓병 금, 슬플 금

齗 麒[물 기]의 古字

齔 齔[이 갈 츤]과 같음

齩 齩[깨물 교]와 같음

⑤ 획

齖 깨물 가, 이빨 틈에 뼈 끼일 가

齡 나이 령, 해 령 (金)

齡 앞 글자와 같음

齢 앞 글자의 略字

齚 齰[깨물 색]과 같음

齛 양 새김질할 설 깨물 세

齞 이빨 드러내보일 언

齜 이 갈림 재 이빨 드러낼 차

齜 앞 글자와 같음

齟 어긋날 저, 이빨 고르지 아니할 차 (金)

齣 단락 척

齠 이갈 초, 나이어릴 초 아이 단발머리 초 (金)

齝 소 새김질할 치 새김질할 치

齙 귀절 포, 어금니 포 이빨 드러낼 포

齔 齔[이 갈 츤]과 같음

齚 이빨 뽑을 참

⿰齒史 이빨 고울 사

⿰齒出 씹을 출, 씹는 소리 출, 물어서 들랠 출

⿰齒它 잇몸 드러날 치

⿰齒立 깨물 립

⿰齒玄 ⿰齒立[깨물 립]의 訛字

⿰齒司 새김질할 치

⿰齒失 이빨 단단할 질

⿰齒巨 잇몸 부을 거

⿱此齒 물 차, 씹을 차

⿱加齒 앞 글자와 같음

⿰齒亢 齗[잇몸 은]과 같음

⑥ 획

齦 잇몸 은, 깨물 간 미소지을 은 (金)

⿰齒皀 앞 글자와 같음

齩 깨물 교 (金)

齤 옥니 권, 빠진 이 권 이 드러내고 웃을 권

⿰齒曳 齛[양 새김질할 설]과 같음

⿰齒旨 깨물 예(齧也)

⿰齒名 이빨 명

⿰齒圭 이빨 고르지 아니할 애, 이 드러날 억

⿰齒寺 소 새김질할 치

⿰齒至 단단한 물체를 씹을 철, 질

⿰齒虫 齲[충치 먹을 구]의 俗字

⿰齒色 齙[이빨 드러낼 포]의 訛字

⿰齒舌 씹는 소리 괄

⿰齒吉 물 할(齧也)

齨 어금니 구 여덟살된 말 구

⿰齒列 뼈 물어뜯는 소리 랄, 렬, 씹을 렬

⿱列齒 앞 글자와 같음

⿰齒并 덧니 변(竝齒)

⿰齒合 먹을 탑 쥐다 입에 넣을 탑

⿰齒同 齝[새김질할 치]와 같음

⿰虫齒 齧[깨물 설]과 같음

⿰齒亥 이빨 가지런하지 않을 애

⿰齒兆 齠[이 갈 초]와 같음

⿰齒休 齹[이빨 고르지 못할 차]와 같음

齧 물 설, 이 빠질 설 성씨 설 (金)

⑦ 획

齫 이 빠질 곤, 이가 치솟은 모양 곤 (金)

齬 어긋날 어, 산세가 험준한 모양 오 (金)

齪 악착할 착 조심스러울 착 (金)

⿰足齒 앞 글자와 같음

⿰齒告 상아 다룰 곡

⿰齒我 이빨 모양 아

⿰齒言 齗[잇몸 은]과 같음

⿰言齒 앞 글자와 같음

⿰齒夋 이빨 시큰거릴 산 이빨 곱을 산

⿰齒夾 옥니 협, 덧니 협

⿱夾齒 앞 글자와 같음

⿰齒含 잇몸 암

齹 이빨 어긋날 차

⿰齒佐 앞 글자와 같음

⿱折齒 掣[끌 철, 체]와 같음

⿱佗齒 말 이빨 길 타

⿰齒刧 齧[물 설]의 俗字

⿱⿰亻亜齒 이가 바르지 않을 타

⿰齒束 씹을 태, 대 씹는 소리 태

⿰齒昏 ⿰齒舌[씹는 소리 괄]의 本字

⿰齒爭 ⿰齒牂[덧니 창]의 俗字

⑧ 획

齮 깨물 의 침범할 의

齰 깨물 색, 확실할 착

齯 다시 난 이빨 예 노인의 이빨 예

⿰齒隹 齪[악착할 착]과 같음

齱 이빨 바르지 못할 추, 좁을 착

⿱臤齒 앞 글자와 같음

⿱制齒 猘[미친 개 제]와 같음

⿱臤齒 이빨 드러날 견

齭 이빨 실 소, 슬플 초, 이 곱을 초

⿱斦齒 앞 글자와 같음

⿰齒卒 씹을 졸

⿰齒其 씹을 기

⿰齒臽 이 갈 함

⿰齒來 씹을 태, 씹는 소리 태

齫 볼 오므라질 운, 이빨 함몰될 운

⿱⿵冂⿻大齒 앞 글자와 같음

⿰齒戔 이빨 바르지 않을 잔, 이빨 넘어질 잔

⿰齒宜 이빨 드러날 의, 뻐드렁니 애

⿰齒厓 이빨 드러날 의, 이 갈 애

⿰齒門 ⿰齒間[무는 모양 간]의 訛字

⿰齒丑 齺[이빨 부러질 추, 착]의 俗字

⿰齒虎 齶[잇몸 악]과 같음

⿱⿰丈文齒 ⿰齒丈[이빨 가지런할 인]과 같음

⑨ 획

齷 악착할 악 (金)

齶 입천장 악, 잇몸 악 (金)

⿰齒虐 앞 글자와 같음

齴 웃을 언, 높고 험한 모양 안

齵 이빨 바르지 못할 우, 이빨 어긋날 우

齲 충치 우 (金), 이빨 너럭먹을 우

⿱咸齒 입에 넣고 씹지 않을 함, 입 벌린 모양 함

⿰齒咸 앞 글자와 같음

齃 씹는 소리 할

⿰齒客 뻐드렁니 가, 이 나는 모양 가

⿱⿰丈文齒 ⿰齒丈[이빨 가지런할 인]의 訛字

齳 볼 오므라질 운, 이빨 없을 운

⿱剌齒 씹을 랄

⿰齒列 ⿰齒刂[깨물 랄]의 本字

⿰齒則 깨무는 소리 실

⿰齒臿 이빨 흔들릴 삽, 이 흔들리는 모양 잡

⿰齒柴 齜[이 드러낼 차]와 같음

⿰齒胥 이빨 시큰거릴 서, 이곱을 서, 초

⿰齒查 ⿰齒差[이 가지런하지 아니할 차]의 俗字

⿰齒咼 齵[이 바르지 못할 우]의 訛字

⿰齒屑 切[끊을 절]의 本字

⿰屑齒 앞 글자와 같음

⑩ 획

齸 사슴 새김질할 익

齻 사랑니 전

齹 이 고르지 못할 차, 웃는 모양 차

⿰齒差 앞 글자와 같음

⿱⿱羊⿰⿱丿工⿱丿工齒 앞 글자의 古字

齺 이 부러질 추, 착, 맞물릴 추, 착

⿱芻齒 앞 글자와 같음

⿰齒兼 이가 어긋날 암, 이 고르지 않을 염

⿰齒悤 齝[새김질할 치]와 같음

⿰齒屑 이 어긋날 절, 이 갈 절

⿰屑齒 앞 글자와 같음

⿰齒豈 어금니 개, 이 갈 애

⿰齒尃 단단한 것 씹을 박

⿰齒倉 덧니 창

⿰齒害 자며 이 갈 개

⿰齒插 이빨 흔들릴 삽, 이 흔들리는 모양 잡

⿱⿱八夫齒 齤[옥니 권]의 本字

⿰齒齊 ⿰齒齊[씹을 제]와 같음

⿱⿰丰刀齒 齧[깨물 설]의 俗字

⿰齒骨 뼈 씹는 소리 활

⑪ 획

⿰齒責 이 서로 맞을 책, 씹을 책

⿰齒匿 이 앓을 닉

⿰齒虘 이 어긋날 차, 저, 의견 맞지 않을 저

⿰齒窒 깨물 질

⿰齒將 잔 이빨 창, 덧니 창

⿰齒産 어린애 이빨 찬, 젖니 찬

⿰齒堇 이빨 모양 근

⿰齒卨 齛[양 새김질할 설]과 같음

⿰齒禼 앞 글자와 같음

⿰齒曹 불결할 조

⑫ 획

⿰齒單 齳[이 없을 운]의 訛字

⿱猌齒 웃을 은, 이빨 가지런할 인 (金)

⿰齒堯 물 요(齧也), 깨물 교

⿰齒最 이빨 뽑을 최

⿰齒幾 이빨 흔들릴 기

⿰齒閒 씹을 간

⿰齒間 앞 글자와 같음

⿰齒㫺 齰[깨물 색]과 같음

⿱⿰舌舌齒 舐[핥을 지]와 같음

⿸厤齒 충치 력

⿰齒虛 아상 거 (이 틀)

⑬ 획

⿰齒葛 씹는 소리 할

⿱豤齒 씹을 곤, 덜 곤, 물어뜯어먹을 곤

⿰齒僉 이빨 없어 호물거릴 참

⿰齒罝 이빨 고르지 아니할 저

齽 옥니 금, 이 갈며 성낼 금

⿰齒義 씹을 의

⿰齒亶 ⿰齒虘[이 가지런하지 아니할 차]와 같음

齼 이 곱을 초, 슬플 초

⑭ 획

⿰齒齊 이빨 가지런할 제, 씹을 제

⿰齒截 이빨 날카로울 찰, 모래 섞일 찰

⿱⿰易舌齒 舐[핥을 지]와 같음

⑮ 획

⿰齒巤 씹는 소리 랍

⿰齒⿱𠂹左 齹[이 고르지 못할 차]의 本字

⿱⿱𠂹左齒 앞 글자와 같음

⿰齒⿰糹截 이빨 날카로울 찰, 모래 섞일 찰

⑯ 획

⿰齒歷 충치 력

⿸虍齒 齾[이빨 빠질 알]과 같음

⿱⿰耳絲齒 ⿱聯齒[이가 드러나보일 련]과 같음

⑰ 획

⿱聯齒 이가 드러나보일 련, 이빨 드러날 련

⿰齒聯 앞 글자와 같음

⿰齒薄 ⿰齒尃[단단한 것 씹을 박]과 같음

⿰齒毚 이빨 높을 참

⑱ 획

⿰齒爵 씹을 작

⑲ 획

⿰齒簿 ⿰齒尃[단단한 것 씹을 박]과 같음

⿰齒贊 물건이 이지러져 가지런하지 않을 작

⿱⿰丵殳齒 鑿[뚫을 착]의 俗字

⑳ 획

⿰齒嚴 좋은 모양 엄, 이빨 어긋날 엄

齾 그릇 이빠질 알, 이빨 빠질 알

⿰齒獻 앞 글자와 같음

㉑ 획

⿰齒屬 齲[충치 우]의 訛字

㉕ 획

齹 이빨 가지런하지 않을 차

齋 이빨 날 재

龍部

龍 용 룡, 임금 룡, 언덕 롱, 잿빛 망 常(土)

② 획

龎 龐[클 방]의 俗字

③ 획

龐 클 방, 견실할 방, 뒤섞일 방, 도롱 롱(土)

幏 덮개 롱

龔 삼갈 공, 공손할 공

獾 짐승 이름 롱

壟 무덤 롱, 밭두둑 롱 언덕 롱 [土部](土)

龑 龑[고명할 엄]의 訛字

④ 획

龑 고명할 엄 사람 이름 엄(土)

龕 龕[감실 감]의 俗字

櫳 籠[대그릇 롱]과 같음

穠 벼의 병 롱

朧 붉은 빛 롱

朧 달빛 훤히 비칠 롱 [月部](水)

⑤ 획

龒 龍[용 룡]의 古字(土)

礱 갈 롱, 숫돌 롱 마찰할 롱 [石部]

⑥ 획

龕 감실 감, 이길 감 감당할 감(土)

龔 공손할 공, 받들 공 이바지할 공(土)

𨎚 함께 가질 롱, 끌 롱 말 탈 롱, 가질 롱

龓 앞 글자와 같음

瓏 瓏[옥소리 롱]과 같음

聾 귀먹을 롱, 어리석을 롱 [耳部](火)

襲 염할 습, 거듭할 습 옷 입을 습 [衣部] 常(木)

⑦ 획

䶬 무당 룡

讋 두려워할 섭, 위협할 섭, 꺼릴 섭 [言部]

⑯ 획

龖 두 마리의 용 답 나는 용 답, 삽

⑰ 획

靇 용 령, 신령 령

㉜ 획

䨻 용이 나는 모양 답

㊽ 획

𪚥 수다스러울 절 말 많을 절

龜部

龜 거북 구, 귀, 터질 균 귀대 귀 常(水)

龜 앞 글자와 같음(水)

龜 앞 글자와 같음

亀 龜[거북 귀]와 같음

③ 획

𪚧 여자의 자(字) 귀 이변을 알 귀

④ 획

𪚫 털 치장 초, 털로 만든 장식물 초

龕 거북 감

䶰 거북류 구

龜 앞 글자와 같음

䶱 거북 껍질의 가장자리 염

䶲 앞 글자와 같음

䶳 바닷속에 있는 큰 새우 촉

䶴 거북 지져 점칠 초 거북 태워 점칠 초

䶵 앞 글자와 같음

⑤ 획

䶶 거북의 이름 동, 충

䶷 앞 글자와 같음

䶸 거북의 종류 구

䶹 거북 파

䶺 두꺼비 거

䶻 거북 이름 주

䶼 나라 이름 구

䶽 秋[가을 추]의 古字(木)

䶾 앞 글자와 같음

䶿 거북 종류 앙

䷀ 龜[거북 귀]와 같음

⑦ 획

䷁ 龜[거북 귀]와 같음

䷂ 貝[조개 패]와 같음

⑧ 획

䷃ 거북 머리 움츠릴 효

⑨ 획

䷄ 秋[가을 추]의 本字

⑩ 획

䷅ 두꺼비 시

⑪ 획

䷆ 큰 거북 휴

䷇ 거북이 기어갈 구

⑫ 획

䷈ 鼈[자라 별]과 같음

⑰ 획

䷉ 거북 이름 령 황령 령

龠部

龠 피리 약, 홉사 약(火) 반홉 약, 자물쇠 약

④ 획

龡 우러를 약

龢 큰 피리 은

龡 吹[불 취]와 같음

⑤ 획

龢 풍류 조화될 화, 和[화할 화]의 古字(火)

⑧ 획

龣 오음의 하나 각, 록

䶵 악기를 불 취 吹[불 취]와 같음

䶶 唱[부를 창]과 같음

䶷 䶸[피리 지, 저 지]와 같음

䶹 앞 글자와 같음

⑨ 획

䶺 籲[부를 유]와 같음(火)

䶻 법이 무너질 피, 비

龤 풍류 조화될 해 음률 조화될 해

䶼 낮은 소리 암

䶽 吹[불 취]와 같음

䶾 앞 글자와 같음

⑩ 획

龣 채로 치는 북 렴 장구 렴, 소고 렴

龥 피리 지, 저 지

⑪ 획

龣 오음의 하나 각, 록

⑭ 획

䶵 龥[피리 지, 저 지]의 俗字

⑯ 획

龤 簫[퉁소 소]의 古字

⑳ 획

䶶 簫[퉁소 소]와 같음

부 록

- 총획 색인 ·· 741
- 자음 색인 ·· 904
- 간화자와 정자 ·· 1089
- 약자와 정자 ·· 1133
- 한문 교육용 기초 한자 ·························· 1138
- 대법원 인명용 한자 ······························· 1163
- 동자이음(同字異音) 한자 ······················ 1182
- 잘못 읽기 쉬운 한자 ····························· 1184
- 잘못 쓰기 쉬운 한자 ····························· 1191

총획 색인

1획

一	11
―	13
丶	13
丿	14
乀	14
乙	15
乚	15
亅	16
ㄴ	16
㇏	135

2획

丁	11
丂	11
七	11
丆	11
丄	11
ㅗ	13
丩	14
彡	14
乂	14
ナ	14
乃	14
乄	14
乜	15
九	16
乩	16
了	16
亇	16
二	18
亠	20
人	20
亻	20

儿	34
入	36
八	36
冂	38
冖	39
冫	40
几	42
凵	43
山	43
刀	44
刂	44
力	49
勹	52
匕	53
匚	53
匸	54
十	55
卜	56
卞	57
卩	57
巳	58
厂	58
厶	59
又	62
巜	63
	135

3획

万	11
丈	11
三	11
上	11
下	11

丌	11
丏	11
丐	11
丑	11
且	11
丘	11
丈	11
刃	13
兮	13
中	13
串	13
丰	13
丹	13
之	14
丽	14
乱	15
乬	15
乭	15
乮	15
乯	15
乶	15
乷	16
予	16
乺	16
乻	16
乼	16
乽	17
云	17
互	17
亓	17
五	17
井	17

亚	17
亢	18
亢	18
仁	20
仍	20
仄	20
仅	20
仆	20
仇	20
仉	20
今	20
介	20
仌	20
仍	20
从	20
仏	20
仐	20
内	20
仒	20
允	34
元	34
先	34
从	36
仐	36
公	36
仏	36
六	36
兮	36

4획

扌	179
阝	576

不	11
与	11
丏	11
丐	11
丑	11
且	11
丘	11
丈	11
刃	13
兮	13
中	13
串	13
丰	13
丹	13
之	14
乱	15
乬	15
乭	15
乮	15
乯	15
予	16
乺	16
乻	16
乼	16
乽	17
云	17
互	17
亓	17
五	17
井	17

小	120
尢	121
尣	121
尸	121
中	122
屮	125
山	125
巛	126
川	135
工	135
己	136
已	137
巳	137
巾	137
干	142
幺	143
广	143
廴	148
廾	149
弋	149
弓	150
彐	150
彑	151
彡	151
彳	151
心	153
忄	153
㣺	153
纟	154
扌	155
才	160
小	179

九	42
口	44
刃	44
㓚	44
双	44
办	44
劜	44
勾	49
勺	49
千	52
卄	52
卩	56
叮	56
叫	56
乞	58
去	58
叉	58
口	62
口	62
土	62
士	63
夂	65
夊	83
夕	86
大	96
女	97
子	97
孑	97
宀	98
寸	99

총획 색인 [4~5획]

仒	20	世	11	歹	240	幻	143	曰	65	勺	52	丹	38
今	20	世	11	歹	240	幺	143	叩	65	勺	52	冃	38
仞	20	丘	11	殳	244	卅	149	叱	65	乇	52	丼	38
仿	20	止	11	母	245	弌	149	叺	65	化	53	円	38
仉	20	册	12	毋	245	弍	150	囚	83	匛	53	冗	38
仂	20	艹	13	比	246	弓	150	回	83	卅	55	允	39
代	20	丫	13	毛	246	引	151	圠	86	升	56	冘	39
以	20	主	13	氏	250	弔	151	壬	86	午	56	汀	39
令	20	井	13	氕	250	弖	151	壬	86	华	56	氕	40
旡	21	乍	14	气	250	弖	151	土	86	卝	56	兂	42
兄	34	乎	14	水	251	弖	151	壬	96	下	57	凤	42
充	34	夸	14	氿	251	尋	151	夗	97	卝	57	凶	44
仝	34	乏	15	火	273	尹	153	太	99	卯	58	凸	44
囜	36	也	15	爪	284	心	160	夫	99	卩	58	凵	44
囟	36	瓦	15	爫	284	忄	160	天	99	印	58	凼	44
仺	38	屮	15	父	285	戈	175	夭	99	卪	58	亓	44
冄	38	仉	17	爻	285	戶	178	央	99	厄	59	分	45
舟	38	仁	20	爿	286	手	179	夬	99	厃	59	刅	45
册	38	仨	20	片	288	扎	179	太	99	厄	59	孔	45
冊	38	仕	20	牙	288	支	195	孔	112	厷	59	凵	45
冉	38	仟	20	牛	288	攴	196	寸	119	风	62	切	45
囟	38	仐	20	犬	292	文	196	少	120	厶	62	切	45
写	38	参	20	王	299	斗	200	尐	120	公	62	刈	45
冗	39	仔	20	瓦	308	斗	201	尒	120	及	63	刂	45
冬	40	仕	20	瓜	352	斤	202	允	121	叉	63	刊	45
太	40	仴	20	礻	352	方	203	尢	121	収	63	劝	49
瓜	43	他	20	罓	406	旡	204	尹	122	叏	63	劤	49
尻	43	付	20	罒	406	旡	204	尺	122	叏	63	办	49
凤	43	仙	20	罒	406	日	205	屯	125	友	63	勾	52
凨	43	仚	20	歺	416	日	212	出	125	爻	63	勾	52
凧	43			艾	445	月	213	五	136	妣	63	勻	52
				辶	567	木	215	巴	137	双	63	勻	52
凸	44			**5**		欠	235	巳	137	反	63	勿	52
击	44			且	11	止	239	市	137	収	63	匂	52
				丕	11			巿	137			匁	52

총획 색인 [5획]

凫	178	平	142	它	114	曰	84	可	65	匹	54	出	44
兂	179	羊	142	宂	114	囚	84	古	65	匠	54	由	44
扔	179	幼	143	对	119	西	84	叩	65	区	54	凸	44
扒	179	广	143	尒	120	圢	86	句	65	半	56	四	44
扑	179	庀	144	尔	120	圠	86	司	65	冊	56	出	44
扔	179	庂	144	尔	120	圤	86	叴	65	卉	56	刉	45
打	179	庁	144	尔	120	圥	86	叽	65	丰	56	刊	45
扜	179	弁	149	尻	121	圧	86	叫	65	夲	56	刊	45
扐	179	弌	149	尻	121	圦	86	叨	65	卟	57	氹	45
扐	179	写	150	尼	122	夯	97	叻	65	占	57	刌	45
扛	179	弗	151	尼	122	外	98	另	65	卡	57	刋	45
扪	179	弘	151	反	123	外	98	史	65	冈	57	刌	45
払	179	弔	151	尻	123	夗	98	召	65	卭	58	刌	45
扣	179	弘	151	出	125	夘	98	叾	65	卯	58	刕	45
扒	179	弘	151	岀	125	夵	99	右	65	卯	58	切	45
扒	179	归	151	屼	126	夬	99	各	65	卮	58	切	45
斗	201	彑	154	屶	126	失	99	叹	65	厉	59	加	49
步	201	彴	155	出	126	央	99	另	65	厈	59	功	49
斥	202	犯	155	岁	126	夯	99	只	65	甩	59	扐	49
旦	205	行	155	屶	126	奶	101	叭	65	库	59	幼	49
旧	205	必	160	巨	136	奴	101	合	65	尾	59	扐	49
眨	205	忉	160	左	136	奿	101	叺	65	厌	59	团	49
月	213	忉	160	巧	137	奵	101	台	65	斥	59	勾	52
末	215	忙	160	巨	137	妃	102	叵	65	尸	59	匀	52
未	215	忈	160	市	137	孕	112	叶	65	去	62	匃	52
本	215	态	160	布	137	孖	112	号	65	厺	62	句	52
札	215	忉	160	帄	137	丞	112	叱	65	甪	63	勿	52
朮	215	忌	160	帍	137	究	114	叮	65	叏	63	匁	52
正	239	忍	160	巾	137	宀	114	叼	66	叏	63	包	52
此	239	戉	175			宁	114	四	83	反	63	匃	52
歺	240	戊	175					囚	84	支	63	升	52
卢	240									収	63	北	53
母	245											兂	53
氏	250											匜	54
民	250												
氕	250												
氷	251												
氹	251

총획 색인 [5~6획]

氷	251	疒	316	死	12	仮	21	仅	21	伞	37	刋	45	
氶	251	癶	324	歹	12	仿	21	伍	21	禾	37	刑	45	
永	251	白	324	歺	12	仯	21	佛	21	再	38	荆	45	
氿	251	皮	327	北	12	仰	21	伢	21	再	38	刓	45	
氻	251	皿	328	両	12	伶	21	伋	21	冊	38	刕	45	
氾	251	目	331	耒	12	仲	21	伏	21	冃	38	刖	45	
汀	251	矛	341	夽	12	仳	21	伐	21	冇	38	列	45	
汁	251	矢	342	夰	13	件	21	休	21	买	39	劢	45	
氿	251	示	352	永	14	仸	21	伣	21	仌	39	劣	49	
氼	251	内	356	自	14	优	21	伙	21	完	39	劦	49	
氵	251	禾	357	丢	14	价	21	佣	21	冰	40	劮	49	
汇	251	禾	357	乩	14	任	21	伫	21	冱	40	动	49	
氿	273	穴	364	乩	15	仼	21	会	21	冴	40	劤	49	
爪	284	立	369	乿	15	份	21	伛	21	冸	40	劧	49	
犮	292	罗	406	丢	15	仾	21	伝	21	决	40	劫	49	
犯	292	聿	423	丢	15	仒	21	仚	22	沁	40	劬	50	
犰	292	肌	423	亨	15	份	21	仹	34	氼	43	劭	50	
犱	292	衤	492	毕	15	仺	21	充	34	凤	43	劼	50	
犰	292	身	555	亯	15	份	21	兆	34	夙	43	劻	50	
玄	299	身	555	丌	15	吏	21	兑	34	凧	43	励	50	
玉	299	辶	567	爭	16	伉	21	先	34	皃	43	匈	52	
王	299	邗	576	丢	16	仿	21	兇	35	凶	43	匂	52	
玍	299	邛	576	丢	17	伋	21	兂	35	凸	44	旬	53	
瓜	307	防	613	亘	17	佂	21	兌	36	凹	44	匚	54	
甘	311	阡	613	亘	17	佁	21	兌	36	凼	44	匠	54	
生	311	阢	613	丢	17	佗	21	介	36	出	44	匜	54	
生	311	阤	613	丠	17	佂	21	仚	36	凷	44	匝	54	
用	312	阠	613	冱	17	佋	21	合	36	甶	45	匞	54	
甩	312	卍	682	交	18	伆	21	令	36	夗	45	西	55	
田	212	邜	682	亦	18	伎	21	仝	37	刘	45	卍	56	
由	212	**6**		灰	18	伩	21	兴	37	刐	45	冊	56	
甲	212	西	12	怀	21	伊	21	兴	37	刭	45	平	56	
疋	315	丞	12											
疋	315	丟	12

총획 색인 [6획]

卉	56	曳	63	吓	66	吕	98	存	112	屲	125	纟	143
耂	56	叐	63	吖	66	多	98	扞	112	岂	126	庀	144
丗	56	叕	63	叒	66	夙	98	孜	112	屾	126	庄	144
芔	56	叒	63	囝	84	夸	98	孛	112	屼	126	庁	144
卅	56	吒	66	团	84	夷	99	学	112	屿	126	废	144
卌	56	吕	66	囟	84	夸	99	宅	114	屹	126	庉	144
串	56	吁	66	因	84	奇	99	宇	114	屺	126	庂	144
华	56	同	66	回	84	夸	99	宁	114	屻	126	庌	144
卂	56	吏	66	囶	84	肉	99	孛	114	屮	126	庅	144
皮	57	名	66	囯	84	夵	99	戏	114	《	135	启	144
乓	57	吓	66	目	84	夺	99	宂	114	州	135	庂	148
支	57	旲	66	囷	84	奀	99	宄	114	宄	135	延	148
闩	58	吉	66	囚	84	奷	102	守	114	肖	135	异	149
叼	58	吣	66	四	84	改	102	宆	114	岁	136	廿	149
危	58	吃	66	圭	86	奻	102	寺	119	巛	136	弌	150
印	58	吮	66	圯	86	妄	102	尖	120	巵	136	式	150
印	58	吉	66	圳	86	妆	102	尘	120	巳	136	弚	151
厈	59	吃	66	圬	86	妃	102	尚	120	异	137	弙	151
厏	59	吒	66	圪	86	妁	102	坐	120	帆	138	弜	151
屏	59	吋	66	圯	86	如	102	尜	120	帆	138	弝	151
厍	59	吆	66	均	86	奿	102	尗	120	轩	138	弛	151
辰	59	吧	66	在	86	她	102	屸	121	肃	138	弙	151
庋	59	吉	66	扗	86	妃	102	屺	121	帙	138	弘	151
庡	59	吊	66	壮	87	好	102	屺	121	杉	138	弘	151
庒	60	吊	66	壯	87	妇	102	屰	123	杉	138	弜	151
斤	60	叫	66	吉	96	奻	102	尽	123	杓	138	弟	151
庆	60	吔	66	圭	96	奸	102	启	123	帉	138	寻	153
公	62	吋	66	圶	97	妉	102	尽	123	帘	138	当	153
厷	62	吴	66	吐	97	奺	102	屃	123	帛	138	孜	153
厽	62	吐	66	向	97	妑	102	屇	123	帝	142	孖	154
厺	62	向	66	名	98	字	112	屌	123	年	142	仮	155
兊	62	后	66	朋	98	孛	112	尽	125	幵	142	彴	155
兲	63	吐	66							屾	125	代	155
艮	63											他	155

총획 색인 [6획]

伅	155	扢	179	早	205	歹	240	训	252	玎	299	孝	416
忏	160	扜	179	晃	205	死	240	讠	252	功	299	而	417
忙	160	扪	179	旨	205	外	240	汔	252	卟	299	禾	417
忏	160	扨	179	合	205	劦	240	汒	252	厾	299	耳	419
付	160	扚	179	盲	205	劧	245	汗	252	甪	312	聿	423
忕	160	扙	179	旦	205	每	246	汍	252	由	312	肉	423
忔	160	扨	179	曲	212	毐	246	汄	252	甴	312	肌	423
刎	160	扞	179	曳	212	乞	250	汣	252	乩	324	肋	423
忌	160	地	179	曵	212	氕	250	汀	252	皂	324	肌	423
忙	160	托	179	肌	213	氘	250	汒	252	百	324	肮	423
忬	160	扞	179	有	213	気	250	汋	252	皁	324	肌	423
忔	160	扡	179	朴	215	氖	250	灱	273	臼	331	肎	423
忟	160	扶	179	朶	215	氙	250	灸	274	兦	344	肓	424
忏	160	扤	179	朵	215	汞	251	炁	274	石	344	肝	424
忞	160	扢	179	初	215	永	251	灰	274	石	344	臣	435
代	160	执	179	朳	215	休	251	灸	274	石	344	自	436
伅	160	壮	179	机	215	灯	251	烟	274	矹	344	囟	436
忔	160	找	179	机	215	江	251	烟	274	礼	352	至	437
忦	160	扣	179	朳	215	汁	251	风	274	礼	352	臼	438
恢	160	扜	179	朳	215	汏	251	灭	274	祀	352	舌	439
成	175	攱	195	枕	215	汁	251	叔	285	丟	357	舛	440
成	175	收	196	朽	215	氾	251	牝	288	穸	364	舟	440
戍	175	攷	196	打	215	氾	251	物	288	辛	369	艮	444
戌	175	齊	200	束	215	汕	251	牟	288	竹	372	色	444
城	175	匠	202	禾	215	汐	251	牷	288	米	385	艹	445
戈	175	攰	203	朱	215	汎	251	犴	292	糸	391	芃	445
伐	175	旬	205	朱	215	汝	251	犲	292	缶	404	芋	445
尼	178	叶	205	次	235	汙	252	犴	292	缶	404	芍	445
扛	179	助	205	次	235	污	252	犺	292	网	406	艾	445
扣	179	旭	205	欢	235	污	252	犵	292	网	406	艾	445
扭	179	旱	205	此	239	汊	252	独	292	罒	406	芍	445
扡	179	旪	205	芷	239	汒	252	犼	292	羊	409	芋	445
托	179	旨	205	正	239	池	252	犾	292	羽	413	芌	445
扜	179	助	205	正	239	汉	252	犾	292	羽	413	芍	445

총획 색인 [6~7획]

芎	445	阡	613	瓜	22	佑	22	夋	36	則	45	男	50
芍	445	阣	613	你	22	佚	22	兌	36	剋	45	劲	50
芏	445	阤	613	伱	22	体	22	兵	37	刪	45	劲	50
芋	446	**7**		低	22	佔	22	貝	37	刱	45	励	50
芋	446	卵	12	伴	22	何	22	谷	37	剏	45	劳	50
虍	474	旡	12	爸	22	佖	22	囧	37	别	45	劻	50
虫	476	旺	12	伶	22	佗	22	共	37	別	45	劼	50
血	490	听	12	佟	22	佘	22	囘	38	刞	45	劵	50
行	491	丽	12	伷	12	余	22	同	38	利	45	劸	50
衣	492	串	13	伺	12	佛	22	困	38	刦	45	势	50
西	502	耂	15	体	12	作	22	囧	38	刼	45	甸	53
覀	502	乿	15	似	12	佝	22	宜	39	刹	45	呉	54
辵	539	乱	15	伽	13	侁	23	況	40	判	46	呋	54
身	555	舌	16	伳	15	佟	23	冷	40	刱	46	匣	54
辻	567	周	16	侀	15	佖	23	泮	40	剣	46	匨	54
辺	567	亘	17	伲	15	侖	23	泂	40	剋	46	匜	54
込	567	況	17	但	16	价	23	浪	40	刨	46	医	55
迅	567	些	17	伶	16	佪	23	沧	40	刮	46	罕	55
迂	567	亜	17	佃	17	佾	23	冲	40	利	46	华	56
边	567	亜	17	佚	17	侃	23	風	43	剌	46	卣	56
邙	576	充	18	佈	17	伿	35	凮	43	剎	46	卲	57
邛	576	亨	18	体	18	克	35	岦	43	劫	46	却	57
邡	576	丙	18	但	18	克	35	扅	43	劦	50	卵	58
邢	576	伀	22	伟	22	兊	35	夙	43	助	50	卯	58
邪	576	佂	22	伍	22	免	35	酉	44	努	50	邵	58
邠	576	佇	22	伍	22	免	35	旬	44	劬	50	即	59
邦	576	佣	22	伬	22	尨	35	旬	45	劭	50	厍	60
邟	576	俹	22	侣	22	兕	35	剘	45	劮	50	厌	60
邙	576	佝	22	伯	22	兜	35	剃	45	劮	50	厊	60
阤	613	佣	22	佰	22	台	36	劇	45	劾	50	厎	60
阮	613	估	22	信	22	合	36	制	45	劷	50	厓	60
阢	613	佝	22	佐	22	台	36	初	45			匡	60

6~7

총획 색인 [7획]

屁 60	呾 67	呎 67	囷 84	圪 87	妢 102	孭 112	
庝 60	吞 67	吮 67	囩 84	圵 87	妣 102	孖 112	
底 60	吟 67	吹 67	圀 84	圽 87	好 102	宏 114	
居 60	吠 67	呀 67	囸 84	坌 87	妧 102	宋 114	
庡 60	吡 67	呎 67	圌 84	坔 87	妖 102	完 114	
帍 62	否 67	含 67	圐 84	圠 87	妘 102	夰 114	
怭 63	吱 67	吸 67	囻 84	壯 87	妟 102	牢 114	
忧 63	呆 67	吭 67	圊 84	声 96	妝 102	宎 114	
忟 63	吻 67	呃 67	圁 84	壳 96	姘 102	宊 114	
忟 63	吥 67	呓 67	囶 84	壱 96	妐 102	宂 114	
忟 63	吩 67	呁 67	圉 84	夆 97	妥 102	宐 114	
忟 63	吣 67	呇 67	坁 87	夆 97	妤 102	宕 114	
忮 66	岒 67	呧 67	坎 87	麦 97	妎 102	宆 114	
吤 66	告 67	呞 67	坑 87	夋 97	妢 102	方 114	
呇 66	吽 67	呖 67	均 87	夋 98	妩 102	宄 114	
吘 66	吩 67	品 67	坅 87	糺 98	妺 102	宂 114	
呅 66	呏 67	呌 67	圾 87	夽 98	妞 102	宨 114	
呈 66	呎 67	吇 67	圻 87	奀 99	妖 102	穷 114	
呕 66	吝 67	吪 67	坦 87	会 99	妟 102	宁 114	
君 66	吙 67	园 84	坉 87	夾 99	妣 102	对 119	
吀 66	吾 67	困 84	坊 87	夹 100	姍 102	寿 119	
吝 66	吳 67	図 84	坕 87	奄 100	妃 102	冴 119	
吶 66	吡 67	囪 84	坒 87	壵 100	妯 102	尖 120	
呤 66	咰 67	囤 84	址 87	夽 102	妣 102	尨 120	
吷 66	吠 67	図 84	坆 87	妓 102	妠 102	尪 121	
呼 66	听 67	囵 84	坚 87	妠 102	妙 102	尵 121	
吩 66	呈 67	囵 84	址 87	妞 102	孚 112	尰 121	
吮 67	吧 67	囵 84	坂 87	妙 102	孜 112	旭 121	
呂 66	吱 67	圂 84	坚 87	妓 102	孝 112	尯 121	
吝 66			囼 84	至 87	姊 102	孛 112	尰 121

총획 색인 [7획]

局 123	岅 126	紗 143	㐂 151	忴 160	忽 161	抔 180	
尿 123	岇 126	岵 126	庀 144	弝 151	伋 160	忥 161	扮 180
尾 123	岠 126	床 144	弥 151	伎 160	忛 161	扽 180	
屁 123	崒 127	庌 144	奂 153	忿 160	忮 161	批 180	
尨 123	坙 136	庍 144	彤 154	忸 160	戒 175	抒 180	
岈 125	巡 136	庇 144	彡 154	忳 160	我 175	扺 180	
岺 125	巡 136	庉 144	形 154	忱 161	狄 175	扼 180	
岦 125	辰 136	庑 144	肜 154	忤 161	咸 175	抑 180	
岾 126	辱 136	庍 144	衸 155	忪 161	或 176	抌 180	
岈 126	巫 136	庐 144	彶 155	低 161	或 176	抚 180	
岘 126	巩 136	庋 144	彷 155	忡 161	戜 176	抗 180	
岭 126	孚 136	庑 144	佮 155	忱 161	戝 176	扰 180	
岝 126	㕚 137	尿 144	役 155	快 161	戺 178	抎 180	
岐 126	忱 138	庠 144	彶 155	忺 161	戻 178	扴 180	
岍 126	扒 138	庢 144	彷 155	忨 161	戻 178	扻 180	
岸 126	帛 138	底 144	仰 155	恼 161	鳸 178	折 180	
岥 126	希 138	宏 144	徘 155	忻 161	戼 178	找 180	
岋 126	帆 138	庋 144	侟 155	忔 161	扴 179	抓 180	
岓 126	帊 138	庄 144	狂 155	忓 161	扣 179	抵 180	
岘 126	帍 138	延 148	伀 155	忿 161	抉 180	扯 180	
岑 126	帄 138	延 148	忉 155	仿 161	扛 180	抄 180	
岠 126	忾 138	延 148	忌 155	匀 161	拘 180	扰 180	
岈 126	帄 138	弄 149	忏 160	㑄 161	扱 180	投 180	
岏 126	忞 138	弅 149	応 160	忳 161	技 180	把 180	
岬 126	忯 138	奔 149	忍 160	忲 161	抐 180	抗 180	
岐 126	忻 138	奔 149	忎 160	忟 161	扭 180	扶 180	
岖 126	妙 138	武 150	忑 160	忧 161	抖 180	扢 180	
岎 126	忨 138	貳 150	忐 160	忡 161	扐 180	扲 180	
岡 126	俞 138	貳 150	怎 160	忦 161	扳 180	抈 180	
岐 126	忻 138	戕 150	志 160	忔 161	扺 180	技 180	
岅 126	㱈 138	弟 151	灶 160	忹 161	扞 180	扥 180	
岥 126	甪 138	狭 151	忓 160	忷 161	扶 180	扴 180	
岛 126	矸 142	欤 151	忙 160	忬 161			
岢 126	玑 142

扔 180	旴 205	宋 216	殳 244	汧 252	公 253	虵 285
扜 180	昇 205	屎 216	毎 245	汳 252	浮 253	攽 286
拂 180	舌 205	杙 216	毎 245	汾 252	氿 253	肔 286
挏 180	吃 205	杚 216	苺 245	沘 252	汩 253	孖 288
扑 180	旪 205	杒 216	毒 245	沙 252	次 253	牢 288
抚 180	旰 205	杝 216	笔 246	沁 252	汭 253	牝 288
抛 180	更 212	杞 216	尾 246	沇 252	汰 253	牡 288
抝 180	眉 212	束 216	钯 246	汭 252	沛 253	物 288
択 181	曳 212	杠 216	毛 246	汗 252	沟 253	牠 288
拔 181	旱 212	耒 216	毡 246	沃 252	汁 253	牻 288
扴 181	旫 213	条 216	氙 250	汪 252	沐 253	状 292
抎 181	肓 213	枀 216	氚 250	沈 252	汛 253	犰 292
扭 181	肌 213	杢 216	求 251	沄 252	泎 253	狂 292
秀 195	肌 213	杣 216	汞 252	沅 252	汧 253	狃 292
妓 196	杙 216	杤 216	汖 252	泃 252	汐 253	狆 292
攸 196	杆 216	来 216	宋 252	汫 252	汊 253	狄 292
改 196	杆 216	枈 216	汏 252	汳 252	红 274	犴 292
攺 196	杚 216	材 216	決 252	沚 252	灵 274	犽 292
攻 196	朾 216	吹 235	汨 252	沠 252	灶 274	犹 292
敀 196	权 216	戾 235	汩 252	泣 252	灭 274	狄 292
攽 196	杉 216	欧 235	汰 252	泫 252	灸 274	狎 292
孚 196	朴 216	欤 235	沟 252	冲 252	灻 274	狐 292
敆 196	杣 216	呹 235	汲 252	沈 253	灺 274	狭 292
辛 200	机 216	步 239	汽 252	沉 253	灾 274	犮 292
孛 200	杆 216	甶 239	沂 252	沛 253	灼 274	犹 292
刹 201	李 216	歪 239	池 252	沭 253	夾 274	犯 292
扵 203	杏 216	肃 239	汚 252	沆 253	灼 274	狮 292
夯 203	呆 216	从 240	沐 252	沍 253	災 274	狝 292
吾 205	村 216	叔 240	没 252	洰 253	抆 274	猁 292
旱 205	杓 216	奴 240	没 252	泽 253	灾 274	狐 293
昌 205	杙 216	岁 240	汶 252	沢 253	炕 274	狟 293
的 205	杕 216	歿 241	歹 252	冷 253	州 274	狇 293
肝 205	杖 216	歺 241	汋 252	泂 253	炙 274	狘 293
吴 205	杍 216	没 244	汸 252	沠 253	爬 284	犯 293

狋 293	病 316	秀 357	肌 424	芍 446	赤 538	邯 576
狗 293	疣 316	秂 357	育 424	芉 446	走 539	邡 576
狓 293	疢 316	禿 357	肍 424	芏 446	足 544	邦 576
狖 293	疥 316	秈 357	肔 424	芐 446	身 555	邪 576
狘 293	疧 316	秅 357	肑 424	芃 446	車 557	邠 576
玕 300	皀 324	究 364	胃 424	芽 565	辛 565	邡 576
玒 300	皃 324	穸 364	肬 424	芎 446	辛 565	邨 576
玑 300	皁 324	穼 364	肧 424	芑 446	辰 566	邧 576
玖 300	皂 324	究 364	肫 424	芒 446	辰 566	邢 576
玘 300	皅 327	計 369	肮 424	苎 446	辰 566	邥 576
玗 300	皈 327	卟 369	育 424	芩 446	辵 567	邪 576
玓 300	盂 328	剀 369	肢 424	芙 446	迂 567	邢 576
玔 300	盯 331	兗 369	肭 424	芟 446	迅 567	郏 576
玐 300	盷 331	罙 385	肐 424	芝 446	迃 567	邱 576
玕 300	肏 331	奀 385	肜 424	芘 446	迆 567	邔 576
甿 300	取 331	系 391	臣 435	花 447	迁 567	邡 576
甴 300	盻 331	糾 391	𦘴 436	芸 447	迅 567	邤 576
甶 308	旬 331	罒 406	𦘼 436	虬 476	迎 567	邨 576
甮 308	眂 331	罕 406	𦘺 436	虸 476	迎 567	邼 576
甫 312	矣 331	罕 406	臣 437	虶 476	迎 567	邲 576
甬 312	矣 342	罕 406	自 438	虱 492	迎 567	邳 576
男 312	矧 342	芊 409	𦙵 438	衵 493	迎 567	邶 576
甸 312	矢 342	甶 419	乱 439	初 493	迎 567	邸 576
甹 312	矴 344	耴 419	𦘻 440	西 502	迎 567	邢 576
甸 312	砒 344	肝 424	艮 444	見 503	巡 567	邢 576
甹 312	后 344	肚 424	芉 445	角 506	迎 567	酉 583
畓 312	砅 344	肎 424	芎 445	言 509	迁 567	釆 588
旭 312	厷 344	肝 424	芐 445	谷 524	迁 568	里 589
甹 312	砄 344	肜 424	芑 445	谷 524	达 568	長 605
甹 312	砧 352	肞 424	芭 445	豆 526	邑 576	阮 613
町 312	祁 352	肘 424	芒 445	豖 527	邑 576	阧 613
疔 316	祘 352	肖 424	芉 446	豕 530	那 576	防 613
疠 316	社 352	肖 424	芋 446	貝 532	邦 576	阤 613
疝 316	秃 357	肛 424	芰 446			阮 613
疗 316	私 357					阮 613
						阱 613

阯	613	事	17	佸	23	侐	24	其	37	到	46	汮	50	
阪	613	乺	17	佐	23	侑	24	具	37	刑	46	劤	50	
阨	613	畀	17	佃	23	侒	24	典	37	刲	46	匊	53	
阣	613	亞	17	佹	23	侉	24	卺	37	刱	46	匋	53	
阦	613	亟	17	佺	23	侎	24	冃	37	刳	46	匐	53	
阳	613	亝	17	佾	23	侔	24	冎	38	剀	46	匎	53	
阱	613	享	18	佼	23	企	24	咼	38	封	46	单	54	
段	613	京	18	侅	23	侖	24	果	38	剄	46	医	54	
阫	613	亩	18	侁	23	众	24	采	39	剁	46	匼	54	
阼	613	卆	18	侊	23	侗	24	活	39	刵	46	匡	55	
阺	613	亪	18	侌	23	侘	24	洞	40	制	46	卙	56	
阴	613	仲	18	使	23	忒	24	洫	40	刷	46	卑	56	
阽	613	保	18	侀	23	侚	24	洛	40	券	46	卒	56	
阰	613			佩	23	供	24	洌	41	刹	46	卓	56	
8		佩	23	侢	23	侅	24	洗	41	刺	46	叔	56	
並	12	佬	23	佽	23	依	24	津	41	刻	46	協	56	
並	12	佲	23	佹	23	伽	24	凭	41	刲	46	協	56	
丛	12	個	23	佺	23	傁	24	凯	43	刼	46	卦	57	
弗	13	倿	23	佽	23	俟	24	凰	43	剑	46	卤	57	
串	13	侒	23	佌	23	侟	24	風	43	刡	46	卥	57	
丳	13	佯	23	侒	23	侹	24	凬	43	劻	50	卢	57	
丼	13	佰	23	価	23	侈	24	凯	43	劲	50	卧	57	
丽	14	俪	23	侣	23	侐	24	凲	43	劾	50	卣	57	
乖	14	价	23	佰	23	侊	35	函	43	劻	50	卤	57	
乳	14	伯	23	侶	23	兌	35	凼	44	劻	50	直	57	
乭	16	伲	23	佲	23	兒	35	函	44	劼	50	卬	57	
乱	16	伷	23	佌	23	兢	35	画	44	券	50	卹	57	
乵	16	伶	23	佺	23	兔	35	凹	46	励	50	勒	57	
乶	16	佝	23	佳	23	兕	35	刮	46	勃	50	势	57	
乷	16	佸	23	侰	23	兝	35	刺	46	努	50	刘	58	
乫	16	佶	23	俆	24	兗	35	刼	46	勄	50	卓	59	
兒	16	佷	23	侏	24	兩	36	刻	46	勉	50	卷	59	
事	16					其	37

총획 색인 [8획]

卸	59	呱	68	咏	68	呟	69	坮	87	㑨	88	姖	102
卲	59	咎	68	咥	68	呼	69	垃	87	坎	88	姑	103
却	59	呫	68	君	68	和	69	坽	87	叔	88	要	103
卷	59	呴	68	呐	68	咊	69	坒	87	坭	88	妳	103
卽	59	呧	68	呦	68	呹	69	坶	87	坥	88	妮	103
屋	60	呢	68	咀	68	呆	69	垠	87	坒	88	妲	103
居	60	咀	68	呋	68	呴	69	坯	87	坐	88	妯	103
屉	60	呎	68	呲	68	呬	69	坿	87	夌	98	姈	103
咽	60	呩	68	咍	68	固	84	垪	87	夌	98	妺	103
屐	60	咄	68	呩	68	囷	84	坤	87	夋	98	妹	103
屎	60	咚	68	呴	68	囹	84	垂	87	夜	98	姆	103
眉	60	咋	68	吻	68	囿	84	坱	87	夋	98	姅	103
屛	60	咛	68	咀	68	圀	84	坳	88	奼	98	妥	103
臾	62	呤	68	黾	68	围	84	坫	88	奇	100	姒	103
參	62	命	68	周	68	囶	84	坻	88	奈	100	姍	103
参	62	呡	68	呪	38	国	84	坧	88	奉	100	姓	103
弦	62	咼	68	呢	68	囵	84	坨	88	奄	100	始	103
枼	62	呼	68	哇	68	囻	84	坰	88	奇	100	姍	103
叀	62	咉	68	咕	68	囻	84	坦	88	臭	100	妸	103
号	62	味	68	咠	68	囿	84	坡	88	奀	100	姎	103
變	63	呸	68	咘	68	圁	84	坪	88	哭	100	姗	103
受	64	咐	68	咛	68	圂	84	坒	88	査	100	姌	103
取	64	呻	68	咜	68	圃	84	坁	88	奉	100	委	103
隶	64	呸	68	咂	68	圄	84	坬	88	扶	100	姉	103
叔	64	咋	68	咘	68	圇	84	坒	88	奔	100	姊	103
叕	64	呱	68	呁	68	圈	84	坵	88	嬲	100	姐	103
叕	64	呻	68	咅	68	圆	84	均	88	奍	100	妵	103
奚	64	呮	68	音	68	圓	84	奇	88	奅	100	妊	103
糸	64	呫	68	呕	68	园	84	坦	88	奊	100	妖	103
呵	67	哌	68	咈	69	坷	87	堂	88	奁	100	妻	103
咖	67	咀	68	咆	69	坩	87	坥	88	奄	100	妾	103
咕	67	吁	68	咠	69	坰	87	坭	87	奃	100	姏	103
呿	68	咉	68	呧	69	坤	87	坒	87	奀	100	姗	103
		呴	68	咍	69	坻	87	坎	88

妢 103	翌 112	侹 121	岷 127	帘 138	疒 144	弦 151
姒 103	岑 112	㞳 121	岶 127	帛 138	应 144	弧 151
玆 103	孥 112	㞒 121	崋 127	帔 138	庙 144	弛 151
姻 103	孥 113	㞏 121	岼 127	帙 138	床 144	弝 151
妹 103	孡 113	岸 121	岫 127	帖 138	废 144	彼 152
妁 103	岑 113	居 123	峃 127	帚 138	庥 144	弭 152
妿 103	孥 113	届 123	岳 127	帕 138	庪 144	彔 153
妷 103	孖 113	屈 123	岸 127	帔 138	庛 144	㣎 153
姛 103	官 114	尸 123	岩 127	帉 138	庙 144	彤 154
妠 103	宝 114	居 123	峡 127	帏 138	庶 144	彦 154
妿 103	㝎 114	屈 123	岮 127	帑 138	庞 144	彣 154
姻 103	宛 114	屉 123	岸 127	帋 138	庚 144	彿 155
妯 103	宜 114	戽 123	岨 127	帲 138	庽 144	徕 155
娸 103	定 114	尸 123	岵 127	帣 138	庠 144	彿 155
姁 103	宗 114	尾 123	峇 127	帮 138	庬 144	往 156
契 103	宙 114	屄 123	岢 127	帛 138	迪 148	征 156
妭 103	宕 114	尻 123	岹 127	帼 138	迫 148	彼 156
妒 103	穷 115	屌 123	岠 127	帪 138	迭 148	徂 156
娥 103	宦 115	戽 123	岥 127	帺 138	迴 149	低 156
婷 103	实 115	命 125	岐 127	帓 138	奔 149	径 156
姬 103	实 115	毎 125	岯 127	弁 142	奔 149	徃 156
姑 103	宾 115	岢 127	咼 127	幸 142	奔 149	徘 156
效 103	家 115	岡 127	咄 127	岛 143	弆 149	徛 156
姒 103	冢 115	岬 127	岲 127	㚻 143	弍 150	徂 156
妊 103	宝 115	岡 127	岖 127	纱 143	弎 150	彾 156
奸 103	宋 115	岠 127	峡 127	庚 144	弞 151	怡 156
抱 103	宜 115	岣 127	岄 127	府 144	弜 151	作 156
妮 103	宦 115	岭 127	峃 127	底 144	弩 151	徘 156
季 112	孥 119	岺 127	岂 127	庀 144	弥 151	役 156
孤 112	旹 119	岑 127	岬 127	庖 144	弥 151	衖 156
孥 112	时 119	岜 127	岜 137	庖 144	弨 151	忩 160
孟 112	挈 119	岠 127	帊 138	庙 144	弣 151	忿 160
孢 112	尚 120	岅 127	帗 138	扁 144	張 151	念 160
乳 112	岑 120	岬 127	帗 138	庢 144	弨 151

총획 색인 [8획]

忢 161	怍 162	炎 176	抓 181	拕 181	斗 201	旸 206
忿 161	怚 162	或 176	抱 181	拖 181	斧 202	明 206
忠 161	怔 162	戓 176	抱 181	拗 181	所 202	昏 206
忝 161	怳 162	戒 176	抳 181	拘 181	斯 202	昕 206
悉 161	怵 162	戔 176	抴 181	拟 181	所 202	昐 206
急 161	怞 162	戕 176	抵 181	拙 181	於 203	昑 206
怎 161	怙 162	戗 176	抶 181	拚 181	旿 203	吻 206
念 161	怊 162	戝 176	抹 181	拼 181	斺 203	旾 206
忑 161	怕 162	戛 176	抻 181	招 181	匋 203	易 206
悉 161	怦 162	戗 176	押 181	拜 182	旹 206	映 206
忎 161	怖 162	戗 176	抽 181	抽 182	旾 206	昔 206
念 161	怉 162	戾 178	抾 181	拟 182	吸 206	昕 206
忽 161	怭 162	房 178	抧 181	拡 182	旺 206	曄 206
怇 161	怙 162	所 178	拂 181	拊 182	旻 206	昭 206
怯 161	怳 162	戻 178	拃 181	拯 182	昐 206	旻 206
怪 161	怬 162	戽 178	拄 181	抶 182	旽 206	旻 206
怐 161	悴 162	戾 178	担 181	昄 195	吶 206	香 206
怇 161	忪 162	扂 178	拁 181	旻 196	旿 206	昜 212
怮 161	怢 162	户 178	拆 181	效 196	昀 206	冒 212
怩 161	怈 162	戕 180	拇 181	攺 196	昉 206	昊 212
怚 161	体 162	承 180	拈 181	斂 196	昂 206	肮 214
怏 161	忕 162	乘 180	拉 181	敗 196	旻 206	朋 214
怜 162	怮 162	叕 180	拊 181	放 196	昊 206	肝 214
怋 162	伸 162	挊 181	抛 181	敁 196	昄 206	肦 214
怦 162	怾 162	抨 181	批 181	政 196	昊 206	肮 214
怲 162	伫 162	拎 181	拌 181	做 196	昆 206	服 214
怫 162	怵 162	披 181	拍 181	戏 196	昇 206	罙 216
怪 162	怓 162	抬 181	拎 181	炏 196	昄 206	桮 216
性 162	怭 163	抗 181	拐 181	敛 196	昉 206	杼 216
快 162	怛 163	扰 181	拑 181	敁 196	昊 206	杯 216
怈 162	怰 163	抮 181	拒 181	斉 200	昊 206	柰 216
恓 162	忪 163	扭 181	拓 181	齐 200	旻 206	枤 216
怡 162	戕 176	挟 181	拔 181	昌 206	杒 216

枈 216	栅 217	欤 235	妽 241	沭 253	油 254	泾 254
杭 216	析 217	攸 235	歾 241	沮 253	泐 254	洼 254
杬 216	枂 217	欨 235	殉 241	沰 253	泑 254	浸 254
枘 216	柩 217	欥 235	煅 244	沱 253	泓 254	泹 254
柹 216	柼 217	欦 235	殴 244	沲 253	泔 254	浚 254
杯 216	枦 217	欣 235	股 244	河 253	法 254	泒 254
東 216	枓 217	欥 235	毒 245	泠 253	泠 254	泃 254
杲 216	柄 217	欥 235	毑 245	泳 253	泗 254	泖 254
杳 216	柃 217	炊 236	毟 245	泝 253	泙 254	泥 254
枚 216	枕 217	歧 239	氛 246	泟 253	泚 254	泂 254
杵 216	枢 217	址 239	毖 246	洍 253	泛 254	浮 254
柂 216	枍 217	武 239	毡 246	泼 253	泜 254	泋 254
杷 216	枞 217	歫 239	毨 246	沸 253	沂 254	泔 254
殳 216	林 217	歫 239	毵 246	油 253	泞 254	炁 274
枇 217	柅 217	炆 239	毦 246	泊 253	洌 254	炂 274
枔 217	枦 217	肯 239	毧 246	治 253	泎 254	灸 274
杻 217	枝 217	走 239	毺 246	沼 253	泡 254	炓 274
松 217	枛 217	步 239	毲 246	沽 253	波 254	炅 274
枭 217	果 217	歮 239	胈 247	沾 253	泣 254	旼 274
板 217	枝 217	豆 239	胒 247	沿 253	泥 254	炆 274
极 217	柈 217	歾 241	氓 250	沿 253	泐 254	炈 274
枍 217	杰 217	殁 241	氜 250	况 253	泂 254	炉 274
枂 217	枚 217	殀 241	氘 250	泂 254	泯 254	炀 274
构 217	杣 217	殀 241	氖 250	泄 254	泚 254	炊 274
构 217	柑 217	殀 241	氞 250	泅 254	注 254	炃 274
枅 217	枢 217	歾 241	氙 250	洗 254	泪 254	炋 274
枆 217	杬 217	欫 241	氘 250	泊 254	沇 254	炏 274
枇 217	枕 217	殂 241	菉 252	沛 254	洲 254	炎 274
枉 217	欧 235	殈 241	杳 253	泜 254	泮 254	炐 274
柳 217	欣 235	殃 241	秣 253	泌 254	泯 254	版 274
枋 217	炊 235	殁 241	秫 253	泒 254	泱 254	炊 274
枑 217	欪 235	殂 241	炊 253	洘 254	泲 254	炜 274
枌 217	欧 235	殃 241	泇 253	沫 254	沛 254	炑 274
枔 217	欨 235	殀 241	沫 253	沫 254	泎 254	炒 274
枎 217	欮 235	殀 241	沫 253	沫 254	泳 254	炒 274

총획 색인 [8획]

炓 274	杷 288	狐 293	玡 300	疌 316	盰 331	祀 352
炔 274	牵 288	狛 293	玗 300	症 316	盰 331	祂 352
炕 274	朌 288	狉 293	玩 300	疢 316	盯 331	祃 352
炖 274	牣 288	狙 293	玨 300	疝 316	直 331	祈 352
炎 274	牲 288	狎 293	珎 300	疙 316	直 331	祉 352
炘 274	牧 289	狒 293	珏 300	疛 316	盼 331	秆 357
炙 274	牨 289	狘 293	玞 300	疕 316	取 331	秊 357
炆 274	料 289	狌 293	玣 300	疚 316	盷 331	秉 357
炛 274	牬 289	狖 293	玪 300	疟 316	盺 331	秈 357
炗 274	怀 289	狏 293	玲 300	疡 316	眈 331	秄 357
敭 274	牪 289	狗 293	玬 307	疔 316	眕 331	秅 357
争 284	畢 289	狋 293	瓩 308	疷 316	盺 331	秇 357
爬 284	牰 289	狂 293	衦 308	疒 316	眅 331	秆 357
爮 284	牱 289	狊 293	瓯 308	疗 316	即 331	秋 357
爰 284	牋 289	狍 293	瓮 308	的 325	晃 331	秌 357
爯 284	斨 289	狝 293	瓱 308	臽 325	省 331	秏 357
爭 284	狀 292	狐 293	帆 308	阹 325	眍 331	秖 357
爸 285	忢 293	狔 293	衧 311	肝 325	盯 331	秊 357
㸒 285	狀 293	㹠 293	舍 311	敁 327	豸 341	秕 357
牀 285	狄 293	㹰 293	牧 311	飯 327	豖 341	㱽 357
牁 285	狅 293	㹦 293	用 312	敂 327	弢 342	秔 357
㸓 285	狛 293	狓 293	甪 312	皮 327	知 342	秎 357
版 286	狃 293	猃 293	甽 313	財 327	矴 344	秀 357
牂 286	狆 293	㻞 293	甿 313	盂 328	砣 344	穹 364
牪 286	狚 293	珎 300	甾 313	盇 328	砂 344	穸 364
朌 286	玲 293	玥 300	畀 313	盉 328	矸 344	穾 364
股 286	狛 293	玦 300	甾 313	盍 328	矾 344	穷 364
欨 286	狂 293	玨 300	畎 313	盃 328	矼 344	空 364
牦 288	独 293	玫 300	甿 313	盅 328	砕 344	穽 364
牧 288	狎 293	玥 300	畜 313	盂 328	砌 344	窀 364
物 288	狑 293	玟 300	甲 313	盱 331	砀 344	穼 365
牥 288	狖 293	珏 300	畃 313	盰 331	砐 344	突 365
牪 288	犿 293	环 300	畁 313	肮 331	砃 344	窊 365
牧 288	狔 293	珠 300	畁 313	肪 331	祁 352	窉 365
狉 288	狍 293	玢 300	甼 313	盲 331	社 352	究 365

총획 색인 [8획]

窀 365	哭 406	胖 424	胫 425	茉 446	苷 447	斉 492
岜 369	罗 406	胚 424	胸 425	芬 446	苹 447	表 493
汧 369	罘 406	盼 424	肼 425	苇 446	茀 447	衫 493
弃 369	芈 409	肥 424	臥 435	芘 446	苉 447	衧 493
竺 372	羌 409	胝 424	臤 435	苤 446	苊 447	袘 493
笂 372	羑 409	胞 424	直 436	芧 446	苋 447	衩 493
竽 372	羖 409	肤 424	臯 437	芯 446	茊 447	衻 493
笂 372	尭 409	育 424	臤 437	芽 446	茾 447	衦 493
竻 372	耂 416	胐 424	甴 438	苪 446	苗 447	衬 493
笈 372	耂 416	胚 424	臽 438	芙 446	苫 447	衭 493
粁 385	者 416	肢 424	舍 439	苓 446	若 448	衲 493
籵 385	刵 417	胅 424	刱 441	芷 446	虎 474	衸 493
粅 385	㚢 417	肺 424	舠 441	芝 446	虐 474	衱 493
籵 385	耵 418	肮 424	舢 441	芷 446	虯 476	呪 502
籴 385	耒 418	肴 425	舥 441	芣 446	虮 476	児 503
凼 385	耔 418	朌 425	舤 441	芊 446	虰 476	見 503
糺 391	耘 418	胎 425	舣 441	芥 446	虰 476	舠 506
糾 391	耶 419	胅 425	胖 445	芜 446	虱 476	角 506
紀 391	拿 420	肤 425	芥 446	芙 446	虵 476	罚 509
紈 391	牟 420	股 425	芫 446	芎 446	虹 476	豆 526
紉 391	津 423	肚 425	芙 446	芦 446	虶 476	豕 527
紂 391	㐁 424	肞 425	芀 446	苉 447	蚕 476	赤 538
紆 391	肩 424	胝 425	芹 446	苍 447	蚍 476	乏 539
紇 391	股 424	肎 425	芩 446	苾 447	蚋 490	起 539
紈 391	肮 424	肸 425	芪 446	苠 447	䖾 490	足 544
罕 392	肫 424	朋 425	芰 446	芜 447	罖 490	趴 544
卸 404	肵 424	肳 425	苞 446	茻 447	衎 491	軋 557
風 404	肯 424	肯 424	肖 425	芧 446	衍 491	辛 565
旱 406	肯 424	肭 424	脞 425	芪 446	衖 491	辰 566
罔 406	肶 424	肦 424	肸 425	茞 447	衘 491	迋 568
罡 406	肨 424	肵 424	肵 425	苤 447	衏 491	近 568
罗 406	肨 406	肣 424	肯 425	苂 447	幸 492	迗 568
罗 406		肪 424		芙 446	苪 447

총획 색인 [8~9획]

迆 568	迲 568	附 613	牽 14	俔 24	偓 25	瓮 37				
返 568	延 568	阿 613	乘 15	俜 24	俓 25	剄 37				
迓 568	迋 568	陁 613	軋 16	俱 24	倪 25	家 37				
迎 568	邱 576	阺 613	瓾 16	俾 24	俓 25	典 37				
近 568	邯 576	阻 613	叞 16	倢 24	俙 25	畁 37				
迕 568	邨 576	阼 613	垒 16	俠 24	俗 25	冑 38				
迥 568	邴 577	陀 613	兔 16	俛 24	俀 25	冒 38				
迏 568	邵 577	陁 613	迠 16	係 24	俙 25	周 38				
迷 568	邸 577	陂 613	叞 17	俆 24	俙 25	官 39				
迭 568	邰 577	陃 613	亟 17	侸 24	俞 39	冠 39				
远 568	邲 577	阢 613	亭 17	促 25	俟 41	冦 39				
迪 568	邶 577	陑 613	亮 18	攸 25	信 41	寇 39				
迭 568	姒 577	召 613	京 18	俄 25	侯 41	寑 39				
迮 568	邲 577	邪 613	奇 18	佺 25	俁 41	浞 41				
逯 568	邗 577	陟 613	亲 18	佸 25	俳 41	浹 41				
迓 568	祁 577	阻 613	囹 18	悟 25	俶 41	涇 41				
迣 568	邽 577	陜 613	亳 18	俉 25	儌 41	忍 41				
迵 568	邹 577	院 613	亱 18	俊 25	俥 41	洹 41				
迫 568	邰 577	陃 613	侮 24	俊 25	俟 41	凍 41				
逊 568	邴 577	障 613	俥 24	俀 25	倂 41	洸 41				
述 568	邦 577	胚 613	侯 24	佯 25	傘 41	洌 41				
进 568	邰 577	阤 614	侲 24	俔 25	俎 35	洤 41				
迍 568	邱 577	隶 618	侒 24	俐 25	俎 35	洚 41				
迊 568	邰 577	佳 619	俚 24	俛 25	克 35	剋 43				
迪 568	邘 577	雨 623	俪 24	俪 25	赴 35	軌 43				
迶 568	邰 577	靑 629	侵 24	俑 25	芫 35	瓵 43				
迏 568	邰 577	青 629	伖 24	侒 25	兔 35	函 44				
述 568	釆 588	非 630	侶 24	俫 25	兔 36	函 44				
迹 568	金 590	非 630	侸 24	倂 25	俞 36	函 44				
迩 568	長 605	面 631	俇 24	俇 25	黍 36	制 46				
迕 568	門 607	黾 725	俓 24	偵 25	艼 36	剃 46				
迠 568	甲 607	**9**				到 46				
迪 568	阜 612	疕 12				剄 46				
迦 568	自 612	仐 13				剆 46				
迣 568	陟 613	韭 13				剄 46

총획 색인 [9획]

卽	46	匧	54	最	64	咭	69	咱	70	垟	88	契	100	
則	46	匬	54	夋	64	哂	69	哆	70	垚	88	契	100	
剆	46	匡	54	昝	64	虽	69	哚	70	垣	88	奎	100	
剄	46	匪	54	咯	64	咢	69	毘	70	城	88	奔	100	
削	46	匨	55	匼	69	呢	69	品	70	垠	88	奏	100	
剌	46	匽	55	呬	69	咹	69	咸	70	垩	88	奓	100	
剓	46	南	56	咩	69	咹	69	哈	70	坔	88	奕	100	
剅	46	単	56	哞	69	哀	69	咳	70	垤	88	奐	100	
尵	46	卑	56	咼	69	哎	69	哄	70	垃	88	查	100	
剋	46	卤	58	咣	69	咩	69	咴	70	垞	88	契	100	
前	46	叟	58	咬	69	哨	69	咺	70	垛	88	爰	100	
剎	46	南	58	咆	69	唉	69	咻	70	垓	88	姦	104	
叛	46	卽	59	哏	69	哇	69	呴	70	垎	88	姧	104	
勁	50	卼	59	咭	69	哦	70	咻	70	型	88	姜	104	
劼	50	卻	59	哞	69	哾	70	咿	70	垞	88	姱	104	
勀	50	卾	59	哗	69	咦	70	咡	70	垈	88	姣	104	
勉	50	厘	60	呲	69	咡	70	囹	85	垌	88	姤	104	
勃	50	厖	60	哃	69	咽	70	囻	85	圣	88	姼	104	
契	50	庫	60	呁	69	咨	70	圀	85	垌	89	姊	104	
勇	50	厚	60	呰	69	味	70	圂	85	全	89	妵	104	
勋	50	厐	60	剈	69	哞	70	圁	85	垧	89	姻	104	
勅	50	原	60	咄	69	咞	70	国	85	垟	89	敃	104	
勋	50	厒	60	咾	69	周	70	囷	85	垡	89	姴	104	
勑	50	厗	60	咪	69	咫	70	垮	88	垩	89	姤	104	
勉	50	厌	60	哢	69	咠	70	垢	88	垒	89	姥	104	
勋	50	厚	60	哗	69	咻	70	垝	88	垎	89	姚	104	
勃	50	叁	62	呟	69	咪	70	埌	88	垡	89	姶	104	
匍	53	危	62	咎	69	咝	70	垰	88	垑	89	姶	104	
匐	53	叙	64	叚	64	咨	69	垞	88	垚	89	姸	104	
匎	53	段	64	皈	64	哄	69	垙	88	垚	96	妮	104	
匌	53	皈	64	叟	64	呵	69	垯	88	夌	97	娃	104	
匙	54			叛	64	哦	69			夋	98	姚	104	
匜	54									夋	98	娃	104

威 104	姿 104	尜 120	峹 127	羑 136	庠 144	畒 152
姻 104	㛗 105	尯 121	島 127	奊 136	庛 144	巽 152
娍 104	姻 105	尲 121	峠 127	耷 137	庢 144	弩 152
姨 104	㚣 105	尲 122	峋 127	巻 137	庤 144	弤 152
姻 104	姝 113	尳 122	峐 127	巷 137	庥 145	弨 152
敃 104	羽 113	屎 123	峇 127	昆 137	啓 145	弪 152
姿 104	㝉 113	屍 123	峜 127	㔿 137	庮 145	弰 152
姪 104	矞 113	屋 123	峕 127	㔿 137	屙 145	弽 152
姝 113	㝏 113	屌 123	峴 128	恰 138	庬 145	舭 152
姪 104	客 115	屑 123	峎 128	帣 138	启 145	象 154
姵 104	宣 115	屟 123	峢 128	帥 138	庱 145	㲳 154
姸 104	室 115	㞅 123	峛 128	帣 139	庾 145	彦 154
姮 104	宥 115	眉 123	峒 128	帝 139	庳 145	彥 154
姁 104	宩 115	展 123	峙 128	㥧 139	康 145	形 154
婆 104	宧 115	屓 123	峪 128	㤔 139	庤 145	待 156
恬 104	宦 115	屠 123	峧 128	㡻 139	肩 145	律 156
姬 104	官 115	展 123	峮 128	帡 139	建 149	徇 156
契 104	宮 115	屟 123	岡 128	帧 139	廻 149	徊 156
姚 104	宬 115	昼 123	峐 128	㤔 139	廼 149	後 156
姰 104	宥 115	屎 123	崋 128	帱 139	建 149	洒 156
娄 104	宥 115	屎 123	峦 128	帧 139	弇 149	徉 156
姑 104	宭 115	㞅 125	峬 128	帧 139	弈 149	徆 156
娀 104	㝒 115	峇 125	峤 128	帷 139	畀 149	㣼 156
姀 104	㝖 115	峅 125	峐 128	帨 139	㓀 149	很 156
姤 104	宩 115	㠳 127	峽 128	帛 139	羿 149	衍 156
姉 104	宦 115	崎 127	峩 128	帙 139	界 149	络 156
烟 104	容 115	峑 127	峻 136	㡿 139	畏 150	徬 156
娽 104	宧 115	封 127	峩 136	幄 143	甙 150	徍 156
姎 104	封 119	峵 127	峘	度 144	弹 152	徉 156
姮 104	尃 119		峴		弮 152	徏 156
姱 104	尛 120					徰 156

총획 색인 [9획]

徆 156	悴 163	恼 164	挈 181	挂 182	攱 195	昪 206
徇 156	忭 163	㤖 164	拜 182	挓 182	敁 196	昜 206
衍 156	恟 163	㑖 164	挐 182	抗 182	叝 196	眠 206
急 161	洍 163	怺 164	挲 182	挄 182	敄 196	昹 206
怒 161	恂 163	怕 164	挦 182	抠 182	敀 196	昈 206
怘 161	恃 163	悄 164	峷 182	挆 182	畋 196	昜 206
悬 161	愢 163	悦 164	峚 182	挟 182	敂 196	昣 206
怂 162	恈 163	悑 164	㧟 182	挖 182	叓 196	冐 206
思 162	恔 163	侬 164	括 182	拘 182	敗 196	星 206
怨 162	忺 163	怪 164	拭 182	掆 182	敊 196	映 206
怎 162	佺 163	㑵 164	拮 182	折 182	畋 196	昡 206
忽 162	恌 163	恂 164	拯 182	拑 182	畈 196	昢 206
恋 162	侈 163	洸 164	挋 182	拕 182	敃 196	昤 206
他 162	忕 163	恔 164	挍 182	捈 183	敚 196	昑 206
怘 162	侘 163	恬 164	拱 182	挌 183	敉 196	春 206
急 162	恫 163	戌 176	拍 182	挍 183	斛 201	昨 207
恕 162	恨 163	我 176	拑 182	挎 183	斜 201	昧 207
悠 162	㣗 163	咸 176	拷 182	挏 183	斫 202	昧 207
㤖 162	忻 163	戚 176	抋 182	挑 183	斪 202	昇 207
患 162	恊 163	戝 176	拾 182	挒 183	所 202	昇 207
恶 162	恍 163	戦 176	拎 182	捋 183	旀 203	晃 207
忠 162	恢 163	戙 176	拊 182	挓 183	旃 203	胆 207
㤖 162	恫 163	哉 176	捐 182	挊 183	旂 203	昀 207
思 162	恆 163	扁 178	挧 182	拺 183	施 203	昏 207
忩 162	恤 163	扃 178	挾 182	挓 183	旐 203	昭 207
怗 162	恰 163	庖 178	挟 182	抆 183	㫄 203	映 207
恪 163	恬 163	庢 178	挷 182	抰 183	㫁 203	眑 207
恒 163	峰 163	㝢 178	挟 182	挋 183	旎 203	是 207
恔 163	㑵 163	庠 178	拼 182	挀 183	旋 203	昰 207
恘 163	恆 163	帟 178	拽 182	拾 183	旌 203	昭 207
恆 163	㑵 163	庥 178	拾 182	捆 182	既 205	昱 207
恈 163	恅 163	㑵 178	拯 182	挃 183	昝 206	昢 207
恠 163	恔 164	㑵 181	挐 182	㧟 195	眤 206	昳 207

昵 207	葉 218	析 218	栄 219	殊 241	氡 250	洗 255
昶 207	栭 218	桥 218	荣 219	殍 241	氟 250	洘 255
杲 207	柿 218	柞 218	相 219	殉 241	氪 250	洙 255
昰 207	柿 218	栟 218	桐 219	殈 241	氩 250	泽 255
昂 207	柿 218	柠 218	欼 236	殆 241	泰 253	洛 255
昴 207	柲 218	柢 218	欽 236	殄 241	桼 253	洝 255
昼 207	柁 218	柣 218	欨 236	殊 241	泉 254	洞 255
早 212	柂 218	柤 218	欬 236	殂 241	盆 254	洶 255
昳 212	柃 218	查 218	欧 236	残 241	泵 255	洴 255
曧 212	柄 218	查 218	欼 236	段 244	砮 255	洓 255
曷 212	柅 218	柧 218	欻 236	殳 244	浪 255	洢 255
胗 214	柆 218	柩 218	欿 236	殳 244	洵 255	洣 255
胐 214	杯 218	柪 218	歆 236	肥 246	洁 255	洤 255
胸 214	柈 218	祛 218	歆 236	毖 246	洝 255	津 255
胎 214	柊 218	柃 218	歂 236	毘 246	洄 255	洎 255
柱 217	柟 218	柫 218	欲 236	毗 246	洰 255	洧 255
枯 217	柯 218	栗 218	欽 236	毡 246	洇 255	洨 255
盃 217	柌 218	柀 218	欲 236	毦 247	洀 255	泧 255
柷 217	柙 218	柚 219	緂 236	氁 247	浓 255	洩 255
栎 217	柎 218	柯 219	欷 236	毴 247	洉 255	洪 255
柁 217	柏 218	奈 219	歌 236	耗 247	洧 255	洫 255
柦 217	某 218	秋 219	歇 236	托 247	洋 255	洑 255
柸 217	柑 218	柳 219	距 239	氄 247	洌 255	洮 255
枯 217	柒 218	柢 219	岭 239	氅 247	洺 255	浈 255
枰 217	染 218	柴 219	歪 239	氈 247	洹 255	洙 255
枲 218	柔 218	栅 219	岢 239	毹 247	洤 255	洱 255
枴 218	柖 218	柵 219	岥 239	毡 247	洎 255	洲 255
柺 218	柗 218	栖 219	殀 241	毳 247	洒 255	泇 255
枳 218	柘 218	柷 219	殂 241	氂 247	洧 255	洴 255
架 218	柋 218	柾 219	殄 241	毫 247	洓 255	洵 255
枷 218	柙 218	柳 219	殄 241	氄 247	浅 255	洶 255
枸 218	柚 218	柒 219	殀 241	氊 247	洒 255	洭 255
枹 218	柛 218	柱 219	殆 241	毵 247	洓 255	洸 256
株 218	柜 218	枵 219	破 241	虺 250	诗 255	洗 256
柤 218	栢 218	枥 219	殉 241	氐 250	洧 255	洹 256

洺 256	炤 275	胞 284	猷 293	望 300	珋 301	衴 313
活 256	烸 275	柔 284	昊 293	珂 300	珐 301	衱 313
洼 256	炇 275	圣 284	狱 293	珈 300	玲 301	畓 313
洽 256	烌 275	受 284	狡 293	珏 300	瓱 307	畍 313
派 256	怜 275	疔 285	狧 293	柑 300	婕 307	眇 313
泒 256	炫 275	疪 285	狪 293	珅 300	瓟 307	咸 313
洿 256	炬 275	疽 285	狣 293	珣 300	甀 307	映 313
洫 256	劵 275	痾 285	猫 293	玼 300	毦 308	畋 313
流 256	烪 275	㲀 285	獮 293	玳 300	毨 308	畏 313
浉 256	炭 275	粗 285	狩 294	玲 300	瓩 308	畀 313
沼 256	炭 275	施 285	狗 294	珉 300	瓰 308	畐 313
洴 256	炮 275	翎 285	狭 294	珀 300	瓮 308	畑 316
洇 256	炰 275	胖 286	狼 294	珀 300	瓮 308	疥 316
洪 256	炯 275	昭 286	珊 294	珊 300	瓸 308	疪 316
浉 256	炱 275	眯 286	狖 294	珊 300	瓯 308	疢 316
浅 256	炲 275	秆 287	狝 294	珥 300	瓴 308	疫 316
洑 256	炳 275	昕 287	狎 294	招 300	瓬 308	疢 316
洣 256	焌 275	牯 289	狷 294	珅 300	瓭 308	痕 316
洈 256	烪 275	特 289	狋 294	珅 300	瓿 308	炏 316
洐 256	炶 275	牲 289	狉 294	玪 300	甌 308	疤 316
洪 256	炷 275	牰 289	㺄 294	㺣 301	瓹 308	痄 316
海 256	炅 275	牴 289	猁 294	玼 301	瓻 308	疫 316
洫 256	耷 275	牮 289	猛 294	玷 301	甚 311	疾 316
浄 256	烋 275	㹻 289	猫 294	珇 301	甠 311	炎 316
洂 256	点 275	牠 289	獫 294	珍 301	㽌 311	疫 316
洂 256	烌 275	牠 289	独 294	珎 301	甬 312	疼 317
洹 256	烝 275	㹷 289	狭 294	珎 301	甭 312	疢 317
洜 256	炸 275	牷 289	狛 294	珆 301	畎 313	痃 317
炟 275	為 275	牲 289	𤝣 294	玻 301	畊 313	瘥 317
炯 275	畑 275	牸 289	狿 294	玶 301	畀 313	疼 317
炡 275	炮 275	牨 289	㺈 294	玼 301	畛 313	痄 317
灼 275	烀 275	牪 289	猂 294	玹 301	畬 313	疫 317
烍 275	煡 284	柯 289	㺅 294	玟 301	畛 313	疢 317
炵 275	皃 284	㹸 292	眇 299	珐 301	㽘 313	疣 317
炣 275	卨 284	狀 293	玆 299	珏 301	畆 313	痕 317

총획 색인 [9획]

疳 317	盅 329	昱 332	砍 344	祊 353	秌 358	毧 370
疻 317	盉 329	昳 332	砂 344	衼 353	采 358	紗 370
庢 317	看 331	昄 332	研 344	祂 353	籵 358	籵 370
疧 317	眄 331	昊 332	砭 344	衹 353	稅 358	籿 370
癸 324	眊 331	肶 332	砒 344	衭 353	秨 358	竑 370
発 324	香 331	昂 332	砕 344	衺 353	秊 358	战 370
癹 324	眇 331	肪 332	砏 344	累 353	秏 358	籼 370
発 324	眉 331	肺 332	祐 353	役 358	竽 372	
皆 325	盼 331	肸 332	砝 344	祖 353	秎 358	竿 372
皇 325	肶 331	肐 332	砠 344	袓 353	秔 358	笭 372
盼 325	相 331	昒 332	砑 344	祝 353	突 365	笶 372
乞 325	省 332	眍 332	砐 344	祝 353	窀 365	笒 372
㿌 325	盹 332	肌 332	砌 344	禺 356	窂 365	笞 372
皉 325	盾 332	眑 332	砅 344	禹 356	窃 365	笙 372
毗 325	眃 332	眅 332	砉 344	禽 356	窅 365	笢 372
皅 325	昀 332	香 332	砝 344	秔 357	窆 365	笻 372
皇 325	眈 332	盱 332	砍 344	科 357	穿 365	笮 372
毘 327	眅 332	盱 332	硫 344	秏 357	窊 365	笒 372
坡 327	昕 332	昇 332	砰 344	粉 357	窃 365	笯 372
岯 327	眈 332	県 332	砒 344	秕 357	帘 365	籼 385
陂 327	盷 332	首 332	砂 344	秖 357	穽 365	粁 385
衲 327	眂 332	貶 332	硏 344	秒 357	突 365	籹 385
披 327	眃 332	矜 341	砨 344	秋 357	窆 365	籽 385
盃 328	昏 332	柤 341	砐 344	烌 357	穾 365	杖 385
盆 329	映 332	殳 341	衸 352	种 358	完 365	料 385
盈 329	盲 332	矜 341	祈 352	杯 358	窂 365	籿 385
盃 329	眜 332	剄 342	衻 352	秏 358	佗 365	秔 385
盅 329	盰 332	殽 342	衱 352	衸 358	宋 365	紅 385
盗 329	昤 332	妖 342	衵 352	秏 358	窈 365	籴 385
盇 329	昇 332	癸 342	祇 353	秠 358	奊 365	秖 385
盍 329	眴 332	癸 342	衪 353	衹 358	変 365	类 385
盃 329	眑 332	庆 342	衻 353	杤 358	殳 369	籼 385
盉 329	眴 332	砍 344	种 353	秎 358	竒 370	糺 391

紃 391	罝 407	聿 423	胞 425	臾 438	茆 447	苔 448
紉 391	罡 407	肬 424	胇 425	曳 438	苗 447	莖 448
紆 391	奎 409	敂 424	胘 425	臿 438	茂 447	苹 448
紀 391	韋 409	胖 425	胡 426	甭 438	苠 447	苞 448
約 391	美 409	胠 425	背 426	舁 438	茭 447	苾 448
紇 391	姜 409	胭 425	胅 426	乺 438	荌 447	苰 448
紈 391	羑 409	胸 425	胚 426	虵 439	苩 447	茋 448
紖 391	狉 413	朏 425	胇 426	舡 441	范 447	茋 448
紃 391	狋 413	胆 425	胋 426	舢 441	苬 447	芨 448
紉 391	翁 413	脉 425	胎 426	舣 441	苻 447	茅 448
紅 391	翁 413	脍 425	脒 426	舤 441	苯 447	茉 448
紝 391	翠 413	胖 425	胖 426	舥 441	萧 447	莢 448
紓 391	狚 413	胈 425	胜 426	舠 441	茎 448	芳 448
紕 391	狜 413	胚 425	胠 426	舥 441	茵 448	荒 448
紖 391	忍 413	背 425	胇 426	很 441	若 448	茯 448
紗 391	狎 413	背 425	冊 426	很 444	苒 448	苍 448
紐 391	耆 416	胕 425	脌 426	艸 446	英 448	佯 448
絇 391	者 417	肾 425	胖 426	茄 447	苀 448	荋 448
純 391	耆 417	胜 425	背 426	苛 447	苑 448	莖 448
紛 391	耐 417	胂 425	胆 426	苷 447	苡 448	苄 448
紉 391	耏 417	胂 425	胴 426	苴 447	苜 448	芝 448
缸 404	耑 417	胅 425	脘 426	苽 447	茈 448	茾 448
缶 404	要 417	胃 425	胅 426	苦 447	苲 448	苋 448
缷 404	契 417	胤 425	胇 426	苟 447	芧 448	茱 448
罜 406	妜 417	胞 425	胇 426	茶 447	苴 448	荀 449
罝 406	耔 418	胚 425	肩 426	茯 447	茞 448	草 449
罘 406	耗 418	背 425	胅 426	苽 447	苗 448	虐 474
罡 406	耘 418	胚 425	肺 426	苓 447	苢 448	虐 474
罟 406	耶 420	胗 425	胅 426	苙 447	茖 448	虎 474
罠 406	耽 420	胗 425	胺 435	苺 447	莒 448	
罦 406	耳 420	胅 425	臬 436	茅 447	茹 448	
罧 406	耷 420	胏 425	臭 436	苜 447	苕 448	
罨 406	恥 420	胞 425	致 437	茌 448

虖 474	衿 493	剞 506	䟆 544	迡 569	郚 577	陌 614
虷 476	袊 493	剋 506	趴 544	迴 569	鄂 577	陎 614
虸 477	祇 493	舡 506	趷 544	迧 569	册 577	陊 614
虹 477	衲 493	舢 506	趴 544	迿 569	鄎 577	陏 614
虺 477	祝 493	計 509	剄 544	迮 569	郎 577	陔 614
虻 477	袂 493	訇 509	軍 557	迱 569	郊 577	陏 614
虵 477	袄 493	訄 509	軌 557	迠 569	邿 577	限 614
虶 477	衧 493	訂 509	軏 558	迣 569	郓 577	陂 614
虭 477	袒 493	訉 509	軌 558	迦 568	邻 577	降 614
虬 477	衵 493	訏 509	軛 558	迬 569	部 577	陡 614
虳 477	神 493	訃 509	軎 558	迪 569	郁 577	陁 614
蚁 477	袯 493	訊 509	勀 558	迩 569	郂 577	陜 614
蚉 477	袤 493	訅 509	軒 558	迨 569	邾 577	陜 614
蚏 477	衺 493	訆 509	軔 558	迡 569	邽 577	陷 614
蚔 477	衴 493	託 509	迦 568	逆 569	邹 577	陒 614
蚖 477	袡 493	訍 509	迡 568	逄 569	郎 577	陑 614
蚗 477	袥 493	殳 524	泄 568	迹 569	猣 577	陗 614
蚉 477	衸 493	冟 526	迫 568	迉 569	郄 577	险 614
虵 477	衸 493	豿 527	述 568	郊 577		
蚍 477	祕 493	豽 530	迭 568	邯 577	郑 578	除 614
蚋 477	衻 493	負 532	迣 568	鄒 577	郢 578	阸 614
迍 477	袓 493	貟 532	迥 568	郭 577	郜 578	陶 614
虽 477	衿 493	貞 532	迫 568	郢 577	郑 578	陀 614
蚃 477	袡 493	貢 532	迢 568	邰 577	酊 583	陝 614
䖵 477	祖 493	助 532	迫 568	郂 577	酋 583	陃 614
盂 490	裎 493	貥 532	迢 568	到 577	重 589	陛 614
邺 490	袽 494	貟 532	迥 568	邯 577	釓 590	面 631
岁 490	袄 494	貥 532	迱 568	郎 577	釔 590	直 631
蚓 490	衪 494	打 538	過 568	邱 577	釓 605	革 632
蛾 490	衭 494	抹 538	迣 568	郇 577	門 607	韋 638
衍 492	衹 494	赴 539	迵 568	郞 577	閅 607	韭 641
衎 492	要 502	趩 539	迨 569	郏 577	閂 607	音 641
衺 493	觏 502	趠 539	迡 569	邢 577	降 614	頁 643
衸 493	觏 503	赳 539	迣 569	邦 577	陉 614	覓 643
衱 493	覓 503	趴 544	迡 569	郑 577	陋 614	風 650

총획 색인 [9~10획]

風	650	傷	25	倭	26	倨	27	茻	39	荆	47	劼	51
飛	653	俶	25	倗	26	偌	27	罗	39	剖	47	劻	51
食	654	俫	25	偨	26	倩	27	尋	39	刳	47	荂	51
仺	654	倗	25	偓	26	俔	27	冡	39	剚	47	勣	51
首	654	偞	26	倢	26	倫	27	冣	40	別	47	努	51
香	662	個	26	修	26	儉	27	冤	40	籾	47	勢	51
香	662	俺	26	倐	26	倬	27	冥	40	剸	47	匐	53
殍	664	俆	26	倏	26	倭	27	衾	40	剛	47	匍	53
㐿	699	俴	26	侯	26	倮	27	凄	40	剞	47	岣	53
鼻	730	備	26	儔	26	倰	27	垐	41	剙	47	岮	54
10		倣	26	們	26	俷	27	㳽	41	剠	47	匪	55
垼	12	俾	26	倒	26	俱	27	凋	41	剝	47	匮	55
蚩	13	倱	26	倓	26	倲	27	凓	41	剥	47	匳	55
芇	13	偕	26	倔	26	俾	27	測	41	剡	47	單	57
裏	13	倂	26	倕	26	俳	27	準	41	剗	47	冔	57
乘	15	例	26	倫	26	俆	27	涵	41	剟	47	衆	58
丞	15	俗	26	俸	26	倓	27	淞	41	剧	47	鼐	58
查	16	倩	26	倴	26	炎	27	淨	41	刲	47	鹵	58
桷	17	倅	26	傛	26	俙	27	淫	41	剄	47	鹵	58
豆	17	倆	26	倅	26	佽	27	凉	41	刻	47	卿	59
毫	18	倞	26	倸	26	倡	27	淬	41	剛	47	厞	60
高	18	倞	26	倚	26	住	27	淶	41	剣	47	厡	60
亭	19	倆	26	俱	26	党	35	凋	41	剤	47	厔	60
亮	19	倐	26	偶	26	尡	35	凌	41	剢	47	厚	60
烋	19	倉	26	執	26	尭	35	凍	41	剙	47	厖	60
章	19	㐲	26	倞	26	俞	36	鳳	43	剴	47	厙	60
戫	25	偬	26	倠	26	兼	36	凷	44	剳	47	厘	60
俯	25	儇	26	倡	27	兵	37	剄	46	劾	50	厚	60
俐	25	個	26	健	27	眞	37	剁	46	勅	50	厜	60
俱	25	倌	26	倣	27	羗	37	剎	46	勄	50	屎	60
倣	25	倥	26	值	27	奚	37	剕	46	勆	51	厚	60
俳	25	倧	26	倦	27	冓	39	剎	46	勐	51	厙	60
俊	25	倞	26					剝	47	勁	51	軰	62
俟	25	倰	26							勍	51	軰	62

총획 색인 [10획]

朵	62	啗	71	哨	71	咏	72	埮	89	覍	97	娟	105
朶	64	唐	71	唑	71	唤	72	埕	89	裵	98	娛	105
爰	64	唝	71	唔	71	唏	72	埈	89	夏	98	娯	105
叆	64	啀	71	啾	71	圃	85	堅	89	拜	98	娪	105
毦	64	哷	71	啯	71	圄	85	埁	89	尻	98	娗	105
叜	64	哩	71	啊	71	圆	85	埔	89	颩	98	娣	105
斅	64	哥	70	哮	71	圙	85	埧	89	豹	98	娍	105
哥	70	唣	71	唶	71	圀	85	埉	89	奘	100	娬	105
舸	70	啹	71	唎	71	固	85	埳	89	套	100	娩	105
胹	70	哢	71	哹	71	圂	85	圣	89	隺	100	姪	105
唊	70	莯	71	哼	71	圇	85	埛	89	奚	100	娙	105
哽	70	哱	71	唆	71	圁	85	垺	89	奄	100	娤	105
哠	70	啐	71	哆	71	圊	85	埗	89	畚	100	姝	105
哩	70	唞	71	唑	71	圎	85	埌	89	舁	100	娕	105
員	70	唖	71	唵	71	圑	89	埋	89	棄	100	嫭	105
哑	70	唽	71	啖	71	埆	89	堂	89	奥	100	娞	105
哭	70	唵	71	哉	71	垮	89	埢	89	娜	105	娢	105
唭	70	唠	71	唒	71	垿	89	埪	89	娚	105	姱	105
兢	70	哆	71	唓	71	埌	89	堛	89	娞	105	娟	105
唪	70	悆	71	唽	71	埋	89	坭	89	娘	105	姣	105
罟	70	唸	71	哲	71	堌	89	垺	89	娳	105	娬	105
挌	70	唵	71	唪	71	埲	89	埕	89	娌	105	娎	105
啓	70	唿	71	唒	71	垺	89	壸	89	娩	105	娊	105
喊	70	咶	71	唣	71	城	89	埊	89	姥	105	娛	105
哈	70	唻	71	唲	71	埤	89	垔	89	娉	105	娊	105
哄	70	唎	71	唔	72	埃	89	垾	90	娑	105	婷	105
咽	70	哟	71	嚯	72	垼	89	埀	90	娀	105	姺	105
哷	70	啐	71	哺	72	埏	89	堁	90	娠	105	娼	105
哦	71	啀	71	呟	72	埈	89	埍	90	娭	105	娾	105
哪	71	唾	71	哻	72	垸	89	垽	90	娥	105	娌	105
唌	71	唫	71	唟	72	埇	89	垹	90	娭	105	娃	105
恩	71			哧	71	埑	89	莫	96	娗	105	婞	105

총획 색인 [10획]

婚 105	宎 115	峯 125	峴 128	帬 139	庪 145	徎 156
孫 113	宊 115	夎 125	峺 128	帰 139	康 145	徑 156
孬 113	宦 116	崁 128	峼 129	帯 139	庙 145	徔 156
㹳 113	宰 116	峾 128	峽 129	悔 139	廻 149	從 156
㹷 113	宴 116	猺 128	峿 129	恮 139	弅 149	徏 156
陞 113	專 119	島 128	峱 129	悗 139	弇 149	復 156
㝀 113	射 119	舍 128	峬 129	帩 139	弉 149	徘 156
家 115	尅 119	崃 128	崁 129	㡂 139	啚 152	徆 157
宭 115	将 119	峯 128	崋 129	帳 139	弰 152	徢 157
宮 115	尗 120	峰 128	峹 129	帒 139	弱 152	俑 157
宬 115	㞕 120	峺 128	峓 129	㠷 139	弱 152	傏 157
宵 115	屆 121	崳 128	峴 129	帿 139	弳 152	侌 163
宸 115	屇 122	峨 128	峮 129	帢 139	弢 152	恐 163
宲 115	㞢 122	峩 128	峾 129	帢 139	弢 152	恭 163
宴 115	㞑 122	峯 128	崐 129	㡆 143	弜 152	㤠 163
容 115	屆 122	峷 128	峓 129	肝 143	彄 152	恧 163
宰 115	㞥 122	峿 128	峬 129	庫 145	弶 152	㥌 163
宷 115	屍 123	峪 128	崑 129	庱 145	彧 154	息 163
害 115	屁 123	峻 128	嶒 129	庩 145	辅 154	恙 163
寋 115	屖 123	峭 128	峮 129	庭 145	玤 154	恩 163
宨 115	屑 123	峬 128	峼 136	座 145	彸 154	恁 163
寇 115	尾 123	峴 128	峽 136	庤 145	徑 156	恣 163
寫 115	展 123	峽 128	差 136	㡿 145	徒 156	耻 163
宮 115	尉 123	峨 128	㲉 136	庡 145	徐 156	㤺 163
㝄 115	屓 123	峻 128	帮 137	宦 145	徎 156	悉 163
宼 115	屌 123	㟅 128	師 139	庫 145	徏 156	㤴 163
寍 115	屍 124	峪 128	席 139	庫 145	徎 156	㥯 164
寊 115	屖 124	㟠 128	悦 139	庩 145	狷 156	恵 164
寋 115	屎 124	峻 128	帩 139	庪 145	俲 156	恋 164
窆 115	屒 124	㟺 128	帙 139	庪 145	御 156	
寊 115	屌 124	㟉 128	帬 139	廑 145	悟 156	
牢 115

恕 164	恫 164	悩 165	挨 183	挾 184	殸 195	旅 203
怨 164	悒 165	悔 165	挴 183	捌 184	敀 196	旂 203
悉 164	俊 165	悑 165	掶 183	捒 184	敂 196	旃 203
㤅 164	悝 165	悴 165	捐 183	挪 184	敄 196	旆 203
息 164	悌 165	悁 165	挶 183	捍 184	羖 196	旌 203
悤 164	悄 165	悇 176	挹 183	挺 184	殷 196	旀 205
悤 164	悖 165	㦇 176	挺 183	捧 184	敉 197	歔 205
恩 164	悍 165	罟 176	括 183	挴 184	䑕 197	晁 207
悆 164	悙 165	威 176	挸 183	捒 184	殺 197	晟 207
恶 164	悟 165	悔 176	挾 183	捒 184	敌 197	晲 207
恐 164	悙 165	戧 176	挠 183	捒 184	敆 197	晤 207
恵 164	悌 165	裁 176	挶 183	捘 184	效 197	晖 207
怒 164	悋 165	扇 178	抚 183	捇 184	敁 197	晠 207
念 164	㤅 165	唐 178	拜 183	捕 184	敂 197	晁 207
忞 164	恫 165	辰 178	挾 183	捖 184	敂 197	晲 207
悥 164	恒 165	扇 178	揷 183	抄 184	敏 197	眷 207
恊 164	悟 165	晨 178	捀 183	捘 184	敂 197	時 207
械 164	悊 165	拳 182	捎 183	掐 184	散 200	晃 207
悃 164	悝 165	㧎 182	捂 183	捏 184	敆 200	晞 207
恨 164	覒 165	拿 182	挭 183	搜 184	斋 200	晃 207
悝 164	悟 165	挚 182	捃 183	挳 184	料 201	眪 207
悧 164	㥯 165	挈 182	抹 183	挳 184	斛 201	晅 207
悋 164	㤙 165	挐 183	捅 183	挿 184	斜 201	眭 207
侾 164	悢 165	挐 183	梱 183	振 184	料 201	晈 207
悅 164	悇 165	拳 183	抹 184	搜 184	斝 201	晉 207
忙 164	悋 165	挊 183	捑 184	挼 184	斳 202	晉 207
悸 164	悅 165	拴 183	捉 184	捞 184	斳 202	眭 207
悚 164	悀 165	挭 183	挰 184	挼 184	斳 202	晭 207
悁 164	悡 165	挭 183	抖 184	敂 195	旁 203	昫 207
悅 164	悦 165	挫 183	捄 184	抜 195	旂 203	晑 207
悅 164	悑 165	捗 183	挰 184	扒 195	旀 203	晧 207
悟 164	悟 165	捏 183	捋 184	敂 195	旃 203	晄 207
悞 164		抄 183				晏 207

총획 색인 [10획]

婚 105	宷 115	格 220	欿 236	殈 241	氧 250	洲 256
孫 113	寀 115	栽 220	歂 236	殄 241	氤 250	洚 256
孬 113	宭 116	栾 220	欳 236	列 241	氳 251	洇 256
狲 113	寅 116	栿 220	欶 236	㱒 241	航 251	浴 257
狮 113	寁 116	栥 220	欨 236	欥 241	泰 254	涄 257
挽 113	専 119	桁 220	欼 236	殷 244	衾 255	洴 257
陉 113	射 119	桂 220	欬 236	殷 244	契 255	洯 257
宭 113	尅 119	栵 220	欭 236	毇 244	洱 256	洹 257
家 115	将 119	桃 220	敏 236	殺 244	洿 256	海 257
宿 115	覍 120	桃 220	歃 236	殺 244	浥 256	浸 257
宫 115	尞 120	桄 220	欻 236	毐 246	浙 256	浹 257
宬 115	㞋 121	框 220	欲 236	毘 246	洤 256	沖 257
宵 115	赳 122	案 220	欲 236	毗 246	浚 256	洭 257
宸 115	尰 122	桉 220	欷 236	毙 246	浛 256	洞 257
宴 115	尵 122	栠 220	欲 236	秕 246	浜 256	洗 257
宴 115	㞘 122	栮 220	欿 236	毨 247	浫 256	洿 257
容 115	屐 122	桌 220	欸 236	毠 247	浘 256	洱 257
宰 115	屐 123	桉 220	欵 236	毬 247	洤 256	況 257
宎 115	屐 123	桎 220	歭 239	毡 247	淳 256	涂 257
害 115	屁 123	桐 220	㱔 239	毭 247	逗 256	涅 257
害 115	屑 123	桑 220	耑 239	毡 247	涚 256	涇 257
家 115	屐 123	桀 220	㱘 239	毬 247	浣 256	消 257
寇 115	展 123	桔 220	㱚 239	毭 247	浤 256	洀 257
寫 115	屒 123	梁 220	殌 239	毨 247	洲 256	涉 257
宍 115	屐 123	柏 220	殏 241	毨 247	洍 256	淀 257
宧 115	屒 123	梁 220	殊 241	毬 247	浦 256	浘 257
寁 115	屒 123	柊 220	殉 241	毛 247	涅 256	涌 257
宧 115	尾 123	梁 220	殈 241	毦 247	浩 256	涍 257
宧 115	屍 124	桨 220	殊 241	毡 247	浪 256	涏 257
宧 115	屏 124	染 220	殓 241	毱 247	浬 256	涏 257
宧 115	屐 124	栢 220	殄 241	毼 247	涘 256	涑 257
言 115	屐 124	桜 220	殆 241	毽 247	浮 256	涒 257
室 115	屎 124	栣 220	殓 241	氈 250	浯 256	涓 257
寅 115	屐 124	欬 236	殈 241	氡 250	涖 256	涔 257
窄 115	屐 124	欹 236	殒 241	氣 250		
牢 115

총획 색인 [10획]

涕 257	炙 275	甯 285	狾 294	珖 301	瓬 308	痂 317
涖 257	烄 275	牂 285	狽 294	珣 301	瓩 308	疳 317
涗 257	烋 275	牭 286	狴 294	珹 301	瓰 308	痀 317
涘 257	烒 275	桑 286	猂 294	珜 301	瓮 308	疽 317
洄 257	袁 275	脂 287	狹 294	珚 301	瓭 308	疼 317
涉 257	烏 275	朓 287	㹿 294	珧 301	瓱 308	疲 317
涒 257	焀 275	胸 287	猃 294	珢 301	瓲 308	病 317
浧 257	姚 275	胗 287	狿 294	珥 301	瓬 308	痄 317
減 257	烓 275	脈 287	獀 294	珒 301	瓮 308	痲 317
浿 257	烔 275	胭 287	猊 294	珦 301	瓬 308	疶 317
涓 257	烕 275	朱 287	猩 294	珠 301	瓬 308	疴 317
涑 257	栽 275	狼 288	猠 294	珒 301	瓬 308	痄 317
淚 257	烘 275	舂 288	猾 294	琩 301	瓭 311	痆 317
浿 257	烙 275	拳 289	猎 294	珒 301	牲 311	疽 317
涄 257	烛 275	悸 289	狸 294	珮 301	毒 311	疧 317
浾 257	烜 275	牷 289	狢 294	珨 301	甫 312	痁 317
涐 257	烟 275	特 289	狷 294	珣 301	留 313	症 317
洟 257	烤 276	牤 289	狿 294	珩 301	畝 313	㾏 317
洙 257	羔 276	牸 289	狦 294	珘 301	畤 313	疹 317
涿 257	烣 276	牯 289	狷 294	珝 301	畜 313	疾 317
汰 257	烖 276	牿 289	狒 294	珒 301	畠 313	疱 317
浡 257	烢 276	牤 289	狼 294	珀 301	畛 313	疲 317
浠 257	焗 276	牸 289	狚 294	珮 301	畔 313	痃 317
涯 257	烌 276	犁 289	狘 294	玞 301	畜 313	症 317
洵 257	炙 276	牴 289	狖 294	珵 301	畟 313	痊 317
涪 257	烖 276	峯 289	玆 299	琄 301	畑 313	痁 317
派 258	烒 276	猇 294	璽 301	珽 301	畇 313	痂 317
深 258	烶 276	狷 294	珙 301	珫 301	畞 313	疨 317
淑 258	烇 276	狼 294	珖 301	珛 301	畩 313	痓 317
涃 258	烃 276	狸 294	玹 301	硇 307	畨 313	疸 317
烆 275	烚 276	猁 294	珪 301	毺 307	富 313	痎 317
炘 275	烢 276	㹵 294	珞 301	毵 307	畊 313	痎 317
袞 275	熊 276	狻 294	珨 301	瓬 307	串 313	㾐 317
烈 275	桼 284	挺 294	班 301	瓬 307	晷 313	㾑 317
烊 275	爹 285	狥 294	珵 301	瓜 307	崒 316	痍 317

疖 317	盋 329	眸 333	矩 342	砧 345	祄 353	秧 358
痄 317	盌 329	昭 333	弒 342	砣 345	祡 353	秞 358
疰 317	益 329	眩 333	秒 342	砠 345	崇 353	秥 358
疢 317	盉 329	眄 333	絃 342	破 345	袖 353	租 358
病 317	盍 329	眜 333	紲 342	砰 345	神 353	秪 358
痁 317	盎 329	眘 333	쇍 342	砭 345	祐 353	秦 358
痊 317	盇 329	眽 333	紐 342	砩 345	祖 353	秩 358
痩 317	盌 329	眕 333	矧 342	砲 345	祚 353	秫 358
疳 317	盋 329	映 333	砮 344	砲 345	祗 353	秣 358
痕 317	盌 329	眀 333	砭 344	砶 345	祇 353	秤 358
疪 317	盇 329	眠 333	砂 344	砆 345	秩 353	称 358
疣 318	盉 329	眆 333	砢 344	砇 345	绍 353	秳 358
痩 318	孟 329	眷 333	砯 345	硵 345	祝 353	秈 358
桼 324	监 329	眊 333	砬 345	砭 345	祕 353	秥 358
岭 325	眙 332	眛 333	砵 345	砾 345	袘 353	秕 358
𧾷 325	眛 332	䀏 333	砂 345	砘 345	袓 353	秠 358
皐 325	眠 332	眙 333	砟 345	研 345	袜 353	秌 358
臯 325	眚 332	眠 333	砷 345	砕 345	袂 358	秡 358
的 325	眹 332	聎 333	砲 345	砜 345	袙 353	秝 358
畗 325	眤 332	貣 333	砸 345	砒 345	祬 353	秔 358
畠 325	眙 332	眷 333	砳 345	砬 345	祡 353	秖 358
眛 325	昵 332	眥 333	砥 345	砠 345	祥 353	柏 358
皰 327	眈 332	畔 333	硎 345	砢 345	㑲 354	秞 358
破 327	眵 332	脉 333	砒 345	砶 345	袓 358	秕 358
皮 327	皆 332	眍 333	砸 345	祛 353	秬 358	黍 358
柀 327	眨 332	眾 333	硅 345	袮 353	秠 358	䄅 358
殊 327	眝 332	睛 333	砋 345	䄅 353	桳 358	窑 365
破 327	眣 333	眕 333	砞 345	袚 353	秌 358	窀 365
皺 327	真 333	眕 333	砢 341	祄 353	秘 358	窆 365
玻 327	真 333	矜 341	珝 341	祕 353	秘 358	窗 365
砧 327	眕 333	矜 341	矜 341	祠 353	秠 358	窈 365
盍 329	眽 333	矜 341	珝 341	祴 353	秕 358	窄 365
盇 329

宧 365	笒 372	籾 385	紕 391	綷 392	羖 409	翃 413
窑 365	答 372	粉 385	紗 391	絣 392	羔 410	耆 416
窄 365	笈 372	柴 385	索 392	紲 392	美 410	耄 416
窆 365	笑 372	粃 385	紓 392	紺 392	羒 410	耋 417
宑 365	笊 372	粐 386	素 392	紲 392	羓 410	耎 417
宩 365	笋 372	粎 386	純 392	紮 392	羖 410	烔 417
宏 365	笒 372	杷 386	絆 392	絨 392	羗 410	耕 418
宙 365	笩 372	板 386	紘 392	絲 392	羌 410	耕 418
宎 365	笪 372	粏 386	紙 392	絗 392	羕 410	耗 418
宬 365	筎 372	枝 386	絅 392	缺 404	翀 410	耗 418
宎 365	笵 372	粋 386	紝 392	欮 404	羝 410	耘 418
宜 365	笶 372	粉 386	統 392	缺 404	胖 410	耖 418
宰 365	筅 372	秺 386	紕 392	絣 404	翔 410	耙 418
写 365	筌 372	粋 386	紊 392	毵 404	羜 410	耿 420
宗 365	筊 372	新 386	紕 392	竢 404	翃 413	耽 420
宮 365	笙 372	柳 386	絒 392	罙 404	狨 413	聆 420
定 365	筈 372	𪱯 386	缺 392	罡 406	翂 413	聃 420
宽 365	笁 372	級 391	紖 392	罟 406	翁 413	耻 420
宑 370	笓 372	欨 391	紐 392	眾 406	翀 413	耼 420
竘 370	笟 372	紅 391	約 392	罘 407	翃 413	盼 420
站 370	笭 372	絋 391	席 392	罠 407	翄 413	耸 420
站 370	筍 372	紛 391	紺 392	罝 407	翄 413	敢 420
垚 370	筎 372	紘 392	紋 392	罡 407	翁 413	耻 420
竜 370	笧 372	絃 391	絞 392	票 407	翈 413	联 420
眠 370	笔 372	納 391	紊 392	罜 407	翀 413	联 420
铃 370	笎 372	紐 391	紃 392	罣 407	翈 413	聊 420
铖 370	笧 372	紌 391	紲 392	罤 407	翈 413	聝 420
竚 370	笒 372	紃 391	紝 392	罢 407	翊 413	聘 420
豇 370	笮 372	紋 391	絊 392	罨 407	翌 413	戝 420
𪘚 370	笶 372	紊 391	絆 392	罢 407	翖 413	肂 423
珂 370	筃 372	紡 391	紳 392	罡 407	翌 413	聿 423
䀀 370	类 385	紎 391	绘 392	羗 409	翠 413	耒 424
玭 370	粗 385	紛 391	綱 392	羝 409	狹 413	舮 424

青 425	脝 427	致 437	匏 444	茂 449	莊 449	莽 450
禽 425	胖 427	臭 438	芻 447	茼 449	莘 449	虔 474
胳 426	胆 427	最 438	樊 447	茚 449	茉 450	虓 474
胯 426	胰 427	師 438	舺 447	茵 449	黄 450	覎 474
胱 426	胜 427	肏 438	莃 448	茨 449	茀 450	虑 474
能 426	胚 427	甩 438	荅 448	兹 449	莱 450	虒 474
舡 426	脆 427	欨 438	茛 448	荃 449	茇 450	虤 474
胴 426	胼 427	欬 438	茳 448	萬 449	苨 450	剠 474
胺 426	胸 427	郣 438	莠 448	萉 449	茶 450	蚧 477
脈 426	胖 427	晕 438	莒 448	莱 449	苖 450	蛺 477
胼 426	朒 427	甜 439	莞 448	荐 449	茾 450	蚣 477
胥 426	脺 427	舐 439	茭 448	茜 449	茋 450	蚓 477
胺 426	胹 427	龄 439	莜 449	殊 449	蔄 450	蛉 477
胭 426	脂 427	敆 439	莳 449	草 449	菀 450	蚑 477
腶 426	舢 427	啟 439	茬 449	莸 449	菲 450	蚒 477
胰 426	册 427	敌 439	茶 449	茧 449	苔 450	蚖 477
胹 426	脑 427	舐 439	荖 449	茎 449	苦 450	蚛 477
胚 426	脒 427	般 441	茶 449	荏 449	茶 450	蚗 477
眺 426	脊 427	舫 441	芝 449	莜 449	茵 450	蚨 477
脂 426	脧 427	舢 441	茼 449	荇 449	莴 450	蚉 477
脊 426	胭 427	舯 441	荔 449	荊 449	茾 450	蚌 477
脆 426	胘 427	舣 441	荔 449	莉 449	莒 450	蚄 477
胲 426	脙 427	舨 441	茫 449	荒 449	荄 450	蚊 477
脐 426	胘 435	航 441	茗 449	蒸 449	莟 450	蚨 477
脅 426	皋 435	舣 441	茗 449	荄 449	茼 450	蚍 477
胁 426	皋 436	舯 441	茯 449	苗 449	蚚 450	蚋 477
胸 426	飯 436	舢 441	荽 449	荻 449	莕 450	蚎 477
肎 426	鈕 436	舲 441	莙 449	萃 449	萉 450	蚘 477
眅 427	臬 436	舨 441	茛 449	荼 449	荾 450	蛆 477
胜 427	臭 436	般 441	舡 441	荽 449	菜 450	蚼 477
胮 427	皇 436	舩 441				蛜 477
胶 427	致 437	舣 441				蚓 477
胎 427	环 437	舥 441				蚁 477

총획 색인 [10획]

蚝 477	衄 490	衻 494	覎 503	訐 510	起 539	軛 558
蚤 477	蚵 490	衲 494	覐 503	訛 510	赹 539	軜 558
蚢 477	蚗 490	衸 494	昪 503	釭 524	赽 539	軝 558
蚛 477	盍 490	袘 494	舡 506	釱 524	赾 539	彰 558
蚇 477	盉 490	袛 494	舥 506	豁 524	赿 539	倅 565
蚕 477	曽 490	祖 494	舳 506	訐 525	起 539	宰 565
螢 477	衏 492	袏 494	記 509	釳 525	起 539	辱 566
蚩 477	術 492	袗 494	訕 509	釯 526	趵 544	起 567
蚍 477	衕 492	袟 494	訊 509	豈 526	趼 544	赳 567
蚖 477	衚 492	袘 494	訒 509	豇 526	跂 544	造 569
蚘 477	袳 492	袒 494	訏 509	豗 527	趷 544	适 569
蚈 478	袤 493	袍 494	誉 509	豖 527	趽 544	酒 569
蚍 478	袌 493	被 494	訑 509	豽 527	趶 544	逃 569
蚢 478	袲 493	祕 494	訒 509	豺 527	跁 544	洲 569
矣 478	袁 493	袨 494	訒 509	豼 527	趵 544	迵 569
蚓 478	袁 493	衿 494	訐 509	豖 528	跀 544	迿 569
蚣 478	袈 493	衿 494	託 509	象 528	距 544	迷 569
蚩 478	裵 493	袨 494	討 509	豺 530	跁 544	逢 569
蚖 478	衰 493	衱 494	訌 509	豻 530	跁 544	迸 569
蚎 478	袤 493	袐 494	訓 509	豹 530	足 544	送 569
蚐 478	袭 493	袾 494	訔 509	豿 530	跑 544	迕 569
他 478	衷 493	袧 494	訖 509	貤 532	躬 555	逹 569
蚔 478	衾 493	神 494	訝 509	貤 533	躭 555	逆 569
蚞 478	袉 493	袽 494	訒 509	財 533	躯 555	逌 569
盆 478	裛 494	祝 494	訇 509	貣 533	畁 558	迻 569
蚡 478	袵 494	祂 494	訒 509	貢 533	軟 558	迹 569
釜 478	袨 494	祂 494	訇 509	財 533	軓 558	速 569
蚚 478	祛 494	袏 494	訓 509	財 533	軏 558	逈 569
盍 478	袎 494	祏 494	訌 510	鳳 533	軔 558	追 569
蚉 478	袒 494	袖 494	詽 510	釭 538	軒 558	退 569
蚪 478	袜 494	徑 494	評 510	赸 539	軑 558	迴 569
蚕 478	袯 494	栗 502	診 510	赶 539	軋 558	迚 569
蚜 478	袥 494	翆 502	訙 510	赸 539	軛 558	逡 569
蚘 478	衸 494	斈 503	詚 510	起 539	軌 558	迎 569
蚎 490	袖 494	覓 503	託 510	赸 539	軗 558	
		覝 503

총획 색인 [10~11획]

迬 569	郗 578	釜 590	賑 614	鬯 682	偦 27	偟 28						
逸 569	郝 578	釗 590	陸 614	髙 683	偙 27	偯 28						
逑 569	郤 578	釘 590	賦 614	鬼 684	偀 27	偢 28						
逦 569	郔 578	釘 590	陪 614	臬 688	偛 27	偨 28						
逈 569	郕 578	釛 590	陇 614	**11**	偨 27	健 28						
逐 569	郢 578	針 590	陏 614	盟 12	偊 27	偦 28						
造 569	郜 578	釟 590	陘 614	乎 15	偡 27	傔 28						
逅 569	郝 578	釙 590	陷 614	厪 16	偩 27	偵 28						
逮 569	鄞 578	釚 590	陋 614	亂 16	偳 27	偏 28						
逨 569	郞 578	鈊 590	陏 614	乾 16	偋 27	偙 28						
逑 569	郣 578	釟 590	陗 614	彭 16	偒 27	偬 28						
逝 569	野 578	釗 590	隆 614	龜 16	偮 27	偭 28						
迹 569	郯 578	釴 605	陵 614	尌 17	偐 27	偳 28						
逌 569	郳 578	釼 606	陟 614	匜 17	偕 27	傀 28						
逊 570	郰 578	閃 607	陷 614	庌 19	偍 28	佟 28						
遅 570	鄧 578	門 607	隼 619	庨 19	偝 28	偑 28						
逕 570	郫 578	閄 607	隻 619	兓 19	偘 28	偵 28						
逖 570	郹 578	門 607	雄 619	恆 27	偆 28	偰 28						
洲 570	郞 578	閉 607	堆 619	偅 27	偑 28	循 28						
邕 576	配 583	阪 613	雅 619	偁 27	偝 28	偲 28						
郗 578	酖 583	陘 614	雋 619	偘 27	偹 27	傿 28						
郛 578	酏 583	陡 614	雨 623	偁 27	偋 27	做 28						
郡 578	酒 583	陜 614	非 630	偒 27	偟 27	偶 28						
郤 578	酎 583	陛 614	菲 630	偓 27	偁 27	僅 28						
郢 578	酎 583	院 614	飛 653	偠 27	偳 27	偸 28						
郎 578	酐 583	除 614	食 654	偁 27	偅 27	偗 28						
部 578	酊 583	陘 614	食 654	假 27	偢 27	停 28						
郭 578	酎 583	陝 614	飢 654	偉 27	偘 27	偗 28						
郜 578	酎 583	陣 614	首 662	偶 27	偲 27	偕 28						
郭 578	酎 588	陟 614	馬 663	偭 27	偯 27	偵 28						
郝 578	童 589	陛 614	骨 672	偓 27	偟 27							
郇 578	鈁 590	陝 614	高 676	偓 27	偕 28							
郤 578	釗 590	陘 614	髟 677	偌 27	偆 28							
部 578	釜 590	隋 614	鬥 682

총획 색인 [11획]

倓	28	創	47	區	55	啓	72	善	72	喔	73	圈	85
倈	28	剙	47	匡	55	啟	72	喁	72	唿	73	圉	85
偽	28	剢	47	匾	55	唻	72	啃	72	啹	73	圊	85
龛	28	剫	47	卙	57	啒	72	啞	72	唼	73	國	85
龠	29	剪	47	卛	57	唲	72	啊	72	唻	73	圍	85
僉	29	剬	47	平	57	啍	72	唵	72	啉	73	圈	85
侯	29	剮	47	奓	57	唪	72	唲	72	啝	73	圍	85
兜	35	剛	47	夐	58	其	72	啀	72	唱	73	圊	85
兞	35	剣	47	桌	58	唥	72	啹	73	咽	73	圇	85
兡	35	契	47	高	58	笸	72	啴	73	咽	73	圈	85
奚	36	副	47	盧	58	啖	72	唯	73	啮	73	圍	85
與	37	剩	47	處	58	啗	72	婉	73	唏	73	圌	85
與	37	勘	51	鄂	59	啚	72	唯	73	唫	73	塢	90
興	37	勖	51	厠	60	啎	72	唥	73	啉	73	堽	90
覓	39	動	51	原	60	啉	72	啲	73	唼	73	堅	90
冕	39	勒	51	厫	60	替	72	商	73	啦	73	塈	90
莬	39	勛	51	殿	60	啦	72	唸	73	喊	73	堒	90
晟	39	勖	51	厮	60	哷	72	啶	73	啘	73	堁	90
冨	40	勘	51	履	60	唰	72	啁	73	啘	73	堀	90
減	41	勖	51	參	62	啤	72	啎	73	啼	73	埢	90
淒	41	晏	51	參	62	啠	72	啐	73	唪	73	堇	90
涇	41	務	51	鼓	62	啐	72	啐	73	咘	73	埼	90
測	41	勞	51	叙	64	啖	72	啄	73	唲	73	埝	90
浦	41	勔	51	叙	64	啕	72	啑	73	唥	73	埿	90
渉	41	勛	51	臱	64	哱	72	啅	73	唑	73	塆	90
凑	41	匋	53	廝	64	啝	72	啞	73	啗	73	堂	90
馮	41	匏	53	舛	64	嗤	72	啐	73	啶	73	埭	90
凰	43	匐	53	艴	64	咩	72	啗	73	啐	73	陵	90
處	43	匐	53	啈	64	啊	72	啫	73	啈	73	培	90
仯	43	匒	53	哧	72	唻	72	唓	73	喜	73	塔	90
鳳	43	匕	53	哃	72	啐	72	唉	73	國	85		
国	44	堤	54	啞	72	唲	72	啑	73				
函	44	匘	54	啓	72	啉	72	唥	73				
剝	47	匜	55	啓	72								
剧	47	匜	55	啟	72

捧 90	堆 91	娶 105	婝 106	媄 107	將 119	崑 129
埲 90	埻 91	婞 105	婰 106	婺 107	專 119	崐 129
堋 90	堵 91	婣 106	婧 106	娶 107	崇 120	崆 129
埤 90	堁 91	婼 106	婷 106	媐 107	乳 120	崢 129
埠 90	臺 91	婄 106	婍 106	媖 107	㲂 120	崛 129
婦 90	堍 91	婧 106	婩 106	婗 107	㪋 120	崖 129
埱 90	堿 91	婂 106	焱 106	婑 107	齒 120	崎 129
埰 90	埤 91	婪 106	婁 106	孰 113	䇂 120	崍 129
堊 90	堃 91	婁 106	婁 106	娅 113	匎 122	崍 129
埵 90	堅 91	婑 106	婊 106	㝛 113	欲 122	崙 129
埯 90	埠 91	婦 106	娶 106	孳 113	旎 122	崚 129
埵 90	堆 91	斌 106	婆 106	寇 116	棵 122	㠅 129
埜 90	壺 96	培 106	婊 106	寇 116	庵 122	嵶 129
場 90	畓 97	婦 106	婷 106	寄 116	㡽 122	崩 129
域 90	㪋 98	怱 106	娑 106	密 116	痊 122	崩 129
堊 90	夠 98	婢 106	婚 106	宿 116	培 122	崞 129
執 90	夠 98	斐 106	婠 106	寃 116	屛 124	崇 129
埈 90	舿 98	㜷 106	啟 106	寇 116	扉 124	崇 129
堙 90	䣛 98	婬 106	婝 106	寉 116	扁 124	崧 129
埳 90	絀 98	姙 106	婴 106	寂 116	屋 124	崖 129
埼 90	梦 98	婋 106	婀 106	宷 116	屙 124	崓 129
堾 90	斐 100	媠 106	婷 106	㝢 116	屙 124	崦 129
堧 100	奢 100	娾 106	婚 106	寒 116	屜 124	嵠 129
埩 90	桼 100	娾 106	婆 106	宿 116	屙 124	崒 129
埻 90	唪 100	婦 106	孎 106	寇 116	扁 124	峰 129
執 90	啇 100	㜺 100	婉 106	寞 116	屙 124	崟 129
埴 90	㝚 100	婑 100	娿 106	㝠 116	尉 124	崢 129
堊 90	袠 100	婥 106	婚 106	宿 116	屜 124	崢 129
垣 90	匎 100	婬 106	婘 106	窒 116	屢 125	崰 129
埰 91	執 100	婤 106	嫌 107	䆛 116	崗	崛 129
堊 91	乗 101	婬 106	婓 107	常 116	崮	崞 129
埭 91	森 101	婦 106	婭 107	尉 119	崌	崒 129
塊 91	匏 101	婞 106	婕 107

총획 색인 [11획]

婕 129	惑 136	庱 145	強 152	徖 157	患 165	惜 166
崰 129	殻 136	康 145	弴 152	徟 157	悪 165	惋 166
崗 129	眞 137	廋 145	弸 152	徣 157	悤 165	惟 166
崔 130	巷 137	庲 145	張 152	徑 157	猋 165	悺 166
峒 130	帶 139	庫 145	弭 152	徬 157	悤 165	惦 166
崖 130	常 139	庼 145	彇 152	徎 157	悉 165	情 166
崤 130	帳 139	厝 145	彊 152	徇 157	悥 165	悵 166
峪 130	帷 139	庮 145	彌 152	徖 157	惎 165	悩 166
崒 130	帴 139	廈 145	弳 152	徖 157	惡 165	悽 166
崸 130	帒 139	庴 145	弶 152	徣 157	惌 165	惕 166
崢 130	悾 139	廆 145	弰 152	徦 157	悤 165	愈 166
崑 130	帕 139	庵 145	彗 152	徥 157	悰 165	悰 166
崠 130	帎 139	雇 145	諍 152	徛 157	悾 165	惘 166
崌 130	幕 139	廂 145	發 152	徫 157	恇 165	惛 166
崎 130	幋 139	虎 145	號 152	徦 157	悛 165	悴 166
峇 130	帽 139	扇 145	彗 154	徛 157	悴 165	悻 166
崘 130	帒 139	庫 145	彬 154	徎 157	悼 165	惉 166
崍 130	悼 139	處 145	彫 154	徏 157	悾 165	惕 166
崌 130	悼 139	庨 146	彩 154	徘 157	悾 165	悤 166
崎 130	悽 139	廊 146	彭 154	徏 157	悾 166	悒 166
崏 130	惊 139	廈 146	彪 154	徥 157	悾 166	悒 166
崌 130	惇 139	廇 146	得 157	徙 157	悾 166	俼 166
崼 130	惊 140	廎 146	徠 157	徦 157	悾 166	悾 167
峴 130	惔 140	廑 146	徘 157	徍 157	悾 166	悃 167
崑 130	悴 140	庵 146	徙 157	徎 157	悤 166	悾 167
崭 130	帉 140	庾 146	御 157	悠 164	悼 165	惨 167
峻 130	絨 140	鹿 146	從 157	悉 164	惊 166	悺 167
嵳 130	帣 140	庲 146	徙 157	悆 164	恢 166	悱 167
崬 130	帛 140	廋 149	徛 157	悥 165	悾 166	悾 167
崏 130	帕 140	廋 149	徙 157	悠 165	琳 166	悾 167
崢 130	絆 143	甚 149	徧 157	悤 165	悩 166	悰 167
嶪 130	康 145	弄 149	徙 157	愸 165	悶 166	悾 167
巢 136	庶 145	弒 150	祭 157	悤 165	誹 166	愡 167
巢 136	庵 145

悚 167	捩 184	掇 185	掯 186	敐 197	䴬 204	朗 214
悵 167	捆 184	授 185	捵 186	救 197	荷 204	朖 214
悃 167	掊 184	掉 185	棋 186	敏 197	㫋 204	䏙 214
㤺 167	捴 184	培 185	棟 186	敘 197	旣 205	㫿 214
悇 167	捫 184	捯 185	淡 186	敆 197	旣 205	望 214
惀 167	捬 184	棍 185	棵 186	敕 197	晬 208	脝 214
倚 167	捭 184	掎 185	掟 186	敎 197	晘 208	梮 220
悴 167	捰 184	掏 185	捵 186	敗 197	晴 208	梯 220
悄 167	挺 184	掐 185	揕 186	鞍 197	晕 208	械 220
悁 167	据 184	排 185	揭 186	毅 197	晗 208	梱 220
愀 167	捯 184	掤 185	捆 186	敊 197	眼 208	梳 220
悾 167	捲 184	掖 185	接 186	敤 197	晙 208	䄄 220
慘 167	捗 184	捯 185	捫 186	敺 197	晩 208	梡 220
悽 167	捱 185	掘 185	掾 186	畲 200	眺 208	桮 220
悑 167	摇 185	挣 185	掀 186	竟 200	晛 208	梡 220
惨 167	捻 185	捕 185	揉 186	斎 200	昴 208	梡 220
戛 176	捵 185	掛 185	擂 186	斛 201	暈 208	棍 220
戚 176	捶 185	捉 185	掝 186	斜 201	晝 208	椡 220
戜 176	捻 185	掝 185	戟 195	斢 201	晞 208	梁 220
戕 176	捷 185	掠 185	戮 195	斣 201	晡 208	棭 220
戠 176	捽 185	採 185	敚 197	斬 202	晢 208	桬 221
戜 176	捽 185	琳 185	敆 197	斷 202	晰 208	梀 221
戝 176	掉 185	探 185	敍 197	斷 202	晤 208	梧 221
匾 178	捙 185	揻 185	棚 197	斸 202	晥 208	椐 221
㞛 178	捿 185	棚 185	敱 197	旎 203	晢 208	程 221
掌 183	掀 185	接 185	敍 197	旒 203	晦 208	梛 221
挈 184	埴 185	掲 185	敎 197	旋 203	晧 208	桱 221
捋 184	振 185	推 185	敎 197	旌 203	晨 208	棒 221
捥 184	掂 185	掩 185	教 197	旍 203	唇 208	桙 221
捡 184	拼 185	措 185	敌 197	族 204	曹 212	桁 221
掎 184	掃 185	捶 185	敏 197	流 204	曼 212	柢 221
捄 184	掄 185	挮 185	殷 197	旒 204	曾 212	桜 221
捧 184	搢 185	掐 185	效 197	旊 204	脼 214	桶 221
捨 184	捆 185	掮 185	散 197

총획 색인 [11획]

桷 221	梘 221	欸 236	跉 247	渇 258	湾 258	淶 259
梄 221	梛 221	欽 236	毝 247	渼 258	淞 258	渌 259
栁 221	梜 221	欲 236	毢 247	涷 258	游 258	混 259
桊 221	紫 221	欷 236	毥 247	涸 258	渿 258	清 259
桎 221	條 221	歁 236	毨 247	湊 258	淖 258	淸 259
桒 221	梥 221	釒 239	毧 247	涼 258	渭 258	淹 259
桂 221	梟 221	岺 239	殍 241	渚 258	渪 258	淺 259
桾 221	梏 221	殊 241	毬 247	湝 258	湋 259	添 259
琢 221	梢 221	殍 241	毫 247	涿 258	淡 259	渧 259
桿 221	梠 221	殎 241	毩 247	淀 258	減 259	淛 259
棟 221	梣 221	殌 242	氪 247	涏 258	淣 259	渏 259
梁 221	梦 221	球 242	毟 247	淂 258	淤 259	渕 259
梂 221	埜 221	殘 242	毨 247	港 258	淥 259	淚 259
梃 221	梧 222	殊 242	氫 251	淄 258	塗 259	漊 259
梪 221	梨 222	殉 242	氬 251	淅 258	淰 259	泗 259
栖 221	梩 222	毨 242	氪 251	淋 258	净 259	洄 259
梅 221	桯 222	殏 242	契 255	淆 258	淩 259	滯 259
渠 221	梫 222	殌 242	氽 257	淇 258	淬 259	凍 259
梛 221	楞 222	殑 242	㒆 257	淵 258	淪 259	涾 259
桮 221	梭 222	殏 242	涪 258	淠 258	淨 259	渴 259
䔎 221	梃 222	殌 242	涫 258	湄 258	淳 259	渉 259
梌 221	梵 222	殺 244	渾 258	洌 258	淠 259	渋 259
桹 221	梶 222	殽 244	浸 258	洼 258	淮 259	淘 259
梏 221	梽 222	毂 244	涮 258	清 258	淯 259	渏 259
桯 221	梺 222	殷 244	滭 258	淯 258	淪 259	淐 259
棂 221	梻 222	殷 244	涯 258	淴 258	淡 259	涾 259
桧 221	欼 236	殷 244	淼 258	渋 258	済 259	渫 259
梓 221	欲 236	毁 244	液 258	淑 258	淦 259	游 260
梔 221	欶 236	毁 244	涳 258	涫 258	深 259	淝 260
梖 221	欷 236	毬 247	涔 258	淖 258	淳 259	淜 260
梗 221	欸 236	毫 247	淀 258	涳 258	涴 259	淦 260
梸 221	欼 236	氄 247	涴 258	瀾 258	淵 259	淧 260
椚 221	欿 236	毭 247	涇 258	淙 258	淵 259	渠 260

渕 260	烇 276	㭰 286	猊 295	率 299	琂 302	略 313
淍 260	焄 276	梧 286	猗 295	㡋 301	玲 302	畧 313
淲 260	焾 276	梠 287	猙 295	㙺 301	珟 302	畱 313
涬 260	烀 276	梴 287	㹨 295	琉 301	琂 302	時 313
淐 260	焆 276	梾 287	㹳 295	琊 301	珺 302	畢 314
浸 260	焇 276	牽 289	猝 295	球 301	琀 302	畦 314
淛 260	焉 276	硜 289	猖 295	珺 302	琇 302	畷 314
淫 260	焊 276	牿 289	猑 295	琅 302	琄 302	畤 314
淌 260	焏 276	犁 289	㹢 295	琇 302	䚯 307	㗇 314
渄 260	焌 276	犈 289	猇 295	理 302	瓠 307	眹 314
淅 260	焍 276	牼 289	猍 295	琍 302	舐 307	眺 314
浪 260	烲 276	梧 289	㹨 295	珷 302	㕧 307	眴 314
淞 260	烾 276	牻 289	猚 295	琫 302	庛 307	畨 314
烱 276	焲 276	梌 289	猏 295	珳 302	耞 307	畱 314
烯 276	黑 276	將 289	猓 295	琔 302	䢛 308	獣 314
烰 276	烁 276	㥑 289	猈 295	㻂 302	甋 308	異 314
烟 276	烟 276	烽 289	猨 295	琗 302	瓶 308	痒 318
熒 276	焐 276	梢 289	猞 295	珹 302	瓷 308	痫 318
烳 276	焙 276	䎂 289	猅 295	琄 302	瓶 308	痍 318
烴 276	烫 276	牲 289	猎 295	珴 302	瓯 309	痊 318
灼 276	烻 276	惚 289	猰 295	琊 302	瓴 309	痔 318
烸 276	烻 277	翠 289	猣 295	珸 302	瓬 309	痙 318
烹 276	焐 277	牸 289	猕 295	瑛 302	瓵 309	痎 318
焂 276	烷 277	牸 289	猴 295	琓 302	瓱 309	痌 318
炚 276	桶 277	牸 289	猇 295	珵 302	甛 311	痎 318
烺 276	焓 277	牿 289	猖 295	琁 302	甜 311	痕 318
烼 276	鉴 277	犂 290	猪 295	珼 302	產 311	疫 318
羡 276	炟 277	㸦 290	張 295	玲 302	產 311	痲 318
烽 276	焲 277	㺢 294	猎 295	現 302	崍 311	痠 318
烋 276	㾊 284	猏 294	㹺 295	珺 302	甞 311	痤 318
烱 276	爺 285	猚 295	猓 295	琇 302	甡 311	痑 318
焕 276	爸 285	猓 295	猴 295	珸 302	甠 311	痌 318
㷇 276	焚 285	猛 295	猴 295	㺨 302	莆 312	痏 318
烗 276	燊 286	猞 295	猜 295	琁 302	畣 313	疜 318

疫 318	盎 329	晘 334	硨 345	袘 353	稤 359	窑 366
痊 318	盦 329	晪 334	硎 345	祳 353	秱 359	窒 366
痌 318	盇 329	眾 334	研 345	祥 353	梨 359	窩 366
痢 318	盜 329	眲 334	硴 345	翔 353	棠 359	窊 366
痎 318	盄 329	眥 334	硃 345	祭 353	格 359	竟 370
痒 318	眭 333	眷 333	硈 345	桃 353	梁 359	竘 370
痖 318	眽 333	眥 334	硎 345	桺 353	稚 359	章 370
疾 318	眙 333	眴 334	硐 346	票 353	稅 359	竩 370
痴 318	眸 333	眰 334	碱 346	袷 353	稲 359	竍 370
痓 318	眼 333	脩 334	硚 346	袔 353	粟 359	竝 370
痍 318	眭 333	眅 334	硐 346	褀 353	秆 359	赦 370
痠 318	眭 333	盷 334	硬 346	袺 354	槀 359	笇 372
痳 318	眳 333	眵 334	磻 346	桯 354	梾 359	笯 372
皋 325	睒 333	眊 334	硗 346	袺 354	待 359	笪 372
皎 325	眸 333	疵 341	碕 346	裋 354	室 365	筇 373
眲 325	睚 333	衻 341	碞 346	補 354	窄 365	笹 373
皨 325	着 333	袈 341	硜 346	禽 356	窆 365	笞 373
咯 325	眺 333	秸 342	碏 346	离 356	窕 365	笝 373
皜 325	瞅 333	秷 342	碌 346	秸 358	室 365	笭 373
盒 325	眵 333	桃 342	碧 346	桃 358	室 365	笠 373
盦 327	睁 333	稴 342	研 346	桐 359	窑 365	笭 373
皱 327	眦 333	袸 342	硐 346	移 359	窀 366	笵 373
皷 327	眫 333	秺 342	磁 346	桒 359	窉 366	笵 373
皸 327	眪 333	秾 342	硤 346	桯 359	宲 366	箅 373
皱 327	眭 333	衶 343	硃 346	稊 359	窌 366	符 373
盖 329	眊 333	笑 343	砱 346	茠 359	窀 366	笨 373
盇 329	盷 333	眏 343	碎 346	稑 359	窑 366	筎 373
盗 329	眹 333	翊 343	碐 346	秳 359	窨 366	笲 373
盒 329	眽 333	硍 345	硂 346	袷 359	容 366	笙 373
盉 329	眭 333	碧 345	砱 346	稇 359	窣 366	笹 373
盉 329	眵 333	硎 345	硏 346	稄 359	窟 366	笭 373
烈 329	眕 334	硂 345	碞 346	穁 359	宲 366	笭 373
盛 329	眴 334	硎 345	硥 346	秫 359	窐 366	笡 373
盓 329	眩 334	硐 345	硖 346	秌 359	窒 366	第 373

총획 색인 [11획]

聏 420	習 413	罠 407	紲 393	紺 392	笭 373	笛 373
聐 420	翌 413	置 407	紲 393	絋 392	笶 373	笞 373
聆 420	翌 413	罟 407	絅 392	絅 392	筌 373	第 373
聊 420	翊 413	罦 407	経 392	経 392	粒 386	笭 373
聎 420	狉 413	罧 407	絢 392	絇 392	粒 386	笙 373
聃 420	翍 413	罤 407	絭 392	絫 392	秣 386	笙 373
聇 420	翍 413	冕 407	絆 392	絆 392	粕 386	笠 373
聍 420	翄 413	罨 407	絆 392	絑 392	粘 386	笘 373
聅 420	翎 413	袈 410	紺 392	紺 392	粗 386	笪 373
耿 420	翎 413	羚 410	紼 392	紼 392	粙 386	笣 373
聅 420	翔 413	羞 410	紫 392	紫 392	粁 386	筀 373
耻 420	翝 413	羕 410	絞 392	絞 392	粌 386	笳 373
聄 420	翘 414	羜 410	絞 392	絞 392	柵 386	筇 373
耷 420	翙 414	羝 410	絏 392	絏 392	柵 386	笻 373
聊 420	翙 414	銈 410	細 392	細 392	柑 386	筋 373
聉 420	翝 414	銈 410	紹 392	紹 392	柞 386	筑 373
聘 420	翛 414	銊 410	絁 393	絁 393	笹 386	笯 373
畫 423	翌 414	羒 410	绅 393	绅 393	梻 386	笭 373
聿 423	翌 414	袢 410	袂 393	袂 393	枛 386	筀 373
莇 425	翟 414	猈 410	紫 393	紫 393	柶 386	筇 373
聨 425	翩 414	羖 410	紑 393	紑 393	秘 386	笭 373
脅 426	翟 414	訡 410	組 393	組 393	卷 386	笨 373
肯 426	翟 414	葦 410	終 393	終 393	粋 386	笳 373
脋 426	耆 417	羞 410	紬 393	紬 393	秬 386	笵 373
脩 426	叝 417	羝 410	紳 393	紳 393	籾 386	策 373
堃 426	瞢 417	羒 410	紱 393	紱 393	粘 386	笻 373
脚 427	聅 417	翀 410	紼 393	紼 393	架 386	筏 373
脛 427	耞 418	羜 410	紾 393	紾 393	秾 386	笓 373
脉 427	耝 418	狗 413	紷 393	紷 393	籽 386	笑 373
脈 427	耟 418	翎 413	紩 393	紩 393	料 386	笡 373
胱 427	粗 418	翎 413	紵 393	紵 393	巢 386	笑 373
脝 427	秴 418	翏 413	絀 393	絀 393	粡 386	笛 373
脘 427	秤 418	翎 413	絋 393	絋 393	結 392	笤 373
脢 427	秡 418	翏 413	絃 393	絃 393	紁 392	筈 373
胭 427	耕 418	翌 413	絅 393	絅 393	絍 392	筓 373
脖 427

총획 색인 [11획]													
脩	427	脛	428	袡	441	莩	450	菀	451	菠	452	虘	475
脣	427	脞	428	䘨	441	莎	450	荷	451	萃	452	虛	475
脤	427	胭	428	舮	441	莏	451	荅	451	菡	452	虜	475
脘	427	脟	428	舳	441	莐	451	蒼	451	菹	452	蚵	478
脝	427	脳	428	䖤	444	莇	451	莧	451	莙	452	蚶	478
脡	427	胶	428	蚫	444	荽	451	莢	451	浹	452	蚷	478
脢	427	胼	428	蚆	444	莤	451	莃	451	菎	452	蛄	478
脧	427	脷	428	蚪	444	莘	451	莇	451	菫	452	蚘	478
脫	427	脚	428	蚍	444	莪	451	莉	451	莽	452	蛅	478
脱	427	脄	428	蛇	444	莜	451	莍	451	莛	452	蚼	478
脞	427	𦙫	435	茳	450	莛	451	莎	451	莨	452	蛋	478
脯	427	臬	436	莒	450	莫	451	莻	451	菒	452	蚸	478
脬	427	臫	437	堇	450	菩	451	惹	451	荹	452	蛉	478
胰	427	舂	438	莟	450	莹	451	菍	451	菉	452	蚳	478
脖	428	臸	438	莬	450	莠	451	莖	451	菊	452	蛒	478
腓	428	舳	438	菇	450	莠	451	蒜	451	苴	452	蚨	478
朋	428	晿	438	茶	450	莩	451	莇	451	莈	452	蛀	478
脰	428	罝	438	䒷	450	䓇	451	菲	451	筊	452	蛇	478
脹	428	䬎	439	茛	450	菳	451	莊	451	䓅	452	蛆	478
脉	428	舐	439	莉	450	莋	451	荻	451	䓌	452	蚺	478
腮	428	舓	439	莅	450	莊	451	莽	451	處	474	蚠	478
朐	428	舸	441	莫	450	荻	451	菱	451	處	474	蚴	478
臓	428	舺	441	莣	450	荵	451	莁	451	處	474	蚰	478
脡	428	舲	441	菢	450	莰	451	茁	451	虒	474	蛆	478
睇	428	舴	441	莓	450	莈	451	菡	451	虚	474	蛄	478
肵	428	舶	441	茵	450	莇	451	菭	451	虙	474	蛁	478
脩	428	舡	441	莯	450	菂	451	莁	451	虜	474	蚌	478
脆	428	舳	441	莜	450	莖	451	莭	451	蛖	474	蚿	478
胖	428	舵	441	莢	450	莭	451	䒲	451	虜	474	蜇	478
腖	428	舢	441	莿	450	涎	451	華	451	虘	474	蚱	478
脘	428	舷	441	莘	450	翌	451	菓	451	虛	474	蛛	478
肶	428	舠	441	莆	450	莣	450	菜	451	虖	474	蚾	478
朕	428	䑛	441	莏	450	莡	451	菉	452	處	474	蚿	478
脖	428	舵	441	䓉	450	萊	451	菚	452	虛	475	蚲	478
脧	428	船	441	莢	450	茳	451	萍	452	虙	475	蚺	478

총획 색인 [11획]

蚤 478	袈 494	祹 495	舩 506	訣 510	訮 511	豜 530
蛔 478	袞 494	裎 495	舮 506	訽 510	訳 511	豞 530
蚰 478	袋 494	袈 495	舮 506	訡 510	訇 511	豿 530
蚖 478	袠 494	袀 495	舩 506	詅 510	訏 511	毀 530
窒 478	袈 494	祠 495	舩 506	訨 510	詆 511	貫 533
蚒 478	裝 494	祝 495	舩 506	設 510	許 511	貧 533
蚨 478	袠 494	祈 495	舩 506	訤 510	訫 511	責 533
蚕 479	袞 494	祺 495	舮 506	訛 510	訖 511	貪 533
蛩 479	袁 494	祠 495	舮 506	訕 510	谾 525	販 533
蛎 479	裒 494	祴 495	斬 506	詎 510	谷 525	貥 533
蚳 479	袼 494	袿 495	訣 510	詧 510	剈 525	貨 533
蚕 479	袓 495	罣 502	訥 510	脂 510	谼 525	貢 533
蚾 479	裇 495	罣 502	訪 510	詛 510	容 525	貨 533
蚤 479	袷 495	規 503	設 510	訛 510	谷 525	財 533
蛍 479	祜 495	覓 503	訢 510	訌 510	豉 526	貧 533
蚌 479	袴 495	覔 503	訟 510	訦 510	豉 526	貲 533
螢 479	袿 495	覘 503	訛 510	訟 510	豜 528	貯 533
盅 479	袖 495	覎 503	訝 510	訟 510	豚 528	貶 533
蚫 479	袻 495	覘 503	訛 510	詽 510	殺 528	貴 533
蛂 479	祫 495	覎 503	訣 510	訛 510	豩 528	貢 533
蜉 479	祾 495	覕 503	訨 510	設 510	豝 528	質 533
螢 479	袌 495	覜 503	訰 510	講 510	犰 528	貶 533
蚍 479	袙 495	覝 503	訬 510	詢 510	狘 528	貤 533
蛉 479	袗 495	覝 503	許 510	訨 510	猇 528	購 533
蚖 479	裀 495	覛 503	詘 510	誊 510	貏 528	賢 533
蚨 491	祖 495	現 503	詈 510	訷 510	豪 528	赦 538
蛘 491	袴 495	覓 503	訂 510	訷 510	亻 528	赦 538
衙 492	袜 495	視 503	訤 510	設 510	殺 528	欶 538
術 492	衎 495	舫 506	訚 510	詽 511	彩 528	赧 538
衘 492	裻 495	舨 506	訢 510	詑 511	豿 530	赵 539
衒 492	祴 495	舨 506	詶 506	訤 511	豾 530	赹 539
袤 494	裎 495	牏 506	誽 510	𧦢 511	犯 530	赼 539
裒 494	裕 495	舳 506	訽 510	訟 511	狱 530	赸 539
裏 494	祾 495	舩 506	訃 510	詡 511	豿 530	赺 539
裂 494	祗 495				豿 530	趽 539

총획 색인 [11획]

赵 539	跁 545	軝 558	靫 558	逌 570	郬 578	㛿 583
赻 539	跀 545	軜 558	靽 558	逶 570	聊 578	酘 583
赹 539	跈 545	軒 558	莆 558	逋 570	㰖 578	酥 583
趄 539	跍 545	軖 558	紛 559	退 570	都 578	酡 583
赳 539	趴 545	耗 558	軕 559	返 570	郓 578	酌 583
趙 539	跂 545	毂 558	軔 559	運 570	鄀 578	酢 583
趌 539	跊 545	軛 558	靭 559	逸 570	郞 579	牁 583
趏 539	跀 545	軟 558	鈥 565	逓 570	郚 579	酘 583
赾 539	跎 545	軐 558	靳 565	递 570	郞 579	酕 583
赻 539	跘 545	軚 558	靱 565	逪 570	郥 579	酠 583
赶 539	跄 545	軒 558	趃 568	逇 570	鄂 579	烅 583
趑 539	趺 545	軑 558	迬 570	迿 570	郚 579	酗 583
起 539	跅 545	較 558	逛 570	迈 570	鄙 579	酦 583
趍 539	跨 545	軓 558	逑 570	迬 570	鄁 579	酘 583
赸 539	跤 545	軑 558	途 570	逢 570	都 579	酓 583
趎 539	跖 545	軓 558	逗 570	週 570	鄕 579	醅 583
趐 539	跓 545	較 558	連 570	逢 570	尉 579	覂 583
趐 540	跗 545	軏 558	逞 570	逖 570	郜 579	醉 583
趎 540	跘 545	軥 558	逢 570	逃 570	鄭 579	酞 583
趼 545	跞 545	軠 558	逇 570	逅 570	鄜 579	案 589
趹 545	斯 545	軝 558	逝 570	逸 570	郭 579	烑 589
跂 545	矽 555	鞠 558	逍 570	說 570	郓 579	釈 589
跌 545	殷 555	朝 558	速 570	逸 570	鄆 579	釈 589
趿 545	毗 555	靶 558	逜 570	送 570	鄁 579	野 589
趾 545	躄 555	軝 558	逎 570	逈 576	酖 583	量 589
跉 545	胂 555	軒 558	逍 570	逈 576	脈 583	煙 589
跊 545	朋 555	輁 558	逎 570	郭 578	飮 583	脞 589
跁 545	肌 555	輌 558	逋 570	郞 578	酚 583	釭 590
跂 545	肌 555	較 558	造 570	郕 578	酓 583	釸 590
跾 545	殷 555	軼 558	逧 570	邗 578	酞 583	釦 590
跔 545	敀 555	輕 558	遙 570	部 578	酏 583	釵 590
跙 545	躯 555	軑 558	造 570	郫 578	酣 583	釟 590
跕 545	敂 555	褻 558	造 570	郓 578	酧 583	釩 590
跙 545	航 555	軒 558	造 570	郵 578	酖 583	釤 590
跏 545	紛 555	軒 558	逐 570	鄞 578	酟 583	釵 590
跰 545	斡 558	軒 558	通 570	郵 578	酌 583	釥 590

총획 색인 [11~12획]

釬	590	閆	607	隆	615	萉	630	黃	719	傆	29	冕	39
釱	590	閅	607	隆	615	菲	630	黑	721	傏	29	剄	39
釖	590	閍	607	隆	615	萉	630	**12**		傑	29	詑	40
釟	590	閇	607	陾	615	萉	630	申	13	俱	29	冪	40
舒	590	鉦	613	陻	615	荲	632	豫	17	傢	29	最	40
釣	590	陶	615	陓	615	頂	643	亮	19	俗	29	冢	40
釤	590	陭	615	階	615	頃	643	訊	19	偣	29	溟	41
釧	590	陰	615	隈	615	頒	643	毫	19	傑	29	渲	41
釬	590	陶	615	隍	615	頑	643	復	29	傑	29	滅	41
釴	590	陶	615	陕	615	凱	643	傀	29	倒	29	湔	41
鈇	590	陸	615	院	615	凱	650	傁	29	傑	29	溧	41
鈄	590	陸	615	院	615	凱	650	僅	29	俗	29	滄	41
鈐	590	陵	615	陴	615	飢	654	傯	29	溪	29	縢	41
鈞	590	陪	615	陵	615	飢	654	僩	29	偏	29	濂	41
鈃	590	陫	615	險	615	飲	654	偝	29	僉	29	滂	41
鈏	590	陣	615	雀	619	飥	654	傒	29	僊	29	滈	41
鈁	590	陲	615	崔	619	飡	654	傔	29	傖	29	涵	42
釾	590	陰	615	雁	619	飣	654	偨	29	傎	29	準	42
鈌	590	陳	615	雁	619	飤	654	傛	29	傘	29	凱	43
釾	590	陳	615	雌	619	飨	654	俄	29	侖	29	凳	43
鈚	590	陷	615	雉	619	飢	654	傅	29	備	29	凳	43
金	590	陳	615	雀	619	飥	654	侮	29	俙	29	凳	43
釰	590	障	615	雅	619	飦	654	偵	29	傚	29	函	44
跅	606	陡	615	雋	619	餂	662	優	29	傜	29	剩	47
殻	606	陉	615	雀	619	嗔	662	傋	29	傷	29	割	47
敔	606	陉	615	雯	623	耻	672	傴	29	傷	29	劀	47
氈	606	陉	615	雪	623	高	676	傕	29	㑑	29	剳	47
舒	606	陳	615	雲	623	魚	688	僑	29	傞	29	剴	47
竷	606	陪	615	雰	623	鳥	699	傌	29	倐	29	剴	47
崧	606	陚	615	雯	623	鹵	712	僖	29	尨	35	剶	47
問	607	陮	615	雯	623	鹿	713	傍	29	兠	35	劇	47
問	607	陽	615	雹	623	麂	713	倰	29	兕	35	剹	47
閈	607	陜	615	霎	623	麥	715	候	29	魚	37	剹	47
閇	607	陘	615	雲	623	麻	718	儫	29	叒	37	剹	47
閉	607	陚	615	雲	623	麻	718	儱	29	奡	37	剹	47
閏	607	陶	615	彭	629			愼	29	隻	37	創	47
悶	607	陻	615	菲	630			能	29	冕	39	剹	47

剩	47	叄	62	啻	74	喚	75	嘩	75	堧	91	堷	92
勞	51	叅	62	喤	74	喤	75	喼	75	堜	91	埕	92
募	51	夆	63	喰	74	喉	75	喍	75	堥	91	壐	92
勝	51	羑	63	喔	74	喉	75	啻	75	堳	91	崙	92
勛	51	敁	64	噩	74	喣	75	啿	75	堨	91	坒	92
勑	51	敊	64	喑	74	喧	75	嗒	75	報	91	堣	92
勠	51	敠	64	喈	74	喙	75	喝	75	堡	91	埦	92
勓	51	啝	74	喲	74	喙	75	喀	75	堠	91	塒	92
勤	51	喝	74	噞	74	善	75	喹	75	塄	91	堛	92
勒	51	喈	74	喤	74	喩	75	喯	75	喝	75	埳	92
勚	51	喀	74	啹	74	喊	75	喵	75	堭	91	埧	92
勛	51	嗄	74	啞	74	喒	75	喴	75	堰	91	埱	92
匓	53	喢	74	喕	74	喎	75	喔	75	堧	91	垔	92
匒	53	咯	74	喁	74	喟	75	嗒	75	堯	91	埵	92
匐	53	喎	74	喟	74	喂	75	圖	85	堨	91	塀	92
匒	53	喝	74	喟	74	啣	75	圍	85	堤	91	壹	97
區	55	喬	74	喚	74	喃	75	圕	85	堲	91	壻	97
匭	55	喹	74	喊	74	喻	75	圐	85	聖	91	埠	97
匯	55	喫	74	喻	74	喑	75	圕	85	津	91	壺	97
博	57	喇	74	啫	74	唆	75	圖	85	堞	91	壹	97
刕	58	喃	74	喈	74	嗤	75	圓	85	颯	91	壹	97
厧	58	單	74	喋	74	喵	75	剭	85	堭	91	甤	99
卿	59	喁	74	喋	74	喈	75	堪	91	堭	91	銑	99
卿	59	喝	74	喏	74	唧	75	城	91	堠	91	夥	99
卷	59	箸	74	呪	74	啹	75	堙	91	堁	91	夥	99
契	59	喨	74	喹	74	喧	75	堺	91	塄	91	奢	101
厥	60	哶	74	喱	74	喘	75	堨	91	埭	91	奠	101
厤	60	喒	74	喖	74	喆	75	堨	91	埭	91	奡	101
厦	61	喕	74	喎	74	喋	75	堨	91	埛	91	奣	101
傎	61	喵	74	喵	74	啾	75	堨	91	垐	91	粦	101
厪	61	咶	74	喳	74	雐	75	垣	91	塀	91	奩	101
廉	61	啥	74	哠	74	喴	75	埌	91	堲	92	奮	101
庆	61	喪	74	喪	74	喊	75	堵	91	堁	92	報	101
厨	61	善	74	喊	74								
厚	61

총획 색인 [12획]

奡 101	婧 107	甝 113	毳 120	嵋 130	嶸 131	楳 140						
奧 101	媣 107	毈 113	崷 120	崮 130	崿 131	幋 140						
奧 101	媛 107	孴 113	崶 120	崽 130	嵒 131	幩 140						
媗 107	婸 107	嵍 113	惢 120	嵔 130	崟 131	幌 140						
媕 107	媊 107	寋 116	嵆 122	崾 130	崒 131	幃 140						
媥 107	媓 107	寎 116	嵃 122	嵤 130	嵾 131	耂 140						
媏 107	婷 107	痳 116	就 122	嵃 130	崼 131	愉 140						
媒 107	婞 107	痫 116	就 122	崣 130	嵣 131	萷 140						
媔 107	媼 107	富 116	嵃 122	嵏 130	嵊 131	愉 140						
媚 107	婉 107	寔 116	嵔 122	崾 130	嵎 131	幣 140						
媌 107	媼 107	寓 116	嶚 124	崽 130	嶀 131	愡 140						
婆 107	媮 107	寓 116	嵎 124	嵙 130	嶁 131	幛 140						
媚 107	婣 107	寊 116	嵎 124	嵇 130	崛 131	幩 140						
媄 107	媜 107	寑 116	嵎 124	崶 130	嵤 131	幣 140						
媒 107	媍 107	寒 116	嵎 124	峻 130	嶁 131	揪 140						
媚 107	媤 107	寋 116	嶐 124	崵 130	嵄 131	祀 140						
媣 107	媨 107	宷 116	层 124	崖 130	暄 131	旰 143						
媗 107	婣 107	家 116	層 124	嶄 130	琵 137	琴 143						
媤 107	婽 108	寇 116	屜 124	崷 130	巽 137	幾 143						
媴 107	嫥 108	寏 116	屠 124	嶙 131	幅 140	渴 143						
婼 107	媛 108	寊 116	属 124	嶨 131	幋 140	廁 146						
媚 107	媊 108	窐 116	厵 124	崟 131	幀 140	廂 146						
媛 107	媥 108	寎 116	屝 124	崛 131	幅 140	廋 146						
媚 107	媉 108	窫 116	扁 124	嵒 131	帿 140	庾 146						
婷 107	媦 108	寔 116	殶 125	崷 131	帾 140	废 146						
媿 107	媕 108	窛 116	嵑 130	崶 131	幀 140	廁 146						
媟 107	媛 108	窫 116	嵕 130	嵧 131	幃 140	廃 146						
婗 107	媛 108	宣 116	嵌 130	嵤 131	幅 140	屠 146						
嫡 107	媛 108	寗 119	崴 130	嶩 131	帽 140	厯 146						
婷 107	媆 108	尋 119	嵙 130	崷 131	帷 140	廑 146						
媜 107	媼 108	尊 119	嵂 130	嶐 131	帰 140	戻 146						
媞 107	屛 113	尋 119	嵐 130	峻 131	幍 140	廢 146						
娑 107	孱 113	尉 119	崔 130	雙 131	幅 140	廟 146						
媋 107	孰 113	尋 119				廃 146

총획 색인 [12획]

庫 146	復 157	惡 166	愣 167	惰 168	厫 178	揑 186
庮 146	循 157	惡 166	愐 167	媛 168	廈 178	插 186
庽 146	徥 157	惡 166	惕 167	愈 168	廋 178	挿 186
廁 146	徫 157	悡 166	惸 167	愀 168	窣 184	揔 186
廁 146	徢 157	惢 166	愃 167	悻 168	掌 185	堪 186
廁 146	徨 157	悳 166	惺 167	愷 168	掔 185	揖 186
唐 146	徧 157	惌 166	愛 167	悷 168	掣 185	揗 186
康 146	徨 157	惥 166	湛 168	愆 168	掔 185	揘 186
遁 149	徙 157	惠 166	愕 168	愎 168	搴 185	揚 186
廋 149	徦 157	惠 166	愜 168	倓 168	挐 185	揳 186
章 149	徖 157	惡 166	愜 168	愇 168	掰 186	揟 186
尊 149	徛 157	惑 166	恱 168	愠 168	掔 186	換 186
弑 150	徥 157	惰 166	愄 168	愔 168	挲 186	揕 186
弑 150	徘 157	惱 166	偶 168	愎 168	掾 186	揹 186
貳 150	徧 157	惚 167	惲 168	愒 168	揀 186	揹 186
強 152	徇 157	恝 167	愈 168	悗 168	揎 186	握 187
孱 152	徨 158	愈 167	愉 168	惰 168	插 186	握 187
弱 152	徥 158	恩 167	愔 168	愘 168	揄 186	揉 187
絛 152	徝 158	惹 167	偍 168	愠 168	投 186	揪 187
弡 152	徥 158	惹 167	惿 168	惶 168	搜 186	揇 187
弹 152	徢 158	惡 167	惜 168	愐 168	揳 186	揣 187
猵 152	徤 158	愁 167	偢 168	惚 169	揸 186	搞 187
猦 152	復 158	愛 167	惚 168	惴 169	掖 186	抑 187
彌 152	得 158	奜 167	惴 168	惻 169	揕 186	探 187
彄 154	徉 158	尋 167	惱 168	愷 169	揾 186	摠 187
斝 154	徊 158	怨 167	愎 168	愉 169	揣 186	挂 187
彭 155	徑 166	悀 167	愊 168	悴 169	捴 186	掃 187
彰 155	惎 166	悘 167	愊 168	愴 169	揉 186	揩 187
影 155	惡 166	悶 167	愰 168	戟 176	摱 186	揪 187
彭 155	恚 166	悶 166	愰 168	憂 176	揎 186	揆 187
彰 155	恴 166	悲 166	惇 167	戩 176	揎 186	揭 187
徝 157	恵 166	悲 166	悽 167	戩 176	描 186	揭 187
假 157	惎 166	悲 166	惚 167	戲 176	描 186	揭 187
傗 157	惎 166	悲 166	惱 167	扉 178	揯 186	揮 187
傣 157					提 186

撓 187	皷 197	敱 198	晳 208	會 213	棡 222	菜 223
揮 187	斀 197	皷 198	晰 208	脖 214	棟 222	棽 223
揔 187	斁 197	皷 198	晸 208	朝 214	棲 222	梡 223
揹 187	斀 197	斑 200	晴 208	朞 214	椸 222	椀 223
揲 187	殺 197	斐 200	晥 208	期 214	棠 222	椐 223
揳 187	毄 197	斌 200	晵 208	朡 214	棡 222	椁 223
援 187	敛 197	睪 201	晶 208	梗 222	棣 222	棉 223
揻 187	敝 197	斞 201	晏 208	棛 222	楷 222	棱 223
搜 187	敬 197	斜 201	晷 208	棃 222	棧 222	椅 223
揆 187	鈙 197	斳 202	晷 208	棄 222	榕 222	栟 223
撰 187	敀 197	斮 202	晷 208	槐 222	榮 222	棴 223
挨 187	敠 197	斳 202	晹 208	棟 222	械 222	棋 223
掯 187	敕 197	斳 202	晹 208	棆 222	校 222	槉 223
揶 187	敄 197	斸 202	晹 208	棉 222	棬 222	椙 223
搖 187	敚 197	斸 202	智 208	椮 222	棭 222	椛 223
捷 187	敨 197	斸 202	晫 208	棋 222	楮 223	椋 223
揩 187	斁 197	斸 204	晻 208	棌 222	森 223	梓 223
摘 187	敧 198	斾 204	晪 208	棍 222	棽 223	椋 223
捌 187	敁 198	旂 204	晼 209	楪 222	棰 223	椌 223
拋 187	敢 198	旖 204	晽 209	棐 222	棱 223	椟 223
揹 187	皷 198	旎 204	晽 209	棑 222	棲 223	植 223
摇 187	皷 198	旌 204	晩 209	棒 222	椴 223	椎 223
揸 187	斀 198	旐 204	晧 209	棓 222	棵 223	椏 223
撐 187	敤 198	琮 205	暑 209	椋 222	棐 223	椐 223
損 187	斅 198	啁 208	晉 209	棕 222	梭 223	椑 223
搞 187	散 198	唯 208	晷 209	楴 222	棃 223	楡 223
抖 187	殹 198	晻 208	唱 209	棖 222	棶 223	椒 223
揖 187	赦 198	晬 208	囪 209	棗 222	椰 223	梅 223
損 187	皷 198	普 208	會 213	棘 222	聚 223	椓 223
捷 187	敕 198	景 208	替 213	椓 222	棞 223	榴 223
揰 187	皷 198	晾 208	最 213	棚 222	椁 223	楚 223
皷 195	敍 198	啖 208	替 213	棁 222	榆 223	槍 223
散 195	殹 198	晥 208	贅 213	梱 222	棺 223	槍 223
皷 195	皷 198	晴 208	朂 213		梦 223	楣 223
敬 197	敦 198	晳 208

椪 223	萷 239	毃 244	湨 260	泙 260	湞 261	瀏 262
椗 223	菱 239	殼 244	渝 260	渼 260	湟 261	澆 262
椆 223	菽 239	毯 247	渞 260	湅 260	淡 261	滋 262
椊 223	崒 239	毻 247	渟 260	渾 261	湢 261	湾 262
椿 223	崟 240	毳 247	渠 260	湿 261	湝 261	湑 262
棆 223	菌 240	毧 247	渡 260	漆 261	湥 261	満 262
楎 224	堂 240	毬 248	渢 260	湀 261	谔 261	涅 262
歔 236	啺 240	毳 248	渣 260	湃 261	湇 261	淑 262
欥 236	孶 241	毳 248	渥 260	湄 261	渟 261	湀 262
欲 236	殊 242	毣 248	渦 260	凍 261	湆 261	溴 262
欨 236	殕 242	耗 248	渧 260	湆 261	湧 261	淞 262
欱 236	殖 242	毬 248	渨 260	清 261	渼 261	沲 262
欽 236	殗 242	毱 248	温 260	湛 261	渾 261	滿 262
欵 237	殔 242	毱 248	渆 260	湉 261	湧 261	溁 262
欶 237	殘 242	耗 248	渢 260	湊 261	湶 261	滐 262
款 237	殙 242	毦 248	渓 260	湋 261	湉 261	瀁 262
欴 237	殟 242	毵 248	渜 260	湌 261	湫 261	湥 262
歍 237	殂 242	毳 248	浸 260	湍 261	淋 261	淄 262
歆 237	殛 242	氊 248	測 260	湎 261	溜 261	滁 262
歇 237	殒 242	臱 248	渭 260	湘 261	湮 261	涔 262
欼 237	殘 242	毺 248	湀 260	渻 261	湮 261	淋 262
歃 237	殔 242	毻 251	港 260	渳 261	湯 261	湓 262
欭 237	殟 242	氮 251	溈 260	溢 261	湝 261	湓 262
欷 237	殣 242	氣 251	渱 260	湔 261	湲 261	渎 262
款 237	殖 242	氯 251	渲 260	湢 261	湳 261	湦 262
欻 237	殦 242	氱 251	湯 260	渴 261	湢 261	漼 262
欹 237	殈 242	氰 251	渳 260	湖 261	湭 261	深 262
歁 237	殠 242	淼 259	湨 260	溑 261	湶 261	溁 262
欿 237	殤 242	椒 259	渶 260	湀 261	湲 261	湜 262
欻 237	殘 242	椒 259	浣 260	湊 261	湘 261	湢 262
欫 237	殞 242	湇 259	游 260	湥 261	湫 261	湞 262
歨 239	殜 242	湳 260	淘 260	湥 261	潊 262	焙 277
歸 239	毂 244	渚 260	渺 260	湘 261	淀 262	焚 277
歯 239	殹 244	湙 260	湁 260	湉 261	湫 262	無 277
歯 239	毂 244	減 260	溦 260	湝 261	漏 262	焜 277

795 · 총획 색인 [12획]

焜 277	閔 277	犅 290	猰 296	琈 302	皰 309	痕 318
焩 277	焪 277	犅 290	猭 296	琣 302	瓵 309	痢 318
甕 277	焻 277	㸧 290	猵 296	琲 302	瓲 309	痝 318
焞 277	焑 277	㹌 290	猢 296	琺 302	瓶 309	痛 318
焟 277	焊 277	㸰 290	猢 296	琕 302	瓳 309	痞 318
焉 277	焌 277	犌 290	猴 296	琫 302	瓵 309	痧 318
焯 277	焜 277	棹 290	猴 296	琵 302	瓰 309	痩 318
無 277	焎 277	悼 290	猶 296	琡 302	瓱 309	痟 318
婠 277	焞 277	焙 290	猤 296	瑒 302	瓵 309	痒 318
焦 277	爲 284	犖 290	猲 296	琰 302	甋 309	痰 318
焠 277	爰 284	辈 290	猴 296	琬 303	甥 312	痦 318
熒 277	牼 286	牎 290	猥 296	琖 303	甦 312	痤 318
焱 277	牋 286	犉 290	猩 296	琤 303	甡 312	痣 318
熔 277	牋 286	㹛 295	猩 296	琕 303	甤 312	痛 318
焢 277	牒 286	㹨 295	猩 296	琔 303	甯 312	痟 318
焫 277	牓 287	焱 295	猱 296	琱 303	番 312	痞 318
焬 277	焿 287	斐 295	猒 296	琮 303	畲 314	痎 318
焱 277	牌 287	焇 295	猨 296	琚 303	畭 314	瘇 318
焵 277	㹁 287	猂 295	猗 296	琛 303	畬 314	痤 318
熒 277	焛 287	獨 295	猁 296	琢 303	異 314	痒 318
焯 277	㹁 287	㹱 295	獨 296	琸 303	畯 314	痨 318
烈 277	㺃 287	猸 295	猌 296	琶 303	畾 314	痣 318
焰 277	㹢 287	猫 295	猺 296	琥 303	畵 314	痛 318
焮 277	㺉 287	猸 295	猶 296	琨 303	呼 314	痱 318
烺 277	焞 287	猩 295	猩 296	琚 302	㖰 314	瘂 318
焆 277	焰 287	猩 295	猩 296	琮 302	㖮 314	寢 319
然 277	牬 288	猰 295	猩 295	琯 302	㖭 314	痰 319
燦 277	掌 288	獘 295	猎 295	琹 302	量 314	痲 319
煮 277	犅 290	猸 295	猸 295	琴 302	畾 314	瘃 319
薰 277	棋 290	猥 295	猥 295	琞 302	疏 316	痹 319
焼 277	牷 290	㹯 295	㹯 295	琪 302	疎 316	痸 319
聚 277	犁 290	犁 290	猂 295	瑋 302	鉽 316	痤 319
聚 277	犇 290	犇 290	猁 295	琦 302	瓶 309	痷 319
煉 277	犀 290	犀 290	猌 295	琭 302	瓶 309	痓 319
炅 277	焞 290	猪 295	猪 295	琳 302	瓶 309	痘 319

총획 색인 [12획]

瘀	319	睏	334	聘	334	硒	346	稅	354	稉	359	棄	366
瘩	319	晩	334	踸	334	碌	346	祴	354	稌	359	窣	366
瘆	319	覭	334	睍	334	硲	346	稊	354	稻	359	窈	366
痫	319	晦	334	督	334	硪	346	稏	354	梶	359	窫	366
煇	319	晡	334	䁅	334	硯	346	禍	354	稉	359	寫	366
痛	319	睋	334	睰	334	硶	346	祷	354	稅	359	家	366
登	324	睇	334	睊	335	硰	346	祷	354	稉	359	賓	366
發	324	晙	334	睎	335	碑	346	禘	354	稃	359	寇	366
菱	324	賑	334	睆	335	硝	346	禄	354	稄	359	寞	366
發	324	睄	334	睒	335	确	346	禔	354	稑	359	寧	366
百	325	睍	334	睛	335	硤	346	禔	354	稉	359	寐	366
蛾	325	睅	334	睄	341	硨	346	程	354	稅	359	寘	366
皓	325	睆	334	喬	341	碎	346	裸	354	稅	360	寬	366
皖	325	睂	334	狼	341	硨	346	祿	354	窖	366	寅	366
睥	325	睆	334	釜	341	碌	346	禪	354	窨	366	寇	366
梟	325	睚	334	豩	341	硯	346	稞	359	寔	366	寨	366
敽	327	睄	334	覡	341	硺	346	稈	359	寏	366	竑	370
鞍	327	睭	334	癹	341	硾	346	稌	359	窸	366	童	370
菝	327	睟	334	稷	341	硱	346	稂	359	窒	366	竢	370
祓	327	睤	334	筲	341	硨	346	稈	359	窚	366	竦	370
舩	327	睦	334	短	343	碚	346	稅	359	窞	366	竣	370
皺	327	睛	334	矬	343	硳	346	稅	359	竆	366	翌	370
披	327	眼	334	規	343	碗	346	程	359	窵	366	竨	370
盉	329	眽	334	躾	343	碊	347	稍	359	窭	366	靖	370
盜	329	夐	343	疑	343	硔	347	稜	359	窮	366	婷	370
盋	329	眼	334	牸	343	硗	347	稀	359	窬	366	筊	370
盡	329	眰	334	硜	346	禂	354	稝	359	寝	366	翔	370
盌	329	晳	334	硬	346	袺	354	椥	359	寬	366	竭	370
皴	329	睆	334	硌	346	袒	354	穗	359	寘	366	竭	370
盉	329	尝	334	硎	346	袟	354	豪	359	窔	366	竦	370
盤	329	眇	334	碌	346	袳	354	稺	359	寧	366	笙	373
盌	329	映	334	硫	346	袽	354	程	359	寡	366	笳	373
盜	329	督	334	硇	346	補	354	稘	359	窳	366	答	373
暗	334	睞	334	硅	346	稍	354	稍	359	寝	366	筐	373

笍	374	筇	374	筊	387	維	394	縱	394	孰	410	瑅	420
筋	374	笑	374	粀	387	緐	394	絣	405	翊	414	聑	420
答	374	筎	374	桸	387	絧	394	䇣	405	翔	414	聃	420
等	374	筀	374	絳	393	緈	394	絞	405	猢	414	䏲	420
筴	374	筆	374	結	393	絢	394	蛙	405	翕	414	眺	420
筏	374	笭	374	綺	393	絕	394	䂳	405	翎	414	骿	420
筑	374	笈	374	絖	393	絑	394	姸	405	翀	414	聫	420
筍	374	笔	374	絓	393	絞	394	瓷	405	翈	414	聊	420
笳	374	筆	374	絫	393	絯	394	窋	407	翎	414	聟	420
筘	374	笒	374	給	393	絹	394	粟	407	翂	414	晝	423
筌	374	笩	374	絚	393	絗	394	䛳	407	翐	414	書	423
策	374	筲	374	絧	393	納	394	胃	407	犹	414	肅	423
筑	374	粦	386	絡	393	絣	394	眾	407	翌	414	觡	426
舼	374	粙	386	絭	393	綕	394	㝱	407	翌	414	胺	426
筒	374	粩	386	絎	393	㴾	394	眥	407	翊	414	离	426
筆	374	粡	386	絓	393	絓	394	眔	407	翎	414	哉	427
笺	374	粞	386	絣	393	絑	394	翠	407	豩	414	䨱	427
答	374	粟	386	絲	393	絨	394	䍙	407	翺	414	裔	427
筃	374	粤	386	絮	393	結	394	罩	407	飛	414	圉	427
笛	374	粥	386	綖	393	紙	394	罩	407	翼	414	腔	428
箋	374	粢	386	紬	393	緤	394	美	410	翓	414	腒	428
舜	374	粲	386	絨	393	繈	394	羢	410	翌	414	脊	428
筵	374	粧	386	絪	393	絢	394	羡	410	翕	414	胭	428
筐	374	粨	386	絕	393	絢	394	乿	410	翡	414	脝	428
筞	374	粫	386	絑	394	絣	394	舜	410	翜	414	腰	428
筃	374	粣	386	絑	394	絮	394	詳	410	臺	417	腑	428
筳	374	粔	386	絽	394	絡	394	羝	410	琵	417	腓	428
笮	374	粜	386	綧	394	絺	394	羢	410	耆	417	脾	428
筹	374	粺	386	統	394	絻	394	翔	410	耠	418	腓	428
笐	374	粬	387	綾	394	絵	394	翃	410	耟	418	腊	428
筴	374	舅	387	絎	394	綏	394	翃	410	耠	418	脃	428
符	374	粦	387	絢	394	繪	394	翊	410	耠	418	脺	428
箏	374	粢	387	絜	394	緬	394	翔	410	耻	420	睡	428
筊	374	舂	387	絙	394	絡	394	羿	410			腎	428

총획 색인 [12획]　799

腋	428	塍	429	菇	441	菉	452	菹	453	菇	453	蔬	454	蒜	454
腌	428	腖	429	舸	441	菕	452	蓙	453	菀	454	萉	454	葅	454
腕	428	腒	429	舺	442	菻	452	葯	453	萲	454	蓉	454	蕊	454
腃	428	腉	429	舩	442	菱	452	萎	453	莖	454	菌	454	葛	454
腦	428	舀	429	舲	442	菊	452	菗	453	菖	454	蓇	454	葍	454
脺	428	朘	429	舴	442	莽	452	菖	453	萞	454	葅	454	葟	454
腓	428	脧	429	舵	442	萳	452	菜	453	萼	454	莊	454	葬	454
脺	428	朕	429	舮	449	菌	452	萋	453	莋	454	萖	454	葇	454
腚	428	朘	429	艗	450	莗	452	菭	453	茬	454	蒗	454	葝	454
脽	429	腜	429	菬	452	菋	452	菝	453	菪	454	萪	454	萴	454
脹	429	腶	429	薈	452	莈	452	菩	453	菩	454	蓇	454	菎	454
腶	429	脛	435	菇	452	菇	452	菔	453	菡	454	菡	454	蓋	454
腦	429	脛	435	菑	452	菇	452	菶	453	葍	454	菇	454	蔓	454
腒	429	脛	435	菎	452	菓	452	菲	453	菟	454	菑	454	業	454
腱	429	臯	436	菔	452	菅	452	菜	453	菸	454	菅	454	葥	454
腤	429	臱	436	菓	452	菊	452	菂	453	菤	454	萆	454	葜	455
脒	429	臬	436	萊	452	蓬	452	菙	453	蓆	454	菑	454	蓋	455
腠	429	臸	437	菊	452	蓋	452	菊	453	菕	454	蒢	454	蒁	455
腩	429	臶	437	菌	452	葷	452	菕	453	菕	454	菊	454	萯	455
脺	429	臻	437	菌	452	菕	452	菆	453	菪	454	菊	454	虜	475
脓	429	臺	437	董	452	萩	453	菥	453	菉	454	蒸	454	剩	475
腍	429	臽	438	菫	452	菥	452	菑	453	葍	454	荊	454	虛	475
脺	429	臽	438	菆	452	菆	452	菽	453	莞	454	蓀	454	虜	475
腓	429	舒	439	茸	452	菼	452	薟	453	菞	454	蒸	454	虜	475
腂	429	廖	439	菇	452	菇	452	蒸	453	葬	454	葆	454	蛩	479
脸	429	舜	440	菇	452	菡	452	菱	453	菡	454	菲	454	蛔	479
腺	429	舝	440	菇	441	菊	452	菡	453	蒝	454	葅	454	蚕	479
脂	429	舺	441	菇	441	蓋	452	萱	453	菎	454	菢	454		
胎	429	舷	441	艴	441	菆	452	菇	453	菕	454	菡	454		
脫	429	舶	441	舿	441	菜	452	菊	453	菹	453	葉	454		
脂	429	舴	441												
腴	429

蛋	479	蛇	479	裵	495	覗	503	詃	511	詖	511	設	512
蛋	479	蠢	479	裏	495	覥	503	詁	511	詞	511	訟	512
蛟	479	蜩	479	褰	495	視	503	詢	511	詠	511	誓	512
蜿	479	蜒	479	裝	495	覘	503	詗	511	詇	511	誓	512
蛞	479	蛀	479	裪	495	覦	503	詗	511	訛	511	設	512
蛒	479	蛭	479	袷	495	覝	503	詒	511	詧	511	詋	512
蜊	479	蚢	480	裎	495	覤	503	詘	511	評	511	訩	512
蛚	479	蛬	480	裙	495	覞	503	詙	511	詶	511	訷	512
蛮	479	畫	480	裡	495	覓	503	誠	511	評	511	詒	512
蛖	479	蛟	480	補	495	覐	503	詞	511	詷	511	詒	525
蛘	479	衒	480	祝	495	覲	504	詖	511	詗	512	訾	525
蛄	479	蜉	480	裡	495	覩	504	訴	511	謉	512	詢	526
皐	479	蛔	480	裕	495	親	504	訴	511	該	512	詖	526
蛑	479	蛸	480	裎	495	覺	504	訦	511	詠	512	詖	526
蛘	479	蛷	480	裢	495	覛	504	詠	511	詘	512	壹	526
蛙	479	蛺	480	禖	496	覵	504	詎	511	訣	512	短	526
蛜	479	衆	491	祝	496	覴	504	詗	511	訾	512	象	528
蛶	479	衆	491	禒	496	觚	506	詒	511	詡	512	象	528
蠁	479	衊	491	裓	496	觛	506	詒	511	誙	512	豼	528
蝃	479	衋	491	裯	496	觚	507	詛	511	誠	512	豿	528
蛱	479	盥	491	裉	496	觝	507	詑	511	誇	512	殺	528
蛛	479	衕	492	裓	496	觜	507	訿	511	詨	512	豺	528
蛭	479	衖	492	裰	496	觚	507	訡	511	謩	512	狙	528
蚓	479	衖	492	裎	496	觛	507	詐	511	詑	512	猻	528
蛤	479	衒	492	裲	496	觗	507	詔	511	詖	512	豼	528
蚕	479	衙	492	裰	496	舵	507	詋	511	誁	512	豢	528
蛴	479	衚	492	裼	496	觟	507	註	511	註	512	豦	528
蛣	479	術	492	袱	496	舥	507	証	511	詴	512	豿	530
蛔	479	袈	495	裋	496	舧	507	診	511	謙	512	豾	530
蜍	479	裂	495	袱	496	解	507	診	511	詪	512	貂	530
蛒	479	裂	495	裘	496	訶	511	詄	511	詈	512	狭	530
蚨	479	裏	495	覃	502	詞	511	詁	511	詎	512	貁	530
蛕	479	裁	495	覈	502	評	511	詎	511	詘	512	豹	530
蛄	479	裵	495	覃	502

총획 색인 [12획]

豥	530	貶	533	起	540	跕	545	跊	546	軸	559	逯	570
豬	530	財	533	赸	540	跐	545	跦	546	舶	559	逭	571
豝	530	貹	533	趉	540	跈	545	跙	546	軒	559	逴	571
猲	530	貽	533	赹	540	跎	545	軀	556	軏	559	逨	571
豩	530	貼	533	趂	540	跎	545	軥	556	軐	559	逩	571
貂	530	貺	534	赳	540	趺	546	跛	556	軜	559	逭	571
貆	530	貱	534	赻	540	跓	546	軝	556	軵	559	逰	571
貅	530	賁	534	赸	540	趼	546	軱	556	軍	559	遊	571
貄	530	貼	534	赾	540	跆	546	跒	556	軋	559	逕	571
貇	530	賏	534	赿	540	跛	546	躰	556	鞄	559	週	571
貊	530	賏	534	趇	540	跑	546	舼	556	軛	559	逮	571
貴	533	賐	534	趌	540	趾	546	射	556	軒	559	逸	571
貸	533	赦	538	趀	540	蹴	546	躰	556	軮	559	逷	571
買	533	赦	538	趄	540	跄	546	跛	556	軶	559	逳	571
貿	533	終	538	超	540	跒	545	舨	556	軮	559	逪	571
賀	533	越	540	越	540	距	545	躰	556	軔	559	逿	571
貢	533	越	540	趈	540	跕	545	軻	559	輂	559	逞	571
費	533	越	540	趉	540	跇	545	軲	559	軥	559	逋	571
貼	533	趄	540	趇	540	趽	545	軔	559	軸	559	過	571
貰	533	趁	540	越	540	跋	546	較	559	軗	559	遁	571
貳	533	趂	540	超	540	跋	545	軥	559	輕	559	遂	571
貽	533	超	540	越	540	跖	545	幹	559	軍	559	逡	571
貲	533	越	540	越	540	跗	545	軥	559	軒	565	逷	571
貯	533	趎	540	赿	540	跚	545	軣	559	辞	565	逹	571
貧	533	趃	540	趉	540	跚	545	軷	559	逹	570	逶	571
貶	533	趈	540	趇	540	跀	545	軹	559	逸	570	逵	571
貣	533	赿	540	趇	540	趀	545	軫	559	週	570	遃	571
賀	533	趄	540	趇	540	跉	545	軨	559	進	570	適	571
眩	533	起	540	越	540	跕	545	軨	559	逮	570	遒	571
貯	533	趑	540	趉	540	距	545	軼	559	軨	559	逯	571
賖	533	趌	540	越	540	跉	545	軺	559

邑	576	郎	580	量	589	鈗	591	閏	608	賊	615	雑	619
悒	577	郞	580	量	589	釾	591	閦	608	隃	615	雄	619
邑	577	郗	580	鈣	590	鈦	591	閍	608	陲	615	雉	619
邖	579	邜	580	鈴	590	鈀	591	閏	608	陝	615	雊	619
郱	579	酊	583	鈃	590	鈑	591	閍	608	陼	615	雈	619
郲	579	酣	583	鈌	590	鈜	591	閌	608	隉	616	雉	619
郊	579	酤	583	鈞	590	鈖	591	閆	608	陣	616	雄	620
都	579	酥	583	釜	590	鈥	591	閍	608	陾	616	雎	620
郿	579	酤	583	釿	590	鈜	591	閊	608	堭	616	雧	620
鄂	579	酢	583	鈒	590	鈝	591	閌	608	陥	616	雔	620
都	579	酡	583	鈉	590	鉚	591	閌	608	隒	616	雖	620
郾	579	酞	583	鈕	590	鈎	591	閦	608	腹	616	雋	620
郫	579	酸	583	鈄	590	鈊	591	閌	608	殿	616	雊	620
鄆	579	酐	583	鈍	591	鈺	591	閍	608	隔	616	雯	623
郯	579	酩	583	鈘	591	錢	591	閞	608	陷	616	雰	623
郭	579	酊	584	鈁	591	鉮	591	閊	608	陵	616	雲	623
郙	579	酲	584	鈲	591	鈓	591	閍	608	隊	616	雳	623
傑	579	酡	584	鈇	591	鋻	591	閏	608	鄂	616	雰	623
契	579	酊	584	鈖	591	鈉	591	閏	608	倕	616	雯	623
鄕	579	酗	584	鈈	591	釜	591	閉	608	陪	616	雹	623
郵	579	酝	584	鈚	591	鈗	591	閱	608	際	616	雺	623
郶	579	酱	584	鋇	591	鉏	591	閒	608	陳	616	雯	623
邿	579	舂	584	鈏	591	鉢	591	閒	608	陻	616	零	623
都	579	醉	584	釾	591	鈇	591	閉	608	隆	616	需	623
鄙	579	酬	584	鈚	591	鈇	591	戡	606	餅	613	零	623
廊	579	酢	584	毀	591	尶	606	階	615	陰	616	雰	623
郷	579	酕	584	鉛	591	豺	606	隊	615	锹	616	雰	623
鄉	579	酏	584	鈙	591	鼓	606	隆	615	雁	619	雺	623
鄩	579	酜	584	鈃	591	間	607	隋	615	雏	619	雲	623
都	579	酤	584	鈖	591	開	607	陽	615	雅	619	零	623
鄭	579	酊	584	鈖	591	開	607	隍	615	雁	619	雯	623
恩	579	酥	584	鈒	591	開	607	限	615	雄	619	翠	623
盈	579	酤	584	鈕	591	開	607	隱	615	雋	619	靚	629
鄭	579	酮	584	鈷	591	鈔	591	隅	615	集	619	辇	630
邾	579	釉	589	鈔	591	閥	607					琶	630

총획 색인 [12~13획]

斐	630	頃	643	凱	672	備	30	傍	30	勞	48	皴	59	
斑	630	頚	643	凱	672	傲	30	傴	30	割	48	厓	61	
棐	630	頒	643	酊	672	傮	30	僉	30	剩	48	厥	61	
裵	630	頌	643	髡	676	傳	30	傺	30	剽	48	厫	61	
爽	630	颪	650	髢	677	傴	30	傿	30	剎	48	厥	61	
帬	630	颫	650	髣	677	傿	30	債	30	勢	48	厱	61	
酐	631	颭	650	髥	677	債	30	儃	30	剴	48	厨	61	
酎	631	颮	650	髦	677	徹	30	働	30	剻	48	絲	63	
酌	631	颰	650	毳	684	俠	30	傹	30	剭	48	琸	63	
軒	632	颱	650	鳧	688	傷	30	僅	30	剔	48	惹	63	
軔	632	颮	650	鳥	699	傉	30	傺	35	勞	51	皮殳	63	
靱	632	颱	650	鳦	699	僾	30	傪	36	募	51	毳	64	
靫	632	飧	654	鳩	699	傺	30	筸	36	勤	51	袰	64	
靬	632	飡	654	黃	719	零	30	箕	36	勠	51	敫	64	
靪	632	飥	654	黍	720	傻	30	傻	37	勢	51	戲	64	
軲	632	飩	654	黑	721	偉	30	孁	37	勣	51	叠	64	
軰	632	拿	654	黹	724	傾	30	孨	39	勤	51	跏	64	
軴	632	飤	654			傿	30	傽	39	勦	51	嗊	75	
軠	632	飦	654		13		儸	30	匃	39	勣	51	嗝	75
軏	632	飩	654	亂	16	僁	30	傪	42	勢	51	嗛	75	
韌	638	飭	654	亃	16	傷	30	滲	42	鈞	53	嗜	75	
靭	639	飧	654	亂	16	僂	30	潭	42	鉤	53	嗲	75	
虵	642	飥	654	豊	16	儽	30	暴	42	匒	53	啷	75	
虹	642	飩	654	亶	19	僰	30	滲	42	匯	55	禡	75	
須	643	飣	654	袞	19	僕	30	淡	42	區	55	嗙	75	
順	643	飭	654	傰	30	僅	30	椮	42	奉	57	嗣	75	
頇	643	飲	654	僧	30	僅	30	浧	42	斡	57	嗄	75	
項	643	飱	654	儀	30	僅	30	副	47	韮	57	嗁	75	
頊	643	馮	663	僔	30	儁	30	剻	47	甚	57	嗓	76	
頌	643	馭	663	儢	30	儞	30	剼	47	單	58	嗽	76	
頒	643	馯	663	催	30	僆	30	剺	47	斝	59	嗾	76	
頎	643	馱	664	傭	30	僧	30	劉	48	剶	59	嗇	76	
頓	643	馸	664	傐	30	儖	30	剸	48	剳	59			
頑		勗	672	僐	30	儋	30	剼	48

총획 색인 [13획]

嗓 76	嗒 76	嗖 77	塓 92	塇 93	嫀 108	煙 108
槀 76	嗢 76	嗳 77	塝 92	塉 93	嫂 108	媞 109
哨 76	嗂 76	嗜 77	塚 92	墜 93	媳 108	嫄 109
嗖 76	嗋 76	牌 77	堋 92	塹 93	嫈 108	媵 109
啖 76	嗽 76	嘖 77	塐 92	埋 93	媼 108	孳 113
鳴 76	嗆 76	嘆 77	塍 92	墬 93	媱 108	學 113
嗗 76	嗛 76	嗢 77	墒 92	塗 93	委 108	彀 113
嗡 76	㗤 76	嗠 77	塩 92	壏 93	婿 108	弩 113
嗥 76	嗷 76	啫 77	塋 92	堲 93	媢 108	馫 113
嗊 76	嗢 76	眦 77	塢 92	報 93	媸 108	鴖 113
嗯 76	嗅 76	嗓 77	墩 92	滝 93	嫊 108	獅 113
嗑 76	單 76	嗄 77	塔 92	載 93	媵 108	獅 113
噬 76	喹 76	喊 77	塬 92	靴 93	嫈 108	寗 116
嗾 76	嗆 76	啾 77	塡 92	塯 93	媄 108	寗 116
淲 76	嗧 76	啾 77	淫 92	壹 93	媢 108	寔 116
嗔 76	嗉 76	圓 85	堉 92	壺 93	媺 108	㝱 116
嗑 76	嗉 76	圊 85	塚 92	壼 97	嫌 108	寘 116
嗶 76	嗼 76	圓 85	塑 92	壼 97	嫌 108	寖 117
嗟 76	嗀 76	園 85	堨 92	夢 99	嫐 108	窠 117
嗆 76	嗒 76	團 85	塌 92	奥 101	媵 108	寬 117
嗞 76	喀 76	國 85	堤 92	奩 101	媟 108	寘 117
嗒 76	嗃 76	圇 85	塙 92	奠 101	穀 108	寐 117
殼 76	嘶 76	圌 85	塡 92	獎 101	媺 108	索 117
嘻 76	嗋 76	圐 85	塧 92	奫 101	嫈 108	寙 117
嗑 76	嗨 76	圕 85	塏 92	嫁 108	媵 108	宣 117
嗨 76	嗿 76	圖 85	堧 92	媿 108	媺 108	寘 117
嗁 76	塏 77	圏 85	塋 92	媾 108	媛 108	窡 117
嗥 76	嗤 77	塪 92	墉 92	媼 108	媚 108	寏 117
嗔 76	嘺 77	塙 92	琙 92	嫏 108	媰 108	寔 117
嗅 76	喀 77	塈 92	塿 92	媨 108	媛 108	寧 117
嗖 76	嗔 77	塊 92	塧 92	媍 108	嫕 108	寑 117
啓 76	嚏 77	塘 92	塎 92	娛 108	媾 108	寑 117
嘑 76	嗛 77	塗 92	塋 92	媺 108	燧 108	對 119
			塻 92		媼 108

劃 119	嶒 131	牓 140	賉 150	愚 168	愹 169	戠 177
剻 119	嵰 131	愧 140	彀 152	愈 168	愴 169	戲 177
剷 121	嵥 131	憋 140	搴 152	意 168	惕 169	諴 177
剹 121	嵪 131	幋 140	搒 152	慈 168	慀 169	戩 177
勮 122	嵬 131	幉 140	彌 152	惷 168	愒 169	戰 177
勥 122	嵊 131	幕 140	彉 152	剆 168	慌 169	猷 178
勧 122	嵨 131	幌 140	彃 152	愿 168	愧 169	殿 178
厤 124	嵧 131	幏 141	彙 154	愬 168	惼 169	孶 186
屠 124	嶅 131	幌 141	彚 154	愍 168	㤚 169	彀 186
届 124	嵤 131	幹 143	弼 154	愆 168	愔 169	摯 186
屝 124	戠 131	榘 143	影 155	愳 168	愭 169	揳 187
扇 124	嵢 131	輷 143	彣 155	慰 168	憭 169	掔 187
屍 124	嵎 131	碣 143	微 158	嗸 169	愩 169	摯 187
屖 124	嵤 132	暦 146	徬 158	愾 169	愺 169	搝 187
屢 124	嶕 132	廊 146	徭 158	愷 169	愰 169	搑 187
屣 124	原 132	廉 146	徯 158	慊 169	愬 169	搆 187
屨 124	嶋 132	廈 146	得 158	惰 169	傒 170	搇 187
岁 125	嶐 132	廌 146	徲 158	愧 169	惺 170	摧 187
犨 126	嵯 132	廆 146	徼 158	偖 169	慞 170	搊 187
豈 131	崔 132	廋 146	徧 158	愒 169	愐 170	攔 187
嵥 131	崒 132	廄 146	徥 158	愷 169	憱 170	搜 187
嵉 131	嵤 132	廅 146	徫 158	惯 169	愂 170	搌 187
崙 131	嵃 132	廌 146	徨 158	㥯 169	愓 170	損 188
嵛 131	嵲 132	廌 146	徧 158	慄 169	構 170	搽 188
嵩 131	嵬 132	麻 146	徵 158	愃 169	惱 170	搏 188
嶧 131	嵲 132	廎 146	徵 158	慢 169	怸 170	搠 188
嶼 131	幀 140	廐 146	徹 158	慎 169	愽 170	搯 187
嵑 131	帼 140	庱 146	愙 167	慎 169	戡 176	搒 188
嵽 131	幉 140	庭 146	惥 167	愼 169	盞 176	掴 188
巍 131	幣 140	摩 146	想 167	愠 169	戣 176	搓 188
峪 131	愧 140	廈 146	愁 168	惚 169	戟 177	搖 188
嵫 131	幋 140	廋 149	愸 168	辱 169	戢 177	搚 188
嵯 131	媵 140	奉 149	愛 168	慎 169	戧 177	
嵸 131	愫 140	甈 150	愁 168	愊 169	畿 177

搖 188	搵 188	敳 198	晿 209	䐺 214	榐 224	槁 225
搗 188	搶 188	敨 198	暍 209	腹 214	楂 224	樰 225
搘 188	損 188	歲 198	暄 209	勝 214	握 224	槆 225
搦 188	搸 188	敱 198	晪 209	椽 224	楄 224	楜 225
搢 188	搞 188	敩 198	晲 209	楜 224	榛 224	楝 225
搛 188	搋 188	敼 198	暇 209	椿 224	楫 224	楞 225
搤 188	搏 188	敥 198	暉 209	椶 224	楷 224	楟 225
搜 188	掏 188	斂 198	暈 209	椢 224	楠 224	楠 225
換 188	搜 188	敵 198	晳 209	棄 224	楾 224	楢 225
搞 188	搽 188	敧 198	喩 209	楘 224	楅 224	楣 225
搟 188	搾 189	敩 198	暎 209	槂 224	楫 224	楞 225
搠 188	摂 189	敦 198	暍 209	椔 224	楔 224	椿 225
搡 188	搜 189	敩 198	暎 209	楴 224	楅 224	楤 225
搨 188	搰 189	敲 198	瞕 209	樟 224	楯 224	椼 225
搧 188	搯 189	敫 198	暏 209	楷 224	揚 224	楥 225
搢 188	摛 189	徧 200	暑 209	椰 224	楎 224	楦 225
搯 188	搬 189	煥 200	晳 209	楁 224	棰 224	梸 225
搥 188	搬 189	歲 200	暕 209	榴 224	楐 224	楨 225
搞 188	摍 189	斛 201	愠 209	根 224	椺 224	梗 225
搦 188	搸 189	斟 201	暎 209	樠 224	楓 224	槀 225
搣 188	撢 189	廝 201	暖 209	椴 224	楔 224	楪 225
搨 188	搗 189	斳 202	暗 209	椵 224	樺 224	楫 225
搽 188	搈 189	新 202	暘 209	梭 224	樛 224	楬 225
搪 188	摁 189	斳 202	曉 209	械 224	棻 224	業 225
搬 188	搽 189	暋 202	曇 209	椳 224	楔 224	椶 225
搭 188	揁 189	斷 202	昱 209	椹 224	楮 224	楮 225
搽 188	摁 189	旒 204	甞 209	棵 224	楕 224	楯 225
搯 188	搋 189	旖 204	髮 209	樞 224	楄 224	椳 225
揖 188	歐 198	旒 204	眿 209	榗 224	榩 224	榛 225
擺 188	敳 198	旛 204	朡 213	椽 224	粲 225	椋 225
摡 188	敬 198	建 204	會 213	楡 225	楙 225	楲 225
搰 188	敷 198	既 205	棟 213	棗 225	楸 225	楳 225
搖 188	斃 198	稠 205	腒 214	椿 225	楚 225	極 225
搢 188	敳 198	頃 209	塑 214	槚 224	楎 225	槑 225
搦 188	轂 198	晿 209	脃 214	榕 224	桔 225

총획 색인 [13획]

榕 225	歓 237	毴 248	溶 262	潆 263	滔 264	煉 278
榍 225	歖 237	毱 248	滧 262	溺 263	淬 264	煊 278
楷 225	歁 237	毽 248	溜 262	漏 263	珊 264	煋 278
楸 225	欲 237	毹 248	溝 262	涇 263	滘 264	煌 278
楢 225	欷 237	毸 248	溟 262	滹 263	馮 264	煎 278
楹 225	欻 237	毷 248	溢 262	滉 263	滏 264	煏 278
楸 225	歇 237	毳 248	溠 262	滩 263	滪 264	煐 278
楙 225	歆 237	毻 248	溡 263	滀 263	滚 264	煑 278
楞 225	歲 240	毹 248	涵 263	滁 263	滆 264	爰 278
楟 225	歳 240	毯 248	溢 263	滂 263	漆 264	煒 278
榎 225	耆 240	毿 248	溰 263	滃 263	浹 264	煓 278
榻 225	曋 240	毷 248	淪 263	滄 263	滙 264	坫 278
概 225	嘻 240	毹 248	溥 263	溪 263	滚 264	熙 278
楼 225	曙 240	毸 248	溦 263	漻 263	滝 264	煖 278
楽 225	殛 242	毺 248	溦 263	滅 263	漾 264	煥 278
楝 225	殢 242	毷 248	梁 263	涡 263	涠 264	莞 278
椿 225	殟 242	氛 251	涇 263	滇 263	溢 264	煚 278
楪 225	殠 242	黎 261	瀉 263	漉 263	漺 264	炭 278
楛 225	殧 242	棃 262	溪 263	涀 263	滛 264	煐 278
樺 225	殦 242	浔 262	溫 263	滝 263	漳 264	煙 278
椊 225	殤 242	溍 262	湲 263	滉 263	湿 264	箮 278
榃 225	殥 242	滓 262	淤 263	漃 263	滈 264	煜 278
椛 225	殣 242	涓 262	瀯 263	漀 263	溲 264	煝 278
葡 226	殨 242	梢 262	溯 263	滋 263	減 264	煞 278
歎 237	殢 242	梢 262	湰 263	浴 263	滞 264	煏 278
歲 237	殓 242	溏 262	溱 263	溠 263	漢 264	煤 278
歇 237	亶 242	源 262	溲 263	螢 263	流 264	熜 278
欧 237	殿 244	淀 262	溳 263	溢 263	溜 278	煲 278
歁 237	毁 244	溓 262	溴 263	溦 263	煁 278	煣 278
歔 237	毁 244	溎 262	涿 263	溯 263	煙 278	煤 278
欧 237	穀 244	溕 262	溶 263	溧 263	煅 278	焰 278
歐 237	毅 244	準 262	潏 263	渾 263	輝 278	莫 278
歔 237	毨 246	漤 262	溲 263	潤 263	煁 278	煁 278
歐 237	毷 248	溢 262	潕 263	潦 263	煀 278	煥 278
歜 237	毸 248	蒦 262	漛 263	滑 264	焚 278	煦 278

照 278	裟 286	獀 296	猥 297	琊 303	甼 314	痘 319
詔 278	襚 286	獰 296	猿 297	琍 303	畸 314	痾 319
煨 278	牒 286	獅 296	獉 297	琛 303	當 314	痷 319
煩 278	牐 287	猻 296	堅 303	瑀 303	畹 314	瘀 319
熖 278	牒 287	猺 296	塋 303	琳 303	畷 314	痿 319
熭 278	牏 287	猺 296	堪 303	瑕 303	畢 314	瘂 319
煎 278	牁 287	猿 296	瑛 303	梁 303	罼 314	痳 319
猷 278	牎 287	猲 296	琊 303	琊 303	畔 314	瘌 319
煬 278	牎 287	源 296	瑊 303	瑛 303	畍 314	瘃 319
煲 278	牐 287	獈 296	瑙 303	琱 304	畤 314	瘵 319
熒 278	煉 287	獉 296	璹 303	璞 304	畵 314	瘁 319
熙 278	煽 287	獉 296	瑁 303	瑤 304	奄 314	痴 319
煭 278	犡 288	猲 296	瑂 303	瑄 304	畣 314	瘫 319
煯 278	犌 290	獄 296	瑞 303	璁 304	畖 314	痊 319
熅 278	犍 290	獄 296	瑄 303	瓴 307	畎 314	瘈 319
熏 278	犎 290	獵 296	理 303	瓶 307	眻 314	瘍 319
焔 278	犐 290	獾 296	瑟 303	瓢 307	醫 314	痕 319
焜 278	犛 290	獦 296	瑛 303	賞 309	疄 314	瘜 319
煚 278	犏 290	獨 296	瑗 303	瓵 309	奮 314	瘝 319
燒 279	犑 290	獸 296	瑋 303	瓴 309	备 314	痸 319
煠 279	犒 290	獚 296	瑜 303	甄 309	畱 314	瘃 319
煋 279	犌 290	獪 296	瑑 303	瓶 309	畯 314	瘪 319
煱 279	犘 290	獨 296	瑯 303	甌 309	畯 314	痄 319
煣 279	犙 290	獰 296	瑚 303	瓩 309	脮 316	瘢 319
煸 279	犎 290	獳 296	瑳 303	甏 309	瘁 319	瘠 319
煆 279	犝 290	獴 296	瑁 303	甃 309	痼 319	痩 319
煇 279	犔 290	獿 296	瑇 303	甋 309	瘖 319	瘝 319
煳 279	猷 296	獴 296	珷 303	甊 309	痰 319	瘣 319
煓 279	奠 296	獾 296	瑎 303	甂 309	痲 319	痿 319
煥 279	猷 296	獾 296	瑚 303	甇 309	瘚 319	痔 319
煯 279	献 296	獴 297	瑚 303	瓵 309	瘖 319	癅 319
愛 284	煇 296	獴 297	瑚 303	甋 311	瘋 319	瘀 319
匾 284	献 296	獿 297	琿 303	魌 311	痲 319	痪 319
奢 285	献 296	獴 297	瑗 303	當 311	疢 319	瘝 320
爺 285	跃 296	獢 297	瑆 303	欿 311	瘅 319	瘋 320

痛 320	暝 335	瞌 335	碈 347	琢 347	福 354	裾 360
瘖 320	睒 335	腚 335	磬 347	碾 347	䙼 354	裺 360
虜 320	睖 335	晻 335	碓 347	碑 347	䄤 354	裗 360
暂 325	睦 335	脹 335	碉 347	碌 347	䄡 354	棍 360
鞞 325	睥 335	睿 335	碕 347	碏 347	禍 354	稯 360
綢 325	睇 335	督 335	碁 347	硬 347	禘 354	稓 360
睰 325	睒 335	睿 335	碚 347	碗 347	禊 354	棺 360
犨 325	睡 335	戯 335	碓 347	碌 347	禍 355	稠 360
靖 325	睟 335	睭 335	碌 347	碪 347	禪 355	種 360
雉 325	睚 335	瞀 335	碌 347	碏 347	禽 357	稈 360
習 325	翠 335	賦 335	碖 347	碦 347	嵩 357	稷 360
愈 325	翠 335	畸 335	硎 347	碡 347	稇 360	秋 360
皸 327	翠 335	奥 335	琳 347	碌 347	稞 360	稡 360
皸 327	翬 335	睈 335	碉 347	碱 347	稛 360	黎 360
皷 327	睨 335	𥈀 335	碚 347	碨 347	稘 360	耕 360
皷 327	睅 335	𥈀 335	硼 347	碌 347	稞 360	䵿 360
皷 327	睛 335	鼎 335	碑 347	碦 347	稔 360	秵 360
皷 327	睜 335	䚶 336	碑 347	䂪 347	稜 360	稷 360
皷 327	睬 335	腷 336	碰 347	硲 347	椋 360	槩 360
盞 329	睫 335	眹 336	碎 347	碴 347	稢 360	槩 360
盞 329	睭 335	猲 341	䃀 347	䂴 347	稔 360	䙷 360
濫 329	睯 335	䎟 341	碍 347	禩 354	稭 360	棚 360
盞 329	睢 335	𩈓 341	碗 347	祺 354	稠 360	窠 366
監 329	映 335	矮 343	碚 347	裪 354	稙 360	窟 366
盟 330	睁 335	𥐆 343	碎 347	褐 354	稚 360	窩 366
盞 330	睌 335	𥐇 343	碘 347	祿 354	稗 360	寢 366
監 330	賢 335	䄳 343	硬 347	禖 354	稟 360	窣 366
塩 330	睒 335	䄲 343	碉 347	祿 354	稈 360	窪 366
溢 330	暗 335	猗 343	碃 347	票 354	稉 360	寧 366
罡 334	睢 335	短 343	碴 347	裺 354	稞 360	窸 367
罢 335	督 335	𥐉 343	磋 347	禊 354	稰 360	窦 367
睮 335	睥 335	𥐊 343	碫 347	椢 354	稻 360	窳 367
眠 335	睨 335	婢 343	碦 347	裿 354	稷 360	寐 367
睦 335	眈 335	毃 343	碖 347	袱 354	稈 360	窫 367
眛 335	睗 335	碉 347	碓 347

婊 367	筡 374	筐 375	粏 387	綎 395	罙 407	熒 414
寅 367	筨 374	筢 375	粩 387	絸 395	罨 407	翖 414
寊 367	筣 374	筲 375	粍 387	緫 395	罭 407	儵 414
寋 367	筹 374	筯 375	康 387	綷 395	罩 407	翁 414
寍 367	筀 374	筕 375	粏 387	絾 395	罪 407	豩 414
寏 367	筬 374	筫 375	粁 387	綈 395	罬 407	翑 414
寑 367	筲 374	筱 375	粝 387	綂 395	置 407	猼 414
寔 367	筲 374	筳 375	粎 387	綌 395	羃 407	獅 414
寗 367	莚 374	筴 375	粘 387	絉 395	罶 407	觟 414
寙 367	筴 374	筼 375	秙 387	絃 395	瞿 407	猢 414
窐 367	筍 375	筥 375	粌 387	絜 395	罯 407	翔 414
窋 367	筰 375	篿 375	粏 394	綢 395	罳 407	翎 414
窊 367	筋 375	篏 375	絹 394	綃 395	瞾 407	豩 414
竪 370	筳 375	筮 375	緶 394	綎 395	罷 407	獋 414
谊 370	筷 375	筿 375	継 394	紗 395	署 408	玃 414
諍 370	筩 375	筰 375	絗 394	縈 395	罪 408	恥 417
堀 370	範 375	筼 375	絿 394	結 395	蜀 408	勦 418
琭 370	荷 375	筳 375	綄 394	絺 395	冪 408	耦 418
埠 370	答 375	箲 375	絎 394	縞 395	巠 410	稍 418
琗 370	節 375	筝 375	綁 394	釉 395	群 410	裡 418
塼 370	筮 375	粔 387	紓 394	綑 395	羣 410	聘 420
隶 371	筎 375	粳 387	練 394	綂 395	羨 410	聖 420
意 371	策 375	梁 387	綉 394	絳 395	義 410	聖 421
矮 371	筝 375	粮 387	綏 394	綻 395	羧 411	語 421
碑 371	等 375	粴 387	綎 395	景 395	羳 411	聨 421
揮 371	策 375	粴 387	綒 395	緜 395	羕 411	聊 421
歠 371	箇 375	粵 387	絟 395	綯 395	羰 411	聸 421
麁 371	筃 375	粲 387	綈 395	網 395	羬 411	聦 421
刟 371	筤 375	粩 387	絼 395	羿 395	羢 411	耿 421
蒆 374	筕 375	筊 387	絛 395	翃 405	羖 411	聇 421
筶 374	筂 375	精 387	綌 395	綷 405	羰 411	聥 421
筧 374	筬 375	梅 387	綃 395	罪 407	裡 411	聧 421
笒 374	筠 375	粖 387	綠 395			
箸 374

총획 색인 [13획]

耻 421	豚 430	膃 430	䁘 442	蒖 455	葭 456	葉 456
肅 423	腫 430	腽 430	豔 444	蓋 455	葥 456	蒤 456
肃 423	腠 430	膞 430	麨 445	蒽 455	葺 456	萰 456
肆 423	腔 430	腤 430	罃 452	蒐 455	蔕 456	茷 456
肄 423	腨 430	脺 430	覓 452	葙 455	葱 456	葕 456
脚 427	揪 430	腮 430	葭 455	蒍 455	葀 456	蒼 456
胋 427	膈 430	脺 430	菳 455	葹 455	蕃 456	蓇 456
腱 429	脾 430	腳 430	葀 455	蒝 455	葴 456	蒈 456
腩 429	腴 430	粵 436	葝 455	葚 455	葛 456	葎 456
腅 429	腟 430	辠 437	勦 455	萼 455	葋 456	莿 456
腦 429	脖 430	觟 437	蓺 455	菁 455	葩 456	蒸 456
脋 429	脢 430	舅 438	蓻 455	蓉 455	萹 456	旃 456
腉 429	羸 430	剫 438	蒒 455	葯 455	葑 456	蒚 456
腪 429	腜 430	與 438	蒄 455	葉 455	葡 456	蓁 456
腦 429	膙 430	罥 438	蒟 455	蓋 455	蒼 456	蓽 456
腲 429	胮 430	僉 438	括 455	蒿 455	葒 456	蓂 456
膈 429	胎 430	興 438	萵 455	蔓 455	溎 456	葍 457
腜 429	腤 430	辞 439	葵 455	萬 455	葕 456	蕆 457
腼 429	腂 430	誕 439	葹 455	蔥 455	葆 456	萱 457
腹 429	胯 430	辇 440	葮 455	葦 455	葷 456	蒎 457
腺 429	胩 430	䑙 442	荽 455	葳 455	萱 456	葩 457
腥 429	睗 430	艇 442	董 455	葋 455	菱 456	蒙 457
腧 429	脺 430	艀 442	落 455	廣 455	莪 456	葯 457
腮 429	腳 430	艄 442	蒚 455	葆 455	蓓 456	葏 457
腫 429	腊 430	艅 442	蒞 455	蒫 456	蓊 456	菌 457
臆 429	腏 430	艇 442	菶 455	葅 456	蓳 456	蓍 457
膵 429	服 430	艇 442	菡 455	萡 456	漢 456	菱 457
胴 429	脫 430	舼 442	蓇 455	著 456	葹 456	蓉 457
腰 429	腒 430	鯉 442	蒔 455	蒩 456	葐 456	菰 457
膏 430	腪 430	艀 442	萆 455	葀 456	蓈 456	蒄 457
腠 430	膜 430	艀 442	葑 455	蒻 456	葝 456	蒫 457
膒 430	胃 430	艆 442	蓭 455	葆 455	葀 456	菹 457
膍 430	膽 430	舼 442	蒸 455	葍 455	葅 456	葍 457
腴 430	腰 430	舽 442	封 455	葀 456		
腸 430	腠 430

茄 457	蔻 457	蛾 480	蜩 481	裨 496	禂 497	詷 512
菜 457	蒽 457	蛋 480	螫 481	裼 496	裾 497	誄 512
茜 457	荇 457	蛘 480	僥 481	裺 496	裭 497	詺 512
葍 457	蒟 457	蜎 480	螓 481	裱 496	勠 502	詳 512
葤 457	飽 475	蜒 480	鰓 491	裯 496	覭 504	詵 512
蕾 457	虞 475	蜈 480	蜿 491	裯 496	賑 504	訓 512
葱 457	虡 475	蜏 480	蜲 491	裾 496	覔 504	詢 512
薩 457	虘 475	蛹 480	盇 491	褸 496	覛 504	試 512
蓍 457	虞 475	蜓 480	塚 491	裰 496	販 504	詩 512
葭 457	虞 475	蜄 480	盟 491	袷 496	覝 504	詻 512
葵 457	虓 475	蜇 480	衙 492	裱 496	覛 504	詣 512
蒟 457	號 475	蜀 480	衕 492	裥 496	覘 504	詾 512
膱 457	號 475	蛻 480	衖 492	裎 496	視 504	詮 512
葵 457	彪 475	蛵 480	裏 495	裞 496	現 504	誂 512
蓳 457	虝 475	蜆 480	裏 495	祿 496	覭 504	誅 512
敬 457	虝 475	蛺 480	裒 495	褔 496	覛 504	詹 512
孽 457	虒 475	蛼 480	裊 495	補 496	舝 507	詫 512
韮 457	蛛 480	蚓 480	裍 495	祩 496	舩 507	該 512
募 457	蛋 480	蜍 480	裘 496	裸 496	艀 507	話 512
葱 457	蜃 480	蛤 480	裟 496	裨 496	艁 507	詼 512
蓋 457	蜋 480	鯊 480	裔 496	裸 497	觚 507	詭 512
葟 457	蚜 480	蜈 480	裏 496	祴 497	解 507	詵 513
蔓 457	蜊 480	蚰 480	裝 496	裨 497	解 507	詨 513
蒷 457	蜊 480	蚓 480	褒 496	裌 497	鮭 507	詡 513
蚍 457	蛩 480	蛛 480	裞 496	祝 497	䑺 507	詬 513
遽 457	蜉 480	蜉 480	裾 496	袸 497	衞 507	詢 513
莚 457	蜪 480	蜮 480	裩 496	裾 497	艄 507	詰 513
蔐 457	蜂 480	蠮 480	袺 496	袋 497	舥 507	詥 513
筱 457	蜉 480	蛼 480	裰 496	褔 497	誇 512	誚 513
蒿 457	蛤 480	蚴 480	裾 496	裲 497	諜 512	誡 513
莄 457	蜒 480	蛆 480	祺 496	棵 496	裟 512	臨 513
葷 457	蜥 480	蛸 480	裸 496	裪 497	訌 512	詾 513
葯 457	蛄 480	蚨 480	裱 496	袷 497	詭 512	諙 513
菜 457		蟅 480	裶 496	禩 497

총획 색인 [13획]

諆 513	訡 513	貉 530	眺 534	趆 540	跦 546	跫 547
諊 513	誓 513	貈 530	睨 534	趍 540	跱 546	跴 547
譽 513	詹 513	貄 530	眭 534	趌 540	跲 546	躱 556
諼 513	誯 513	貊 530	眖 534	趏 540	跲 546	躲 556
諫 513	諫 513	貆 531	胺 534	趑 540	躱 546	跲 556
詭 513	諄 513	狱 531	賵 534	趙 540	踅 546	跳 556
詿 513	詠 513	珊 531	賫 534	越 540	距 546	跓 556
誼 513	諿 513	豣 531	賏 534	趣 540	跠 546	骻 556
諞 513	詣 513	豬 531	賕 534	趋 540	跌 546	骭 556
訮 513	詞 513	豸 531	賑 534	超 540	跱 546	躲 556
訽 513	誅 513	狱 531	貞 534	起 541	跕 546	躲 556
敘 513	說 513	犭 531	償 534	趋 541	跡 547	藐 556
叙 513	諨 513	狼 531	員 534	趣 541	跔 547	骸 556
誐 513	諅 525	狹 531	貧 534	趣 541	跟 547	骻 556
諆 513	諞 525	猦 531	資 534	赶 541	跭 547	跤 556
誣 513	俗 525	貂 531	貴 534	趠 541	肆 547	朓 556
詡 513	登 526	賈 534	買 534	跲 546	跪 547	輕 559
誣 513	豐 526	賂 534	賤 534	跫 546	跨 547	衛 559
詎 513	夆 526	肬 534	赫 538	跨 546	跡 547	輁 559
誆 513	狠 528	貴 534	蛛 538	踩 546	珊 547	較 559
詈 513	豦 528	貲 534	絅 538	踘 546	跭 547	輂 559
誃 513	豣 528	飮 534	艴 538	跪 546	踀 547	輅 559
詑 513	孩 528	貶 534	絪 538	跬 546	跅 547	耕 559
詀 513	豢 528	賊 534	趁 540	跟 546	趽 547	軾 559
誠 513	豠 528	賊 534	趐 540	路 546	踋 547	輀 559
誉 513	豜 528	資 534	趒 540	骿 546	踄 547	載 559
誠 513	豣 528	賅 534	趎 540	跳 546	跮 547	輊 559
詷 513	豖 528	賚 534	趍 540	跳 546	跽 547	軔 559
瞽 513	貊 528	賄 534	趏 540	趌 540	跅 547	輕 559
詵 513	狚 528	寶 534	趎 540	跗 547	跰 547	輐 560
詾 513	猴 528	賏 534	超 540	趼 547	趻 547	輗 560
誅 513	貂 530	購 534	趄 540	跡 546	跦 547	輂 560
諡 513	貉 530	貽 534	趎 540	跧 546	跋 547	軚 560

총획 색인 [13획]

肇 560	這 571	遝 572	鄓 580	鉅 591	鈺 592	鍗 592
輊 560	遏 571	逎 572	鄎 580	鉉 591	鉞 592	鈡 592
艶 560	過 571	遊 572	鄌 580	鉗 591	鈾 592	鉝 592
軿 560	遇 571	逯 572	鄑 580	鈲 591	鈊 592	鈧 592
軝 560	運 571	遒 572	馸 580	鈷 591	鉴 592	鉏 592
軥 560	逎 571	述 572	剫 580	鉱 591	鉔 592	鉎 592
軨 560	達 571	遃 572	廊 580	鉤 591	鈿 592	鈇 593
軟 560	違 571	逎 572	郤 580	鈮 591	鉦 592	鉥 593
輔 560	遊 571	逎 572	酮 584	鈔 591	鋌 592	鉨 593
輂 560	逾 571	邊 572	酪 584	鈐 591	鉁 592	鍾 593
幹 560	遁 571	選 572	酬 584	鉏 591	鈷 592	釸 593
較 560	逳 571	御 572	鼐 584	鉖 591	鉊 592	眺 606
鞇 560	逎 571	遒 572	酳 584	鈴 591	鉇 592	毻 606
輇 560	遇 571	耗 577	酲 584	鉚 592	鉨 592	骰 606
輅 560	遍 571	耄 577	酭 584	鉏 592	鉋 592	骼 606
辡 565	逼 571	耋 577	搕 584	鉧 592	鈀 592	骴 606
辟 565	遐 572	哉 577	酯 584	鉽 592	鈹 592	骹 606
辞 565	遑 572	鄒 580	酷 584	鉑 592	鉟 592	閘 608
辝 565	迦 572	鄭 580	酴 584	鉡 592	鉍 592	開 608
皐 565	運 572	慰 580	酳 584	鈸 592	鉉 592	閟 608
辤 565	遠 572	鄔 580	醉 584	鉢 592	銅 592	閨 608
農 565	溚 572	廓 580	酨 584	錸 592	鉌 592	閗 608
農 567	遁 572	鄏 580	酰 584	錒 592	鉏 592	閏 608
農 567	遾 572	鄙 580	酨 584	鉈 592	鍿 592	閼 608
過 571	遠 572	鄒 580	舍 584	鉋 592	鉨 592	開 608
遘 571	逤 572	都 580	酸 584	銅 592	鉈 592	閠 608
達 571	遲 572	鄕 580	醃 584	鉿 592	鉛 592	閔 608
逢 571	湜 572	郷 580	酮 584	銈 592	鉔 592	閑 608
道 571	湜 572	鄐 580	酪 584	鉏 592	鉊 592	閒 608
遒 571	逮 572	鄭 580	酰 584	鉛 592	銋 592	閖 608
遁 571	還 572	鄍 580	醋 584	鈰 592	鈌 592	閌 608
遂 571	遙 572	鄺 580	醋 584	鉌 592	鉄 592	閣 608
遂 571	湜 572	鄧 580	酳 584	鈜 592	鉹 592	關 608
逢 571	遲 572	鄭 580	鉏 591	鈌 592	鉅 592	閱 608
逮 571	邊 572	鄂 580	鉀 591	鉛 592	鉪 592	閨 608

闟 608	陷 616	雯 624	鞂 633	項 643	颰 650	馯 664
閞 608	隕 616	雯 624	鞁 633	頋 643	颲 650	馴 664
間 608	隠 616	霁 624	靽 633	頔 643	雹 650	馹 664
閈 608	蓄 618	雸 624	靿 633	頑 643	盍 650	馼 664
開 608	雊 620	雷 624	鞆 633	頎 643	颮 650	馳 664
閑 608	雍 620	雷 624	鞇 633	頓 643	颯 650	駄 664
飿 613	雌 620	雼 624	靾 633	頂 643	颰 650	駞 664
隨 616	雎 620	靖 629	靲 633	頍 643	飩 654	駐 664
隔 616	雉 620	靖 629	靸 633	頃 643	飯 654	駅 664
隙 616	帷 620	靖 629	鈔 633	頒 643	飯 654	鳽 664
陞 616	翟 620	靖 629	鞉 633	領 643	飣 654	鳶 664
隘 616	雊 620	靡 630	鞅 633	頜 643	飧 654	駅 664
陳 616	雄 620	雰 630	靴 633	頏 643	飫 655	駉 664
隝 616	雊 620	靶 631	靶 633	碩 643	飭 655	駇 664
隗 616	雒 620	酪 631	鞠 633	頄 643	飲 655	駙 664
隕 616	雁 620	鈕 631	靮 639	頗 643	飲 655	骨 672
隔 616	雒 620	酢 631	鞅 639	煩 643	飩 655	骭 672
陸 616	雄 620	酌 631	靮 639	領 643	飧 655	骯 672
隈 616	雒 620	酌 631	靭 639	頤 643	飪 655	骰 672
隄 616	雅 620	鈿 631	鞕 639	頤 643	飢 655	骵 672
隉 616	雉 620	靳 633	歎 639	頭 643	飯 655	骱 672
匯 616	翟 620	鞃 633	韭 641	頪 643	飢 655	骴 672
隙 616	雊 620	鞁 633	韮 641	頓 643	飼 655	骲 672
隧 616	雉 620	靪 633	韭 641	頋 644	鈎 655	骲 672
嗒 616	零 623	靶 633	師 642	颰 650	養 655	骶 672
𩿇 616	雷 624	靴 633	齡 642	颭 650	鈔 655	髦 676
腔 616	雺 624	靳 633	韵 642	颮 650	鉍 655	髨 677
陸 616	雱 624	靫 633	頏 643	颭 650	納 655	髪 677
陷 616	雹 624	靹 633	頎 643	颮 650	飰 655	髱 677
隒 616	霄 624	鞠 633	頓 643	颭 650	飩 655	髣 677
隑 616	雯 624	鞑 633	頔 643	颱 650	飩 655	髦 677
陵 616	電 624	靬 633	頖 643	颰 650	鈀 655	髣 677
隆 616	霅 624	靳 633	頒 643	颭 650	鈴 662	髣 683
隨 616	𩄋 624	靶 633	頟 643	颱 650	鉮 662	鬴 683
𨻤 616	霂 624	靴 633	頑 643	颮 650		魁 684

字	쪽	字	쪽	字	쪽	字	쪽	字	쪽	字	쪽	字	쪽
魁	684	鳲	699	寬	31	僬	31	劂	48	厭	61	嗎	77
魀	685	鳮	699	傳	31	僽	31	剹	48	厱	61	嗷	77
魂	685	鳳	699	僕	31	僭	31	劂	48	厰	61	嗸	77
彲	685	鳴	699	傍	31	僮	31	劃	48	厯	61	嗾	77
蒐	685	麀	713	傍	31	僜	31	劄	48	廚	61	嘃	77
裊	685	麂	713	僚	31	僟	31	製	48	厭	61	嘀	77
魁	685	麃	713	傲	31	僰	31	綹	48	褎	61	嘈	77
魃	685	麁	713	傱	31	僯	31	劃	48	褎	63	嗻	77
魄	685	麀	715	僝	31	催	31	劉	48	叡	64	噴	77
奥	688	麴	715	僨	31	傖	31	剚	48	叡	64	嚾	77
魟	688	麋	718	傔	31	僉	32	瞀	51	嘉	77	嘆	77
魛	688	黑	721	僥	31	兢	35	勖	51	嘅	77	嗿	78
魝	688	黔	721	僩	31	寇	35	勘	51	喇	77	嘌	78
魞	688	鼀	725	儉	31	禁	36	勤	51	嚕	77	嘩	78
魣	688	鼎	725	僫	31	槃	37	筋	51	嘐	77	嘏	78
魥	688	鼏	726	僿	31	箕	37	勠	51	嗶	77	嗐	78
魨	688	鼓	727	僻	31	興	37	勣	51	嘵	77	嘘	78
魩	688	鼓	727	僤	31	寫	40	勩	51	嘚	77	嘒	78
魡	688	鼠	728	僥	31	圖	40	飭	53	嘽	77	嘑	78
鳩	699	**14**		僖	31	漸	42	覆	53	嘽	77	嘘	78
鳧	699	億	31	傑	31	獻	42	塵	54	嘍	77	嘗	78
鳶	699	儒	31	僦	31	僭	42	厓	55	嘮	77	噁	78
鳲	699	儜	31	儈	31	儧	42	區	55	嘛	77	嘫	78
鳮	699	儌	31	儣	31	儦	43	匪	55	嘜	77	嘡	78
鳧	699	儆	31	儇	31	儲	43	匯	55	嗼	77	噎	78
鳧	699	僖	31	儇	31	凴	44	窯	58	嚩	77	嘜	78
鳼	699	僂	31	僑	31	鼐	48	夐	58	嘣	77	嘩	78
鳭	699	儔	31	僞	31	劊	48	厮	61	嚐	77	噉	78
鳳	699	儐	31	儁	31	剽	48	厭	61	嗷	77	嘞	78
鳷	699	儓	31	儆	31	剝	48	厰	61	嗾	77	嘖	78
鴄	699	儦	31	儈	31	劏	48	厓	61	嘎	77	嗺	78
鳰	699	像	31	僚	31	劁	48	厲	61	嚾	77	嘳	78
鴃	699	儌	31	僑	31	劊	48	厎	61	嗷	77	嘛	78
鳩	699	僥	31	番	31	刨	48	戻	61	噋	77	噫	78

총획 색인 [14획]

嘇	78	墈	93	壹	93	奩	101	敻	109	寤	117	尉	132		
嘊	78	墘	93	壃	93	奫	101	嫶	109	寨	117	嶂	132		
嘐	78	墔	93	壒	93	奮	101	嫭	109	寁	117	蔣	132		
嗷	78	墐	93	壝	93	奪	101	嫿	109	寜	117	嶍	132		
嗱	78	堅	93	墣	93	奬	101	婺	109	諸	117	嵷	132		
嘖	78	墍	93	塉	93	奯	101	嫩	109	寪	117	慫	132		
嘗	78	墚	93	墫	93	嫌	109	嫖	109	寏	117	嵌	132		
嘖	78	墑	93	墥	93	嫗	109	嬗	109	對	119	嶃	132		
嚃	78	墁	93	墌	93	娃	109	塹	109	對	119	嶄	132		
毉	78	墓	93	墭	93	嫩	109	嫧	109	粆	121	嵾	132		
嗄	78	墀	93	墘	93	嫩	109	嬋	109	夢	121	嵏	132		
嘟	78	墉	93	壒	94	嫚	109	屢	113	絣	121	嶁	132		
嘫	78	墋	93	墳	94	嫪	109	孶	113	樓	122	嶕	132		
嘄	78	壄	93	埦	94	嫘	109	孳	113	樵	122	嶉	132		
嘡	78	墒	93	塲	94	嫚	109	寡	117	屢	124	嵸	132		
嘁	78	墅	93	搣	94	墓	109	寠	117	屣	124	嵹	132		
嗺	78	塾	93	墣	94	嫩	109	寔	117	厭	124	嶁	132		
嗶	78	墉	93	壁	94	嫐	109	寢	117	層	124	孷	132		
嘅	78	墕	93	墟	94	媱	109	寧	117	屢	124	嶂	132		
嗹	78	墤	93	壎	94	嫣	109	寧	117	屨	124	嵨	132		
甍	78	墐	93	境	94	嬊	109	寔	117	韍	126	嵶	132		
輂	78	墐	93	塿	97	嫛	109	實	117	嶃	132	嵫	132		
喊	78	塲	93	壽	97	嫜	109	寤	117	嶅	132	嶤	132		
嘒	78	墘	93	夒	98	嫡	109	察	117	嵺	132	嵹	132		
嗾	78	塾	93	夢	98	嫥	109	寒	117	嶇	132	嶱	132		
圔	85	墀	93	夥	99	嫖	109	寠	117	嵶	132	巖	132		
圕	85	墊	93	夤	99	嫫	109	寅	117	嶂	132	崛	132		
圈	85	塹	93	夣	99	嬋	109	康	117	嶋	132	嵥	132		
團	85	墹	93	夢	99	嬟	109	蜜	117	島	132	嶞	132		
圖	85	墜	93	奫	99	嫿	109	寵	117	嵩	132	嵺	132		
圖	86	墛	93	奩	99	媽	109	賓	117	嶁	132	嶇	132		
圖	86	墉	93	獒	99	嬃	109	寠	117	嶎	132	巢	136		
圉	86	墖	93	奪	99	媤	109	寔	117	嶀	132	鼠	136		
鳳	86			墂				嫕	109	寰	117	嶜	132	幕	141

嫫 141	廗 147	徵 158	惆 170	慵 171	摎 189	撞 189
幔 141	廞 147	徶 158	慬 170	憀 171	搥 189	撅 189
慘 141	廜 147	徸 158	憏 170	㦤 171	摬 189	摧 189
幛 141	廛 147	徳 158	憀 170	慱 171	搷 189	摭 190
幘 141	㢮 147	銜 158	憏 170	憎 171	摬 189	搣 190
幗 141	厭 147	徻 158	摟 170	惶 171	摍 189	摓 190
幀 141	厰 147	徱 158	慢 170	慸 171	搯 189	摐 190
幉 141	厮 147	御 158	慢 170	憯 171	搈 189	摫 190
幣 141	庿 147	慭 169	㦖 170	憛 171	搱 189	摝 190
幢 141	㢧 147	慇 169	慯 170	憗 171	搼 189	摘 190
幟 141	厖 147	慫 169	慷 170	憇 171	摔 189	摱 190
幠 141	廐 147	慂 169	慯 170	慴 171	㨛 189	撕 190
幗 141	弊 150	願 169	慴 170	戩 177	摖 189	摳 190
幨 141	彄 153	慇 169	慵 170	嘅 177	揫 189	搿 190
幦 141	彈 153	態 169	慪 170	戧 177	摘 189	摵 190
幬 141	彌 153	恩 169	慴 170	餗 177	摶 189	摒 190
幪 141	㢼 153	慂 169	慞 170	戧 177	搞 189	搏 190
幭 141	㣎 155	愿 169	慒 170	戧 177	搭 189	摸 190
幤 141	彰 155	惣 169	慙 171	戩 177	摜 189	摾 190
幙 141	影 155	慇 169	慽 171	威 177	搹 189	摺 190
幓 141	縦 155	惒 169	憁 171	辢 177	搋 189	摻 190
慻 141	彲 155	惡 170	慛 171	廬 179	摞 189	摰 190
幩 141	徖 158	寒 170	慛 171	䯽 179	摓 189	摽 190
㣤 143	德 158	應 170	慟 171	㐀 188	摟 189	摿 190
磃 143	得 158	愍 170	慄 171	摯 188	摠 189	掩 190
廓 146	徰 158	慫 170	慓 171	翰 188	摡 189	揪 190
廎 146	復 158	愆 170	憤 171	搴 188	摫 189	搯 190
廐 146	復 158	愳 170	憍 171	擎 188	摢 189	摺 190
廑 146	債 158	愆 170	慄 171	摐 188	搛 189	境 190
廆 146	徦 158	愍 170	㦝 171	搬 189	摚 189	摬 190
廅 146	徫 158	慳 170	慿 171	撒 189	搗 189	揚 190
廇 146	徬 158	慷 170	懐 171	搯 189		攄 190
廏 147	徫 158	慣 170	憧 171

총획 색인 [14획]

誓 190	旖 204	滕 214	榥 226	榰 227	槖 227	殪 242
摛 190	旕 204	朢 214	榦 226	榽 227	槨 227	殠 242
摪 190	旍 204	榛 226	榲 226	榾 227	榊 227	殨 242
摠 190	晥 209	榰 226	榨 226	榿 227	様 227	殟 242
摏 190	暗 209	榗 226	槆 226	槀 227	歎 237	殼 244
掤 190	暇 209	榨 226	榪 226	槁 227	歌 237	殽 244
毇 195	晉 209	榤 226	榞 226	槃 227	鳶 237	毄 244
敲 198	翰 209	榾 226	榟 226	榙 227	㱇 237	毁 244
敳 198	暠 209	槊 226	樺 226	榕 227	歆 237	毃 244
整 198	暎 209	榍 226	榱 226	槅 227	㱃 237	轂 244
厰 198	冕 209	榩 226	榾 226	槇 227	㱆 237	毄 244
敺 198	暚 209	榻 226	㮸 226	構 227	㱅 237	毃 244
毆 198	嶉 209	榕 226	榭 226	槥 227	㱓 237	毓 246
敷 198	瞠 209	槛 226	榮 226	槭 227	歉 237	毟 246
敾 198	睦 210	榯 226	槝 226	槐 227	歡 237	氂 248
毅 198	暝 210	槫 226	楮 226	㰖 227	歐 237	氃 248
敫 198	暘 210	槛 226	榵 226	榵 227	歒 237	毦 248
數 198	暄 210	榔 226	榲 226	榱 227	歓 237	氎 248
敲 198	暄 210	榮 226	榴 226	槊 227	歕 237	氄 248
敷 198	暠 210	槝 226	榶 226	榳 227	歖 237	氅 248
敾 198	暠 210	榕 226	榷 226	樿 227	歕 237	氈 248
敝 198	瞞 210	榖 226	㰦 226	槐 227	歙 237	氀 248
敫 198	偕 210	槃 226	㮎 226	槌 227	歔 237	斠 248
斁 199	暢 210	槩 226	梱 226	槍 227	歷 240	斖 248
斅 199	熈 210	槁 226	裡 226	磋 227	嗅 240	毽 248
斃 199	晞 210	榛 226	梔 226	㮘 227	踅 240	毷 248
敱 199	㬎 210	榜 226	槐 227	磙 242	磋 242	毳 248
斠 201	暤 210	槟 226	塍 227	㮒 227	殣 242	氂 248
斡 201	暦 210	榡 226	榻 227	槐 227	殧 242	氂 248
斠 201	曷 213	榪 226	橄 227	槐 227	殩 242	毰 248
斜 201	楝 213	榛 226	榱 227	㮊 227	殫 242	氈 248
斳 202	榊 213	榬 226	榬 227	對 227	殭 242	氈 250
斷 202	晉 213	榣 226	㮽 227	榿 227	殬 242	氤 251
新 202	朝 214	榎 226	㮞 227	榔 227	殞 242	氳 251
旗 204	朕 214	㮚 226	櫡 227	槹 227	殬 242	黎 262
						榮 263

裊 264	漈 265	逢 265	滐 266	熏 279	㹳 290	獂 297
獉 264	㴸 265	漩 265	㵳 266	熉 279	犕 290	猢 297
㼿 264	漉 265	漪 265	潅 266	煁 279	犔 290	獥 297
滌 264	漊 265	漫 265	漵 266	煤 279	㹘 290	㺉 297
潄 264	漖 265	漬 265	漭 266	熒 279	犗 290	竭 299
滫 264	漌 265	漯 265	㴶 266	熘 279	殼 290	瑑 304
溉 264	㴽 265	漰 265	潃 266	熥 279	㪿 290	瑨 304
滬 264	漎 265	漱 265	滺 266	鳩 279	觳 290	瑴 304
渾 264	漏 265	漱 265	構 279	鄣 279	揵 290	瑰 304
潈 264	漅 265	漲 265	熗 279	熔 279	慘 290	瑭 304
滯 264	滥 265	漳 265	熕 279	熮 279	犏 290	瑯 304
湲 264	漓 265	崇 265	燊 279	煩 279	犠 290	瑠 304
漢 264	演 265	漱 265	漉 279	熄 279	犕 290	瑮 304
渗 264	涛 265	漶 265	熙 279	熗 279	糖 290	瑪 304
漱 264	漕 265	漘 265	煎 279	熘 279	殼 296	瑣 304
滴 264	漩 265	漸 265	熴 279	熔 279	獍 297	瑣 304
滴 264	漘 265	瀉 265	熒 279	熇 279	猤 297	瑥 304
溜 264	溥 265	漾 265	熯 279	㷉 284	獐 297	瑢 304
㴟 264	漙 265	漾 265	㷨 284	㷊 284	獅 297	瑤 304
滷 264	漚 265	濟 265	㷦 279	爰 284	獀 297	瑶 304
許 264	漆 265	漾 265	窯 279	爾 285	猸 297	瑤 304
濾 264	漱 265	漾 266	殼 279	槍 286	獀 297	瑧 304
漱 264	漖 265	穎 266	熤 279	膊 287	獵 297	瑱 304
漉 264	滑 265	淭 266	熄 279	膀 287	獜 297	瑱 304
滿 264	漟 265	淑 266	熠 279	虢 287	獏 297	瑨 304
滾 264	漠 265	漣 266	熠 279	膌 288	獠 297	瑳 304
滿 264	漡 265	潾 266	獘 279	犕 290	猺 297	瑲 304
滿 264	漢 265	漉 266	熤 279	犖 290	㺅 297	瑛 304
漁 264	漢 265	淋 266	熅 279	犕 290	獁 297	瑨 304
漂 265	漣 265	魿 266	熓 279	犠 290	犥 297	瑠 304
滾 265	漣 265	滑 266	熙 279	犒 290	獃 297	瑢 304
漌 265	漤 265	涇 266	煩 279	熒 290	㹺 297	瑝 304
漱 265	漥 265	漕 266	熊 279	㙲 290	獄 297	碧 304
溄 265	通 265	漱 266	爓 279	榛 290	獝 297	㼣 307
淺 265	漰 265	滽 266	熰 279	槍 290	獠 297

총획 색인 [14획] 821

郯 307	痞 320	瘋 320	瑜 336	睟 336	碡 348	禔 354	
勅 307	瘑 320	瘟 320	睯 336	睭 336	碲 348	稼 354	
愓 307	瘐 320	瘑 320	睼 336	睪 336	碪 348	禍 354	
瓯 307	廎 320	瘠 320	瞅 336	睗 336	碣 348	禐 354	
扁 307	瘖 320	瘋 320	睱 336	睧 336	碳 348	禕 354	
甄 309	瘌 320	瘅 320	瞑 336	睞 336	碭 348	禋 354	
匭 309	瘥 320	瘟 320	督 336	奭 336	碰 348	禎 355	
瓴 309	瘍 320	瘋 320	睩 336	猴 341	碥 348	禔 355	
甃 309	瘒 320	癁 320	睫 336	猴 341	碬 348	禘 355	
甎 309	瘦 320	瘝 320	暖 336	愁 341	磐 348	禍 355	
甑 309	瘟 320	喝 325	瞁 336	猵 341	硬 348	禪 355	
瓢 309	瘖 320	睴 325	晴 336	猫 341	碴 348	靶 355	
瓿 309	瘧 320	餳 325	睮 336	猴 341	碮 348	禑 355	
瓾 309	瘟 320	馨 325	瞠 336	愙 341	碌 348	禔 355	
題 309	瘋 320	鞁 327	睞 336	貑 341	碎 348	襓 355	
瓿 309	瘕 320	皷 327	眥 336	猰 341	磋 348	禧 355	
瓮 309	瘟 320	皷 327	睫 336	猱 341	碏 348	禎 355	
甃 309	瘊 320	皷 327	眉 336	獦 341	碍 348	禟 355	
甍 309	瘖 320	瞀 327	照 336	猾 343	硾 348	稭 355	
睹 311	瘍 320	辭 328	睡 336	歊 343	碉 348	秸 355	
甦 312	痲 320	皷 328	膩 336	煬 343	碑 348	禖 355	
腄 314	痩 320	皮 328	瞄 336	碣 348	磲 348	禡 355	
睦 314	癄 320	監 330	睹 336	碶 348	碇 348	殼 355	
暢 314	癍 320	盡 330	胭 336	碾 348	碢 348	褐 355	
暖 314	瘨 320	盡 330	睛 336	破 348	磂 348	褻 355	
晓 314	痿 320	盬 330	暉 336	碧 348	磁 348		
瞑 314	癆 320	健 336	瞜 336	磋 348	鹹 348	夢 357	
𣅅 314	瘳 320	睪 336	膩 336	碩 348	碑 348	薵 357	
暘 314	痲 320	睒 336	睵 336	碹 348	磋 348	楷 360	
楝 314	瘞 320	睹 336	睓 336	碟 348	磌 348	稧 360	
疑 316	瘝 320	睮 336	睭 336	磧 348	砎 348	稌 360	
寡 316	瘖 320	睝 336	暖 336	暑 348	褐 354	稻 360	
瘖 320	瘞 320	瞀 336	瞤 336	碐 348	禊 354	徧 360	
痢 320	瘻 320	歐 336	膕 336	碾 348	禚 354	稍 354	稍 360
瘠 320	癶 320	睻 336	暗 336	礆 348	褔 354	稻 360	
		睿 336	匪 336	磁 348		稈 360

種 360	寙 367	箕 375	筌 376	棃 387	緋 396	縛 396
稷 360	寠 367	箣 375	箭 376	榍 387	緋 396	綷 396
稱 360	熍 367	箊 376	箟 376	榾 387	緆 396	繪 396
程 361	寑 367	簏 376	箙 376	糀 387	綬 396	綃 396
稊 361	窨 367	算 376	箣 376	精 387	緎 396	綖 396
頹 361	寮 367	篋 376	篊 376	槀 387	綩 396	絣 396
矮 361	寠 367	筺 376	箚 376	糘 387	綩 396	綦 396
稍 361	寪 367	筮 376	箵 376	槹 387	維 396	練 396
稐 361	甯 367	箏 376	箐 376	槩 396	緌 396	綳 396
程 361	窟 367	箋 376	箚 376	棗 387	綽 396	綶 396
稨 361	窩 367	箐 376	箈 376	樃 387	綜 396	綷 396
稼 361	窬 367	箜 376	簀 376	穅 387	綱 395	緄 396
稑 361	窪 367	箚 376	箖 376	綱 395	綵 396	緍 396
秞 361	竭 371	篹 376	篢 376	縈 395	綧 396	綟 396
稭 361	端 371	筻 376	簡 376	紙 395	綾 396	總 396
稬 361	堙 371	塀 371	篁 376	絟 395	綷 396	緉 396
械 361	踹 371	篁 376	簇 376	絟 395	綿 396	紗 396
禍 361	颯 371	策 376	筱 376	綣 395	綴 396	綮 396
稐 361	榻 371	算 376	篁 376	綺 395	緁 396	絹 396
穆 361	頍 371	箵 376	粿 387	綦 395	緅 396	總 396
稭 361	頔 371	箱 376	棋 387	綨 395	緇 396	繼 396
郂 361	豎 371	笺 376	糁 387	緊 395	綝 396	綵 396
稡 361	颯 371	篳 376	粹 387	綠 395	綞 396	綵 396
稭 361	箇 375	箔 376	糉 387	絢 395	綻 396	絮 396
秸 361	箝 375	荅 376	精 387	綜 395	綠 396	綩 396
穄 361	筈 375	箍 375	篂 376	緔 395	緄 396	綀 397
稻 361	筓 375	箏 375	箓 376	緍 395	絽 396	緖 397
穊 361	篙 375	筓 375	箚 376	綠 395	綩 396	綜 397
穀 361	筴 375	笭 375	䈎 376	綹 395	網 396	絡 397
龡 361	筓 375	篇 375	範 376	綸 395	經 396	縱 397
竅 361	筰 375	筴 375	箞 376	綣 387	綾 396	銒 405
窠 367	箓 375	筓 375	筩 376	椑 387	綷 396	鹹 405
窩 367	笈 375	管 375	筬 376	槔 387	絜 396	裳 405
窓 367	筜 375	箇 375	筴 376	糀 387	綮 396	鏳 405
窬 367		箟 375	筞 376	棑 387	綿 396	鉻 405

鋼 405	翾 414	粁 418	脊 430	賽 431	艍 442	輂 458
錘 405	翯 414	聞 421	脊 430	膣 431	艌 442	蓻 458
罶 407	翟 414	聝 421	膊 430	膵 431	艒 442	蓎 458
罪 407	翠 414	聘 421	膀 430	膁 431	舻 442	蒸 458
罫 407	瑠 414	聊 421	膑 430	膛 431	艇 442	菰 458
置 407	翰 415	聤 421	膆 431	膡 431	艴 442	蔑 458
罱 408	豫 415	骋 421	脾 431	膚 431	艪 442	蒿 458
罰 408	翪 415	聝 421	膁 431	膛 431	健 442	蒚 458
署 408	翩 415	聥 421	膓 431	膜 431	艊 442	蒙 458
罳 408	翝 415	珺 421	膜 431	膘 431	艖 442	蓴 458
罞 408	穫 415	聚 421	膏 431	膟 431	舫 442	蒝 458
罯 408	翖 415	睡 421	脉 431	膇 431	艆 442	蒡 458
罭 408	翖 415	聺 421	腿 431	脘 431	舫 442	蓓 458
罟 408	翡 415	睩 421	膞 431	膴 431	鹪 442	葀 458
罣 408	翯 415	聦 421	膼 431	脢 431	艇 442	蔈 458
罦 408	獂 415	聸 421	膌 436	威 435	魹 445	蔢 458
罠 408	獥 415	聨 421	膌 436	臋 436	艳 445	薜 458
罨 408	獥 417	聠 421	媵 431	臺 437	艷 445	蒴 458
羒 411	穊 418	聤 421	應 431	桱 438	齶 454	蒜 458
羥 411	稠 418	聟 421	腮 431	臩 438	韡 454	蒜 458
羧 411	糳 418	聦 421	膌 431	叟 438	蕰 454	蓆 458
羭 411	稛 418	聊 421	朡 431	甗 439	鬱 454	蔬 458
羧 411	稂 418	肇 421	腽 431	莶 439	辩 454	蔻 458
羒 411	桲 418	肇 423	朦 431	舐 439	蠽 454	蓚 458
辢 411	棶 418	肇 423	膑 431	酷 439	椢 454	蓴 458
羕 411	棘 418	肇 423	腃 431	稘 440	蓋 457	蓍 458
鉾 411	稫 418	肇 428	胳 431	殷 440	蒛 457	蒔 458
畢 411	楊 418	肉 428	膑 431	碭 440	蓮 457	葱 458
炎 411	榼 418	月 428	膃 431	磔 440	菾 457	蒻 458
㭎 411	棘 418	腎 428	腴 431	硈 440	蒉 457	蓝 458
獟 414	䄂 418	𦨞 429	腁 431	舜 440	鄡 457	蓊 458
翡 414	糃 418	膈 430	膯 431	舞 440	蒟 458	蓐 458
翠 414	矬 418	膁 430	毃 431	舼 442	葤 458	蓉 458

총획 색인 [14획]

蒗 458	酒 459	蕳 459	蜴 481	蜿 481	蜓 482	禫 497
蓶 458	蓤 459	蕳 459	蜥 481	蜿 481	蜥 482	褑 497
蒑 458	䔻 459	蓳 459	蝆 481	矮 481	蜚 482	褘 497
蔥 458	蓨 459	蔪 459	蜠 481	蜼 481	蛋 482	褕 497
蔵 458	蓘 459	蒼 459	蜧 481	蜳 481	蠅 482	褚 497
蓨 458	蓽 459	蔆 459	螺 481	婕 481	蜎 482	褆 497
蒩 458	蓪 459	蒗 459	蜩 481	蜓 481	蜸 482	禘 497
蓰 458	蒵 459	蓰 459	蜠 481	蜩 481	蜦 482	褊 497
蔆 458	蔪 459	蓰 459	蜙 481	蜘 481	蜓 482	褋 497
蒸 458	蒽 459	蓻 459	蜪 481	婿 481	蜪 482	禣 497
蒩 458	蓝 459	蓰 459	蜷 481	蝳 481	蝹 482	禗 497
蓁 458	菓 459	澚 459	菒 481	蝦 481	鹽 491	褌 497
蒬 458	蒹 459	蒺 459	蜦 481	蛘 481	蛤 491	褪 497
蔟 458	荙 459	蔥 460	螙 481	蜓 481	歳 491	種 497
蒼 458	蒠 459	蒐 460	蜥 481	蜩 481	鹽 491	祶 497
蒮 458	蓍 459	蔙 460	蜗 481	蛤 481	盟 491	禋 497
蓓 458	葺 459	蕢 460	蜠 481	螗 481	衛 492	褚 497
蒻 458	蓧 459	蒻 460	蜦 481	縼 481	裹 496	褥 497
蒭 458	蒿 459	蓑 460	蜦 481	蛘 481	裏 496	褫 497
蓄 458	蒞 459	蒡 460	蜜 481	蜻 481	袅 496	褍 497
蒲 458	蓝 459	翟 460	螗 481	蛟 481	褏 496	袂 497
蒲 458	蔦 459	蓒 460	媞 481	蜣 481	裵 496	襟 497
蔁 458	萱 459	蓽 460	蛋 481	蜓 481	褁 496	褪 497
荺 458	蒞 459	蒞 460	蜡 481	蛛 481	裳 496	褐 497
蒿 459	蓏 459	蔊 460	蜡 481	蜿 482	製 496	祒 497
蓀 459	蔀 459	蒻 460	蜥 481	蜫 482	褒 496	褯 497
萎 459	薄 459	蒝 460	蝴 481	蛾 482	褐 497	褛 497
蔻 459	蔮 459	耤 460	螔 481	蟻 482	楷 497	褓 497
蕆 459	菽 459	虞 475	蜮 481	蜶 482	禪 497	褸 497
蓸 459	華 459	靡 475	蛱 481	蜢 482	禒 497	褥 498
蔽 459	蓶 459	膚 475	蜪 481	蛹 482	褙 497	褶 498
蒽 459	葉 459	虦 475	蟓 481	蛘 482	褓 497	襣 498
䔽 459	蔘 459	豦 475	蛋 481	蜢 482	複 497	禧 498
蒩 459	歕 459	臚 475	蜮 481	蜥 482	福 497	褐 498
蒻 459	蓍 459	虠 475	蜩 481	蛑 482	禊 497	褸 498
蓚 459	蔘 459	甝 475	蜎 481	蜘 482	禠 497

殛 498	誏 514	誉 514	誤 515	豻 531	輕 538	踁 547
禠 498	誑 514	誔 514	設 515	貋 531	赫 538	踂 547
福 498	誓 514	誘 514	謎 515	貀 531	赧 538	跽 547
厰 502	說 514	訞 514	譯 515	豵 531	䞘 538	踅 547
覇 502	説 514	誈 514	読 515	貁 531	趕 541	踉 547
覎 504	誦 514	諴 514	誷 515	貆 531	趙 541	踧 547
覐 504	誠 514	諮 514	誁 515	貌 531	趚 541	跾 547
規 504	語 514	誁 514	訵 515	賕 534	趬 541	踆 547
覤 504	誤 514	誌 514	誥 515	賗 534	趖 541	踟 547
覢 504	誤 514	誾 514	㕛 525	資 534	趡 541	踈 547
覡 504	誤 514	諱 514	叡 525	賦 534	㞡 541	疏 547
覠 504	誘 514	諢 514	銔 525	賁 534	趥 541	筵 547
親 504	認 514	説 514	叞 526	賓 534	趛 541	踅 547
覦 504	誌 514	詣 514	䟝 526	實 534	趣 541	踊 547
覥 504	誢 514	䜻 514	踶 526	實 534	趤 541	踐 547
睍 504	䛜 514	誃 514	䟠 526	實 534	趚 541	踉 547
覘 504	諈 514	誀 514	來 526	賑 534	趜 541	踣 547
覷 504	諄 514	諵 514	尌 526	賒 534	趨 541	踔 547
觤 507	誧 514	諙 514	豨 528	賖 534	赯 547	踕 547
觫 507	誁 514	詠 514	豨 528	賏 534	趦 541	踘 547
觮 507	誨 514	言 514	豞 528	貴 534	趑 541	踒 547
觭 507	誤 514	誇 514	豪 528	賑 534	趘 541	踝 547
觱 507	誌 514	詨 514	豫 528	賄 534	趭 541	球 547
觲 507	謡 514	善 514	豝 528	敱 534	趣 541	踨 547
觰 507	詩 514	訹 515	豵 528	貸 535	逋 541	跂 547
觯 507	誄 514	諫 515	豜 528	賌 535	趣 541	踢 547
膹 507	誐 514	誺 515	賕 528	賂 535	趕 541	踥 547
觵 507	誒 514	諑 515	殟 528	斳 535	趨 541	踰 547
鰲 507	誺 514	調 515	豜 528	賉 535	赳 541	跨 547
觺 507	誃 514	閨 515	豞 528	賑 535	趣 541	跨 547
謩 513	謈 514	諔 515	豕 528	賣 535	趠 541	跼 547
誡 514	詷 514	誀 515	縊 528	賈 535	趯 541	跟 547
誥 514	誹 514	誐 515	貍 531	赹 535	趢 541	踆 547
詋 514	誎 514	誠 515	貌 531	賝 535	趨 541	跘 547
訮 514	僭 514	調 515	貀 531	賊 535	趚 541	跲 547

趺 547	輒 560	遏 572	鄣 580	骜 589	銦 593	鈬 594
跣 547	菫 560	遄 572	鄚 580	瞀 589	鉦 593	銷 594
踁 548	鞋 560	遍 572	廓 580	墨 589	銓 593	鋒 594
踊 548	靯 560	遛 572	鄠 580	墅 589	銬 593	錢 594
跻 548	輈 560	逾 572	鄢 580	銒 593	銂 593	銎 594
跪 548	輏 560	遒 572	崩 580	銈 593	銚 593	鉥 594
踏 548	輇 560	遫 572	鄗 580	銬 593	銋 593	鉥 594
跧 548	斡 560	窪 572	鄝 580	銎 593	銕 593	鍼 594
踤 548	朝 560	違 572	廓 580	鋆 593	銎 593	錦 594
踘 548	輑 560	遮 572	鄟 580	銍 593	鎙 593	銑 594
跼 548	鞍 560	遲 572	鄧 580	銚 593	銃 593	銅 594
踆 548	輗 560	遜 572	㪵 580	鉸 593	銤 593	銝 606
跌 548	輔 560	邁 572	鄭 580	銡 593	銣 593	銺 606
踌 548	軛 560	遵 572	銅 593	銜 593	踩 606	
踔 548	軨 560	遡 572	御 580	鉻 593	銟 593	舔 606
踜 548	斡 560	邊 572	鄒 581	銠 593	鉥 593	閣 608
踯 548	輓 560	遫 572	鄲 581	銖 593	鈋 593	閨 608
踶 548	軜 560	遞 572	郝 581	銘 593	銝 593	閭 608
跌 548	輔 560	遑 572	廓 581	銉 593	銦 593	閥 608
躬 556	觔 560	遬 572	酴 584	鈣 593	銖 593	閎 608
艇 556	輎 560	遷 572	酐 584	銇 593	銞 593	閣 608
艰 556	輊 560	遏 572	酶 584	𨦸 593	鈾 593	閒 608
艅 556	辈 560	選 573	酸 584	餅 593	鉥 593	閔 608
躱 556	輨 562	鄤 578	酶 584	銫 593	銚 593	閑 608
艇 556	辣 565	邕 578	酹 584	銑 593	鉤 593	開 608
躯 556	辞 565	郯 578	酤 584	銛 593	銎 593	閣 608
怨 556	辟 566	鄔 580	醒 584	銖 593	鎝 593	開 609
程 556	晨 567	鄥 580	酷 584	鈇 593	銇 594	閘 609
躲 556	遣 572	鄧 580	酵 584	鉞 593	鉨 594	閣 609
輕 560	遘 572	鄂 580	酱 584	鋅 593	銦 593	閣 609
輅 560	邏 572	廓 580	醋 584	鋤 593	鈩 594	閦 609
輓 560	遛 572	鄁 580	醛 584	銚 593	銘 594	閣 609
輔 560	遡 572	鄭 581	酴 584	銪 593	鈮 594	閣 609
鞘 560	遜 572	鄒 580	酰 584	銀 593	鋑 594	間 609
軝 560	遙 572	廓 580	醍 585	鉞 593	鉥 594	閲 609
輅 560	遞 572	鄞 580	醇 585	鉬 593	錤 594	閨 609

関 609	隙 617	雩 624	鞋 633	鞍 639	頗 644	颮 650
開 609	隟 617	霄 624	鞅 633	鞎 639	頜 644	颯 650
閏 609	隮 617	雯 624	靻 633	靿 639	頸 644	颱 650
閑 609	降 617	雰 624	葦 633	靾 639	頃 644	颲 650
閎 609	陳 617	霓 624	靪 633	鞄 639	碩 644	颳 650
閔 609	隋 617	雷 624	靯 633	靰 639	預 644	颶 650
閒 609	隱 617	需 624	靽 633	靴 639	頒 644	颭 650
閖 609	隠 617	雺 624	靶 633	鞈 639	頎 644	颷 650
閌 609	雛 620	霑 624	靴 633	靴 639	頌 644	颴 650
閗 609	雒 620	霆 624	鞍 633	軒 639	頏 644	颸 650
閘 609	雖 620	霄 624	鞁 633	靼 639	頑 644	颵 650
閨 609	雅 620	電 624	鞆 633	靽 639	頔 644	颹 650
閪 609	雄 620	霣 624	鞀 633	靱 639	頓 644	颺 650
閝 609	雉 620	霄 624	鞐 633	靴 639	頖 644	颻 650
閠 609	翟 620	靈 624	鞎 633	靴 639	頤 644	颯 650
閟 609	雊 620	艶 629	鞔 633	鞏 639	頡 644	颱 650
閩 609	雞 620	静 629	靿 633	靾 639	頠 644	颳 650
飤 614	雌 620	靚 629	鞃 633	靶 639	頣 644	颷 650
馾 615	雝 620	靛 629	鞄 633	靳 639	頣 644	颴 650
隗 616	雠 620	鮑 631	鞅 633	鞐 639	頭 644	颳 651
障 616	雕 620	酥 631	鞀 633	鞀 639	頸 644	颸 651
際 616	雔 620	酊 631	瓿 633	鞂 639	頺 644	颱 651
隙 616	雊 620	酎 631	鞠 633	鞘 639	頰 644	飴 655
隞 617	雄 620	酌 631	鞄 633	鞘 639	頷 644	飾 655
隔 617	雔 620	酗 631	鞍 633	韶 642	頷 644	飶 655
隓 617	雉 620	酖 631	靭 633	諿 642	頤 644	飼 655
隕 617	雖 620	酘 631	鞐 633	瓵 642	頹 644	飹 655
隘 617	集 620	酚 631	靪 633	詘 642	頰 644	飭 655
隋 617	雚 620	酢 631	鞊 634	領 644	頽 644	飲 655
隥 617	雛 620	酤 631	鞂 634	頣 644	頨 644	餘 655
陛 617	需 624	酥 631	鞌 634	頊 644	頸 644	飴 655
陞 617	霓 624	鞋 633	鞁 634	頏 644	頭 644	飯 655
陵 617	零 624	靱 633	鞉 634	頎 644	頸 644	飱 655
陽 617	霧 624	靵 633	鞐 634	頡 639	頲 650	飽 655
陋 617	霊 624	靿 633	靲 639	鞎 639	颮 650	飽 655
陛 617	雯 624	靴 633	鞉 639	頭 644	颯 650	餐 655

총획 색인 [14~15획]

飿 655	飽 656	馻 664	寠 676	戩 683	鮑 688	麼 718							
飴 655	馱 662	馼 664	嘼 676	敼 683	魟 688	麾 718							
飳 655	馶 662	馿 664	歊 676	斠 683	魛 688	罬 721							
飶 655	馷 662	駀 664	髣 677	魁 685	雿 699	黙 721							
餐 655	馺 662	駁 664	髤 677	魅 685	馯 699	黚 721							
飷 655	馝 663	駂 664	髦 677	魄 685	鳴 699	黿 725							
餁 655	馪 663	駃 664	髩 677	魃 685	鴂 699	鼻 730							
餇 655	㾕 663	駄 664	髧 677	魀 685	鳳 699	鼽 730							
餉 655	酴 663	駅 664	髠 677	魂 685	鳽 699	齊 731							
餄 655	酹 663	駆 664	髯 677	魆 685	鳲 699	**15**							
餀 655	酺 663	駇 664	髱 677	魄 685	鳶 699	槀 19							
餃 655	馼 663	駉 664	髳 677	魌 685	駄 699	羸 19							
組 655	馱 664	駋 664	髲 677	魊 685	塢 699	犇 19							
飷 655	駃 664	駍 664	髷 677	魅 685	鳩 699	奭 19							
卹 655	馺 664	髜 672	髥 677	魁 685	鴽 699	儞 32							
餅 655	駁 664	骨 672	髢 677	魇 685	駒 699	匯 32							
餐 655	駀 664	骶 672	髥 677	剋 685	鴆 699	僵 32							
餒 655	馼 664	骩 672	髮 677	魭 685	鴅 699	僿 32							
餠 655	駃 664	骰 672	髤 677	魍 685	鳷 699	儅 32							
餌 655	駃 664	骯 672	髽 677	魨 685	鵅 699	儧 32							
餦 655	駅 664	骭 672	髿 677	魌 685	鴃 699	儉 32							
飴 655	駉 664	骮 672	髹 677	魄 685	雺 712	儶 32							
餘 655	駆 664	骸 672	髽 677	魅 685	塿 712	價 32							
餗 655	駃 664	骹 672	髻 677	魁 685	麃 713	僻 32							
飴 655	鳶 664	骫 672	髶 677	魂 685	麂 713	儌 32							
饊 656	駓 664	駢 664	骬 672	鮊 688	麁 713	優 32							
餡 656	駠 664	骾 673	閑 682	魛 688	麨 715	僾 32							
飪 656	駃 664	亶 676	閒 682	魜 688	戠 715	亂 32							
飯 656	駋 664	訰 676	閔 682	魝 688	麧 715	隗 32							
蝕 656	駌 664	頨 676	閦 682	魟 688	麩 715	儥 32							
鉦 656	駍 664	亹 676	敽 683	魞 688	麯 715	儀 32							
飽 656	駄 664				麃 718	儂 32

총획 색인 [15획]

億	32	厲	61	嘷	79	噎	79	圚	86	嫵	94	嬀	109
健	32	厱	61	嘶	79	噐	79	園	86	墢	94	嫛	110
過	32	厀	61	噁	79	噇	79	墩	94	墢	94	頖	110
僞	32	厰	61	噁	79	嘮	79	墊	94	眞	94	媵	110
儆	32	廞	61	嘵	79	嘷	79	墡	94	墈	94	墮	110
獨	32	摩	61	噶	79	壼	79	墱	94	埭	94	嫺	110
儇	32	屢	61	噌	79	器	79	墦	94	楿	94	嫻	110
儈	32	鴈	61	噉	79	器	79	墨	94	壖	94	嫿	110
儉	32	撻	63	噂	79	嘷	79	墣	94	堤	94	嬂	110
儭	32	嶐	63	嘷	79	噉	79	墦	94	墊	94	嬉	110
僻	32	嶲	64	嘷	79	噁	79	墳	94	墥	94	嬋	110
儋	32	敠	64	噍	79	嘬	79	墥	94	墱	94	嬌	110
傲	32	鄽	64	嚤	79	嘢	79	墟	94	墰	94	嬓	110
僕	32	嶲	78	噞	79	嚪	79	境	94	墢	94	嬃	110
儲	32	嶠	78	嘴	79	噉	79	墫	94	墢	94	嫳	110
僸	32	噘	78	嘷	79	膨	79	增	94	夐	97	嫸	110
僵	32	噴	78	噋	79	嘶	79	墮	94	夒	98	嬈	110
儼	32	噙	78	嘵	79	曉	79	墜	94	奫	99	嫪	110
墀	32	嘰	78	嘢	79	噏	79	墮	94	奭	101	嫛	110
娥	32	嘷	78	嘷	79	噉	79	墰	94	奪	101	嬿	110
儞	32	噉	78	嘮	79	噏	80	墝	94	奬	101	嬗	110
儷	32	噇	78	噋	79	嘷	80	嚛	94	婷	109	嬙	110
凷	32	嘟	78	嘤	79	嚕	80	噥	94	嬌	109	嬠	110
魁	35	噔	78	嘮	79	噩	80	藝	94	嫿	109	嫵	110
魃	35	嘮	78	嘷	79	噀	80	墟	94	嫣	109	嬪	110
圈	39	嘹	79	噃	79	噫	80	墷	94	嬒	109	嬖	110
敵	40	嘷	79	噁	79	買	80	墐	94	嶝	109	孎	113
嘷	42	噖	79	嚛	79	噉	80	壨	94	嬨	109	孺	113
澤	42	嘿	79	嚌	79	喊	80	墭	94	嬌	109	孨	113
濃	42	噗	79	噴	79	嘗	80	墏	94	嬤	109	寬	117
澟	42	噴	79	噝	79	爲	80	墩	94	嬾	109	憲	117
潔	42	噚	79	噴	79	圓	86	墱	94	嬉	109	寮	117
凜	42	噀	79	嚇	79	圖	86	墡	94	嬋	109	寫	117
凛	42	噘	79	嚘	79	圉	86	壂	94	嬈	109	審	117
鼎	42											款	117

15

寯 117	嶢 133	嶲 133	厰 147	徳 158	悚 171	憘 172
窿 117	嶙 133	巤 136	廢 147	僃 158	憓 171	噓 172
𢡄 117	嶒 133	𢃼 137	歑 147	憚 158	憑 171	憺 172
憘 117	嶕 133	幢 141	廎 147	徲 159	憇 171	憚 172
賓 117	嶓 133	幡 141	庿 147	徸 159	憨 171	憪 172
寠 117	嶞 133	幟 141	廖 147	徳 159	憼 171	憬 172
審 118	嶓 133	幣 141	廢 147	徹 159	憍 171	憍 172
會 118	嘘 133	幜 141	廞 147	徇 159	憒 171	憒 172
寲 118	嶇 133	幠 141	廐 147	徱 159	憧 171	憚 172
寢 118	嶢 133	幞 141	廠 147	傷 159	憐 171	憐 172
寞 118	嶕 133	帠 141	廏 147	僕 159	憭 171	憥 172
寬 118	嶂 133	幝 141	廙 147	慭 170	憯 171	憭 172
窒 118	嶣 133	嬌 141	廎 147	慶 170	憮 171	憮 172
對 119	嶙 133	嶕 141	弊 150	慮 170	憫 171	憫 172
尊 119	嶨 133	幯 141	弄 150	葱 170	憨 171	憯 172
尠 121	嶔 133	幫 141	𢾜 151	慕 170	憤 172	憯 172
尲 121	嶤 133	幩 141	彈 153	慫 170	憬 172	懷 173
就 122	嶚 133	幟 141	彉 153	憇 170	㥦 172	懷 173
尯 122	嶝 133	幧 141	嬌 153	慾 170	憎 172	戮 177
履 124	巀 133	幅 141	㬎 153	憂 170	憯 172	戬 177
屟 124	嶮 133	幨 141	彊 153	憨 170	憯 172	戩 177
層 124	嵼 133	幮 141	彌 153	慰 170	憯 172	戲 177
履 125	嵷 133	幬 141	彋 153	慇 170	憯 172	㦣 177
屧 125	嶢 133	㡿 141	影 155	慫 170	憭 172	𢧵 177
屭 126	嶢 133	𢂷 143	㬎 155	憨 171	憦 172	戳 177
嶠 132	嶢 133	罋 143	㬎 155	德 158	憊 172	戱 177
崙 132	穚 133	慶 147	憮 158	感 171	憚 172	戴 177
巌 132	嶕 133	廣 147	徹 158	慭 171	憪 172	戱 177
嶔 132	巂 133	廜 147	徹 158	應 171	憪 172	戲 177
幢 133	嶕 133	廟 147	廝 158	慧 171	燒 172	國 177
嶝 133	嶷 133	廜 147	僭 158	慈 171	嬈 172	摯 189
嶗 133	嵎 133	廝 147	徼 158	憊 171	僑 172	摰 189
嵤 133	崕 133	廏 147	徽 158	懇 171		擊 189
嶙 133	崛 133	廚 147	僑 158

총획 색인 [15획]

摩 190	摰 191	撌 191	擷 191	對 201	聲 213	槾 228	樧 228
摩 190	撒 191	撗 191	撲 191	斛 201	廎 213	樢 228	槐 228
麿 190	撘 191	撙 191	撑 191	斞 201	瞖 213	槷 228	樅 228
摯 190	撚 191	撛 191	撦 191	斷 202	膞 215	槩 228	樇 228
摰 190	撩 191	撜 191	撇 191	斵 202	膟 215	槧 228	樎 228
摰 190	撜 191	撟 191	撨 191	斷 202	膍 215	槰 228	槍 228
摹 190	撨 191	撞 191	撟 191	廝 202	樞 227	榶 227	槶 228
摬 190	撝 191	撟 191	撟 191	瘦 204	樇 227	樲 228	樻 228
撅 190	撤 191	撉 191	撳 191	晴 204	榓 227	樉 228	榳 228
撖 190	撤 191	撞 191	撳 191	智 210	槿 227	樏 228	樟 228
擎 190	撤 191	撳 191	撣 191	㬎 210	槧 227	樎 228	榗 229
撈 190	撤 191	撈 191	撅 191	疃 210	槥 227	樮 228	槒 229
撌 190	撤 191	撈 191	廠 199	曈 210	樣 227	樣 228	樏 229
攔 190	撈 191	撙 191	斂 199	暈 210	榴 227	樵 228	樑 229
撊 190	撐 191	撤 191	斂 199	暞 210	槲 227	樣 228	榕 229
撐 190	撒 191	撥 191	整 199	曍 210	樞 227	樇 228	樓 229
擱 190	撒 191	撐 191	歊 199	暫 210	樂 227	槭 228	槼 229
擱 190	撒 191	撒 191	戭 199	晰 210	槹 227	榲 228	樑 229
撙 190	撒 191	撙 191	敵 199	暬 210	槷 228	槿 228	㯏 229
撙 190	撖 191	撫 191	敷 199	暭 210	槨 228	榞 228	樟 229
搋 190	撫 191	撩 191	敷 199	嘔 210	椌 228	榲 228	棍 229
擅 190	擫 191	擽 191	敷 199	曙 210	槿 228	槻 228	標 229
撐 191	擫 191	撩 191	數 199	暯 210	槿 228	棃 228	榠 229
撑 191	撩 191	撫 191	數 199	暁 210	撿 228	槽 228	樛 229
撒 191	撒 191	摐 191	敊 199	暱 210	樣 228	槾 228	樞 229
撒 191	撒 191	撬 191	歐 199	暲 210	樳 228	櫈 228	樟 229
撓 191	撤 191	播 191	歐 199	暳 210	橄 228	樰 228	樠 229
播 191	撥 191	撮 191	敿 199	暴 210	樒 228	榛 228	模 229
擖 191	擸 191	撒 191	斆 200	曃 210	樕 228	椿 228	槗 229
撕 191		撰 191	斆 200	暬 210	槢 228	樂 228

樣	229	殣	243	潒	266	潭	267	澈	267	熛	279	熵	280
穎	229	殨	243	澟	266	潬	267	潔	267	熜	280	熪	280
樲	229	殰	243	澭	266	潰	267	澡	267	熺	280	熳	280
權	229	殢	243	澨	266	潼	267	漸	267	熼	280	翦	284
樫	229	殤	243	潔	266	潮	267	澍	267	熱	280	麇	284
橄	229	歔	243	潕	266	潟	267	澎	267	熱	280	爾	285
歗	238	歕	243	潶	266	潯	267	澐	267	熯	280	牘	286
歜	238	毆	245	潘	266	潷	267	潴	267	熠	280	牗	286
歙	238	毅	245	潕	266	潱	267	潯	267	熨	280	牖	287
歛	238	毿	245	潙	266	潲	267	澕	267	熭	280	牑	287
歡	238	氄	248	潛	266	漼	267	潲	267	熞	280	牌	287
歠	238	氅	248	潛	266	瀁	267	潸	267	熷	280	犘	287
歠	238	氆	248	潯	266	澂	267	瀦	267	熼	280	窶	287
歠	238	氉	248	潞	266	潚	267	澲	267	熴	280	牌	287
歠	238	氊	248	潛	266	澈	267	潤	267	熲	280	催	287
歠	238	毹	248	潟	266	澏	267	潗	267	熨	280	縲	291
欨	238	毽	248	潢	266	澂	267	潬	267	熰	280	肇	291
歇	238	毬	248	潟	266	潢	267	潐	267	熳	280	摩	291
歐	238	毫	248	潠	266	澋	267	潚	267	熰	280	犘	291
歎	238	氃	248	潚	266	澊	267	潞	267	煻	280	牖	291
歟	238	氀	249	潨	266	澒	267	潯	267	熸	280	犒	291
殰	240	氇	249	潢	266	漻	267	澐	268	熬	280	犦	291
整	240	氃	249	潤	266	漼	267	漆	268	鼇	280	犖	291
跀	240	氄	249	潤	266	潼	267	澌	268	頫	280	犂	291
跏	240	氃	264	澗	266	瀪	267	澰	268	熮	280	犉	291
殣	243	氅	264	潤	266	潾	267	瀁	268	熯	280	犠	291
殤	243	氄	265	潤	266	潾	267	澑	268	煺	280	犢	291
殢	243	氊	265	潤	266	澌	267	澲	268	熫	280	犛	291
殞	243	漿	266	潦	266	澗	267	濭	268	燉	280	犚	291
殠	243	澕	266	澡	266	潗	267	暓	268	燓	280	犓	291
瘱	243	潭	266	潩	266	澈	267	滌	268	熸	280	犗	291
殫	243	澉	266	潷	266	澂	267	筆	268	熱	280	犧	291
殪	243	潜	266	涬	267	漖	267	潵	268	燅	280	樊	297
殣	243	澘	266	潷	267	潒	267	摎	279	熎	280	奨	297
殤	243	潑	266	澺	267	撈	267	燀	279

총획 색인 [15획]

獻	297	瑾	304	瑩	307	瘩	321	嗿	326	瞀	337	磅	348
獚	297	瑊	304	甋	309	瘧	321	皺	328	瞍	337	磏	348
獫	297	璃	304	甍	309	瘭	321	盤	328	憎	337	磙	348
獤	297	璊	304	甐	309	瘵	321	皵	328	瞖	337	磴	348
獠	297	瑞	304	甑	309	瘺	321	皷	328	皆	337	磈	348
獬	297	琛	304	瓶	309	瘜	321	鞍	328	翰	337	磋	349
獩	297	璇	304	瓢	309	瘟	321	盧	330	瞋	337	磌	349
獡	297	璁	304	瓤	309	瘡	321	盤	330	瞋	337	磉	349
獢	297	璄	304	甌	309	瘨	321	瞌	336	瞑	337	磔	349
獥	297	璈	304	甏	309	瘭	321	瞏	336	瞎	337	磃	349
獦	297	璋	304	甉	311	瘼	321	瞉	336	睯	337	確	349
獧	297	璂	304	畿	315	瘢	321	瞑	336	瞕	337	碻	349
獩	297	璇	304	畾	315	瘒	321	睽	336	瞈	337	磧	349
獫	297	璁	304	甞	315	瘚	321	眮	336	瞖	341	碩	349
獝	297	璀	304	暎	315	瘺	321	瞍	336	獐	341	破	349
獪	297	璡	304	暛	315	瘻	321	瞋	337	獪	341	磅	349
獘	297	瑩	304	曎	315	瘤	321	瞊	337	獊	341	礄	349
獬	297	瑣	304	瘶	320	瘝	321	瞀	337	獍	341	磘	349
獦	297	璆	304	瘝	320	瘠	321	瞕	337	獹	341	磌	349
獫	297	瑠	304	瘩	320	瘔	321	瞋	337	獫	343	磐	349
獯	297	璘	304	瘚	320	瘢	321	瞑	337	縬	343	磁	349
獗	297	璡	304	瘢	320	瘚	321	瞤	337	獒	343	磝	349
獒	297	璩	305	瘖	320	瘟	321	瞎	337	稿	343	磍	349
獜	297	瑰	305	瘻	320	瘦	321	瞤	337	磋	348	磒	349
獠	298	瑧	305	瘦	320	瘺	321	瞑	337	磕	348	磡	349
獬	298	璜	305	瘜	320	瘕	321	睿	337	磎	348	砌	349
獷	298	瓔	305	瘝	321	瘞	321	瞟	337	碾	348	磓	349
獠	298	璎	305	瘗	321	瘞	321	瞢	337	磖	348	磏	349
獥	298	瑟	305	瘞	321	瘞	324	瞠	337	磄	348	磖	349
獵	298	瑚	305	瘟	321	瞠	326	瞊	337	碾	348	磊	349
瑩	304	璜	305	瘓	321	皜	326	瞊	337	磥	348	碼	349
瑩	304	澻	307	瘩	321	皝	326	曈	337	磊	348	磐	348
瑩	304	甌	307	瘠	321	皛	326	瞕	337	磅	348	碯	349
璆	304	甌	307	瘠	321	皝	326	瞕	337	磅	348	禡	355
瑢	304											禣	355

총획 색인 [15획]

字	쪽	字	쪽	字	쪽	字	쪽	字	쪽	字	쪽	字	쪽
禠	355	穰	361	窰	367	篇	377	箲	377	篗	378	糅	388
禡	355	穅	361	寶	367	復	377	蔥	377	蔥	378	糯	388
禔	355	穜	361	寭	367	箴	377	篷	377	粿	388	練	388
禑	355	穚	361	寴	367	箚	377	敵	377	粭	388	緯	397
祭	355	穙	361	寮	367	筷	377	篁	377	糂	388	緱	397
禚	355	穛	361	寬	367	篌	377	篴	377	糇	388	緣	397
禝	355	穝	361	寯	367	篁	377	節	377	糈	388	緬	397
禤	355	穂	361	審	367	篆	377	箵	377	糎	388	緞	397
褉	355	穆	361	寫	367	箷	377	笈	377	糊	388	練	397
禮	355	穄	361	寁	367	篔	377	篌	377	糇	388	緬	397
禩	355	穇	361	寴	367	簺	371	篠	377	糌	388	緝	397
禛	355	穟	361	濬	371	箰	377	篡	377	粯	388	緒	397
禮	355	穱	361	畚	376	箐	377	篝	377	糉	388	緋	397
福	355	穫	361	箺	376	箙	377	糗	377	糋	388	總	397
禧	355	穩	361	箲	376	篡	377	跂	377	糅	388	緗	397
禣	355	穧	361	範	376	篔	377	等	377	糒	388	緒	397
罵	357	穤	362	錚	376	篋	377	篥	378	楷	388	緝	397
稼	361	穋	362	箱	376	箐	377	筎	378	糌	388	緪	397
稽	361	穗	362	箛	376	落	377	箥	378	精	388	緤	397
稾	361	穭	367	箛	376	箳	377	箆	378	糉	388	繩	397
榖	361	穵	367	筏	376	筱	377	筽	378	糅	388	緦	397
稻	361	窴	367	筌	376	篊	377	箻	378	糏	388	緩	397
稱	361	窵	367	筊	377	筆	377	筵	378	糪	388	緣	397
稷	361	窳	367	篒	377	箰	377	箵	378	糀	388	緣	397
稹	361	寘	367	箢	377	箽	377	筎	378	糐	388	緩	397
稿	361	實	367	箴	377	箰	377	箛	378	糪	388	緺	397
穃	361	篠	367	篋	377	箍	377	箛	378	糬	388	繪	397
穀	361	甍	367	箸	377	箨	377	筲	378	糯	388	緯	397
穯	361	寧	367	箹	377	篘	377	箹	378	糙	388	緘	397
稡	361	竀	367	箋	377	箾	377	筇	378	糣	388	緤	397
稍	361					箭	377	筆	378	糉	388

艒	442	膧	432	瑠	421	翌	415	鍾	405	緤	398	經	397	
艓	442	膓	432	瑆	421	翦	415	鋧	405	緵	398	緹	397	
艐	442	膠	432	磬	421	翯	415	鋜	408	緺	398	緷	397	
艑	442	膞	432	頣	421	翩	415	鋝	408	緱	398	緩	397	
艎	442	膮	432	瞁	421	翪	415	鋻	408	緺	398	緝	397	
艒	442	膯	432	瞈	421	翩	415	罵	408	緼	398	締	397	
艑	442	膩	432	睿	421	翭	415	罷	408	緷	398	總	397	
艐	442	膪	432	瞍	421	翬	415	羆	408	緬	398	緇	397	
艎	442	膵	432	瞅	421	翬	415	槖	408	縋	398	緻	397	
艒	442	膥	432	聨	421	翬	415	豐	408	緾	398	編	397	
艑	442	膰	432	聰	421	翰	415	蜀	408	緪	398	緥	397	
腯	442	膴	432	聰	421	翯	415	罦	408	緧	398	緘	397	
膠	442	膓	432	書	423	翯	415	槀	408	緺	398	縏	397	
艕	442	膴	432	楷	430	翣	415	羯	411	緔	398	緯	397	
艖	442	膹	432	羯	430	翬	415	羬	411	緦	398	綃	397	
艘	442	膷	432	膅	431	翿	415	羭	411	緂	398	縓	397	
艐	442	膞	432	腦	431	彯	417	羰	411	縊	398	繁	397	
艒	442	膆	432	膠	431	碥	417	羥	411	綝	398	縁	397	
艑	445	膜	432	膛	431	耦	418	鞣	411	縎	398	緗	397	
甋	445	辣	432	腰	431	耨	418	韏	411	縉	398	緺	397	
鼇	445	膩	432	膜	431	槩	418	楷	411	縅	398	編	397	
縈	457	腡	436	膛	431	稚	418	擎	411	緫	398	絟	397	
蕰	460	賊	436	膚	431	穮	418	羹	411	綢	398	繡	397	
菁	460	魝	436	膝	431	稦	418	羜	411	綫	398	緵	398	
蘚	460	嘼	436	膓	431	稤	418	養	411	緩	398	綮	398	
蘳	460	璪	437	膊	431	種	418	羾	411	綺	398	絑	398	
蓝	460	臺	437	膣	431	犛	421	翌	411	縈	398	縕	398	
蔻	460	興	438	膧	431	唎	421	翹	415	結	398	縍	398	
蔻	460	餳	438	膘	431	聨	421	猨	415	縶	398	緒	398	
蔮	460	曓	438	膕	431	聤	421	鼇	415	緵	398	緍	398	
蔺	460	舖	440	臉	432	聝	421	鼇	415	緞	398	緒	398	
蕫	460	舗	440	膱	432	聤	421	瓠	415	緞	405	綢	398	
蓳	460	蝶	440	膬	432	膿	421	翯	415			綞	398	
蕫	460	碟	440	朡	432	膞	421							
蓳	460	餯	440	膉	432	膓	432							
鼇	460	貊	442	臎	432	膵	432

蒐	460	菴	460	蒠	461	蒳	462	虢	475	蝟	482	蝐	483
蓮	460	蔿	460	蓮	461	蔜	462	虩	475	蝟	482	蝌	483
蕑	460	蔫	461	蓮	461	蒿	462	膚	475	蝓	482	塵	483
蔍	460	蓻	461	墓	461	蔒	462	疏	475	蝣	482	蜉	483
蓼	460	蔹	461	淡	461	萊	462	膩	475	蝾	482	蝼	483
蔓	460	蔚	461	渊	461	蔫	462	虦	475	蜽	482	蜹	483
蘛	460	蓶	461	深	461	蔵	462	覥	475	蜻	482	蝶	483
蔆	460	陰	461	淺	461	葬	462	蝎	482	蝶	482	蠁	483
陵	460	黃	461	斜	461	戴	462	蜊	482	蜓	482	蛒	483
蔴	460	蔗	461	墼	461	蔌	462	蛘	482	蝥	482	蝱	483
蔓	460	蔣	461	蓁	461	蔓	462	蝇	482	蝨	482	蜞	483
蔑	460	菽	461	韮	461	蔜	462	蛭	482	蝍	482	螎	483
蓫	460	蓐	461	强	461	蓬	462	蝻	482	蝤	482	蛤	483
蕗	460	蔦	461	蓬	461	萲	462	螂	482	蜂	482	蝪	483
蕏	460	蓧	461	閫	461	蒙	462	霆	482	蜴	482	蝙	483
蒣	460	蔟	461	蒱	461	藋	462	蝒	482	蝙	482	蝦	483
瞌	460	蔆	461	薟	461	蒧	462	螁	482	蛩	482	頓	483
蜜	460	陳	461	蕌	461	藏	462	蛈	482	蛑	482	蝴	483
葍	460	蓺	461	蔃	461	蔔	462	蝯	482	蝛	482	蝗	483
蓬	460	蔖	461	蔱	461	罩	462	蝐	482	蜣	482	蝘	483
蔀	460	蔡	461	蔥	461	蔄	462	蝠	482	蝦	482	蝝	483
蓰	460	蔕	461	蒟	461	蒢	462	蝮	482	蝞	482	蝗	483
蔎	460	葱	461	蔥	461	蔄	462	頓	482	蝹	482	蜲	483
蓚	460	蔤	461	遂	461	薱	462	蜟	482	蝡	483	蝥	483
蓾	460	蓪	461	葆	461	薷	462	蝜	482	蜺	483	蜽	483
蔎	460	蓶	461	葱	461	薔	462	蛓	482	蝳	483	蜑	483
蓸	460	葉	461	芯	461	蔤	462	蜿	482	蜦	483	螂	483
蔬	460	蔂	461	罵	461	蔆	462	蝿	482	蝘	483	蠮	483
蔌	460	華	461	蓽	462	薻	462	蝧	482	蜟	483	螛	483
蔛	460	琿	461	蔢	462	蔈	462	蝾	482	蝋	483	蝘	483
蒱	460	薛	461	葚	462	薙	462	蝥	482	蝴	483	蜵	483
蔊	460	蓉	461	薙	462	蔔	462	蜷	482	蜿	483	蝹	483
蒂	460			蒻	462	葉	462	蛾	482	蝐	483	颲	483

慫	483					
蝋	483					
墅	483					
蝹	483					
蟒	483					
螂	483					
蝶	483					
蛹	483					
蝴	483					
蟴	483					
嫦	483					
蜞	483					
蛐	483					
蝼	483					
蛘	491					
蟌	491					
衚	492					
衝	492					
衞	492					
衛	492					
徹	492					
褒	497					
褎	497					
褭	497					
褒	497					
襃	497					
褺	497					
褹	497					
褧	498					
褰	498

총획 색인 [15획]

廣 535	腔 525	誅 516	諒 515	諄 515	覝 504	襄 498	
賫 535	綢 525	諿 516	諕 515	諅 515	覵 504	褽 498	
賕 535	虢 525	諒 516	諚 515	誉 515	覫 504	裏 498	
賣 535	裔 525	誱 516	諺 515	說 515	親 504	襲 498	
賠 535	琕 526	諈 516	諎 515	諸 515	覜 504	褌 498	
賜 535	豎 526	誰 516	諌 515	諫 515	觃 504	襱 498	
賞 535	豌 526	諡 516	諤 515	諒 515	覍 504	裕 498	
賲 535	豐 526	諡 516	誒 515	論 515	覥 504	褐 498	
賬 535	踖 526	諝 516	誹 515	誹 515	覦 504	褋 498	
賚 535	踅 526	謯 516	諪 515	諢 515	覢 504	褞 498	
賙 535	踘 526	諟 516	誺 515	謂 515	覬 504	襆 498	
賓 535	踣 526	譏 516	諉 515	誤 515	覸 504	裕 498	
賝 535	踋 526	諉 516	諄 515	諄 515	覝 504	褫 498	
賙 535	踈 526	諝 516	諄 515	諉 515	覟 504	褪 498	
質 535	踃 528	諐 516	諻 515	訰 515	覤 504	褥 498	
賤 535	豨 529	誼 516	諟 515	諆 515	觃 504	褻 498	
賛 535	豲 529	諸 516	譡 515	諡 515	觀 507	褧 498	
購 535	豬 529	諸 516	謑 515	諝 515	舩 507	裤 498	
賥 535	豻 529	諚 516	諨 515	諧 515	舳 507	褓 498	
賧 535	嫋 529	諛 516	諍 515	諓 515	艍 507	褥 498	
賢 535	隆 529	諿 516	諄 515	課 515	觭 507	褐 498	
賨 535	貇 529	諱 516	諔 515	調 515	舢 507	褟 498	
賀 535	貋 529	諺 516	諛 515	調 515	艅 507	褰 498	
賤 535	貗 529	諾 516	諉 515	諺 515	觟 507	褳 498	
踠 535	貇 529	謁 516	諔 515	諮 515	觥 507	褔 498	
賵 535	貂 531	諸 516	諗 515	諸 515	觡 507	襈 498	
貧 535	貔 531	諷 516	諍 515	諡 515	触 507	襒 498	
賠 535	貘 531	諈 516	謲 515	誇 515	触 507	襫 498	
賍 535	貊 531	諺 516	諂 515	諢 515	觱 507	褉 498	
寶 535	踩 531	諕 516	諂 515	諪 515	觥 507	褓 498	
發 535	踦 531	諲 516	諙 515	諄 515	舣 507	褶 498	
賛 535	豴 531	誀 517	諾 516	誐 515	艉 507	褟 498	
賈 535	貂 531		諙 516	誎 515	舴 515	褸 498

총획 색인 [15획]

賙 535	趍 542	蹁 548	踁 549	鞔 561	剿 561	遶 573	遼 573
賛 535	趗 542	踶 548	蹖 549	輴 561	觱 561	邀 573	
賶 535	趙 542	蹍 548	踩 549	輶 561	鞞 561	遲 573	
賣 535	趣 542	踦 548	踔 549	輖 561	鞞 566	遺 573	
桭 538	起 542	踹 548	踁 549	鞌 561	鞞 566	遣 573	
趜 541	趌 542	跙 548	跰 549	輮 561	辭 566	從 573	
赳 541	越 542	跙 548	跣 549	輄 561	辯 566	遷 573	
趆 541	踞 548	踬 548	踣 549	輆 561	辥 566	遼 573	
趞 541	踝 548	楚 548	躹 556	輤 561	蓑 567	遼 573	
趣 541	踘 548	跤 548	躺 556	輨 561	穧 567	遁 573	
趄 541	踜 548	跠 548	躶 556	輈 561	彘 571	遶 573	
趁 541	踑 548	跴 548	躴 556	輋 561	邂 573	遍 573	
趖 541	踦 548	蹂 548	穷 556	輦 561	遨 573	邊 573	
趔 541	跾 548	踴 548	牌 556	輬 561	達 573	邇 573	
趨 541	踏 548	踧 548	矮 556	輙 561	適 573	還 573	
15							
趠 541	踛 548	踣 548	騎 556	輞 561	遭 573	邑 578	
趙 541	踚 548	趽 548	𨁠 556	輓 561	遮 573	聰 578	
超 541	踜 548	踒 548	躬 556	輬 561	遮 573	鮑 578	
越 541	踣 548	跍 549	蚝 556	輖 561	邀 573	鼙 579	
趌 541	踘 548	跔 549	飹 560	輣 561	遨 573	耙 579	
趘 541	踠 548	踉 549	輥 560	輋 561	遺 573	鼊 579	
趖 541	踒 548	跟 549	輫 560	輱 561	遼 573	繩 579	
趡 541	雕 548	蹟 549	輔 560	輜 561	邃 573	瑲 579	
趌 541	踖 548	踺 549	輬 560	輬 561	邐 573	鄆 581	
䞀 541	跶 548	跡 549	輪 560	鞍 561	遼 573	都 581	
楚 541	踪 548	踠 549	跸 549	厩 561	遼 573	鄧 581	
趞 541	跔 548	趹 549	蜱 549	輖 560	鞴 561	遼 573	鄰 581
趣 541	踩 548	踼 549	朔 549	輩 560	靪 561	邊 573	鄩 581
趍 541	踢 548	蹟 549	蹄 549	靰 560	韈 561	遂 573	鄭 581
趦 542	踐 548	踣 549	踪 549	靴 561	鞋 561	遼 573	鄶 581
趨 542	跤 548	跑 549	踡 549	輕 561	鞃 561	遼 573	鄩 581
趢 542	踺 548	跰 549	蹁 549	鞁 561	鞋 561	遼 573	鄖 581
趘 542	趺 548	踔 549	跔 549	鞙 561	輖 561	遯 573	鄢 581
趣 542	踔 548	蹜 549		輛 561	筆 561	邇 573

총획 색인 [15획]

鄭	581	醋	585	銲	594	鋪	595	鋓	595	閞	609	雛	620
鄧	581	智	585	錚	594	銲	595	鋑	595	閛	609	雖	620
鄹	581	醬	585	鋠	594	鈴	595	駈	606	閗	609	崔	620
鄡	581	酬	585	鋒	594	鋗	595	踔	606	閣	609	雏	620
鄗	581	醡	585	鈔	594	銀	595	踪	606	閞	609	雜	621
鄂	581	醬	585	鋤	594	鋏	595	錐	606	閱	609	稚	621
鄠	581	當	585	鍼	594	鋥	595	錘	606	鄰	617	雕	621
鄴	581	醞	585	鋬	594	錄	595	畔	606	嶢	617	樵	621
黎	581	醖	585	鋤	594	鋎	595	崢	606	墩	617	穉	621
衢	581	霸	585	銷	594	錂	595	聞	609	隤	617	雁	621
燚	581	醋	585	鍊	594	鋞	595	間	609	隔	617	歸	621
鄣	581	醉	585	銹	594	鈃	595	閣	609	墣	617	隻	621
鄲	581	醘	585	鋠	594	鋆	595	閣	609	隖	617	雍	621
鄘	581	醧	585	鋙	594	銾	595	閱	609	隨	617	雄	621
鄭	581	醇	585	錠	594	鋪	595	閱	609	隘	617	霉	624
鄩	581	稽	589	銳	594	錖	595	題	609	陛	617	霂	624
鄙	581	鋆	589	鋭	594	鉃	595	閩	609	陞	617	雩	624
鄥	581	蜜	589	鋅	594	錂	595	閭	609	隟	617	霄	624
鄯	581	鋼	594	鋈	594	鋈	595	閫	609	關	617	霆	624
醌	585	鋯	594	鉛	594	鍍	595	闊	609	隕	617	震	624
陶	585	鉮	594	鋥	594	鍛	595	閙	609	隩	617	霈	624
醶	585	鋣	594	鋤	594	錂	595	閭	609	陯	617	雯	624
酬	585	鎬	594	錪	594	鑑	595	閱	609	隘	617	霓	624
醅	585	鋆	594	鋋	594	鉶	595	閼	609	隊	617	霅	624
醇	585	銃	594	鋥	595	鉶	595	閻	609	隕	617	霂	624
醃	585	鋇	594	鋞	595	鉶	595	閻	609	障	617	霁	624
醃	585	錁	594	銼	595	鉶	595	閼	609	隥	617	電	624
醆	585	鋁	594	錤	595	鋑	595	閹	609	陋	617	雯	624
酸	585	鋙	594	鋊	595	錢	595	閼	609	隱	617	霅	624
醋	585	鋰	594	鋌	595	鍟	595	閻	609	隸	618	雺	624
醉	585	鋆	594	鋨	595	鋙	595	閻	609	隸	618	霉	624
醒	585	鋝	594	釧	595	鎧	595	閩	609	隸	619	霎	624
戇	585	鋩	594	鋈	595	鎚	595	閭	609	雒	620	霅	624
畜	585	錏	594	鈒	595	釜	595	閬	609

霚 624	鞀 634	頮 644	頨 645	餄 656	駋 665	皰 673
霎 625	鞁 634	頱 644	頪 645	䤹 656	駐 665	骸 673
霙 625	鞂 634	頵 644	頬 651	飴 656	駗 665	骮 673
霝 625	鞄 634	頷 644	颩 651	養 656	駖 665	髆 673
霅 625	鞈 634	頣 644	颪 651	餕 656	駒 665	骶 673
霂 625	鞃 634	頲 644	颫 651	餁 656	駝 665	骹 673
靚 629	鞊 634	頟 644	颬 651	餀 656	馳 665	骻 673
靠 630	鞇 634	頯 644	颭 651	鎗 656	駘 665	骷 673
靠 630	鞆 634	頢 644	颮 651	鉋 656	駻 665	骺 673
靟 630	鞐 634	頦 644	颯 651	餅 656	駞 665	骭 673
輩 630	鞍 634	頝 644	颰 651	飱 656	駊 665	骴 673
輩 630	鞋 634	頠 644	颴 651	飻 656	駏 665	骱 673
靧 630	鞌 634	頡 644	颱 651	餎 656	駛 665	骯 673
酘 631	鞉 634	頤 644	颩 651	餈 656	駜 665	骼 673
酣 631	鞎 639	頨 644	颳 651	餃 656	駑 665	骸 673
酤 631	鞋 639	顁 644	颵 653	餶 662	騄 665	骽 673
酟 631	鞍 639	頭 645	餃 656	餇 662	駱 665	骾 673
酧 631	鞏 639	頲 645	餳 656	韶 662	駜 665	骷 673
酪 631	鞐 639	頭 645	餅 656	駕 664	駢 665	骹 673
酥 631	鞕 639	頤 645	養 656	駓 664	駂 665	骺 673
酡 634	鞑 639	顅 645	餌 656	駉 664	駪 665	骳 673
鞇 634	鞔 639	頮 645	餃 656	駒 664	駇 665	骮 673
鞀 634	鞊 639	頦 645	餂 656	駈 664	鴛 665	骫 673
鞂 634	鞍 639	頢 645	餃 656	駕 665	駛 665	骨几 673
鞋 634	鞎 639	頫 645	餉 656	駖 665	駒 665	髐 676
鞃 634	鞐 639	頞 645	餄 656	駙 665	駭 665	髙 676
鞈 634	韥 641	頮 645	餠 656	駓 665	馴 665	髼 677
鞇 634	䪧 642	頫 645	餘 656	駍 665	駰 665	髮 677
鞄 634	骹 642	頣 645	餒 656	駐 665	駵 665	髳 677
鞋 634	骺 642	頭 645	餔 656	駉 665	騁 665	髯 677
鞍 634	骿 642	頛 645	餘 656	駒 665	駢 665	髭 677
鞐 634	骹 642	頣 645	餱 656	駛 665	駔 665	髺 677
鞄 634	髀 642	頪 645	餆 656	駰 665	駅 665	髧 677
鞍 634	頖 644	頦 645	餌 656	駰 665	骱 673	髦 677
鞀 634	頩 644	頠 645	飽 656	駄 665	骨占 673	髤 677
靹 634	頞 644	頪 645	餡 656	駔 665

총획 색인 [15~16획]

髾	677	魃	685	魺	689	鶄	700	鴾	700	麨	715	黕	721
髿	678	魅	685	魻	689	鴇	700	鴕	700	麩	715	黿	725
髯	678	槐	685	魽	689	碼	700	鴓	700	麬	715	鼐	726
髲	678	魆	685	魦	689	鳭	700	鵁	700	麪	715	鼏	726
髭	678	魈	685	魷	689	鴟	700	鴵	700	麨	715	鼓	727
髹	678	魊	685	魸	689	鴉	700	鴷	700	麫	715	鼢	728
髵	678	魎	685	魶	689	鴂	700	鴩	700	麩	715	鼣	728
髺	678	魴	688	魯	689	鴃	700	嵩	700	麧	715	鼠	730
髽	678	魵	688	鮫	689	鮫	700	鳾	700	麭	715	齒	732
髿	678	魬	688	鮌	689	鴀	700	鴉	700	麨	715	**16**	
髢	678	魶	688	鮜	689	鴆	700	鳺	700	麨	715	壼	12
髳	678	魨	688	魺	689	鴈	700	鴨	700	麲	716	壺	12
髫	678	魦	688	鉐	689	鴇	700	鵃	700	麰	716	豫	17
髦	678	鯊	688	鈨	689	鴌	700	腸	700	麨	716	憙	19
髻	678	魷	688	鮓	689	鴖	700	鳰	712	麨	716	奠	19
髴	678	魭	688	鮒	689	鷗	700	齓	712	麻	718	儞	32
髷	678	魭	688	鮬	689	嶌	700	齡	712	麼	718	儐	32
髽	678	魸	688	鮔	689	鳲	700	豊	712	麽	718	儝	32
髿	678	魽	688	鮑	689	寫	700	氈	712	厴	718	儜	32
鬥	682	魮	688	鮉	689	鵅	700	廡	713	麻	718	憶	32
鬧	682	鮀	688	鮄	689	馱	700	麁	713	麻	718	儠	32
鬨	682	魼	688	鮆	689	鴰	700	麂	713	黎	720	儦	32
鬫	682	魾	688	鮃	689	鴞	700	麈	713	黐	720	催	32
鬿	683	魿	688	鮇	689	駇	700	麃	713	黏	720	儒	32
融	683	鮃	688	鮋	689	鴂	700	麀	713	黙	721	億	32
魊	685	魹	688	鮎	689	鴃	700	腐	713	黓	721	劒	32
魁	685	魽	688	鮠	689	鴂	700	摩	713	黕	721	懲	32
魂	685	魥	688	鮍	689	鳩	700	襄	713	黛	721	儱	32
魃	685	鮃	688	鮏	689	鳬	700	簏	713	默	721	儣	32
槐	685	魢	688	鮐	700	鴏	700	麗	713	黚	721	僣	32
魎	685	魣	688	鴦	700	鷋	700	麋	713	黖	721	儖	33
魊	685	魥	688	鴝	700	鳷	700	麒	713	黔	721	輿	33
鯉	685	鮁	689	鴕	700	鴇	700	麋	713	黓	721	儔	33
鯉	685	魴	689

傑	33	鋼	53	噲	80	噦	81	奮	101	嬖	110	嶯	133	
儆	33	匱	55	嚪	80	噥	81	蕍	101	蠅	110	嶰	133	
儘	33	匯	55	噅	80	圍	86	叒	101	學	113	嶮	133	
儜	33	厤	55	噷	80	圖	86	憮	101	孼	113	嶒	133	
儓	33	曆	61	噫	80	墾	95	憗	101	篤	113	嶧	134	
儒	33	曆	61	噫	80	壃	95	薉	101	寰	118	壁	134	
儕	33	縣	63	磬	80	壚	95	嫩	110	竁	118	嶭	134	
儐	33	叡	64	嚇	80	墼	95	嫣	110	叡	118	歛	134	
儔	33	噶	80	噠	80	墩	95	嬥	110	絹	118	巐	134	
儢	33	嗷	80	嚆	80	壇	95	嫌	110	寢	118	嶸	134	
儞	33	噱	80	噅	80	墶	95	孅	110	寞	118	嶃	134	
儱	33	噭	80	噚	80	墻	95	嬈	110	奧	118	嶦	134	
儗	35	噪	80	噗	80	壁	95	嬗	110	視	118	齒	134	
魅	35	器	80	嚅	80	澤	95	嬓	110	憙	118	嶩	134	
冀	37	噥	80	噠	80	壊	95	嬴	110	對	120	幣	141	
冔	39	噡	80	嚋	80	壅	95	嬴	110	導	120	幞	141	
縞	39	噖	80	導	80	墻	95	嬉	110	粦	121	幦	141	
冪	40	噞	80	嚌	80	壓	95	嬈	110	廲	121	幧	141	
冣	40	嚊	80	噾	80	墿	95	嫛	110	就	122	幨	141	
凝	42	噬	80	噬	80	壊	95	嬰	110	尵	122	憿	141	
凞	42	噜	80	嚊	80	壔	95	嬖	110	噶	133	懅	141	
冀	42	嚃	80	噯	80	壌	95	嬝	110	噥	133	緜	141	
凳	43	噣	80	喰	80	壞	95	奧	110	薇	133	龍	141	
剄	48	嚆	80	噟	80	壟	95	嬌	110	嶭	133	龍	141	
劍	48	嚄	80	噩	80	臺	95	嬀	110	嶪	133	幜	141	
剡	48	噢	80	噩	80	壒	95	嫛	110	嶧	133	幇	141	
剮	48	嚀	80	噲	80	墬	95	嫛	110	嶉	133	憸	141	
剬	48	劑	80	噦	81	蝁	95	嬬	110	嶴	133	幽	143	
劑	48	噱	80	嚉	81	璮	95	燴	110	嶬	133	廥	147	
劗	48	噪	80	嚆	81	還	95	嫛	110	義	133	廦	147	
劓	48	噺	80	嘳	81	墺	95	嬑	110	崟	133	廩	147	
劉	48	噠	80	嘵	81	噇	99	嫛	110	嶇	133	廫	147	
勳	52	噩	80	噪	80									
劚	52	噣	80	噱	81									
勹	53	噞	80	噴	81

총획 색인 [16획]

廥 147	獧 159	懂 173	擎 190	擔 192	厬 203	橵 215
廦 147	徼 159	懍 173	絕 191	擔 192	澝 204	臌 215
廛 147	辮 159	懔 173	擘 191	擗 192	瓨 204	膴 215
廚 147	憖 171	憸 173	擎 191	攜 192	甑 204	膧 215
廦 147	憩 171	憪 173	擎 191	撟 192	晉 210	橾 229
廥 147	憇 171	憶 173	撻 192	擤 192	曚 210	櫚 229
廞 147	憊 171	懌 173	撼 192	擖 192	曘 210	橫 229
廡 147	憗 171	懊 173	撾 192	擄 192	曈 210	樸 229
廙 147	憋 171	憿 173	撿 192	擇 192	曀 210	橌 229
廗 147	憨 171	懈 173	撵 192	擗 192	曌 210	橳 229
廠 147	憊 171	懁 173	擁 192	擆 192	曋 210	樣 229
弊 150	憑 172	慢 173	擩 192	撓 192	瞵 210	樵 229
舉 150	憑 172	憴 173	撽 192	擤 192	暸 210	樻 229
舉 150	憖 172	憞 173	擣 192	擥 192	遲 210	樲 229
舁 150	憖 172	壇 173	擑 192	擿 192	曞 210	檔 229
彝 150	憲 172	懠 173	擉 192	撤 192	暻 210	檙 229
燃 151	憲 172	懗 173	擷 192	撤 192	瞥 210	檍 229
疆 153	憲 172	慄 173	擿 192	儀 192	瞰 210	樒 229
張 153	意 172	憺 173	撉 192	掤 192	瞰 210	樘 229
彌 153	憙 172	憪 173	擇 192	遑 195	唵 210	樑 229
彃 153	憩 172	懂 173	擒 192	敳 196	瞪 211	樽 229
彜 154	慿 172	憹 173	搎 192	敿 199	暾 211	橺 229
絲 154	熱 172	慌 173	擷 192	鼓 199	嘻 211	橧 229
榭 155	慰 172	懷 173	擋 192	斂 199	喧 211	樞 229
縚 155	懇 172	慢 173	撠 192	斂 199	暨 211	樢 229
徻 159	閻 172	憤 173	操 192	敿 199	嚁 211	樛 229
徼 159	窨 172	熠 173	撶 192	敧 199	曄 211	橄 229
僕 159	意 172	憫 173	撤 192	斄 199	曅 211	橞 229
徵 159	憲 172	戰 177	擻 192	整 199	曆 211	榕 229
禮 159	徑 172	戲 177	擂 192	肇 199	曇 211	樴 229
徒 159	儋 172	戴 177	搏 192	斁 199	曈 211	樣 229
徹 159	憖 172	戲 177	擔 192	斵 201	曉 211	橵 229
衡 159	憛 172	戳 177	擅 192	斫 202	勳 213	槇 229
衝 159	憞 173	彎 177	揟 192		暜 213	樽 229
						橃 229

樵 229	檸 230	欞 231	氅 249	澩 268	濆 269	燁 280
橄 230	檉 230	樞 231	氆 249	澋 268	澫 269	煒 280
橄 230	梓 230	歔 238	氄 249	濅 268	澨 269	燀 280
樸 230	橘 230	歔 238	氄 249	澭 268	澘 269	燃 280
樹 230	橘 230	歙 238	氄 249	澮 268	潘 269	燄 280
樺 230	橙 230	歖 238	氄 249	澯 268	澱 269	燅 280
横 230	樸 230	歆 238	氄 249	澰 268	澨 269	燆 280
樽 230	橄 230	默 238	氆 249	澳 268	薐 269	燈 280
檎 230	糜 230	歘 238	氄 249	澱 268	濈 269	燉 281
樾 230	檀 230	歇 238	氆 249	澲 268	潒 269	儒 281
樺 230	穗 230	欿 238	氄 249	澳 268	濆 269	嫘 281
橒 230	機 230	歷 240	氄 249	澴 268	滸 269	燊 281
楢 230	橞 230	嶠 240	氄 249	氆 268	澷 269	燋 281
樸 230	橡 230	壿 240	氄 268	澶 268	演 269	燌 281
橃 230	橢 230	殰 243	藎 268	瀁 268	熒 269	骸 281
橄 230	橢 230	殫 243	潞 268	盪 268	澫 269	燎 281
橅 230	橚 230	殦 243	濃 268	瀟 269	燍 281	
橆 230	橖 230	登 243	濔 268	澹 268	潚 269	燏 281
橋 230	橛 230	殣 243	潔 268	懑 268	漂 269	燐 281
槹 230	橋 230	殨 243	澠 268	適 268	濊 269	㶊 281
橇 230	橦 230	撕 243	潔 268	邁 268	瀂 269	燒 281
横 230	橛 230	殭 243	潬 268	澼 268	濇 269	燓 281
斬 230	橜 230	獠 243	澣 268	潯 268	瀴 280	陞 281
槷 230	橕 230	殨 243	澤 268	濈 280	燔 281	
橈 230	橧 230	殰 243	澤 268	澵 268	瀕 280	燚 281
橉 230	橧 230	殮 245	澺 268	燿 280	燖 281	
楢 230	橡 230	毅 245	澦 268	潽 280	燀 281	
橋 230	橫 230	榖 245	澺 268	燂 268	澾 269	爒 281
播 230	橫 230	馨 245	諧 268	灅 268	爋 281	
檣 230	檑 231	榖 245	澧 268	激 269	濁 269	灋 281
槖 230	樺 231	殻 245	濊 268	濂 269	熺 280	熱 281
橑 230	樸 231	殻 245	潨 268	濂 269	爃 280	燚 281
檃 230	縈 231	殻 245	潎 268	爒 280	燋 281	
橄 230	槵 231	醤 249	濟 268	過 269	戵 280	勲 281
橄 230	橄 231	毟 249	渠 268	濛 269	燻 280	燦 281

燸 281	獬 298	璹 305	瘸 321	殍 326	瞕 337	薙 341
燥 281	獫 298	璔 305	瘴 321	膗 326	瞗 337	積 341
燵 281	獪 298	璴 305	瘡 321	膷 326	瞬 337	矯 343
熰 281	獩 298	璵 305	凛 321	瞀 326	瞟 337	矰 343
燗 281	獮 298	璿 305	瘦 321	馨 326	瞭 337	碭 343
熺 281	獰 298	璠 305	瘺 321	厳 328	曄 337	磩 349
燿 281	獲 298	瑢 305	瘲 321	廠 328	瞞 337	硻 349
熼 281	獴 298	瑪 305	瘯 321	鞍 328	瞠 337	磬 349
燇 281	獷 298	瓢 307	癒 321	鬙 328	膊 337	磙 349
欸 281	獢 298	瓤 307	瘱 321	皻 328	睵 337	磟 349
牘 286	獵 298	縣 307	瘭 321	饐 328	睲 337	磣 349
犠 286	獾 298	甌 309	瘵 321	盥 330	瞰 337	碴 349
犢 287	獹 298	甍 309	瘸 321	盧 330	睹 337	礎 349
犕 287	犟 304	甋 309	瘳 321	盦 330	瞳 337	磐 349
犠 287	璟 305	甎 309	癀 321	鹽 330	嚧 337	磑 349
犝 287	璩 305	甕 310	癃 321	盪 330	眵 337	磺 349
16	機 305	甕 310	癇 321	甉 330	矔 338	磧 349
犟 291	璒 305	瓢 310	癀 321	奩 330	瞌 338	磚 349
犞 291	璐 305	甎 310	癑 321	螶 330	膸 338	磖 349
犤 291	璘 305	甗 310	癪 321	盥 330	瞎 338	磬 349
犣 291	璞 305	甄 310	瘴 321	盦 330	瞀 338	磟 349
犧 291	璠 305	奺 310	癁 321	區 337	瞶 338	磢 349
犦 291	璕 305	甎 310	癒 321	暛 337	暵 338	砆 349
犢 291	璡 305	甊 310	癅 321	瞠 337	瞮 338	磎 349
犪 291	璪 305	甋 310	癬 321	瞜 337	矇 338	礁 349
糇 291	瑾 305	廮 311	癌 322	職 337	瞷 338	礀 349
犥 291	璜 305	甔 311	癓 322	瞑 337	曚 338	礊 349
犠 291	璢 305	麩 312	瘐 322	瞞 337	睭 338	礇 349
獣 297	璵 305	皽 315	瘛 322	瞢 337	膵 338	磫 349
獨 298	璔 305	曋 315	瘢 322	瞥 337	瞁 338	碌 349
獬 298	璟 305	曇 315	瘜 322	瞪 337	睄 338	磧 349
獯 298	璣 305	暯 315	瘺 322	旋 337	睦 338	磖 349
獬 298	璜 305	暻 315	瘸 322	瞟 337	腄 338	警 349
獨 298	璨 305	瞞 315	癖 324	瞗 337	瞿 341	礄 349
獬 298	璬 305	亹 316	癈 324	瞜 337	穩 341	礅 349
獨 298	璘 305	豐 316	癉 326	瞖 337

磧 349	穌 362	窸 368	篤 378	紬 378	篴 379	縏 398
磜 349	穄 362	窼 368	篥 378	縒 378	篹 379	縍 398
磬 349	穏 362	窵 368	篖 378	筼 378	簪 379	繰 398
碉 349	穉 362	窾 368	篗 378	篸 378	簭 379	縩 398
碁 350	䅽 362	窫 368	篚 378	簽 378	蒲 379	縊 398
砪 350	糀 362	窩 368	篩 378	篬 378	篙 379	縋 398
碌 350	糁 362	窯 368	篘 378	篼 379	糊 388	縐 398
碴 350	糅 362	寥 368	篔 378	篠 379	糇 388	縞 398
磔 350	䝮 362	㴇 368	篨 378	篫 379	糕 388	縛 398
禦 355	䎸 362	庸 368	篠 378	簽 379	糗 388	縉 398
禑 355	桦 362	䨜 368	篻 378	築 379	糒 388	縡 399
禪 355	穛 362	窗 368	篞 378	篢 379	糖 388	線 399
禮 355	蓁 362	窟 368	篭 378	䈄 379	糈 388	縝 399
禠 355	穄 362	窶 368	簆 378	筹 379	糒 388	縉 399
褵 355	熱 362	簾 368	篊 378	篼 379	糏 388	縐 399
禍 355	穡 362	簷 368	篯 378	箸 379	糕 388	縓 399
褥 355	稙 362	窵 368	簴 378	簑 379	糜 388	縂 399
禮 355	穐 362	窩 368	篧 378	篸 379	穀 388	縌 399
褋 355	穢 362	窳 368	筑 378	筲 379	糩 388	縕 399
視 355	稻 362	窘 368	筑 378	䉲 379	糪 388	緪 399
禬 355	樓 362	窳 368	篨 378	䉵 379	糉 388	緝 399
禋 355	穅 362	窾 368	筮 378	篢 379	糧 388	緡 399
禮 355	稿 362	窥 368	篝 378	筒 379	糂 388	縑 399
穎 355	穊 362	窶 368	筜 378	䉢 379	糕 388	縞 399
禐 355	稷 362	窞 368	篁 378	箪 379	糆 388	縈 399
禩 355	稩 362	窞 368	䈏 378	箋 379	糅 388	緟 399
穀 362	穌 362	竟 371	筭 378	箹 379	糅 388	縺 399
穊 362	槀 362	竖 371	筒 378	簞 379	糅 388	縚 399
穆 362	穊 362	㙺 371	篋 378	簇 379	糉 388	絡 399
穆 362	穀 362	塼 371	箵 378	篭 379	糅 398	縡 399
穌 362	穐 362	壂 371	箐 378	篔 379	絹 398	縎 399
穈 362	穐 362	篌 378	篴 378	簉 379	綹 398	繍 399
穆 362	窽 367	篁 378	篡 378	篛 379	縢 398	繏 399
穌 362	窥 367	篤 378	箴 378	筭 379	縛 398	緌 399
穎 362	䈄 368	篘 378	笳 378	篤 379		
稹 362

총획 색인 [16획]

縋 399	縶 399	獦 415	聰 422	膞 432	購 443	蕧 463
縊 399	縕 399	獚 415	聜 422	厴 432	鵂 443	蕡 463
縤 399	緩 399	獙 415	璝 422	臀 432	鞘 443	蔌 463
縹 399	縋 399	翱 415	嬴 430	臌 432	艗 443	蔦 463
縅 399	縓 399	翯 415	齋 431	膫 432	艎 443	蕭 463
縟 399	緻 400	翢 415	腽 432	膩 432	艖 443	薠 463
織 399	縈 405	翲 415	膩 432	膊 433	艏 443	蕣 463
緈 399	縠 405	翝 415	膧 432	膵 433	艜 443	藤 463
縥 399	蜑 405	罶 415	膯 432	膹 433	艚 443	蕇 463
縉 399	蠾 405	翹 415	膦 432	膍 433	艶 445	蕃 463
編 399	罵 408	翰 415	膀 432	脣 433	螷 445	蕊 463
緻 399	罹 408	翩 415	膪 432	膊 433	鎃 445	薤 463
緯 399	罻 408	翺 415	膳 432	膥 433	艷 445	薨 463
縿 399	翼 408	翶 415	臍 432	膒 433	艶 445	蕲 463
縞 399	翆 408	壎 417	膙 432	腨 433	䶁 459	薈 463
縭 399	翏 408	臿 417	膽 432	膕 433	舋 459	蔿 463
絲 399	翼 408	構 419	臆 432	皃 437	菬 462	蕰 463
總 399	麗 408	耨 419	膲 432	䑕 437	蘭 462	薙 463
絲 399	羆 408	榜 419	膵 432	臲 437	蕳 462	蕸 463
繡 399	翥 408	耩 419	膇 432	臻 437	蘤 462	蕕 463
縻 399	翤 408	耤 419	膨 432	塹 437	蕎 462	蕫 463
經 399	罽 408	耫 419	脧 432	擧 438	蕨 462	蘇 463
縞 399	羉 408	耛 419	曉 432	鑒 438	蘑 462	蘘 463
縈 399	珶 408	賴 419	膵 432	錫 440	薑 462	蕉 463
縝 399	豜 411	糒 419	膍 432	舘 440	蕗 462	蕞 463
縓 399	義 411	耧 419	齎 432	舺 440	蘢 462	蕩 463
縉 399	挳 411	耠 421	膩 432	雽 440	蕓 462	蔽 463
線 399	羬 411	翰 421	膳 432	艕 443	蘠 462	蕙 463
縏 399	羭 411	耕 422	膾 432	艘 443	蘭 463	薄 463
縱 399	羯 411	瞛 422	膗 432	艇 443	蕪 463	蕢 463
縫 399	羦 411	聝 422	膳 432	艙 443	薔 463	蕗 463
縌 399	翔 411	聬 422	臕 432	艖 443	蔕 463	蕦 463
縇 399	羠 411	腒 422	膓 432	艛 443	蔕 463	薜 463
縐 399	嵩 415	聛 422	膟 432	槊 443	蕃 463	蕢 463
繅 399	翰 415	聰 422	膰 432	嫌 443	蘱 463	簷 463

총획 색인 [16획]

蘁 463	蕩 464	蘊 464	魅 475	螑 484	螻 484	襔 499
曉 463	蓧 464	蓘 464	齟 475	螐 484	蟻 484	襂 499
醯 463	蕡 464	蒨 464	頄 475	螖 484	螗 484	襌 499
嶐 463	薑 464	舊 464	麃 476	螢 483	螊 484	褶 499
蔆 463	簪 464	薆 464	粦 476	螇 484	螢 484	褷 499
蘭 463	葉 464	蕕 464	螫 483	蜎 484	蟆 484	禎 499
當 463	藥 464	藏 464	螉 483	塊 484	蟫 484	褾 499
膳 463	蕳 464	薐 464	螗 483	嫢 484	蟀 484	縱 499
戰 463	蕚 464	薮 464	鱀 483	螣 484	蹇 484	襀 499
煰 463	蓄 464	藜 464	螗 483	蚪 484	幾 491	襋 499
穀 463	葔 464	薐 464	胅 483	緢 484	蓋 491	襇 499
摙 463	蓶 464	薤 464	螂 483	蝀 484	嶬 491	禍 499
蒿 463	韮 464	蒴 464	螟 483	蝀 484	濾 491	禋 499
蟲 463	薁 464	薄 464	蟆 483	蛷 484	衛 492	禮 499
犛 463	藪 464	斯 464	蟋 483	蜛 484	衛 492	禎 499
蓼 463	誨 464	菲 465	螫 483	蝓 484	衛 492	禨 499
蓉 463	漵 464	薪 465	螃 483	鑑 484	衛 492	襏 499
螢 463	藿 464	莫 465	蟣 483	蠡 484	褰 498	襵 499
蒥 463	葷 464	棊 465	蝴 483	鑑 484	聚 498	襦 499
薬 463	藃 464	蒹 465	螻 483	蟠 484	裹 498	褛 499
蘤 463	蘧 464	潎 465	蚅 483	蛞 484	豪 498	複 499
華 463	蕟 464	蒴 465	螋 483	橐 484	裝 498	襌 499
豬 463	蒬 464	朝 465	蟣 483	螢 484	裳 498	襪 499
糞 463	蘹 464	嶉 465	螉 483	鋭 484	裹 498	襋 499
貫 464	蔕 464	盞 475	蛑 483	融 484	褒 498	糀 502
薢 464	蓣 464	虓 475	螺 484	蝴 484	裵 498	覙 503
戟 464	樣 464	虤 475	鋭 484	螳 484	襲 498	覯 504
葾 464	薇 464	虧 475	融 484	螲 484	褎 498	覦 504
蕁 464	蕡 464	魃 475	蟠 484	蟋 484	褕 499	親 504
薤 464	荙 464	魋 475	蝓 484	壏 484	褊 499	覬 504
蕙 464	葹 464	魀 475	螅 484	莖 484	襸 499	覭 504
薮 464	蕓 464	魇 475	蜣 484	蟹 484	褵 499	覯 505
蒹 464	薘	魀 475	䗣 484	鱀 484	襁 499	覘 505

총획 색인 [16획]

覡 505	諟 517	護 517	諿 518	貑 531	賥 536	趣 542
覢 505	諰 517	諑 517	諡 518	貓 531	䫻 536	趲 542
覣 505	諡 517	諴 517	諹 518	貐 531	賧 536	趙 542
覤 505	諶 517	諗 517	諿 518	貒 531	賫 536	趦 542
題 505	諤 517	頭 517	諿 518	貕 531	賨 536	趨 542
親 505	謁 517	請 517	謦 518	貑 531	賳 536	趫 542
覦 505	諳 517	諓 517	謨 518	貒 531	賹 536	蹄 549
覥 505	諺 517	諢 517	謙 518	貑 531	賬 536	足 549
覦 505	諺 517	諫 517	謠 518	豫 531	賭 538	蟲 549
覦 505	諢 517	諱 517	謟 518	貒 531	頳 538	踹 549
覧 505	謂 517	諷 517	諸 518	貓 531	頵 538	蹈 549
覽 505	諭 517	諶 517	諱 518	獏 531	䭀 538	蹅 549
覯 505	諭 517	諗 517	諿 518	㹰 531	䞀 538	踴 549
舘 507	諠 517	諤 517	譃 518	猪 531	福 538	踽 549
舲 507	諝 517	謝 517	㡊 525	貐 531	䣛 538	踽 549
艓 507	謚 517	諴 517	㡖 525	貒 531	柬 538	踝 549
艏 507	諮 517	誓 517	豋 526	貒 531	起 542	踩 549
鯤 508	諯 517	諲 517	豛 526	貒 531	赹 542	踰 549
雟 508	諳 517	諥 517	䝄 526	猪 535	趙 542	踠 549
雁 508	諸 517	諛 517	醒 526	賴 535	趨 542	踶 549
雉 508	諝 517	諿 517	醋 526	賵 535	越 542	蹏 549
雋 508	諜 517	諿 518	喝 526	賫 535	趖 542	踢 549
艏 508	諦 517	諜 518	貑 529	賗 535	趔 542	踒 549
艚 508	論 517	諞 518	豫 529	賕 535	趜 542	踺 549
艘 508	諷 517	諨 518	豬 529	賹 535	趖 542	踵 549
艇 508	諴 517	謓 518	獑 529	賻 535	趡 542	蹀 549
題 508	諧 517	諔 518	猭 529	賜 535	趦 542	踽 549
舳 508	諱 517	諞 518	貒 529	賾 536	趙 542	踼 549
觴 508	諡 517	譁 518	獪 529	蹟 536	趨 542	踥 549
諌 517	諼 517	諙 518	獞 529	賧 536	趜 542	頭 549
諾 517	諱 517	諴 518	豭 529	賵 536	趣 542	蹉 549
諵 517	諡 517	諝 518	㲋 529	䝕 536	趌 542	蹉 549
謀 517	諼 517	謏 518	㲋 529	賵 536	趖 542	聖 549
諿 517	諿 517	諴 518	獫 529	賵 536	趥 542	踶 549
諧 517	謷 517	謷 518	獫 529	賱 536	趯 542	蹈 549
謁 517	諨 517	諛 518	獬 529	賨 536	趒 542	踏 549

登 549	蹊 550	輪 562	遲 573	皰 579	醼 585	錀 596
蹬 549	躬 556	轊 562	遅 573	鼉 579	醐 585	錟 596
蹉 549	躯 556	鼇 562	遷 573	巰 579	醩 585	銅 596
蹃 549	腫 556	鞍 562	遷 573	絕 579	酷 585	鋆 596
踽 549	輸 556	輎 562	邊 573	皴 579	醤 585	鍊 596
踽 549	骰 556	篳 562	還 573	鄲 581	醜 585	鋼 596
蹅 549	皇 556	轁 562	避 573	盟 581	鹽 585	鍊 596
蹙 549	軀 557	轄 562	適 573	鄴 581	酸 585	錄 596
踺 549	躹 557	蒀 562	進 574	鄶 581	醯 585	錄 596
踺 549	鞽 561	轒 562	逾 574	鄫 581	酰 585	鋒 596
踾 550	輻 561	蓺 562	蓬 574	羲 581	醋 585	輪 596
踵 550	輹 561	鞹 562	邊 574	豐 581	醞 586	錢 596
蹉 550	輸 561	轈 562	蕰 574	鄭 581	醬 586	錳 596
蹊 550	輸 561	鞦 562	遷 574	鄡 581	酴 586	鍛 596
踯 550	轀 561	轃 562	戀 574	鄮 581	醱 586	鋼 596
踩 550	輠 561	蝶 562	過 574	鄭 581	醞 586	錯 596
踮 550	鞅 561	輻 562	遒 574	鄯 581	醖 586	錚 596
疇 550	鞣 561	輵 562	道 574	郯 581	醋 586	餠 596
僉 550	輴 561	辨 566	遒 574	醂 585	橐 589	錇 596
踒 550	輯 561	辟 566	遞 574	醠 585	鋼 595	鋸 596
蹊 550	輎 561	辨 566	遀 574	醒 585	鋸 595	錇 596
踘 550	輎 561	辧 566	遁 574	醒 585	鋻 595	鋼 596
蹊 550	輲 561	辞 566	遍 574	醖 585	銀 595	錞 596
踑 550	輆 561	辟 566	遂 574	醎 585	錂 595	鋼 596
踟 550	鞠 561	遘 573	遼 574	酺 585	錕 595	錏 596
踵 550	頼 562	遜 573	遣 574	醬 585	鍊 595	錝 596
踵 550	輅 562	選 573	邀 574	醩 585	錧 595	錆 596
踤 550	韜 562	遷 573	遰 574	醋 585	銑 595	錡 596
蹊 550	輰 562	遶 573	遊 574	醜 585	鋧 595	錚 596
蹊 550	慈 562	遺 573	逳 574	醒 585	錼 595	錢 596
蹕 550	輖 562	遷 573	遑 574	醠 585	錦 595	鈾 596
跛 550	輯 562	遼 573	遷 574	醐 585	銑 595	錠 596
蹴 550	輵 562	遵 573	巂 579	饁 585	鎺 595	鋼 596

총획 색인 [16획]

錚 596	錕 597	閣 610	隒 618	霓 625	澠 629	鞁 634
錝 596	錸 597	閤 610	隓 618	黔 625	鼙 629	靳 634
錯 596	錽 597	閘 610	隊 618	霙 625	馨 630	鞃 639
錩 596	鍄 597	閑 610	隑 618	骭 625	醐 631	輔 639
錆 596	鍟 597	閟 610	隊 618	霆 625	餔 631	鞘 639
錏 596	鎣 597	閡 610	隸 619	霂 625	醭 631	靰 639
錣 596	鉏 597	閘 610	隷 619	霈 625	醮 631	辣 639
錌 596	鉢 597	閠 610	隷 619	霁 625	醒 631	靸 639
錙 596	鋿 597	閕 610	錐 621	霝 625	醍 631	翟 641
錂 596	銫 597	閥 610	雕 621	電 625	醲 631	蚕 641
錐 596	鋙 597	閒 610	雖 621	霞 625	醒 631	韸 642
錙 596	鍺 606	開 610	雛 621	霑 625	醒 631	韽 642
錯 596	毄 606	開 610	雎 621	霖 625	醑 631	韾 642
鋑 596	殪 606	閣 610	雕 621	霹 625	醜 631	靜 642
錂 596	殭 606	閨 610	雖 621	霜 625	鞍 634	頸 645
鋼 596	擊 606	開 610	雚 621	霞 625	鞋 634	頰 645
鋤 596	璗 606	閤 610	雜 621	霢 625	儵 634	頯 645
鋹 596	璕 606	闋 610	雝 621	霝 625	肇 634	頷 645
銘 596	琿 606	閱 610	雖 621	霤 625	鞘 634	頵 645
虤 596	瓃 606	閨 610	雗 621	霰 625	鞘 634	頭 645
錐 596	閭 609	閤 610	雕 621	霶 625	鞜 634	頻 645
鋠 596	闌 609	閲 610	雟 621	霈 625	靰 634	頲 645
鈚 596	閏 609	閤 610	雗 621	霞 625	鞀 634	頳 645
錵 596	闔 610	閣 610	隆 621	霆 625	鞁 634	頯 645
鋞 596	閶 610	錹 615	雉 621	霆 625	鞅 634	領 645
錄 596	閫 610	髽 615	雊 621	雷 625	靪 634	頰 645
銐 596	閣 610	歸 615	雂 621	霛 625	鞆 634	頰 645
鋅 596	閣 610	隨 617	雔 621	霙 625	鞂 634	頋 645
錆 597	閼 610	隊 617	雝 621	霓 625	輔 634	頫 645
錮 597	閱 610	隩 617	雝 621	霺 625	鞂 634	頎 645
錉 597	閣 610	險 617	雝 621	霺 625	靮 634	頌 645
錂 597	開 610	隓 617	雝 621	霽 625	鞍 634	頖 645
錣 597	閥 610	隩 617	雝 621	霪 625	鞋 634	頍 645
鋆 597	閣 610	隚 617	霍 625	霧 625	鞋 634	頤 645
鋻 597	閨 610	隙 617	霖 625	霍 625	鞇 634	頲 645
鋪 597	閬 610	隊 618	霏 625	霪 625	鞃 634	頴 645
銐 597	閟 610	儺 618	霎 625	靜 629	靴 634	頤 645

顗 645	颰 651	餐 657	駰 665	駣 666	髽 678	魊 685
頯 645	颹 651	餤 657	馳 665	篤 666	髹 678	魌 686
頵 645	颳 651	餇 657	駐 665	駈 666	髼 678	塊 686
頗 645	颺 651	餖 657	駝 665	䳙 666	髦 678	魋 686
頓 645	颼 651	餉 657	罵 665	馱 666	髨 678	魉 686
頷 645	颷 651	餑 657	駢 665	駱 666	髢 678	鮫 686
預 645	颸 651	餒 657	儮 665	駿 666	髮 678	魅 686
頛 645	颳 651	餕 657	駤 666	駛 666	髳 678	魖 686
頻 645	颻 651	餯 657	駭 666	骼 673	髻 678	魊 686
頦 645	颲 651	薺 657	駢 666	骻 673	髼 678	魈 686
頰 645	颭 651	餄 657	駴 666	骱 673	肈 678	魁 686
頧 645	颴 651	餂 657	鴘 666	骸 673	髮 678	鮈 689
顎 645	颱 651	饕 657	駒 666	骹 673	髭 678	鮊 689
頩 645	颰 651	餁 657	駛 666	骺 673	鬐 678	鮎 689
頲 645	餒 656	鉎 657	猧 666	骬 673	鬃 678	魷 689
頠 645	餛 656	甌 662	駤 666	骷 673	鬋 678	魰 689
頹 645	餉 656	鎧 662	駛 666	骱 673	髾 678	鮇 689
頪 645	餘 656	㽞 662	駬 666	骱 673	鬈 678	鮍 689
頢 646	餓 656	餔 662	駓 666	骾 673	髹 678	鮒 689
頟 646	餒 656	餔 662	駋 666	骭 673	鬁 678	鮏 689
頞 646	餘 656	餕 663	駁 666	骵 673	鬄 682	鮒 689
頣 646	餒 656	餑 663	駪 666	骵 673	鬧 682	鮓 689
顁 646	餗 656	餗 663	駢 666	骳 673	鬭 682	鮎 689
頤 646	餐 656	餙 663	駦 666	骿 673	鬵 683	鮆 689
頭 646	餔 656	鶺 663	駓 666	骱 673	虜 683	魶 689
頼 646	篩 656	餡 663	馵 666	骶 673	鬶 683	鮀 689
頣 646	餩 656	騁 665	駢 666	骳 673	鬵 683	鮑 689
頼 646	餟 656	駉 665	駼 666	髾 673	鞋 683	鮐 689
預 646	餒 656	鶩 665	駒 666	髯 676	鞆 683	鮮 689
颲 651	餒 656	駱 665	駃 666	髢 676	骸 683	鮑 689
颶 651	餘 657	駮 665	駟 666	髩 676	韹 683	鮣 689
颽 651	餓 657	駒 665	駵 666	髠 676	覬 683	鮒 689
颸 651	餽 657	駪 665	駔 666	髣 678	聲 685	鮃 689
颭 651	餢 657	馮 665	騀 666	髽 678	魋 685	鮢 689
颯 651	餙 657	駛 665	駓 666	髻 678	魋 685	鮚 689

총획 색인 [16~17획]

鮩 689	駕 700	鴒 701	鴎 702	麩 716	塯 726	膠 33
鮏 689	馴 700	鵁 701	鶍 702	麂 718	鼎 726	儧 33
鮄 689	䳭 701	䳺 701	鵬 702	麋 718	鼏 726	價 33
魺 689	䳧 701	䳼 701	鵠 702	麇 718	鼙 727	傷 33
鲆 689	䳬 701	䴀 701	鴟 702	麃 718	鬪 728	優 33
鮒 689	鳴 701	䳮 701	鴲 702	歔 719	鬫 728	儸 33
鮃 689	鴿 701	鴽 701	鴣 702	黔 719	歟 728	儶 33
魽 689	䳱 701	駕 701	鳻 702	黅 719	歠 728	僲 33
鮚 690	鵃 701	鵁 701	鵮 702	黇 719	鼽 730	傘 36
鮑 690	鴨 701	鵄 701	鴉 702	黆 720	鼾 730	濆 42
鮗 690	䳹 701	䴉 712	襌 712	䵉 720	鼿 730	澳 42
鮋 690	䳿 701	鵙 712	寧 712	香 720	齋 731	漬 42
鮮 690	鴦 701	駢 712	齡 712	馞 720	亂 732	鹵 44
鮏 690	鵊 701	鴆 712	盬 712	黂 720	龍 736	融 44
鮜 690	駕 701	鴧 712	鮀 712	黏 720	龜 736	圓 44
鮉 690	鳧 701	鳻 712	麋 713	𪏐 720	龜 736	劇 48
魿 690	鴍 701	鴮 712	廛 713	黐 720	龜 736	劅 49
鮎 690	䴉 701	䴔 712	塵 713	𪐕 720	鼉 736	劊 49
鮓 690	鵯 701	鴃 701	麖 713	黎 721	**17**	劌 49
鮀 690	鴨 701	鳩 702	䴎 713	黔 721	償 33	劉 49
鉅 690	鵅 701	鴜 702	麛 713	黙 721	儦 33	剭 49
鮦 690	鳹 701	鵄 702	鑞 713	黗 721	儵 33	訐 49
鲦 690	鴎 701	駅 701	麈 713	默 721	儌 33	勵 52
鮒 690	鴎 701	鳩 701	黏 716	默 721	傷 33	勴 52
魾 690	鴕 701	鳿 701	蛇 716	纁 721	儀 33	勸 52
鮇 690	䴗 701	倘 701	翄 716	黖 721	儚 33	勰 52
魼 690	鴠 701	鴉 701	貂 716	黙 721	儡 33	夑 52
鮏 690	鴂 701	鮑 701	鮇 716	黚 721	曁 33	勱 52
鮥 690	鴐 701	鮑 701	麅 716	野 721	儢 33	匔 53
鲌 690	鴎 701	鴛 701	鉅 716	甼 722	儠 33	鴎 53
鮁 690	駞 701	鮇 702	穌 716	黓 722	償 33	匱 55
鮒 690	鴣 701	鴈 702	烓 716	黕 722	儬 33	匲 55
鮪 690	鴼 701	鴫 702	獮 716	黺 724	儩 33	嚴 61
鮾 690	鷔 701	䳫 702	鮮 716	嘉 726	節 33	嬰 64
鮓 690	鴲 701	䴁 702	貉 716	嚞 726	儗 33	鞍 64

燮	64	噢	81	嬪	111	嶷	134	儳	159	䲯	177	擾	193
嚀	81	雖	81	嬶	111	嶸	134	懇	172	䥫	177	撡	193
嚂	81	嚋	81	嬸	111	嶛	134	懟	172	戴	177	擻	193
嚃	81	嚌	81	嬬	111	壥	134	懃	172	屓	179	擥	193
嚊	81	嚁	86	屪	111	嶹	134	懘	172	擎	192	嚴	199
嚆	81	國	86	嬰	111	嶽	134	懋	173	擊	192	斂	199
嚅	81	壔	95	嬿	111	嶾	134	懜	173	擘	192	斁	199
嚄	81	壓	95	嬾	111	誓	134	懕	173	擎	192	殻	199
嚌	81	壖	95	嬥	111	巘	134	應	173	擠	192	毄	199
嚓	81	壑	95	嬑	111	嶵	134	懇	173	擦	192	殸	199
嚃	81	壏	95	嬢	111	巇	134	憝	173	擡	192	殿	199
嚇	81	墜	95	嬳	111	巍	134	懚	173	擢	192	豐	199
嚎	81	壕	95	嬶	111	巂	136	懦	173	擣	192	厳	199
嚄	81	壎	95	夒	111	幫	142	懧	173	擧	192	斗	201
17													
嚆	81	壃	95	嬺	111	幪	142	懞	173	擩	192	斟	201
嚇	81	壒	95	嬬	113	幬	142	憭	173	擶	192	斶	203
嚖	81	壗	95	豬	113	歸	142	憸	173	擤	193	斱	203
對	81	壔	95	孺	113	憽	142	憹	173	擶	193	斷	203
嚁	81	壎	95	寱	118	幰	142	懧	173	擥	193	旜	204
嚖	81	壛	95	寲	118	嶷	142	懬	173	撲	193	旚	204
嚕	81	壜	95	寢	118	嬥	142	懫	173	擦	193	曑	211
噇	81	墢	95	導	120	廪	148	懢	173	捷	193	暳	211
噌	81	壚	95	尶	122	廬	148	惧	173	孺	193	曒	211
噌	81	壡	95	屨	125	廫	148	懯	173	擭	193	曓	211
噎	81	奝	101	嶺	134	廎	148	懝	174	擬	193	暾	211
噁	81	奰	101	嶼	134	瀰	153	懥	174	擸	193	曖	211
濘	81	姍	110	擧	134	徵	159	懣	174	擤	193	曝	211
囀	81	嬙	110	嶽	134	徽	159	懘	174	擢	193	曦	211
囁	81	嫋	110	巒	134	嬣	159	懭	174	擯	193	曠	211
噰	81	嬥	110	嶸	134	徿	159	懍	174	擰	193	曘	211
噷	81	嬤	110	嶷	134	徶	159	懭	174	擱	193	曙	211
噦	81	孃	110	嶷	134	徹	159	戲	177	擡	193	曖	211
噯	81	嬢	110	嶢	134	戳	177	戲	177	撖	193	曚	211

총획 색인 [17획]

甑 213	檔 231	礂 240	澱 269	濃 270	燨 282	璖 305
臀 215	檕 231	壁 240	濘 269	澀 270	爵 284	璙 305
檴 231	檖 231	殭 243	濟 269	濕 270	谿 284	璕 305
檽 231	橐 231	殮 243	濤 269	凝 270	牆 286	瑭 305
槌 231	檘 231	薨 243	濠 269	濊 270	儋 286	璲 305
檥 231	檗 231	殬 243	濡 269	澹 270	犠 286	瑟 305
檂 231	檨 231	殰 243	澤 269	濚 270	膽 287	璦 305
檏 231	檪 231	殯 243	澩 269	營 281	牒 287	璪 305
櫂 231	檮 231	夢 243	澺 269	燠 281	犙 291	璨 305
棚 231	檜 231	殹 243	濤 269	燡 281	犧 291	瑳 305
檴 231	檥 231	毂 245	濱 269	燧 281	獨 291	環 305
櫨 231	檞 231	榖 245	濃 269	熻 281	犨 291	瑜 305
檪 231	櫃 231	毚 246	澍 269	燥 281	犙 291	瑪 305
橞 231	檆 231	毦 249	瀁 269	燦 281	觳 291	珰 305
檀 231	櫫 231	氈 249	瀎 269	燘 281	犢 291	璠 305
檁 231	檡 231	毢 249	濧 269	煃 281	犝 291	璡 305
檦 231	檢 231	毷 249	濩 269	燮 281	獸 298	璫 306
檃 231	檸 231	氋 249	瀧 269	燉 281	獸 298	瑛 306
橔 231	檥 231	氈 249	濇 269	燫 281	獰 298	瓶 310
檝 231	檞 231	氉 249	濬 270	爎 281	獲 298	甄 310
檄 231	檆 232	氄 249	濫 270	燠 281	獲 298	甄 310
檘 231	檥 232	氊 249	瀊 270	燉 281	獯 298	甌 310
檪 231	櫃 232	氎 268	濮 270	燭 281	獵 298	甑 310
楥 231	檸 232	鳖 269	濊 270	燮 281	獵 298	甔 310
檞 231	椽 232	盨 269	辯 270	爁 281	獯 298	甓 310
檎 231	檵 232	潏 269	濯 270	燩 281	獪 298	甆 310
檟 231	櫛 232	濕 269	濰 270	燁 281	獱 298	甑 310
檉 231	檚 232	潪 269	濘 270	燵 281	獷 298	甑 310
檦 231	檎 238	幂 269	濱 270	熮 281	獵 298	甑 310
檴 231	歜 238	寧 269	濱 270	煦 281	獴 298	甌 310
檎 231	歇 238	淡 269	濛 270	燧 282	翟 298	甗 310
檐 231	歐 238	榮 269	潤 270	憶 282	獾 298	甑 310
檑 231	歎 238	潒 269	澗 270	燜 282	瀅 305	覃 311
檛 231	歑 238	濛 269	潾 270	燯 282	壁 305	雞 312
薖 231	歐 238	溾 269	潵 270	燃 282	璂 305	疄 315
檄 231	歆 238	澳 269	濰 270	燴 282

曈 315	癉 322	瞥 338	聽 338	磽 350	穉 362	窾 368
曋 315	癇 322	瞤 338	豀 342	碾 350	稽 362	竂 368
翼 315	癆 322	瞬 338	豫 342	礆 350	穊 362	窿 368
艚 315	瘤 322	瞳 338	穜 342	礏 350	穔 362	窨 368
黏 315	癇 322	曄 338	融 342	礐 350	鼛 363	塁 371
墦 315	瘮 322	瞪 338	矯 343	磃 350	磅 363	增 371
嘈 315	瘌 322	瞰 338	繒 343	磅 350	穄 363	登 371
鐺 315	癘 322	瞧 338	擶 343	磔 350	穊 363	墝 371
癇 322	嬏 326	矎 338	㠰 343	碚 350	稴 363	樽 371
癇 322	曄 326	瞜 338	磵 350	機 355	穄 363	聰 371
癎 322	曉 326	矙 338	礈 350	禠 355	穌 363	簅 379
瘴 322	嫶 326	瞭 338	碟 350	禯 355	糅 363	薗 379
癆 322	嫣 326	暷 338	磺 350	禔 356	檡 363	簋 379
癰 322	璒 326	矂 338	礄 350	禥 356	㮆 368	筹 379
癡 322	璞 326	瞳 338	磽 350	禪 356	窾 368	㪚 379
瘤 322	曾 326	瞵 338	磴 350	禧 356	竀 368	筞 379
癌 322	盍 330	瞷 338	磯 350	襘 356	窨 368	築 379
癚 322	盌 330	瞲 338	磬 350	襑 356	竀 368	篦 379
癈 322	盇 330	膌 338	磴 350	橐 356	覆 368	簺 379
癉 322	盈 330	曨 338	磨 350	裞 356	窶 368	簒 379
瘡 322	盩 330	䁳 338	磷 350	禚 356	窞 368	簕 379
癀 322	盐 330	睸 338	磻 350	檡 356	窩 368	篤 379
癩 322	盦 330	瞠 338	磔 350	播 356	窶 368	篚 379
瘦 322	盌 330	瞓 338	磚 350	禺 357	竂 368	簹 379
瘸 322	盠 330	瞪 338	礄 350	穋 362	藹 368	筳 379
瘠 322	闁 338	瞪 338	磳 350	穚 362	寳 368	筺 379
癬 322	間 338	曉 338	磉 350	穊 362	審 368	簊 379
瘮 322	瞩 338	矘 338	礎 350	穗 362	襃 368	簌 379
癡 322	瞋 338	瞋 338	礗 350	穐 362	窾 368	簒 379
癢 322	瞳 338	暗 338	磨 350	穘 362	窾 368	篽 379
瘺 322	瞭 338	曒 338	礒 350	稷 362	窾 368	篸 379
癎 322	瞡 338	矐 338	磶 350	稹 362	窽 368	篴 379
癙 322	瞞 338	瞱 338	磭 350	稺 362	窯 368	
癀 322	瞥 338	瞰 338	磶 350

총획 색인 [17획]

篝 380	篍 380	橬 389	繄 400	綃 400	羺 411	瞭 422
簇 380	蔣 380	糡 389	縫 400	縻 400	羷 411	聰 422
簎 380	篿 380	糟 389	繃 400	繩 400	羶 411	瞸 422
篹 380	築 380	糙 389	縿 400	縼 400	羴 411	瞶 422
簒 380	篏 380	粺 389	縱 400	縴 400	犟 411	磨 422
簀 380	篗 380	糔 389	纖 400	縋 400	翯 415	聲 422
簉 380	篲 380	槭 389	纇 400	纈 400	翴 415	膜 431
篡 380	篛 380	槫 389	縱 400	縩 400	翳 415	臄 433
篳 380	簑 380	樀 389	維 400	繀 400	翳 415	朡 433
簐 380	篶 380	粹 389	繏 400	繢 400	翼 415	膕 433
簎 380	筜 380	糛 389	繄 400	繀 400	翼 415	膿 433
簁 380	篵 380	糜 389	縤 405	緣 400	翻 415	膽 433
篻 380	篸 380	糙 389	縮 405	鼇 405	獲 415	臀 433
篤 380	簏 380	精 389	縧 405	罅 405	獀 415	臁 433
簈 380	篯 380	糯 389	縭 405	罃 405	貗 419	臍 433
簃 380	篽 380	糡 389	縶 400	罆 405	耨 419	臂 433
篼 380	篷 380	榱 389	絛 400	罆 405	耪 419	隨 433
簈 380	篯 380	粫 389	總 400	罊 408	耩 419	臆 433
篽 380	簄 380	樇 389	縮 400	罅 408	糞 419	臃 433
箇 380	簃 380	槩 389	縹 400	麗 408	耧 419	臀 433
箾 380	簅 380	緌 400	繂 400	鬩 408	粺 419	膺 433
篭 380	簉 380	縖 400	穎 400	麋 408	聯 422	膻 433
篠 380	篰 380	縺 400	縺 400	罿 408	聲 422	朦 433
篑 380	篺 380	縷 400	縹 400	罾 408	聳 422	臊 433
簃 388	糚 388	縲 400	繖 400	騣 408	聰 422	腯 433
簀 380	糡 389	縡 400	縞 400	翼 408	瞻 422	胛 433
篻 380	黎 389	縞 400	縈 400	罼 408	瞚 422	臉 433
簌 380	糢 389	縵 400	縌 400	贈 408	瞠 422	膶 433
簄 380	糜 389	縲 400	綨 400	羨 411	聊 422	膁 433
簫 380	糞 389	糜 400	縎 400	摯 411	聴 422	膝 433
篆 380	蕃 389	繁 400	繶 400	鞏 411	臎 422	腳 433
籛 380						膽 433
篹						腥 433

총획 색인 [17획]

脺 433	膱 443	蘁 465	龉 466	蘁 466	蟈 484	蠡 485
膞 433	醎 443	蘢 465	藻 466	薅 466	螅 484	螫 485
膧 433	艒 443	奠 465	藤 466	薹 466	蠁 484	螻 485
膛 433	鵤 443	薗 465	蕈 466	薑 466	螳 484	總 485
膯 433	艛 443	薏 465	菝 466	蘬 466	螺 484	蟄 485
膾 433	艱 444	蕢 465	敿 466	藼 466	蟈 485	蟒 485
膰 433	鴣 462	薔 465	薐 466	薐 466	蟉 485	蟋 485
膞 433	薑 465	蕺 465	鞍 466	鞍 466	蟍 485	螞 485
骨 433	薊 465	蕭 465	薥 466	薪 466	蟆 485	蝕 485
膎 433	薨 465	薦 465	薳 466	蔯 466	蟇 485	蠦 485
臊 433	薣 465	蒠 465	薘 466	薒 466	蠛 485	蟗 485
膕 433	薫 465	薖 465	蘭 466	薿 466	鏖 485	蟹 485
臨 436	薧 465	薨 465	蔕 466	藆 466	蔓 485	螏 485
羿 436	薘 465	薍 465	遵 466	藅 466	螽 485	蠢 485
臌 436	薕 465	藤 465	薤 466	藥 466	蘆 485	蟝 485
臩 437	薟 465	薈 465	薛 466	薅 466	蟎 485	螺 485
礜 437	薆 465	蕾 465	蒡 466	譫 466	螢 485	蟧 485
臲 437	薐 465	薐 465	薂 466	腋 466	螅 485	蠢 485
臱 437	薇 465	薇 465	菡 466	飼 466	蟀 485	蟻 485
舉 438	薇 465	蘆 465	蕡 466	蕅 466	螯 485	蠟 485
閣 439	薄 465	薝 465	襲 466	蔨 466	蟕 485	蟠 485
閺 439	薠 465	蒦 466	薀 466	蕒 466	蟖 485	蟯 485
齔 439	薛 465	薛 465	薀 466	鞎 467	蟡 485	蟪 485
韶 440	薛 465	薛 465	薣 466	鼗 467	蟖 485	蟜 485
餇 443	薭 465	薂 465	薅 466	斁 467	蟊 485	蝸 485
艘 443	薪 465	薪 465	薉 466	彪 476	鏖 485	蟨 485
艚 443	荽 465	薁 465	薞 466	癬 476	蟥 485	螎 485
舶 443	蘋 465	蔟 465	薖 466	彪 476	蟑 485	螺 485
艀 443	蘐 465	薡 465	薇 466	盤 484	蟀 485	蠓 485
艅 443	薢 465	蓬 465	薇 466	蠱 484	蜥 485	蝢 485
艐 443	薩 443	蘊 465	虇 466	蠱 484	蟫 485	蠚 485
艑 443						蠊 486
艖 443

螢 486	礁 499	覺 505	譀 518	誇 519	貌 531	趌 542
螮 486	襇 499	觳 508	譂 518	譜 519	貔 531	趍 542
螯 486	襟 500	觲 508	譯 518	豯 531	趎 542	
蟻 486	襪 500	觴 508	謓 518	謥 519	貆 531	趐 542
螫 486	襎 500	觶 508	謒 518	譁 519	豰 531	趑 542
嶹 491	襎 500	觴 508	謞 518	譇 519	貕 531	趒 542
衛 492	襑 500	觸 508	謇 518	斳 519	豵 531	趓 542
褻 499	襑 500	艫 508	謑 518	譚 519	購 536	趔 542
裏 499	襦 500	艨 508	謲 518	論 519	賻 536	赛 542
馭 499	襑 500	艢 508	誩 518	諸 519	賽 536	趖 542
襲 499	襑 500	艪 508	譁 518	譌 519	蹟 536	趌 542
褺 499	襒 500	艤 508	譫 518	謹 519	賸 536	趑 542
褺 499	襒 500	艭 508	謨 518	諡 519	賺 536	趌 542
褺 499	襎 500	鮓 508	謭 518	谿 525	贍 536	趌 542
袅 499	襌 500	艪 508	詞 518	谽 525	賵 536	趣 542
襲 499	襏 500	鮇 508	謠 519	谿 525	費 536	趣 542
襀 499	襒 500	謞 518	謝 519	豁 525	贅 536	寒 550
襇 499	襒 500	講 518	謦 519	豂 525	賸 536	蹋 550
禚 499	禮 500	謩 518	謚 519	豅 525	賽 536	蹈 550
襏 499	褔 500	謙 518	謮 519	豏 526	賺 536	蹎 550
禪 499	墾 503	謙 518	課 519	豗 526	瀆 536	蹍 550
襒 499	覞 505	謟 518	諸 519	豋 526	賾 536	蹙 550
襊 499	覦 505	謄 518	諜 519	豒 526	賷 536	蹗 550
襎 499	覯 505	譖 518	諸 519	豐 526	豔 536	蹉 550
襁 499	覬 505	謎 518	謬 519	豍 527	贅 536	蹅 550
稹 499	覭 505	謐 518	謑 519	豎 527	贇 536	蹌 550
襅 499	覲 505	謗 518	謞 519	豳 529	賿 536	踦 550
禚 499	覲 505	謝 519	謞 519	豞 529	賻 536	蹊 550
繈 499	覷 505	謐 519	諤 519	貙 529	蕒 536	跨 550
襑 499	覲 505	謨 518	謨 519	豞 529	賣 536	跾 550
襓 499	覲 505	謨 518	謐 519	豯 529	磚 538	蹓 550
褶 499	覷 505	謚 518	譁 519	貏 529	糓 538	踺 550
禠 499	覭 505	譽 518	諫 519	貐 529	榦 538	蹃 550
襪 499	覲 505	謠 518	謠 519	貏 529	趫 539	蹢 550
襌 499	覯 505	誕 518	譎 519	豯 529	趨 542	蹴 550

踉 550	輿 562	鞝 563	蓮 574	醫 586	鍪 597	鍺 598
踭 550	轀 562	韜 563	騁 580	醯 586	鎂 597	鏉 598
滕 550	轅 562	鞟 563	鄳 581	醡 586	鎯 597	鍛 598
蹢 550	輾 562	鞚 563	聚 581	醞 586	鍍 597	鎏 598
踝 550	轃 562	韆 563	鄒 581	醝 586	鍢 597	鍰 598
踚 550	轄 562	舉 566	鄡 582	醣 586	鏉 597	鍱 598
跛 550	轇 562	蒹 566	廊 582	醟 586	錘 597	鎂 598
蹜 550	鎔 562	劈 566	鄢 582	醛 586	鎳 597	鎷 598
躄 550	轉 562	憋 572	鄠 582	醫 586	鎧 597	鍥 598
蹉 550	鞍 562	邁 574	鄥 582	醢 586	鎏 597	錕 598
跫 550	鞊 562	逸 574	鄘 582	醛 586	鍱 597	鍒 598
蹴 550	轑 562	遽 574	鄧 582	醻 589	鍟 597	鍰 598
蹐 550	轉 562	遷 574	廝 582	釁 589	鍡 597	鍏 598
踢 550	輷 562	邂 574	鄯 582	籑 589	鍁 597	鍕 598
楚 550	罿 562	邂 574	醣 586	簧 589	鏿 597	鉵 598
蹤 550	轓 562	邁 574	醚 586	鍽 589	鍉 597	鏓 598
躁 550	輙 562	遷 574	醙 586	鍘 597	鍔 597	鍣 598
躞 551	輣 562	邀 574	醢 586	鍇 597	鄊 597	錆 598
蹡 551	輞 562	邇 574	醫 586	鎖 597	錫 597	鑒 598
蹈 551	轎 562	避 574	醞 586	鍵 597	鍈 597	鍸 598
蹟 551	轄 562	還 574	鹹 586	鍥 597	鎲 597	錫 598
蹂 551	輿 562	遙 574	酢 586	鍋 597	鎋 597	鈃 598
蹳 551	犖 562	邈 574	騫 586	皇 597	鍏 597	鍡 598
蹺 551	輓 562	邁 574	醒 586	鎈 597	鎵 597	鉾 598
躆 551	韜 562	遄 574	醛 586	鋒 597	鐑 597	鍪 598
蹻 551	輴 562	邇 574	醯 586	鏵 597	鍾 598	鎩 598
蹱 551	輤 562	邐 574	醌 586	鍛 597	鎂 598	鏊 598
蹊 551	鞷 562	遷 574	醰 586	鍛 597	鋼 598	錂 598
蹠 551	轐 562	邀 574	醨 586	鎡 597	鍩 598	鏧 598
鄉	翰 562	邂 574	醁 586	鍍 597	鍬 598	鏹 598
躰 557	輹 562	遷 574	醲 586	鎅 597	鏊 598	鎣 598
貔 557	犟 562	遷 574	輶 586	鑺 597	鎝 598	鎬 598
蹋 557	轊 562	邋 574	醉 586	鍫 597	鐵 598	鎏 598
鞠 557	輻 562	邀 574	醒 586	鍊 597	鍱 598	
韕 557	鞹 563	還 574	醸 586	鎬 597	鍖 598	
縠 562	鞜 563

총획 색인 [17획]

錒 598	闍 610	隣 618	霽 625	鞊 635	鞠 639	顈 646
鎇 598	闐 610	隷 619	霻 625	鞋 635	韇 639	槙 646
錏 598	闒 610	練 619	靴 625	鞍 635	𩊱 639	顑 646
鎡 598	閩 610	雖 621	雷 625	鞉 635	𩊯 639	領 646
鎈 598	闔 610	雗 621	霋 625	鞠 635	鞷 639	顉 646
鍱 598	閭 610	匯 621	霙 625	鞕 635	韓 639	頷 646
鎊 598	閿 611	雞 621	霧 626	鞆 635	鐵 641	頸 646
鏓 606	閣 611	雍 621	霩 626	鞴 635	韱 641	頴 646
豁 606	閬 611	雝 621	霒 626	鞴 635	鏧 641	頥 646
瑳 606	闌 611	雐 621	霤 626	戟 635	鏧 641	摺 646
辟 606	閠 611	雛 621	霄 626	鞭 635	惡 642	頰 646
䧹 606	閨 611	雞 621	霉 626	戴 635	顅 646	頝 646
𦥑 606	閟 611	罹 621	霙 626	鞠 635	顆 646	頮 646
肆 606	闇 611	雚 621	霑 626	鞙 635	鎭 646	頯 646
肆 606	閱 611	翟 621	霛 626	鞠 635	頬 646	頵 646
𨁰 606	閻 611	雒 621	霊 626	鞊 635	頼 646	頽 646
𨁵 606	闔 611	雊 621	霢 626	鞗 635	頷 646	頻 646
闗 610	閫 611	雗 621	霝 626	鞙 635	頰 646	頭 646
閞 610	關 611	難 621	霈 626	鞠 635	頴 646	顓 646
閣 610	閶 611	雕 621	霡 626	鞘 635	顊 646	澤 646
閌 610	闕 611	雌 621	霜 626	鞔 635	鎭 646	颺 651
閘 610	閬 611	雔 621	霖 626	鞚 635	頱 646	颭 651
䦉 610	閟 611	雕 621	霞 626	鞝 635	頦 646	颯 651
闍 610	督 616	雕 621	霰 629	鞔 635	頷 646	颼 651
闌 610	餘 616	霈 625	醂 631	鞋 635	頤 646	颮 651
闣 610	隬 618	需 625	醞 631	鞘 635	頿 646	颸 651
闌 610	隰 618	霜 625	醞 631	韣 635	頖 646	颳 651
閼 610	隱 618	霓 625	醃 631	鞔 635	頫 646	颲 651
闋 610	隮 618	霞 625	醃 631	鞘 635	頏 646	颶 651
闊 610	隰 618	霢 625	鞓 634	鞕 635	頽 646	颷 651
闊 610	隳 618	霙 625	鞠 635	鞹 639	頸 646	颸 651
闑 610	隲 618	霧 625	鞁 635	韓 639	頯 646	颶 651
關 610	隙 618	雺 625	鞤 635	鞶 639	顂 646	颹 651
閣 610	隊 618	靃 625	鞊 635	載 639	頡 646	颸 651
閿 610	隧 618	熟 625	鞇 635	鞇 639	黐 646	颶 651
閶 610	隤 618	烈 625	鞉 635	靴 639	櫎 646	颶 651
闗 610	隮 618	霖 625	鞒 635	韉 639

颷 651	餗 657	餬 663	鴬 667	鬝 678	魅 686	鮃 690					
飅 651	餳 657	餴 663	騁 667	鬖 678	魀 686	鮮 690					
颸 651	餘 657	餥 663	駕 667	髹 678	魷 690	鯢 690					
颶 651	餺 657	餥 663	鴷 667	髺 678	鮫 690	鰀 691					
颽 651	鍾 657	餓 663	駸 667	髮 678	鮆 690	鮟 691					
颾 651	餕 657	餚 663	騎 667	鬗 678	魱 690	鮬 691					
颿 651	餇 657	餕 663	駯 667	髦 678	鮚 690	鮜 691					
飂 651	餜 657	駧 666	駸 673	鬌 678	鮦 690	鮧 691					
飃 651	餪 657	駷 666	髀 673	髵 678	鮥 690	鮚 691					
颶 652	餲 657	駾 666	駔 673	髳 678	鮤 690	鰋 691					
颻 652	餭 657	駰 666	腃 673	髭 678	劒 690	魷 691					
颹 652	餫 657	駿 666	跿 673	鬃 679	鮮 690	鮓 691					
飀 652	餬 657	騁 666	鯤 673	醪 679	鮎 690	鮩 691					
颷 652	餒 657	騋 666	骿 673	鬈 679	鮇 690	鮮 691					
颶 652	餐 657	駿 666	骻 673	髦 679	鮟 690	鮑 691					
颶 652	餢 657	駸 666	骰 673	髻 679	鮑 690	鯠 691					
颶 654	餇 657	駿 666	骯 673	氂 679	鮪 690	鯉 691					
餑 657	鍤 657	駿 666	骸 673	髯 679	鯬 690	鯑 691					
餡 657	餤 657	駞 666	髅 673	鬒 679	鮞 690	鯼 691					
館 657	餡 657	駢 666	髆 673	髼 679	鮡 690	鮸 691					
餒 657	餚 657	駯 666	髂 673	鬚 679	鮄 690	鮐 691					
餅 657	餞 657	駉 666	骺 673	鬙 679	鮨 690	鮊 691					
饕 657	餞 657	駱 666	骺 674	鬎 682	鮮 690	鴒 702					
餕 657	餈 658	駇 666	髋 674	鬴 683	鮭 690	鴣 702					
餂 657	餘 658	駼 666	豪 676	鬠 683	鮞 690	鴆 702					
餕 657	饕 658	騁 666	臺 676	魆 686	鮖 690	鳧 702					
餘 657	餕 658	騅 666	髽 678	魈 686	鮠 690	鴇 702					
餞 657	餎 658	騎 666	鬋 678	魌 686	鮂 690	鳶 702					
餐 657	餡 658	騂 666	鬌 678	魊 686	鯗 690	鴢 702					
餬 657	餬 658	駥 666	髻 678	魑 686	鯃 690	鴝 702					
餛 657	定 658	駧 666	髳 678	魋 686	鮃 690	鴮 702					
餚 657	飪 658	駝 666	髯 678	魊 686	鮝 690	鴉 702					
餉 657	餯 658	駤 666	髻 678	魌 686	鯐 690	鴒 702					
屨 657	餩 658	駮 667	蘆 678	魍 686	鮐 690	鴨 702					
餘 657	餩 662	駿 667	髾 678	魅 686	鮺 690	鴳 702					
餉 657	餑 662	駯 667	髹 678	鼈 686	鮒 690	鵉 702

총획 색인 [17~18획]

偶 702	鴂 703	貉 716	竈 725	儳 33	嚘 81	孀 111
鵂 702	鼣 703	貊 716	藪 727	儢 33	嚚 82	嬯 111
鵃 702	鴴 703	豵 716	蓥 727	儣 33	噛 82	嬺 111
磔 702	駱 703	陵 716	鍪 727	儴 33	嚏 82	嫘 111
鴝 702	戴 703	鎹 716	釻 728	儥 33	嚝 82	嬌 111
鴿 702	鶿 703	麐 718	釼 728	儭 33	嚘 82	嫡 111
徫 702	鵝 703	麻 718	齡 728	儧 33	嚪 82	嬧 111
鴻 702	鵉 703	黇 719	釩 728	儳 33	嚓 82	嬪 111
鵂 702	鴇 703	黫 719	釻 728	儱 33	嚌 82	嫲 111
鷔 702	韛 703	黇 719	釿 728	儭 33	嚧 82	嬡 111
鴉 702	鷟 703	黏 720	釙 728	儲 33	嚑 82	簋 118
鮟 702	鴄 703	貀 720	釾 728	競 35	嚛 82	夔 118
鴳 702	鷝 703	貐 720	釩 728	冪 39	嚬 82	憂 118
鶬 702	鵊 703	黏 720	釲 728	凱 40	嚕 82	竄 118
鴎 702	騞 703	穀 720	釶 728	瀨 42	噣 82	覃 121
鷃 702	鵝 703	秖 720	釳 728	瀨 42	嚝 82	屩 125
鴼 702	麋 713	秴 720	釹 728	歴 42	鞄 82	屦 125
鵅 702	麖 713	黠 722	鼾 730	凜 42	嚨 82	嶸 134
鵁 702	麈 713	黛 722	鼽 730	劈 49	嚶 82	巇 134
鴬 702	麉 713	黝 722	鼢 730	劃 49	嚟 82	罍 134
鴢 702	麑 713	點 722	鼧 730	劄 49	壙 95	嵩 134
鴦 702	麇 713	黜 722	嶒 731	劉 49	壘 95	嶇 134
鴟 702	麋 714	黟 722	齋 731	劁 49	壋 95	嶺 134
鵡 702	麓 714	黔 722	齋 731	劇 52	壂 95	櫐 134
鴖 702	麗 714	黔 722	幬 731	勱 52	塽 95	嶺 134
鴘 702	麈 714	黤 722	齋 731	章 57	壚 95	嶠 134
鶁 702	襄 714	黜 722	齕 732	殷 59	嚳 98	嶺 134
鶩 702	麼 714	黜 722	齓 732	叢 64	憂 98	嶒 134
鵁 702	麒 714	黜 722	龡 732	谿 65	賸 99	譽 134
鵞 702	麗 714	鮑 722	龠 737	嚙 81	奩 101	幪 142
鵫 702	麯 716	黻 725	**18**	道 81	奰 101	幩 142
鵒 702	麨 716	魘 725	襃 19	噜 81	奭 101	幨 142
鶑 702	餅 716	竈 725	儣 33	嚠 81	嬹 111	幬 142
鳽 702	䴵 716	竈 725	儠 33	嘪 81	嬟 111	幰 142
鶬 702	䴵 716	罍 725		嚗 81		
鷀 703	䴳 716

총획 색인 [18획]

蘁 270	殽 245	糵 232	臋 215	攅 193	憭 174	膠 148
藒 270	罋 245	檕 232	朦 215	攇 193	懐 174	廥 148
瀞 270	甕 249	檴 232	櫢 232	擷 193	憛 174	廫 148
瀏 270	甕 249	檽 232	橿 232	撑 193	憺 174	曠 153
瀅 270	簚 249	檼 232	樫 232	擼 193	懎 174	獼 153
瀔 270	蕆 249	檼 232	檺 232	擦 193	懴 174	彝 154
瀆 270	虧 249	檿 232	檽 232	撒 193	戳 177	豬 154
漮 270	毉 249	櫍 232	檷 232	撼 193	擎 193	瀆 159
瀁 270	氈 249	檸 232	檹 232	擶 193	擧 193	擾 159
瀉 270	毉 249	檄 232	櫎 232	斃 199	撃 193	懏 159
瀊 270	氈 249	檊 232	樽 232	骳 199	擲 193	惠 159
潤 270	毬 249	檛 232	檬 232	歠 199	擳 193	縱 159
瀋 270	甗 249	櫍 232	槤 232	彀 199	擴 193	慈 173
濾 270	甕 250	檮 232	檽 232	敼 199	擻 193	慰 173
瀘 270	黟 270	檽 232	簡 203	辯 200	擤 193	懑 173
灌 271	辭 270	歟 238	斷 203	斲 203	擷 193	懕 173
適 271	濟 270	歜 238	簘 203	釐 203	攄 193	憙 173
蓼 271	灒 270	歠 238	簫 204	簫 204	撼 193	懲 173
瀾 271	覯 270	歸 240	簷 204	觴 204	搖 193	懟 173
瀁 271	覷 270	殍 240	簸 204	簾 204	搉 193	辨 173
瀏 271	渙 270	壓 240	簹 204	簹 204	擐 193	擎 173
瀑 271	瀑 270	殯 243	眴 211	眴 211	擱 193	擧 173
瀟 271	瀉 270	斃 243	瞱 211	瞱 211	攜 193	馬 173
瀲 271	瀁 270	殲 243	曙 211	曙 211	擣 193	懣 174
灑 271	瀛 270	殯 243	暗 211	暗 211	擽 193	懇 174
瀟 271	瀋 270	殕 243	矇 211	矇 211	擾 193	憒 174
瀦 271	瀲 270	殪 243	燻 211	燻 211	摘 193	懰 174
濾 271	瀰 270	殪 243	暴 211	暴 211	搉 193	懆 174
瀆 271	溷 270	縠 245	題 211	題 211	攪 193	爆 174
瀌 271	淆 270	斅 245	曜 211	曜 211	攑 193	懁 174
瀆 271	瀟 270	觳 245	盥 211	盥 211	撂 193	慢 174
瀋 271	瀛 270	觳 245	罍 211	罍 211	攄 193	憤 174
瀞 271	瀚 270	鏧 245	罈 211	罈 211	擹 193	懟 174
瀚 282	瀂 270				擻 193	憫 174

총획 색인 [18획]

穩 282	獮 298	甗 310	嶹 326	瞵 339	磈 350	竅 368
燸 282	㺚 298	甂 310	壘 326	瞶 339	磕 350	竂 368
燚 282	獡 298	甑 310	奡 326	矙 339	礣 350	竈 368
爛 282	壁 305	甕 310	歔 328	瞢 339	礚 351	竆 368
燼 282	壅 305	甑 310	歕 328	瞽 339	礓 351	竅 368
燥 282	壑 305	舊 315	煬 328	瞰 339	磺 351	竊 371
燻 282	瑤 306	疅 315	嬋 328	瞭 339	磯 351	䇨 371
熭 282	瓊 306	畾 315	獻 328	瞯 339	碑 351	童 371
爐 282	璹 306	皺 315	盬 330	瞸 339	禮 356	嬴 371
爂 282	璗 306	癥 322	楊 330	瞧 339	穟 356	議 371
燾 282	璵 306	癃 322	鎣 330	瞵 339	禬 356	簐 380
燽 282	璻 306	瘴 322	盦 330	矌 339	禪 356	簡 381
燽 282	璿 306	癇 322	鹽 330	矊 339	禮 356	簡 381
燾 282	璾 306	癡 322	謐 330	矘 339	禳 356	簫 381
燿 282	翠 306	癖 322	盥 330	禮 342	禐 356	箕 381
燖 282	瑾 306	癘 322	盩 330	瞪 342	禓 356	箪 381
燣 282	璨 306	癙 322	瞼 339	辧 342	旤 357	簽 381
燨 282	璐 306	癒 322	瞽 339	檄 343	穠 363	簝 381
爕 282	燩 306	癑 322	矍 339	磛 350	穘 363	簬 381
燢 282	璘 306	癟 322	瞹 339	磧 350	稽 363	簝 381
爆 282	甌 307	癑 322	厴 339	磟 350	穡 363	簂 381
爵 284	甂 307	壇 322	瞻 339	礦 350	穢 363	簿 381
玁 286	甗 310	癰 322	瞥 339	礔 350	穊 363	簚 381
犪 287	甓 310	癧 322	矇 339	磯 350	䆻 363	簋 381
犢 287	甕 310	瀑 322	瞷 339	礳 350	穫 363	簫 381
犆 291	甑 310	癕 322	瞶 339	礎 350	嬴 363	簀 381
獳 291	甑 310	瘭 322	殷 339	礆 350	釋 363	簑 381
瞿 291	甗 310	癪 322	眼 339	磱 350	檜 363	簪 381
獷 298	甑 310	鴉 322	睯 339	磬 350	穖 363	簴 381
獵 298	甑 310	癘 323	瞥 339	磯 350	穜 363	簻 381
獲 298	甑 310	癥 323	䁪 339	礒 350	穳 363	穧 381
獷 298	甕 310	瘴 323	睼 339	礑 350	穤 363	穡 381
獨 298	甑 310	燉 326	瞷 339	礡 350	穦 363	簀 381
獤 298	甕 310	㾑 326	礋 339	礤 350	穰 363	簝 381

簸 381	簒 381	繑 401	繝 401	鎷 412	礚 419	朦 434
篳 381	醛 381	繢 401	繾 401	羴 412	藸 419	朧 434
簩 381	簡 381	繚 401	繆 401	羷 412	聶 422	臀 434
簋 381	簡 381	繗 401	繐 401	羺 412	蹟 422	膵 434
簽 381	贅 382	繙 401	繨 401	翹 412	瞧 422	臁 434
嫷 381	簐 382	織 401	繠 401	鬐 412	瞕 422	臟 434
隆 381	箱 382	繕 401	繏 401	鬠 412	瞜 422	臘 434
螿 381	篝 382	總 401	繍 401	耑 412	瞘 422	璞 436
篠 381	篤 382	繡 401	繘 401	瞾 412	韒 422	貌 436
簸 381	猫 382	縈 401	幕 401	翱 416	聲 422	羴 437
薛 381	耤 382	繞 401	繥 401	翹 416	職 422	薉 437
橆 381	穗 382	縕 401	絴 401	翯 416	璐 422	舊 439
蕃 381	簥 382	繪 401	緯 401	翭 416	聳 422	豐 439
藉 381	糧 389	繑 401	縈 401	翻 416	聯 422	斷 439
簽 381	糖 389	縛 401	繪 401	顃 416	環 422	譽 439
簟 381	櫓 389	織 401	繇 401	翻 416	鄒 432	磬 439
簡 381	糦 389	繙 401	縹 401	翶 416	脣 433	嚚 439
籛 381	糢 389	繸 401	繃 401	翔 416	臑 433	罩 440
簼 381	糊 389	繬 401	繳 405	朣 416	膆 433	磊 440
慸 381	糕 389	繻 401	襌 405	獹 416	臍 433	砝 440
舞 381	糎 389	繪 401	繕 405	獢 416	腔 434	豑 440
簙 381	糒 389	繨 401	營 408	翶 416	膸 434	膧 443
遐 381	櫜 389	繝 401	貿 408	翷 416	膴 434	朡 443
簇 381	糯 389	縹 401	絹 408	翹 416	朡 434	皨 443
穚 381	糟 389	纍 401	貒 408	翼 416	膶 434	騢 443
篷 381	糗 389	纆 401	闢 408	撰 416	臆 434	艒 443
簽 381	糘 389	縞 401	罃 409	翩 416	膰 434	艕 443
菣 381	糡 389	纈 401	罌 409	翺 416	朘 434	橫 443
遵 381	糥 389	纂 401	擧 409	翱 416	脖 434	艘 443
篩 381	糧 389	繝 401	擄 409	機 419	膕 434	艖 443
簇 381	赢 389	緯 401	蟠 412	耨 419	膻 434	艝 443
簑 381	糝 389	縞 401	羶 412	耩 419	膽 434	艟 443
簜 381	糠 389	纊 401	羷 412	耤 419	鎌 434	艞 443
簸 381	糙 389	繁 401	羷 412	耪 419	朡 434	朡 443
簵 381	糨 389	韓 401	羴 412	斷 419	朡 434	朡 443

총획 색인 [18획]

臟	443	薷	467	藕	468	鞁	476	蟒	486	蟫	486	蟶	487	蟙	491	襦	500		
膰	443	甕	467	藥	468	虞	476	蟛	486	蟴	486	蟗	491	襩	500				
臑	443	藂	467	薸	468	蝶	486	蟗	486	蠽	491	襧	500						
萉	445	藻	467	藊	468	蟜	486	蟥	486	蟿	491	襭	500						
艶	445	歠	467	誺	468	蠤	486	螐	486	蠎	491	褵	500						
戀	464	薰	467	蓼	468	蠍	486	螺	486	蟣	491	覆	503						
攀	467	蘁	467	薆	468	蟻	486	蠍	486	衛	492	覆	503						
藑	467	薄	467	蘆	468	蟬	486	蟬	486	襃	499	觀	505						
鼕	467	賷	467	藎	468	螩	486	螳	486	褢	499	覰	505						
藁	467	螃	467	藭	468	蟟	486	鼂	486	裏	499	覷	505						
瞉	467	藻	467	穀	468	蟒	486	鼂	486	襞	500	覽	505						
蓁	467	藥	467	夢	468	蠓	486	蟦	486	裒	500	觀	505						
薴	467	蘆	467	蓿	468	螺	486	蟬	486	褒	500	覷	505						
薱	467	甖	467	蒜	468	蟠	486	蠓	486	襋	500	覘	505						
藍	467	蔡	467	縠	468	螙	486	孴	486	襁	500	靚	505						
藐	467	蒜	467	熯	468	蠟	486	螶	486	襝	500	覿	505						
蕹	467	蔓	468	戠	468	蟱	486	蟢	486	襘	500	竷	505						
薻	467	漸	468	菁	468	螎	486	蠏	486	襁	500	觴	508						
螢	467	蕎	468	邃	468	蟴	486	螟	486	襜	500	觵	508						
縞	467	銚	468	蕖	468	蟬	486	蟥	486	禮	500	膠	508						
薁	467	蓬	468	蕸	468	璙	486	蠕	486	襠	500	觶	508						
薯	467	蘊	468	攀	468	賷	468	蟤	486	蠕	487	襖	500	謠	519				
葢	467	蒻	468	蕟	468	虢	476	蟗	486	蟠	487	襔	500	謹	519				
蓮	467	蘊	468	藪	468	鵝	476	蟀	486	螬	487	襝	500	謰	519				
蕰	467	蕕	468	蘐	468	騏	476	蟯	486	蟾	487	襤	500	謱	519				
藺	467	藉	467	藏	467	蕁	468	韯	468	艫	476	蛢	486	蟲	487	襪	500	謴	519
薺	467	蕫	467	蕁	468	鬍	476	蟶	486	薸	487	襮	500	謬	519				
				臝	476	蠖	486	蟙	487	襌	500	謾	519						
								襭	500	謨	519								
								襌	500	謦	519

謫 519	謮 520	穦 529	賡 536	蹦 551	蹲 551	鬷 563
謞 519	謨 520	獀 529	賦 536	蹠 551	蹢 551	轇 563
謷 519	謰 520	獂 529	賾 536	踦 551	跋 551	轆 563
謓 519	謤 520	獌 529	贈 537	蹐 551	蹨 551	輻 563
諤 519	謹 520	獒 529	膚 537	蹎 551	薏 551	轅 563
謬 519	謼 520	獝 529	賄 537	蹩 551	螯 551	賴 563
謪 519	謦 520	獮 529	賀 537	蹟 551	跛 551	鏊 563
諫 519	謮 520	獰 529	贇 539	蹧 551	踝 551	轄 563
謼 519	譜 520	獲 531	縹 539	蹤 551	踏 551	斡 563
謷 519	譯 520	獡 532	趬 542	蹢 551	騧 552	輾 563
讀 519	譓 520	獯 532	趣 542	趍 551	蹹 552	鞭 563
謥 519	警 520	獯 532	趬 542	蹙 551	蹁 552	鞣 563
謤 519	譐 520	獱 532	趯 542	蹭 551	蹫 552	轄 563
謼 519	譖 520	獴 532	趨 543	踊 551	躄 552	轊 563
繫 519	謷 520	獫 532	違 543	躃 551	踱 552	辯 566
謟 519	譜 520	獪 532	遹 543	躁 551	蹺 552	辨 566
謫 520	譏 520	獺 532	趖 543	踜 551	蹯 552	辦 566
謹 520	謷 520	獬 532	蹢 543	蹠 551	蹋 552	辭 566
謘 520	謵 520	貛 536	遍 543	踢 551	蹻 552	邅 573
課 520	譎 520	贖 536	遠 543	踱 551	軀 557	邃 573
譁 520	譈 520	賢 536	遠 543	蹽 551	軤 557	邇 574
諫 520	譁 520	贄 536	遠 543	蹠 551	軀 557	邁 574
謵 520	競 520	贅 536	趨 543	躃 551	躬 557	遮 575
諍 520	謹 520	賸 536	趡 543	躇 551	軁 557	遷 575
謨 520	譁 520	賵 536	趨 543	駋 551	轄 563	遲 575
謑 520	譽 520	賾 536	蹭 543	蹦 551	轁 563	邏 575
謽 520	謷 527	斅 536	躉 543	躄 551	軗 563	逢 575
謘 520	豊 527	賣 536	頭 551	踪 551	轉 563	邊 575
謢 520	覊 527	賸 536	踵 551	躅 551	轆 563	遐 575
謢 520	獸 527	賺 536	躋 551	踹 551	轂 563	遵 575
謞 520	鈚 527	赎 536	蹙 551	轊 551	轉 563	遮 575
謚 520	谿 527	瞻 536	躅 551	蹟 551	轅 563	遺 575
護 520	犨 527	賢 536	躅 551	蹰 551	轄 563	遷 575
讓 520	燹 527	籑 536	蹒 551	躋 551	軇 563

邊	575	醖	586	鎊	599	鎴	599	曼	607	隸	619	豊	626	
邉	575	醕	586	鋒	599	鏢	599	闋	611	隷	619	彛	626	
還	575	醢	586	鎤	599	鎒	599	闌	611	雞	621	遯	626	
鄙	580	醜	586	鎙	599	鎩	599	闑	611	雚	621	鎭	626	
鄷	580	醡	586	鎐	599	鎍	599	闕	611	雖	621	霡	626	
鎍	580	醣	586	鎪	599	鎨	599	閭	611	雙	621	霢	626	
鄹	580	醤	586	鎶	599	鎡	599	闐	611	雝	621	霤	626	
廨	582	醥	586	鎞	599	鎦	599	闒	611	雜	621	霸	626	
斳	582	醨	586	鎖	599	鎣	599	闓	611	雛	621	霹	626	
斸	582	醭	586	鎻	599	鎪	599	闔	611	雗	622	霪	626	
廨	582	醮	586	鎪	599	鏗	599	闖	611	朣	622	霶	626	
鄭	582	醰	587	鎥	599	鎙	599	閣	611	嶲	622	救	626	
鄧	582	醱	587	鎳	599	鏟	599	閡	611	鱖	622	霣	626	
甊	582	瀋	587	鎢	599	鐌	599	闥	611	雦	622	悟	626	
鄒	582	醲	587	鎰	599	鎇	599	閏	611	雜	622	霵	626	
鄋	582	醳	587	鎔	599	鎛	599	闡	611	騅	622	霖	626	
黎	582	醧	587	鎱	599	鏠	599	闇	611	雝	622	霽	626	
鄘	582	醭	587	鎡	599	鏦	599	闢	611	雋	622	霧	626	
鄾	582	醶	587	錚	599	錫	599	閣	611	難	622	霬	626	
鄸	582	鰲	589	鎗	599	鎚	599	儦	611	雷	626	霢	626	
樊	582	鎵	598	鎥	599	鎮	599	閼	611	霏	626	霈	626	
鄮	582	鎧	598	鎒	599	鏒	599	闚	611	霂	626	霙	626	
醪	586	鎟	598	鎌	598	鎚	599	闠	611	霰	626	霚	626	
醗	586	鐔	598	鏽	598	鎗	599	閹	611	霡	626	霨	626	
醫	586	鎌	598	鎢	598	鎔	599	閜	611	頁	626	霝	626	
醬	586	鎈	598	鎁	598	鎗	600	闘	611	霎	626	鼂	626	
醺	586	鎕	598	鎖	598	鍛	600	鶍	616	霤	626	霙	626	
醲	586	鎁	599	鎘	599	鎬	599	雙	616	霖	626	嬴	629	
醵	586	鎘	599	鎍	599	銀	599	隳	618	霝	626	贏	629	
顋	586	鎏	599	鎒	599	講	599	隳	618	霯	626	甾	631	
醨	586	鎦	599	鎔	599	鎣	599	璧	606	雺	626	甂	631	
醯	586	鎛	599	鏻	599	鎗	599	躨	606	雩	626	醢	632

총획 색인 [18획]

鞾	635	鞴	636	顉	647	飈	652	餱	658	馥	663	駆	667	
韓	635	鞾	636	頿	647	飀	652	餲	658	騎	663	騳	667	
韗	635	鞿	636	頲	647	颱	652	餳	658	馦	663	騑	667	
鞣	635	鞺	636	頤	647	飂	652	餴	658	馨	663	駞	667	
鞬	635	鞸	639	顃	647	飅	652	餼	658	馪	663	騋	667	
鞦	635	鞼	639	顀	647	颷	652	餺	658	馻	663	駾	667	
鞭	635	鞶	639	頹	647	颽	652	饆	658	馧	663	駸	667	
鞫	635	鞰	639	頭	647	颻	652	饃	658	馤	663	駿	667	
鞴	635	鞲	640	頣	647	颺	652	餮	658	騉	667	騂	667	
鞹	635	韃	640	頷	647	飇	652	饀	658	騍	667	駣	667	
鞼	635	鞡	640	頟	647	飈	652	饁	658	騎	667	騷	667	
鞯	635	鞻	640	類	647	飆	652	餻	658	騏	667	駥	667	
鞓	635	韇	640	類	647	飇	652	餱	658	駒	667	騋	667	
鞳	635	鞧	640	頿	647	鼥	654	餾	658	駼	667	驗	667	
鞲	635	鞹	640	頰	647	餽	658	餚	658	駼	667	騠	667	
韂	635	鞬	640	顕	647	餳	658	餹	658	駢	667	騒	667	
鞝	635	鞨	640	顆	647	餡	658	餻	658	駖	667	馳	667	
鞢	635	鞜	640	顉	647	餫	658	餼	658	騄	667	駢	667	
鞍	635	韈	640	領	647	餵	658	餽	658	騊	667	駿	667	
鞨	635	韡	642	顊	652	飩	658	饈	658	駥	667	駺	667	
鞶	635	韹	642	颺	652	餐	658	饋	658	駮	667	騂	667	
鞘	635	顋	646	颽	652	饕	658	饂	658	騃	667	駩	667	
鞩	636	頹	646	颶	652	餁	658	餺	658	駹	667	骈	674	
鞣	636	顏	646	颸	652	餬	658	饈	658	駧	667	骿	674	
鞬	636	顔	646	飇	652	餮	658	饉	658	駘	667	髀	674	
鞵	636	額	647	颱	652	餱	658	饅	658	驍	667	髏	674	
鞠	636	顕	647	飄	652	餣	658	餴	658	騨	667	髐	674	
鞍	636	頧	647	颸	652	餪	658	餕	658	驂	667	髊	674	
鞘	636	頳	647	飃	652	餗	658	餪	658	駹	667	髁	674	
鞛	636	頩	647	飉	652	餌	658	餹	659	駩	667	鬇	674	
韐	636	頵	647	颮	652	餕	658	餫	662	駢	667	髐	674	
鞫	636	顁	647	颷	652	餻	658	餬	662	駡	667	骩	674	
鞡	636	顖	647	飅	652	餮	658	餺	662	駪	667	骼	674	
鞠	636	顐	647	飋	652	餶	658	鞰	663	馺	667	骶	674	
鞭	636	顎	647	颿	652	餘	658	饁	663	騁	667	髓	674

총획 색인 [18획]

腔 674	鬒 679	鮴 691	鮏 691	鵒 703	鼌 704	廣 714
䐉 674	鬆 679	鮃 691	鯉 691	鴱 703	鳧 704	麈 714
腏 674	髲 679	鯃 691	鮅 691	鴶 703	鵠 704	孂 716
䏶 674	髥 679	鮟 691	鱉 691	鵁 703	鳥 704	娟 716
骸 674	鬌 679	鮑 691	鯣 691	鵡 703	鴡 704	夆 716
骷 674	閬 682	鮟 691	鱉 691	鵓 703	鴗 704	玅 716
舓 676	閭 682	鯊 691	鹹 691	鵝 703	鷗 704	豼 716
鬈 679	閽 682	魦 691	魿 691	鵞 703	鴯 704	婷 716
鬟 679	斂 683	鮹 691	鮛 692	鵙 703	鴨 704	嫷 716
髺 679	瀏 683	鮨 691	鮫 692	鵹 703	鴿 704	婾 716
鬖 679	薺 683	鯨 691	鮭 692	巂 703	鴻 704	甬 716
鬗 679	蕎 683	鯅 691	鯢 692	鴒 703	鵜 704	剩 716
髿 679	魌 686	鯃 691	鯤 692	鵗 703	隕 704	覬 716
鬃 679	魑 686	鯃 691	鯪 692	鵖 703	鶪 704	覭 716
髾 679	霓 686	鳀 691	鯡 692	鵓 703	鵊 704	覯 716
鬏 679	魍 686	鮱 691	魦 692	鵩 703	鵂 704	魘 718
髻 679	魆 686	儵 691	鮰 692	鮟 703	鶥 704	灙 718
鬐 679	冕 686	鯊 691	鯗 692	鼅 703	鴼 704	麏 718
髽 679	魏 686	鮤 691	鯓 692	鵀 703	鵔 704	麋 718
髼 679	魋 686	魳 691	鯇 692	鵫 703	鶒 704	萠 719
鬋 679	魏 686	鮽 691	鰻 692	鵜 703	鵅 704	藪 719
鬒 679	鮠 686	鮤 691	鯎 692	鳷 703	鵃 704	蘕 719
髻 679	鮨 686	鰇 691	鯥 692	鳴 703	鸀 704	蕒 719
髽 679	鱶 686	鯫 691	鰐 692	鸂 703	鵜 712	藽 719
鬐 679	猭 686	鯫 691	鯫 692	鵁 703	麐 714	秫 720
鬘 679	鯓 686	鯇 691	鮭 692	鵒 703	麖 714	黎 720
髶 679	魼 686	魻 691	鯄 692	鵺 703	麅 714	黟 722
鬒 679	鮑 686	鰲 691	鯛 692	鵃 703	黂 714	黜 722
髻 679	霓 686	鮴 691	鯽 692	鳩 703	黀 714	點 722
鬓 679	魩 686	鮮 691	鰻 692	鷃 703	麈 714	黟 722
鬣 679	魍 686	鯓 691	鳥 703	鵜 703	麈 714	黤 722
髼 679	鰥 686	鰤 691	鵙 703	鵳 703	鼜 714	黔 722
鬖 679	鯉 686	鯎 691	鴉 703	鵠 703	麝 714	黫 722
鬟 679	鯖 686	鯮 691	鵒 703	鵎 703	麗 714	黔 722
鏧	鱶 691	鯊 691	鶹 703	鮋 703

총획 색인 [18~19획]

戴 722	嗣 728	劈 49	璧 96	爐 134	懇 174	攊 194
黟 722	鼩 728	霒 49	壠 96	魕 134	懶 174	擱 194
斁 722	馳 730	劊 49	壩 96	嶭 134	嚀 174	擽 194
獵 725	穤 730	劉 49	壜 96	巑 134	憎 174	撰 194
黿 725	斅 730	勸 52	壨 96	襲 134	韓 174	擾 194
鼁 725	鼪 730	勴 52	壚 96	羲 134	懂 174	斀 199
龜 725	歝 730	孿 57	壟 96	憘 142	懶 174	歔 199
繩 725	斝 730	鞫 65	壏 96	懶 142	瀝 174	甌 199
鮑 725	鼩 730	嚠 82	夒 98	憐 142	嚨 174	槃 200
寵 725	齋 731	嚦 82	嬾 111	懱 142	懷 174	蘽 200
竉 725	齌 731	嚧 82	孿 111	憯 142	儨 174	鍬 201
廗 725	夒 732	嚨 82	孼 111	憿 142	憯 174	斀 201
亶 725	黈 732	嚕 82	嬿 111	廬 148	憼 174	旜 204
釐 727	黇 732	囀 82	嬻 111	瘁 148	懨 174	旞 204
謦 727	黜 732	譆 82	嬟 111	麢 148	憫 174	旜 204
謩 727	齕 732	顙 82	孃 111	龐 148	憿 174	馨 211
鼙 727	齗 732	靏 82	娚 111	靡 148	戲 177	曡 211
皾 727	麗 736	嚥 82	孌 111	麻 148	戴 177	農 211
皷 727	19	噷 82	孥 113	厳 148	攀 193	曧 211
謈 727	歿 19	覰 82	寶 118	廧 148	攓 193	曨 211
艶 728	儷 33	嚯 82	寵 118	蘷 148	攏 194	曝 211
顓 728	儹 33	嚮 82	竅 118	驚 148	擩 194	曒 211
鼦 728	儴 33	豁 82	鞫 118	彝 150	擢 194	曘 211
鼧 728	儳 33	嘎 82	寱 118	疆 153	擢 194	曠 211
鼰 728	儓 33	嚾 82	寱 118	蘷 153	擷 194	曬 211
鼬 728	儇 34	嘟 82	寴 118	讒 159	擰 194	鬳 211
鼹 728	臨 34	嚫 82	衠 120	徽 159	擼 194	黧 213
鼱 728	儉 34	嚪 82	扇 125	徳 159	擵 194	櫚 232
鼮 728	儞 34	磬 82	廬 125	遲 159	攔 194	櫥 232
韶 728	儵 34	嚝 82	龍 134	懲 159	瀛 194	櫨 232
䎎 728	爌 35	圜 86	龕 134	廱 174	擼 194	櫧 232
齢 728	與 37	壞 95	龔 134	懆 174	攏 194	槟 232
韹 728	贙 38	壢 95	龌 134	憿 174	擷 194	檳 232
卿 728	灦 42	壥 95	坴 134	憿 174	擾 194	横 233
齢 728	蠹 44	壚 96				櫃 233

총획 색인 [19획]

櫃 233	氌 249	瀦 271	獺 298	癠 323	矁 339	磬 351
櫖 233	瀇 271	瀨 271	獹 298	癡 323	瞯 339	礣 351
櫐 233	瀔 271	瀞 271	獼 298	癰 323	瞱 339	禰 356
櫑 233	瀨 271	濾 271	獿 298	癢 323	瞼 339	禱 356
櫓 233	瀧 271	爃 282	獄 299	癤 323	矇 339	禰 356
櫝 233	瀖 271	齌 282	獾 299	癥 323	曚 339	禱 356
櫢 233	瀾 271	爆 282	璽 306	癨 323	辧 339	禮 356
櫨 233	瀾 271	爆 282	瓊 306	癟 323	瞵 339	穏 363
機 233	潭 271	蒸 282	瓅 306	癪 323	瞵 339	穧 363
橲 233	瀘 271	爇 282	瓃 306	癬 323	瞶 339	積 363
櫺 233	瀬 271	爈 282	璢 306	癰 323	瞦 339	穫 363
櫪 233	濴 271	爊 282	璬 306	癖 323	貦 339	穨 363
橺 233	瀚 271	爖 282	璃 306	癎 323	聰 339	穤 363
櫛 233	瀛 271	爔 282	瓚 306	鯢 326	賜 339	穮 363
橐 233	瀜 271	爐 282	瓊 306	鱔 326	矘 339	穭 363
櫱 233	瀝 271	燦 282	瓊 306	疇 326	葆 342	穫 363
櫍 233	瀞 271	熿 282	瓊 306	矅 326	獼 342	穟 363
櫞 233	瀟 271	燎 282	瓇 306	矌 326	獮 342	襍 363
櫟 233	瀯 271	煒 282	瓊 306	皷 328	獺 342	黎 363
櫾 233	選 271	煠 282	瓊 306	孺 328	獼 342	穫 363
櫧 233	瀨 271	爌 282	辦 307	屨 328	獲 343	穮 363
欟 233	瀡 271	牆 286	甖 310	盝 330	磪 351	穉 363
穎 233	遺 271	牘 287	罌 310	瓑 330	礵 351	龜 363
櫺 233	瀥 271	犢 291	甕 310	盩 330	礡 351	櫀 363
櫨 233	瀩 271	犡 291	鶼 312	矊 339	礛 351	檬 363
橋 233	瀹 271	犦 291	疆 315	朦 339	磽 351	禰 363
橋 233	瀺 271	犨 291	疇 315	曘 339	碟 351	竆 368
歠 238	瀧 271	㸌 291	疄 315	矎 339	礤 351	窮 368
歔 238	瀨 271	犠 291	疇 315	矋 339	礯 351	簬 369
殰 243	瀬 271	犧 291	甗 315	鼰 339	礞 351	寐 369
殠 243	瀾 271	犪 291	癥 323	瞽 339	磁 351	窫 369
瑩 245	潘 271	㸸 291	癥 323	賑 339	礟 351	窰 369
毢 249	潛 271	犡 291	癗 323	臀 339	礤 351	窫 369
氌 249	瀖 271	獢 291	癙 323	曭 339	礝 351	窯 369
毬 249	瀔 271	獸 298	癰 323	矍 339	磋 351	竊 369

羲 371	簒 382	繩 402	蠭 405	膺 433	朧 443	蘋 469
譆 371	簽 382	繐 402	鱸 405	臛 433	艤 443	藼 469
䨝 371	簹 382	繹 402	罎 405	臏 434	艨 443	蘖 469
幹 382	簿 382	繆 402	甇 405	臘 434	艪 443	蘸 469
簾 382	籬 382	繖 402	羅 409	臢 434	艷 445	蘨 469
簻 382	簌 382	繰 402	羆 409	臕 434	歠 466	蘁 469
講 382	簰 382	繃 402	羃 409	膿 434	鼗 466	蘩 469
蕾 382	簽 382	繰 402	羇 409	臙 434	蕚 468	薑 469
簾 382	簺 382	繒 402	羄 409	臀 434	藕 468	虁 469
輅 382	簽 382	繡 402	羃 409	膪 434	薄 468	虆 469
簿 382	壁 382	繕 402	羄 409	朦 434	藤 468	蘥 469
簽 382	釋 389	繡 402	羇 409	臚 434	藜 468	蘬 469
箰 382	擇 389	緒 402	羈 409	臟 434	藶 468	藤 469
簽 382	糒 389	纓 402	毳 412	膳 434	薗 468	蘥 469
簽 382	糧 389	繦 402	羸 412	臆 434	蔡 468	蕟 469
簽 382	糯 389	絏 402	羶 412	膕 434	藟 468	蹢 469
簽 382	糰 389	紵 402	羯 412	臛 434	瀋 468	蘹 469
簽 382	精 389	繾 402	羶 412	臒 434	藦 468	蕨 469
繇 382	糗 389	緤 402	羱 412	臍 434	藩 468	鶯 469
鐘 382	糪 389	繒 402	燥 412	賸 434	薨 468	薭 469
簾 382	糒 389	繁 402	翶 416	膱 434	薑 468	藁 469
簾 382	糒 389	繪 402	翩 416	臍 437	遂 468	薑 469
簽 382	糠 390	綾 402	翱 416	猲 437	藪 469	蕓 469
籑 382	雛 390	綢 402	翼 416	喾 439	薬 469	薷 469
簾 382	縭 401	綮 402	釋 419	輿 439	藎 469	頀 469
緣 401	緋 401	繻 402	翰 419	夒 439	藝 469	薛 469
縞 382	繭 401	縵 402	耨 419	罋 440	藕 469	韉 469
遣 382	繁 401	繢 402	聹 422	艡 443	藆 469	蘊 469
簽 382	繫 401	繾 402	聴 422	艢 443	薮 469	蕭 469
縞 382	縉 401	縷 402	瞳 422	艤 443	菆 469	鄭 469
簿 382	縷 402	繎 402	鰲 422	艢 443	蘼 469	蘘 469
簽 382	臝 402	繁 402	頒 433	艤 443	薖 469	藕 469
擎 382	紀 402	鏨 405	贓 433	䑶 443	蘢 469	
篙 382	綴 402

瀲	469	蠁	487	蠌	488	觀	505	識	520	證	521	獠	532
瀾	469	蠅	487	蟠	488	覵	505	譌	520	譌	521	獷	532
瀿	469	蠆	487	蟲	488	覸	505	譖	520	譖	521	獺	532
濲	469	蠋	487	蟴	488	覹	505	譚	520	譛	521	獵	532
瀲	469	蠉	487	蟹	488	覺	505	證	520	譆	521	獬	532
瀹	469	蠏	487	蟻	488	覲	505	譖	520	譏	521	獹	532
濿	469	蠍	487	蠊	488	覽	505	譜	520	誹	521	獯	532
瀛	469	蠑	487	蟬	488	覿	505	譚	520	譎	521	獮	532
瀧	469	蟓	487	蟀	491	覢	505	譙	521	譍	521	玃	532
瀾	469	蟊	487	羸	500	覷	505	譖	521	譖	521	獴	532
藝	469	蠐	487	夏	500	覰	505	播	521	譝	521	瞪	537
薀	469	蠆	487	褰	500	觶	508	諷	521	譌	521	膪	537
蘱	469	蠐	487	襯	500	觸	508	謹	521	譣	521	贋	537
藘	469	蟋	487	襥	500	觧	508	讀	521	譖	521	贈	537
藜	470	蠢	487	襛	500	觴	508	誰	521	譆	521	餾	537
蘭	470	蠍	487	襦	500	覵	508	譎	521	鐍	525	贊	537
爕	476	蠆	487	襤	500	觼	508	譖	521	鏺	525	贉	537
爍	476	蠑	487	襦	500	觬	508	譎	521	鐦	525	贐	537
爌	476	蠉	487	襖	500	觷	508	諛	521	鐔	525	賻	537
虢	476	蠍	487	禩	500	觵	508	諢	521	鐺	525	賵	537
牐	476	蠆	487	襪	501	觾	508	諡	521	鐻	525	䞍	537
螢	487	蠱	487	屟	501	鶩	508	誰	521	鐕	525	贍	537
蟄	487	蟒	487	襩	501	鰢	508	譔	521	譎	527	贄	537
蠍	487	蜎	487	襆	501	譒	508	譖	521	顫	527	販	537
蟷	487	蠢	487	襗	501	譒	520	謝	521	鎌	527	賊	537
蟷	487	蠚	487	蘊	501	譏	520	譖	521	鐕	527	賢	537
蠃	487	蠆	487	襪	501	譊	520	諒	521	殯	529	煩	537
蠐	487	蠆	487	襦	501	譚	520	謠	521	獯	529	贘	537
蟾	487	蠡	487	襯	501	譏	520	諡	521	獰	529	寶	537
蝶	487	蠢	487	襒	501	誰	520	論	521	獬	529	賻	537
蠅	487	蟺	487	襒	501	調	520	譽	521	獸	529	贐	537
蟻	487	蠋	487	禮	501	識	520	誓	521	譏	529	襦	539
蠐	487	蟠	488	嚴	503	譜	520	謝	521	譈	532	纖	539
蠢	487	蠱	488	霸	503	讘	520	譖	521	獶	532	趮	543
				斀	503	譔	520	謗	521	譚	532

趫 543	蹱 552	躅 552	韡 563	䨊 581	醖 587	鏂 600
趬 543	蹲 552	蹳 552	幰 563	䰇 581	醩 587	鏡 600
趪 543	蹴 552	蹵 552	䩴 563	鄭 582	醰 587	鏘 600
䠆 543	蹵 552	躃 553	韢 563	鷰 582	鎌 600	鏛 600
趩 543	蹭 552	蹸 553	韥 563	鄧 582	鎰 600	鏑 600
趧 543	蹟 552	蹻 553	輶 563	鄟 582	鏗 600	鎣 600
趣 543	踧 552	蹳 553	䩼 563	鄻 582	鋒 600	鏰 600
趚 543	蹼 552	瞥 553	轑 563	鄻 582	鏡 600	鏊 600
趛 543	蹴 552	挐 553	轒 563	酈 582	鏄 600	鐁 600
趟 543	蹯 552	跋 553	轔 563	鄹 582	鏜 600	鍼 600
趠 543	蹫 552	踱 553	轓 563	鄏 582	鏍 600	鏃 600
越 543	蹰 552	蹥 553	轍 587	醰 587	鏈 600	鏦 600
趫 543	蹁 552	蹴 553	轒 563	醱 587	鋼 600	鏓 600
趮 543	蹱 552	蹴 553	翰 563	醭 587	鏊 600	鏘 600
趨 543	蹶 552	蹴 553	辭 566	醮 587	鏤 600	鏉 600
趪 543	蹳 552	躍 553	辮 566	魋 587	鏐 600	鏢 600
趠 543	蹵 552	躠 553	鞼 566	醲 587	鏌 600	鏵 600
趣 543	蹶 552	勞 557	鞭 567	醳 587	鏋 600	鏷 600
越 543	顛 552	韕 557	鬃 567	醳 587	鏁 600	鐠 600
遏 543	踰 552	䡑 557	遹 573	醱 587	鏝 600	鑹 600
遼 543	蹼 552	靬 557	邋 574	醴 587	鏊 600	鏺 600
趣 543	蹳 552	鞲 557	邃 575	醲 587	鏥 600	鐿 601
遅 543	蹴 552	韇 557	邊 575	醳 587	鏟 600	鏥 601
蹺 552	蹴 552	韤 557	遵 575	醯 587	鏒 600	鏀 601
蹻 552	蹺 552	韄 557	邇 575	醹 587	錦 600	鍬 601
蹶 552	蹯 552	橋 563	邇 575	醮 587	鍊 600	鏗 601
蹻 552	蹳 552	轑 563	遼 575	醳 587	鏕 600	鐨 601
踄 552	蹵 552	轋 563	遶 575	醾 587	鏃 600	鐡 601
蹋 552	躇 552	轒 563	邇 575	醸 587	鍛 600	鑣 601
蹴 552	蹴 552	轐 563	邇 575	醷 587	鏷 600	鎛 601
躕 552	蹼 552	賴 563	遽 575	醽 587	鏽 600	鐄 601
蹳 552	蹲 552	贇 563	邇 575	醼 587	鏜 600	鑒 601
蹯 552	蹳 552	轎 563	靶 581	醽 587	鏜 600	鋒 601
蟞 552	蹸 552	轍 563	靶 581	醾 587	鎝 600	鏷 601
躈 552	蹲 552	轇 563	鞭 581	醽 587	鏽 600	鏊 601
蹼 552	蹱 552	轔 563	礷 581	醯 587	鏞 600	鏊 601

鐐 601	顖 618	鼛 627	鞍 636	嚌 641	瀨 647	饂 659
鏾 601	隨 618	霸 627	鞃 636	韻 642	顗 647	饙 659
鏥 601	隘 618	霸 627	鞉 636	韵 642	纇 647	饘 659
鏫 601	隧 618	霎 627	鞊 636	韾 642	適 648	饐 659
鏺 601	隤 618	霖 627	鞋 636	譻 642	瀕 648	饎 659
鏤 601	冀 619	霸 627	鞏 636	顐 647	額 648	餱 659
鐟 601	難 622	霙 627	鞑 636	顑 647	顯 648	饒 659
鐃 601	難 622	靂 627	鞂 636	類 647	頌 648	饁 659
鐔 601	雞 622	霃 627	鞗 636	類 647	頤 648	饁 659
鐄 601	離 622	霠 627	鞞 636	額 647	颭 652	餶 659
鏤 601	簺 622	霫 627	韃 636	瀕 647	颮 652	饀 659
錫 601	雛 622	靈 627	鞍 636	顄 647	颳 652	餗 659
鏸 601	雕 622	霪 627	鞔 636	願 647	颼 652	餘 659
鏳 601	離 622	霾 627	鞁 636	頿 647	颺 652	餂 659
鑑 601	雀 622	霸 627	鞅 636	顓 647	颸 652	餧 659
璚 607	鐴 622	電 627	鞌 636	顛 647	颻 652	饁 659
嬌 607	雙 622	霊 627	鞍 636	颎 647	颺 652	餞 659
鏌 607	難 622	霈 627	韝 636	顐 647	颼 652	鎧 659
鐺 607	雁 622	靡 630	鞴 636	額 647	飂 652	饀 659
關 611	離 622	靦 632	韜 640	頞 647	飃 652	饔 659
闃 611	離 622	靦 632	韞 640	顐 647	飄 652	饖 659
閟 611	肇 622	韝 636	鞧 640	類 647	飇 652	鏩 659
閣 611	霧 626	鞊 636	鞅 640	穎 647	飅 652	餐 659
鬪 611	霂 626	鞏 636	鞠 640	顕 647	飆 652	饓 659
闕 611	霄 626	鞴 636	鞌 640	願 647	飊 652	饗 659
闎 611	霨 626	鞊 636	韓 640	頟 647	毫 654	饎 659
閤 611	霪 626	鞳 636	鞳 640	嶺 647	轤 654	鵝 659
闐 611	霙 626	鞨 636	靼 640	頤 647	饉 659	鴺 659
閶 611	霙 626	鞘 636	鞸 640	額 647	餚 659	饄 659
闞 611	霗 626	鞜 636	韗 640	穎 647	餡 659	飢 659
闔 611	霙 626	鞋 636	韕 640	願 647	餡 659	餟 659
闉 611	霢 626	輶 636	韓 640	顕 647	餔 659	鼖 662
餡 617	霏 627	鞦 636	韛 640	頿 647	餿 659	饂 663
隓 618	霫 627	鞋 636	桼 641	頨 647	餌 659	馩 663
隕 618	霣 627	鞍 636	鰲 641	顥 647	餡 659	馥 663
隗 618	霣 627	鞠 636	簞 641	顓 647	餡 659	馪 663

19

轙 663	騷 668	髏 674	齃 683	鯧 692	鸁 693	鶩 704
韸 663	䣝 668	頺 676	齇 683	鯪 692	鯨 693	鵼 704
騉 667	駮 668	豪 676	魌 686	鯖 692	鲨 693	䳄 704
騝 667	駌 668	髤 679	鞭 686	鯖 692	鰈 693	鴞 704
騤 667	駿 668	髼 679	韓 686	鯫 692	鮸 693	鴉 704
騕 667	騁 668	鬐 679	魁 686	緇 692	魾 693	鵬 704
鶩 668	駴 668	髣 679	魏 686	鯢 692	鮂 693	鵬 704
駃 668	騩 668	鬄 679	魌 686	鱀 692	鯛 693	鴿 704
騎 668	駪 668	鬅 679	饁 686	鮈 692	黛 693	鶉 704
騷 668	駧 668	髫 679	戚 686	鯙 692	鯼 693	鶉 704
騻 668	驚 668	鬍 679	魟 686	鮒 692	鯢 693	駢 704
驗 668	騧 668	鬒 679	麎 686	魽 692	鮞 693	鶴 704
騶 668	駬 668	鬘 679	鯨 692	鰄 692	鱉 693	鵷 704
騠 668	鵊 668	鬆 679	鯻 692	鮮 692	鯹 693	鷖 704
騍 668	駽 668	鬆 679	鯛 692	鯰 692	鱻 693	鴊 704
駿 668	豬 668	槑 679	鯤 692	鮿 692	譏 693	鼰 704
騙 668	骼 674	髾 679	餎 692	鮜 692	鋥 693	殰 704
駍 668	骰 674	鬆 679	鮖 692	黨 692	雛 693	鵲 704
駁 668	髁 674	髻 679	鯕 692	鯯 692	鯢 693	鵰 704
騏 668	髂 674	鬎 679	鍊 692	鯝 692	鯊 693	鵞 704
騲 668	髀 674	鬈 679	鯠 692	餔 693	鶮 693	䴕 704
騔 668	髅 674	鬒 679	鯖 692	鯳 692	鯢 693	雞 704
騨 668	骽 674	鬓 680	鯥 692	鯛 693	鷂 704	鶤 704
騻 668	髅 674	髦 680	鯩 692	鯣 693	鷳 704	鶉 704
騮 668	髑 674	鬖 680	鰲 692	鯿 693	鶁 704	鶊 704
驄 668	䠻 674	鬃 680	鰣 692	鮊 693	鹿 704	駭 704
騞 668	脭 674	鬉 680	鯛 692	鮎 693	鸊 704	鴨 705
騊 668	膱 674	鬟 680	鯡 692	鯩 693	鷗 704	鯤 705
駒 668	臗 674	齗 680	鯵 692	鶡 693	騏 704	鶒 705
駿 668	髖 674	鬐 680	鱐 692	鯝 693	鵹 704	鷫 705
騣 668	髒 674	鬷 680	鯰 692	鯑 693	鶃 704	鵡 705
駿 668	髖 674	鬆 680	鮸 692	鯢 693	鶨 704	鵲 705
駽 668	髀 674	黥 683	鯌 692	鯾 693	彙 704	鵠 705
騷 668	髓 674	齏 683	鯝 692	鯉 693	鶒 704	鸎 705

총획 색인 [19~20획]

鵪	705	䰇	714	䠧	718	琵	727	獵	736	嚦	82	㠎	142
鶉	705	麒	714	䠨	718	䕻	728	蘗	736	囖	86	嚳	142
鶊	705	麗	714	䠩	718	骿	728	蠅	736	瓀	96	幤	142
鴿	705	麓	714	䵍	719	骼	728	**20**		壞	96	廦	148
鷟	705	甖	714	䵎	719	餟	728	儡	34	壚	96	廛	148
鵯	705	龐	714	䵏	722	頜	728	儷	34	壜	96	廒	148
鶥	705	麋	714	䵑	722	䴖	729	儼	34	夔	98	虞	148
鵶	705	䴍	714	䵓	722	䴗	729	儻	34	孀	111	慶	148
鶭	705	䯸	714	䵕	722	䱱	729	儢	34	孃	111	廳	148
鶩	705	䳬	714	䵘	722	觥	730	儹	34	孋	111	張	153
雋	705	廬	714	䵛	722	鮈	730	儺	34	孅	111	彌	153
鵋	705	麴	716	䵝	722	鮎	730	顯	38	孇	111	襄	159
鴕	705	䝮	716	黔	722	鮐	730	顚	38	嫺	111	攡	159
歸	705	麱	716	黓	722	鮒	730	甗	40	嬈	111	黴	159
鵲	705	麑	716	點	722	鮑	730	蠶	40	孏	111	徹	159
鵠	705	鋶	716	黚	722	鯡	730	酅	42	孁	111	徽	159
鵩	705	麨	716	黝	722	齍	731	酈	49	孽	111	轡	159
鵉	705	麒	716	黭	722	齋	731	勵	49	孃	111	懲	159
鵷	705	麪	716	黖	725	齖	731	剿	49	孁	111	懆	174
鵻	705	來	716	䡠	725	齗	732	勸	52	孼	114	戀	174
鸦	705	瘞	716	黿	725	齘	732	勷	52	孾	114	懟	174
嶼	705	䝵	716	齫	725	齢	732	匵	55	寶	118	懣	174
鴻	705	黎	716	黽	725	齘	732	匲	55	蜜	118	懸	174
鶁	705	擲	716	鼄	725	齕	732	鑒	55	嶴	134	懫	174
鵪	705	惢	716	黽	725	齡	732	嚳	82	嵺	134	懿	174
鵖	705	鱳	716	鼁	725	齟	732	嚶	82	嶸	134	蠻	174
鴫	705	鋈	716	齞	726	齮	732	嚷	82	巆	134	懷	174
臰	705	犨	716	麔	727	䶏	732	嚴	82	巇	135	懺	174
麂	705	犧	716	麃	727	齝	732	嚙	82	巋	135	懶	174
餡	712	犨	716	麴	727	齙	732	嚲	82	巍	135	懵	174
餕	712	犡	716	麶	727	齘	732	嚦	82	䧹	135	鮮	174
餚	712	犿	717	螯	727	鼓	732	嚚	82	巑	135	懆	175
壚	712	猨	717	靝	727	龐	736	譬	82	巒	135	懩	175
鏖	714	䦆	717	鏖	727	幬	736	嚬	82	懶	142	懚	175
麕	714	䬽	718	鼕	727	鞲	736	嚃	82	懺	142	懚	175

총획 색인 [20획]

傹 175	曨 211	櫕 234	潚 272	獻 298	黻 328	礦 351
戥 177	礱 211	欆 234	瀚 272	齾 298	黴 328	礣 351
鹹 177	襯 213	櫜 234	瀾 272	獮 299	蠱 330	磊 351
挈 194	朦 215	欄 234	瀘 272	獽 299	鑑 330	磴 351
摯 194	櫒 233	橛 234	瀰 272	瓅 306	鐅 330	礦 351
攕 194	榛 233	欖 234	瀺 272	環 306	鑒 330	磩 351
攔 194	櫡 233	壢 243	爔 282	瓌 306	矒 339	礚 351
攖 194	櫦 233	壚 243	爗 282	瓏 306	曠 339	礍 351
攘 194	櫹 233	壡 243	爐 282	瓊 306	瞶 340	礒 351
擦 194	櫠 233	壞 243	爑 282	璊 306	瞻 340	磼 351
撜 194	櫸 233	繁 271	爓 282	瓐 306	瞢 340	禰 356
攖 194	槳 233	瀯 271	爒 282	甐 310	䁯 340	禳 356
攉 194	櫨 233	瀒 271	釋 282	譖 315	瞠 340	穮 363
攘 194	櫧 233	濡 271	爛 282	囁 315	矓 340	穦 363
撜 194	櫨 233	瀽 271	爨 282	癢 323	瞭 340	燊 363
撤 194	欄 233	瀰 271	孀 282	癖 323	矚 340	穧 363
撰 194	櫃 233	瀾 272	㶒 282	癥 323	瞹 340	積 363
擘 194	櫻 233	潋 272	爤 282	癘 323	瞽 340	穢 363
擠 194	櫲 233	瀴 272	爌 282	癢 323	瞰 340	穤 363
搖 194	櫼 233	潸 272	爗 282	癥 323	顚 340	穟 363
攪 194	欕 233	濫 272	燔 283	癟 323	獵 342	䅠 363
擇 194	橛 233	漯 272	爆 283	癩 323	貕 343	穤 363
毃 196	櫳 233	澽 272	熺 283	癥 323	礦 351	穯 363
歡 200	櫺 233	瀎 272	爝 283	癡 323	礪 351	穢 363
歠 200	欀 233	瀞 272	爐 283	癧 323	礫 351	穌 363
瀞 200	櫸 233	瀧 272	爟 283	瘤 323	礧 351	穨 364
獻 200	欕 233	瀼 272	瀱 283	痞 324	礨 351	穖 364
殼 200	欖 233	瀵 272	爊 283	臢 326	礜 351	寶 369
嫛 200	櫯 233	瀘 272	櫸 286	皣 326	礬 351	竇 369
斷 203	櫱 233	瀉 272	躃 288	皪 326	礤 351	竈 369
旟 204	櫟 233	㶒 272	犧 291	皬 326	礥 351	竄 369
曨 211	櫙 233	隱 272	犨 291	皷 326	礎 351	竅 369
瞳 211	權 233	潯 272	犢 291	臢 328	礣 351	竊 369
薷 211	藥 233	燈 272	犦 291	殼 328	礫 351	鞯 371
曬 211	欘 233	㶒 272	犩 291	黢 328	礱 351	競 371
曦 211	槁 233	潔 272			嘉 351	羹 371

총획 색인 [20획]

籃 382	檮 390	羼 409	朧 434	鞿 470	蘦 470	薑 471
籏 382	糴 390	羃 409	臘 434	蘇 470	蘈 470	薐 471
籆 382	糶 390	羉 409	臙 434	藶 470	蘜 470	隧 471
籃 382	糲 390	羇 409	臚 434	藥 470	蒜 470	醬 471
籀 382	鏧 402	羂 409	臛 437	蘊 470	藉 470	薈 471
簁 382	纃 402	覼 409	鵩 437	薻 470	蘆 470	虩 476
籅 382	継 402	覼 409	鰭 437	蘀 470	毈 470	虪 476
簃 382	辮 402	覼 409	夀 439	蘠 470	薞 470	虧 476
籍 382	繾 402	糰 412	與 439	藷 470	薀 471	蟺 488
籐 382	纃 402	糯 412	艨 444	藸 470	蘒 471	蠔 488
簠 383	繽 402	儒 412	艦 444	藻 470	甕 471	蠕 488
籨 383	縞 402	儔 412	艫 444	撲 470	贇 471	蠙 488
篡 383	纂 402	羴 412	艥 444	藽 470	勳 471	蠖 488
篆 383	纁 402	舉 412	艱 444	薄 470	顚 471	蠘 488
籋 383	綠 402	翻 416	豔 445	衡 470	薍 471	蠐 488
簍 383	緯 402	耀 416	豓 445	薐 470	薳 471	蠑 488
簞 383	繿 402	翷 416	艶 445	蘐 470	穎 471	蠎 488
篋 383	繡 402	翳 416	讎 468	蘊 470	薑 471	蠊 488
籕 383	縩 402	翾 416	齹 468	薳 470	蘆 471	蠔 488
篙 383	繳 402	耮 419	藿 470	薆 470	黉 471	蠛 488
篝 383	縵 402	聹 422	虁 470	藤 470	蘪 471	蠢 488
簹 383	繙 402	聻 422	蘄 470	藼 470	穤 471	蠟 488
簡 383	纁 402	潊 422	蘑 470	薋 470	薰 471	蠣 488
篹 383	縹 402	聹 422	蘍 470	薏 470	頥 471	蠡 488
簳 383	縷 402	聲 422	蘢 470	蘆 470	蘭 471	蠱 488
篰 383	縋 402	聽 422	蘠 470	蘆 470	薁 471	蠲 488
篥 383	纁 402	鶖 423	蘹 470	薁 470	薰 471	蠣 488
簗 383	緂 402	臚 434	蘠 470	薑 470	薁 471	蠐 488
簙 383	繾 403	臏 434	蘦 470	蘪 470	薺 471	鱘 491
篳 383	縱 403	臋 434	臢 434	薦 470	薹 471	鱋 491
糯 390	繼 403	臈 434	朧 434	薆 470	鞼 471	齎 500
糰 390	璺 405	朧 434	朧 434	薺 470	薲 471	覺 501
糝 390	鑾 405	臑 434	朧 434	蘂 470	薷 471	褻 501

총획 색인 [20획]

襲 501	譴 521	諴 522	贉 537	瞻 553	轓 564	醥 587
襲 501	警 521	諷 522	贑 537	蹵 553	轀 564	醤 587
褰 501	譫 521	諿 522	賠 537	蹞 553	轋 564	醢 587
褧 501	譇 521	譯 522	瞼 537	踶 553	輼 564	醥 587
襪 501	譭 521	譹 522	贈 537	躄 553	輕 564	醯 587
襦 501	藹 521	警 522	趨 543	蹴 553	䎫 566	醢 587
襁 501	譯 521	謝 522	趣 543	蹤 553	騝 566	醛 587
襋 501	譯 521	譔 522	趚 543	躓 553	辦 566	釀 587
襌 501	譍 521	讓 522	趮 543	蹤 553	農 567	釋 589
襆 501	議 521	調 522	趨 543	蹬 553	嚳 567	鐗 601
襛 501	譩 521	護 522	趚 543	踵 553	遾 574	鐧 601
襫 501	謙 521	謔 522	趣 543	躊 553	邊 575	鋼 601
襪 501	譟 521	譜 522	趣 543	蹯 553	邋 575	鐦 601
襪 501	譚 521	譈 522	趠 543	蹋 553	遟 575	鐒 601
襬 501	響 521	餇 525	趍 543	體 557	邃 575	鐏 601
襯 501	譣 521	誣 527	趮 543	躃 557	邅 575	鏨 601
襪 501	譞 521	誣 527	趁 543	軀 557	邊 575	鐵 601
襎 501	譟 521	豐 527	蹕 553	躆 557	邉 575	鐃 601
襪 501	譨 521	艶 527	蹴 553	蟾 557	餒 581	鐓 601
襖 501	譔 522	豊 527	蹬 553	軀 557	齦 581	鐔 601
覺 505	講 522	豶 529	蹇 553	轈 563	鄘 581	鐙 601
贐 505	譖 522	豪 529	蹩 553	轗 563	鄙 582	鐋 601
覼 505	識 522	豴 529	蹯 553	鏊 564	鄜 582	鐯 601
覺 505	譐 522	豬 529	蹠 553	轓 564	鄱 582	鐐 601
覲 505	讀 522	獻 532	躁 553	轒 564	鄭 582	鏻 601
觸 508	譺 522	獫 532	蹢 553	轑 564	鄴 582	鏷 601
觜 508	譁 522	獹 532	躑 553	鞾 564	醵 587	鍛 601
觨 508	譁 522	獶 532	躂 553	轔 564	醣 587	鐇 601
觶 508	講 522	獪 532	蹻 553	輚 564	醴 587	鐣 601
鷙 508	譑 522	獬 532	蹤 553	轅 564	醶 587	鑕 601
觴 508	譄 522	贍 537	躌 553	櫽 564	醳 587	鐄 601
赫 508	譯 522	贈 537	躍 553	轐 564	醳 587	鎙 601
警 521	譟 522	購 537	蹻 553	犧 564	醳 587	鐈 601
譅 521	譪 522	贐 537	蹴 553	輠 564	醨 587	鏞 601
警 521	蕭 522	贏 537	鼖 553	遴 564	醢 587	鏊 601

총획 색인 [20획]

鏃 601	鋼 602	闈 612	霱 627	韃 636	蘁 641	蠚 652
鏄 601	鏵 602	闇 612	霑 627	蘰 636	齰 642	躍 652
鐊 601	鏌 602	闐 612	隋 627	鞴 636	馨 642	虪 652
鐰 601	鏉 602	闑 612	霯 627	鞾 636	訟 642	瓋 652
鐢 601	鎩 602	饈 617	霧 627	贛 636	譀 642	鷗 652
鐜 601	鎖 602	餻 617	霱 627	鞭 637	蘁 642	鸜 653
鐏 602	鏒 602	臙 618	霛 627	鞞 637	響 642	鶾 653
鐺 602	鏴 602	隩 618	霡 627	鞰 637	顙 648	鸑 653
鏢 602	鏮 602	隸 619	霪 627	韃 637	顒 648	鼺 653
鐨 602	鎘 602	離 622	霘 627	韆 637	頳 648	鳳 653
鐘 602	鎏 602	雛 622	霙 627	鞺 637	贅 648	饉 659
鐏 602	鎣 602	鶾 622	霡 627	鞴 637	頯 648	鞿 659
鏷 602	鳳 602	雝 622	霗 627	鞶 637	顆 648	饃 659
鏒 602	鋻 602	徵 622	霢 627	肈 637	頵 648	饅 659
鐰 602	鑩 602	雔 622	霂 627	鞬 637	頴 648	餷 659
鍚 602	鏍 602	羅 622	霥 627	鞺 637	領 648	饈 659
鐩 602	錫 602	雙 622	霖 627	鞴 637	顧 648	饇 659
鏵 602	鐏 602	雚 622	霠 627	鞬 637	顡 648	餿 659
鏜 602	鎛 602	鹺 622	霢 627	鞹 637	頰 648	餭 659
鏻 602	鐐 602	鼟 622	霥 627	鞾 637	頼 648	餰 659
鏽 602	壤 607	雙 622	霏 630	鞫 637	頤 648	餶 659
鋼 602	壩 607	虺 622	霎 630	鞭 637	穎 648	饁 659
鏄 602	閒 611	虺 622	斃 630	韃 640	顗 648	靡 659
鏢 602	闚 611	鞻 622	齘 632	韈 640	顧 648	慶 659
鎣 602	闋 612	矍 622	齕 632	靼 640	顑 648	饗 659
鐷 602	闑 612	澧 627	酵 632	鞴 640	頴 648	虓 659
鏸 602	闓 612	霪 627	醟 632	韻 640	顉 648	餳 659
鋤 602	闐 612	霻 627	窖 632	鞱 640	頷 648	餺 659
鏡 602	閶 612	霰 627	鞀 636	鞻 640	頰 648	餽 659
鐺 602	閣 612	霺 627	鞔 636	鞺 640	顧 648	饉 659
鍉 602	閣 612	霦 627	鞵 636	韃 641	飅 652	餱 659
鐩 602	閿 612	靉 627	韂 636	權 641	颲 652	饕 659
鐱 602	闍 612	霢 627	鞍 636	韉 641	飆 652	鲯 660
鏠 602	閡 612	霦 627	鞺 636	鞯 641	飄 652	饔 660
鋮 602	閤 612	蠥 627	鞦 636	鼇 641	飂 652	斷 660

饑 660	騯 669	髈 674	鬇 680	鯽 693	鮚 694	鶋 705
饐 660	驁 669	髊 674	鬪 682	鰊 693	鱈 694	鶗 705
餮 660	騅 669	髉 674	鬫 682	鮨 693	鯤 694	鶊 705
饎 660	騄 669	髓 674	鬮 682	鰍 693	鯠 694	鶩 705
饕 660	騏 669	髇 674	鬯 683	鱏 693	鯰 694	鶒 705
餽 660	騙 669	骽 674	鬰 683	鯿 693	鮹 694	鴈 705
饗 660	騢 669	髋 674	鬲 683	鯉 693	鷔 694	鵝 705
餅 660	駽 669	骿 674	鬹 683	鰕 693	鰏 694	扁 705
饍 660	騇 669	髒 674	鬷 684	鹹 693	鯸 694	鴘 706
饘 660	騁 669	髗 674	鬻 684	鯯 693	鮻 694	鴹 706
餺 662	騧 669	髕 674	鬶 684	鰉 694	鱛 694	鶱 706
馨 663	騩 669	髎 674	鬑 686	鯸 694	鰈 694	鶁 706
醯 663	騗 669	髐 674	魈 686	鱓 694	鰀 694	鳁 706
騫 668	騥 669	髒 674	魌 686	鰂 694	鰇 694	鵻 706
驦 668	騯 669	骻 674	魉 686	鯉 694	鯸 694	鶣 706
驤 668	騵 669	髈 674	魋 686	鯡 694	鲢 694	鵼 706
騰 668	騣 669	骾 676	魍 686	鯘 694	鰡 694	鵱 706
騮 668	騷 669	鬒 680	魈 686	鰠 694	鰏 694	鶢 706
騎 668	驚 669	鬚 680	魑 686	鰭 694	鯺 694	鶬 706
騙 668	驁 669	鬢 680	魓 687	鯯 694	鵤 705	鶡 706
騷 668	騲 669	鬐 680	魅 687	鮸 694	鵠 705	鵾 706
駿 668	騧 669	豎 680	鱸 693	鯛 694	鶒 705	鶂 706
騾 668	騂 669	鬘 680	鯽 693	鮰 694	鵙 705	鶘 706
驍 668	騨 669	鬣 680	鰊 693	鮼 694	鶚 705	鸖 706
騪 668	驉 669	鬚 680	鰒 693	鰒 694	鵴 705	鶑 706
騣 668	騘 669	鬤 680	鰓 693	鰠 694	鵻 705	鶱 706
駵 668	騵 669	鬎 680	鰐 693	鰥 694	鵲 705	鶀 706
騵 668	驊 669	鬘 680	鯁 693	鰰 694	鵰 705	鶓 706
騫 668	驁 669	鬐 680	鰂 693	鰍 694	鶘 705	鶌 706
騪 668	騋 669	鬒 680	鹹 693	鰓 694	鶕 705	鶏 706
騠 668	騯 669	鬘 680	鯀 693	鰒 694	鶚 705	鶀 706
騯 668	驃 669	鬕 680	鰈 693	鰍 694	鷗 705	鵣 706
騬 669	騷 669	䯀 680	鰤 693	鰭 694	鵝 705	鵟 706
騱 669	騩 669	鬈 680	鰊 693	鱺 694	鵝 705	鶙 706
騷 669	騲 669	鬘 680	鰓 693	鑑 694	鵜 705	鷉 706
騼 669	騨 669	鬓 680	鰊 693	鱳 694	鵰 705	鶩 706
騷 669	髆 674	鬙 680	鯯 693	鯉 694	鶘 705	鵼 706

총획 색인 [20~21획]

鵰 706	麣 714	犪 720	䲆 729	䶉 733	顠 40	孋 111
鵵 706	麕 714	黥 722	齠 729	䶌 733	灤 42	孎 111
鶅 706	麠 714	黮 722	齦 729	䶍 733	儠 49	孎 111
鶃 706	麢 714	黨 722	齩 729	䶎 733	劗 49	孏 111
鶂 706	麵 717	黵 722	齫 729	䶏 733	劘 49	孏 111
鶇 706	糲 717	黷 722	齬 729	䶐 733	巒 49	孃 111
鶊 706	糭 717	黰 722	齭 729	䶑 733	欒 49	寯 118
鶌 706	糰 717	黪 722	齮 729	䶒 733	虉 52	寰 118
鶍 706	糱 717	黯 722	鮭 730	䶓 733	瓅 57	巏 118
鶒 706	斅 717	黫 722	獾 730	夒 736	瓏 57	懇 118
鶓 706	斆 717	黱 722	鮮 730	夔 736	顧 61	影 121
鶖 706	籒 717	黲 722	魟 730	龐 736	變 65	攉 122
鶘 706	籓 717	黺 722	艶 730	龑 736	囉 82	屬 125
鶙 706	籕 717	黻 722	鹺 730	龒 736	囌 82	巋 135
鶚 706	籐 717	鞍 722	鹻 730	龓 736	囍 82	巍 135
鶛 706	籑 717	鞖 722	鹼 730	龔 736	嚼 82	巍 135
鶜 706	磿 718	鞗 717	廯 731	氁 736	囉 83	巑 135
鶞 706	矘 718	黢 718	齌 731	䰷 736	囀 83	巉 135
鶟 706	礳 719	黩 722	齎 731	鮿 737	囂 83	巖 135
鶠 706	礴 719	竇 722	齏 731	鮿 737	嚻 83	繪 135
鶡 706	礵 719	竈 722	齝 732	齜 737	嚾 83	巕 135
鶣 706	礷 719	竇 722	齡 732	艓 737	囅 83	巑 135
鶤 706	龑 719	斆 722	齢 732	齝 737	囆 83	懞 142
鶥 706	瓔 719	斅 723	齟 732	艩 737	囇 83	懠 142
鵒 706	戴 719	覤 723	齙 732	龥 737	囈 83	懟 142
鹹 712	齇 719	覬 723	齚 732	齪 732		庬 148
鹽 712	齎 719	熒 723	齛 732	**21**		庵 148
麧 712	齟 719	辥 725	齜 732	齋 19	儷 34	巏 153
麒 712	齹 719	黿 725	齞 732	儺 34	儻 34	巕 153
麜 712	齮 719	亀 725	齟 732	儽 34	攢 34	瓏 153
麢 712	韓 719	鼇 727	齥 732	優 34	儺 34	鬆 153
麎 714	糲 720	鼂 727	齧 732	儺 34	儻 34	巂 159
麖 714	秣 720	韻 729	齞 732	儺 34	儻 34	巕 159
麖 714	䋴 720	醞 729	齞 733	儷 34	儻 34	懯 159
麢 714	䋵 720	醼 729	齠 733	爐 35	嫚 111	戁 174

총획 색인 [21획]

懼 175	欀 234	灂 272	爑 299	矑 340	竆 369	籃 383
㦰 175	檉 234	潤 272	玃 299	朧 340	竉 369	籚 383
㦲 175	櫹 234	潿 272	獾 299	矓 340	竊 369	籫 383
蠱 175	櫻 234	灃 272	玁 299	矙 340	竅 369	欂 390
懾 175	樴 234	灉 272	瓓 306	矖 340	窾 369	礦 390
儴 175	檯 234	灄 272	瓌 306	曨 340	灪 369	糪 390
懵 175	櫰 234	瀶 272	瓔 306	贎 340	竇 369	糰 390
懮 175	櫱 234	灆 272	璽 306	黳 340	竈 369	糱 390
懼 175	欒 234	灈 272	瓗 306	曦 340	鄣 371	糦 390
蠚 177	欐 234	澩 272	霊 306	嚴 340	韇 371	糫 390
蠟 178	櫱 234	灐 272	瓘 308	暗 340	籘 383	續 403
虖 179	欏 234	灌 272	甗 308	皣 340	籓 383	纇 403
學 194	櫨 234	灇 272	甊 308	矓 340	篺 383	纍 403
攝 194	樻 234	瀟 272	瓻 310	礤 351	籔 383	纆 403
擔 194	櫟 234	灋 272	甒 310	礧 351	籇 383	續 403
攉 194	欄 234	灅 272	甌 310	礩 351	籙 383	纓 403
攃 194	檄 234	瀹 272	甕 310	礫 351	簍 383	纏 403
攂 194	櫪 234	灀 272	甖 310	磋 351	蓬 383	纐 403
攓 194	欌 234	瀾 272	甗 311	礦 351	籀 383	繰 403
攛 194	欓 234	灏 272	瘒 323	磝 351	鐂 383	纎 403
攎 194	櫢 234	濾 272	癩 323	碝 351	籤 383	纋 403
擴 194	籰 234	瀠 272	癎 323	礦 351	籑 383	纈 403
攢 194	歔 238	瀋 272	癭 323	磸 351	籝 383	纉 403
擄 194	歗 238	濻 272	癯 323	礦 351	籚 383	綷 403
攜 194	歍 238	瀑 272	癢 323	礰 351	籙 383	纃 403
擾 194	歡 238	爌 283	癰 323	礦 351	籫 383	纏 403
數 200	歘 238	爕 283	癲 323	硯 351	籤 383	續 403
叡 200	歸 240	爓 283	癮 323	禧 356	籛 383	織 403
敱 200	騞 240	爐 283	癬 323	禰 356	籯 383	繩 403
觳 200	覷 240	爛 283	癱 323	穮 364	籪 383	繾 403
斕 201	歴 240	爝 283	癯 323	穭 364	籧 383	纖 403
斷 203	殰 243	爒 283	癬 323	穰 364	籢 383	繒 403
曬 211	殲 243	爨 288	瘻 323	穤 364	籧 383	纏 403
曩 211	夒 245	犧 291	癩 326	穱 364	籛 383	纛 405
儺 213	毻 249	營 291	皥 326	竈 369	籍 383	纍 405
欅 234	氈 249	犩 292	皫 326	竈 369	籫 383	
	飝 251	櫻 292	皸 328	窾 369	簗 383

총획 색인 [21획]

鷩 405	艫 444	籤 472	蠐 488	艧 508	議 523	趡 543
屪 409	艪 444	鼘 472	蠋 488	艩 508	論 523	趣 543
還 409	贑 444	藘 472	蠡 488	譴 522	譏 523	趨 543
瓐 412	藘 471	藍 472	蠃 488	譽 522	讁 523	蹣 553
屬 412	蘭 471	蘋 472	蠣 488	譽 522	譛 525	躍 553
羻 412	鞠 471	藕 472	麝 488	譽 522	譚 527	蹲 553
羲 412	鞫 471	藤 472	蚳 488	譺 522	鬶 527	躍 553
飄 412	歸 471	藤 472	蠢 488	譼 522	譱 529	躋 553
養 412	蘭 471	藚 472	鏜 488	譹 522	譽 529	躊 553
羺 412	蘷 471	蘇 472	蠔 488	護 522	豵 529	蹩 553
獵 416	蘫 471	藻 472	蠘 488	譛 522	豨 529	跧 553
翻 416	蘦 471	藼 472	蠣 488	繻 522	豽 529	蹁 553
聽 416	蘝 471	蘧 472	蠣 488	譿 522	豼 532	蹠 553
覼 416	蘩 471	蘆 472	蠜 488	謝 522	豼 532	踶 553
翳 416	蘺 471	蘩 472	蠓 488	讋 522	貔 532	蹼 553
翱 416	蘚 471	蔘 472	蠛 488	謙 522	贑 537	蹢 553
穰 419	蕃 471	蓄 472	蠣 491	譸 522	贐 537	蹟 553
耬 419	蘘 471	藺 472	蠥 501	譪 522	贓 537	蹻 553
糯 419	蘖 471	斄 472	襲 501	譀 522	贔 537	躑 553
蘸 419	蘗 471	藝 472	襳 501	譚 522	贑 537	蹕 554
曠 422	蘽 471	韅 472	襸 501	譻 522	賹 537	蹙 554
瓅 422	蘥 471	鷿 476	襺 501	譫 522	贐 537	顫 554
贏 434	藥 471	䎄 476	襽 501	譖 522	贐 537	躊 557
臕 434	藜 471	蠟 488	襪 501	遹 522	贖 537	艦 557
臢 435	藝 471	蠣 488	襤 501	譧 522	贐 537	臏 557
臑 435	薮 471	蠡 488	襵 501	譽 522	賯 537	膽 557
臏 435	蕗 471	䘆 488	襫 501	護 522	孺 539	轟 564
臏 435	藉 471	蠕 488	覽 506	讒 522	糯 539	轚 564
臘 435	蘀 471	虫 488	覿 506	讀 522	趙 543	輟 564
膞 435	蘺 471	蠤 488	覹 506	謊 522	趙 543	撃 564
囏 435	彌 471	蠶 488	覦 506	譎 523	起 543	轣 564
饔 436	躚 471	蠻 488	覶 506	譈 523	趑 543	轤 564
辥 440	攢 471	蠢 488	艦 508	艦 523	趉 543	轠 564
囏 440	攡 472	蠭 488	艦 508	艪 523	赴 543	轢 564
膽 444		蠟 488

篡 564	鑄 602	贏 603	隆 622	醮 632	播 641	飆 653
轟 564	鑢 602	鐔 603	雛 622	熭 632	䜩 642	飇 653
轚 564	鐴 602	鐵 603	雞 622	醶 632	顧 648	飅 653
轔 564	鑒 602	鐭 603	權 622	醎 632	顒 648	飈 653
辯 566	鑊 602	鐫 603	離 622	醋 632	䱝 648	飃 653
㶅 567	鐽 602	鐮 603	霰 627	醑 632	顆 648	飉 653
邋 575	鐶 602	鏗 603	霹 627	鞦 637	頯 648	飄 653
邇 575	鐷 602	鐍 603	靅 627	鞽 637	顄 648	顈 653
邁 575	鑀 603	鎍 603	霸 627	韉 637	顉 648	顊 653
邊 575	鐫 603	鐸 603	霪 627	韃 637	韶 648	顉 653
邋 575	鐷 603	霪 607	霑 627	韄 637	頰 648	䫄 653
遣 575	鐵 603	霪 607	霋 627	鞰 637	頔 648	飇 653
還 575	鐴 603	闤 612	霈 627	鞴 637	類 648	飆 653
䖛 581	錫 603	闢 612	霊 627	韆 637	顎 648	麣 654
䭶 582	鐃 603	闥 612	覆 627	鞭 637	額 648	鼙 654
豐 582	鐵 603	闩 612	霧 628	鞨 637	顚 648	餵 660
酂 582	鐱 603	闯 612	霰 628	鞯 637	頡 648	饋 660
酃 582	鐸 603	闠 612	霱 628	鞸 637	顆 648	饑 660
酆 582	鐲 603	闖 612	霖 628	韤 637	額 648	饒 660
醰 587	鐶 603	闥 612	霶 628	䩍 637	榗 648	饍 660
醺 587	鏽 603	闛 612	霾 628	鞳 637	頷 648	饒 660
釀 587	鏖 603	闡 612	霭 628	鞶 637	顉 648	饇 660
醵 587	鏨 603	闣 612	霓 628	韃 637	䪲 648	餻 660
醻 587	鐯 603	闢 612	霰 628	鞶 637	瀨 648	饒 660
醢 588	鐲 603	闢 612	靐 628	韁 640	顬 648	饁 660
醿 588	鎍 603	闖 612	廉 628	鞜 640	顯 648	饌 660
醬 588	鏨 603	闋 612	溜 628	焦 640	顠 648	饑 660
酸 588	錫 603	皺 617	霂 628	轜 640	巔 648	饕 660
醨 588	鏟 603	隔 618	霂 628	辟 640	飇 653	餯 660
鑣 602	鏟 603	際 618	靄 629	韡 640	飆 653	饕 660
鍋 602	鑠 603	膤 618	黷 632	響 640	飇 653	饑 660
鐼 602	錄 603	雕 622	醘 632	霮 641	飇 653	餺 660
鐺 602	鑿 603	靡 622	醵 632	韯 641	飆 653	餗 660
鐮 602	鑒 603	矍 622	醺 632	韭 641	飈 653	饁 660

총획 색인 [21획]

籑 660	聰 669	鬘 680	魖 687	臙 695	鶂 707	鷗 707
饕 660	驃 669	髯 680	魑 687	鰤 695	鷙 707	鷄 707
饌 660	驆 669	鬘 680	鱧 687	鯊 695	罵 707	鷉 707
饔 660	驕 669	髣 680	鮍 687	鱃 695	鶠 707	鵱 707
餓 660	驍 669	髮 680	鰲 694	鱀 695	鶺 707	鷟 707
饉 660	驅 669	蓬 680	鱀 694	鱸 695	鷁 707	鴻 707
饈 660	驔 669	髭 680	鰭 694	鮪 695	鷂 707	鷏 707
饌 660	驚 669	鬖 680	鰡 694	鯤 695	鶬 707	鵾 707
餞 660	駜 669	髹 680	鰤 694	鰓 695	鵮 707	鷨 707
饆 660	駿 669	髼 680	鱒 694	鱸 695	鷠 707	鶁 707
饔 660	驒 670	髽 680	鰡 694	鯤 695	鷥 707	瀼 707
餘 660	騠 670	髽 680	鰮 694	鮳 695	鵊 707	瀰 707
饇 660	騢 670	瞿 680	鰩 694	鰶 695	雟 707	瀘 707
餎 660	驛 670	鬱 680	鰫 694	鰝 695	鶴 707	鷴 707
饋 660	騱 670	鬏 680	鰨 694	鯧 695	鷯 707	鸛 707
饋 660	騴 670	鬏 680	鰭 694	鰼 695	鵬 707	鰳 707
饁 660	騾 670	髲 680	鰥 694	鰰 695	鵚 707	鱇 712
饞 660	驃 670	鬃 680	鱄 694	顢 695	鷓 707	醛 712
饠 660	駷 670	鬟 680	翳 694	鰳 695	鶴 707	蠢 712
頡 663	驂 674	鬥 682	鵨 694	鰪 695	鶽 707	魑 712
覃 663	髏 674	鬩 682	鯛 694	謇 706	鷃 707	鹽 712
黜 663	髖 675	鬩 682	鰆 695	鶾 706	驁 707	罋 712
驅 669	䯖 675	鬯 683	鮒 695	鶏 706	瀁 707	饇 712
驛 669	髕 675	鬻 684	鰺 695	鯅 706	鷎 707	蓋 712
璧 669	髟 675	鬺 684	鰲 695	鵪 706	驁 707	黀 714
驀 669	鬆 675	鬺 684	鰭 695	鶍 706	鶹 707	麝 714
駢 669	鬃 675	鬻 684	鰭 695	鵱 706	鶿 707	麈 714
騶 669	髩 675	鬻 684	鵼 695	觳 706	鷘 707	麗 714
騖 669	髒 675	鼝 684	鮲 695	鳜 706	鴞 707	廉 714
駿 669	髒 675	魑 687	歑 695	鶻 706	鴉 707	麞 714
騝 669	髳 675	魔 687	鯢 695	鵜 706	鷔 707	麵 717
驚 669	髻 675	魔 687	輪 695	鳥 706	鴨 707	鏒 717
鷙 669	鬎 676	魖 687	鰍 695	驁 706	鸛 707	魏 717
駸 669	鬌 676	鬑 687	鰻 695	鮕 707	鷎 707	鰒 717

鼴 717	貶 723	鼂 730	穭 737	孍 112	儺 175	欋 234							
鼸 717	賉 723	齋 731	龝 737	孏 112	儷 175	欈 234							
鼹 717	賆 723	齦 733	竈 737	孊 112	戨 178	欐 234							
鼺 717	賕 723	齪 733	龜 737	孋 112	攦 194	權 234							
麳 717	賋 723	齩 733	龡 737	孌 114	攔 194	歡 238							
麴 717	賥 723	畬 733	龢 737	寣 118	攙 194	歟 238							
麇 719	賗 723	齮 733	歈 737	寣 118	攅 194	歠 238							
魇 719	賝 723	齯 733	**22**	禶 118	攛 194	歷 240							
黇 719	貔 723	齢 733	罼 19	儹 118	擁 194	殲 243							
黯 719	貗 723	硅 733	黨 34	寣 118	攞 194	殰 243							
黖 719	賾 723	蒔 733	儼 34	爐 122	攤 195	毊 249							
黪 719	賮 723	裎 733	儾 34	屬 125	攧 195	氆 249							
黱 719	賸 723	蟲 733	儺 39	巎 135	攩 195	氍 249							
黂 719	賿 723	輾 733	冎 39	巒 135	攪 195	瀘 272							
麳 720	龠 725	艷 733	巌 42	巓 135	攫 195	灑 272							
黏 720	霝 725	齰 733	夒 65	巗 135	攬 195	灒 272							
黐 720	鼂 725	齱 733	囊 83	巘 135	攴 200	灔 272							
種 721	龜 725	齳 733	囉 83	巚 135	敱 201	藥 272							
穆 721	龜 725	齴 733	囋 83	巜 135	旇 204	灕 272							
黎 721	鼛 727	騂 733	囍 83	瓽 135	潏 204	灑 272							
翱 721	鼖 727	齢 733	囎 83	巍 135	曪 212	灘 272							
黜 723	鼙 727	齛 733	鞡 83	巃 135	曮 212	灖 272							
黼 723	鼛 727	蠍 733	囏 83	幰 142	曙 212	灙 272							
黬 723	鼜 727	齣 733	囑 83	幱 142	櫱 234	濁 272							
䵪 723	鼞 727	蟫 733	嚴 83	襕 142	欎 234	瀅 272							
黯 723	鼛 727	齘 733	嚵 83	囐 142	欑 234	滛 272							
黮 723	鼝 727	齟 733	嚾 83	龐 148	欍 234	邊 272							
黠 723	鼱 729	骴 733	囀 83	廱 148	櫑 234	燿 283							
黢 723	鼬 729	鼊 733	囍 83	孌 150	櫨 234	燽 283							
黤 723	鼢 729	纛 736	圞 86	彎 153	欏 234	熭 283							
黛 723	鼾 730	黿 737	巒 96	彏 155	欅 234	爊 283							
黟 723	鼽 730	鼈 737	穱 96	彋 155	欑 234	爓 283							
黥 723	鼿 730	鼅 737	鳳 96	襒 159	櫒 234	爆 283							
黧 723	鼷 730	鼇 737	孎 111	懿 175	欗 234	爛 283							
黦 723	鼸 730	龕 737	孍 112	懽 175	欘 234	欋 292							
黭 723	鼹 730		孏 112	懿 175	欋 234	欋 292

爏 292	職 340	籐 383	繡 403	蘵 472	蠦 489	讀 523
懹 292	臂 340	簌 384	繭 403	叢 472	蠫 489	讛 523
玀 299	瞪 340	簌 384	罎 406	蘭 472	蠢 489	讇 523
獶 299	嬰 343	籓 384	罏 406	蘴 472	鑒 489	讁 523
璽 306	礦 351	籜 384	羇 409	蘿 472	蠮 489	讅 523
瓘 306	礫 351	籨 384	羅 412	顬 472	蠬 489	譿 523
瓖 306	礤 351	籟 384	羺 412	蘿 472	蠱 489	謺 523
瓔 306	礪 352	籥 384	羷 412	蘱 472	崶 489	讃 523
瓢 308	礩 352	辦 384	翻 416	蘿 472	雥 489	譾 523
甋 310	礦 352	籥 384	䚏 416	蓴 472	逢 489	讑 523
甑 310	礫 352	籤 384	糖 419	蓿 472	蠡 489	讒 523
疊 315	禴 356	籤 384	穣 419	蘿 472	蠨 489	讉 523
疊 315	襛 356	籥 384	聽 422	蘸 472	蠪 489	讋 523
驍 315	禮 356	籯 384	聾 423	薦 472	蠱 489	謽 523
癣 323	襦 356	薪 384	朧 423	蘼 472	衢 492	讇 523
癭 323	穰 364	薹 384	壟 423	蘱 472	襲 501	讇 523
癰 323	穮 364	篷 384	朧 435	蘖 472	褻 501	讀 523
癱 323	䅢 364	篸 384	臟 435	蔾 472	褻 501	譣 523
疊 323	穋 364	糖 390	朧 435	蘁 472	襆 501	譟 523
癯 323	竊 369	糖 390	臘 435	蘪 472	襧 501	譭 523
饅 323	竊 369	糶 390	膽 435	蕿 472	襀 501	譣 523
䁡 326	競 371	糶 390	臚 435	蘸 472	襆 501	讗 523
嵃 326	顳 371	糶 390	臘 435	覆 472	襌 501	謹 523
鹽 330	齋 371	糍 390	腰 435	蔾 472	覯 506	譁 523
盬 330	籌 383	爐 403	艫 444	薦 476	覵 506	膽 523
蠱 330	籓 383	繡 403	艦 444	蠮 488	覷 506	讖 523
睢 340	籇 383	繼 403	聾 444	蠰 488	覰 506	讃 523
曬 340	籠 383	纜 403	艇 444	蠦 489	覿 506	譖 523
瞼 340	籟 383	繳 403	艘 444	蠡 489	覯 508	譼 523
瞼 340	籌 383	繩 403	艧 445	蠣 489	艣 509	變 523
矙 340	籠 383	纏 403	顬 471	蠨 489	艦 509	變 523
朦 340	籜 383	纒 403	菊 472	蠖 489	艫 509	讄 523
曠 340	籤 383	纏 403	藞 472	蠷 489	艫 509	讓 523
曬 340	籑 383	纘 403	蘯 472	蜇 489	艦 509	讀 525
瞰 340	籍 383	繥 403	薐 472	蟥 489	艦 509

钀 525	躁 554	釀 588	鐵 604	需 628	譩 642	隨 661
巙 527	躑 554	釃 588	鑄 604	雷 628	譖 642	饐 661
豔 527	躓 554	釄 588	鑌 604	護 629	顉 648	饐 661
玃 529	躅 554	釐 588	鎣 604	疆 632	頯 648	㗡 661
玁 530	躚 554	醯 588	鑓 604	驢 632	頗 648	饒 661
犢 537	蹖 554	醳 588	鐃 604	韁 637	頗 649	饔 661
颥 527	躋 554	醴 588	鑢 604	韃 637	頡 649	饆 661
贖 537	蹱 554	醞 588	璽 604	韝 637	顙 649	饌 661
贖 537	蹐 554	醵 588	瑒 607	韡 637	顪 649	饏 661
贗 537	懿 557	穰 589	璵 607	韢 637	顛 649	饎 661
賯 537	鼅 557	鑑 603	瑟 607	鞧 637	顡 649	饎 661
贍 537	轢 564	鑒 603	閹 612	鞠 637	顯 649	驕 670
赑 537	轣 564	鑾 603	闞 612	韁 637	顮 649	驔 670
赞 537	轡 564	鐸 603	闖 612	韌 637	顴 649	驚 670
贗 537	轠 564	鐋 603	闠 612	韤 637	顬 649	驊 670
鐙 539	轤 564	鑌 603	雚 622	韕 637	顴 649	驌 670
趑 544	轟 564	鑐 603	靃 622	鞴 637	顳 649	驍 670
趲 544	轢 564	鐯 603	雚 622	鞫 637	飀 653	驊 670
趱 544	轗 564	鑄 603	雚 622	鞼 637	飂 653	驔 670
趯 544	轜 564	鏿 603	鸃 622	鞭 637	飃 654	驒 670
趌 544	鞿 564	鐺 603	靃 622	鞨 637	飆 654	驊 670
趨 544	鞙 564	鑁 603	霾 628	韉 637	饗 660	驢 670
趲 544	鞾 564	鑊 603	霽 628	鞬 637	餂 660	驤 670
趬 544	黻 564	鐴 603	霰 628	鞭 637	餓 660	驍 670
趙 544	轙 564	鑠 603	霿 628	鞼 637	饕 660	騈 670
趠 544	轚 564	鏷 603	霰 628	鞨 637	饘 660	騵 670
躒 554	躙 566	鏐 603	霰 628	韃 640	饅 660	驗 670
躙 554	邋 575	鐨 603	霬 628	韅 640	饗 660	驦 670
躔 554	還 575	鐳 603	靇 628	韜 640	饒 660	驒 670
蹦 554	邏 575	鍭 603	覿 628	贛 640	饀 660	驦 670
躓 554	遽 575	鐿 603	霸 628	韞 640	餡 660	驍 670
躑 554	邁 575	鑒 603	霚 628	韘 640	餿 661	驕 670
蹼 554	邁 575	鑞 603	霮 628	韞 640	餷 661	驒 670
蹴 554	邊 582	鑪 603	雱 628	鶚 640	饒 661	鷥 670
躓 554	鄺 582	鏞 603	零 628	響 642	餗 661	艛 670
躁 554	鄭 582	鐵 603	雪 628	韜 642	餻 661	騸 670
躒 554	鄺 582	鑨 603	雪 628	諜 642	餃 661	驟 670

총획 색인 [22획]

驤 670	鬢 680	鰊 695	鰍 696	鷓 708	鷩 708	黊 720
驩 670	鬆 681	鰹 695	鰤 696	鶥 708	鷑 708	戴 720
驨 670	鬇 681	鯢 695	鷩 696	鷫 708	鶾 708	黋 720
驍 670	鬉 681	鱉 695	鰺 696	鷗 708	鵉 708	黏 721
驦 670	鬄 681	鰥 695	鰱 696	鷸 708	鷲 708	黐 721
驪 670	鬚 681	鰰 695	鰲 696	鷥 708	鶖 708	顥 723
驎 670	鬣 681	鯻 695	鰾 696	鷙 708	鴷 708	顫 723
驈 670	鬍 681	鰻 695	鱈 696	鵝 708	䴏 712	黢 723
驚 670	鬐 681	鱉 695	鰳 696	鴻 708	䴗 712	黮 723
騆 670	鬠 681	鰍 695	鱇 696	鴨 708	鷓 714	黸 723
驌 670	鬖 681	鱈 695	鰷 696	鶿 708	麖 714	黛 723
驐 670	鬚 681	鱒 695	鰷 696	鶵 708	麛 714	黱 723
駿 670	鬘 681	鰡 695	鯨 696	鶩 708	麘 714	黷 723
驏 670	髻 681	鼈 695	鰊 696	鷹 708	麘 714	㾐 723
驕 670	鬨 682	鰖 695	鰺 696	鶹 708	麜 714	膿 723
髖 675	鬪 682	鱒 695	鯢 696	鷯 708	鰻 717	䵒 723
髒 675	彲 683	鯝 695	鱓 696	鶝 708	鰲 717	䴰 723
髋 675	鬻 684	鱵 695	鯖 696	鷯 708	麵 717	鼇 723
臂 675	鬻 684	鱄 695	鰤 696	鳃 708	䴘 717	䵐 723
膻 675	鬺 684	鰶 695	鱢 696	鷈 708	辮 717	黑 723
髎 675	醴 684	鰠 695	鰊 696	鷫 708	釁 717	黿 725
髁 675	魍 687	鷗 707	鷗 707	黒 708	麴 717	黿 725
㬵 675	魌 687	鰷 695	鷗 707	鹝 708	豂 717	黿 725
㔒 676	魑 687	鰗 695	鴾 707	鷰 708	薿 717	龞 726
毊 676	鰠 687	徾 695	鴦 707	鷭 708	舝 717	龞 726
髍 676	魉 687	鰘 695	鷖 707	蕿 708	蓨 717	鼉 726
髟 680	魎 687	鱴 695	鷩 707	鷾 708	鰲 717	龞 726
鬚 680	魑 687	鰒 696	鷤 707	鷂 708	鶖 717	鼉 726
鬢 680	魏 687	魳 696	䴕 707	鷩 708	鱌 717	鼇 727
鬜 680	魑 687	鰲 696	鶓 708	鷃 708	鱡 717	鼛 727
鬒 680	魑 687	鱰 696	鷙 708	䴊 708	鰲 719	顥 727
鬃 680	魋 687	鱁 696	鷩 708	鷸 708	款 720	鼟 727
髻 680	鱻 687	鱝 696	鷲 708	鸕 708	顓 720	臷 727

총획 색인 [22~23획]

聾 727	龕 733	礜 112	欑 234	獮 299	蘽 364	纊 403	
聱 727	龢 733	癮 118	櫺 234	玃 299	穄 364	蘿 403	
鼜 727	齰 733	巖 135	櫾 234	獷 299	種 364	纈 403	
藁 727	齚 733	巘 135	榿 234	玁 299	穊 364	纖 403	
蹎 729	龕 736	巗 135	欑 234	瓚 306	籆 369	繾 403	
蹤 729	龔 736	巚 135	欓 234	礶 308	籩 384	纆 403	
龜 729	龓 736	巖 135	櫱 234	甗 310	籣 384	攣 403	
躓 729	蘴 736	巘 135	欄 234	甒 310	籤 384	繹 403	
躚 729	聾 736	巗 148	櫹 234	甕 310	籢 384	繡 403	
蹄 729	龢 737	彠 153	樐 234	甗 310	籥 384	孋 406	
躅 729	**23**	復 159	欑 234	嚼 315	籓 384	靈 406	
覷 729	儽 34	戁 175	纞 238	癯 323	鐘 384	龕 406	
䫌 729	儷 34	戀 175	蠻 240	癰 323	鐵 384	羈 409	
顑 729	儸 34	憨 175	蠻 240	癱 323	篴 384	纍 409	
覿 729	儺 34	願 175	馨 245	癖 323	彌 384	羅 409	
駖 730	劊 49	顲 175	鬻 245	癕 323	簌 384	纓 409	
駺 730	劇 49	懸 175	馨 245	癟 326	鮮 384	麗 409	
齋 732	劇 49	懣 175	斂 245	欒 326	籏 384	纍 409	
齫 733	劙 52	摩 194	毓 249	籚 331	籣 384	黶 412	
齬 733	龝 52	攣 194	氀 249	矎 340	簿 384	羬 412	
齯 733	孿 65	攬 195	灓 272	瞱 340	籥 384	甕 412	
蹴 733	嘯 83	攬 195	灖 273	矕 340	籫 384	聯 423	
齧 733	嘰 83	攩 195	灙 273	矘 340	籯 384	爤 435	
齴 733	囐 83	攪 195	灝 273	瞳 340	簽 384	㸞 435	
齧 733	蘗 83	攫 195	灡 273	曜 340	籢 384	膽 435	
諧 733	蘆 83	擿 195	灓 273	矖 340	籨 384	臟 435	
酸 733	嚐 83	殹 200	灢 273	矐 343	糵 390	朧 435	
齶 733	嘈 83	孿 202	瀨 273	礶 352	糰 390	膽 435	
齒 733	嚩 83	顢 204	瀼 273	礪 352	糱 390	礵 440	
齡 733	黧 83	曪 212	灟 283	礴 352	糯 390	毚 440	
齔 733	壧 96	巒 212	灓 283	礫 352	糪 390	艦 444	
齕 733	壨 96	曨 212	爐 283	礨 352	糵 390	艤 444	
齫 733	壐 96	矘 212	爣 283	礧 352	纎 403	艫 444	
齧 733	孋 112	鼈 212	艱 283	禷 356	繿 403	繄 472	
齫 733	孊 112	欒 234	爩 283	穛 364	纐 403	瓖 472	
齰 733	孍 112	欞 234	欻 283	種 364	纏 403

총획 색인 [23획]

蘷 472	钃 489	鷟 509	鑽 544	酆鄭 582	鈾 604	韉 638
蘿 472	蠱 489	讈 523	躘 554	鄭 582	鎬 604	韃 638
蘱 472	蠤 489	讋 523	躛 554	醺 588	鏺 604	韊 638
蘺 472	蠦 489	讎 523	躝 554	醹 588	鑄 604	韄 640
蘼 472	蠰 489	讐 523	躟 554	醴 588	鑐 604	轒 640
蘵 473	蠯 489	讌 523	躠 554	醵 588	鑃 604	轓 640
蘸 473	蠳 489	讉 523	躡 554	醼 588	鍬 604	轕 640
蘽 473	蠮 489	響 523	蹠 554	醾 588	塦 607	轊 640
櫰 473	逢 489	讕 523	躢 554	醬 588	壠 607	隳 641
蘻 473	蠭 489	讔 523	躤 554	醽 588	闢 612	鼇 641
蘨 473	蠬 489	讖 523	躥 554	鏡 604	雓 623	瓘 641
難 473	蠟 489	讗 523	躦 554	鑛 604	雕 623	護 642
鷞 473	蠨 489	譁 523	躧 554	鑕 604	離 623	靆 642
蘱 473	蛐 489	讙 523	鐁 554	鑢 604	雔 623	顟 649
藥 473	蟀 489	讚 523	躩 554	鉄 604	難 623	顯 649
顛 473	蠻 489	諶 523	躪 554	鏞 604	雙 623	顡 649
蹢 473	蠡 489	讒 523	躧 557	鑠 604	霑 628	願 649
藋 473	蠕 489	譛 523	軇 557	鑚 604	霄 628	顥 649
蠚 473	蠲 489	讜 523	轤 564	鐋 604	霝 628	顨 649
蠡 473	蟖 489	讞 523	韅 564	鐢 604	霞 628	顣 649
贇 473	蠵 489	譽 524	舝 564	鐒 604	覉 628	顬 649
彊 473	蠥 489	譻 524	轚 564	鐨 604	覊 628	顪 649
蠃 473	襆 501	矓 525	轜 564	鑗 604	靃 632	顭 649
虜 473	襁 501	豔 527	輼 564	鉅 604	麐 632	顤 649
蔻 473	褵 501	豐 527	轠 564	鐵 604	鞼 637	顥 649
蘕 473	襢 501	變 530	轔 564	鎒 604	鞳 637	顱 649
遜 473	襷 501	獺 532	輶 564	鏡 604	鞭 637	顩 649
醛 473	襸 501	灐 532	轎 564	罌 604	鞴 637	顧 649
蘈 473	襸 501	覿 538	趨 575	鏽 604	韖 638	顳 649
繭 473	襜 501	躦 538	邐 575	鑢 604	韝 638	颥 649
蘇 473	襏 502	贕 538	邏 575	鑢 604	鞨 638	顴 649
藥 473	羇 503	贖 538	邊 575	鑢 604	韁 638	颱 653
蘁 473	蘸 509	寶 538	邉 575	鐵 604	韇 638	鼺 653
蕪 473	鬻 509	趢 544	鄦 582	鐔 604	韈 638	籛 661

총획 색인 [23획]

黶	661	驖	671	鬢	681	鱐	696	鷿	708	鶼	709	齞	712
黤	661	驔	671	鬇	681	鱕	696	鷅	708	鷙	709	齝	712
黌	661	驛	671	髟	681	齋	696	鷃	708	鷀	709	齟	712
黤	661	驕	671	鬃	681	鰶	696	鷇	708	鷟	709	麟	715
黦	661	驍	671	鬆	681	鯔	696	鶿	708	鷗	709	麋	715
黫	661	驕	671	鬠	681	鱧	696	鷓	708	鷦	709	麐	715
黯	661	驅	671	鬢	681	鱎	696	鷧	708	鶺	709	麑	715
齊	661	驤	671	鬛	681	鰈	696	鷛	708	鵩	709	麡	715
齉	661	驗	671	髫	683	鱌	696	鷸	708	鶹	709	黅	717
齌	661	驗	671	鬢	684	鰷	696	鷗	708	鶰	709	黐	717
齎	661	驔	671	驚	684	鱣	696	鷥	708	鷲	709	黐	717
齏	661	骷	675	鸃	684	鱖	696	鷕	708	鸃	709	黕	717
齎	661	髒	675	骳	684	艫	696	鷘	708	鶲	709	黸	717
齏	661	體	675	驚	684	鰲	696	鶖	708	鷸	709	黐	717
鼇	661	體	675	鷖	684	鱝	696	鷺	709	鷣	709	黐	717
籲	661	鷹	675	鼈	687	鱃	697	鷫	709	鷥	709	黫	719
齏	661	髎	675	鼉	687	鰊	697	鷫	709	鷙	709	黴	719
齎	663	髁	675	鱎	696	鰈	697	鷸	709	鷫	709	黶	720
齏	663	髀	675	鱌	696	鱝	697	鷰	709	鸂	709	黈	720
驕	670	髀	675	鱻	696	鱠	697	鷸	709	鸃	709	黐	721
驢	670	髕	675	鱝	696	鱲	697	鷸	709	鸃	709	黸	721
驛	670	骷	675	鯊	696	鰏	697	鸆	709	鷸	709	黐	721
驎	670	髖	675	鱏	696	鱏	697	鸆	709	鶴	709	黐	721
驗	670	髕	675	鱠	696	鱐	697	鸆	709	鷺	709	黐	721
驖	670	髏	675	鱏	696	鰲	697	鶵	709	鸉	709	黡	723
驊	670	髁	675	鱏	696	鱡	697	鸂	709	鸇	709	鼈	723
驗	670	髖	675	鱏	696	鰍	697	鷫	709	鸂	709	鼂	723
驢	670	髆	675	鱏	696	鱐	697	鸂	709	鸈	709	鼇	723
驥	670	髎	675	鱐	696	鰍	697	鸆	709	鸃	709	黷	723
驥	670	髑	676	髁	676	鱐	696	鰲	697	鸊	709	黸	723
驐	671	髇	676	齃	676	鱏	696	鰶	697	鱐	709	黵	723
驤	671	髅	676	髯	681	鱻	696	鷥	708	齩	712	黐	723

총획 색인 [23~24획]

蠶 489	纏 404	厥 328	欐 235	覉 83	醬 734	欒 723
蠣 489	纙 404	變 328	鱌 238	壞 96	醫 734	欒 723
蠢 489	纛 404	彎 340	歔 238	顜 96	斷 734	颿 723
鼇 489	纏 404	蠱 340	骸 240	競 96	鑑 734	髓 725
蠵 489	罐 406	矖 340	殿 245	麈 96	辭 734	鼉 726
雋 489	瓔 406	曬 340	鸙 273	矞 101	麒 734	鼃 726
蠱 489	鷥 406	礦 352	灡 273	韡 101	麓 734	罵 726
蠻 489	羹 412	礦 352	灒 273	孀 112	缺 734	鼇 727
蠵 489	氍 417	礪 352	灞 273	孀 112	鶂 734	盞 727
蠛 489	糱 419	籟 356	灟 273	孀 118	菌 734	鼹 729
蠛 489	糲 419	禰 356	灝 273	扇 125	戲 734	髏 729
蠈 489	臁 435	禳 356	瀕 273	巒 135	甗 734	嫚 729
蠮 489	臊 435	稺 364	灌 273	巖 135	甗 734	餇 729
蠕 490	臒 435	稹 364	瀶 273	嶬 135	齢 734	谥 729
盡 491	顃 439	竈 369	澶 273	衢 159	齔 734	贇 729
衢 492	髮 439	顐 369	灑 273	憨 175	齬 734	殼 729
禰 502	艘 444	籣 384	爤 283	籤 175	鼇 734	讎 729
襷 502	豔 445	篝 384	懱 292	擸 195	鼊 736	髆 729
襹 502	糅 473	籝 384	玃 299	攡 195	龜 737	齟 729
襻 502	覿 473	籯 384	玃 299	攦 195	龜 737	齠 729
襭 502	聱 473	籤 384	玃 299	攗 195		鼴 729
襭 502	聾 473	籞 384	瓛 306	攩 195	**24**	齙 729
禮 502	驣 473	籯 384	瓛 306	攪 195	儽 34	鰖 730
襪 502	蘬 473	籞 384	騷 308	斖 195	躠 34	鵺 730
覽 506	蘸 473	辭 384	甕 310	亹 201	毚 35	鯿 731
覿 506	鷫 473	鏉 390	鐮 315	曮 212	釁 49	歸 731
覶 506	巖 473	鏫 390	癰 324	曝 212	靂 61	髎 731
艦 509	蘾 473	纏 403	癱 324	曩 212	變 65	齎 732
譋 524	蘹 473	纓 404	癱 324	臁 215	靆 65	齮 733
讓 524	蘀 473	纖 404	癰 324	檀 234	囋 83	齰 733
讔 524	蠱 473	纕 404	癰 324	櫩 234	囌 83	齰 733
讆 524	罐 489	纘 404	癱 324	櫰 235	囑 83	離 734
譿 524	罎 489	纖 404	癥 324	櫲 235	囍 83	龥 734
讖 524	蠱 489	纖 404	癮 326	櫳 235	囔 83	醫 734
論 524	蠺 489	纘 404	鱄 326	囊 235	囐 83

총획 색인 [24획]

謣	524	轒	564	鑌	604	韄	638	鹽	671	甖	687	鰈	697	
讄	524	轓	565	鑑	604	韅	640	驟	671	魔	687	鱚	697	
讅	524	轕	565	鑛	604	韇	640	驎	671	艇	687	鱐	697	
讇	524	轖	565	鑏	604	蠱	640	騾	671	覽	687	鱣	697	
謾	524	贏	565	鎣	604	蠶	641	驏	671	覿	687	鱗	697	
譿	524	輺	565	鑢	604	蠹	642	驔	671	寢	687	鹹	697	
讁	527	舉	565	闥	612	顰	649	騲	671	鱉	687	鼇	697	
贛	538	轗	565	闡	612	顬	649	駿	671	艫	687	鱓	697	
贜	538	韄	566	韣	612	頤	649	驕	671	艤	687	鱏	697	
贛	538	邊	575	鬫	618	頰	649	贑	675	艦	687	鳝	697	
奰	538	邁	575	隟	618	顱	649	髖	675	鼉	687	鰻	697	
鹵	544	邃	575	隹	623	願	649	髕	675	巍	687	鯻	697	
趨	544	酈	575	癯	623	顙	649	髏	675	鱷	697	鰊	697	
趣	544	酈	582	雕	623	颸	653	髕	675	鱷	697	鰍	697	
蹣	554	醹	588	霹	628	颷	653	髩	676	鱸	697	鮮	697	
躉	554	醲	588	靈	628	颶	653	髻	681	鱶	697	鱔	697	
躄	554	釀	588	靄	628	颱	653	鬐	681	鰷	697	鰵	697	
蹬	554	釀	588	霾	628	饑	661	鬒	681	鰼	697	鰻	697	
躐	554	醤	588	霽	628	饒	661	鬙	681	鯷	697	鱘	697	
躑	554	醯	588	霢	628	饘	661	髯	681	鱺	697	鮮	698	
蹥	554	盬	588	霢	628	饗	661	鬢	681	鱻	697	鷔	709	
蹲	554	鑪	604	霙	628	饛	661	鬣	681	鱠	697	鸂	709	
躕	554	鑢	604	霎	628	饔	661	鬩	681	鼇	697	鷥	709	
蹙	554	鑑	604	釁	632	鵩	671	鬮	681	鰓	697	鷓	709	
蹻	554	鑫	604	釀	632	髆	671	鱟	681	蠏	697	贏	709	
蹛	554	鑊	604	鞴	638	驍	671	鬮	682	蠣	697	欞	709	
躓	554	鑌	604	韉	638	驊	671	閵	682	鱭	697	鷹	709	
蹯	554	鑞	604	鞳	638	驎	671	鬮	682	鱶	697	鷭	710	
躔	554	鏗	604	韃	638	驗	671	鬪	682	鰵	697	鷺	710	
軈	557	鎞	604	韇	638	驈	671	鷽	684	鰦	697	蟻	710	
轗	564	鑰	604	韄	638	驌	671	鷪	684	鰺	697	鸂	710	
轑	564	鑟	604	韅	638	驘	671	鸒	684	贏	697			
轒	564	鉙	604	鞭	638	鷟	671	鸒	684

䵻	490	鱳	390	爄	283	**25**		灄	727	廳	715
蘿	490	糩	390	爅	283	勸	52	灅	727	𧖟	717
虉	490	糬	390	爊	283	嚾	83	馨	727	㜯	717
蠸	502	纗	404	懹	292	嚿	83	䕽	727	爥	717
襻	502	纘	404	獾	299	囇	83	𤩊	729	纞	717
襼	502	纚	404	環	306	壞	96	𧾡	729	纅	717
禟	502	纛	404	瓌	306	戀	112	蹤	729	鑿	717
覉	503	緾	404	甒	310	爤	112	𩊨	731	黁	719
觀	506	繾	404	黱	326	孿	114	𩊵	731	䴢	719
覿	506	繻	404	矏	340	欚	122	䵐	731	鞹	720
觿	509	繸	404	瞻	340	灔	135	鯠	734	鞾	720
躎	509	綟	409	矒	340	廳	148	齷	734	韃	720
齫	509	獬	412	曨	340	儾	159	齯	734	黷	724
譁	524	耰	419	矱	342	顙	175	齶	734	黭	724
謹	524	耲	435	礑	352	戄	175	䶅	734	黮	724
譁	524	聸	435	禬	356	攮	195	齫	734	鸇	724
謫	524	臠	439	萬	357	攪	195	齯	734	鬃	724
譾	524	豔	444	䄯	364	敳	200	鹼	734	黫	724
譿	524	蘿	473	禲	364	甗	203	齫	734	黯	724
譸	524	蘺	473	𥖏	369	矚	212	䶄	734	黲	724
謷	524	薑	473	籮	384	鹽	212	鉻	734	黱	724
譜	524	蘹	473	籭	384	欄	235	鼃	734	黴	724
躘	527	蘦	473	籩	384	欑	235	鞥	734	黷	724
跛	527	蕕	473	籫	384	欓	235	鹺	734	黱	724
獾	530	薔	473	籟	384	櫸	235	齫	734	黱	724
貛	530	荻	473	籦	384	櫪	235	齫	734	黱	724
玃	532	霺	473	簾	384	欒	235	齫	734	黰	724
贑	538	護	473	籐	384	檲	235	䶂	734	鼉	726
趯	544	蠻	490	籔	384	欋	235	齫	734	鼇	726
趮	544	蠮	490	籥	384	灃	273	齯	734	龕	726
趯	544	蠰	490	蠡	390	灘	273	齫	734	鼕	726
躍	554	鼇	490	糫	390	灢	273	齫	734	鼎	726
躅	554	蠵	490	糯	390	灡	273	鼬	734	鼢	726
躁	554	蘆	490	𥷠	390	爛	283	䶛	737	鼛	727

躦	554	躚	623	髑	671	鯛	698	釁	720	齫	734	欌	238
躩	555	䉧	628	驥	671	鰓	698	䕯	721	齭	734	氎	249
躪	555	霹	628	驤	671	鱔	698	黷	724	齵	734	甗	249
躙	555	靂	628	驦	671	鰌	698	黶	724	齲	734	灤	273
躝	555	靈	628	覽	675	鸄	710	黸	724	齳	734	灝	273
蹸	555	靃	628	髇	675	鸂	710	黬	724	齴	734	灢	273
軈	557	霸	628	髐	675	騺	710	驗	724	䶚	734	灣	273
轆	565	靁	628	髕	675	鷞	710	鼹	724	齱	734	灖	273
輯	565	靄	628	豬	676	鶯	710	𪗱	724	齲	734	灨	273
邉	575	鞚	638	鬚	681	鶡	710	鼆	724	齬	734	灓	283
醣	588	韃	638	鬢	681	鸐	710	鼐	724	齠	734	爨	283
醴	588	韀	638	鬖	681	鷖	710	䵹	724	齗	734	熏	283
醽	588	韊	638	髭	681	鷰	710	鼝	724	齪	734	璹	306
釀	588	韛	638	髣	681	鷲	710	鱉	726	齗	735	爧	308
釅	588	韇	638	髦	681	鵿	710	黿	726	麲	737	瓕	315
鑱	604	鞻	640	髮	681	鷯	710	鼕	727	綠	737	癮	324
鑭	605	顲	649	鬡	681	鷸	710	龋	727	纁	737	監	331
鑮	605	顴	649	鬵	684	鸎	710	鸇	729	絹	737	矚	340
鑰	605	顱	649	鬻	684	鷽	710	齵	729	纅	737	觀	340
鑲	605	矘	649	靆	687	鸇	710	䠂	729	虢	737	矖	340
鑱	605	顳	649	爧	687	穮	710	黸	729			矚	340
鐡	605	顓	649	鱯	698	襸	710	鼱	731	**26**		礳	352
鑼	605	䬴	653	鱒	698	鷫	710	鼳	731	鐱	34	礫	352
鑿	605	飀	653	鯂	698	鷿	710	鼶	731	劃	49	穫	364
鑲	605	饡	661	鱘	698	鷓	710	鼸	731	匷	55	竊	369
鑺	605	饢	661	鱞	698	鸏	710	齉	731	圞	86	蠃	384
鑢	605	饞	661	藞	698	鶯	710	齎	732	戀	112	籫	384
鑪	605	饘	661	鱠	698	臍	713	齌	732	壚	112	籤	384
鑽	605	饟	661	鱧	698	艦	713	雙	732	㡜	118	籯	384
䥶	607	饙	661	鱚	698	㠠	713	盭	734	寱	118	籭	384
闥	612	饛	661	鱶	698	靨	715	齷	734	蘳	135	籰	385
闡	612	饌	661	鱣	698	鷹	715	齺	734	𧯛	154	糶	390
闤	612	驛	671	鱤	698	㶳	717	齾	234	欝	235	糲	390
闢	612	驫	671	鰽	698	䦥	720	齵	235	欜	235	釁	390
闠	612	驪	671	鯺	698	鷙	720	齹	234	欞	235	糒	390
韇	618	驕	671	鱗	698			齹	734				
韉	623	驧	671	鱨	698

총획 색인 [26~27획]

肇 292	爨 731	鸃 710	䯒 675	靂 629	躧 555	纜 404
玀 299	䆲 735	鷾 710	髖 675	䩯 632	躩 555	蠻 406
瓛 310	籚 735	鷹 710	轈 676	韉 638	躧 555	虋 412
癵 324	䆷 735	鸆 710	鬢 681	韃 638	躪 555	豔 437
礦 352	䯩 735	鸆 710	鬟 681	韆 638	釁 565	臢 444
礦 352	齝 735	鸛 711	鬘 681	韉 638	轓 565	虌 437
籑 385	䕘 735	鶔 711	鬢 681	韈 638	轓 565	虀 437
籌 385	虀 735	鵯 711	鬢 681	韈 638	逭 575	蘲 437
藥 385	齟 735	鶵 711	鬢 681	韉 638	釃 588	蘕 437
糲 390	齭 735	鸇 711	鬢 681	韆 638	釄 588	藥 437
糦 390	䵢 737	鸄 711	鬻 681	鞿 641	瀰 588	蘡 437
纜 404	龜 737	鵜 711	鬭 682	雬 642	豐 588	鷞 474
絹 404	領 737	鶚 711	鬻 684	顯 649	鑵 605	蘿 474
纆 404	洽 737	鸊 711	鸒 684	顪 649	鑂 605	艫 476
讐 412	餂 737	鷄 711	鸒 684	顮 649	鑛 605	蠮 490
讖 412	鰭 737	鶾 711	鷩 687	顕 649	鑵 605	蠶 490
膿 435	鬖 737	鷚 713	鱺 698	題 649	鑲 605	蠹 490
蠶 440	燨 737	鱸 715	鱍 698	颶 653	鐦 605	蠱 490
艘 444		攀 718	鱲 698	颺 653	鐅 605	蠡 490
27		虇 721	鱖 698	颺 653	鐋 605	䄢 502
蠚 474	蠱 58	虆 721	蘆 698	儴 661	鑬 605	襪 502
蘽 474	臺 135	囂 724	鱸 698	攢 661	鑵 605	褟 502
驚 474	廬 148	藫 724	鱺 698	饟 661	鑹 605	觀 506
籲 474	廳 148	厯 724	鱸 698	饡 661	鑹 605	艫 509
鬸 476	攀 150	對 724	鱷 698	饎 661	鑿 605	讃 524
厯 490	懘 175	竈 726	鱸 698	驢 671	鑼 605	讆 524
靈 490	懤 175	鼉 726	鱸 698	䮺 671	鑹 605	謹 524
靂 490	攖 195	鼇 726	鱸 698	驪 671	鑼 605	讕 524
蠟 490	櫟 235	鼇 726	鱒 698	驌 671	闥 612	讐 524
齜 490	孨 246	鼇 728	鱸 698	驢 671	韓 618	贖 538
蠨 490	犪 273	鷥 728	鱲 698	驥 671	韡 618	趯 544
襪 502	灖 273	麤 731	鷞 710	鬢 671	雵 628	躨 555
讜 524	灓 273	齥 731	鸇 710	䯒 675	雷 629	躓 555
讌 524	灕 273		鵭 710	鬢 675	雹 629	躐 555
讋 524	灤 273		鷞 710	髓 675	震 629	躧 555

총획 색인 [27~28획]

讞	524	龥	629	鬣	681	驖	724	欚	286	钂	605	鱤	698	
譽	524	籥	629	髟髟	681	鷫	724	欞	292	鑿	605	鸎	711	
譾	524	糱	638	鬤	681	黷	724	瓃	307	钀	605	鸚	711	
钃	525	糳	638	鷩	684	黶	724	癴	324	钁	605	鸒	711	
豑	527	糵	641	鷪	684	鼉	726	癵	324	韄	605	鸆	711	
豓	527	顥	649	魖	687	鼅	726	矘	340	雧	623	鳥辟	711	
豶	530	顪	649	鱸	687	鼟	728	籭	385	雥	623	鷸	711	
貜	532	顬	649	鱺	687	齳	729	籮	385	醿	632	鷙	711	
趯	544	顮	649	鱹	687	齈	731	纘	404	醾	632	鸀	711	
蹎	555	顳	649	鱷	698	齲	731	纕	474	鞼	638	鷟	711	
躩	555	顴	653	鱫	698	齯	731	鼚	474	鞿	638	鸄	711	
躪	555	飅	653	鱭	698	齳	735	豔	474	𥫗	641	鸉	711	
躒	555	飆	653	鰢	698	齾	735	蠿	474	钃	662	纕	713	
躋	555	飇	653	鱱	698	齺	735	蠹	490	馓	662	鹰	715	
躑	557	飛龍	654	鱹	698	齸	735	衋	490	饞	662	麟	715	
躓	565	饞	661	鱲	698	齴	735	閵	490	驪	672	虉	718	
軐	565	雠食	661	鱳	698	齩	735	蠻	490	驫	672	齝	721	
轣	565	饕	661	鱞	698	齰	735	艫	509	驥	672	髝	721	
轤	565	饟	662	鱌	711	齮	735	鸑	509	驤	672	驚	724	
钂	565	斷香	662	鱺	711	齱	735	譽	524	驦	672	驢	724	
辵	576	喬魏香	663	鸊	711	齷	735	讇	524	驩	672	黸	724	
酆	582	騆	671	鸇	711	齺	737	豑	524	玃	675	黵	724	
醿	588	驥	671	鶲	711	齼	737	豔	527	玃	677	鼆	726	
醽	588	驤	671	鶿	711	龠	737	趨	527	鬒	681	驨	726	
鑼	605	驢	671	鶽	711	龡	738	趯	544	髟藏	682	鼺	729	
鑾	605	驪	671	鷽	711	龥	738	蹈	555	鬩	682	𩛩	732	
鑽	605	驫	671	鷮	711			躏	555	鬱	683	齾	735	
鑢	605	驟	671	鷺	711	28		躚	555	鸄	684	鹻	735	
鑼	605	驣	671	鶵	711	戇	175	躝	555	鼉	687	齹	735	
鑱	605	驥	671	鷼	711	懿	175	軐	565	鼅	687	齰	735	
鑲	605	驥	671	鷟	711	矘	212	轞	565	鑾	698	齺	735	
鑟	605	驦	671	鸕	711	欙	235	輵	565	鑕	698	齷	735	
鑨	605	骰	675	鸗	713	欗	235	鼟	566	鱄	698	齱	735	
鑭	612	髃	676	虉	718	爧	283	醿	588	鱝	698	齾	735	
閠	618	鬖	676	蘬	718	爦	283	醹	588	鱴	698	齲	735	
靂	629	鬘	681	黷	724	爥	283	钁	605	鱺	698	齰	737	

27~28

총획 색인 [29~64획]

鱺	738	靐靈	629	**30**		鸜	711	**32**		爩	737	靇	629
29		驪驫	629	廲	61	灪	711	灪攥	135	龝	738	钁	638
廲	61	韃	641	爣	283	龞	718	灣	195	**34**		欎	724
巘	135	驪	672	癱	324	齺	730	灩	273	礣	342	**39**	
懻	175	驧	672	瞳	340	齻	731	鬬	283	礫	352	壣	96
欑	235	驫	672	簃䉫	364	齽	731	籲	315	橐	672	鸝言 雲雷	524
爨	283	駿	672	簪	385	齻	735	籥	385	虌	687	靐	629
瓛	310	鬢	675	簹	385	齶	735	矗	604	鑢	687	**40**	
礹	326	鬱	682	簔	385	鼗	735	鞏	638	爥	711	嚻	629
礸	331	鬱	683	篰	385	齩	735	鞠	638	钁	735	薑	736
禮	356	鸒	684	糱	390	**31**		籥	699	韝	735	齌齏	736
襬	364	魕	687	羴	412	灤	273	鱮	699	齏	735	**41**	
穲	364	礐	698	羴爣	412	纘	404	鸜	711	**35**		欝	724
羉	369	鱺	698	艫	444	蘿	474	龞	731	爩	712	**44**	
藦	385	鱒	698	蘁	474	鹽	525	齺	735	韊	735	飊	653
戀	404	韊	698	蠱	490	轠	565	鞐	735	齾	735	**48**	
臨	436	鱹	711	釁	490	鑫	565	齹	735	鼞	735	龘	736
豐	474	钁	711	蠦	490	釄	588	籲	736	**36**		**64**	
囊	474	鸛	711	禮	502	虀	629	**33**		壣	96	龘龘	736
竉	474	鸜	711	蹎	555	饢	662	馮	273	礣	342		
蠻	490	鸚	711	蹴	555	驪	672	爩	283	蠡	530		
蠱	490	鷂	711	轣	565	鸜	677	皐	390	矗艪	623		
顯	502	鸐	711	鐫	566	鸜	684	韊	618	雲	629		
讀	524	鶶	711	鵽	576	鱻	687	矗	623	驪	672		
讟	527	麖	715	韂	638	鱻	699	靴	638	鴳	712		
躞	555	麨	718	韊	638	鴿	711	鞫	638	齱	712		
蹲	555	麨	718	覃	649	歑	715	韁	642	齪	712		
躢	555	黝	724	馬	672	黂	718	饢	662	鏖	715		
轣	565	黭	724	驥	672	鼗	719	鱺	699	襛	731		
鑼	605	黶	728	鸒	684	躪	730	檷	711	齃	735		
鑽	605	黱	728	鸒	684	巉	731	齃	711	**37**			
鑢	605	黵	729	癰	698	齻	735	藨	715	麢	474		
钁	605	齣	735	鱸	698	齶	735	齺	735	齃	684		
钁	607	讞	735	鸞	711	齻	735	龗	736	龝	738		
麚	629	齏	735	繡	711					**38**

자음 색인

가

个	13	家	115	吹	236	枷	358	誃	518	鴚	701	愙	163
仮	21	宨	116	欱	237	稼	361	誜	518	駕	707	恪	167
佉	22	家	116	歌	237	笴	372	謌	518	鷩	710	愙	167
伽	22	岢	127	歌	238	筟	372	謑	529	麚	713	㥛	168
佳	23	岮	127	耂	239	筄	377	瑕	531	麚	714	慤	169
価	24	岍	127	毛	247	笴	379	瑕	534	穊	721	憨	170
価	27	㟚	140	髦	248	笴	379	賈	534	魺	732	挌	183
假	27	廄	146	加	253	架	386	貼	534	齨	734	挌	184
傢	29	庋	150	浒	260	羓	411	賈	545			拑	187
傄	30	叚	150	浐	261	翑	414	跏	546	**각**		搉	197
價	32	叚	157	浐	262	枷	418	跒	549	佫	23	搁	200
伭	39	怾	161	炯	262	哿	426	跁	549	仰	27	斠	201
豙	40	恐	161	河	275	服	426	軻	559	傕	29	肀	201
加	49	忦	162	牂	285	舛	430	迦	568	刟	37	桷	220
叚	64	懗	169	牁	289	舛	440	迦	572	刻	45	梏	221
叚	64	我	176	牦	289	舴	440	䣌	583	却	46	㮎	226
可	65	戫	177	牬	289	甪	441	釓	590	却	58	㮎	227
㪍	66	抩	181	椵	290	甪	441	鈤	591	卻	59	榷	232
呵	67	扠	196	犴	293	舸	441	鉰	592	各	59	榷	233
咖	67	豙	196	猳	295	茄	447	鈤	593	咯	66	殼	244
哥	70	罕	201	獀	296	苛	447	鎵	598	圀	69	殻	244
哥	70	罕	201	珂	300	荷	451	頏	644	垎	85	殻	244
㜲	72	旮	205	珈	300	菏	453	頖	647	埆	88	慤	244
咖	74	暇	209	疜	317	茼	454	駕	664	塙	89	慤	244
嘉	77	架	218	疜	317	葭	455	駱	665	塈	92	慤	245
坷	82	枷	218	疴	320	蒚	459	馹	673	壆	95	慤	245
坷	87	柯	219	瘕	321	蕑	466	馰	674	壑	96	渢	263
塅	107	椵	224	瘕	322	蚵	478	駆	674	夐	97	玨	300
嫁	108	榎	226	癉	324	蛤	479	馰	689	㟙	129	玨	300
嫠	112	椵	227	乤	324	街	492	鮎	690	壥	134	殸	304
宊	114	楎	228	皀	339	袈	494	駕	700	御	157	聲	304
宎	115	檟	231	瞔	344	裦	498	鴠	700	卻	157	聲	304
		橺	233	砢	353	詞	511	鵰	701	愙	159	痆	319
										愙	163	痆	320

자음 색인 [각~갈]

殼	328	醋	586	忓	138	很	288	艮	444	犴	530	骭	673
瞏	337	鉻	593	干	142	忓	288	艱	444	豻	531	骱	673
骨	339	閣	608	孟	143	硜	289	艱	444	猂	531	髥	679
碏	346	隺	614	幹	143	懽	292	芉	445	驐	537	閈	680
碻	348	雀	619	忌	165	玕	300	莄	448	榦	538	髥	680
崋	350	臺	671	悭	170	琂	302	莟	452	赶	539	鯛	697
磏	351	髥	676	慳	172	癎	322	萯	455	趕	541	鴚	699
筊	375	鵁	679	懇	172	癎	322	葌	455	趕	542	魟	699
硌	377	嚳	704	懇	172	爛	322	蘭	462	蹇	542	鴠	704
胳	426	穀	706	戰	176	籣	327	簡	462	迂	544	黓	721
脚	427	鰝	737	揀	186	乹	327	榦	466	鞙	560	鼎	726
腳	427	鱷	738	撋	189	敢	328	蘀	468	迂	563	齦	733
腳	430			擀	192	邑	331	蘇	468	邗	567	齦	733
膝	430	**간**		攼	196	肝	331	贑	469	鄂	576	鶡	734
莕	448	仠	20	頇	202	看	331	衎	476	墪	580	鶡	735
袼	494	偘	23	旰	205	看	331	衎	492	醐	580	鶡	735
毟	503	侃	23	旴	207	瞯	333	裉	493	醞	587		
覌	503	軋	26	暕	209	硏	337	裉	495	鐗	588		
覚	504	品	28	翰	209	硸	337	襇	495	鐗	601	**갈**	
毟	504	畬	32	杆	213	硍	344	襇	499	鐗	601	乫	15
覺	505	刊	45	柬	216	硱	345	襽	499	鑭	605	丂	15
覺	506	羋	57	柬	218	硾	350	覵	501	間	607	乚	16
角	506	絲	63	桿	219	稈	350	覵	504	間	607	刮	46
熒	508	蕳	83	栞	221	稈	357	覵	505	陳	607	乫	50
蓋	527	蕳	83	橄	222	葉	359	覸	505	健	616	凷	52
趨	544	園	85	榦	225	簡	372	鵋	506	隙	618	喝	74
趺	546	艰	91	猘	226	簡	374	鶡	508	稚	619	噶	80
跒	548	墾	95	榿	228	榦	381	諫	513	酐	631	嗌	80
蹶	553	墾	96	奸	102	簡	381	諫	517	醛	635	圿	81
躩	555	姦	104	氣	240	簡	381	謣	518	頇	643	嵑	87
較	558	奸	104	汗	251	笴	382	譖	525	頇	645	嶱	130
轇	565	晏	105	汧	252	稈	387	狠	528	顅	645	嶱	133
迦	573	娶	105	澗	256	縠	391	貇	528	頏	646	犴	143
邻	578	尬	113	澗	266	縞	401	貇	528	飦	654	扴	179
鄀	582	屼	121	澗	266	羯	411	貇	529	馯	664	揩	187
鄂	582	岬	133	瀾	272	肝	424	貇	529	骭	672	搗	188
												揭	192

자음 색인 [갈~감]

鼓	197	羯	411	憾	33	感	167	猰	296	岌	438	鑒	603
曷	207	葛	455	減	41	憨	171	玬	300	舐	439	鑑	604
喝	209	藒	455	憾	43	憾	172	堪	303	敢	443	鑒	605
曷	212	犎	455	凵	44	政	176	堿	303	苷	447	間	608
樺	224	豁	462	凶	44	咸	176	甘	311	莰	450	闞	611
楬	225	犒	466	凷	51	戡	176	旰	311	蒅	463	闞	612
氎	248	犒	468	勘	51	戽	178	瓶	311	蕆	464	頷	643
毼	248	蝎	482	督	55	撖	191	擥	311	贛	466	頛	644
渴	259	蠍	487	厴	61	撼	192	旿	317	贛	474	頷	646
渴	260	羯	487	敎	64	散	197	皯	327	蚶	478	頷	650
澉	268	褐	497	咁	67	敉	198	監	329	蛌	484	餡	655
漢	268	襏	500	喊	74	敢	198	監	330	蛤	484	衘	655
猲	295	蝎	542	噉	80	敢	198	蓋	330	蠟	491	餶	658
猰	295	輵	561	嘀	83	敢	198	鑑	331	蠟	491	歛	675
獨	298	輵	563	噉	83	柑	211	鑑	331	艦	508	髫	678
獥	298	鄗	581	龕	83	柑	218	陷	335	計	511	魍	686
璼	305	錫	597	坎	87	橄	224	瞰	338	訐	512	鼲	686
砭	307	靸	633	坩	90	欠	230	瞰	339	警	516	艦	687
旭	312	鞂	633	垎	91	欽	235	瞯	340	謷	518	鯎	693
痾	320	鞨	635	堪	91	欲	235	砍	344	謷	522	鯎	695
睧	336	鞂	637	塔	92	欷	237	鹹	348	虩	525	鱤	697
秸	342	駒	665	塇	93	欿	237	礆	348	陷	526	鳩	701
砠	345	駶	667	堿	95	歁	237	礆	349	䝙	533	鳰	705
碣	348	鬄	669	塪	122	歉	237	礆	350	贛	538	鵃	707
碣	348	驈	670	驐	122	歐	237	礆	351	韓	560	餡	712
磍	350	鶡	674	嵒	127	斂	238	韣	367	輚	562	䱐	712
秸	358	契	679	岬	127	殸	244	笒	371	輱	563	鹹	712
稭	360	髣	680	崁	128	歃	245	箴	373	酣	583	鱷	712
鞂	361	髶	680	嶱	130	泠	251	籛	376	釀	586	鹼	712
羯	371	鶡	697	嵌	130	泔	253	籢	385	酷	587	鹼	712
筥	377	鶷	710	崴	130	淦	254	贛	385	醷	587	鹼	713
篙	382	鸒	725	嵁	130	減	259	柑	386	銜	588	饞	713
糶	388	**감**		嵌	130	澉	260	欿	391	銘	588	黷	724
羖	410	兊	25	嵌	147	滅	266	紺	392	鍳	596	龕	736
翔	410	俗	27	怇	165	濼	267	緘	397	鑒	598	龕	736
羯	411	傲	31	域	167	澹	273	緘	402	鑑	603

자음 색인 [갑~강]

갑

字	쪽
舡	23
匂	53
匣	54
匼	55
厞	60
压	60
帢	60
廬	61
屋	61
岬	61
岬	125
岬	127
帢	138
唈	145
夾	178
盧	179
搕	188
敆	196
敆	198
斜	201
晉	240
殈	242
殭	243
滰	270
玾	300
甲	312
眮	334
瞌	336
瞌	338
磍	341
砑	345
磕	348
磕	348

字	쪽
穽	367
笚	372
笡	375
筪	407
胛	425
胉	431
胛	441
蛠	484
袷	494
褡	498
評	511
諻	516
跬	546
轄	562
醶	586
鉀	591
閘	608
霅	632
韐	634
韚	636
頰	644
顑	647
胛	673
魄	685
鯉	685
鮯	690
鱷	695

갓

字	쪽
尬	70

강

字	쪽
傋	29
僵	32
羌	35
冏	38
壃	42
剛	47
剛	47
勥	51
勥	52
匞	54
壅	64
嗃	72
啌	72
嚛	78
囥	84
堈	90
堽	91
墿	95
姜	104
娙	106
嫝	109
對	117
屛	119
㐬	124
岡	126
岡	127
岡	127
岡	128
岡	128
崗	129
崗	129
崗	129
巆	130
岦	131
堂	131
嵹	132
嶁	132
嶇	132
廉	145
座	145

字	쪽
應	147
弜	151
弶	152
強	152
彊	152
弴	153
疆	153
忼	160
悾	166
慷	170
慷	170
扛	179
掆	185
摚	185
杠	188
棡	216
椌	222
椌	223
橿	227
櫎	228
檀	231
歉	238
殑	242
殭	243
殭	243
江	251
洚	255
溛	264
濂	264
滰	264
焵	277
杭	289
牨	290
犟	291

字	쪽
犅	291
犺	292
狉	295
獇	296
玒	300
瓨	308
瓨	309
甌	309
甌	310
畖	313
畺	314
疅	315
疅	315
瘞	319
矙	338
矼	344
硳	344
礥	347
礤	347
礧	348
礦	350
礦	350
穅	361
穖	362
糠	368
笻	372
笻	372
筇	374
箐	375
粎	386
康	387
棶	387
糠	388
糠	388
糠	389

字	쪽
糠	389
絳	393
絲	394
綱	395
經	399
緘	400
繮	401
繮	401
綱	405
罡	406
豈	408
羌	409
羌	409
羌	409
羫	411
獦	414
耩	419
腔	428
脧	431
腦	432
舡	441
茳	448
薑	452
菾	456
薃	459
薑	461
薑	465
薑	470
薑	473
蚮	475
蜣	481
蜣	484
螳	484
蟳	487
舡	493

字	쪽
袢	495
襑	498
襁	498
襁	500
襁	501
襯	505
舡	506
舩	506
講	518
講	518
譻	519
釭	524
羫	526
窒	526
窒	529
跭	547
蹊	550
躿	551
航	555
軞	557
輅	558
軜	563
邟	576
鄹	579
鄺	580
酐	583
釓	590
鋼	595
鋻	599
鎌	600
鏹	600
鐝	602
鑑	604
隔	615
陳	617

字	쪽
鮹	736

礓 346	魻 689	鈣 590	箇 375	殁 244	喫 74	䩞 637	
穅 349	鳩 700	鎧 597	筴 377	殻 244	嘅 77	顜 647	
秔 357	鶃 705	鎧 598	蓋 384	毃 244	㘦 87	颳 652	
粳 359	鶡 705	鍇 598	緒 388	皆 246	塏 92	饒 659	
糠 387	蘁 734	開 601	緒 394	毞 246	奎 93	饉 660	
糠 388	囍 734	開 607	盖 398	湝 261	夳 99	骾 667	
羍 410	**객**	開 608	盖 410	溉 264	妎 100	骯 672	
羹 411	喀 74	開 609	肮 425	炌 274	奒 114	骼 674	
羮 411	客 115	閘 610	脘 429	炊 274	尬 121	魟 688	
羮 412	榕 224	開 611	楷 430	坌 275	屼 126	魟 688	
腰 428	挌 418	開 611	楷 430	爉 282	岕 126	鮭 692	
膫 435	胳 428	閏 611	肵 431	犲 289	峐 128	鯛 693	
廣 535	絡 437	陪 616	臋 432	獬 290	改 137	鰊 695	
厝 537	赽 476	鞋 635	芥 445	犞 298	忋 138	魟 712	
輕 559	路 491	頏 643	芥 446	玠 300	愒 140	魟 712	
輏 561	踞 491	頡 644	芥 446	瑎 303	忦 144	魟 712	
運 570	謞 523	頡 647	蓋 457	瑎 306	愒 167	艱 719	
鉰 594	鬈 679	顡 649	蓋 457	甄 309	愷 169	**개**	
鎖 597	鰈 684	飆 652	薺 472	疥 316	愾 169	丏 11	
鏗 600		颱 652	飢 475	疥 317	慨 170	丫 13	
阬 613	**갠**	颱 652	蚧 477	疥 318	蓋 176	个 20	
霙 624	皽 69	餃 656	蚧 482	痤 323	扢 180	仴 20	
養 683	**갱**	馼 664	蜎 483	盖 329	揩 187	介 20	
鸞 684	刿 49	骱 672	衸 493	瞪 337	摡 189	伩 21	
각	雯 64	骱 672	袔 494	晳 341	改 196	价 21	
嗽 72	坑 87	骾 672	襘 498	楷 343	敳 198	個 26	
嚧 74	坈 88	骸 672	藚 501	砆 344	暟 210	凱 43	
嘤 78	妧 102	髂 677	敳 534	碏 348	朾 217	剴 47	
嚎 80	膺 146	髅 677	鎧 557	硞 348	概 225	勘 51	
厲 125	挭 183	霓 685	輆 560	磕 348	槩 228	勞 51	
願 125	更 212	鼰 686	轚 564	磕 351	概 228	勾 52	
腳 433	斻 235	鯢 686	尬 565	磕 352	榺 228	勾 52	
脚 492	欥 236	鮎 689	郯 577	䫏 354	概 228	庁 59	
谷 524	狼 294	魪 689	郚 578	稭 360	塏 242	吤 66	
釦 525	猚 295	魪 689	郚 579	䶅 361		喈 74

자음 색인 [갹~건]

噉	525	岠	129	澽	262	擧	438	賭	535	鵙	704	団	84
皺	525	嶇	133	濾	268	椐	442	礜	537	鶃	709	堃	93
蹻	551	五	136	炬	275	苣	447	起	540	騍	709	乹	116
蹺	552	巨	136	琚	302	莒	448	趣	543	鷹	710	褰	118
醵	584	弆	149	琚	303	萿	450	尻	544	鈒	715	蹇	118
醵	587	幰	172	璖	305	蘧	452	踞	545	鉅	716	謇	118
거		憟	174	璩	305	蘴	462	踞	548	麩	716	鶱	118
乬	15	屋	178	璩	305	虡	462	蹑	553	鯥	716	巁	133
佉	22	抾	181	疽	317	虘	466	車	557	橤	717	巎	134
伡	22	拒	181	砝	348	虘	471	軥	559	鼣	720	巾	137
倨	25	拠	182	硨	350	虡	475	轏	564	黿	725	建	149
俥	27	挙	183	祛	353	虞	475	达	568	齟	733	建	149
興	37	拵	183	秬	358	虞	475	逮	574	齬	735	弡	151
冺	43	据	184	筥	360	虞	476	**걱**		趢	737	弣	152
氎	43	摅	190	窶	368	蚷	478	**갹**				愆	167
山	43	據	192	管	373	蜛	481	叾	136			愿	172
剧	51	擖	193	笘	374	蝶	484	**건**				捷	187
匱	55	擧	193	箒	380	蠱	486	乹	16			搴	188
乞	62	辂	194	籆	380	衐	489	乾	16			挍	189
去	62	牪	200	篹	382	衐	492	件	21			撩	190
厺	62	柜	206	篋	382	裾	494	健	28			搛	190
公	62	柜	218	籧	384	裾	496	愆	31			攓	192
厹	62	柂	218	粔	386	襟	500	健	32			攐	193
击	63	椐	223	紶	392	艍	500	僯	32			揵	194
咕	68	榘	224	繰	398	艍	501	儌	33			健	204
墟	95	榉	226	繶	403	舭	507	儘	33			椹	224
姖	102	櫸	231	罟	407	脃	507	劇	47			楗	226
孺	113	欅	233	羬	411	詎	511	劤	49			榑	248
宮	115	欋	234	翎	414	詎	512	皮	57			涃	256
居	116	欶	236	耟	418	詛	516	叓	58			湕	262
尻	123	岠	239	肚	425	蘧	528	嗟	76			漧	265
居	123	毧	249	胠	425	薰	529	蹇	76			滼	271
屄	123	岠	254	胠	428	豝	530	嘐	79			斳	289
屎	125	涺	259	朣	435	貚	530	噡	82			犍	290
岠	127	渠	260	擧	438	豜	532	嚘	83			㹩	290

자음 색인 [건~격]

腱	336	巡	571	揵	188	劍	47	刉	45	厱	124	湨	261
毽	341	逎	571	楬	213	劎	48	刧	46	憇	167	渾	263
破	349	鄽	580	杰	217	劒	48	劫	50	揭	186	激	269
犿	356	鍵	597	榤	220	劔	48	厊	60	甄	309	燩	281
辛	369	鐱	603	櫭	226	劒	48	呿	68	碣	348	獥	290
笏	373	鑳	604	气	233	鐱	138	呦	70	藒	462	臭	293
篷	377	閒	611	渴	250	忴	160	劫	87	蒇	464	獥	298
篗	382	健	616	滐	260	扡	179	㥥	165	鍺	598	覡	339
粳	388	隓	618	潗	263	撿	192	抾	181	**격**		豿	341
綅	399	軒	632	稧	361	檢	223	拾	182	格	70	犳	341
腱	429	鞬	635	耕	386	檢	231	吸	206	嗝	75	硌	345
腱	431	鞭	637	桀	440	欲	236	極	217	噭	80	磬	350
羇	466	韀	638	艺	446	歓	238	狋	293	擊	80	礉	369
蹇	467	韉	638	芞	446	玲	300	疢	316	毄	95	篇	382
蹇	472	健	658	藒	467	臉	308	痊	317	浴	118	篇	383
虔	474	騝	667	藒	468	瞼	339	砝	344	彁	139	絃	394
袡	493	騫	668	虼	477	磏	350	笈	372	憚	152	紋	394
袆	497	驐	671	蠂	484	磏	350	紦	395	憿	167	緙	397
褃	500	鯔	683	趉	542	笑	372	肤	425	懲	173	繳	399
褏	501	鷑	684	圪	544	豂	408	肕	428	戫	176	繳	401
襆	502	鷑	684	釨	590	臉	433	蛄	478	挌	183	繫	405
舢	506	鰎	693	鞨	632	茄	446	蚵	480	搹	188	翮	415
僭	515	鰔	694	靬	635	苓	457	袚	493	揌	189	肐	424
謇	519	鱎	697	頎	643	鈐	477	袷	495	擊	192	肎	425
謇	522	鱻	698	飿	654	鈐	590	跲	546	撃	192	胳	426
譴	524	**걸**		飿	654	頂	644	迲	568	毄	198	胳	426
譴	524	乞	15	饉	666	黚	645	鈙	591	斫	202	膈	430
趕	539	气	15	鳻	688	顩	645	鉣	595	格	220	茖	448
趑	542	傑	29	鴥	703	顩	648	鉥	597	榕	224	茭	449
寨	542	堃	88	**걸**		顩	649	駃	667	楅	227	萊	451
踺	549	窠	117	仱	21	鹻	712	鈒	688	檄	231	蕀	465
蹇	550	嶫	131	佥	24	黔	721	**것**		欬	236	蕀	467
蹞	554	扢	179	俭	27	黤	724	叧	70	毄	244	靴	467
辛	565	担	181	儉	27	**걸**		**게**		毄	244	鵠	476
建	569	拮	182	劍	32	刦	45	偈	27	殻	244	鵠	476
				劎	33	刾	45

자음 색인 [격~결]

驥 476	鬲 683	挌 143	瓹 309	肩 426	貊 529	鴃 702
狢 479	鬻 683	栺 143	甄 309	腒 434	獫 529	鴂 703
祸 498	鷿 683	悗 165	甽 312	臤 435	猏 530	鵙 704
覡 504	魏 686	愑 166	甿 313	堅 435	猏 531	鼱 713
骼 507	黿 686	愫 169	呬 313	掔 438	贒 537	麂 713
誏 518	鮥 694	懁 173	呬 313	芡 439	贒 537	麆 713
謞 519	鯠 695	肩 178	吠 314	莖 448	趼 545	鵑 716
謸 522	鯠 695	撌 184	齩 328	菺 452	跰 547	緊 720
趞 540	鴃 700	撐 185	見 331	莁 452	躄 553	鼜 721
踋 549	鴀 700	啓 190	晛 334	鬵 452	衞 559	薰 721
輅 562	鵙 702	枋 208	睊 334	臝 467	遣 572	蠹 721
擊 563	賜 703	栜 216	襉 356	繭 468	鄧 579	薰 722
鼜 564	鶏 705	栧 219	稍 358	繭 469	鄲 581	醫 734
輵 565	鴻 706	楬 221	枧 359	蠒 473	**결**	
迡 569	鷲 709	榿 223	竆 359	蠒 473		
鄡 579	貉 716	櫼 229	筧 368	蚈 474	儈 590	僑 31
鴰 579	銎 727	毚 234	簡 374	蜸 478	鍥 595	決 40
鄗 580	覨 729	汱 249	簡 381	蚈 481	鍥 595	潔 42
鎘 599	**견**	洓 252	絗 382	蜅 484	缹 598	刔 45
鬲 602		汧 253	絹 394	蠜 488	鏟 600	契 47
閞 609	儞 33	汧 255	絹 394	蠛 488	鏣 604	垬 94
閴 610	呟 69	涀 257	絸 395	蠋 489	阱 613	契 96
閣 611	堅 87	涓 261	縛 400	禓 495	瞥 616	夬 99
隔 616	堅 90	煯 276	經 400	礻 495	雅 619	夬 99
隹 619	壃 95	煔 280	縴 400	襺 502	雅 620	觖 101
難 621	棄 100	牽 289	縒 401	襺 502	誰 621	契 101
欯 633	絹 118	犖 290	繭 401	甄 502	鞼 638	缺 104
臯 636	肩 123	犬 292	繭 402	覗 505	頷 648	抉 113
鞹 637	屑 123	吠 293	繭 403	覝 505	餽 659	觖 138
鞟 638	岍 126	狃 294	罥 407	詃 511	髻 661	抉 151
鵫 671	岍 127	狑 294	罥 407	詽 515	駃 664	拮 180
骯 672	〈 135	狧 294	絹 408	諐 519	髽 679	擦 182
骼 673	昇 136	狟 294	絹 409	諐 522	鯁 695	映 191
骼 674	帘 139	狟 294	絹 409	譴 528	鳺 700	楔 206
骼 674	幵 142	獧 298	肩 424	趼 528	鵑 702	栔 230
						㚇 246

자음 색인 [결~경]

坅	88	京	18	鴂	700	蒹	277	趹	606	羍	411	決	252
埂	89	京	18	鵙	706	蒹	304	鈌	609	肤	425	浃	254
垧	89	俓	25	黔	722	蕑	362	鈌	609	朕	432	挈	255
境	93	惊	26	鼸	729	蕝	366	闋	610	英	446	挈	255
憬	105	憬	30	**곁**		箝	375	関	610	莢	452	潔	266
婞	107	傾	30	唊	70	箝	375	闗	611	蕨	457	炔	274
孯	113	儆	32	恰	138	箍	378	陕	613	蚨	477	狷	276
屋	124	傑	33	悏	139	箑	379	餡	617	蛩	479	狹	292
峺	129	冏	38	跲	139	縘	390	雅	619	蛺	479	獪	295
巠	136	冂	38	挾	140	縑	398	頰	647	袺	490	獬	295
幜	141	冏	38	恔	165	繁	402	歉	676	襭	495	玦	300
庚	144	淫	41	悿	165	織	402	剣	688	餀	499	珡	301
庼	145	逕	41	掐	185	罢	408	駃	700	舷	506	璚	305
廎	146	泂	41	浹	241	羲	411	鴻	704	般	507	甈	309
弊	150	到	46	痃	319	羲	412	鵊	706	觷	508	甍	310
勁	152	剄	47	痙	323	膁	430	鵊	706	艓	508	疾	317
驚	153	劲	50	眙	334	膁	443	鶼	706	艓	508	眈	333
徑	156	勁	50	眵	335	葙	457	鶼	708	訣	510	暯	337
惆	165	勁	50	賊	336	葌	457	鶼	709	亥	510	砎	344
梗	165	勍	50	秩	359	鉗	507	**곁**		叕	529	禝	355
悜	167	勍	50	蛱	480	謙	518	傔	29	叕	529	秸	357
悜	167	頃	54	袷	495	謙	518	兼	37	赽	539	稧	360
憼	170	卯	58	袷	495	謿	520	兼	37	趹	540	稭	362
慶	170	卿	59	袺	497	趝	541	嗛	75	趹	540	稭	363
扃	172	卿	59	訣	514	蒹	566	壛	111	趦	541	秶	365
扥	178	卿	59	鈐	578	鉗	591	岭	126	趨	544	紇	391
捒	180	哽	70	鞈	593	鈷	592	嵰	131	趹	545	紛	391
挭	183	哽	70	韐	634	鉣	594	厱	148	踋	547	袂	392
挭	184	喽	74	鞈	639	鎌	598	厱	148	蹶	548	絆	392
挭	185	嘤	75	鞈	639	鎌	602	慊	169	造	569	紩	393
捒	186	嚁	82	頰	655	鐮	661	戬	177	鈌	590	結	393
挭	190	囧	84	鴿	656	鐮	674	拎	180	鍥	597	挈	394
擎	192	囧	84	鵊	703	鮎	693	拑	181	鐸	598	缺	404
撖	192	坙	87	**곁**		鰜	694	榏	227	鐸	601	欪	404
撒	192	坰	87	更	12	鰜	697	歉	237	鐻	602	豽	410

자음 색인 [경~계]

撐 194	莖 450	駉 666	卜 57			
夐 196	莄 452	驚 670	屛 59			
敬 197	劤 455	鷘 670	厥 61			
敬 198	榮 455	駿 671	呇 66			
敨 198	蔓 457	骾 673	启 66			
吞 206	蔽 457	脛 673	啓 70			
哽 208	萱 459	髞 674	喊 70			
景 208	贇 460	高 676	啓 72			
暻 210	莥 466	鬘 679	啟啓 72			
璥 211	蕟 467	誙 683	啓 72			
桱 221	蒸 468	鯁 691	啓 72			
梗 221	蘁 471	鯁 691	喫 74			
梗 222	蘯 472	鯨 692	嘆 76			
檾 225	螢 487	鯨 694	堺 91			
橏 228	夢 490	鏡 696	堦 91			
頴 229	槧 498	鰡 697	堦 92			
橏 229	謿 513	鰍 697	契 100			
禊 231	謦 514	鶊 703	契 100			
檠 231	謦 519	鶊 704	挈 110			
櫺 231	謦 520	鵳 704	季 112			
櫛 232	謦 520	麖 714	揳 113			
櫧 232	謦 521	麖 714	孃 118			
桱 242	譺 521	麖 714	届 123			
殌 243	譺 521	鷹 715	居 123			
磬 245	譺 524	剄 721	屼 127			
氫 251	貍 532	黔 722	崎 131			
浭 256	赹 539	駉 728	醘 143			
涇 257	超 539	駉 729	卝 149			
漀 264	趕 547	駉 729	弄 149			
炅 274	跉 549		挈 149			
烱 276	跉 553	**계**	彐 153			
烴 276	軧 559	乩 15	彐 153			
烱 276	輕 559	係 24	旦 153			
熒 277	輕 560	偈 27	衎 155			
煃 277	輣 561	侯 29	悖 165			
熒 278	賴 562	倿 31				
熒 278	輑 562					
頴 279	輋 562					
熒 280	輑 562					
炳 280	摰 563					
熒 280	喆 566					
煃 281	逕 570					
坙 284	逕 571					
牼 284	郠 578					
狂 289	鄭 579					
狂 292	銅 592					
狷 294	鎬 598					
獍 295	鏡 600					
琁 297	鑒 603					
琥 302	閒 608					
瓊 302	陘 614					
境 302	陾 617					
璟 304	雞 620					
璜 305	雍 621					
瓊 305	靮 633					
瓊 305	鞕 636					
瓊 306	鞕 642					
瓶 306	靪 642					
甀 309	頃 643					
畊 313	傾 643					
痙 318	頚 644					
脛 334	頸 645					
睘 335	頸 645					
睪 336	頸 645					
瞽 336	顝 645					
眭 337	顥 647					
硜 346	餇 655					
硬 346	餇 657					
砱 346	駉 664					
碧 347	駞 666					
硜 349						
磬 349						
檾 363						
竆 366						
竟 370						
竞 371						
競 371						
勍 377						
紞 392						
紞 392						
綱 392						
経 392						
經 394						
絚 394						
網 395						
繁 395						
綜 398						
緶 398						
頴 400						
罄 405						
耕 410						
耕 418						
耕 418						
耕 418						
耿 420						
脛 427						
胚 435						
囧 435						
臮 436						
苟 447						
茎 448						
萸 450

자음 색인 [계~고]

憇	173	渓	258	季	357	䄪	455	𨛺	579	高	19	峒	129
憩	173	湝	262	秸	359	𦓼	455	𨛷	579	伩	20	峕	129
戒	175	溪	263	稧	360	葪	456	鈏	593	估	22	嶠	131
戒	176	灃	272	稽	361	薊	459	鍥	597	㑯	23	嶌	131
戒	176	灕	273	耤	362	蔮	462	鐕	604	傀	26	嶧	133
戒	176	炔	274	笁	371	虀	464	扮	606	兆	31	庫	145
戒	176	烓	275	筓	373	薺	465	髻	606	瓜	34	羍	149
戯	178	烁	276	篕	378	蘮	471	骿	606	勔	40	羖	151
啓	178	烣	277	薊	383	虆	472	閈	608	刲	41	悎	165
械	184	谿	284	篅	384	麂	475	閶	611	剄	46	悎	165
戗	196	獜	296	系	391	蜥	484	階	615	剋	47	愐	170
攰	197	獮	298	紁	394	蟄	487	陇	616	劼	50	怗	178
敫	198	瓵	309	継	394	蠑	489	雎	619	古	56	雇	178
晙	205	盼	313	繼	395	褧	496	雞	621	叩	63	扣	179
吃	205	眑	313	繫	396	褉	497	蠶	641	告	65	挈	182
呑	206	映	313	繫	398	霆	501	頡	641	呱	66	拷	182
啓	208	齯	315	繾	399	覡	502	𩠞	645	咕	68	挎	183
晵	210	瘐	319	繼	399	覯	505	鬐	662	咣	68	捆	184
枅	217	瘛	320	縈	400	脥	505	髻	662	唃	73	搞	188
契	219	癜	320	繼	401	計	509	鶺	662	咶	75	攲	195
枅	219	癮	322	繾	402	計	509	鬝	662	嗥	79	鼓	195
桂	220	癸	324	纙	402	誡	514	𩩲	678	固	84	攷	196
械	220	盻	332	纚	403	誥	517	鯢	692	囯	85	故	196
棨	222	盻	333	鏧	405	誓	517	鷄	699	圂	85	敲	198
棃	223	眷	333	羋	407	谿	525	鴃	700	坩	87	敔	198
楄	223	瞥	335	羂	408	谿	525	鳪	700	堌	90	暠	210
桺	224	睯	335	罊	408	跣	545	鴺	705	尕	97	暤	210
繫	231	稽	335	罭	408	跣	549	雞	705	臭	100	杲	216
檕	232	倦	337	皆	408	軒	558	鷄	706	姑	103	枯	217
殀	241	稷	343	脺	427	𨋡	560	鸂	706	姻	106	枷	218
穀	244	碝	348	脔	428	鞐	560	鶏	708	嫴	109	桞	220
毇	244	磋	348	脔	428	繋	563	鷄	709	孤	112	桍	220
氿	248	磎	348	憇	440			𪆩	715	尻	122	枬	220
洎	255	稧	354	䑎	442					㞬	129	梱	222
减	257	禾	357					**고**		岵	129	楛	225

자음 색인 [고~곡]

豪	227	瘍	320	笭	376	肵	426	褌	498	鋯	594	鮕	689
槁	227	皋	325	筈	377	胯	426	覞	502	錒	595	鯝	691
槔	227	皐	325	篙	378	膏	430	覠	504	鐰	602	鮮	691
槹	228	鈷	327	籈	380	膈	431	觀	505	鐼	604	鯌	691
橰	231	皷	327	篞	381	膞	433	觚	507	闊	610	鯌	692
橐	231	蓋	330	糕	388	臑	433	觟	507	雇	619	鯛	692
槀	232	蓋	330	粿	388	臯	436	訌	510	雄	620	鴣	701
稾	233	蓋	330	結	392	皋	436	詁	511	雛	622	鵠	706
檣	233	蓋	330	綺	393	苽	447	詄	513	耊	630	鶤	708
歿	241	蓋	330	罟	406	苦	447	敨	513	靠	630	鶓	709
殆	241	蓋	331	罦	406	菇	452	誥	514	輩	630	鸇	709
毫	242	眅	332	罥	406	菓	452	實	521	鞎	633	鹽	712
縞	242	睪	335	罟	406	菰	452	貼	534	鞁	633	鼓	727
股	244	睪	335	羅	406	蓉	453	賈	534	鞊	634	鼓	727
沽	253	睪	335	圊	407	菌	454	跨	534	鞪	636	皷	727
泒	254	睾	336	圂	407	蒿	459	跨	544	韓	640	藍	727
洘	255	瞽	339	殺	409	菁	460	跨	544	韠	640	藝	727
涸	259	瞽	339	羔	410	葷	463	輄	545	顧	644	璧	727
渟	264	袺	354	羏	410	醅	463	軲	559	頣	644	贅	727
溎	266	袺	354	美	410	藶	463	軲	559	顒	645	警	727
滜	267	裍	354	羍	410	薐	465	輨	563	顆	646	鼕	727
灥	273	褊	355	羜	411	菔	465	辜	565	顒	648	**곡**	
烤	276	袙	358	羖	412	薰	467	鞐	566	顒	648	估	25
㷂	277	豪	359	羬	412	菁	468	薳	566	饙	659	啚	44
焝	278	稛	360	翓	413	蕡	469	郜	577	骷	673	呫	69
熇	279	稿	361	翶	414	甕	470	郜	578	骫	673	哭	70
爌	282	豪	361	翺	415	鹽	472	郜	579	髆	674	呩	70
牯	289	鼕	363	翺	416	槦	475	郜	581	髙	676	咯	70
狜	293	釋	363	翱	416	槦	475	酤	583	髚	676	㘎	70
孤	307	笣	373	考	416	蛄	478	酟	584	骯	676	啒	77
瓜	307	苔	373	孝	416	蚖	478	酷	585	聑	676	嚳	82
瓿	309	答	374	股	424	蠱	479	鈷	591	髞	676	彀	92
痞	317	箸	374	胍	425	蠱	489	鉱	591	頣	676	奏	149
痼	319	簆	375	肵	426	袴	495	錜	593	髻	678	彊	152
痞	320	筴	375	胏	426

斛 201	穀 361	雊 620	巛 135	硱 346	醌 585	惃 169
斜 201	笛 374	離 622	巜 136	硍 347	錕 595	捆 179
曲 212	觲 380	顝 645	幊 140	碅 349	凩 605	捃 188
梏 221	紬 386	鬐 678	庮 145	稇 359	閫 609	棞 216
暭 223	穀 388	鵠 703	悃 164	綑 394	閻 610	榾 227
穀 226	鷇 398	鵼 710	悁 165	緄 395	雕 621	欥 236
縠 226	榖 402	鷔 710	悃 171	縍 397	頜 643	汨 252
槲 227	觳 405	鼗 717	捆 183	黖 409	頜 643	滑 264
槲 228	肐 427	㲅 717	掍 186	耾 418	頣 643	猾 290
橭 229	殼 431	黐 718	挭 189	膁 434	頤 645	滒 320
殨 242	㬭 438	觳 729	昆 206	菎 452	騉 645	砘 344
穀 244	苗 450	穀 729	晜 208	蔉 459	骰 645	硈 344
穀 245	觲 460	齺 729	梶 209	蔉 460	骸 667	碏 349
穀 245	蛐 479	齰 733	朱 216	蕢 462	髡 673	稭 361
穀 245	蛤 480	**곤**	梱 220	蕡 472	髠 673	綑 394
穀 245	螢 483	壺 12	棞 222	蚰 479	髡 677	絹 398
油 256	螢 486	壼 13	棞 222	蜫 482	髡 677	羯 411
濲 270	嚴 503	衮 19	櫜 232	袞 493	髡 677	朏 425
瀔 270	斛 506	呪 35	鱀 238	裩 495	齗 678	胳 429
焅 276	觳 508	與 37	歁 238	裩 496	鮌 689	腒 433
牿 289	谷 508	輿 37	涀 257	裍 496	鯀 691	膏 457
珏 300	登 524	凩 45	混 259	捲 497	鯤 692	鎬 600
穀 300	殸 526	剜 48	滾 264	裳 501	鯤 696	颳 647
殸 304	韐 526	刡 52	滾 264	裏 502	鵾 704	餶 659
縠 304	韏 559	囷 79	烟 276	襌 502	鶤 705	骿 669
縠 304	韏 559	嚞 84	焜 280	舩 507	鷣 714	骨 672
睊 334	蘛 561	嚞 85	猑 295	諫 520	黡 722	剮 672
睊 335	蔀 562	坤 87	琨 301	讀 520	齫 733	㹸 673
硞 346	彀 562	堃 90	琨 302	謹 522	鼆 735	鶻 673
砶 346	曓 562	堒 90	璭 304	蟲 530	**골**	鶻 706
殼 358	聲 563	壼 93	睏 305	鱀 537	乞 15	**곰**
槀 359	醫 586	墿 97	睏 334	踊 547	度 16	壼 676
穀 359	醫 586	堒 100	眹 335	踊 549	圣 86	**곳**
穀 361	閤 609	崐 129	眠 335	輥 560	杚 121	虍 54
穀 361	階 614	崑 129	暉 336	輥 563	朏 122	串 66

자음 색인 [곳~과]

兢	70	忄	160	煩	279	翊	413	邥	577	入	20	抹	187
兢	70	忈	160	腔	286	翺	413	醗	587	㒢	22	堝	192
공		供	163	腔	287	耴	420	釦	591	倔	24	殿	197
供	24	恐	163	玒	300	闚	439	鈟	591	個	27	殿	197
倥	26	恐	163	玒	300	舺	441	鋆	591	過	32	敤	198
倥	29	恭	163	玒	300	舺	441	盗	593	呂	38	昁	207
倸	29	恭	163	玒	301	苵	443	盗	598	仙	45	果	217
公	36	惠	163	玒	301	荔	447	夒	630	剮	47	樖	223
公	37	惔	163	毘	301	莹	448	羍	634	刷	47	歌	231
共	37	悾	165	琽	301	恭	454	鞚	634	另	65	渠	237
共	37	悾	166	琇	308	蓋	457	贛	636	唞	69	渦	259
洪	41	慎	169	畖	314	蘆	457	頜	642	喎	80	渦	269
刊	45	悤	169	曭	315	蚆	466	髠	643	堝	87	瓜	284
功	45	愳	170	疘	316	蚕	474	髠	678	埚	88	棵	286
功	49	戇	175	碧	345	蚕	477	髠	678	堝	90	料	289
匯	55	扻	180	硿	347	蛤	479	髡	678	堀	91	舵	289
羾	56	拱	182	碩	349	蛋	479	鬆	679	午	97	犼	289
印	58	拳	182	碚	349	蜑	479	舥	688	夥	99	犐	290
收	63	挈	183	梁	359	蛪	481	魰	688	夥	99	猓	295
叺	66	控	185	稇	364	蛛	484	鯨	690	夸	99	瓜	307
叽	67	攻	196	空	366	暴	484	鴣	700	姱	99	疴	317
埪	92	毁	198	實	368	拱	497	鴶	702	婐	104	瘂	319
埧	92	昇	205	節	373	熯	501	鴶	702	媧	107	癐	320
墐	96	栱	219	笻	373	貢	532	鴞	705	寡	107	癟	321
孔	112	桊	220	筇	374	贛	537	鵀	707	寡	117	盂	328
孔	112	栒	220	筤	375	贛	538	鷹	709	屎	117	砮	346
孔	129	椌	223	簽	378	贛	538	䝰	727	料	124	碱	347
工	136	樑	226	篁	381	贛	538	鞏	736	料	130	科	357
卭	136	槓	227	篁	386	蚣	545	龔	736	侉	139	稞	360
巩	136	檎	231	紒	391	趷	546	**곶**		嵸	141	稞	361
貢	136	殼	244	紅	391	軥	558	串	13	恾	156	窠	366
悾	139	浛	258	絓	396	軍	559	**과**		恠	164	窠	368
悀	140	渲	262	蛩	404	軻	559	牛	13	侉	166	第	374
廾	149	澒	264	犯	413	軶	559	裹	19	戈	175	篭	378
玠	154	灨	273							抓	181	寡	382

粿	387	趴	546	骻	673	聒	422	嘾	83	盬	268	貫	405	
綶	396	跦	546	髁	674	藿	470	官	114	灌	271	鑵	406	
緺	398	跨	546	髁	674	蘿	474	官	115	灌	272	朊	427	
胯	426	踤	546	髍	674	蠸	490	寬	115	炛	276	膹	434	
腂	427	跒	547	觥	683	趡	544	寬	117	爟	283	舘	440	
踝	429	跒	548	咸	683	轋	563	款	117	瓘	292	茪	448	
膼	433	踝	548	觥	683	郭	578	絑	117	琯	302	莞	451	
骻	441	踽	550	觥	683	鄍	582	藿	121	璭	306	管	452	
艹	445	蹲	550	鯀	697	鄺	582	罐	122	觀	310	莞	454	
苽	447	胯	556	鳮	706	鑛	605	帣	135	痯	319	蔻	455	
葌	448	蛑	556	鴰	710	障	615	絟	139	瘝	320	蔻	459	
菲	450	輠	561	蜾	716	霍	625	惛	143	癏	321	欸	462	
菓	452	輷	562	夥	717	鞹	635	悺	145	癯	323	欸	466	
萪	455	过	567	螺	717	鞕	636	悺	158	盅	329	蝺	486	
蓇	465	過	571			鞁	636	悺	166	盬	330	袺	497	
螺	481	過	571	**곽**		鞁	636	悺	166	瞎	338	观	503	
蚋	482	媧	583	劇	48	鞁	636	擓	170	瞳	340	观	503	
䖸	482	畊	583	劊	49	鞁	636	摜	189	舊	340	寬	504	
蝸	482	錢	591	嘮	78	羇	638	擐	192	麪	340	观	505	
蜾	487	銙	593	埻	93	羈	641	擱	194	欸	343	觀	506	
蝸	488	鍋	595	崞	129	韀	676	梡	220	確	352	貫	533	
蠃	488	鍋	597	廓	134	章	676	棺	223	裸	354	䝔	534	
袴	495	鍋	602	廓	146	章	676	槏	228	裸	354	貫	535	
裹	496	鬭	610	慵	175	靨	711	欒	234	稞	360	踿	549	
襔	501	韺	634	椁	223			款	235	宽	367	輨	560	
觚	508	顆	646	槨	228	**관**		歀	236	窾	368	遺	573	
觟	508	餜	657	權	233	串	13	欸	236	竅	368	鄺	580	
䛃	509	餠	658	櫻	235	丱	13	欸	237	筦	368	舘	595	
詿	510	饊	661	淖	265	倌	26	欸	237	管	374	錧	599	
誇	512	駆	665	漄	271	冠	38	欸	237	簮	375	鑵	600	
諣	512	騎	665	爟	283	衦	39	殨	243	簺	384	鎐	602	
課	515	騍	667	攫	299	㦸	40	殮	245	簎	384	鐶	604	
誇	516	驒	670	癯	323	喈	43	盞	254	縮	385	鑵	605	
過	517	駞	673	硞	349	卝	57	湻	258	綰	395	閗	608	
寡	534	駝	673	稩	364	咞	73	灌	266	綸	395	闗	608	
				䕏	383

자음 색인 [관~괴]

註 512	鈗 593	糫 390	曠 211	鴰 704	秳 358	開 608
誤 522	錀 594	絖 393	廣 211	齃 733	秸 359	関 609
諢 523	鑛 604	纊 403	桄 220	齾 733	筈 373	關 611
譁 523	閏 609	晃 407	框 220	**광**	聒 420	關 611
爟 529	閹 612	胱 426	洸 256	兊 24	聧 421	關 611
괴	阬 614	胮 427	浤 256	佉 24	聲 422	雚 621
㐌 13	霍 621	啞 435	洭 256	侊 27	舌 427	鞼 635
乖 13	顜 642	咼 435	汪 257	侱 31	刮 439	鞼 637
乖 14	頍 645	跒 435	炗 273	儣 33	磍 440	顴 649
戈 16	駆 645	罪 436	茪 274	儱 33	苦 448	館 657
傀 29	驢 666	葂 448	洸 274	爐 35	菇 455	館 657
傀 32	骯 671	葂 448	炚 274	光 35	舓 461	髖 675
儇 33	髺 673	蟈 479	炏 276	劻 50	趏 540	髖 675
儇 33	鮠 678	艙 509	炎 281	匡 54	趏 542	鰥 696
凸 44	鯀 691	訌 510	爌 282	匩 54	跰 546	鰥 696
刖 45	鷁 691	訌 512	愰 283	卝 57	躬 556	鱞 697
勄 51	鸙 703	誑 514	橫 286	呈 66	适 569	鱞 698
匌 53	鸎 711	誑 519	狂 287	咣 69	逼 570	鸛 698
罕 57	麱 718	趡 541	狌 292	咣 69	酤 584	鴰 703
坣 63	歁 719	距 546	獷 293	垙 88	銛 593	鴰 703
舣 64	虺 719	輊 554	獿 298	壙 95	鋯 595	鸛 711
咼 74	**괘**	軏 558	獵 299	姯 104	銟 598	**괄**
噲 78	卦 57	軌 560	珖 301	広 143	閊 609	佸 23
嚶 82	咼 69	輄 560	晄 314	廣 147	閞 610	刮 46
塊 92	喎 74	軐 560	皝 315	徃 156	頡 645	剐 48
塊 92	挂 182	輨 563	疣 319	徨 158	頷 645	呂 66
壞 93	掛 185	廷 568	瘷 328	怳 163	颳 651	怤 163
壞 94	枴 218	逛 570	眶 333	恇 164	骨 673	怤 164
壞 94	栐 219	㴌 577	瞴 339	恍 164	骼 673	憇 173
壊 95	欬 237	鄺 582	硄 345	恍 165	髡 677	括 182
壞 95	窫 367	邟 589	磺 350	懨 174	髻 678	挰 183
鑽 99	絓 393	鈏 591	礦 351	懨 174	鬠 679	栝 219
塊 108	罫 407	鈜 591	穬 363	尪 180	鵽 681	舌 307
媿 130	罫 407	鉽 592	窐 368	擴 191	鴰 702	舌 307
崞 131	褂 496		筐 373	映 196	鵠 702	䏻 333
				盷 206

幗	140	稽	363	魅	685	馘	662	虢	508	嚙	81	挍	183
廥	146	筷	377	魁	685	膕	662	訄	511	囮	85	拮	183
儈	147	籢	380	槐	685	膕	674	輂	558	塙	92	挍	187
怪	161	籢	382	瑰	685			鞻	558	墥	94	搞	188
恠	164	繢	389	瑰	685	**괵**		輻	559	墩	95	撟	190
愧	169	繢	401	魑	686	訇	53	轟	563	嶠	96	撬	191
拐	181	繢	419	鮭	691	云	62	酧	564	烄	101	撽	191
擓	192	聵	422	鮭	730	厷	62	鎑	584	姣	103	擎	192
攈	194	膾	432			宏	63	鍠	595	嬌	104	攪	195
敂	197	荀	449	**괵**		法	114	鎝	597	嫩	109	鼓	195
敠	198	萄	450	剨	47	浤	252	鐄	597	壚	110	效	196
彀	200	韮	450	啯	77	淆	256	閎	605	嬧	111	敎	197
魁	201	韮	453	幗	141	汯	260	閎	607	夸	112	敎	197
檜	204	觳	456	愐	170	砙	346	霙	625	宽	116	敥	198
旝	205	蕢	457	戓	176	硡	348	鞃	632	寄	117	敲	199
哇	207	蒯	457	國	177	薨	350	鞃	633	峧	127	斛	201
机	215	蕢	462	捆	189	礚	351	鞻	633	嶐	132	晈	207
槐	227	蚓	471	敆	196	宖	365	韄	717	崟	132	㬭	209
樆	232	蚓	479	涸	266	宏	365			嶠	132	曒	211
櫰	233	袿	494	瀖	270	纮	391	**교**		嶠	132	胶	214
欳	236	襘	499	眼	334	紘	391	丂	11	嶠	134	膠	215
瘣	243	襘	500	硘	349	紘	392	交	18	廖	134	校	219
泾	254	禬	500	筈	377	縈	395	佼	23	巧	136	榷	226
炌	276	貴	536	簂	379	罘	406	僑	31	橋	141	橇	230
瘣	277	趏	541	馘	416	翃	413	傲	32	懮	141	橋	230
珇	301	頯	647	戝	421	狵	413	膠	33	膺	147	嬌	240
瑰	304	駃	668	膕	431	猾	414	鞯	39	蟜	153	彀	245
璝	305	駴	668	虢	475	猻	415	咬	69	侎	155	憿	266
璝	306	髖	674	蟈	484	彋	415	咲	72	憿	158	滫	270
瘣	306	髕	675	蟈	491	綋	415	喬	74	怸	158	灙	273
痻	319	魁	684	觥	508	肱	420	嘂	77	恔	162	烄	275
癐	322	塊	685	諕	523	宏	421	嘐	77	恔	163	烄	280
碚	345	媿	685	膕	527	肱	424	嘑	77	恔	171	胶	287
磈	347	媿	685	蒦	543	膨	433	噭	78	扚	179	轎	291
礦	351			魁	685	蟈	557	覐	80	招	181		
						鐆	603	鵵	80				
						鱖	651

자음 색인 [교~구]

狡	293	窌	365	鵁	484	鄡	580	翑	700	具	37	吁	68
獢	295	窔	366	嶠	486	鄗	581	鴝	700	具	37	嘼	76
狢	295	窖	366	校	495	鄭	582	鴽	701	冓	39	嘔	77
獢	297	窌	366	覐	503	酵	583	鳩	701	冓	39	嚁	82
獟	297	窖	367	覺	505	酵	583	鴝	702	冠	39	坵	87
獟	297	筊	374	觩	508	鮫	593	鮫	702	冰	41	垕	88
獢	298	簥	381	轎	514	鐈	598	鵂	702	口	44	坙	88
玆	301	敎	387	譑	520	鐈	602	鶖	706	叩	45	均	88
璬	305	糾	391	警	521	鐐	602	鸜	707	吅	45	奇	88
疛	316	絞	393	鏓	525	鏒	603	鸜	708	劬	47	垢	88
疞	316	綌	399	貶	534	橋	607	䴙	717	劻	49	塂	89
疫	318	繑	401	赵	541	閞	611	齀	730	劬	50	塸	90
皎	325	繳	401	趫	543	閣	611	鼓	732	勾	50	夠	98
皦	326	鮫	405	趚	543	翟	620	鸛	733	劷	51	夠	98
盍	330	翹	416	趫	543	靿	633	齼	735	句	52	姣	102
盦	330	蟯	416	跤	546	鞍	634	**구**		劘	52	欨	102
盪	330	毳	416	踦	548	鞲	636	丘	11	叴	53	妎	103
鎣	330	獢	416	蹻	551	鞒	637	丠	11	区	54	姤	104
肌	331	翿	416	蹻	551	鞹	639	丘	11	區	55	媾	105
叫	331	膠	431	曉	552	鞭	639	乢	12	區	55	媾	108
皋	332	肌	436	蹻	552	頝	644	北	12	匟	55	彀	108
晈	332	艽	445	踕	552	頧	649	韭	12	厹	55	嫗	109
晈	333	芁	445	跤	553	餃	656	凵	13	厸	57	嫭	111
瞷	334	茭	449	較	558	驕	669	久	14	厹	61	穵	114
瞁	335	茨	449	較	559	驍	670	久	14	厹	61	宋	115
矁	339	芦	450	輔	562	骹	670	九	15	勾	62	寇	115
穚	343	蕎	462	轎	563	骹	672	執	16	口	62	寇	116
矯	343	蕨	463	轎	563	骹	673	仇	20	口	65	寇	116
皦	343	鞁	463	輞	563	奧	676	伛	21	句	65	簑	117
砭	346	轑	466	輊	563	韝	676	侟	22	吚	65	寠	117
礄	350	甗	472	迩	569	鮮	689	俅	25	吅	65	窛	118
礋	350	痐	475	郊	577	鮫	690	俱	25	吽	66	屆	122
礉	350	蛟	479	鄡	579	鱎	695	俗	26	吜	66	屐	123
撟	362	蝹	483	鄡	580	鱎	696	儁	29	吁	68	屈	124
穽	365	蠼	484	鄡	580	鶏	700	儸	30	吁	68	屨	125

자음 색인 〔구〕

岣	127	救	197	欲	237	厹	287	奭	335	簋	383	舊	441
嶇	132	敩	198	歐	238	物	288	䁼	336	柔	385	購	443
岣	138	敺	199	歐	242	牪	288	瞉	336	枲	387	苟	446
嶇	140	敺	199	殘	244	捄	289	界	337	糗	388	芍	446
庂	141	斠	201	殳	244	惧	290	毆	337	糒	389	苽	447
疚	144	斵	201	敄	244	觳	290	曉	338	紎	391	苟	447
廐	145	斫	202	殷	244	犨	290	瞿	339	紐	391	若	449
廏	146	斷	202	殷	245	犰	292	矩	342	絀	391	苟	450
麕	146	旧	203	毀	245	狗	293	礦	349	絇	392	茉	451
彀	148	昫	205	毬	245	狊	294	礭	352	綾	394	苟	451
彍	152	嘔	207	毬	247	猗	296	禠	354	絸	394	算	452
彍	153	曜	210	毿	247	獢	296	秨	359	糗	396	菇	453
瞿	153	曡	212	氅	248	彀	300	究	364	緱	397	苦	454
衢	159	朐	213	氍	249	玖	300	宼	365	緱	397	蒟	455
衢	159	朐	214	毹	249	珣	301	寉	366	構	399	萬	455
恂	161	机	215	氍	249	璆	304	寇	366	彀	405	蓍	457
悈	165	构	217	氍	249	瓨	307	寇	366	哥	407	韭	457
懼	166	柩	218	甀	249	甌	308	寑	366	彀	411	蒟	457
悆	167	柾	219	蘧	249	畞	309	蠹	367	狗	413	韭	458
怘	169	柏	220	求	251	呴	313	竀	367	翎	413	菊	458
悁	170	梂	221	汓	251	疘	313	蠹	367	耇	417	嫗	459
慝	172	榕	222	沟	253	疚	316	窆	368	耇	417	寇	459
懼	175	棋	223	沟	254	疚	316	寑	369	糗	419	寇	460
戕	175	橘	224	溝	262	疬	316	岣	370	耵	421	寇	460
抅	178	橄	225	漚	265	疚	317	魀	371	朐	423	舊	464
扣	179	梠	226	澞	266	瘶	319	笱	373	脥	425	穀	466
扣	179	槼	226	濷	267	癯	323	笟	374	購	427	辥	466
拘	180	構	227	濥	268	疲	327	策	375	臞	431	鈎	467
捄	181	權	234	瀰	270	盋	329	篝	378	臞	431	薔	468
救	183	櫃	234	濯	272	盨	330	筘	378	臼	435	虆	471
搆	186	櫃	235	灸	274	昇	331	篁	379	舅	438	蘆	471
搜	187	欧	235	灾	274	昇	332	篝	380	舅	438	購	472
摳	188	欤	236	燼	279	昍	333	篝	382	舅	438	蘴	472
敂	190	欽	236	熰	280	昫	333	篝	382	舊	439		
敂	196	欽	236	豥	286	昍	333	構	383	舶	441

자음 색인 [구~국]

蚯	478	講	518	遘	574	輅	639	鬮	682	繩	725	国	84		
蚼	478	謳	519	邱	576	鞲	640	鬭	682	朐	725	囩	85		
蛷	480	欨	524	邸	576	韭	641	龜	687	麀	725	圀	85		
畫	480	狗	528	邺	576	韮	641	鼀	687	鼩	728	國	85		
蝸	482	豹	530	臼	576	頍	643	龝	687	鼱	730	國	85		
蛆	485	貁	530	郍	577	頉	644	魱	688	歐	730	冩	115		
龜	487	僂	531	邽	578	頎	645	鮈	689	歔	730	寚	118		
蠧	488	購	533	郲	581	頊	648	鮜	689	齟	730	輔	118		
蠼	489	賜	533	鄭	582	颶	651	鮍	691	齨	733	局	123		
蠷	490	賕	534	釓	582	颺	651	鯀	692	齫	733	峿	127		
衢	491	購	535	釓	590	颶	651	鯸	696	龜	736	悑	167		
衢	492	購	536	釓	590	餸	655	鳩	699	龜	736	戵	176		
袧	493	贎	537	釓	590	餽	655	鳩	699	鼃	736	局	178		
衯	494	贘	537	鈎	591	餽	655	鳶	699	鮈	737	摹	182		
袧	494	赳	539	鉤	591	餌	657	鳩	699	鼀	737	掬	183		
裘	495	赳	540	鉤	591	饎	659	鳩	701	鮈	737	挶	185		
裘	495	赸	540	銶	594	饕	662	鳩	701	龜	737	鞠	188		
褠	498	趌	541	鋧	595	馗	662	鵁	702			攫	194		
褠	498	趜	544	鑄	599	駒	664	鸥	702	국		桐	220		
褠	498	跔	545	鏂	601	駒	664	鳴	703			榀	223		
襦	499	距	546	鑺	605	駈	665	鷗	703	侷	24	暴	223		
襀	501	趺	547	鈫	605	駋	665	鷇	706	匊	53	權	231		
覯	504	蹞	548	閡	607	駈	665	驅	707	匑	53	毱	248		
觏	505	蹥	551	閬	607	駨	665	鷋	707	匔	53	毱	248		
鳩	506	躍	554	閤	610	駒	666	鸜	708	匸	59	毱	248		
觓	506	軀	556	隔	617	鳥	666	鷗	708	屈	60	泦	254		
觩	507	軀	557	雊	619	駈	666	鶺	708	鞫	65	淘	258		
觸	508	懸	557	集	620	駽	666	鶴	709	啜	80	焗	276		
尣	509	軒	557	雊	620	駕	666	鷔	709	口	83	狗	295		
訅	509	軐	558	雊	620	駀	667	鷀	710	囯	84	畘	314		
訽	513	軇	559	霽	626	驅	669	鸜	711	圁	84	鑫	364		
訹	514	逅	569	釅	632	驅	672	鸜	711	国	84	窀	367		
謀	515	逑	570	鞠	633	驅	672	麈	714	国	84	窾	369		
講	518	遘	573	鞲	636	骷	673	麈	718	囸	84	竆	369		
								骴	675	龜	725	囗	84	尳	369

자음 색인 [국~권]

菊 376	辇 559	僒 31	覨 504	扱 196	踸 549	抑 301
篘 379	轝 562	軍 39	獋 529	扱 196	錕 597	穹 364
麹 379	錕 594	軍 53	趉 541	樞 223	騉 606	窮 367
鞠 383	錕 594	君 66	裙 560	欥 236	鞰 635	窘 368
籠 384	鉤 597	羣 76	郡 578	歾 241	韗 637	窟 368
籠 384	間 609	麇 86	郢 578	歿 242	頌 643	窟 369
梮 385	阮 613	圈 100	鐘 597	汨 254	頌 643	腟 431
輂 387	陶 615	哭 100	軟 639	混 258	頡 643	芎 445
毄 395	雛 621	寠 115	顝 645	猦 268	顝 646	藭 459
暴 396	鞠 635	屨 124	骩 664	鏖 295	駆 650	蘒 468
輂 418	鞠 635	幕 139	鯤 691	瘀 339	馻 667	蠚 473
輖 418	鞠 637	郡 139	鵾 703	堀 343	駆 667	蠚 473
朘 428	鞠 637	庫 146	麇 713	矻 344	髺 679	螬 484
鞠 438	輂 638	捃 183	麹 716	穵 351	鶌 704	祁 493
菊 452	輎 639	撶 191	**국**	窟 365	**굴**	謟 516
菊 459	餶 657	攈 194	乞 15	窟 366	仇 69	躬 555
蕀 459	騉 666	攈 194	扢 16	窟 367	**궁**	躬 556
蘜 461	驧 671	攈 194	倔 26	笭 376	佹 23	躳 556
蘜 470	髡 677	裙 221	風 43	絀 393	匔 53	躳 556
蘜 470	髡 678	裙 257	刌 49	膃 429	匔 53	跼 557
鞠 471	髦 678	珺 302	劂 51	朣 433	匑 53	躬 557
鞠 471	鳦 682	癐 321	厥 60	菋 454	宮 115	郭 580
鞠 472	鮶 692	瘻 323	堀 90	菎 462	宮 115	骭 673
鞠 472	蘜 698	皸 327	堀 95	蚗 477	嶗 130	髡 678
蛋 481	蘜 698	窘 366	屈 97	蚗 478	学 130	**궉**
蜘 481	鶀 702	箿 376	屈 123	蚗 481	弓 151	鴌 700
蜵 482	鶄 704	麇 399	屈 124	袺 494	穹 151	**권**
蜩 484	鵾 711	麇 400	屈 124	裗 497	忾 160	倦 27
諔 516	鳦 715	哭 406	屈 124	詘 511	恠 169	倦 27
趜 541	鬻 716	群 410	屈 124	謳 516	敬 198	罨 39
跀 546	麵 716	羣 410	堀 129	謳 522	晷 208	劝 49
踘 547	麩 716	莙 450	崛 129	赶 539	霜 211	券 50
踘 548	麴 716	葷 459	糰 134	趘 540	湾 258	券 51
鵾 552	鬻 717	裠 495	弡 151	趘 541	烇 277	勧 51
鞠 556	**군**	裠 495	掘 185	趏 546	獖 298	眷 51

자음 색인 [권~궤]

궈		권		궐		궤	
匬	379	埍	88	蹶	552	ㄴ	16
箟	379	埛	95	蹷	554	屵	16
簣	381	宂	104	蹶	554	偰	31
簣	382	安	114	身	555	劂	47
紌	391	宊	114	身	555	厥	48
繢	401	宭	115	鑒	602	嘶	60
繾	402	窀	115	鑱	602	孒	78
蜎	410	庉	145	闋	609	巚	112
肵	425	恮	156	閳	610	撅	132
臀	432	怰	164	闕	611	橜	190
菌	460	惓	170	闋	611	款	230
苣	462	憪	171	闕	611	欮	230
虇	468	憒	183	捲	611	歘	236
䕫	472	搼	190	闐	611	厥	236
蛫	479	攌	190	闕	611	氒	250
衏	491	机	215	瞿	622	潏	267
舶	507	杋	215	駽	670	瀾	272
詭	512	桅	220	髖	675	獗	291
賏	536	楗	228	臀	675	獗	297
賻	536	横	230	鯎	696	瘚	320
貲	537	樻	232	鱖	697	礊	350
趎	541	欥	236	鷩	708	礏	350
趣	543	殨	243	鷢	708	絧	352
跪	546	殷	244			緷	396
蹶	552	氿	251	귀		羷	412
蹶	552	漸	260	佹	23	厥	432
蹤	553	潰	267	史	24	鯎	443
軌	554	火	273	几	42	蕨	462
軌	558	衛	291	几	42	蠍	486
辺	567	盍	329	凩	43	蠍	486
遺	575	瓼	341	動	55	襪	500
郶	577	硗	342	匱	55	觼	508
醑	587	柭	353	厃	60	趣	542
鈗	593	桅	353	厂	61	趣	543
鐼	601	稄	356	厃	63	蹶	552
				咺	69		
				圈	86		

궈	
勸	51
劵	51
勸	52
卷	59
卷	59
呟	72
圈	85
圈	85
堎	90
夆	100
夐	101
婘	106
孉	111
孏	112
巏	135
希	138
弄	149
彎	150
弖	151
巻	152
巏	153
徟	157
悁	166
惓	171
拳	182
捲	184
拱	184
攉	194
攣	202
朵	220
卷	222
權	229
權	234
港	258
拳	289

궈	
捲	290
猀	293
獾	299
癰	308
瘷	319
盇	329
盋	329
眷	333
夐	334
皿	334
睊	335
粶	354
粶	355
稇	360
稇	364
箘	380
粧	387
糕	387
稼	388
綣	393
綣	395
繾	403
罤	409
龗	412
腃	428
腃	428
膿	435
臠	439
荃	452
荃	459
菌	460
藿	473
虁	478
蜷	481
蠸	489

궤	
桊	495
捲	496
覩	505
裔	507
趯	542
趯	544
踓	548
躍	554
軒	559
蹶	561
香	589
鬯	589
錈	589
閶	595
韏	615
鞿	639
顴	639
韏	641
頯	646
養	655
養	656
養	656
饋	657
髡	679
髡	679
髭	683
鸛	711
鸛	711
鸛	711
麴	716
䵢	720
䵹	733
䵹	734

궐	
]	16

鐽	603	羿	149	雧	619	叫	66	馮	266	鼊	454	逵	570
闠	611	撌	153	鞼	634	喹	74	燋	278	葵	455	達	575
陒	614	攩	189	鞽	636	嘳	75	爪	284	蔡	462	邽	577
雊	620	攱	190	鞼	640	喟	76	懷	292	葵	463	趕	577
範	634	敀	196	韏	640	啙	77	珪	301	藤	467	郊	579
簣	637	暋	213	頍	643	嘳	77	珋	304	鼃	471	酨	585
簣	638	樻	234	驨	668	圭	86	瑞	307	虬	476	鉍	597
簣	638	歸	239	驨	668	壥	95	瓌	310	蚪	476	鉞	597
櫃	640	歸	240	髖	675	奎	100	盍	329	晝	480	閏	608
饋	659	歸	240	髖	675	娶	109	睽	336	蛏	482	閨	610
饋	660	彝	240	鬢	680	嬀	109	睽	337	袿	495	閳	611
饙	661	殨	289	鬢	681	擊	113	規	343	袿	497	闒	612
鱖	696	棝	325	鬼	684	歸	134	鏸	345	規	503	雈	619
鱖	697	瞆	338	魄	685	傀	140	硅	365	規	504	雉	620
麂	713	瞢	340	魄	685	悈	151	窐	365	規	504	雟	621
虮	713	砇	342	鼙	685	悈	163	窺	366	覷	505	雞	621
鷹	713	硵	345	魗	686	儈	168	窺	367	觿	509	隆	622
麕	713	窶	366	韄	686	毄	176	竅	368	訂	509	鞼	632
戭	720	簣	382	魗	686	扣	179	窾	368	起	539	頍	643
		籄	399	魗	687	扣	179	糺	368	赳	539	頍	643
귀		朕	428	龜	736	挶	186	糺	391	赳	539	頯	645
串	13	飯	436	龜	736	捾	187	糾	391	趌	540	頯	645
龜	16	贐	487	龜	736	揆	189	糺	391	趾	544	頯	645
劌	48	覶	506	嬀	736	摫	190	糾	391	赳	544	頯	646
句	52	覷	506	龜	737	暌	209	紾	392	赳	544	額	646
叙	64	詭	519	龜	737	杁	215	繆	400	赳	544	頵	648
噴	78	魁	519			札	215	袿	418	跬	546	馗	662
鼃	94	貴	533	궠		栱	224	聧	421	䟸	549	骙	667
宄	114	贑	534	憠	141	桛	224	朘	427	䠆	549	駃	670
冘	120	皆	535			槻	228	朘	430	踣	550	骷	673
危	121	貨	536	규		樉	228	艽	445	踚	550	鬩	682
峞	122	賮	537	糺	15	槼	229	芁	445	躠	550	鬻	684
帰	130	遢	571	刲	46	橖	229	芑	445	蹞	551	鮭	690
提	139	郎	577	劾	50	注	256	莖	446	蹞	553	鯢	692
歸	142	郶	615	叫	65	湀	261	莖	449	蹞	554		
歸	142			呌	65

자음 색인 [규~근]

鮭	694	捆	360	贖	537	戶	123	輢	562	䆒	137	肋	423
鯢	695	筠	374	趫	543	屐	123	邙	576	廑	146	肵	424
鳩	700	箬	374	趨	544	恆	167	郄	577	廎	147	芹	446
鴟	702	箟	375	蹻	552	戟	176	郄	578	廎	148	茶	450
鶏	706	纁	375	醨	587	戟	177	郤	579	憅	170	筋	450
鶩	708	繧	403	鱋	687	擊	177	鋗	594	憝	172	董	452
鶋	709	耜	418	皫	687	擊	191	隙	614	懃	173	茦	454
鷄	710	胭	428	鱹	712	棘	222	隙	616	抻	179	葷	460
塵	714	菌	452	**극**		椒	225	隟	617	撵	189	菫	460
鞋	719	菌	460	㞾	13	榤	229	革	632	擎	191	蓳	460
瞘	725	菌	466	亙	17	殛	242	鞈	635	斤	191	蒹	464
鼽	730	蚓	477	㐫	18	氪	251	鞑	640	斫	202	菆	464
군		蜩	481	戶	19	猀	293	戟	681	斷	202	蔪	469
勺	52	龜	487	御	27	璘	305	戟	682	耒	202	蘄	470
勻	52	祵	493	克	35	瘂	319	戉	682	根	216	螼	484
呁	66	覠	504	兢	35	篆	378	**근**		楳	220	觀	505
咽	70	訒	510	刿	43	籊	378	斤	21	槿	224	觔	506
咽	72	諙	535	剋	43	羍	411	僅	30	欨	228	斫	506
囷	84	輑	560	剋	46	芳	445	刡	49	歍	235	謹	519
國	85	鈞	590	劇	48	蕨	454	勤	51	斦	238	謹	519
圖	86	鋦	590	劇	48	蕨	462	勤	51	赾	239	譁	523
均	87	䤈	593	刻	50	戟	464	听	57	殣	239	釐	526
姰	104	䤈	593	㞱	58	㭤	496	听	59	殪	243	赽	539
崐	128	麇	713	㵸	58	㭤	496	听	61	殣	243	跟	546
崑	128	麞	714	㵸	58	椶	498	听	69	殣	265	近	568
峋	130	麕	714	喌	66	襋	499	堇	78	殣	291	釿	590
悃	167	頵	645	嗝	82	昇	503	墐	86	毂	304	釿	598
捃	180	黌	714	婟	107	覻	504	妗	90	瘽	321	靳	633
攈	196	龜	736	对	119	諅	517	堇	93	矜	341	鞿	637
泃	252	龜	736	祟	120	䛥	524	蘲	93	稜	341	齦	639
稛	303	**귤**		祟	120	䛥	525	媑	109	穘	342	饉	659
昀	313	橘	230	䅲	121	䛥	525	躦	121	稯	362	骹	659
昫	314	繙	401	欫	122	䛥	525	䓡	137	筋	374	駒	664
螢	315	肸	426	戛	123	䛥	525	䓡	137	筋	378	鬿	720
硱	347	萵	463	戶	123	跂	545	䓡	137	筀	379	虀	735

글													
刧	50	攱	196	衾	493	黔	724	靸	558	緪	397	其	37
契	100	吟	206	衾	493	黚	724	達	572	絚	397	臭	37
扢	179	榛	223	裣	496	齡	732	鋜	595	冃	424	箕	37
暨	205	禁	226	襟	497	齤	735	伋	613	肎	424	冀	37
肵	332	檎	231	襟	500	글		錐	622	肯	424	蘷	37
耗	418	標	231	趁	539	伋	21	颶	650	肯	424	暨	37
芞	446	烩	244	踑	543	傺	25	鳩	700	肯	424	屯	43
起	539	溓	269	踖	553	及	63	鴗	707	肯	424	气	43
趣	542	衿	289	靲	558	唋	73	긍		根	495	刉	45
글		琴	301	金	590	圾	87	亘	17	裙	496	刉	45
今	20	珡	302	金	590	岌	126	亘	17	銷	595	剞	47
今	20	琴	302	鈐	590	弓	151	亙	17	魱	690	劌	47
丁	30	瑾	302	鋟	590	彶	155	亙	17	鯝	690	劍	48
禽	32	疚	317	鐩	595	忣	157	亙	17	鯤	694	劫	50
傑	42	痃	317	銤	595	恆	160	畡	17	鯤	694	棄	63
澿	42	痙	319	蠱	600	急	160	胾	17	齡	712	呂	66
岑	60	砛	344	鬵	600	扱	161	競	35	齰	712	呎	68
唫	72	碒	350	籋	600	戛	178	競	35	기		听	68
噤	78	禽	357	鑾	601	扱	180	浤	41	丌	11	哛	71
堎	80	笒	372	鑷	603	斜	201	剄	46	介	13	唭	72
坅	87	紟	391	閯	610	暒	210	堩	91	亟	17	其	72
妗	102	絵	396	雊	619	瞔	211	堩	91	元	17	嗜	75
歛	132	紟	402	靲	633	汲	252	愨	163	示	17	嘰	78
庈	144	鑒	402	鞋	639	瞜	339	掴	168	奇	18	器	79
廞	146	聆	420	鎭	646	礏	350	揯	186	企	21	器	79
惀	165	肨	424	頜	647	碟	351	掯	187	伎	21	器	80
憸	166	舎	439	頜	647	笈	372	睏	209	定	25	器	82
憿	173	艃	441	顄	649	給	391	服	214	倚	26	囚	87
扲	180	苓	442	顧	649	給	393	殑	241	俱	26	圻	87
捡	184	芩	446	闍	682	肒	426	矜	341	僛	31	坖	89
捦	187	釜	452	鴿	700	胡	426	矜	341	幾	31	垍	89
擒	191	琴	463	鵭	705	膌	434	稞	341	傾	34	塈	89
扲	192	鑒	471	黔	719	芨	446	綆	393	亼	36	基	90
揻	192	蚙	477	黔	721	蕺	459	綆	394	其	37	埼	90
		衿	493	黮	722	般	506			其	37

자음 색인 [기]

堅	93	巳	137	供	186	期	214	犰	292	幾	355	祺	395
墍	93	旣	137	掎	189	杞	216	狇	295	祁	357	綨	396
機	94	巷	137	攱	195	柅	222	獵	299	秖	358	綺	398
夔	98	幕	137	攱	195	棄	222	獵	299	棋	360	缺	404
姞	99	紒	139	攲	195	某	222	玘	300	稍	361	欹	404
奇	100	綬	139	敧	195	棋	222	琪	302	稜	361	軼	404
妀	102	幾	143	敳	195	楷	227	琦	302	稽	361	鼓	404
妓	102	畿	143	敫	195	椹	228	瑅	304	概	362	罢	405
娶	103	度	143	穀	195	椅	228	瑰	305	機	362	磬	405
妗	105	庋	143	器	196	機	230	瓛	306	奇	370	羈	409
娸	106	麂	144	敧	197	欿	235	瓛	306	畸	371	覊	409
畸	116	甘	145	敳	197	歆	237	瓊	306	竹	372	羈	409
寄	122	弃	148	敳	197	歧	237	甾	306	筍	372	羈	409
㐀	123	畁	149	敳	198	址	239	畸	312	笐	372	羲	412
屆	124	弓	149	榖	198	殑	239	疾	314	篊	374	耆	416
屬	124	芢	149	祈	202	皀	242	疢	316	筐	374	耆	417
凡	126	徛	157	頎	202	气	246	瘼	317	篓	374	耆	419
杞	126	徛	158	旂	202	气	248	瘠	320	簋	374	機	419
岐	126	忌	158	旂	203	气	250	癑	323	箕	375	琦	421
忻	126	伎	160	旗	204	气	250	飢	325	築	379	肌	423
岸	126	忮	160	斾	204	氣	250	皺	327	簸	381	肵	429
嵶	126	忻	161	顄	204	氣	250	盌	328	簌	382	朘	429
岑	128	惎	161	旡	204	氣	250	監	330	氣	384	期	429
豈	129	忮	161	旡	205	氣	251	吃	331	氣	385	幕	429
崎	129	怋	161	吃	205	汔	252	畸	335	粄	386	脱	431
圂	130	愛	165	旣	205	汽	252	碁	347	粖	386	脂	431
麥	130	愾	165	旣	205	沂	258	磯	347	棋	387	臏	432
攲	133	愷	166	暨	205	浠	259	祁	350	紀	391	臏	434
敲	133	惎	166	暨	207	湜	263	祁	352	紲	391	臬	436
敹	133	憽	167	叫	210	淇	263	祈	352	紑	392	皷	439
敢	133	懷	169	肌	213	漑	264	祇	353	綌	393	芑	446
覬	134	技	174	肌	213	溉	270	祁	353	緊	395	芰	446
巙	135	扖	180	朋	213	潦	274	祺	354	綺	395	芷	446
뿔	136	技	180	幕	214	猗	288	碕	354	綦	395	苏	449
己	137	掎	185									芷	451

자음 색인 [기~나]

芑	451	羈	503	跂	547	耆	606	騩	669	夔	716	靸	634
芰	451	覬	505	趌	547	耉	607	驥	670	鼜	721	鞑	651
其	452	覿	505	踦	547	阢	613	驎	671	齗	732	鞊	666
芪	459	鯸	506	踑	548	阣	613	驥	671	齢	734	鮚	690
唘	460	魠	506	跨	548	陒	616	肌	672	齮	735	黛	693
基	461	觭	506	踑	548	陭	615	骸	672	**긴**		鶄	702
菣	464	觢	507	踶	550	隑	621	骑	674	檕	232	鶀	706
蓂	464	觿	508	蹉	551	霧	628	髻	679	瘱	319	鶏	706
穀	466	記	509	蹎	553	鞠	633	觺	680	筀	377	鷄	709
蕲	467	訐	510	躨	555	靰	633	魃	685	緊	395	**김**	
郿	469	竒	510	躨	555	鞿	635	魁	685	緊	398	金	590
夔	470	誠	512	踦	556	覉	637	尯	686	敁	452	**깁**	
蘄	470	臨	513	軝	558	頎	643	蠿	686	壓	461	芨	447
苊	471	譏	513	辺	567	頴	646	鱻	686	趣	541	**꽃**	
夔	471	記	514	起	567	䅷	646	鵟	687	**길**		蓜	75
蘷	472	諆	515	迡	567	槪	646	鼀	687	佶	23	**끅**	
虮	472	誩	515	迲	568	頸	646	紀	688	吉	66	喫	74
蚑	476	詩	518	迤	568	頯	647	紀	688	咭	69	嘰	80
蚚	477	詭	518	迊	570	頬	647	舤	688	姞	104	**나**	
蚔	477	諅	520	邔	574	飢	654	魝	689	拮	156	佗	23
蜞	481	謹	520	邔	576	飢	654	鮨	690	桔	220	偏	24
螶	481	諆	526	邗	576	飭	654	鮔	692	楶	226	儺	34
埼	482	羲	527	邟	576	飽	655	䱉	692	洁	255	夛	39
蛼	482	貤	535	起	576	饒	657	鯕	692	狤	293	屇	39
畿	484	起	539	耆	577	饑	659	鰭	694	珪	301	哪	72
曦	486	趍	539	鄞	579	饑	660	鱀	695	皷	327	唋	76
緊	491	趌	541	醅	582	馸	664	鱃	695	砝	344	㘓	98
璣	491	趈	543	醶	586	駃	664	魩	700	菩	450	㘍	98
衹	493	定	544	鎑	587	騎	664	鴉	703	蛣	479	奈	100
祁	493	趷	544	鎑	596	騎	667	䳽	704	趌	540	娜	105
祇	496	趷	544	錤	596	騏	667	鵾	704	趌	543	峫	128
祺	496	趷	545	錡	599	驥	669	鵲	709	趌	544	挐	139
禨	497	趷	545	鑅	601	鬋	669	齗	713	趌	546	㤈	168
羇	503	趷	546	鐖	601	鬾	669	麒	714	郆	577	悇	169

懦	173	設	511	妠	102	餪	658	喃	74	鉛	595	囊	83
懧	173	詉	512	媷	109	儒	660	喃	81	閙	609	嚢	83
拏	181	設	512	愞	172	鶪	708	婻	105	漝	627	壤	96
拿	182	誽	513	愵	175	鶪	708	婻	107	鮹	694	娘	105
挐	183	說	515	撋	195	讘	711	峬	125	黱	723	巘	135
挪	184	躐	547	景	208	蘿	711	徆	157			禳	159
捼	183	輗	563	暎	209	麌	714	挊	183	**냠**		攘	192
接	185	那	576	暖	209	麊	718	捕	187	呫	69	攘	195
挐	185	邪	576	蠕	212			晴	209	啦	72	囊	211
撋	190	郍	577	溪	260	**납**		枏	217	嚃	77	欀	235
挐	204	郎	577	溪	261	坮	89	栴	218	囡	84	瀼	272
柳	221	鄒	577	瀁	269	埉	89	楠	225	妠	102	瀼	273
穤	230	鏠	600	濡	274	捏	184	湳	261	抐	180	瀁	273
欈	234	難	622	煖	278	捏	185	煵	267	搦	188	痰	320
潔	261	儺	653	燸	278	桚	186	呐	312	袽	341	磽	352
殳	284	蓡	680	爁	281	涅	257	呻	313	笝	373	纕	404
叚	284	鹾	687	灸	417	涅	257	蚋	327	納	378	皶	470
厀	284	鹺	687	臑	433	蚖	308	衲	327	臘	391	蘘	471
枘	288	黎	720	闌	471	疦	317	箵	378	臘	434	饢	473
枡	288			赧	538	瘵	319	腩	388	菈	434	囊	474
穤	360	**낙**		赦	538	茶	447	圉	407	衲	458	蠰	489
穤	363	喏	74	蹨	553	苶	447	罱	408	衲	493	蠰	490
筤	373	愞	168	難	621	虘	450	蒻	413	軜	558	釀	498
箖	380	搦	187	雖	621	虓	475	腩	429	軜	561	禳	502
糯	389	搦	188	難	622	弥	528	腩	429	遏	575	饢	658
穤	390	搦	188	難	622	踩	596	蒻	450	鈉	590	饢	662
絮	393	拿	188	難	622	陧	614	蒻	455	靷	633	釀	731
胗	427	毅	199	難	622			朝	461	靱	639		
腥	433	毦	247	難	623	**념**		蛹	482	飮	655	**내**	
難	435	絡	398	難	623	偒	24	訥	510	鮲	688	乃	14
難	435	觲	507	難	623	炎	26	諵	517	鰯	695	了	16
摯	458	諾	516	赧	623	偂	28	諵	572	鯗	695	𡩋	16
婺	494	諾	517	儒	624	湳	41	誵	584	魶	715	内	20
袞	495	鋯	598	醶	631	男	50	醰	585	魶	732	內	36
襄	498			黼	632	南	56					𠚍	44
		난				喃	71			**납**		匂	52
		偄	27							儑	34

자음 색인 [내~녕]

鹵 57	艿 445	女 101	撒 189	脛 428	扃 144	寧 117
囲 85	荼 452	帤 138	晱 210	誓 515	搹 195	寍 118
肉 99	蠐 483	挐 183	䐉 215	誼 515	敜 197	寕 159
奈 100	鹽 489	絮 267	棯 225	起 541	嚴 200	擰 193
奶 101	襛 498	袮 359	恁 257	녑	囁 212	聲 213
妳 103	轋 563	篍 379	砑 345	唸 73	爗 283	楠 230
奼 103	迺 569	䉒 385	碾 348	唸 90	曅 340	檸 232
嬭 110	逎 571	挐 393	碾 348	念 160	笶 373	㲱 246
嬭 111	釢 590	拏 458	玁 351	悐 167	繩 404	氉 249
蘿 113	耐 631	㭼 495	秊 357	拈 181	獼 414	湳 267
耐 119	髣 677	袲 495	秊 357	捻 223	聿 423	濘 269
呐 138	髶 677	釵 590	獻 379	淰 259	膿 435	獰 298
迺 149	鯢 683	鎄 595	赦 538	唸 325	鈊 591	獰 298
弓 151	鯑 692	녀	趁 540	秙 358	鑈 603	甯 312
弓 151	鯢 695	恋 164	趂 540	稔 360	鑈 604	瘴 323
圕 152	鼐 726	怒 166	跈 545	簽 376	鞥 635	瞠 339
捼 190	냅	惄 168	趹 545	總 397	憗 642	聲 326
階 210	蠟 484	懥 169	跭 545	舩 442	黿 650	檸 363
㮈 219	냉	㦵 169	蹃 553	茶 447	餂 657	寞 366
㮈 222	冷 40	疒 316	報 558	苶 447	飇 666	寞 367
柰 224	냑	㿍 316	輾 562	跈 548	馷 672	聹 422
梾 248	搦 188	鰓 491	邪 578	薺 587	鵀 704	膯 434
毷 249	挐 188	鰓 491	邪 578	銛 597	黐 716	薴 463
氖 250	觼 507	鮽 657	醶 632	隐 615	녕	薴 463
氖 250	觼 508	녈	鵀 703	鮎 655	侫 23	儜 467
漆 261	茹 571	忍 41	녈	黏 716	儜 32	襄 469
疒 316	閙 611	刋 56	哩 70	鯰 723	嚀 81	蝻 487
疒 318	냥	革 62	埕 89	녑	嬣 110	蠎 488
緎 400	瓤 308	姩 69	埕 92	囝 38	寍 115	蠹 489
刵 417	穰 390	姩 104	捏 184	㙿 76	寧 116	詅 512
耐 417	釀 474	婗 106	涅 257	囡 84	寧 116	諗 516
耏 417	孃 723	屔 123	涅 257	卒 100	寗 116	譚 522
能 426	蘘 724	屔 123	硉 348	嬶 111	甯 116	鬡 557
能 426	녀	年 142	筎 372	帋 138	寗 116	鬡 557
胒 437	疕 59	拎 185	篳 378		寧 117	鐼 603

자음 색인 [녕~누]

薴	607	奴	101	碃	346	論	515	襛	567	衂	307	橈	230
聹	622	伮	101	碯	347	蠧	718	農	567	臡	315	淖	258
顳	648	帑	104	磠	348	**놂**		醲	567	瘧	322	溺	263
顪	649	惚	106	垴	364	笯	15	醴	587	磠	347	悼	290
儜	661	孥	112	笯	373	砮	15	膿	607	硇	348	玃	299
鬟	681	弩	119	筹	381	**놋**		震	627	腦	427	砳	344
鸋	709	猱	135	糯	386	薯	416	震	629	腦	428	砳	345
鑈	710	峱	135	臑	403	**농**		饒	661	腦	428	碯	349
鞻	710	峱	151	臑	426	儂	32	鷹	681	腦	428	磟	351
네		呶	161	臑	433	濃	42	鵉	710	腦	429	穠	364
袮	353	怓	161	苆	449	噥	80	禯	721	瞦	429	聹	420
祢	356	悠	162	蛒	479	巆	133	鸘	724	胺	433	脲	427
禰	356	懪	168	蜾	482	憹	159	驤	731	竁	534	芺	450
泥	370	懮	172	詉	512	懕	172	**놜**		殴	651	裊	495
胒	426	懧	175	謑	514	濃	269	犺	293	餒	656	褭	498
鑈	467	㧙	182	譳	517	獿	297	独	293	餒	657	裊	499
鈮	591	鲁	210	聻	518	獿	298	蚚	308	骺	673	譊	520
鈮	591	殟	241	貓	531	癑	322	穼	365	鮾	691	鐃	601
鈮	591	猱	278	翌	532	禯	356	豽	530	鯪	693	鯥	606
鈮	591	猱	294	脁	606	穠	363	豽	530	鰀	696	鯥	606
閉	608	猱	295	趴	606	織	401	**뇌**		**뇨**		嬲	607
閛	612	獿	296	鞈	635	韇	422	懾	34	丙	18	嬲	608
鞜	637	獿	297	錙	656	膿	422	劊	47	儜	33	隦	618
鬟	681	濃	298	駑	665	膿	433	惱	54	翏	35	麑	622
閉	682	玃	298	駑	666	膤	439	婑	105	嬈	108	騳	671
閛	682	玃	298	駑	668	臑	439	嫐	107	嫐	108	髳	678
鑈	720	袎	299	髻	678	莀	452	嬲	111	嬈	109	髶	681
노		獿	299	髶	678	芫	454	懮	142	嫋	110	鬧	682
伮	22	瑙	301	**농**		蓴	465	悩	164	嫐	110	騳	709
努	50	瑙	303	偻	29	盥	491	惱	165	孃	111	鷖	711
厚	60	臚	315	搙	188	禯	500	惱	165	尿	123	**눅**	
囟	63	瞽	333	褥	356	禯	567	惱	167	尿	123	嫦	491
呶	68	硇	344	砮	417	農	567	接	183	擟	192	**누**	
嚧	82	碯	344	皸	631	農	567	挼	185	襓	194	呶	73
夒	98	砳	345	**논**		農	567	餧	242

嬾	106	嫩	109	粗	385	蟖	491	怩	161	迡	569	䶊	631
嫰	108	嫩	109	糅	388	訨	510	怩	161	鈮	591	鯢	696
嫩	113	炳	274	紐	391	狃	545	您	164	鈮	591	鵜	721
嬯	116	瑴	312	綵	397	衂	631	懘	172	鈮	591	齯	735
乳	120	腜	430	茹	450	衄	631	杻	181	䎽	618	**닐**	
𡺠	120	瓹	432	䓲	454	䶊	730	袳	203	䪅	633	怩	171
乿	120	**늑**		荋	459	鈕	730	督	213	䪅	636	昵	207
㨢	188	㕯	66	軜	558	鯢	730	柅	218	鞦	637	眤	207
㮈	227	肉	66	䢛	576	**늑**		棙	218	䭕	655	暱	210
㰯	232	忸	161	䦔	590	耨	418	柅	224	鮡	656	柅	227
淰	265	抐	180	靵	608	**늑**		橠	232	髵	663	疒	317
獳	296	吶	206	靴	633	䏢	76	橮	234	髵	678	眤	332
獳	298	殙	241	忉	654	䐜	214	欼	236	䰀	681	暱	338
㯀	362	胒	424	䭕	655	而	417	泥	254	鮧	690	蠅	485
羺	410	胑	429	貀	720	能	426	濔	269	鯢	693	蠅	489
羺	412	訥	510	**늣**		肽	426	瀰	271	**닉**		襛	500
㩙	412	𨳍	515	怟	160	肽	428	舩	284	匿	55	黐	720
㮮	419	豽	530	恧	163	舩	429	狔	293	嫟	109	黐	720
㮮	419	肭	545	胸	214	**늣**		貳	333	嫟	109	**닙**	
㮮	419	**늉**		沑	253	蔰	454	襧	356	嬺	111	您	164
㰯	471	䒗	62	吶	332	**늬**		籋	384	儂	169	拰	182
藕	471	妞	102	㚗	341	你	22	寧	422	愵	169	絍	397
蕠	473	庘	146	恧	341	你	22	膩	432	惄	171	軜	558
繻	521	忸	160	恧	417	伲	22	臑	434	愵	171	**닛**	
譨	521	扭	180	忸	417	你	26	獰	435	搦	188	囜	84
繻	522	杻	217	聏	420	呢	68	苨	447	榒	227	囜	84
鎒	598	狃	241	聤	422	嚟	79	葻	453	休	251	狃	113
鐞	602	牛	274	䏰	436	坭	87	蚭	469	灾	251	脊	113
鑐	628	狃	292	蚴	477	屖	87	祢	478	溺	263	習	113
韇	637	㺒	295	蚴	490	㘿	91	祢	494	眲	333	泗	254
頄	645	丑	300	蚴	490	妮	103	詀	512	耨	360	淣	266
顬	646	钮	341	蚴	490	尼	122	貏	530	耨	388	濘	269
눈		粈	341	蚴	490	屔	123	跠	545	虫	476	䒖	451
妠	104	怓	358	蛽	490	妮	127	䟞	559	匿	476	䳛	618
媉	107	恁	381	䗲	491			軗	568		489	**다**

자음 색인 [다~달]

傣	28	匑	53	旦	205	箪	381	譠	522	鼺	653	橽	231
剁	46	匰	55	胆	207	簞	382	貚	527	饘	658	尘	239
嗲	75	單	56	晖	210	簬	383	貒	529	黮	662	漣	269
垜	92	單	56	桓	217	籪	384	貚	531	䮭	666	澾	269
多	98	厬	57	椴	224	糰	388	貒	531	鍛	668	炟	275
夛	98	哒	71	槫	228	粯	389	貆	531	驙	670	燵	281
呂	98	嚲	74	檀	231	緞	390	貚	532	鱄	695	狚	293
夛	99	坦	84	赴	240	緞	397	賧	535	鯛	698	獺	298
謕	101	團	87	殘	242	緣	397	赾	540	鳴	701	獺	298
奈	115	圷	91	段	244	緣	397	趚	543	鶉	704	疸	317
寻	153	塼	93	煅	245	繵	401	踹	549	鶉	704	縫	328
惰	169	壇	95	澶	259	峠	417	躘	553	䴘	705	笪	373
橠	228	岬	107	湍	260	胆	425	躖	554	鸡	707	緶	402
爹	285	峘	133	溥	261	殳	429	蹿	555	鴨	708	솨	409
茶	449	亶	144	潭	265	殷	430	郸	581	鷲	708	奎	409
荠	449	彖	154	煅	267	脾	433	鞄	581	驜	708	耻	409
藸	507	彤	154	煓	278	膻	433	酠	584	蘱	719	蓬	420
跢	546	彊	159	狚	278	菝	455	醰	587	鱅	719	蟪	465
踏	549	慱	170	猯	293	蒿	455	鍛	597	薵	720	蟸	488
跢	550	担	181	玘	295	蕾	466	鍛	597			詚	512
跦	552	挓	184	玥	300	蛋	478	鐉	597	**달**		獺	532
頪	645	捯	185	瑑	303	蜑	480	鐏	599	侻	32	踺	549
		掇	186	坌	316	蜒	480	鐏	600	呾	68	踻	549
단		媏	187	蛋	316	蝭	485	殷	606	哒	75	躂	553
丹	13	搏	187	癉	322	簞	487	毄	608	嚏	80	达	568
甘	13	攨	190	痺	322	蠤	487	雓	616	妲	95	達	571
亶	19	摶	193	知	342	蜒	488	霊	621	姃	103	達	571
但	22	攉	198	短	343	衵	494	雽	625	娺	106	遅	573
偄	28	敦	198	硏	344	禒	497	韕	627	徎	159	達	575
儃	32	断	202	砐	348	禫	497	鞍	633	怛	161	鐽	602
同	38	斷	202	磚	349	禮	499	鞑	635	怘	161	闥	612
刖	45	斷	202	磾	351	禮	500	韇	637	慰	166	靼	633
剬	47	斷	203	端	370	魠	507	鞳	639	惲	172	鞍	635
剸	48	斷	203	端	371	餰	508	鞄	640	惡	172	鞈	636
勯	51	斷	203	摶	371	餰	508	頭	644	撻	192		
												撻	195

鞑	637	炴	196	監	329	硏	439	覃	527	饕	660	敺	197	
韃	637	曇	211	壈	330	惔	439	睒	535	饇	660	楮	223	
鞬	661	樟	230	硏	344	菼	439	賺	537	醇	663	搭	226	
黗	722	憺	231	謷	349	萏	452	趨	543	駴	664	榻	227	
黮	722	毯	247	礏	350	菼	452	蹦	552	驍	667	搭	229	
달		毵	247	禫	356	菿	459	蹲	553	驔	670	榽	232	
佚	26	烑	249	櫖	364	淡	461	躭	555	髧	677	欯	237	
倱	28	氮	251	窞	366	蒲	461	躭	555	髡	677	啥	240	
倒	29	沈	253	窆	367	葦	462	躭	556	鷹	710	沓	253	
儋	32	沉	253	寱	368	覃	463	膽	557	豐	712	澘	258	
吮	66	沕	257	寱	368	歠	464	膽	557	寍	712	蹚	269	
咳	72	泔	257	寱	369	萏	466	蹭	564	黮	712	燵	283	
哈	72	淡	259	銩	379	蓎	466	郯	578	豐	712	狇	294	
噉	74	渔	259	裬	380	蓊	466	郯	581	艦	713	獖	295	
啖	76	浠	259	袳	387	薟	466	郸	581	轏	717	獺	296	
啿	78	湛	261	樨	389	薈	468	酖	585	黕	721	畓	313	
嘽	78	溢	263	絖	389	薅	469	醓	585	默	721	畗	313	
噉	78	潭	264	糎	391	薅	470	醇	587	黖	723	畣	313	
闒	82	澹	266	綯	395	䕑	470	醇	587	黤	724	疸	318	
坍	87	潭	267	緂	399	䨒	470	錟	596	黣	724	痰	327	
坎	90	澹	268	緂	402	蟫	482	鐔	601	黮	724	皲	327	
墰	94	濶	269	綷	405	蟫	486	覃	625			皺	328	
壜	95	夭	274	縿	405	蠱	490	曇	626	**답**		眔	333	
奱	98	燂	280	纛	406	衴	491	湛	627	偕	26	瞱	337	
妊	102	餤	281	綷	409	衴	491	黮	627	俗	31	磙	347	
妊	103	鳌	282	聃	420	衵	493	黮	627	匒	47	答	374	
婍	106	瓵	308	聃	420	襜	500	澟	628	劼	51	篢	379	
媅	107	甑	310	聃	420	覃	500	紞	631	匋	53	綏	397	
嫜	110	甑	310	聃	422	覃	502	紞	631	咨	73	綌	399	
忎	144	欨	311	聃	422	覩	505	紞	631	嗒	130	紇	405	
惔	166	嚕	311	胆	425	詹	512	頇	643	嶆	139	畓	407	
憚	171	䐶	314	朕	429	談	515	頗	644	悼	168	獨	414	
憺	173	痰	319	膽	432	譚	520	頡	646	搭	184	獺	415	
担	181	瘇	322	膽	433	譚	522	頷	649	搭	188	翻	415	
擔	192	盇	329	甜	439	讚	522	餤	657

자음 색인 [답~대]

翮	415	逯	572	塘	92	澭	269	糯	389	餹	562	鱲	699
聲	422	遝	572	墻	95	瀁	273	糒	390	鞳	563	鸉	706
腉	429	錫	598	臺	95	塘	279	繐	399	轋	564	鼟	727
䶀	440	雓	622	小당	120	燸	283	裳	405	钀	565	鼟	729
䶁	440	轄	639	堂	120	瑭	290	裯	418	䣝	578	**대**	
碣	440	鞺	640	當	120	瑭	297	糮	419	䭔	578	刀	18
艖	443	鞾	640	黨	121	瑭	304	膅	422	鄧	580	代	20
荅	449	簹	660	黨	121	瓏	305	膅	431	鐺	580	袋	29
菩	454	髼	667	嵣	131	瓽	307	膅	431	醣	582	儓	32
蕫	459	鯰	679	幢	141	瓳	309	艡	433	鏜	586	儗	33
鞜	468	鵽	695	唐	145	錫	309	糖	443	錠	598	黛	33
韜	471	黷	707	當	153	曭	325	艜	443	鐋	598	兀	43
蛤	482	鼟	722	懺	171	曃	326	蘟	458	鐺	600	屼	43
褡	498	鼟	727	譡	175	瞠	336	螗	466	鐺	602	匪	55
褟	498	鏧	727	懺	175	矘	336	塘	483	钁	605	匼	55
諧	515	龖	736	戇	175	瞪	337	螳	484	闔	611	嚈	75
譯	519	龘	736	懺	175	矒	338	螗	487	闥	611	對	81
謎	520	**당**		懺	175	曭	338	蟷	487	闥	612	嚎	81
譶	522	倘	26	搷	188	腭	339	蟷	487	隝	616	岱	87
譠	522	傏	29	撞	191	瞳	339	襠	500	陸	617	坮	87
譝	522	偒	30	擋	192	矘	340	襨	505	䧉	622	垈	88
謓	524	儅	32	攩	195	欸	343	讜	522	鞿	636	岱	89
趻	547	儻	34	壋	204	磄	348	讃	523	颷	652	圶	91
踏	548	党	35	臇	212	礑	350	讜	524	飚	653	夆	91
蹋	550	溏	41	棠	215	磄	350	贛	538	颺	653	臺	92
蹹	552	唐	71	糖	222	碪	355	贛	538	餳	657	壈	93
踰	552	喸	74	棖	226	糖	361	糖	538	餳	658	壂	95
踏	552	嘡	76	樘	229	糖	364	趟	541	餹	659	戴	95
蹋	552	噇	77	橖	229	筤	378	距	547	饊	659	大	99
蹐	553	噹	78	欓	231	篖	382	踉	548	餷	660	嬃	110
蹋	553	嚾	80	欓	234	簹	384	蹚	550	饘	661	対	119
躝	555	囘	84	氉	248	籃	387	蹬	551	䭹	669	对	119
轄	561	坣	88	氹	251	瘍	388	蹀	553	軆	675	對	119
嚞	566			溏	262	糖	388	躺	556	鱲	695	代	120
遆	571			渷	265	糘	389	輈	561	鱓	697	岱	127

답~대

자음 색인 [대~도]

嵽	134	瀨	271	譚	522	黔	723	匑	53	峹	128	搗	189
對	134	瀬	272	貸	533	黕	723	庥	60	嵞	131	掲	192
岱	138	壚	287	蹛	551	黮	724	攴	63	嶀	132	擣	192
带	139	玳	300	薱	551	黭	724	攵	63	嶋	132	敦	198
帶	139	瑇	303	蹹	551	黤	724	叨	65	嶋	132	敳	198
隷	146	苔	311	軑	558	黯	724	咷	69	嶌	132	敦	199
貳	150	薱	321	軚	558	黷	724	哆	71	嵥	140	旳	207
伏	155	碓	347	載	559	黱	724	咷	72	幬	140	瞫	209
待	156	磑	347	輚	564	薱	733	嗲	74	幢	141	睹	209
懟	171	磓	348	酨	574	**덕**		嘟	78	幬	142	初	215
懟	173	役	352	酕	583	徳	49	導	80	幰	142	桃	220
懟	174	峙	370	鐓	596	德	158	馨	82	尾	144	栠	221
懟	175	導	371	鍛	601	悳	158	図	84	度	144	桹	222
懟	175	篖	376	熬	601	惪	164	図	85	庩	145	棹	223
戴	177	簦	379	釐	605	應	166	圖	85	廜	146	稻	227
戴	177	簣	382	鐵	605	應	166	圈	85	廜	147	槌	231
戴	177	臺	382	隊	615	應	172	圖	86	弢	151	櫫	231
擡	192	腜	434	碓	620	徳	229	圖	86	徒	154	幬	232
儓	203	膪	435	蒚	625	邊	574	圖	86	徇	156	擢	232
队	205	基	437	瀝	625	**덜**		堵	91	徐	157	橆	234
旲	205	臺	437	瀑	626	眨	50	堤	91	悼	160	金	239
戴	209	毹	443	瀁	627	**덤**		塗	92	息	164	殬	242
睟	211	荋	448	瀁	627	眨	49	壔	95	惊	166	殀	250
栽	218	薹	467	瀁	627	**도**		娣	105	惾	169	泥	255
橲	232	薱	467	瀁	627	倒	26	娣	108	慆	173	洮	255
樹	232	蚖	479	瀲	628	儵	27	諸	113	慆	173	涂	257
歝	237	蛦	481	瀲	628	兜	35	對	119	憑	173	淘	259
歹	240	蠹	485	隊	641	仐	36	導	120	挑	183	渡	260
歺	240	袋	494	隊	641	刬	39	導	120	捈	184	滔	262
歺	240	襨	500	骸	674	桿	39	禱	120	挏	184	滔	264
歺	240	襶	501	骸	689	幽	44	屠	124	掉	185	濤	267
仐	251	藤	507	黕	721	刀	44	島	128	掏	185	濤	269
氿	256	觲	507	黕	721	刂	44	佘	128	搗	188	灯	274
瀨	269	讅	520	黛	722	函	44	島	128	搯	188	炈	274
瀨	271	謙	522	黴	723	到	46					焘	279
潰

자음 색인 [도~독]

孀	111	饗	659	鋾	599	蹀	551	辜	442	稻	361	燾	281
屦	124	饕	659	舳	606	踔	556	輖	442	稌	362	壽	282
尿	124	虦	659	闍	610	騊	557	舠	443	萄	363	受	284
棒	125	饛	660	闛	612	鞀	561	茶	450	箌	374	牧	289
憛	167	饕	660	酨	614	鞜	562	到	452	籊	376	徐	289
抙	183	酵	663	陶	614	迋	567	菡	452	筶	377	禱	291
殺	197	駼	666	陶	615	迯	567	葖	456	筤	379	禱	291
豰	199	駒	667	闍	615	逃	569	荼	458	簦	380	戰	298
櫝	233	駣	668	闍	615	迊	569	雩	461	篷	380	珍	302
殰	243	駣	669	隖	617	途	569	麃	475	粖	387	瑫	304
毒	245	駣	669	隯	618	迡	570	魕	475	穤	390	璩	304
毒	246	駒	670	韜	633	道	570	蜪	481	絟	393	瑽	304
氈	249	駼	671	靴	634	道	571	盜	491	條	395	瑽	305
漬	270	髛	674	鞢	634	道	571	衟	492	絇	395	璛	306
牘	287	髑	676	鞋	634	逭	571	衢	492	綢	396	疾	316
犢	290	髦	678	鞉	634	郂	572	裯	496	絡	397	瘦	317
獨	291	髶	679	鞀	635	郳	578	袽	496	綯	398	瘩	320
犢	291	魛	688	鞭	635	魎	579	覩	504	繩	399	瓊	321
独	294	魣	703	鞞	636	都	579	詖	512	繺	399	盜	329
狘	296	鵌	703	鞴	637	都	579	諗	514	繦	399	盜	329
獨	298	鶏	707	鞍	639	都	579	詢	516	纆	402	盜	329
獸	298	鵖	708	鞱	640	郶	579	諂	518	貀	414	俉	334
璣	306	鯸	714	鞱	640	鄒	580	貃	531	貀	414	督	334
甀	307	麴	716	頖	649	鄡	581	賭	535	覉	415	督	334
毒	311	稻	721	頒	650	鄛	582	瞷	537	翿	415	睹	336
瘃	318	黗	721	頒	650	醄	584	赴	539	翻	416	裭	354
皷	328	黏	721	颫	653	陶	585	赵	540	叡	417	裎	354
讀	328	鼗	727	颶	653	醄	585	赴	541	聕	422	裯	354
督	335	鼜	727	剏	654	醏	585	跳	546	胀	424	裯	354
碡	347		독	餐	654	醏	586	踬	547	胁	425	祬	355
秃	357	侸	26	餐	655	酩	590	跿	547	胉	426	褐	355
竺	372	偳	32	餞	655	銱	596	跥	548	嶹	439	禱	356
箣	378	㥳	42	餸	657	鋾	597	踣	549	舠	441	秅	358
蘱	403	賫	55	餸	658	鋾	598	蹈	550	舳	441	秺	359
		噴	82	餒	659	鋯	598	蹉	550	舳	442	稲	361

자음 색인 [독~동]

纛	404	鏊	596	焞	152	簋	381	飩	654	突	365	洞	40
纛	404	鐽	604	忳	160	簠	382	饕	660	突	365	凍	41
罿	406	闥	610	惇	166	臀	384	鞼	662	疼	365	曇	42
罿	407	躂	618	憞	172	簟	384	驐	670	羢	410	曇	42
罝	409	雉	621	惇	174	粞	386	魨	688	鞍	418	勭	48
獨	412	靇	626	扽	179	朐	424	魨	715	腯	429	動	51
犢	415	韃	637	扽	180	豚	428	橔	719	脉	429	動	51
臢	434	韕	638	撉	191	譈	443	燉	719	筳	442	厗	60
蕫	454	韥	640	擊	191	敦	464	韕	719	裘	455	同	66
蕫	456	贛	640	敆	196	頓	467	韕	719	袳	497	哃	68
副	461	碩	643	敦	198	噋	481	點	721	躆	549	㘏	69
蓫	463	餰	649	敦	198	蠢	486	黗	721	迍	568	崠	73
獨	470	駑	660	暾	206	犼	527	黗	722	鈍	592	峒	78
盉	478	馱	669	豚	211	犼	528	돌		鋌	597	峒	88
蝳	481	駣	669	豚	214	肫	528	乭	15	鑅	597	埬	90
蟲	482	驥	670	脖	214	豚	529	侞	28	難	621	墥	94
裻	496	贛	671	臀	215	豚	529	去	62	頓	643	冬	97
褥	497	魏	686	橔	229	賭	537	厺	62	飩	656	峒	104
褐	500	鵌	703	汽	252	蹾	552	咄	68	馳	665	咚	104
襡	500	鵠	717	沌	252	薆	553	哎	75	骲	673	薡	106
禿	501	黷	724	漖	266	軘	558	堗	81	鶟	705	蕫	110
毒	501	돈		炖	274	軘	558			黕	729	峒	127
謮	514	侘	21	焞	277	迍	570	冗	114	동		峒	127
讀	515	㪟	57	燉	281	錕	595	突	114	遣	81	崠	129
讀	523	弴	64	燉	291	鐓	596	崒	131	동		嶂	133
讟	524	囤	84	狆	292	鐓	601	怢	161	仝	20	㐌	144
讀	525	囷	84	獓	296	鏊	601	挩	187	佟	23	疼	145
殳	528	墩	94	獓	297	閿	604	柮	219	侗	24	眝	150
牘	537	墪	94	瓵	308	韕	608	桨	224	倲	27	彤	152
韣	537	墥	96	蠹	330	鞍	637	涹	257	僮	27	徟	154
黷	544	启	123	盾	332	韕	639	涹	261	働	30	恫	157
躜	550	屍	124	盻	334	頓	643	烉	279	僮	31	忀	162
躜	557	岠	130	眐	335	頧	647	琠	303	㒺	37	恫	163
遺	575	庉	144	砐	344	飿	650	㾪	320	仝	39	恫	167
銑	594	弲	152	磬	350	飩	654	殺	352	冬	40	僮	171

懂	173	痋	318	腖	429	銅	556	鶌	703	斗	201	枓	391
憧	174	瘇	322	膧	432	迵	569	㒲	704	斗	201	絈	400
戙	176	癗	323	膧	433	運	572	鶇	704	枓	201	肚	424
挏	183	胴	333	胴	441	郇	577	䤉	709	枓	201	脰	427
揀	186	瞳	338	橦	443	鄭	580	䲯	716	钭	202	䐔	430
曈	211	眮	341	茷	447	酹	581	䵔	720	杜	216	䶀	435
朣	215	砆	344	茼	449	酮	584	蔠	721	枓	217	荳	450
東	216	砼	345	菄	452	醣	584	螽	727	桓	222	苊	450
桐	220	碧	345	董	454	童	587	虇	727	椳	228	蚪	460
桐	220	硐	345	董	462	童	589	藄	727	欥	236	査	477
棟	222	硐	346	薑	472	鈳	591	䔯	727	殬	243	杢	478
橦	230	桐	359	蚪	478	銅	593	蕎	727	氄	244	蜒	484
彤	244	種	362	蛦	479	銏	593	齫	737	毦	247	蚪	484
氃	249	窀	365	蛛	480	鍊	596	齻	737	汢	256	蠹	485
氡	250	竂	368	䖸	480	鑪	605			浢	294	蠹	489
洞	255	竃	369	蝀	481	雺	624	**두**		狵	298	蠹	489
洄	257	童	370	䖸	482	霜	625			玐	300	枓	493
涷	258	童	371	蠹	488	鞙	634	朢	12	瓧	308	褕	497
渾	261	薑	371	衕	492	鞜	637	二	18	痘	318	覩	505
潼	267	顛	371	洞	495	頏	642	佢	24	盄	325	鷢	507
濗	268	顛	371	覒	504	顝	642	侹	30	皃	325	訐	510
烔	275	笭	373	詷	512	頋	645	兜	35	毅	327	詬	514
烔	275	筒	377	諫	515	鈳	656	兜	35	睭	334	讀	523
燑	281	筆	381	㯂	526	駧	665	到	46	䁬	337	豆	526
衕	285	䊹	386	狪	528	駷	670	刘	47	䁯	337	荳	526
狪	289	絧	393	狫	530	驫	670	吋	66	豆	351	趋	526
獞	291	罿	408	狪	531	骬	673	吺	67	裒	353	跙	547
狪	293	罿	408	欤	538	髳	679	咅	69	稒	354	迌	568
獞	297	翀	410	欤	538	魋	686	啫	71	箜	366	郖	570
玪	301	辣	411	趀	538	鮥	689	噣	82	箜	366	鄧	578
甌	309	䵁	412	蛛	538	鮦	690	圤	86	筲	367	鄧	580
瓶	309	翿	416	桐	538	鰊	692	堆	105	篔	369	酘	583
甋	309	䵁	419	趀	541	鱣	696	垕	126	竇	375	䣲	585
甋	310	仝	426	趑	543	鵨	701	抖	145	筌	379	斜	590
疼	317	胴	426	踄	547	鵨	702	挏	180	籪	383		
										拞	184		
										搂	189

鋀 594
鐸 599
鑃 603
阧 613
陡 614
阮 614
陡 615
摧 620
鞋 632
鞕 634
頭 645
頸 646
顕 647
餖 655
餖 656
鬥 680
鮏 691
鳰 699
鵈 701
斢 715

둑

斗 201
纛 415

둔

遁 32
坉 87
屍 123
屍 123
屯 125
諄 232
蚽 307
砘 344
窀 365
窀 365
笔 372
箟 375
腯 429
膯 432
臀 433
芚 446
邨 526
踲 549
蹾 553
迍 567
迍 568
遁 571
遯 571
遯 573
遯 573
遁 575
遯 575
遯 575
鈍 590
鈍 591
閧 608
霕 623
黗 625
黗 625
臀 675
髖 675

둘

乧 15
乧 15
乧 16

둣

叱 69

둥

斗 201

득

㝵 64
嘚 77
得 157
得 158
得 158
愒 166
㝵 206
毾 248
淂 258
㝵 503
財 533
躃 548
鍀 596
陟 614
鵈 701

등

僜 31
儯 33
凳 43
噔 78
墱 94
嬁 109
寸 119
嶝 133
幐 140
幐 140
廾 149
戥 177
撜 186
撜 191
滕 214
滕 215
謄 215
騰 215
橙 225
橙 230
櫈 232
殌 243
磴 245
毲 249
氈 249
滕 264
滕 265
灊 271
澄 272
灯 274
燈 280
璒 305
甑 310
瞪 315
癈 322
癶 324
癹 324
瞪 326
滕 337
瞪 338
磴 350
璒 371
等 374
簦 381
籐 383
籐 383
縢 398
縢 398
縢 401
膌 432
滕 432
膯 432
滕 433
謄 433
膯 433
謄 433
騰 434
滕 435
艤 443
艤 443
艤 444
苐 448
登 464
藤 468
藤 470
蘴 473
藤 473
籐 476
螣 483
蹬 487
螣 487
螣 489
襏 499
覴 505
謄 518
謄 523
登 526
登 526
登 526
蹬 526
豋 527
豋 527
豋 539
賸 550
蹬 551
蹬 552
蹬 553
蹬 554
蹬 554
蹬 563
邆 574
邆 574
鄧 581
鐙 601
鐙 603
鐙 604
隥 617
霯 627
鞥 637
鞥 640
餖 660
鮝 665
騰 668
騰 670
驓 670
騰 671
騰 671
騰 671
騰 671
鬙 681
鬙 687
騰 695
騰 695
騰 696
鵦 708
鸎 724
鼟 727
鼟 728

똥

㒅 72
㗊 72

뜰

乧 15

라

亽 13
嬴 19
倮 27
儸 32
儸 34
儸 34
剌 46
剆 46
啦 72
囉 83
囉 83
堁 93
孋 112
厬 122
廲 122
巊 135
巊 135
幱 142
懶 174
懶 174
攞 175
擽 186
摞 189
攞 193
攞 194
攭 195
旓 202
旯 205
曪 212
羸 215
羸 215
欏 233
欏 234
瀛 243
濼 272
瓍 287

자음 색인 [라~랄]

玃 299	蘿 469	爾 683	笿 374	欒 57	疎 242	釩 590
瓟 307	蘿 472	斛 683	落 377	欒 57	瀰 243	鑾 594
甐 310	蘿 473	贏 697	箬 379	卵 58	瀾 272	鑼 605
瘰 319	蘺 473	臝 709	絡 393	變 65	灓 272	鑾 605
瘰 319	蘼 474	妠 716	駱 399	囒 82	灡 273	闌 610
癆 321	蝸 482	攞 718	酪 399	嚂 83	灤 273	闌 610
瘰 323	螺 484	饕 720	苕 448	圞 86	爛 281	闢 612
癩 323	蠡 490	黎 720	落 455	圞 86	爛 283	阪 631
癱 324	裸 496		蛞 479	嫡 110	爤 283	鞭 638
瘰 324	襰 502	**라**	諉 523	嬾 111	爬 284	鞸 638
砢 344	覶 504	洛 40	貉 530	嬾 111	瓓 306	鸞 711
礌 352	覼 505	剆 46	躒 554	孏 112	瓓 340	
礌 352	覶 506	咯 69	轠 557	懶 142	礌 352	**랄**
稞 362	趷 546	咯 73	轢 564	懶 142	礦 352	刺 46
贏 363	躍 555	烙 76	轢 565	彜 155	簡 384	剌 46
贏 371	躶 556	略 76	酪 584	忍 164	棟 388	喇 74
籮 384	邏 575	嘿 81	駱 593	怒 164	爛 390	垃 87
藟 389	鏍 599	峈 127	雒 620	恧 165	糯 390	捋 140
累 392	鏍 600	懌 174	零 624	懶 174	糷 390	喇 146
贏 402	鏍 603	攞 193	鞆 634	懶 174	纞 409	俐 157
纙 404	鑭 604	樂 225	鞆 637	拏 185	臒 435	捋 184
纙 404	鑼 605	樂 228	鞻 638	攔 194	礦 440	挒 187
纚 404	鑼 605	峈 241	貉 656	攣 194	蘿 465	捋 187
罗 406	釃 632	洛 255	馲 664	斂 199	蘿 471	攋 194
羉 408	鄂 659	彖 255	駱 665	瀾 201	蘭 471	梸 224
羅 409	饢 662	濼 270	驢 671	暕 209	蘿 473	溂 269
腡 429	駎 666	烙 275	貉 690	欒 212	擥 474	爛 282
贏 430	飄 669	犖 279	鴞 702	栾 220	襴 501	捋 289
臞 434	騾 669	犖 282	鴻 706	欄 234	諫 520	猁 303
贏 435	贏 670	珞 301	鵅 710	欄 234	讕 524	瓓 306
臚 435	贏 671	略 325	骼 728	欒 234	讕 524	甴 312
臟 435	驢 672	硌 345	餶 728	欗 235	被 538	甪 312
菻 458	驢 672	營 349		欒 235	躝 554	瘌 320
藜 459	贆 680	磖 350	**란**	欒 238	躙 555	睊 336
藟 466	虧 683	磻 351	乱 15	欒 241	韄 565	辢 388
			亂 16			糯 390

자음 색인 [랄~래]

聐	421	嵐	130	纜	404	拏	182	鞡	635	硍	346	鯠	694
聊	421	壏	134	覽	436	拹	182	騋	670	稂	359	鶆	704
喇	454	憯	142	嵐	456	擸	188	驪	671	宨	366	**래**	
蝋	483	惏	146	藍	467	摺	190	鸕	711	筤	374	耒	12
誎	517	憖	166	薀	471	攊	191	鱸	735	罠	407	来	23
辣	565	惂	170	襤	500	攦	193	**랑**		朗	428	來	23
辢	565	懢	174	襴	501	拉	218	卹	46	艆	442	俫	26
辩	566	摰	188	覽	505	檄	233	勆	50	茛	450	瀬	42
頧	645	搚	193	覧	506	歛	238	唻	75	蒗	458	勑	50
颩	652	搚	193	賖	537	爉	280	埌	89	蓈	459	勅	50
馴	666	搚	194	楚	541	擸	282	塱	92	節	459	勚	52
駷	668	攬	195	躐	552	習	291	宴	108	葭	464	唻	72
剌	679	壈	211	鑞	557	癟	320	崀	115	蕑	469	夰	99
鬎	681	嘰	222	轐	564	磖	328	戾	128	蜋	480	㛆	107
鯻	693	欖	234	轐	564	磍	349	廊	145	螂	483	峽	129
黩	722	欖	235	酣	565	礫	351	廊	146	袳	496	康	145
齫	733	氈	249	醶	585	縞	402	悢	164	諒	514	徠	157
㲯	733	毿	249	醶	588	纊	403	哴	208	赲	541	棶	223
剌	734	洊	257	醴	588	緉	403	朗	214	跟	547	氋	247
齫	734	漤	265	醴	588	狂	413	朗	214	躴	556	耗	248
람		濫	270	鐝	602	獵	416	胰	214	鄉	557	涞	259
休	26	灆	271	醶	632	翻	416	椰	226	粮	560	狭	295
儖	33	灠	272	醶	632	膯	428	棚	228	郎	577	琜	303
㑣	36	灠	273	頰	648	臘	433	欴	236	郎	578	崍	314
啉	72	爁	281	顲	649	臘	434	浪	256	鄭	580	痳	319
椺	72	爓	282	顲	649	菈	452	滅	265	鄭	582	癩	324
嚂	81	爁	283	鬑	649	蒚	487	瀧	271	銀	594	睐	335
壈	83	欖	299	鬑	681	蠟	488	烺	276	鋃	597	硊	347
嚂	83	瑒	306	鷳	710	存	492	狼	294	閬	609	秾	360
噛	83	籃	330	**랍**		柆	494	琅	302	閬	611	策	375
壈	95	寠	367	㾏	60	襫	501	琅	304	餭	657	綡	396
婪	106	窻	369	啦	72	遺	575	瓴	309	駺	666	耒	418
姉	107	籃	382	垃	87	鑞	603	廓	321	骽	673	莱	450
嬾	110	纜	402	垃	144	鑞	604	眼	334	㡕	686	萊	452
崊	121	纜	403	拉	181	粮	341	鯂	691			庐	488

자음 색인 [래~려]

覩	504	繁	400	抐	185	輌	560	勵	52	曞	211	盠	330
頛	504	翠	407	掠	185	輬	560	勴	52	桹	219	盭	330
誄	515	藥	469	椋	205	輊	562	勵	52	梠	221	蠡	330
賚	531	蟓	484	晾	208	輬	563	厉	57	楒	222	蠡	330
猍	531	螂	485	皀	212	酼	585	厤	59	槉	227	鑾	330
賫	534	螺	485	梁	221	量	589	厲	61	櫚	232	褶	337
趚	542	蝶	485	栭	222	量	589	呂	61	櫖	233	矑	340
逨	571	蝥	513	椋	223	量	589	唳	66	欗	234	矑	340
邦	577	**량**		樑	229	輬	595	婞	72	欐	234	砅	344
郲	578	两	12	涼	258	輬	635	娌	105	欐	243	礪	351
廲	580	两	12	浤	262	颸	651	娶	107	濾	253	礣	351
鰲	589	亮	18	燎	279	颸	651	嫭	111	淰	253	祾	353
鈏	593	俍	19	牯	289	颺	651	孋	111	渌	253	襧	356
鍊	596	俩	25	倞	290	颱	651	廬	125	梨	262	禮	356
陎	615	倞	26	痕	318	颶	652	嶁	134	梨	262	秎	358
頼	643	窓	26	眼	334	僵	660	廬	134	濾	270	犁	359
騍	667	川	35	睍	335	魎	686	嚧	135	灑	270	稆	359
鯠	692	两	36	睒	335	霺	686	庐	144	潤	270	黎	360
鵣	704	两	36	篹	379	**려**		宮	145	瀘	272	穮	362
赲	716	凉	41	梁	387	厊	12	廬	148	焒	276	齻	362
鶆	718	叕	44	粮	387	丽	14	麗	148	熘	282	黎	362
點	722	剆	47	糧	389	侣	24	悷	165	犂	290	黎	362
랭		剠	48	綡	395	俟	26	悷	166	犡	291	稽	363
冷	40	勴	51	緉	395	傣	30	慮	170	犡	291	鬑	364
泠	42	哴	71	脼	429	儢	32	憡	172	戾	293	筥	374
략		啢	72	良	444	儷	33	憐	174	猴	295	篊	378
㥮	74	喨	74	莨	450	儺	33	捩	178	琢	301	簄	380
掠	185	目	84	蒾	454	儨	34	捩	178	璨	306	簫	380
摎	190	垠	89	蜽	481	儸	34	抳	183	瓷	309	簡	383
擎	190	梁	93	補	496	剺	49	擾	195	疞	318	簃	383
攭	193	悢	120	諒	515	剷	49	懇	199	疞	318	粝	386
略	313	悢	123	賗	535	劉	49	斷	200	瘲	322	糯	390
畧	313	悢	164	跟	547	励	50	旅	203	癘	324	糯	390
碧	346	惊	166	踉	548	励	52	旅	203	癘	324	紒	394
稼	360			跿	551			矑	211	瘲	328	緤	395

자음 색인 [려~련]

䐶	617	蠣	489	瓅	306	劜	121	驪	672	跊	547	繺	399
霖	626	蛪	494	厤	310	礪	125	驢	672	踞	548	呂	407
檪	627	裹	495	癧	323	蠣	135	魯	688	蹞	552	羋	411
靂	628	襃	498	癘	323	麻	146	鱺	698	蘆	554	胪	428
靈	629	韇	500	硌	325	簾	147	鱺	698	遼	575	膂	430
咄	642	黐	509	砨	326	簍	150	鴛	704	邔	578	膋	430
颺	653	讄	521	櫟	326	徧	158	鶣	711	䒰	579	膚	434
餮	660	讄	523	破	327	偐	159	麗	713	䒰	580	荔	449
駵	669	讔	527	瞭	340	悷	174	麗	714	黎	581	荔	449
騺	671	攦	530	瞳	340	揀	193	麗	714	䥱	582	莒	450
驢	675	貍	532	砺	344	攊	194	黎	720	鑢	582	蒢	454
髢	681	赸	539	礫	349	廄	200	盠	720	鉊	594	藜	462
鬲	683	趡	543	磿	350	曆	210	黺	720	鍊	601	蔾	463
翩	683	趮	544	礰	351	鼊	212	黐	720	鋊	602	藜	464
鬻	683	䟐	544	礫	351	最	213	㸚	722	鑢	604	藜	468
彌	683	躒	554	礪	351	朸	215	黧	722	鑢	604	藘	468
翩	683	躒	554	秝	358	櫟	233	黱	723	鐹	604	蕳	468
厯	684	軚	557	窱	369	櫪	233	豑	723	閭	609	藘	470
鯏	695	輭	562	櫟	390	歷	240	黐	724	離	622	藘	473
鮓	696	轢	564	緜	403	歷	240	纑	724	黎	623	蘆	473
鱳	698	轣	564	緜	403	瀝	243	**력**		颺	651	慮	475
鱺	698	轢	565	翼	409	轢	245	㑦	33	颺	651	膚	476
魰	699	轔	565	翾	412	泐	253	㯝	42	颭	651	嫘	481
鳬	699	遲	575	犡	412	濼	271	剫	49	颭	652	蠡	483
鳶	709	邲	579	翾	412	瀝	282	力	49	驢	664	蠱	487
麊	718	鄮	582	癘	415	癧	284	劜	49	駅	664	蠣	487
黸	724	鄺	582	癘	423	癧	288	厤	60	駼	666	蠣	488
黸	731	醨	586	屦	433	癧	288	劦	61	駿	669	蠡	488
纙	735	醨	588	屦	433	犡	292	曆	61	驪	669	㽥	488
䪾	735	醨	588	艦	444	爏	298	曆	61	驪	670	廬	490
련		鏴	599	薺	458	爏	298	叻	65	驛	670	覶	506
俥	30	壓	602	藬	458	珞	301	噮	82	驟	670	覷	506
㷊	52	銊	604	蜥	470	瓑	305	歷	95	驟	671	艫	509
孌	52	閭	612	蜥	478	瓐	305	厤	118	驢	671	濾	523
				蟀	482			厤	121	驪	672	隴	537

자음 색인 [련~렴]

幣	142	勒	558	洌	255	鰊	693	聯	421	攣	193
廉	146	泐	568	浖	256	鰱	695	聰	421	孿	194
搛	188	竻	569	烈	277	麵	717	聨	422	敕	198
斂	199	艻	569	烮	278	鱗	717	聫	422	楝	225
厱	199	迖	572	熱	282	鬣	721	聮	422	楝	228
嬐	234	銱	594	爄	282	鑾	735	聯	422	湅	256
歛	238	鋵	595	刿	287	蠻	735	胬	427	凍	261
沊	242	隻	601	捋	289	驧	735	肝	427	涟	265
殮	243	雀	619	率	299	**렬**		胼	427	湅	268
畩	245	颲	620	劄	313	冽	41	脈	427	煉	278
溓	262	颲	651	旰	314	冽	41	勝	432	爄	283
瀲	268	驾	652	暳	335	削	41	臠	435	凍	287
濂	269	駴	666	梸	359	列	45	臘	435	獵	298
瀲	272	驪	666	梨	359	刿	47	蓮	455	璉	303
爄	279	鷙	671	槷	360	劣	49	蓮	460	璉	304
嫌	281	鴷	690	笭	360	劽	50	蟬	485	瓴	307
燫	283	劓	690	絉	374	咧	69	禋	499	癩	324
斂	283	鸞	694	絉	393	哷	71	謰	519	癴	324
臉	307	鷙	702	綟	395	埒	89	綟	521	攣	324
瞼	337	齫	733	耒	417	裂	104	棟	538	爛	324
礏	348	齧	733	肝	427	劣	120	踵	551	瞉	328
礦	350	**렴**		胼	427	捋	135	蹮	554	孿	328
稴	361	兪	36	菉	449	岁	136	蹥	555	瞵	338
稴	361	燫	37	莉	454	例	164	蹞	555	笭	380
稴	363	凍	41	蜊	479	捋	183	輦	560	糒	390
簾	380	劂	48	蛚	479	捩	183	璉	562	練	397
簾	382	區	55	蛚	480	捝	184	贏	565	練	397
籨	384	區	55	裂	483	掠	195	𫘩	565	縺	400
籨	384	廉	61	裂	495	曠	201	連	570	攣	403
縑	402	奩	101	裂	495	柯	212	槤	575	臠	404
羨	412	嫌	110	袈	495	栵	220	鄻	582	嬴	404
聯	422	廉	121	趔	498	楄	221	鍊	596	臠	412
臁	433	帘	138	趙	540	栨	222	鍊	597	𧑴	415
簾	465	慊	140	踷	547	烈	241	鏈	600	䏲	419
簽	465	慊	141			烮	242	鑾	675	聫	420

彎	65			
嗹	77			
湅	91			
嬌	110			
嬺	110			
孿	112			
孿	112			
孿	112			
戀	114			
攣	114			
攠	148			
徠	157			
恋	164			
悷	171			
悷	171			
憐	171			
嗹	77			
湅	91			
嬌	110			
嬺	110			
孿	112			
孿	112			
孿	112			
戀	114			
攣	114			
攠	148			
徠	157			
恋	164			
悷	171			
悷	171			
憐	171			
戀	175			
揀	186			
捷	189

자음 색인 [렴~령]

薟 471	瀲 270	髺 681	擸 192	壢 326	艣 443	醴 588
蘞 471	爤 282	鬛 681	擺 195	皪 339	艫 444	醴 588
蠊 484	獵 291	鬣 681	氉 200	瞜 340	艪 444	鈴 591
蠦 487	猟 295	鱲 681	哾 206	砬 345	苓 447	鑢 605
焿 503	獵 298	蠟 698	壢 212	礼 356	薐 465	閭 608
現 504	獵 298	**령**	胎 214	禮 356	嶺 468	闆 612
覝 504	甦 309	钌 16	柃 218	秜 358	蘦 471	閶 612
鎌 527	瞜 340	令 21	橑 232	秶 363	蘆 474	阾 613
轣 564	礪 351	伶 22	欞 234	穛 364	虜 475	陸 618
遼 575	礫 370	儢 32	欞 235	樈 364	盧 476	雒 622
靈 626	籙 380	刓 45	岭 239	罶 365	蛉 478	雯 623
廉 628	簾 384	雳 49	馨 245	蛉 369	蠦 489	零 623
鰜 659	䂓 421	劙 49	牮 247	苓 370	蠦 490	靇 624
鹻 661	䴏 421	另 65	泠 254	答 373	衛 492	靈 625
魘 661	薗 464	哈 68	濘 268	篕 380	袊 494	霝 625
鸝 675	蘝 467	皿 69	濡 271	箵 381	裣 500	霳 625
鬑 680	蘞 469	啞 71	灵 274	領 383	禮 502	靋 625
鬑 680	甀 488	晗 78	炩 275	靈 385	詅 511	霊 625
𪏭 721	褧 501	䀛 79	爧 283	糡 389	𧦦 514	靁 626
鼸 729	讝 523	塰 80	眖 285	穛 390	軨 525	䨩 626
鼺 731	孍 525	囹 84	瓥 286	穤 390	貏 528	靈 627
叡 738	瓥 527	圇 85	狑 292	糷 390	狋 529	靐 628
렵	瓥 527	坽 87	獜 293	糴 390	趢 544	靇 628
儠 33	戁 527	姈 103	獜 299	紟 393	跉 546	靂 628
劇 49	讝 527	寷 111	玲 300	繗 402	躴 556	霝 628
㗲 82	獵 530	岭 127	瓴 306	羚 405	䡴 559	霊 628
曪 83	躐 553	岺 127	瓅 307	蠦 406	轠 564	霝 628
壢 95	躐 554	嶺 134	瓴 307	靈 406	轠 565	靈 628
巤 136	邋 575	嶺 135	瓱 308	霝 407	迌 570	靬 633
鼠 136	鞈 638	靈 148	瓲 308	羚 410	鄻 581	霮 642
擸 193	飀 653	伶 155	甂 310	翎 412	鄳 582	醴 642
曬 211	髢 664	怜 162	疠 317	翎 412	霝 582	領 644
櫼 233	驪 671	懍 175	甦 325	翎 413	醁 584	顒 649
氉 249	髮 678	䬳 179	嶹 326	聆 420	醽 587	𩙿 650
氈 249	鬝 680	拾 181	壢 326	脴 441		鈴 655
毡 249

자음 색인 [령~로]

艠 443	艣 299	鱧 697	捋 184	刕 45	䴡 360	䲉 661
艪 444	珞 301	鱳 699	摘 189	刕 139	梨 360	蠡 662
爐 444	璐 305	鸏 724	撈 190	唎 139	櫐 360	駖 665
茵 459	瑽 305		擄 192	悧 164	蠃 382	魿 671
茵 460	瓐 306	**로**	擼 193	愬 174	纚 384	髎 673
路 462	甗 308	佬 23	攎 194	屭 178	籭 384	髣 675
勞 463	爐 308	侔 24	敊 200	捩 194	傫 388	髣 678
蘆 468	甗 310	僗 31	栳 220	擽 195	㑣 388	鈴 681
蘫 468	痨 318	勞 50	楢 227	斄 199	縷 402	軨 685
藎 468	癆 322	勞 50	楮 229	柣 220	臁 429	霛 687
泳 468	癧 323	勵 51	榒 229	棙 233	鱹 444	霝 687
虃 469	爐 323	勵 52	樐 230	檴 235	鱸 444	魼 687
廬 470	膤 328	勺 53	櫓 231	列 241	詷 513	靄 687
蕎 470	瞱 340	老 54	櫨 233	殟 242	豊 526	䲉 687
滦 470	碎 346	鹵 57	櫨 233	澧 268	購 537	鈴 689
遻 473	磭 350	咾 69	鼕 234	漓 270	跤 548	鴒 701
虜 474	磷 350	嘪 71	炋 239	濂 271	醴 587	鵹 710
虜 475	秾 363	唠 78	哞 246	漣 273	釃 588	鶺 711
虜 475	稜 363	嘐 78	瓅 249	爄 282	釃 588	鸓 712
廬 475	窂 365	嚕 80	氂 249	叕 285	隸 618	齡 712
虜 475	笒 365	嚕 81	浽 256	牼 291	隸 618	麖 714
虜 475	筘 374	嘚 82	浬 257	蠆 308	隷 619	麚 715
爐 476	㾍 381	嚧 82	滷 264	鷒 308	隸 619	麚 715
螻 486	㪴 382	塷 93	潞 266	畱 313	隸 619	塵 715
壚 489	簵 383	壚 96	潦 266	翼 315	隸 619	䴡 728
謂 520	籚 383	姥 104	澇 267	挒 329	隸 619	齡 732
謊 521	蘆 384	嫪 109	澧 271	醴 342	隸 619	齡 732
頯 525	繾 403	嶗 133	濾 271	砅 344	熬 621	齡 732
豅 525	鑪 406	崂 133	炉 274	礼 352	駡 666	靁 736
濚 526	路 408	虜 147	㷭 277	礼 352	馿 666	靁 737
簝 527	歩 416	廬 148	爐 282	礻 352	驢 670	
獠 532	玃 416	佬 163	牢 288	礼 356	驪 670	**례**
路 546	膋 419	憦 171	狫 293	棙 359	驥 671	例 24
舮 555	膯 432	懰 171	猂 293	梨 359	驪 672	例 26
艕 557		濼 174	獹 298	秢 359	魿 690	㵟 42

자음 색인 [로~롱]

轳	558	蔦	703	氯	251	綟	409	頛	646	哶	70	礰	351
輅	559	鵱	703	淥	259	玃	415	錄	657	嚨	82	穞	364
轑	563	鷺	703	漉	265	睩	421	騄	667	埨	89	窂	366
轒	564	鷀	708	澹	268	頊	421	驉	669	浬	93	寵	369
轤	564	鸕	708	濼	270	膔	429	鯥	692	聾	96	聰	371
鄗	582	鸗	711	熝	280	䐇	432	鱳	696	壟	96	豅	374
酪	584	鹵	711	珠	302	艫	443	鵦	705	屏	124	篭	379
醪	587	鑢	711	甌	310	菉	452	鹿	713	峢	128	籠	383
銠	593	鹵	712	角	312	蔍	460	廘	713	龍	134	籬	384
鐄	595	壐	712	睩	325	葓	464	麓	714	礲	134	罷	409
銅	600	壚	712	皲	327	蔍	468	鵰	714	嚨	134	聾	423
錴	601	鬱	720	敵	328	蓼	468	麜	715	屏	145	朧	423
鐪	601	嚳	720	盪	329	蝻	485	麣	716	厖	148	朧	434
鑥	602	黕	722	盪	330	祿	496	黎	722	弄	149	艣	444
鐪	604	黭	723	睩	335	覗	504	黗	723	恾	165	龍	470
鑪	604	黸	724	睩	337	誂	509	鷺	737	懂	174	蠡	488
臉	606	驢	729	硉	347	謞	513	鮠	738	拣	182	蟆	488
				磟	349	諛	516			拼	183	襫	495
勝	607	록		礠	349	趚	542	론		攏	194	襫	496
翟	622	哚	72	祿	354	趢	543	怎	165	摯	194	讋	501
鑢	623	先	86	祿	354	踘	548	掄	185	曨	211	誈	513
露	627	堎	93	录	370	躡	551	淪	263	朧	215	谹	525
轤	638	綠	141	策	376	蹗	551	瘴	319	朡	221	讋	525
顱	648	麓	146	籛	379	輑	561	瞵	335	棶	233	龍	554
顱	649	彔	153	簏	382	輹	563	眠	335	槞	233	龖	557
艫	675	泵	154	籙	383	轆	564	碖	347	韝	245	轆	564
鮥	676	摝	189	粿	387	逯	570	蒳	452	瀧	264	聾	600
髏	681	敹	198	橬	389	醁	585	䨩	507	瀧	271	鏧	603
髜	681	暸	208	綠	395	錄	596	論	515	瀧	306	鏄	604
魯	688	楚	222	綠	395	錄	596	論	519	壟	310	陇	617
魿	689	槭	229	綠	395	銤	596	讇	523	爖	323	隴	618
鯒	691	櫨	233	綟	400	鏕	600			矓	326	霘	624
鱸	697	蘆	233	羅	408	麗	627	롱		矓	340	霣	628
鱸	698	琢	243	麗	408	鞍	635	俠	25	碛	347	鞴	638
骆	703			麗	408	鞴	637	僔	33			鑨	661
								卡	57				
								咔	69

자음 색인 [롱~료]

驡	671	岿	134	䪞	315	蠦	488	霤	624	厃	121	獠	282
䮽	671	巄	134	䪞	315	蠦	488	霤	626	廖	124	獠	297
鸗	711	巃	135	瘻	319	禷	501	蠝	626	屢	125	璙	305
龏	718	懢	142	癯	322	禷	501	蠝	628	嶁	132	療	322
䮽	721	懶	174	瘰	323	覼	505	䚺	629	嶚	133	瘝	323
薩	727	憌	174	蠱	330	誄	512	頛	643	嶛	133	瞭	338
薩	728	擂	192	礌	346	誅	513	頛	643	憭	141	禚	355
龖	728	攂	193	磊	348	誄	516	頛	644	廖	146	秎	357
襱	736	攋	194	磥	349	賂	534	類	644	憀	148	窌	365
龓	736	攠	195	磊	350	賚	535	頛	646	憭	170	窌	367
隴	736	攲	199	橿	351	賴	535	頛	646	憭	170	竂	368
隴	736	歔	199	礨	351	賚	536	顡	647	憭	171	竂	368
壟	736	欐	231	礨	351	賸	537	顡	647	扚	178	竂	368
攏	736	檑	233	礌	352	誅	547	顡	647	撩	191	窯	369
攏	736	櫑	233	磥	352	躐	554	顡	648	敹	199	篫	379
聾	736	檑	234	禷	356	躐	554	餧	656	敹	199	篎	380
聾	736	歹	242	稆	363	軈	557	駖	666	料	201	簝	381
瓏	736	殍	243	窂	365	輠	564	鼺	687	瞭	210	新	386
聾	736	毦	247	筊	374	輠	564	鰡	697	暸	211	粎	386
鑨	736	洙	255	筊	383	迶	571	鰡	698	杕	216	繚	401
		淪	270	籟	383	遺	574	鸁	698	橑	230	纍	408
뢰		瀨	271	纇	390					檴	233	翏	413
罍	12	瀨	271	纇	403	**료**				橑	233	翠	414
佅	24	瀓	272	纇	403	邎	577	了	16	橑	243	聊	420
倮	30	瀕	282	縕	403	邎	580	叀	21	潦	258	睟	421
偶	33	灁	298	罍	405	酹	584	佬	23	淖	264	聊	421
僵	34	獹	298	罍	409	銇	593	僚	31	澒	265	聵	422
勒	52	獹	298	罍	409	鎞	597	儗	32	漻	266	膋	430
唻	69	瑠	306	耒	417	鑢	602	嘹	79	潦	269	膫	432
啡	75	瓓	306	耒	418	鑢	604	嫽	94	漻	271	舠	441
品	82	瓩	307	耒	418	鏊	604	嫽	109	炓	274	艢	443
嘞	82	瓴	310	腡	434	鐐	605	寥	117	炙	278	蓼	460
岊	96	瓴	310	薔	463	隊	616	寥	117	燎	280	蓼	468
奧	100	晶	315	薔	465	隊	617	寮	120	燎	281	蔡	468
牢	101	晶	315	頛	470	雷	624	卭	121	爒	282	蓬	471
罍	114	蠦	315			雷	624						
岞	134	蠦	315										
峚	134

螺	485	飂	653	众	62	樓	225	簍	380	賻	536	蘲	473	
螃	486	餾	660	妻	73	樓	229	簺	381	踹	551	**류**		
蟟	486	髎	674	哩	73	数	238	累	392	踤	552	漻	42	
礿	492	髏	675	嘍	77	毬	247	糸	393	蹚	557	刘	45	
諒	521	鬏	681	嚘	81	毵	248	縷	400	遱	573	㕧	46	
謬	525	魖	687	園	85	毻	248	縲	400	邊	575	劉	48	
蹓	526	鶄	708	坴	89	泪	254	絫	401	鄝	580	勠	51	
獠	532	䰲	731	塁	92	淚	257	纍	403	鍫	600	戮	64	
賿	536	**롱**		塿	93	涙	259	羺	411	鎦	601	嚠	81	
趬	543	龍	141	塁	95	淶	259	褛	419	陋	614	壨	93	
踿	551	龙	141	壘	95	淒	265	糥	419	陋	614	壚	94	
蹽	553	爖	283	娄	104	漏	270	腰	431	陸	617	媔	108	
轑	563	瓏	323	婁	106	濖	273	膢	432	雜	622	媊	111	
遼	572	矓	340	婁	106	灡	280	艛	442	霙	627	對	119	
遼	573	竜	370	嫘	109	燇	287	艘	443	鞻	636	嶐	131	
遼	573	瓏	371	嬔	110	儽	291	茵	450	鞻	640	廇	146	
遼	573	聾	371	寠	117	儽	292	蔨	460	頖	648	廖	146	
遼	573	籠	371	廘	122	獲	297	蕫	462	驎	669	廇	147	
鄝	580	苍	454	屚	124	瓊	305	蓑	471	髏	674	廇	158	
鄩	581	瞳	538	屢	124	璢	306	蘊	471	髏	676	慁	170	
釀	581	躘	554	屢	124	璢	306	螻	483	鰡	695	懰	174	
醪	586	鸗	671	嶁	132	瓿	307	蝼	485	鶼	707	榴	189	
醫	587	聾	727	峜	132	甄	310	褸	498	鸗	710	㨫	193	
釕	590	龍	736	螻	132	畾	315	褸	499	鷚	710	摟	194	
鐐	601	龖	736	崇	132	塁	315	觀	505	鷚	710	旒	204	
璙	607	霞	736	纍	133	痩	318	諌	519	纁	711	㫿	204	
雜	622	壟	736	纍	135	癙	321	謬	520	驪	711	流	204	
醪	632	**뢰**		壨	135	瘺	321	誄	520	驪	712	柳	219	
顜	648	倭	28	塿	135	瞜	337	論	521	驪	712	枊	219	
頎	648	僂	30	嶁	141	碌	349	讄	523	麰	717	栁	221	
勵	650	傯	31	庞	145	禚	355	譳	524	黚	723	榴	226	
飂	652	儸	34	康	146	禄	362	褸	527	闒	729	槣	229	
翏	652	剗	48	懓	170	磥	367	獲	529	霆	731	檽	229	
颲	653	区	55	摟	189	簍	379	靏	530	**류**		榴	230	
飈	653	匛	55	斁	201			靏	531	甄	310	粟	233

자음 색인 [류~률]

榴	233	瞜	337	罶	408	鉚	592	駵	666	磟	349	掄	185	
櫤	234	䁖	339	蓼	413	鍮	595	騮	666	碌	354	棆	222	
橮	235	矑	340	膢	431	鋶	599	飀	668	稑	360	淪	259	
沭	253	硫	343	䑦	441	鎦	599	騹	668	穋	362	淪	263	
流	256	磂	346	䑻	451	鏐	600	驑	670	笁	372	睔	314	
流	256	袖	349	䒠	455	鎦	602	闖	682	籙	413	瘤	319	
溜	262	褏	353	蓫	459	雡	622	霤	684	翏	414	磮	349	
淛	263	褖	355	蓼	459	雕	623	鰡	694	翏	430	稐	360	
漻	265	襵	356	蔞	460	雷	626	鰡	706	陸	457	箹	375	
漯	267	稻	361	薑	460	電	627	鷟	707	蓼	460	緇	393	
潘	267	稺	362	薊	463	霤	627	鶖	707	稑	466	綸	395	
瀏	271	箹	365	蔾	468	霤	628	鳉	707	蝾	481	輪	418	
灛	272	窌	366	藋	468	霤	628	鷚	709	蝕	482	輪	418	
灃	272	窌	366	蘆	472	類	647	鶹	710	踛	548	艡	442	
熘	279	窅	367	虆	472	類	647	鷚	710	踛	551	蜦	481	
獂	296	窅	367	藙	473	類	647	麍	714	轂	553	論	515	
珋	300	簿	368	虆	473	類	647	麌	718	輗	561	踚	548	
琉	301	窶	383	蛗	480	潁	647	聊	728	阧	613	輪	560	
珋	302	簍	383	蜼	481	頮	648	聊	729	陸	615	錀	596	
瑠	304	簂	385	蟧	485	䪖	650	鷚	729	뺪	618	陯	615	
塯	304	簽	385	螺	488	䪖	651	**륙**		隆	618	鯩	693	
瑠	305	簍	385	蠝	489	䪖	651	僇	30	夆	621	**륟**		
瓢	310	虆	387	疏	495	颷	651	六	36	驑	667	凓	41	
纅	310	類	390	艎	508	颲	652	坴	41	鯥	692	凓	42	
甂	310	系	393	艛	508	颻	652	劉	48	鵱	704	剭	46	
畱	312	統	395	謧	519	颿	653	勠	51	**륜**		剺	47	
留	313	綹	395	謬	519	颮	653	勠	51	侖	24	喋	75	
留	314	縲	399	謬	522	颷	653	戮	62	倫	27	慄	76	
畱	314	繆	400	蹓	526	飅	653	坴	87	侖	29	嘌	78	
畱	314	纍	403	蹓	550	飆	653	敎	109	崙	37	埒	88	
疊	314	纚	404	輮	559	餾	655	甡	125	棆	75	堞	92	
罶	315	鐂	405	輮	560	餾	659	戮	177	圇	85	冦	115	
罶	315	罶	407	鞣	563	餾	660	穋	243	崘	129	冽	119	
瘤	320	罶	408	遛	572	鰡	665	踛	259	崘	129	峍	128	
癅	322	罶	408	遛	574	騮	665	瘆	321	惀	166	嶉	130	
眤	334													

류~률

자음 색인 [률~리]

嵂	131	轤	563	柳	223	**릉**		蓮	473	莅	60	杍	216
律	156	颲	651	汒	251	倰	27	裱	496	蔆	64	李	216
慄	169	飀	652	沏	253	凌	41	趢	541	吏	66	杝	216
懍	173	鮥	685	洲	254	勝	41	跉	548	哩	71	梨	222
捋	186	鶌	706	功	299	劾	51	躴	555	唎	71	悝	222
捩	188	麖	714	瑮	304	喽	80	輘	560	喱	74	梨	222
厉	197			塑	304	埄	90	錂	596	嚟	78	橉	228
戾	198	**름**		笯	372	夌	98	陵	614	娳	105	櫔	234
栗	219	窿	117	靭	379	嫾	106	陵	615	娌	105	耗	248
桌	225	薩	133	朸	423	嵕	129	隊	616	菱	109	斄	248
溧	263	癃	318	艻	445	陵	132	陵	616	孋	111	毦	248
獖	297	癃	320	阞	613	庱	145	鼢	651	孷	113	浬	256
率	299	簿	322	骷	674	悛	167	餕	657	蜜	117	浰	256
璍	304	窿	350	鯛	688	愣	167	駿	667	屝	124	沴	257
瑮	306	窿	368	鰳	695	接	186	髎	674	履	124	漓	265
硉	345	薩	381			棱	223	鲮	692	履	125	灑	272
硱	347	薩	462	**륵**		楞	225	欵	716	剚	127	灘	272
稏	361	嶐	603	向	18	楞	225	陵	716	峛	129	爄	280
稞	362	隆	614	凛	42	欿	237			峲	141	汝	285
等	375	隆	615	凛	42	残	242	**리**		廲	148	摛	287
箻	377	隆	615	凛	42	凌	259	俚	25	彲	155	犁	289
篥	378	降	615	戽	145	瑡	302	俐	25	俊	157	犁	290
粟	389	隆	615	廩	147	畟	314	佽	25	悷	164	笭	290
綟	399	霳	626	廪	147	睖	319	俐	25	悝	164	䔳	290
縡	400	霳	627	懍	173	碐	335	勆	35	悧	164	摛	291
綟	403	隆	727	懔	173	稜	347	羅	39	愍	167	攡	291
辮	403	薩	727	琳	185	棱	354	丽	45	憵	167	斄	291
胅	430	隆	728	檩	231	綾	360	利	46	愮	171	狸	294
膟	431			標	231	綾	396	剓	46	慭	171	猁	294
葎	455	**륵**		潮	268	菱	452	剹	46	憝	174	珕	301
葎	459	仂	20	凛	281	菱	460	勸	47	摛	189	理	302
萃	462	勒	51	凛	322	陵	460	剢	48	攡	194	唎	302
蓶	547	叻	65	磮	347	棱	464	剺	49	藜	196	璃	304
蹕	550	吶	77	稟	360	稜	465	剬	49	蔡	200	匴	309
軐	558	忇	160	凛	361	菱	470	劙	49	藜	200	痢	318

자음 색인 [리~린]

痢	318	綡	400	蠡	488	鏊	598	鱺	697	囒	82	翳	416
瘌	321	纚	404	劙	489	鑗	604	鱳	698	㘓	94	蘒	464
瘺	324	罹	408	蠣	490	雅	620	鱺	698	聯	96	藺	470
瘰	330	罹	408	蠫	490	離	621	鴗	703	嶙	133	蟒	471
罍	335	羅	409	裏	495	雞	622	鴽	704	鱗	135	蟒	486
瞝	337	羅	411	裡	495	顱	623	鶍	708	麐	148	闌	490
矖	340	蠃	412	褵	499	颲	648	黎	708	怜	163	覯	505
矖	340	犛	419	襬	502	颺	651	鸝	711	恡	164	豼	529
瞝	342	犂	419	覼	506	驪	652	鸝	711	悋	164	貶	534
离	355	朏	428	署	513	驎	669	鷺	711	撛	191	賂	535
秄	356	胯	433	誓	517	驊	670	剺	716	斬	202	躙	552
秄	357	脷	442	謧	518	驊	670	黎	716	瞵	210	躪	554
秜	358	艫	444	謧	519	驟	670	黐	716	橉	230	躪	554
稪	358	荔	449	謋	520	驟	671	黎牛	720	澟	267	蹸	555
穭	362	荔	449	譴	524	驪	672	豼	720	濮	279	轔	563
穭	364	莉	450	狸	531	驪	672	穭	721	関	279	轔	563
棣	371	莅	450	獴	532	髵	678	穭	721	燐	281	輴	564
蠡	371	藿	452	赹	539	鬒	680	聚	722	獜	287	轥	565
莉	374	萮	452	頣	549	魖	681	黧	722	獜	297	轥	565
茘	377	葎	454	遝	570	勉	684	蠠	723	璘	305	遴	573
篥	379	蒞	457	邐	575	赼	685	黐	723	璘	306	遴	573
籬	384	蒞	458	郦	578	鯉	686	蠠	724	瓴	310	遴	574
粎	384	薙	459	鄜	582	鰡	686	黐	729	瞵	315	遴	575
粒	386	蕮	462	酈	582	鯉	686			瞵	315	鄰	581
粴	387	蘿	472	酏	583	魖	687	**린**		瞵	338	鄰	581
黎	387	蘿	472	醨	586	鯉	691	粦	16	瞵	339	鄰	581
糎	388	蜊	480	醽	588	鯏	691	僯	31	磷	350	鄰	581
騾	388	蛠	480	里	589	魰	691	厸	62	篥	381	鏻	601
籢	388	蛋	480	脾	589	鮞	692	吝	62	蘭	384	閵	609
籢	389	蚕	481	釐	589	鯏	692	啉	66	躪	387	閵	609
穲	389	螭	483	釐	589	鰲	696	咯	69	鄰	387	麐	611
穭	389	螔	485	鋰	594	鰊	696	哼	71	繗	401	隣	617
縭	395	蠡	485	鏨	594	鱷	697	哆	71	翷	416	隣	618
縭	399	蠡	488	鏊	596	鱱	697	哆	73			鵻	648
縭	400											鶳	648

자음 색인 [린~만]

린		림		립		마				막				만	
麟	649	淋	266	颭	650	撐	193	蹣	554	摩	718	莫	450		
轔	649	淋	271	飧	655	擁	195	鄢	580	麻	718	覓	452		
駱	666	澟	272	魰	689	傌	226	駬	580	廖	718	芇	454		
驎	670	蘁	281	鴻	701	馮	264	蘑	582	麈	718	羋	454		
驥	671	玲	300	齒	733	獁	297	鑢	599	麐	718	羇	459		
鱗	687	琳	302	齾	733	瑪	304	鑢	605	魔	719	藐	467		
齡	689	痳	319			痲	319	陽	616	麿	719	蘋	470		
鱗	696	痳	347	亇	16	痳	321	雁	622	纏	721	蠊	485		
鰲	697	箖	376	丁	17	瘢	323	鹹	632	驓	726	暮	485		
鰊	697	臨	436	巠	17	皯	328	鹺	632			蠻	489		
鶇	709	覶	436	傌	29	藨	330	鹾	632	勆	50	覓	503		
廞	713	闞	436	剬	49	瑪	337	䴸	632	免	50	貌	531		
廩	714	菻	452	嗎	75	碼	348	顣	648	嘆	77	貊	531		
麎	714	藁	471	嘛	77	磨	349	顬	648	嗼	93	貘	531		
麐	714	霖	471	嗙	77	磻	352	麋	659	幕	117	邈	574		
麟	715	檁	625	嚰	81	礱	355	靡	659	汖	137	邈	574		
麟	715	槴	646	壅	82	糕	390	饌	661	幦	141	逶	575		
甝	716	儲	658	塺	93	糜	390	饇	661	幙	141	邈	575		
		鷲	684	媽	108	纆	404	獼	662	幎	147	鄭	580		
勒	558			夢	109	糜	419	馬	663	幕	174	鏌	600		
		吐	68	孀	110	纏	419	馯	663	摸	190	霙	626		
臨	34	太	99	示	120	腋	432	蘼	675	嘆	210	鞼	636		
痳	116	岦	127	尒	120	朦	435	髖	675	摹	243	饃	659		
箖	130	岦	127	小	120	糕	454	鬕	675	殘	243	饝	717		
埜	130	浴	261	痳	146	蒜	454	鬕	680	漠	265				
埜	130	砬	345	鷹	146	薔	460	魔	687	瘼	321	万	11		
淋	157	立	369	魔	148	薯	468	鮎	687	皟	337	僈	30		
婙	166	隶	371	影	154	嫲	483	鮎	695	膜	337	僈	33		
琳	209	笠	373	影	155	蟆	485	鶝	695	瞙	349	芇	39		
枭	209	粒	386	影	155	暮	485	鷹	706	縸	400	翻	52		
林	217	苙	447	懑	174	蟆	485	麻	708	膜	431	卍	56		
棽	223	鉝	592	攠	175	蠦	485	麻	718	膜	431	嗼	75		
淋	258	靈	624	摩	190	蠍	485	麼	718	膜	431	嘷	75		
淋	265	颭	650	摩	190	謕	519	麼	718	苜	448	嘷	80		
		颭	650	摩	190	貉	530	麼	718	帶	450	墁	93

자음 색인 [만~망]

瞞	93	漫	265	蔓	468	醜	631	末	215	鞔	638	鉅	97
場	95	澷	267	蔓	471	鞔	634	朶	216	靺	639	奀	99
娩	105	漫	268	蠻	479	鞠	636	朶	216	靺	639	妄	102
絻	105	滿	269	蠻	485	顢	648	抹	218	韈	640	姚	102
嫚	109	瀰	270	巒	490	饅	659	沫	253	頞	644	宀	105
勉	116	瀰	273	巒	491	驍	671	洃	271	餘	655	宓	114
兟	120	灣	273	滿	499	髭	678	袂	275	餘	655	宿	114
弯	128	熳	280	褑	499	髭	678	荚	278	駂	665	寱	117
巒	135	獌	297	謾	519	冕	678	袜	325	髏	675	屾	117
幔	141	嫚	328	謾	520	髮	680	被	327	髏	675	崂	126
幔	141	敗	328	謿	522	鬚	680	袜	327	魰	689	忙	129
彎	153	瞞	328	縵	525	鬘	680	薉	328	鮇	690	忙	132
悗	164	晚	334	縵	525	鬓	680	首	332	鴾	701	忙	160
慢	170	魅	334	貓	529	鰻	695	眛	333	鵝	716	忘	160
懣	170	瞞	337	貓	532	鮪	696	眇	333	鶔	724	悾	164
懣	170	瞞	338	貌	532	鰑	697	睞	336	【맘】		悯	165
慢	173	彎	340	購	537	鯨	711	碼	345	癸	98	忙	166
懣	173	罵	357	蹣	551	鱛	712	磕	351	麥	324	吁	205
懣	175	穘	362	蹲	555	鰻	717	抹	358	鋄	594	眸	210
挽	183	蔓	368	鞔	560	黧	723	抹	386	鏝	596	眸	210
攗	190	籍	376	輓	563	【말】		帓	393	鏝	598	明	213
敗	200	簫	380	鄠	580	休	22	韎	410	鏝	599	萌	214
晚	208	篡	380	鄭	582	儘	30	粖	426	鏝	599	望	214
魅	208	篇	383	醱	586	吣	68	祙	438	鈑	601	望	214
晕	209	糒	389	醱	586	杰	71	茉	444	鏝	601	杗	216
曼	210	綬	394	鋺	595	抹	88	袜	447	飴	656	枺	216
曼	212	縵	400	鏝	600	妹	103	袜	494	黙	722	茫	249
樠	228	緡	402	鏝	600	帕	138	袙	495	【망】		茫	251
楠	229	穆	419	鏂	603	怀	138	禑	498	亡	18	汒	256
樠	235	穆	419	鏂	606	柘	162	禑	501	妄	18	汒	257
毌	245	脕	427	鏝	607	栜	139	蹳	546	兦	36	洤	258
灣	262	萬	447	鏝	607	抹	181	閘	607	罔	38	浤	266
滿	262	蔓	455	鏝	607	沫	190	鞊	633	吐	38	漭	266
滿	264	蔓	460	壐	628	眜	207	鞊	635	吿	66	烟	277
滿	264	蔓	466									牤	288

자음 색인 [망~맥]

望	302	芒	445	邙	576	媒	107	穤	362	醀	585	默	722
㾾	318	辻	445	釸	590	嬪	110	寐	366	烸	589	黙	722
肬	331	蕵	445	銤	594	寐	116	寤	368	鋂	594	驪	724
眊	331	丼	447	鋂	594	毎	125	梅	387	雎	622	**맥**	
眛	333	苡	447	鏴	600	懇	170	毎	407	霉	624	麥	98
矒	338	茻	449	雄	621	懑	172	毎	408	霂	626	嘆	132
矒	338	芮	449	霧	627	抹	174	罵	408	霾	626	帓	139
砈	344	茻	450	顣	645	抹	181	罵	412	霾	628	泊	260
碴	346	茚	450	䴉	650	梅	183	蕒	426	霢	628	瀎	270
砥	346	莣	450	髣	657	昧	207	腜	426	霢	629	狢	294
硥	346	莽	450	髳	675	呆	216	腜	427	酥	631	狛	294
碙	347	莾	452	鬟	678	枚	217	莓	429	鞪	637	眽	333
秏	357	莽	452	毛	685	枝	217	苺	447	䩈	639	眜	333
秬	359	莽	452	魍	686	梅	220	苺	450	䩈	639	祇	353
空	364	菌	452	鮏	688	梅	221	蕒	454	顋	645	簤	380
罔	370	蓏	459	鮰	692	棵	221	蘋	464	罵	665	絔	393
笀	372	蘮	459	鮎	703	楳	225	覢	467	罵	665	脉	425
笷	376	覄	470	鳩	703	槑	227	覼	505	骸	673	脈	426
網	392	蚆	478	玅	715	毎	245	講	522	髤	685	薎	472
網	396	蜽	479	黽	722	毎	245	謹	523	髟	685	虋	475
罔	396	蛖	480	龍	736	毎	245	謹	524	髟	685	虋	475
网	406	蜩	481	**매**		毎	245	謐	526	魃	685	虋	475
⺲	406	蟒	486	休	22	沫	253	豾	529	魅	685	驘	476
罓	406	蟒	486	勱	51	浼	257	豿	531	魁	685	蛖	479
网	406	蠎	487	哎	67	湈	261	貍	531	魅	685	蚲	489
罒	406	詷	511	呆	67	煤	278	買	534	魃	685	蝚	491
罓	406	誜	513	駄	76	玫	300	賣	535	魃	685	蜢	491
罟	406	諝	513	嘪	79	珻	302	賁	536	髟	686	貊	491
罔	406	調	515	嚜	81	痗	318	賣	536	餛	686	貘	491
罔	406	謂	516	坆	87	眄	332	昒	546	觰	686	袹	494
罟	406	謹	516	埋	89	眛	332	迈	567	魋	686	袹	495
罒	408	謹	520	堳	89	買	334	邁	574	魊	686	覛	504
罔	420	謹	522	塺	93	眛	338	邁	575	貓	686	覓	504
聛	421	鞪	559	壳	96	瞶	340	邁	575	貓	686	覓	504
胱	428	鞔	560	妹	103	禖	355	酶	584	鵋	708	貉	530
臦	435

자음 색인 [맥~멸]

貊	530	薨	309	蟊	482	汨	252	**면**		沔	252	蝒	487
貉	530	甿	313	蜢	486	汽	265	丏	11	泯	254	蠠	488
貈	530	盲	313	蟒	486	滵	269	俛	24	洵	260	覭	505
貘	532	痝	319	盟	491	煝	279	偭	28	湎	261	詺	512
趀	540	盂	328	盟	491	爅	282	儌	33	渑	268	誂	516
躻	556	盟	329	鄳	581	覓	284	免	35	偏	287	謵	522
鉑	593	盟	329	鄳	581	睍	338	冕	39	盱	331	賱	537
陌	614	盟	330	錳	596	窵	366	宀	39	眄	331	軸	557
霡	626	盟	330	鑅	598	篾	380	勉	50	眠	332	酕	583
霢	626	肶	331	鏉	604	籙	381	勔	51	瞑	332	醖	585
霢	626	盲	331	罵	667	篾	383	哂	74	瞢	336	面	631
霢	626	盱	335	鯍	693	糸	391	啚	85	瞤	337	面	631
駊	666	瞢	335	鶒	711	緜	400	塓	95	矒	339	面	631
募	668	瞢	337	鼆	726	羃	409	婏	106	瞟	339	動	631
驀	669	矒	339	**야**		葞	458	媔	107	矉	340	靤	631
驀	669	民	340	乜	15	莬	475	挽	113	硑	347	靦	632
騖	706	眠	370	殈	242	皃	475	宀	114	稴	387	鞄	633
騖	707	艋	442	**양**		皃	475	宼	114	稴	388	鞙	634
驀	708	視	444	孅	412	皃	476	寡	118	稴	388	鞭	635
麥	715	茵	450	**엄**		稹	498	嶀	122	紃	392	題	649
맹		苗	450	銊	177	冥	503	怴	139	緬	394	顳	649
勐	50	萌	453	**여**		硯	504	怲	140	緜	394	髥	680
孟	112	菁	454	垎	203	覛	504	怐	167	綿	396	髷	681
懵	118	蓋	454	垎	203	覓	504	挼	187	緬	397	髷	681
懜	118	薨	462	垎	203	貇	529	捫	189	緕	397	鮸	691
懇	141	蓢	463	**역**		趉	543	搆	190	絻	397	鶥	705
徿	158	蟊	463	冂	39	醚	585	冕	213	聉	422	黓	715
懵	174	蘳	469	冪	40	醚	586	杇	217	脚	429	黓	715
柰	216	蘉	469	冪	40	默	588	棉	222	腛	436	黓	715
樠	230	甍	471	塓	92	馲	669	榑	224	舫	436	麪	717
氓	250	甍	471	愃	140	默	722	筼	232	芇	446	黽	725
氓	250	虻	477	愃	140	黓	722	櫻	232	苊	451	黽	725
猛	295	虻	477	幎	141	黓	723	櫻	235	萰	455	**멸**	
氋	309	蟊	481	幂	141	黓	723	冞	241	蚵	478	儀	33
甿	309	蝐	482	幪	142	鼏	726	冞	241	蟠	482	娍	108

蔑	141	醶	588	槙	226	酩	584	冐	68	庁	178	麧	248
幭	142	鐱	604	榠	227	銘	593	哞	69	扪	179	浘	255
懱	142	衊	623	殟	242	鍩	599	唛	75	扡	180	浼	256
威	174	瞇	632	洺	256	顊	647	困	84	揖	187	湄	261
娍	176	瞢	647	溟	262	黽	667	圌	85	摸	190	渒	264
搣	176	虌	684	熐	279	鈴	693	圎	85	摹	190	牟	288
搣	188	衊	698	猽	296	鳴	699	圜	86	敄	198	牡	288
攠	193	蠛	698	皿	328	䁾	704	圓	87	旄	203	牦	288
橭	233	鴓	701	明	331	鷭	704	乇	94	昝	205	犘	290
滅	263	鷩	711	眳	333	鴡	708	㒝	101	暮	210	犛	291
㵾	271	鷩	711	眀	336	鼏	733	姆	104	某	217	猫	293
莫	278			瞑	336	**몌**		姥	105	栂	218	猊	294
眜	333	**명**		瞙	336			媒	107	栂	219	獏	297
瞢	337	名	23	嚳	339	袂	193	嫫	109	棋	224	玒	300
矀	339	佲	29	䫿	339	㸜	233	嫍	109	楳	227	毛	303
瞩	340	俱	28	䄙	355	糸	325	登	127	模	229	甍	308
穚	363	冥	29	䆆	365	袂	388	嫠	131	橅	230	甿	324
篾	379	溟	40	冪	367	袂	493	嵍	131	殁	242	眊	325
簚	379	䏳	41	卷	386	袂	589	幞	131	母	245	眸	331
篾	379	名	66	粭	386	鍐	604	幠	139	毛	246	眊	331
粎	386	命	68	絡	394	**모**		帽	139	毪	246	眸	333
秘	386	痝	78	䏳	422			幠	139	氁	247	眊	336
糱	390	鳴	78	䒱	445	仴	20	幠	140	犛	247	矛	341
絥	391	姡	104	艶	445	伎	21	悾	162	毷	247	矛	341
衊	403	姁	108	茗	449	侔	24	怓	162	毳	247	犼	341
衊	403	㝠	113	蓂	458	偉	24	惷	163	氀	247	磨	345
菅	457	冖	116	蘷	469	鹿	35	愗	168	旄	247	磨	348
蔑	460	寗	116	蒽	469	冃	37	懞	170	毛	247	耗	357
蔓	460	岟	131	螟	471	冃	38	慕	170	毽	247	𦏵	370
羲	465	愧	169	蜛	483	冒	38	慕	170	毛	247	暮	379
蟲	471	明	206	璽	489	冐	38	憔	171	毽	248	蕪	381
蠛	488	冥	207	西	502	冒	38	懇	174	鼆	248	耗	385
蠛	489	晲	209	覭	505	見	39	我	176	氅	248	稬	389
𧈀	491	暝	210	詺	512	募	39	戮	177	氃	248	絏	392
靦	503	晿	214	䠉	529	牟	51	戊	177	氋	248	罞	407
		椧	223	鄍	580	呣	68

자음 색인 [모~몽]

蟊 407	謨 519	麰 716	瓱 360	沒 252	氁 249	襀 501
芼 416	謩 519	麳 716	穆 361	没 252	毷 249	謢 522
毛 416	譕 520	麳 717	穆 362	沕 254	瀫 262	瑁 529
耗 418	貌 521	䴷 717	紕 362	玬 300	瀇 263	瞀 529
耗 418	貃 531	䴷 717	繆 392	玬 302	濛 269	跘 546
帽 442	貇 531	䴷 719	纍 400	昝 414	獴 298	瞢 551
悎 442	貌 531	**목**	罞 401	苢 450	矇 326	鄤 581
芼 446	貌 531	叺 11	眊 413	殁 528	矒 329	鄸 581
茅 447	躯 556	凩 43	舶 441	殁 528	瞢 337	鄸 582
茆 447	耗 558	囦 84	冐 442	歿 624	矒 338	醂 586
莽 449	遜 570	圓 85	帽 442	頞 643	曚 339	醈 586
冒 455	遇 573	圫 87	艒 444	**몽**	黱 339	醵 587
募 457	酕 583	堎 89	苜 447	儚 33	齈 340	醿 587
菐 460	醀 586	奄 92	苿 450	家 39	贈 340	鎝 599
暮 462	鉧 592	夒 108	莳 454	㟮 81	磙 351	鏳 603
摹 462	鈝 592	缪 154	菖 455	壕 95	穄 363	鐼 604
慕 462	銲 593	敄 199	茼 457	梦 95	縠 402	雺 624
暮 462	鉧 593	木 215	蚞 477	夢 98	冡 407	霿 626
薹 466	鉧 598	釟 215	梅 496	夢 99	朦 428	霧 626
毫 470	瑁 606	柰 216	犛 562	夢 99	朦 434	霡 628
麿 471	眊 606	棏 216	鞪 564	覆 118	膵 434	霻 628
蚤 478	閅 609	桀 225	鉧 592	懵 118	矇 434	顃 649
蛑 479	須 646	橁 227	霂 623	矇 118	艨 444	顃 649
蝐 482	饛 656	氉 247	霢 624	幪 134	艷 445	顃 649
蟊 482	駥 664	沐 247	鮇 689	幪 140	薓 454	饛 659
蚭 482	髳 676	沐 252	鶩 705	懞 142	蒙 457	饛 661
蛑 483	髦 677	炑 274	鶩 707	懞 173	蒙 458	駥 669
蛑 484	髦 677	牧 288	**몰**	獴 173	夢 462	駥 671
蟊 485	髳 679	牄 293	乷 63	懵 174	薔 468	鬌 677
褅 497	鬃 685	目 331	乷 63	擤 192	蛟 480	鬌 681
皃 503	鮮 691	目 331	圽 87	曚 211	蟊 485	髬 681
覒 503	鴾 700	眉 332	殁 241	懵 215	蠓 488	魌 687
貶 503	鶩 705	睦 334	殁 241	梦 221	樣 501	鯎 691
謷 512	鶓 706	瞀 334	篗 243	檬 232	樣 501	鶅 703
謀 517	䴕 716	睦 335

貓 528	鶩 399	鶩 200	匯 55	菲 451	渜 263	鳩 703
貧 533	繆 400	无 204	羃 64	䔣 456	鼎 285	鶩 708
貿 533	繐 401	旡 209	唔 68	墓 459	猫 290	鶖 710
賀 533	縻 407	瞀 210	幠 79	藐 467	猫 295	鷚 710
貲 534	縹 407	楙 225	憮 91	蚥 478	杪 299	鷚 710
賈 535	罞 407	橅 230	森 101	蠱 488	盰 313	蟊 717
贒 535	罠 408	𣞙 230	姄 106	諆 510	眽 313	蟊 717
跗 546	羉 408	懋 232	嫫 107	貓 531	敏 313	蟊 717
踇 547	羋 409	武 239	嬤 109	軞 560	䀇 313	
趺 547	聱 409	母 245	媌 111	邜 576	晦 314	**묘**
跮 549	艪 411	毪 247	嫍 131	鉚 592	瘼 320	伆 21
覒 552	艨 411	漁 266	嶤 131	錨 597	膘 326	佱 27
蹣 553	芼 413	無 271	巫 136	非 630	眇 331	卯 58
躤 567	胒 425	橆 277	媺 136	非 630	瞄 333	夘 58
邈 574	胖 427	熒 278	炑 139	非 630	憎 336	吵 67
鄚 581	臁 432	拇 289	嵄 140	騅 668	愍 337	喵 74
鄮 581	臞 434	脢 302	幣 140	鬐 678	慜 338	墓 93
釐 585	艪 440	珷 305	憮 141	髳 678	暋 338	妙 102
鍪 597	髉 444	珷 310	鷹 147	鵁 696	秒 357	媌 107
鏊 600	茂 447	甒 310	癢 148	鶼 706	稌 361	媌 109
鎊 600	蓏 450	甒 313	武 150	鵪 706	穮 362	寞 116
䥕 606	蔽 456	畋 313	德 158	鷀 706	秒 364	峁 127
趺 614	蘐 460	畝 313	悴 163	鶩 706	節 370	妙 138
陯 617	蕪 463	晦 314	惀 168	鵩 706	篎 373	纱 143
雊 620	蘼 467	晦 317	懣 169		庙 144	
霍 621	蛩 482	蹯 333	憮 171	**몰**	妙 375	庿 146
雾 624	蜹 482	瞀 336	戊 173	圽 15	篍 376	廟 147
霢 626	蠮 485	曙 339	抚 175		篾 378	乸 178
霧 626	蠱 486	務 341	拇 180	**무**	紗 391	描 186
霩 628	衺 494	碔 347	撫 181	畝 19	紗 397	昴 207
鍪 635	訌 513	磬 348	攃 191	侮 25	緢 397	杳 216
鶩 668	誣 514	篻 381	攷 194	儚 31	耳 420	殎 242
𦴑 668	誈 515	蕪 394	敆 196	冃 33	胗 424	泖 254
驁 669	謨 516	絭 397	攴 196	劢 38	茆 447	淼 259
				勄 42	苗 447	渺 260
				劸 50	苗 447	湎 262
				務 51

자음 색인 [무~미]

鶩 669	勿 52	斑 302	袾 496	麴 502	牀 144	溦 263
髳 677	勾 52	璊 304	趦 543	迈 568	廐 147	溦 268
鬃 679	吻 67	璊 306	趦 543		弥 151	瀰 269
鮇 690	吻 67	瞞 337	酩 583	**미**	弥 151	瀰 271
鰻 691	呡 68	麋 362	釩 591	亹 19	弭 152	濔 272
鰵 694	呇 71	稤 362	鋄 596	侎 24	兜 152	瀰 272
鶩 697	問 72	笏 372	鍆 607	厬 39	彌 153	灑 272
鶍 701	唔 75	笏 372	門 607	味 47	壐 153	湄 278
鶩 702	妏 102	眷 387	閔 608	咩 68	徕 155	麋 283
鵡 702	娩 139	糒 389	閿 609	咪 69	微 158	麋 283
鶩 703	彣 154	紋 391	閩 609	哶 69	微 158	狝 295
鵐 703	忞 161	絻 391	閩 610	嘧 71	徽 159	獼 295
鵐 705	态 161	缶 394	闅 612	媄 77	旎 159	獼 298
鶩 705	怋 162	肴 420	雯 623	塝 91	侎 164	獼 299
鯻 708	悗 164	聞 421	頟 646	娓 105	恄 168	瑂 303
묵	懑 173	鼿 421	馼 664	婆 106	捪 184	璺 306
嘿 79	扢 180	肳 425	鴍 664	娿 106	搣 190	癍 322
嚜 81	扵 180	脗 427	鳼 683	媚 107	摵 192	眉 331
嫼 110	抆 181	脗 427	鳼 688	媄 107	捫 194	眸 333
熮 282	捫 184	膴 430	鴍 700	嫐 108	擺 195	眊 333
默 297	搢 186	艾 446	鴍 700	媣 108	敉 197	眷 334
瞞 340	攵 196	芋 451	鴍 701	嫠 110	敉 200	眷 334
瞽 340	文 200	葤 453	驚 718	孁 111	盝 201	眪 336
繆 403	楣 229	蘆 473	敗 728	孋 112	亹 201	睞 336
蠠 486	刎 241	藣 473		寐 117	未 215	瞴 339
蠠 488	毣 249	蚊 477	**물**	寢 118	梶 222	瞷 339
鈉 691	汶 252	蚉 477	伆 21	尾 123	楣 225	獼 342
墨 721	浸 260	蜸 479	勿 52	尾 123	櫗 234	砒 346
默 721	潣 260	蚉 479	岉 126	屎 123	殊 241	袜 353
黕 723	潤 266	蝱 484	吻 206	屎 124	洣 255	袨 359
黕 723	澷 273	蚊 485	昒 206	崺 130	浘 256	麋 362
문	炆 274	蟁 488	智 213	嵋 130	渳 259	穄 364
伆 21	玟 300	蠠 489	曶 252	徽 133	洦 260	籵 366
們 26	玟 300		物 288	嚳 135	洟 260	窔 367
刎 45			物 385	湄 135	湄 261

자음 색인 [미~밀]

䆜 368	䓴 457	釀 588	麋 714	岷 127	烟 281	购 533	
篃 375	蘞 459	釀 588	麛 714	崏 129	潤 281	貢 533	
眉 378	迷 459	醽 588	麊 714	嵍 129	掔 291	侚 534	
媚 378	詸 460	酥 588	麝 715	敃 131	玟 300	䟱 546	
媺 381	薇 465	鉩 589	黸 715	旻 133	珉 300	輽 559	
薇 382	薇 465	鋆 593	糸 716	張 152	瑉 302	輽 561	
篊 383	藄 471	銤 597	綟 716	忟 161	瑉 303	轞 562	
彌 384	虋 471	鎂 597	麻 718	忞 161	珺 303	轣 565	
箪 384	彌 471	鎇 598	塺 718	怋 162	痕 317	鈱 592	
米 385	蘼 472	鑢 603	麑 718	悶 166	瘽 319	鎇 596	
攺 385	䗋 482	鋻 605	厝 718	悗 166	皮 327	鎇 597	
桒 386	覒 503	鏞 607	摩 718	悶 166	眅 332	閔 608	
巻 386	覒 503	鏞 607	麻 718	愍 167	旻 332	悶 608	
耗 387	覛 504	闇 612	糜 718	愍 170	眠 332	閩 608	
粖 388	覭 505	闒 618	麻 718	惽 170	睧 336	悶 608	
糜 389	覷 505	靡 627	糜 718	憫 171	矺 344	閟 609	
糠 390	覺 505	靡 630	麋 718	懑 173	砇 345	鬪 612	
獼 390	謎 513	頼 644	糜 718	抿 181	砥 347	頿 643	
糷 390	謎 515	頼 644	糜 719	搢 186	碈 348	頵 644	
絑 394	謎 518	頺 647	斁 722	敃 196	箟 373	顝 647	
縻 400	貊 531	颸 651	黴 723	敏 197	簢 381	鱉 695	
縻 400	䝟 538	餒 657	鼌 725	敏 197	慜 382	鷩 695	
繝 403	䝟 538	饕 659	鼂 725	鼚 198	慜 383	鷗 701	
罙 406	躃 555	饕 659	鼇 725	旻 206	紙 393	鷸 705	
羕 407	躾 556	鬩 661	鼁 725	旻 206	緡 396	鷸 706	
罞 407	辟 565	鬩 682	鼉 726	昬 209	緡 397	鶑 706	
芈 409	迷 569	鮇 682	鼀 728	民 250	罠 407	鷟 708	
美 409	郑 577	鮇 689		敃 250	罠 407	麛 714	
靡 422	郿 579	鰍 690	**민**	泯 252	罠 409	麋 714	
艉 442	郿 581	鰍 697	伳 32	汶 254	胎 427	黽 725	
茉 448	醚 585	鶙 705	汦 40	浸 260	苠 447	黽 725	
莀 451	醚 586	鷸 710	岇 43	浸 261	菲 456	黽 725	
眛 453	醹 586	麈 713	剭 46	潤 266	蠱 488		
韎 455	醳 586	麃 714	勄 50	潤 268	䗋 490	**밀**	
美 457	釀 588	麋 714	圿 68		闉 490	蟁 40	
			圿 87			嘧 77	
			岐 126

자음 색인 [밀~반]

宓	114	婆	106	敀	196	膵	338	膊	435	韢	626	轒	676
客	115	**박**		毃	200	㩒	342	䏙	438	䨦	626	驋	680
密	116	亳	18	曝	210	礿	344	舶	441	靁	627	魄	685
蜜	117	毫	19	朴	211	硐	345	艊	442	霶	627	鮁	689
必	127	刐	45	樸	215	硼	347	苩	453	霈	627	鱍	698
苾	128	刜	45	檏	230	礴	349	葧	458	雹	627	鱕	698
榓	226	剐	46	樽	231	礡	351	蒲	458	齉	628	麷	717
樒	229	剥	47	欂	232	礳	351	蕧	464	䨻	629	鼥	729
樒	232	剝	47	欜	233	礐	352	薄	465	䩺	633	䵻	734
泌	259	博	57	欛	234	稆	358	襆	467	鞁	633	齳	735
滭	260	愽	57	皬	246	窗	365	蟦	468	鞞	636	齤	735
溢	264	叭	66	泊	254	筋	375	襏	483	鞟	638	**반**	
潁	264	啪	72	溥	263	箔	376	襥	498	鞁	638	伴	22
濊	268	嗶	77	濼	270	筺	376	襮	501	鞴	639	侔	37
宓	329	噗	79	焞	276	簿	378	䙞	501	鞲	640	叛	37
宻	335	曝	81	爆	279	簿	381	譻	518	鞲	640	泮	40
瞲	337	卜	86	牔	282	簙	382	譻	521	敲	642	半	56
繆	402	奤	94	牒	287	簙	382	驋	523	頗	645	夐	63
縌	460	廹	101	犦	291	簿	383	豽	529	頨	647	奱	63
萲	460	彴	148	犦	291	粨	386	䜏	544	颮	650	奲	63
螢	466	博	155	犦	291	絔	397	跗	547	飯	655	反	63
蜜	467	愽	170	犾	292	縛	398	轉	562	飰	656	反	63
蜜	478	懪	174	狛	293	縷	403	轉	564	餺	659	叛	64
蜜	481	憉	174	犾	293	羒	411	迫	568	饑	660	吸	67
忘	487	懪	175	獏	296	翃	414	醊	584	饌	661	嗌	79
蟁	490	技	180	卟	299	翎	414	鈽	590	饘	661	坢	87
蠠	490	扒	180	珀	300	翏	414	鈽	592	駁	664	夫	100
詘	512	拍	181	璞	305	翻	414	鎛	599	駮	665	奋	101
謐	516	拍	182	甋	307	翻	415	鑮	601	駹	666	姅	103
謐	518	搏	188	炮	307	翻	416	鐽	603	駍	667	娩	107
寶	535	撲	191	胶	307	肊	424	鎛	603	鮁	673	媻	108
贕	536	擉	192	魄	326	胉	425	鐏	604	鯆	673	婇	110
醠	586	撲	193	釙	327	膊	430	鎛	605	軬	674	嬎	110
鷡	701	撲	193	皮	327	膊	434	尭	623	骳	674	巎	111
		攵	194	毃	328	膝	434	雹	624	髈	675	抠	121
		바

자음 색인 [반~발]

屮 125	潷 263	審 368	襻 502	駢 665	柭 218	脖 427	
幣 140	澪 264	簸 379	詊 510	骹 672	桲 221	犮 436	
厣 147	潘 266	簛 381	詳 511	髬 680	橃 230	韍 437	
仮 155	澁 270	粄 386	豳 529	鬚 681	耗 247	艬 443	
伴 162	鑋 271	粨 386	赶 540	魬 688	泍 253	魃 444	
憣 172	鑻 272	糈 389	趣 542	鴇 700	浡 256	爸 444	
扳 180	版 274	絆 392	跘 545	鵓 707	渤 260	茇 447	
扮 180	朌 286	絣 393	跐 547	鵏 707	潑 261	炦 447	
扽 180	牉 286	繁 398	蟠 550	魬 715	潵 265	茇 447	
拌 181	獄 296	縏 401	蹣 550	黣 723	澎 266	蒲 447	
挳 183	班 301	翔 411	蹣 551	黬 723	炦 275	苹 450	
挙 185	斑 302	肦 424	軬 558	**발**	烌 275	菝 453	
搬 188	瑞 303	肸 425	挙 559	俘 24	焞 276	菩 453	
擎 188	璊 304	胖 425	辨 559	勃 50	燉 280	勃 455	
搋 189	瓬 307	胖 425	辦 566	勃 50	夊 292	菱 456	
挺 191	瓵 310	彎 439	返 568	夊 50	灬 324	蓬 457	
撲 193	畔 313	般 441	迖 568	夂 63	癹 324	敉 462	
攀 193	黏 315	般 441	邦 581	哱 71	發 324	祔 493	
攽 196	璠 315	盤 442	郙 582	坺 88	発 324	祓 493	
敐 200	疲 316	磐 442	酋 584	埻 89	跋 324	袚 494	
斑 200	癍 320	瘢 458	酋 584	妭 103	帥 325	襏 499	
媥 200	瘢 320	麻 475	醅 584	孛 112	盋 329	詙 511	
辨 200	癣 322	麻 476	醹 589	宋 112	盌 329	誖 514	
牉 201	瘢 322	彭 476	礬 599	尗 112	肺 332	誟 519	
昄 206	癍 323	牓 476	鬱 605	尲 122	廢 336	譤 521	
盼 214	盤 330	蟹 483	鬨 610	嵀 129	祓 342	豺 530	
柈 218	督 337	蠙 483	韗 633	废 144	祔 345	趐 539	
槃 226	畔 340	蟠 486	頖 636	憋 172	秫 358	越 540	
槃 227	砰 345	融 486	颁 643	拔 177	穼 365	趲 542	
礬 234	磐 348	袢 493	頒 644	扗 180	埻 370	跊 545	
般 244	砮 348	袢 493	飯 654	拔 181	笭 373	跋 545	
般 244	礦 350	袢 494	飯 654	拔 181	絆 394	跋 545	
沜 252	礬 351	襻 494	飰 654	拊 182	缽 404	蹄 548	
泮 254	磻 351	繁 498	餠 655	持 184	胈 425	蹬 550	
洀 255	秎 358	襻 501	鉾 655	撥 191		蹬 552

자음 색인 [발~방]

蹳	552	猵	662	**방**		徬	158	滂	263	膀	430	邡	576
敀	556	馛	663	仿	21	彷	161	烤	274	膖	431	尫	577
軷	559	馞	663	俩	22	悗	165	牓	287	膀	433	邦	577
犮	559	馪	663	偋	25	慌	169	牻	287	舫	441	鄌	578
迬	568	馳	665	做	27	抙	180	牣	288	舺	441	邢	578
郣	578	駮	665	傍	29	挷	183	牜	289	艕	443	醓	586
醊	583	騞	667	滂	41	搒	185	獂	290	舻	443	鈁	591
醱	583	驋	670	匚	54	搘	186	獽	294	艴	445	錺	596
醗	584	骪	673	厎	59	搒	188	玤	300	虻	445	鎊	599
醱	586	髟	677	庀	60	斜	201	瑲	304	艿	446	髣	606
醗	587	髪	677	吀	67	斜	201	瓬	308	荓	454	閍	608
鈸	592	髥	677	嗙	70	方	203	瘲	318	蒡	458	防	613
鉢	592	髮	677	嗙	75	旁	203	盭	327	蕃	466	陪	616
鈒	592	髩	677	坊	87	放	203	肪	328	蘑	467	雓	620
鋍	594	髲	677	堲	89	房	203	盰	332	蚌	477	雾	623
鏺	598	髰	678	塀	89	旁	203	盰	333	蛂	477	雳	625
鐅	601	鬙	684	堼	90	旁	203	硸	346	蚌	479	霶	626
胈	606	鬽	685	堽	91	旁	206	砩	347	蜟	480	霧	627
髪	606	魬	689	垹	92	旁	206	磅	348	螃	483	霐	628
雄	620	鮊	692	夆	97	昉	206	稖	360	蠹	487	醂	631
霤	624	鰀	694	妨	102	昉	206	榜	361	蓬	489	輩	635
戟	625	鰷	696	媄	108	㫄	206	箨	372	覭	505	韸	636
霙	627	魃	701	守	114	枋	217	篣	378	艕	508	鞞	637
鞍	634	鶧	701	尨	121	枋	217	紡	388	訪	510	髯	642
顥	642	鵓	703	㞷	127	杤	221	紡	391	諨	516	駹	666
頟	643	鮣	716	帮	139	棓	222	綁	394	謗	518	驏	671
頷	644	鼣	728	幚	140	榜	223	緽	398	謗	518	骯	672
顮	646	齭	729	幢	140	榜	226	耪	418	跁	544	骸	672
駁	650	**밤**		帮	141	玭	248	耪	419	跉	545	骼	674
骪	651	湴	261	幫	142	玭	249	耪	419	蹳	550	髧	677
骮	651	腹	432	庬	145	汸	252	肪	424	迌	568	髳	679
骲	651	踫	549	摩	145	泭	256	胖	424	逢	569	魴	685
髆	656	昰	549	龐	148	㳫	260	脟	427	邦	576	魴	688
馞	662	昰	549	徬	152	滂	260	胮	428	邘	576	鮮	688
敀	662	麩	551	彷	155	潎	260	膀	429	邙	576	鯥	692

鮞 692	拜 182	骸 324	踔 550	芇 125	鬼 685	番 314
鰟 695	拝 182	骹 324	蜚 558	岶 127	鮊 690	播 354
� 700	琵 183	碑 325	輩 559	帛 138	鯞 693	箔 373
魴 700	挚 184	盃 328	輩 560	抪 183	鵂 701	簿 381
鵬 704	培 185	碏 347	輩 560	柏 218		簙 383
鷟 706	排 185	簿 380	韛 561	栢 219	**번**	籓 383
黧 722	掰 186	簿 382	琶 579	洦 255	勫 51	羽 385
蟇 727	揹 187	秠 386	郫 580	湘 261	嘃 79	粨 388
飷 728	擩 190	精 388	配 583	胍 287	墦 94	蘱 388
麗 736	摩 190	糒 389	酜 583	胆 308	尒 102	皤 395
麗 736	磽 191	糒 389	醅 584	皕 308	妠 102	緒 395
	攃 193	绵 397	閛 611	胆 308	嬏 109	繽 399
배	杯 216	鈈 404	阫 613	白 324	幡 141	繁 399
怀 21	柸 217	鉟 405	陪 615	百 324	彌 153	繁 400
俳 25	桮 221	韩 418	隋 616	帛 324	憞 171	繁 400
侤 26	棓 224	鞞 419	輴 625	帛 325	挵 183	繙 401
倍 26	岸 246	肝 424	菲 630	的 325	搟 192	緐 401
偝 28	毰 247	胚 425	輩 630	晶 326	旛 204	羴 412
偝 29	湃 261	背 425	鞴 636	魄 326	樊 228	翻 416
僼 33	溾 272	腓 442	韯 639	魕 326	橎 230	膰 432
匍 53	炋 274	萡 448	犛 639	笒 370	礬 234	蕃 443
啡 72	焙 277	菩 449	韛 640	粨 373	盤 245	蕃 463
坏 87	焩 279	萯 453	糒 640	絈 386	潘 266	蘋 465
坯 87	怀 286	拜 455	頊 643	絈 393	潘 271	繺 467
培 90	狉 294	拝 456	颈 644	絆 433	潘 271	藩 468
埩 90	狷 295	禧 458	颰 646	阜 436	潘 272	樊 469
妃 103	环 300	蓓 460	颰 651	百 436	瀿 272	藩 471
峀 130	珼 302	虷 490	鳇 688	趐 447	濰 272	繁 471
岷 133	珷 302	裵 496	鳆 698	苩 451	煩 278	蟠 486
壁 134	瓾 307	褻 496		莔 453	燔 281	瓟 486
辟 134	瓸 308	褙 497	**백**	趙 540	燔 281	蟞 488
忕 138	痱 317	負 532	伯 22	霸 540	蟠 283	袢 494
俳 157	悖 319	助 532	佰 23	龄 627	猶 297	覴 506
悟 167	痞 319	賠 535	茈 35	魄 651	璠 305	蹯 552
憊 169	痱 319	踕 547	刮 46	魄 656	番 314	躍 552
扒 179				魄 685

자음 색인 [번~변]

頯	553	訨	370	犻	293	妭	342	堛	287	襃	500	鷭	709
煩	553	娥	370	豝	309	砝	344	碧	304	襈	500	黿	726
轓	563	筏	374	溘	329	벽		擘	305	避	543	변	
轜	563	絭	395	溢	330	伴	24	覕	310	躃	549	便	24
轡	582	罰	408	叭	331	僻	32	畐	313	躄	553	傷	33
鄱	582	罸	408	肊	331	凳	35	福	313	蹩	553	邊	34
鐇	601	罦	408	笵	373	劈	48	諨	315	蘗	554	办	49
鷭	622	帗	438	範	376	屛	61	癖	322	辟	565	匞	54
輩	630	帛	438	舤	441	嬖	64	皀	324	辟	566	匴	55
靅	630	幋	438	颿	442	嬖	80	陌	325	擘	566	區	55
轓	640	骪	442	范	447	囚	84	硎	346	勞	566	下	57
韠	641	殸	443	芝	448	壂	91	礔	350	逼	571	変	63
燔	641	蔎	467	螢	483	壁	95	磬	360	釟	591	晨	64
煩	643	醱	584	罢	502	辟	124	稫	360	鉢	592	變	65
頟	648	閥	608	訊	509	劈	125	檗	389	鈑	594	嘩	75
櫏	648	범		訖	512	壁	125	糦	390	鏺	594	囚	84
纈	649	仉	20	跂	546	僻	147	綽	396	錇	602	変	97
幡	654	几	42	軏	558	懯	173	緐	398	鐇	608	婑	108
驜	670	凡	42	邠	576	捭	184	繁	399	閃	608	党	120
鱕	671	帆	138	釩	590	擗	184	緶	402	閟	609	弁	149
鱕	696	忛	138	颿	651	揙	187	繽	402	閣	610	彭	155
鷭	708	芛	152	颾	652	搹	190	馿	405	閨	610	影	155
蠜	729	忚	155	颭	652	擗	192	羆	408	闟	612	忭	161
벌		忛	160	駅	664	擘	192	霹	408	腹	616	辨	173
伐	21	机	216	髬	677	椑	223	臂	409	陷	616	悊	173
伬	29	枋	218	법		福	224	雌	418	霹	627	扑	180
吱	68	梵	222	企	24	僻	231	臍	433	靱	633	抃	181
垈	88	椑	225	法	254	欂	231	茋	448	頞	644	抨	181
垊	88	氾	251	洓	254	甓	240	菑	453	鬴	652	擯	188
壁	94	汎	251	洛	256	壁	240	薜	459	餔	658	攵	192
戲	177	泛	254	瀺	272	癖	243	藥	465	馞	668	變	196
樴	219	汃	254	珐	301	癖	243	藥	471	駢	694	卞	200
橃	230	渢	260	玞	302	襞	261	蘗	471	鯿	709	變	200
洓	255	溫	264	疭	317	襞	268	蘗	471	鷽	709	昇	207
垈	370	犯	292			襞	268		471	鶣	709	昇	207

자음 색인 [변~병]

桥	218	誓	512	邉	575	扒	179	覒	504	並	12	骿	152
乶	248	誓	512	邊	575	批	180	覺	505	秉	14	偋	157
汴	252	誓	512	邉	575	撇	190	訷	514	併	23	偋	157
汳	252	論	517	邪	577	擎	190	謝	522	俰	25	偋	159
泞	254	諵	517	釆	588	瞥	210	趽	546	偋	25	怲	162
湴	261	誓	518	開	608	暼	210	跰	549	偋	26	怦	163
辯	270	辯	523	頏	644	潎	266	甓	552	偋	27	悉	164
辨	270	變	523	顯	649	炋	275	蹛	552	偋	27	抦	181
邊	273	辯	524	顥	649	瞥	310	甓	581	偋	29	拼	182
狅	292	黐	524	駢	664	癖	320	鑒	602	偋	30	拼	185
猵	293	蹩	527	駢	664	癖	322	鐴	602	兵	37	摒	189
玤	300	獙	529	骿	673	癖	323	閉	607	幷	44	晒	206
玭	301	賆	534	骿	674	瞥	338	閈	607	刾	45	昺	206
琕	302	趨	544	閇	682	袖	343	鼈	622	刐	50	柄	218
璸	306	邊	544	鯿	698	粷	359	輶	622	冭	51	栟	219
瓸	309	跰	546	鵃	701	秮	359	頒	646	埩	64	桱	219
癟	323	跰	549	鷩	725	黎	362	颰	650	垪	89	棅	222
盼	331	蹁	550	鯿	731	繁	395	魳	662	塀	92	柄	223
瞞	340	躂	553	鯿	733	繁	401	稌	663	塀	93	洴	255
稨	360	輧	562			瞥	422	餅	663	病	116	浜	256
笲	373	辡	566	**별**		胁	426	餠	663	屛	123	洴	258
籩	384	辨	566	丿	14	芯	448	鰰	663	屛	124	炳	275
糄	388	辯	566	做	31	莂	450	鞭	663	嵓	131	琕	302
編	397	憋	566	八	36	蔽	463	鼈	693	髟	134	瓶	308
緶	397	辯	566	別	45	幣	469	鱉	696	怲	138	甁	309
辯	402	辨	566	別	45	蹩	474	鵳	705	怦	139	甁	309
胼	426	辨	566	勫	51	蚊	474	鷩	705	帲	140	粤	312
胼	429	翩	566	勫	51	虰	478	鼈	708	幷	142	畊	314
臱	436	辺	567	嫳	109	蛘	482	鼈	726	幷	142	病	317
芇	448	辺	567	嫳	109	蠎	486	鼈	726	幷	143	痭	317
萹	456	邊	570	峍	128	蠛	486	黿	737	幷	143	晒	333
蒚	466	返	570	彆	152	補	496			甹	143	秎	357
藊	467	邊	572	嫳	153	襒	499	**병**		幷	145	窉	365
蝙	488	辯	574	憋	158	製	499	丙	11	幷	145	竝	370
螾	488	邊	575	㦃	171	晛	503	並	12	幷	147	竝	370

자음 색인 [병~복]

琕	371	踍	550	髀	673	珤	117	簠	330	較	558	驚	706
琕	371	鞞	559	髾	678	寚	117	譜	334	輔	560	頯	717
箳	374	鞞	560	鬘	679	寶	118	硼	346	郙	573	黼	725
篂	375	迸	569	鬔	680	寶	118	補	354	琕	578	**복**	
箳	375	迸	571	鑖	680	寶	118	簠	381	鐠	601	伏	21
瓶	377	遲	572	鮩	689	浦	154	簿	381	闢	609	偪	28
箳	380	邴	577	鮩	690	捗	184	緥	397	陴	619	僕	31
絣	380	邴	577	鴇	703	敄	199	褓	405	椎	619	儥	32
絣	393	鈵	578	鴇	704	普	208	豹	414	霾	628	匐	53
絣	393	鈵	592	黻	716	普	209	貏	414	霾	629	匐	53
骿	396	鉼	593	黻	717	朱	215	貏	414	齁	631	卜	57
骿	405	鉼	594	黽	723	樸	224	貏	414	齁	631	卜	57
骿	405	鉼	596	鼃	728	步	239	貏	417	鞴	634	反	63
甁	405	閉	608	齓	728	步	239	膞	434	鞴	634	反	63
骿	405	閞	610	**보**		步	239	舫	442	鞼	641	噗	79
胼	421	陑	613	保	23	毯	249	茉	448	頻	645	狀	88
苪	445	霈	624	保	25	毯	249	莆	450	鞴	662	堛	92
苹	447	霈	624	俌	25	洑	255	莎	451	馺	664	堛	94
苹	450	鞆	631	俿	27	滸	262	菩	453	馶	664	堛	94
萍	453	鞞	634	俿	29	潽	268	葆	455	馹	664	夏	98
萍	454	鞼	634	堡	29	煲	276	藦	463	馺	666	宓	114
蚲	478	鞞	635	堡	29	爫	279	蘆	464	髡	666	屐	123
蛃	479	鞞	636	⺨	53	牫	284	褒	468	髤	678	複	133
蛃	482	鞞	636	丰	56	牪	290	釜	478	髠	679	幞	141
蜯	482	鞞	639	呆	67	玐	300	鮑	479	髱	679	幞	141
蜯	483	頩	644	坏	89	玒	301	補	495	魋	686	彳	155
蜯	484	頩	646	報	91	玐	301	袌	497	魑	687	復	157
詳	512	餅	656	堡	91	玒	302	諛	515	鮣	692	復	158
謗	517	餅	657	垺	91	玐	302	譣	516	鱝	697	復	158
譯	520	駢	664	報	93	甫	312	譜	519	鳬	699	僕	159
趟	540	騈	665	報	101	痡	317	譜	520	鳬	700	僕	159
趟	542	駢	666	嫫	107	痞	318	譜	522	鮑	701	優	159
趨	542	駢	667	禾	112	痞	319	賨	536	鮑	701	扑	179
踪	546	駢	668	宝	114	盠	321	踄	547	鶏	704	技	180
踪	549			宋	115	盠	329			鶏	706	扶	182

撲	191	樸	389	襆	501	鏷	601	虙	715	埲	90	熢	280
支	196	纀	401	㚆	502	鏷	603	蝠	720	塚	92	烽	280
攵	196	纀	402	羃	502	隒	617	黓	721	埄	93	峯	289
肌	213	腹	429	覆	503	幞	618	默	724	夆	97	犎	290
服	214	踾	436	覆	503	鵩	623	嚴	728	夆	97	珒	302
枑	220	舟ト	441	謽	517	覆	627	殿	728	奉	100	琫	302
榎	224	舟九	441	讃	522	鞁	634	巽	729	妰	102	廃	307
福	224	夗	441	犾	530	鞴	635			封	119	麫	327
樸	230	服	441	狄	531	輻	635	**본**		峯	126	穄	341
樸	232	脵	442	獑	532	鞸	636	厺	68	峯	128	瓬	341
黺	249	苝	447	貝ト	532	鞾	637	夲	99	峯	128	砰	344
洑	255	茯	449	寶	535	鞍	638	忲	162	對	130	笁	372
澓	267	菔	453	贀	537	鞣	639	本	215	幠	141	篜	375
漢	268	業	454	赴	539	鞴	640	盃	225	徬	156	篸	376
澓	270	蔔	455	趡	542	鞴	640	𬴃	392	逢	158	篷	379
炇	274	葍	460	跗	546	頞	647	棚	413	惺	171	篸	382
偪	284	蔔	463	踣	548	饎	658	苯	447	挴	183	絳	395
彳复	297	蒿	464	踾	549	䮖	663	軆	655	捧	184	絉	398
畐	313	蒿	466	蹢	551	䮖	663	麅	713	揎	189	縶	398
富	313	蒿	466	踴	551	䮖	663	麇	718	桻	221	縫	399
瘺	322	蒿	466	蹼	552	鞴	663			棒	222	縫	400
暱	326	虉	467	蹼	553	駄	666	**볻**		樺	228	艀	442
盇	328	蘤	469	躬	555	髷	680	乶	16	樺	228	艂	443
卟	331	覆	472	軷	560	鬒	681			梆	228	芃	445
鏷	343	虙	474	琟	561	鮢	691	**봄**		椾	242	芉	447
福	354	虱	476	輻	561	鰒	693	丰	13	泛	254	菶	453
稷	363	蝠	482	輹	561	鰒	696	伻	21	泙	256	菶	455
馥	363	蝮	482	輹	563	鳪	699	俸	26	洚	261	蓬	460
穄	363	蠈	485	輻	563	駒	700	凤	42	逢	264	蚌	477
覆	368	蠈	487	輻	564	鶵	701	鳳	43	泽	265	蜂	480
䨱	371	蠐	489	酘	587	鵖	703	剫	53	烽	269	蠭	485
笌	372	袱	495	鈌	594	鵬	704	摓	64	熢	276	篷	485
箙	376	複	497	鋧	597	鵩	705	啡	72	熢	276	蠢	487
簹	376	複	499	鋿	597	鵩	706	圤	87	烽	277	蠭	489
箙	381	襆	499	銭	601	鶏	709	坣	88	熢	280	裂	497
								夆	89				
								峯	89

자음 색인 [봉~부]

襢	499	鼙	678	否	67	哭	136	榑	226	膾	322	莩	405
豐	502	髼	678	吥	67	忄夫	138	歆	236	皏	325	蔀	405
豊	515	簿	680	吠	67	忄付	138	玉	239	肤	332	榖	405
翤	529	鳳	699	咐	67	府	144	殕	242	否	332	罘	406
鳳	533	鳳	699	哹	68	廊	146	麃	242	秌	358	果	406
賵	535	鴌	700	啡	71	腐	147	毞	247	柎	358	罟	407
跭	546	鵪	705	啍	76	麋	148	汄	253	稃	359	罦	407
鞋	563	鶉	709	嘷	82	附	151	汭	254	稫	359	罯	407
韗	564	鶹	711	坿	87	恒	165	浮	256	稃	361	罜	407
逄	569	鋒	716	垺	89	憑	174	涪	258	稃	362	輧	411
逢	570	拳	720	埠	90	扶	180	浺	258	寍	367	犔	414
鋒	594	葦	727	夫	99	抔	180	溥	263	寊	369	猺	414
鋒	594	蠭	727	妖	102	拊	180	溢	263	弃	373	狸	415
鏠	599	**부**		妥	103	拂	181	灡	273	符	375	翮	415
鏠	601	不	11	姀	104	抪	183	炰	276	笭	375	耟	415
钃	604	仅	20	姇	105	捊	184	焠	276	筥	378	耤	418
霾	626	仆	20	姼	105	捊	184	父	285	簿	378	耨	419
鞾	633	付	20	娓	106	抔	188	斧	285	箙	379	联	420
靽	634	伕	21	婦	106	撫	193	牸	285	節	379	朱	420
韝	634	俯	25	婏	107	撥	193	特	289	緺	380	肤	425
韛	635	俘	25	嬔	108	攰	196	犕	290	籓	382	附	425
韸	635	倣	28	娠	110	攲	196	猶	293	粃	386	腑	428
鞙	635	偵	28	嬔	110	敂	198	玞	300	稃	387	胕	428
鞛	637	傅	29	孚	112	敷	198	珇	300	稴	388	腐	428
鞦	642	僰	35	孵	113	敷	199	瑁	302	糒	390	脣	429
韓	642	凫	35	孶	113	斧	199	璷	306	紑	391	膚	431
韻	642	富	40	孵	113	旉	202	瓿	309	紺	392	膟	434
頍	643	尢	43	富	116	旉	204	畉	313	綒	394	舮	441
颿	650	剖	46	富	118	旉	209	畝	314	絡	396	艀	442
麷	651	副	47	冡	119	枎	217	畐	315	綷	397	艂	442
駿	663	崩	47	岇	127	枹	218	畐	317	繖	403	艒	443
驄	671	劇	48	岛	127	柎	218	府	317	缶	404	艟	443
驅	671	勍	49	哭	136	桴	221	瘃	318	缶	404	芙	446
髻	675	劻	51	哭	136	桴	222	瘦	318	瓴	405	芣	446
		廟	61	哭	136	榎	224	瘦	320			符	447

자음 색인 [부~분]

芣 448	袝 494	邦 576	頫 645	鳧 699	体 22	弁 149
莆 450	哀 496	郙 578	頮 646	鳧 700	俯 27	奔 149
莩 450	福 497	郭 578	頯 646	鴂 700	僨 31	忿 165
莩 450	覆 503	邵 578	颰 648	鳩 700	刜 35	悂 167
菩 451	覼 504	部 578	颰 650	鶀 701	盆 37,329	憤 172
菗 454	計 509	酅 578	颮 650	鵬 703	分 45	憵 174
賁 455	訃 510	鄌 580	颶 651	鵜 703	叁 62	扮 180
蔓 456	訃 512	鄜 582	颶 651	歸 705	政 64	扶 180
蔀 460	謝 516	鄜 582	鯫 652	鵰 705	吩 67	捹 185
蔀 463	琈 528	酜 583	餑 655	鵛 706	呠 74	撌 190
蕃 463	負 532	釜 585	餢 657	鳷 706	噴 75	攘 192
膊 463	頁 532	釜 590	猷 663	鵛 707	噴 78	攢 194
蒻 464	賦 534	鈇 590	駁 664	鴻 707	噴 79	數 200
薣 466	貰 534	釜 591	駙 665	麩 715	嘖 79	旚 204
薏 469	賕 535	鈇 591	騁 666	舥 716	坆 87	盼 206
膚 475	賻 536	釜 591	騗 667	麬 716	坌 87	枌 214
蚥 477	賻 536	鈽 592	騗 667	麵 716	坋 87	粉 217
蚨 477	赴 539	鋂 596	髣 678	蒩 716	垒 88	棻 221
釜 478	赳 540	鍢 597	髣 678	餢 716	墳 94	棶 221
虾 478	赲 541	閽 610	髻 679	頯 717	壚 94	棻 223
蚹 478	趄 541	阜 612	鶊 679	竷 727	墳 94	萊 223
蚹 479	趍 541	自 612	鶊 679		奔 94	椿 227
蟌 479	趀 542	附 613	鵩 680	**북**	奔 100	欪 230
蜉 480	趺 544	阞 614	鯆 683	倗 31	奔 100	欢 238
蠹 481	跗 545	障 615	鰪 683	槻 31	奄 100	歕 238
蜉 482	跗 545	餔 615	魾 689	北 35	奮 100	殯 243
蚤 482	踣 548	雩 623	鲅 689	婄 53	妢 101	氾 246
蝢 482	蹄 548	雯 623	鮒 689	殕 242	妢 102	氃 249
蠢 486	蹴 548	雩 624	鯸 691	焙 281	岔 125	氛 250
蠢 486	射 556	雩 627	鯆 692	僰 281	岔 126	汾 252
蠱 488	靽 558	辅 639	鳥 696	趗 541	岔 126	沐 254
蠱 490	輸 559	贛 640	鳧 699	踣 548	吩 138	洴 256
虾 490	迃 561	轉 641	鳧 699		憤 141	涖 256
袱 493	迊 572	頒 644	勮 699	**분**	憤 141	湓 259
				份 21		盆 261
				仆 22

자음 색인 [분~붕]

浟	262	羹	388	扮	545	馼	664	仏	20	獻	293	韴	642
湓	267	羵	388	趵	545	鳻	665	佛	22	岪	312	颵	650
潰	269	鼖	389	蹄	548	驨	667	刜	40	昁	333	颷	651
濆	272	鱝	389	蹟	551	驞	670	刜	43	曊	333	饙	661
炃	274	紛	391	盼	555	駾	671	咈	45	笰	373	髻	662
焚	277	籿	409	坌	559	閉	682	哷	68	柲	387	髵	677
燌	277	紛	410	粉	562	閩	682	哷	71	綍	392	鬒	679
燓	281	羒	410	轒	563	閿	682	埻	87	紫	392	髼	679
燹	281	翂	412	轒	563	魵	688	奮	100	紱	392	鮄	689
犇	286	翀	413	迸	571	鱝	693	奰	100	綍	392	鯗	725
犐	287	翁	413	酚	583	鯏	697	婷	105	緋	398	**붕**	
牟	288	栩	413	棻	589	鴚	700	岪	127	翠	413	倗	26
粉	288	翃	416	羵	589	鳬	700	岪	127	翇	413	偏	30
犇	290	肦	424	鈁	591	鳧	700	岪	127	嶏	417	堋	46
獖	297	膹	433	錛	596	鶄	701	岪	137	舭	437	嘣	77
玢	300	膹	433	鐼	602	鳼	705	帗	138	舭	441	堋	90
匜	308	芬	446	閉	608	鶅	706	怫	138	艴	444	塴	93
盆	308	苯	447	閩	608	鵬	709	弗	151	艳	444	棚	94
畚	313	莖	451	鐼	617	贙	719	彿	152	芾	446	崩	129
畚	314	葐	455	雰	623	賁	719	彿	155	菔	447	嵎	129
畚	314	菥	458	霧	626	賁	719	払	162	葧	455	庯	146
癢	322	萉	459	鞼	637	賵	719	拂	179	蔽	466	弸	152
敽	328	蕡	463	頒	643	黂	722	敁	181	祓	494	彌	153
盒	330	釜	478	類	649	黺	724	敝	196	趡	541	慯	167
盼	331	蚠	478	餅	656	盼	724	胐	200	趱	542	掤	185
弄	358	袝	493	餴	658	蕡	727	朏	206	跰	546	朋	198
穳	362	衾	493	饙	658	蕡	727	柿	214	輫	559	朋	202
穮	364	訜	510	饎	658	覨	727	柛	218	鈈	592	朋	214
穲	364	蕡	529	餺	658	賁	728	柛	222	髯	606	鵬	215
窽	366	蕡	532	饙	660	賁	728	氟	250	雯	624	棚	222
坌	370	賁	534	饙	660	蹪	729	泶	253	霏	624	淜	265
笨	373	蕡	536	饙	660	**불**		沸	275	鞴	633	熢	277
粉	385	墳	543	餴	662	不	11	炥	277	靮	639	熚	319
粖	386	鼖	544	餴	663	怀	12	燹	278	靴	639	痈	367
糞	388			鳻	664	八	14	烕	278			綳	396

繃	400	荊	47	壁	95	悲	166	比	246	瓴	309	秘	358
繩	403	剕	47	犾	99	悱	169	疕	246	葡	312	秛	358
肶	424	勖	50	斐	100	悽	170	毘	246	蔔	312	秠	359
葡	459	勴	51	棐	101	戀	173	毗	246	畀	313	秠	360
裶	497	匕	53	櫗	101	憊	174	皉	246	甲	313	穛	364
襣	499	匕	53	妃	102	扉	178	琵	246	毗	313	穹	365
踾	549	匪	55	妣	102	扉	178	毖	246	毘	313	窀	365
蹦	551	丕	55	婢	106	批	180	毞	247	睥	314	窡	367
鄙	580	丕	56	婓	106	拙	181	毲	248	疕	316	埤	371
錇	600	卑	56	婋	106	捭	186	沘	252	疪	316	潷	371
陫	615	卑	56	嬖	106	掤	188	沸	253	痹	317	篦	372
陛	616	卑	56	媲	108	擯	191	泌	254	痞	317	箅	376
霏	625	卻	58	嬪	111	妓	195	淠	258	痱	318	箄	376
鞴	635	辰	59	畀	120	敀	196	湁	260	瘙	319	笓	376
髲	679	扉	60	屁	123	敼	197	淝	260	痹	319	笓	376
鯡	692	扉	63	尸	123	斁	198	淲	263	瘃	319	甂	377
鵬	702	啤	67	扉	124	敦	198	潰	267	痛	319	箎	378
鵬	704	否	67	屦	124	晿	207	爋	268	瘇	321	箄	378
비		呸	68	層	124	曊	210	濞	269	癯	322	簟	380
丕	11	啡	72	岯	127	暜	213	烰	275	癘	322	柴	385
卑	14	啡	72	崥	129	朏	214	罷	282	癃	323	枇	385
仳	21	嗇	72	崰	132	杞	215	怀	289	皉	325	棐	386
任	22	喹	76	屯	137	枇	217	毕	289	夌	327	棐	387
俊	23	嘍	79	悱	138	秘	219	玭	289	坡	327	椊	387
俾	24	噎	80	惶	139	棐	222	牶	290	髲	328	精	388
俗	26	噗	81	愧	140	椑	223	辈	290	眦	331	糒	389
俾	26	嚭	81	庀	144	榧	225	犕	290	費	333	粺	389
仳	26	嚭	82	庳	144	棹	226	犹	293	眛	333	糟	389
俗	28	圮	86	庳	145	槵	227	狒	293	眨	333	糱	389
備	29	垐	87	廑	145	楠	227	獐	293	眸	335	紕	390
備	30	圮	87	摩	147	椑	228	獿	295	睥	335	緋	391
備	30	埤	90	廅	148	欼	235	獷	295	碑	347	緋	396
洰	41	堚	90	彌	152	嚢	235	斐	295	祕	353	縺	397
刞	45	壿	94	悱	164	戀	240	貔	297	杯	358	縺	399
剕	46			悱	166	比	246	琵	302	秘	358

彎	403	芘	453	觪	507	皥	557	飛	626	髬	679
蠻	404	粃	454	訛	509	鞞	561	霏	627	髶	679
匕	406	蓖	454	訨	510	彎	564	蠻	628	鬢	680
罵	407	蔥	457	諀	512	彎	565	非	630	瀕	683
羆	409	蓶	458	誹	514	邶	576	剕	630	鬻	684
狉	414	蘑	459	諄	515	邳	577	厞	630	鬻	684
翡	414	蘼	462	謂	515	椰	577	悲	630	鮑	686
翩	416	薲	463	譃	515	郫	578	斐	630	魮	689
耾	420	蘡	464	謧	519	郱	578	扉	630	鉟	689
肥	424	蕼	464	謹	520	鄙	580	琵	630	鮮	690
肶	424	蚍	478	譬	521	鄨	580	帮	630	鯡	692
肸	425	蛋	478	踕	526	鄱	580	扉	630	鱺	694
肹	425	蚾	479	踔	526	番	581	棐	630	鯤	694
肺	425	蜱	481	踔	527	酘	581	毳	630	鯤	695
脾	428	蟹	481	紕	530	酻	586	毨	630	鳭	701
睥	428	蜰	481	豾	530	酶	587	氊	630	鳥	701
腓	428	腥	481	豼	531	鉟	590	翡	630	鷴	705
膍	430	蠻	481	豼	531	鈚	591	罪	630	鼀	705
臂	432	蜱	483	貔	531	銕	596	菲	630	鷴	707
臂	433	蠻	485	貔	531	鎞	597	裴	630	麑	713
臀	433	蟦	486	貔	531	鑽	599	蛮	630	麣	715
膵	433	蠱	488	豼	531	錍	601	蜚	630	貔	716
鼻	436	蠺	488	貢	533	錍	606	韊	630	貔	717
瀉	437	蠱	489	費	533	陣	606	翡	630	貔	717
鷯	437	蠶	489	贔	535	悶	608	韛	630	黎	720
舭	441	蟲	490	贔	537	關	610	鞴	630	鼙	727
艎	443	蠶	490	趑	540	阯	613	鞍	633	鼻	730
芾	446	裝	493	趓	542	陫	613	秘	633	鼻	730
茈	446	袇	496	跛	545	陣	615	鞞	635	鼻	730
茇	448	褌	496	踒	549	陴	615	鞴	636	嬶	730
萉	452	禪	496	踗	549	隤	616	韛	636	鼻	737
萆	452	禠	498	踯	550	匪	616	鞠	637	**빈**	
菲	453	襆	499	蹳	553	霏	625	鞫	639	份	21
笓	453	褫	500	躧	555	靅	625	嚭	639	儐	32
萆	453	覵	504	躃	556	霏	625	鬟	678	嚭	44

자음 색인 [빈~사]

挈	112	奉	57	呅	69	凭	43	辨	566	別	45
写	114	卸	59			凭	43	邲	576	牝	54
寫	117	庳	60	**사**		娉	105	鑌	603	嚬	82
寺	119	鳫	61	裹	13	憑	171	鬢	607	墳	95
射	119	厶	62	乍	14	憑	172	頻	618	姘	103
尖	120	叓	63	事	16	摒	192	儺	622	嬪	105
屣	124	叀	64	些	17	枰	222	霖	626	嬪	111
屎	124	司	65	匹	20	毬	249	頻	645	嬪	111
峨	127	史	68	仕	20	氷	251	頻	646	嬪	111
峒	127	咋	70	侶	22	泵	255	頡	647	宕	114
娜	128	弄	71	伺	22	淜	257	額	649	賓	117
壴	129	唆	71	似	22	湏	260	饗	649	賓	117
巳	137	吵	72	佘	22	聘	334	聳	649	實	117
祀	137	啥	73	侗	22	砅	345	騛	663	實	117
师	138	咠	74	使	23	砯	346	騑	671	幘	117
妙	138	嗟	75	佼	23	竮	370	馬頁	671	幀	142
罘	139	嗣	75	俟	23	聘	420	髕	675	彬	154
師	139	嘎	75	俥	24	聘	421	髻	677	彪	155
兮	143	嚟	79	倛	24	膖	434	髻	677	憤	173
鎜	143	四	83	俟	25	薸	468	鬢	678	抁	184
斤	144	四	84	偲	27	蘉	470	鬢	681	擯	193
序	144	埀	89	僅	27	謗	514	闐	681	斌	200
庶	145	堲	92	僇	27	跰	553	闐	682	柀	222
唐	146	夈	96	僿	28	跰	556	竀	682	梐	222
庐	147	夆	100	僿	29	跰	557	竉	687	檳	232
廾	149	夅	100	儯	30	胯	557	鼆	687	槟	233
弝	151	奢	101	僞	32	軙	560	鵱	710	櫜	240
變	153	姒	103	写	33	霳	629			殯	243
縱	155	娰	103	寫	39	馮	663	**빙**		氅	249
徙	157	娑	103	瀉	40	騁	665	人	20	汃	251
爲	159	婓	105	泻	41	騁	666	仌	25	浜	256
思	162	娑	108	辸	45	騑	666	傅	33	涍	257
恩	164	孞	112	剚	45	驌	672	冫	40	濱	270
愿	164			劀	47			冰	40	濱	270
	167							凒	41	瀕	271
								馮	41

자음 색인 [사]

皀	178	歎	237	灺	274	晍	333	簑	375	芦	445	蛳	483
㞕	178	些	239	衺	274	㾕	334	蒠	377	芭	445	螫	486
抄	183	死	240	炸	275	眵	334	蒠	378	苴	448	蟖	486
挼	183	厶	240	炧	275	虒	341	筬	378	茬	448	袞	493
挲	183	外	240	斯	281	躾	343	篩	378	莎	449	衺	493
捨	184	劜	240	斯	284	砂	344	箷	379	挱	450	衦	493
揸	187	劯	241	牲	288	砟	345	篖	383	莎	451	裟	496
摣	189	䄳	243	牶	289	砂	345	簐	384	蒽	451	褨	498
摬	191	毲	246	特	289	砝	346	秒	386	葰	455	襧	498
赦	197	毵	247	挨	289	磋	348	炸	386	菲	456	褀	498
斜	201	毸	247	忯	290	磼	348	糸	391	蒼	456	襀	499
所	202	毺	248	犠	291	社	350	紗	391	蓑	456	覗	503
斯	202	飢	250	狍	292	社	352	絲	392	蕬	458	觡	507
睤	209	汜	251	狦	292	社	352	絲	393	蒒	458	司	509
杞	216	沙	252	狦	294	祀	352	紗	395	莎	459	訯	510
柌	218	泗	254	猁	294	祠	353	縰	395	莎	459	詞	511
柤	218	汜	254	猞	295	祁	353	卸	404	蒢	460	詈	511
柤	218	涘	255	猞	295	袘	353	卸	404	糏	461	詐	511
查	218	沙	257	獅	296	袘	354	呪	406	蒢	462	諜	513
査	218	娑	257	玜	299	褉	354	䎃	417	蔛	463	詐	514
柶	219	湺	257	壐	306	禔	354	耙	418	斯	464	詨	514
梥	220	洒	257	瓱	308	禠	355	耜	418	蕹	465	謝	517
杪	221	洽	260	甏	310	楒	355	耙	418	禂	466	謸	517
梭	222	渣	260	畬	314	禩	355	耛	418	鴬	469	謝	518
椵	224	渻	261	痧	318	禩	355	耶	420	鸒	469	謖	520
榰	224	嗟	263	痓	318	禩	356	聊	421	虒	474	謶	521
榭	226	溮	263	瘥	320	禩	356	肂	423	虵	477	譇	523
榹	226	漇	263	瘥	321	私	357	肂	423	蛇	478	猰	528
槎	227	㸂	264	瘮	322	穖	361	肆	423	蛇	478	豺	528
櫅	229	㴒	265	瀉	322	穉	362	韕	423	鯊	480	豵	530
榮	230	濤	267	瀆	322	竃	369	胴	426	蛘	480	貑	530
樣	232	瀉	270	鼓	327	竃	369	舍	439	螫	481	豵	531
槠	232	瀉	270	甔	328	巳	369	辞	439	蝸	481	貔	531
樢	232	灑	272	盆	330	竢	370	莡	439	蛃	481	貗	531
歜	237	炏	274	盐	330	筲	373	擊	440	蜡	482	貢	533

자음 색인 [사~산]

散	198	颸	652	潲	265	麖	713	簹	659	銊	592	賖	534
散	199	鰑	661	藻	272	麝	714	駛	664	鉥	594	賒	534
徹	200	蔱	717	爍	282	麑	715	駛	664	鈔	594	賜	535
杣	216	鎩	717	獡	297	紗	716	駛	665	鋑	595	賖	535
樌	229	廳	718	獡	297	翜	717	駛	665	鎩	597	赦	538
橵	231	**산**		獡	298	翜	717	駛	666	鎩	599	赸	539
檆	234	亇	20	獥	298	黙	722	駥	666	鏾	602	跢	548
汕	251	齒	28	睒	340	鬞	730	駴	667	鑠	604	踷	549
涮	258	傘	29	瞼	340	鬣	731	駭	667	鎩	604	躧	551
滻	264	傘	30	睄	341	鬑	731	駱	667	肆	606	躧	555
潵	267	傘	32	穇	361	敽	733	駜	668	閃	609	射	555
濟	267	删	45	箭	376	**삭**		駟	669	闊	610	敓	555
潸	267	删	45	纂	379	削	46	髪	674	阽	613	軟	556
澘	267	剷	47	箱	380	呎	71	骼	677	隸	618	鮎	556
澘	267	匠	54	索	392	哨	76	髟	678	霍	625	躲	556
濽	269	匴	55	纇	398	嗽	76	髳	678	霰	627	鞭	563
灒	273	斜	59	緈	399	嗽	77	鬖	679	霏	628	辝	565
辴	291	勢	59	絼	401	嚇	111	鬐	680	酸	631	辭	565
狲	293	圸	86	罰	408	嵢	147	獸	682	酨	633	辭	566
狻	294	奕	101	莭	455	撑	187	豺	688	酨	634	辭	566
珊	300	姍	103	蓛	457	搧	188	鯊	688	鞍	636	辭	566
珊	300	孿	114	葰	458	敷	188	鯊	688	韃	636	辿	568
珊	300	孿	114	箾	459	數	199	鮫	691	韡	638	沙	570
產	311	山	126	藥	462	數	199	鯊	691	頗	645	迣	571
產	311	圸	128	麖	469	數	199	鰺	691	食	654	逡	573
疝	316	岹	129	麝	476	斂	199	鯊	691	飲	654	邐	574
瘦	318	峴	129	褯	498	朔	214	鯊	693	飧	654	邪	576
祄	353	嵯	132	褼	544	胼	214	鰤	694	飼	655	邶	577
竿	372	憁	141	釤	598	榢	227	鰺	696	飼	655	郀	579
竿	372	慛	170	鐯	599	槊	227	鰤	696	飴	655	酹	584
笄	374	戹	179	錄	599	樕	232	鵮	700	飤	655	醵	587
簕	375	拴	182	鑠	604	欶	236	鷴	707	餕	656	釞	590
笑	375	攅	189	鑠	605	泝	263	鷺	708	餺	657	鉓	590
箅	376	散	195	鞴	636	漺	263	鶿	709	餯	657	銅	592
篊	376	散	198	鞴	637	漺	263	鶿	709			鈴	592

자음 색인 [산~삽]

篖 379	刪 577	殺 197	**삼**	橵 229	藜 469	偡 31
簅 380	酸 584	殻 197	三 11	橒 231	蓡 471	儳 32
簑 381	酸 587	瞎 209	仨 20	橞 234	瀺 472	僧 32
簉 382	酸 588	煞 211	俕 25	毟 234	衫 493	卅 56
篹 382	珊 592	縠 228	渗 42	毟 246	袗 499	唊 72
穇 389	鏾 599	殺 244	参 45	毿 248	襂 501	哂 72
蘓 390	鏟 600	殺 244	叄 62	毶 248	襳 502	唼 73
蘳 390	鏾 601	殺 244	參 62	汻 257	賧 536	啑 74
纎 401	璅 606	涮 258	叅 62	渗 264	躠 554	噆 80
繖 403	閂 607	潊 264	參 62	滌 268	轖 564	啚 81
孿 403	問 607	煞 278	嵾 62	濶 272	轗 564	垎 92
屄 412	陷 614	瘦 323	嵾 78	掺 291	釤 590	墋 94
刪 426	散 622	瞝 338	姦 78	掺 297	鐥 600	妗 102
刪 427	霰 628	樧 389	彡 109	眕 297	鑱 600	嬋 108
朣 432	霰 628	穖 389	杉 138	眕 331	閃 608	憏 139
舢 441	畜 631	積 419	㯳 141	橒 338	雯 623	嵉 156
蒜 458	馂 656	穢 460	麻 147	穆 362	霎 625	揷 157
蒜 458	散 660	蔡 461	弌 150	穄 364	鞍 635	揎 158
薩 462	馓 661	薩 467	彡 154	耖 387	鞍 637	挿 159
散 464	髿 680	蟎 473	钐 154	糂 388	頖 637	屆 178
徵 500	鰦 696	釃 508	傪 166	糁 389	頯 645	扱 180
訕 509	鯹 712	讖 523	慘 179	糂 389	頙 648	挿 183
訕 513	麐 714	辥 550	摻 190	緁 396	顱 648	揷 186
訕 513	刻 715	辟 554	摻 190	縿 400	顩 649	挿 186
珊 528	黝 722	辟 554	攕 191	繏 403	飨 659	葉 218
珊 531	齸 733	鎟 554	搩 193	粋 407	餕 660	揷 222
發 531	**살**	鈒 565	撒 194	瘳 408	骲 672	楈 232
赸 539	乷 15	鏾 598	馺 197	芟 446	髿 680	歃 237
趂 543	沙 16	鍛 600	敠 199	蓡 455	髿 681	歰 239
跚 545	剎 48	鍛 600	殲 200	浸 459	鬖 681	踄 240
跚 545	撒 189	鎩 603	罧 211	蓡 460	鯵 692	毢 246
跚 547	撒 189	鐁 610	杉 216	蔪 461	厰 718	澁 259
蹳 552	撒 191	駉 651	森 223	蔘 464	**삽**	澁 261
軙 558	撒 191	駉 651	桜 223	薝 466	帀 15	澀 263
鞜 563	擦 193	鷟 707	橵 228	蕠 469	佰 28	澁 267

자음 색인 [삽~상]

澁	267	猽	529	騷	668	礬	101	滴	264	繅	398	輱	562
溪	268	獾	529	駴	672	孀	111	湯	261	繐	401	遜	574
澀	270	赸	541	鯗	686	尙	120	瀇	265	庠	409	鄕	580
㽷	276	趆	542	鰈	693	常	120	湸	265	翔	410	嘗	585
烿	278	趆	542	齛	734	嘗	121	潒	266	鳻	410	醶	586
㯰	286	跀	545	齜	734	賞	121	瀧	271	詳	410	餳	586
牐	287	踎	550	齷	736	峠	127	瀉	272	詳	410	醋	587
猔	295	踹	553	**상**		床	144	爽	277	詳	411	鋿	596
颯	310	通	572	上	11	庠	144	牀	285	糊	418	鎟	599
颯	371	逜	572	上	11	廂	146	狀	285	顙	439	錆	600
箑	376	逢	574	仩	20	彵	154	狀	292	顙	454	鋠	600
篓	376	遑	575	丧	27	徜	157	珦	292	箱	455	鎵	601
箺	377	邕	578	傷	30	怕	159	瑺	301	蒴	460	鑲	604
篒	383	鈒	591	俲	30	惕	163	璝	304	蠋	485	鑲	605
篓	383	鋿	597	償	31	想	167	甉	306	蜴	485	霜	625
趿	413	鋯	599	凃	33	愖	167	甍	310	蠰	486	霜	625
灹	414	閶	612	凨	42	傷	170	甞	310	裳	489	霜	627
䙫	414	陯	616	凩	43	慉	170	甞	311	裖	496	霜	627
臙	433	霎	623	勠	43	憲	171	疒	316	褟	498	賴	647
臿	438	霋	624	勰	51	截	177	疘	318	襁	499	顙	647
臿	438	霎	625	桑	64	揉	188	痏	320	襁	500	類	648
蠢	439	霷	625	桑	64	昒	207	瘲	321	覕	505	餉	660
艩	442	靸	628	商	72	昹	217	曺	339	觴	508	騷	669
蓱	453	靸	633	喪	74	枏	219	暘	343	觵	508	駿	669
蓳	453	靸	639	軗	74	桑	219	磉	348	觵	508	駿	670
菱	453	颯	641	嗓	76	桒	220	磏	351	謫	519	驦	671
萐	464	颯	650	嘗	76	枒	220	祥	353	象	528	蘁	683
蔘	464	颫	650	弍	77	椙	220	祥	353	象	528	蓊	683
萐	466	颳	650	商	77	樣	228	禓	354	狿	532	谺	684
裌	496	颭	651	商	77	橡	229	秌	362	賞	535	謞	684
諨	518	饁	659	嚐	79	樑	230	箋	371	賞	535	鯗	690
諨	518	䭛	664	墏	81	饟	233	箱	376	賞	536	鮝	692
謵	520	駥	666	埫	93	欀	234	筬	380	賷	537	鯗	696
謵	522	䭹	668	埏	93	殤	243	絠	394	赸	546	鱨	697
讘	523	駿	668	夾	100	湘	261	緗	397	趵	546	鱨	698

자음 색인 [상~서]

鱻	698	僚	29	濇	271	釃	652	**서**		洒	156	澳	269
鶟	702	傪	32	瘯	318	鬖	680	西	12	徐	156	底	276
鴲	706	索	56	療	321	鬖	717	予	16	苀	160	醊	280
鴛	706	嗇	76	癖	322	齚	732	俆	24	恑	163	燍	281
鵝	707	齚	76	猎	341	齰	733	徐	28	怒	163	翠	289
鴡	708	晉	78	猎	342	齰	735	俆	30	念	164	犀	290
象	709	嗇	80	稼	361	**생**		舒	60	悽	166	犀	290
觴	711	塞	117	稿	363	省	120	屎	61	悏	167	猯	296
賞	723	索	117	穑	363	生	125	庡	61	抒	180	瑞	303
鼝	726	塞	117	蕎	363	牲	219	屚	61	捿	185	瑹	304
荽	727	穡	118	稽	363	欤	236	婜	64	揟	186	瘀	322
새		窶	118	穸	364	牲	241	叙	64	誓	190	癙	322
壐	95	窶	118	簭	382	泩	247	唑	71	撕	191	瘹	322
壐	96	窣	118	棘	386	泩	254	噬	80	紋	197	癠	342
惢	169	嵴	130	索	392	性	261	團	85	敘	197	硒	345
揌	186	癗	147	繂	399	珄	289	埱	89	所	202	稰	355
塞	117	憤	158	纏	399	甥	301	墅	92	署	208	黍	358
揌	191	寒	170	色	402	生	311	堵	93	暑	209	柔	359
灑	272	抹	182	薔	444	牲	311	堰	97	曙	209	黍	360
空	301	搋	190	蕾	465	腥	311	墭	97	書	211	稰	360
空	306	攃	192	蕪	476	觪	311	婿	107	栖	212	笺	374
筴	378	槭	193	蹟	536	甥	312	嫙	109	棲	219	筼	377
筴	378	棟	219	蹟	536	甥	312	嬥	109	楈	223	筮	379
笺	382	榇	226	蹟	536	眚	317	寠	118	楯	224	簑	380
絁	396	械	228	趯	542	痎	320	屖	123	樨	229	簑	381
愚	408	歌	238	𩹧	560	眚	332	屏	124	檞	230	箈	383
賽	431	歡	238	𩺀	564	笙	373	犀	124	氙	250	簌	384
茌	448	歠	238	陑	593	甥	448	崡	131	㥸	253	秒	386
䰄	508	歮	239	雷	615	鉎	505	㠘	134	㥸	253	糈	387
賽	536	潰	240	霡	624	鉎	592	㠼	134	浒	261	糈	388
躧	555	洏	254	霉	624	觪	597	嶼	134	淑	262	糁	388
靈	604	涑	255	韃	634	骼	674	噐	134	渫	265	糈	389
鬢	679	漆	263	韃	637	鵙	701	序	144	漆	268	糈	390
鰓	693	濐	267	韃	640	嚏	713	屖	145	澨	268	紓	392
색		濇	269	頩	649	黿	728	㢈	147	澿	269	絁	393

자음 색인 [서~선]							
紓 393	蚕 479	鋤 594	席 139	石 344	射 555	叱 58	
絮 393	蝑 482	鉏 595	惜 166	石 344	外 576	門 58	
絲 395	蝑 486	鏞 600	悊 166	后 344	郝 578	單 62	
緖 397	蠶 486	閪 609	惜 167	矽 344	部 579	善 72	
緒 397	西 502	序 613	惜 172	碩 348	釋 589	姍 74	
緆 397	舃 507	序 614	折 181	碉 348	釋 589	扇 79	
縃 398	訏 507	雛 621	摵 190	碣 350	釋 589	嘽 81	
署 408	誓 511	餙 658	昔 202	碣 351	鈒 590	圓 81	
署 408	謂 514	鰦 682	晳 206	祏 353	錫 592	團 85	
署 408	諝 516	鯑 688	晳 208	秳 358	霖 596	壇 86	
麗 409	諝 517	鱕 694	析 208	穸 364	霰 625	墠 91	
麗 409	諝 517	鱮 697	朼 208	粞 387	鞲 626	墡 94	
矜 410	誓 519	鴮 698	柳 208	釋 389	鞯 635	姍 94	
鉏 411	諝 519	鴝 704	榜 209	緆 396	颰 637	姺 102	
粗 418	諝 519	鶷 709	榙 217	繹 402	颺 651	嫙 104	
糈 418	謝 519	鶷 710	析 217	蜡 419	髫 679	嫸 109	
年 420	謣 521	廬 715	杍 219	釋 419	鳲 700	嬋 109	
耳 420	謽 521	黍 720	榳 226	腊 428	碼 701	嬗 109	
絮 421	賵 534	野 721	擇 230	薪 438	腸 718	宣 110	
書 423	赮 536	鼠 728	楴 231	蓆 453	麝 718	宣 115	
胥 425	軒 560	齭 734	狋 242	萵 458	覷 728	壹 117	
胥 425	鞦 562	**석**	汐 251	蚇 463	**선**	尋 117	
骨 438	迡 567	佔 22	汐 253	蚚 469	先 14	彭 119	
鼠 438	逝 568	鑢 34	砉 255	蚇 478	亘 17	仚 121	
舒 439	逝 570	宜 39	淅 258	蜥 479	仙 20	蘚 126	
舺 442	遷 573	勺 52	淅 258	蜥 481	偓 27	庀 135	
芧 446	邪 574	厄 60	潟 259	蛦 481	偏 29	厐 145	
茶 450	郤 576	囲 60	潟 266	螫 481	偏 30	厰 147	
莫 451	醋 579	唶 73	烌 277	蟋 484	僐 31	廯 148	
荕 451	醑 585	唽 73	焟 277	蠍 485	僎 31	廰 148	
葅 453	醴 585	夕 98	獦 295	蠍 485	儇 34	廯 158	
薯 459	醑 587	奭 101	晳 325	裼 496	儃 34	廦 159	
黍 467	醑 587	奭 101	晳 335	褯 498	儱 34	懙 164	
薯 467	墅 589	奭 116	晳 339	襫 501	先 54	愝 165	
諸 470	鉏 592	帝 117	石 344	赫 538	亘 55

자음 색인 [선~설]

愃	167	漩	265	禅	355	善	411	詵	512	酰	584	鮮	690
僎	172	潸	268	禪	356	饌	412	誩	514	銑	593	鱻	690
孱	174	澨	269	禮	356	壽	412	諼	518	鋋	594	鯹	691
扇	178	濊	271	禩	356	譱	412	譔	518	銾	597	鰠	693
扇	178	選	271	秈	357	譱	412	譔	520	鍹	597	鱃	694
抗	182	瀍	272	稴	363	翩	415	譱	521	鎏	597	鰱	696
挅	184	尕	275	笎	373	年	420	譴	522	鏇	600	鱓	696
拪	185	烍	275	笎	374	膽	422	譱	523	鐥	601	鱔	696
揎	186	煽	279	筅	376	腺	427	譱	524	鐥	603	鱻	699
搧	188	熯	280	篂	378	膳	429	狋	528	雄	620	鵁	706
撙	190	熺	281	篇	379	舡	432	燹	529	雏	621	鶼	706
撣	191	燹	282	籇	384	舩	441	赸	539	霄	624	鵷	708
搏	191	爓	282	籱	384	船	441	趫	543	霰	624	鶽	710
敂	197	獮	298	籼	385	舢	441	趮	543	霉	625	籈	717
敾	199	獬	298	絤	394	葠	448	趬	543	霾	626	鱻	717
旋	203	玁	299	綎	395	蔙	460	趨	543	霸	627	黺	718
暶	210	珗	301	綻	395	蕇	461	跣	544	霸	627		
胋	214	琔	302	綾	396	蘚	466	跣	546	霾	628	**설**	
膳	215	珖	302	線	397	旋	471	踒	547	霸	628	釤	16
楦	221	瑄	303	緃	397	蟉	480	踵	547	軘	632	卋	22
檈	228	璇	304	緒	398	蟮	486	踹	549	頒	647	偰	28
檋	231	瑢	305	縦	400	蟺	486	蹎	550	顕	648	偖	29
櫈	233	瑄	305	繕	401	蟺	486	蹾	552	顙	648	儚	30
櫕	234	璿	306	纂	401	蟺	486	蹾	552	颮	651	赞	49
欄	234	甋	310	纂	402	壇	487	蹾	554	飈	653	卨	58
歓	238	饒	310	纚	403	蠏	489	蹳	554	饘	658	卨	58
毨	247	疨	318	纚	403	挻	496	蹾	554	膳	660	窫	58
毽	247	癬	321	幝	405	衦	497	軜	558	饌	660	呐	71
氁	247	癬	323	翠	407	禠	499	輴	562	駞	665	唡	72
汕	251	瞕	337	翠	408	禠	499	辿	564	馬	665	唽	72
洒	255	矴	345	巽	408	褼	499	霏	564	驔	668	啑	78
洗	255	硫	346	巢	409	襢	501	選	572	驃	668	嚙	78
淀	257	確	348	還	409	褺	502	選	573	魦	672	嚙	83
渲	260	禅	354	羡	410	覮	504	遳	574	鮮	689	墸	92
漹	262	橡	354	羨	410	觥	507	鄯	581			契	100
												娎	104

자음 색인 [설~섭]

媟	107	璳	304	賊	537	孆	111	眹	334	閃	607	渫	272
媟	107	疶	317	蹳	552	嚵	134	晱	335	阞	614	焎	281
媔	108	砓	327	蔎	554	攕	142	瞤	336	陝	614	爇	282
嬕	111	砎	344	躠	554	俠	156	睫	338	陜	614	爕	283
屑	123	碟	348	蕝	554	儳	159	瞸	340	零	623	脥	287
屑	123	碍	349	躳	555	儳	159	礛	351	霴	628	瓊	306
幯	141	离	356	轃	562	憸	173	礧	352	靈	628	甑	310
徟	158	萬	357	辥	566	忏	176	穑	364	靉	629	辵	316
悕	170	禊	360	鍫	601	攃	176	櫼	373	截	641	變	328
拽	181	䄺	388	鍫	601	截	177	綎	390	鐡	641	睒	340
挈	182	䊱	389	鍙	602	扻	186	緂	395	饏	661	瞚	340
撲	187	紲	392	鑘	605	擋	187	纖	400	髪	677	睒	340
挈	187	緤	392	閟	610	掺	190	纖	403	鬚	678	碟	350
揳	190	綫	393	雪	623	攝	191	纖	403			囊	364
搟	192	結	394	霄	624	撍	192			**섬**		笘	377
摰	197	緤	396	靈	627	撇	193	腌	434	儴	33	篷	377
摯	210	繰	397	魧	691	攃	194	膹	434	俸	34	箲	382
枻	218	胁	427	鱈	695	攝	194	蘞	470	啞	72	紗	396
契	219	舌	439	魿	716	攥	194	蘞	470	囁	82	聝	420
栔	219	薛	459	魿	716	尖	197	鐵	472	屟	124	聶	422
楔	224	設	460	鱎	717	晱	208	藿	473	屧	124	鞬	442
楔	225	薪	465	鰯	717	暹	210	蟾	487	㯫	152	葲	453
榍	226	蔎	465	齭	732	晱	210	襳	501	徢	157	葉	453
橃	228	熱	469	齛	732	㪣	222	襛	501	愞	175	藤	455
槷	228	蠥	469	齘	733	殲	233	裑	504	愯	175	藻	466
殈	241	蛥	479	齧	733	殱	243	深	516	挕	183	蝶	466
汫	253	蛶	480	齧	733	氕	249	讝	521	挕	189	諜	487
泄	254	褻	499	齧	733	汃	250	讝	524	攝	194	樴	522
洩	255	襼	508	齧	734	汋	252	贍	536	楈	234	讋	523
渫	259	設	510	齧	735	粘	263	贍	537	樴	234	讘	524
渫	260	詍	513	齥	735	焰	278	躳	557	樴	234	讘	524
潒	266	說	514			焰	279	遑	574	歃	237	跕	545
潰	267	褻	531	**섭**		焰	280	遙	574	歠	238	跰	547
瀘	270	獘	531	刉	47	燲	282	銛	593	涉	257	踥	548
焎	277			夬	100			銛	596	涉	259		
				燅	110					淋	259

자음 색인 [섭~소]

跒	550	灸	36	灂	270	睲	421	鮏	690	洗	255	釗	594
蹅	551	夆	36	煋	278	聲	422	鯎	691	涗	257	鉎	594
躡	552	晟	39	烨	279	胜	425	鯉	694	涃	262	鎻	602
躞	554	啠	71	猩	289	胜	428	**세**		灑	272	庭	651
躢	554	嘒	75	狌	293	胜	429	世	11	挈	289	飺	656
躠	555	呈	78	猩	295	胜	451	世	11	犁	290	饞	661
敆	555	圣	86	珹	302	蛏	483	卋	12	稅	354	䪻	726
渉	572	城	88	理	303	塍	503	岀	17	稅	359	驡	726
韘	589	城	89	甦	309	觀	505	势	50	稅	359	䶅	732
鉭	595	埕	89	牲	311	解	507	勢	51	稅	365	**소**	
鈔	595	墭	92	者	311	解	508	勢	51	笹	373	所	12
鍱	597	壚	94	甹	311	誠	508	卋	56	簉	379	召	22
鏁	597	声	96	舅	325	誠	513	世	56	細	392	俏	25
鑕	602	姓	103	殅	326	貹	514	世	56	絈	394	傁	29
鑢	603	娍	105	盛	326	晟	533	執	90	繐	400	傃	29
鑷	603	婧	108	省	329	睲	535	姻	104	緫	401	僳	30
鑣	605	寂	115	省	332	睲	556	屖	123	織	402	僬	30
隰	618	宵	116	省	333	睲	560	歲	131	繐	403	夨	37
鞻	635	惺	117	眉	334	睲	578	悦	139	朏	425	劀	48
鞢	635	憡	117	眚	336	酲	584	幣	141	掣	427	劭	50
鞖	638	齒	120	祊	353	醒	585	帑	141	蓳	460	詗	53
靽	639	性	128	程	361	鍹	594	憡	141	蜕	480	卟	57
鞎	639	惺	162	寇	366	鍹	594	憤	141	禊	495	卲	58
顳	649	悎	167	窨	368	鍠	606	憲	142	靓	504	枀	62
颸	651	成	168	筮	374	整	606	忕	160	說	514	召	65
飊	653	咸	175	箵	376	堩	606	憯	171	說	514	召	65
飅	653	咸	176	篁	377	堩	606	忕	176	賮	533	咲	69
馸	666	星	206	絸	395	闉	610	蚩	177	賮	533	唒	73
騠	668	晠	207	羼	411	頲	645	挩	183	赸	534	嗉	76
驦	672	晟	207	絴	418	餳	658	枘	220	趇	541	槊	76
驂	672	晟	208	鮏	420	騂	666	檅	231	跩	546	嗖	76
龖	736	楮	224	聖	420	驛	669	歲	240	迣	568	嗐	77
성		殸	244	聖	420	駥	676	歲	240	迲	569	噪	78
咂	17	聲	245	聤	420	髶	677	殘	243	逸	569	噪	80
儨	28	渻	260	髯	421			洒	255	迟	570	嘯	81

자음 색인 [소]

嗉	83	探	186	沼	253	甦	312	練	394	葥	455	蹴	550
埽	90	搡	188	沶	254	甦	312	緊	396	蒱	459	蹛	551
塑	92	搔	188	泝	254	疋	315	繋	396	蔬	460	蠨	552
塐	92	摵	194	消	257	疏	316	繡	398	稍	462	眇	555
嫊	108	散	197	潃	259	疎	316	繅	399	蕭	463	鞘	560
孀	111	敕	198	涑	262	瘹	316	繰	399	蓧	463	逍	570
宵	115	敩	198	溯	262	痟	316	繰	399	蔌	467	遡	572
小	120	旓	204	溸	263	瘙	318	繻	399	薺	470	邒	576
少	120	昭	207	溹	263	瘶	320	繾	400	蛸	472	邵	577
尐	120	晱	208	澡	265	癞	323	絛	400	蚰	480	邧	578
尵	122	昈	208	潲	267	皷	327	緐	401	蝚	480	鄋	580
巢	136	塑	214	潚	269	盬	330	繰	401	蠨	483	鄝	582
巢	136	招	218	瀟	271	睄	334	繰	402	蟰	486	酥	583
巢	136	梳	220	瀟	271	睩	339	麗	402	蠨	489	釀	586
祀	140	梢	221	炤	275	军	344	麗	409	衞	492	醂	586
廉	148	梭	224	焇	276	硨	350	麗	409	袑	494	酥	588
弒	150	榛	226	燒	277	磋	350	屪	413	視	503	釃	588
弰	152	榎	227	焊	277	穌	362	翛	414	觕	507	釗	590
彇	153	槊	227	葦	279	笑	372	翏	414	訴	511	銷	594
彇	153	槶	227	燒	281	笑	372	翛	414	訴	511	鎝	597
韶	154	槤	229	爀	281	筲	373	稍	418	詔	511	鎬	599
俏	156	槊	229	燽	282	筱	374	肖	424	訹	515	霄	624
徣	158	樠	231	歰	284	筊	374	胙	428	誚	517	霅	627
涊	165	樔	233	歾	285	筱	375	脿	431	誟	517	鞘	634
悛	168	櫄	234	昭	285	箾	376	膡	432	謏	518	靯	635
愫	169	歗	238	䄙	286	篠	378	膌	434	誦	519	韜	640
憽	169	欻	243	猇	289	篠	378	膔	434	讐	519	韶	642
悚	169	殠	243	猺	294	箎	379	膔	435	謙	519	颾	651
愬	169	殸	245	獡	297	簫	381	艄	442	疎	526	飂	652
憆	174	毟	246	獿	298	糈	388	艘	442	貁	531	颾	652
所	178	毺	247	獿	298	糯	389	艿	443	貀	533	颾	653
宜	178	舵	247	珆	300	索	392	苏	446	賉	536	颾	653
扉	178	氋	249	珰	302	素	392	莎	447	踃	547	餗	659
捎	184	氃	251	瑧	304	紹	392	蒀	451	疎	547	騷	665
掃	185	氄	251	絲	307							騒	667

騷	668	捒	184	藚	468	飧	99	乺	16	悚	164	釃	584
驦	671	數	199	蓀	468	子	112	乯	18	忪	167	鎍	597
謏	676	數	199	褧	496	孫	113	帥	19	愯	169	鎟	599
譟	676	數	199	褨	499	巽	137	衛	57	慫	175	짒	606
髇	677	鷇	200	謷	501	㜸	149	帥	139	揀	184	閁	609
髇	678	矖	210	粟	502	愻	152	摔	158	揉	193	霜	625
鬖	680	束	216	悚	507	損	169	牰	189	搜	194	頌	643
鬾	686	梀	221	悚	508	損	187	涬	247	松	217	額	647
魞	688	楝	229	諫	514	搎	188	瘖	268	枀	217	餸	659
鯀	691	鯈	229	謖	518	潠	189	窣	321	枀	218	鞴	660
鮹	691	殊	242	謷	520	敯	198	窣	366	崧	225	騌	666
鯝	691	泅	255	警	520	檴	226	蜶	366	窓	226	髶	677
鰠	695	涑	257	贖	537	滄	261	螥	483	橉	232	鬆	679
鯵	696	悚	290	贖	538	潠	266	蟀	485	淞	258	鬆	679
鰠	697	擻	297	赸	539	猻	296	卹	490	漎	265	鬆	693
臊	697	獀	298	趚	541	睓	337	衛	499	筟	291	鵹	700
鯗	712	甩	312	速	570	硊	346	諑	573	嵷	326	**소**	
騷	717	痩	318	遫	573	腤	431	飋	652	竦	370	心	166
騷	717	粟	359	遫	573	膹	432	鶎	705	葱	378	碎	349
蠧	734	稴	363	錬	594	蓀	456	鶎	708	縱	397	筷	377
齭	734	籔	379	鎟	602	蓀	458	蘱	717	蓯	461	膵	431
鬥	738	凩	385	鞴	637	蓀	463	蟀	731	蚣	477	**살**	
龘	738	粟	386	鞴	638	蓀	464	**손**		蚣	481	刷	46
솎		圂	387	餕	656	蓀	465	乲	68	螢	486	唰	72
悚	25	稾	388	餕	660	荵	466	**송**		祒	493	唰	72
俗	25	橐	390	餕	660	遜	470	佡	27	訟	510	趃	540
儦	33	綀	395	餕	660	蟀	484	淞	41	訟	513	選	573
剸	48	綀	397	鴛	684	遜	572	吣	66	誦	514	**쇄**	
卥	58	綬	399	鴛	684	巺	648	宋	114	誦	514	刷	46
悚	71	續	403	鱐	698	飧	654	崧	129	送	569	叔	64
屬	123	簌	408	麕	714	飧	654	崧	135	送	571	喊	76
屬	124	簌	408	**솔**		飧	654	糝	146	遜	571	崒	90
屬	125	萩	453	乺	37	餕	654	忪	155	遜	572	憥	140
讀	159	蓀	460	喽	76	**솔**		忪	157	遨	572	歁	196
憯	172	蓀	460	嘆	79			乭	15			晒	207

자음 색인 [쇄~수]

曬	212	鏁	603	俊	28	嗽	82	庛	144	璲	204	浸	258
洒	255	繐	610	倏	28	囚	84	庳	144	籧	204	浚	261
涮	258	陲	616	傁	28	圳	86	廀	146	虪	204	浴	262
潊	264	雫	623	脩	28	垂	87	廋	146	杅	216	湏	262
灑	271	鞣	636	傁	28	埀	89	須	155	枏	216	溲	263
灑	272	髓	651	傁	29	壔	92	祤	156	栦	219	漱	264
煞	278	魋	687	傃	29	壽	95	修	157	椞	224	潃	264
瑣	304	顪	717	僽	30	壽	97	怞	162	尌	227	潄	265
瑣	304	鬚	721	嘗	33	妺	97	悄	167	槆	228	漱	265
璅	304	소		合	36	娷	105	慅	167	樹	230	潻	268
瓸	309	犫	19	冢	37	婄	105	愁	168	橾	231	澻	268
睉	339	唑	71	凍	41	婎	106	愹	168	檖	231	濉	269
碎	344	夊	97	几	42	媭	107	愋	168	櫢	233	瀟	269
碎	347	按	183	厣	60	嫂	108	慹	173	欶	236	瀡	271
碩	349	貁	248	厙	60	嫂	110	惪	173	歇	237	瀷	272
縠	355	猿	297	収	61	頞	110	戌	175	殊	241	隊	281
籭	385	瘙	321	収	63	嫿	111	才	179	殳	241	燧	281
綏	400	蔞	458	交	63	珠	113	手	179	觳	244	燓	281
縰	400	蓘	461	叜	63	殳	114	捒	184	毧	245	罭	283
縰	400	袌	493	受	63	文	114	捜	185	毬	247	罁	283
穟	402	釧	590	叜	64	守	119	捼	186	毯	247	龤	283
纚	404	鞍	634	叜	64	尋	119	搜	186	毹	247	殊	287
襊	498	鞋	636	叜	64	尃	119	摗	188	毸	248	䏿	287
貨	533	鞴	638	嚴	64	㐌	121	搊	189	氀	248	竖	289
貨	533	靴	640	鞍	64	獸	125	擞	189	氁	248	犖	290
賵	536	餗	659	嵩	69	岫	127	敱	191	麗	249	犐	290
鄋	580	수		售	72	峀	127	敱	192	水	251	犕	291
鄋	580	垂	14	嗳	73	叜	131	收	193	氵	251	狩	294
銟	594	丞	15	啁	73	嵣	133	敱	196	氺	251	狻	296
鎖	598	乎	15	嗥	75	嵎	134	枝	197	汓	252	獀	296
鎖	599	才	16	嗾	75	甾	136	數	198	泅	254	獸	297
銷	599	率	19	嗽	76	帥	139	數	199	洙	255	獸	298
鍛	600	修	26	嗾	77	幨	140	數	199	浽	257	獸	298
鍛	600	倕	26	喍	77	㡛	141	數	199	涑	257	琇	302
鏁	600	偖	28	嗤	80

자음 색인 [수]

琇 305	采 358	絒 393	膳 432	蓫 471	趚 542	酸 586				
瑪 305	穦 361	綉 394	膹 432	薢 472	跾 550	醀 586				
璲 305	稼 361	綏 395	膸 433	蘓 473	踦 552	醨 586				
璹 306	穗 362	綏 395	膄 434	虽 477	蹜 552	醻 588				
璿 306	穟 362	綬 396	膶 434	蛵 482	蹤 553	酥 588				
瓨 308	穂 362	綬 397	豎 435	蛸 483	踰 556	醣 588				
痳 316	穑 363	綟 397	豎 436	蜵 484	輍 558	鈝 591				
疫 318	稵 363	綜 399	首 436	袖 494	輸 561	銖 593				
瘦 320	宋 365	繡 401	瓱 436	裋 495	輸 561	銹 594				
瘦 320	宿 365	繡 401	艏 437	袾 495	輶 562	鏉 597				
瘦 320	邃 368	繻 401	艡 442	襚 500	轇 563	鎪 598				
癨 321	邮 370	顈 401	艖 443	禮 501	轌 564	鎪 599				
瘶 321	豎 370	臮 401	艘 443	禮 501	述 568	鎪 601				
瘶 322	頭 371	繡 401	茵 448	舥 507	迺 569	鍫 601				
癯 323	竖 371	繻 402	茶 449	訣 511	迖 569	鏉 601				
盨 330	竪 371	繻 402	荽 451	誰 512	逎 571	鎬 601				
盨 330	堅 371	縬 404	荽 451	設 515	遂 571	鏽 601				
省 331	濡 371	纃 404	菙 451	設 515	逋 571	鑒 601				
眸 332	笇 376	鈾 405	薩 453	誶 515	邅 571	鏃 601				
眭 334	簹 376	莕 405	蒐 456	誶 517	逎 571	鎖 602				
眩 334	筱 377	羞 410	葰 457	諔 518	逍 572	鎞 602				
睡 335	箜 378	犵 416	脩 458	謽 521	邃 572	鬚 607				
睟 335	箸 379	氋 416	脩 458	讒 521	遛 572	阷 614				
睢 335	簹 380	耎 417	夐 460	讎 522	遂 574	陏 614				
睫 336	篢 380	珛 417	脩 460	讎 523	遫 574	陲 615				
瞍 337	篘 381	吺 421	顅 463	讎 523	邌 574	隋 615				
曎 340	簘 382	脩 421	餿 463	讎 526	鄒 579	隃 615				
礫 351	籔 382	脩 427	滾 463	讎 527	鄭 580	陊 616				
示 352	籔 383	脺 428	蓨 464	隊 529	鄩 582	隓 616				
示 353	隨 384	睡 428	羞 465	貅 529	焂 583	隨 616				
崇 353	粋 386	脑 428	鬚 466	貅 529	酥 583	饈 617				
袖 353	粹 387	膁 429	鬢 467	賊 535	酬 584	隨 617				
禭 356	糧 388	胔 430	毿 469	踤 535	酹 584	隊 617				
秀 357	糏 388	腧 431	詣 469	辥 537	酻 584	髓 618				
秀 357	纡 392	脩 431	隨 471		酸 585

派 258	奄 100	蝀 485	撨 191	鯈 696	雋 620
淳 259	奞 100	詗 515	擻 199	鶐 705	帷 620
湻 264	姰 104	趘 542	橚 231	鱐 717	雋 620
漳 264	耽 113	璛 543	洲 256	**숙**	雧 621
滑 265	峋 127	馥 547	淑 258	釲 19	雖 621
滫 266	巡 136	醜 587	滀 264	伮 23	雛 621
舜 284	巡 136	䣶 587	潚 266	俶 25	雕 621
牬 288	恂 139	閖 611	瀟 272	個 26	雘 621
犉 290	徇 152	閏 612	焂 276	倐 26	儁 622
犚 291	徇 155	龡 629	熟 280	倏 26	隹 623
狥 294	徇 156	颴 652	王 299	儵 34	雯 624
珣 301	弯 157	飍 653	珋 301	冗 43	需 625
盹 313	循 157	驖 670	珬 301	唉 56	靃 628
眴 327	旬 161	驖 670	璹 302	叔 64	靮 634
盾 331	恂 163	鮢 690	璛 305	啛 75	鞍 636
眹 332	悛 165	鮫 692	塾 349	嗖 76	鞔 636
昀 332	愻 172	鷄 706	璹 306	埱 90	鞦 637
眴 332	揗 186	鶉 709	磭 351	塾 93	鞴 637
眣 333	旬 205	鷷 709	穛 360	墅 96	韉 638
睃 335	敒 212	鸘 722	飄 412	夙 98	韉 638
瞚 337	枈 216	**순**	翛 414	夙 98	韓 640
瞬 338	栒 219	乨 17	翻 416	夙 98	韝 640
瞤 339	楯 225	佃 24	肅 423	娕 106	須 643
瞤 340	栒 226	俶 25	肅 423	嬠 112	頧 645
瞤 341	榫 226	俊 27	蓫 423	孰 113	顐 646
猶 341	樿 227	匐 53	燾 423	宿 116	頵 649
砲 346	橓 229	盾 60	艑 443	宿 116	颩 651
磭 348	橓 230	厚 60	鱐 443	寊 117	颷 652
笋 372	欨 236	吮 67	茜 451	尗 119	颶 652
筍 374	殉 241	唨 69	菽 453	俶 120	颸 652
笋 374	殉 241	脣 71	蓿 460	倏 170	颸 652
笛 375	殉 241	脤 71	蓿 460	抜 184	飉 653
筭 377	毤 247	嚊 73	鬻 464	援 188	餐 657
篹 377	船 251	墩 79	鸗 475	掊 189	餕 658
簨 379	洵 255	糵 99	鱶 476	搸 189	饓 658
脩 658					
修 659					
鎍 659					
饊 659					
饊 660					
饐 661					
饞 661					
首 662					
睂 662					
頓 662					
䫀 662					
駿 668					
駿 668					
騅 674					
隋 674					
髓 674					
髓 674					
骸 674					
髓 674					
髓 675					
髓 675					
髓 675					
髮 679					
鬢 680					
鬏 680					
鬆 680					
鬚 680					
鬚 681					
兗 685					
鼰 686					
鼰 687					
魋 689					
鮻 694					
鯜 695					
鱐 695

자음 색인 [순~승]

簨	379	諄	515	駒	703	鈗	592	蜑	405	崈	132	霫	626
簵	381	諰	515	鶉	704	鉞	593	崪	496	帽	141	颼	652
簨	381	諄	518	鰆	704	鉈	594	崒	535	恂	165	騽	669
紃	391	諄	518	鷄	706	鈵	597	焠	571	惛	170	鰼	695
紃	391	諰	519	鶉	709	隙	616	闟	612	慴	173	鸂	708
紂	391	諱	523	鶉	710	䬃	650			懾	177		
紂	391	諱	523			䬃	650	**습**		戢	182	**승**	
紃	391			**술**		鵖	702	郝	59	拾	228	丞	12
純	392	賰	535	卹	59	鶳	705	噏	81	榙	262	乘	15
絢	394	趚	543	吪	68			拯	101	湿	263	乗	15
紃	397	輇	558	哦	69	**숭**		慭	101	涇	264	衺	19
眘	411	輔	558	啐	78	崇	129	瑟	303	湼	265	奯	19
肞	424	輴	561	嘰	79	宗	129	瑟	305	濕	269	兗	19
肦	425	脣	566	垶	88	崧	129	瑟	305	熠	280	兢	19
肦	427	迡	568	戌	175	嵩	131	瑟	305	燴	286	僧	30
脣	427	逎	569	朮	215	憕	173	瑟	305	瘮	321	僧	31
脜	429	郇	577	欸	236	憽	174	緦	402	癑	380	烝	36
膞	431	鄅	580	沭	253	硆	347	脥	430	簪	413	冼	41
膶	432	酏	583	淠	266	菘	453	膝	431	習	413	勝	43
舜	440	醇	585	溗	287	豐	472	膝	433	習	413	升	51
𦢊	440	醻	585	珬	301	饊	660	腳	433	鰼	416	卨	56
毡	445	醮	588	疛	317	髳	678	蒘	461	熠	422	吀	58
芛	446	釂	588	絨	393	鰔	702	藤	469	艒	443	塍	91
荀	449	錞	596	絤	397	鷟	705	虱	476	鬐	444	夌	98
荀	449	鐏	601	茂	449			蝨	480	耆	462	亟	127
蒓	458	鐏	604	蓫	457	**쉬**		蝨	482	蛰	485	嵊	131
蕁	460	陙	614	術	492	倅	26	亟	482	褶	499	嵊	131
蓴	462	陼	616	術	492	淬	41	蟲	488	襲	501	弸	149
蓐	463	雜	621	衪	494	巂	134	郝	581	請	516	憴	173
薜	466	難	622	袦	494	庨	145	鉥	592	謵	519	扔	180
虀	470	順	643	誎	511	晬	206	鼗	629	謵	544	承	180
衠	492	馴	664	誠	513	晬	208	夔	630	陸	616	耒	180
袨	495	駒	665	諡	568	滓	253	䫻	653	隰	617	殈	182
褊	498	鬊	679	遂	572	焠	259			隰	617	氶	182
詢	512	鬊	681	鄌	580	焠	277	**싀**		隰	617	䍧	199
		鱘	692			篨	381	嘖	72	隰	617	夒	201
						粹	388	嘈	78				
								㗿	83

昇	206	輁	562	厮	61	恃	163	撕	243	矢	342	慝	408
勝	214	鼪	603	呎	68	偲	168	毸	246	夨	342	翅	413
脓	214	阩	613	咶	69	愢	169	㯌	247	柹	343	豉	413
膡	215	陞	614	嘗	74	慨	172	毢	248	鍦	343	豒	413
枡	217	騬	668	嘶	74	戠	177	漇	248	砯	345	翨	415
桬	219	騪	669	嘶	75	賥	177	泤	253	砹	346	翄	415
乘	223	鯹	670	嘶	79	揌	191	澌	262	礰	350	翉	415
滕	227	髻	680	壪	91	翅	195	漃	263	示	352	翟	415
殑	241	鮃	690	塒	92	技	195	漸	265	兀	352	聰	421
永	251	鰆	693	妼	102	豉	195	灑	267	礻	352	胛	426
泳	255	鷖	697	姶	103	岐	196	胅	272	祡	353	腮	429
涶	260	鼃	697	媤	103	改	196	犲	287	視	354	臍	432
漤	262	鼻	704	媤	107	枚	196	狃	292	褆	355	芺	448
渥	268	騰	709	提	107	毁	197	狃	292	禱	355	芐	448
焷	277			丆	120	施	203	狋	293	稽	361	薪	453
垂	284	**시**		尸	122	时	205	猜	294	機	362	蒔	454
旬	312	乥	15	尸	122	旹	206	猜	294	㝎	366	菩	454
睡	314	乧	16	尸	123	是	206	獄	294	宲	366	菩	455
移	360	仚	21	屎	123	昰	207	猜	295	寔	369	蒻	455
竍	370	佁	22	屍	123	時	207	愢	296	顴	369	蒵	455
篒	374	侍	24	屠	123	曺	207	悤	297	笫	372	薞	455
繩	397	偲	28	岂	127	晷	208	眂	308	笶	372	葉	456
繰	398	侊	35	峕	130	匙	217	疼	318	筵	373	蓍	457
繩	402	兌	35	峕	131	梟	218	眂	332	簛	377	蔿	457
脋	426	兕	35	帍	137	柿	218	昡	332	籭	381	著	458
艶	445	厏	36	幃	140	柹	218	眹	332	籼	386	蓍	458
藤	463	厽	36	廝	147	梯	218	眜	332	粫	387	蒔	461
藕	466	叾	39	弑	150	柴	218	䀼	332	紪	388	蜤	482
蝇	482	叕	41	弑	150	梶	219	晴	332	絁	393	蟸	483
蠅	487	測	42	㷌	150	楒	224	眄	332	緦	397	禔	497
諆	519	㪔	54	匙	151	提	225	眡	333	緲	398	襫	502
鹍	521	匙	54	虒	152	櫴	226	眙	333	繐	402	覘	503
饘	537	鍉	59	虆	154	欥	238	崖	334	繈	404	覡	503
跰	545	卯	61	豺	157	柴	239	施	341	繲	404	視	503
肇	561									褫	341

자음 색인 [시~신]

覘	503	鈮	590	鷉	710	弑	333	倉	654	娠	105	欯	236
覢	504	鉈	590	鼈	726	賽	337	帥	654	嫚	105	歆	236
釃	509	鉈	592	鯷	728	禔	354	筋	655	娞	105	凪	239
魓	509	鉇	592	鯡	729	窶	367	飾	655	蕣	110	氘	250
訥	510	鉰	592	鰣	729	篹	377	飾	655	脣	113	汛	251
訣	512	鉏	592	鯷	729	篩	378	蝕	656	宸	115	汿	274
詤	512	鋠	592	鰤	729	息	382	餙	656	尽	123	芋	275
試	512	鉐	593	龜	737	媳	431	飭	657	岫	126	炻	276
詩	512	鏃	597	식		熄	436	餘	658	崟	128	燊	281
諟	516	鍶	597	噶	74	蒠	458	餯	659	峷	136	燼	282
諰	517	鍉	597	埴	90	譏	464	鸗	707	弞	151	犼	292
諡	517	閇	608	塦	90	譓	473	鶽	707	신		狎	293
諰	517	闟	609	埴	90	蝕	482	신		伩	152	玒	300
諡	518	閟	610	埵	90	蝕	485	仴	20	伩	154	珅	300
譆	518	阺	613	蜃	95	祄	495	伸	22	伸	156	瑻	306
諰	518	隶	618	熄	108	禠	500	优	23	伈	162	甡	311
諰	519	隹	619	定	116	誢	510	偒	24	慎	162	申	312
諰	520	雇	619	式	150	誢	516	侒	24	慎	169	串	313
豉	526	雜	622	怕	163	諡	519	信	25	枕	169	瘁	318
豉	526	觜	631	怕	164	識	520	燊	35	扟	169	痛	323
跛	526	頒	644	愭	166	軾	559	舉	37	抌	179	眒	332
蹝	526	頿	646	戜	177	遅	572	凶	44	抌	179	眒	333
豸	527	願	647	忒	177	遅	572	卂	44	抻	179	矒	334
豕	528	顋	652	拭	179	醒	580	夐	56	押	181	瞚	338
尿	528	餕	656	拭	182	醍	586	叫	64	儆	197	矧	342
猠	528	鬒	678	植	185	鈊	593	呻	67	新	202	彜	342
犲	530	鬟	679	植	220	鍖	595	呻	68	新	202	矧	342
眡	534	瞏	682	植	223	鍖	599	哂	69	晉	206	砷	345
翄	540	鮖	690	殖	242	隱	616	呥	71	晨	208	神	353
跿	545	鰓	693	湜	261	食	651	呻	71	農	208	神	353
軾	563	鰄	694	湜	267	食	654	嘶	80	神	211	祳	354
辟	566	鳰	699	炻	276	食	654	冈	84	神	218	裑	355
靐	566	鳳	699	熄	279	飠	654	姺	99	柛	220	祳	355
邿	577	鳰	700	熄	279	飠	654	妽	103	椊	227	禪	362
醓	587	鳱	701	瘜	321	飠	654	姺	104	樺	228		
醓	588

자음 색인 [신~십]

宸	366	訊	509	鋠	594	実	115	糁	147	甚	311	諶	517
辛	369	訉	509	鈝	594	室	115	糂	155	疧	317	譖	523
篤	372	訙	509	閖	609	實	117	心	160	疷	317	跿	547
籂	381	訊	510	阷	613	槷	134	忄	160	疣	317	軜	558
籸	385	訒	510	賑	614	徥	158	小	160	㾕	317	鈓	576
粩	385	訓	510	雕	622	忎	162	忈	164	痒	320	鄩	581
邦	385	訷	511	靷	633	恖	164	惙	168	瘆	321	鄏	581
糁	386	詷	513	頣	644	怘	164	愡	172	畤	338	醓	585
紳	393	詶	513	頣	644	悳	164	遈	195	宲	365	鈖	591
絩	394	詥	516	頠	644	恩	169	暃	210	究	365	鐔	601
獰	414	餚	525	顅	647	兂	179	罙	216	窡	365	陦	617
聊	421	貈	531	顗	647	桎	225	枔	217	窽	366	霒	627
腈	425	賑	534	顗	648	寎	368	椹	217	窦	366	霪	627
胴	426	責	535	餾	656	糡	389	樿	224	算	379	頞	645
脤	427	賵	535	飻	657	螅	483	椫	229	筭	382	顛	647
腎	428	贐	537	儢	661	蟋	485	盹	231	縡	401	賴	648
肾	428	身	555	骹	665	蟋	487	砭	242	眸	406	颯	650
脺	431	辛	565	囅	672	鞋	635	沁	252	芯	433	驦	683
臣	435	辜	565	魶	685	髊	734	渗	258	苁	446	彌	684
賢	435	㜽	565	魶	686	**심**		深	259	葚	453	瀰	684
嗔	437	新	565	鯡	686	伈	21	潾	259	深	455	魷	689
申	438	舜	565	鱘	691	侺	25	潯	263	薮	461	魺	689
甲	438	諠	565	鮮	691	勯	52	湥	266	蕁	462	魚	689
艻	446	宸	566	鮾	692	吣	67	淰	267	蕁	463	鮖	689
莘	451	唇	566	賑	692	㕞	67	潹	268	薸	467	鱏	691
莀	452	蛋	566	鯡	695	哼	79	潯	270	蕁	469	鱏	696
蔪	456	晨	567	鱘	696	埮	90	瀶	272	蕁	470	鱘	696
菜	462	迅	567	鸕	708	森	101	濸	272	蟫	470	鱛	699
薪	465	巺	567	麐	714	嬸	111	漜	272	蟫	486	魁	700
蓋	467	迌	567	黽	725	寀	115	燖	278	蟫	486	黮	723
蕣	471	酂	568	**실**		害	117	燅	280	襑	499	**십**	
蜄	480	邞	577	唉	78	審	117	燖	281	襨	505	什	20
蜃	480	䢅	577	㖖	81	尋	119	燖	291	覩	506	社	35
袘	488	郎	578	失	99	斈	119	㵾	305	観	510		
裖	496	鈓	593	实	115	火	126	瓕	306	諗	515

자음 색인 [십~악]

十	56	覢	621	娥	105	莪	288	蚜	478	餓	656	堮	91	
卅	56	雙	622	婩	106	雅	288	蛾	480	鵝	667	壢	96	
卌	56	雙	622	婀	106	犽	292	蜟	480	鴉	667	婭	108	
汁	63	霅	628	娿	106	猚	295	蟻	488	骰	672	岇	126	
拾	182	鱨	698	啞	113	玡	300	蠹	488	骱	672	岊	126	
汁	251			埡	116	珴	302	衙	492	髟	677	岄	126	
卙	308	**씨**		堊	124	疋	315	裹	494	髮	679	岳	127	
卝	369	穊	82	屙	128	疋	315	衰	494	鬘	679	岩	128	
斛	369	氏	250	莪	128	疴	317	襖	496	鰋	693	崿	131	
艝	385	訍	511	峨	131	疳	317	見	502	鰐	693	崿	131	
艜	443	阯	613	毅	144	痤	319	訐	503	鴉	700	嶭	133	
補	497			忔	161	痾	319	誐	510	鶓	700	嶽	133	
諿	516	**아**		怸	161	痾	319	踻	514	鶍	703	嶽	134	
赾	540	丫	13	戈	167	痖	325	躂	548	鵝	703	巁	134	
趿	544	亜	17	我	175	盎	329	躱	555	鵞	703	崿	140	
辻	567	亞	17	狁	175	盦	329	骳	555	鵞	703	幄	164	
忇	576	伢	21	咸	175	眽	334	骼	559	鴉	703	惡	165	
什	613	俄	25	威	175	短	343	迓	568	鷁	703	惡	166	
		偓	26	戯	176	砑	344	迎	571	鴉	705	惡	166	
싱		餓	32	扼	177	硪	346	迺	572	覭	729	愕	168	
腃	215	兒	35	抙	178	硇	347	遧	573	齖	732	憚	172	
賸	537	兒	35	挃	180	祄	354	釾	592	齾	733	搖	185	
		兒	35	挨	183	秅	358	鋨	595			握	187	
쌀		刓	46	揠	185	秱	360	鎁	596	**악**		握	224	
煱	385	劤	58	捱	191	笌	372	錏	596	偓	27	楀	225	
		厊	59	荷	204	絅	393	錏	602	偓	27	樂	228	
쌍		厫	60	枒	217	絚	396	閼	608	偓	31	欓	233	
双	63	哦	71	椏	223	絅	396	閼	609	剭	47	殟	242	
孀	111	唖	71	榎	229	聘	406	閼	610	剭	47	渥	260	
慡	142	啞	72	欹	236	娥	421	阿	613	咢	59	濰	290	
慡	175	喎	72	氩	251	芽	442	雅	619	咢	69	齃	291	
樉	234	嗄	75	洓	257	荅	446	雒	620	喔	74	堊	303	
雙	384	喐	76	涯	258	莪	450	靠	630	噩	74	睪	336	
艭	444	妸	103	牙	288	義	451	頞	645	罞	75	硪	348	
躟	527	妿	103	犽	288	讉	463	餓	656	罸	80			
躟	554	姶	103	犽	288	義	466	餓	656	罞	81			
雙	620	妸	103											
雙	621

籆	385	頞	646	圠	121	腽	421	駴	668	庌	126	鱍	406	
腥	429	頟	649	岸	127	䶃	445	騲	668	岈	130	鴳	411	
胺	430	顏	649	峎	127	荌	449	髟	679	嶭	133	鴶	411	
腤	433	顕	649	崀	128	䶒	475	鮟	690	戞	176	聐	420	
臹	437	騅	669	崖	128	訐	510	鴈	699	戛	176	胺	426	
艊	444	鴬	670	誓	131	訏	511	鴳	699	拮	182	䏙	426	
萼	455	鮟	690	厊	134	誁	513	鮟	699	挖	183	鮿	436	
䓶	457	鯇	692	按	142	犴	531	騅	699	揢	185	虸	476	
蕚	464	鰯	693	晏	182	贋	537	鴈	700	搹	187	訐	509	
蠱	470	鰐	693	案	207	贗	537	雁	702	攠	195	訐	516	
蝁	481	鰪	696	桉	220	蹳	550	鷃	702	斜	201	訐	517	
裎	497	鱷	698	椻	220	遫	572	鷞	704	幹	201	軋	557	
覥	505	涽	703	此	224	郔	577	鷃	704	栞	218	幹	560	
諤	517	鶚	705	氬	239	銨	593	鴳	707	檊	233	轋	565	
謣	523	鴮	709	浨	255	錌	596	黯	721	歺	240	遏	571	
踅	549	鸞	710	灕	271	犴	606	黫	723	歹	240	過	571	
迕	572	齶	734	煐	280	閇	611	顎	723	丂	240	鍔	597	
迂	572	齺	734	厭	280	閼	619	訐	732	尐	240	鑭	605	
遌	573	齾	734	爗	280	雁	620	顝	734	浂	255	閼	610	
鄂	579			犴	292	龭	628	**알**		澣	269	閼	628	
鄂	579	**안**		犴	292	鞍	634	圠	15	灡	271	頞	644	
鄂	581	侒	24	狠	294	韸	634	穵	15	浣	277	頢	645	
鄭	582	俊	26	狱	294	頇	643	兀	49	堨	278	顎	649	
鍔	597	偐	27	㾽	322	頞	644	區	55	狹	295	餲	658	
鍭	599	唵	74	盦	329	顏	646	斡	57	疧	320	歅	672	
鏕	601	啽	79	眼	333	顔	646	攴	57	䀏	331	胻	673	
鑊	604	嚬	83	眲	334	顏	646	叺	65	睰	332	髯	678	
陼	616	垵	88	矔	336	顏	648	唲	69	矸	336	髤	679	
雘	620	垾	90	矔	337	颜	652	啽	69	矷	344	鬒	679	
雐	621	晏	100	瞰	340	銀	656	嘎	71	硎	346	鶯	679	
雘	622	妠	102	矸	344	鞍	659	圔	77	碣	361	鷃	680	
覆	622	妟	103	矸	359	鞍	661	圠	85	窒	364	魰	688	
壡	627	妴	104	程	361	顖	662	堨	86	窾	365	鴳	702	
頞	645	姲	106	艹	413	駿	666	媻	110	穵	367	鵪	702	
頟	646	安	114			騗	667			鲎	405

자음 색인 [알~앙]

鶡	710	揞	186	僉	584	黯	723	炠	275	帛	701	決	254
黭	721	晻	208	醃	585	黭	723	崦	277	鴄	703	怏	275
黳	721	暗	209	醃	585	黯	723	狎	293	鴬	704	狭	293
齃	723	猎	295	闇	610	黮	724	瑒	305	鶑	704	獮	298
齃	730	庵	314	陰	615	黷	724	瓬	309	**앙**		瓫	308
䭉	735	痷	319	暗	616	黶	724	疴	318	訷	16	瓬	309
鸘	735	癌	322	隂	616	黶	724	瘂	320	仰	21	妭	327
䭉	735	盫	330	險	617	齸	725	痷	321	伏	22	盎	329
암		盦	330	雄	621	齷	733	痷	323	偀	29	肛	331
俺	27	唵	335	雜	622	齾	734	窞	335	儜	32	昂	332
吀	68	喦	348	霿	624	鼸	737	砐	344	印	58	映	333
唵	72	礛	352	黭	627	**압**		礔	351	卬	58	礗	349
唵	73	穾	365	醃	631	僷	32	罯	365	卬	66	秧	353
唵	74	窨	366	韽	632	匒	53	罯	407	央	68	柍	354
喑	74	罯	408	闇	642	匼	53	罯	407	坱	87	秧	358
噮	79	罯	408	韽	642	匼	55	罨	407	块	99	笶	373
嚴	83	翻	413	領	642	嗑	81	翔	408	夬	103	絉	393
堷	90	耠	418	黯	642	圁	85	服	413	岇	126	腫	421
壋	91	胳	429	領	645	圧	86	般	441	峡	127	胦	425
壛	96	脎	429	頷	646	壓	95	舩	442	峡	128	炴	444
媕	107	菴	453	顉	647	姶	104	罨	482	嵃	130	鮾	445
媅	108	菁	455	馣	663	妭	105	粟	502	忧	140	鯟	447
媅	109	葊	455	䮷	674	岋	126	謁	522	仰	155	訝	510
憨	110	蓭	460	黬	675	匝	144	越	541	怏	162	訣	512
搲	117	蒊	464	鵪	694	唈	145	鞓	549	愶	170	狭	530
揞	122	藘	475	鵪	704	押	181	鞄	561	挾	181	眏	534
岩	127	諳	490	鶂	704	撞	193	鞓	589	旀	203	鞅	559
嵒	130	諳	496	鶏	706	摩	193	醃	629	昂	206	軮	559
嵒	130	諳	514	鶉	706	毞	210	鞈	635	昂	207	醠	584
巌	135	謎	517	鶴	706	枈	218	韎	635	暗	210	醠	586
巌	135	諺	518	鶉	708	歁	238	顉	648	柳	217	鉠	592
巌	135	諺	520	鷜	711	泮	253	鱷	695	柍	218	霙	624
庵	139	譗	520	鼈	715	泣	256	鱷	696	枊	223	鞅	633
庵	145	謠	521	黯	722	泝	258	鴨	701	歇	237	鞅	633
捠	186	讙	522	黯	723			鉀	701	殃	241	鞾	634

999

자음 색인 [앙~앵]

頏 643	姎 106	涯 258	艗 443	嶫 620	嵤 131	靮 633						
鉠 655	媵 110	漄 265	艾 445	嶭 624	嶺 134	額 644						
聊 664	㝩 119	瀣 270	艾 445	嶪 624	幈 140	頟 647						
駚 664	岟 127	焫 276	萱 459	嶫 625	尼 178	飢 654						
駃 665	崖 129	烷 277	蕚 464	嶭 626	抳 180	飯 655						
鉠 689	崕 129	燡 282	蒜 465	孼 628	抳 181	鈮 655						
鴦 701	嶫 131	爇 284	藹 468	孽 628	披 185	誙 657						
鵊 701	獃 132	爇 284	藹 470	顔 646	搤 188	鴈 668						
鴦 725	庠 145	殣 288	覬 504	顑 649	柂 217	鬲 683						
鴦 737	忩 160	獃 296	詍 512	餒 656	欪 236	鷄 694						
애	忢 161	獃 296	讌 519	餲 658	沴 256	鯣 694						
伌 21	愛 165	瑷 305	藹 521	餲 660	液 258	**앵**						
傻 31	悥 165	痓 318	讞 522	饐 663	玻 303	嚶 82						
優 32	悻 167	痎 318	讞 522	饐 663	縊 330	嚶 82						
澨 41	愛 167	皚 319	狋 528	駴 663	砨 345	娭 108						
厓 60	愛 168	瘂 319	狧 528	骸 666	砨 345	桜 220						
厚 60	慐 171	瘂 319	賆 534	髻 674	砯 346	櫻 234						
听 67	懓 171	瘂 321	賹 535	髻 680	縊 398	泂 259						
哀 69	慐 173	癌 321	賵 536	鰻 697	腋 428	懀 291						
哎 71	凝 174	皚 326	謳 549	鰪 697	蚅 477	營 291						
唉 71	懝 174	曖 326	遭 575	鳩 699	被 496	甇 309						
呝 72	挨 183	賏 332	醃 586	鵢 702	覨 503	罌 310						
喠 72	捱 185	眭 335	錏 598	鸚 724	覤 503	罃 337						
喝 74	挨 187	睚 338	錯 602	鵇 729	訑 512	腰 340						
嘊 77	敱 199	曖 339	閼 608	鼇 733	詻 512	鶯 405						
噯 80	欸 206	砬 346	閼 608	鼇 733	謺 523	罌 405						
嗳 80	曖 211	硋 347	閼 610	鼉 734	豸 528	蘡 406						
噫 81	暍 211	磑 348	閼 611	鼉 734	豯 528	譻 522						
噫 81	欸 236	硙 351	陑 613	鼉 734	豯 531	譹 524						
坆 89	欸 236	稕 361	陑 613	**액**	靮 558	賏 534						
埃 89	殹 236	筐 376	陨 616	厄 59	䩥 559	嬰 536						
堐 90	殗 242	篋 382	隘 617	呝 67	陑 613	難 623						
堨 91	殪 243	繄 398	隘 618	呝 68	陑 613	鞕 642						
壒 95	毒 245	脂 422	鑐 618	呝 69	餡 613	鶯 707						
娭 105	毐 249	臣 435	鑐 618	客 127	隘 616	鸚 707

자음 색인 [앵~양]

鸎	709	埜	221	嗒	64	櫟	403	鑰	605	壤	153	烊	275
鸚	710	梛	224	喏	74	繪	403	閼	612	徉	156	煬	278
鸚	711	漄	266	爍	111	羂	408	雒	620	恙	163	焬	278
鸚	711	焫	277	孃	112	脁	431	釣	654	懩	171	爗	283
야		爺	285	宕	115	若	448	翳	668	懩	174	徉	294
厄	12	爹	285	韄	126	若	448	鸞	684	懷	174	徉	294
也	15	邪	288	幡	142	萼	454	鮨	694	懿	177	獽	296
冶	18	琊	302	弱	152	幭	454	鰯	694	揚	186	獽	298
倻	27	祂	303	弱	152	鞾	454	鵺	707	樣	190	徉	299
倻	27	竾	352	弱	152	葯	455	鶤	711	攘	193	徉	301
冶	40	筢	375	抐	179	若	457	龠	737	攘	194	場	303
夜	43	節	377	揻	199	蒻	458	鈗	737	羖	196	壤	306
奰	43	耶	420	掿	224	護	459	**얌**		靹	197	痒	318
吔	66	若	448	汋	252	藥	467	얌	73	敭	198	瘍	320
呀	68	葯	456	沰	260	藥	467	**양**		敨	200	癭	323
咟	73	鷬	457	淪	272	籥	468	襄	19	映	203	癢	323
啞	74	辥	461	瀹	272	藥	468	襄	19	昜	206	楊	330
野	77	踥	513	瀹	273	藥	469	䍧	19	暘	209	眻	336
埜	90	耶	550	瀹	273	蘥	469	伴	23	瞷	210	暘	336
埜	91	邪	556	爚	282	籥	471	儀	30	椋	223	鍚	339
墅	92	耶	576	爚	282	蠰	474	儴	33	楊	224	磦	351
栶	94	野	578	爚	282	觽	489	劼	50	樣	227	磞	352
楸	95	墅	589	爟	283	觤	507	勴	51	様	229	煬	355
夜	98	鈏	591	爟	283	趨	543	勴	52	樣	232	禳	356
夜	98	鋣	595	瘧	320	趪	544	勸	52	歠	238	穰	363
娆	107	銸	596	瘧	322	跋	547	吴	54	氅	249	穰	364
射	119	鄿	597	癯	323	躍	553	嗽	64	氱	250	暘	381
惹	145	雅	621	礿	352	躍	553	嚷	82	氧	250	簑	384
揶	168	鰣	694	禴	356	蹞	554	垟	88	氱	251	纕	403
捓	184	鵺	704	箬	377	踷	555	壤	96	洋	255	羊	409
揶	187	鷃	716	箬	377	踷	555	嬢	110	洋	264	芊	409
撒	193	**약**		篛	378	遑	575	嫠	111	漾	266	彸	409
枒	217	厃	59	篛	384	遙	575	嚷	111	漾	270	羕	410
柯	217	叒	63	約	391	鑠	579	妛	130	瀁	272	胖	410
椰	221			約	395	鑠	604	徉	152	瀼	273	敭	410

恙	410	輰	561	鴹	702	瘀	319	餘	657	肊	423	憖	171
羕	410	遃	569	�	706	瘀	319	餕	658	臆	433	厃	203
羕	410	遂	573	檥	709	睋	337	饇	659	薏	464	柩	224
羕	410	鄴	582	禓	710	硪	347	馭	663	疑	465	歐	237
詳	410	釀	587	鴙	723	禦	355	駿	669	礒	467	殗	242
養	411	釀	588	鸉	729	齮	357	騛	669	譩	473	殪	243
攘	412	錫	597	**어**		秱	357	瞽	674	懿	487	漹	265
瓖	412	鍚	601	御	27	竊	358	骸	674	饐	508	焉	276
胖	427	鑲	605	個	30	筊	369	魚	688	辴	510	牪	288
臁	434	馭	606	飯	53	簕	376	奠	688	闑	612	珚	302
膁	434	阞	613	飫	53	籞	379	叀	688	轙	637	瓛	306
芋	450	阳	613	唹	67	籭	383	鈌	688	餩	657	瓿	308
蘘	469	陽	614	圄	73	簶	384	魥	689	饐	675	瓳	310
蘘	470	陽	615	圉	85	籞	384	歟	693	齂	675	瓬	310
蘘	471	隝	617	堸	85	脄	428	敽	695	鼬	733	甗	341
禳	473	隲	617	墺	91	腧	432	瀋	698			硳	346
禳	473	榷	622	壀	118	菸	453	鶂	705	**언**		篶	375
攘	474	霷	628	峿	128	萭	461	齬	733	偃	27	篤	380
蚌	479	霙	628	岇	128	薁	462			俺	27	菸	453
蝆	480	鞅	634	峿	128	藇	466	**억**		傿	30	蔫	461
蠑	484	鞯	634	衘	156	藥	470	偡	30	匽	55	堰	482
蠡	487	鞅	636	御	157	蜴	485	億	32	唁	71	蠱	488
蟻	488	颺	652	禦	158	衚	492	億	33	唫	74	褌	497
蠰	489	颻	652	御	158	衞	492	叩	58	唁	75	言	509
襄	499	鮮	656	扵	180	邀	514	唔	75	嚥	77	詹	513
襄	500	鱵	657	掀	186	郚	573	嶷	81	嚥	83	諺	517
褧	500	餘	658	於	197	鄢	578	嶷	134	堰	91	諺	517
襁	501	餟	659	於	203	鋙	586	意	172	墕	94	讌	522
饟	509	饛	659	腧	204	鋙	594	憶	173	婩	105	讞	524
鍚	518	饖	660	殈	210	鑢	601	抑	180	嫣	109	賡	536
諹	520	饕	661	棜	222	鏢	604	扲	203	崿	130	趑	542
讓	522	驤	671	殈	242	閼	610	檍	231	巏	150	趫	542
讓	524	驤	671	沥	259	閼	610	檍	234	彥	154	軅	556
躟	554	驤	681	漁	264	馭	654	澺	268	彥	154	迊	570
		鯣	694	澐	270	馼	655	癔	322	彥	154	逺	572
				濾	273	飯	656	繶	402	愝	168

자음 색인 [언~여]

騷 671	鹼 697	玁 299	奄 100	蘖 472	峴 130	鄢 579
髀 675	齞 735	矙 340	奄 100	蠥 473	晛 130	鄢 580
鮎 693	齾 736	稐 354	妟 102	蠥 487	峴 131	鋘 598
鰈 697	齾 736	稐 360	媕 106	蠥 489	崦 131	陔 615
鶂 710	**업**	窀 365	嬌 109	譧 489	巚 133	隁 616
엇	剿 48	寃 367	孅 112	讞 522	巘 134	隒 617
旕 76	嗋 80	篷 367	崦 129	轞 524	巘 134	雗 621
엉	業 133	簷 376	崦 129	轣 565	巚 135	颺 652
夃 203	嶪 133	簾 384	广 131	鏨 565	巚 135	餝 658
에	俺 139	罨 407	庵 143	鐊 599	巚 135	鰋 692
恚 163	業 140	罨 407	庵 144	鐊 602	巘 135	鰋 693
瞖 211	儼 173	獫 415	庵 145	钀 605	巘 135	鰋 695
瘞 243	歆 197	耗 418	广 145	鐵 605	嵓 146	鰱 696
笶 372	業 225	睒 421	庵 147	髳 606	椻 223	鳥 699
엔	殗 242	腌 428	弇 149	閇 607	椻 224	鷗 705
円 38	殘 243	巌 473	俺 157	開 611	梻 224	麙 714
여	殲 243	裺 496	俺 166	閵 611	樧 227	騃 729
与 11	泣 256	襂 502	傿 169	埕 615	槷 228	鼴 729
予 16	漾 268	贬 503	掩 185	埕 615	櫱 233	鼴 729
仔 21	爓 282	諳 516	揜 186	隒 616	櫱 235	鼴 729
余 22	牒 287	邆 544	掩 190	顃 649	櫱 240	齗 732
伽 24	睒 335	郼 579	嚴 199	騛 711	爗 273	齞 732
扅 31	礔 350	醃 585	妎 203	鳦 711	癙 322	齾 734
俱 33	檿 402	醼 587	妎 204	鶧 711	糱 390	**얼**
與 37	耗 418	釅 588	奄 204	猒 715	糱 390	乻 16
與 37	腌 428	閹 610	俺 204	嚢 718	臬 436	孼 49
典 37	魲 437	陭 616	晻 208	黶 722	臲 437	喅 80
金 89	褽 496	霏 625	晻 212	黶 723	鵂 437	垺 92
女 101	譺 522	顉 648	晻 222	**엄**	孽 466	妜 102
如 102	鄴 581	顄 649	淹 235	俺 26	孼 466	夒 111
妤 102	鎑 597	顉 649	殗 242	儼 34	孼 467	孼 113
妏 104	隒 617	顉 649	殲 243	厰 42	孼 468	孼 114
姇 118	隒 617	驕 667	淹 259	厂 59	孼 469	嶭 125
孼 134	諜 642	魷 686	渰 260	噞 80	孼 471	屵 126
孖 151	餛 657		淹 287	嚴 82	孼 471	屵 128

자음 색인 [여~연]

馂	657	釋	419	淡	260	垼	89	鍈	603	衲	358	妌	160
饁	661	肷	424	澤	273	場	90	鎣	603	秧	363	忬	161
馹	664	莜	451	焲	274	域	90	除	614	笅	374	悇	164
馱	667	荋	455	燁	281	堲	90	翟	620	筬	382	念	164
驛	670	薾	472	燡	281	墿	95	翟	620	箅	384	悥	173
鼀	686	鷃	473	熤	302	烾	98	維	620	籹	385	悷	173
魊	686	譹	473	煬	303	夵	99	糴	622	絮	387	悇	173
黿	686	讉	473	琙	303	射	100	頀	647	絮	393	挓	187
鼳	687	劓	474	畩	314	敡	119	頤	647	䍻	408	擧	194
殷	688	蝜	481	疫	316	庐	124	餘	656	羖	411	旟	204
鮟	691	蜮	481	癌	319	嶧	125	駌	671	擧	412	櫷	233
鯣	692	祢	495	瘍	319	惑	133	鯬	691	胅	424	欤	235
鰑	693	訳	511	瘴	322	彌	136	駕	691	敨	424	歟	238
䳺	703	譯	521	皪	326	役	139	駕	702	㫄	438	炎	239
鶂	704	譯	521	嗌	330	役	152	鷿	707	㫄	438	毟	247
鳦	704	毅	528	睪	335	恞	155	鸉	710	㫄	438	毟	247
鷊	704	毅	528	睪	335	惐	156	鶊	710	馀	442	汝	251
鷁	705	軦	528	眰	335	悇	161	麢	714	茹	449	沵	255
鶂	706	轕	560	睟	339	懌	167	麖	715	茨	450	洋	264
鷊	707	迶	569	殹	341	怿	173	敖	720	蘕	463	湏	268
鴃	723	醳	569	緈	356	楲	177			薿	465	瀎	271
黓	723	醳	587	罒	369	栻	177	**역**		蛶	480	濉	273
黳	729	鐺	587	紖	394	敫	199	氼	18	蠮	489	狖	294
		鍛	591	紩	394	易	206	亦	18	蠱	489	狿	296
연		鍛	595	縅	396	晹	208	役	21	禕	500	獦	298
㐌	13	闎	610	繎	398	暚	211	伌	23	誽	527	璵	306
兗	18	闛	610	繹	402	楲	222	侎	23	趣	543	㿉	307
俒	27	陎	612	繹	402	椵	222	俋	25	軝	558	畭	314
倓	31	陵	615	縅	405	歟	238	勚	51	輿	562	畭	314
兗	35	霓	624	罬	407	氿	251	厈	60	擧	564	畭	314
兘	35	霓	625	罬	407	滅	258	哗	69	擧	564	痴	318
囦	40	駸	635	羛	411	淢	259	哦	73	擧	565	豫	342
歟	40	鞥	635	羛	411	澼	259	咩	77	娜	577	碘	346
删	42	軝	639	翠	418	淡	260	嗌	79	醜	587	磏	351
刞	46	頍	645							鉏	593	磬	351

자음 색인 [연]

剡	47	弸	152	橡	233	妵	289	縁	397	蜒	484	沿	569
合	65	豫	152	跣	247	犴	292	繏	400	蠕	487	迊	569
吮	67	悁	164	沇	252	狿	294	緣	401	蟴	487	淵	571
哯	71	衍	156	公	253	猭	294	緣	402	蠕	488	遄	574
喨	73	徇	156	次	253	蜓	294	纓	402	衍	492	逴	578
喠	74	悁	162	沿	253	橡	298	繗	402	衒	492	鄢	582
噢	75	悁	164	消	255	瑌	301	翃	413	禰	496	醼	588
嗔	78	悁	164	涎	257	瑗	303	奭	417	禖	497	鈆	591
嚥	79	懊	168	涓	257	璑	306	奭	417	硯	504	鉛	592
嚶	80	愞	169	涸	258	甗	309	需	417	嘛	509	鋋	594
嚥	82	懨	172	淵	259	瞖	314	肙	424	詽	512	鋧	598
囜	84	抏	177	淵	259	曄	314	胭	426	詽	515	鋼	602
困	84	捐	180	淡	259	曣	315	臙	434	讌	523	關	610
圛	85	折	182	湫	259	痜	318	瓠	439	讌	523	關	611
埏	89	挻	182	渦	260	盋	329	莚	451	容	525	院	616
堧	91	捐	184	涭	260	盁	329	荌	453	狿	528	難	621
壖	94	擫	186	湜	262	睷	334	蕵	456	睔	536	難	623
壖	95	掾	186	演	265	膶	338	蓮	460	賏	537	霆	623
妍	102	孿	186	瀾	267	瞱	340	藺	461	棙	538	霓	624
妍	104	挧	187	渶	269	鸁	342	蒸	463	脛	538	鞬	640
姢	104	挧	187	演	269	研	344	漢	464	趇	543	頭	645
娫	105	孿	189	濡	269	研	345	燕	467	趼	545	颵	651
娟	105	揎	190	澗	270	硎	346	鷰	468	踞	547	颵	652
嬿	107	撚	191	瀾	272	硯	346	鷰	473	踊	547	餎	656
燃	110	昤	206	烟	275	硬	347	鸏	474	踽	548	餎	659
薽	110	昢	207	烻	276	碝	348	衍	480	蹳	552	驒	667
嬿	111	曣	211	然	277	礝	351	蜎	480	蹴	553	驖	671
嫨	111	煷	211	煙	278	䂳	365	蟬	481	軥	557	緣	694
孁	111	椯	224	煤	280	筳	374	螤	482	軟	558	鳶	699
宴	115	楄	224	煤	280	篶	384	蝘	482	軥	558	鳽	700
堧	116	椽	224	燕	281	槳	388	蜒	482	輭	558	鴅	701
岍	128	梴	227	爓	281	綖	395	蜵	483	輕	561	鳶	702
帤	139	楦	230	爨	283	綾	397	螹	483	巡	567	鷾	703
延	148	檽	232	難	283	緣	397	蚺	483	涎	568	鷰	705
道	149									迚	568	鷰	706

자음 색인 [연~엽]

鷰 709	挩 475	姸 102	灩 273	袡 494	頄 644	撚 193
鶊 711	挩 479	姢 103	炎 274	覃 502	頏 645	瞱 210
鸎 711	蠯 489	嫩 108	焰 277	訷 510	顉 645	曅 210
鼰 722	說 514	屢 111	焰 278	訷 512	頸 646	曄 211
薏 727	说 514	庚 146	㱘 280	詽 513	頸 646	曄 211
蕭 727	跩 548	徚 155	爓 282	豔 527	饜 660	曅 211
灩 727	銳 594	徛 156	牆 286	豔 527	饏 660	屧 215
	銳 594	俺 166	獣 295	豔 527	饜 661	枼 218
열	閲 607	憸 173	㺜 295	豔 527	駒 665	楪 225
肎 66	閱 609	悥 173	珱 300	跠 548	骸 674	樧 230
哷 69	閱 609	庹 178	琰 302	郔 577	髥 677	殈 242
哩 74	閶 611	抻 182	㟎 311	㑇 583	髯 678	殎 242
涅 257	閹 612	掞 186	壛 311	酓 583	魘 687	毷 249
悦 164	頵 645	撊 194	瘗 323	酓 584	鮎 690	焷 279
悦 164	餎 657	㪉 198	壓 328	憸 585	鶊 705	燁 280
悦 164	饘 658	渰 204	鹽 331	酓 585	盬 712	燁 280
熱 170	饐 660	枻 217	禰 356	鹽 587	塩 712	爗 282
抴 181	鴃 676	染 218	稽 361	釀 588	塩 712	煠 282
拽 182	鴩 703	染 218	穚 363	鉡 592	鹽 713	㿇 314
挒 185	鷏 711	柗 220	篴 364	鋎 596	黷 723	辥 326
揑 187	鷰 711	柟 222	箮 373	閆 607	黷 724	碟 326
涅 262	鷰 711	楪 227	紣 392	閆 609	黶 724	碟 326
浧 267	㸅 715	樧 230	絟 396	閆 609	贗 724	礏 326
炳 277		櫚 232	翉 414	閻 610	蠜 734	㬂 338
熱 280	**염**	欍 232	裛 414	閻 611	鼀 737	曅 339
熱 281	倎 28	櫚 232	耦 418	閻 611	魽 737	筁 373
薛 282	冄 38	櫪 233	膶 434	閻 612		篴 377
蒫 282	冉 38	壓 235	艶 445	閹 614	**엽**	篩 384
㹇 294	剡 47	飪 240	艶 445	㒼 625	僷 27	敢 420
突 365	厭 61	㵦 247	艷 445	醫 632	儠 32	枼 452
窔 366	呥 67	漁 271	苒 447	醧 632	曅 74	葉 455
糪 389	呻 68	灨 272	苒 448	醫 632	噢 81	葉 459
駃 436	唊 69	灩 273	蚦 477	鸁 643	揲 187	蛻 480
芮 446	塩 92	灩 273	蚦 478		擦 189	鹽 491
㐲 457	壛 96	爓 273	衻 493		擪 191	逘 572
䕰 470	奄 99	灩 273			擫 192

자음 색인 [엽~예]

娊	106	颱	652	蝾	482	暎	336	永	251	遝	575
媖	108	飅	652	蠑	488	瞢	337	永	251	鎑	599
嫛	109	饁	658	嚶	489	獄	341	泳	254	鍱	603
嫛	109	鰪	660	蠳	489	妖	342	涅	256	鑈	603
寱	116	閘	682	嵤	498	疑	343	渶	260	陆	614
寱	118	鮭	686	禜	501	嫛	343	瀅	262	隒	618
帠	139	鉥	690	親	505	磽	348	柋	263	醫	632
幯	139	鳥鳥	699	覺	505	礤	351	穎	266	醶	632
幯	140	鵁	705	詠	511	礦	351	淡	269	魘	632
幯	143	鶋	706	營	518	榮	355	漾	269	頁	643
幯	143	麈	714	談	522	穎	355	漾	269	靨	652
厎	144	**예**		諛	525	穎	362	瀛	271	饁	659
厎	144	乂	14	睨	534	籙	377	瀅	271	饈	661
庭	145	㐅	15	嬰	536	篶	383	澋	271	驈	668
弭	152	孻	17	瀛	537	籝	384	澳	272	魘	687
恞	162	孻	17	迎	568	桨	388	焑	278	**영**	
恩	163	份	21	邢	576	綏	394	瑩	280	淡	73
恞	165	倪	27	邨	578	縈	398	營	281	**영**	
拽	181	兌	37	鄈	579	纓	403	燦	282	盈	15
拽	182	刈	45	鄭	579	羸	412	營	291	嬴	19
挩	184	刈	45	酻	584	鶯	418	嚶	292	佞	28
挩	185	勩	51	醷	584	聲	422	牼	294	佞	43
殹	198	叡	64	嚋	586	膃	430	猛	296	剠	47
殹	200	吟	66	鍈	597	羸	433	狹	296	劀	49
曳	205	呬	68	鎣	599	胃	434	㹠	299	咏	68
昀	206	嗅	70	鐷	601	臝	434	珧	300	営	75
暄	208	容	74	鑾	603	腰	435	瑛	304	堲	80
曳	211	嚱	79	關	610	褹	441	璄	306	嘰	81
杓	212	嚁	82	霓	623	英	448	瓔	323	嚶	81
枘	217	嚹	83	霓	625	英	448	癭	323	噢	81
柍	218	埶	90	靆	626	営	451	瘱	327	塋	92
栦	219	堄	94	靆	626	薀	455	皯	329	媖	107
楑	223	塈	94	齂	642	藙	470	映	333	嫛	108
橤	228	壑	96	題	649	蘡	473	眰	334	瀛	110

엽~예

嫕 229	硡 346	兒 438	覴 505	阮 615	叉 17	娭 104				
橤 230	磬 349	曳 438	艆 507	陒 616	奧 19	娭 104				
橤 230	袣 353	艾 445	詍 510	鯢 616	仵 21	媉 105				
櫱 240	秇 358	艾 445	詾 511	霓 625	伍 21	嫯 109				
殘 243	秡 359	芮 446	詍 511	鞔 633	俉 25	嫰 109				
殹 244	稦 362	芸 446	詣 512	韗 633	俣 25	嫯 110				
毅 245	穢 363	芸 447	誽 513	靾 634	傲 30	嬶 115				
監 245	檅 368	苅 447	譽 513	預 643	刐 47	寱 115				
毉 245	䉲 368	蒬 456	警 520	頮 648	厩 56	寱 117				
汭 252	籉 369	蕊 461	譺 521	餩 656	厭 61	寢 117				
泄 254	筎 372	蕋 463	譽 522	饖 660	厹 61	奧 118				
洩 255	篲 373	蓺 463	譽 522	饐 661	吾 65	岉 126				
況 259	篲 374	蕢 465	譮 522	駭 667	吳 67	峎 128				
瀱 268	紲 392	藝 467	譽 524	駭 669	吴 67	嶴 128				
詣 268	綖 393	藝 469	讏 525	騕 671	唔 67	嶨 131				
澧 268	綐 395	蘖 470	豫 529	騔 674	唔 71	嶔 132				
瀯 268	絷 396	蘂 470	貌 531	鬑 680	嗷 73	嶨 132				
瀊 268	繄 400	蕢 471	猊 532	鬒 681	嗷 76	嶴 132				
濊 269	縶 401	虉 472	猊 532	鮨 690	嗸 77	嶴 133				
㖿 284	羿 411	虎 474	跇 545	鯢 692	嗷 77	嶨 133				
狋 294	羺 411	蚋 477	跇 547	鵚 702	嚜 78	帍 138				
猊 295	羿 412	蛒 481	婁 558	鷁 704	噁 79	幬 140				
獩 298	翆 413	蜹 481	曳 558	鶂 704	圬 86	歼 143				
珇 301	翊 414	齐 492	軏 560	鷖 708	垝 89	廒 146				
瑿 304	翮 414	袡 494	輗 560	鷖 714	塊 89	臬 150				
瓗 305	翳 414	袯 495	輗 561	鸃 714	埡 90	圩 151				
疚 316	翳 414	裔 496	輗 561	鸃 723	垮 91	弙 151				
痐 317	翳 414	裞 497	轊 563	鬴 733	塢 92	悟 156				
痬 319	翳 415	裛 498	轊 563	鸃 733	塢 94	徼 158				
瘞 321	翳 416	襆 498	彗 564	**오**	塿 95	忤 161				
瘞 321	耴 421	襀 499	壁 566	惡 12	姸 100	怃 161				
瘱 321	胅 426	褻 499	郳 578	乂 14	奡 100	悞 164				
睨 335	胲 429	襼 499	鋭 594	午 14	奧 101	悟 164				
睿 336	膪 433	礼 502	鋭 594	烏 14	奧 101					
瞖 337		観 504	鐋 600	五 17	奧 101

자음 색인 [오~온]

悞 164	澳 268	晤 421	警 522	閽 609	鯢 691	砨 345
悤 168	裒 275	聱 422	趏 539	閼 611	鰞 694	禾 357
慠 170	烏 275	謷 422	趍 540	隖 616	鷔 695	稳 361
慈 170	熓 277	謷 443	趞 542	陾 616	鰲 697	篧 377
懊 173	熬 279	莫 451	趶 544	隥 616	鷔 697	腥 429
懊 174	燠 280	菩 451	跨 544	奡 617	鵝 702	臀 433
懻 176	熝 281	蔦 459	鷔 551	隩 617	鴞 704	臺 437
敖 177	燠 281	薁 461	蹞 551	誮 620	驁 708	莹 451
扙 179	爊 282	蕰 464	踠 553	凸 626	鷔 710	赾 540
扙 180	牾 286	䪉 466	韹 562	頋 643	麇 713	跓 546
捂 183	悟 289	薂 466	迂 567	頭 643	麈 713	躻 556
摅 183	獒 294	虉 470	迃 567	頢 645	麑 714	獾 557
搗 189	獒 294	䖝 476	迕 568	頰 646	鏖 717	鈺 592
擎 190	獒 297	虬 477	遨 570	頸 646	鏊 717	鍌 594
擷 192	獝 297	蜈 480	遌 572	頷 646	鏕 717	鮪 685
撾 193	垾 300	蜈 480	遨 573	頳 648	鼇 726	鯢 685
敖 197	珸 302	鼯 480	遻 573	贅 648	鼇 726	鰲 692
旿 206	琙 302	蝟 483	遨 573	顬 649	鼇 726	鴞 700
晤 208	瑪 304	蝟 483	遊 574	鶩 652	鼇 726	鴞 702
肝 214	璈 304	鰲 485	部 578	鷔 659	鼴 729	鴻 703
朽 216	寤 318	鱉 485	鄔 580	餺 661	齱 729	黀 718
梧 222	陂 327	螙 486	鈨 590	聱 667	齰 733	黷 723
檍 226	砯 346	鷔 487	鋙 594	燾 669		
欼 237	碼 349	袄 494	鎢 599	驚 669	**옥**	**온**
汙 252	磝 349	襖 500	鏖 600	鶖 669	剭 47	慍 33
汚 252	禑 353	誤 514	鏊 600	飄 674	屋 86	嗢 81
汙 252	禑 354	誤 514	鏒 600	鰲 675	喔 108	塭 92
汗 252	䙡 354	誤 514	鏒 603	鰲 675	妖 123	媪 108
洿 256	䙡 365	誣 515	鐐 604	鰲 675	杄 140	媼 108
澤 256	寤 368	噔 516	鑁 605	鶖 680	沃 252	慍 169
溪 257	寤 368	譌 519	跌 606	鸞 684	浂 258	慍 169
漁 263	箬 375	謷 519	誺 606	鶖 686	犧 291	搵 188
澳 266	筸 375	謷 519	斵 606	鯢 689	獄 296	昷 207
慇 267	紟 392	謷 521	敫 607	鯢 691	獄 297	昷 209
澳 268	慇 402	譾 521		鰲 691	王 299	昷 210
					玉 299	杢 220

자음 색인 [온~와]

榲	226	轀	564	疨	317	篧	117	翁	413	饔	660	矮	106
輭	237	醖	586	晼	336	翁	131	螉	421	饘	660	婐	107
殟	242	醞	586	矹	344	廱	147	滃	431	饗	661	孀	110
氲	251	鎾	599	膃	430	廯	147	膔	431	饝	663	厓	137
溫	260	閿	609	膃	431	廳	148	臃	433	騧	668	往	156
溫	263	闛	612	韞	437	揦	188	齆	433	鯝	693	抓	181
熅	278	鞰	636	刖	441	擁	192	瓮	433	鰞	694	扼	183
熳	279	韞	640	杌	441	攤	192	滃	458	鵋	707	搲	186
瑥	304	韞	640	虯	477	攤	194	蕹	465	鶢	707	掗	188
瓐	307	饂	658	閅	607	甕	209	蝹	483	鸒	710	柂	217
瘟	320	餽	659	阢	613	替	211	螉	487	鸔	731	槬	230
瘟	320	饎	659	靰	632	滃	263	螉	487	鼃	731	欥	235
瘟	321	韞	663	頑	643	瀁	263	蠰	490	齈	731	洼	256
盓	329	韞	663	頠	643	灘	268	襛	498	齆	731	涴	258
稳	361	驅	669	兀	730	炃	272	襛	500	齆	731	湋	258
穩	361	鰮	694	兀	730	燍	278	**와**		鹼	731	渦	260
穩	362	鰮	694	䶂	730	獚	279	仾	22			滺	260
穩	363	韞	712	鳦	730	獚	296	卧	57			滾	262
窅	366	齆	717	鶻	730	擁	298	另	65			窊	265
蘊	367	**을**		**옹**		甕	305	吪	67			過	269
組	398	乙	16	雍	19	甕	308	咼	69			炂	274
縕	398	兀	34	雍	19	甕	310	哇	69			焻	279
菎	457	肌	35	嗈	74	甕	310	喎	73			狚	294
蒀	458	阢	59	噰	76	擁	315	喎	74			倭	295
薀	464	嗢	76	嗡	76	壅	321	囮	84			猧	295
蘊	465	屹	126	嚛	80	癰	322	圂	86			瓦	308
蘊	469	光	126	囖	83	癰	323	圇	86			硛	308
蘊	470	屼	126	囚	85	瀚	323	圇	86			砆	345
蝹	483	扢	179	壅	92	瞈	337	圇	86			矮	361
褞	498	机	216	壅	92	磈	349	夻	100			窊	365
褞	498	柚	219	壅	95	禹	356	娃	102			窊	365
貆	529	榲	226	壅	95	翁	379	娃	104			窊	366
躢	553	殟	242	壅	96	蓥	405	娃	104			窶	367
轀	562	氲	259	癕	96	擁	406	娃	105			窶	367
轀	562	熅	279	罋	108	翁	413	婐	106

자음 색인 [와~외]

窩	367	髇	680	沅	155	緩	402	豌	526	允	121	哇	69
矮	371	魤	688	俀	157	緩	404	窀	526	厄	121	唲	73
肕	424	鮑	688	忨	161	羌	410	豻	530	尨	121	喎	73
胆	427	鮭	690	惋	166	蒩	410	貦	533	尳	121	啀	74
腉	431	鴉	702	抏	180	羹	411	豌	535	尲	122	娃	104
臥	435	䵡	725	挐	182	羱	411	賱	536	往	155	媧	107
飽	445	黿	725	捖	183	翫	412	跈	545	往	156	孬	113
萵	455	鼃	725	捥	184	肮	415	輐	560	徍	156	欸	236
蕇	467	**옥**		瞥	184	肮	424	鋺	596	徨	156	洼	256
蛙	479	還	575	腕	184	肯	426	阮	613	忹	157	猥	296
蝸	482	闒	611	瞥	185	脘	427	靇	627	恇	161	矮	343
舥	506	臛	661	瞥	186	脟	428	齺	631	恈	167	瓾	371
訛	510	**완**		杌	187	腕	428	頑	643	旺	206	綢	397
訛	510	卼	35	杬	216	莞	429	駷	667	旺	208	蛙	479
詑	513	刓	45	梡	220	莞	451	骯	673	杜	217	蝸	482
誇	514	刖	45	椀	221	莞	451	骯	674	栕	221	矮	556
譁	520	剜	47	椀	223	莞	452	魭	689	欻	236	髖	557
趏	543	劇	49	殗	242	莞	453	齌	689	汪	252	食	606
趾	545	吭	71	浣	256	莞	454	阩	613	洼	257	闒	612
跛	548	啘	73	浼	258	脘	461	**알**		洼	258	闒	612
踒	548	园	84	瀑	267	睆	463	刖	45	浤	258	駷	668
跨	550	圖	85	灣	273	蒜	465	唱	77	滉	270	驤	670
踒	552	園	86	烷	277	蒜	466	曰	212	王	299	喬	676
迆	568	垸	89	玩	300	蚖	471	鈅	266	王	299	鼅	731
邷	577	垸	89	玩	302	蚖	477	馹	420	尲	300	**외**	
釫	591	妧	90	琓	303	蚖	477	聅	510	旺	334	偎	27
霋	625	妧	102	盌	329	虵	477	訏	611	旺	478	呴	68
顧	643	婉	106	盻	332	蠻	477	闐	611	虹	568	喂	74
馭	665	婠	106	睆	335	蜿	481	**왕**		迁	568	外	98
駷	667	完	114	睆	335	蟺	490	低	23	迋	571	外	98
駹	668	宛	114	碗	347	蠻	492	压	44	遑	689	奯	99
骸	670	寇	119	宛	365	衒	503	君	68	鮭	704	娞	107
髸	673	岏	126	緩	383	見	511	九	121	**왜**		嫘	111
髮	678	嵈	128	綰	396	訛	516	九	121	歪	12	孬	113
髮	679	帵	140	緩	397	窀	526	允	121	倭	27	煨	122

자음 색인 [외~요]

峗	127	磈	350	魏	686	堯	91	愡	167	洮	255	袄	354	
崴	130	嵬	370	鮠	690	境	94	幍	169	渼	262	秮	362	
嵬	130	緭	398	鰃	694	夭	99	懊	173	潦	264	穾	364	
歲	130	聵	421	鰮	712	妖	102	扔	180	撓	267	突	365	
嵬	131	聲	422	齂	723	媼	103	抗	181	姚	275	窈	365	
嶵	134	腲	422	**욋**		姚	104	拗	181	炎	276	窅	365	
巍	135	膃	423	녯	54	媄	107	挓	184	窯	280	穾	365	
魏	135	腸	429	**요**		婹	107	搤	187	燿	282	窔	365	
巍	135	葦	449	么	14	嫋	108	搖	187	燎	282	宦	365	
庡	146	蔿	455	伕	21	妥	108	撓	187	姚	286	窔	365	
庽	146	祼	497	佬	23	嬈	109	搖	188	犥	291	宣	366	
傄	159	禑	497	偠	28	嫯	110	搶	189	㺃	291	窑	366	
惢	162	餵	508	傜	29	嫚	110	撓	190	樓	292	窱	367	
慃	168	訍	512	僥	30	安	114	擾	191	樓	292	審	367	
撌	186	跟	550	傸	31	宎	115	擾	193	猺	293	宦	367	
月	213	踦	557	尭	35	扭	115	擁	194	猺	296	憲	367	
桅	220	郼	580	旎	39	㫶	121	徼	199	獟	297	窯	368	
椳	224	醀	584	完	44	㫶	121	僥	204	珧	301	窯	369	
椳	227	鍉	597	凹	54	𣧉	126	瞕	208	瑤	304	繞	371	
歪	239	鎴	599	匳	61	嶗	130	曌	209	瑤	304	筄	373	
殨	242	隈	615	吆	66	嶢	132	曜	211	甊	307	筊	374	
渨	260	隠	615	吆	66	嶤	132	秇	217	繇	307	筲	374	
溾	263	隗	616	吙	67	嶢	133	杴	217	習	325	約	377	
煨	278	頠	644	喓	74	堯	133	枊	218	翟	326	繞	378	
猥	295	頮	647	嗂	76	忺	138	棺	220	盌	329	紹	393	
猓	296	頯	648	㗩	77	㤇	138	槚	221	盱	331	繘	397	
畏	313	頷	648	嚻	79	幺	143	㫇	224	晄	331	綬	398	
畏	313	顀	648	嚕	80	紗	143	樓	226	睽	336	繇	398	
痿	320	颵	651	囂	81	紗	143	橈	226	瞭	337	繇	400	
瘣	321	饐	661	囜	84	𤃰	147	樂	228	矘	339	績	400	
瞶	339	饐	661	囜	85	徭	153	欽	230	瞭	339	繞	401	
碨	347	魁	684	𤭛	88	徭	158	歁	237	𥆜	340	繇	401	
碨	348	虺	685	𡋟	88	㤢	159	欦	237	祧	346	繇	404	
碱	348	虺	685	杭	89	恌	162	㱂	241	磽	349	翻	416	
魄	348	鬼	685			恌	163	殀	242	祅	352	耀	416

자음 색인 [요~용]

恥	420	覞	506	陶	615	鷂	700	蓉	560	公	114	溶	263
腰	430	訞	510	陶	615	鷂	701	鞘	561	容	115	溏	266
膋	430	詏	510	隃	615	鵀	705	辱	566	嵱	131	熔	279
膋	434	諛	511	雖	621	鷂	706	鄘	580	庸	145	牅	286
肬	438	謠	516	雞	622	鷂	706	鉛	594	彸	155	忀	289
飲	438	謡	518	鞠	633	鷂	707	雖	620	彤	155	挙	291
夭	438	譈	518	鞫	633	鷂	707	驡	684	龐	159	慵	291
雯	438	繇	519	鞩	634	鷹	708	驡	684	恿	164	獶	297
艞	443	繇	519	頵	643	嚁	708	鴒	702	怼	165	瑢	304
蟯	443	論	523	頌	643	鼟	719	鴒	703	憑	167	瓶	308
芙	446	論	524	頌	643	鼐	730	黯	722	慵	169	瓨	309
芴	448	猱	531	頲	644	齴	730	驎	723	戒	170	甬	312
蔞	455	賮	536	顟	647	齞	735			或	176	甪	312
薫	458	趭	542	顳	648			**용**		戟	176	甯	312
蕘	460	踰	549	飅	652	**옥**		豙	19	戏	176	甯	312
蕘	463	踴	550	飅	652	谷	37	佣	22	搈	177	鸙	312
銚	468	踴	554	餒	656	嗕	76	臾	24	搈	189	盦	315
蓬	468	輶	559	餐	658	搙	108	俑	25	舂	189	盩	329
蘨	472	逾	570	饒	660	嫞	108	倻	29	桶	207	貓	341
蘨	472	遷	572	駃	664	辱	119	俗	29	榕	221	猚	341
虘	475	邀	573	駒	665	峪	128	傭	30	槦	226	硐	345
蛑	479	邀	573	騷	668	愿	167	冗	38	榕	226	確	346
蟯	484	遶	573	骫	669	慾	169	公	39	椿	228	秡	359
蟯	486	邈	574	骩	673	慾	169	勇	39	椿	228	稱	361
魏	486	邈	574	骫	673	欲	170	勈	50	氃	247	甯	368
袎	494	邈	575	骩	673	獄	177	喁	50	毦	248	鞲	369
褾	497	邈	575	骹	674	欲	236	哃	72	毳	248	筭	374
褾	499	邈	575	髟	678	澞	248	嗆	77	毦	248	窒	379
要	502	銚	593	髹	681	浴	257	埇	89	琺	248	耒	419
覟	504	鐃	599	魀	685	滒	257	塔	92	琵	248	耴	420
覠	504	鐸	605	魀	686	漘	263	埇	93	瑢	248	取	420
覯	505	勠	606	魏	686	獄	294	墉	105	毦	248	聳	422
覯	505	鬧	610	魷	689	縟	398	嫞	108	磰	248	膶	432
魈	505	鬧	611	鮴	694	蓐	458	嫞	108	氀	249	膏	436
觀	505			鷂	699	蓐	462	媍	109	涌	257	舂	438
						褥	498	穴	114	涌	261

자음 색인 [용~우]

舂	438	鏞	600	优	21	嗄	81	慪	174	疣	316	緷	398
茸	449	瑢	606	佑	22	圩	86	扜	179	瘀	319	繮	400
蓉	458	開	609	伀	24	圬	86	扝	179	瘋	320	纓	403
甬	459	隋	617	俣	24	堣	91	盂	205	盂	328	舒	404
膚	475	隳	622	偶	27	媀	94	盱	209	盂	328	羽	404
蚰	478	耗	633	優	28	宇	107	眗	216	盂	328	羽	413
蛹	480	鞓	634	儶	33	寓	114	杅	217	盂	329	習	413
螉	483	韇	636	僈	36	宇	114	枕	219	盂	329	闍	414
祧	494	鞴	636	叟	38	宇	114	栐	220	盬	330	耦	414
裕	498	韄	638	冴	38	寓	116	椈	224	盱	331	藕	418
褧	498	頌	643	閞	39	寓	116	楀	225	眊	331	耰	418
襲	499	飫	655	凬	43	宇	117	榅	232	曉	331	耯	419
襲	501	餔	657	凵	44	惪	118	歆	238	祐	338	肝	421
貐	529	餟	658	右	56	尤	121	殊	241	祐	353	肶	424
貐	532	饇	660	厈	59	尥	121	浟	252	褕	353	腢	424
通	541	驈	669	又	63	尢	121	沈	252	禑	353	膈	430
趯	542	享	676	友	63	尪	121	洰	254	褸	356	與	439
踊	547	龥	676	斗	63	尢	121	渦	262	禺	356	與	439
踴	549	髶	678	斝	64	峲	127	漫	268	禹	356	艸	445
踴	549	聲	680	右	65	崓	130	濾	270	禽	356	芋	446
蹕	551	鮪	691	吝	65	㡰	138	溫	270	秆	357	芋	446
蹴	551	鯒	694	叹	65	㡱	144	燠	281	秀	359	莛	446
躘	554	鱅	695	吁	66	㡲	146	牛	288	穁	364	芋	446
軵	558	鸋	697	弓	66	忏	148	犝	288	穋	364	艸	447
舩	558	鳿	702	呙	66	忔	159	犀	291	宇	366	艸	447
軴	558	鵵	707	吼	66	忥	160	犹	292	穸	368	葢	455
軵	559	鸒	708	吀	66	恋	160	猶	296	竽	372	蕅	455
輶	562	鷸	708	呋	66	悁	162	獿	298	笒	372	蘠	456
鞾	563	鱅	708	吙	66	愚	166	獳	299	笒	372	蕅	462
鄀	567	龣	728	呋	67	愚	168	玕	300	箶	380	藕	463
迶	569	龣	728	吁	67	愚	168	珛	300	籍	384	藕	469
廊	580	**우**		唈	70	恧	169	瑀	303	紆	391	藕	473
醭	586	于	17	喝	74	恧	170	瑀	309	紆	391	虞	475
鋪	595	亏	17	噢	80	惪	170	瓹		絆	392	蚘	477
鎔	599	尤	19	嘆	80	憪	170			繻	398	蚘	477

蚘	477	醓	585	魋	685	噢	211	囩	84	頛	419	霣	626
蝤	481	釪	590	魊	685	槭	215	壼	97	肐	420	鼒	629
蝺	482	鍝	597	鈗	688	柟	219	呑	99	膵	430	韗	635
蜟	483	鋸	600	鮮	688	欱	236	妘	102	皇	436	韤	638
螁	485	隃	614	鰇	691	歊	236	芸	108	荺	446	韇	639
峪	491	隅	615	鯒	691	煜	278	苑	130	菀	448	韞	639
衧	493	隅	615	鰸	693	澳	268	菀	131	菀	453	韵	642
袁	493	隅	615	鰮	696	澳	268	暈	168	菳	454	韻	642
衧	493	雘	622	鰲	697	焆	277	惲	169	蕒	456	頵	647
訏	509	雨	623	鰻	698	燠	281	抎	180	蘴	457	餫	658
訑	510	雩	623	鶋	706	獄	297	搟	191	蕓	459	餫	687
訛	510	雩	623	鷸	709	碽	351	暈	209	耘	460	鳿	700
諤	519	雩	623	鸞	709	稶	360	枟	216	蕓	463	鴛	705
謣	519	弈	623	麌	713	穦	361	櫄	230	蝹	483	顐	719
狱	528	霉	624	麕	713	簎	382	殞	242	蝹	483	顒	720
玗	544	霧	624	麌	714	腢	433	沄	252	親	504	黫	726
跢	549	霜	624	麞	714	芺	465	湄	263	覵	505	鼲	734
迂	567	霒	625	麌	715	菀	465	澐	267	訠	510	鬱	734
迀	567	靬	632	黙	721	薁	465	煇	278	員	533	韗	734
迃	568	鞕	632	齬	734	謢	523	熉	279	賱	535	韗	735
迂	569	韥	637	齬	734	諴	526	瘨	321	賱	535	**울**	
迂	569	頊	643	齲	734	郁	577	眃	332	越	541	乞	16
遇	571	頍	643	齲	735	鄭	581	碩	349	暈	560	嗢	79
遭	573	頊	643	**욱**		鍼	586	秐	358	輓	561	圪	86
遷	574	頊	644	勖	51	鐭	602	實	367	輼	562	宛	116
邢	576	頓	648	勗	51	閧	609	笏	372	运	568	尉	119
邪	576	頴	648	噢	80	隩	617	筥	378	運	571	欝	135
狙	577	頿	654	奧	101	項	643	紜	381	逌	571	欝	135
邘	577	饇	659	或	154	鄸	663	縕	392	鄆	578	徻	157
郵	578	禺	669	恞	164	**운**		縕	398	鄆	579	抏	181
郵	579	馬	669	威	167	云	17	縕	401	鄆	580	鬱	195
郵	579	駼	670	臧	177	喗	72	縕	402	隕	580	尉	201
鄀	579	骭	672	旭	205	嚾	75	耘	418	隕	616	盌	217
鄩	582	骸	672	昱	205	嚾	77	耘	418	雲	623	欝	234
酟	583			昱	207	嚵	83

欎 235	襦 501	娿 103	猥 296	蚖 477	邍 575	鳿 701
鬱 235	玃 528	媛 107	猨 296	肙 478	囩 576	鳶 703
灪 273	邎 574	嬽 108	瑗 303	蜎 478	阮 576	鴛 704
熨 280	雄 619	孾 108	畹 313	蜿 481	邧 576	黿 705
爩 283	雒 620	妴 108	眢 314	蝯 482	鄖 580	鵷 705
爠 283	齻 720	宛 114	肔 332	螈 484	釫 591	鶢 707
礏 352	**원**	寃 116	祾 354	蚖 489	鋺 596	鵷 707
譻 405	俒 26	寰 116	宣 366	袁 492	鋝 599	鼘 718
薱 405	傆 29	崬 132	愿 367	袗 493	鈤 600	麆 725
尉 408	元 29	帑 138	忌 367	袲 497	鏡 601	黿 725
罻 408	兎 34	徸 158	亮 369	褑 497	闤 612	黿 725
虁 439	円 35	怨 162	亮 369	院 498	院 614	鼎 726
菀 453	冤 38	昂 162	笑 372	讈 511	醶 631	鼽 728
蔽 459	冤 39	怨 164	箢 376	診 511	韗 633	**월**
蔚 461	原 40	怹 166	篊 377	誓 516	鞰 635	佾 21
貍 531	原 60	惓 166	篡 378	諼 517	鞰 636	刖 45
趜 542	原 60	愿 168	紌 393	認 518	鞙 639	囝 84
鞠 640	原 60	愿 169	肙 424	源 518	鞍 639	圜 85
餫 653	原 60	援 175	舫 441	狟 524	頷 647	娀 103
饛 655	原 60	腕 187	菀 442	抯 528	願 647	孍 110
饐 657	原 61	肮 208	荒 446	猨 528	顅 649	嫄 110
鬱 683	原 61	杬 214	苑 448	猨 529	顠 649	怶 162
鬱 683	麠 61	楥 216	菀 453	猨 531	顒 649	戉 175
黦 722	麠 61	榬 225	蒝 455	貆 531	飭 655	捐 180
黦 722	員 70	沅 226	蓎 455	猨 531	儉 657	月 213
鷽 722	圓 85	洹 252	薳 458	負 532	駌 659	栂 217
鸒 723	圓 85	湲 256	菀 459	赵 541	驩 665	樾 230
鸒 723	園 85	源 261	蒝 460	跪 548	駽 668	泧 254
鬱 724	園 86	滚 262	蒝 461	輐 561	鼟 676	狘 293
鬱 724	垣 88	爰 262	蓠 462	輻 562	齃 683	玥 300
음	袁 90	緩 284	蘭 465	遂 571	齃 683	戉 370
唵 145	堥 92	犈 290	蘧 467	逺 572	魭 689	粵 386
응	夗 98	獂 295	蚖 477	遠 574	鳶 689	粵 387
熊 279	夘 98	猨 295	虵 477	邍 575	鳶 701	絨 393
獹 296	乯 100	猨 296	虵 477	邍 575	鴛 701	鈌 405

자음 색인 [월~위]

粤	406	僞	28	痿	152	蘬	280	閱	427	謂	517	鞼	637
嶽	406	爲	31	痿	152	气	284	膞	430	謂	522	韇	638
玥	420	僞	33	倭	157	爲	284	胃	430	衛	523	韋	638
跀	423	北	45	律	157	㝱	291	舀	430	言	523	韘	638
蚏	477	危	58	愇	168	犩	291	緭	438	衛	530	橐	639
蚎	477	产	59	惕	168	衛	291	胃	442	䲞	531	棗	639
蚗	486	罗	64	慰	170	毄	291	膄	443	獼	532	韙	640
詗	510	喟	70	慰	170	猪	292	葦	453	踒	548	韪	640
越	540	嘽	74	懲	170	猬	295	葳	455	蹺	551	韑	640
戉	540	喊	74	威	174	獺	297	蔚	461	蹳	554	韎	640
刓	544	嘂	74	扷	176	瑋	303	蔦	463	彙	570	韎	640
朗	545	喗	79	捥	182	矮	319	慰	469	逶	571	韡	640
跋	545	爲	80	掎	183	瘖	320	藯	471	達	571	韔	640
蹶	550	口	83	㩷	189	瘆	322	蘶	472	遹	572	頠	644
軏	558	囲	84	毄	191	嶒	322	蜲	481	遺	574	頵	646
軏	558	圍	85	攣	198	蓎	326	蛾	482	遺	574	颭	651
朝	558	埬	93	㬉	201	瞷	326	蜎	482	邽	579	颰	652
逃	569	委	103	睋	209	睢	338	蝈	482	鄢	581	颴	652
鉞	591	威	104	栠	210	硙	345	蛶	485	鵼	589	颫	652
鉞	592	媦	107	棳	223	委	357	蝙	485	矮	596	飢	654
鏚	594	媁	107	樟	223	魏	361	蜗	486	韋	597	餧	657
鐬	602	媙	108	榢	224	立	369	蜽	487	闑	609	餵	658
戉	639	寪	117	矮	225	筐	378	蟲	489	閿	610	饛	663
颭	650	尉	119	洈	242	窩	382	蠤	489	闈	610	騩	668
駴	664	尉	119	渭	256	篱	384	衛	492	闠	610	骫	672
髻	678	厃	126	湋	260	縁	397	衛	492	闥	612	骫	672
鉞	702	峗	127	潙	261	緘	397	褘	497	闤	612	骫	672
鵃	702	峞	128	渭	266	緯	398	裝	498	闥	612	骫	672
黦	724	崣	129	濄	267	絹	408	㔋	499	陳	615	魏	686
위		崴	129	爲	275	尉	408	圍	499	隗	617	鮠	687
卫	11	嵔	132	廆	276	尉	411	圍	499	羕	619	鯱	690
虆	19	嵋	133	尉	277	矮	411	觊	499	霨	626	鱖	693
位	22	幃	140	煒	278	緌	418	言	504	韓	636	鰃	694
倭	27	幃	147	熨	278	胃	425	諉	515	韂	637	鮠	695
偉	27	寣	149	熨	280								

월 ~ 위

자음 색인 [위~유]

鷸	696	麨	62	丝	143	由	212	游	260	瑈	303
鱊	696	羑	63	幽	143	吏	212	婑	261	瑬	305
�	696	呦	68	黝	143	有	213	浟	261	璢	306
鴥	702	㖳	71	庮	145	柔	218	渘	262	璑	306
鷹	714	唯	71	庾	146	柚	218	滺	262	瓜	307
유		喻	73	廋	147	楢	219	濡	264	甂	309
卯	12	噢	74	徭	158	楰	221	濡	266	甹	312
乃	14	嚅	75	徸	158	栖	221	濰	266	甤	312
兜	16	嘯	75	循	159	樓	223	濆	269	麰	312
乳	16	嚅	79	徽	159	楡	225	瀆	270	呦	313
囿	18	嚅	81	繇	159	楢	225	遺	271	睬	314
侑	24	囿	85	悠	165	楔	225	瀯	271	痩	318
㽥	24	圃	86	惟	166	楺	225	瀤	271	痏	318
攸	25	堬	91	惥	168	楡	228	㶧	273	疷	319
俏	28	壝	96	愉	168	欙	234	煣	275	瘦	320
係	28	娴	104	愉	168	炏	236	煣	278	癒	320
儒	31	媀	105	悞	168	攸	236	煣	282	瘉	322
儒	32	矮	106	愈	168	歆	236	乳	284	癥	323
儘	34	媮	107	懦	173	欧	236	牖	287	瘤	323
兪	36	媷	107	劦	178	歐	237	牝	288	盍	329
俞	36	孀	111	抗	181	歔	237	狃	289	盼	332
兪	39	孿	112	揉	186	敊	238	偸	290	瞻	336
尢	39	孺	113	揉	186	毹	248	儒	291	瞶	340
刟	45	獳	113	揪	192	氵	252	犹	292	硛	345
剠	48	孺	113	擩	193	汝	252	犾	293	硬	346
薉	49	宥	115	擩	194	汨	253	狖	293	㮁	354
幼	49	寙	116	攸	196	油	253	猶	293	禬	355
勾	52	竂	118	攸	196	泑	254	猶	295	禸	356
匓	55	旭	121	斿	201	洧	255	猷	296	秞	358
卣	57	岰	127	斜	201	浟	255	貐	296	穤	364
卣	57	崳	128	斿	201	洳	256	猟	298	窒	366
卣	57	嵛	130	斿	203	浟	258	瑜	301	窬	367
卣	58	帷	139	呦	204	淧	258	珸	302	窬	367
幺	58	幉	140	嚅	207	洧	260	瑜	303	窶	367
玆	62				211						

筙	374			
筊	377			
籀	382			
籲	385			
糅	388			
維	396			
綏	396			
繪	397			
繇	400			
緌	402			
纍	408			
羑	409			
羑	409			
瓵	410			
羑	411			
羺	411			
羭	415			
呦	420			
聲	422			
肉	423			
肚	425			
腴	427			
脩	427			
胾	428			
胤	429			
腧	429			
腴	430			
腬	430			
膕	430			
臑	434			
臑	434			
臘	435			
臾	438			
臾	438

자음 색인 [유~윤]

䬀	438	虉	472	諭	517	遊	571	錐	621	鱷	698	秧	359
飮	438	鬻	473	諛	517	逌	571	隹	622	鵵	702	聞	365
艅	442	蚴	478	繇	519	逎	572	儒	626	鶴	703	緖	396
䑏	442	蚰	478	讀	523	遺	573	臑	626	鷄	705	月	423
苪	446	蚙	480	瑜	526	遷	573	酕	631	鷹	709	肉	423
荎	448	蛵	480	踰	529	遛	573	鞣	635	麀	715	育	424
黃	450	蜼	481	貚	530	遜	574	鞦	636	麕	715	育	424
莤	450	蝓	482	貐	531	遴	574	鞣	637	萸	719	胐	425
䔽	451	蝣	482	賢	536	邎	574	顬	640	鼬	720	蓷	458
荂	451	蝚	482	贖	537	邅	575	顬	648	毓	721	蕤	471
蕕	451	蝤	483	贖	537	邎	575	顬	649	黝	722	衰	481
薢	451	蛐	483	贖	538	邎	575	顬	649	鼃	723	貴	494
茰	455	銐	484	繻	539	郵	577	鐇	649	鼗	723	賣	535
蘧	455	螢	485	趙	539	郯	579	颱	650	鼂	723	賣	536
蕒	455	蠕	488	趎	540	梨	579	颱	651	鼬	728	適	571
蔆	455	雖	488	趣	541	酉	583	颱	652	歔	728	銷	596
俊	456	蠹	489	趣	542	酖	584	颱	652	麤	729	酙	631
荼	456	祐	493	踒	548	酶	585	颱	652	額	737	鷺	684
茓	457	裕	495	踓	548	酪	586	餹	658			鵁	703
蒨	457	褕	497	踩	549	醹	586	駿	666	**육**			
䕑	459	褎	497	蹕	549	醹	587	騾	668	償	33	**윤**	
葘	460	褎	497	踰	552	醹	587	驗	668	哊	70	允	26
蔿	460	襦	500	蝓	560	醹	587	鑐	668	唷	73	允	34
薙	461	襦	500	輮	561	釉	589	鬐	675	吺	73	夠	98
蓲	463	覦	504	輶	561	鈕	592	鬈	680	嚁	75	齋	101
蕤	463	覦	504	辺	567	銪	593	鯛	687	塽	90	尹	122
薐	463	覜	505	逌	569	鎥	595	鯛	687	宍	114	岏	125
蕕	463	觀	506	逌	569	鋆	597	魦	689	宏	115	嵀	133
藤	463	詧	510	逌	570	鍮	597	魷	690	弄	149	幽	157
薐	464	胏	510	諛	570	鑐	603	鮪	690	驚	153	㡺	190
蓫	464	訹	513	逌	570	閏	608	鰇	693	惜	167	昀	206
蕕	466	誘	514	逌	570	閏	610	鰇	694	欿	237	梱	229
歔	466	諝	517	逌	570	隃	615	鰇	696	毓	243	潤	266
糅	466	諭	517	逌	571	倠	619	鱷	696	淯	246	犿	292
蕎	467	諛	517	逌	571	雔	621	鱷	698	焴	259	玧	300
										烲	277

자음 색인 [윤~음]

윤		융		은		을		음					
鬱	310	橘	281	灉	271	惥	167	磤	349	隱	628	鉴	129
昀	313	喬	341	肜	276	慇	169	磤	351	䲑	732	峼	129
瞤	338	融	342	狨	294	憖	171	筃	375	蘙	733	崟	129
瞤	339	肆	394	瘤	319	憖	172	齗	387	齦	733	廞	134
氂	387	繘	401	眃	331	憖	172	縜	401	齶	733	厝	146
肦	424	鱨	404	碱	346	憗	173	穩	402	齸	733	䗉	147
肦	425	獝	404	絨	393	憶	175	菣	451	詪	733	廕	148
胤	425	翻	416	羢	410	撎	189	蕕	458	齷	734	愔	168
胃	431	聿	423	彤	424	攄	190	蘟	458	黦	735	撎	190
筠	451	蝣	487	茙	449	憗	192	虓	471	䶃	737	歆	238
蚯	478	貁	528	融	484	所	202	鬈	475			歆	238
蜳	481	赳	539	蝠	484	隱	231	蝘	476	을		氪	250
蜵	482	建	569	袘	495	櫽	232	䗖	484	乙	15	淫	259
蠕	487	鞬	594	䶉	665	檃	232	禧	500	乙	15	滛	262
賚	536			䶌	668	殷	234	言	509	吒	65	滛	264
賨	536	율				浪	244	岸	509	玏	300	潯	267
乹	565	僪	32	은		泿	255	訢	510	耴	419	潙	267
酳	584	听	67	嗯	76	滺	259	誾	515	舭	440	至	284
醶	585	嗯	76	鼉	79	濦	263	諲	517	舤	441	瘖	318
鈗	591	矞	82	嚚	82	濦	263	謵	524	舷	474	瘟	319
鈗	591	嚚	82	囵	85	隱	269	譍	524	虎	474	瘖	320
鋆	594	肆	666	圻	86	褧	272	轃	562	釔	590	瘻	320
閏	608	驈	670	垠	88	狁	275	䡩	564	釔	699	癮	322
閏	608	鱊	696	堲	89	狺	293	鄞	565			㝍	325
閏	609	鴥	701	垽	89	狺	293	釿	580	음		硍	347
阮	613	鴥	701	垽	89	狵	293	銀	590	㑗	24	窨	367
霣	624			坄	89	獻	294	鋃	593	佥	29	箔	373
頵	643	을		垽	90	獜	295	鋃	595	厂	59	膥	430
駰	664	俄	24	圻	94	犾	298	銦	598	厫	61	炎	446
		娥	104	垽	129	垠	301	閩	609	吟	67	崟	451
융		弌	150	垾	134	珢	302	闇	611	咚	71	陰	461
曳	15	戌	175	嚚	142	癮	323	隱	617	喑	74	隂	464
噊	79	戜	176	儺	162	癮	323	隱	617	嗘	80	廕	473
欥	235	拔	182	恩	163	硍	345	隱	618	噾	81	蟫	486
汩	252	毦	247							婬	106	訡	510
潏	266	漻	268							媱	110		
										岺	126

자음 색인 [음~의]

訢	510	顲	649	呂	576	軈	557	嬟	110	㶊	230	縱	403
許	511	飮	655	鴺	581	陸	615	犽	113	檥	231	羛	410
喑	526	飲	655	胞	614	雁	620	舂	113	檹	232	義	410
趛	526	飫	655	馳	657	雍	621	㛕	113	欹	237	臆	433
迚	541	食	655	駿	667	雝	621	㛕	113	殹	242	艤	443
禽	571	龡	727	鮑	691	䗪	675	宜	114	毅	244	樲	447
飮	583	**음**		鰻	691	鯖	693	宔	114	毅	245	薿	451
醅	583	佁	25	**읍**		膞	697	寔	115	氾	245	芺	452
醅	585	唈	71	儗	33	鷹	710	窋	115	浤	255	萱	453
醅	585	唉	71	凝	42	**의**		㝒	115	漎	263	薿	461
醅	585	噎	82	厎	60	歪	12	竆	117	漪	265	蔐	464
釿	585	回	84	占	66	乂	14	寲	118	熤	282	薏	464
阺	613	㗿	113	味	67	乩	16	崎	129	犄	290	薿	465
阴	613	舂	113	唐	80	依	24	嶬	133	猗	293	薿	467
除	614	㛕	113	廞	144	倚	26	犧	133	猗	295	嶷	469
陰	615	悒	165	應	148	倈	28	義	134	竭	299	礙	472
陰	616	把	183	應	148	儀	32	嶷	142	氊	310	羲	473
隂	616	揖	186	凝	159	儗	32	㾪	145	疷	319	顗	474
闇	617	㳸	241	応	160	宜	33	廙	164	皺	327	敍	474
陲	618	浥	253	應	173	㝒	39	恞	165	瞥	340	蛾	480
零	623	泣	254	凝	270	㘦	41	㥣	167	矶	342	蟁	480
霪	625	浥	256	㿎	272	剈	47	懿	168	矯	343	蛾	483
黔	625	湆	261	癡	273	劓	48	懿	174	砣	346	螠	484
鈴	625	濟	261	疑	316	卼	54	㔶	175	磏	350	螠	484
霪	625	潝	262	癡	323	觬	54	擬	178	禕	354	蟻	487
霪	625	濟	269	䧹	339	医	54	擬	182	䄎	360	螀	489
霪	626	煜	278	瞻	340	辰	55	攲	190	緘	360	蠹	490
霪	626	笆	375	䇟	373	屐	60	擬	192	緘	363	衣	492
霪	626	肊	428	脂	432	矣	61	鼓	199	竉	368	衤	492
霪	628	艿	442	膵	434	吚	62	㢵	204	誼	370	辰	494
音	641	芭	452	應	435	呭	67	㢵	204	議	371	慰	499
飮	642	蓞	459	應	489	㖾	71	椅	223	議	371	餽	507
飮	642	蠟	485	膺	521	懿	83	椅	230	沂	375	鷇	508
馨	642	裛	496	膽	523	噫	83			窴	382	訑	514
韽	645	邑	576	嬰	538	妳	104			簃	383	詡	515

瞶	337	沶	255	泥	156	媐	108	伊	21	頟	648	議	521
䁝	338	洟	255	徚	156	宧	115	佁	22	顊	648	誼	522
柂	357	洢	255	怡	162	尒	120	伲	22	顩	649	譺	522
杝	358	洱	255	恞	163	尓	120	佴	23	飢	654	議	523
移	359	洈	262	憘	170	尔	120	俟	23	飴	656	誃	527
笶	372	洟	262	㞚	178	尕	120	傷	25	饐	660	豙	528
笰	373	潩	265	㞸	178	尼	122	㐌	25	䶫	663	豪	528
箷	377	潩	268	改	196	屖	123	儀	26	敱	683	毅	530
筵	377	瀷	271	攺	198	峓	123	儗	30	魐	687	猗	531
篒	379	㶊	276	敱	199	峗	128	儗	31	艤	687	賢	536
粠	386	㷼	280	施	203	崺	128	儷	32	鱼	697	輢	561
絠	394	爾	285	易	206	嶬	130	興	37	鱯	698	轙	564
絏	396	爾	285	晪	209	嶷	132	轙	39	鳶	704	轊	564
罹	408	䗡	285	杝	216	已	137	儷	42	鵀	704	迻	570
罹	408	虵	285	柂	217	巳	137	飢	43	鶅	709	邔	579
羠	410	蛇	285	栘	218	异	137	二	45	鷾	710	郼	579
羡	410	虵	286	柂	219	昄	137	吏	46	鸃	710	鄿	581
而	417	虵	286	移	219	幒	139	匜	54	鶈	710	鄾	582
刵	417	狋	293	栘	219	幭	140	匦	54	䴊	711	䣥	586
㢟	417	猗	294	枲	219	庀	144	厏	61	戴	719	醫	586
𤙬	417	㺿	294	桋	220	庤	145	咿	65	黟	721	醷	587
娾	417	珠	294	椸	224	廙	145	唲	66	黓	721	鈘	591
𡛷	417	珆	301	榎	224	厼	147	咿	70	剽	730	銥	593
焈	417	珥	301	檽	229	弌	149	哋	70	劓	730	錡	596
睈	417	瓵	308	欹	232	貳	150	哑	70	齮	733	鐿	603
毦	417	甌	309	歎	235	貳	150	唡	70	齔	734	阤	614
耳	417	異	314	歟	236	弛	150	嘰	77	齯	734	陭	615
聏	419	異	314	欯	237	弜	151	圯	86	齸	735	隱	617
聃	420	瘈	318	歈	237	希	152	圯	88	**이**		離	622
聰	420	眙	331	歔	237	彝	153	夷	99	匜	12	釐	631
聞	421	眲	332	頙	240	彝	154	夸	99	包	15	譩	642
肆	421	眤	332	嫌	242			姨	104	二	17	頜	646
胋	423	聑	333	耴	247			姼	104	亥	18	頤	646
胐	424	眲	333	趄	247			嬰	107	以	21	頤	647
肺	425	眡	334									頞	648

자음 색인 [이~인]

胣	425	祂	495	珥	584	餌	656	喰	76	狆	413	人	20
胰	426	袘	497	酏	585	飯	656	妷	102	翼	415	亻	20
胹	426	覛	503	鉈	592	飴	657	屒	124	翼	415	仁	20
脜	426	訑	509	鉈	592	飹	657	屒	144	翼	416	刃	20
胼	427	訨	511	鈶	592	餥	658	廙	147	翼	416	儿	34
腋	430	詒	511	鉁	593	饌	660	廙	147	翼	416	冈	38
誾	431	詑	511	鎂	593	飵	662	廛	148	秼	419	飜	40
臑	432	訑	512	閈	602	飵	662	弋	150	胁	431	湮	41
臑	433	詜	512	閈	608	駬	665	七	150	舣	442	渰	42
臣	435	訠	512	阤	609	髶	678	貳	150	艤	443	刃	44
匠	435	諺	513	阤	613	髶	678	貳	150	芅	446	刃	44
苡	448	詒	516	陁	613	髵	683	伐	150	莫	472	印	58
苢	448	諰	518	陑	614	頤	683	代	155	蚓	479	咽	68
茸	449	諺	519	陾	614	頤	684	代	160	袩	493	咽	70
荋	449	豸	531	隬	617	顋	684	杙	216	諡	516	喠	74
荑	449	貤	533	隬	618	餡	689	檥	226	諡	520	喠	80
訑	452	貽	533	隸	618	鮧	690	泲	260	還	544	曰	84
漢	456	貤	534	隷	619	鮞	690	渼	260	還	575	因	84
荑	462	賏	534	隸	619	魶	690	漷	272	邔	580	垔	88
薏	462	賜	536	堆	620	鮻	691	熉	280	酏	583	垔	90
翼	465	趙	543	鞍	634	鯣	692	熤	281	釴	590	堙	91
藅	467	跑	544	頋	643	鯢	696	獄	296	谁	619	壺	92
蚜	477	跑	545	頣	643	鴯	702	瓦	308	霵	619	㚲	92
蛇	478	跠	546	頤	644	鴒	702	瓵	323	翼	626	奎	93
蛇	478	輀	559	頤	646	鴲	702	益	329	飰	654	奘	99
蛦	479	輭	561	頤	646	鵝	705	益	329	鮿	672	奘	99
蚎	479	轜	563	顀	648	黓	722	杸	357	骶	672	姻	104
蜑	479	轜	564	鼥	650	黟	722	稷	362	䲶	699	敔	104
蛒	479	迆	567	鼥	650	黟	722	翊	370	鴲	707	嫆	106
虵	479	迤	568	鼥	650	㬢	723	翌	370	瓷	715	宲	115
蚘	484	迻	569	食	654	齞	728	翎	372	鷿	716	寅	116
蛐	491	迻	569	飴	654			翎	394	黐	721	寅	117
袘	493	邇	574	飤	655	**익**		戈	413	黳	734	㝢	117
袘	494	酏	583	飹	655	芀	31	翊	413			尼	122
袨	495	酏	584	飹	656	匿	55	翌	413	**인**			
裏	495

자음 색인 [인~잉]

岇 126	悥 289	茚 446	靭 633	牣 138	**일**		訒 510		
牣 138	璌 305	荵 447	靷 634	弌 150	氶 14		誂 513		
乑 148	眲 311	茵 449	鞇 634	佾 157	任 21		賃 534		
引 151	朄 331	茵 449	鞩 637	日 205	壬 96		凭 556		
弘 151	晾 334	蒽 451	鞰 638	昳 207	妊 102		迻 571		
忈 160	硬 348	薑 456	鞾 638	肳 235	姙 104		鈓 591		
忍 160	祵 353	黃 461	鞾 638	泆 250	隹 104		鉒 593		
忉 160	禋 354	蚓 477	韌 638	洫 254	帄 139		倠 620		
忍 160	禋 355	蚓 477	靭 639	沃 255	羊 142		雖 622		
忐 160	禿 357	駰 480	胭 639	溢 256	庄 144		飪 655		
戭 177	稇 359	嬪 485	馴 665	燚 263	恁 156		餁 656		
扔 179	絪 366	嬪 488	魜 688	益 281	惟 163		恁 657		
抈 179	箇 374	祵 495	魥 690	益 329	惟 163		黛 691		
抈 180	籾 385	禋 497	誾 728	突 329	集 219		鴬 702		
捆 182	粌 386	訒 509	蠶 734	篒 365	桂 219		鴬 702		
敳 199	紉 391	認 514	蠶 734	衵 380	稔 223		鴲 709		
悚 213	紖 392	謃 517	靨 735	衵 441	瀺 267		旯 728		
挧 213	紉 392	則 533	**일**	賹 447	潭 271		**입**		
欧 236	絪 393	艦 537	一 11	軼 493	焱 276		入 36		
欭 237	紉 395	靾 556	佚 22	軼 536	壬 281		卄 56		
殥 243	經 397	靭 558	佾 23	迅 559	麻 284		圦 86		
婬 250	縯 400	迎 569	扨 50	迭 567	稔 319		廿 149		
氤 250	緣 400	酌 583	劾 50	迭 568	稔 354		扔 179		
氤 251	絪 410	酳 584	吷 68	逸 570	秴 359		琞 305		
洇 252	羵 411	酳 584	噎 79	逸 570	秴 360		立 369		
洇 255	羶 412	釼 591	曰 83	釰 590	荏 374		箬 382		
消 255	羺 412	鋽 593	囙 83	鈤 591	絍 392		込 567		
湮 261	肕 424	鐏 600	因 84	鎰 599	絍 394		魜 688		
湮 261	胭 424	閏 610	囙 84	馹 620	縒 394		鵖 699		
瀙 262	朄 424	閽 612	囙 84	馹 664	肸 424		**잉**		
濵 269	胭 426	闉 612	壱 85	駉 664	賃 428		仍 20		
臾 275	朄 428	陻 615	壱 96	鴃 664	荏 449		份 25		
煙 278	膵 432	霪 617	壹 97	駃 665	衽 493		倭 27		
罨 278	腋 433	雷 624	壝 110	魒 701	袵 495		剩 47		
物 288	夤 439	靭 632	巐 135	鯬 720	袠 495		剩 47

자음 색인 [잉~자]

蔗	461	瓷	405	疵	317	欬	237	孳	113	恣	41	剌	48
蔗	462	瓷	410	痄	317	炭	239	孳	113	姿	41	鹵	57
資	465	者	416	眦	325	紫	239	作	115	瓷	41	鹵	58
藉	467	者	417	髮	327	雌	240	屍	123	甆	43	嫭	103
薺	467	秄	418	眦	332	欤	241	尾	123	刺	46	脧	108
蔗	469	耤	418	皆	332	欬	241	磁	131	刺	46	媚	110
藉	472	聲	421	眯	336	欸	241	磁	131	事	51	孕	112
蚜	477	奞	425	矺	344	馳	245	黹	136	勒	51	孕	112
蛦	477	肺	425	砒	345	泚	254	齍	136	呰	66	扔	179
蜋	478	背	426	磁	348	滋	262	带	138	呰	68	拔	182
蛬	479	肯	426	磁	351	滋	262	絲	143	吻	68	睡	211
蝨	479	有	426	禠	354	滋	263	庛	144	吻	68	望	300
蟋	483	堂	426	禛	355	滋	268	褯	158	咨	73	膴	338
螅	483	裁	427	秄	357	濾	270	佽	163	啙	73	初	352
蠐	485	腦	428	秩	358	灸	274	恣	163	啫	74	朘	430
蠦	485	脾	431	秭	358	炙	274	慈	168	嗞	76	腊	432
蛾	485	臚	432	粢	359	煮	277	憤	173	嚃	80	脺	433
蟓	486	自	436	秕	361	煑	278	戴	176	嚌	81	艻	445
蟻	487	臼	436	粢	361	羹	278	扠	180	坙	88	艻	446
蟋	487	字	436	積	362	羹	279	批	181	聖	91	訆	509
裝	494	芓	446	稹	362	燘	280	毕	181	塯	94	訒	510
祇	494	茈	447	字	363	耆	285	戲	199	査	100	詡	512
褚	497	苲	448	窯	364	秄	289	晀	208	葵	101	賸	536
禠	497	苴	448	第	367	玆	299	束	215	姊	103	賸	537
襦	498	茨	448	笔	373	玆	299	柘	218	姊	103	鬗	538
齎	500	苙	449	笮	373	砒	301	柤	218	姉	104	躳	556
襠	500	菉	449	簪	377	璀	305	杝	219	姿	111	迈	567
穡	501	莉	449	签	379	瓚	306	染	219	嬨	112	陾	615
鱝	507	茲	453	籽	385	瓷	308	榨	226	子	112	鼅	724
驢	509	菌	454	粢	386	甆	309	櫨	229	字	112	鼊	726
訾	511	萘	454	耜	388	甆	311	檪	229	孕	112	**자**	
訾	511	菹	456	粢	388	甎	311	檐	231	孕	112	疕	12
誓	512	葉	456	糕	389	痴	316	檮	232	孜	112	仔	20
諫	513	擎	457	粢	393	疚	316	欲	236	孛	113	佽	30
詡	513	華	460	粢	394	痄	317	欸	237	孛	113	咨	41

자음 색인 [자~잔]

歃	683	笮	373	杓	216	仔	20	髺	678	舒	590	諀	516		
彫	683	笫	373	柞	218	仔	20	鬃	684	鬃	684	鑒	592	諮	516
彰	683	笮	373	概	231	作	22	鬃	684	鈰	592	諸	517		
鮑	685	筰	373	汋	252	作	23	舒	688	鈰	592	藷	519		
鳥	699	笮	375	灼	274	鳳	43	鮓	689	鋅	594	譜	520		
鳶	699	筱	377	炤	275	汋	50	鮆	689	鏗	597	貲	521		
鵲	700	綽	396	炸	275	勺	52	魷	689	鎡	598	資	533		
鵲	704	斮	401	灼	276	勺	52	鰦	695	鎡	599	貲	534		
黓	721	斮	401	焯	277	勺	52	鰲	695	髭	606	贄	534		
黼	728	繁	402	爝	282	嘥	78	鰦	697	麧	606	褚	536		
黵	729	斮	419	爝	283	嚼	81	鱎	698	雎	619	赳	538		
齟	729	胙	424	爵	284	均	82	鱸	698	雌	620	趄	539		
齳	735	胙	425	爵	284	炸	86	鳲	700	霙	624	趑	540		
齳	735	鳥	438	作	289	綽	102	鳰	701	霣	626	趑	540		
齜	735	芍	446	犳	292	婥	103	鳰	701	霣	628	趨	542		
잔		苲	448	猔	294	時	106	鳰	701	霽	628	趺	545		
孱	28	苲	451	猎	295	雀	119	鵝	706	鼇	632	跐	545		
孱	31	萂	452	齰	326	岝	120	鴷	707	顆	641	疵	545		
剗	47	萡	454	齰	326	作	127	鴷	707	頤	644	跂	547		
剷	49	權	456	財	327	作	127	鷓	708	顳	646	蹢	551		
努	51	讙	472	皵	327	仟	155	鷓	710	頹	646	躇	552		
屏	113	譴	523	瞯	340	作	156	䴂	723	餈	655	蹽	553		
岵	130	貲	533	斫	343	作	160	䴂	723	䬣	655	軝	556		
岑	130	赴	540	斫	344	作	160	鼸	723	餟	656	迣	569		
棧	133	趙	541	斮	345	恣	162	黷	726	餕	658	鄐	580		
懺	139	趙	543	碏	347	恣	165	鼎	726	饊	658	鄐	581		
慺	145	酌	583	礤	349	拤	179	鼎	728	饒	661	鄲	582		
戔	167	酢	583	磯	351	掇	194	齟	728	駐	668	酣	584		
戕	176	醋	585	禚	355	斨	196	齊	731	骴	673	醑	585		
罟	176	鲊	592	秸	358	斮	198	鹺	731	觜	673	醉	586		
盞	177	雀	619	稘	360	斫	202	齎	731	觜	674	醐	586		
怍	181	雎	621	稸	361	斮	202	齌	731	髀	674	醉	586		
皷	198	鷓	652	秱	366	斮	202	齍	732	髀	675	醉	586		
剗	202	詐	655	秱	367	酢	207	齏	732	髀	675	醓	588		
棧	220	譺	683	譴	370	齰	212	**작**		髭	677	釄	588

棧	222	驏	670	潛	271	禥	498	桶	224	鉔	592	嫜	93
菚	224	驏	693	熸	280	謙	521	榗	229	雜	620	墇	93
叝	240	鱒	696	熸	280	賺	536	槳	234	雜	621	牆	95
奴	240	籛	716	鐕	280	賺	537	沜	253	雥	623	壯	96
殘	241	戔	734	璿	305	踅	543	泧	270	雩	624	壯	96
殘	241	**잘**		疪	317	趰	543	灘	272	靠	630	奘	98
歼	241	戭	16	癏	320	跨	547	燦	277	靠	630	奬	100
殘	242	喒	77	瞺	338	蹲	551	煠	278	鞢	635	奬	101
潺	267	胐	425	硶	346	踏	552	狚	292	鵰	641	妝	101
潀	267	**잠**		磪	350	蹔	552	鍵	315	師	642	嫜	102
戔	286	先	34	稯	362	鄧	561	皺	327	蟄	727	嬙	109
琖	303	兂	35	箴	377	醋	582	皺	328	魜	734	嬌	110
盞	329	劗	48	箴	377	鐕	587	盞	330	齠	734	将	111
盞	330	劖	48	箋	379	鐕	601	眨	332	**잣**		将	119
磣	347	喿	74	籤	379	曆	601	砸	345	柘	77	将	119
篸	379	埫	89	簪	381	雪	617	碏	350	**장**		戕	130
縓	402	寁	116	簪	381	饕	627	磷	352	丈	11	嶂	132
錢	405	灷	126	籛	381	霫	627	礋	352	仉	20	嶈	132
羗	411	岑	126	簂	385	齰	632	筮	377	仗	20	嶆	134
脛	415	拑	130	鸛	412	頿	645	簉	384	伥	20	幛	135
胫	425	賥	153	譗	412	顩	645	仫	385	偉	30	帳	139
朘	429	撍	186	臘	432	饕	660	縕	398	兂	34	幢	141
孱	475	昝	190	僭	435	饕	660	鞺	472	毟	35	庄	144
虥	475	晵	206	簭	473	饟	661	薤	481	尪	35	庤	145
蝤	482	晳	210	蚕	477	鵜	703	褊	497	佺	41	庤	145
蠽	489	楼	210	蚕	478	**잡**		褯	500	屍	41	廧	147
褎	497	椊	221	螶	482	圅	44	謵	518	匠	53	廧	147
骏	507	歆	238	蠽	484	匝	54	謵	522	匠	54	弉	148
豺	530	涔	257	蠽	484	卡	54	賝	536	匩	54	弉	149
軋	561	湛	261	蠽	487	咂	57	賝	536	匠	54	張	150
輚	563	溄	263	蟄	489	咂	67	趠	539	壯	87	弞	150
酸	585	潜	266	蠶	489	噆	68	趠	543	堨	90	弞	151
鏟	602	潛	266	蠶	489	嘈	72	趠	543	場	91	徖	152
醆	631	潛	266	蠶	490	嘈	83	迊	568	塍	93	徖	158
騸	668					撍	192	迊	137	墇	93	怅	165

자음 색인 [장~재]

斋	200	鯞	708	醬	586	糯	471	粻	387	戕	285	愴	170
齋	200	鶛	708	醯	588	薔	471	糛	389	牂	285	戕	176
杍	216	韾	714	釵	590	藏	471	牂	410	奘	286	臧	177
材	216	辮	717	鉶	594	蜋	482	翔	410	妝	286	扙	179
栽	220	饕	727	鑑	595	獞	482	羘	410	粎	286	牂	180
梓	221	**재**		鏘	600	螿	485	羊	411	漿	286	牂	182
榪	222	倆	23	鐛	600	蠶	485	饟	412	醬	286	扗	182
榟	226	傘	25	鏵	602	痕	494	脹	429	牀	286	掌	185
殄	242	仚	36	鑱	605	裝	495	腸	430	牆	286	斯	202
穀	244	冄	38	長	605	奘	496	臟	431	檣	286	暲	210
溅	260	再	38	镸	605	藏	496	臧	434	半	289	杖	216
滓	264	冉	38	障	616	禓	500	臟	435	牀	291	桩	220
濑	266	凰	55	韔	637	誏	516	跥	435	漿	295	栭	220
灬	274	叒	63	餦	657	眲	534	臧	435	獐	297	槳	228
灾	274	嚿	65	餭	659	賬	535	臧	436	獎	297	橉	228
災	274	哉	70	饕	659	賵	536	辮	443	璋	304	椿	228
灾	275	哉	71	饟	660	賿	537	艡	443	瓬	309	樟	229
喋	279	在	74	餅	660	臟	538	莊	449	暘	315	樟	230
崇	313	扗	86	媽	664	趄	541	莊	451	竷	316	檣	231
甾	313	戈	87	駔	665	趕	543	苌	453	疢	316	樯	232
毗	332	載	89	騿	669	趟	543	萇	454	疪	316	樯	233
皆	332	緈	93	驦	671	踖	549	莊	454	庄	316	檣	234
職	336	宰	108	驚	671	蹡	551	蘤	455	痯	318	洮	256
殄	341	牢	115	髓	675	蹡	551	蘆	457	瘬	319	淙	258
禽	355	牢	115	騙	675	踘	552	葵	457	癐	321	濤	265
壺	370	審	116	翳	677	踊	552	葁	457	癰	321	漳	265
籩	377	审	118	𩪧	679	帳	556	蔣	461	睄	337	漿	266
糸	385	思	130	鬒	680	董	560	葬	461	稤	363	濺	269
繒	396	戈	150	鬳	681	韔	563	葳	462	章	370	焋	276
繹	399	戈	176	鱆	695	達	573	葳	462	簷	380	爿	284
纘	403	戈	176	鰌	695	鄣	580	祺	464	箓	383	爿	285
釳	405	才	179	鱨	697	牆	583	薔	465	粎	385	奴	285
膵	422	扗	179	鷗	702	醬	585	藏	467	粧	386	妝	285
芋	446	捚	181	鶋	703	盐	585	臘	468	糚	387	狀	285
		捚	184	鶔	708							牀	285

자음 색인 [재~저]　1029

弟	447	齋	731	絳	396	佇	24	拒	181	渚	263	宜	365
芋	448	齊	731	狰	411	儲	33	担	181	湝	266	㝉	370
哉	457	齏	731	猙	429	則	45	抵	181	濧	267	竚	373
莘	460	齌	731	諍	515	劯	50	摣	189	瀦	269	筬	374
裁	495	齆	732	賟	535	吺	68	攲	190	瀲	271	筯	375
諸	518	齜	732	趟	541	吻	68	攱	195	瀦	271	箸	375
財	533	齰	732	定	546	咀	68	旳	196	炸	275	篨	377
眥	533	齎	732	郢	579	坥	88	署	206	㸾	285	篰	378
貴	534	齏	736	鈤	596	坾	88	杆	211	㹨	285	簜	383
賫	534	**쟁**		錚	599	奓	100	杵	216	牴	289	籢	384
賊	535	爭	16	鎗	602	奃	100	柠	216	牾	290	籧	384
費	535	事	17	鐺	602	她	102	柢	218	狙	293	竚	386
贼	536	柰	62	鏷	602	姐	103	楮	218	猪	295	糈	390
賷	537	噌	79	鐺	606	姉	103	楮	221	猪	295	紵	393
财	539	崢	129	閗	609	宁	114	楮	225	珇	301	絟	397
跙	547	崝	129	閘	611	諸	117	椸	227	琡	304	繕	402
羍	562	猙	129	鼅	651	屦	124	欀	229	疧	314	繕	403
宰	565	弻	152	颭	651	屣	124	欀	229	皶	315	竚	405
邦	576	彃	153	颶	653	屧	124	槠	233	皻	315	竚	405
載	577	振	185	飇	653	岨	127	樰	233	疷	316	置	407
䦒	584	揁	185	騂	668	宁	138	樗	233	痄	317	置	407
針	590	掙	185	髯	677	底	144	齿	239	疽	317	罝	407
釵	593	撐	191	髯	677	底	144	炷	239	痄	317	罜	407
鋅	599	撑	194	髻	677	底	144	炸	240	瘴	319	罶	408
衷	655	敬	198	鬄	679	宜	144	豬	240	療	321	苴	410
餄	657	棦	223	槍	227	弤	151	豬	240	瓩	327	芋	410
齎	659	傑	244	鬆	681	豬	154	肥	245	宁	329	苧	410
餞	659	毃	245	鬆	681	氐	156	氐	246	甆	331	羝	410
驊	669	毂	245	鬑	682	低	157	泪	250	眝	332	朐	410
釵	715	爭	284	鰆	693	怚	162	泪	253	着	333	翥	415
㹨	716	猙	295	**저**		忤	162	泲	254	砠	345	翿	415
戴	722	玎	299	且	11	惯	165	洿	254	礎	348	睦	422
齋	726	琤	303	伍	21	慯	174	泲	259	磶	350	胆	426
齌	726	碎	347	伫	22	懷	174	渚	260	礴	351	胒	427
齊	731	筝	376	低	22	抒	180	漵	263	租	358	膪	430

자음 색인 [저~적]

苧	448	褚	497	軝	561	咀	70	楮	226	硳	346	苗	448
苴	448	褯	500	軰	562	啁	71	樀	228	碏	349	荻	451
苜	448	舧	506	迲	568	啞	73	樍	229	磧	349	䓪	453
菹	452	舳	506	這	570	唙	73	樀	229	礒	351	苲	456
苨	453	艜	508	邟	576	嫡	77	橫	232	禃	355	荻	459
蒗	453	訨	511	邸	576	嚁	81	歊	238	積	362	菽	461
著	454	訨	511	邜	577	塙	93	歡	238	䴶	362	蒡	461
菁	454	詛	511	郞	579	墼	95	殰	240	稿	362	蔷	461
葅	456	詛	511	酟	584	嫡	109	泲	257	糧	363	蔳	469
菹	456	詛	513	鐯	604	嫡	110	洿	260	窃	363	藉	469
葙	456	諏	516	胝	613	嫡	111	滴	264	窂	365	虯	470
藆	458	諸	517	階	615	家	115	滴	264	窃	365	蚑	477
葅	458	諸	519	雎	620	宓	115	淪	264	窕	368	蠏	479
蒢	459	狙	528	頭	644	宗	115	湔	265	笛	373	蟹	487
蒢	463	犲	528	頿	645	宔	115	湭	266	筬	379	蠣	487
蒩	464	豬	529	鼈	654	寂	115	湝	270	篴	381	衭	493
蒩	466	豬	531	饎	660	寂	115	滴	271	篿	382	袾	495
葅	468	貯	533	骶	672	吊	116	交	274	籍	382	襀	499
蒣	468	實	533	骶	673	屚	138	夾	274	籫	382	褞	504
蕰	469	趄	540	魚	690	廸	145	炙	274	籴	385	覿	505
藷	470	趄	540	鮇	690	廸	148	炮	276	雜	388	覿	505
藷	470	起	540	鰆	694	弔	148	烾	277	秱	389	覿	506
蘁	471	趛	540	鴭	701	徏	151	熵	280	糴	389	詠	513
虉	472	趫	541	鴲	705	徝	156	犗	291	糴	390	詠	515
虉	472	趆	542	麌	714	得	158	狄	292	繢	390	謫	519
藷	472	趄	545	麌	714	敗	176	猠	295	罦	400	謫	521
岨	478	竚	546	齟	732	抌	184	猲	297	羿	406	蹢	523
蛆	482	跙	549	齬	735	擿	189	玓	300	耤	414	狄	529
蟅	485	躇	552	齰	735	擲	193	璃	306	耤	418	賊	534
蓋	488	躇	553	**적**		敵	193	甋	309	璃	422	賊	534
蠭	489	躒	553	乇	14	敵	199	瘠	321	䳅	422	赤	538
蘁	491	軝	558	僑	30	斸	201	瘠	323	肑	424	趑	540
祇	494	軝	558	刂	45	旳	205	癒	323	腖	428	趩	543
祖	494	軝	559	勣	51	杕	217	的	325	胲	428	趨	543
衧	494					勣	51	柠	220	瞴	337		
								柧	221	苧	344	趨	543

자음 색인 [적~전] 1031

痊	318	氈	249	搹	193	屆	123	劇	48	驈	670	跡	546

痊 318, 瘈 319, 瘨 319, 癲 320, 瘨 321, 瘵 322, 癥 322, 癲 324, 皸 327, 昀 332, 睃 334, 睼 334, 眕 335, 睡 335, 睉 336, 瞻 338, 瞻 339, 碊 346, 碘 347, 磔 347, 磧 349, 磚 349, 寊 367, 寊 367, 竣 370, 端 371, 顓 371, 竱 371, 竻 372, 筌 374, 篆 376, 簨 376, 箈 376

氈 249, 毡 249, 洍 253, 湎 257, 淀 258, 洟 258, 湔 261, 湮 262, 滇 263, 潊 268, 澶 268, 瀍 270, 畑 275, 烇 276, 煎 278, 牋 287, 牷 289, 狱 295, 琠 303, 瑑 303, 瑈 303, 瑱 304, 璼 304, 璗 305, 瓊 306, 瑑 306, 瓶 309, 甎 309, 田 312, 甸 312, 町 312, 畋 313, 畑 313, 畠 313, 晪 314

搹 193, 摙 195, 敟 197, 姈 203, 旃 204, 旜 204, 晪 208, 暉 210, 肵 214, 腋 214, 栓 219, 栴 220, 槇 224, 梘 226, 楨 227, 栿 227, 橏 230, 櫄 230, 樼 230, 樴 232, 櫘 232, 欕 234, 欲 236, 敧 237, 舁 239, 肯 239, 㫋 239, 荊 239, 殱 243, 殿 244, 毡 247, 毦 247

屆 123, 展 123, 殿 124, 屢 125, 嵃 128, 崝 128, 巓 132, 卺 133, 巅 134, 琧 135, 牷 137, 憿 139, 幨 139, 庙 140, 廛 140, 佺 144, 俊 145, 佺 147, 倰 163, 㤚 165, 戔 175, 戰 176, 战 176, 戰 177, 拴 177, 拱 182, 椽 185, 揃 186, 振 186, 損 188, 搹 188, 搹 190, 撅 192

劇 48, 医 54, 亘 57, 圓 61, 厦 61, 厦 61, 吏 62, 吮 67, 唸 73, 喈 73, 嗔 75, 嗔 76, 喏 77, 噸 80, 嚩 80, 嚩 83, 囆 83, 坔 88, 塡 90, 塸 92, 塼 93, 墅 93, 壥 95, 奠 95, 姪 101, 婝 104, 婰 106, 嬿 106, 嬨 107, 嬋 108, 孨 109, 寊 113, 寋 116, 寋 118, 寋 119

전 section:
伝 21, 佃 22, 佺 23, 倎 26, 偂 27, 偵 29, 傳 30, 儃 34, 㒲 36, 仝 36, 全 36, 典 37, 兟 37, 顚 38, 顚 38, 顚 40, 澱 41, 前 46, 剸 47, 剸 47

驈 670, 髺 679, 髺 679, 龘 687, 魡 688, 魿 692, 鯖 695, 鶌 708, 鸇 710, 趯 713, 藜 717, 蠶 717, 藜 721

跡 546, 踏 548, 蹟 551, 蹢 551, 蹣 552, 踏 553, 蹞 553, 蹕 553, 蹿 554, 躔 555, 迀 568, 迪 568, 达 569, 迹 569, 迹 569, 速 569, 逖 570, 逷 571, 逈 571, 適 573, 遭 573, 遭 574, 遄 574, 邅 575, 鄟 582, 鎞 597, 鏑 600, 鐫 602, 鑈 604, 霅 626, 靮 632, 頑 644, 餰 659, 駔 664

箭	376	牷	418	屢	487	蹎	550	鏑	598	顫	632	囀	684
篰	377	琠	421	蠡	489	蹍	550	鐫	600	鞭	634	囀	684
篆	377	瑱	422	籛	489	蹩	550	鐪	602	鞮	638	貋	686
篅	379	津	422	儁	489	蹲	551	鏌	602	頑	647	鯉	694
簨	380	脡	423	盞	489	躔	553	鐺	603	顚	647	鰊	695
殿	380	朘	428	襄	500	躐	554	鑘	603	頒	647	鱄	695
篊	381	脧	428	禱	500	驒	554	纒	604	穎	647	鱣	696
篯	381	腃	428	覡	500	躓	555	鑷	605	領	648	鱸	697
篘	382	膁	430	禋	500	躔	555	闐	611	頭	649	鱐	698
籛	383	膊	431	覘	504	蹎	557	關	611	顎	649	鱺	698
篪	384	腌	431	硯	505	転	558	闐	612	颭	652	鳲	701
籤	384	膽	433	詮	505	軥	559	闐	612	屪	654	鴮	706
鸞	384	膞	433	詤	512	軯	559	闐	612	貣	654	鵊	707
糈	388	腆	434	諓	515	輈	560	闐	612	餞	656	鶄	707
糎	389	郾	440	諂	516	輾	562	陵	615	餕	657	鷓	707
絟	394	荃	449	諯	517	轉	563	隊	616	屨	657	鶔	710
縓	396	黃	454	諓	518	逮	572	雋	619	餰	658	鷓	710
緇	398	剪	456	諺	520	逷	572	藞	622	筌	658	鷯	710
緾	398	蒙	457	諡	521	邅	573	鷷	622	健	658	豞	722
線	399	葏	457	謥	522	遵	574	電	624	饘	659	豞	723
縛	400	蔆	459	讖	523	廛	579	電	624	饘	660	豱	723
縓	401	荃	461	縝	527	鄟	580	霅	624	鄮	662	黔	723
纏	403	蕈	463	覥	535	鄽	582	電	625	殘	663	黵	724
纒	403	誊	464	睷	537	醋	582	雷	625	駩	666	鼱	726
羴	411	葎	464	趀	542	醆	585	霤	626	**절**		齻	734
羶	412	蔆	465	趑	543	醛	586	霸	626	乙	15		
羴	412	蔪	465	趔	544	醠	587	罁	626	俹	33		
羶	412	䔖	465	趁	545	醴	587	雹	627	切	45		
羴	412	蕳	469	趼	545	鈿	592	罆	627	刌	45		
羴	415	顚	473	跡	545	銓	593	靛	629	切	45		
翦	415	蚓	481	趼	546	錢	594	靾	631	竊	48		
翦	416	蚺	482	蹅	546	錢	594	靫	631	卩	58		
翺	416	蛵	483	詮	546	鍌	596	靦	631	㔾	58		
腨	417	蟤	485	跈	548	鎚	596	靮	632	豊	58		
腨	417	蝶	486	踵	550

자음 색인 [절~접]

節	59	所	241	蕞	462	鷟	703	跂	196	蜥	485	深	41
喆	78	泲	252	蕝	463	鷙	708	殼	199	蠍	489	渫	41
嚌	78	浙	256	蕞	463	鶴	711	檆	230	睫	503	蝃	47
墆	93	淛	260	蕺	466	竈	725	欲	236	詶	514	墊	93
㷊	101	濟	270	蕺	468	䚇	729	沾	253	賺	537	壥	95
孅	111	灼	275	蕺	468	䚁	734	溓	262	噡	543	攝	96
尐	120	炡	282	蕺	468	䚇	734	漸	265	跕	548	帢	139
岊	126	牪	286	蝍	483	䚁	734	灻	274	躧	553	庢	146
嵲	131	癥	323	螕	488	䚇	734	玷	275	躧	553	慄	168
巀	134	癬	323	蠩	488	䚁	734	点	275	醤	587	慴	175
巀	134	瘖	323	螕	488	龖	736	黏	278	鐁	600	抓	183
巀	134	瞳	338	螕	488	**점**		瓧	301	間	608	接	185
幯	142	屮	342	蠹	490	佔	22	症	309	閊	610	撲	187
巀	143	硒	354	蟲	490	䏁	30	痁	317	阽	613	摺	190
至	150	新	365	蠹	490	津	41	砧	333	霑	625	攝	192
弓	151	窃	368	襭	490	刐	46	䂖	346	霮	627	攝	194
懾	174	窩	369	竁	501	占	57	䂖	350	䂣	631	接	223
截	176	竊	369	警	503	岾	88	碣	358	齚	632	楪	225
戳	177	竊	369	赽	513	岾	88	䂖	363	齢	632	殜	242
折	177	竊	369	越	540	墊	93	笘	373	頇	644	沾	253
扸	180	竊	369	跧	545	炶	100	笘	376	颭	650	湛	259
挈	181	竊	369	踤	548	姁	103	簟	381	駴	664	甀	310
捷	191	節	375	軼	559	姀	107	粘	386	駘	667	疰	317
擳	191	節	377	酨	586	帢	117	鉆	405	驔	670	瞜	336
擳	193	絯	392	䟋	606	䑎	117	者	417	髻	677	碟	348
敐	196	絶	394	甈	606	帖	127	耆	417	鮎	689	簎	384
斳	202	絶	394	閊	608	帖	139	䏁	420	鯰	692	簎	384
斳	202	綎	400	閗	609	帖	144	貼	426	黇	719	綏	396
晢	208	聜	422	隉	617	䎳	158	貼	427	黇	719	絳	396
晣	208	胏	428	截	620	俿	166	苫	448	黇	719	綵	396
枕	219	莭	448	頡	644	忝	176	葴	458	黏	720	纆	401
梲	220	芙	448	顁	647	忝	176	蘄	461	黏	720	擢	408
棳	223	菥	451	饐	661	忝	176	蔆	465	黏	722	耴	420
椴	225	菥	451	饐	661	怙	178	蘄	468	**접**		瑠	422
榕	225	節	457	䶂	698	拈	181	䒳	478			聶	422

字	번호	字	번호	字	번호	字	번호	字	번호	字	번호	字	번호
脧	430	个	20	媜	107	揁	187	氏	250	眐	333	精	387
腤	432	仃	20	奵	114	撜	194	汀	251	睁	334	精	387
艓	442	伩	22	定	114	政	196	泟	252	睈	334	粠	387
萎	453	侹	24	定	114	敋	197	淨	252	艇	335	紅	391
蛛	480	偵	24	寊	116	整	198	涏	256	睛	335	綎	393
蜨	481	停	28	寎	125	整	199	洞	256	睜	335	綖	395
蝶	482	偁	28	崢	130	整	199	淀	257	睟	335	絟	395
蠂	489	僜	32	嵉	130	整	199	淨	257	睁	336	緽	398
袩	496	汀	40	嵿	132	斦	202	淳	258	矴	344	綡	398
褋	497	淨	41	㣔	137	於	203	渟	259	碠	347	縝	398
襟	500	清	41	怔	138	旌	203	湞	260	碇	347	罜	406
襡	501	漝	42	幁	140	旌	203	湷	261	碔	347	罾	415
摯	519	凷	44	幨	141	旍	203	灁	266	磹	348	猙	415
鋷	527	叔	58	幦	142	旋	204	瀞	269	磋	350	猗	418
貐	530	叔	58	矴	142	㫌	205	瀞	269	程	354	耕	418
跕	545	舁	64	庭	145	晶	208	瀞	269	禎	355	耵	419
踕	548	叮	64	廷	148	殶	208	瀞	270	程	359	珽	420
蹀	549	呈	65	延	148	矴	215	瀞	271	程	359	睛	421
蹀	549	呈	66	迼	149	桯	219	灯	274	筳	359	聤	421
蹀	551	呈	67	彰	155	桯	221	炡	275	筳	360	肝	421
鰈	597	㚎	73	彳	155	梃	221	炡	277	穼	364	肼	424
陹	614	玎	86	征	156	棖	222	猙	294	穽	365	胵	425
鮙	693	珵	86	徎	156	棟	223	猙	295	窓	366	胜	425
鰈	693	珽	89	徍	158	棖	225	猙	296	窬	368	脰	426
魕	712	珵	90	忊	160	楨	225	玎	299	竁	368	腥	427
鮎	722	珵	90	忶	162	橦	226	珽	302	竫	370	脡	427
黕	722	湟	92	怔	165	楹	231	珽	302	靖	370	膟	428
鼎	723	奠	101	恷	165	榩	231	瓨	303	竽	371	脖	428
정		叮	101	情	166	正	239	瓱	308	筳	372	脖	430
丁	11	妌	102	打	179	正	239	甎	310	筵	375	瞥	439
丼	13	妊	103	捏	183	正	239	町	312	筵	375	艇	442
打	17	婷	105	挺	183	豆	239	疔	315	筝	376	艇	442
井	17	婧	106	搗	185	姃	239	疒	316	箐	377	艇	442
亭	18	婷	106	揁	186	整	240	矴	327	筬	377	艇	443
亭	19	婷	107	揁	187	殸	244	釘	331	筴	385	苧	445

자음 색인 [정~제]

莛	451	頲	538	雩	623	騂	668	劑	47	慌	170	濟	269

제1단: 莛451 筵453 葶456 溁457 箫465 蕣468 虹476 蜓480 蜓481 蜓482 蟶487 蟶488 蠪488 丁490 亭490 佂494 侹495 靓504 訂509 証511 誕514 請515 詝516 諪517 딩526 豸527 貞532 貞534 貯536 䁑536 賊536 打538 㖿538 頞538

제2단: 頩538 足544 赶544 跮547 踗548 踵549 艇556 艀558 迁561 迓568 遉569 邢570 邶574 郉576 郑576 郑578 郞580 酊581 酲583 醤584 釘586 銈590 鉎592 錠594 鋥595 錠596 鐺603 問607 閗608 閗608 附613 阱613 阯613 誰620

제3단: 雩623 霆624 霪626 霌628 彭629 靖629 艶629 靜629 俇629 靚629 靜629 靻632 靬634 鞀634 韝636 頂643 頤644 頔644 頲645 頜646 頂646 頡646 穎649 颽651 颽653 颳653 釘654 怔655 怔657 餏657 飣658 飣662

제4단: 騂668 艇673 釕688 鯹691 鯖692 鰈693 鯨693 鯇694 鸝695 鴊699 鳽701 鵦704 鵠710 鷏714 黦723 鼎726 鼎726 鼎726 塂726 艇729 臍729

[제] 兮17 函17 亝17 冏17 俤25 促27 俤28 偦30 儕32 刐45 制46 制46 刜47

제5단: 劑47 剤48 匲55 庍60 帝62 亢62 啧71 啼73 嗁74 嚌76 嘧78 嚌79 嚌81 嚌83 垗90 垶91 垝94 氕97 姼102 媞104 嫋105 嫋107 嫋107 啙113 幃122 帝139 弟151 徲156 徲156 徲158 徲158 徲159 悌165 悌168

제6단: 慌170 憼171 傺171 憼173 瘘176 挮180 挋181 撺186 撺192 摝193 敕196 齊200 齊200 嚌208 嚌208 題211 栍219 梯220 桋220 椑221 檕225 檕226 檕232 䎬240 沛254 濟259 淛259 渧260 渧260 澦261 渧261 潌263 滺264 澺264 澬265

제7단: 濟269 濟276 濟287 猘294 猘295 猘296 猘297 瑅302 瑅303 瑅306 題309 瘛320 瘠321 瘵321 瘵323 祭324 皆332 眦332 睽333 眤333 睇334 晢334 晣335 睼336 眣336 䆃341 碮348 磾348 礴350 祭353 祭353 禘356 禑356 稊359 穄360

程 361	蹄 469	提 542	陵 618	髟 681	齊 731	鹵 58
稃 362	薺 469	趧 543	霙 624	髤 681	齋 731	鹵 58
穧 363	虀 470	趆 546	霽 624	鬆 681	臍 731	唇 60
穄 363	虀 473	踶 547	霼 625	髭 689	嚌 731	唇 61
第 373	薺 473	踷 548	霽 626	魛 689	齏 731	叉 63
笫 373	蟀 474	蹄 549	霽 628	鯦 690	齎 731	蚤 64
笫 377	蜥 480	蹛 549	乾 633	鯰 691	霽 731	叨 66
粢 386	蝭 482	蹄 549	軯 633	鱭 691	霽 732	咷 69
絑 395	螏 483	蹍 549	軝 633	鯯 693	齏 732	啤 71
緹 397	穧 484	蹏 549	輗 635	鯯 693	齏 734	稁 76
繁 401	禔 488	躉 550	鞮 635	鯑 693	齊 734	嘈 77
繻 403	袳 495	躧 551	鼇 641	鯡 693	齒 735	嚨 78
緹 405	袠 496	蹏 552	鱉 641	鯷 693	**조**	嘲 79
罤 407	製 496	躋 553	鼈 641	鰥 693	上 16	噪 80
羺 409	褅 496	迊 568	鼇 641	齊 696	佻 21	嚏 82
羼 409	禔 497	迆 569	鼇 641	鰽 698	佻 23	嘈 83
耳 421	篩 505	祇 584	篿 641	鵜 702	俎 25	晁 88
聤 421	鯷 507	智 585	鼈 641	鶄 703	條 28	綢 99
聤 425	題 508	製 585	鼈 641	鴯 703	條 30	菑 100
胝 425	諸 508	醒 585	鼈 641	鴯 704	傮 30	嫖 109
肺 430	諸 516	醍 587	頙 644	鵜 705	儶 32	燿 111
齎 431	諸 516	齏 587	頛 646	鶂 705	兆 34	窕 115
齏 432	諦 517	錠 595	題 647	鶇 708	凋 41	慉 121
臍 434	諟 517	鍉 597	飷 656	鯔 713	凋 42	嶋 130
舠 441	謕 518	錦 598	飷 656	鸝 715	刁 44	嶆 132
臍 442	諦 518	鏑 599	餻 656	鵜 729	刐 45	帄 138
艠 444	謕 518	鏑 602	餼 656	鵣 729	刿 45	帗 138
苐 448	謕 520	鏑 603	餷 657	鶒 729	剻 46	幈 140
荑 449	諸 522	除 614	餓 658	鸝 729	剿 47	幬 141
第 452	諸 523	阺 615	餓 668	齊 731	釗 48	幬 141
蒢 458	齎 525	陵 615	騠 668	齊 731	助 50	幭 141
稊 463	越 539	隄 615	騠 671	臍 731	叺 54	庀 144
葕 464	越 540	隄 616	髟 681	臍 731	叺 54	庠 145
禔 464	越 540	際 616	髟 681	臍 731	埀 55	弔 151
薺 467	超 540	臍 618	髟 681	幟 731	氺 57	弔 151

弟	151	黽	211	照	278	盇	329	笊	372	澡	412	蓨	460
弴	152	嚼	212	詔	278	孟	329	箈	376	眺	420	蔦	461
彫	154	曺	212	燥	280	盋	329	篅	376	耴	421	蓧	461
徂	156	曹	212	燖	280	眺	333	筲	376	聇	422	蔈	462
徟	159	棘	213	燦	280	眧	335	篠	376	璪	422	蓧	464
忉	160	朓	214	燥	281	瞗	337	篆	378	璪	422	朝	465
怛	160	朝	214	燩	281	學	338	筊	380	瑵	422	蘿	467
恌	162	朝	214	熙	281	曌	339	篸	380	犀	423	藻	467
慅	163	条	216	鰈	282	晸	339	篴	380	肇	423	鞗	469
憽	169	枣	216	燸	283	矵	342	簪	383	肇	423	藻	470
慥	170	租	218	爪	284	姚	342	粗	384	肏	423	薻	470
憿	170	梢	221	爫	284	碉	347	槽	386	胙	425	蘒	472
懆	173	條	221	爼	285	碎	347	巢	386	朓	426	藻	472
扚	179	筊	221	粗	285	祖	353	糟	389	脩	427	糶	473
肇	179	枣	222	眺	286	祖	353	糙	389	朝	429	藻	473
找	180	條	227	脂	287	柞	353	糶	390	搔	431	櫐	473
抓	180	槽	227	樐	291	桃	353	糶	390	艚	432	蘿	473
扝	185	槽	228	狣	294	禚	353	糵	390	脎	432	蘿	474
措	185	槽	233	猈	295	禵	355	糹	391	臊	433	虭	475
撣	189	柤	241	獵	297	檮	355	絧	392	艁	442	覜	475
搔	190	炸	241	俎	301	褯	356	組	393	䑾	442	覞	475
搯	191	姐	242	琱	303	褞	356	絩	394	艚	443	覬	476
操	192	殂	242	瑤	304	租	358	條	395	艚	443	刁	476
敦	198	殠	243	瑤	304	桃	358	繰	400	艚	443	虭	476
敫	198	羅	243	璪	304	稠	360	縚	400	艠	443	䖵	476
歖	199	汓	252	璪	305	稴	363	繰	402	茮	450	蚤	477
庴	201	洮	255	咀	313	窕	365	罩	407	筱	451	蚤	477
旐	204	淖	258	眺	314	窕	367	罩	407	荮	451	虭	477
叼	205	漕	265	痟	320	窎	368	罜	407	草	452	蛁	478
早	205	潮	267	瘐	321	窲	368	翟	407	菹	453	蛁	481
昭	207	澡	268	皁	324	竈	368	翼	408	葅	456	儵	481
眺	207	濯	272	皂	324	窱	368	翟	409	菹	458	蜩	481
晶	207	瀿	272	皭	326	竈	369	耀	410	葅	458	蟊	484
暷	210	灶	274	皺	328	竈	369	䎻	411	蒩	459	螬	484
曌	210	炤	275	皷	328	竱	370			蓧	460	螬	485

蜩	485	躁	553	钃	603	鮡	690	蔟	461	椊	223	悰	106
蟧	486	躁	553	鑃	605	儵	691	蟀	485	歂	237	孮	113
蝶	488	鮡	556	釽	605	鮍	691	足	544	殚	242	種	113
蠱	489	趒	560	阠	613	鯛	692	蹴	551	秠	247	宗	114
袞	493	趕	561	阻	613	鮋	693	鋅	596	灿	275	宗	114
裯	497	轈	563	阼	613	鯶	695	鏃	696	猝	295	麃	122
褿	499	迒	568	召	613	鳥	699			秫	359	麃	122
褯	499	迺	569	阼	615	鵃	699	**존**		秨	360	峻	130
褵	500	迺	569	撻	620	鵃	699	侜	24	箤	376	嵕	130
襸	502	迼	569	雕	621	鵰	702	厙	60	脺	430	嵷	132
覜	504	造	570	雋	621	鵰	704	哾	70	卒	492	嵸	132
訂	509	逴	570	雕	622	鶉	704	存	112	解	507	崝	134
詔	511	遭	572	霊	624	鵩	707	抒	112	踤	548	忪	139
誂	512	遭	573	鞙	631	鶴	708	尊	119	迮	570	悰	140
誂	515	遭	573	靻	633	鷹	713	尊	119	頳	644	愡	140
誂	515	遭	574	條	634	麕	714	挊	149	鼙	674	惾	140
調	515	遭	575	鞦	634	黕	724	拵	182	舉	679	惢	141
調	515	遭	575	鞝	635	黿	725	撙	281	鮮	693	鬆	147
諜	520	罩	578	頻	644	鼊	725	晬	336	鱘	734	弄	149
譝	520	鄒	581	類	644	鼍	726	睁	338			公	155
諎	521	鄵	584	頵	646	鼇	727	**졸**		**종**		從	155
譟	521	醋	586	颱	651	鼇	735	奔	13	從	156		
誼	526	醋	588	齚	655			呠	71	从	20	從	157
貂	531	釀	588	饂	657	**족**		猝	141	公	21	悰	157
趒	540	釣	590	饎	659	哫	71	族	204	倧	26	徸	158
趙	541	銚	591	齟	665	簇	141	瘁	321	倧	26	徸	158
趙	541	錯	593	齠	665	族	204	羧	342	偬	30	徸	159
趒	542	鑑	594	齗	666	瘯	321	羹	342	傯	33	縱	159
趧	543	鑑	595	騷	676	羧	342	羚	342	刣	38	忪	161
跠	546	錭	596	髟	679	羚	342	笑	343	刣	46	悰	168
跳	546	錦	596	魁	685	碾	349	碎	362	喠	75	憁	170
跙	548	鑑	599	魟	688	釋	362	拙	180	埵	92	慫	170
遭	551	鑑	600	鮋	688	簇	380	拙	181	堹	91	慫	180
蹠	551	鐼	600	鮊	690	莘	449	捽	185	嵏	93	旲	189
蹴	552	鐼	600							妐	98	惠	206

자음 색인 [종~주]

瞛 210	豰 341	腙 430	赿 539	鞍 636	**좌**	詿 514	
腙 214	碊 348	脮 432	趡 542	騌 667	ナ 14	貁 530	
柊 218	碪 349	豪 436	趴 545	駷 668	佐 22	赻 541	
椶 222	稅 359	踪 442	踨 548	騣 670	侳 24	跾 547	
樅 224	種 360	艐 442	踵 549	騌 671	剉 46	逪 573	
樬 228	稯 360	炂 447	踵 549	膧 674	㘴 50	銼 595	
樱 231	穜 362	蓯 456	踵 551	髃 675	坐 70	閆 609	
歱 240	酥 362	蓯 458	蹱 552	䯻 678	坐 87	餷 657	
夊 241	種 362	螽 461	軵 556	鬃 678	㘭 88	蠾 678	
毧 248	鉌 363	樅 461	輟 561	鬆 679	堲 89	髽 678	
毧 248	童 370	憁 475	輚 562	鬃 679	坙 89	鼉 680	
淙 258	筌 372	麟 476	輚 563	鬃 679	夎 98	**죄**	
漴 261	篸 378	蝬 482	赵 568	鬃 679	娷 105	圌 86	
淙 266	従 380	蛀 483	达 568	鬤 680	婎 108	嶊 133	
潨 266	終 380	鉂 484	迵 568	齾 681	㘿 121	嶊 133	
炂 274	鍾 384	螽 485	迚 568	齺 683	㘿 122	嶊 133	
煷 278	椶 387	蝬 485	达 568	齱 683	㞗 125	祽 197	
燨 280	樬 388	蠮 486	连 568	齱 683	岞 128	橇 231	
獐 290	終 393	蟬 486	赻 568	齞 683	左 136	竃 367	
舂 291	綜 396	螽 487	迌 572	齺 683	座 145	罪 407	
猔 295	縦 397	蠱 489	逪 573	齺 684	少 154	罪 407	
猣 296	縱 397	種 497	銼 595	鯮 693	性 165	辠 565	
獢 297	縱 397	褥 497	銼 596	鯶 693	挫 183	**주**	
琮 303	緃 398	縱 499	鍾 598	䲔 694	㞗 221	丢 12	
璁 304	緃 399	禫 500	鍐 598	䲔 697	座 242	丶 13	
甐 310	縱 400	諑 516	鐘 602	鴟 701	痤 318	主 13	
甕 310	緵 400	謯 517	鏒 604	鴗 705	睉 334	仦 16	
歪 311	繱 400	謹 521	椶 606	鴛 706	䂎 343	周 16	
瘇 320	縱 403	琮 528	椶 606	鵵 706	碓 346	伷 22	
瘲 321	纙 403	琮 528	椶 606	鶩 708	蓯 380	住 22	
瘇 322	鐘 405	縱 529	椶 606	從 708	胜 427	侏 24	
稂 325	襚 415	腫 531	悶 608	臛 723	莝 451	佟 24	
毳 325	翪 415	賨 535	錐 621	齵 728	菙 458	做 31	
曭 336	耩 418	賨 535	叢 622	齣 728	蓮 462	傳 33	
矔 337	膧 430	贇 538	潀 622	齜 729	祍 494

자음 색인 [주]

冑	38	宙	114	柴	221	䩅	325	紬	394	蟲	487	駐	556
湊	41	宲	115	椆	223	嗾	326	綢	396	螶	491	軥	559
劍	46	肘	119	榛	225	盩	330	絹	398	役	493	輈	559
匊	53	尌	119	桂	228	䀦	330	繡	402	袾	495	輖	561
獸	57	昼	123	櫥	229	䐒	335	呈	407	裯	496	轇	561
卩	58	崔	130	櫉	232	瞩	339	獳	414	觩	507	轚	562
卪	58	州	135	歹	241	矪	340	翢	414	䩨	509	鞴	565
厨	61	幮	141	殳	244	矤	342	翩	414	証	511	辻	568
厨	61	幬	141	注	254	硅	342	珠	420	註	511	酒	570
厨	61	幬	142	洀	255	硃	345	賙	421	訕	511	週	570
敊	64	憲	142	洲	255	硴	345	書	423	誅	512	遒	571
周	68	憲	142	酒	257	碉	346	書	423	詶	513	邅	575
咒	68	幬	142	湊	258	祝	347	肘	424	調	515	邁	575
呪	68	幬	147	湁	261	祍	353	育	424	譸	518	邾	577
咮	68	憲	173	湢	262	袾	353	肶	425	譸	518	郰	579
周	70	憲	173	澍	267	注	353	附	425	譸	522	酘	583
咻	70	籒	175	濤	269	諏	370	冑	425	獳	529	酎	583
咮	70	戠	176	疰	275	笁	371	胙	426	綢	531	霖	583
哃	71	拄	181	煩	275	筴	373	胅	427	貯	533	銈	592
啁	73	揍	186	賙	281	籌	374	腠	430	賙	535	鉥	593
啾	73	敄	198	燽	282	筦	375	膌	434	走	539	銶	593
跦	74	敨	198	燽	282	筶	378	舟	440	走	539	鑄	595
喋	74	斢	201	犨	291	筶	378	舳	441	充	539	鑘	598
唻	77	晝	207	狣	292	籖	381	菗	453	趦	540	鉚	603
嗟	78	晭	207	狃	293	篸	382	蒡	454	趀	540	鑄	603
嘴	80	畫	208	猺	294	籬	383	荳	456	跙	545	鑄	604
疇	81	晭	208	珠	298	䇞	383	荻	457	跓	546	閏	608
走	87	晭	208	珝	301	紬	386	蔟	459	跦	546	閗	615
奏	96	月	212	珠	301	粏	387	蔟	461	踦	548	霪	625
奉	100	肘	213	貯	314	糟	388	薽	467	踼	549	霜	625
妶	100	朱	213	疇	315	紆	390	蚪	475	蹁	552	靮	628
妊	102	朱	215	疛	316	紂	391	蚪	477	蹢	552	軸	633
姝	103	科	217	痒	317	紬	393	蛀	478	躊	553	皋	634
婤	104	柱	217	瘨	319	紩	393	蛛	479	躧	553	靮	636
婤	106	株	219	瘨	323	絑	394	蟠	486	躘	554	靽	639

자음 색인 [주~즉]

颶	651	**죽**		墫	97	浚	302	賭	537	鷦	709	洀	262
飳	655	侙	26	夒	98	甑	309	趡	541	歠	728	種	290
疛	664	呎	70	宅	114	鬻	310	呲	545	齪	729	狆	292
冑	664	冏	74	雋	118	畯	310	跛	547	**줄**		帘	365
駐	665	鬻	153	峻	128	睃	314	踌	549	泏	16	筗	374
馵	665	竹	372	陵	132	腪	314	踆	552	啐	73	眾	397
騆	666	粥	386	峳	133	夎	327	踏	552	呲	75	眾	407
珠	666	粙	387	嶹	133	俊	334	蹲	553	矬	342	腫	441
鴰	666	糿	391	帩	140	睃	335	遒	569	盎	365	茽	450
鼄	667	蹴	555	偄	156	稕	360	遁	570	笜	366	蠹	486
髻	667	鷟	684	徲	159	稛	364	遵	571	絀	373	衆	491
銅	681	鷟	684	悙	166	焭	367	遬	573	翍	391	神	493
鮢	690	鷟	684	悷	168	燹	368	遻	573	茁	415	蓀	532
鮦	690	鷟	684	憔	173	燮	370	邹	575	潄	448	迻	568
儔	691	麫	685	戠	177	燁	371	鄹	578	譔	571	重	589
鮭	692	鸞	709	戴	177	紨	396	酎	583	銊	594	童	589
鯵	694	**준**		截	177	縛	401	鋳	599	銊	598	陣	616
鱒	698	俊	25	戵	178	蹲	405	鑄	602	鮮	693	霊	627
鴸	702	傳	31	挩	184	脧	430	儁	611	**줌**		霾	627
鵃	702	儁	32	撙	191	觠	440	陵	614	法	76	霶	627
鶖	709	儁	33	敦	198	蓑	443	陵	616	**중**		鵤	700
鷰	710	准	41	旽	206	蔩	456	隲	616	中	13	**즉**	
鷙	710	剸	42	晙	208	葰	464	隼	619	申	13	則	46
鱶	712	劕	48	梭	222	萴	468	雋	619	甲	13	剆	48
廛	713	劊	53	楯	225	蠹	488	雋	619	眔	17	即	59
麻	718	簽	59	樺	226	蠹	490	雟	620	仲	21	即	59
黈	719	骏	63	樽	230	衘	492	餕	656	众	21	即	59
黈	720	翂	63	蹲	240	祝	496	餕	658	伀	21	喞	74
璡	720	嗶	73	毯	248	詆	510	駿	666	儂	23	唧	74
斠	720	噂	79	浚	256	詑	510	騎	668	仐	31	堲	91
麩	720	埈	89	準	262	譔	510	駻	680	坕	37	崱	130
黕	722	埻	90	溶	266	譾	520	鱒	696	埜	91	捌	187
鼄	725	埠	91	浚	270	資	525	唆	703	埀	92	揤	236
黿	737	隋	93	濬	276	譬	525	鵁	703	妞	102	歜	236
		炎	97	浚	294	賟	535	鵁	707	尶	251	節	451

자음 색인 [즉~지]

剪	456	瞋	336	㱸	279	蓋	491	倁	26	庍	144	枝	217
螂	483	瞓	338	熷	280	禮	500	僅	32	征	152	枳	218
䐈	549	磩	350	憎	291	証	511	凪	43	低	156	指	219
鯽	688	稯	361	甑	305	誟	519	劤	50	徟	156	柳	223
鰂	692	箕	376	艐	310	證	520	夲	56	徲	158	楮	226
鯽	693	葺	456	贈	315	譄	520	朿	56	犀	159	榍	234
鰿	693	戢	465	症	315	鄫	525	厎	59	志	160	止	239
鱡	695			瘟	317	鄶	529	唇	60	忯	161	殕	240
鰿	697	**증**		瘜	321	贈	537	口	60	忮	161	廸	243
鱛	698	劀	48	㽱	334	韻	537	只	65	恉	163	毟	246
鱡	698	噌	79	䂓	334	跊	547	呮	65	恀	165	氏	248
		塍	92	瞪	338	輊	560	知	65	恣	167	池	250
즉		增	94	瞪	338	輺	560	地	67	抵	180	沚	252
唧	74	嶒	94	矰	343	庫	561	址	68	持	182	泜	252
喞	74	曾	118	磳	350	鮿	581	坁	70	指	182	汥	252
嚌	82	嶒	133	簦	371	鄄	581	坔	86	挃	188	沱	253
堲	91	繒	135	箹	378	鞋	597	坻	87	措	190	沲	253
擳	193	甗	151	絣	381	鏊	598	坘	87	揱	195	沶	254
楖	224	彰	155	繒	395	鏊	598	坒	88	支	195	汦	254
櫛	233	徣	156	罾	401	鏊	600	址	88	攱	196	洓	255
瀄	270	憎	171	罾	408	鏊	601	墀	91	敊	197	泲	255
稙	361	憎	172	翻	408	鐺	602	墊	92	敱	205	沚	260
稷	363	戭	177	脊	416	樥	604	墜	93	敔	205	漘	265
節	451	扔	180	脏	426	鏳	607	墬	93	旨	205	漬	265
隲	618	拯	182	脞	427	餕	661	志	94	助	205	澺	268
鷙	668	揉	186	膡	430	饡	670	㞢	96	盲	205	濟	269
		撜	190	膾	432	饐	684			舌	208	脂	287
즐		嶒	191	舷	445	鷙	684	㞢	125	智	210	狋	293
怎	162	曾	212	蒸	449	鱯	697	齣	125	杜	216	胑	313
		騰	213	蒸	458	鷲	719	齬	134			胝	317
즙		橙	215	蒸	458	齣	724	㞢	138			痕	317
品	75	橧	230	菽	459			齾	141			痣	318
楫	225	檜	230	蔎	462	**지**		㞢	144			瘖	326
檝	231	汁	251	簺	469	之	13						
汁	251	淪	261	鹺	469	佔	25						
洭	261	溠	268										
潗	269	烝	276										
織	286

자음 색인 [지~진]

滥	329	糦	389	芷	446	誌	514	迡	568	鯺	690	嫨	290
知	342	欯	391	苊	448	䛊	518	迟	569	鮨	690	獿	296
知	342	紙	392	茝	449	識	520	坔	570	魝	691	直	331
䏔	342	絞	392	泜	451	誰	520	遲	572	鷙	692	直	331
䖉	343	䋲	395	薓	451	諈	522	遲	572	鳪	696	禝	355
矯	343	緗	395	茹	454	諈	523	遲	573	䳑	700	稙	359
楉	343	繻	399	費	464	眡	533	酏	583	駅	701	稷	360
砥	344	䌋	403	籭	464	眡	533	酯	584	㕌	701	稧	360
砥	345	羛	411	蓥	466	賀	535	智	585	鵰	702	紙	361
砥	345	贊	412	積	470	贄	536	暂	587	䳘	705	稷	361
䂖	348	羗	413	蛇	478	赦	538	䚗	587	鷙	705	絺	394
碈	351	狅	414	蚚	478	坁	544	䤨	595	鷙	708	縶	396
址	352	耆	416	蚚	478	歧	545	鐢	601	黜	722	纎	396
祉	352	肢	424	蚔	480	趾	545	鐢	601	飙	723	織	399
祇	353	胝	425	蜘	481	跖	545	錙	602	籠	725	珇	401
衼	353	胑	425	智	481	跖	545	錙	602	䰌	725	職	420
祗	353	脂	426	蜰	484	跖	546	咫	613	籠	726	膱	422
祉	353	胵	426	蝭	484	䟙	546	陎	616	籠	726	膱	429
禔	354	胝	428	蟹	485	踟	548	雉	619	䗔	735	臷	432
禔	355	至	437	蠢	485	蹢	552	䳄	620	䰦	735	櫺	464
秖	357	至	437	靁	488	躓	553	䵏	633	䱕	737	蘵	472
枝	358	臸	437	祇	493	躓	554	䵓	634	魻	737	蟻	472
秩	358	臸	437	衼	493	躬	555	䶪	634	鱅	738	螆	486
秪	358	摯	437	衼	495	䭰	556	鞠	638	鱅	738	醷	557
秪	358	甄	437	裼	498	䩻	559	䶱	642			醜	681

지~진

穄	361	舐	439	裯	499	䩶	559	飹	646	[진]		[진]			
筜	372	舐	439	褆	501	輊	561	馳	654	囟	18				
筤	373	舐	439	覙	504	輖	563	駃	664	傻	29	参	20		
篊	375	舓	439	紙	506	輖	563	鷟	665	囟	85	侲	24		
篊	375	舓	439	舣	506	輊	564	鷟	669	嫀	109	儘	33		
䈍	376	舓	440	胝	506	輾	564	鷟	669	愼	177	凤	37		
篱	378	䑛	440	舣	506	輾	564	驨	672	櫅	226	眞	43		
簃	378	䑛	440	舩	510	辎	564	駯	673	櫅	229	眞	54		
糦	379	舓	446	舣	510	辎	567	鯺	678	浕	263	屵	59		
糦	388	芝	446									瀙	267	卮	60
		芝	446									牲	290	唇	71

자음 색인 [진~질]

唇	71	敒	199	肂	301	秦	358	箽	456	敒	558	霞	628
嗔	76	昣	206	珒	304	稹	361	蓁	458	敒	559	靐	629
唇	76	晉	207	瑧	304	蓁	361	蓁	459	幹	559	靖	629
嗭	81	晉	207	瑱	304	蓁	363	陳	461	輈	559	眕	644
圁	84	晉	209	瑱	304	究	364	蓁	466	輳	560	頌	644
津	91	晉	209	瑱	304	篔	378	甑	467	賱	562	赼	644
陣	93	晉	210	璡	305	篹	379	廛	467	輔	562	頌	644
壔	93	构	217	璡	305	甑	383	蓁	468	輨	564	顧	645
塵	93	桭	221	甄	309	箽	383	蓁	480	辰	566	屒	654
壘	94	椐	221	昣	313	紖	392	蠆	484	辰	566	駗	665
壙	95	㮏	221	眕	313	紗	393	蠶	485	辰	566	駗	665
壚	96	榛	226	眕	314	紖	393	蜼	487	唇	566	髣	678
壚	96	槙	226	疢	316	紣	395	盡	491	辰	566	鬒	680
鬒	101	槇	227	疹	317	絼	396	袗	494	賑	567	鬒	680
姫	104	橗	228	瘆	317	縝	399	袗	495	鞕	567	鴆	704
嫃	108	櫬	229	瘆	322	繕	399	甄	502	辿	569	鷙	707
廬	111	櫡	233	痻	323	繕	399	覙	504	進	570	塵	713
尘	120	欪	233	盡	329	蓁	399	覙	504	迻	572	麎	715
尽	123	殄	240	盡	330	縁	400	觻	508	迻	572	黔	722
辰	124	殄	241	盡	330	摯	411	紾	511	趛	574	黔	722
帳	139	殄	241	眹	332	联	420	紾	511	鋹	575	黰	723
塵	147	殘	242	眞	333	耵	420	紾	511	鉁	592	黰	723
迍	148	毪	244	眞	333	肁	420	誏	514	鈙	593	**질**	
甽	151	毳	247	眞	333	胅	423	譄	518	鋆	597	侄	23
弡	152	津	255	眞	333	肕	424	譋	522	鎭	599	俟	29
弸	152	溍	262	眹	333	胗	424	賑	533	鎭	599	儐	33
匂	154	潧	263	眡	334	脤	425	賑	533	門	607	儨	42
捘	181	瀘	269	賑	334	䏦	425	趁	534	阤	613	剬	49
抯	183	臻	290	瞋	337	脤	431	趂	540	陣	614	厔	60
振	184	徵	296	瞋	337	䏦	435	趑	540	陳	615	叱	65
搢	188	徵	297	砂	345	砅	437	趆	542	陳	617	咥	70
搢	188	徵	298	砂	345	砅	437	趆	542	敒	617	喉	74
攱	197	珍	301	砉	346	罼	442	趦	547	震	624	喼	76
攱	197	珎	301	碤	349	聐	442	軫	558	霆	626	喹	78
敒	197	珍	301	禛	355	聐	442	軫	558	霙	627	嚌	82

자음 색인 [질~차]

嚩	82	跌	250	膌	434	桎	593	雉	620	濈	266	靋	627
囩	85	浊	255	厔	437	鏳	597	鳩	700	戠	286	霵	628
垈	88	瓆	304	叝	437	鎽	599	鴆	700	靴	307	職	671
夃	101	瓆	304	琢	437	銍	601	**짐**		眹	336	鼚	727
妣	102	怔	306	鼛	437	鑕	604	入	20	瞳	338	聲	727
妷	103	戜	307	蒺	458	銍	656	偵	28	磩	350	聱	727
姪	104	幉	307	蛭	479	骹	673	傖	30	稙	361	**짓**	
姪	104	疾	317	蝍	484	鱻	690	徠	31	絹	396	甑	76
嫉	108	疾	318	蝨	484	鱻	733	父	39	緝	397	**징**	
嬬	111	眹	333	蟄	485	鯬	733	朋	57	縶	400	壬	86
龒	112	眰	333	袠	494	鱭	735	斟	57	縼	401	懲	166
辞	113	晊	333	袠	494	**짒**		斟	57	孰	410	懲	173
岊	128	睔	336	袠	494	计	86	朕	70	胝	430	懲	174
堂	131	矬	342	覡	504	抖	87	唫	75	腏	433	瞉	197
嶂	132	疢	343	詄	511	朳	137	戰	77	朡	443	瞉	197
帙	138	翙	343	諔	513	敁	198	唬	79	菁	454	徵	199
屋	144	礩	351	諿	519	斟	201	埶	81	萏	456	澄	267
廜	147	袟	353	諿	520	斟	201	埶	90	蟄	461	澂	267
怢	161	秩	358	譖	523	斟	201	埊	93	蟄	464	澄	271
怪	164	桎	359	獸	527	朕	214	墋	94	㠛	464	癥	323
悾	169	窒	362	黠	527	椹	219	執	95	輯	465	瞠	337
瘱	169	窒	365	質	533	櫼	230	執	100	解	508	瞪	338
戭	177	笗	375	質	535	漸	235	尾	123	觯	508	瞠	338
扶	181	絰	393	赶	539	潿	263	篢	133	諿	517	贈	537
挃	182	絰	394	趌	542	瀸	303	嶃	133	蟄	521	御	580
桎	187	狱	413	跌	543	炶	307	嶃	133	贄	536	御	582
桎	189	翙	413	趌	546	臉	432	得	158	趢	543	鐙	602
昳	207	耋	417	跮	546	胑	442	悷	168	鞊	560	黤	724
眰	207	耋	417	踬	548	艜	442	熟	170	輯	561	**차**	
株	218	桎	421	躓	557	詞	514	戰	177	鞊	561	丌	11
桎	220	桎	422	迊	568	酳	583	執	179	輯	561	且	11
桎	225	胝	425	迭	568	酳	583	揖	186	輯	564	且	11
槟	227	胵	430	迣	574	酳	583	集	223	鍖	598	仛	20
櫍	232	膣	430	邭	577	酖	585	碟	231	鏶	602	伦	22
殊	241	膣	431	邭	582			澿	260	雧	623	佽	23

자음 색인 [차~착]

侘	24	攄	189	砒	345	葲	458	軟	560	鱻	691	**착**	
借	26	撦	191	碏	346	蒩	461	韲	560	鱶	695	芈	13
偖	28	擆	193	磋	348	蔗	464	篧	561	魙	695	偖	32
傞	28	瞌	209	磜	349	蘆	475	輦	561	齹	696	刱	47
岔	36	瞝	213	祖	353	虍	475	述	562	齇	698	剏	48
笎	48	杈	216	秅	357	虳	478	迊	569	齹	698	剙	101
輋	57	枞	219	秋	359	蛇	479	遮	573	齼	698	妊	105
厏	60	楂	227	筡	373	蛼	480	遱	573	䳆	699	姎	105
叉	63	次	235	筜	373	蠚	486	遪	573	鴉	701	姡	107
叡	64	此	235	筮	375	衩	493	郞	580	鴐	702	廌	148
啀	71	殘	239	箚	376	裮	498	醋	586	齷	712	戳	177
嗟	73	殯	239	篧	379	覩	503	醛	587	齹	712	挟	182
嗏	76	汊	242	紁	391	訍	506	醬	588	齰	712	捉	184
嗞	76	汉	251	絈	393	訛	509	釵	590	齬	713	挏	184
嘈	77	汉	252	歕	394	詧	514	釧	590	齹	717	搾	189
嗄	78	涂	257	縒	398	諈	518	鉏	592	齹	717	搩	192
嗏	78	溠	263	縒	399	譇	518	鉇	597	黎	721	擉	192
査	100	滄	264	繅	401	諓	520	鎈	599	齟	732	殻	197
釐	101	溹	267	肶	424	詧	520	蠆	605	齒	732	簨	199
妊	104	羑	276	膫	430	趄	521	舚	606	齠	732	斲	202
嫅	109	奲	285	膪	431	赿	540	瑳	606	䶲	733	斱	202
嵖	131	犲	292	膪	432	赿	540	瑳	607	齰	733	斵	202
嵯	131	猎	296	瘥	432	赿	540	唯	619	齰	733	斷	202
嵳	131	琿	302	膎	438	趄	541	靈	626	齲	733	斳	203
差	136	瑳	304	叙	441	跙	544	鞍	632	齷	733	斷	203
差	136	瑾	305	艖	443	趄	545	鞹	636	齺	734	楮	222
瑳	137	甀	309	艞	443	跙	547	頍	643	齱	734	榨	233
借	157	瞌	315	艗	444	蹉	550	頓	645	齹	734	毂	244
忦	160	疪	318	艾	446	蹉	550	駓	669	齹	734	毃	245
侘	163	瘥	319	苴	448	躉	554	髻	678	齹	734	毚	246
扠	179	瘒	319	茶	449	躦	556	髻	678	齷	735	浞	256
扯	180	癉	321	茤	449	軷	557	髷	680	齳	735	涬	263
挖	183	癡	323	茩	450	車	559	鯁	686	齷	735	濽	272
搓	188	瞌	337	荎	451	軋	559	鯁	687	齹	735	臭	296
搽	188	矷	344	茲	452			鮓	691	齾	736	琢	302

盝	329	蹅	553	醔	734	洷	259	篡	380	蹟	554	鯵	697
着	333	跣	553	讇	734	湌	261	簒	380	躑	555	鱭	698
砌	349	蹸	554	齼	734	澯	268	箃	381	蹭	555	齹	735
磼	349	迋	567	謵	734	瓚	272	篸	381	轏	564	**찰**	
秲	360	迼	571	鱭	735	燦	273	簒	382	轒	565	偺	28
穛	362	逮	573	**참**				篡	383	酂	582	刹	46
穳	363	道	574	串	13	爃	280	簒	383	酇	582	刾	47
稯	364	遧	574	儳	33	燦	280	贊	384	銶	594	劗	48
窄	365	鋧	595	儧	34	爘	281	槧	386	鉎	594	咱	70
笮	370	錯	596	飡	41	爁	282	槧	387	鑽	604	喃	71
箬	377	鏃	600	劃	47	爦	283	橙	387	鏨	605	嚓	79
箫	378	鐯	602	劖	49	孱	283	墓	388	鑽	605	噴	81
箬	380	鑿	603	喰	74	孱	283	縬	401	闎	609	嚉	83
笮	383	鋤	603	呻	78	獧	295	纂	401	轙	638	嚵	83
箸	384	鑵	603	嘂	83	獮	298	纘	402	轚	638	察	117
籆	385	鑮	604	攰	103	璨	305	纘	403	靫	638	㡐	122
糙	389	鍘	604	娑	105	瓚	305	䍘	404	頧	647	巎	134
繫	390	鑿	604	嬪	112	瓚	306	羼	412	飡	654	巑	134
縶	390	鍘	605	巉	134	癹	341	脧	425	屡	654	巆	134
繫	390	鐯	605	巃	135	瘲	342	臏	432	餐	656	怢	164
縺	399	蘿	622	彩	155	癚	342	蘷	439	餐	656	憯	174
繼	403	霎	628	徦	159	糌	342	毃	453	屦	657	懴	175
豚	429	鯌	692	忝	176	糁	356	蘻	467	饎	658	扎	179
蓍	456	鯣	697	㨎	187	㹼	358	蘢	473	餠	658	挧	182
蕉	471	鵲	704	撰	189	墓	362	蘺	473	饌	660	捎	184
菚	472	鷩	708	攢	191	積	363	讚	502	篹	660	擦	193
蕉	472	鼚	718	攢	193	積	363	讚	523	簒	661	攃	193
牐	506	鼚	719	攬	194	䆐	364	贊	524	饡	661	斸	203
詠	515	䶴	719	攢	194	窊	367	賛	535	饡	661	札	215
諑	516	鑰	720	攫	195	竄	368	賛	535	饡	662	紮	222
諎	516	齱	733	殘	199	竁	368	趂	536	髟	681	穄	229
警	524	躥	733	櫼	233	竄	368	趲	537	鬢	681	檫	232
趙	543	齺	733	槧	234	竄	369	趲	542	鬚	682	矺	241
跣	550	齰	734	槧	243	篡	378	趲	544	鱡	691	刐	241
踔	553	齱	734	戬	245	篡	378	趲	544	鱭	696	扎	253

자음 색인 [찰~창]

汍 254	黜 723	慘 167	瞟 315	塹 551	黲 723	娼 106
㳽 256	齼 735	慚 171	眰 315	躔 554	黶 724	堂 120
泧 257	齻 735	慙 171	瘡 322	躟 554	齼 730	嵢 131
瀹 270	**참**	憯 171	瘯 323	饞 557	鱻 731	峽 132
疢 318	僉 28	憯 171	瞵 337	斬 558	䶞 732	廠 147
瞶 326	傪 30	憯 172	磋 340	塹 560	齾 735	彰 155
隫 326	儳 31	憯 172	瑳 349	逹 573	齴 735	怊 161
瞚 339	僣 31	燦 173	磋 349	鄹 582	**참**	悵 166
磢 351	儳 33	懴 174	硴 349	醋 586	躙 553	惝 166
磛 351	剎 48	懺 174	碴 350	醋 588	邊 573	愴 169
礤 352	剗 49	懺 174	磋 370	醋 588	遾 574	惷 171
紮 392	勦 52	攃 190	兓 370	釵 595	鯧 695	懺 172
紮 392	參 62	撍 190	縿 400	鏨 600	**창**	窓 172
紮 393	叅 62	搛 190	膪 435	閶 605	仺 21	餓 177
聚 422	嚄 79	擦 194	艖 443	隄 608	倉 26	挺 184
蔡 467	噆 82	擦 202	艬 444	隓 617	倀 26	搶 188
殼 468	塹 93	斬 205	蛂 469	墷 618	倡 27	摐 189
蚕 478	塹 93	旵 213	蜥 485	醋 622	傖 29	掹 189
蝅 479	墋 95	朁 222	虥 489	靫 632	儆 31	敞 197
蠶 490	漸 96	槧 228	塹 505	顡 638	㥐 32	昌 206
誓 513	嫛 109	橬 229	饞 509	顉 648	沧 40	昶 207
晣 535	嬋 110	欻 234	誎 516	頿 648	滄 41	昜 207
跐 547	娺 110	歁 236	讒 520	顇 649	乑 44	唱 209
釗 598	熞 111	毀 238	譖 520	餐 658	刅 46	暢 210
鑔 603	火 120	毚 245	讒 520	饞 661	刱 46	椙 223
鑬 604	穮 121	毬 246	讒 523	饞 661	刱 47	槍 227
鑶 605	嶄 132	漸 248	讖 523	驂 661	創 47	氅 249
籢 661	嶃 132	瀺 265	讞 524	驆 669	剏 48	氅 249
魝 686	峐 132	澯 272	讖 524	驓 670	刱 54	淌 258
魼 686	嶜 132	濷 273	獢 532	鬖 681	匒 55	淐 260
鯗 686	嶃 132	粘 278	瞻 536	鬷 687	厰 61	浪 260
饞 687	儳 134	獑 288	超 540	黸 687	唱 73	漲 263
鴬 701	儳 158	獮 292	趍 543	鯺 696	嗆 76	潒 265
摩 713	儳 159	獑 297	趨 543	鴬 708	囲 84	漲 265
黏 722		黽 310	跕 545	鮎 712	四 84	漲 265

자음 색인 [창~처]

瀧	270	稐	361	鎗	599	宷	116	藆	490	所	202	蚛	477	
焻	277	稫	361	鎩	600	寨	117	賫	533	旿	212	蚱	478	
熗	279	窓	365	閶	610	彩	154	踩	546	柵	219	蟶	485	
牄	286	窗	366	閭	611	保	167	踪	548	栅	219	蟬	487	
惣	287	窻	366	閬	611	懈	171	踩	550	潜	259	覿	505	
摠	287	窸	367	閶	611	採	185	邪	579	磧	286	譜	516	
愴	287	窸	367	雊	622	擦	193	鄒	581	斫	287	讀	519	
戧	290	筞	368	鞴	635	柴	219	采	588	磧	326	谱	526	
狌	295	第	374	鞳	635	梌	222	彩	588	瞔	337	責	533	
狴	295	篂	376	舘	639	椑	226	雜	623	獽	341	賷	534	
猖	296	簀	379	䤐	659	寨	227	軹	632	砐	344	賵	534	
瑒	303	簽	380	鯧	682	砦	239	頯	643	磧	349	賣	535	
暘	303	籤	382	鰡	692	淫	255	髤	679	稷	360	赺	541	
瑲	304	緀	418	鯧	695	犆	291	鷟	710	稠	361	遺	543	
暢	314	脹	429	鰭	698			**책**		笮	373	蹠	550	
疕	318	膧	431	鶊	700	冊	38	柵	373	蹐	551			
瘡	319	春	438	鶒	705	冊	38	冊	38	筴	374	迚	568	
痕	319	艙	443	鶄	705	囲	38	策	375	遰	572			
瘡	321	苙	448	鷘	707	剚	59	策	375	鉏	594			
瘶	322	菖	453	鶺	709	尼	59	窄	376	鐴	602			
獊	326	蒼	458	韇	712	厇	68	笧	376	闖	609			
傖	330	蔎	468	觺	733	啫	73	筰	376	霟	624			
脹	335	蔎	468	齭	734	喳	77	筰	376	霩	627			
曶	336	裮	496	齬	735	嘖	85	簀	378	韅	636			
睒	336	椿	499	鯧	737	嬪	109	籌	380	頙	643			
鶬	341	鱉	500	**채**		幘	140	䋲	382	頙	644			
羼	342	詎	516	保	27	幘	141	簀	386	頔	644			
鴹	343	諙	518	債	30	憤	171	㶪	386	顩	648			
𪌒	343	贈	536	嘖	73	懎	172	摘	389	駤	664			
鯧	343	蹡	548	嚓	83	挈	182	翟	414	䮒	665			
硨	349	蹌	550	埰	91	搩	191	績	419	齭	735			
磢	351	遣	572	垛	91	擦	193	胙	432	**처**				
禒	355	醋	586	墔	106	救	196	蔽	458	凄	41			
稭	360	鋹	596							処	43			
秨	360	錩	596	嫩	111						處	43		

창~처

자음 색인 [처~천]

梴	222	韆	626	千	56	挺	222				
菁	223	靳	639	韆	59						
椽	224	頙	643	吁	66						
棣	225	骲	645	喘	74						
檶	228	骿	674	嚸	80						
欉	231	鬌	678	韀	83						
欈	233	鬇	679	圖	85						
歠	237	鸼	680	圳	86						
殎	241	鮡	701	天	99						
氚	250	鴽	702	奾	99						
洲	252	鶞	704	妌	102						
泉	254	鶅	705	嵼	131						
洤	255	鶽	707	巛	135						
淺	255	黥	723	川	135						
凄	256	鼜	727	帗	139						
淺	258	齌	727	幓	139						
湶	259	齍	728	幝	141						
湶	262	韻	732	廌	146						
濺	264			廌	146						
濺	268	**천**		廵	148						
濾	269	歽	12	遄	149						
灡	270	歽	12	甼	150						
蘼	272	串	13	忏	157						
蠢	273	佡	20	懤	160						
燀	273	倩	25	扦	168						
牸	280	偨	27	拪	179						
牮	289	僆	29	拪	182						
犙	290	儉	31	挋	182						
獫	296	兖	32	搌	189						
圳	300	兂	34	搒	190						
琂	301	兲	34	擅	192						
瑔	303	刋	37	撰	194						
岍	303	剢	39	扴	203						
岍	308	刋	45	杄	216						
		剗	46	梣	219						
		剗	47								

처
~
천

則	45	脊	27	摘	193	蚚	480
妻	103	俄	29	斥	202	蜴	481
妛	104	儊	30	杔	216	蟋	486
嫭	109	慼	31	滌	264	蟀	488
层	124	刺	46	滌	264	袡	495
恓	164	剔	47	滷	264	袚	496
悽	166	剔	49	瓵	309	襂	496
憶	174	斥	60	旱	313	襺	499
凄	258	屃	60	痒	317	規	504
瘵	321	隻	64	瘁	318	讘	521
瞠	337	呎	67	瘠	321	赸	539
凱	369	坧	88	破	327	起	540
笡	376	堉	92	眅	331	趙	541
絮	393	城	93	䁈	336	趨	541
綷	396	墌	94	膱	337	趥	541
粗	418	窥	118	瞻	337	遪	543
萋	453	刴	121	睃	337	趘	545
處	474	尺	122	犒	341	跖	545
處	474	屇	123	悊	346	跰	547
覷	475	嵴	131	硞	349	踢	548
蛆	481	席	145	礆	349	踢	548
褄	496	彳	155	礐	351	跤	548
覷	505	徣	158	穀	378	踖	549
覰	505	惕	165	䊀	385	蹢	550
覻	505	惄	166	釈	386	蹢	551
覷	505	慽	166	糛	388	蹠	551
郪	578	戚	171	脊	426	蹼	552
霋	624	戚	171	膌	431	蹢	554
霋	625	拓	176	脊	432	蹠	554
鶼	704	抣	176	膌	432	鏣	600
齌	732	拓	181	膴	434	鐵	603
齍	732	抄	184	藋	469	鏉	606
처		捌	188	虷	471	陟	614
俶	25	摭	190	蚢	477	隻	619
倜	26	擲	193	蚚	478	隻	619

자음 색인 [천~철]

瓩	309	挺	439	諂	516	鄭	581	猋	64	澈	267	躑	552
痊	319	舛	440	譚	520	釧	590	饕	65	瀿	270	躚	554
瘥	319	蜻	442	裕	524	釺	590	后	67	炭	276	軼	559
甂	325	芊	446	衦	525	鏨	599	哲	71	烶	276	輟	561
晴	325	芙	446	貼	534	闡	608	啜	73	爐	283	轍	561
肝	331	荐	449	賕	534	閳	609	啟	73	燦	283	輵	563
訓	331	茜	449	賤	535	閳	609	喆	74	畷	314	轍	564
眠	332	荈	449	賮	535	閸	610	嚍	79	皴	327	酫	584
睫	336	菱	450	趨	543	闖	612	嚙	80	瞤	338	醊	586
硟	346	芍	452	踐	547	闡	612	嚫	80	綴	343	鉄	592
碊	347	蒿	457	踐	548	闡	612	噆	82	箚	354	銕	593
祆	353	菀	457	踪	549	啈	613	嚽	83	綴	377	鈠	595
穝	364	蒐	457	輤	561	霎	617	埑	90	織	396	鐵	596
穿	365	蒨	458	齻	561	靘	623	嬋	108	綴	401	鈉	596
穷	366	菁	459	辿	564	熱	629	中	125	綴	407	鐵	601
穹	366	蕃	461	迁	567	鞥	629	艸	125	翠	407	鐵	603
竁	368	請	462	迊	567	韛	635	摩	146	翠	411	鐵	603
忏	369	蕎	462	迺	569	鞻	637	徹	158	耽	420	鐵	604
端	371	淺	462	遄	569	鞻	637	徹	159	聤	422	韛	634
舛	374	藏	463	遄	571	韠	638	徹	159	朡	428	颭	646
筅	374	薜	464	遷	572	韛	638	悊	165	殿	429	颱	651
箋	376	薦	465	遷	572	韛	659	愸	166	蛈	478	飻	655
簽	378	蔓	470	遷	572	餞	667	掇	185	蚅	478	飻	655
籖	381	藨	472	遷	573	鰊	693	挈	185	蜇	480	餤	655
籤	383	蘆	473	遭	573	鶊	705	掣	185	蝶	481	餟	657
籵	385	虫	477	遷	573	鷤	706	撤	189	蝶	487	飻	658
絑	396	蚕	477	邅	573	鶄	707	撖	191	褅	496	餮	661
緇	401	蟅	483	邐	573	鶄	719	毲	197	褻	496	駿	667
繻	402	螿	483	遷	573	甉	720	徹	199	諜	507	驖	670
纖	403	衒	486	邅	573			瞾	210	諜	516	驖	670
鐋	405	衎	492	遭	574	**철**		橄	230	謰	520	驖	671
鑽	406	裪	497	邅	574	凸	44	歡	238	謰	522	驖	671
羥	411	襈	499	邘	575	剟	47	歡	238	趣	541	骰	674
腏	430	奭	502	邘	576	剟	52	歠	238	蹊	548	骼	733
肵	437	卷	502	郱	580	叕	64	淐	258	躅	551	齒	733

자음 색인 [첨~청]

첨													
西	12	桥	225	菾	457	鹻	712	悿	167	睫	335	憼	551
僉	30	檆	230	蕁	466	點	719	憸	168	睫	338	踀	552
劒	48	檐	231	蘝	473	戜	719	捷	185	踺	347	躑	555
劍	49	櫼	234	袷	496	첩		捷	187	稶	362	輒	560
庁	59	欄	235	襜	500	〻	13	撥	194	妾	369	輙	561
呫	68	忝	253	襝	500	〻	13	擾	195	筮	375	轍	565
噡	80	沾	253	襢	501	倢	26	疍	208	緁	396	逮	568
嚵	82	添	259	詹	512	倢	27	睫	208	緤	400	跕	570
儋	95	湉	261	諂	515	健	41	疊	211	獯	415	迓	571
坫	98	灛	272	讇	523	渫	48	栶	221	耴	419	鉆	592
岾	98	瀸	272	趚	543	剿	49	捷	222	耶	421	陝	618
嬌	106	灊	272	蹏	553	叠	64	欋	231	睫	429	電	624
嫛	109	燂	280	躔	553	呫	68	撥	234	朕	429	霎	625
嬋	110	燄	280	躚	554	唼	72	櫼	235	脥	429	靸	633
瀸	111	憸	281	躪	554	啑	73	歃	238	諰	439	鞊	639
尖	120	儋	286	逯	555	喋	74	耗	247	碟	440	颮	651
嶦	134	儋	287	酤	574	喋	74	碣	248	讃	451	鏖	669
恔	140	咕	311	釤	583	㗩	81	磹	248	萐	461	鮡	691
幨	141	甜	311	醶	586	媫	91	氎	249	蘱	464	鯜	692
憸	141	疘	317	銛	588	妾	103	氎	249	蘱	472	鱉	711
幟	142	痷	317	鋑	593	姴	105	沾	256	蕯	473	黏	716
忝	161	瘎	322	剣	594	婕	106	浹	258	褺	496	繁	722
悉	161	瞻	339	鋯	595	屟	116	渫	259	袷	497	齹	727
怗	162	忝	370	鍼	598	屧	124	渫	286	褹	497	청	
恁	162	箝	375	鑱	603	嵰	129	渫	287	褶	499	倩	27
悿	166	签	382	鑯	605	嶫	131	蹀	287	褻	499	淠	41
悿	166	簽	382	閔	610	帖	138	熠	287	襨	501	清	41
悿	166	簷	384	閹	617	帩	139	猠	293	詀	511	圊	85
愪	166	胋	427	險	618	幁	141	疊	314	諓	516	烎	98
憸	173	臉	435	霎	625	恇	146	疊	315	諜	516	寈	116
忲	176	舔	439	霑	627	忝	146	疊	315	謀	516	峜	125
忲	176	舚	439	霫	628	怗	162	疊	316	謀	517	岺	125
捵	186	舕	440	靆	637	忝	162	疊	316	貼	533	㕔	144
拈	219	甜	440	鮕	640	怫	165	疊	316	踥	548	廳	148
		蒜	453	鮎	656	忝	167	盇	330	踥	548	廰	148

자음 색인 [청~초]

掅	185	頳	646	戀	174	瘛	320	薑	469	逮	570	鱭	697
晴	208	骭	672	掦	183	瘲	321	蝃	481	逯	570	虥	705
晴	208	鯖	692	掣	185	癙	321	蠆	485	遞	571	鷈	705
暒	209	鶄	704	捯	185	呰	325	衼	493	逓	571	鷈	707
氰	251			掃	187	眥	326	袃	493	締	571	鸏	707
泟	254	**체**		撨	189	眥	332	祶	497	遆	572	齌	717
清	259	伜	22	捼	189	眵	334	袂	497	遰	573	韲	730
清	259	体	22	撦	190	睼	336	裼	499	遰	574	鼜	730
瓩	308	倜	28	摯	190	睇	337	褅	499	遞	575	齏	730
晴	311	剃	36	斳	203	砌	344	鯷	500	遱	575	歸	730
砅	345	切	45	替	213	碮	348	篩	507	醊	585	齏	731
硨	347	剃	46	晉	213	磔	350	牒	507	齛	588	齏	731
筳	375	勵	47	晉	213	禘	354	諟	517	釱	590	鼜	733
玒	420	劑	48	杕	216	禘	355	諦	517	鈦	591		
聃	420	匱	55	枈	219	褅	356	譇	520	銽	592	**초**	
聴	422	鹽	55	棣	222	糴	374	赸	539	鋖	593	俏	25
聰	422	甈	64	楴	225	趑	381	趀	540	銣	593	俶	28
聽	422	嚔	81	欯	238	跐	393	趍	542	錦	598	僬	31
鯖	442	嚔	82	殢	241	緹	397	趨	542	鑢	599	杲	38
菁	453	墆	93	殢	243	締	397	跅	547	鑶	622	初	45
蜻	481	弟	113	殢	243	摘	419	蹄	549	騷	627	剿	47
牲	488	屈	123	氀	249	薔	419	蹢	549	隷	627	剿	48
請	506	屐	124	泚	254	聊	420	踶	549	遰	628	劋	48
請	515	屜	124	涕	257	聚	422	踶	550	體	637	剴	48
請	515	崹	130	滯	264	腕	428	蹛	551	韇	640	剿	51
賵	535	嶑	132	滯	264	脄	429	躰	556	饏	657	壓	61
逞	571	帨	139	濝	271	朘	432	躰	557	饋	657	佋	68
鄗	578	幟	139	虒	287	腆	433	薘	557	骴	673	哨	71
鯖	596	幯	140	猘	297	膱	443	迏	568	髑	674	嘩	76
鋥	601	幭	146	獬	298	茞	450	迖	568	體	675	嘹	79
離	621	麾	154	玼	301	蒂	456	迣	568	髢	677	噍	81
靑	625	惕	168	璏	305	蒂	461	遰	568	髢	678	屌	96
靑	629	愜	170	甇	316	薤	465	遞	570	髣	678	奵	103
靑	629	憯	172	甇	316	薙	466	遰	570	髣	678	娋	105
鼜	640	懘	172	癘	319	薫	469	遞	570	鬌	679	嫶	110
		懘	173

자음 색인 [초~촉]

礎	110	楚	225	犳	293	纖	403	蠚	490	魑	587	鷦	687
鏃	122	榘	225	瑳	305	粟	408	袡	493	鈔	590	鰈	696
岸	123	樵	229	吵	313	翖	414	衷	493	鈔	591	鴘	699
中	125	樵	231	瘥	322	翱	415	梢	496	鉊	592	鴇	699
岊	127	樵	233	破	327	秒	418	襐	499	銚	593	鵠	701
岧	127	藂	234	舥	327	聏	422	魦	506	鍬	598	鶓	709
峭	128	雒	234	盜	329	肏	423	艄	507	鏊	598	鷦	709
巢	132	欿	236	昭	333	肖	424	訬	510	鐰	598	鵡	709
嶕	133	蠡	238	晣	334	肖	424	誚	513	鑣	602	潚	711
怊	138	氉	247	瞧	338	膧	432	誚	514	鳳	602	黟	715
悄	139	消	262	矃	340	艄	441	諹	516	鰈	603	貂	716
幝	141	潚	262	硝	346	船	441	譙	518	闓	612	髟	716
幨	141	潲	262	礎	350	艹	445	謙	520	陗	614	鷸	716
弨	151	澡	265	礎	350	艹	445	譙	521	陡	617	麵	717
怊	162	澁	266	礎	353	艸	445	諜	522	雇	619	黰	722
悄	165	漅	269	稍	354	芳	445	貂	530	餇	620	髕	725
愀	168	炒	274	礁	356	艻	445	超	540	酌	631	劜	728
憔	169	焦	277	秒	357	苕	448	趠	541	勦	631	剿	728
幝	170	燋	277	秒	357	草	449	趯	542	釂	632	齠	728
憔	172	煍	279	稍	359	草	449	趫	543	爊	632	齠	732
慊	173	煦	279	稨	362	萊	451	踃	547	鞘	634	齪	733
憯	175	煼	279	稱	363	莍	453	楚	548	鞒	636	齗	734
抄	180	熇	279	稊	367	落	453	轈	559	鞘	639	醮	734
招	181	燒	281	竄	368	蒿	456	軺	561	顈	648	醋	734
操	190	燋	281	靖	370	蕉	456	軺	562	颷	650	齛	735
摷	191	煣	282	筱	377	萑	463	輎	563	颷	650	魠	736
朴	216	韇	283	箱	380	蕵	467	迢	568	鋓	655	鱙	737
杪	216	蠡	283	箚	383	蕣	468	迢	572	郔	655	爝	737
杦	217	岊	286	秒	387	蓐	469	進	574	驊	668	**촉**	
林	219	峭	289	綃	395	蘸	470	逴	574	鰫	676	丁	17
梢	221	翠	289	綃	398	蕪	472	酢	583	髾	677	促	25
椒	223	淖	290	緔	398	蘪	473	酣	584	髯	683	傯	32
樕	223	摐	291	緒	400	蛁	478	醋	585	魈	684	劂	49
楚	223	狕	293	縿	401	蟭	486	醮	587	魈	685	哦	77
										麃	687	嘔	79

자음 색인 [족~쵀]

囑 83	繩 402	跖 547	邨 576	欁 234	纖 404	釟 591
塚 91	繼 404	跾 548	**총**	樅 265	䩖 421	銃 593
嬽 112	罞 406	踈 551	偬 26	漎 265	聡 421	鉧 595
屬 125	猰 414	踧 553	傯 28	漺 266	聰 421	鏔 598
撮 190	腬 428	躅 553	傱 30	潨 269	聦 422	鍯 598
攟 195	辣 432	躏 555	儯 34	灇 272	膨 430	鏓 600
數 199	腯 433	鄀 581	冢 40	炌 277	膿 433	鏦 600
數 199	菊 465	鎟 599	勈 51	熜 278	苁 448	鑁 600
斸 199	歜 471	鏃 600	匆 52	熧 280	茐 451	驄 607
斷 203	蠋 473	鐲 605	忽 53	熪 281	蔥 453	驊 607
屬 203	螃 486	鑿 605	叢 64	爞 283	葱 453	頊 645
屬 203	蝎 486	雛 622	囪 84	惣 290	蓯 456	餷 658
昚 207	蠋 487	醁 631	塚 92	瑽 303	蕪 457	騘 667
曯 212	蠣 490	鞁 637	寵 118	璁 304	蓯 461	驄 667
棘 221	褥 500	鞾 640	崇 126	瑽 304	藂 461	驄 668
椓 229	褯 500	頭 649	懘 145	稯 341	叢 472	驄 669
橺 235	禳 501	髑 675	從 153	稷 341	㯩 483	髬 680
歜 237	襆 502	鵮 709	意 161	碈 346	㯩 485	鬆 681
歠 238	襪 502	鵽 710	愡 165	稳 362	衸 496	鬅 681
瀆 273	襀 502	鸀 710	惣 166	稯 362	衳 497	**촬**
燭 275	褥 502	鸀 711	惚 167	窀 368	謥 516	撮 189
爥 281	皁 506	齪 729	悤 168	葱 378	謥 516	撮 191
爥 283	觕 507	龘 737	憁 171	蒽 382	諕 519	㩛 195
胒 287	觸 508	**촌**	捔 184	葱 382	趣 542	楤 221
瓃 306	䰂 509	刌 45	掐 185	簇 383	趿 550	榇 223
瘃 319	誀 514	吋 66	摠 185	篞 383	舳 556	欑 234
瘇 319	誣 526	寸 119	揔 186	㝈 392	輟 561	瀸 270
疋 329	豖 527	尅 123	傯 189	綛 392	輻 563	竁 367
蜀 336	豕 527	忖 160	毂 199	緫 395	輳 563	纂 400
矚 338	豖 528	村 179	腧 214	緫 396	轈 563	纘 401
矗 340	超 541	毳 216	悤 223	總 397	酁 585	襊 499
曯 340	趗 541	爨 283	憁 225	総 398	醅 586	髶 681
殳 369	趄 542	黀 283	揔 227	縱 400	酅 588	黜 724
趖 370	趨 542	籿 385	樬 229	總 400	酋 588	篡 724
㽺 371	麃 545	邨 576	㰵 232	總 403		**쵀**

자음 색인 [쵀~추]

啐 73	毳 248	趡 542	娖 106	烪 187	渽 263	愀 336
祽 354	洒 255	躆 551	婇 107	搋 187	潈 269	皵 339
襊 368	漼 265	躍 551	嫧 108	捶 188	州 274	聰 339
籤 381	濢 267	蹴 551	獨 113	摺 189	秋 275	硾 347
綷 392	灗 268	躠 552	厝 124	皷 195	炑 275	磁 349
萃 453	漼 268	辭 586	岝 129	瞽 199	烑 275	磋 350
錊 596	熷 280	釀 587	崝 130	唯 208	桑 277	烁 357
闎 610	㠑 287	鎈 600	嶒 131	杻 217	嵾 277	稍 361
초	韲 291	隺 617	箏 131	樞 217	㶼 278	糂 361
催 30	獂 297	佳 619	㫘 133	楰 221	炱 278	穛 362
最 40	璀 304	鼉 680	帚 138	榐 223	煎 278	穲 363
漼 42	瘅 321	甋 712	楸 140	聚 223	猷 278	虇 363
娵 64	蓷 326	齺 712	廄 146	椎 223	焌 279	穢 364
嗺 77	磋 349	齱 735	庰 146	楸 225	殳 286	穟 364
嘬 78	碎 350	**추**	庭 146	榍 227	牰 290	穗 364
嘬 79	窜 360	丑 11	怵 162	樤 227	犡 290	窠 374
㘑 93	竄 367	倜 26	惆 166	搥 229	猚 297	箊 375
㝡 116	糳 389	僦 26	愀 168	樞 229	珘 303	簇 375
㝠 118	糳 389	傶 29	惙 168	橋 229	帆 308	箏 376
屣 124	綷 396	僦 31	憱 169	樲 230	瓉 308	箏 376
崔 130	縩 399	儗 31	憱 172	樞 231	甊 309	篍 377
推 132	縗 405	僦 32	懀 173	牖 231	瓽 309	簶 378
㜷 147	羧 411	剶 48	屋 173	橋 233	瘁 317	篧 380
催 158	脆 427	剹 67	扭 178	櫠 233	瘍 320	簥 380
㥲 171	膬 431	吜 73	抽 180	櫋 234	瘞 321	籖 383
推 189	嘬 439	唺 74	抁 181	歺 241	瘳 321	糒 388
最 2193	崔 461	啾 76	捶 185	殠 242	跛 327	糙 389
榱 226	㝡 462	唼 77	搥 185	殊 243	皺 328	絉 393
榱 226	叢 463	嘟 77	搥 185	休 253	皺 328	絑 394
榷 228	峻 491	嚃 80	揃 186	湝 260	酸 328	緅 394
榱 229	嶵 491	垶 89	揪 186	湫 261	醝 330	緅 394
欼 237	衰 493	堅 91	揫 187	湫 261	盯 331	綯 396
歠 238	襊 498	墜 94	揅 187	泰 261	盹 332	緅 397
殩 243	嶵 520	壥 96	揪 187	酒 261	僋 334	緅 397
殨 243	趡 542	姤 103	擎 187	酒 261	僋 334	緅 398

綮	398	蜘	483	遳	572	錐	620	鬌	681	龜	726	楢	229		
緅	398	蝥	483	邹	577	鯫	686	醜	686	麤	726	築	231		
縋	399	壴	484	郰	577	魋	686	魋	686	雛	729	槸	234		
緌	399	晝	486	鄒	577	騅	621	甑	686	餵	729	欨	236		
縐	399	襡	498	耶	578	雉	621	魗	687	齱	734	歜	238		
繰	402	覺	504	鄜	579	鷲	621	歸	692	醫	734	俶	239		
棰	405	捒	506	鄹	580	雛	621	鯫	692	齇	734	殖	243		
啾	421	觕	507	鄃	581	遄	626	鮨	693	齲	734	毄	244		
瞅	421	觸	508	酋	581	醇	631	鰍	693	齹	737	滀	263		
腄	428	謅	514	酤	583	夥	634	鯪	693	齹	737	漵	266		
腺	430	謠	515	醤	584	鞦	635	鯼	694	穝	737	獄	297		
膇	430	諏	515	瞥	585	鞦	635	鯫	694	蠡	737	珿	302		
膪	431	謷	515	酬	585	鞧	635	鰷	695	麤	737	畜	313		
腞	431	諈	518	醜	586	鞦	636	鱃	695			瘃	319		
捶	438	謹	520	紐	590	鞦	638	鱶	698	**축**		礆	349		
觿	443	諿	521	鈂	591	鷲	640	鴲	702	丑	11	祝	353		
芻	447	諏	522	錘	596	鬷	641	鷲	703	刃	11	祝	353		
薵	451	敊	526	錢	596	驫	641	鶄	703	召	12	祝	353		
菾	453	獬	529	錐	596	鄃	642	鶵	704	亯	19	稸	361		
苗	453	貁	529	鎚	599	願	646	鵨	704	儨	29	竺	372		
敢	453	貙	532	錐	601	甀	650	鷖	705	儎	32	笁	372		
崔	453	趀	540	鐫	603	錘	657	鷟	705	喊	77	筑	373		
萑	454	趍	540	閒	607	䭇	658	鶒	705	嗽	77	筑	374		
萩	456	趡	541	陁	615	雕	667	鷠	707	嚖	79	舳	374		
蒭	458	趨	542	隊	615	驊	667	鷗	707	囌	83	築	375		
蒭	458	趣	542	餧	616	竮	667	麁	713	埅	92	篆	378		
蕏	461	趎	542	陂	616	驈	667	麈	713	妯	103	筝	378		
造	461	趣	544	墜	617	驪	667	麈	714	敵	107	築	378		
違	461	蹴	549	隁	617	驪	668	麈	714	嬉	108	簇	379		
穓	462	蹰	550	隊	617	髓	674	麋	714	憾	142	築	380		
藂	464	蹢	550	隧	618	醬	679	麕	715	慉	169	簎	381		
蒭	466	蹪	553	隧	618	髽	679	麄	718	搐	188	簑	383		
藪	469	輘	562	隊	618	鬃	679	麐	719	攱	197	糚	389		
麄	474	追	569	佳	619	鬆	680	黷	725	尌	201	縮	400		
		逎	571	隹	619	駼	680	龜	726	柚	218	縮	400		
												柷	219		
												械	228

자음 색인 [축~취]

纖	400	蹴	553	槠	230	灿	275	忱	164	神	493	最	40
縶	400	蹵	555	櫄	232	烓	275	惗	166	衷	493	取	64
纘	404	躯	556	湊	262	焌	276	愖	168	祍	495	吹	67
臘	432	軥	558	瑃	303	狄	293	譖	175	螤	529	唻	71
脻	432	輈	559	瑑	306	砒	345	儳	175	躉	552	叺	75
臈	434	軸	560	踳	325	秹	358	扰	182	邇	575	嘴	79
舳	441	逐	570	瞋	336	秫	358	捶	187	螭	702	嚽	81
竹	449	適	572	朐	425	紬	393	沖	252	鵹	708	娶	106
筑	452	部	580	苞	446	疟	437	況	255	觱	719	嫩	108
蓄	458	閵	607	蓄	454	荗	448	沖	256	鼬	729	就	122
葖	459	閼	608	蓁	456	萩	451	泚	257	鯢	737	就	122
蓫	461	閘	608	蘬	462	蕕	462	洬	260	鱦	737	就	122
蘛	469	閖	608	蝽	483	袖	494	淙	265		就	122	
蚰	478	閗	608	蠢	490	詘	511	烛	275	**취**		雎	132
蜦	485	閩	609	賰	535	赿	540	燭	283	毳	79	庨	145
蠋	486	閛	609	趠	542	跦	546	琡	301	崒	129	敳	198
福	498	閟	609	輇	558	趖	571	瘃	318	悴	140	越	213
褃	499	閵	610	輖	558	邖	577	盅	329	忰	161	榌	223
襡	501	訥	642	鞠	560	雔	606	氊	329	怵	166	橇	229
襩	501	頥	648	閭	610	鼀	632	瘼	342	愞	168	橠	230
家	502	駷	670	雕	621	鮋	690	神	353	揣	187	橇	230
逫	527	鱐	695	鱅	693	鱁	690	种	358	痒	317	椊	230
跾	543	鯨	695	鷞	705	鷟	708	筑	374	瘁	319	櫄	231
踘	547	龜	725		黜	722	狆	413	癈	322	歘	238	
踙	548	黿	725	**출**		黢	722	幢	443	籧	381	崒	239
踘	548			出	44	黜	733	苃	447	腆	432	毳	248
踘	549	**춘**		刺	46		莤	449	萃	447	氽	252	
蹜	550	偆	27	휲	49	**충**		茧	449	萃	453	溴	263
蹢	550	啍	75	岀	64	充	34	芫	451	贘	536	潗	269
蹙	551	婼	107	忥	68	充	34	虭	476	贅	536	澤	269
蹴	551	旾	206	怵	162	克	35	盅	476	贇	537	炊	274
蹵	551	春	206	佲	162	冲	40	虫	477	囐	537	炊	277
蹢	551	暙	209	休	162	嘃	78	蟲	486	端	549	燚	297
蹜	551	暙	209	札	215	徵	159	衝	492	頩	646	璀	306
蹶	552	杶	216	欪	236	忡	161	衝	492	解	725	瘁	321
麩	552	椿	224	泏	254		忠	161		**취**

硬 347	趍 543	昊 206	傑 28	帙 139	廬 204	凷 313
磽 350	踔 548	測 260	偫 28	帳 139	尿 216	時 314
秫 358	輟 564	昃 313	儊 28	幟 141	杝 216	畤 314
稾 356	遺 574	仄 316	偆 29	庤 144	梔 221	寘 316
窀 368	聰 578	稄 359	僛 31	序 145	植 223	寊 316
穀 368	醉 583	鞁 419	出 37	庢 145	榵 223	痔 318
窭 369	醊 584	逪 572	齣 37	廖 145	椔 224	痓 318
簉 381	醔 585	遬 573	屮 44	廮 146	櫯 227	痣 319
縋 381	鈶 596	**츈**	凷 44	徎 152	槷 231	痴 319
縩 389	閦 610	儊 33	齣 44	徝 155	岻 235	痹 320
縪 396	騺 622	嚫 82	齝 44	徥 157	欼 237	癡 323
綷 396	饗 656	櫬 233	齣 44	徳 157	歔 237	燇 328
翠 405	騬 667	瀙 271	剚 44	悷 158	峙 239	直 331
翠 413	驟 671	竫 370	刺 45	恥 163	齒 239	肢 332
翠 414	驚 709	親 470	厗 48	恸 163	齜 239	胝 332
聚 414	鷉 709	襯 473	仛 58	忯 167	齝 240	瞪 333
毳 421	歠 737	齓 501	厑 59	慺 168	齝 241	瞡 337
聦 421	籥 737	齔 732	呵 68	憘 173	治 253	稚 343
脆 426	籑 737	鯙 732	哆 70	憓 174	泜 254	鼓 343
脆 427	灥 737	齺 732	哆 70	懘 177	泜 255	獎 343
膵 432	籑 737	戱 732	嚉 76	扡 179	沿 256	禠 354
臐 432		**츜**	嚓 82	扅 182	淄 258	秫 358
脝 434	**측**	屪 124	坎 88	撅 187	澂 261	稤 359
臭 436	仄 20	憎 168	欠 97	摛 188	淄 262	稚 360
臭 436	側 28	秤 418	妎 102	摛 188	瀓 263	稛 360
毳 436	厌 59	鬙 529	妤 104	擤 189	潚 266	稺 361
毳 464	廁 60	蹭 552	媸 108	撜 190	氽 274	稯 361
叢 473	庆 60		寘 116	擳 190	熾 280	稺 362
觜 507	仄 144	**치**	實 125	捷 193	戠 280	稺 363
譙 520	廁 146	乿 16	峙 128	攦 194	戠 282	衶 370
趍 539	惻 168	侸 23	嵫 129	致 197	獂 296	箎 375
趉 540	憜 168	侈 23	嵫 129	敊 197	獮 298	篅 380
趨 541	憜 173	儊 26	崎 131	鼓 198	瓺 298	篱 381
趡 541	揌 184	倷 27	崮 134	齺 204	瓻 309	雜 382
趣 541	昊 206	傂 28	歲 137		齝 313	凶 385

자음 색인 [치~친]

糦	387	致	437	裭	498	巵	539	阤	613	魽	689	忕	24
糦	389	致	437	襯	500	趁	539	陊	613	鮭	690	勅	50
紂	391	珎	437	皲	506	赵	540	陊	614	鯔	692	厠	60
紎	392	致	437	皺	506	趑	542	雉	620	鯚	694	埱	92
絺	395	墊	437	帪	507	趚	542	稚	620	鯔	694	恜	163
紷	395	鰀	437	觶	507	趩	542	雎	620	鱐	695	敕	197
緇	396	甾	438	舮	507	跱	546	雔	621	鱛	696	敇	197
緻	397	甾	438	舳	508	踟	546	鶙	621	鱛	697	氿	253
繰	398	茌	448	艖	508	踬	546	雛	622	鱐	697	洍	258
緇	398	茌	449	觬	508	踶	548	離	622	鳩	699	稷	419
緈	399	菑	449	觶	508	跢	549	鞘	635	鳩	699	則	532
縒	399	菑	453	諆	508	躓	549	頖	645	鳿	700	趈	543
織	401	蕃	456	訤	510	躓	553	腗	651	鴞	700	躓	552
置	407	蕃	459	詾	511	嚱	554	餁	656	鴵	700	遂	573
置	407	薙	461	詆	511	輜	560	餌	657	鴉	700	飾	592
蚩	410	雉	465	詔	512	輻	561	餞	658	鴂	701	飭	655
蚩	411	薙	465	諑	515	輜	562	餒	658	鴟	701	餝	656
翐	411	薋	466	諆	515	轄	562	饎	660	鴟	701	駤	670
𧆊	413	蔁	469	諁	517	轈	562	饌	660	鴵	701	鯽	703
翐	414	薋	469	諸	518	轐	563	饎	660	鶿	702	鶒	704
翅	415	蓲	469	諸	519	輜	563	鰑	661	鯡	703	鶒	705
耛	418	帪	470	緅	519	逐	569	馳	664	鵒	704	鷈	707
耛	418	豩	474	諑	520	逹	572	駝	665	鶵	704	鷘	707
耻	420	豨	476	識	520	遒	573	駈	665	鷊	706	鷠	707
恥	420	蚩	477	象	528	逪	573	駼	666	鷊	708	鷥	708
胒	420	蚩	477	豪	528	郗	578	鮏	685	鵒	708	鷆	708
胝	424	蚳	478	豕	528	䣙	579	魁	685	鵹	709	鷈	709
胜	425	蛩	478	豸	530	醋	587	魁	685	鷈	710		
胗	425	螢	479	独	531	醭	587	魁	685				
胫	426	蜘	481	豨	532	鈊	591	魅	686	**친**			
胶	427	蟚	484	獬	532	銴	593	魁	686	亲	18		
腊	428	蠢	495	賹	534	鯔	596	魖	686	儭	33		
膝	430	袳	495	賻	535	錙	598	鬯	687	襯	42		
膾	431	袳	497	賋	536	閮	611	鮭	689	嚫	82		
臀	432	袳	498	赤	538					**치**

자음 색인 [친~타] 1061

寴	116	郴	581	忱	161	祲	354	鈊	591	鱻	711	伩	22
親	118	郲	581	忱	161	祲	355	鈊	591	鵫	711	**쾌**	
觀	145	唯	619	心	161	襑	355	鍰	595	鷐	730	儈	32
櫬	233	魡	688	抌	180	寑	367	鍼	598	鸆	731	攴	63
瀙	271	鰆	696	抌	181	寢	368	鐔	598	鸆	731	噲	80
礥	351	鶄	708	挋	184	煁	371	鐵	603	**침**		夬	99
藽	470	**칟**		敁	198	箴	377	鐵	604	圕	85	快	161
覯	473	伲	21	枕	217	綅	395	雛	622	垎	92	敧	198
襯	501	㑴	24	枕	217	絿	396	雛	622	屆	124	澮	268
靚	504	侵	24	杸	217	緂	399	甚	623	浍	261	狭	292
親	504	烍	29	枓	221	膌	432	鴆	624	熱	265	獪	298
譀	523	欦	35	棽	222	肜	441	鵫	624	薱	457	璯	305
贐	538	沁	40	椹	223	芢	447	鵫	624	蟄	485	筷	375
輇	556	浸	40	椹	224	茋	451	濡	627	慹	487	籈	377
趁	556	沁	41	殳	244	菥	451	煩	643	褶	496	蒯	462
鈊	594	剎	46	沈	253	葴	454	頗	645	趴	545	獪	532
靘	629	㓐	50	沉	253	蒆	456	頢	645	釱	590	駃	664
칠		絉	63	浸	257	艋	459	頌	645	霊	624	驇	671
㐀	11	唫	71	淋	259	艦	462	顛	647	雴	629	**타**	
七	11	噚	72	湛	260	艆	504	頷	648	馵	664	他	20
㭭	41	堔	89	渗	261	眲	504	頷	648	毎	664	佗	22
刹	47	墇	93	滲	263	盷	504	餤	660	馿	664	詑	40
劓	49	寊	116	潯	263	誜	514	駸	666	毎	665	剁	46
唻	78	寷	116	濅	267	諗	515	駸	668	**칭**		吒	66
柒	218	寷	116	枕	289	諗	520	驂	669	偁	27	吋	68
桼	221	寷	116	琛	303	諗	526	煁	689	奀	215	咃	68
榛	228	寢	117	琛	304	諗	535	鮥	689	秤	358	咤	70
沏	251	寢	117	癮	319	瞺	536	鰆	692	称	358	唾	73
洼	254	寢	117	瘮	321	跈	545	鱏	696	称	358	噿	80
泚	257	寢	118	瘮	321	跈	545	鱏	696	棢	360	單	82
漆	265	寢	118	穀	341	躓	549	鱵	697	稱	360	坨	88
胅	423	寢	118	砧	345	郴	578	籕	698	稱	363	垜	88
諫	520	嵤	133	碪	348	醅	586	鱵	709	耕	418	砣	88
諫	521	㖸	157	磁	350	針	590	鶄	710	蕎	466	垜	88
趍	543	忿	161									埵	91

倬	27	鞁	639	酡	583	蚆	478	揣	187	堶	91
傝	27	靴	639	醄	583	蜍	480	撱	191	塴	92
澤	42	頍	645	鉈	592	蟬	487	敥	197	墮	94
劇	47	駝	665	鉇	592	蠷	490	斁	198	墯	94
剆	47	馳	665	鈩	593	袉	494	虀	213	塴	94
劕	48	驒	667	鉌	593	裸	495	朶	215	她	102
啅	54	驔	670	鐥	596	褚	497	朵	215	妥	102
卓	58	驒	677	鐯	598	襢	500	朾	216	妥	102
啄	71	髢	678	鏪	598	襢	500	柁	218	媠	105
啄	73	髾	679	鏪	602	舵	506	柂	218	媠	107
啴	73	髽	681	鑹	604	舵	507	梨	220	嬞	110
嗳	74	鮀	688	錘	606	艫	507	梁	220	它	114
噣	80	鮀	689	鯖	606	艖	508	楕	224	矬	116
圻	88	鮧	689	閩	611	虵	509	椿	224	縋	122
埻	91	鮵	691	阤	613	詑	511	椭	230	屹	127
塳	92	鱓	692	陀	613	詫	512	櫅	234	嵯	128
帛	139	鱒	692	陁	613	謀	513	毹	247	峻	128
度	144	鮨	694	陊	613	誵	516	毻	247	嶀	130
徢	145	鱏	696	陏	614	譆	517	甁	248	嵷	131
恀	157	鱄	697	陎	614	豫	521	沱	253	墯	133
怾	163	鱴	697	陁	614	豵	529	沲	253	庹	145
慛	168	鴕	701	陀	614	豵	529	池	258	他	155
懥	173	鴕	701	陀	614	趓	540	沲	258	佗	156
戳	176	鴕	705	隋	615	越	540	沱	258	惰	168
托	179	蛇	716	墮	617	跎	545	27	悷	169	
拆	181	竈	726	隨	617	跎	545	炸	274	惰	172
拓	181	鼉	726	霍	625	跺	546	炧	274	憜	174
掾	184	鞨	726	霍	625	跺	546	炟	279	打	179
掉	185	鼦	728	霩	627	蹕	552	妥	284	扡	179
摛	186	鮀	728	毂	633	蹚	552	牫	288	扡	181
擤	192	饡	733	範	633	躲	556	牱	289	扡	181
擢	192	饎	733	毂	633	躲	556	牲	289	拖	182
擸	194	**탁**		鞨	634	軃	557	狧	293	拕	182
犖	199	乇	14	鞨	639	駝	559	狧	293	捶	185
馺	199					迱	569	觝	308	揣	186

자음 색인 [탁~탑]

歡	199	肫	426	籜	628	弾	152	琸	440	脫	461	禂	499
斫	202	膭	433	鐸	637	彈	153	椓	497	稅	496	骯	506
叨	205	萚	457	韣	642	怛	162	迌	509	襚	496	骯	506
晫	208	蘀	468	碩	643	悼	165	誕	514	說	514	譚	521
杔	216	蘀	472	飥	654	憚	172	譚	520	说	514	貪	533
柝	218	蠖	488	饢	661	惡	172	禫	521	殺	528	眈	533
桌	220	祐	493	馲	664	憺	173	醓	527	斷	535	賧	535
棹	223	祏	494	駝	665	挭	187	路	547	蜕	556	趒	539
琢	223	禪	500	駞	665	撢	191	鉏	591	頠	643	躍	555
椓	224	褰	501	騨	667	攤	195	蠱	625	頦	645	肌	555
棹	226	襞	501	驒	671	黂	198	韃	634	鮹	691	虼	555
橐	227	託	509	驦	671	婪	200	驒	670	鷤	704	蚘	555
槖	230	詫	513	犖	679	暺	210	鼉	723			贍	557
櫟	232	諕	517	魄	685	歎	238	**탈**		**탐**		瞻	557
檪	233	諤	517	魠	688	歎	238	侻	24	仇	21	酖	583
氽	252	毅	528	鮀	692	殫	243	夺	37	偵	30	酰	583
沰	253	獺	529	鵠	704	汆	251	刔	47	呚	77	醓	585
泒	257	犽	530	鷞	706	潬	261	奪	101	嘡	78	馯	667
涿	258	趠	541	鵓	710	灘	270	奪	101	忱	138	躍	712
澤	268	趯	542	蚝	715	灘	272	奪	101	忐	160	黵	723
澤	268	跅	545	蕲	619	灘	273	倪	156	惔	166	**탑**	
濁	269	跅	546	**탄**		炭	275	挩	183	捄	180	傝	29
濯	270	跅	547	僤	31	炭	275	撢	195	探	185	嗒	76
膸	287	踔	548	吞	67	嗿	314	敓	197	撢	191	嗒	77
狍	294	踔	548	唫	72	嘡	314	稅	220	盹	206	嗒	79
猏	295	踱	549	嘆	77	嘡	315	頖	240	惔	253	噤	81
玃	298	蹋	550	嘆	78	疢	318	脫	248	澹	263	堵	91
琢	303	蹵	550	嘽	79	痑	318	疣	319	澹	272	塔	92
琢	303	蹧	553	坦	88	癱	320	破	327	盹	332	塔	92
魄	326	躅	553	娗	107	癱	324	碳	348	突	365	墖	94
矺	344	迖	562	炭	128	碳	348	紃	393	賮	409	塔	94
磔	347	迋	569	弓	151	綻	393	綻	396	耽	420	墖	96
窂	366	違	571	弓	151	綻	396	犧	401	肬	424	婚	106
蠡	369	鐸	603	弝	151	緆	401	羧	411	朠	425	惛	170
箨	383	鐲	603	弢	151	鐸	411	蓒	451	胂	426	搨	188

자음 색인 [탑~택]

搭	188	踏	550	帑	103	趆	542	奪	101	笸	377	靽	634
搭	191	遢	572	婸	107	趍	542	娩	105	粏	386	頹	644
榻	226	鐋	596	嘆	110	踢	549	弰	113	粓	387	颱	650
榻	227	鐋	598	宕	114	蹈	550	忕	128	繰	393	颭	651
榻	230	鎝	598	帑	138	蹋	551	惷	155	總	398	駄	664
毾	248	鐺	599	愓	167	翿	557	忥	159	胎	398	駄	664
毿	248	鑓	603	湯	172	逿	571	幰	159	䏻	426	駘	665
毼	249	鐋	605	揚	190	邁	574	忕	160	能	426	駎	665
毹	249	闛	610	湯	191	鋃	596	忕	161	脫	426	駾	666
溚	262	闒	611	湯	261	錫	601	忥	161	脫	427	驒	671
澾	263	閤	611	潒	266	錫	602	态	162	舦	427	髢	678
潔	265	闥	612	盪	269	問	608	懓	167	苔	441	髰	686
搨	291	隌	616	盪	270	閶	610	懛	169	落	448	鮐	689
猲	294	䶀	634	燙	281	雛	621	態	169	蛤	454	鴖	699
瘩	321	鞈	635	湯	303	霮	624	戾	178	蛻	479	䳯	700
瘩	322	鞳	636	盪	305	**태**		抬	181	祝	480	黙	721
禢	355	鞜	636	楊	307	忲	21	棣	186	觡	495	黮	724
答	376	鞰	636	腸	330	態	29	搭	189	詒	507	鼗	733
緉	399	鞳	637	碭	348	傫	32	橾	200	譆	511	鼗	734
絡	405	鞳	640	宕	365	兌	35	眭	211	譠	522	**택**	
翣	411	鞳	640	簜	377	兌	35	殆	214	譹	525	厇	59
翕	413	饀	659	糖	381	兊	36	汏	241	豸	530	坼	89
牽	420	騗	667	餳	388	台	40	汰	251	趹	546	宅	114
聜	422	騒	669	莣	438	兊	62	汰	253	跆	546	侘	115
膍	429	臺	676	募	453	兊	62	汏	254	跇	558	宖	144
膆	431	鮹	690	蕩	456	台	62	汰	257	鈶	559	度	144
蹀	440	鯜	693	蕩	463	呔	67	漆	264	迨	568	擇	150
韬	440	鯜	693	蕩	465	噲	75	炲	275	邰	577	擇	181
舦	441	鰛	694	碭	468	囼	84	燤	275	釶	583	擇	192
艗	443	鯔	695	癘	469	堷	85	獀	282	鈦	591	柝	219
艚	443	鼞	727	蕩	472	垖	90	珆	298	鈶	592	櫸	231
蕩	460	齰	733	蝪	483	埭	91	瞻	301	鋭	594	城	242
蕳	472	**탕**		觑	505	埭	94	睦	338	鋭	594	毛	247
謁	519	帑	27	觑	505	太	99	笞	373	棣	619	沢	253
謁	524	囤	85	賣	505	太	99	笞	376	棣	619	澤	267

澤	268	**토**		扢	15	逋	570	熦	279	踶	550	骰	673
澤	268	兔	14	**통**		頵	642	熦	279	蹟	552	腿	674
炰	276	兎	35	姛	105	籉	642	獎	279	躓	554	骲	678
罨	335	圜	44	恫	139	鮪	691	膭	287	靾	560	慰	686
翠	335	吐	66	樋	141	魺	716	瑈	301	騅	561	魋	686
犖	335	土	86	侗	152	**퇴**		瑎	304	辺	568	鴟	702
磔	351	塊	86	桶	156	自	14	瘥	319	追	569	鵌	716
芼	446	敦	91	恫	157	俀	25	瘦	320	退	569	**투**	
萺	450	注	199	懂	163	債	31	痐	321	逥	570	偸	28
蕃	466	芏	252	憅	168	劮	50	瘰	321	迣	571	偷	28
藫	470	莵	446	慟	171	垖	89	癩	322	遷	572	剱	47
蚝	477	芸	448	勷	171	堆	90	癲	323	霍	575	否	68
蟬	487	菟	453	捅	183	埢	91	盔	329	鏲	575	音	68
襌	500	討	509	穀	197	墏	93	盌	330	鎚	599	套	100
韄	640	訐	509	棟	213	陡	93	碓	347	鍛	601	橐	100
韔	640	釷	590	桶	221	庋	122	磃	349	鼜	601	妒	102
骰	673	雘	621	槉	228	廆	122	積	363	鑹	604	妬	103
鴽	703	駐	664	通	265	峺	124	漳	370	隁	617	嬩	107
鸅	710	駼	667	烔	277	巂	124	嶂	371	隤	617	扠	128
탱		騊	669	熥	280	崔	128	簣	383	隧	618	廞	146
噌	134	魦	669	狪	293	崔	132	縋	388	隬	618	投	180
幀	140	鴃	693	峒	318	厓	132	聣	420	推	619	捯	183
撐	191	鴆	699	痛	318	庤	145	頣	421	堆	619	叝	198
撑	191	鵌	704	甯	366	庘	151	腿	428	碓	620	斢	201
橕	191	鵚	709	筒	374	汭	155	胿	431	靁	629	斨	202
樘	229	**톤**		箽	375	復	156	萑	461	酳	631	歈	237
橕	230	啍	73	統	380	俀	157	蕟	469	頋	644	汻	253
堂	240	嗉	79	絾	394	敦	188	蘈	470	頽	645	渝	260
掌	288	噋	80	蓪	395	投	198	蘈	472	頹	645	俞	287
蹚	368	呥	82	衕	461	楲	216	褪	498	頯	646	疧	316
餳	660	憝	175	詷	528	殜	227	襨	500	顡	646	秅	358
餹	660	坉	308	銅	531	殥	242	誵	513	顪	653	秺	359
터		瞳	314	躳	556	熌	271	諄	516	餶	656	綉	394
捵	184	黗	723	通	570	熦	279	諄	520	饂	659	綸	466
攄	193	**톨**				熦	279	譈	524	骰	673	鼘	471

자음 색인 [투~팔]

투		특		파		파		판		판			
諭	514	忒	150	婆	106	派	256	紙	392	岜	545	判	46
骰	528	忑	160	蔢	109	婆	259	紴	393	跛	546	办	49
貐	531	忲	162	鞶	111	灞	273	紑	394	距	546	坂	87
趉	539	町	119	吧	119	爬	284	繁	400	躓	554	岅	126
趗	541	恜	171	坡	121	爸	285	罷	407	皅	556	阪	161
骰	545	慝	171	岥	122	爸	285	羓	408	靶	558	販	206
透	570	得	184	硋	124	犯	288	羅	410	鄱	581	板	217
逾	571	椞	227	岥	127	犯	291	覉	413	栗	588	版	286
套	606	特	289	嶓	133	狂	292	狴	413	鈀	591	牉	286
鬪	611	犆	290	巴	137	玻	294	耙	418	鉕	592	辦	307
闘	611	聴	338	帊	138	琶	301	耀	419	鈹	598	眍	308
鬭	612	賊	428	帕	138	番	303	膰	432	鑀	602	昄	313
鬫	612	塍	433	帊	139	疤	314	肥	441	鑼	605	販	332
阣	614	盍	477	袚	140	岔	316	皅	444	陂	613	辨	339
陸	616	蚨	479	袙	142	吧	325	苞	446	陁	614	粄	386
鉟	655	螣	483	帊	151	嚭	325	菠	447	配	631	粨	390
餘	658	蟘	484	忙	161	皤	326	萢	453	靶	633	舨	441
骰	672	蟘	486	怕	162	頗	327	葩	456	頗	644	蚹	481
鬥	682	貣	533	把	180	頗	328	蔢	456	頤	644	販	533
閗	682	鋱	595	摤	185	破	345	鴃	461	類	648	辨	566
閘	682			播	191	磻	347	藣	462	飽	655	辨	566
鬬	682	틈		擺	193	磻	350	藣	470	餐	658	辨	566
鬭	682	閔	607	擺	194	礴	352	妑	477	餓	658	辯	566
鬬	682	闖	611	欛	195	礴	358	岥	478	駚	665	辦	566
鲀	690			欿	196	秠	363	祔	494	驅	665	鈑	591
坞	701	팅		杷	216	杷	370	襉	500	骲	672	鉡	592
鈆	716	樒	228	柀	219	笆	372	罷	503	髽	677	鎜	595
鵌	717			棰	227	筢	375	羆	506	鮊	689	釗	595
饕	719	파		棉	230	葩	376	豵	507	鮀	690	閞	610
廲	719	僠	31	欂	232	笆	376	豼	521	鯊	693	阪	613
		巴	65	欛	234	筢	376	豼	528	鱿	694	飯	613
특		吧	67	檑	235	筢	376	豼	530	黽	725	鴩	704
佟	23	呵	69	泗	253	蔢	382	貝	532	蚆	732		
侙	156	滂	73	波	254	衆	385	肥	533	鼈	737	팔	
罜	607	坡	88	泒	254	耙	386	趴	544			仈	20
		壩	96										
		爸	100										
		妑	102

자음 색인 [팔~편]

八 36	拔 181	㜺 343	霈 624	㮝 355	偏 27	編 397
叭 65	挷 182	稗 360	霸 626	㶸 356	傸 28	緶 397
唎 71	捭 184	粺 360	霸 627	棚 360	㚻 36	編 399
扒 179	捭 184	筏 373	朝 633	繃 396	㚼 36	緶 400
捌 184	敗 197	箪 377	韠 635	綳 401	㝗 36	纏 400
朳 215	㡀 203	簰 377	頖 646	膨 432	㝝 36	翩 415
汃 251	旆 203	簰 380	颰 650	萌 452	剧 47	艑 442
玐 300	昁 206	牌 381	駊 664	蟚 486	區 55	萹 456
疲 342	板 218	犕 386	鮩 689	蟛 486	媥 107	蘣 466
砅 344	柭 219	稗 387	鮊 692	裫 497	屚 124	蝙 483
耙 418	根 221	椑 387	龜 737	跰 549	屗 144	蝠 483
蚆 476	樋 222	背 425	**팽**	跟 549	彄 152	褊 497
趴 544	棑 232	萉 447	伻 22	䇒 549	徧 157	覵 503
㠔 559	耗 246	茷 448	伻 24	軯 559	惼 168	覵 505
釟 590	氼 252	茷 449	烹 19	輧 559	扁 178	諞 517
馽 663	沛 253	髌 476	嘭 79	朝 561	搧 187	論 520
瞂 732	沭 253	蜅 480	崩 133	榜 562	楄 224	辯 523
팟	洇 257	蘆 489	怦 155	輚 563	楩 225	賮 533
昆 70	澩 272	霸 501	㤄 172	轊 564	甂 248	蹁 549
패	牌 287	霸 502	抨 184	逄 572	渢 262	蹦 553
佩 23	培 287	霸 503	挰 186	醅 587	煸 279	蹁 555
倍 26	㫃 287	觯 507	澎 267	鉫 596	片 286	遍 571
俖 27	㹸 287	誖 514	垾 287	鎞 600	牏 287	遍 573
勧 52	㹷 288	貝 532	狌 297	鎞 601	辨 287	鍽 598
唄 72	㹸 289	敗 533	祊 308	閉 608	犏 290	闆 611
牌 77	稗 289	䟥 536	瓫 310	闥 610	猵 296	鞭 634
垻 89	狽 293	跟 545	砰 325	駍 615	瓸 307	鞭 635
娲 104	猍 293	跟 547	硼 345	駍 663	匾 307	鞭 637
帀 112	狷 294	邶 570	硼 346	駽 667	瘺 320	獱 644
孛 112	狳 294	邮 576	碰 347	髈 668	胼 339	餷 658
岑 113	珮 295	邮 576	碰 348	彭 727	碥 348	騙 668
㟢 113	珮 301	郥 577	蒴 349	**퍄**	篇 377	鯿 668
怖 161	琲 302	邶 578	砰 350	愎 168	筤 377	鯿 674
悖 165	癈 323	部 579	祊 353	**편**	箯 380	鮩 689
惑 177	睡 332	鎖 595	禮 355	便 24	籫 384	鮩 693

자음 색인 [편~포]

瀑	271	夶	138	獙	729	胜	427	廃	146	肸	287	鯾	693	
炮	275	帗	138	**포**		帥	438	廢	147	牪	289	鰏	695	
炰	275	庖	144	襃	19	帥	438	弊	150	玶	301	鯿	698	
炰	276	庯	144	褒	19	萆	453	悙	165	硼	347	鶣	705	
爮	284	儦	145	皰	22	蔽	463	捌	190	弅	410	艑	712	
狍	293	儴	159	佈	22	蘞	464	敝	197	肝	426	䩄	725	
鉋	307	怖	162	儳	34	薜	465	斃	199	芐	448	**폄**		
皰	307	怉	162	儴	34	幣	468	桃	216	芎	448	砭	344	
疱	317	怖	165	刨	46	嫳	469	柿	216	玶	450	砭	345	
痮	317	抛	180	勹	52	蛝	480	梐	221	汫	452	泛	346	
皰	327	抪	181	勽	52	贅	536	梯	221	萍	453	窆	365	
瀍	330	抱	181	包	52	贇	537	楔	230	蓱	456	㝹	438	
砲	345	抛	181	匍	53	踣	550	槷	233	蓱	459	昋	438	
砲	345	捕	184	匏	69	斃	581	獙	243	泙	461	貶	438	
碱	351	敊	196	咘	69	醅	585	澎	266	蚌	478	貶	533	
碱	351	敷	197	咆	72	醳	586	牲	289	評	511	貶	533	
铺	370	晡	199	哺	82	閉	602	吠	292	鮃	531	鍽	592	
箁	373	暴	208	鮑	82	閇	607	狴	294	鼜	553	**평**		
箁	373	曓	210	咆	82	閈	607	獥	297	軯	559	平	12	
䈂	376	曝	211	鉋	84	閇	608	獤	297	開	608	匉	53	
蒲	379	曝	211	鮑	85	開	611	獘	320	開	609	呼	69	
藨	380	枹	218	泡	85	陛	614	癈	322	開	610	坪	88	
精	387	柎	221	炮	88	陛	615	癈	324	顆	649	堲	88	
胞	425	栌	225	炮	89	陛	616	狳	324	騃	665	姘	103	
胞	425	橐	225	皰	93	鞋	617	硴	345	髣	680	姘	104	
胚	427	橐	231	瓝	100	鞞	634	袚	353	鮃	689	姘	106	
脯	427	㯭	234	瓟	101	鞞	647	祓	353	鼆	728	平	142	
脯	427	枇	247	鉋	103	鞞	673	算	376	**폐**		庰	146	
脯	429	芘	247	袍	112	鞞	674	籭	381	佊	25	怦	162	
膍	433	芘	247	宲	115	鞞	674	簸	381	吠	67	抨	181	
膊	434	沛	254	宲	115	䶦	674	肺	383	坒	90	抨	182	
舖	440	泡	254	宲	115	𩨙	675	肺	424	奨	101	枰	185	
舖	440	浦	256	峬	128	魾	689	肺	425	斃	110	枰	217	
庖	444	滆	259	布	137	魾	728	胇	426	㡀	138	泙	254	
										幣	141	苹	284

자음 색인 [포~표]

醅	445	踊	548	飨	656	瀑	271	僄	141	砲	284	藨	461
艳	445	躠	554	鯆	656	澟	272	嫖	142	犥	291	薸	462
苻	447	鞄	559	舒	656	瀑	272	彪	154	焱	295	藨	464
苞	448	鞞	559	夔	657	爆	282	彯	154	狦	295	藻	467
莆	450	逋	570	養	658	爆	283	影	155	獱	297	蔗	469
抱	453	逋	572	餑	658	稷	363	儦	159	瓢	307	瓢	470
垆	455	逋	574	餒	658	縹	397	徼	159	瓢	310	彪	475
葡	456	郙	577	餒	658	髟	681	憑	171	瀑	321	螵	485
蒲	458	酮	584	籑	659	鬟	710	摽	184	瘭	323	表	493
蒲	458	酺	584	籑	659	鷯	710	摽	190	臕	326	衿	493
莆	461	醨	587	餒	673	鷯	711	摔	192	瞟	335	表	493
虣	475	醸	588	雹	677			摔	193	眺	337	表	493
鲋	475	醸	588	鮑	689	**곳**		敷	199	瞭	338	衿	493
蜅	480	鉝	592	魬	689	甮	74	瀂	204	瞟	338	褾	496
虎	491	鉋	592	鯆	691	**표**		旖	204	瞟	339	褾	499
袍	494	鉋	592	鱒	694	俵	25	晭	210	瞟	340	裱	500
裒	494	鋪	595	鯆	696	僄	30	杓	216	磠	349	褾	501
袁	494	鏷	604	鱣	697	僄	33	標	229	票	353	穮	501
衰	496	閘	609	鵓	703	儦	33	橐	231	稞	362	禳	501
褒	497	閘	610	鮰	703	仏	36	樢	231	穮	363	襮	501
義	497	陘	614	麃	713	剽	48	橐	232	篫	380	勡	502
裒	498	鮑	631	麆	713	剽	49	櫻	232	縹	400	票	502
裻	499	鮑	633	麃	713	勡	51	樗	234	繻	402	瓢	503
褓	500	範	633	麴	716	剽	52	殍	241	翻	415	覭	505
襃	501	範	633	麸	720	夊	63	殍	241	糠	419	觚	509
襒	501	鞄	636	魋	722	嘌	75	瀌	260	漂	422	諑	515
訃	512	鞾	637	鮑	730	嘭	77	漂	264	瓔	422	諕	519
訽	512	鞄	639	魬	732	嚟	78	溧	265	膘	429	諕	523
誧	514	鞄	639	魯	733	嚬	82	瀐	269	膘	431	諕	524
誊	518	氆	650			嘌	82	瀌	270	膘	432	豹	530
諞	524	颮	650	**폭**		嫖	93	瀌	277	膘	434	貔	531
豵	528	飽	655	幅	140	婊	106	瀑	279	腰	435	賓	536
賦	535	飽	655	昝	207	嫖	109	爆	282	芰	450	賖	537
赴	541	餐	655	暴	210	嫖	111	熛	282	苎	450	趨	543
跑	546	餒	656	暴	211	嵖	119	熛	282	蓝	456

자음 색인 [표~필]

趵 544	驃 670	凤 43	颩 650	气 250	跛 546	澤 42
螵 551	驫 670	凨 43	蔈 652	澼 268	辟 565	弗 50
蹼 552	驃 671	鳳 43	鷩 653	灄 273	髲 571	芇 56
軱 559	髐 671	風 43	翲 653	庯 287	避 574	華 56
鞁 562	髐 672	鳳 43	馮 663	襬 291	鈈 591	㔾 58
醥 586	驫 672	颰 91	䬆 717	狓 293	鈹 592	吡 67
鏢 596	髟 675	豊 118	䬆 718	疲 316	鉟 592	呧 67
鏢 600	髣 677	悂 213	䬆 718	癖 317	鈭 593	吡 69
鑣 603	髴 680	柀 219	予	皮 321	陂 596	呸 69
鑣 603	髲 681	桮 224	䨣 653	刜 327	陂 596	嗶 78
鑣 604	髟 687	楓 231	피	䟺 327	陂 613	妼 79
鑣 605	鰾 695	氾 260	佊 22	𤔇 327	陴 618	嬶 103
鑣 605	鱮 698	灃 272	儗 33	䃅 327	髀 630	屶 109
閥 611	魡 699	熛 278	剅 45	𥶒 365	鞁 633	岯 120
髟 626	鷯 708	獝 296	劈 50	綾 373	頗 644	佖 138
驫 638	麃 713	獝 320	叏 63	緁 393	骸 673	佖 152
齃 648	麃 713	韍 404	𡧲 69	縹 399	骿 675	弼 152
飑 650	麃 714	䩤 455	冟 70	總 399	髮 677	弼 152
飑 650	麏 714	䨆 472	匸 77	罷 408	髮 677	彌 152
趵 650	麷 717	颮 483	喍 77	狓 413	皴 690	彌 152
颮 650	韵 728	諷 515	喍 78	狓 418	鯿 698	彈 153
颮 651	昷	諷 516	辟 124	耚 419	篇 737	彌 153
颮 651	分 45	諷 517	帔 138	胇 427	픽	必 160
颮 651	吾	豊 526	帔 142	蔽 461	愊 168	怭 162
飆 651	稟 19	豊 526	庞 144	蕃 463	煏 278	恎 162
颺 652	品 67	豊 526	披 152	熊 468	備 281	拂 181
飄 652	品 70	豊 527	彼 156	瞴 469	愎 281	拂 181
飃 652	枏 225	迆 570	辟 159	瞴 473	熨 282	撑 191
飆 653	稟 354	鄷 581	怭 162	被 494	愊 388	狉 197
飇 653	稟 360	鄷 581	披 181	襬 501	膈 430	蹕 199
飈 653	稟 467	鄷 582	披 204	被 502	필	畢 213
飄 653	吾	酆 629	柀 218	玻 511	匹 11	祕 219
飈 653	佩 28	豊 650	岥 239	諀 520	佖 22	檻 226
飆 653	儷 34	風 650	毿 241	貏 531	俗 29	欻 227
飈 669	馮 41	風 650	𣬛 247	跛 533	俾 30	欻 236

자음 색인 [필~학]

殷	244	鍛	598	盃	329	㱃	75	鴘	708	脅	507	泌	254
洇	258	鏄	600	眍	336	嗄	75	麃	714	脣	508	袋	259
臬	268	閈	608	碬	348	嘎	75	鱓	717	驚	508	濼	259
㯱	268	問	608	碻	349	㗸	78	祕	720	鷟	509	津	264
㵽	270	限	617	柯	353	報	78	**필**		篔	509	濱	268
濞	271	霞	625	㤉	375	間	79	乀	14	譁	520	燁	279
澟	271	靴	634	緞	398	嚇	81	乏	14	嘽	527	毖	301
煏	279	鞖	635	鰕	405	㘪	81	偪	28	趕	543	珵	304
狢	294	戟	640	㒠	405	墟	94	㑶	36	蹕	551	瑾	305
獻	299	頜	644	胳	430	茎	97	妼	103	蹕	552	畢	314
癎	320	頷	647	荷	446	夏	98	愊	168	邲	577	疋	315
㿔	320	颬	650	菏	451	憂	98	泛	254	鉍	584	鞁	328
𨸏	324	颭	650	葭	453	㚟	98	滭	278	鈊	592	禪	355
碻	326	鰕	668	蕸	455	宀	116	㶷	281	鏎	600	秫	358
矍	326	鰕	693	蝦	459	岈	126	煏	281	靴	633	秷	359
瞳	328	**학**		訶	465	厦	146	馥	282	鞈	633	竿	372
瞳	337	洛	40	䛏	483	㥯	148	皀	324	韠	633	筆	374
瞳	340	灡	42	諿	494	奚	153	皕	325	韠	636	㲋	375
确	346	嶽	64	訶	499	假	157	逼	571	韠	640	篳	380
碻	347	吓	67	諿	514	㥯	165	鵖	703	颷	650	籌	384
格	359	毂	76	諡	519	㥯	171	**하**		飀	652	縪	400
窞	364	嗃	76	譚	519	㦂	173	丁	11	餄	655	罼	408
蒿	415	嚯	82	讃	521	抲	181	下	11	餥	659	耻	420
膹	431	壆	82	䜛	522	㖩	207	冭	13	祕	663	肌	423
膿	434	㝈	95	調	522	欤	236	何	22	馹	665	肺	425
薈	435	㝈	95	䛱	525	歃	236	㑒	29	駭	668	胇	426
虐	474	孑	97	䜛	525	河	237	厦	50	驛	669	苾	448
虐	474	學	113	賀	533	煆	253	叚	61	鱺	687	荜	460
辰	474	學	113	跒	538	煆	279	叚	64	鮤	689	華	461
虛	474	峃	133	跒	549	牌	287	吓	66	鱧	696	華	461
虍	475	冬	196	跒	550	瑕	303	呀	67	鷗	700	虙	474
虚	475	斈	200	跒	556	疒	316	咻	71	鶪	700	蚅	479
虘	475	斈	200	鎏	565	痄	317	呵	71	鶅	701	祕	494
螢	479	殼	244	遐	572	痕	320	㗭	72	鵯	705	禪	499
						瘦	321	嘘	73	鴅	705

자음 색인 [학~할]

螢	480	鸛	711	憪	172	瘑	322	輵	484	鶣	668	指	185
蛒	483	鷁	711	戰	176	瀾	322	鞼	484	鷉	669	搢	188
蠚	488	灌	711	宦	178	扞	325	蜺	487	驨	670	冚	201
舮	507	酪	728	扞	179	骭	325	禒	496	驧	670	樺	224
觷	508	䤷	728	扞	184	䎒	327	靦	505	驦	670	襣	226
謔	518	**한**		捍	190	骬	328	覸	505	骭	672	髺	248
譕	518	仟	20	攑	196	瞖	334	諤	514	骭	673	毼	248
叡	525	伈	23	攼	197	旱	205	踔	527	衦	688	犵	248
箨	525	僙	30	旱	208	暵	210	踤	547	鑑	694	澞	270
貉	530	僩	31	晃	220	桿	221	輸	563	籃	695	獝	298
貈	530	僴	31	桿	229	欄	243	邗	576	碼	699	瓛	306
貊	530	勒	51	欄	243	汗	248	郢	578	釺	699	暍	325
貘	532	匇	52	汘	252	浖	256	輣	586	鶴	705	硞	337
貇	532	厂	59	汼	256	漢	264	釬	590	鵪	707	礚	345
貈	532	斥	59	涆	258	瀚	265	鋓	595	鵰	709	箉	378
趜	540	哻	72	漢	264	瀗	267	釬	601	鷴	709	磍	388
郝	578	埠	89	瀗	265	瀚	268	閈	607	輗	716	繢	399
醵	588	埠	100	澘	267	潩	271	閇	607	鼾	730	餲	437
隺	619	娊	105	潩	268	焊	276	閒	608	齅	730	犗	440
雘	622	媢	109	瀊	271	熯	280	閑	609	**할**		藒	460
霩	623	媚	110	焊	276	爋	281	閞	610	乞	15	菣	466
霿	626	嫺	110	熯	280	狠	294	關	611	俉	29	黫	466
穀	636	寒	116	爋	281	捍	294	限	614	周	38	蠚	472
聲	640	寰	118	狠	294	堅	303	雗	621	刅	45	葍	484
鷇	660	寠	118	捍	294	鞙	315	雗	622	創	47	蠆	487
鷇	661	寴	118	堅	303	瘌	322	軒	632	劃	47	蓋	490
臛	661	峠	126	塨	315			韓	639	劾	50	褐	498
饗	661	岸	129	熯	322			韓	640	勖	51	禓	498
驩	669	嶬	134	瘌	322			顈	643	勤	51	轄	562
鷙	676	彑	145					龐	653	吂	69	轄	562
鴽	700	幵	151					龗	654	哶	72	轄	562
鶴	707	忓	160					韥	661	唁	76	鎋	599
鷢	707	恨	163					駻	664	愒	167	閐	607
鸛	708	悍	163					驛	666	懇	172	闥	609
鸑	710	悍	165

자음 색인 [할~합]

閣	610	囓	83	澕	258	腨	429	拾	538	餡	657	峇	128
韐	640	嚙	83	涵	258	胎	429	轄	543	餺	659	岾	128
頜	647	圅	85	浛	258	舥	429	跒	547	憾	661	祫	139
饀	658	監	95	涵	263	腤	431	轄	561	馦	662	匼	141
馠	659	嚴	95	滥	270	膁	434	肇	562	酷	663	盧	146
鬜	663	娎	108	槧	270	賺	434	轄	564	䡢	671	岬	163
髻	680	寱	108	焓	277	臽	438	肇	564	骼	673	屃	178
鶡	705	岭	118	焾	279	艦	444	邯	577	骼	673	押	218
鵲	707	嵇	129	狢	295	箝	451	暗	577	髻	679	柙	220
齛	733	崡	129	獡	296	菡	453	酣	584	鬪	682	枱	224
齝	734	嵁	130	獢	298	菡	458	鹹	585	鉗	689	槢	227
齰	735	崡	132	玲	298	蕑	466	銜	593	鮖	693	吹	236
		幅	140	珨	302	藍	470	鉿	595	鱛	698	欨	236
할		后	144	皆	308	虎	471	銘	596	鴿	704	欱	236
涵	41	厪	146	瓭	309	虎	475	鎺	597	鹹	712	歛	237
涵	42	弓	151	瓾	309	虤	475	閜	599	盫	712	歛	237
函	44	徎	157	甖	310	皸	476	闞	612	餡	712	毶	247
圅	44	衝	158	邯	311	蛤	481	陷	614	鷹	714	溘	262
函	44	徹	158	魁	311	蛤	481	陷	615	豰	727	浛	263
剳	48	愭	165	磨	311	蛾	483	陥	615	齢	728	焊	725
匼	54	晗	177	硈	347	衔	492	陷	616	諂	729	焓	276
匼	54	椷	208	硈	347	衞	492	駼	625	齰	734	爁	279
含	67	檻	221	答	372	祜	496	駼	626	齰	734	玲	301
吘	67	械	224	答	375	誌	514	駽	631	齰	734	疲	317
咁	67	栖	226	篕	376	諴	517	駽	631			盍	329
咸	70	櫹	228	糀	388	諴	520	駽	631	**합**		盍	329
哈	72	槭	231	糀	390	譀	521	領	644	佮	23	盒	329
啣	73	檻	232	糀	390	譀	523	領	645	盒	29	蓋	330
喊	74	槢	232	緘	397	谷	525	頷	646	匌	53	蓋	330
嗛	75	欿	235	鹽	405	䶲	525	頷	647	合	66	蠱	359
嘘	78	欽	235	墨	408	舔	525	頷	647	呷	69	秴	366
噉	79	欱	236	翂	414	嶽	525	頷	647	哈	70	笚	378
噉	80	欲	236	翻	416	爛	525	頷	648	嗑	76	篕	418
嘤	80	歛	237	腓	424	鼸	526	頷	649	囲	84	糡	419
囒	81	洽	256	脂	428	賧	537	頷	650	圅	85	股	425
嚙	81									圅	115

자음 색인 [합~해]

胛	441	歙	730	沆	267	韄	560	佽	23	懇	173	瘶	321
鞈	467	鮯	730	炕	274	迒	568	偕	28	懤	174	盇	329
庴	474	鰕	730	狑	294	邟	576	儕	32	抜	179	盍	330
阥	474	**항**		猏	294	巷	577	儶	32	拔	182	醢	330
虩	475	丆	17	巩	308	罌	578	儹	33	敱	199	眩	334
蛤	479	亢	18	鞏	309	鄕	579	劾	50	肸	207	瓣	342
金	479	伉	21	角	312	顅	581	犴	56	夥	213	衸	352
蠵	484	侼	23	肝	313	酐	583	哈	69	楷	225	該	370
祫	498	冘	39	痯	318	釭	591	咳	70	楷	227	觧	382
裍	499	劶	49	硜	334	鍏	593	嗨	76	檞	231	緈	394
詥	513	吭	67	筊	344	鎴	599	嘻	76	欬	235	繲	402
譀	519	哮	72	筊	372	開	608	嗐	76	欿	236	羍	411
谽	525	夅	97	笁	372	閌	609	嘕	78	欱	236	辪	412
迨	569	夋	98	簳	372	闀	610	醫	80	欯	236	翎	414
郃	577	夯	99	笄	372	閬	612	嚱	88	欲	237	胲	426
郟	580	妧	102	箭	376	闠	613	咳	97	殰	243	腨	431
鄐	580	姮	104	缸	404	阬	614	咳	100	殳	244	譆	437
鄀	582	嫦	109	瓨	405	降	614	奊	100	氦	250	荄	449
鈴	593	項	131	綱	405	降	619	妎	102	海	256	薤	457
鑉	603	巷	137	翃	413	准	643	姟	104	海	257	薢	465
閤	609	恒	163	肛	424	項	643	嬉	108	棄	257	蘚	465
闔	611	恆	163	肮	425	頏	647	衸	112	諧	261	蠚	470
闛	611	忓	163	肮	441	颺	652	孩	113	澥	268	醢	473
闔	611	恒	163	荒	446	瘖	663	宐	115	瀣	271	鹽	474
闛	611	慧	167	蕻	450	骯	672	害	115	寡	276	胲	480
陜	614	抗	180	蚢	463	髋	673	害	115	奚	284	蟹	487
雈	620	捀	183	行	491	閌	682	峐	123	獀	297	嶰	487
雩	624	抗	203	衕	492	魧	685	嶰	128	獬	298	祾	496
鞈	633	杭	216	衚	492	頏	688	懈	133	偕	303	褉	498
鞨	639	柯	219	舼	526	魧	688	廨	147	眩	314	解	507
頜	644	桁	220	貥	533	鴴	700	俙	156	疧	317	解	507
歙	688	欱	235	跂	545	點	721	侅	159	痎	318	解	507
魽	689	沆	253	跂	545	齕	732	懎	164	疫	318	鮭	507
鴿	702	港	260	踁	547	**해**		懈	169	瘥	320	蟹	508
								亥	18	懈	173	訡	510

자음 색인 [해~헌]

該	512	陔	616	嗐	82	沍	256	嚮	82	鼰	582	許	461
諧	517	廨	618	核	220	涬	258	嚵	82	鉤	594	虗	474
講	522	鞋	637	楷	227	烓	275	婋	104	闔	610	虛	474
譗	523	翟	641	楷	232	瓨	309	宦	116	闟	612	虛	475
邂	523	鼈	641	澥	271	睅	335	宣	116	魯	642	許	510
邁	524	嚔	641	矉	338	婞	343	寰	118	響	642	訐	512
讗	524	麤	641	碎	349	倖	343	寰	118	響	642	軱	532
孩	528	龒	641	礮	350	幸	343	鄕	143	謣	642	翮	560
陔	529	頦	644	糩	390	竓	370	昫	207	鼗	642	鄶	581
貊	531	頰	644	翢	415	符	374	曏	207	鼕	656	譼	581
獬	532	餃	656	徽	500	絎	394	皀	211	餉	657	歔	617
賌	534	籅	661	覈	503	絳	396	皁	212	餏	659	驢	670
賅	534	骸	662	輅	559	繗	398	桮	225	饟	659	麠	687
賢	536	駭	666	轄	562	絎	399	榖	280	餞	660	讑	687
迡	541	駓	666	釽	590	肪	426	峘	287	饗	660	獻	687
赳	542	骸	668	閡	608	苔	449	珦	301	饟	661	[헌]	
趂	542	骽	673	閤	608	蓙	451	磨	323	香	662	屳	20
跊	546	骱	673	霚	627	荇	457	礴	350	香	662	伭	22
骸	556	骸	674	霰	627	行	491	椿	361	鬈	663	嫣	109
鞋	557	髂	674	翩	683	行	491	窩	366	麞	663	憲	118
鞵	562	骸	683	翩	711	衏	491	粨	387	麞	714	献	135
迦	568	鮭	690	[행]		行	495	絢	394	麞	720	巚	135
迶	569	鰝	694	夆	14	許	516	縢	433	[허]		憶	142
邂	574	鎎	695	倖	26	許	516	薌	456	噓	78	德	159
邂	574	鮮	697	涬	41	骬	673	萫	457	嘘	82	憲	172
遑	575	蟹	697	嘩	73	魟	686	蠁	465	墟	94	憾	174
郋	577	鱉	698	婞	106	鴴	702	蚆	479	岈	126	摲	188
醢	585	黳	730	姕	125	鴴	702	蠁	487	嘘	133	攑	194
醯	585	齢	732	幸	142	[향]		響	521	嘘	172	櫶	233
醯	586	齡	732	卒	143	享	18	鄕	579	嘘	232	濾	271
鍇	603	齫	732	徍	157	享	18	鄕	579	歔	238	献	296
開	608	齰	737	悻	165	章	19	郷	579	礎	350	獻	296
開	608	[핵]		悻	166	向	66	鄉	580	禤	356	獻	297
閡	608	劾	50	晵	208	曏	70	鄉	580	笅	373	獻	298
段	613	劾	50	杏	216	響	81					癋	323

자음 색인 [헌~현]

幰 367	譣 471	殲 241	麣 476	刻 46	顯 207	曓 407
獻 476	憸 471	洹 253	巘 476	叩 66	晛 208	翺 414
蠇 489	譣 521	泫 253	盡 491	呟 69	灥 210	翾 415
獬 508	趨 540	洶 255	禊 500	哯 72	梋 220	翻 416
讞 523	險 615	灛 272	睍 504	嚽 82	楥 223	翻 416
巚 544	險 617	烇 276	覒 504	圓 85	洝 254	肦 424
幰 562	韅 640	烘 276	鷔 508	垷 89	泃 255	肩 424
軒 558	驗 667	焱 277	詄 514	呟 89	灗 273	胘 426
輚 562	驗 667	焊 279	奒 538	婎 103	炫 275	朘 434
攇 564	驗 670	爀 282	欯 538	妶 105	狗 293	臤 435
蠇 604	巘 719	鹽 330	赫 538	婹 106	狦 293	舷 441
韗 636	**혁**	昍 332	福 538	嬛 106	獧 298	莧 451
鶱 706	奕 18	昪 334	襺 539	嬛 110	玹 301	虩 475
헐	弈 18	睯 335	赶 541	媛 111	現 302	蚿 478
歇 237	佉 24	賏 335	越 541	皁 113	琄 302	蜎 480
滐 263	洫 40	瞑 335	闃 609	屶 126	璽 305	蜆 480
鱎 442	革 57	奐 336	閴 609	岏 128	疢 317	蠉 487
鱎 443	哧 71	嚇 336	閱 610	幰 140	症 317	蠉 488
蠍 487	唬 73	豹 339	革 632	庎 143	旬 331	顯 490
蠚 503	嚇 75	殳 341	誡 662	弦 145	県 332	衒 492
헙	塃 81	殀 341	騱 667	弙 151	眩 333	衒 492
婑 104	弈 92	殍 341	驛 670	弰 151	眴 333	袨 494
嶮 133	燮 100	殹 341	閱 682	慀 152	眴 334	見 502
忺 161	焂 101	耉 344	閱 682	憦 152	瞯 340	現 503
憸 173	奕 149	磬 350	默 724	恈 163	瞼 340	現 503
杴 216	奕 149	竇 367	齦 729	慌 166	礥 351	蜆 504
枮 225	忺 165	篇 379	齦 729	惛 166	袨 353	評 510
燂 281	憪 174	編 399	齦 729	慌 173	祄 366	診 510
欣 286	拺 184	翃 415	**헌**	懸 174	筅 380	詪 513
獫 298	擸 193	胈 428	玄 18	扷 180	約 392	訮 513
獫 299	榡 224	膜 430	伭 23	抲 182	絃 393	詤 514
癊 322	榔 225	苙 450	俔 25	搟 186	絢 394	詪 515
礆 350	榔 227	薟 451	儇 32	擜 193	縣 399	詤 515
秢 360	歘 236	號 476	娊 42	夐 199	緈 399	諼 517
憸 465	歔 238	號 476		眩 206	縓 402

자음 색인 [현~형]

誢	518	顕	648	瞯	338	䀏	650	夾	99	䁩	336	餄	656
譞	521	顥	648	矎	338	䀏	650	㚒	105	瞯	338	鋏	657
譴	523	顯	649	碟	348	䀏	650	峽	128	硤	346	頰	662
賢	533	灦	654	䥺	363	䀏	650	陝	128	祫	353	鞨	662
眩	533	駽	665	窞	366	顩	729	㤿	139	筴	374	鮎	689
賢	535	駒	665	窨	368	**혈**		弰	152	筴	375	欱	733
贙	536	䮭	666	絜	394	爣	35	猰	152	篋	377	鯦	733
贒	537	鵑	666	縻	397	孑	44	俠	156	絜	395	**형**	
臡	538	閴	682	䌎	397	妎	102	協	163	肤	403	亨	18
趁	540	鳿	701	狹	413	嫌	108	悏	165	脅	425	伔	23
趞	541	**혈**		翃	413	獫	296	惢	165	脇	427	侀	23
軝	558	仚	20	翓	414	嗛	311	惬	168	胠	427	兄	34
䩾	560	吷	67	荔	450	瀸	321	嬱	168	脋	427	冋	40
蹽	575	坈	88	頡	469	稴	361	憍	169	胗	427	刑	45
鉉	592	妜	100	蔦	472	䵏	663	應	170	胰	427	荊	45
銷	594	妜	105	蠂	476	**혈**		拹	170	莢	451	荆	46
鋗	595	姁	105	蚗	479	夾	23	挾	183	蕵	466	刑	58
䥺	595	子	112	頓	483	侠	24	撔	188	誜	468	南	58
鑴	603	穴	114	血	490	俠	25	叶	205	虩	475	虖	72
鑱	604	岤	127	袥	494	俓	26	柗	220	蛺	480	哼	82
阠	613	抾	181	禊	497	冲	40	㑉	221	詃	514	馨	88
陥	614	抉	191	覕	503	冾	41	欧	237	詃	534	型	91
俔	614	殶	241	訞	512	㳎	41	歙	237	資	536	型	91
雺	625	殘	241	頁	532	旿	49	歙	238	趇	540	复	98
韂	633	沇	254	趐	540	協	50	嶡	238	鋏	595	奚	101
鞎	633	減	264	跌	548	勰	51	汁	251	鋏	597	娙	103
韢	634	炔	274	决	568	匧	54	浹	256	陜	614	姌	105
鞮	635	咸	275	闋	608	協	56	浹	257	陜	614	岇	128
鞢	637	焎	276	闐	609	庆	60	淡	264	陿	616	嶴	129
鞢	637	獝	299	闒	611	叶	65	㶷	279	雬	624	荧	132
鞨	638	疾	317	集	619	嚪	76	燾	282	零	624	侀	139
靽	638	孟	328	鞂	634	嚪	81	狹	289	靲	634	形	154
頋	640	映	332	靸	634	佮	88	狹	294	頰	645	彤	154
頏	644	盷	333	頁	643	埉	89	炰	309	頰	648	形	154
顕	647	盷	334	頁	643	増	93	疢	323			侀	156

자음 색인 [형~호]

徯	157	硎	345	銅	592	傒	169	玃	416	醯	587	唬	73
悻	165	硎	347	鈃	593	奊	169	盻	420	釀	588	嗃	75
悻	165	榮	362	鉶	593	慧	171	直	436	鏸	602	煳	75
擤	193	籉	369	鏗	595	憓	172	絶	444	開	608	皥	76
夐	199	妍	404	鎣	595	憓	174	絁	445	隱	617	嚛	78
見	207	妍	405	鐅	595	鱉	174	鱉	445	鞋	634	嚛	78
桐	219	脝	405	鉶	598	揳	187	槥	459	鞋	635	嚛	78
桁	220	脝	428	陘	599	晵	210	蕙	463	鞵	636	嘷	79
椸	220	荊	442	陘	614	橞	220	蟪	464	靾	639	嚎	81
橞	224	荊	449	陘	615	橞	227	蜷	484	鞿	639	坪	88
煌	225	荊	449	經	631	橞	228	蟪	486	韢	640	垕	89
熒	227	蘐	454	馨	663	槥	230	孫	496	頬	647	壕	92
歆	236	蘐	457	馫	663	槥	230	傒	498	頰	647	號	95
殑	242	葵	467	鵁	702	欱	235	訏	511	驍	668	壕	95
洞	254	蘂	468	鵁	704	欱	236	詗	512	驍	669	壺	96
沕	256	衡	470			歡	237	僡	514	驚	684	壺	97
泂	257	螢	479	**혜**		琜	242	譽	514	鐞	697	壺	97
渟	257	蛵	480	兮	11	猲	266	譓	515	鷱	726	夰	99
滎	263	螢	484	傒	29	獌	296	譿	516	鼥	729	好	102
漰	267	術	492	僭	31	獓	305	謢	518			姣	102
瀅	270	衡	492	儶	34	曀	314	譓	518	**호**		妒	103
瀅	271	釿	506	兮	36	曀	315	譓	520	乎	14	姒	107
瀅	272	衡	507	乁	55	瘟	318	讏	521	亏	14	娥	107
炯	275	訶	511	嘒	78	盆	329	讏	523	互	17	嫭	109
炯	276	詗	515	嚖	80	眭	332	豯	525	豪	19	嫮	109
烓	276	賄	534	嚖	82	睽	337	豯	525	儫	32	嫮	110
熒	278	輷	564	槥	107	篲	371	豯	529	冱	40	孖	112
熒	279	迥	568	娗	109	篲	383	貕	531	冴	40	孖	112
熒	279	迥	568	憲	117	絜	394	踦	545	沍	40	孒	113
瑩	280	迥	569	慧	131	絜	399	蹊	550	势	48	岵	126
珩	301	迥	570	慧	131	繶	401	鄢	577	势	51	岵	127
瑩	307	邢	576	彗	154	繶	405	醯	584	居	60	嵑	132
缾	308	邢	577	徯	158	徯	415	醯	585	号	65	壕	134
瓶	309	鄧	578	徯	160	獌	416	醯	586	呼	69	帍	138
秴	341	鈃	590	惠	164	獌	416	醯	587	唔	69	帍	138
						惠	166					唬	70

자음 색인 [호]

憮	141	栲	217	犒	290	簄	380	穫	469	狐	530	瓁	641
憳	142	楜	225	猢	293	護	382	護	473	虢	531	護	642
廟	146	榟	228	狐	293	篗	383	乕	474	貚	532	頋	644
弧	151	檴	230	犴	293	耗	386	虎	474	跨	545	頶	644
彇	152	歔	237	猉	293	糊	388	虖	474	趴	545	顥	648
攷	153	欱	238	狩	294	紃	391	虜	474	虢	549	顬	648
怙	162	毞	246	猢	296	緷	391	虝	475	蹖	550	颪	650
恗	164	毫	247	猤	297	絝	392	虓	475	軒	559	飍	652
怒	164	毸	247	猩	297	絿	395	號	475	郝	579	怙	655
悎	165	洿	253	獋	297	罖	395	虠	475	皢	579	餰	657
悃	167	汻	253	獲	298	縞	396	虛	476	郶	579	餬	658
惶	171	泧	253	琥	303	罢	399	戲	476	鄂	580	餷	658
戯	177	浮	254	瑚	303	䍐	406	虩	482	鄗	580	餚	658
戱	177	洘	256	瑚	305	罣	407	蝴	483	酤	581	餽	659
户	178	洸	256	瓠	305	羽	413	螖	488	酐	583	饉	660
戽	178	浿	258	弧	307	羽	413	蠔	491	酗	583	餺	676
床	178	湖	259	狐	307	翃	413	嘷	492	醐	585	靝	676
扈	178	滈	261	瓠	307	翈	421	祄	493	醯	585	豪	676
抐	182	滣	263	瓳	308	胡	426	祜	497	醏	585	豪	676
搉	189	滬	264	癎	320	膈	431	祴	497	酷	585	鎬	676
搳	189	淲	264	皓	325	皐	436	祦	501	鈷	591	髇	679
摵	193	滸	264	晧	326	苄	446	訐	510	鉒	593	髇	680
攨	193	濩	264	皞	326	芦	446	訏	510	號	596	鬨	683
杲	206	渾	267	皛	326	芴	447	訌	510	鋼	598	鶯	684
旿	206	澔	267	盔	330	芉	447	詡	512	鎛	598	魖	685
昊	206	濠	269	矦	341	怙	449	詒	512	鎬	599	魊	686
昦	206	濩	269	祜	353	葫	456	諄	519	隔	616	魖	686
晧	208	濩	271	鼕	363	葒	456	諱	521	障	617	鮖	688
暠	210	灝	273	矱	363	蒿	457	護	522	隯	618	鮮	688
暠	210	濩	273	笙	372	蔰	459	諉	522	雇	619	鮭	690
曍	210	烌	275	笻	373	薅	461	諙	522	翟	621	鯸	692
暤	210	灶	277	箎	376	蕐	465	澔	525	寣	624	鰗	694
皥	212	煳	279	箶	377	藃	465	貕	525	護	629	鱪	694
皓	214	熩	280	篅	379	蒿	465	豐	527	鞫	636	鱶	695
杲	216	牙	288	篁	380	歆	467	豪	528	鞰	637	鱸	698

자음 색인 [호~홍]

鳸	700	熇	279	髐	675	滈	258	頀	647	惚	209	灊	710
鳿	700	熀	279	斛	689	混	259	顥	647	習	212	劾	715
鶘	706	縠	295	鵠	707	渾	261	餛	657	膔	215	総	716
鶾	706	覺	310	嫈	716	浑	261	餫	658	核	220	**홍**	
霩	708	督	335	**혼**		溷	263	驊	668	欻	235	仜	20
鸖	710	賊	335	偣	25	焜	277	魂	685	汹	252	叿	66
鸌	710	岇	350	俒	27	婚	277	芫	685	滑	258	哄	70
鸛	710	簌	384	唔	73	煇	278	鯶	694	忽	259	咏	72
劜	713	鴬	412	唔	75	昒	303	鯶	716	炴	274	噴	76
鴈	714	譓	415	圂	85	眃	332	鵷	716	惚	295	唴	77
翃	717	螢	434	圂	100	暋	335	鯤	722	痽	318	啡	77
靍	720	設	483	婚	106	棞	336	轒	729	瞢	338	圂	85
點	720	瑩	483	娾	106	棍	360	**홀**		寫	368	虹	102
䊀	720	觳	486	敽	106	緄	387	岉	36	笏	372	弘	114
翂	721	翯	501	婚	107	縉	395	囫	54	總	396	嶋	132
戽	728	皓	507	忶	161	緷	397	崒	55	猾	422	哄	139
鵍	729	諴	507	惽	166	繩	397	嘑	57	瞛	422	弘	151
鶻	729	戠	529	惛	168	總	400	唿	73	芴	447	艽	151
혹		縠	529	捆	183	耂	400	嗡	73	葷	454	忕	161
嗀	76	縈	538	捂	184	腞	417	囫	84	苗	457	懓	175
嗀	76	轂	539	捆	185	腽	429	圂	84	輷	562	鼟	175
或	140	趤	541	旦	205	菌	434	圁	84	㕳	568	骮	197
咸	140	趪	541	昏	206	䐇	460	圂	84	霿	623	哄	207
幙	146	酷	584	昏	207	䉗	507	寉	117	霿	625	肨	214
惑	166	鷊	586	晧	209	䴟	507	曶	154	飍	651	汞	252
或	176	馨	586	晙	209	䚟	507	忽	161	飍	651	泓	254
或	176	醫	587	棍	222	喗	517	忽	161	飍	652	洚	255
或	176	鑒	598	楦	222	踔	550	惚	166	飍	653	洪	255
掝	185	鬥	607	棞	226	輯	562	扣	180	鳲	699	泧	260
歑	273	閣	609	歂	237	輥	563	捥	184	鳲	699	澒	266
殻	244	崔	619	歂	237	鞰	564	捆	188	鳲	700	洄	267
縠	245	顥	645	殙	241	醺	585	捆	188	鳲	700	澒	267
瀫	271	顄	648	殙	242	閽	610	敠	198	䳦	701	鴻	270
縠	279	饗	660	殙	242	閽	611	昒	206	鶋	706	灯	274
								習	206			烘	275

자음 색인 [홍~확]

烘	277	鍒	595	画	44	攇	191	戏	353	祸	495	華	640
玒	308	閧	609	划	45	擭	193	禍	354	訛	511	鞾	640
哄	333	閦	610	囮	49	飮	205	禍	354	話	512	靴	659
哄	346	阣	610	七	53	䄒	205	禍	354	譁	514	驊	670
硔	346	陮	614	化	56	枠	216	禍	355	調	515	傀	685
碽	349	霐	614	乎	62	杹	217	禍	355	誇	517	觟	685
烢	367	霟	619	叱	66	茻	218	禍	355	謹	519	鮭	690
篊	377	澒	624	吴	66	秣	223	禍	356	譁	521	鯀	693
潢	379	訌	625	杏	66	椛	224	秴	360	譁	522	鱯	695
紅	385	霟	625	吙	66	楇	228	稞	362	議	524	鱸	697
粠	386	魟	642	呀	67	槲	229	薌	368	譔	532	蠖	698
紅	391	骺	642	和	69	樗	229	瀾	371	貝	533	鞘	709
翃	413	頵	645	咊	69	檴	230	糀	387	貨	534	鉌	737
輁	420	頏	645	呆	69	樺	232	庹	392	賃	537	**확**	
鞃	421	頇	645	哗	73	殈	242	繣	401	駝	556	傓	34
鮏	441	頒	646	唬	79	汱	253	畵	423	騞	561	劐	48
郱	441	顢	648	嘩	81	涹	258	畵	423	驊	562	膗	65
弘	448	颩	650	夥	94	漥	267	靐	440	醉	587	孂	111
茣	450	颱	650	稞	99	火	273	鞳	440	釫	590	孃	112
溁	456	颱	651	妠	99	灬	273	鞳	440	鈌	591	廓	146
紅	456	颱	651	妿	103	烟	274	花	447	鈬	592	廋	148
葒	460	闊	682	嬅	107	炎	274	花	447	錵	594	彍	153
蕻	465	闍	682	屛	110	燊	274	苄	448	鉈	596	彉	153
艠	476	鱩	686	廖	123	怺	287	華	452	鐸	601	彍	153
吽	477	紅	688	㠉	124	瑎	304	華	452	鐸	601	攫	154
虹	477	鮾	690	崋	130	瑾	305	華	453	鐸	602	懷	175
螚	478	鸿	699	嶅	132	瓟	307	樺	462	闌	612	拡	182
訌	509	鴻	702	嶅	133	瓶	309	華	463	蕾	618	挄	183
訌	524	鴻	709	恖	167	画	313	蕄	466	鞾	622	搉	189
鈜	525	**화**		愕	172	畵	313	蔿	471	霍	624	擴	193
銎	525	伙	21	慐	172	畵	314	髇	472	靴	637	擭	194
𧘇	538	俰	25	懸	173	畵	314	蘳	472	鞾	637	攫	195
頱	586	咊	30	瓀	176	盉	329	齅	473	鞾	637	曤	209
鉷	593	傀	32	蘾	189	盵	332	蠁	486	鞾	637	曤	211
		西	44									曤	211

자음 색인 [확~활]

曤	212	頀	524	嫏	110	澴	265	綄	383	豢	528	獁	664
擭	227	玃	532	宦	115	渙	268	粔	386	貆	528	睅	664
攫	232	躩	555	寏	116	溴	269	絙	387	貛	529	騅	669
濩	265	鑊	603	寰	116	漢	270	糫	389	獾	530	驩	671
濩	269	鑴	604	寶	118	漠	275	紈	391	貆	531	驪	672
濩	271	膗	622	屓	123	灸	278	絙	394	貕	531	骫	673
燷	282	霍	626	峘	128	煥	291	綄	395	貛	532	骯	673
獲	299	霩	626	幻	143	犨	291	緄	395	韓	538	鬟	681
瓁	299	靃	628	戌	144	豢	291	緩	402	踤	549	䴥	687
瑴	306	靃	628	彶	155	狆	294	纘	403	轘	564	罠	690
瓠	307	靃	629	徺	159	犴	296	羦	411	还	568	鯇	691
癨	323	骻	675	患	165	狟	296	羷	411	追	571	鰥	693
睅	337	鶴	710	悛	168	猨	298	羦	412	邅	572	鮑	693
睅	339	**환**		悗	171	獾	299	羦	412	還	573	鯶	694
矍	340	丸	13	閤	172	环	300	羦	415	還	574	鯘	694
曤	340	九	13	悤	174	瑗	303	朒	417	邅	575	鱞	694
矍	342	乯	16	懁	175	環	305	肵	417	邅	575	鰥	697
鑊	343	侁	23	換	186	環	305	肌	424	鄹	581	鱞	697
碻	349	俒	28	擐	192	瓛	306	舤	424	酄	582	鳩	699
確	349	公	62	圂	194	瓵	309	臛	424	彖	589	鳰	700
礭	351	喚	72	逭	200	疝	316	饗	435	銨	595	鴏	700
穫	363	喚	75	睅	208	痪	320	莧	436	鋑	598	鵍	703
篗	376	嗳	75	髮	209	瘓	321	芄	446	鐶	601	鸜	710
簏	378	嗹	77	膈	213	癏	322	苣	449	鐶	603	鱞	710
籭	382	嚄	80	胹	214	癏	324	雈	453	閌	609	鸛	711
簫	383	囏	83	桓	219	皖	325	萑	453	閒	610	雛	711
簫	385	翬	83	柛	220	盌	327	藼	464	闤	612	麤	713
籗	385	霓	83	桓	220	旽	331	祼	470	隓	618	麤	713
糫	390	国	85	欢	228	盱	334	稞	496	萑	620	麤	713
藿	419	圓	86	歓	235	盱	334	觯	508	萑	621	鼘	716
擴	422	垸	89	歡	238	矜	341	饗	508	雚	623	鑹	717
膿	434	垸	89	歡	238	豢	343	艦	509	韄	637	**활**	
艧	444	寰	95	汎	252	秸	354	謹	524	頇	643		
臛	444	奐	100	洹	256	窭	366	豢	528	顴	654	馯	721
蠖	488	雚	101	濆	260	箋	377	貆	528	饟	661

자음 색인 [활~회]

佸 23	趏 540	幌 140	煌 278	繣 401	偟 556	徻 159
活 40	蛞 542	慌 141	爌 280	望 413	軦 559	欥 236
畵 101	趙 542	徨 157	爌 282	肓 424	韹 562	潧 267
姡 104	闊 609	徫 158	獗 283	脝 431	郈 572	癉 323
婠 105	闊 610	怳 162	橫 291	膛 433	鄴 580	翮 416
昏 122	闊 610	恍 163	徨 296	膓 434	鐄 581	莑 459
焎 122	闑 611	怳 167	猥 296	皇 436	鍠 587	鮭 507
敌 197	盔 631	惶 168	獚 297	晃 436	鎤 597	誴 522
活 256	膃 672	慌 169	瑝 303	韹 440	隍 616	穮 529
渧 257	髖 675	慌 169	瓺 305	腥 442	韹 637	鎩 554
滑 264	鬠 679	揘 186	雘 309	艎 443	靧 642	鉞 593
湉 266	鰪 694	旟 189	瘣 312	芒 445	徨 658	**회**
澮 268	鴰 716	晄 204	攉 320	荒 445	饋 660	会 21
滅 269	黥 724	晄 204	皇 322	荒 448	駂 666	佪 23
潤 270	齕 734	晄 207	畠 325	慌 449	駽 666	佪 23
猾 296	**황**	晃 207	島 325	荒 449	騜 668	回 32
獪 268	况 17	暆 207	盉 325	荒 449	駻 669	囘 38
眲 333	充 18	晅 209	鋘 326	荒 454	驩 670	剴 46
眛 333	徨 28	曘 210	吭 326	墋 456	鰉 694	劊 48
瞎 334	爌 35	曘 211	眈 333	蝗 483	鱨 696	匯 55
磆 349	況 40	肓 214	眈 333	蟥 486	鳬 702	吷 70
禫 354	凰 43	胴 214	磺 350	盂 490	鵝 706	回 84
祜 354	旯 67	槐 214	禋 355	盍 490	鵝 706	囘 84
秴 358	喤 75	楦 225	程 359	盃 490	鸋 709	囲 84
秳 359	埧 91	榥 226	穢 361	覸 504	黃 719	圓 84
敌 439	堭 94	櫎 233	穢 361	諏 513	黃 719	壞 95
豁 440	荒 100	況 253	穢 362	詤 513	朦 719	嬇 109
聒 441	媓 107	洸 256	篁 377	詤 517	鑲 719	壊 110
落 456	怳 115	泹 256	篁 381	詤 518	鑽 719	孃 111
蛞 479	岦 125	湟 261	程 388	貺 533	簶 720	妚 113
蜎 484	崞 131	渾 263	横 389	貺 534	韃 720	烩 122
調 515	帘 135	洸 264	横 394	趪 534	**홰**	岁 126
豁 525	帛 136	洗 265	縱 394	晄 542	噅 80	峆 131
鴰 525	帛 138	洪 266	縱 399	趪 543	噉 80	嶑 133
越 540	幌 139	湟 271		詤 556		裹 134

자음 색인 [회~효]

廻	147	灸	274	蛻	480	鐬	601	嘴	83	驍	669	峪	525
廻	149	烋	276	蜖	484	鐬	603	嬊	110	驍	670	鞠	560
廻	149	烌	276	蜖	484	薈	628	爐	141	횤		鞠	561
廻	149	烑	277	蟥	491	醢	631	悘	168	儶	34	鈜	591
徊	156	燴	282	裒	495	瞶	632	懷	172	什	57	鋐	595
恢	163	燴	292	裒	495	頮	644	攉	191	咥	66	鐄	602
怐	163	獪	298	褱	498	頠	644	攫	193	嚛	82	鑅	603
悔	165	璯	305	褱	498	頯	645	斷	202	宏	114	竑	642
毎	165	痐	318	禬	501	頮	645	歕	238	岻	128	頮	649
懷	173	痕	320	詼	512	顚	647	湝	261	弸	153	顥	649
懷	174	盔	329	詗	513	顛	648	漷	265	忪	163	颭	650
扙	182	砢	346	誨	513	膾	660	瀧	270	抅	182	颱	650
搋	188	磴	351	諱	514	饋	661	爌	282	拘	186	颴	652
摧	192	禬	356	誻	514	駒	666	獲	298	橫	230	鯹	652
晦	208	烓	370	諝	515	鮰	690	畵	314	潢	271	鰩	653
會	212	絵	394	譮	516	鮰	690	瞶	338	瀇	272	飁	653
會	213	繪	401	諙	516	鱠	697	畵	314	砿	344	飇	653
會	213	繢	402	誼	517	鴅	702	君	344	硱	348	驚	671
枂	219	緂	412	讀	521	鴃	703	夸	367	甍	350	鷽	711
柯	220	耲	419	譿	521	魃	712	繢	401	竑	370	罍	720
檜	231	耲	419	誚	523	魃	713	膃	432	紘	392	효	
檴	233	朓	427	阰	527	儾	713	獲	467	罞	406	傚	25
市	239	脍	431	狂	527	儾	713	虓	515	罜	414	侑	26
殟	242	膾	433	㥨	528	黙	722	虓	515	罥	414	傚	29
洓	255	茴	449	賄	534	駅	722	護	518	獷	415	僥	34
洄	255	茭	450	賄	534	黬	723	護	518	猩	415	劾	50
洄	257	薈	465	輠	562	黶	724	講	523	彋	415	吗	69
淮	259	藱	466	迴	567	嫼	730	講	524	耾	420	哮	73
澮	262	蘱	469	迴	569	획		韄	566	聜	421	虓	73
滙	264	壞	472	逈	569	劃	48	闊	609	艢	443	嚆	76
澮	268	懷	473	逎	574	膈	65	闠	612	薨	465	嘵	77
濊	269	虺	477	達	575	咴	70	鞼	637	褠	500	嗷	79
瀴	271	虺	477	鄶	581	嘞	73	鞼	640	謍	518	曉	79
灰	274	蛔	479	鮠	581	嚄	79	颳	651	玆	525		
灰	274	蛕	479	鋼	594	嚄	81	驍	668

자음 색인 [효~후]

鵂	416	楱	224	侯	28	酘	583	絞	392	洨	255	賃	80
朐	425	槈	225	侯	28	酘	583	絞	392	洚	257	囂	81
髌	430	欨	236	导	39	酘	584	絞	392	涍	258	嚚	83
臭	436	殐	240	辭	39	酵	584	絞	393	澩	269	啸	83
芋	446	殠	240	厌	60	醉	587	肴	424	滆	270	塙	94
芌	446	洉	255	庆	60	鐼	604	肴	425	灯	274	薨	101
芐	446	涸	258	厚	60	闏	611	胶	425	灯	274	婋	107
薛	453	瀘	270	厚	60	頺	647	脋	427	烋	275	孝	112
葔	456	煦	277	厚	60	頹	648	膮	429	熇	279	宩	116
薀	460	垢	289	厚	61	頾	652	膫	432	矯	280	峱	129
虖	474	獳	290	后	66	頾	652	荍	432	爻	285	崤	130
虖	474	㹱	292	吽	67	餱	657	殽	449	猇	294	庨	145
蚴	479	狗	293	吼	67	驍	670	穀	463	虓	295	恔	161
蛈	479	猴	296	吼	67	骹	673	薧	469	猷	296	恔	164
蜼	483	猴	296	咴	68	骻	673	薧	470	獢	297	惰	167
蝮	484	珝	301	咮	70	髇	674	虩	473	猦	297	燒	172
蝠	485	珝	301	喉	70	髐	675	虩	473	獢	297	撓	191
褏	498	鈊	307	喉	75	亳	676	虩	474	獢	297	撑	194
詢	511	疛	316	煦	75	嚳	676	虩	474	獢	297	效	197
訽	513	疛	316	嘑	75	嚳	684	蟓	484	獫	299	敎	199
詿	513	瘊	320	嗅	76	鳥	699	蟓	484	獱	299	穀	200
誤	517	眂	334	垕	88	鳧	701	詨	510	獢	299	睢	208
誤	517	睺	336	埃	91	鳧	699	誷	512	獢	299	曉	209
諤	519	煦	336	妁	103	鷄	702	詨	513	瘄	318	曉	209
譃	521	煦	336	帿	140	鮫	702	諸	514	瘃	322	曉	211
狗	528	猴	341	後	156	鴞	702	誟	515	皛	326	校	217
賑	536	缑	341	徯	157	鷽	706	謔	516	皢	326	栩	218
趎	540	厚	342	怐	161	嚳	708	謞	518	睢	334	枭	221
趍	541	候	355	怐	164	鵰	708	謼	519	砇	344	楢	223
趯	542	筷	377	睺	209	齵	714	䚩	525	稉	362	枭	228
远	569	篌	378	睺	212	龡	737	縠	528	窙	366	歊	237
逅	569	糇	388	睺	212	**후**		縠	534	窵	366	歊	238
郈	577	翻	415	吁	215	伨	22	貟	542	笅	372	殽	244
㔌	577	翩	415	枡	219	侯	24	趙	546	笅	374	磬	245
鄎	579	猴	415			侯	26	郜	578	篌	379	畏	250
										篌	381		
										簽	384

자음 색인 [후~휴]

酗	583	**훈**		訓	509	喧	131	還	543	毁	466	煇	278
酌	584	勛	51	誉	509	弲	152	蹢	551	虆	471	煒	278
酗	584	勳	52	桒	511	愃	167	鞙	635	虫	476	燀	282
鈱	584	勲	52	薫	527	慩	168	鞫	639	虺	477	揮	290
鍭	593	勯	52	獯	531	昍	206	韗	639	烜	477	獯	296
鍭	598	嗅	81	蹟	551	晅	207	鞻	639	俿	478	揮	296
錉	598	坃	87	暈	560	暄	209	鞜	639	諠	517	猇	297
㕦	598	塤	92	醺	587	晥	209			諼	522	暉	325
㬣	613	壎	95	鑂	602	暖	209	**훨**		獻	649	禈	355
霫	625	曛	126	鑂	603	楦	225	欻	414	舵	651	簒	384
雺	626	熏	209	馴	664	楦	225			餘	657	纂	384
頇	643	曛	211	鷷	711	烜	275	**훤**		餘	658	翬	415
頖	644	君	276	窶	722	煊	278	馮	572			翬	415
颙	647	煇	278			狟	294			**휘**		胃	457
龥	652	熏	278	**훌**		煖	334	**훼**		妥	105	褘	497
餱	657	薫	279	𠮥	80	煊	336	卉	56	婎	108	諱	517
餱	658	熏	282	欻	235	禤	336	卉	56	徽	141	獯	531
餦	659	爋	283	欻	237	蕾	355	喙	75	麾	147	揮	561
骺	673	獯	296	欻	238	萱	377	喙	75	彙	154	篲	561
髹	674	揮	296	烅	276	翾	415	嚖	81	彙	154	隓	617
髞	674	獯	298	榮	454	萱	452	毇	110	徽	159	徽	695
鮜	690	暉	303	闍	611	萲	456	毇	110	戲	177	鰭	696
鯸	694	纁	339	闐	612	蕿	456	徽	159	揮	187	鱃	698
鱟	697	纁	402	颮	651	蕿	465	戣	198	捣	188	麾	718
鵂	700	纁	404	魆	685	藼	470	槥	231	撝	191	麾	718
鴝	702	朏	424			蘐	470	毇	242	撝	193	鼪	719
鵃	706	臐	434	**훔**		喧	483	毇	244	摩	194		
鵂	706	膴	434	儌	34	烜	505	毇	244	徽	199	**휴**	
鵂	706	薨	445	竷	415	舶	507	毇	245	旙	204	休	21
嚛	709	葷	456	顉	465	艙	507	烜	275	暉	209	休	22
騖	710	薰	461	顉	649	舷	508	炾	276	楎	224	倠	26
駒	730	薰	466	鶎	711	諠	517	燬	281	楎	224	儶	34
駒	730	薰	467			諼	517	瘨	320	毳	246	劌	49
魶	731	勲	471	**훤**		諼	524	礦	350	麾	249	咻	70
鬜	731	禓	501	呾	70	餛	531	毇	383	洴	254	咻	77
				喧	75			毇	389	汻	270	嚞	79
				喧	83			芔	446				
				暄	107			揬	463

자음 색인 [휴~흘]

휴				흑	흔		흘
隋 94	瞚 337	陸 616	**흄**	**흑**	**흔**	很 156	吃 66
姷 107	瞤 339	陼 618	嗅 76	嚳 79	匈 52	忻 157	屹 126
倠 109	矑 339	雋 621	忕 163	愲 169	吤 67	忻 161	忔 160
嫶 111	繡 340	雟 622	忻 163	畜 313	呴 69	悇 167	悬 172
烌 121	繡 401	颸 622	昕 207	禧 498	呴 70	恩 169	抲 179
巂 122	繐 404	飍 651	泍 256	誅 513	怴 161	掀 182	汔 252
嶲 122	繀 404	饞 653	焮 266	譆 539	恟 163	昕 185	沕 252
崔 133	蜀 408	饞 661	焞 276	鄐 580	殈 253	檺 206	爛 281
寯 134	脙 427	馘 663	猏 297	黽 730	淘 255	欣 229	疙 316
麻 145	茠 449	馬 665	昕 333		胷 425	炘 235	疙 317
庶 146	虗 472	傌 665	昕 338	**흔**	胷 426	焮 274	疲 318
廅 146	虧 476	驪 670	喬 341	嬥 110	胸 426	煘 277	盻 332
惃 163	蟦 476	驪 671	㹠 414	默 238	胷 427	捷 279	紇 332
傶 168	蟣 487	驫 672	听 425	嘿 267	胷 427	痕 318	秅 357
憓 175	蠵 488	髤 677	吤 425	黑 721	胷 427	痕 318	秅 358
攜 188	蠼 488	髹 678	吤 490	冥 721	衺 494	昕 332	紇 385
擕 191	蠵 489	髹 679	吤 490	冥 721	詾 510	甗 405	紇 391
攜 192	褵 501	鬆 680	諿 521	黖 722	訩 510	腹 427	紇 392
攜 192	墨 502	鬆 680	賑 534		詾 513	豨 428	肸 424
攜 193	觹 508	鱅 683	趣 540	**흠**	詾 513	脀 429	肐 424
攜 194	艦 508	鱂 698	趣 569	俽 26	譈 542	豐 439	肐 424
楕 220	艦 508	鱅 698	趣 573	妡 102	踊 550	豐 439	肐 425
嗅 240	艦 509	鰞 700	趣 573	庁 144	跼 550	蠛 489	肐 425
沭 255	艦 509	鵂 702	𨘢 576		鴥 700	蚏 491	虼 477
灘 269	艦 509	鵂 702	𨙟 579			訢 510	訖 509
㷒 275	譿 523	鸈 711	郇 583			退 560	訖 511
烋 275	譿 524	鼳 737	鐼 602			邖 576	跧 544
狘 294	豩 530		髖 627			豐 588	較 560
璕 306	豥 530		鬩 651			豐 588	迄 567
甗 310	豨 531		駽 666			鞎 634	迄 567
畦 314	趏 541		鵗 709			駬 664	迄 568
疇 315	輚 565		鸛 711				鉝 590
痳 318	鄘 582					**흠**	鉝 591
眭 334	鄘 582					仡 20	閪 607
睡 335	鉌 593					仡 21	陀 613
睤 336	鑴 605

자음 색인 [흘~힐]

乾	632	歔	238	**희**		氣	161	烌	276	羲	411	覷	628
乾	632	汔	251	俙	25	悕	165	炘	277	膝	429	頿	645
釳	654	洽	256	俷	29	惠	169	熙	278	胴	431	餼	656
釳	654	湙	263	僖	31	憘	172	熂	279	菥	451	饎	659
麨	715	渝	266	凞	42	惠	172	熙	279	蔇	460	驨	666
麨	715	燨	280	刵	59	戱	177	熹	280	虚	475	驨	669
齕	732	疙	317	糸	64	戲	177	熺	280	戱	475	鯑	692
齕	732	皀	324	呎	66	戲	177	熺	280	蜙	476	鱚	696
齕	732	瞚	338	呬	69	戱	177	燨	282	嬉	480	鵗	703
흠		翕	414	咥	70	鹹	177	燨	282	蠘	486	黖	721
伙	22	貀	414	唏	72	扷	182	犧	283	䒑	489	鯑	730
吽	67	翎	414	喜	73	抁	189	稀	290	篩	507	餼	730
噷	80	詥	427	喜	75	掫	192	犧	291	訏	510	䯀	730
嶔	110	胎	521	喜	79	搕	194	犧	291	訧	511	**히**	
廞	147	諴	525	嘻	80	晞	199	狶	294	誒	514	呬	66
廞	147	縹	539	噫	82	晞	208	欷	294	諆	514	屓	162
欠	235	趛	540	囍	83	晞	211	疸	298	諰	519	呎	235
歛	237	閇	608	囍	83	曦	211	瑎	302	譆	521	糇	387
欽	237	闛	612	墟	96	曦	211	甀	307	譩	521	䐁	430
歆	237	雭	624	壴	97	曦	211	甀	310	譪	524	**힌**	
戡	311	闟	682	奾	102	朕	215	痎	310	豨	528	鵁	700
歛	492	闟	730	姫	104	桸	221	痯	318	豨	529	**힐**	
譀	522	**흠**		姫	104	橲	229	瞦	319	燹	529	恄	163
鍁	596	俿	31	娭	107	橲	233	瞦	334	譆	529	擷	193
鑫	604	兴	37	嬉	110	櫳	234	瞦	338	譆	532	欯	236
歆	642	貝	37	嬉	111	尨	235	曦	338	負	533	犵	292
흡		娭	111	嫕	113	欥	235	曦	339	趑	540	纈	403
俿	31	奰	150	孈	113	欥	235	獻	340	趚	541	䝟	414
吸	67	髻	434	嬉	113	欷	236	禧	341	趠	542	翓	414
嬆	79	髯	434	屓	123	欷	236	稀	356	郗	578	肸	425
嬆	109	興	438	屓	123	欷	237	箟	359	鎎	598	肸	425
帞	140	興	438	屭	125	歆	238	箟	374	闏	610	襭	501
恰	163	華	469	巇	134	歕	238	槃	374	陒	614	詰	513
念	164	䰉	566	巇	134	忥	250	譆	389	隓	618	跆	546
瘉	199	鄟	582	帝	138	浠	257	譆	401	雔	621	遳	575
昑	210	馫	663	戲	138	瀰	263	譆	410	雛	628	頡	644
				戱	148	烯	276	羲	411	羲	628	黠	722

간화자(簡化字)와 정자(正字)

간자	정자	음훈	발음

2획

간자	정자	음훈	발음
厂	廠	헛간 창	chǎng
卜	蔔	무 복	bo, bó, bǔ
儿	兒	아이 아	ér, ní
几	幾	몇 기	jǐ, jī
了	瞭	눈 밝을 료	liǎo, liào

3획

간자	정자	음훈	발음
干	幹	줄기 간	gàn
干	乾	하늘 건	gān, qián
亏	虧	이지러질 휴	kuī
才	纔	겨우 재	cái
万	萬	일만 만	wàn, mò
与	與	어조사 여	yǔ, yú, yù
千	韆	그네 천	qiān
亿	億	억 억	yì
个	個	낱 개	gè, gě
么	麽	잘 마	me, má, ma, mó
广	廣	넓을 광	guǎng
门	門	문 문	mén
义	義	옳을 의	yì
卫	衛	호위할 위	wèi
飞	飛	날 비	fēi
习	習	익힐 습	xí
马	馬	말 마	mǎ
乡	鄉	고을 향	xiāng

4획

一

간자	정자	음훈	발음
丰	豐	풍년 풍	fēng
开	開	열 개	kāi
无	無	없을 무	wú, mó
韦	韋	다룸가죽 위	wéi
专	專	오로지 전	zhuān
云	雲	구름 운	yún
艺	藝	재주 예	yì
厅	廳	관청 청	tīng
历	歷	겪을 력	lì
历	曆	세월 력	lì
区	區	구분할 구	qū, ōu
车	車	수레 거	chē, jū

丨

간자	정자	음훈	발음
冈	岡	멧등 강	gāng
贝	貝	조개 패	bèi
见	見	볼 견	jiàn, xiàn

丿

간자	정자	음훈	발음
气	氣	기운 기	qì
长	長	긴 장	cháng, zhǎng

仆	僕	시중꾼 복	pú, pū
币	幣	폐백 폐	bì
从	從	좇을 종	cóng
仑	侖	뭉치 륜	lún
仓	倉	곳집 창	cāng
风	風	바람 풍	fēng
仅	僅	겨우 근	jǐn, jìn
凤	鳳	새 봉	fèng
乌	烏	까마귀 오	wū, wù

丶

闩	閂	빗장 산	shuān
为	爲	할 위	wéi, wèi
斗	鬥	싸울 투	dòu
忆	憶	생각 억	yì
订	訂	바로잡을 정	dìng
计	計	셀 계	jì
讣	訃	부고 부	fù
认	認	알 인	rèn
讥	譏	나무랄 기	jī

乛

丑	醜	추할 추	chǒu
队	隊	떼 대	duì
办	辦	힘쓸 판	bàn
邓	鄧	나라이름 등	dèng
劝	勸	권할 권	quàn

双	雙	쌍 쌍	shuāng
书	書	글 서	shū

5획

一

击	擊	칠 격	jī
戋	戔	나머지 잔	jiān
扑	撲	칠 박	pū
节	節	마디 절	jié, jiē
术	術	재주 술	shù, zhú
龙	龍	용 룡	lóng
厉	厲	갈 려	lì
灭	滅	멸할 멸	miè
东	東	동녘 동	dōng
轧	軋	삐걱거릴 알	yà, gá, zhá

丿

卢	盧	화로 로	lú
业	業	일 업	yè
旧	舊	예 구	jiù
帅	帥	장수 수	shuài
归	歸	돌아갈 귀	guī
叶	葉	잎 엽	yè, yié
号	號	부르짖을 호	hào, háo
电	電	번개 전	diàn
只	隻	외짝 척	zhī
祇	祗	공경할 지	zhī
叽	嘰	조금 먹을 기	jī
叹	嘆	탄식할 탄	tàn

丿

们	們	무리 문	mėn
仪	儀	거동 의	yí
丛	叢	떨기 총	cóng
尔	爾	너 이	ěr
乐	樂	즐거울 락	lè, yào, yuè
处	處	살 처	chù, chǔ
冬	鼕	북소리 동	dōng, tóng
鸟	鳥	새 조	niǎo, diǎo
务	務	힘쓸 무	wù
刍	芻	꼴 추	chú
饥	饑	주릴 기	jī

丶

邝	鄺	성씨 광	kuàng
冯	馮	성씨 풍	féng, píng
闪	閃	번쩍할 섬	shǎn
兰	蘭	난초 란	lán
汇	滙	물 합할 회	huì
汇	彙	무리 휘	huì
头	頭	머리 두	tóu, tou
汉	漢	한수 한	hàn
宁	寧	편안할 녕	níng, nìng
讦	訐	들추어낼 알	jié
讧	訌	무너질 홍	hòng
讨	討	칠 토	tǎo
写	寫	베낄 사	xiě
让	讓	사양할 양	ràng
礼	禮	예도 례	lǐ
讪	訕	헐뜯을 산	shàn
讫	訖	이를 흘	qì
训	訓	가르칠 훈	xùn
议	議	의논 의	yì
讯	訊	물을 신	xùn
记	記	기록 기	jì

乛

辽	遼	멀 료	liáo
边	邊	가 변	biān
出	齣	단락 척	chū
发	發	필 발	fā
发	髮	터럭 발	fà, fā
圣	聖	성인 성	shèng
对	對	대답할 대	duì
台	臺	돈대 대	tái
台	檯	등대 대	tái
台	颱	태풍 태	tāi
纠	糾	꼴 규	jiū
驭	馭	말 부릴 어	yù
丝	絲	실 사	sī

6 획

一

玑	璣	구슬 기	jī
动	動	움직일 동	dòng
执	執	잡을 집	zhí

巩	鞏	묶을 공	gǒng
圹	壙	광중 광	kuàng
扩	擴	넓힐 확	kuò
扪	捫	어루만질 문	mén
扫	掃	쓸 소	sǎo, sào
扬	揚	날릴 양	yáng
场	場	마당 장	chǎng, cháng
亚	亞	버금 아	yà
芗	薌	곡식 냄새 향	xiāng, xiǎng
朴	樸	통나무 박	pǔ, piáo, pō
机	機	기틀 기	jī
权	權	권세 권	quán
过	過	지날 과	guò, guō, guò
协	協	화할 협	xié
压	壓	누를 압	yā, yà
厌	厭	싫을 염	yàn
库	庫	곳집 고	kù
页	頁	머리 혈	yè
夸	誇	자랑 과	kuā
夺	奪	빼앗을 탈	duó
达	達	통달할 달	dá, tà
夹	夾	겯 협	jiā, gā, jié
轨	軌	길 궤	guǐ
尧	堯	임금 요	yáo
划	劃	그을 획	huà, huá, huai
迈	邁	갈 매	mài

毕	畢	마칠 필	bì

丨

贞	貞	곧을 정	zhēn
师	師	스승 사	shī
当	當	당할 당	dāng, dàng
当	噹	방울 당	dāng
尘	塵	티끌 진	chén
吁	籲	부를 유	yù
吓	嚇	노할 혁	xià, hè
虫	蟲	벌레 충	chóng
曲	麯	누룩 국	qū
团	團	둥글 단	tuán
团	糰	경단 단	tuán
吗	嗎	꾸짖을 마	mà, mā, mǎ
屿	嶼	섬 서	yǔ
岁	歲	해 세	suì
回	迴	돌 회	huí
岂	豈	어찌 기	qǐ, kǎi
则	則	곧 즉	zé
刚	剛	굳셀 강	gāng
网	網	그물 망	wǎng

丿

钆	釓	쇠뇌고동 구	gá
钇	釔	이트륨 을	yǐ
朱	硃	주사 주	zhū
迁	遷	옮길 천	qiān

乔	喬	높을 교	qiáo
伟	偉	클 위	wěi
传	傳	전할 전	chuán, zhuàn
伛	傴	구부릴 구	yǔ
优	優	넉넉할 우	yōu
伤	傷	상할 상	shāng
伥	倀	갈팡질팡할 창	chāng
价	價	값 가	jià, jiè, jiė
伦	倫	인륜 륜	lún
伧	傖	놈 창	cāng, chėn
华	華	화려할 화	huá, huà
伙	夥	많을 과	hǔo
伪	僞	거짓 위	wěi
向	嚮	향할 향	xiàng
后	後	뒤 후	hòu
会	會	모일 회	huì, kuài
杀	殺	죽일 살	shā, shài
合	閤	쪽문 합	hé, gaǒ, gé
众	衆	무리 중	zhòng, zhōng
爷	爺	아비 야	yé
伞	傘	우산 산	sǎn
创	創	비롯할 창	chuàng, chuāng
杂	雜	섞일 잡	zá
负	負	질 부	fú
犷	獷	사나울 광	guǎng
凫	鳧	오리 부	fú

邬	鄔	땅이름 오	wū,wǔ
饦	飥	수제비 탁	tuō
饧	餳	엿 당	xíng, táng

丶

壮	壯	장할 장	zhuàng
冲	衝	찌를 충	chōng, chòng
妆	妝	꾸밀 장	zhuāng
庄	莊	씩씩할 장	zhuāng
庆	慶	경사 경	qìng
刘	劉	성씨 류	liú
齐	齊	가지런할 제	qí, jì, zhāi
产	產	낳을 산	chǎn
闭	閉	닫을 폐	bì
问	問	물을 문	wèn
闯	闖	말이 문에서 나오는모양 틈	chuǎng
关	關	빗장 관	guān
灯	燈	등불 등	dēng
汤	湯	끓을 탕	tāng, shāng
忏	懺	뉘우칠 참	chàn
兴	興	일 흥	xīng, xìng
讲	講	논할 강	jiǎng
讳	諱	꺼릴 휘	huì
讴	謳	노래할 구	ōu
军	軍	군사 군	jūn
讵	詎	어찌 거	jù
讶	訝	맞이할 아	yà

讷	訥	말더듬을 눌	nè
许	許	허락할 허	xǔ
讹	訛	그릇될 와	é
欣	訢	기뻐할 흔	xīn, xī, yín
论	論	논의할 론	lùn, lún
讻	訩	송사할 흉	xiōng
讼	訟	송사 송	sòng
讽	諷	욀 풍	fěng
农	農	농사 농	nóng
设	設	베풀 설	shè
访	訪	찾을 방	fǎng
诀	訣	이별할 결	jué

ㄱ

寻	尋	찾을 심	xún
尽	盡	다할 진	jìn, jǐn
尽	儘	다할 진	jìn, jǐn
导	導	이끌 도	dǎo
孙	孫	손자 손	sūn
阵	陣	줄 진	zhèn
阳	陽	볕 양	yáng
阶	階	섬돌 계	jiē
阴	陰	그늘 음	yīn
妇	婦	며느리 부	fù
妈	媽	어미 마	mā
戏	戲	탄식할 희	xì, hū
观	觀	볼 관	guān, guàn
欢	歡	기쁠 환	huān

买	買	살 매	mǎi
纡	紆	굽을 우	yū
红	紅	붉을 홍	hóng, gōng
纣	紂	말고삐 주	zhòu
驮	馱	짐 실을 타	tuò, duò, tuó
纤	縴	헌 솜 견	quàn
纤	纖	가늘 섬	xiān, qiàn
纥	紇	질 낮은 명주실 흘	gē, hé
驯	馴	길들 순	xùn
纨	紈	흰 비단 환	wán
约	約	언약 약	yuē, yāo
级	級	등급 급	jí
纩	纊	솜 광	kuàng
纪	紀	벼리 기	jì, jǐ
驰	馳	달릴 치	chí
纫	紉	새끼 인	rèn

7획

ㅡ

寿	壽	목숨 수	shòu
麦	麥	보리 맥	mài
玛	瑪	마노 마	mǎ
进	進	나아갈 진	jìn
远	遠	멀 원	yuǎn
违	違	어길 위	wéi
韧	韌	질길 인	rèn
刬	剗	깎을 잔	chàn, chǎn
运	運	운전 운	yùn

抚	撫	어루만질 무	fǔ
坛	壇	단 단	tán
坛	罎	목긴 항아리 담	tán
抟	摶	뭉칠 단	tuán, tuǎn
坏	壞	무너질 괴	huài
抠	摳	끌 구	kōu
坜	壢	구덩이 력	lì
扰	擾	어지러울 요	ráo, nǎo, rǎo
坝	壩	방죽 패	bà
贡	貢	바칠 공	gòng
㧏	㨨	들어올릴 강	gāng
折	摺	접을 접	zhé, zhě
抡	掄	가릴 륜	lūn, lún
抢	搶	닿을 창	qiǎng, qiāng, qiàng
坞	塢	둑 오	wù
坟	墳	무덤 분	fén
护	護	호위할 호	hù
壳	殼	껍질 각	qiào, ké
块	塊	흙덩이 괴	kuài
声	聲	소리 성	shēng
报	報	갚을 보	bào
拟	擬	흡사할 의	nǐ
㧐	㩳	움츠릴 송	sǒng, shuǎng
芜	蕪	거칠 무	wú
苇	葦	갈대 위	wěi
芸	蕓	평지 운	yún
苈	藶	개냉이 력	lì
苋	莧	비름 현	xiàn, huǎn
苁	蓯	육종 종	cōng
苍	蒼	푸를 창	cāng
严	嚴	엄할 엄	yán
芦	蘆	갈대 로	lú, lǔ
劳	勞	일할 로	láo
克	剋	반드시 극	kè, kēi
苏	蘇	차조기 소	sū
苏	囌	군소리할 소	sū
极	極	극진할 극	jí
杨	楊	버들 양	yáng
两	兩	두 량	liǎng
丽	麗	고울 려	lì, lí
医	醫	의원 의	yī
励	勵	힘쓸 려	lì
还	還	돌아올 환	hái, huán
矶	磯	물가 기	jī
奁	奩	화장품 상자 렴	lián
歼	殲	다 죽일 섬	jiān
来	來	올 래	lái, lài
欤	歟	어조사 여	yú
轩	軒	집 헌	xuān
连	連	이을 련	lián
轫	軔	쐐기나무 인	rèn

卤	鹵	소금 로	lǔ
卤	滷	쓸 로	lǔ
邺	鄴	땅 이름 업	yè
坚	堅	굳을 견	jiān
时	時	때 시	shí
呒	嘸	어리둥절할 무	mú
县	縣	매달 현	xiàn
里	裏	속 리	lǐ
呓	囈	잠꼬대 예	yì
呕	嘔	노래할 구	ōu, ǒu, òu
园	園	능 원	yuán
呖	嚦	소리 력	lì
旷	曠	빛 광	kuàng
围	圍	에울 위	wéi
吨	噸	톤 톤	dūn
旸	暘	해돋이 양	yáng
邮	郵	역참 우	yóu
困	睏	졸릴 곤	kùn
员	員	인원 원	yuán, yún, yùn
呗	唄	찬불 패	bài
听	聽	들을 청	tīng
呛	嗆	새 먹을 창	qiāng, qiàng
鸣	鳴	울 명	míng
别	彆	활 뒤틀릴 별	biè
财	財	재물 재	cái
囵	圇	온전할 륜	lún
帏	幃	휘장 위	wéi
岖	嶇	험할 구	qū
岗	崗	등성이 강	gǎng, gāng
岘	峴	재 현	xiàn
帐	帳	휘장 장	zhàng
岚	嵐	남기 람	lán

丿

针	針	바늘 침	zhēn
钉	釘	못 정	dīng, dìng
钊	釗	사람 이름 쇠	zhāo
钋	釙	금광 박	pō
钌	釕	대구 료	liào, liǎo
乱	亂	어지러울 란	luàn
体	體	몸 체	tǐ, tī
佣	傭	품팔이꾼 용	yōng
㑇	㑳	고용살이할 추	zhòu
彻	徹	통할 철	chè
余	餘	남을 여	yú
佥	僉	다 첨	qiān
谷	穀	곡식 곡	gǔ
邻	鄰	이웃 린	lín
肠	腸	창자 장	cháng, chǎng
龟	龜	거북 구	guī, jūn, qiū
犹	猶	오히려 유	yóu
狈	狽	이리 패	béi
鸠	鳩	비둘기 구	jiū
条	條	가지 조	tiáo

岛	島	섬 도	dǎo
邹	鄒	나라이름 추	zōu
饨	飩	찐만두 돈	tún
饩	餼	보낼 희	xì
饪	飪	익힐 임	rèn
饫	飫	물릴 어	yù
饬	飭	신칙할 칙	chì
饭	飯	밥 반	fàn
饮	飲	마실 음	yǐn
系	係	맬 계	xì
系	繫	맬 계	xì, jì

丶

冻	凍	얼 동	dòng
状	狀	형상 장	zhuàng
亩	畝	밭이랑 무	mǔ
庑	廡	집 무	wǔ
库	庫	곳집 고	kù
疖	癤	부스럼 절	jiē
疗	療	병 나을 료	liáo
应	應	응할 응	yīng
这	這	이 저	zhè
庐	廬	초막 려	lú
闰	閏	윤달 윤	rùn
闱	闈	대궐작은문 위	wéi
闲	閑	막을 한	xián
间	間	사이 간	jiān, jiàn

闵	閔	우려할 민	mǐn
闷	悶	번민할 민	mēn, mèn
灿	燦	빛날 찬	càn
灶	竈	부엌 조	zaó
炀	煬	녹을 양	yáng
沣	灃	물 이름 풍	fēng
沤	漚	담글 구	òu, ōu
沥	瀝	거를 력	lì
沦	淪	빠질 윤	lún
沧	滄	찰 창	cāng
沨	渢	물소리풍	fēng, éng, fàn
沟	溝	개천 구	gōu
沩	潙	물 이름 규	guī, jūn, wéi
沪	滬	강 이름 호	hù
渖	瀋	즙낼 심	shěn
怃	憮	예쁠 무	wǔ
怀	懷	품을 회	huái
怄	慪	아낄 우	òu
忧	憂	근심 우	yōu
忾	愾	탄식할 개	kài, xì, qì
怅	悵	한스러워할 창	chàng
怆	愴	슬플 창	chuàng
穷	窮	궁할 궁	qióng
证	證	증거 증	zhèng
诂	詁	주낼 고	gǔ
诃	訶	꾸짖을 가	hē

启	啓	열 계	qǐ
评	評	평론할 평	píng
补	補	기울 보	bǔ
诅	詛	저주할 저	zǔ
识	識	알 식	shí, zhì
诇	詗	염탐할 형	xiòng
诈	詐	속일 사	zhà
诉	訴	호소할 소	sù
诊	診	볼 진	zhěn
诋	詆	꾸짖을 저	dǐ, dī
诌	謅	농담할 초	zhōu, zōu, chōu
词	詞	말씀 사	cí
诎	詘	굽힐 굴	qū, chù
诏	詔	고할 조	zhào
译	譯	번역 역	yì
诒	詒	보낼 이	yí, dài

灵	靈	신령 령	líng
层	層	층 층	céng
迟	遲	늦을 지	chí
张	張	베풀 장	zhāng
际	際	사이 제	jì
陆	陸	뭍 륙	lù, liù
陇	隴	고개이름 롱	lóng
陈	陳	베풀 진	chèn
坠	墜	떨어질 추	zhuì
陉	陘	지렛목 형	jìng, xíng

妪	嫗	할미 구	yù
妩	嫵	아리따울 무	wǔ
妫	嬀	성씨 규	guī
刭	剄	목 벨 경	jǐng
劲	勁	굳셀 경	jìn, jìng
鸡	鷄	닭 계	jī
纬	緯	씨 위	wěi
纭	紜	어지러울 운	yún
驱	驅	몰 구	qū
纯	純	순수할 순	chún
纰	紕	가선 비	pī
纱	紗	깁 사	shā
网	網	그물 망	wǎng
纳	納	드릴 납	nà
纴	紝	짤 임	rèn
驳	駁	얼룩말 박	bó
纵	縱	늘어질 종	zòng
纶	綸	낚싯줄 륜	lún, guān
纷	紛	어지러울 분	fēn
纸	紙	종이 지	zhǐ
纹	紋	무늬 문	wén, wèn
纺	紡	자을 방	fǎng
驴	驢	나귀 려	lǘ
纼	紖	고삐 진	zhèn
纽	紐	끈 뉴	niǔ
纾	紓	느슨할 서	shū

8획

玮	瑋	옥 이름 위	wěi
环	環	고리 환	huán
责	責	꾸짖을 책	zé
现	現	나타날 현	xiàn
表	錶	시계 표	biǎo
玱	瑲	옥소리 창	qiāng
规	規	법 규	guī
匦	匭	상자 궤	guǐ
拢	攏	누를 롱	lóng
拣	揀	가릴 간	jiǎn
垆	壚	흑토 로	lù
担	擔	멜 담	dān, dǎn, dàn
顶	頂	이마 정	dǐng
拥	擁	안을 옹	yōng, wěng
势	勢	형세 세	shì
拦	攔	막을 란	lán
扩	擓	긁을 회	kuǎi
拧	擰	어지러워질 녕	níng, nǐng, nìng
拨	撥	다스릴 발	bō
择	擇	가릴 택	zé, zhái
茏	蘢	개여뀌 롱	lóng, lǒng, lòng
苹	蘋	네가래 빈	píng, pín
茑	蔦	담쟁이넝쿨 조	niǎo
范	範	모범 범	fàn
茔	塋	무덤 영	yíng
茕	煢	외로울 경	qióng

茎	莖	줄기 경	jīng
枢	樞	밑둥 추	shū
枥	櫪	말구유 력	lì
柜	櫃	궤 궤	guì
㭎	棡	강나무 강	gāng
枧	梘	홈통 견	jiǎn
枨	棖	문설주 정	chéng, cháng
板	闆	문안에서볼 반	bǎn
枞	樅	전나무 종	cōng, zōng
松	鬆	더벅머리 송	sòng
枪	槍	나무창 창	qiāng
枫	楓	단풍나무 풍	fēng
构	構	얽을 구	gòu
丧	喪	죽을 상	sāng, sàng
画	畫	그림 화	huà
枣	棗	대추 조	zǎo
卖	賣	팔 매	mài
郁	鬱	답답할 울	yù
矾	礬	백반 반	fán
矿	礦	쇳돌 광	kuàng, gǒng
砀	碭	무늬있는돌 탕	dàng
码	碼	옥돌 마	mǎ
厕	廁	뒷간 측	cè, sī
奋	奮	떨칠 분	fèn
态	態	태도 태	tài
瓯	甌	사발 구	ōu

欧	歐	때릴 구	ōu
殴	毆	때릴 구	ōu
垄	壟	언덕 롱	lǒng
郏	郟	고을 이름 겹	jiá
轰	轟	울릴 굉	hōng
顷	頃	이랑 경	qǐng
转	轉	구를 전	zhuǎn, zhuàn
轭	軛	멍에 액	è
斩	斬	벨 참	zhǎn
轮	輪	바퀴 륜	lún
软	軟	연할 연	ruǎn
鸢	鳶	솔개 연	yuān

丨

齿	齒	이 치	chǐ
虏	虜	포로 로	lǔ
肾	腎	콩팥 신	shèn
贤	賢	어질 현	xián
昙	曇	구름낄 담	tán
国	國	나라 국	guó
畅	暢	화창할 창	chàng
咙	嚨	목구멍 롱	lóng
虮	蟣	서캐 기	jǐ, jī, qí
黾	黽	힘쓸 민	mǐn, miǎn
鸣	鳴	울 명	míng
咛	嚀	간곡할 녕	níng

咝	噝	총알 나는 소리 사	sī
罗	羅	벌일 라	luó
岽	崠	산등성이 동	dōng
岿	巋	높고 험한 모양 규	kuī
帜	幟	깃대 치	zhì
岭	嶺	고개 령	lǐng
刿	劌	상처입힐 귀	guì
剀	剴	큰 낫 개	kǎi, gài
凯	凱	싸움 이긴 풍류 개	kǎi
峄	嶧	산 이름 역	yì
败	敗	패할 패	bài
账	賬	휘장 장	zhàng
贩	販	팔 판	fàn
贬	貶	떨어뜨릴 폄	biǎn
贮	貯	쌓을 저	zhù
图	圖	그림 도	tú
购	購	살 구	gòu

丿

钍	釷	토륨 토	tǔ
钎	釬	정 천	qiān
钏	釧	팔찌 천	chuàn
钐	釤	낫 삼	shàn
钓	釣	낚시 조	diào
钒	釩	떨칠 범	fán
钔	鍆	멘델레븀 문	mén
钕	釹	네오디뮴 녀	nǚ

锡	錫	주석 석	xī
钗	釵	비녀 차	chāi
制	製	지을 제	zhì
刮	颳	모진 바람 괄	guā
侠	俠	의기 협	xiá
侥	僥	거짓 요	jiǎo, yáo
侦	偵	정탐꾼 정	zhēn
侧	側	곁 측	cè, zè, zhāi
凭	憑	기댈 빙	píng
侨	僑	붙어살 교	qiáo
侩	儈	거간 쾌	kuài
货	貨	재화 화	huò
侪	儕	무리 제	chái
侬	儂	나 농	nóng
质	質	바탕 질	zhì
徵	徵	부를 징	zhēng, zhǐ
径	徑	지름길 경	jìng
舍	捨	버릴 사	shě, shè
刽	劊	자를 회	guì
郐	鄶	나라이름 회	kuài
怂	慫	권할 종	sǒng
籴	糴	쌀 사들일 적	dí, zhuó
觅	覓	찾을 멱	mì
贪	貪	탐할 탐	tān
戗	戧	비롯할 창	qiāng, qiàng
肤	膚	살갗 부	fū

肣	膞	저민 고기 전	zhuān
肿	腫	부스럼 종	zhǒng
胀	脹	배부를 창	zhàng
肮	骯	살찔 항	āng
胁	脅	갈비뼈 협	xié
迩	邇	가까울 이	ěr
鱼	魚	물고기 어	yú
狞	獰	흉악할 녕	níng
备	備	갖출 비	bèi
枭	梟	올빼미 효	xiāo
饯	餞	전별할 전	jiàn
饰	飾	꾸밀 식	shì
饱	飽	물릴 포	bǎo, bào, páo
饲	飼	먹일 사	sì
饴	飴	엿 이	yí

丶

变	變	변할 변	biàn
庞	龐	높은 집 방	páng
庙	廟	사당 묘	miào
疟	瘧	학질 학	nüè, yào
疠	癘	창질 려	lì
疡	瘍	종기 양	yáng
剂	劑	조절할 제	jì
废	廢	폐할 폐	fèi
闸	閘	수문 갑	zhá
闹	鬧	시끄러울 뇨	nào

郑	鄭	나라이름 정	zhèng
卷	捲	주먹 쥘 권	juǎn, juàn
单	單	홑 단	dān, chán
炜	煒	빨갈 위	wěi, huī
炝	熗	데칠 창	qiàng
炉	爐	화로 로	lú
浅	淺	얕을 천	qiān, jiān
泷	瀧	젖을 롱	lóng, shuāng
泺	濼	강 이름 락	luò, lù, pō
泸	瀘	강 이름 로	lú
泞	濘	진창 녕	nìng
泻	瀉	쏟을 사	xiè, xiě
泼	潑	물 뿌릴 발	pō
泽	澤	못 택	zé
泾	涇	통할 경	jīng
怜	憐	불쌍히 여길 련	lián
㤘	㥮	고집스러울 추	zhòu
怿	懌	기뻐할 역	yì
峃	嶨	돌산 학	xué
学	學	배울 학	xué
宝	寶	보배 보	bǎo
宠	寵	굄 총	chǒng
审	審	살필 심	shěn
帘	簾	발 렴	lián
实	實	열매 실	shí
诓	誆	속일 광	kuāng

诔	誄	뇌사 뢰	lěi
试	試	시험 시	shì
诖	詿	그르칠 괘	guà
诗	詩	글 시	shī
诘	詰	힐문할 힐	jié, jí
诙	詼	조롱할 회	huī
诚	誠	정성 성	chéng
郓	鄆	고을 이름 운	yùn, yún
衬	襯	속옷 친	chèn
祎	禕	아름다울 의	yī
视	視	볼 시	shì
诛	誅	벨 주	zhū
话	話	말씀 화	huà
诞	誕	태어날 탄	dàn
诠	詮	설명할 전	quán
诡	詭	속일 궤	guǐ
询	詢	물을 순	xún
诣	詣	이를 예	yì
诤	諍	간할 쟁	zhèng
该	該	그 해	gāi
详	詳	자세할 상	xiáng
诧	詫	자랑할 타	chà, xià
诨	諢	농담할 원	hùn
诩	詡	자랑할 후	xǔ

→

肃	肅	엄숙할 숙	sù

隶	隷	종 례	lì
录	錄	기록 록	lù
弥	彌	활 부릴 미	mí
陕	陜	땅 이름 합	jiá, xiá
驽	駑	둔할 노	nú
驾	駕	멍에 가	jià
叁	參	석 삼	cān, cēn, shēn
艰	艱	어려울 간	jiān
绀	紺	감색 감	gàn
绁	紲	고삐 설	xiè
绂	紱	인끈 불	fú
练	練	익힐 련	liàn
组	組	끈 조	zǔ
驵	駔	준마 장	zǎng
绅	紳	큰 띠 신	shēn
䌷	紬	명주 주	chōu, chóu
细	細	가늘 세	xì
驶	駛	달릴 사	shǐ
驸	駙	곁마 부	fù
驷	駟	사마 사	sì
驹	駒	망아지 구	jū
终	終	마칠 종	zhōng
织	織	짤 직	zhī
驺	騶	말 먹이는 사람 추	zōu
绉	縐	주름질 추	zhòu
驻	駐	머무를 주	zhù
绊	絆	줄 반	bàn
驼	駝	낙타 타	tuó
绋	紼	얽힌 삼 불	fú, fèi
绌	絀	물리칠 출	chù
绍	紹	이을 소	shào
驿	驛	역 역	yì
绎	繹	풀어낼 역	yì
经	經	글 경	jīng, jìng
骀	駘	둔마 태	tái, dài
绐	紿	속일 태	dài
贯	貫	꿸 관	guàn

9획 一

贰	貳	둘 이	èr
帮	幫	도울 방	bāng
珑	瓏	옥소리 롱	lóng
顸	頇	대머리 안	hān, àn
韨	韍	폐슬 불	fú
垭	埡	작은 방죽 오	yà
挜	掗	흔들 아	yà
挝	撾	칠 과	zhuā, wō
项	項	목 항	xiàng
挞	撻	매질할 달	tà
挟	挾	낄 협	jiá, xiá
挠	撓	흔들 요	náo
赵	趙	나라 이름 조	zhào
贲	賁	클 분	bì, bēn

挡	擋	처리할 당	dǎng, dàng
垲	塏	높고 건조한 땅 개	kǎi
挢	撟	들 교	jiǎo
垫	墊	빠질 점	diàn
挤	擠	밀 제	jǐ
挥	揮	뽐낼 휘	huī
挦	撏	가질 심	xián
荐	薦	천거할 천	jiàn
荚	莢	풀 열매 협	jiá
贳	貰	세낼 세	shí
荛	蕘	풋나무 요	ráo
荜	蓽	콩 필	bì
带	帶	띠 대	dài
茧	繭	고치 견	jiǎn
荞	蕎	메밀 교	qiáo
荟	薈	무성할 회	huì
荠	薺	냅가새 자	jì, qí
荡	蕩	쓸어버릴 탕	dàng
垩	堊	백토 악	è
荣	榮	영화 영	róng
荤	葷	매운 채소 훈	hūn, xūn
荥	滎	실개천 형	xíng, yíng
荦	犖	얼룩소 락	luò
荧	熒	등불 반짝거릴 형	yíng
荨	蕁	지모 담	xún, qián
胡	鬍	수염 호	hú

荩	藎	조개풀 신	jìn
荪	蓀	향풀 이름 손	sūn
荫	蔭	그늘 음	yìn, yīn
荬	蕒	택사 속	xù
荭	葒	개여뀌 홍	hóng
荮	葤	꾸러미 주	zhòu
药	藥	약 약	yào
标	標	표할 표	biāo
栈	棧	잔도 잔	zhàn
栉	櫛	빗 즐	zhì
栊	櫳	우리 롱	lóng
栋	棟	동자기둥 동	dòng
栌	櫨	두공 로	lú
栎	櫟	가죽나무 력	lì
栏	欄	난간 란	lán
柠	檸	레몬 녕	níng
柽	檉	능수버들 정	chēng
树	樹	나무 수	shù
郦	酈	땅 이름 리	lì
咸	鹹	짤 함	xián
砖	磚	돌 떨어지는 소리 전	zhuān
砗	硨	조개 이름 차	chē
砚	硯	벼루 연	yàn
面	麵	밀가루 면	miàn
牵	牽	끌 견	qiān
鸥	鷗	갈매기 구	ōu

龚	龔	고명할 엄	yǎn
残	殘	남을 잔	cán
殇	殤	일찍 죽을 상	shāng
轱	軲	수레 고	gū, kū
轲	軻	굴대 가	kē, kě
轳	轤	도르래 로	lú
轴	軸	굴대 축	zhóu, zhòu
轶	軼	앞지를 일	yì, zhé
轸	軫	수레 뒤턱 나무 진	zhěn
轹	轢	삐걱거릴 력	lì
轺	軺	수레 초	yáo, diāo
轻	輕	가벼울 경	qīng
鸦	鴉	갈가마귀 아	yā
虿	蠆	전갈 채	chài, tà

J

战	戰	싸움 전	zhàn
觇	覘	엿볼 점	hān
点	點	점 점	diǎn
临	臨	임할 림	lín
览	覽	볼 람	lǎn
竖	豎	더벅머리 수	shù
尝	嘗	일찍 상	cháng
眍	瞘	움펑눈 구	kōu
眬	矓	어스레할 롱	lóng
哑	啞	벙어리 아	yā, yǎ
显	顯	나타날 현	xiǎn
哒	噠	오랑캐 이름 달	dā, tà
哓	嘵	두려워할 효	xiāo
哔	嗶	울 필	bì
贵	貴	귀할 귀	guì, guǐ
虾	蝦	새우 하	xiā, xià, há
蚁	蟻	개미 의	yǐ
蚂	螞	말거머리 마	mǎ, mā, mà
虽	雖	비록 수	suī
骂	罵	꾸짖을 매	mà
哕	噦	딸국질 얼	yuě, huì
剐	剮	살 바를 과	guǎ
勋	勛	공 훈	xūn
郧	鄖	나라 이름 운	yún
哗	嘩	떠들썩할 화	huá, huā
响	響	울릴 향	xiǎng
哙	噲	목구멍 쾌	kuài
哝	噥	소곤거릴 농	nóng
哟	喲	감탄하는 어조사 약	yō, yo
峡	峽	골짜기 협	xiá
峣	嶢	높은 모양 요	yáo
帧	幀	책 꾸밀 정	zhèng
罚	罰	벌 줄 벌	fá
峤	嶠	뾰족하게 높은 산 교	jiào
贱	賤	천할 천	jiàn
贴	貼	붙을 첩	tiē
贶	貺	줄 황	kuàng

贻	貽	끼칠 이	yí

J

钘	鈃	주기 형	xìng, jiān
钙	鈣	칼슘 개	gài
钚	鈈	날있는창 피	pī
钛	鈦	티타늄 태	tài
钘	釾	칼 이름 야	yé
钝	鈍	둔할 둔	dùn
钞	鈔	노략질할 초	chāo, chào
钟	鐘	쇠북 종	zhōng
钟	鍾	종 종	zhōng
钡	鋇	쇠뭉치 패	bèi
钢	鋼	강철 강	gāng, gàng
钠	鈉	메 납	nà, ruì
钥	鑰	자물쇠 약	yào, yué
钦	欽	공경할 흠	qīn
钧	鈞	서른 근 균	jūn
钤	鈐	비녀장 검	qián
钨	鎢	작은 가마솥 오	wù
钩	鉤	갈고리 구	gōu
钪	鈧	스칸듐 항	kàng
钫	鈁	준 방	fāng
钬	鈥	홀뮴 화	huǒ
钭	鈄	성씨 두	dòu, tǒu
钮	鈕	인끈 뉴	niǔ, chǒu
钯	鈀	병거 파	pá

毡	氈	담자리 전	zhān
氢	氫	수소 경	qīng
选	選	가릴 선	xuǎn
适	適	갈 적	shì
种	種	씨 종	zhǒng, zhòng
秋	鞦	그네 추	qiū
复	復	돌아올 복	fù
复	複	겹칠 복	fù
笃	篤	도타울 독	dǔ
俦	儔	짝 주	chóu
俨	儼	공경할 엄	yǎn
俩	倆	재주 량	liǎ, liǎng
俪	儷	아우를 려	lì
贷	貸	빌릴 대	dài
顺	順	순할 순	shùn
俭	儉	검소할 검	jiǎn
剑	劍	칼 검	jiàn
鸧	鶬	왜가리 창	cāng, qiāng
须	須	모름지기 수	xū
须	鬚	수염 수	xū
胧	朧	달빛 훤히 치밀 롱	lóng
胪	臚	살갗 려	lú, lǔ
胆	膽	쓸개 담	dǎn
胜	勝	이길 승	shèng, shēng
胫	脛	정강이 경	jìng
鸨	鴇	능에 보	bǎo
狭	狹	좁을 협	xiá

狮	獅	사자 사	shī
独	獨	홀로 독	dú
狯	獪	교활할 회	kuài
狱	獄	옥 옥	yù
狲	猻	원숭이 손	sūn
贸	貿	무역할 무	mào
饵	餌	먹이 이	ěr
饶	饒	넉넉할 요	ráo
蚀	蝕	좀먹을 식	shì
饷	餉	건량 향	xiǎng
饸	餄	떡 겹	hé
饺	餃	경단 교	jiǎo
饼	餅	떡 병	bǐng

丶

峦	巒	뫼 만	luán
弯	彎	활 굽을 만	wān
孪	孿	쌍둥이 련	lián
娈	孌	아름다울 련	lián
将	將	장수 장	jiāng, jiàng
奖	獎	장려할 장	jiǎng
疬	癧	연주창 력	lì
疮	瘡	부스럼 창	chuāng
疯	瘋	두풍 풍	fēng
亲	親	친할 친	qīn, qìng
飒	颯	바람소리 삽	sà
闺	閨	도장방 규	guī
闻	聞	들을 문	wén

闼	闥	문 달	tà
闽	閩	종족 이름 민	mǐn
闾	閭	이문 려	lǘ
闿	闓	열 개	kǎi, kāi, kài
阀	閥	공훈 벌	fá
阁	閣	집 각	gé, gǎo
阂	閡	밖에서 문 잠글 애	hé
养	養	기를 양	yǎng
姜	薑	생강 강	jiāng
类	類	무리 류	lèi
娄	婁	별자리 이름 루	lóu
总	總	거느릴 총	zǒng, cōng
炼	煉	쇠 불릴 련	liàn
炽	熾	불 활활 붙을 치	chì
烁	爍	빛날 삭	shuò
烂	爛	촛불빛 란	làn
烃	烴	누린내 경	tīng
洼	窪	웅덩이 와	wā
洁	潔	깨끗할 결	jié
洒	灑	뿌릴 쇄	sǎ
汏	澾	미끄러울 달	tà
浃	浹	사무칠 협	jiā
浇	澆	물 댈 요	jiāo
浈	湞	물 이름 정	zhēn, chéng
浉	溮	물 이름 사	shī
浊	濁	흐릴 탁	zhuó
测	測	헤아릴 측	cè

浍	澮	밭고랑 회	kuài, huì
浏	瀏	물 맑을 류	liú
济	濟	건널 제	jì, jǐ
浐	滻	물 이름 산	chǎn
浑	渾	흐릴 혼	hún
浒	滸	강 이름 호	xǔ, hǔ
浓	濃	짙을 농	nóng
浔	潯	물가 심	xún
浕	濜	급히 흐를 진	jìn
恸	慟	애통해할 통	tòng
恹	懕	편안할 염	yān
恺	愷	편안할 개	kǎi
恻	惻	슬퍼할 측	cè
恼	惱	괴로워할 뇌	nǎo
恽	惲	중후할 운	yùn
举	舉	들 거	jǔ
觉	覺	깨달을 각	jué, jiào
宪	憲	법 헌	xiàn
窃	竊	훔칠 절	qiè
诫	誡	경계할 계	jiè
诬	誣	무고할 무	wū
语	語	말씀 어	yǔ, yù
袄	襖	웃옷 오	ǎo
诮	誚	꾸짖을 초	qiào
祢	禰	아비사당 녜	nǐ
误	誤	그릇칠 오	wù
诰	誥	고할 고	gào

诱	誘	달랠 유	yòu
诲	誨	가르칠 회	huì
诳	誑	속일 광	kuáng
鸩	鴆	짐새 짐	zhèn
说	說	말씀 설	shuō, shuì, yuè
诵	誦	욀 송	sòng
诶	誒	탄식할 희	āi, ǎi, ē, ě

乛

垦	墾	밭갈 간	kěn
昼	晝	낮 주	zhòu
费	費	쓸 비	fèi, bì
逊	遜	겸손 손	xùn
陨	隕	떨어질 운	yǔn, yuán
险	險	험할 험	xiǎn
贺	賀	하례 하	hè
怼	懟	원망할 대	duì
垒	壘	보루 루	lěi
娅	婭	동서 아	yà
浇	澆	물댈 요	bǎng
娇	嬌	아리따울 교	jiāo
绑	綁	동여맬 방	bǎng
绒	絨	융 융	róng
结	結	맺을 결	jié, jiē
绔	絝	바지 고	kù
骁	驍	날랠 효	xiāo
绕	繞	두를 요	rào
绖	絰	질 질	dié

骄	驕	교만할 교	jiāo
骅	驊	준마 화	huá
绘	繪	그림 회	huì
骆	駱	낙타 락	luò
骈	駢	나란히 할 병	pián
绞	絞	목맬 교	jiǎo
骇	駭	놀랄 해	hài
统	統	큰 줄기 통	tǒng
绗	絎	바느질할 행	háng
给	給	줄 급	gěi, jǐ
绚	絢	무늬 현	xuàn
绛	絳	진홍 강	jiàng
络	絡	이을 락	luò, lào
绝	絶	끊을 절	jué

10획 一

艳	艷	고울 염	yàn
顼	頊	삼갈 욱	xū
珲	琿	아름다운 옥 훈	hún, huī
蚕	蠶	누에 잠	cán
顽	頑	완고할 완	wán
盏	盞	술잔 잔	zhǎn
捞	撈	잡을 로	lāo
载	載	실을 재	zài, zǎi
赶	趕	달릴 간	gǎn, ián, qué
盐	鹽	소금 염	yán
埘	塒	홰 시	shí

损	損	덜 손	sǔn
埙	塤	질나팔 훈	xūn
埚	堝	도가니 과	guō
捡	撿	잡을 검	jiǎn
贽	贄	폐백 지	zhì
挚	摯	잡을 지	zhì
热	熱	더울 열	rè
捣	搗	찧을 도	dǎo
壶	壺	항아리 호	hú
聂	聶	소곤거릴 섭	niè, yiè
莱	萊	명아주 래	lái
莲	蓮	연꽃 연	lián
莳	蒔	모종낼 시	shì, shí
莴	萵	상추 와	wō
获	獲	얻을 획	huò
获	穫	거둘 확	huò
莸	蕕	누린내풀 유	yóu
恶	惡	악할 악	è, ě, wū, wù
恶	噁	성낼 오	ě, wū, wǔ
䓖	藭	궁궁이 궁	qióng
莹	瑩	귀막이옥 영	yíng
莺	鶯	꾀꼬리 앵	yīng
莼	蒓	순채 순	chún
鸪	鴣	자고 고	gū
桡	橈	꺾일 요	ráo, náo
桢	楨	단단한나무 정	zhēn

档	檔	의자 당	dàng
桤	榿	기나무 기	qī
桥	橋	다리 교	qiáo
桦	樺	벚나무 화	huà
桧	檜	전나무 회	guì, huì
桩	樁	말뚝 장	zhuāng
样	樣	모양 양	yàng
贾	賈	값 가	gǔ, jiǎ
逦	邐	이어질 리	lí
砺	礪	거친 숫돌 려	lì
砾	礫	조약돌 력	lì
础	礎	주춧돌 초	chǔ
砻	礱	갈 롱	lóng
顾	顧	돌아볼 고	gù
轼	軾	수레 앞턱 가로나무 식	shì
轾	輊	수레앞기울 지	zhì
轿	轎	가마 교	jiào
辂	輅	수레 로	lù
较	較	비교 교	jiào
鸫	鶇	콩새 동	dōng
顿	頓	조아릴 돈	dùn, dú
趸	躉	거룻배 돈	dǔn
毙	斃	넘어질 폐	bì
致	緻	밸 치	zhì

虑	慮	생각 려	lǜ
监	監	볼 감	jiān, jiàn
紧	緊	요긴할 긴	jǐn
党	黨	무리 당	dǎng
唛	嘜	음역자 마	mǎ
晒	曬	쬘 쇄	shài, shà, shì
晔	曄	빛날 엽	yè
晕	暈	무리 운	yūn, yùn
鸮	鴞	부엉이 효	xiāo
唢	嗩	호적 쇄	suǒ
㖞	喎	입 비뚤어질 와	wāi
蚬	蜆	가막조개 현	xiǎn
鸯	鴦	원앙 앙	yāng
崂	嶗	산 이름 로	láo
崃	崍	산 이름 래	lái
罢	罷	파할 파	bà
圆	圓	둥글 원	yuán
觊	覬	넘겨다볼 기	jì, xì
贼	賊	도적 적	zéi
贿	賄	뇌물 회	huì
赂	賂	뇌물줄 뢰	lù
赃	贜	장물 장	zāng
赅	賅	족할 해	gāi, gài
赆	贐	전별할 신	jìn, xìn

丨

龀	齔	이 갈 츤	chèn
鸬	鸕	가마우지 로	lú

丿

钰	鈺	보배 옥	yù
钱	錢	돈 전	qián

钲	鉦	징 정	zhēng
钳	鉗	칼 겸	qián
钴	鈷	다리미 고	gǔ, gū
钵	鉢	바리때 발	bō
钶	鈳	작은 도끼 아	kē
钹	鈸	방울 발	bó, bà
钺	鉞	도끼 월	yuè
钻	鑽	끌 찬	zuān, zuàn
钼	鉬	몰리브덴 목	mù
钽	鉭	탄탈 탄	tǎn
钾	鉀	갑옷 갑	jiǎ
铀	鈾	우라늄 유	yóu
钿	鈿	비녀 전	diàn, tián
铁	鐵	쇠 철	tiě
铂	鉑	금박 박	bó
铃	鈴	방울 령	líng
铄	鑠	녹일 삭	shuò
铅	鉛	납 연	qiān, yán
铆	鉚	질좋은쇠 류	liǔ
铈	鈰	세륨 시	shì
铉	鉉	솥귀 현	xuàn
铊	鉈	짧은 창 사	tā, tuó
铋	鉍	창자루 필	bì
铌	鈮	니오브 니	ní
铍	鈹	베릴륨 피	pī
钹	鏺	쌍날 낫 발	pō, bō
铎	鐸	방울 탁	duó
氩	氬	아르곤 아	yá
牺	犧	희생 희	xī
敌	敵	대적할 적	dí
积	積	쌓을 적	jī
称	稱	일컬을 칭	chēng, chèn
笕	筧	대 홈통 견	jiǎn
笔	筆	붓 필	bǐ
债	債	빚 채	zhài
借	藉	깔개 자	jiè, jí
倾	傾	기울 경	qīng
赁	賃	품삯 임	lìn
颀	頎	헌결찬 모양 기	qí, kěn
徕	徠	올 래	lái, lài
舰	艦	싸움배 함	jiàn
舱	艙	선창 창	cāng
耸	聳	귀머거리 용	sǒng
爱	愛	사랑 애	ài
鸰	鴒	할미새 령	líng
颁	頒	나눌 반	bān
颂	頌	기릴 송	sòng
脍	膾	회 회	huì
脏	臟	오장 장	zàng, zāng
脐	臍	배꼽 제	qí
脑	腦	뇌 뇌	nǎo
胶	膠	아교 교	jiāo

脓	膿	고름 농	lóng
鸱	鴟	솔개 치	chī
玺	璽	도장 새	xǐ
鱽	魛	웅어 도	dāo
鸲	鴝	구관조 구	qú
猃	獫	오랑캐이름 험	xiǎn
鸵	鴕	타조 타	tuó
袅	裊	낭창거릴 뇨	niǎo
鸳	鴛	원앙 원	yuān
皱	皺	주름 추	zhòu
饽	餑	떡 발	bō
饿	餓	주릴 아	è
馁	餒	주릴 뇌	něi

丶

栾	欒	란나무 란	luán
挛	攣	걸릴 련	luán
恋	戀	그리워할 련	liàn, lián
桨	槳	상앗대 장	jiǎng
症	癥	적취 징	zhēng
痈	癰	악창 옹	yōng
斋	齋	집 재	zhāi
痉	痙	힘줄 당길 경	jìng
准	準	수준기 준	zhǔn
离	離	떠날 리	lí
颃	頏	새 날아내릴 항	háng
资	資	재물 자	zī

竞	競	다툴 경	jìng
阃	閫	문지방 곤	kǔn
阄	鬮	제비 구	guì
阆	閬	망량 량	láng, làng
阅	閱	검열할 열	yuè
郸	鄲	조나라서울단	dān
烦	煩	번거로울 번	fán
烧	燒	태울 소	shāo
烛	燭	촛불 촉	zhú
烨	燁	번쩍번쩍빛날엽	yè
烩	燴	모아 끓일 회	huì
烬	燼	깜부기불 신	jìn
递	遞	갈마들 체	dì
涛	濤	물결 도	tāo
涝	澇	큰 물결 로	lào
涞	淶	강 이름 래	lái
涟	漣	물놀이칠 련	lián
涠	潿	땅 이름 위	wéi
涢	溳	물결 서로 부딪칠 운	yún, yǔn
涡	渦	웅덩이 와	wō, guō
涂	塗	진흙 도	tú
涤	滌	씻을 척	dí
润	潤	불을 윤	rùn
涧	澗	도랑물 간	jiàn
涨	漲	불을 창	zhǎng
烫	燙	데울 탕	tàng

涩	澀	떫을 삽	sè
涩	澁	떫을 삽	sè
悭	慳	아낄 간	qiān
悯	憫	민망할 민	mǐn
宽	寬	너그러울 관	kuān
家	傢	세간살이 가	jiā
宾	賓	손 빈	bīn
窍	竅	구멍 규	qiào
窎	窵	그윽할 조	diào
请	請	청할 청	qǐng
诸	諸	모든 제	zhū
诹	諏	꾀할 추	zōu
诺	諾	응답할 낙	nuò
诼	諑	헐뜯을 착	zhuó
读	讀	읽을 독	dú, dòu
诽	誹	헐뜯을 비	fěi
袜	襪	버선 말	wà, mò
祯	禎	상서 정	zhēn
课	課	매길 과	kè
诿	諉	번거롭게 할 위	wěi
谀	諛	아첨할 유	yú
谁	誰	누구 수	shéi, shuí
谂	諗	고할 심	shěn
调	調	고를 조	diào, tiáo
谄	諂	아첨할 첨	chǎn
谅	諒	믿을 량	liàng, liáng

谆	諄	타이를 순	zhūn
谇	誶	욕할 수	suì
谈	談	말씀 담	tán
谉	讅	살필 심	shěn

ㄱ

恳	懇	정성 간	kěn
剧	劇	심할 극	jù
娲	媧	여와씨 와	wā
娴	嫻	우아할 한	xián
难	難	어려울 난	nán, nàn, nuó
预	預	미리 예	yù
绠	綆	두레박줄 경	gěng, bǐng
骊	驪	가라말 려	lí
绡	綃	생사 초	shāo, xiāo
骋	騁	달릴 빙	chěng
绢	絹	비단 견	juàn
绣	綉	수놓을 수	xiù
验	驗	증험할 험	yàn
绥	綏	편안할 수	suí
继	繼	이을 계	jì
绨	綈	깁 제	tí, tì
骎	駸	말달릴 침	qīn
骏	駿	준마 준	jùn
鸶	鷥	해오라기 사	sī

11획 ㅡ

焘	燾	덮일 도	dào, tāo

琎	璡	옥돌 진	jīn
琏	璉	호련 련	liǎn
琐	瑣	옥소리 쇄	suǒ
麸	麩	밀기울 부	fū
掳	擄	사로잡을 로	lǔ
掴	摑	칠 괵	guó
鸷	鷙	맹금 지	zhì
掷	擲	던질 척	zhì
掸	撣	부딪칠 탄	dǎn, shàn
壶	壺	항아리 호	hú
悫	愨	삼갈 각	què
据	據	의거할 거	jù, jū
掺	摻	섬섬할 섬	chān, càn, shǎn
掼	摜	익숙해질 관	guàn
职	職	직분 직	zhí
聍	聹	귀지 녕	níng
萚	蘀	낙엽 탁	tuò
勚	勩	수고로울 예	yì
萝	蘿	나무 라	luó
萤	螢	개똥벌레 형	yíng
营	營	경영할 영	yíng
萦	縈	얽힐 영	yíng
萧	蕭	맑은 대쑥 소	xiāo
萨	薩	보살 살	sā
梦	夢	꿈 몽	mèng
觋	覡	박수 격	xí

检	檢	검사할 검	jiǎn
棂	櫺	격자창 령	líng
啬	嗇	아낄 색	sè
匮	匱	상자 궤	kuì, guì
酝	醞	술 빚을 온	yùn, yǔn
厣	厴	조개껍질 염	yàn
硕	碩	클 석	shuò
硖	硤	고을이름 협	xiá
硗	磽	메마른 땅 교	qiāo
硙	磑	맷돌 애	wèi, wéi
硚	礄	땅 이름 교	qiáo, jiāo
鸸	鴯	제비 이	ér
聋	聾	귀머거리 농	lóng
龚	龔	삼갈 공	gōng
袭	襲	엄습할 습	xí
䴕	鴷	딱따구리 렬	liè
殒	殞	죽을 운	yǔn
殓	殮	염할 렴	liàn
赉	賚	줄 뢰	lài
辄	輒	문득 첩	zhé
辅	輔	덧방나무 보	fǔ
辆	輛	수레 량	liàng
堑	塹	구덩이 참	qiàn, jiǎn

J

颅	顱	머리뼈 로	lú
啧	嘖	외칠 책	zé

悬	懸	매달 현	xuán
啭	囀	지저귈 전	zhuán
跃	躍	뛸 약	yuè
啮	囓	씹을 요	niè
跄	蹌	추창할 창	qiàng, qiāng
蛎	蠣	굴 려	lì
蛊	蠱	독 고	gǔ
蛏	蟶	긴맛 조개 정	chēng
累	纍	갇힐 류	léi
啸	嘯	휘파람 불 소	xiào
帻	幘	망건 책	zé
崭	嶄	높을 참	zhǎn
逻	邏	순행할 라	luó
帼	幗	여인머리장식 괵	guó, guāi
赈	賑	구휼할 진	zhèn
婴	嬰	갓난아이 영	yīng
赊	賒	외상으로 살 사	shē

丿

铏	鉶	국그릇 형	xíng
铐	銬	쇠고랑 고	kào
铑	銠	로듐 로	lǎo
铒	鉺	갈고리 이	ěr
铓	鋩	서슬 망	máng
铕	銪	유로퓸 유	yǒu
铗	鋏	집게 협	jiá
铙	鐃	작은 징 뇨	náo, nào
铛	鐺	쇠사슬 당	dāng, tāng

铝	鋁	줄 려	lǚ
铜	銅	구리 동	tóng
铟	銦	인듐 인	yīn
铠	鎧	갑옷 개	kǎi
铡	鍘	작두 찰	cà
铢	銖	무게 단위 수	zhū
铣	銑	끌 선	xiǎn, xǐ
铥	銩	툴륨 주	diū
铤	鋌	쇳덩이 정	dìng
铧	鏵	가래 화	huá
铨	銓	저울질할 전	quán
铩	鎩	창 살	shā, shài
铪	鉿	하프늄 합	hā
铫	銚	쟁개비 요	diào, yáo
铭	銘	새길 명	míng
铬	鉻	깎을 락	gè
铮	錚	쇳소리 쟁	zhēng, zhèng
铯	銫	세슘 색	sè
铰	鉸	가위 교	jiǎo
铱	銥	이리듐 의	yī
铲	鏟	대패 산	chǎn, chàn
铳	銃	총 총	chòng
铵	銨	암모늄 안	ān
银	銀	은 은	yín
矫	矯	바로잡을 교	jiǎo, jiáo
鸹	鴰	재두루미 괄	guā

秽	穢	더러울 예	huì
笺	箋	찌지 전	jiān
笼	籠	대그릇 롱	lóng, lǒng
笾	籩	제기 이름 변	biān
偾	僨	넘어질 분	fèn
鸺	鵂	수리부엉이 휴	xiū
偿	償	갚을 상	cháng
偻	僂	구부릴 루	lóu, lǚ
躯	軀	몸 구	qū
皑	皚	흴 애	ái
鸻	鴴	참새 행	xīng
衔	銜	받들 함	xián
舻	艫	배잇댈 로	lú
盘	盤	소반 반	pán
龛	龕	감실 감	kān
鸽	鴿	집비둘기 합	gē
敛	斂	거둘 렴	liǎn
领	領	거느릴 령	lǐng
脶	腡	손금 라	luó
脸	臉	뺨 검	liǎn, jiǎn
猎	獵	사냥 렵	liè
猡	玀	오랑캐 이름 라	luó
猕	獼	원숭이 미	mí
馃	餜	떡 과	guǒ
馄	餛	떡 혼	hún
馅	餡	소 함	xiàn, kàn
馆	館	집 관	guǎn

丶

鸾	鸞	난새 란	luán
庼	廎	작은 마루 경	qǐng
痒	癢	가려울 양	yǎng
䴔	鵁	해오라기 교	jiāo
镟	鏇	술그릇 선	xuàn, xuán
阈	閾	문지방 역	yù
阉	閹	내시 엄	yān
阊	閶	천문 창	chāng
阋	鬩	다툴 혁	xì
阌	閿	내리깔고 볼 문	wén
阍	閽	문지기 혼	hūn
阎	閻	이문 염	yán
阏	閼	막을 알	è, yān
阐	闡	열 천	chǎn
羟	羥	경기 간	kēng, qiān
盖	蓋	덮을 개	gài, gě
粝	糲	현미 려	lì
断	斷	끊을 단	duàn
兽	獸	짐승 수	shòu
焖	燜	뜸들일 민	mèn
渍	漬	담글 지	zì
鸿	鴻	기러기 홍	hóng
渎	瀆	도랑 독	dú
渐	漸	점점 점	jiàn, jiān
渑	澠	못 이름 민	miǎn
渊	淵	못 연	yuān

渔	漁	고기 잡을 어	yú
淀	澱	앙금 전	diàn
渗	滲	스밀 삼	shèn
惬	愜	쾌할 협	qiè
惭	慚	부끄러울 참	cán
惨	慘	슬플 참	cǎn
惧	懼	두려울 구	jù
惊	驚	놀랄 경	jīng
惮	憚	꺼릴 탄	dān
惯	慣	익숙할 관	guàn
祷	禱	빌 도	dǎo
谌	諶	정성 심	chén
谋	謀	꾀 모	móu
谍	諜	염탐할 첩	dié
谎	謊	잠꼬대 황	huǎng
谏	諫	간할 간	jiàn
皲	皸	발 터질 군	jūn
谐	諧	화할 해	xié
谑	謔	농지거리할 학	xuè
裆	襠	잠방이 당	dāng
祸	禍	재앙 화	huò
谒	謁	아뢸 알	yè
谓	謂	이를 위	wèi
谔	諤	곧은 말할 악	è
谕	諭	고지할 유	yù
谖	諼	속일 훤	xuān
谗	讒	참소할 참	chán

谘	諮	물을 자	zī
谙	諳	욀 암	ān
谚	諺	상말 언	yàn
谛	諦	살필 체	dì
谜	謎	수수께끼 미	mí, mèi
谝	諞	말교묘히할 편	piǎn
谞	諝	슬기 서	xū

乛

弹	彈	탄알 탄	dàn, tán
堕	墮	떨어질 타	duò, huī
随	隨	따를 수	suí
粜	糶	쌀내다팔 조	chàn
隐	隱	숨을 은	yǐn
婳	嫿	정숙할 획	huà
婵	嬋	고울 선	chán
婶	嬸	숙모 심	shēn
颇	頗	자못 파	pō
颈	頸	목 경	jǐng, gěng
绩	績	길쌈 적	jì
绪	緒	실마리 서	xù
绫	綾	비단 릉	líng
骐	騏	털총이 기	qí
续	續	이을 속	xù
绮	綺	비단 기	qǐ
骑	騎	말탈 기	qí
绯	緋	붉은빛 비	fēi
骒	騍	암말 과	kè

绲	緄	띠 곤	gǔn
绳	繩	줄 승	shéng
骓	騅	오추마 추	zhuī
维	維	바 유	wéi
绵	綿	솜 면	mián
绶	綬	인끈 수	shòu
绷	綳	묶을 붕	bēng, běng
绸	綢	얽힐 주	chóu
绺	綹	끈목 류	liǔ
绻	綣	정다울 권	quǎn
综	綜	잉아 종	zōng, zèng
绽	綻	옷 터질 탄	zhàn
绾	綰	얽을 관	wǎn
绿	綠	푸를 록	lǜ, lù
骖	驂	곁마 참	cān, cǎn
缀	綴	꿰맬 철	zhuì
缁	緇	검은 비단 치	zī

12획

靓	靚	단장할 정	jìng
琼	瓊	옥 경	qióng
辇	輦	손수레 련	niǎn
鼋	黿	큰 자라 원	yuán
趋	趨	달릴 추	qū
揽	攬	잡을 람	lǎn
颉	頡	곧은 목 힐	xié, jié
揿	撳	누를 근	qìn
搀	攙	찌를 참	chān, hán, chàn
蛰	蟄	벌레 칩	zhé
絷	縶	맬 집	jí
搁	擱	놓을 각	gē, gé
搂	摟	끌 루	lǒu, lōu
搅	攪	어지러울 교	jiǎo
联	聯	연이을 련	lián
蒇	蕆	경계할 천	chǎn
蒉	蕢	상할 괴	kuì
蒋	蔣	줄 장	jiǎng
蒌	蔞	쑥 루	lóu
韩	韓	나라 한	hán
椟	櫝	함 독	dú
椤	欏	울타리 라	luó, luǒ, luò
赍	賫	집어줄 재	jī
椭	橢	둥글길쭉할 타	tuǒ
鹁	鵓	집비둘기 발	bó
鹂	鸝	꾀꼬리 리	lí
觌	覿	볼 적	dí, dú
硷	鹼	소금기 감	jiān
确	確	굳을 확	què
詟	讋	두려워할 섭	shè, tà, zhé
殚	殫	다할 탄	dān
颊	頰	뺨 협	jiá
雳	靂	벼락 력	lì
辊	輥	빨리 구를 곤	gǔn
辋	輞	바퀴테 망	wǎng
椠	槧	판 참	qiàn

暂	暫	잠깐 잠	zàn
辍	輟	그칠 철	chuò
辎	輜	짐수레 치	zī
翘	翹	들 교	qiáo, qiào

丨

辈	輩	무리 배	bèi
凿	鑿	뚫을 착	záo
辉	輝	빛날 휘	huī
赏	賞	상줄 상	shǎng
睐	睞	한눈 팔 래	lài, lái
睑	瞼	눈꺼풀 검	jiǎn
喷	噴	뿜을 분	pēn, pèn
畴	疇	밭두둑 주	chóu
践	踐	밟을 천	jiàn
遗	遺	끼칠 유	yí, wèi
蛱	蛺	나비 협	jiá
蛲	蟯	요충 요	náo
蛳	螄	다슬기 사	sī
蛴	蠐	굼벵이 제	qí
鹃	鵑	두견새 견	juān
喽	嘍	시끄러울 루	lóu, lou
嵘	嶸	높고 험할 영	róng
嵚	嶔	산높고험할 금	qīn
嵝	嶁	봉우리 루	lǒu
赋	賦	부세 부	fù
䞍	䝼	받을 청	qíng
赌	賭	걸 도	dǔ

赎	贖	속 바칠 속	shú
赐	賜	줄 사	cì
赒	賙	진휼할 주	zhōu
赔	賠	물어줄 배	péi
赕	賧	속 바칠 담	dǎn

丿

铸	鑄	쇳물 부어 만들 주	zhù
铹	鐒	로렌슘 로	láo
铺	鋪	펼 포	pū, pù
铼	錸	레늄 래	lái
铽	鋱	테르븀 특	tè
链	鏈	쇠사슬 련	liàn, lián
铿	鏗	금옥소리 갱	gēng
销	銷	녹일 소	xiāo
锁	鎖	자물쇠 쇄	suǒ
锃	鋥	칼 갈 정	zèng
锄	鋤	호미 서	chú
锂	鋰	리튬 리	lǐ
锅	鍋	노구솥 과	guō
锆	鋯	지르코늄 고	gào
锇	鋨	오스뮴 아	é
锈	銹	녹슬 수	xiù
锉	銼	가마 좌	cuò
锋	鋒	칼끝 봉	fēng
锌	鋅	굳을 자	xīn
锏	鐧	굴대 덧방쇠 간	jiǎn, jiàn
锐	銳	날카로울 예	ruì

锑	銻	안티모니 제	tī
锒	鋃	쇠사슬 랑	láng
锓	鋟	새길 침	qǐn
锔	鋦	쇠로 동일 국	jū, jú
锕	錒	가마솥 아	ā
犊	犢	송아지 독	dú
鹄	鵠	고니 곡	hú, gǔ
鹅	鵝	거위 아	é
颋	頲	곧을 정	chēng
筑	築	쌓을 축	zhù
筚	篳	울타리 필	bì
筛	篩	체 사	shāi
牍	牘	편지 독	dú
傥	儻	빼어날 당	dǎng
傧	儐	인도할 빈	bīn
储	儲	쌓을 저	chǔ
傩	儺	역귀 쫓을 나	nuó
惩	懲	징계할 징	chéng
御	禦	막을 어	yù
颌	頜	아래턱 합	gé, hé
释	釋	풀 석	shì
鹆	鵒	구관조 욕	yù
腊	臘	납향 납	là
腘	膕	오금 괵	guó
鱿	魷	오징어 우	yóu
鲁	魯	노둔할 노	lǔ
鲂	魴	방어 방	fáng

颍	潁	강 이름 영	yǐng
飓	颶	폭풍 구	jù
觞	觴	잔 상	shāng
惫	憊	고달플 비	bèi
馈	饋	먹일 궤	kuì
馉	餶	고기만두 골	gǔ
馊	餿	밥 뭉개질 수	sōu
馋	饞	탐할 참	chán

丶

亵	褻	더러울 설	xiè
装	裝	꾸밀 장	zhuāng
蛮	蠻	오랑캐 만	mán
脔	臠	저민고기 련	lián
痨	癆	중독될 로	láo, lào
痫	癇	간기 간	jiān
赓	賡	이을 갱	gēng
颏	頦	턱 해	kē, ké
鹇	鷴	솔개 한	xián
阑	闌	가로막을 란	lán,làn
阒	闃	조용할 취	qù
阔	闊	트일 활	kuò
阕	闋	문닫을 결	què
粪	糞	똥 분	fèn
鹈	鵜	사다새 제	tí
窜	竄	숨을 찬	cuàn
窝	窩	움집 와	wō
喾	嚳	급히 고할 곡	kù

愤	憤	분할 분	fèn
愦	憒	어지러울 궤	kuì
滞	滯	막힐 체	zhì
湿	濕	젖을 습	shī
溃	潰	무너질 궤	kuì, huì
溅	濺	흩뿌릴 천	jiān
溇	漊	비 계속 내릴 루	lóu
湾	灣	물굽이 만	wān
谟	謨	꾀 모	mó
裢	褳	전대 련	lián
裣	襝	행주치마 첨	chán
裤	褲	바지 고	kù
裥	襇	치마 주름 간	jiǎn, jiàn
禅	禪	선 선	chán, shàn
谠	讜	곧은 말 당	dǎng, dàng, tàng
谡	謖	일어날 속	sù
谢	謝	사례 사	xiè
谣	謠	노래 요	yáo
谤	謗	헐뜯을 방	bàng
谥	謚	웃을 익	shì
谦	謙	겸손 겸	qiān
谧	謐	고요할 밀	mì

毵	毿	털 길 삼	sān
翚	翬	훨훨 날 휘	huí
缂	緙	꿰맬 격	kè
缃	緗	담황색 상	xiāng
缄	緘	봉할 함	jiān
缅	緬	가는 실 면	miǎn
缆	纜	닻줄 람	lǎn
缇	緹	붉은 비단 제	tí
缈	緲	아득할 묘	miǎo
缉	緝	낳을 집	jī, qī
缊	縕	헌솜 온	yùn, yūn
缌	緦	시마복 시	sī
缎	緞	비단 단	duàn
缑	緱	칼자루 감을 구	gōu
缓	緩	느릴 완	huǎn
缒	縋	주름질 추	zhuì
缔	締	맺을 체	dì
缕	縷	실 루	lǚ, lóu
骗	騙	속일 편	piàn
编	編	엮을 편	biān
骚	騷	시끄러울 소	sāo
缘	緣	인연 연	yuán
飨	饗	잔치할 향	xiǎng

ㄱ

属	屬	붙일 속	shǔ, zhǔ
屡	屢	여러 루	lǚ
骘	騭	수말 즐	zhì

13획

ㅡ

耢	耮	고무래 로	láo
鹉	鵡	앵무새 무	wǔ
䴖	鶄	해오라기 청	jīng

韫	韞	감출 온	yùn, yún, wēn
骜	驁	준마 오	ào, áo
摄	攝	추스를 섭	shè
摅	攄	펼 터	shū
摆	擺	열릴 파	bǎi
䙓	襬	치마 피	bǎi, bei, pèi
赪	赬	붉을 정	chēng
摈	擯	물리칠 빈	bìn
毂	轂	바퀴통 곡	gǔ, gū
摊	攤	열 탄	tān
鹊	鵲	까치 작	què
蓝	藍	쪽 람	lán
蓦	驀	말 탈 맥	mò
蓟	薊	삽주 계	jī, jiē, jiè
蒙	矇	청맹과니 몽	mēng, méng
蒙	濛	가랑비 올 몽	méng
蒙	懞	후할 몽	méng
颐	頤	턱 이	yí
献	獻	드릴 헌	xiàn
蓣	蕷	참마 여	yù
榄	欖	감람나무 람	lǎn
榇	櫬	널 츤	chèn, qīn, hèn
榈	櫚	종려나무 려	lǘ
楼	樓	다락 루	lóu
榉	櫸	느티나무 거	jǔ
赖	賴	힘입을 뢰	lài

碛	磧	서덜 적	qì
碍	礙	거리낄 애	ài
碜	磣	모래 섞일 참	chěn
鹌	鵪	암순 암	ān, yiā
尴	尷	껄끄러울 감	gān
雾	霧	안개 무	wù
辏	輳	모일 주	còu
辐	輻	바퀴살 복	fú
辑	輯	모을 집	jí
输	輸	보낼 수	shū

丨

频	頻	자주 빈	pín
龃	齟	어긋날 저	jǔ
龄	齡	나이 령	líng
龅	齙	귀절포	pāo
龆	齠	이 갈 초	tiáo
鉴	鑒	거울 감	jiàn
韪	韙	바를 위	wěi
嗫	囁	소곤거릴 섭	zhé
跷	蹺	발돋움할 교	qiāo
跸	蹕	길 치울 필	bì
跻	躋	오를 제	jī, jì
跹	躚	춤출 선	xiān
蜗	蝸	달팽이 와	wō
嗳	噯	딸국질 애	āi, ǎi, ài
赗	賵	부의 보낼 봉	fèng

J

锗	鍺	바퀴통쇠 타	zhě, dǔo
错	錯	섞일 착	cuò
锘	鍩	취할 첨	tiǎn
锚	錨	닻 묘	máo
锛	錛	자귀 분	bēn
锝	鍀	테크네튬 득	dé
锞	錁	띠치장 과	kè
锟	錕	붉은 쇠 곤	kūn
锡	錫	주석 석	xī
锢	錮	땜질할 고	gù
锣	鑼	징 라	lúo
锤	錘	저울추 추	chuí
锥	錐	송곳 추	zhuī
锦	錦	비단 금	jǐn
锧	鑕	모루 질	zhì
锨	鍁	삽 흠	xiān
锫	錇	대못 부	péi
锭	錠	제기이름 정	dìng
键	鍵	열쇠 건	jiàn
锯	鋸	톱 거	jù, jū
锰	錳	망간 맹	měng
锱	錙	저울눈 치	zī
辞	辭	말씀 사	cí
颓	頹	무너질 퇴	tuí
穇	穇	쭉정이이삭 삼	cǎn
筹	籌	투호용화살 주	chóu

签	簽	농 첨	qiān
签	籤	제비 첨	qiān
简	簡	대쪽 간	jiǎn
觎	覦	넘겨다볼 유	yú
颔	頷	턱 함	hàn
腻	膩	매끄러울 니	nì
鹏	鵬	대붕새 붕	péng
腾	騰	오를 등	téng
鲅	鮁	물고기헤엄칠 발	bà
鲆	鮃	넙치 평	píng
鲇	鮎	메기 점	nián
鲈	鱸	농어 로	lú
鲊	鮓	젓갈 자	zhǎ
鲋	鮒	붕어 부	fù
鲍	鮑	절인 어물 포	bào
鲐	鮐	복 태	tái
颖	穎	이삭 영	yǐng
飔	颸	선선한바람 시	sī, chī
飕	颼	바람소리 수	sōu
触	觸	닿을 촉	chù
雏	雛	병아리 추	chú
馎	餺	수제비 박	bó
馍	饃	찐빵 막	mò
馏	餾	밥 뜸들 류	liú
馐	饈	드릴 수	xiū

丶

酱	醬	젓갈 장	jiàng

鹑	鶉	메추라기 순	chún
瘅	癉	앓을 단	dàn, dān
瘆	瘮	놀라서 떨 심	shèn
鹒	鶊	꾀꼬리 경	gēng
阖	闔	문짝 합	hé
阗	闐	성할 전	tián, diàn
阙	闕	대궐 궐	quē, què
誊	謄	베낄 등	téng
粮	糧	양식 량	liáng
数	數	셈 수	shù, shǔ, shuò
滠	灄	강 이름 섭	shè
满	滿	찰 만	mǎn
滤	濾	거를 려	lǜ
滥	濫	넘칠 람	làn
滗	潷	거를 필	bì
滦	灤	새어흐를 란	luán
漓	灕	물 이름 리	lí
滨	濱	물가 빈	bīn
滩	灘	여울 탄	tān
滪	澦	강 이름 여	yù
慑	懾	두려워할 섭	shè, zhé
誉	譽	기릴 예	yù
鲎	鱟	참게 후	hòu
骞	騫	말 배앓을 건	qiān
寝	寢	잠잘 침	qǐn
窥	窺	엿볼 규	kuī
窦	竇	구멍 두	dòu
谨	謹	삼갈 근	jǐn
谩	謾	속일 만	màn, mán
谪	謫	귀양갈 적	zhé
谫	譾	얕을 전	jiǎn
谬	謬	그릇될 류	miù

ㄱ

辟	闢	열 벽	pì
嫒	嬡	남의 딸을 높여 이르는 말 애	ài
嫔	嬪	아내 빈	pín
缙	縉	꽂을 진	jìn
缜	縝	삼실 진	zhěn
缚	縛	묶을 박	fù
缛	縟	화문 놓을 욕	rù
辔	轡	고삐 비	pèi
缝	縫	꿰맬 봉	féng, fèng
骝	騮	월다말 류	liú
缞	縗	상복이름 최	cuī
缟	縞	명주 호	gǎo
缠	纏	얽힐 전	chán
缡	縭	신 꾸미개 리	lí
缢	縊	목맬 액	yì
缣	縑	합사 비단 겸	jiān
缤	繽	어지러울 빈	bīn, pín
骟	騸	거세한 말 선	shàn

14획

一

瑷	璦	아름다운 옥 애	ài
赘	贅	혹 췌	zhuì
觏	覯	만날 구	gòu, hóu, hòu
叆	靉	구름 낄 애	ài, ǎi
墙	墻	담 장	qiáng
撄	攖	다가설 영	yīng, yíng
蔷	薔	장미 장	qiáng
蔑	衊	모독할 멸	miè
蔹	蘞	가위톱 렴	liǎn
蔺	藺	골풀 린	lìn
蔼	藹	열매 많이 달릴 애	ǎi
鹕	鶘	사다새 호	hú
槚	檟	개오동나무 가	jiǎ
槛	檻	죄인 타는 수레 함	jiàn, kǎn
槟	檳	빈랑나무 빈	bīn, bīng
槠	櫧	종가시나무 저	zhū
酽	釅	초 엄	yiàn
酾	釃	거를 시	xǐ
酿	釀	술 빚을 양	niàng, niáng
霁	霽	갤 제	jì
愿	願	원할 원	yuàn
殡	殯	염할 빈	bìn
辕	轅	끌채 원	yuàn
辖	轄	비녀장 할	xiá
辗	輾	구를 전	zhǎn, niǎn

丨

龇	齜	이 갈림 재	chā, xià
龈	齦	잇몸 은	yín, kěn
䴗	鶪	때까치 격	jú
颗	顆	낟알 과	kē
䁖	瞜	주시할 루	lōu
暧	曖	가릴 애	ài
鹖	鶡	할단 할	hé
踌	躊	머뭇거릴 주	chǒu
踊	踴	뛸 용	yǒng
蜡	蠟	밀 랍	là
蝈	蟈	청개구리 괵	guō
蝇	蠅	파리 승	yíng
蝉	蟬	매미 선	chán
鹗	鶚	물수리 악	è
嘤	嚶	새소리 앵	yīng
罴	羆	큰곰 비	pí, bì, peī
赙	賻	부의 부	fù
罂	罌	양병 앵	yīng
赚	賺	속일 잠	zhuàn, zuàn, zhàn, lián
鹘	鶻	송골매 홀	gú

丿

锲	鍥	낫 결	jié, qì, qié
锴	鍇	쇠 개	jiē, jiě
锶	鍶	무쇠그릇 송	sōng
锷	鍔	칼날 악	è

锹	鍬	가래 초	qiū
锸	鍤	가래 삽	chá
锻	鍛	쇠 불릴 단	duàn
锼	鎪	아로새길 수	sōu
锾	鍰	무게 단위 환	huǎn, huán, huàn
锵	鏘	금옥소리 장	qiāng, hēng
镀	鍍	도금할 도	dù
镁	鎂	마그네슘 미	měi
镂	鏤	새길 루	lòu
镃	鎡	호미 자	zī
镄	鐨	페르뮴 비	bì
鹙	鶖	무수리 추	qiū
稳	穩	평온할 온	wěn
箦	簀	살평상 책	zé, zhài
箧	篋	상자 협	qiè
箨	籜	대껍풀 탁	tuò
箩	籮	키 라	luó
箪	簞	대광주리 단	dān
箓	籙	책상자 록	lù
箫	簫	퉁소 소	xiāo
舆	輿	수레 여	yú
膑	臏	종지뼈 빈	bìn, bǐn, pǐn
鲑	鮭	복 규	guī
鲒	鮚	대합 길	jié, jí, qiè
鲔	鮪	다랑어 유	yǒu
鲖	鮦	가물치 동	tóng
鲗	鰂	오징어 즉	zéi
鲙	鱠	회 회	kuài
鲚	鱭	제어 제	jī
鲛	鮫	상어 교	jiāo
鲜	鮮	고울 선	xiān, xiǎn
鲟	鱘	칼철갑상어 심	xún
馑	饉	흉년들 근	jǐn
馒	饅	만두 만	mán

銮	鑾	방울 란	luán
瘗	瘞	묻을 예	yì
瘘	瘻	부스럼 루	lòu
阚	闞	바라볼 감	kàn, kǎn
鲞	鯗	건어 상	xiǎng
糁	糝	나물죽 삼	shēn, sān, sǎn
鹚	鷀	가마우지 자	zē
潇	瀟	비바람칠 소	xiāo
潋	瀲	물 벌창할 렴	liàn
潍	濰	물 이름 유	wéi
赛	賽	굿할 새	sài
窭	窶	가난할 구	jù
谭	譚	이야기 담	tán
谮	譖	참소할 참	jiàn, zèn
䙌	𧝝	끈 괴	kuì, huì
褛	褸	남루할 루	lǚ
谯	譙	꾸짖을 초	qiáo, qiào, shuí
谰	讕	헐뜯을 란	lán, lān, lǎn

谱	譜	족보 보	pǔ
谲	譎	속일 휼	jué

乛

鹛	鶥	왜가리 미	méi
嫱	嬙	궁녀 장	qiáng
鹜	鶩	집오리 목	wù
缥	縹	옥색 표	piāo
缦	縵	무늬 없는 비단 만	màn
骡	騾	노새 라	luó
缨	纓	갓끈 영	yīng
骢	驄	총이말 총	cōng
缩	縮	다스릴 축	suō, sù
缪	繆	얽을 무	móu, miào, miù
缫	繅	고치 켤 소	xiāo

15획

一

耧	耬	씨 뿌리는 기구 루	lóu
璎	瓔	구슬 목걸이 영	yīng
叇	靆	구름 낄 체	dài
撵	攆	쫓을 련	nián
撷	擷	딸 힐	xié
撺	攛	던질 찬	cuān, cuàn
聩	聵	배냇귀머거리 외	kuì
聪	聰	귀밝을 총	cōng
觐	覲	뵈올 근	jìn
鞑	韃	종족 이름 달	dá, tà
鞒	鞽	장대 교	jiāo

蕲	蘄	풀 이름 기	qí
蕴	蘊	쌓을 온	yùn
樯	檣	돛대 장	qiáng
樱	櫻	앵두 앵	yīng
飘	飄	회오리바람 표	piāo
靥	靨	보조개 엽	yiè
魇	魘	가위눌릴 염	yàn
餍	饜	물릴 염	yàn, yián, yiàn
霉	黴	곰팡이 미	méi
辘	轆	도르래 록	lù

丨

龉	齬	어긋날 어	yǔ
龊	齪	악착할 착	chuò
觑	覷	볼 처	qù
瞒	瞞	속일 만	mán
题	題	제목 제	tí
颙	顒	공경할 옹	yóng
踬	躓	넘어질 지	zhí, zhì
踯	躑	머뭇거릴 척	zhí
蝾	蠑	영원 영	róng
蝼	螻	땅강아지 루	lóu, lòu, lú
噜	嚕	아까워할 로	lū
嘱	囑	부탁할 촉	zhǔ
颛	顓	전단할 전	zhuān

丿

镊	鑷	족집게 섭	niè
镇	鎮	진압할 진	zhèn

간화자	정자	뜻·음	병음
镉	鎘	다리굽은솥 력	lì
镋	钂	창 당	tǎng
镍	鎳	니켈 얼	niè
镏	鎦	죽일 류	liú
镐	鎬	호경 호	gǎo, hào
镑	鎊	깎을 방	bàng, bāng, pàng
镒	鎰	중량 일	yì
镓	鎵	갈륨 가	jiā
镔	鑌	정련한 쇠 빈	bīn
篑	簣	삼태기 궤	kuì, kuài
篓	簍	대 채롱 루	lǒu, lóu, lú
䴘	鷉	농병아리 체	tī
鹡	鶺	할미새 척	jí
鹞	鷂	새매 요	yào, yáo
鲠	鯁	생선뼈 경	gěng
鲡	鱺	뱀장어 리	lí, lǐ
鲢	鰱	연어 련	lián
鲣	鰹	큰 가물치 견	jiān
鲥	鰣	치 시	shí
鲤	鯉	잉어 리	lǐ
鲦	鰷	피라미 조	tiáo, xiǎo
鲧	鯀	물고기 이름 곤	gǔn
鲩	鯇	잉어 환	huán, huǎn, huàng, hǔn
鲫	鯽	붕어 즉	jì, zé
馔	饌	반찬 찬	zhuàn

丶

간화자	정자	뜻·음	병음
瘪	癟	날지 못할 별	biě, biē, blě
瘫	癱	사지 틀릴 탄	tān
齑	齏	회 제	jí
颜	顏	얼굴 안	yán
鹣	鶼	비익조 겸	jiān
鲨	鯊	상어 사	shā, sà
澜	瀾	큰 물결 란	lán
额	額	이마 액	é
谳	讞	평의할 얼	yàn, ní, yǎn
褴	襤	누더기 람	lán
谴	譴	꾸짖을 견	qiǎn
鹤	鶴	학 학	hè, háo, mò
谵	譫	헛소리 섬	tà, zhé, zhàn

乛

간화자	정자	뜻·음	병음
屦	屨	신발 구	jù
缬	纈	홀치기염색 힐	xié
缭	繚	감길 료	liáo
缮	繕	기울 선	shàn
缯	繒	비단 증	zēng, zèng

16획

一

간화자	정자	뜻·음	병음
擞	擻	차릴 수	sǒu, sòu
颞	顳	관자놀이 섭	niè
颟	顢	얼굴 클 만	mán
薮	藪	늪 수	sǒu
颠	顛	정수리 전	diān
橹	櫓	큰 방패 로	lǔ
橼	櫞	연나무 연	yuán
鹥	鷖	갈매기 예	yī, yì

赝	贋	가짜 안	yān
飙	飆	폭풍 표	biāo
飙	飇	폭풍 표	biāo
豮	豶	거세한돼지 분	fén
錾	鏨	끌 참	jiàn, zhàn
辙	轍	수레바퀴자국 철	zhé
辚	轔	수레소리 린	lín

丨

鹾	鹺	소금 차	cuó, cā, cāi
鹦	鸚	앵무새 앵	yīng
赠	贈	보낼 증	zèng

丿

⿰钅著	鐯	괭이 착	zhuó
镖	鏢	칼끝 표	biāo
镗	鏜	종고소리 당	tāng
镘	鏝	흙손 만	màn
镚	鏰	동전 붕	bēng
镛	鏞	큰 종 용	yōng
镜	鏡	거울 경	jìng
镝	鏑	화살촉 적	dī, dí
镞	鏃	화살촉 족	zú
氇	氌	모직물 로	lú
赞	贊	도울 찬	zàn
穑	穡	거둘 색	sè
篮	籃	큰 등롱 람	lán
篱	籬	울타리 리	lí
魉	魎	도깨비 량	liǎng

鲭	鯖	청어 청	qīng, zhēng
鲮	鯪	천산갑 릉	líng
鲰	鯫	뱅어 추	qū
鲱	鯡	곤이 비	fēi
鲲	鯤	곤이 곤	kūn
鲳	鯧	병어 창	chāng
鲵	鯢	도롱뇽 예	ní
鲶	鯰	메기 점	niàn
鲷	鯛	도미 조	diāo
鲸	鯨	고래 경	jīng
鲻	鯔	숭어 치	zī
獭	獺	수달 달	tǎ

丶

鹧	鷓	자고 자	zhè
瘿	癭	혹 영	yǐng, yīng
瘾	癮	두드러기 은	yǐn
斓	斕	아롱질 란	lán
辩	辯	말 잘할 변	biàn
濑	瀨	여울 뢰	lài
濒	瀕	물가 빈	bīn
懒	懶	게으를 라	lǎn
黉	黌	글방 횡	hēng

乛

鹨	鷚	종달새 류	liáo, liú, liù
颡	顙	이마 상	sǎng, sāng
缰	繮	고삐 강	jiāng
缱	繾	곡진할 견	juān

缲	繰	비단 조	qiāo, sāo, zǎo
缳	繯	엷은 비단 환	huán
缴	繳	주살의 줄 격	jiǎo, jī, juè

17획

一

藓	蘚	이끼 선	xiǎn
鹩	鷯	뱁새 료	liáo, liào

丨

龋	齲	충치 우	qǔ
瞩	矚	볼 촉	zhǔ
蹒	蹣	비틀거릴 반	mán, pán
蹑	躡	밟을 섭	niè
蟏	蠨	갈머리 소	xiāo
㘎	㘚	범이 으르렁거릴 함	gǎn
羁	羈	굴레 기	jī
赡	贍	넉넉할 섬	shàn

丿

镣	鐐	은 료	liáo
镤	鏷	무쇠 박	pú
镥	鑥	루테튬 로	lú
镦	鐓	창고달 대	dūn, duì
镧	鑭	금채색 란	lán, làn
𬭤	鐥	낫 선	shān, shàn
镨	鐠	모포 보	pǔ
镪	鏹	돈 강	qiāng, jiǎng
镫	鐙	등자 등	dēng
簖	籪	통발 단	duàn
鹪	鷦	뱁새 초	jiāo

䲠	鰆	물고기이름 춘	chūn
鲽	鰈	가자미 접	dié, diē, qiē, tà
鲿	鱨	자가사리 상	cháng
鳃	鰓	아가미 새	sāi
鳁	鰛	정어리 온	wēn
鳄	鰐	악어 악	è
鳅	鰍	미꾸라지 추	qīu
鳆	鰒	전복 복	fù
鳇	鰉	용상어 황	huáng
䲡	鰌	미꾸라지 추	qiū, qiú
鳊	鯿	방어 편	biān

丶

鹫	鷲	수리 취	jìu
辫	辮	땋을 변	biàn
赢	贏	이익 남을 영	yíng
懑	懣	번민할 만	mèn, mán, mĕn

𠃍

鹬	鷸	도요새 휼	yù
骤	驟	달릴 취	zhòu

18획

一

鳌	鰲	자라 오	áo
鞯	韉	언치 천	jiān
黡	黶	검정사마귀 염	yǎn, yàn

丨

颢	顥	클 호	hào
鹭	鷺	해오라기 로	lū
嚣	囂	들낼 효	xiāo

髅	髏	해골 루	lóu

丿

镬	鑊	가마 확	huò
镭	鐳	병 뢰	léi
镮	鐶	고리 환	huán
镯	鐲	방울 탁	zhuó
镰	鐮	낫 겸	lián
镱	鐿	이테르븀 의	yì
雠	讎	짝 수	chóu
雠	讐	짝 수	chóu, shòu
鳏	鰥	환어 환	guān
鳍	鰭	지느러미 기	qí
鳎	鰨	가자미 탑	tǎ, tà, nà
鳒	鰜	넙치 겸	jiān

丶

鹯	鸇	새매 전	zhān, zhen
鹰	鷹	매 응	yīng
癞	癩	약물중독 라	lài
冁	囅	웃는 모양 천	chán
谳	讞	잔치 연	yàn

㇕

鹛	鷿	농병아리 벽	pì, bò

19획

一

攒	攢	모일 찬	zǎn, zuān, cuán
霭	靄	아지랑이 애	ǎi

丿

鳖	鱉	금게 별	biē

蹿	躥	솟을 찬	cuān
巅	巔	산꼭대기 전	diàn
髋	髖	허리뼈 관	kuān, kūn
髌	髕	종지뼈 빈	bìn

丿

镲	鑔	동발 찰	chá
籁	籟	세구멍퉁소 뢰	lài
鳘	鰵	대구 민	mǐn
鳓	鰳	준치 륵	lè
鳔	鰾	부레 표	biǎo
鳕	鱈	대구 설	xuě
鳗	鰻	뱀장어 만	mán
鳙	鱅	전어 용	yóng
鳛	鰼	미꾸라지 습	xí

丶

颤	顫	놀랄 전	chàn, zhàn
癣	癬	마른 옴 선	xuǎn
谶	讖	참서 참	chán

㇕

骥	驥	천리마 기	jì
缵	纘	이을 찬	zuǎn

20획

一

瓒	瓚	제기 찬	zàn
鬓	鬢	살쩍 빈	bìn
颥	顬	관자놀이 움직일 유	rú

丨

䨻	䨻	악어 타	tà
黩	黷	더럽힐 독	dú

丿

镳	鑣	재갈 표	biāo
镴	鑞	땜납 랍	là
臜	臢	언청이 잠	zān
鳜	鱖	쏘가리 궤	guì, jué, wǎn
鳝	鱔	두렁허리 선	shàn
鳞	鱗	비늘 린	lín
鳟	鱒	송어 준	zūn, zùn, zhuàn

乛

骧	驤	머리 들 양	xiāng

21획

颦	顰	찡그릴 빈	pín
躏	躪	짓밟을 린	lìn
鳢	鱧	가물치 례	lǐ
鳣	鱣	철갑상어 전	zhān
癫	癲	미칠 전	diān
赣	贛	줄 공	gàn, gǎn, gòng
灏	灝	넓을 호	hào

22획

鹳	鸛	황새 관	huān, huán
镶	鑲	거푸집 속 양	xiāng, niáng, ráng, xiáng

23획

趱	趲	놀라 흩어질 찬	zǎn, zàn, zū, zuǎn
颧	顴	광대뼈 관	quán
躜	躦	걸터앉을 찬	zuān, cuó

25획

镢	钁	괭이 곽	jué
馕	饢	처먹을 낭	nǎng, áng
戆	戇	어리석을 당	zhuàng, gàng

약자(略字)와 정자(正字)

약자	정자	음훈
3획		
万	萬	일만 만
与	與	어조사 여
4획		
欠	缺	이지러질 결
区	區	구분할 구
仏	佛	부처 불
予	豫	미리 예
円	圓	둥글 원
卆	卒	군사 졸
双	雙	쌍 쌍
5획		
旧	舊	예 구
台	臺	대 대
仝	同	한가지 동
礼	禮	예도 례
弁	辯	말 잘할 변
払	拂	떨칠 불
写	寫	베낄 사
圧	壓	누를 압
処	處	살 처
庁	廳	관청 청

약자	정자	음훈
弁	瓣	오이씨 판
号	號	부르짖을 호
6획		
仮	假	거짓 가
缶	罐	두레박 관
気	氣	기운 기
団	團	둥글 단
当	當	당할 당
灯	燈	등불 등
迈	邁	갈 매
辺	邊	가 변
両	兩	두 량
弐	貳	두 이
壮	壯	장할 장
争	爭	다툴 쟁
伝	傳	전할 전
尽	盡	다할 진
虫	蟲	벌레 충
冲	沖	빌 충
会	會	모일 회
后	後	뒤 후
兴	興	일 흥

약자	정자	음훈
7획		
対	對	대답할 대
図	圖	그림 도
乱	亂	어지러울 란
来	來	올 래
励	勵	힘쓸 려
灵	靈	신령 령
労	勞	수고로울 노
売	賣	팔 매
麦	麥	보리 맥
状	狀	모양 상
声	聲	소리 성
寿	壽	목숨 수
亜	亞	버금 아
児	兒	아이 아
余	餘	남을 여
芸	藝	재주 예
応	應	응당 응
医	醫	의원 의
囲	圍	에울 위
壱	壹	한 일
条	條	가지 조

体	體	몸 체
沢	澤	못 택
択	擇	가릴 택

8획

価	價	값 가
拠	據	의지할 거
杰	傑	호걸 걸
茎	莖	줄기 경
径	徑	지름길 경
拐	拐	유인할 괴
欧	歐	때릴 구
国	國	나라 국
券	劵	문서 권
担	擔	멜 담
突	突	갑자기 돌
炉	爐	화로 로
弥	彌	활부릴 미
拝	拜	절 배
宝	寶	보배 보
歩	步	걸음 보
舎	舍	집 사
参	參	석 삼
実	實	열매 실
岳	嶽	큰 산 악
岩	巖	바위 암
尭	堯	임금 요
斉	齊	가지런할 제
従	從	좇을 종
青	靑	푸를 청
抱	抱	안을 포
学	學	배울 학
侠	俠	의기 협
画	畫	그림 화
拡	擴	넓힐 확
画	劃	그을 획

9획

胫	脛	정강이 경
単	單	홑 단
胆	膽	쓸개 담
独	獨	홀로 독
発	發	필 발
変	變	변할 변
砕	碎	부술 쇄
乗	乘	탈 승
栄	榮	영화 영
為	爲	할 위
荘	莊	씩씩할 장
専	專	오로지 전
窃	竊	훔칠 절
点	點	점 점
浄	淨	조촐할 정
昼	晝	낮 주
浅	淺	얕을 천
臭	臭	냄새 취
柒	柒	칠할 칠
胞	胞	태보 포
県	縣	매달 현
狭	狹	좁을 협
峡	峽	골짜기 협
挟	挾	낄 협
姫	姬	아씨 희

10획

挙	擧	들 거
倹	儉	검소할 검
剣	劍	칼 검
帰	歸	돌아갈 귀
悩	惱	괴로워할 뇌
党	黨	무리 당
帯	帶	띠 대
涛	濤	물결 도
恋	戀	그리워할 련
竜	龍	용 룡
涙	淚	눈물 루
浜	濱	물가 빈
殺	殺	죽일 살
捜	搜	찾을 수

粋	粹	순수할 수
唖	啞	벙어리 아
桜	櫻	앵두 앵
益	益	더할 익
逸	逸	편할 일
残	殘	남을 잔
桟	棧	잔도 잔
蚕	蠶	누에 잠
将	將	장수 장
剤	劑	조절할 제
従	從	좇을 종
真	眞	참 진
逓	遞	갈마들 체
称	稱	일컬을 칭
砲	砲	돌 쇠뇌 포
陥	陷	빠질 함
恵	惠	은혜 혜
桧	檜	전나무 회

11획

渇	渴	목마를 갈
葛	葛	칡 갈
喝	喝	꾸짖을 갈
強	强	굳셀 강
経	經	글 경
盖	蓋	덮을 개
渓	溪	시내 계
亀	龜	거북 구
倦	倦	게으를 권
脳	腦	뇌 뇌
断	斷	끊을 단
祷	禱	빌 도
猟	獵	사냥 렵
隆	隆	높을 륭
捨	捨	버릴 사
渋	澁	떫을 삽
釈	釋	풀 석
渉	涉	건널 섭
巣	巢	새 집 소
属	屬	붙일 속
粛	肅	엄숙할 숙
湿	濕	젖을 습
視	視	볼 시
悪	惡	악할 악
訳	譯	번역 역
偽	僞	거짓 위
剰	剩	남을 잉
斎	齋	집 재
転	轉	구를 전
情	情	뜻 정
済	濟	건널 제
酔	醉	취할 취
虚	虛	빌 허
険	險	험할 험
蛍	螢	개똥벌레 형
壷	壺	항아리 호

12획

覚	覺	깨달을 각
検	檢	검사할 검
軽	輕	가벼울 경
捲	捲	주먹 쥘 권
勤	勤	부지런할 근
隊	隊	떼 대
煉	煉	쇠 불릴 련
禄	祿	녹봉 록
屡	屢	여러 루
塁	壘	보루 루
湾	灣	물 굽이 만
満	滿	찰 만
蛮	蠻	오랑캐 만
博	博	넓을 박
随	隨	따를 수
遂	遂	드디어 수
営	營	경영할 영
温	溫	따뜻할 온
揺	搖	흔들 요

약자	정자	훈음
雑	雜	섞일 잡
装	裝	꾸밀 장
証	證	증거 증
遅	遲	늦을 지
畳	疊	거듭 첩
歯	齒	이 치
堕	墮	떨어질 타
弾	彈	탄알 탄
廃	廢	폐할 폐
割	割	벨 할
絵	繪	그림 회

13획

약자	정자	훈음
褐	褐	털옷 갈
継	繼	이을 계
鉱	鑛	쇳돌 광
勧	勸	권할 권
楽	樂	즐거울 락
暖	暖	따뜻할 난
滝	瀧	젖을 롱
楼	樓	다락 루
辞	辭	말씀 사
禅	禪	선 선
摂	攝	추스를 섭
聖	聖	성인 성
歳	歲	해 세
焼	燒	사를 소
続	續	이을 속
数	數	셈 수
塩	鹽	소금 염
虞	虞	헤아릴 우
溢	溢	넘칠 일
跡	蹟	자취 적
戦	戰	싸움 전
填	塡	메울 전
靖	靖	꾀할 정
賎	賤	천할 천
践	踐	밟을 천
鉄	鐵	쇠 철
滞	滯	막힐 체
触	觸	닿을 촉
寝	寢	잠잘 침
豊	豐	풍년 풍
漢	漢	한수 한
献	獻	바칠 헌
暁	曉	새벽 효
煕	熙	빛날 희

14획

약자	정자	훈음
頚	頸	목 경
関	關	빗장 관
駆	驅	몰 구
徳	德	덕 덕
稲	稻	벼 도
読	讀	읽을 독
蝋	蠟	밀 랍
歴	歷	겪을 력
暦	曆	세월 력
練	練	익힐 련
緑	綠	푸를 록
髪	髮	터럭 발
様	樣	모양 양
駅	驛	역 역
隠	隱	숨을 은
雑	雜	섞일 잡
銭	錢	돈 전
精	精	정할 정
静	靜	고요 정
憎	憎	미울 증
増	增	불을 증
徴	徵	부를 징
遮	遮	막을 차
総	總	거느릴 총
聡	聰	귀밝을 총
層	層	층 층
飽	飽	물릴 포
愨	慤	삼갈 각

15획

撹	攪	어지러울 교
麹	麴	누룩 국
権	權	권세 권
霊	靈	신령 령
敷	敷	펼 부
賓	賓	손 빈
選	選	가릴 선
穂	穗	이삭 수
縄	繩	줄 승
蝿	蠅	파리 승
諸	諸	모든 제
鋳	鑄	쇳물 부어 만들 주
賛	贊	도울 찬
請	請	청할 청
嘱	囑	부탁할 촉
頬	頰	빰 협
歓	歡	기쁠 환
戯	戲	기 희

16획

壊	壞	무너질 괴
錬	鍊	단련할 련
録	錄	기록 록
頼	賴	힘입을 뢰
薄	薄	엷을 박
獣	獸	짐승 수
薮	藪	늪 수
薬	藥	약 약
壌	壤	흙덩이 양
嬢	孃	계집애 양
穏	穩	평온할 온
謡	謠	노래 요
静	靜	고요 정
縦	縱	늘어질 종
懐	懷	품을 회

17획

覧	覽	볼 람
齢	齡	나이 령
繊	纖	가늘 섬
繍	繡	수놓을 수
厳	嚴	엄할 엄
醤	醬	젓갈 장
聴	聽	들을 청
犠	犧	희생 희

18획

観	觀	볼 관
騒	騷	시끄러울 소
鎖	鎖	자물쇠 쇄
顔	顏	얼굴 안
贈	贈	보낼 증
鎮	鎭	진압할 진
徴	徵	징계할 징
闘	鬪	싸울 투
験	驗	증험할 험
顕	顯	나타날 현

19획

鶏	鷄	닭 계
懶	懶	게으를 라
瀬	瀨	여울 뢰
髄	髓	골수 수
臓	臟	오장 장
顛	顚	정수리 전
覇	霸	으뜸 패

20획

欄	欄	난간 란
巌	巖	바위 암
譲	讓	사양할 양
醸	釀	술 빚을 양
響	響	울릴 향
饗	饗	잔치할 향
蘭	蘭	난초 란

21~25획

纉	纘	이을 찬
讃	讚	기릴 찬
欝	鬱	답답할 울

한문 교육용 기초한자 漢文教育用基礎漢字

	중학교용 900자		고등학교용 900자	
가	家(집 가) 街(거리 가) 歌(노래 가) 價(값 가)	佳(아름다울 가) 可(옳을 가) 加(더할 가) 假(거짓 가)	架(시렁 가)	暇(겨를 가)
각	各(각각 각) 脚(다리 각)	角(뿔 각)	閣(누각 각) 覺(깨달을 각)	却(물리칠 각) 刻(새길 각)
간	干(방패 간) 看(볼 간)	間(사이 간)	刊(책 펴낼 간) 幹(줄기 간) 姦(간사할 간)	肝(간 간) 簡(대쪽 간) 懇(정성 간)
갈	渴(목마를 갈)			
감	甘(달 감) 感(느낄 감)	減(덜 감) 敢(감히 감)	監(볼 감)	鑑(거울 감)
갑	甲(갑옷 갑)			
강	江(강 강) 講(익힐 강)	降(내릴 강) 强(굳셀 강)	康(편안할 강) 鋼(강철 강)	剛(굳셀 강) 綱(벼리 강)
개	改(고칠 개) 個(낱 개)	皆(다 개) 開(열 개)	介(끼일 개) 槪(대개 개)	慨(분개할 개) 蓋(덮을 개)
객	客(손 객)			
갱	更(다시 갱)			
거	去(갈 거) 居(있을 거) 擧(들 거)	巨(클 거) 車(수레 거)	距(떨어질 거) 據(의거할 거)	拒(막을 거)
건	建(세울 건)	乾(하늘 건)	件(사건 건)	健(튼튼할 건)
걸			傑(뛰어날 걸)	乞(빌 걸)
검			儉(검소할 검) 檢(검사할 검)	劍(칼 검)

격		格(바로잡을 격) 擊(부딪칠 격) 激(과격할 격) 隔(사이 뜰 격)
견	犬(개 견) 見(볼 견) 堅(굳을 견)	肩(어깨 견) 絹(명주 견) 遣(보낼 견) 牽(끌 견)
결	決(터질 결) 結(맺을 결) 潔(깨끗할 결)	缺(이지러질 결)
겸		兼(겸할 겸) 謙(겸손할 겸)
경	京(서울 경) 景(볕 경) 輕(가벼울 경) 經(경서 경) 庚(일곱째 천간 경) 耕(밭갈 경) 敬(공경할 경) 驚(놀랄 경) 慶(경사 경) 競(겨룰 경)	竟(다할 경) 境(지경 경) 鏡(거울 경) 頃(잠깐 경) 傾(기울 경) 硬(굳을 경) 警(경계할 경) 徑(지름길 경) 卿(벼슬 경)
계	癸(열째 천간 계) 季(끝 계) 界(지경 계) 計(꾀 계) 溪(시내 계) 鷄(닭 계)	系(이을 계) 係(걸릴 계) 戒(경계할 계) 械(형틀 계) 繼(이을 계) 契(맺을 계) 桂(계수나무 계) 啓(열 계) 階(섬돌 계) 繫(맬 계)
고	古(예 고) 故(연고 고) 固(굳을 고) 苦(쓸 고) 考(상고할 고) 高(높을 고) 告(알릴 고)	枯(마를 고) 姑(시어미 고) 庫(곳집 고) 孤(외로울 고) 鼓(북 고) 稿(볏집 고) 顧(돌아볼 고)
곡	谷(골 곡) 曲(굽을 곡) 穀(곡식 곡)	哭(울 곡)
곤	困(괴로울 곤) 坤(땅 곤)	
골	骨(뼈 골)	
공	工(장인 공) 功(공로 공) 空(빌 공) 共(함께 공) 公(공변될 공)	孔(구멍 공) 供(이바지할 공) 恭(공손할 공) 攻(칠 공) 恐(두려울 공) 貢(바칠 공)
과	果(과실 과) 課(매길 과) 科(과정 과) 過(지날 과)	誇(자랑할 과) 寡(적을 과)

곽		郭(성곽 곽)
관	官(벼슬 관) 觀(볼 관) 關(빗장 관)	館(객사 관) 管(대롱 관) 貫(꿸 관) 慣(버릇 관) 冠(갓 관) 寬(너그러울 관)
광	光(빛 광) 廣(넓을 광)	鑛(쇳돌 광) 狂(미칠 광)
괘		掛(걸 괘)
괴		塊(흙덩이 괴) 愧(부끄러워할 괴) 怪(기이할 괴) 壞(무너질 괴)
교	交(사귈 교) 校(학교 교) 橋(다리 교) 敎(가르칠 교)	郊(들 교) 較(견줄 교) 巧(공교할 교) 矯(바로잡을 교)
구	九(아홉 구) 口(입 구) 求(구할 구) 救(건질 구) 究(궁구할 구) 久(오랠 구) 句(글귀 구) 舊(예 구)	具(갖출 구) 俱(함께 구) 區(지경 구) 驅(몰 구) 苟(진실로 구) 拘(잡을 구) 狗(개 구) 丘(언덕 구) 懼(두려워할 구) 龜(땅 이름 구) 構(얽을 구) 球(공 구)
국	國(나라 국)	菊(국화 국) 局(판 국)
군	君(임금 군) 郡(고을 군) 軍(군사 군)	群(무리 군)
굴		屈(굽힐 굴)
궁	弓(활 궁)	宮(집 궁) 窮(다할 궁)
권	卷(책 권) 權(권세 권) 勸(권할 권)	券(문서 권) 拳(주먹 권)
궐		厥(그 궐)
궤		軌(길 궤)
귀	貴(귀할 귀) 歸(돌아갈 귀)	鬼(귀신 귀)
규		叫(부르짖을 규) 規(법 규) 糾(살필 규)
균	均(고를 균)	菌(버섯 균)

극	極(다할 극)	克(이길 극) 劇(심할 극)
근	近(가까울 근) 勤(부지런할 근) 根(뿌리 근)	斤(도끼 근) 僅(겨우 근) 謹(삼갈 근)
금	金(쇠 금) 今(이제 금) 禁(금할 금)	錦(비단 금) 禽(날짐승 금) 琴(거문고 금)
급	及(미칠 급) 給(넉넉할 급) 急(급할 급)	級(등급 급)
긍		肯(긍정할 긍)
기	己(몸 기) 記(기록할 기) 起(일어날 기) 其(그 기) 期(기약할 기) 基(터 기) 氣(기운 기) 技(재주 기) 幾(몇 기) 旣(이미 기)	紀(벼리 기) 忌(꺼릴 기) 旗(기 기) 欺(속일 기) 奇(기이할 기) 騎(말탈 기) 寄(부칠 기) 豈(어찌 기) 棄(버릴 기) 祈(빌 기) 企(꾀할 기) 畿(경기 기) 飢(주릴 기) 器(그릇 기) 機(틀 기)
긴		緊(긴요할 긴)
길	吉(길할 길)	
나		那(어찌 나)
낙		諾(대답할 낙)
난	暖(따뜻할 난) 難(어려울 난)	
남	南(남녘 남) 男(사내 남)	
납		納(바칠 납)
낭		娘(아가씨 낭)
내	內(안 내) 乃(이에 내)	奈(어찌 내) 耐(견딜 내)
녀	女(계집 녀)	
년	年(해 년)	
념	念(생각할 념)	

녕		寧(편안할 녕)
노	怒(성낼 노)	奴(종 노) 努(힘쓸 노)
농	農(농사 농)	
뇌		腦(뇌 뇌) 惱(괴로워할 뇌)
능	能(능할 능)	
니		泥(진흙 니)
다	多(많을 다)	茶(차 다)
단	丹(붉을 단) 但(다만 단) 單(홑 단) 短(짧을 단) 端(끝 단)	旦(아침 단) 段(구분 단) 壇(단 단) 檀(박달나무 단) 斷(끊을 단) 團(둥글 단)
달	達(통달할 달)	
담	談(말씀 담)	淡(묽을 담) 擔(멜 담)
답	答(대답할 답)	畓(논 답) 踏(밟을 답)
당	堂(집 당) 當(당할 당)	唐(당나라 당) 糖(사탕 당) 黨(무리 당)
대	大(큰 대) 代(대신할 대) 待(기다릴 대) 對(대답할 대)	帶(띠 대) 臺(대 대) 貸(빌릴 대) 隊(떼 대)
덕	德(덕 덕)	
도	刀(칼 도) 到(이를 도) 度(법도 도) 道(길 도) 島(섬 도) 徒(무리 도) 都(도읍 도) 圖(그림 도)	倒(넘어질 도) 挑(휠 도) 桃(복숭아나무 도) 跳(뛸 도) 逃(달아날 도) 渡(건널 도) 陶(질그릇 도) 途(길 도) 稻(벼 도) 導(이끌 도) 盜(훔칠 도) 塗(진흙 도)
독	讀(읽을 독) 獨(홀로 독)	毒(독 독) 督(살펴볼 독) 篤(도타울 독)
돈		豚(돼지 돈) 敦(도타울 돈)
돌		突(갑자기 돌)

동	同(한가지 동) 洞(골짜기 동) 童(아이 동) 冬(겨울 동) 東(동녘 동) 動(움직일 동)	銅(구리 동) 凍(얼 동)
두	斗(말 두) 豆(콩 두) 頭(머리 두)	
둔		鈍(무딜 둔) 屯(진칠 둔)
득	得(얻을 득)	
등	等(가지런할 등) 登(오를 등) 燈(등잔 등)	騰(오를 등)
라		羅(벌릴 라)
락	落(떨어질 락) 樂(즐길 락)	絡(이을 락)
란	卵(알 란)	亂(어지러울 란) 蘭(난초 란) 欄(난간 란)
람		覽(볼 람) 濫(퍼질 람)
랑	浪(물결 랑) 郞(사내 랑)	廊(복도 랑)
래	來(올 래)	
랭	冷(찰 랭)	
략		略(다스릴 략) 掠(노략질할 략)
량	良(어질 량) 兩(두 량) 量(헤아릴 량) 凉(서늘할 량)	梁(들보 량) 糧(양식 량) 諒(믿을 량)
려	旅(나그네 려)	麗(고울 려) 慮(생각할 려) 勵(힘쓸 려)
력	力(힘 력) 歷(지낼 력)	曆(책력 력)
련	連(잇닿을 련) 練(익힐 련)	鍊(불릴 련) 聯(잇달 련) 戀(사모할 련) 蓮(연 련) 憐(불쌍히 여길 련)
렬	列(벌릴 렬) 烈(세찰 렬)	裂(찢을 렬) 劣(못할 렬)
렴		廉(청렴할 렴)

렵		獵(사냥 렵)
령	令(명령할 령) 領(옷깃 령)	嶺(재 령) 零(떨어질 령) 靈(신령 령)
례	例(법식 례) 禮(예도 례)	隷(종 례)
로	路(길 로) 露(이슬 로) 老(늙을 로) 勞(일할 로)	爐(화로 로)
록	綠(초록빛 록)	祿(복 록) 錄(기록할 록) 鹿(사슴 록)
론	論(말할 론)	
롱		弄(희롱할 롱)
뢰		雷(우레 뢰) 賴(힘입을 뢰)
료	料(헤아릴 료)	了(마칠 료) 僚(동료 료)
룡		龍(용 룡)
루		屢(창 루) 樓(다락 루) 累(여러 루) 淚(눈물 루) 漏(샐 루)
류	柳(버들 류) 留(머무를 류) 流(흐를 류)	類(무리 류)
륙	六(여섯 륙) 陸(뭍 륙)	
륜	倫(인륜 륜)	輪(바퀴 륜)
률	律(법 률)	栗(밤나무 률) 率(헤아릴 률)
륭		隆(클 륭)
릉		陵(큰 언덕 릉)
리	里(마을 리) 理(다스릴 리) 利(이로울 리) 李(오얏 리)	梨(배나무 리) 吏(벼슬아치 리) 離(떼놓을 리) 裏(속 리) 履(밟을 리)
린		隣(이웃 린)

림	林(수풀 림)	臨(임할 림)
립	立(설 립)	
마	馬(말 마)	痲(삼 마) 磨(갈 마)
막	莫(없을 막)	幕(막 막) 漠(사막 막)
만	萬(일만 만) 晩(늦을 만) 滿(찰 만)	漫(질펀할 만) 慢(게으를 만)
말	末(끝 말)	
망	亡(망할 망) 忙(바쁠 망) 忘(잊을 망) 望(바랄 망)	茫(아득할 망) 妄(망령될 망) 罔(그물 망)
매	每(매양 매) 買(살 매) 賣(팔 매) 妹(누이 매)	梅(매화나무 매) 埋(묻을 매) 媒(중매 매)
맥	麥(보리 맥)	脈(맥 맥)
맹		孟(맏 맹) 猛(사나울 맹) 盟(맹세할 맹) 盲(소경 맹)
면	免(면할 면) 勉(힘쓸 면) 面(낯 면) 眠(잠잘 면)	綿(이어질 면)
멸		滅(멸망할 멸)
명	名(이름 명) 命(목숨 명) 明(밝을 명) 鳴(울 명)	銘(새길 명) 冥(어두울 명)
모	母(어미 모) 毛(털 모) 暮(저물 모)	某(아무개 모) 謀(꾀할 모) 模(법 모) 貌(얼굴 모) 募(모을 모) 慕(그리워할 모) 侮(업신여길 모) 冒(무릅쓸 모)
목	木(나무 목) 目(눈 목)	牧(칠 목) 睦(화목할 목)
몰		沒(가라앉을 몰)
몽		夢(꿈 몽) 蒙(입을 몽)
묘	卯(토끼 묘) 妙(묘할 묘)	苗(모 묘) 廟(사당 묘) 墓(무덤 묘)

무	戊(다섯째 천간 무) 茂(우거질 무) 武(굳셀 무) 務(일 무) 無(없을 무) 舞(춤출 무)	貿(바꿀 무) 霧(안개 무)
묵	墨(먹 묵)	默(묵묵할 묵)
문	門(문 문) 問(물을 문) 聞(들을 문) 文(글월 문)	
물	勿(말 물) 物(만물 물)	
미	米(쌀 미) 未(아닐 미) 味(맛 미) 尾(꼬리 미) 美(아름다울 미)	迷(미혹할 미) 微(작을 미) 眉(눈썹 미)
민	民(백성 민)	敏(재빠를 민) 憫(근심할 민)
밀	密(빽빽할 밀)	蜜(꿀 밀)
박	朴(순박할 박)	泊(머무를 박) 拍(칠 박) 迫(닥칠 박) 博(넓을 박) 薄(엷을 박)
반	反(되돌릴 반) 飯(밥 반) 半(반 반)	般(돌 반) 盤(소반 반) 班(나눌 반) 返(돌아올 반) 叛(배반할 반) 伴(짝 반)
발	發(쏠 발)	拔(뺄 발) 髮(터럭 발)
방	方(모 방) 房(방 방) 防(막을 방) 放(놓을 방) 訪(찾을 방)	芳(꽃다울 방) 傍(곁 방) 妨(방해할 방) 倣(본뜰 방) 邦(나라 방)
배	拜(절 배) 杯(잔 배)	倍(곱 배) 培(북돋을 배) 配(아내 배) 排(밀칠 배) 輩(무리 배) 背(등 배)
백	白(흰 백) 百(일백 백)	伯(맏 백)
번	番(차례 번)	煩(괴로워할 번) 繁(많을 번) 飜(펄럭일 번)
벌	伐(칠 벌)	罰(죄 벌)
범	凡(무릇 범)	犯(범할 범) 範(법 범)

법	法(법 법)	
벽		壁(벽 벽) 碧(푸를 벽)
변	變(변할 변)	辯(말 잘할 변) 辨(분별할 변) 邊(가 변)
별	別(나눌 별)	
병	丙(남녘 병) 病(병 병) 兵(군사 병)	竝(아우를 병) 屛(병풍 병)
보	保(지킬 보) 步(걸음 보) 報(갚을 보)	普(널리 보) 譜(족보 보) 補(도울 보) 寶(보배 보)
복	福(복 복) 伏(엎드릴 복) 服(옷 복) 復(돌아올 복)	腹(배 복) 複(겹칠 복) 卜(점 복) 覆(뒤집힐 복)
본	本(밑 본)	
봉	奉(받들 봉) 逢(만날 봉)	峯(봉우리 봉) 蜂(벌 봉) 封(봉할 봉) 鳳(봉황새 봉)
부	夫(지아비 부) 扶(도울 부) 父(아비 부) 富(넉넉할 부) 部(거느릴 부) 婦(며느리 부) 否(아닐 부) 浮(뜰 부)	付(줄 부) 符(부신 부) 附(붙을 부) 府(마을 부) 腐(썩을 부) 負(질 부) 副(버금 부) 簿(장부 부) 赴(나아갈 부) 賦(구실 부)
북	北(북녘 북)	
분	分(나눌 분)	紛(어지러워질 분) 粉(가루 분) 奔(달릴 분) 墳(무덤 분) 憤(성낼 분) 奮(떨칠 분)
불	不(아닐 불) 佛(부처 불)	拂(떨 불)
붕	朋(벗 붕)	崩(무너질 붕)
비	比(견줄 비) 非(아닐 비) 悲(슬플 비) 飛(날 비) 鼻(코 비) 備(갖출 비)	批(칠 비) 卑(낮을 비) 婢(여자 종 비) 碑(돌기둥 비) 妃(왕비 비) 肥(살찔 비) 秘(숨길 비) 費(쓸 비)
빈	貧(가난할 빈)	賓(손 빈) 頻(자주 빈)
빙	氷(얼음 빙)	聘(찾아갈 빙)

사	四(넉 사) 士(선비 사) 寺(절 사) 使(시킬 사) 射(쏠 사) 師(스승 사) 私(사사로울 사) 思(생각할 사)	巳(뱀 사) 仕(벼슬할 사) 史(역사 사) 舍(집 사) 謝(사례할 사) 死(죽을 사) 絲(실 사) 事(일 사)	司(맡을 사) 蛇(뱀 사) 邪(간사할 사) 斜(비낄 사) 社(모일 사) 似(같을 사) 寫(베낄 사) 斯(이 사)	詞(말씀 사) 捨(버릴 사) 賜(줄 사) 詐(속일 사) 沙(모래 사) 査(조사할 사) 辭(말 사) 祀(제사 사)
삭			削(깎을 삭)	朔(초하루 삭)
산	山(메 산) 散(흩어질 산)	産(낳을 산) 算(셀 산)		
살	殺(죽일 살)			
삼	三(석 삼)			
상	上(위 상) 常(항상 상) 商(장사 상) 霜(서리 상) 傷(상처 상)	尙(오히려 상) 賞(상줄 상) 相(서로 상) 想(생각할 상) 喪(죽을 상)	嘗(맛볼 상) 詳(자세할 상) 床(상 상) 像(형상 상) 償(갚을 상)	裳(치마 상) 祥(상서로울 상) 象(코끼리 상) 桑(뽕나무 상) 狀(형상 상)
새			塞(변방 새)	
색	色(빛 색)		索(찾을 색)	
생	生(날 생)			
서	西(서녘 서) 書(쓸 서)	序(차례 서) 暑(더울 서)	敍(차례 서) 庶(여러 서) 緖(실마리 서) 誓(맹세할 서)	徐(천천히 할 서) 恕(용서할 서) 署(관청 서) 逝(갈 서)
석	石(돌 석) 昔(옛 석) 席(자리 석)	夕(저녁 석) 惜(아낄 석)	析(가를 석)	釋(풀 석)
선	先(먼저 선) 線(줄 선) 善(착할 선) 選(가릴 선)	仙(신선 선) 鮮(고울 선) 船(배 선)	宣(베풀 선) 禪(선 선)	旋(돌 선)

설	雪(눈 설) 說(말씀 설) 設(베풀 설) 舌(혀 설)	
섭		涉(건널 섭) 攝(당길 섭)
성	姓(성 성) 性(성품 성) 成(이룰 성) 城(성 성) 誠(정성 성) 盛(성할 성) 省(살필 성) 星(별 성) 聖(성스러울 성) 聲(소리 성)	
세	世(세상 세) 洗(씻을 세) 稅(세금 세) 細(가늘 세) 勢(기세 세) 歲(해 세)	
소	小(작을 소) 少(적을 소) 所(바 소) 消(사라질 소) 素(흴 소) 笑(웃을 소)	召(부를 소) 昭(밝을 소) 蘇(깨어날 소) 騷(떠들 소) 燒(불태울 소) 訴(하소연할 소) 掃(쓸 소) 疏(성길 소) 蔬(푸성귀 소)
속	俗(풍속 속) 速(빠를 속) 續(이을 속)	束(묶을 속) 粟(조 속) 屬(엮을 속)
손	孫(손자 손)	損(덜 손)
송	松(소나무 송) 送(보낼 송)	訟(송사할 송) 頌(기릴 송) 誦(욀 송)
쇄		刷(쓸 쇄) 鎖(쇠사슬 쇄)
쇠		衰(쇠할 쇠)
수	水(물 수) 手(손 수) 受(받을 수) 授(줄 수) 首(머리 수) 守(지킬 수) 收(거둘 수) 誰(누구 수) 須(모름지기 수) 雖(비록 수) 愁(시름 수) 樹(나무 수) 壽(목숨 수) 數(셀 수) 修(닦을 수) 秀(빼어날 수)	囚(가둘 수) 需(구할 수) 帥(장수 수) 殊(다를 수) 隨(따를 수) 輸(나를 수) 獸(짐승 수) 睡(잘 수) 遂(드디어 수) 垂(드리울 수) 搜(찾을 수)
숙	叔(아재비 숙) 淑(맑을 숙) 宿(묵을 숙)	孰(누구 숙) 熟(익을 숙) 肅(엄숙할 숙)

순	順(순할 순) 純(순수할 순)	旬(열흘 순) 殉(따라죽을순) 循(돌 순) 脣(입술 순) 瞬(눈깜짝일 순) 巡(돌 순)
술	戌(개 술)	述(지을 술) 術(재주 술)
숭	崇(높을 숭)	
습	習(익힐 습) 拾(주울 습)	濕(축축할 습) 襲(엄습할 습)
승	乘(탈 승) 承(받들 승) 勝(이길 승)	昇(오를 승) 僧(중 승)
시	市(저자 시) 示(보일 시) 是(옳을 시) 時(때 시) 詩(시 시) 視(볼 시) 施(베풀 시) 試(시험할 시) 始(처음 시)	矢(화살 시) 侍(모실 시)
식	食(먹을 식) 式(법 식) 植(심을 식) 識(알 식)	息(숨쉴 식) 飾(꾸밀 식)
신	身(몸 신) 申(원숭이 신) 神(귀신 신) 臣(신하 신) 信(믿을 신) 辛(매울 신) 新(새 신)	伸(펼 신) 晨(새벽 신) 愼(삼갈 신)
실	失(잃을 실) 室(집 실) 實(열매 실)	
심	心(마음 심) 甚(심할 심) 深(깊을 심)	尋(찾을 심) 審(살필 심)
십	十(열 십)	
쌍		雙(쌍 쌍)
씨	氏(각시 씨)	
아	兒(아이 아) 我(나 아)	牙(어금니 아) 芽(싹 아) 雅(우아할 아) 亞(버금 아) 餓(굶주릴 아)
악	惡(악할 악)	岳(큰 산 악)

안	安(편안할 안) 案(책상 안) 顔(얼굴 안) 眼(눈 안)	岸(언덕 안) 雁(기러기 안)
알		謁(뵐 알)
암	暗(어두울 암) 巖(바위 암)	
압		壓(누를 압) 押(누를 압)
앙	仰(우러를 앙)	央(가운데 앙) 殃(재앙 앙)
애	愛(사랑 애) 哀(슬플 애)	涯(물가 애)
액		厄(재앙 액) 額(이마 액)
야	也(어조사 야) 夜(밤 야) 野(들 야)	耶(어조사 야)
약	弱(약할 약) 若(같을 약) 約(약속할 약) 藥(약 약)	躍(뛸 약)
양	羊(양 양) 洋(바다 양) 養(기를 양) 揚(오를 양) 陽(볕 양) 讓(사양할 양)	壤(흙 양) 樣(모양 양) 楊(버들 양)
어	魚(물고기 어) 漁(고기잡을어) 於(어조사 어) 語(말씀 어)	御(어거할 어)
억	億(억 억) 憶(생각할 억)	抑(누를 억)
언	言(말씀 언)	焉(어찌 언)
엄	嚴(엄할 엄)	
업	業(업 업)	
여	余(나 여) 餘(남을 여) 如(같을 여) 汝(너 여) 與(줄 여)	予(나 여) 輿(수레 여)
역	亦(또 역) 易(바꿀 역) 逆(거스를 역)	譯(통변할 역) 驛(역참 역) 役(부릴 역) 疫(염병 역) 域(지경 역)
연	然(그러할 연) 煙(연기 연) 研(갈 연)	延(끌 연) 燃(탈 연) 燕(제비 연) 沿(따를 연) 鉛(납 연) 宴(잔치 연)

연		軟(연할 연) 演(도울 연) 緣(인연 연)
열	熱(더울 열) 悅(기쁠 열)	閱(검열할 열)
염	炎(불탈 염)	染(물들일 염) 鹽(소금 염)
엽	葉(잎 엽)	
영	永(길 영) 英(꽃부리 영) 迎(맞이할 영) 榮(영화로울 영)	泳(헤엄칠 영) 詠(읊을 영) 營(경영할 영) 影(그림자 영) 映(비출 영)
예	藝(기예 예)	豫(미리 예) 譽(기릴 예) 銳(날카로울 예)
오	五(다섯 오) 吾(나 오) 悟(깨달을 오) 午(낮 오) 誤(그르칠 오) 烏(까마귀 오)	汚(더러울 오) 嗚(탄식소리 오) 娛(즐거워할 오) 傲(거만할 오)
옥	玉(구슬 옥) 屋(집 옥)	獄(옥 옥)
온	溫(따뜻할 온)	
옹		翁(늙은이 옹) 擁(안을 옹)
와	瓦(기와 와) 臥(누울 와)	
완	完(완전할 완)	緩(느릴 완)
왈	曰(가로 왈)	
왕	王(임금 왕) 往(갈 왕)	
외	外(밖 외)	畏(두려워할 외)
요	要(구할 요)	腰(허리 요) 搖(흔들 요) 遙(멀 요) 謠(노래 요)
욕	欲(하고자 할 욕) 浴(목욕할 욕)	慾(욕심 욕) 辱(욕보일 욕)
용	用(쓸 용) 容(얼굴 용) 勇(날랠 용)	庸(쓸 용)
우	于(어조사 우) 宇(집 우) 右(오른쪽 우) 友(벗 우) 牛(소 우) 雨(비 우) 憂(근심할 우) 又(또 우)	羽(깃 우) 郵(역참 우) 愚(어리석을 우) 偶(짝 우) 優(넉넉할 우)

우	尤(더욱 우) 遇(만날 우)	
운	云(이를 운) 雲(구름 운) 運(돌 운)	韻(운 운)
웅	雄(수컷 웅)	
원	元(으뜸 원) 原(근원 원) 願(바랄 원) 遠(멀 원) 園(동산 원) 怨(원망할 원) 圓(둥글 원)	員(관원 원) 源(근원 원) 援(당길 원) 院(집 원)
월	月(달 월)	越(넘을 월)
위	位(자리 위) 危(위태할 위) 爲(할 위) 偉(훌륭할 위) 威(위엄 위)	胃(밥통 위) 謂(이를 위) 圍(둘레 위) 緯(씨 위) 衛(지킬 위) 違(어길 위) 委(맡길 위) 慰(위로할 위) 僞(거짓 위)
유	由(말미암을 유) 油(기름 유) 酉(닭 유) 有(있을 유) 猶(오히려 유) 唯(오직 유) 遊(놀 유) 柔(부드러울 유) 遺(끼칠 유) 幼(어릴 유)	幽(그윽할 유) 惟(생각할 유) 維(맬 유) 乳(젖 유) 儒(선비 유) 裕(넉넉할 유) 誘(꾈 유) 愈(나을 유) 悠(멀 유)
육	肉(고기 육) 育(기를 육)	
윤		閏(윤달 윤) 潤(젖을 윤)
은	恩(은혜 은) 銀(은 은)	隱(숨길 은)
을	乙(새 을)	
음	音(소리 음) 吟(읊을 음) 飮(마실 음) 陰(그늘 음)	淫(음란할 음)
읍	邑(고을 읍) 泣(울 읍)	
응	應(응할 응)	凝(엉길 응)
의	衣(옷 의) 依(의지할 의) 義(옳을 의) 議(의논할 의) 矣(어조사 의) 醫(의원 의) 意(뜻 의)	宜(마땅할 의) 儀(거동 의) 疑(의심할 의)

이	二(두 이) 以(써 이) 已(이미 이) 耳(귀 이) 而(말 이을 이) 異(다를 이) 移(옮길 이)	夷(오랑캐 이)
익	益(더할 익)	翼(날개 익)
인	人(사람 인) 引(끌 인) 仁(어질 인) 因(인할 인) 忍(참을 인) 認(알 인) 寅(동방 인) 印(도장 인)	姻(혼인 인)
일	一(한 일) 日(날 일)	逸(편안할 일)
임	壬(아홉째 천간 임)	任(맡길 임) 賃(품팔이 임)
입	入(들 입)	
자	子(아들 자) 字(글자 자) 自(스스로 자) 者(놈 자) 姉(손윗누이 자) 慈(사랑할 자)	玆(이 자) 紫(자줏빛 자) 資(재물 자) 姿(맵시 자) 恣(방자할 자) 刺(찌를 자)
작	作(지을 작) 昨(어제 작)	酌(따를 작) 爵(벼슬 작)
잔		殘(해칠 잔)
잠		潛(잠길 잠) 暫(잠시 잠)
잡		雜(섞일 잡)
장	長(길 장) 章(글 장) 場(마당 장) 將(장차 장) 壯(씩씩할 장)	丈(어른 장) 張(베풀 장) 帳(휘장 장) 莊(장중할 장) 裝(꾸밀 장) 奬(장려할 장) 墻(담 장) 葬(장사지낼 장) 粧(단장할 장) 掌(손바닥 장) 藏(감출 장) 臟(내장 장) 障(가로막을 장) 腸(창자 장)
재	才(재주 재) 材(재목 재) 財(재물 재) 在(있을 재) 栽(심을 재) 再(두 재) 哉(어조사 재)	災(재앙 재) 裁(마를 재) 載(실을 재) 宰(재상 재)
쟁	爭(다툴 쟁)	

저	著(나타날 저) 貯(쌓을 저) 低(밑 저)	底(바닥 저) 抵(거스를 저)
적	的(과녁 적) 赤(붉을 적) 適(갈 적) 敵(원수 적)	滴(물방울 적) 摘(딸 적) 寂(고요할 적) 籍(서적 적) 賊(도둑 적) 跡(자취 적) 積(쌓을 적) 績(길쌈할 적)
전	田(밭 전) 全(온전할 전) 典(법 전) 前(앞 전) 展(펼 전) 戰(싸울 전) 電(번개 전) 錢(돈 전) 傳(전할 전)	專(오로지 전) 轉(구를 전) 殿(큰 집 전)
절	節(마디 절) 絶(끊을 절)	切(끊을 절) 折(꺾을 절) 竊(훔칠 절)
점	店(가게 점)	占(차지할 점) 點(점 점) 漸(점점 점)
접	接(사귈 접)	蝶(나비 접)
정	丁(고무래 정) 停(머무를 정) 頂(정수리 정) 井(우물 정) 正(바를 정) 政(정사 정) 定(정할 정) 貞(곧을 정) 精(정할 정) 情(뜻 정) 靜(고요할 정) 淨(깨끗할 정) 庭(뜰 정)	亭(정자 정) 訂(바로잡을 정) 廷(조정 정) 程(단위 정) 征(칠 정) 整(가지런할 정)
제	弟(아우 제) 第(차례 제) 祭(제사 제) 帝(임금 제) 題(표제 제) 除(덜 제) 諸(모두 제) 製(지을 제)	提(들 제) 堤(둑 제) 制(억제할 제) 際(사이 제) 齊(가지런할 제) 濟(건널 제)
조	兆(조짐 조) 早(일찍 조) 造(만들 조) 鳥(새 조) 調(고를 조) 朝(아침 조) 助(도울 조) 祖(조상 조)	弔(조상할 조) 燥(마를 조) 操(잡을 조) 照(비출 조) 條(가지 조) 潮(조수 조) 租(세금 조) 組(끈 조)

족	足(발 족) 族(겨레 족)	
존	存(있을 존) 尊(높을 존)	
졸	卒(군사 졸)	拙(졸할 졸)
종	宗(마루 종) 種(씨 종) 鐘(종 종) 終(끝날 종) 從(좇을 종)	縱(늘어질 종)
좌	左(왼 좌) 坐(앉을 좌)	佐(도울 좌) 座(자리 좌)
죄	罪(허물 죄)	
주	主(주인 주) 注(물댈 주) 住(살 주) 朱(붉을 주) 宙(집 주) 走(달릴 주) 酒(술 주) 晝(낮 주)	舟(배 주) 周(두루 주) 株(그루 주) 州(고을 주) 洲(섬 주) 柱(기둥 주) 奏(아뢸 주) 珠(구슬 주) 鑄(부어 만들 주)
죽	竹(대 죽)	
준		準(법도 준) 俊(준걸 준) 遵(좇을 준)
중	中(가운데 중) 重(무거울 중) 衆(무리 중)	仲(버금 중)
즉	卽(곧 즉)	
증	曾(일찍 증) 增(더할 증) 證(증거 증)	憎(미워할 증) 贈(보낼 증) 症(증세 증) 蒸(찔 증)
지	只(다만 지) 支(지탱할 지) 枝(가지 지) 止(그칠 지) 之(갈 지) 知(알 지) 地(땅 지) 指(손가락 지) 志(뜻 지) 至(이를 지) 紙(종이 지) 持(가질 지)	池(못 지) 誌(기록할 지) 智(지혜 지) 遲(늦을 지)
직	直(곧을 직)	職(벼슬 직) 織(짤 직)
진	辰(별 진) 眞(참 진) 進(나아갈 진) 盡(다할 진)	振(떨칠 진) 鎭(진압할 진) 陳(베풀 진) 陣(진칠 진) 珍(보배 진) 震(진동할 진)

질	質(바탕 질)	秩(차례 질) 疾(병 질) 姪(조카 질)
집	集(모일 집) 執(잡을 집)	
징		徵(부를 징) 懲(혼날 징)
차	且(또 차) 次(버금 차) 此(이 차) 借(빌 차)	差(어긋날 차)
착	着(붙을 착)	錯(섞일 착) 捉(잡을 착)
찬		贊(도울 찬) 讚(기릴 찬)
찰	察(살필 찰)	
참	參(참여할 참)	慘(참혹할 참) 慙(부끄러울 참)
창	昌(창성할 창) 唱(노래 창) 窓(창 창)	倉(곳집 창) 創(비롯할 창) 蒼(푸를 창) 暢(펼 창)
채	菜(나물 채) 採(캘 채)	彩(무늬 채) 債(빚 채)
책	責(꾸짖을 책) 冊(책 책)	策(꾀 책)
처	妻(아내 처) 處(곳 처)	
척	尺(자 척)	斥(물리칠 척) 拓(열 척) 戚(겨레 척)
천	千(일천 천) 天(하늘 천) 川(내 천) 泉(샘 천) 淺(얕을 천)	賤(천할 천) 踐(밟을 천) 遷(옮길 천) 薦(천거할 천)
철	鐵(쇠 철)	哲(밝을 철) 徹(뚫을 철)
첨		尖(뾰족할 첨) 添(더할 첨)
첩		妾(첩 첩)
청	靑(푸를 청) 淸(맑을 청) 晴(갤 청) 請(청할 청) 聽(들을 청)	廳(관청 청)
체	體(몸 체)	替(바꿀 체) 滯(막힐 체) 逮(잡을 체) 遞(갈마들 체)

초	初(처음 초) 草(풀 초) 招(부를 초)	肖(닮을 초) 超(넘을 초) 抄(베낄 초) 礎(주춧돌 초) 秒(초 초)
촉		促(재촉할 촉) 燭(촛불 촉) 觸(닿을 촉)
촌	寸(마디 촌) 村(마을 촌)	
총		銃(총 총) 總(거느릴 총) 聰(총명할 총)
최	最(가장 최)	催(재촉할 최)
추	秋(가을 추) 追(쫓을 추) 推(밀 추)	抽(뽑을 추) 醜(추할 추)
축	丑(소 축) 祝(빌 축)	畜(가축 축) 蓄(쌓을 축) 築(쌓을 축) 逐(쫓을 축) 縮(다스릴 축)
춘	春(봄 춘)	
출	出(날 출)	
충	充(찰 충) 忠(충성 충) 蟲(벌레 충)	衝(찌를 충)
취	取(취할 취) 吹(불 취) 就(이룰 취)	臭(냄새 취) 醉(취할 취) 趣(달릴 취)
측		側(곁 측) 測(잴 측)
층		層(층 층)
치	治(다스릴 치) 致(보낼 치) 齒(이 치)	値(값 치) 置(둘 치) 恥(부끄러워할 치)
칙	則(법칙 칙)	
친	親(친할 친)	
칠	七(일곱 칠)	漆(옻 칠)
침	針(바늘 침)	侵(침노할 침) 浸(담글 침) 寢(잠잘 침) 沈(가라앉을 침) 枕(베개 침)

칭		稱(일컬을 칭)
쾌	快(쾌할 쾌)	
타	他(다를 타) 打(칠 타)	妥(온당할 타) 墮(떨어질 타)
탁		濁(흐릴 탁) 托(밀 탁) 濯(씻을 탁) 卓(높을 탁)
탄		炭(숯 탄) 歎(탄식할 탄) 彈(탄알 탄) 誕(태어날 탄)
탈	脫(벗을 탈)	奪(빼앗을 탈)
탐	探(찾을 탐)	貪(탐할 탐)
탑		塔(탑 탑)
탕		湯(끓일 탕)
태	太(클 태) 泰(클 태)	怠(게으름 태) 殆(위태할 태) 態(모양 태)
택	宅(집 택)	澤(못 택) 擇(가릴 택)
토	土(흙 토)	吐(토할 토) 討(칠 토)
통	通(통할 통) 統(큰 줄기 통)	痛(아플 통)
퇴	退(물러날 퇴)	
투	投(던질 투)	透(통할 투) 鬪(싸움 투)
특	特(수컷 특)	
파	破(깨뜨릴 파) 波(물결 파)	派(물 갈래 파) 播(뿌릴 파) 罷(방면할 파) 頗(자못 파) 把(잡을 파)
판	判(판가름할 판)	板(널빤지 판) 販(팔 판) 版(판목 판)
팔	八(여덟 팔)	
패	貝(조개 패) 敗(패할 패)	
편	片(조각 편) 便(편할 편) 篇(책 편)	編(엮을 편) 遍(두루 편) 偏(치우칠 편)
평	平(평평할 평)	評(평론할 평)

폐	閉(닫을 폐)	肺(허파 폐) 廢(폐할 폐) 弊(폐단 폐) 蔽(덮을 폐) 幣(비단 폐)
포	布(베 포) 抱(안을 포)	包(쌀 포) 胞(태보 포) 飽(배부를 포) 浦(물가 포) 捕(사로잡을 포)
폭	暴(사나울 폭)	爆(터질 폭) 幅(너비 폭)
표	表(겉 표)	票(표 표) 標(표 표) 漂(떠돌 표)
품	品(물건 품)	
풍	豐(풍년 풍) 風(바람 풍)	
피	皮(가죽 피) 彼(저 피)	疲(지칠 피) 被(이불 피) 避(피할 피)
필	必(반드시 필) 匹(짝 필) 筆(붓 필)	畢(마칠 필)
하	下(아래 하) 夏(여름 하) 賀(하례 하) 何(어찌 하) 河(물 하)	荷(연 하)
학	學(배울 학)	鶴(학 학)
한	閑(막을 한) 寒(찰 한) 恨(한할 한) 限(한계 한) 韓(나라 이름 한) 漢(한수 한)	旱(가물 한) 汗(땀 한)
할		割(나눌 할)
함		咸(다 함) 含(머금을 함) 陷(빠질 함)
합	合(합할 합)	
항	恒(항상 항)	巷(거리 항) 港(항구 항) 項(목 항) 抗(막을 항) 航(배 항)

해	害(해칠 해) 海(바다 해) 亥(돼지 해) 解(풀 해)	奚(어찌 해) 該(그 해)
핵		核(씨 핵)
행	行(다닐 행) 幸(다행 행)	
향	向(향할 향) 香(향기 향) 鄕(시골 향)	響(울릴 향) 享(누릴 향)
허	虛(빌 허) 許(허락할 허)	
헌		軒(추녀 헌) 憲(법 헌) 獻(바칠 헌)
험		險(험할 험) 驗(시험할 험)
혁	革(가죽 혁)	
현	現(나타날 현) 賢(어질 현)	玄(검을 현) 絃(악기 줄 현) 縣(고을 현) 懸(매달 현) 顯(나타날 현)
혈	血(피 혈)	穴(구멍 혈)
혐		嫌(싫어할 혐)
협	協(화할 협)	脅(옆구리 협)
형	兄(맏 형) 刑(형벌 형) 形(모양 형)	亨(형통할 형) 螢(반디 형) 衡(저울대 형)
혜	惠(은혜 혜)	慧(슬기로울 혜) 兮(어조사 혜)
호	戶(지게 호) 乎(어조사 호) 呼(부를 호) 好(좋을 호) 虎(범 호) 號(부르짖을 호) 湖(호수 호)	互(서로 호) 胡(오랑캐 호) 浩(클 호) 毫(가는 털 호) 豪(호걸 호) 護(보호할 호)
혹	或(혹 혹)	惑(미혹할 혹)
혼	婚(혼인할 혼) 混(섞을 혼)	昏(어두울 혼) 魂(넋 혼)
홀		忽(소홀히 할 홀)
홍	紅(붉을 홍)	洪(큰물 홍) 弘(넓을 홍) 鴻(큰 기러기 홍)

화	火(불 화) 化(될 화) 花(꽃 화) 貨(재화 화) 和(화할 화) 話(말할 화) 畫(그림 화) 華(빛날 화)	禾(벼 화) 禍(재앙 화)
확		確(굳을 확) 穫(벼 벨 확) 擴(넓힐 확)
환	歡(기뻐할 환) 患(근심 환)	丸(알 환) 換(바꿀 환) 環(고리 환) 還(돌아올 환)
활	活(살 활)	
황	黃(누를 황) 皇(임금 황)	況(하물며 황) 荒(거칠 황)
회	回(돌 회) 會(모일 회)	悔(뉘우칠 회) 懷(품을 회)
획		獲(얻을 획) 劃(그을 획)
횡		橫(가로 횡)
효	孝(효도 효) 效(본받을 효)	曉(새벽 효)
후	後(뒤 후) 厚(두터울 후)	侯(제후 후) 候(기후 후)
훈	訓(가르칠 훈)	
훼		毁(헐 훼)
휘		揮(휘두를 휘) 輝(빛날 휘)
휴	休(쉴 휴)	携(가질 휴)
흉	凶(흉할 흉) 胸(가슴 흉)	
흑	黑(검을 흑)	
흡		吸(숨 들이쉴 흡)
흥	興(일어날 흥)	
희	希(바랄 희) 喜(기쁠 희)	稀(드물 희) 戲(희롱할 희)

대법원 인명용 한자 大法院人名用 漢字

가	家佳街可歌加價假架暇嘉嫁稼賈駕伽迦柯呵哥枷珂痂苛茄袈訶跏軻哿嘏舸珈坷斝榎檟笳耞葭謌
각	各角脚閣却覺刻珏恪殼愨(慤)卻咯埆搉擱桷
간	干間看刊肝幹簡姦懇艮侃杆(桿)玕竿揀諫墾栞奸柬澗磵稈艱癎(癇)矸偘慳榦秆忓茛衎赶迁齦
갈	渴葛乫喝曷碣竭褐蝎鞨噶楬秸羯蠍
감	甘減感敢監鑑(鑒)勘堪瞰坎嵌憾戡柑橄疳紺邯龕玪坩埳嵁弇憨撼欿歛泔淦澉矙轗酣鹻
갑	甲鉀匣岬胛閘
강	江降講強(强)康剛綱鋼(鎠)杠堈岡(崗)姜橿彊慷畺疆糠絳羌腔舡薑鱇嫝跭襁(繈)玒顜茳鏹傋僵壃忼悾扛殭矼穅繮罡羫豇韁
개	改皆個(箇)開介慨概蓋(盖)价凱愷漑塏愾疥芥豈鎧 玠剴匃揩槩磕闓
객	客喀

갱	更坑粳羹硜賡鏗
갹	醵
거	去巨居車擧距拒據渠遽鉅炬倨据祛踞鋸駏呿昛秬筥籧胠腒苣莒蕖蘧袪裾
건	建(建)乾(漧)件健巾虔楗鍵愆腱騫蹇搴湕踺揵犍睷褰謇鞬
걸	傑(杰)乞桀乬朅榤
검	儉劍(劒)檢瞼鈐黔撿芡
겁	劫怯迲刦刧
게	揭偈憩
격	格擊激隔檄膈覡挌毄闃骼鬲鴃
견	犬見堅肩絹遣牽鵑甄繭譴狷畎筧縳繾羂蠲鰹
결	決結潔(㓗)缺訣抉挈焆迼玦鍥觖闋
겸	兼謙鎌慊箝鉗嗛槏傔岒拑歉縑蒹黚鼸
경	京(亰)景(暻)經庚耕敬輕驚慶競竟境鏡頃傾硬警徑卿(卿)倞鯨坰耿更炅梗憬璟(璄)擎瓊儆俓涇莖勁逕熲冏(囧)勍烱

경	璥痙磬絅脛頸鶊冂涇憼檠(㯳)坙曔㢣剄哽惸扃㷡煢畊競綆罄褧謦頴駉鯁黥
계	癸季界(堺)計溪鷄系係戒械繼契桂啓階繫誡烓屆悸棨稽谿(磎)堦瘈禊綮縘罽薊雞髻
고	古故固苦高考(攷)告枯姑庫孤鼓稿顧叩敲暠呱皐(皋)尻拷槁沽痼睾羔股膏苽菰藁蠱袴誥賈辜錮雇杲鼓估凅刳栲槀櫜牯盬瞽鷎槹箍篙糕罟羖翶胯觚詁郜酤鈷靠鴣
곡	谷曲穀哭斛梏鵠嚳槲縠觳轂
곤	困坤昆崑琨錕梱棍滾衮(袞)鯤堃崐悃捆緄裍褌閫髡鵾鶤齫
골	骨汩滑搰榾鶻
공	工功空共公孔供恭攻恐貢珙控拱蚣鞏龔倥崆栱箜蛩蛬贛跫釭槓
곶	串
과	果課科過誇寡菓跨鍋顆戈瓜侉堝夥夸撾猓稞窠蝌裹踝銙騍

곽	郭廓槨藿椁癨霍鞹
관	官觀關館(舘)管貫慣冠寬(寛)款琯錧灌瓘梡串棺罐菅涫輨丱爟盥祼窾筦綰鑵雚顴髖鸛
괄	括刮恝适佸栝筈聒髺鴰
광	光(炛·眖)廣(広)鑛狂侊洸珖桄匡曠壙筐胱恇框爌獷磺絖纊茪誆誑
괘	掛卦罫咼挂罣詿
괴	塊愧怪壞乖傀拐槐魁媿廥瑰璝蒯襘
괵	馘
굉	宏紘肱轟浤觥訇閎
교	交校橋敎(教)郊較巧矯僑喬嬌膠咬嶠攪狡皎絞翹蕎蛟轎餃驕鮫姣佼嗷憍鄗嘐嘄嚙撟晈暞榷磽窖趫蹻鉸骹鵁齩
구	九口求救究久句舊具俱區驅苟拘狗丘(坵)懼龜構球玖矩邱銶溝購鳩軀枸仇勾咎嘔垢寇嶇柩歐毆毬灸瞿絿臼舅衢謳逑鉤駒玽耇(耈)鷗廏(廐)颶佝俅傴冓劬匶厹叴坸姤媾嫗屨岣彀戵扣捄搆摳昫榘漚璆甌疚痀癯寠篝糗胊蒟蚯裘覯詬遘釦韝韭鬮鷇鸜

국	國(国)菊局鞠鞫麴匊掬跼麯
군	君郡軍群窘裙捃桾皸
굴	屈窟堀掘倔崛淈詘
궁	弓宮窮躬穹芎躳
권	券權(权)勸卷拳圈眷倦捲淃勌惓棬睠綣蜷
궐	厥闕獗蕨蹶
궤	軌机櫃潰詭饋佹几劂匱憒撅樻氿簋繢跪闠餽庪
귀	貴歸鬼句晷鵕龜(龜)
규	叫規糾(糺)圭奎珪揆逵窺葵槻硅竅赳閨邽嫢湀茥烓刲嬀巋暌楏樛潙睽虬跬闚頍馗
균	均菌畇鈞筠勻(匀)覠囷龜(龜)麏
귤	橘
극	極克劇剋隙戟棘亟尅屐郄
근	近勤根斤僅謹漌墐槿瑾嫤筋劤懃芹菫覲饉巹廑觔跟釿靳
글	契勂
금	金今禁錦禽琴衾襟吟妗擒檎芩衿唫噤嶔笒黔
급	及給急級汲伋扱圾岌皀礏笈芨
긍	肯亘(亙)兢矜殑
기	己記起其期基氣技幾旣紀忌旗欺奇騎寄豈棄祈企畿飢器機淇琪璂祺錤棋(碁)騏麒玘杞埼崎琦綺錡箕岐汽沂圻耆磯譏璣(璣)冀驥嗜暣伎夔妓朞畸祁祇羈機肌饑稘榿欹忯僛剞墍屺庋弃忮愭掎攲旂曁棊歧炁猉禨綦綥羇肵芰芪蘄虁蜝蟣覬跂隑頎鬐鰭
긴	緊
길	吉佶桔姞拮蛣
김	金
끽	喫
나	那奈柰娜拏儺喇懦拿旀胗挐挪㚷梛糯誽
낙	諾
난	暖難煖偄愞赧餪
날	捺捏
남	南男楠湳枏喃
납	納衲
낭	娘囊曩
내	內乃奈耐柰奶嬭迺鼐
녀	女
녁	惄

년	年(秊)撚碾
념	念恬拈捻
녑	惗
녕	寧(寗)獰佞儜嚀濘
노	怒奴努弩瑙駑詉呶孥猱猱笯臑
농	農膿濃儂噥穠醲
뇌	腦惱餒
뇨	尿鬧撓嫋嬲淖鐃
누	耨啂
눈	嫩
눌	訥吶肭
뉴	紐鈕杻衵忸
뉵	衄
능	能
니	泥尼柅濔膩秜怩呢怩祢禰
닉	匿溺
닐	昵暱
다	多(夛)茶爹䅖樣夢觰
단	丹但單短端旦段壇檀斷團緞鍛亶彖湍簞蛋袒鄲煓眲担慱椴漙癉耑胆腶蜑
달	達撻澾獺疸妲怛闥靼韃

담	談淡擔譚膽澹覃啖坍憺曇湛痰聃蕁錟潭倓嗿埮炎儋啗噉壜壜毯禫罎薝郯黮黵
답	答畓踏沓遝
당	堂當唐糖黨塘鐺撞幢戇棠螳倘儻搪檔溏瑭瑭瞠磄螗襠讜鏜餳餹
대	大代待對帶臺(坮)貸隊坮玳袋戴擡(抬)昊岱黛旲矃儓懟汏碓鐓
댁	宅
덕	德(悳·徳)
도	刀到度道島(嶋)徒圖倒都桃挑跳逃渡陶途稻導盜塗堵棹濤燾禱鍍蹈屠悼掉搗櫂淘滔睹萄覩賭韜馟裪鞱夲稌叨墝弢忉慆掏搯擣檮洮涂毲菟酴闍鞀鞱饕
독	讀獨毒督篤瀆牘犢禿纛櫝黷
돈	豚敦墩惇暾燉頓旽沌焞弴潡蘯
돌	突乭咄堗
동	同(仝)洞童冬東動銅凍棟董潼垌瞳蝀憧疼胴桐朣曈彤烔橦勭侗僮哃峒涷艟苳茼蕫

두	斗豆頭杜枓兜痘竇荳讀逗阧抖斁肚脰蚪蠹陡
둔	鈍屯遁臀芚遯窀迍
둘	乧
득	得
등	等登燈騰藤謄鄧嶝橙凳墱滕磴籐縢螣鐙
라	羅螺喇懶癩蘿裸邏剆覶摞蓏鑼儸砢蠃倮囉曪瘰騾羸
락	落樂絡珞酪烙駱洛硌犖
란	卵亂蘭欄瀾瓓丹欒鸞爛鑾嬾襴攔灓襴闌
랄	剌辣埒辢
람	覽濫嵐攬(擥·擥)欖籃纜襤藍婪濫婪漤爁璼惏
랍	拉臘蠟鑞
랑	浪郞(郎)廊琅瑯狼朗烺蜋(螂)㾗駺榔閬硠稂莨
래	來(来·逨)崍萊徠淶騋
랭	冷
략	略掠畧
량	良兩量涼(凉)梁糧(粮)諒亮倆樑粱輛駺俍喨悢踉魎
려	旅麗慮勵呂侶閭黎儷廬戾櫚濾礪藜蠣驢驪囇儢厲唳梠癘糲膂臚蠡邌鑢
력	力歷曆瀝礫轢靂攊櫟櫪癧轣酈
련	連練鍊憐聯戀蓮煉璉攣漣輦孌孿楝湅臠鏈鰊鏈
렬	列烈裂劣洌冽捩挒颲
렴	廉濂簾斂殮瀲磏
렵	獵躐鬣
령	令領嶺零靈伶玲姈呤鈴齡怜囹笭羚翎聆逞泠澪岭(岺)呤另欞齡秢苓蛉軨鴒
례	例禮(礼)隷澧醴隸鱧
	路露老勞爐魯盧鷺撈擄櫓潞瀘蘆輅鹵嚧虜(虜)
로	璐櫨蕗潦壚澇壚滷旅癆窂鸕艪艫轤鐪鑪顱髗鱸
록	綠祿錄鹿彔碌菉麓淥漉簏轆騄
론	論
롱	弄瀧瓏籠壟朧聾儱攏曨礱蘢隴
뢰	雷賴(頼)瀨儡牢磊賂賚耒擂礌礧籟纇罍蕾誄酹
료	料了僚遼寮廖燎療瞭聊

료	蓼嘹嫽撩暸潦獠繚膋醪鐐飂飉
룡	龍(竜)龒
루	屢樓累淚漏壘婁瘻縷蔞褸鏤陋慺嶁耬熡僂嘍螻髏
류	柳留流類琉(瑠)劉硫瘤旒榴溜瀏謬橊縲纍遛鶹
륙	六陸戮勠
륜	倫輪侖崙(崘)綸淪錀圇掄
률	律栗率慄嵂䅭瑮溧
륭	隆癃窿
륵	勒肋泐
름	廩凜(凛)菻澟
릉	陵綾菱稜凌楞(楞)倰蔆
리	里理利梨李吏離(离)履裏(裡)俚莉璃俐(悧)唎浬狸痢籬罹羸釐(厘)鯉涖𠩺犂(犁)摛荔哩嫠莅蜊螭貍邐魑黐漓
린	鄰(隣)潾璘麟(麐)吝燐藺躪鱗撛鏻獜橉粦粼䗲繗嶙悋磷驎蹸轔
림	林臨琳霖淋棽碄晽玪痳
립	立笠粒砬岦
마	馬麻磨瑪摩痲碼魔媽劘

마	螞蟇麼
막	莫幕漠寞膜邈瞙鏌
만	萬(万)晩滿慢漫曼蔓鏋卍娩巒彎挽灣瞞輓饅鰻蠻墁嫚幔縵謾蹣鏝鬘
말	末茉唜抹沫襪靺秣帕
망	亡忙忘望(朢)茫妄罔網芒輞邙莽(莾)惘汒漭魍
매	每買賣妹梅埋媒寐昧枚煤罵邁魅苺呆楳沬玫眛莓酶霉
맥	麥脈貊陌驀貃貘
맹	孟猛盟盲萌氓甍甿虻
멱	冪覓幎
면	免勉面眠綿冕棉沔眄緬麪(麵)俛湎緜
멸	滅蔑篾衊
명	名命明鳴銘冥溟暝椧皿瞑茗蓂螟酩慏洺眀䳟
몌	袂
모	母毛暮某謀模貌募慕冒侮摸牟謨姆帽摹牡瑁眸耗芼茅矛橅毷慔侔姥媢嫫恈旄皃眊耄蝥蟊髦
목	木目牧睦穆鶩沐苜
몰	沒歿

몽	夢蒙朦幪懞曚溕濛瞢矇艨雺鸏
묘	卯妙(玅)苗廟墓描錨畝昴杳渺猫淼眇藐貓
무	戊茂武務無(无)舞貿霧拇珷畝撫懋巫憮楙毋繆蕪誣鵡橅儛嘸廡膴鶩
묵	墨默嘿
문	門問聞文汶炆紋們刎吻紊蚊雯抆悗懣捫璊
물	勿物沕
미	米未味美尾迷微眉渼薇彌(弥)嵄媄媚嵋梶楣湄謎靡黴躾媺濔煝娓洣侎瑂粎溦冞蘪亹弭敉糜瀰獼麋縻茉蘼
민	民敏憫玟旻旼閔珉敃岷愍(瑉·砇·碈)忞(忟)慜潣暋頣泯悶緡顅鈱脗閩敃罠琝瑉緍苠鰵黽
밀	密蜜謐樒滵
박	泊拍迫朴博薄珀撲璞鉑舶剝樸箔粕縛膊雹駁亳欂牔鎛駮髆
반	反飯半般盤班返叛伴畔頒潘磐拌搬攀斑槃泮瘢盼磻礬絆蟠瀊攽鞶扳搫肦胖頖盤
발	發拔髮潑鉢渤勃撥跋醱魃炦哱浡脖鈸鵓
방	方房防放訪芳傍妨倣邦坊彷昉龐榜尨旁枋滂磅紡肪膀舫蒡蚌謗仿厖徬搒旊梆牓艕螃鎊幫(幇)髣魴
배	拜杯(盃)倍培配排輩背陪裵(裴)湃俳徘焙胚褙賠北蓓貝坏扒琲蓓
백	白百伯佰帛魄柏(栢)苩𧺆珀
번	番煩繁飜(翻)蕃幡樊燔磻藩繙膰蘩袢
벌	伐罰閥筏橃罸
범	凡犯範帆杋氾范梵泛汎釩渢滼笵訉颿
법	法琺
벽	壁碧璧闢僻劈擘檗(蘗)癖霹辟擗甓䴙襞鷿鼊
변	變辯辨邊卞弁便釆忭抃籩胼賆辮駢骿鴘
별	別瞥鼈(鱉)襒彆莂鷩䉲勆炦蟞
병	丙病兵竝(並)屛幷(并)倂甁軿鉼(鉼)炳柄(棅)秉昞(昺)餠騈 抦絣缾迸鈵
보	保步(歩)報普補譜堡甫

보	寶(宝·珤·琁)輔菩潽洑湺褓俌㺹䀯盙簠葆靌鴇黼
복	福伏服復腹複卜覆馥鍑僕匐宓茯蔔輹輻鰒墣幞扑濮箙菔蝠蝮鵩
본	本
볼	乶
봉	奉逢峯(峰)蜂封鳳俸捧琫烽棒蓬鋒熢縫漨(浲)芃丰夆篷綘菶鴌
부	夫扶父富部婦否浮付符附府腐負副簿赴賦孚芙傅溥敷復不俯剖咐埠孵斧缶腑艀莩訃賻趺釜阜駙鳧膚俘媍抔拊掊桴榑涪玞祔筟罘罦胕芣苻蔀蚨蜉袝裒跗鈇頫鮒麩
북	北
분	分紛粉奔墳憤奮汾芬盆吩噴忿扮昐焚糞賁雰体坌帉枌棼棻氛湓濆犇畚砏笨肦膹蕡轒黺鼢
불	不佛拂彿弗岪祓紱艴茀韍髴黻
붕	朋崩鵬棚硼繃堋髼漰
비	比非悲飛鼻備批卑婢碑妃肥祕(秘)費庇枇琵扉譬丕匕匪憊斐榧毖沸泌毗(毘)痺砒秕粃緋翡脾

비	臂菲蜚裨誹鄙棐庀奜霏俾騑伾仳剕圮埤妣屁庳悱椑沘淝淠濞狒狉痞痹睥篦紕羆腓芘芾萆蓖蚍貔贔轡邳郫閟陴鞴騑騛髀鼙
빈	貧賓頻彬(份)斌濱嬪穦儐璸玭嚬檳殯浜瀕牝邠繽豳霦贇鑌擯馪矉臏蘋顰鬢
빙	氷聘憑騁凭娉
사	四巳士仕寺史使舍射謝師死私絲思事司詞蛇捨邪賜斜詐社沙似査寫辭斯祀泗砂糸紗娑徙奢嗣赦乍些伺俟僿唆柶梭渣瀉獅祠肆莎蓑裟飼駟麝篩傞剚卸咋姒楂榭汜痧皶竢笥蜡覗駛魦鯊鰤
삭	削朔數索爍鑠揱槊蒴
산	山産散算珊傘刪汕疝蒜霰酸產祘㦃剷姍孿橵潸澘狻繖訕鏟
살	殺薩乷撒煞
삼	三參蔘杉衫滲芟森槮釤鬖
삽	插(揷)澁鈒颯卅唼歃翣鍤霅霎
상	上尙常賞商相霜想傷喪嘗裳詳祥象像床桑狀償

상	庠湘箱翔爽塽孀峠廂橡觴樣牀慡潒徜晑殤甞緗鎟顙鬺
새	塞璽賽鰓
색	色索嗇穡塞槭濇瀒
생	生牲甥省笙眚鉎
서	西序書署敍(叙·敘)徐庶恕(㣽)暑緖誓逝抒舒瑞曙棲(栖·捿)壻(婿)㥠墅犀諝(謂)嶼(㠘)筮絮胥(縃)薯鋤黍鼠藇揟悆湑偦稰嫛遾噬撕澨紓耡芧鉏
석	石夕昔惜席析釋碩奭汐淅晳(晰)祏鉐錫潟蓆舃鼫褯矽腊蜥
선	先仙線鮮善船選宣旋禪扇渲瑄愃墡膳(饍)繕琁璿璇羨嬋銑珗嫙僊敾煽癬腺蘚蟬詵跣鐥洒亘譔暶瓗毨尟仚歚筅綫譱鏇鱻騸鱓
설	雪說設舌薛楔屑泄洩渫褻齧卨(禼)蔎契偰揳媟揲暬爇碟稧紲
섬	纖暹蟾剡殲贍閃陝孅憸摻睒譫銛韱
섭	涉攝燮葉欇紗躞躡囁懾灄聶鑷顳
성	姓性成城誠盛省聖(垩)
성	聲星珹娍瑆惺醒宬猩筬腥貹胜成城誠盛睲騂晟(晟·晠)
세	世洗稅細勢歲貰笹說忕洒涚𡛓盔彗帨繐蛻
소	小少所消素笑(咲)召昭蘇騷燒訴掃疏(疎)蔬沼炤紹邵韶巢遡(泝)柖玿嘯塑宵搔梳瀟瘙篠簫蕭逍銷愫穌(甦)卲劭䘨璅霄(䨭)傃艄佋嗉埽塐愬捎樔泝筱箾繅翛膆艘蛸酥魈鮹
속	俗速續束粟屬涑謖贖洬遬
손	孫損遜巽蓀飧(飱)
솔	率帥乺䢦衠窣蟀
송	松送頌訟誦宋淞悚竦憽鬆
쇄	刷鎖(鎻)殺灑碎曬瑣
쇠	衰釗
수	水手受授首守收誰須雖愁樹壽(寿)數修(脩)秀囚需帥殊隨輸獸睡遂垂搜洙琇銖粹穗(穂)繡隋髓袖嗽嫂岫(峀)戍漱燧狩璲瘦綏綬羞茱蒐蓚藪邃酬銹隧鬚鵐睟竪(豎)晬讎(讐)睢(濉)瓍宿汓瓗叟售廋晬殳泅溲瞍祟籔

수	脺膸陲颼饈
숙	叔淑宿孰熟肅塾琡璹橚 夙潚菽倏俶儵婌驌鷫
순	順純旬殉循脣瞬巡洵珣 荀筍舜淳焞諄錞醇徇恂 栒楯橓蓴蕣詢馴盾峋姰 盷侚盹眴紃肫駨鬊鶉
술	戌述術鉥坾絉
숭	崇嵩崧菘
쉬	倅淬焠
슬	瑟膝璱蝨琗𩯿虱
습	習拾濕襲褶慴槢隰
승	乘承勝昇僧丞陞(阩)繩 蠅升滕氶塍丞陹鬙
시	市示是時詩施試始矢侍 視柴恃匙嘶媤尸屎屍弒 猜翅蒔蓍諡豕豺偲毸諟 媞枾(柿·柹)愢禔絁沶諰 眂檫兕厮啻塒廝枲澌緦 翨豉釃鍉顋
식	食式植識息飾栻埴殖湜 軾寔拭熄篒蝕媳
신	身申神臣信辛新伸晨愼 紳莘薪迅訊侁呻娠宸燼 腎藎蜃辰璶哂囟姺汛矧 脤賮頣駪
실	失室實(実)悉蟋
심	心甚深尋審沁沈瀋芯諶
심	潯燖葚鐔鱏
십	十什拾
쌍	雙(双)
씨	氏
아	兒(児)我牙芽雅亞(亜)餓 娥峨(峩)衙妸俄啞莪蛾 訝鴉鵝阿婀(娿)哦硪睋 砑婭椏啊妿猗枒丫疴笌 迓錏鵞
악	惡岳樂堊嶽幄愕握渥鄂 鍔顎鰐齷偓卾咢喔噩腭 萼覨諤鶚齶
안	安案(桉)顏眼岸雁(鴈) 晏按鞍鮟鴈姲婩矸侒 䬓犴
알	謁斡軋閼嘎揠穵訐遏頞 鴶
암	暗巖(岩)庵菴唵癌闇啽 媕嵒晻腤葊蓭諳頷馣黯
압	壓押鴨狎
앙	仰央殃鴦怏秧昂(昻)卬 坱盎泱
애	愛哀涯厓崖艾埃曖隘靄 睚礙(碍)焥唉僾啀噯娭 崕挨捱欸漄獃皚睚瞹磑 薆藹靉騃
액	厄額液扼掖縊腋呃戹搤 阨

앵	鶯櫻罌鸚嚶嫈罃
야	也夜野(埜)耶冶倻惹椰爺若揶(揶)
약	弱若約藥躍葯蒻爚禴篛籥鑰鶸龠
양	羊洋養揚(敭)陽(昜)讓壤樣楊襄孃漾佯恙攘暘瀁煬痒瘍禳穰釀椋徉瀼烊瀁眻蘘暢鑲颺驤
어	魚漁於語御圄瘀禦馭齬唹衙圉敔淤飫
억	億憶抑檍臆繶
언	言焉諺彥(彦)偃堰嫣傿匽讞鄢鰋
얼	孼蘖櫱(糵)乻臬
엄	嚴(厳)奄俺掩儼淹龑崦曮罨醃閹广
업	業業嶪鄴
에	恚噎
엔	円
여	余餘如汝與予輿歟璵礖艅茹轝妤悆舁
역	亦易逆譯驛役疫域晹繹嶧懌淢閾
연	然煙(烟)硏延燃燕沿鉛宴軟(輭)演緣衍淵(渕)姸(妍)娟(姢)涓沇筵瑌娫嚥堧捐挻椽涎縯鳶曣硯(硏)嬿醼兗(兖)孌莚瓀均戭囦埏悁掾櫞渷臙蜵蠕讌
열	熱悅閱說咽潱噎
염	炎染鹽琰艶(艷)厭焰苒閻髥冉懕扊檿灩饜魘黶
엽	葉燁曄熀爗爗靨
영	永英迎榮(栄·荣)泳詠營影映(暎)渶煐瑛瑩瀅(濴)盈楹鍈嬰穎瓔咏塋嶸潁瀛纓霙嬴朠嬴蠑膜浧脛栐濼癭韺碤縈贏郢
예	藝(埶·芸)豫譽銳預芮乂叡(睿·㕙·叡)倪刈曳汭濊猊穢嫛詣霓堄橤玴嫕蓺蕊(蘂)槷艾蓺羿瘞郳睨帠涗兒囈堅拽掜枘獩睨瞖緊翳薉蚋蜺鯢鷖麑
오	五吾悟午誤烏汚嗚娛傲伍吳旿珸晤奧俉塢墺寤惡懊敖熬獒筽蜈鼇(鰲)澳梧浯燠顐仵俣唔嗷噁圬嫯忤慠捂汙窹聱莫襖謷迃迕遨鏊隞隩鷔鼯
옥	玉屋獄沃鈺
온	溫瑥媼穩(穏)瘟縕蘊榲昷(昷)榲醞饂媪慍氳熅轀醞韞薀

올	兀杌嗢膃
옹	翁擁雍壅瓮甕癰邕饔喁 廱滃癕禺罋蓊雝顒
와	瓦臥渦窩窪蛙蝸訛哇囮 婐枙洼猧窊萵譌
완	完緩玩垸浣莞琓琬婠婉 宛梡椀碗翫脘腕豌阮頑 妧岏鋺抏杬刓忨惋涴盌
왈	曰
왕	王往旺汪枉瀇迋
왜	倭娃歪矮媧
외	外畏嵬巍猥偎嵔崴渨煨 碨磈聵隗
요	要腰搖遙謠夭堯饒曜 耀瑤樂姚僥凹妖嶢拗 擾橈燿窈窯繇繞蟯邀暚 偠喓坳墝嬈幺徭徼殀澆 祅穾窅蕘遶鷂
욕	欲浴慾辱縟褥溽蓐
용	用勇容庸溶鎔(熔)瑢榕 蓉涌(湧)埇踊鏞茸墉甬 俑傭慂聳傛槦宂(冗)戜 嵱慵憃硧舂蛹踴
우	于宇右牛友雨(㳟)憂又 尤遇羽郵愚偶優佑祐禹 瑀寓堣隅玗釪迂⿱雨羽盱盂 祤紆芋藕虞雩扜圩慪燠 㥔俁邘⿺辶盂㝢偊吁嵎庽杅疣
우	盱竽耦耰謣踽鍝麀夔齲
욱	旭昱煜郁頊彧勖栯燠稶 稢(稶)
운	云雲運韻沄澐耘賱夽暈 橒殞熉芸蕓隕篔(⿱⺮雲)⿱宀貝 員鄖頵惲紜霣韵
울	蔚鬱乧苑
웅	雄熊
원	元原願遠園怨圓員(貟) 源援院袁垣洹沅瑗媛嫄 愿苑轅婉湲爰猿阮鴛褑 朊杬鋺冤(寃)笎邍倇榬 芫薗蜿謜騵鵷黿猨
월	月越鉞刖粤
위	位危爲偉威胃謂圍衛違 委慰僞緯尉韋瑋暐渭魏 萎葦蔿蝟褘衛韡喟幃熨 痿葳諉逶闈韙餧骫
유	由油酉有猶唯遊柔遺幼 幽惟維乳儒裕誘愈悠侑 洧宥庾喩兪(俞)楡瑜猷 濡(渜)秞愉柚攸釉琟孺 揄楢游癒臾萸諛諭踰蹂 逾鍮嚅婑囿牖逌姷聈蕤 貐渼瑈需揉帷冘呦壝 泑鼬龥瘉瘐窬窳籲糅 緌腴莠蕕蚴蚰蝤褕黝讉 鞣鮪
육	肉育堉毓儥

윤	閏(閠·閏)潤尹允玧鈗阭胤(衜)奫贇昀荺鋆橍沇
율	聿燏汩建潏鴥矞颶
융	融戎瀜絨狨
은	恩銀隱垠殷誾(誾)溵珢慇濦听璁訢傿圻蘟檃櫽蒑泿蒽慭圁嶾�院濦嚚垽狺癮訔鄞齗
을	乙圪鳦
음	音吟飮陰淫蔭愔馨喑崟廕霪
읍	邑泣揖悒挹浥
응	應凝膺鷹譍
의	衣依義議矣醫意宜儀疑倚誼毅擬懿椅艤薏蟻嫕猗儗澺劓嶷欹漪礒饐螘
이	二以已耳而異移夷珥伊易弛怡爾彝(彛)頤姨痍肄苡荑貽邇飴貳媐杝胹姐珆鴯羡䣶佴廙咿尔栮洟訑迆隶
익	益翼翊瀷謚翌熤弋鷁
인	人引仁(忈·忎)因忍認寅印姻咽湮絪茵蚓刃芢汈牣璌靭(靷)軔(輀)氤胭儿諲瀷秵戭仞堙夤婣洇禋裀
일	一日逸(逸)溢鎰馹佾佚壹劮泆軼
임	壬任賃妊(姙)稔恁荏𧦝誑紝衽鉎飪
입	入廿(卄)
잉	剩仍孕芿媵
자	子字自者姊(姉)慈玆(茲)紫資姿恣刺仔滋磁藉瓷咨孜炙煮疵茨蔗諮雌秄褯呰嬨孖孶柘泚牸眦眥耔胾茈莿虸觜訾貲赭鎡頿髭鮓鷀鶿粢
작	作昨酌爵灼芍雀鵲勺嚼斫炸綽舃岝怍斱柞汋焯犳碏
잔	殘孱棧潺盞剗驏
잠	潛(潜)暫箴岑簪蠶涔
잡	雜卡囃眨磼襍
장	長章場將(将)壯(壮)丈張帳莊(庄)裝奬(獎)葬墻(牆)粧掌藏臟障腸匠杖奘漳樟璋暲薔蔣仗檣欌漿狀獐臧贓醬傽妝嬙嶂廧戕牂瘴糚羘萇鄣鏘餦麞
재	才材財在栽再哉災裁載宰梓縡齋渽滓齎捚賳溨粂崽扗榟灾纔
쟁	爭錚箏諍崢猙琤鎗
저	著貯低底抵苧邸楮沮佇儲咀姐杵樗渚狙猪疽箸紵菹藷詛躇這雎齟宁岨杼柢氐潴瀦牴罝羝苴蛆袛褚觝詆陼

적	的赤適敵滴摘寂籍賊跡積績迪勣吊嫡狄炙翟荻謫迹鏑笛蹟樀磧糴菂覿逖馰
전	田全典前展戰電錢傳專轉殿佺栓詮銓琠甸塡奠荃雋顚佃剪塼廛悛氈澱煎畑癲筌箋箭篆纏輾鈿鐫顫餞吮囀嫥屇巓戩揃旃栴湔澶牋甎畋痊癜磚籛羶翦腆膞躔輇邅鄽鋑鋎靛靦顓飦餰鬋鱣鸇
절	節絕(絶)切折竊晢截浙癤岊
점	店占點(点·奌)漸岾粘霑鮎佔墊玷笘簟苫蔪蛅覘颭黏
접	接蝶摺椄楪蜨跕蹀鰈
정	丁頂停井正政定貞精情靜(静)淨庭亭訂廷程征整汀玎町呈桯珵姃偵湞幀楨禎珽挺綎鼎晶晸柾渟涏頲婧旌檉瀞睛碇穽艇諪酊霆彭埩佂妌梃胜灯盯艴朾侹掟頲叮婧怔棖疔筳莛証酲遉
제	鉦淀錠鋌鄭靖靚鋥炡釘弟第祭帝題除諸製提堤制際齊濟(済)悌梯瑅劑啼臍薺蹄醍霽媞儕禔偙姼哲娣擠猘睇稊緹踶蹏躋鍗隄韲鮧鯷

조	兆早造鳥調朝助弔燥操照條潮租組祖彫措晁窕祚趙肇詔釣曹(曺)遭眺俎凋嘲棗(枣)槽漕爪璪稠粗糟繰藻蚤躁阻雕昭嶆佻傮刁厝嘈噪嬥徂懆找殂澡琱皁祧竈笊糙糶絩鯈胙臊艚蔦蜩誂譟鈟銚鋽鯛鵰鼂
족	足族簇鏃瘯
존	存尊拵
졸	卒拙猝
종	宗種鐘終從縱悰琮淙倧綜瑽鍾慫腫踵椶(棕)柊蹤(踪)伀慒樅瘇螽
좌	左坐佐座挫剉痤莝髽
죄	罪
주	主注住朱宙走酒晝舟周株州洲柱奏珠鑄胄湊炷註疇週遒(逎)駐妵澍姝侏做呪嗾廚籌紂紬綢蛛誅躊輳酎燽鉒拄皗邾賙絑貯椆晭珘紸調啁丟侜儔尌幬硃籀鼄胕腠蔟蛀裯詋賙趎輈霌霔
죽	竹粥
준	準(凖)俊遵峻浚晙焌竣畯駿准濬(浚)雋儁埈隼寯樽蠢逡純葰蹲僔睃餕迿惷陖(埈)儁儶鐏俊皴墫撙

준	綧鐏鱒踆蹲駿
줄	茁乼
중	中重 衆仲眾
즉	卽(即)喞
즐	櫛騭
즙	汁楫葺檝蕺
증	曾增證憎贈症蒸烝甑拯繒嶒矰罾
지	只支枝止之知(𥏑)地指志至紙持池誌智(𣉻)遲旨沚址祉趾祗芝摯鋕脂咫枳漬肢砥芷蜘識贄汦底泜吱馶劧忯 坻搘禔舐坻墀榰泜痣秖篪舐踟躓軹阯鮨鷙扺
직	直職織稙稷禝
진	辰眞(真)進盡(尽)振鎭陣陳珍(鉁)震晉(晋)瑨(瑨)瑱津璡秦軫塵禛診縝塡賑溱抮唇嗔搢桭榛殄疹畛瞋縉臻蔯袗跡蓁昣枃槇稹儘䟴儆眹侲珒塦趁鬒
질	質秩疾姪瓆侄叱嫉帙桎窒膣蛭跌迭垤絰蒺郅鑕
짐	斟朕鴆
집	集執什潗(潗)輯楫鏶緝咠戢
징	徵懲澄澂瀓癥瞪

차	且次此借差車叉瑳侘嗟嵯磋箚茶蹉遮硨奲奼醝佽岔偖槎
착	着錯捉搾窄鑿齪戳擉斲
찬	贊(賛)讚(讃)撰纂粲澯燦璨瓚纘鑽竄簒(簒)餐饌攢巑儹(儧)欑𡡾劗爨趲
찰	察札刹擦紮扎
참	參慘慙(慚)僭塹懺斬站讒讖儳嶄巉憯攙槧欃毚譖鏨鑱饞驂黲
창	昌唱窓倉創蒼暢菖昶彰敞廠倡娼愴槍漲猖瘡脹艙滄淐淌唱倀傖凔刱悵惝戧搶氅瑲窗蹌鋹閶𡇽鶬
채	菜採彩債采埰寀蔡綵寨砦釵琗責棌婇睬茝
책	責冊(册)策柵嘖幘磔笧簀蚱
처	妻處凄悽淒萋覰郪
척	尺斥拓戚陟倜刺剔擲滌瘠脊蹠隻墌(坧)慼(慽)塉惕捗摭蜴跖躑
천	天千川泉淺賤踐遷薦仟阡喘擅玔穿舛釧闡韆茜俴倩僢儃洊濺祆踐芊荐蒨蕆辿[illegible]
철	鐵(銕)哲(喆)徹澈轍撤綴凸輟 悊瞮剟啜埑惙掇歠銕錣飻餮

첨	尖添僉瞻沾簽籤詹諂幨甛(甜)忝惉櫼瀐襳簷襜
첩	妾帖捷堞牒疊睫諜貼輒倢呫喋怗褺
청	靑(青)淸(清)晴(晴)請(請)廳聽菁鯖凊圊蜻鶄婧
체	體替遞滯逮締諦切剃涕諟玼棣彘殢砌蔕髢蔕鬄
초	初草(艸)招肖超抄礎秒樵焦蕉楚剿哨憔梢椒炒硝礁稍苕貂酢醋醮岧釗鈔俏䵲偢僬勦嚾嫶峭嶕怊悄愀杪燋綃耖誚譙趠軺迢鈔鍬鍫鞘顦髫鷦齠
촉	促燭觸囑矗蜀矚爥矚蠋躅韣
촌	寸村(邨)忖吋
총	銃總(総)聰(聡)寵叢悤憁摠蔥冢(塚)葱蓯鏦驄
촬	撮
최	最催崔嘬摧榱漼璀確縗脧
추	秋追推抽醜楸樞鄒錐錘墜椎湫皺芻萩諏趨酋鎚雛騶鰌(鰍)僦啾娵帚惆捶揫搥甃瘳箠篘縋縐蒭陬隹鞦騅魋鶵鶖鵻鸜龝
축	丑祝蓄畜築逐縮軸竺筑蹙蹴妯舳豖蹜鼀
춘	春椿瑃賰
출	出朮黜秫
충	充忠蟲(虫)衝珫沖(冲)衷忡
췌	萃悴膵贅惴揣瘁顇
취	取吹就臭醉趣翠聚嘴娶炊脆驟鷲冣橇毳
측	側測仄惻廁(厠)昃
층	層
치	治致齒値置恥熾峙雉馳侈嗤幟梔淄痔癡(痴)緇緻蚩輜稚(穉)卮哆寘畤痓絺菑薙褫豸跱錙阤鯔鴟鵄鵗
칙	則勅飭敕
친	親櫬襯
칠	七漆柒
침	針侵浸寢沈枕琛砧鍼棽寖忱椹郴鋟駸
칩	蟄
칭	稱秤
쾌	快夬噲
타	他打妥墮咤唾惰拖朶舵陀馱駝橢(楕)佗坨拕柁沱詑詫跎躱駞鮀鴕鼉
탁	濁托濯卓度倬豹琸晫託擢鐸拓啄坼柝琢踔拆沰槖(橐)涿矺籜蘀逴
탄	炭歎彈誕呑坦灘嘆憚綻暺憻攤殫癱驒

탈	脫奪侻
탐	探貪耽眈嗿忐酖
탑	塔榻傝塌搨
탕	湯宕帑糖蕩燙盪碭蘯
태	太泰怠殆態汰兌台胎邰 笞苔跆颱鈦珆鮐脫娧迨 埭抬駘
택	宅澤擇坨
탱	撑撐牚
터	攄
토	土吐討兎(兔)
톤	噋
통	通統痛桶慟洞筒恫樋筩
퇴	退堆槌腿褪頹隤
투	投透鬪偸套妬妒渝骰
퉁	佟
특	特慝忒
틈	闖
파	破波派播罷頗把巴芭琶 坡杷婆擺爬跛叵妑岥怕 灞爸玻皤笆簸耙菠葩鄱
판	判板販版阪坂辦瓣鈑
팔	八叭捌朳汃
패	貝敗浿佩牌唄悖沛狽稗 霸(覇)孛旆珮霈
팽	彭澎烹膨砰祊蟚蟛
퍅	愎
편	片便篇編遍偏扁翩鞭騙 匾徧惼緶艑萹蝙褊諞
폄	貶砭窆
평	平評坪枰泙萍怦抨苹蓱 鮃
폐	閉肺廢弊蔽幣陛吠嬖斃 敝狴獘癈
포	布抱包胞飽浦捕葡褒砲 鋪佈匍匏咆哺圃怖暴泡 疱脯苞蒲袍逋鮑抛(拋) 儤庖晡曝炮炰誧鉋鞄餔 鯆
폭	暴爆幅曝瀑輻
표	表票標漂杓豹彪驃俵剽 慓瓢飄飆(飇)瞟僄勡嘌 嫖摽殍熛縹裱鏢鑣髟鰾
품	品稟
풍	風豐(豊)諷馮楓瘋
피	皮彼疲被避披陂詖鞁髲
픽	腷
필	必匹筆畢弼泌珌苾馝鉍 佖疋飶咇滭篳罼蓽觱 蹕鞸韠鵯駜
핍	乏逼偪
하	下夏(昰)賀何河荷霞瑕 廈(厦)蝦遐鰕呀嘏碬閜 嚇赮謑煆蕸谺抲嗬岈懗 瘕罅鍜
학	學(学)鶴壑虐謔嗃狢瘧 皬确郝鷽

한	閑寒恨限韓漢旱汗澣瀚翰閒悍罕澖聲僩嫺橌閈扞忓邗嫻捍暵閈馯鷴鼾
할	割轄瞎
함	咸含陷函涵艦喊檻緘鹹銜(啣)菡莟諴轞闞
합	合哈盒蛤閤闔陜匌嗑柙榼溘盍郃
항	恒(恆)巷港項抗航亢沆姮(嫦)伉杭桁缸肛行降夯炕缿頏
해	害海(海)亥解奚該偕楷諧咳垓孩懈瀣蟹邂駭骸咍瑎澥祄晐嶰廨欬獬痎薤醢頦鮭
핵	核劾翮覈
행	行幸杏倖荇涬悻
향	向香鄕響享珦嚮餉饗麘晑薌
허	虛許墟噓歔
헌	軒憲獻櫶幰憓田讞幰攇
헐	歇
험	險驗嶮獫玁
혁	革赫爀奕焱侐焃爋嚇弈洫鬩
현	現賢玄絃縣懸顯(顕)見峴晛泫炫玹鉉眩昡絢呟俔睍舷衒弦儇譞怰娊鋗琄琄嬛娊妶灦槵駽痃繯
현	翾蜆誢
혈	血穴孑頁絜趐
혐	嫌
협	協脅(脇)俠挾峽浹夾狹莢鋏頰洽匧叶埉愶恊愜篋
형	刑形亨螢衡型邢珩泂兄炯瑩瀅馨熒滎瀯荊鎣俐逈(迥)敻娙詗陘
혜	惠(恵)慧兮蕙彗譿憓憓嘒蹊醯鞋譓鏸匸謑傒嘒徯槥盻謑
호	戶乎呼好虎號(号)湖互胡浩(澔)毫豪護晧皓昊淏濠灝祜琥瑚顥頀扈鎬壕壺濩滸岵弧狐瓠糊縞葫蒿蝴皞虓芐(芦)犒鄗熩嫭怙瓳雇傐沍嘷鬍嫮沍滈滬猢皜餬聕醐
혹	或惑酷熇
혼	婚混昏魂渾琿俒顚圂涽溷焜閽
홀	忽惚笏囫
홍	紅洪弘鴻泓烘虹鉷哄汞訌晎澒篊閧
화	火化花貨和話畫(畵)華禾禍嬅樺譁靴澕俰嘩驊龢
확	確(碻)穫擴廓攫矍矡礭鑊
환	歡患丸換環還喚奐渙煥晥幻桓鐶驩宦紈鰥圜皖洹寰懽擐瓛睆絙豢轘鍰鬟

활	活闊(濶)滑猾豁蛞
황	黃皇況荒凰堭媓晃(晄)滉榥煌璜熀幌徨恍惶愰
황	慌湟潢篁簧蝗遑隍楻喤怳瑝肓皝鎤
회	回會(会)悔懷廻恢晦檜澮繪(絵)誨匯徊淮獪膾茴蛔賄灰佪洄盔詼迴頮鱠
획	獲劃画嚄
횡	橫鐄弘澋鋐黌
효	孝效(効)曉涍爻驍斅哮嚆梟淆肴酵皛歊窙謼傚洨庨虓熇烋婋囂崤殽餚
후	後厚(垕)侯候后逅吼嗅帿朽煦珝喉堠欨姁芋吽呴垕猴篌詡譃酗餱
훈	訓勳(勛·勲)焄熏(熏)燻薰(蘍)壎(塤)鑂暈纁煇薰曛獯葷
훨	欻
훙	薨

훤	喧暄萱煊愃昍烜諠諼
훼	毁喙毀卉(卉)燬芔虺
휘	揮輝彙徽暉煇諱麾煒撝翬
휴	休携烋畦虧庥咻隳髹鵂
휼	恤譎鷸卹
흉	凶胸兇匈洶恟胷
흑	黑
흔	欣炘昕痕 忻很掀惞釁
흘	屹吃紇訖仡汔疙迄齕
흠	欽欠歆鑫廞
흡	吸洽恰翕噏歙潝翖
흥	興
희	希喜稀戲(戱)姬(姫)晞僖橲禧嬉憙熹(熺)凞羲爔曦俙囍憘犧噫熙(煕·熈)烯嘻譆[illegible]咥唏嘻悕欷[illegible]豨餼
힐	詰犵纈襭頡黠

주 : 1. 위 한자는 이 표에 지정된 발음으로만 사용할 수 있다. 그러나 첫소리(初聲)가 "ㄴ" 또는 "ㄹ"인 한자는 각각 소리나는 바에 따라 "ㅇ" 또는 "ㄴ"으로 사용할 수 있다.

2. 동자(同字)·속자(俗字)·약자(略字)는 ( )내에 기재된 것에 한하여 사용할 수 있다.

3. "示" 변과 "礻" 변, "艹" 변과 "⺿" 변은 서로 바꾸어 쓸 수 있다.

예 : 福=福, 蘭=蘭

동자이음한자 同字異音漢字

	훈	음	한자
降	내릴	강	降等(강등)
	항복할	항	降服(항복)
更	다시	갱	更新(갱신)
	고칠	경	變更(변경)
車	수레	거	車馬費(거마비)
	탈것	차	自動車(자동차)
乾	하늘	건	乾坤(건곤)
	마를	간	乾淨(간정)
見	볼	견	見學(견학)
	나타날	현	謁見(알현)
句	글귀	구	文句(문구)
	글귀	귀	句節(귀절)
龜	거북	귀	龜趺(귀부)
	터질	균	龜裂(균열)
金	쇠	금	金屬(금속)
	금	금	金銀(금은)
	성씨	김	金氏(김씨)
茶	차	다	茶菓(다과)
	차	차	茶禮(차례)
丹	붉을	단	丹靑(단청)
	꽃이름	란	牡丹(모란)
宅	집	댁	宅內(댁내)
	살	택	住宅(주택)
度	법도	도	制度(제도)
	꾀할	탁	度地(탁지)
讀	읽을	독	讀書(독서)
	구두	두	句讀(구두)

	훈	음	한자
洞	골	동	洞里(동리)
	뚫을	통	洞察(통찰)
樂	즐거울	락	娛樂(오락)
	즐길	요	樂山(요산)
	음악	악	音樂(음악)
復	돌아올	복	復歸(복귀)
	회복할	복	復舊(복구)
	다시	부	復活(부활)
否	아닐	부	否定(부정)
	막힐	비	否運(비운)
北	북녘	북	南北(남북)
	달아날	배	敗北(패배)
不	아니	불	不能(불능)
	아니	부	不在(부재)
沸	끓을	비	沸騰(비등)
	용솟음칠	불	沸水(불수)
寺	절	사	寺院(사원)
	내관	시	司僕寺(사복시)
殺	죽일	살	殺人(살인)
	감할	쇄	相殺(상쇄)
參	석	삼	參拾(삼십)
	참여할	참	參加(참가)
狀	모양	상	狀態(상태)
	문서	장	賞狀(상장)
塞	변방	새	要塞(요새)
	막을	색	閉塞(폐색)
			索源(색원)

한자	뜻	음	용례
說	말씀	설	說明(설명)
	달랠	세	遊說(유세)
	기쁠	열	說樂(열락)
省	살필	성	反省(반성)
	덜	생	省略(생략)
率	거느릴	솔	統率(통솔)
	비례	률	比率(비율)
數	셈	수	數學(수학)
	자주	삭	頻數(빈삭)
宿	잘	숙	宿所(숙소)
	별자리	수	房宿(방수)
拾	주울	습	拾得(습득)
	열	십	拾萬(십만)
食	먹을	식	食事(식사)
	먹일	사	簞食(단사)
識	알	식	識見(식견)
	기록할	지	標識(표지)
惡	악할	악	惡魔(악마)
	미워할	오	憎惡(증오)
於	어조사	어	於是乎(어시호)
	아	오	於乎(오호)
易	바꿀	역	貿易(무역)
	쉬울	이	容易(용이)
咽	목구멍	인	咽喉(인후)
	목멜	열	嗚咽(오열)
炙	고기구울	자	炙鐵(자철)
	냄새피울	적	散炙(산적)
			炙果器(적과기)
			炙鐵(적철)

한자	뜻	음	용례
刺	찌를	자	刺客(자객)
	찌를	척	刺殺(척살)
	수라	라	水刺(수라)
抵	막을	저	抵抗(저항)
	칠	지	抵掌(지장)
切	끊을	절	切斷(절단)
	온통	체	一切(일체)
辰	별	진	辰宿(진수)
	때	신	生辰(생신)
拓	개척할	척	開拓(개척)
	밀	탁	拓本(탁본)
則	법칙	칙	規則(규칙)
	곧	즉	然則(연즉)
沈	잠길	침	沈沒(침몰)
	성씨	심	沈氏(심시)
便	편할	편	便利(편리)
	오줌	변	便所(변소)
暴	사나울	폭	暴風(폭풍)
	사나울	포	暴惡(포악)
行	갈	행	行軍(행군)
	행할	행	執行(집행)
	항렬	항	行列(항렬)
畫	그림	화	畫室(화실)
	그을	획	畫數(획수)
			畫一(획일)
滑	미끄러울	활	滑降(활강)
			圓滑(원활)
	어지러울	골	滑稽(골계)
			滑混(골혼)

잘못 읽기 쉬운 한자

	맞음	틀림
苛斂	가렴	가검
恪別	각별	격별
角逐	각축	각추
艱難	간난	가난
干涉	간섭	간보
看做	간주	간고
間歇	간헐	간흘
甘蔗	감자	감서
降下	강하	항하
腔血	강혈	공혈
概括	개괄	개활
改悛	개전	개준
坑夫	갱부	항부
更生	갱생	경생
醵出	갹출	거출
車馬費	거마비	차마비
愆過	건과	연과
怯懦	겁나	겁유
揭示	게시	계시
譴責	견책	유책
更張	경장	갱장
更迭	경질	갱질
驚蟄	경칩	경첩
股肱	고굉	고공
袴衣	고의	과의
膏肓	고황	고맹
麯子	곡자	국자
滑稽	골계	활계
汨沒	골몰	일몰
誇張	과장	오장
刮目	괄목	활목
乖離	괴리	승리
教唆	교사	교준
攪亂	교란	각란
攪拌	교반	각반
狡獪	교쾌	교회
交驩	교환	교관
口腔	구강	구공
句讀	구두	구독
口碑	구비	구패
拘碍	구애	구득
句節	구절	귀절
狗吠	구폐	구견
救恤	구휼	구혈
詭辯	궤변	위변
龜鑑	귀감	구감
龜裂	균열	구열
琴瑟	금슬	금실
奇恥	기치	기심
旗幟	기치	기식
喫燃	끽연	계연
儺禮	나례	난례

懦弱	나약	유약
內人	나인	내인
裸體	나체	과체
懶怠	나태	뢰태
拿捕	나포	합포
烙印	낙인	각인
難澁	난삽	난습
捺印	날인	내인
捏造	날조	구조
拉致	납치	입치
狼藉	낭자	낭적
內帑	내탕	내노
內訌	내홍	내공
鹿茸	녹용	녹이
壟斷	농단	용단
賂物	뇌물	각물
漏泄	누설	누세
漏洩	누설	누예
凜然	늠연	품연
賂物	뇌물	각물
牢約	뇌약	우약
訥辯	눌변	내변
凜凜	늠름	품품
茶菓	다과	차과
茶店	다점	차점
團欒	단란	단락
簞食	단사	단식
曇天	담천	운천
遝至	답지	환지

撞着	당착	동착
對峙	대치	대지
宅內	댁내	택내
蹈襲	도습	답습
陶冶	도야	도치
跳躍	도약	조약
瀆職	독직	속직
獨擅	독천	독단
屯困	둔곤	돈곤
臀部	둔부	전부
鈍濁	둔탁	순탁
遁走	둔주	순주
滿腔	만강	만공
萬朶	만타	만내
罵倒	매도	마도
魅力	매력	미력
邁進	매진	만진
驀進	맥진	막진
盟誓	맹서	맹세
萌芽	맹아	명아
明晳	명석	명철
明澄	명징	명등
牡丹	모란	목단
牡牛	모우	두우
木瓜	모과	목과
木鐸	목탁	목택
蒙昧	몽매	몽미
夢寐	몽매	몽침
杳然	묘연	향연

巫覡	무격	무현
巫覊	무기	무현
毋論	무론	모론
無聊	무료	무류
拇印	무인	모인
紊亂	문란	사란
未洽	미흡	미합
撲滅	박멸	복멸
撲殺	박살	복살
剝奪	박탈	약탈
反駁	반박	반교
頒布	반포	분포
半截	반절	반재
潑剌	발랄	발자
拔萃	발췌	발취
拔擢	발탁	발요
跋扈	발호	발읍
發揮	발휘	발혼
勃興	발흥	역흥
妨碍	방애	방의
幇助	방조	봉조
拜謁	배알	배갈
背馳	배치	배야
範疇	범주	범수
便祕	변비	편비
兵站	병참	병첨
報酬	보수	보주
布施	보시	포시
補塡	보전	보진

不斷	부단	불단
不得已	부득이	부득기
復活	부활	복활
敷衍	부연	부행
浮沈	부침	부심
分泌	분비	분필
不朽	불후	불구
沸騰	비등	불등
匕首	비수	칠수
妃嬪	비빈	기빈
否塞	비색	부색
頻數	빈삭	보수
嚬蹙	빈축	빈족
憑藉	빙자	빙적
詐欺	사기	작기
些少	사소	차소
使嗾	사주	사족
獅子吼	사자후	사자공
娑婆	사바	사파
社稷	사직	사목
奢侈	사치	사다
索莫	삭막	색막
數數	삭삭	수수
索然	삭연	색연
撒布	살포	산포
三昧	삼매	삼미
商賈	상고	상가
相殺	상쇄	상살
上梓	상재	상자

省略	생략	성략
生辰	생신	생진
棲息	서식	처식
逝去	서거	절거
先塋	선영	선형
閃光	섬광	민광
星宿	성수	성숙
星辰	성신	생진
洗滌	세척	세조
遡及	소급	삭급
甦生	소생	갱생
騷擾	소요	소우
蕭條	소조	숙조
贖罪	속죄	독죄
殺到	쇄도	살도
戍樓	수루	술루
睡眠	수면	수민
竪說	수설	견설
數爻	수효	수차
馴致	순치	훈치
豺狼	시랑	재랑
猜忌	시기	청기
柴糧	시량	자량
十方	시방	십방
示唆	시사	시준
十月	시월	십월
諡號	시호	익호
辛辣	신랄	신극
迅速	신속	빈속

呻吟	신음	신금
齷齪	악착	악족
軋轢	알력	알륵
斡旋	알선	간선
謁見	알현	알견
哀悼	애도	애탁
隘路	애로	익로
冶金	야금	치금
惹起	야기	약기
掠奪	약탈	경탈
円貨	엔화	원화
濾過	여과	노과
役割	역할	역활
軟膏	연고	난고
軟弱	연약	나약
厭惡	염오	염악
領袖	영수	영유
囹圄	영어	영오
誤謬	오류	오교
惡心	오심	악심
嗚咽	오열	오인
惡辱	오욕	악욕
惡寒	오한	악한
訛傳	와전	화전
渦中	와중	과중
緩和	완화	난화
歪曲	왜곡	외곡
外艱	외간	외난
邀擊	요격	격격

樂山	요산	낙산
要塞	요새	요색
樂水	요수	낙수
窯業	요업	강업
凹凸	요철	요돌
容喙	용훼	용탁
雨雹	우박	우포
誘拐	유괴	수호
誘發	유발	수발
遊說	유세	유설
六月	유월	육월
隱匿	은닉	은약
吟味	음미	금미
凝結	응결	의결
義捐	의연	의손
以降	이강	이항
罹病	이병	나병
移徙	이사	이도
弛緩	이완	치완
已往	이왕	기왕
罹災	이재	나재
罹患	이환	나환
溺死	익사	약사
湮滅	인멸	연멸
一括	일괄	일활
一擲	일척	일정
一切	일체	일절
剩餘	잉여	승여
自矜	자긍	자금
孜孜	자자	고고
藉藉	자자	적적
綽綽	작작	탁탁
箴言	잠언	함언
這間	저간	언간
沮止	저지	조지
積阻	적조	적저
塡充	전충	전통
傳播	전파	전번
截斷	절단	재단
點睛	점정	점청
接吻	접문	접물
正鵠	정곡	정고
靜謐	정밀	정일
稠密	조밀	주밀
造詣	조예	조지
措置	조치	차치
躊躇	주저	수저
駐箚	주차	주탑
蠢動	준동	춘동
浚渫	준설	준첩
櫛比	즐비	절비
憎惡	증오	증악
支撐	지탱	지장
眞摯	진지	진집
桎梏	질곡	지고
叱責	질책	칠책
斟酌	짐작	심작
什器	집기	십기

什物	집물	십물
執拗	집요	집유
茶禮	차례	다례
捉來	착래	촉래
慙愧	참괴	참귀
斬新	참신	점신
懺悔	참회	섬회
暢達	창달	양달
漲溢	창일	장익
闡明	천명	단명
喘息	천식	단식
掣肘	철주	제주
鐵槌	철퇴	철추
尖端	첨단	열단
蒼氓	창맹	창민
悵然	창연	장연
貼付	첩부	점부
諦念	체념	제념
涕泣	체읍	제립
憔悴	초췌	초졸
忖度	촌탁	촌도
寵愛	총애	용애
撮影	촬영	최영
追悼	추도	추탁
醜態	추태	취태
秋毫	추호	추모
衷心	충심	애심
充溢	충일	충익
贅言	췌언	취언

脆弱	취약	궤약
熾烈	치열	식열
沈沒	침몰	심몰
鍼術	침술	함술
蟄居	칩거	집거
拓本	탁본	척본
度支	탁지	도지
綻露	탄로	정로
坦坦	탄탄	단단
彈劾	탄핵	탄효
探究	탐구	심구
耽溺	탐닉	탐익
攄得	터득	여득
慟哭	통곡	동곡
洞察	통찰	동찰
推敲	퇴고	추고
堆積	퇴적	추적
偸盜	투도	유도
偸安	투안	유안
派遣	파견	파유
破綻	파탄	파정
跛行	파행	피행
辦償	판상	변상
稗官	패관	비관
覇權	패권	파권
敗北	패배	패북
沛然	패연	시연
膨脹	팽창	팽장
便利	편리	편이

平坦	평탄	평단
閉塞	폐색	폐한
鋪道	포도	보도
褒賞	포상	보상
暴惡	포악	폭악
標識	표지	표식
捕捉	포착	포촉
暴惡	포악	폭악
輻輳	폭주	복주
漂渺	표묘	표사
標識	표지	표식
稟議	품의	표의
風靡	풍미	풍비
虐政	학정	확정
割引	할인	활인
陜川	합천	협천
行列	항렬	행렬
肛門	항문	홍문
降服	항복	강복
降將	항장	강장
偕老	해로	개로
楷書	해서	개서
解弛	해이	해야
諧謔	해학	개학
享樂	향락	형락
享有	향유	형유
絢爛	현란	순란
孑遺	혈유	자유
孑孑	혈혈	자자
嫌惡	혐오	겸악
荊棘	형극	형자
亨通	형통	향통
好惡	호오	호악
呼吸	호흡	호급
渾然	혼연	군연
忽然	홀연	총연
花瓣	화판	화변
花卉	화훼	화에
滑走	활주	골주
豁達	활달	곡달
恍惚	황홀	광홀
灰燼	회신	회진
膾炙	회자	회화
劃數	획수	화수
橫暴	횡포	횡폭
嚆矢	효시	고시
嗅覺	후각	취각
薨去	훙거	붕거
毁謗	훼방	회방
毁損	훼손	회손
彙報	휘보	과보
麾下	휘하	마하
恤兵	휼병	혈병
欣快	흔쾌	흠쾌
訖然	흘연	걸연
恰似	흡사	합사
洽足	흡족	합족
詰難	힐난	길난

잘못 쓰기 쉬운 한자

	맞음	틀림
가정부	家政婦	家庭婦
각기	各其	各己
강의	講義	講議
경품	景品	競品
골자	骨子	骨字
교사	校舍	敎舍
기적	奇蹟	奇跡
납부금	納付金	納附金
녹음기	錄音器	錄音機
농기계	農機械	農器械
농기구	農器具	農機具
대기발령	待機發令	待期發令
망중한	忙中閑	忘中閑
매매	賣買	買賣
목사	牧師	牧士
반경	半徑	半經
변명	辨明	辯明
변증법	辨證法	辯證法
보도	報道	報導
부녀자	婦女子	婦女者
부록	附錄	付錄
사법부	司法府	司法部
사약	賜藥	死藥
상여금	賞與金	償與金

	맞음	틀림
서재	書齋	書齊
서전	緖戰	序戰
선회	旋回	旋廻
숙직	宿直	宿職
십계명	十誡命	十戒命
세속오계	世俗五戒	世俗五誡
어시장	魚市場	漁市場
여부	與否	如否
역전승	逆轉勝	逆戰勝
왜소	矮小	倭小
이사	移徙	移徒
일률적	一律的	一率的
일확천금	一攫千金	一穫千金
입찰	入札	立札
재판	裁判	栽判
절기	節氣	節期
정찰제	正札制	定札制
중개인	仲介人	中介人
추세	趨勢	推勢
침투	浸透	侵透
퇴폐	頹廢	退廢
할부	割賦	割附
호칭	呼稱	號稱
활발	活潑	活發

4만 4천 700자 옥편

2011년 3월 20일 1판 1쇄
2017년 6월 20일 2판 1쇄

감 수 : 김언종
엮은이 : 김형곤
펴낸이 : 이정일

펴낸곳 : 도서출판 **일진사**
www.iljinsa.com

(우)04317 서울시 용산구 효창원로 64길 6
대표전화 : 704-1616, 팩스 : 715-3536
등록번호 : 제1979-000009호(1979.4.2)

값 36,000원

ISBN : 978-89-429-1518-7

* 파본은 교환해 드립니다.